KB165476

군무원

군수직

한권으로 다잡기

국어·행정법·경영학

SD에듀
(주)시대고시기획

군무원 채용 필수체크

※ 다음 내용은 2023년 군무원 국방부 주관 채용공고를 기준으로 작성하였으므로 세부 사항은 반드시 확정된 채용공고를 확인하시기 바랍니다.

응시자격

응시연령	• 7급 이상: 20세 이상	• 8급 이하: 18세 이상
학력 및 경력	제한 없음	

군무원 채용과정

원서접수	필기시험	필기시험 합격자 발표	면접시험	최종합격자 발표
5월 초	7월 중순	8월 중순	9월 말	10월 초

1 필기시험	■ 객관식 선택형 문제로 과목당 25문항, 25분으로 진행 ■ 합격자 선발: 선발예정인원의 1.5배수(150%) 범위 내(단, 선발예정인원이 3명 이하인 경우, 선발예정인원에 2명을 합한 인원의 범위) ⋯▸ 합격기준에 해당하는 동점자는 합격처리
2 면접시험	■ 필기시험 합격자에 한해 응시기회 부여 ■ 평가요소 • 군무원으로서의 정신자세 • 전문지식과 그 응용능력 • 의사표현의 정확성 · 논리성 • 창의력 · 의지력 · 발전 가능성 • 예의 · 품행 · 준법성 · 도덕성 및 성실성 ⋯▸ 7급 응시자는 개인발표 후 개별 면접 진행
3 최종합격자 결정	필기시험 성적(50%)과 면접시험 성적(50%)을 합산하여 높은 점수를 받은 사람 순으로 최종합격자 결정 ⋯▸ 신원조사와 공무원 채용 신체검사 모두 '적격' 판정을 받은 자에 한함

영어능력검정시험 기준점수

구분	5급	7급	9급
토익(TOEIC)	700점	570점	470점
토플(TOEFL)	PBT 530점 IBT 71점	PBT 480점 IBT 54점	PBT 440점 IBT 41점
新텝스(TEPS) 2018.5.12. 이후 실시된 시험	340점	268점	211점
지텔프(G-TELP)	Level 2 65점	Level 2 47점	Level 2 32점
플렉스(FLEX)	625점	500점	400점

⋯▶ 당해 공개경쟁채용 필기시험 시행 예정일부터 역산하여 3년이 되는 해의 1월 1일 이후에 실시된 시험으로서 필기시험 전일까지 점수(등급)가 발표된 시험에 한해 기준점수 인정
⋯▶ 응시원서 작성 시 본인이 취득한 영어능력검정시험명, 시험일자 및 점수 등을 정확히 기재
⋯▶ 응시원서 접수 시 입력 사항에 변동이 있거나 원서 접수 후 발표된 성적 등록 시 추가등록 필수

한국사능력검정시험 기준점수

구분	5급	7급	9급
한국사능력검정시험	2급	3급	4급

⋯▶ 2020년 5월 이후 한국사능력검정시험 급수체계 개편에 따른 시험종류의 변동(초·중·고급 3종 → 기본·심화 2종)과 상관없이 기준(인증)등급을 그대로 적용
⋯▶ 당해 공개경쟁채용 필기시험 시행 예정일부터 역산하여 4년이 되는 해의 1월 1일 이후에 실시된 시험으로서 필기시험 전일까지 점수(등급)가 발표된 시험에 한해 기준점수(등급) 인정
⋯▶ 응시원서 작성 시 본인이 취득한 한국사능력검정시험의 등급인증번호와 급수(성적)를 정확히 기재
⋯▶ 응시원서 접수 시 입력 사항에 변동이 있거나 원서 접수 후 발표된 성적 등록 시 추가등록 필수

최신 출제 경향 리포트

2022년 9급 출제 경향

총평

국어의 경우 이전 시험과 달리 국가직·지방직 9급 시험과 유사한 유형으로 출제되었다. 따라서 새로운 출제 경향에 맞춰 다양한 유형의 문제를 풀어 보는 연습이 필요하다. 행정법은 기본기에 기반한 깔끔한 선지들이 출제되었고, 경영학은 쉬운 난도로 출제되었지만 내년에는 난도가 상승할 수 있으므로 자만해서는 안 된다.

과목분석

- **국어**: 전체적인 난도는 중상 정도로 출제되었으며, 이전 시험과는 달리 문법 영역의 비중이 대폭 축소되었다. 문학의 출제 비중은 줄어들었으나 작품의 의미를 파악하는 문제가 높은 난도로 출제되었다. 비문학은 비중이 늘어났으며 지문의 길이가 길어져 체감 난도가 높았을 것이다.

- **행정법**: 전체적인 난도는 중 정도로 작년과 비슷하게 평이한 수준으로 출제되었으나 길어진 지문과 박스형 문제가 출제되어 시간에 압박감을 느꼈을 것으로 보인다. 자주 출제되는 총론에 비중을 더 두고 학습해야 한다.

- **경영학**: 전체적인 난도는 하 정도로 출제되었다. 올해 시험은 작년과 마찬가지로 전 범위에 걸쳐 골고루 출제되었고, 인사관리 영역은 출제되지 않았다. 계산 문제도 출제되지는 않았으나, 계산식은 학습해 두는 것이 좋다.

2022년 7급 출제 경향

총평

국어는 비문학 영역의 비중이 늘고 추론적 독해 문제가 추가되었으므로 다양한 주제의 비문학 문제를 풀어 보아야 한다. 행정법은 평이한 난도로 출제되었고, 경영학은 단순 암기 위주의 학습보다 이해 위주의 학습이 필요하다.

과목분석

- **국어**: 비문학 영역의 비중이 늘어났으며 사실적 독해 위주였던 문항에 추론적 독해 문제가 추가되어 수험생들의 체감 난도가 높았을 것이다.

- **행정법**: 전체적인 난도는 중 정도로 평이한 수준이었고, 판례를 묻는 선지보다 조문 문제가 상당수 출제되었다. 총론은 기출에 기반한 문제가, 각론은 지엽적인 조문을 묻는 문제가 출제되었다.

- **경영학**: 전체적인 난도는 중 정도였으며, 9급과 달리 계산 문제가 출제되었으나 개념을 잘 알고 있다면 풀 수 있는 문제였다. 9급보다는 약간 어려웠으나 경영학 과목으로 변별력을 높이기에는 부족했을 것으로 보인다.

2021년 9급 출제 경향

총평

국어의 경우 이전 시험에 비해 문학 영역의 비중이 늘었다. 문학 영역도 소홀히 생각해서는 안 된다. 행정법은 조문사항을 학습한 경우라면 수월하게 문제를 풀 수 있었을 것으로 보인다. 경영학은 여전히 지엽적인 문제가 출제되고 있어 기본 이론을 꼼꼼하게 학습하는 것이 중요하다.

과목분석

- **국어**: '국어 규범' 문항이 문법 영역의 대부분을 차지하고, 문학의 출제 비중이 매우 높아졌으나 기본적인 작품이 출제되었다. 비문학은 지문의 길이가 짧았고 내용 역시 평이하게 출제되었으나, 한자어가 까다롭게 출제되어 난도를 높였다.

- **행정법**: 전체적으로 평이한 수준으로 출제되었으며, 각론이 1~2문제 정도 단독 출제되었다. 9·7·5급 모두 선지가 대부분 판례사항으로 출제되었고, 그 외에는 조문 문제로 출제되었다. 2021년 시행된 「행정기본법」은 모든 시험에서 기본적인 조문사항으로 어렵지 않게 출제되어 수험생들에게 부담이 크지 않았을 것으로 보인다.

- **경영학**: 기본 개념의 이론에서 크게 벗어나지 않게 전 범위에 걸쳐 골고루 출제되었다. 기존의 출제 경향과 비슷하며 문제는 짧고 간결하여 내용을 확인하는 문제가 출제되었다. 회계학과 재무관리에서 계산 문제가 나오지 않았으나, 계산식은 학습해 두는 것이 좋다.

2021년 7급 출제 경향

총평

국어는 문법 영역이 까다롭게 출제되어 '국어 규범'을 확실하게 숙지하고 있어야 한다. 행정법과 경영학의 경우 9급과 비교했을 때 난도가 높은 시험은 아니었다. 기본 이론에 충실한 학습을 하는 것이 중요하다.

과목분석

- **국어**: 로마자 표기법, 외래어를 까다롭게 출제해 난도를 높였으며, 문학은 9급과 마찬가지로 출제 비중이 늘어났다. 비문학은 9급과 동일하게 지문의 길이가 짧고 평이하게 출제되었으며, 한자어가 출제되었으나 난도는 높지 않았다.

- **행정법**: 정답시비가 2문제나 되어 결국 '모두 정답' 처리된 점으로 보아, 9급에 비해 문항이 매끄럽지 않았다고 할 수 있다.

- **경영학**: 9급 문제와 난이도가 크게 다르지 않았으며 오히려 더 쉬운 문항도 있었으며, 조직행위에서 가장 많은 문제가 출제되었다. 지문의 길이가 길어 문제를 꼼꼼하게 읽는 것이 중요하다.

이 책의 구성과 특징

최신기출문제

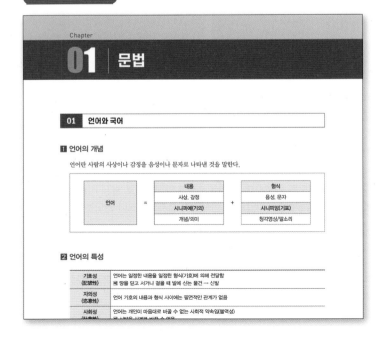

2022년 군수직 9급 최신기출문제와 상세한 해설을 수록하여 출제 경향을 파악하고 다가오는 시험에 대비할 수 있도록 하였습니다.

이론편

군수직 국어, 행정법, 경영학 세 과목의 출제 경향이 반영된 핵심 이론을 단원별로 정리하였습니다. 특히 행정법 핵심이론은 최신 개정법령을 반영하여 효율적으로 학습이 가능하도록 하였습니다.

이론편

② 형성적 행위(특허, 인가, 대리 등): 형성적 행위란 상대방에 대한 권리·의무를 부과(권리·행위능력)
하여 법적 지위를 발생·변경·소멸시키는 행위를 말한다.
　㉠ 특허(특정인을 위한 행위): 특정인에 대하여 새로운 권리·능력 또는 포괄적 법률관계를 설정하는
　　행위이다.

더 알아보기

선원주의
선원주의란 특허법상 먼저 특허를 신청한 자에게 특허를 부여하는 주의로서 행정법에서는 허가가 기속행위이기 때문에 이
러한 선원주의가 적용된다. 하지만 특허는 행정청이 신청한 자 중에서 공익상 보다 확실하게 당해 사업을 수행할 능력자를
선택할 재량이 있으므로 선원주의에 의하여야 하는 것은 아니다. 단, 광업권은 강학상 성질이 특허인데도 불구하고 광업법
에서 선원주의를 규정하고 있다.

　㉡ 인가(보충행위): 제3자의 법률적 행위를 보충하여 그의 법률상 효과를 완성시키는 행위를 말하며,
　　보충행위라고도 한다.

관련판례

● 민법 제45조, 제46조 소정의 재단법인의 정관변경 허가의 법적 성질: 인가
민법 제45조와 제46조에서 말하는 재단법인의 정관변경 허가는 법률상의 표현이 허가로 되어 있기는 하나, 그 성질에 있
어 법률행위의 효력을 보충해 주는 것이지 일반적 금지를 해제하는 것이 아니므로, 그 법적 성격은 인가라고 보아야 한다
(대판 1996.5.16. 95누4810).

　㉢ 대리: 행정주체가 제3자가 행할 행위를 대신하여 행함으로써 그 행위의 법률적 효과가 당해 당사
　　자(제3자)에게 귀속하는 것이다.
　㉣ 인·허가의제제도
　　• 의의: 하나의 사업을 수행하기 위하여 여러 법률에 규정된 인·허가를 여러 행정청에서 받아야
　　　하는 경우 이를 그 하나의 사업의 측면에서 종합적으로 검토하여, 주된 인·허가를 받으면 다른
　　　법률에 의한 관련 인·허가를 함께 받는 것으로 간주함으로써 행정절차를 간소화하는 제도이다.
　　• 행정기본법 제24조 내지 제26조에서는 인허가의제의 기준, 효과, 사후관리 등에 대해 제시하고

■ 꼭 알아야 할 보충·심화 내용
을 더 알아보기에 정리하여 기
본은 물론 심화 학습도 가능하
도록 하였습니다.

■ 관련판례를 수록하여 관련 핵
심이론을 적용한 사례를 확인
할 수 있습니다.

문제편

군무원 군수직 한권으로 다잡기 | 제3과목

경영학 예상문제

01　마케팅

01　다음 중 소비자의 결혼 여부, 자녀의 유무, 연령 등의 개념을 모두 통합한 개념으로 옳은 것은?

① 라이프 스타일(Life Style)
② 개인의 개성
③ 사회적 수명주기(Social Life Style)
④ 가족생활주기(Family Style)

해설
④ 소비자의 개인적 요인에서 가족생활주기(Family Life Cycle)는 금전적 상황과 관심제품이 달라지므로 표적시장
을 생활주기단계에 기초해 선택하고, 마케팅 계획을 수립하며, 소비자의 결혼 여부, 자녀 유무, 연령의 개념을 통
합한다.

정답 ④

02　다음 중 수요 관리와 마케팅 과제에 따른 분류 유형으로 옳지 않은 것은?

① 자극적 마케팅

기출유형 분석을 통해 출제 가능
성이 높은 예상문제를 단원별로
수록하였습니다. 시험에 자주 나
오는 출제 유형을 파악할 수 있고,
학습한 이론을 다시 한 번 확인할
수 있습니다.

군무원

군수직

한권으로 다잡기

국어·행정법·경영학

2022
최신기출문제

2022년 국어 9급 기출문제

01 다음 중 띄어쓰기가 가장 옳은 것은?

① 지난 달에 나는 딸도 만날겸 여행도 할겸 미국에 다녀왔어.
② 이 회사의 경비병들은 물 샐 틈없이 경비를 선다.
③ 저 사과들 중에서 좀더 큰것을 주세요.
④ 그 사람은 감사하기는 커녕 적게 주었다고 원망만 하더라.

02 다음 중 파생법으로 만들어진 단어가 아닌 것은?

① 교육자답다
② 살펴보다
③ 탐스럽다
④ 순수하다

03 다음 중 사자성어가 가장 적절하게 쓰이지 않은 것은?

① 견강부회(牽強附會) 하지 말고 타당한 논거로 반박을 하세요.
② 그는 언제나 호시우보(虎視牛步) 하여 훌륭한 리더가 되었다.
③ 함부로 도청도설(道聽塗說)에 현혹되어 주책없이 행동하지 마시오.
④ 이번에 우리 팀이 크게 이긴 것을 전화위복(轉禍爲福)으로 여기자.

04 다음 중 밑줄 친 부분의 한자가 나머지 셋과 다른 것은?

① 오래된 나사여서 마모가 심해 빼기 어렵다.
② 평소 절차탁마에 힘써야 대기만성에 이를 수 있다.
③ 정신을 수양하고 심신을 연마하는 것이 진정한 배움이다.
④ 너무 열중하여 힘을 주다 보니 근육이 마비되었다.

05 밑줄 친 부분의 띄어쓰기가 잘못된 것은?

① 한번 실패했더라도 다시 도전하면 된다.
② 한번은 네거리에서 큰 사고를 낼 뻔했다.
③ 고 녀석, 울음소리 한번 크구나.
④ 심심한데 노래나 한번 불러 볼까?

인류는 우주의 중심이 아니라 가장자리에 있으며, 인류의 기적 같은 진화는 유대, 기독교, 이슬람이 전제하고 있는 바와 같이 초월자의 선택에 의해 결정됐거나 힌두, 불교가 주장하고 있는 것과는 달리 자연의 우연한 산물이다. 우주적인 관점에서 볼 때 인류의 가치는 동물의 가치와 근원적으로 차별되지 않으며, 그의 존엄성은 다른 동물의 존엄성과 근본적으로 차등 지을 수 없다. 자연은 한없이 아름답고 자비롭다. 미국 원주민이 대지를 '어머니'라고 부르는 것으로 알 수 있듯이 자연은 모든 생성의 원천이자 젖줄이다. 그것은 대자연, 즉 산천초목이 보면 볼수록 느끼면 느낄수록 생각하면 생각할수록 신선하고 풍요하기 때문이다. 자연은 무한히 조용하면서도 생기에 넘치고, 무한히 소박하면서도 환상적으로 아름답고 장엄하고 거룩한 모든 것들의 모체이자 그것들 자체이다. 자연은 영혼을 가진 인류를 비롯한 유인원, 그 밖의 수많은 종류의 식물과 동물들 및 신비롭고 거룩한 모든 생명체의 고향이자 거처이며, 일터이자 휴식처이고, 행복의 둥지이며, 영혼을 가진 인간이 태어났던 땅이기 때문이다. 자연은 모든 존재의 터전인 동시에 그 원리이며 그러한 것들의 궁극적 의미이기도 하다. 자연은 생명 그 자체의 활기, 존재 자체의 아름다움의 표상이다. 또한 그것은 인간이 배워야 할 진리이며 모든 행동의 도덕적 및 실용적 규범이며 지침이며 길이다. 자연은 정복과 활용이 아니라 감사와 보존의 대상이다.

06 다음 중 위 글을 통해 파악할 수 있는 글쓴이의 성격으로 가장 적절한 것은?

① 낭만주의자(浪漫主義者)
② 자연주의자(自然主義者)
③ 신비주의자(神秘主義者)
④ 실용주의자(實用主義者)

07 위 글의 구성 방식으로 가장 적절한 것은?

① 두괄식   ② 양괄식
③ 미괄식   ④ 중괄식

08 다음 중 아래의 글을 읽고 추론한 라캉의 생각과 가장 거리가 먼 것은?

라캉에 의하면, 사회화 과정에 들어서기 전의 거울 단계에서, 자기와 자기 영상, 혹은 자기와 어머니 같은 양자 관계에 새로운 타인, 다시 말해 아버지, 곧 법으로서의 큰 타자가 개입하는 삼자 관계, 즉 상징적 관계가 형성된다. 이 형성은 제3자가 외부에서 인위적으로 비집고 들어섬을 뜻하는 것이 아니다. 인간이 상징적 질서를 생각하게 되는 것은, 이미 그 질서가 구조적으로 인간에게 기능하게끔 되어 있기 때문이다. 인간이 후천적, 인위적으로 그 구조를 만들었다고 생각하는 것은 잘못이다. 인간은 단지 구조되어 있는 그 질서에 참여할 뿐이다.

말하자면 구조란 의식되지 않는 가운데 인간 문화의 기저에서 인간의 행위를 규정함을 뜻하는 것이다. 그러므로 라캉에게 있어서, 주체의 존재 양태는 무의식적인 것을 바탕으로 해서 가능하다. 주체 자체가 무의식적인 것으로서 형성된다. 그러므로 주체는 무의식적 주체이다.

라캉에게 나의 사유와 나의 존재는 사실상 분리되어 있다. 그는 나의 사유가 나의 존재를 확인시켜주지 못한다고 주장한다. 라캉의 경우, '나는 생각한다'라는 의식이 없는 곳에서 '나는 존재'하고, 또 '내가 존재하는 곳'에서 '나는 생각하지 않는다'. 라캉은 무의식은 타자의 진술이라고 말한다. 바꾸어 말한다면 언어 활동에서 우리가 보내는 메시지는 타자로부터 발원되어 우리에게 온 것이다. '무의식은 주체에 끼치는 기표의 영향'이라고 라캉은 말한다.

이런 연유에서 '인간의 욕망은 타자의 욕망'이라는 논리가 라캉에게 성립된다. 의식의 차원에서 '내가 스스로 주체적'이라고 말하는 것 같지만, 그것은 어디까지나 허상이다. 실상은, 나의 진술은 타자의 진술에 의해서 구성된다는 것이다. 나의 욕망도 타자의 욕망에 의해서 구성된다. 내가 스스로 원한 욕망이란 성립하지 않는다.

① 주체의 무의식은 구조화된 상징적 질서에 의해 형성된다.
② 주체의 의식적 사유와 행위에 의해 새로운 문화 질서가 창조된다.

③ 대중매체의 광고는 주체의 욕망이 형성되는 데 큰 영향을 미친다.

④ 데카르트의 '나는 생각한다. 고로 존재한다.'라는 명제는 옳지 않다.

09 다음 중 아래 시의 주제로 가장 옳은 것은?

> 바람결보다 더 부드러운 은빛 날리는
> 가을 하늘 현란한 광채가 흘러
> 양양한 대기에 바다의 무늬가 인다.
>
> 한 마음에 담을 수 없는 천지의 감동 속에
> 찬연히 피어난 백일(白日)의 환상을 따라
> 달음치는 하루의 분방한 정념에 헌신된 모습
>
> 생의 근원을 향한 아폴로의 호탕한 눈동자같이
> 황색 꽃잎 금빛 가루로 겹겹이 단장한
> 아! 의욕의 씨 원광(圓光)에 묻힌 듯 향기에 익어
> 가니
>
> 한줄기로 지향한 높다란 꼭대기의 환희에서
> 순간마다 이룩하는 태양의 축복을 받는 자
> 늠름한 잎사귀들 경이(驚異)를 담아 들고 찬양한다.
>
> – 김광섭, 「해바라기」

① 자연과 인간의 교감

② 가을의 정경과 정취

③ 생명에 대한 강렬한 의욕

④ 환희가 넘치는 삶

10 다음 중 아래 글의 제목으로 가장 옳은 것은?

> 방정식이라는 단어는 '정치권의 통합 방정식', '경영에서의 성공 방정식', '영화의 흥행 방정식' 등 다양한 분야에서 애용된다. 수학의 방정식은 문자를 포함하는 등식에서 문자의 값에 따라 등식이 참이 되기도 하고 거짓이 되기도 하는 경우를 말한다. 통합 방정식의 경우, 통합을 하는 데 여러 변수가 있고 변수에 따라 통합이 성공하거나 실패할 수 있으므로 방정식이라는 표현은 대체로 적절하다.
>
> 그런데 방정식은 '변수가 많은 고차 방정식', '국내 · 국제 · 남북 관계의 3차 방정식'이란 표현에서 보듯이 차수와 함께 거론되기도 한다. 엄밀하게 따지면 변수의 개수와 방정식의 차수는 무관하다. 변수가 1개라도 고차 방정식이 될 수 있고 변수가 많아도 1차 방정식이 될 수 있다. 따라서 상황에 영향을 미치는 변수의 개수에 따라 m원 방정식으로, 상황의 복잡도에 따라 n차 방정식으로 구분할 필요가 있다. 또 4차 방정식까지는 근의 공식, 즉 일반해가 존재하므로 해를 구할 수 없을 정도의 난맥상이라면 5차 방정식 이상이라는 표현이 안전하다.

① 수학 용어의 올바른 활용

② 실생활에서의 수학 공식의 적용

③ 방정식의 정의와 구성 요소

④ 수학 용어의 추상성과 엄밀성

11 다음 중 ⑦～ⓒ에 알맞은 말을 순서대로 나열한 것은?

먼 곳의 물체를 볼 때 물체에서 반사되어 나온 빛이 눈 속으로 들어가면서 각막과 수정체에 의해 굴절되어 망막의 앞쪽에 초점을 맺게 되면 망막에는 초점이 맞지 않는 상이 맺힘으로써 먼 곳의 물체가 흐리게 보인다. 이것을 근시라고 한다.

근시인 눈에서 보고자 하는 물체가 눈에 가까워지면 망막의 (⑦)에 맺혔던 초점이 (ⓒ)으로 이동하여 망막에 초점이 맺혀 흐리게 보이던 물체가 선명하게 보인다. 그리고 이 지점보다 더 가까운 곳의 물체는 조절 능력에 의하여 계속 잘 보인다.

이와 같이 근시는 먼 곳의 물체는 잘 안 보이고 가까운 곳의 물체는 잘 보이는 것을 말한다. 근시의 정도가 심하면 심할수록 눈 속에 맺히는 초점이 망막으로부터 (ⓒ)으로 멀어져 가까운 곳의 잘 보이는 거리가 짧아지고 근시의 정도가 약하면 꽤 먼 곳까지 잘 볼 수 있다.

	⑦	ⓒ	ⓒ
①	앞쪽	뒤쪽	앞쪽
②	뒤쪽	앞쪽	앞쪽
③	앞쪽	뒤쪽	뒤쪽
④	뒤쪽	앞쪽	뒤쪽

12 다음 중 ⑦을 가리키기에 적절하지 않은 것은?

"허, 참, 세상 일두……."
마을 갔던 아버지가 언제 돌아왔는지,
"윤초시댁두 말이 아니어. ⑦ 그 많던 전답을 다 팔아 버리구, 대대루 살아오든 집마저 남의 손에 넘기드니, 또 악상꺼지 당하는 걸 보면……."
남폿불 밑에서 바느질감을 안고 있던 어머니가,
"증손이라곤 기집애 그 애 하나뿐이었지요?"
"그렇지. 사내애 둘 있든 건 어려서 잃구……."
"어쩌믄 그렇게 자식복이 없을까."

– 황순원, 「소나기」 중에서

① 雪上加霜
② 前虎後狼
③ 禍不單行
④ 孤掌難鳴

13 밑줄 친 말이 한자어와 고유어의 결합이 아닌 것은?

① 이번 달은 예상외로 가욋돈이 많이 나갔다.
② 앞뒤 사정도 모르고 고자질을 하면 안 된다.
③ 불이 나자 순식간에 장내가 아수라장으로 변했다.
④ 두통이 심할 때 관자놀이를 문지르면 도움이 된다.

14 다음 중 아래의 작품과 내용 및 주제가 가장 비슷한 것은?

> 동풍(東風)이 건듯 부러 적설(積雪)을 헤텨 내니
> 창 밧긔 심근 매화 두세 가지 픠여셰라
> ㄹ득 냉담(冷淡)흐듸 암향(暗香)은 므스 일고
> 황혼의 달이 조차 벼마틱 빗최니
> 늣기난 닷 반기난 닷 님이신가 아니신가
> 뎌 매화 것거 내여 님 겨신 듸 보내오져
> 님이 너를 보고 엇더타 너기실고
>
> 꼿 디고 새 닙 나니 녹음이 쌀렷는듸
> 나위(羅幃) 적막ᄒ고 수막(繡幕)이 뷔여 잇다
> 부용(芙蓉)을 거더 노코 공작(孔雀)을 둘러 두니
> ᄀ득 시름 한듸 날은 엇디 기돗던고
> 원앙금(鴛鴦錦) 버혀 노코 오색선 플텨 내여
> 금자히 견화이셔 님의 옷 지어내니
> 수품(手品)은 코니와 제도도 ᄀ줄시고
> 산호수 지게 우희 백옥함의 다마 두고
> 님의게 보내오려 님 겨신 듸 ᄇ라보니
> 산인가 구름인가 머흐도 머흘시고
> 천리 만리 길히 뉘라셔 ᄎ자갈고
> 니거든 여러 두고 날인가 반기실가
>
> — 정철, 「사미인곡」 중에서

① 고인도 날 몯보고 나도 고인 몯뵈
　고인을 몯뵈도 녀던 길 알픠 잇뉘
　녀던 길 알픠 잇거든 아니 녀고 엇멸고
② 삼동에 베옷 입고 암혈(巖穴)에 눈비 맞아
　구름 낀 볕뉘도 쬔 적이 없건마는
　서산에 해 지다 하니 눈물 겨워 하노라
③ 묏버들 갈히 것거 보내노라 님의
　손듸자시는 창 밧긔 심거두고 보쇼셔
　밤비예 새 닙 곳 나거든 날인가도 너기쇼셔
④ 반중(盤中) 조홍(早紅) 감이 고아도 보이ᄂ다
　유자 안이라도 품엄즉도 ᄒ다마ᄂ
　품어 가 반기 리 업슬새 글노 설워ᄒ ᄂ이다

15 다음 중 표준어가 아닌 것은?

① 발가숭이　　　　② 깡충깡충
③ 뻗정다리　　　　④ 오뚝이

16 다음 중 아래 글의 내용을 포괄하여 설명하기에 가장 적절한 것은?

> 주체 경어법은 용언에 선어말 어미 '-시-'를 넣음으로써 이루어진다. 만약 여러 개의 용언이 함께 나타나는 경우라면 일률적인 규칙을 세우기는 어렵지만 대체로 문장의 마지막 용언에 선어말어미 '-시-'를 쓴다. 또한 여러 개의 용언 가운데 어휘적으로 높임의 용언이 따로 있는 경우에는 반드시 그 용언을 사용해야 한다.

① 할머니, 어디가 어떻게 편찮으세요?
② 어머님께서 돌아보시고 주인에게 부탁하셨다.
③ 선생님께서 책을 펴며 웃으셨다.
④ 할아버지께서 주무시고 가셨다.

17 아래의 글에 나타나지 않는 설명 방식은?

> 텔레비전에서는 여러 종류의 자막이 쓰인다. 뉴스의 경우, 앵커가 기사를 소개할 때에는 앵커의 왼쪽 위에 기사 전체의 내용을 요약하거나 핵심을 추려 제목 자막을 쓴다. 보도 중간에는 화면의 하단에 기사의 제목이나 소제목을 자막으로 보여준다. 그리고 보도 내용을 이해하는 데 꼭 필요한 핵심적인 내용이나 세부 자료도 자막으로 보여준다.
>
> 관객이나 시청자가 읽을 수 있도록 화면에 보여주는 글자라는 점에서 영화에서 쓰이는 자막도 텔레비전 자막과 비슷하게 활용된다. 그런데 영화의 자막은 타이틀과 엔딩 크레디트 그리고 번역 대사가 전부이다. 이는 모두 영화 제작과 관련된 정보를 알려주는 제한된 용도로만 사용된다. 번역 대사는 더빙하지 않은 외국영화의 대사를 보여주기 위한 수단으로 사용된다.
>
> 텔레비전에서는 영화에서 쓰는 자막을 모두 사용할 뿐 아니라 각종 제목과 요약 내용을 나타내기도 하고 시청자의 흥미를 돋우기 위해 말과 감탄사를 표현하기도 한다. 음성으로 전달할 수 없는 다양한 정보를 제작자의 의도에 맞게끔 자막을 활용하여 제공하는 것이다.

① 정의　　　　② 유추
③ 예시　　　　④ 대조

18 다음 중 (가)~(다)를 문맥에 맞는 순서대로 나열한 것은?

최근 수십 년간 세계 각국의 정부들은 공격적인 환경보호 조치들을 취해왔다. 대기오염과 수질오염, 살충제와 독성 화학물질의 확산, 동식물의 멸종 위기 등을 우려한 각국의 정부들은 인간의 건강을 증진하고 인간 활동이 야생 및 원시 지역에서 만들어 낸 해로운 결과를 줄이기 위해 상당한 자원을 투자해왔다.

(가) 그러나 이러한 규제 노력 가운데는 막대한 비용을 헛되이 낭비한 것들도 상당수에 달하며, 그중 일부는 해결하고자 했던 문제를 오히려 악화시키기도 했다.

(나) 이 중 많은 조치들이 커다란 성과를 거두었다. 이를테면 대기오염을 줄이려는 노력으로 수십만 명의 조기 사망과 수백만 가지의 질병을 예방할 수 있었다.

(다) 예를 들어, 새로운 대기 오염원을 공격적으로 통제할 경우, 기존의 오래된 오염원의 수명이 길어져서 적어도 단기적으로는 대기오염을 가중시킬 수 있다.

① (나) → (가) → (다)
② (나) → (다) → (가)
③ (다) → (가) → (나)
④ (다) → (나) → (가)

19 다음 중 밑줄 친 부분과 같은 수사법이 쓰인 것은?

<u>흰 수건</u>이 검은 머리를 두르고
<u>흰 고무신</u>이 거친 발에 걸리우다.

<u>흰 저고리 치마</u>가 슬픈 몸집을 가리고
<u>흰 띠</u>가 가는 허리를 질끈 동이다.
― 윤동주, 「슬픈 족속」

① 내 누님같이 생긴 꽃이여
② 나의 마음은 고요한 물결
③ 파도가 아가리를 쳐들고 달려드는 곳
④ 의(義) 있는 사람은 옳은 일을 위하여는 칼날을 밟습니다

20 밑줄 친 말의 표기가 잘못된 것은?

① 배가 고파서 <u>공기밥</u>을 두 그릇이나 먹었다.
② 선출된 임원들이 차례로 <u>인사말</u>을 하였다.
③ 사고 <u>뒤처리</u>를 하느라 골머리를 앓았다.
④ 이메일보다는 손수 쓴 <u>편지글</u>이 더 낫다.

21 다음 중 아래 글에 대한 이해로 가장 적절하지 않은 것은?

어떤 사람은 이곳이 옛 전쟁터였기 때문에 물소리가 그렇다고 말하나 그래서가 아니라 물소리는 듣기 여하에 달린 것이다.

나의 집이 있는 산속 바로 문 앞에 큰 내가 있다. 해마다 여름철 폭우가 한바탕 지나가고 나면 냇물이 갑자기 불어나 늘 수레와 말, 대포와 북의 소리를 듣게 되어 마침내 귀에 못이 박힐 정도가 되어 버렸다.

나는 문을 닫고 드러누워 그 냇물 소리를 구별해서 들어 본 적이 있었다. 깊숙한 솔숲에서 울려 나오는 솔바람 같은 소리, 이 소리는 청아하게 들린다. 산이 찢어지고 언덕이 무너지는 듯한 소리, 이 소리는 격분해 있는 것처럼 들린다. 뭇 개구리들이 다투어 우는 듯한 소리, 이 소리는 교만한 것처럼 들린다. 수많은 축(筑)이 번갈아 울리는 듯한 소리, 이 소리는 노기에 차 있는 것처럼 들린다. 별안간 떨어지는 천둥 같은 소리, 이 소리는 놀란 듯이 들린다. 약하기도 세기도 한 불에 찻물이 끓는 듯한 소리, 이 소리는 분위기 있게 들린다. 거문고가 궁조(宮調)·우조(羽調)로 울려 나오는 듯한 소리, 이 소리는 슬픔에 젖어 있는 듯이 들린다. 종이 바른 창문에 바람이 우는 듯한 소리, 이 소리는 회의(懷疑)스러운 듯 들린다. 그러나 이 모두가 똑바로 듣지 못한 것이다. 단지 마음속에 품은 뜻이 귀로 소리를 받아들여 만들어 낸 것일 따름이다.
― 박지원, 「일야구도하기」 중에서

① 직유와 은유를 활용하여 대상을 묘사하였다.
② 세심한 관찰을 통해 사물의 본질을 이해할 수 있음을 역설하였다.
③ 일상에서의 경험을 자기 생각의 근거로 제시하였다.
④ 다른 이의 생각을 반박하기 위하여 서술하였다.

22 밑줄 친 '보다'의 활용형이 지닌 의미가 나머지 셋과 다른 것은?

① 어쩐지 그의 행동을 실수로 <u>볼</u> 수가 없었다.
② 손해를 <u>보면서</u> 물건을 팔 사람은 없다.
③ 그는 상대를 만만하게 <u>보는</u> 나쁜 버릇이 있다.
④ 날씨가 좋을 것으로 <u>보고</u> 우산을 놓고 나왔다.

23 다음 중 '을'이 '동의의 격률'에 따라 대화를 한 것은?

① 갑: 저를 좀 도와주실 수 있어요?
　 을: 무슨 일이지요? 지금 급히 해야 할 일이 있어요.
② 갑: 글씨를 좀 크게 써 주세요.
　 을: 귀가 어두워서 잘 들리지 않는데 좀 크게 말씀해 주세요.
③ 갑: 여러 모로 부족한 점이 많은데, 앞으로 잘 부탁합니다.
　 을: 저는 매우 부족한 사람이라서 제대로 도와 드릴 수 있을지 걱정입니다.
④ 갑: 여러 침대 중에 이것이 커서 좋은데 살까요?
　 을: 그 침대가 크고 매우 우아해서 좋군요. 그런데 좀 커서 우리 방에 들어가지 않을 것 같아요.

24 아래의 글에서 밑줄 친 단어들 중 고유어에 해당하는 것은?

> 절간의 여름 수도(修道)인 하안거(夏安居)가 끝나면 스님들은 바랑을 메고 바리를 들고서 <u>동냥</u> 수도에 나선다. 이 동냥이 경제적인 <u>구걸</u>로 타락된 적도 없지 않지만 원래는 <u>중생</u>으로 하여금 <u>자비</u>를 베풀 기회를 줌으로써 업고(業苦)를 멸각시키려는 수도 행사였다.

① 동냥
② 구걸
③ 중생
④ 자비

25 다음 중 밑줄 친 단어를 로마자 표기법에 맞게 표기한 것은?

> 내 이름은 <u>복연필</u>이다.
> 어제 우리는 <u>청와대</u>를 다녀왔다.
> 작년에 나는 <u>한라산</u>을 등산하였다.
> 다음 주에 나는 <u>북한산</u>을 등산하려고 한다.

① 복연필 – Bok Nyeonphil
② 청와대 – Chungwadae
③ 한라산 – Hanrasan
④ 북한산 – Bukhansan

2022년 행정법 9급 기출문제

01 다음 중 행정법의 효력에 대한 설명으로 가장 옳지 않은 것은?

① 행정법령의 시행일을 정하지 않은 경우에는 공포한 날부터 20일이 경과함으로써 효력을 발생하는데, 이 경우 공포한 날을 첫날에 산입하지 아니하고 기간의 말일이 토요일 또는 공휴일인 때에는 그 말일의 다음날로 기간이 만료한다.

② 법령을 소급적용하더라도 일반 국민의 이해에 직접 관계가 없는 경우, 오히려 그 이익을 증진하는 경우, 불이익이나 고통을 제거하는 경우 등의 특별한 사정이 있는 경우에 한하여 예외적으로 법령의 소급적용이 허용된다.

③ 신청에 따른 처분은 신청 후 법령이 개정된 경우라도 법령 등에 특별한 규정이 있거나 처분 당시의 법령을 적용하기 곤란한 특별한 사정이 있는 경우를 제외하고는 개정된 법령을 적용한다.

④ 법령상 허가를 받아야만 가능한 행위가 법령 개정으로 허가 없이 할 수 있게 되었다 하더라도 개정의 이유가 사정의 변천에 따른 규제 범위의 합리적 조정의 필요에 따른 것이라면 개정 전 허가를 받지 않고 한 행위에 대해 개정 전 법령에 따라 처벌할 수 있다.

02 다음 중 행정법의 법원에 대한 설명으로 가장 옳은 것은?

① 행정청 내부의 사무처리준칙이 제정·공표되었다면 이 자체만으로도 행정청은 자기구속을 받게 되므로 이 준칙에 위배되는 처분은 위법하게 된다.

② 헌법재판소의 위헌결정이 있다면 행정청이 개인에 대하여 공적인 견해를 표명한 것으로 볼 수 있으므로 위헌 결정과 다른 행정청의 결정은 신뢰보호 원칙에 반한다.

③ 부당결부금지의 원칙은 판례에 의해 확립된 행정의 법원칙으로 실정법상 명문의 규정은 없다.

④ 법령의 규정만으로 처분 요건의 의미가 분명하지 아니한 경우에 법원이나 헌법재판소의 분명한 판단이 있음에도 합리적 근거가 없이 사법적 판단과 어긋나게 행정처분을 한 경우에 명백한 하자가 있다고 봄이 타당하다.

03 다음 중 허가에 대한 설명으로 가장 옳지 않은 것은?

① 한의사 면허는 허가에 해당하고, 한약조제시험을 통해 약사에게 한약조제권을 인정함으로써 한의사들의 영업이익이 감소되었다고 하더라도 이는 법률상 이익 침해라고 할 수 없다.

② 건축허가는 기속행위이므로 건축법상 허가요건이 충족된 경우에는 항상 허가하여야 한다.

③ 허가신청 후 허가기준이 변경되었다 하더라도 그 허가관청이 허가신청을 수리하고도 정당한 이유 없이 그 처리를 늦추어 그 사이에 허가기준이 변경된 것이 아닌 이상 변경된 허가기준에 따라서 처분을 하여야 한다.

④ 석유판매업 등록은 대물적 허가의 성질을 가지고 있으므로, 종전 석유판매업자가 유사석유제품을 판매한 행위에 대해 승계인에게 사업정지 등 제재 처분을 할 수 있다.

04 다음 중 처분의 사전통지에 대한 설명으로 가장 옳지 않은 것은?

① 고시 등에 의한 불특정 다수를 상대로 한 권익제한이나 의무부과의 경우 사전통지 대상이 아니다.

② 수익적 처분의 신청에 대한 거부처분은 실질적으로 침익적 처분에 해당하므로 사전통지 대상이 된다.

③ 「행정절차법」은 처분의 직접상대방 외에 신청에 따라 행정절차에 참여한 이해관계인도 사전통지의 대상인 당사자에 포함시키고 있다.

④ 공무원의 정규임용처분을 취소하는 처분은 사전통지를 하지 않아도 되는 예외적인 경우에 해당하지 않는다.

05 다음 중 취소소송과 무효확인소송의 관계에 대한 설명으로 가장 옳지 않은 것은?

① 행정처분에 대한 취소소송과 무효확인소송은 단순 병합이나 선택적 병합의 방식으로 제기할 수 있다.

② 무효선언을 구하는 취소소송이라도 형식이 취소소송이므로 제소요건을 갖추어야 한다.

③ 무효확인을 구하는 소에는 당사자가 명시적으로 취소를 구하지 않는다고 밝히지 않는 한 취소를 구하는 취지가 포함되었다고 보아서 취소소송의 요건을 갖추었다면 취소판결을 할 수 있다.

④ 취소소송의 기각판결의 기판력은 무효확인소송에 미친다.

06 다음 중 판결의 효력에 대한 설명으로 가장 옳지 않은 것은?

① 취소판결 자체의 효력으로써 그 행정처분을 기초로 하여 새로 형성된 제3자의 권리까지 당연히 그 행정처분 전의 상태로 환원되는 것이라고는 할 수 없다.

② 처분의 취소를 구하는 청구에 대한 기각판결은 기판력이 발생하지 않는다.

③ 취소판결이 확정된 경우 행정청은 종전 처분과 다른 사유로 다시 처분할 수 있고, 이 경우 그 다른 사유가 종전 처분 당시 이미 존재 하고 있었고 당사자가 이를 알고 있었다 하더라도 확정판결의 기속력에 저촉되지 않는다.

④ 거부처분에 대한 취소판결이 확정된 후 법령이 개정된 경우 개정된 법령에 따라 다시 거부처분을 하여도 기속력에 반하지 아니하다.

07 다음 중 행정심판에 대한 설명으로 가장 옳지 않은 것은?

① 처분청이 처분을 통지할 때 행정심판을 제기할 수 있다는 사실과 기타 청구절차 및 청구 기간 등에 대한 고지를 하지 않았다고 하여 처분에 하자가 있다고 할 수 없다.

② 행정심판청구서가 피청구인에게 접수된 경우, 피청구인은 심판청구가 이유 있다고 인정하면 직권으로 처분을 취소할 수 있다.

③ 수익적 처분의 거부처분이나 부작위에 대해 임시적 지위를 인정할 필요가 있어서 인정한 제도는 임시처분이다.

④ 의무이행심판에서 이행을 명하는 재결이 있음에도 불구하고 처분청이 이를 이행하지 아니할 때 위원회가 직접 처분을 할 수 있는데, 행정심판의 재결은 처분청을 기속하므로 지방자치단체는 직접 처분에 대해 행정심판위원회가 속한 국가기관을 상대로 권한쟁의심판을 청구할 수 없다.

08 다음 중 영조물의 설치 · 관리상 하자로 인한 손해배상에 대한 설명으로 가장 옳지 않은 것은?

① 공공의 영조물은 사물(私物)이 아닌 공물(公物)이어야 하지만, 공유나 사유임을 불문하고 행정주체에 의하여 특정 공공의 목적에 공여된 유체물이면 족하다.

② 도로의 설치 및 관리에 있어 완전무결한 상태를 유지할 정도의 고도의 안전성을 갖추지 아니하였다고 하여 하자가 있다고 단정할 수는 없고, 그것을 이용하는 자의 상식적이고 질서 있는 이용 방법을 기대한 상대적인 안전성을 갖추는 것으로 족하다.

③ 하천의 홍수위가 「하천법」상 관련규정이나 하천정비계획 등에서 정한 홍수위를 충족하고 있다고 해도 하천이 범람하거나 유량을 지탱하지 못해 제방이 무너지는 경우는 안전성을 결여한 것으로 하자가 있다고 본다.

④ 공군에 속한 군인이나 군무원의 경우 일반인에 비하여 공군비행장 주변의 항공기 소음 피해에 관하여 잘 인식하거나 인식할 수 있는 지위에 있다는 이유만으로 가해자가 면책되거나 손해배상액이 감액되지는 않는다.

09 통치행위에 대한 판례의 내용으로 가장 옳지 않은 것은?

① 외국에의 국군의 파견결정과 같이 성격상 외교 및 국방에 관련된 고도의 정치적 결단이 요구되는 사안에 대한 국민의 대의기관의 결정이 사법심사의 대상이 되지 아니한다.

② 선고된 형의 전부를 사면할 것인지 또는 일부만을 사면할 것인지를 결정하는 것은 사면권자의 전권사항에 속하는 것이고, 징역형의 집행유예에 대한 사면이 병과된 벌금형에도 미치는 것으로 볼 것인지 여부는 사면의 내용에 대한 해석문제에 불과하다.

③ 남북정상회담의 개최과정에서 재정경제부장관에게 신고하지 아니하거나 통일부장관의 협력사업 승인을 얻지 아니한 채 북한 측에 사업권의 대가 명목으로 송금한 행위는 사법심사의 대상이 되지 아니한다.

④ 비록 서훈취소가 대통령이 국가원수로서 행하는 행위라고 하더라도 법원이 사법심사를 자제하여야 할 고도의 정치성을 띤 행위라고 볼 수는 없다.

10 행정행위의 효력에 대한 설명으로 가장 옳지 않은 것은? (다툼이 있는 경우 판례에 의함)

① 일반적으로 행정처분이나 행정심판 재결이 불복기간의 경과로 확정될 경우에는 그 처분의 기초가 된 사실관계나 법률적 판단이 확정되고 당사자들이나 법원이 이에 기속되어 모순되는 주장이나 판단을 할 수 없게 된다.

② 제소기간이 이미 도과하여 불가쟁력이 생긴 행정처분에 대하여는 개별 법규에서 그 변경을 요구할 신청권을 규정하고 있거나 관계 법령의 해석상 그러한 신청권이 인정될 수 있는 등 특별한 사정이 없는 한 국민에게 그 행정처분의 변경을 구할 신청권이 있다 할 수 없다.

③ 불가쟁력이 발생한 행정행위로 손해를 입은 국민은 그 위법성을 들어 국가배상청구를 할 수 있다.

④ 불가변력이라 함은 행정행위를 한 행정청이 당해 행정행위를 직권으로 취소 또는 변경할 수 없게 하는 힘으로 실질적 확정력 또는 실체적 존속력이라고도 한다.

11 부관에 대한 판례의 내용으로 가장 옳지 않은 것은?

① 재량행위에 있어서는 관계 법령에 명시적인 금지 규정이 없는 한 행정목적을 달성하기 위하여 조건이나 기한, 부담 등의 부관을 붙일 수 있다.

② 토지소유자가 토지형질변경행위허가에 붙은 기부채납의 부관에 따라 토지를 국가나 지방자치단체에 기부채납(증여)한 경우, 토지 소유자는 원칙적으로 기부채납(증여)의 중요 부분에 착오가 있음을 이유로 증여계약을 취소할 수 있다.

③ 당초에 붙은 기한을 허가 자체의 존속기간이 아니라 허가조건의 존속기간으로 보더라도 그후 당초의 기한이 상당기간 연장되어 연장된 기간을 포함한 존속기간 전체를 기준으로 볼 경우 더 이상 허가된 사업의 성질상 부당하게 짧은 경우에 해당하지 않게 된 때에는 재량권의 행사로서 더 이상의 기간연장을 불허가할 수도 있다.

④ 일반적으로 행정처분에 효력기간이 정하여져 있는 경우에는 그 기간의 경과로 그 행정처분의 효력은 상실되며, 다만 허가에 붙은 기한이 그 허가된 사업의 성질상 부당하게 짧은 경우에는 이를 그 허가 자체의 존속기간이 아니라 그 허가조건의 존속기간으로 볼 수 있다.

12 행정계획에 대한 판례의 내용으로 가장 옳지 않은 것은?

① 관계법령에는 추상적인 행정목표와 절차만이 규정되어 있을 뿐 행정계획의 내용에 관하여는 별다른 규정을 두고 있지 아니하므로 행정주체는 구체적인 행정계획을 입안·결정함에 있어서 비교적 광범위한 형성의 자유를 가진다.

② 행정주체가 가지는 이와 같은 형성의 자유는 무제한적인 것이 아니라 그 행정계획에 관련되는 자들의 이익을 공익과 사익 사이에서는 물론이고 공익 상호 간과 사익 상호간에도 정당하게 비교 교량하여야 한다는 제한이 있다.

③ 판례에 따르면, 행정계획에 있어서 형량의 부존재, 형량의 누락, 평가의 과오 및 형량의 불비례등 형량의 하자별로 위법의 판단기준을 달리하여 개별화하여 판단하고 있다.

④ 이미 고시된 실시계획에 포함된 상세계획으로 관리되는 토지 위의 건물의 용도를 상세계획 승인권자의 변경승인 없이 임의로 판매시설에서 상세계획에 반하는 일반목욕장으로 변경한 사안에서, 그 영업신고를 수리하지 않고 영업소를 폐쇄한 처분은 적법하다고 한 판례가 있다.

13 다음 중 취소소송의 대상이 되는 처분에 해당하는 것으로 옳은 것은 모두 몇 개인가?

> ㉠ 한국마사회의 조교사나 기수에 대한 면허 취소·정지
> ㉡ 법규성 있는 고시가 집행행위 매개 없이 그 자체로서 이해당사자의 법률관계를 직접 규율하는 경우
> ㉢ 행정계획 변경신청의 거부가 장차 일정한 처분에 대한 신청을 구할 법률상 이익이 있는 자의 처분 자체를 실질적으로 거부하는 경우
> ㉣ 「국가공무원법」상 당연퇴직의 인사발령

① 0개　　　　② 1개
③ 2개　　　　④ 3개

14 행정입법부작위에 대한 설명으로 가장 옳지 않은 것은? (다툼이 있는 경우 판례에 의함)

① 현행법상 행정권의 시행명령제정의무를 규정하는 명시적인 법률규정은 없다.

② 삼권분립의 원칙, 법치행정의 원칙을 당연한 전제로 하고 있는 우리 헌법하에서 행정권의 행정입법 등 법집행의무는 헌법적 의무라고 보아야 한다.

③ 행정입법의 부작위가 위헌·위법이라고 하기 위하여는 행정청에게 행정입법을 하여야 할 작위의무를 전제로 하는 것이나, 그 작위의무가 인정되기 위하여는 행정입법의 제정이 법률의 집행에 필수불가결한 것일 필요는 없다.

④ 부작위위법확인소송의 대상이 될 수 있는 것은 구체적 권리의무에 관한 분쟁이어야 하고, 추상적인 법령에 관하여 제정의 여부 등은 그 자체로서 국민의 구체적인 권리의무에 직접적 변동을 초래하는 것이 아니어서 행정소송의 대상이 될 수 없다.

15 판례에 따르면 공법상 당사자소송과 가장 옳지 않은 것은?

① 조세부과처분의 당연무효를 전제로 하여 이미 납부한 세금의 반환청구

② 재개발조합을 상대로 조합원자격 유무에 관한 확인을 구하는 소송

③ 사업주가 당연가입자가 되는 고용보험 및 산재 보험에서 보험료 납부의무 부존재확인소송

④ 한국전력공사가 한국방송공사로부터 수신료의 징수업무를 위탁받아 자신의 고유업무와 관련된 고지행위와 결합하여 수신료를 징수할 권한이 있는지 여부를 다투는 쟁송

16 「행정소송법」의 규정내용으로 가장 옳지 않은 것은?

① 법원은 소송의 결과에 따라 권리 또는 이익의 침해를 받을 제3자가 있는 경우에는 당사자 또는 제3자의 신청 또는 직권에 의하여 결정으로써 그 제3자를 소송에 참가시킬 수 있다.

② 법원은 다른 행정청을 소송에 참가시킬 필요가 있다고 인정할 때에는 당사자 또는 당해 행정청의 신청 또는 직권에 의하여 결정으로써 그 행정청을 소송에 참가시킬 수 있다.

③ 법원이 제3자의 소송참가와 행정청의 소송참가에 관한 결정을 하는 경우에는 각각 당사자 및 제3자의 의견, 당사자와 및 당해 행정청의 의견을 들어야 한다.

④ 법원은 취소소송을 당해 처분 등에 관계되는 사무가 귀속하는 국가 또는 공공단체에 대한 당사자소송 또는 취소소송 외의 항고소송으로 변경하는 것이 상당하다고 인정할 때에는 청구의 기초에 변경이 없는 한 사실심의 변론종결 시까지 원고의 신청 또는 직권에 의하여 결정으로써 소의 변경을 허가할 수 있다.

17 판례에 따르면, 처분사유의 추가·변경 시 기본적 사실관계 동일성을 긍정한 사례로 가장 적절한 것은?

① 석유판매업허가신청에 대하여, 주유소 건축 예정 토지에 관하여 도시계획법령에 의거하여 행위제한을 추진하고 있다는 당초의 불허가처분사유와, 항고소송에서 주장한 위 신청이 토지형질변경허가의 요건 불비 및 도심의 환경 보전의 공익상 필요라는 사유

② 석유판매업허가신청에 대하여, 관할 군부대장의 동의를 얻지 못하였다는 당초의 불허가사유와, 토지가 탄약창에 근접한 지점에 있어 공익적인 측면에서 보아 허가신청을 불허한 것은 적법하다는 사유

③ 온천으로서의 이용가치, 기존의 도시계획 및 공공사업에의 지장 여부 등을 고려하여 온천발견신고 수리를 거부한 것은 적법하다는 사유와, 규정온도가 미달되어 온천에 해당하지 않는다는 사유

④ 이주대책신청기간이나 소정의 이주대책실시(시행)기간을 모두 도과하여 이주대책을 신청할 권리가 없고, 사업시행자가 이를 받아들여 택지나 아파트공급을 해 줄 법률상 의무를 부담한다고 볼 수 없다는 사유와, 사업지구 내 가옥 소유자가 아니라는 사유

18 다음 중 허가에 대한 설명으로 가장 옳지 않은 것은? (다툼이 있는 경우 판례에 의함)

① 개정 전 허가기준의 존속에 관한 국민의 신뢰가 개정된 허가기준의 적용에 관한 공익상의 요구보다 더 보호가치가 있다고 인정되는 경우에는 그러한 국민의 신뢰를 보호하기 위하여 개정된 허가기준의 적용을 제한할 여지가 있다.

② 법령상의 산림훼손 금지 또는 제한 지역에 해당하지 아니하더라도 중대한 공익상의 필요가 있다고 인정되는 경우, 산림훼손허가신청을 거부할 수 있다.

③ 어업에 관한 허가의 경우 그 유효기간이 경과하면 그 허가의 효력이 당연히 소멸하지만, 유효기간의 만료 후라도 재차 허가를 받게 되면 그 허가기간이 갱신되어 종전의 어업허가의 효력 또는 성질이 계속된다.

④ 요허가행위를 허가를 받지 않고 행한 경우에는 행정법상 처벌의 대상이 되지만 당해 무허가 행위의 법률상 효력이 당연히 부정되는 것은 아니다.

19 다음 중 행정행위의 철회에 대한 설명으로 가장 옳지 않은 것은? (다툼이 있는 경우 판례에 의함)

① 부담부 행정처분에 있어서 처분의 상대방이 부담을 이행하지 아니한 경우에 처분 행정청으로서는 이를 들어 당해 처분을 철회할 수 있다.

② 외형상 하나의 행정처분이라 하더라도 가분성이 있거나 그 처분대상의 일부가 특정될 수 있다면 그 일부만의 취소도 가능하고 그 일부의 취소는 당해 취소부분에 관하여 효력이 생긴다.

③ 행정행위의 철회는 적법요건을 구비하여 완전히 효력을 발하고 있는 행정행위를 사후적으로 효력을 장래에 향해 소멸시키는 별개의 행정처분이다.

④ 처분 후에 원래의 처분을 그대로 존속시킬 수 없게 된 사정변경이 생긴 경우 처분청은 처분을 철회할 수 있다고 할 것이므로, 이 경우 처분의 상대방에게 그 철회·변경을 요구할 권리는 당연히 인정된다고 할 것이다.

20 다음 중 이행강제금에 대한 설명으로 가장 옳지 않은 것은? (다툼이 있는 경우 판례에 의함)

① 구 「건축법」상 이행강제금은 위반행위에 대하여 시정명령을 받은 후 시정기간 내에 당해 시정명령을 이행하지 아니한 건축주 등에 대하여 부과되는 간접강제의 일종으로서 금전제재의 성격을 가지므로 그 이행강제금 납부의무는 상속인 기타의 사람에게 승계될 수 있다.

② 행정청은 의무자가 행정상 의무를 이행할 때까지 이행강제금을 반복하여 부과할 수 있고, 의무자가 의무를 이행하면 새로운 이행강제금의 부과를 즉시 중지하되, 이미 부과한 이행강제금은 징수하여야 한다.

③ 장기 의무위반자가 이행강제금 부과 전에 그 의무를 이행하였다면 이행강제금의 부과로써 이행을 확보하고자 하는 목적은 이미 실현된 것이므로 이행강제금을 부과할 수 없다.

④ 이행강제금은 의무위반에 대하여 장래의 의무이행을 확보하는 수단이라는 점에서 과거의 의무위반에 대한 제재인 행정벌과 구별된다.

21 다음 중 행정상 손실보상에 대한 설명으로 가장 옳지 않은 것은? (다툼이 있는 경우 판례에 의함)

① 「공익사업을 위한 토지 등의 취득 및 보상에 관한 법률」 시행령에서 이주대책의 대상자에서 세입자를 제외하고 있는 것이 세입자의 재산권을 침해하는 것이라 볼 수 없다.

② 공익사업으로 인하여 영업을 폐지하거나 휴업하는 자가 구 「공익사업을 위한 토지 등의 취득 및 보상에 관한 법률」에 규정된 재결절차를 거치지 않은 채 곧바로 사업시행자를 상대로 영업손실보상을 청구할 수 없다.

③ 사업시행자 스스로 공익사업의 원활한 시행을 위하여 생활대책을 수립·실시할 수 있도록 하는 내부규정을 두고 이에 따라 생활대책 대상자 선정기준을 마련하여 생활대책을 수립·실시하는 경우, 생활대책 대상자 선정기준에 해당하는 자기 자신을 생활대책 대상자에서 제외하거나 선정을 거부한 사업시행자를 상대로 항고소송을 제기할 수 있다.

④ 보상청구권이 성립하기 위해서는 재산권에 대한 법적인 행위로서 공행정작용에 의한 침해를 말하고 사실행위는 포함되지 않는다.

22 다음 중 행정심판의 재결에 대한 설명으로 가장 옳지 않은 것은? (다툼이 있는 경우 판례에 의함)

① 조세부과처분이 국세청장에 대한 불복심사 청구에 의하여 그 불복사유가 이유 있다고 인정되어 취소되었음에도 처분청이 동일한 사실에 관하여 부과처분을 되풀이한 것이라면 설령 그 부과처분이 감사원의 시정요구에 의한 것이라 하더라도 위법하다.

② 행정심판위원회는 의무이행재결이 있는 경우에 피청구인이 처분을 하지 아니한 경우에는 당사자의 신청 또는 직권으로 기간을 정하여 시정을 명하고 그 기간에 이행하지 아니하면 직접 처분을 할 수 있다.

③ 행정심판의 재결이 확정된 경우에도 처분의 기초가 된 사실관계나 법률적 판단이 확정되고 당사자들이나 법원이 이에 기속되어 모순되는 주장이나 판단을 할 수 없게 되는 것은 아니다.

④ 처분 취소재결이 있는 경우 당해 처분청은 재결의 취지에 반하지 아니하는 한 그 재결에 적시된 위법사유를 시정·보완하여 새로운 처분을 할 수 있는 것이고, 이러한 새로운 부과처분은 재결의 기속력에 저촉되지 아니한다.

23 X시의 공무원 甲은 乙이 건축한 건물이 건축허가에 위반하였다는 이유로 철거명령과 「행정대집행법」상의 절차를 거쳐 대집행을 완료하였다. 乙은 행정대집행의 처분들이 하자가 있다는 이유로 행정소송 및 손해배상소송을 제기하려고 한다. 다음 중 설명으로 가장 옳지 않은 것은? (다툼이 있는 경우 판례에 의함)

① 乙이 취소소송을 제기하는 경우, 행정대집행이 이미 완료된 것이므로 소의 이익이 없어 각하판결을 받을 것이다.

② 乙이 손해배상소송을 제기하는 경우, 민사법원은 그 행정처분이 위법인지 여부는 심사할 수 없다.

③ 「행정소송법」은 처분 등의 효력 유무 또는 존재 여부가 민사소송의 선결문제로 되는 경우 당해 민사소송의 수소법원이 이를 심리·판단할 수 있는 것으로 규정하고 있다.

④ X시의 손해배상책임이 인정된다면 X시는 고의 또는 중대한 과실이 있는 甲에게 구상할 수 있다.

24 다음 중 취소소송에 대한 설명으로 가장 옳지 않은 것은? (다툼이 있는 경우 판례에 의함)

① 제재적 행정처분의 효력이 제재기간 경과로 소멸하였더라도 관련 법규에서 제재적 행정처분을 받은 사실을 가중사유나 전제요건으로 삼아 장래의 제재적 행정처분을 하도록 정하고 있다면, 선행처분의 취소를 구할 법률상 이익이 있다.

② 행정처분의 취소소송 계속 중 처분청이 다툼의 대상이 되는 행정처분을 직권으로 취소하면 그 처분은 효력을 상실하여 더 이상 존재하지 않는 것이므로 존재하지 않는 처분을 대상으로 한 항고소송은 원칙적으로 소의 이익이 소멸하여 부적법하다.

③ 고등학교 졸업이 대학 입학 자격이나 학력 인정으로서의 의미밖에 없다고 할 수 없으므로 고등학교 졸업학력 검정고시에 합격하였다 하여 고등학교 학생으로서의 신분과 명예가 회복될 수 없는 것이니 퇴학처분을 받은 자로서는 퇴학처분의 위법을 주장하여 그 취소를 구할 소송상의 이익이 있다.

④ 소송계속 중 해당 처분이 기간의 경과로 그 효과가 소멸하더라도 예외적으로 그 처분의 취소를 구할 소의 이익을 인정할 수 있는 '행정처분과 동일한 사유로 위법한 처분이 반복될 위험성이 있는 경우'란 해당 사건의 동일한 소송 당사자 사이에서 반복될 위험이 있는 경우만을 의미한다.

25 다음 중 「행정소송법」상 집행정지결정에 대한 설명으로 가장 옳지 않은 것은? (다툼이 있는 경우 판례에 의함)

① 법원은 당사자의 신청 또는 직권에 의하여 처분 등의 효력이나 그 집행 또는 절차의 속행의 전부 또는 일부의 정지를 결정하거나, 또는 집행정지의 취소를 결정할 수 있다.

② 집행정지결정은 속행정지, 집행정지, 효력정지로 구분되고 이 중 속행정지는 처분의 집행이나 효력을 정지함으로써 목적을 달성할 수 있는 경우에는 허용되지 아니한다.

③ 과징금납부명령의 처분이 사업자의 자금 사정이나 경영전반에 미치는 파급효과가 매우 중대하다는 이유로 인한 손해는 효력정지 내지 집행정지의 적극적 요건인 '회복하기 어려운 손해'에 해당한다.

④ 효력기간이 정해져 있는 제재적 행정처분에 대한 취소소송에서 법원이 본안소송의 판결선고 시까지 집행정지결정을 하면, 처분에서 정해 둔 효력기간은 판결선고 시까지 진행하지 않다가 판결이 선고되면 그때 집행정지결정의 효력이 소멸함과 동시에 처분의 효력이 당연히 부활하여 처분에서 정한 효력기간이 다시 진행한다.

2022년 경영학 9급 기출문제

01 다음 중에서 일정 기간 내의 생산의 절대량이 증가할수록 제품(또는 제품을 생산하는 작업)의 단가가 저하되는 현상을 설명한 것으로 가장 옳은 것은?

① 규모의 경제
② 범위의 경제
③ 경험효과
④ 시너지

02 다음 중에서 가격책정방법이 아닌 것은?

① 원가가산의 방법
② 수요지향적 방법
③ 경쟁지향적 방법
④ 재고지향적 방법

03 다음 중에서 리더십의 관점이 아닌 것은?

① 전술이론
② 특성이론
③ 행동이론
④ 상황이론

04 다음 중에서 생산관리의 목적으로 가장 옳지 않은 것은?

① 원가절감
② 최고의 품질
③ 유연성 확보
④ 촉진강화

05 다음 중 공급사슬관리(SCM, Supply Chain Management)의 기대효과에 해당하지 않는 것은?

① 거래 비용의 절감
② 채찍효과(Bullwhip Effect)의 증폭
③ 거래의 오류 감소
④ 정보 전달과 처리의 편의성 증대

06 다음 중에서 기업의 종합적인 관점에서 비전과 목표를 설정하고 각 사업분야에서 경영자원을 배분하고 조정하는 일련의 활동으로 가장 옳은 것은?

① 기업전략
② 사업부전략
③ 기능별전략
④ 마케팅전략

07 관리과정의 단계 중 조직화에 대한 설명으로 가장 적절한 것은?

① 과업의 목표, 달성 방법 등을 정리하는 것
② 전체 과업을 각자에게 나누어 맡기고 그 일들의 연결 관계를 정하는 것
③ 과업이 계획대로 실행되었는지 살펴보고 필요한 시정조치를 취하는 것
④ 과업이 실제로 실행되도록 시키거나 이끌어가는 것

08 다음 중에서 관리회계에 대한 설명 중 가장 옳지 않은 것은?

① 기업 외부의 이해관계자들이 필요한 정보를 제공한다.
② 사업부별 성과분석을 제공한다.
③ 원가절감을 위한 원가계산 정보를 제공한다.
④ 기업회계기준이나 국제회계기준 등의 규칙을 준수하지 않아도 된다.

09 다음 중에서 안전성 비율로 옳지 않은 것은?

① 부채비율
② 유동비율
③ 당좌비율
④ 자본이익률

10 다음 중 제품 포트폴리오 관리 도구인 BCG매트릭스가 제공하는 4가지 진단상황에 대한 설명으로 가장 옳지 않은 것은?

① 별(Star): 시장성장률과 시장점유율이 모두 높은 제품
② 현금젖소(Cash Cow): 시장점유율은 낮지만 시장성장률이 높은 제품
③ 개(Dog): 시장성장률과 시장점유율이 모두 낮은 제품
④ 물음표(Question Mark): 시장성장률은 높지만 시장점유율이 낮은 제품

11 다음 중 법인세비용 차감 이후의 이익으로 가장 옳은 것은?

① 당기순이익
② 매출총이익
③ 영업이익
④ 법인세비용차감전순이익

12 다음 중 인간관계론에 대한 설명으로 가장 옳은 것은?

① 과학적관리법이라고도 한다.
② 차별적성과급을 핵심 수단으로 삼고 있다.
③ 비공식집단의 중요성을 발견했다.
④ 조직을 관리하는 최선의 관리방식은 회사의 규모나 시장 상황 등에 따라 상이할 수 있음을 발견했다.

13 다음 중 기업의 사회적 책임의 유형들에 대한 설명으로 가장 옳지 않은 것은?

① 경제적 책임: 이윤을 창출하는 것으로 가장 기초적인 수준의 사회적 책임에 해당됨
② 법적 책임: 법규를 준수하는 것
③ 윤리적 책임: 법적 책임의 범위 내에서 기업을 경영하는 것
④ 자선적 책임: 자발적으로 사회에 이바지하여 훌륭한 기업시민이 되는 것

14 조직 내부에서 지식을 증폭 및 발전시키는 과정에 대한 설명 중 가장 옳지 않은 것은?

① 이식(공동화 Socialization): 각 개인들이 가진 형식지(Explicit Knowledge)를 조직 안에서 서로 나누어 가지는 과정
② 표출(명료화 Externalization): 머릿속의 지식을 형식지로 옮기면서 새로운 지식이 얻어지는 과정
③ 연결(통합화 Combination): 각자의 단편지식들이 연결되면서 통합적인 새로운 지식들이 생성되는 과정
④ 체화(내재화 Internalization): 구성원들이 얻은 형식지를 머릿속에 쌓아 두면서 자신의 지식과 경험으로 만드는 과정

15 다음 중 목표에 의한 관리(MBO)의 성공요건이 아닌 것은?

① 목표의 난이도
② 목표의 구체성
③ 목표의 유연성
④ 목표의 수용성

16 다음 중 자본예산의 의사결정준칙에 대한 설명으로 가장 옳지 않은 것은?

① 회수기간법
② 순현가법
③ 내부수익률법
④ 선입선출법

17 다음 중 시장세분화를 통해 기대할 수 있는 효과에 대한 설명으로 가장 옳지 않은 것은?

① 고객들의 욕구를 보다 잘 이해할 수 있다.
② 마케팅 기회를 더 잘 발견할 수 있다.
③ 시장세분화를 하면 할수록 비용효율성이 높아지기 때문이다.
④ 기업들이 동일한 소비자를 놓고 직접 경쟁하지 않아도 되므로 가격경쟁이 완화될 수 있다.

18 다음 중 마케팅 믹스(4P Mix)에 해당하지 않는 것은?

① 상품(Product)
② 가격(Price)
③ 유통(Place)
④ 과정(Process)

19 다음 중 글로벌경영의 필요성에 대한 설명으로 가장 옳지 않은 것은?

① 해외시장 확보를 통한 매출액 증대
② 지리적 다변화를 통한 위험집중
③ 국내 규제의 회피
④ 해외조달을 통한 투입요소 비용의 절감

20 다음 중 전통적 품질관리(QC)와 전사적품질경영(TQC)에 대한 비교가 가장 옳지 않은 것은?

	구분	전통적 품질관리 (QC)	전사적품질경영 (TQC)
가	대상	제조부문 위주	기업 내 전 부문
나	업종	모든 업종에 적용됨	제조업 중심
다	목표	생산관리면에 국한 (불량률 감소, 원가절감, 품질의 균일화 등)	기술혁신, 불량예방, 원가절감 등을 통한 총체적 생산성 향상 및 고객만족
라	성격	생산현장에 정통한 품질관리 담당자 중심의 통지	생산직, 관리자, 최고경영자까지 전사적으로 참여

① 가
② 나
③ 다
④ 라

21 다음 중 재고관련비용의 유형에 대한 설명으로 가장 옳지 않은 것은?

① 품목비용: 재고품목 그 자체의 구매비용 또는 생산비용
② 주문비용: 재고품목을 외부에 주문할 때 발생하는 경비와 관리비
③ 재고유지비용: 한 번의 조업을 위한 생산설비의 가동준비에 소요되는 비용
④ 재고부족비용: 재고가 소진된 후 보충될 때까지 기다리는 과정에서 발생하는 비용

22 다음 중 시계열분석기법에 속하는 수요예측방법과 가장 옳지 않은 것은?

① 델파이법
② 이동평균법
③ 지수평활법
④ 추세분석법

23 다음 중 거래에 대한 분개로 가장 옳은 것은?

> 거래내용: 40,000원의 상품을 구매하였는데, 이 중 10,000원을 현금으로 지급하였으며, 나머지는 외상으로 하였다.

	(차변)	(대변)
①	현금 10,000 매출채권 30,000	상품 40,000
②	상품 40,000	현금 10,000 매입채무 30,000
③	상품 40,000	현금 10,000 매출채권 30,000
④	현금 10,000 매입채무 30,000	상품 40,000

24 다음 중 유가증권이나 투자안의 위험(Risk) 중 특정기업에만 해당하는 수익률변동성(위험)으로 가장 옳은 것은?

① 포트폴리오 효과
② 체계적 위험
③ 변동계수
④ 비체계적 위험

25 다음 중 균형성과표(BSC)의 4가지 관점에 해당하지 않는 것은?

① 학습과 성장 관점
② 내부 비즈니스 프로세스 관점
③ 경쟁자 관점
④ 재무적 관점

2022년 국어 9급 기출문제 정답 및 해설

01	02	03	04	05	06	07	08	09	10
③	②	④	④	①	②	③	②	③	①
11	12	13	14	15	16	17	18	19	20
①	④	③	④	②	④	②	①	④	①
21	22	23	24	25					
②	②	④	①	④					

01 난도 ★★☆ ③

출제 영역 국어 규범 > 한글 맞춤법 > 띄어쓰기

③ '사과들'에서 '-들'은 '복수(複數)'의 뜻을 더하는 접미 사이므로 앞말에 붙여 써야 한다. 그리고 한글 맞춤법 제46항에서 단음절로 된 단어가 연이어 나타날 때는 붙여 쓸 수 있다고 하였기 때문에 '좀더∨큰것'은 '좀 ∨더∨큰∨것'으로 쓰는 것이 원칙이나, '좀더∨큰것' 으로 붙여 쓰는 것도 허용한다.

오답 분석

① • 지난∨달(×) → 지난달(○): '지난달'은 '이달의 바로 앞의 달'이라는 뜻을 가진 하나의 단어이므로 붙여 써야 한다.
　• 만날겸(×) → 만날∨겸(○), 할겸(×) → 할∨겸(○): '겸'은 '두 가지 이상의 동작이나 행위를 아울러 함을 나타내는 말'이라는 뜻을 가진 의존 명사이므로 앞말과 띄어 써야 한다.

② 물∨샐∨틈없이(×) → 물샐틈없이(○): '물샐틈없이' 는 '(비유적으로) 조금도 빈틈이 없이'라는 뜻을 가진 하나의 단어이므로 붙여 써야 한다.

④ 감사하기는∨커녕(×) → 감사하기는커녕(○): '는커 녕'은 앞말을 지정하여 어떤 사실을 부정하는 뜻을 강 조하는 보조사이므로 붙여 써야 한다.

02 난도 ★☆☆ ②

출제 영역 형태론 > 단어의 형성

② '살펴보다'는 동사 '살피다'의 어간 '살피-'에 연결 어미

'-어'와 동사 '보다'가 결합한 것이다. 따라서 실질 형태소끼리 결합하였으므로, 파생법이 아닌 합성법으로 만들어진 단어이다.

오답 분석

① '교육자답다'는 어근 '교육자'에 '특성이나 자격이 있음' 의 뜻을 더하는 접미사 '-답다'가 결합하였으므로 파생법으로 만들어진 단어이다.

③ '탐스럽다'는 어근 '탐'에 '그러한 성질이 있음'의 뜻을 더하고 형용사를 만드는 접미사 '-스럽다'가 결합하였 으므로 파생법으로 만들어진 단어이다.

④ '순수하다'는 어근 '순수'에 형용사를 만드는 접미사 '-하 다'가 결합하였으므로 파생법으로 만들어진 단어이다.

> **더 알아보기**
>
> **단어 형성법**
> • 합성법: 실질 형태소끼리 결합하여 합성어를 만드는 단 어 형성 방법으로, 어근과 어근의 결합으로 이루어진다.
> 　예 들어가다(용언의 어간+연결 어미+용언), 밤낮(명 사+명사)
> • 파생법: 실질 형태소에 접사를 붙여 파생어를 만드는 단어 형성 방법으로, 접사와 어근의 결합으로 이루어 진다.
> 　예 새빨갛다(접두사+어근), 낚시꾼(어근+접미사)

03 난도 ★★☆ ④

출제 영역 어휘 > 한자성어

④ 전화위복(轉禍爲福: 구를 전, 재앙 화, 할 위, 복 복) 은 '재앙과 근심, 걱정이 바뀌어 오히려 복이 됨'을 의 미한다. 따라서 우리 팀이 크게 이긴 긍정적인 상황에 사용하기에는 적절하지 않다.

오답 분석

① 견강부회(牽强附會: 끌 견, 강할 강, 붙을 부, 모일 회): 이치에 맞지 않는 말을 억지로 끌어 붙여 자기에 게 유리하게 함

② 호시우보(虎視牛步: 범 호, 볼 시, 소 우, 걸음 보): 범 처럼 노려보고 소처럼 걷는다는 뜻으로, 예리한 통찰

력으로 꿰뚫어 보며 성실하고 신중하게 행동함을 이르는 말
③ 도청도설(道聽塗說: 길 도, 들을 청, 진흙 도, 말씀 설): 길에서 듣고 길에서 말한다는 뜻으로, 길거리에 퍼져 돌아다니는 뜬소문을 이르는 말

04 난도 ★★★ ④

출제 영역 | 어휘 > 한자어

④ 마비(麻痺: 저릴 마, 저릴 비): 신경이나 근육이 형태의 변화 없이 기능을 잃어버리는 일

오답 분석

①·②·③의 밑줄 친 부분의 한자는 모두 '磨(갈 마)'가 쓰였다.
① 마모(磨耗: 갈 마, 빌 모): 마찰 부분이 닳아서 없어짐
② 절차탁마(切磋琢磨: 끊을 절, 갈 차, 쪼을 탁, 갈 마): 옥이나 돌 따위를 갈고 닦아서 빛을 낸다는 뜻으로, 부지런히 학문과 덕행을 닦음을 이르는 말
③ 연마(練磨: 익힐 연, 갈 마): 학문이나 기술 따위를 힘써 배우고 닦음

05 난도 ★★☆ ①

출제 영역 | 국어 규범 > 한글 맞춤법 > 띄어쓰기

① 한번(×) → 한∨번(○): '번'은 '일의 횟수를 세는 단위'라는 뜻을 가진 의존 명사이므로 앞말과 띄어 써야 한다.

오답 분석

② 제시문의 '한번'은 '지난 어느 때나 기회'라는 뜻을 가진 명사이므로 붙여 써야 한다.
③ 제시문의 '한번'은 '어떤 행동이나 상태를 강조하는 뜻을 나타내는 말'이라는 뜻을 가진 부사이므로 붙여 써야 한다.
④ 제시문의 '한번'은 '어떤 일을 시험 삼아 시도함을 나타내는 말'이라는 뜻을 가진 부사이므로 붙여 써야 한다.

06 난도 ★☆☆ ②

출제 영역 | 독해 > 세부 내용 파악하기

② 제시문의 '자연은 모든 생성의 원천이자 젖줄이다.', '자연은 생명 그 자체의 활기, 존재 자체의 아름다움의 표상이다.' 등을 통해 글쓴이는 모든 현상을 자연의 산물로 생각하고 있음을 확인할 수 있다. 따라서 글쓴이의 성격으로는 '자연주의자'가 적절하다.

오답 분석

① '낭만주의'란 꿈이나 공상의 세계를 동경하고 감상적인 정서를 중시하는 태도를 의미한다.
③ '신비주의'란 우주를 움직이는 신비스러운 힘의 감지자인 신이나 존재의 궁극 원인과의 합일은 합리적 추론이나 정하여진 교리 및 의식의 실천을 통하여서는 이루어질 수 없고 초이성적 명상이나 비의(祕儀)를 통하여서만 가능하다고 보는 종교나 사상을 의미한다.
④ '실용주의'란 19세기 후반 이후 미국을 중심으로, 실제 결과가 진리를 판단하는 기준이라고 주장하는 철학 사상을 의미한다. 행동을 중시하며, 사고나 관념의 진리성은 실험적인 검증을 통하여 객관적으로 타당한 것이어야 한다는 주장이다.

07 난도 ★☆☆ ③

출제 영역 | 독해 > 글의 구성 방식

③ 제시문의 중심 내용은 인간이 자연을 본받고 감사와 보존의 대상으로 여겨야 한다는 것이며, 이러한 내용은 글의 마지막에 제시되었다. 따라서 제시문의 구성 방식은 문단이나 글의 끝부분에 중심 내용이 오는 미괄식이다.

오답 분석

① '두괄식'이란 글의 첫머리에 중심 내용이 오는 산문 구성 방식으로, 제시문에서는 사용되지 않았다.
② '양괄식'이란 글의 중심 내용이 앞부분과 끝부분에 반복하여 나타나는 문장 구성 방식으로, 제시문에서는 사용되지 않았다.
④ '중괄식'이란 글의 중간 부분에 중심 내용이 오는 산문 구성 방식으로, 제시문에서는 사용되지 않았다.

더 알아보기

문단의 구성 방식

두괄식 구성	• 글의 머리 부분에 중심 내용이 제시된 후 뒷받침 문장이 이어지는 구성 • 구조: 중심 문장+뒷받침 문장+…+뒷받침 문장
미괄식 구성	• 글이나 문단의 끝부분에 중심 내용이 오는 구성 • 앞서 제시된 내용을 근거로 하여 마지막에 핵심 내용을 제시하는 경우가 많음 • 구조: 뒷받침 문장+…+뒷받침 문장+중심 문장

양괄식 구성	• 중심 내용이 글의 첫 부분과 마지막 부분에 제시되는 구성 • 일단 주제를 제시한 후 이에 대한 근거나 부연 설명이 이어지고, 마지막에 이러한 내용을 정리하여 다시 한번 중심 내용을 제시 • 구조: 중심 문장+뒷받침 문장+…+뒷받침 문장+중심 문장
무괄식 구성	• 글의 어느 한 부분에 주제가 제시되는 것이 아니라 주제와 관련된 내용이 전체적으로 나열되어 있는 구성 • 병렬식 구성이라고도 부르며, 주제가 표면적으로 명확하게 드러나지 않으므로 전체적인 내용을 통해 주제를 추론해야 함 • 구조: 뒷받침 문장+…+뒷받침 문장

08 난도 ★★☆ ②

출제 영역   독해 > 내용 추론하기

② 1문단의 '인간이 후천적, 인위적으로 그 구조를 만들었다고 생각하는 것은 잘못이다. 인간은 단지 구조되어 있는 그 질서에 참여할 뿐이다.'를 통해 주체의 의식적 사유와 행위에 의해 새로운 문화 질서가 창조될 수 없고 인간은 그 질서에 단지 참여할 뿐임을 추론할 수 있다. 따라서 주체의 의식적 사유와 행위에 의해 새로운 문화 질서가 창조된다는 것은 라캉의 생각과 거리가 멀다.

오답 분석

① 1문단에서 인간은 구조되어 있는 상징적 질서에 참여할 뿐이라고 하였으며, 2문단에서는 이러한 상징적 질서의 구조가 무의식적으로 인간의 행위를 규정한다고 하였으므로 주체의 무의식은 구조화된 상징적 질서에 의해 형성됨을 추론할 수 있다.

③ 4문단의 '나의 진술은 타자의 진술에 의해서 구성된다는 것이다. 나의 욕망도 타자의 욕망에 의해서 구성된다.'를 통해 대중 매체의 광고라는 타자의 진술이 주체의 욕망이 형성되는 데 큰 영향을 미침을 추론할 수 있다.

④ 3문단의 "라캉에게 나의 사유와 나의 존재는 사실상 분리되어 있다. 그는 나의 사유가 나의 존재를 확인시켜 주지 못한다고 주장한다. 라캉의 경우, '나는 생각한다'라는 의식이 없는 곳에서 '나는 존재'하고, 또 '내가 존재하는 곳'에서 '나는 생각하지 않는다.' 라캉은 무의식은 타자의 진술이라고 말한다."를 통해 라캉의

입장에서는 데카르트의 '나는 생각한다. 고로 존재한다'라는 명제가 옳지 않음을 추론할 수 있다.

09 난도 ★☆☆ ③

출제 영역   현대시 > 주제 파악하기

③ 제시된 작품에서는 자연 속에서 해바라기가 피어나는 모습을 통해 해바라기 씨를 '생의 근원을 향한 아폴로의 호탕한 눈동자', '의욕의 씨'에 비유하고 있다. 따라서 이 시의 주제로 '생명에 대한 강렬한 의욕'이 적절하다.

오답 분석

① 자연의 모습을 시각적 이미지로 표현하고 있으나, 자연과 인간의 교감을 나타낸 내용은 확인할 수 없다.

② 해바라기가 피어나는 가을의 풍경을 나타내고 있으나, 가을의 정경과 정취를 전체적인 중심 내용으로 볼 수 없다.

④ 해바라기의 모습을 통해 생명에 대한 의욕을 드러내고 있으나, 환희가 넘치는 삶을 주제로 나타낸 것은 아니다.

작품 해설

김광섭, 「해바라기」
• 갈래: 자유시, 서정시
• 성격: 비유적, 시각적
• 주제: 해바라기를 통해 보는 생명에 대한 강한 의욕
• 특징
  – 순수 자연의 감각을 시각적 이미지로 표현함
  – 해바라기의 화사하고 정열적인 모습을 표현함

10 난도 ★★☆ ①

출제 영역   독해 > 제목 파악하기

① 1문단에서는 방정식이라는 단어가 다양한 분야에서 애용된다고 하였고, 2문단에서는 방정식을 여러 조건에 따라 구분하여 표현할 필요가 있다고 하였다. 따라서 제시된 글의 제목으로는 '수학 용어의 올바른 활용'이 적절하다.

오답 분석

② 1문단에서 '방정식'이라는 단어가 다양한 분야에서 쓰이고 있음을 언급하고 있으나, 실생활에서 수학 공식을 적용하는 내용을 언급하지는 않았으므로 이는 제목으로 적절하지 않다.

③ 1문단에서 '수학의 방정식'의 정의를 제시하고 있으나, '방정식'의 구성 요소를 언급하지는 않았으므로 이는 제목으로 적절하지 않다.

④ 2문단에서 '방정식'이라는 용어를 엄밀하게 구분하여 사용해야 한다고 언급하고 있으나, '방정식'의 추상성에 대하여 언급하지는 않았으므로 이는 제목으로 적절하지 않다.

11 난도 ★★☆   ①

[출제 영역] 독해 > 글의 맥락 파악하기

㉠ 1문단의 '망막의 앞쪽에 초점을 맺게 되면 망막에는 초점이 맞지 않는 상이 맺힘으로써 먼 곳의 물체가 흐리게 보인다. 이것을 근시라고 한다.'를 통해 근시인 눈에서는 망막의 앞쪽에 초점이 맺힘을 확인할 수 있으므로 ㉠에 들어갈 말은 '앞쪽'이 적절하다.

㉡ 2문단의 '망막의 ㉠(앞쪽)에 맺혔던 초점이 ㉡으로 이동하여 망막에 초점이 맺혀 흐리게 보이던 물체가 선명하게 보인다.'를 통해 물체가 선명하게 보이기 위해서는 망막의 앞쪽에 맺혔던 초점이 뒤로 이동해야 함을 확인할 수 있으므로 ㉡에 들어갈 말은 '뒤쪽'이 적절하다.

㉢ 1문단의 '망막의 앞쪽에 초점을 맺게 되면 망막에는 초점이 맞지 않는 상이 맺힘으로써 먼 곳의 물체가 흐리게 보인다. 이것을 근시라고 한다.'를 통해 근시인 눈에서는 망막의 앞쪽에 초점이 맺힘을 확인할 수 있고, 이를 통해 근시의 정도가 심하면 심할수록 초점이 망막으로부터 앞쪽으로 멀어진다고 볼 수 있으므로 ㉢에 들어갈 말은 '앞쪽'이 적절하다.

12 난도 ★★☆   ④

[출제 영역] 어휘 > 한자성어

④ 고장난명(孤掌難鳴: 외로울 고, 손바닥 장, 어려울 난, 울 명)은 '외손뼉만으로는 소리가 울리지 아니한다는 뜻으로, 혼자의 힘만으로 어떤 일을 이루기 어려움을 이르는 말'이다. 따라서 좋지 않은 일이 연달아 일어나는 ㉠의 상황과 어울리지 않는다.

[오답 분석]

① 설상가상(雪上加霜: 눈 설, 위 상, 더할 가, 서리 상): 눈 위에 서리가 덮인다는 뜻으로, 난처한 일이나 불행한 일이 잇따라 일어남을 이르는 말

② 전호후랑(前虎後狼: 앞 전, 범 호, 뒤 후, 이리 랑): 앞문에서 호랑이를 막고 있으려니까 뒷문으로 이리가

들어온다는 뜻으로, 재앙이 끊일 사이 없이 닥침을 비유적으로 이르는 말

③ 화불단행(禍不單行: 재앙 화, 아닐 불, 홑 단, 다닐 행): 재앙은 번번이 겹쳐 옴

[작품 해설]

황순원, 「소나기」

• 갈래: 현대 소설, 단편 소설
• 성격: 서정적, 향토적
• 주제: 소년과 소녀의 순수한 사랑
• 특징
  – 가을 농촌의 모습을 감각적으로 묘사함
  – 인물들의 심리가 행동을 통해 간접적으로 드러남

13 난도 ★★★   ③

[출제 영역] 어휘 > 한자어·고유어

③ '아수라장(阿修羅場: 언덕 아, 닦을 수, 그물 라, 마당 장)'은 '싸움이나 그 밖의 다른 일로 큰 혼란에 빠진 곳 또는 그런 상태'라는 뜻을 가진 한자어이다.

[오답 분석]

① '가욋돈'은 '정해진 기준이나 정도를 넘어서는 돈'이라는 뜻을 가진 명사로, 한자어 '加外(더할 가, 바깥 외)'와 고유어 '돈'이 결합한 단어이다.

② '고자질'은 '남의 잘못이나 비밀을 일러바치는 짓'이라는 뜻을 가진 명사로, 한자어 '告者(아뢸 고, 놈 자)'와 고유어 '질'이 결합한 단어이다.

④ '관자놀이'는 '귀와 눈 사이의 맥박이 뛰는 곳'이라는 뜻을 가진 명사로, 한자어 '貫子(꿸 관, 아들 자)'와 고유어 '놀이'가 결합한 단어이다.

14 난도 ★★☆   ③

[출제 영역] 고전 시가 > 작품 파악하기

③ 정철의 「사미인곡」은 임금을 향한 충정을 임과 이별한 여인의 마음에 빗대어 우의적으로 표현한 작품이다. 이와 내용 및 주제가 비슷한 작품은 홍랑의 시조로, '묏버들(산버들)'을 통해 임에 대한 화자의 마음을 전달하고자 하며, 임에 대한 사랑과 그리움을 드러내고 있다.

[오답 분석]

① 이황의 「도산십이곡」으로, 자연과 더불어 사는 삶의 가치와 학문 수양에의 정진을 드러내고 있다.

② 조식의 시조로, 임금의 승하에 대한 애도를 드러내고 있다.

④ 박인로의 시조로, 잘 익은 감을 보며 부모님이 계시지 않음을 슬퍼하고 안타까워하는 마음을 드러내고 있다.

정철, 「사미인곡」
- 갈래: 양반 가사, 서정 가사
- 성격: 서정적, 연모적
- 주제: 임을 향한 일편단심, 연군지정
- 특징
  - 여성의 목소리로 임에 대한 애절한 그리움을 노래함
  - 다양한 비유와 상징적 기법을 통해 정서를 효과적으로 드러냄

15 난도 ★☆☆   ②

국어 규범 > 표준어 규정

② 깡총깡총(×) → 깡충깡충(○): 표준어 규정 제1부 제8항에 따르면 양성 모음이 음성 모음으로 바뀌어 굳어진 다음 단어는 음성 모음 형태를 표준어로 삼는다고 하였으므로, '깡충깡충'을 표준어로 인정한다.

오답 분석

① '발가숭이'는 '옷을 모두 벗은 알몸뚱이 / 흙이 드러나 보일 정도로 나무나 풀이 거의 없는 산을 비유적으로 이르는 말'을 의미하는 명사이다. 참고로 '발가송이'는 표준어 규정 제1부 제8항에 따라 표준어로 인정하지 않는다.

③ '뻗정다리'는 '구부렸다 폈다 하지 못하고 늘 벋어 있는 다리 또는 그런 다리를 가진 사람 / 뻣뻣해져서 자유롭게 굽힐 수가 없게 된 물건'을 의미하는 '벋정다리'의 센말이다. 참고로 '뻗장다리'는 표준어 규정 제1부 제8항에 따라 표준어로 인정하지 않는다.

④ '오뚝이'는 '밑을 무겁게 하여 아무렇게나 굴려도 오뚝오뚝 일어서는 어린아이들의 장난감'을 의미하는 명사와 '작은 물건이 도드라지게 높이 솟아 있는 모양 / 갑자기 발딱 일어서는 모양'이라는 뜻을 가진 부사로 사용된다. 참고로 '오뚝이'는 표준어 규정 제1부 제8항에 따라 표준어로 인정하지 않는다.

표준어 규정 제1부 제8항
양성 모음이 음성 모음으로 바뀌어 굳어진 다음 단어는 음성 모음 형태를 표준어로 삼는다. (ㄱ을 표준어로 삼고, ㄴ을 버림)

ㄱ	ㄴ	비고
깡충–깡충	깡총–깡총	큰말은 '껑충껑충'임
–둥이	–동이	← 童–이. 귀–, 막–, 선–, 쌍–, 검–, 바람–, 흰–
발가숭이	발가송이	센말은 '빨가숭이', 큰말은 '벌거숭이, 뻘거숭이'임
보퉁이	보통이	
봉죽	봉족	← 奉足. ~꾼, ~들다
뻗정–다리	뻗장–다리	
아서, 아서라	앗아, 앗아라	하지 말라고 금지하는 말
오뚝–이	오똑–이	부사도 '오뚝–이'임
주추	주초	←柱礎. 주춧–돌

16 난도 ★★☆   ④

통사론 > 높임법

제시문에서 설명하고 있는 주체 경어법의 특징은 다음과 같다.
- 용언에 선어말 어미 '–시–'를 사용
- 여러 개의 용언이 함께 나타나는 경우 마지막 용언에 '–시–'를 사용
- 여러 개의 용언 중 어휘적으로 높임의 용언이 따로 있는 경우 반드시 그 용언을 사용

④ 주체인 '할아버지'를 높이기 위해 사용된 용언은 '주무시다'와 '가다'이다. 이 중 마지막 용언인 '가다'에 높임의 선어말 어미 '–시–'가 결합하였으며 '자다'에 대한 높임의 특수 어휘인 '주무시다'가 사용되었으므로 제시문의 내용을 모두 포괄하여 설명하기에 적절하다.

오답 분석

① 주체인 '할머니'를 높이기 위해 '아프다'에 대한 높임의 특수 어휘인 '편찮다'를 사용하였고 '편찮으세요'에서 높임의 선어말 어미 '–시–'가 사용되었음을 확인할 수 있으나 문장에서 하나의 용언만 나타나고 있으므로 제시문을 모두 포괄하여 설명하기에 적절하지 않다.

② 주체인 '어머님'을 높이기 위해 '돌아보시고'와 '부탁하셨다'에 높임의 선어말 어미 '–시–'를 사용하였으나 높임의 특수 어휘는 사용되지 않았으므로 제시문을 모두 포괄하여 설명하기에 적절하지 않다.

③ 주체인 '선생님'을 높이기 위해 사용된 용언은 '펴다'와 '웃다'이다. 이 중 마지막 용언인 '웃다'에 높임의 선어말 어미 '–시–'가 사용되었다. 그러나 높임의 특수 어

휘는 사용되지 않았으므로 제시문을 모두 포괄하여 설명하기에 적절하지 않다.

17 난도 ★★☆ ②

출제 영역 독해 > 글의 전개 방식

② '유추'란 생소하거나 복잡한 개념을 친숙하거나 단순한 개념과 비교하여 설명하는 방식이다. 제시된 글에서는 '유추'의 설명 방식이 쓰이지 않았다.

오답 분석

① '정의'란 어떤 대상이나 사물의 범위를 규정짓거나 그 사물의 본질을 진술하는 방식으로, 2문단에서 '관객이나 시청자가 읽을 수 있도록 화면에 보여 주는 글자'라는 자막의 개념을 제시하였으므로 '정의'의 설명 방식이 사용되었음을 확인할 수 있다.

③ '예시'란 어떤 대상을 쉽게 이해하도록 구체적인 예를 들어 설명하는 방식으로, 1문단에서 텔레비전에서 쓰이는 여러 종류의 자막을 제시하고 있으므로 '예시'의 설명 방식이 사용되었음을 확인할 수 있다.

④ '대조'란 둘 이상의 대상 간에 상대적인 성질이나 차이점을 중심으로 설명하는 방법으로, 2문단에서 텔레비전 자막과 영화의 자막의 차이점을 제시하고 있으므로 '대조'의 설명 방식이 사용되었음을 확인할 수 있다.

18 난도 ★★☆ ①

출제 영역 독해 > 글의 순서 파악하기

- (나)에서 '이 중 많은 조치들이 성과를 거두었다.'는 내용을 제시하고 있으므로, 세계 각국의 정부들이 다양한 환경 보호 조치들을 취해왔다고 언급한 첫 번째 문단의 다음에 오는 것이 적절하다.
- (가)에서 '그러나'라는 역접의 접속 표현을 사용하여 규제 노력이 부정적인 측면을 제시하고 있으므로, 규제 노력의 긍정적인 측면을 언급한 (나)의 다음에 오는 것이 적절하다.
- (다)에서 '예를 들어'라는 접속 표현을 사용하여 대기 오염원을 통제할 때 오히려 대기 오염을 가중시킬 수 있다는 사례를 제시하고 있으므로, 규제 노력 중 일부는 문제를 오히려 악화시킨다고 언급한 (가)의 다음에 오는 것이 적절하다.

따라서 ① (나) → (가) → (다)의 순서로 나열하는 것이 적절하다.

19 난도 ★☆☆

④

출제 영역 현대시 > 표현 방법

④ '흰 수건, 흰 고무신, 흰 저고리 치마, 흰 띠'는 모두 흰색으로, 우리 민족이 백의민족이라는 점을 활용하여 흰색을 통해 우리 민족을 형상화하고 있다. 따라서 어떤 사물을 그것의 속성과 밀접한 관계가 있는 다른 낱말을 빌려서 표현하는 수사법인 '환유법'이 사용되었다. '의(義) 있는 사람은 옳은 일을 위하여는 칼날을 밟습니다'에서도 '칼날'의 날카로운 속성을 통해 '고통, 위험'이라는 의미를 나타내고 있으므로, '환유법'이 사용되었다.

오답 분석

① 연결어 '~같이'를 사용하여 누님을 꽃에 비유하고 있다. 여기서는 비슷한 성질이나 모양을 가진 두 사물을 '같이', '처럼', '듯이' 등과 같은 연결어로 결합하여 직접 비유하는 수사법인 '직유법'이 사용되었다.

② 원관념 '나의 마음'을 보조 관념 '고요한 물결'에 비유하고 있다. 여기서는 사물의 상태나 움직임을 암시적으로 나타내는 수사법인 '은유법'이 사용되었다.

③ 무생물인 '파도'를 살아 있는 것처럼 표현하고 있다. 여기서는 무생물을 생물인 것처럼, 감정이 없는 것을 감정이 있는 것처럼 표현하는 수사법인 '활유법'이 사용되었다.

20 난도 ★★★

①

출제 영역 국어 규범 > 한글 맞춤법

① 공기밥(×) → 공깃밥(○): 한글 맞춤법 제30항에 따르면, 순우리말과 한자어로 된 합성어로서 앞말이 모음으로 끝나고 뒷말의 첫소리가 된소리로 나는 경우 사이시옷을 받치어 적는다고 하였다. '공깃밥'은 한자어 '공기(空器)'와 고유어 '밥'이 결합한 합성어이며, 뒷말의 첫소리가 된소리로 나기 때문에 사이시옷을 밝혀 적는다. 따라서 '공깃밥'으로 표기하는 것이 적절하다.

오답 분석

② · ③ · ④ 사이시옷은 뒷말의 첫소리가 된소리로 나거나, 'ㄴ' 또는 'ㄴㄴ' 소리가 덧날 때 받치어 적을 수 있다.

② '인사말'은 한자어 '인사(人事)'와 고유어 '말'이 결합한 합성어이나, [인사말]로 발음되기 때문에 사이시옷을 받치어 적지 않는다.

③ '뒤처리'는 고유어 '뒤'와 한자어 '처리(處理)'가 결합한 합성어이나, [뒤처리]로 발음되기 때문에 사이시옷을 받치어 적지 않는다.

④ '편지글'은 한자어 '편지(便紙)'와 고유어 '글'이 결합한 합성어이나, [편지글]로 발음되기 때문에 사이시옷을 받치어 적지 않는다.

더 알아보기

사이시옷을 받치어 적는 조건(한글 맞춤법 제30항)

① 사이시옷은 합성어에서 나타나는 현상이다. 따라서 합성어가 아닌 단일어나 파생어에서는 사이시옷이 나타나지 않는다.

　예 · 해님(○), 햇님(×): 명사 '해'에 접미사 '-님'이 결합한 파생어이므로 '햇님'이 아닌 '해님'이 된다.

　　· 해빛(×), 햇빛(○): '햇빛'은 합성어이므로 사이시옷이 들어간다.

② 합성어이면서 다음과 같은 음운론적 현상이 나타나야 한다.

· 뒷말의 첫소리가 된소리로 나는 경우

　예 바다+가 → [바다까] → 바닷가

· 뒷말의 첫소리 'ㄴ, ㅁ' 앞에서 'ㄴ' 소리가 덧나는 경우

　예 · 코+날 → [콘날] → 콧날

　　· 비+물 → [빈물] → 빗물

· 뒷말의 첫소리 모음 앞에서 'ㄴㄴ' 소리가 덧나는 경우

　예 예사+일 → [예산닐] → 예삿일

③ 합성어를 이루는 구성 요소 중에서 적어도 하나는 고유어이어야 하고 구성 요소 중에 외래어도 없어야 한다.

　예 · 개수(個數)(○), 갯수(×)

　　· 초점(焦點)(○), 촛점(×)

　　· 기차간(汽車間)(○), 기찻간(×)

　　· 전세방(傳貰房)(○), 전셋방(×)

　　· 오렌지빛(○), 오렌짓빛(×)

　　· 피자집(○), 피잣집(×)

21 난도 ★★★

②

출제 영역 고전 산문 > 작품 파악하기

② '단지 마음속에 품은 뜻이 귀로 소리를 받아들여 만들어 낸 것일 따름이다.'를 통해 사물의 본질은 내 마음에 달려 있음을 나타내고 있다. 따라서 제시된 작품에서는 세심한 관찰을 통해 사물의 본질을 이해할 수 있음을 역설한 것이 아니라, 사물의 본질은 마음에 달려 있다는 것을 역설하고 있다.

오답 분석

① '솔바람 같은 소리, 언덕이 무너지는 듯한 소리, 개구리들이 다투어 우는 듯한 소리' 등에서 '~듯한, ~같

은'이라는 연결어를 활용해 냇물 소리를 빗대어 표현하고 있으므로 직유법을 활용하였음을 알 수 있다. 또한 불어난 냇물 소리를 '수레와 말, 대포와 북의 소리'라고 표현하고 있으므로 은유법을 활용하였음을 알 수 있다.

③ 작가 자신의 집 앞에서 냇물 소리를 들은 일상의 경험을 활용해 물소리에 대한 자신의 생각을 뒷받침하고 있다.

④ '어떤 사람은 이곳이 옛 전쟁터였기 때문에 물소리가 그렇다고 말하나 그래서가 아니라 물소리는 듣기 여하에 달린 것이다.'를 통해 다른 이의 생각을 반박하기 위하여 이 글을 서술하였음을 확인할 수 있다.

작품 해설

박지원, 「일야구도하기」
- 갈래: 고전 수필, 한문 수필, 기행 수필
- 성격: 체험적, 분석적, 교훈적, 설득적
- 주제: 외물에 현혹되지 않는 삶의 자세
- 특징
  - 자신의 체험을 바탕으로 주장하는 바를 뒷받침함
  - 치밀한 관찰력으로 사물의 본질을 꿰뚫어 보는 태도를 보임

---

22 난도 ★★☆　　　　　　　　　　　　②

출제 영역 어휘 > 단어의 의미

② 제시문에 쓰인 '보면서'는 '어떤 일을 당하거나 겪거나 얻어 가지다.'라는 의미로 사용되었다.

오답 분석

① · ③ · ④ '보다'의 활용형이 지닌 의미는 '대상을 평가하다.'라는 의미이다

---

23 난도 ★★☆　　　　　　　　　　　　④

출제 영역 화법과 작문 > 대화의 원리

④ '을'은 '갑'의 질문에 대해 '그 침대가 크고 매우 우아해서 좋군요.'라고 대답함으로써 상대방의 의견에 동의하고 있음을 확인할 수 있다. 따라서 자신의 의견과 다른 사람의 의견 사이의 차이점을 최소화하고, 자신의 의견과 다른 사람의 의견의 일치점을 극대화하는 '동의의 격률'이 사용되었다.

오답 분석

① '을'이 급히 해야 할 일이 있다며 '갑'의 요청을 거절하는 것은 '동의의 격률'을 지키지 않은 대화이다.

② '을'은 자신의 귀가 어두워서 다시 크게 말씀해 주시기

를 요청하고 있다. 따라서 자신에게 이익이 되는 표현은 최소화하고, 자신에게 부담이 되는 표현은 최대화하는 '관용의 격률'이 사용되었다.

③ '갑'과 '을'은 자신이 부족한 사람이라고 하며 둘다 자신을 낮추고 있다. 따라서 자신을 칭찬하는 표현은 최소화하고, 자신을 낮추거나 자신을 비방하는 표현은 최대화하는 '겸양의 격률'이 사용되었다.

---

24 난도 ★★☆　　　　　　　　　　　　①

출제 영역 어휘 > 고유어

① '동냥'은 '거지나 동냥아치가 돌아다니며 돈이나 물건 따위를 거저 달라고 비는 일 또는 그렇게 얻은 돈이나 물건 / 승려가 시주(施主)를 얻으려고 돌아다니는 일 또는 그렇게 얻은 곡식'이라는 뜻을 가진 명사로, 고유어에 해당한다.

오답 분석

② · ③ · ④는 모두 한자어이다.

② 구걸(求乞: 구할 구, 빌 걸): 돈이나 곡식, 물건 따위를 거저 달라고 빎

③ 중생(衆生: 무리 중, 날 생): 모든 살아 있는 무리

④ 자비(慈悲: 사랑할 자, 슬플 비): 남을 깊이 사랑하고 가엾게 여김 또는 그렇게 여겨서 베푸는 혜택 / 중생에게 즐거움을 주고 괴로움을 없게 함

---

25 난도 ★★☆　　　　　　　　　　　　④

출제 영역 국어 규범 > 로마자 표기법

④ 국어의 로마자 표기법 제3장 제6항에 따르면 자연 지물명, 문화재명, 인공 축조물명은 붙임표(–) 없이 붙여 쓴다고 하였다. 또한 국어의 로마자 표기법 제3장 제1항에 따르면 체언에서 'ㄱ, ㄷ, ㅂ' 뒤에 'ㅎ'이 따를 때에는 'ㅎ'을 밝혀 적는다고 하였으므로, '북한산[부칸산]'은 'Bukhansan'으로 표기하는 것이 적절하다.

오답 분석

① Bok Nyeonphil(×) → Bok Yeonpil(○): 국어의 로마자 표기법 제3장 제4항 '1.'에 따르면 이름에서 일어나는 음운 변화는 표기에 반영하지 않는다고 하였다. 따라서 '복연필[봉년필]'은 'Bok Yeonphil'로 표기하는 것이 적절하다.

② Chungwadae(×) → Cheongwadae(○): 국어의 로마자 표기법 제2장 제1항에 따르면 'ㅓ'는 'eo'로 적는다. 따라서 '청와대[청와대]'는 'Cheongwadae'로 표기하는 것이 적절하다.

③ Hanrasan(×) → Hallasan(○): 국어의 로마자 표기법 제2장 제2항 [붙임 2]에 따르면 'ㄹㄹ'은 'll'로 적는다고 하였다. 따라서 '한라산[할라산]'은 'Hallasan'으로 표기하는 것이 적절하다.

2022년 행정법 9급 기출문제 정답 및 해설

01	02	03	04	05	06	07	08	09	10
①	④	②	②	①	②	④	③	③	①
11	12	13	14	15	16	17	18	19	20
②	③	③	③	①	④	①	③	④	①
21	22	23	24	25					
④	②	②	④	②					

01 난도 ★☆☆ ①

출제 영역 행정법 서론 > 행정법

법령 등을 공포한 날부터 일정 기간이 경과한 날부터 시행하는 경우에는 '공포한 날'을 첫날에 산입하지 아니하며(행정기본법 제7조 2호), 그 기간의 말일이 토요일 또는 공휴일인 때에는 그 말일로 기간이 만료한다(행정기본법 제7조 3호).

> **행정기본법 제7조 【법령 등 시행일의 기간 계산】**
> 법령 등(훈령·예규·고시·지침 등을 포함한다. 이하 이조에서 같다)의 시행일을 정하거나 계산할 때에는 다음 각 호의 기준에 따른다.
> 1. 법령 등을 공포한 날부터 시행하는 경우에는 공포한 날을 시행일로 한다.
> 2. 법령 등을 공포한 날부터 일정 기간이 경과한 날부터 시행하는 경우 법령 등을 공포한 날을 첫날에 산입하지 아니한다.
> 3. 법령 등을 공포한 날부터 일정 기간이 경과한 날부터 시행하는 경우 그 기간의 말일이 토요일 또는 공휴일인 때에는 그 말일로 기간이 만료한다.

오답 분석

② 법령의 소급적용, 특히 행정법규의 소급적용은 일반적으로 법치주의의 원리에 반하고, 개인의 권리·자유에 부당한 침해를 가하며, 법률생활의 안정을 위협하는 것이어서, 이를 인정하지 않는 것이 원칙이고(법률불소급의 원칙 또는 행정법규불소급의 원칙), 다만 법령을 소급적용하더라도 일반 국민의 이해에 직접 관계가 없는 경우, 오히려 그 이익을 증진하는 경

우, 불이익이나 고통을 제거하는 경우 등의 특별한 사정이 있는 경우에 한하여 예외적으로 법령의 소급적용이 허용된다(대판 2005.5.13, 2004다8630).

③ 행정기본법 제14조 제2항

> **행정기본법 제14조 【법 적용의 기준】**
> ① 새로운 법령 등은 법령 등에 특별한 규정이 있는 경우를 제외하고는 그 법령 등의 효력 발생 전에 완성되거나 종결된 사실관계 또는 법률관계에 대해서는 적용되지 아니한다.
> ② 당사자의 신청에 따른 처분은 법령 등에 특별한 규정이 있거나 처분 당시의 법령 등을 적용하기 곤란한 특별한 사정이 있는 경우를 제외하고는 처분 당시의 법령 등에 따른다.
> ③ 법령 등을 위반한 행위의 성립과 이에 대한 제재처분은 법령 등에 특별한 규정이 있는 경우를 제외하고는 법령 등을 위반한 행위 당시의 법령 등에 따른다. 다만, 법령 등을 위반한 행위 후 법령 등의 변경에 의하여 그 행위가 법령 등을 위반한 행위에 해당하지 아니하거나 제재처분 기준이 가벼워진 경우로서 해당 법령 등에 특별한 규정이 없는 경우에는 변경된 법령 등을 적용한다.

④ • 법령 등을 위반한 행위에 대한 제재처분은 원칙적으로 행위 당시의 법령 등에 따르지만, 위반행위 후 법령 등의 변경에 의하여 가벌성이 소멸되거나 가벼워진 경우에는 보다 유리한 변경된 법령을 적용한다(행정기본법 제14조). 그러나 판례는 그러한 가벌성의 소멸 또는 축소가 반성적 고려에 의한 경우에만 혜택을 주고(신법 적용), 그렇지 않고 사실상태의 변경에 기인한 법개정에 불과하다면 혜택을 주지 않는다(구법 적용).

• 종전에 허가를 받거나 신고를 하여야만 할 수 있던 행위의 일부를 허가나 신고 없이 할 수 있도록 법령이 개정되었다 하더라도 이는 법률 이념의 변천으로 과거에 범죄로서 처벌하던 일부 행위에 대한 처벌 자체가 부당하다는 반성적 고려에서 비롯된 것이라기보다는 사정의 변천에 따른 규제 범위의 합리적 조정의 필요에 따른 것이라고 보이므로, 위 개

발제한구역의 지정 및 관리에 관한 특별조치법과 같은 법 시행규칙의 신설 조항들이 시행되기 전에 이미 범하여진 개발제한구역 내 비닐하우스 설치행위에 대한 가벌성이 소멸하는 것은 아니다(대판 2007.9.6, 2007도4197).

02 난도 ★★☆ ④

출제 영역 행정법 서론 > 행정법

행정처분이 당연무효라고 하기 위해서는 처분에 위법사유가 있다는 것만으로는 부족하고 그 하자가 법규의 중요한 부분을 위반한 중대한 것으로서 객관적으로 명백한 것이어야 한다. 특히 법령 규정의 문언만으로는 처분 요건의 의미가 분명하지 아니하여 그 해석에 다툼의 여지가 있었더라도 해당 법령 규정의 위헌 여부 및 그 범위, 법령이 정한 처분 요건의 구체적 의미 등에 관하여 법원이나 헌법재판소의 분명한 판단이 있고, 행정청이 그러한 판단 내용에 따라 법령 규정을 해석·적용하는 데에 아무런 법률상 장애가 없는데도 합리적 근거 없이 사법적 판단과 어긋나게 행정처분을 하였다면 그 하자는 객관적으로 명백하다고 봄이 타당하다(대판 2017.12.28, 2017두30122).

오답 분석

① 상급행정기관이 하급행정기관에 대하여 업무처리지침이나 법령의 해석적용에 관한 기준을 정하여 발하는 이른바 '행정규칙이나 내부지침'은 일반적으로 행정조직 내부에서만 효력을 가질 뿐 대외적인 구속력을 갖는 것은 아니므로 행정처분이 그에 위반하였다고 하여 그러한 사정만으로 곧바로 위법하게 되는 것은 아니다. 다만, 재량권 행사의 준칙인 행정규칙이 그 정한 바에 따라 되풀이 시행되어 행정관행이 이루어지게 되면 평등의 원칙이나 신뢰보호의 원칙에 따라 행정기관은 그 상대방에 대한 관계에서 그 규칙에 따라야 할 자기구속을 받게 되므로, 이러한 경우에는 특별한 사정이 없는 한 그를 위반하는 처분은 평등의 원칙이나 신뢰보호의 원칙에 위배되어 재량권을 일탈·남용한 위법한 처분이 된다(대판 2009. 12.24, 2009두7967).

② 헌법재판소의 위헌결정은 행정청이 개인에 대하여 신뢰의 대상이 되는 공적인 견해를 표명한 것이라고 할 수 없으므로 그 결정에 관련한 개인의 행위에 대하여는 신뢰보호의 원칙이 적용되지 아니한다(대판 2003.6.27, 2002두6965).

③ 행정기본법 제13조에서 부당결부금지의 원칙을 명문화하고 있다.

> **행정기본법 제13조【부당결부금지의 원칙】**
> 행정청은 행정작용을 할 때 상대방에게 해당 행정작용과 실질적인 관련이 없는 의무를 부과해서는 아니 된다.

03 난도 ★★☆ ②

출제 영역 일반행정작용법 > 행정행위

일반적인 건축허가는 기속행위이므로 건축법상 허가요건을 갖춘 경우에는 허가하여야 하지만, 중대한 공익상 필요가 있는 경우에는 건축허가를 불허할 수 있다.

오답 분석

① 한의사 면허는 경찰금지를 해제하는 명령적 행위(강학상 허가)에 해당하고, 한약조제시험을 통하여 약사에게 한약조제권을 인정함으로써 한의사들의 영업상 이익이 감소되었다고 하더라도 이러한 이익은 사실상의 이익에 불과하고 약사법이나 의료법 등의 법률에 의하여 보호되는 이익이라고는 볼 수 없으므로, 한의사들이 한약조제시험을 통하여 한약조제권을 인정받은 약사들에 대한 합격처분의 무효확인을 구하는 당해 소는 원고적격이 없는 자들이 제기한 소로서 부적법하다(대판 1998.3.10, 97누4289).

③ 행정행위는 "처분 당시"에 시행 중인 법령 및 허가기준에 의하여 하는 것이 원칙이고, 인·허가신청 후 처분 전에 관계 법령이 개정 시행된 경우 신 법령 부칙에서 신 법령 시행 전에 이미 허가신청이 있는 때에는 종전의 규정에 의한다는 취지의 "경과규정"을 두지 아니한 이상 당연히 허가신청 당시의 법령에 의하여 허가 여부를 판단하여야 하는 것은 아니며, 소관 행정청이 허가신청을 수리하고도 정당한 이유 없이 처리를 늦추어 그 사이에 법령 및 허가기준이 변경된 것이 아닌 한 새로운 법령 및 허가기준에 따라서 한 불허가처분이 위법하다고 할 수 없다(대판 1992.12.8, 92누13813).

④ 석유사업법상 석유판매업(주유소) 허가는 대물적 허가의 성질을 갖는 것이어서 그 사업의 양도도 가능하고, 양수인은 양도인의 지위를 승계하게 됨에 따라 양도인의 허가에 따른 권리의무가 양수인에게 이전되는 것이므로 만약 양도인에게 그 허가를 취소할 위법사유가 있다면 허가관청은 이를 이유로 양수인에게 응분의 제재조치를 취할 수 있다 할 것이고, 양수인이 그 양수 후 허가관청으로부터 석유판매업허가를 다시

받았다 하더라도 이는 석유판매업의 양수도를 전제로
한 것이어서 이로써 양도인의 지위승계가 부정되는
것은 아니므로 양도인의 귀책사유는 양수인에게 그
효력이 미친다(대판 1986.7.22, 86누203).

04 난도 ★★☆   ②

출제 영역 행정절차와 행정공개 > 행정절차법

신청에 대한 거부처분은 '당사자의 권익을 제한하는 처
분'에 해당한다고 할 수 없으므로 처분의 사전통지 대상
이 된다고 할 수 없다(대판 2003.11.28, 2003두674).

오답 분석

① 행정청이 의무를 부과하거나 권익을 제한하는 처분을
   할 때 의견제출의 기회를 주어야 하는 '당사자'는 '행
   정청의 처분에 대하여 직접 그 상대가 되는 당사자'를
   의미한다. 그런데 '고시'의 방법으로 불특정 다수인을
   상대로 의무를 부과하거나 권익을 제한하는 처분은
   성질상 의견제출의 기회를 주어야 하는 상대방을 특
   정할 수 없으므로, 이와 같은 처분에 있어서까지 구
   행정절차법 제22조 제3항에 의하여 그 상대방에게 의
   견제출의 기회를 주어야 한다고 해석할 것은 아니다
   (대판 2014.10.27, 2012두7745).

③ 행정청은 당사자에게 의무를 부과하거나 권익을 제한
   하는 처분을 하는 경우에는 당사자 등에게 사전통지
   하여야 하는데(행정절차법 제21조 제1항), 여기서 '당
   사자 등'이란 '행정청이 직권으로 또는 신청에 따라 행
   정절차에 참여하게 한 이해관계인'을 포함한다(행정절
   차법 제2조 4호 나목).

④ 정규임용처분을 취소하는 처분은 성질상 행정절차를
   거치는 것이 불필요하여 행정절차법의 적용이 배제되
   는 경우에 해당하지 않으므로, 그 처분을 하면서 사전
   통지를 하거나 의견제출의 기회를 부여하지 않은 것
   은 위법하다. 행정청이 침해적 행정처분을 하면서 당
   사자에게 위와 같은 사전통지를 하거나 의견제출의
   기회를 주지 아니하였다면 사전통지를 하지 않거나
   의견제출의 기회를 주지 아니하여도 되는 예외적인
   경우에 해당하지 아니하는 한 그 처분은 위법하여 취
   소를 면할 수 없다(대판 2009.1.30, 2008두16155).

05 난도 ★☆☆   ①

출제 영역 행정상 쟁송 > 행정소송

행정처분에 대한 무효확인과 취소청구는 서로 양립할 수
없는 청구이므로 선택적 병합이나 단순 병합은 허용되지

아니한다. 주위적·예비적 청구로서만 병합이 가능할 뿐
이다(대판 1999.8.20, 97누6889).

오답 분석

② 행정처분의 당연무효를 선언하는 의미에서 취소를 구
   하는 행정소송을 제기한 경우에도 제소기간의 준수
   등 취소소송의 제소요건을 갖추어야 한다(대판
   1993.3.12, 92누11039).

③ 행정처분의 무효확인을 구하는 청구에는 특별한 사정
   이 없는 한 그 처분의 취소를 구하는 취지까지도 포함
   되어 있다고 볼 수는 있으나 위와 같은 경우에 취소청
   구를 인용하려면 먼저 취소를 구하는 항고소송으로서
   의 제소요건을 구비한 경우에 한한다(대판 1986.9.23,
   85누838).

④ 과세처분의 취소소송은 과세처분의 실체적, 절차적
   위법을 그 취소원인으로 하는 것으로서 그 심리의 대
   상은 과세관청의 과세처분에 의하여 인정된 조세채무
   인 과세표준 및 세액의 객관적 존부, 즉 당해 과세처
   분의 적부가 심리의 대상이 되는 것이며, 과세처분 취
   소청구를 기각하는 판결이 확정되면 그 처분이 적법
   하다는 점에 관하여 기판력이 생기고 그 후 원고가 이
   를 무효라 하여 무효확인을 소구할 수 없는 것이어서
   과세처분의 취소소송에서 청구가 기각된 확정판결의
   기판력은 그 과세처분의 무효확인을 구하는 소송에도
   미친다(대판 1998.7.24, 98다10854).

06 난도 ★★☆   ②

출제 영역 행정상 쟁송 > 행정소송

기판력은 판결이 확정되면 판결 내용과 모순된 주장 및
판단을 할 수 없다는 실질적 확정력을 의미한다. 기판력
은 인용판결뿐만 아니라 기각판결에도 인정된다. 반면에
기속력은 인용판결에만 미친다.

오답 분석

① 행정처분을 취소하는 확정판결이 제3자에 대하여도
   효력이 있다고 하더라도 일반적으로 판결의 효력은
   주문에 포함한 것에 한하여 미치는 것이니 그 취소판
   결 자체의 효력으로써 그 행정처분을 기초로 하여 새
   로 형성된 제3자의 권리까지 당연히 그 행정처분 전의
   상태로 환원되는 것이라고는 할 수 없고, 단지 취소판
   결의 존재와 취소판결에 의하여 형성되는 법률관계를
   소송당사자가 아니었던 제3자라 할지라도 이를 용인
   하지 않으면 아니된다는 것을 의미하는 것에 불과하
   다 할 것이며, 따라서 취소판결의 확정으로 인하여 당
   해 행정처분을 기초로 새로 형성된 제3자의 권리관계

에 변동을 초래하는 경우가 있다 하더라도 이는 취소판결 자체의 형성력에 기한 것이 아니라 취소판결의 위와 같은 의미에서의 제3자에 대한 효력의 반사적 효과로서 그 취소판결이 제3자의 권리관계에 대하여 그 변동을 초래할 수 있는 새로운 법률요건이 되는 까닭이라 할 것이다(대판 1986.8.19, 83다카2022).

③ 취소 확정판결의 기속력은 판결의 주문 및 전제가 되는 처분 등의 구체적 위법사유에 관한 판단에도 미치나, … 새로운 처분의 처분사유가 종전 처분의 처분사유와 기본적 사실관계에서 동일하지 않은 다른 사유에 해당하는 이상, 처분사유가 종전 처분 당시 이미 존재하고 있었고 당사자가 이를 알고 있었더라도 이를 내세워 새로이 처분을 하는 것은 확정판결의 기속력에 저촉되지 않는다(대판 2016.3.24, 2015두48235).

④ 행정처분의 적법 여부는 그 행정처분이 행하여진 때의 법령과 사실을 기준으로 하여 판단하는 것이므로 거부처분 후에 법령이 개정·시행된 경우에는 개정된 법령 및 허가기준을 새로운 사유로 들어 다시 이전의 신청에 대한 거부처분을 할 수 있으며 그러한 처분도 행정소송법 제30조 제2항에 규정된 재처분에 해당된다(대판 1998.1.7, 97두22).

07 난도 ★★★ ④

출제 영역 | 행정상 쟁송 > 행정심판

지방자치단체는 행정심판위원회의 직접 처분에 대하여 행정심판위원회가 속한 국가기관을 상대로 권한쟁의심판을 청구할 수 있다(헌재 1999.7.22, 98헌라4).

오답 분석

① 자동차운수사업법상의 고지절차에 관한 규정은 행정처분의 상대방이 그 처분에 대한 행정심판의 절차를 밟는 데 있어 편의를 제공하려는 데 있으며 처분청이 위 규정에 따른 고지의무를 이행하지 아니하였다고 하더라도 경우에 따라서는 행정심판의 제기기간이 연장될 수 있는 것에 그치고 이로 인하여 심판의 대상이 되는 행정처분에 어떤 하자가 수반된다고 할 수 없다(대판 1987.11.24, 87누529).

② 심판청구서를 받은 피청구인은 그 심판청구가 이유 있다고 인정하면 심판청구의 취지에 따라 직권으로 처분을 취소·변경하거나 확인을 하거나 신청에 따른 처분을 할 수 있다(행정심판법 제25조 제1항).

③ 당사자의 신청에 대한 행정청의 거부처분이나 부작위에 대해서는 집행정지의 대상이 되지 않으므로 권리

구제가 미흡하다는 문제점이 있다. 이에 2010년 행정심판법의 개정으로 행정심판법 제31조 임시처분제도가 신설되었다.

08 난도 ★★☆ ③

출제 영역 | 행정구제법 > 손해전보제도

관리청이 하천법 등 관련 규정에 의해 책정한 하천정비기본계획 등에 따라 개수를 완료한 하천 또는 아직 개수 중이라 하더라도 개수를 완료한 부분에 있어서는, 위 하천정비기본계획 등에서 정한 계획홍수량 및 계획홍수위를 충족하여 하천이 관리되고 있다면 당초부터 계획홍수량 및 계획홍수위를 잘못 책정하였다거나 그 후 이를 시급히 변경해야 할 사정이 생겼음에도 불구하고 이를 해태하였다는 등의 특별한 사정이 없는 한, 그 하천은 용도에 따라 통상 갖추어야 할 안전성을 갖추고 있다고 봄이 상당하다(대판 2007. 9.21, 2005다65678).

오답 분석

① 국가배상법 제5조 제1항 소정의 "공공의 영조물"이라 함은 국가 또는 지방자치단체에 의하여 특정 공공의 목적에 공여된 유체물 내지 물적 설비를 지칭하며, 특정 공공의 목적에 공여된 유체물이라 함은 일반공중의 자유로운 사용에 직접적으로 제공되는 공공 용물에 한하지 아니하고, 행정주체 자신의 사용에 제공되는 공용물도 포함하며 국가 또는 지방자치단체가 소유권, 임차권 그 밖의 권한에 기하여 관리하고 있는 경우뿐만 아니라 사실상의 관리를 하고 있는 경우도 포함한다(대판 1995.1.24, 94다45302).

② 영조물의 안전성은 완전무결한 상태를 유지할 정도의 고도의 안전성을 의미하는 것이 아니라, 영조물의 위험성에 비례하여 사회통념상 일반적으로 요구되는 정도의 것을 말한다는 것이 판례 및 일반적인 입장이다. 즉, 국가배상법에서 말하는 영조물의 설치·관리의 하자란 영조물이 그 용도에 따라 통상 갖추어야 할 안전성을 갖추지 못한 상태에 있음을 말하는 것으로서, 이와 같은 안전성의 구비 여부는 당해 영조물의 구조, 본래의 용법, 장소적 환경 및 이용 상황 등의 여러 사정을 종합적으로 고려하여 구체적·개별적으로 판단하여야 한다(대판 2000.1.14, 99다24201).

④ 소음 등 공해의 위험지역으로 이주하였을 때 그 위험의 존재를 인식하고 그로 인한 피해를 용인하면서 접근한 것으로 볼 수 있다면, … 특별한 사정이 없는 한 가해자의 면책을 인정할 수도 있을 것이다. 그러나 소음 등 공해의 위험지역으로 이주하였더라도 그 위험

에 접근할 당시 위험이 존재하는 사실을 정확하게 알 수 없는 경우가 많고 근무지나 가족관계 등의 사정에 따라 불가피하게 위험지역으로 이주할 수도 있는 것이므로, 위험지역에 이주하게 된 경위와 동기 등 여러 사정에 비추어 위험의 존재를 인식하고 그로 인한 피해를 용인하면서 접근한 것으로 볼 수 없는 경우에는 가해자의 면책을 인정할 수 없고 손해배상액의 산정에 있어 형평의 원칙상 이와 같은 사정을 과실상계에 준하여 감액사유로 고려할 수 있을 뿐이다. 그리고 공군비행장 주변의 항공기 소음 피해로 인한 손해배상 사건에서 공군에 속한 군인이나 군무원의 경우 일반인에 비하여 그 피해에 관하여 잘 인식하거나 인식할 수 있는 지위에 있다는 이유만으로 가해자의 면책이나 손해배상액의 감액에 있어 달리 볼 수는 없다(대판 2015.10.15, 2013다23914).

09 난도 ★★☆ ③

출제 영역 행정법 서론 > 행정상 법률관계

남북정상회담의 개최는 고도의 정치적 성격을 지니고 있는 행위라 할 것이므로 특별한 사정이 없는 한 그 당부를 심판하는 것은 사법권의 내재적·본질적 한계를 넘어서는 것이 되어 적절하지 않지만, 남북정상회담의 개최과정에서 재정경제부장관에게 신고하지 아니하거나 통일부장관의 협력사업 승인을 얻지 아니한 채 북한 측에 사업권의 대가 명목으로 송금한 행위 자체는 사법심사의 대상이 된다(대판 2004.3.26, 2003도7878).

오답 분석
① 이 사건 파견결정은 그 성격상 국방 및 외교에 관련된 고도의 정치적 결단을 요하는 문제로서, 헌법과 법률이 정한 절차를 지켜 이루어진 것임이 명백하므로, 대통령과 국회의 판단은 존중되어야 하고 헌법재판소가 사법적 기준만으로 이를 심판하는 것은 자제되어야 한다(헌재 2004.4.29, 2003헌마814).
② 헌재 2000.6.1, 97헌바74
④ 서훈취소는 서훈수여의 경우와는 달리 이미 발생된 서훈대상자 등의 권리 등에 영향을 미치는 행위로서 관련 당사자에게 미치는 불이익의 내용과 정도 등을 고려하면 사법심사의 필요성이 크다. 따라서 기본권의 보장 및 법치주의의 이념에 비추어 보면, 비록 서훈취소가 대통령이 국가원수로서 행하는 행위라고 하더라도 법원이 사법심사를 자제하여야 할 고도의 정치성을 띤 행위라고 볼 수는 없다(대판 2015.4.23, 2012두26920).

10 난도 ★★☆ ①

출제 영역 행정상 쟁송 > 행정소송

행정처분이나 행정심판 재결이 불복 기간의 경과로 인하여 확정될 경우 확정력은 처분으로 인하여 법률상 이익을 침해받은 자가 처분이나 재결의 효력을 더 이상 다툴 수 없다는 의미일 뿐 판결에 있어서와 같은 기판력이 인정되는 것은 아니어서 처분의 기초가 된 사실관계나 법률적 판단이 확정되고 당사자들이나 법원이 이에 기속되어 모순되는 주장이나 판단을 할 수 없게 되는 것은 아니다(대판 1993.4.13, 92누17181).

오답 분석
② 대판 2007.4.26, 2005두11104
③ 행정처분의 제소기간이 도과하여 불가쟁력이 발생한 경우에도, 국가배상청구는 위법성을 그 요건으로 할 뿐이고, 처분의 취소를 그 요건으로 하지 아니하므로 국가배상청구를 함에는 아무런 장애가 되지 않는다.
④ 원래 행정청은 직권취소나 철회를 할 수 있으나, 일정한 행정행위의 성질상 행정청 자신도 직권으로 자유롭게 취소, 변경, 철회할 수 없게 하는 효력을 실질적 존속력 또는 불가변력이라 한다.

11 난도 ★★☆ ②

출제 영역 일반행정작용법 > 행정행위

토지소유자가 토지형질변경행위허가에 붙은 기부채납의 부관에 따라 토지를 국가나 지방자치단체에 기부채납(증여)한 경우, 기부채납의 부관이 당연무효이거나 취소되지 아니한 이상 토지소유자는 위 부관으로 인하여 증여계약의 중요 부분에 착오가 있음을 이유로 증여계약을 취소할 수 없다(대판 1999.5.25, 98다53134).

오답 분석
① 재량행위에 있어서는 법령상의 근거가 없다고 하더라도 부관을 붙일 수 있는데 그 부관의 내용은 적법하고 이행 가능하여야 하며 비례의 원칙 및 평등의 원칙에 적합하고 행정처분의 본질적 효력을 해하지 아니하는 한도의 것이어야 한다(대판 1997.3.14, 96누16698).
③ 일반적으로 행정처분에 효력기간이 정하여져 있는 경우에는 그 기간의 경과로 그 행정처분의 효력은 상실되며, 다만 허가에 붙은 기한이 그 허가된 사업의 성질상 부당하게 짧은 경우에는 이를 그 허가 자체의 존속기간이 아니라 그 허가조건의 존속기간으로 보아 그 기한이 도래함으로써 그 조건의 개정을 고려한다는 뜻으로 해석할 수 있지만, 이와 같이 당초에 붙은

기한을 허가 자체의 존속기간이 아니라 허가조건의 존속기간으로 보더라도 그 후 당초의 기한이 상당 기간 연장되어 연장된 기간을 포함한 존속기간 전체를 기준으로 볼 경우 더 이상 허가된 사업의 성질상 부당하게 짧은 경우에 해당하지 않게 된 때에는 관계 법령의 규정에 따라 허가 여부의 재량권을 가진 행정청으로서는 그 때에도 허가조건의 개정만을 고려하여야 하는 것은 아니고 재량권의 행사로서 더 이상의 기간 연장을 불허가할 수도 있는 것이며, 이로써 허가의 효력은 상실된다(대판 2004.3.25, 2003두12837).
④ 대판 2007.10.11, 2005두12404

12 난도 ★★☆ ③

출제 영역 **일반행정작용법 > 기타 행정행위**

판례는 행정주체가 행정계획을 입안·결정함에 있어서 이익형량을 전혀 행하지 아니하거나 이익형량의 고려 대상에 마땅히 포함시켜야 할 사항을 누락한 경우 또는 이익형량을 하였으나 정당성·객관성이 결여된 경우에는 그 행정계획결정은 재량권을 일탈·남용한 것으로서 위법하다(대판 1996.11.29, 96누8567)라고 판단하고 있다. 즉, 형량의 하자별로 그 위법성 판단기준을 개별적으로 달리 판단하지 않는다.

오답 분석

①·② 행정주체는 구체적인 행정계획을 입안·결정함에 있어서 비교적 광범위한 형성의 자유를 가진다고 할 것이지만, 행정주체가 가지는 이와 같은 형성의 자유는 무제한적인 것이 아니라 그 행정계획에 관련되는 자들의 이익을 공익과 사익 사이에서는 물론이고 공익 상호 간과 사익 상호 간에도 정당하게 비교 교량하여야 한다는 제한이 있는 것이고, 따라서 행정주체가 행정계획을 입안·결정함에 있어서 이익형량을 전혀 행하지 아니하거나 이익형량의 고려 대상에 마땅히 포함시켜야 할 사항을 누락한 경우 또는 이익형량을 하였으나 정당성·객관성이 결여된 경우에는 그 행정계획결정은 재량권을 일탈·남용한 것으로서 위법하다(대판 1996.11.29, 96누8567).
④ 대판 2008.3.27, 2006두3742·3759

13 난도 ★★★ ③

출제 영역 **행정상 쟁송 > 행정소송**

ⓛ 보건복지부 고시인 약제급여·비급여목록 및 급여상한금액표는 다른 집행행위의 매개 없이 그 자체로서

국민건강보험가입자, 국민건강보험공단, 요양기관 등의 법률관계를 직접 규율하는 성격을 가지므로 항고소송의 대상이 되는 행정처분에 해당한다(대판 2006.9.22, 2005두2506).

ⓒ 장래 일정한 기간 내에 관계 법령이 규정하는 시설 등을 갖추어 일정한 행정처분을 구하는 신청을 할 수 있는 법률상 지위에 있는 자의 국토이용계획변경신청을 거부하는 것이 실질적으로 당해 행정처분 자체를 거부하는 결과가 되는 경우에는 예외적으로 그 신청인에게 국토이용계획변경을 신청할 권리가 인정된다고 봄이 상당하므로, 이러한 신청에 대한 거부행위는 항고소송의 대상이 되는 행정처분에 해당한다(대판 2003.9.23, 2001두10936).

오답 분석

ⓐ 한국마사회가 조교사 또는 기수의 면허를 부여하거나 취소하는 것은 경마를 독점적으로 개최할 수 있는 지위에서 우수한 능력을 갖추었다고 인정되는 사람에게 경마에서의 일정한 기능과 역할을 수행할 수 있는 자격을 부여하거나 이를 박탈하는 것에 지나지 아니하므로, 이는 국가 기타 행정기관으로부터 위탁받은 행정권한의 행사가 아니라 일반 사법상의 법률관계에서 이루어지는 단체 내부에서의 징계 내지 제재처분이다(대판 2008.1.31, 2005두8269).

ⓔ 당연퇴직의 통보는 법률상 당연히 발생하는 퇴직사유를 공적으로 확인하여 알려주는 이른바 관념의 통지에 불과하다(대판 1995.11.14, 95누2036). 따라서 항고소송의 대상으로서의 처분성은 부정된다.

14 난도 ★★★ ③

출제 영역 **행정상 쟁송 > 행정소송**

행정입법의 부작위가 위헌·위법이라고 하기 위하여는 행정청에게 행정입법을 하여야 할 작위의무를 전제로 하는 것이고, 그 작위의무가 인정되기 위하여는 행정입법의 제정이 법률의 집행에 필수불가결한 것이어야 하는 바, 만일 하위 행정입법의 제정 없이 상위 법령의 규정만으로도 집행이 이루어질 수 있는 경우라면 하위 행정입법을 제정하여야 할 작위의무는 인정되지 아니한다고 할 것이다(헌재 2005.12.22, 2004헌마66).

오답 분석

① 행정권의 행정입법 의무에 대하여는 별도의 명문의 규정이 없다.
② 헌재 1998.7.17, 96헌마246
④ 행정소송은 구체적 사건에 대한 법률상 분쟁을 법에

의하여 해결함으로써 법적 안정을 기하자는 것이므로 부작위위법확인소송의 대상이 될 수 있는 것은 구체적 권리의무에 관한 분쟁이어야 하고 추상적인 법령에 관하여 제정의 여부 등은 그 자체로서 국민의 구체적인 권리의무에 직접적 변동을 초래하는 것이 아니어서 그 소송의 대상이 될 수 없다(대판 1992.5.8, 91누11261).

15 난도 ★★☆ ①

출제 영역 행정상 쟁송 > 행정소송

조세부과처분이 당연무효임을 전제로 하여 이미 납부한 세금의 반환을 청구하는 것은 민사상의 부당이득반환청구로서 민사소송절차에 따라야 한다(대판 1995.4.28, 94다55019).

오답 분석
② 구 도시재개발법에 의한 재개발조합은 조합원에 대한 법률관계에서 적어도 특수한 존립목적을 부여받은 특수한 행정주체로서 국가의 감독하에 그 존립 목적인 특정한 공공사무를 행하고 있다고 볼 수 있는 범위 내에서는 공법상의 권리의무 관계에 있다. 따라서 조합을 상대로 한 쟁송에 있어서 강제가입제를 특색으로 한 조합원의 자격 인정 여부에 관하여 다툼이 있는 경우에는 그 단계에서는 아직 조합의 어떠한 처분 등이 개입될 여지는 없으므로 공법상의 당사자소송에 의하여 그 조합원 자격의 확인을 구할 수 있다(대판 1996.2.15, 94다31235).
③ 고용보험 및 산업재해보상보험의 보험료징수 등에 관한 법률 제4조는 고용보험법 및 산업재해보상보험법에 따른 보험사업에 관하여 이 법에서 정한 사항은 고용노동부장관으로부터 위탁을 받아 근로복지공단이 수행하되, 보험료의 체납관리 등의 징수업무는 국민건강보험공단이 고용노동부장관으로부터 위탁을 받아 수행한다고 규정하고 있다. 따라서 고용·산재보험료의 귀속주체, 즉 사업주가 각 보험료 납부의무를 부담하는 상대방은 근로복지공단이고, 국민건강보험공단은 단지 각 보험료의 징수업무를 수행하는 데에 불과하므로, 고용·산재보험료 납부의무 부존재확인의 소는 근로복지공단을 피고로 하여 당사자소송으로 제기하여야 한다(대판 2016.10.13, 2016다221658).
④ 수신료의 법적 성격, 피고 보조참가인의 수신료 강제징수권의 내용 등에 비추어 보면 수신료 부과행위는 공권력의 행사에 해당하므로, 피고가 피고 보조참가인으로부터 수신료의 징수업무를 위탁받아 자신의 고

유업무와 관련된 고지행위와 결합하여 수신료를 징수할 권한이 있는지 여부를 다투는 이 사건 쟁송은 민사소송이 아니라 공법상의 법률관계를 대상으로 하는 것으로서 행정소송법 제3조 제2호에 규정된 당사자소송에 의하여야 한다(대판 2008.7.24, 2007다25261).

16 난도 ★★☆ ④

출제 영역 행정상 쟁송 > 행정소송

법원은 취소소송을 당해 처분 등에 관계되는 사무가 귀속하는 국가 또는 공공단체에 대한 당사자소송 또는 취소소송 외의 항고소송으로 변경하는 것이 상당하다고 인정할 때에는 청구의 기초에 변경이 없는 한 사실심의 변론종결시까지 원고의 신청에 의하여 결정으로써 소의 변경을 허가할 수 있다(행정소송법 제21조).

오답 분석
① 행정소송법 제16조 제1항
② 행정소송법 제17조 제1항
③ 행정소송법 제16조 제2항·제17조 제2항

행정소송법 제16조【제3자의 소송참가】
① 법원은 소송의 결과에 따라 권리 또는 이익의 침해를 받을 제3자가 있는 경우에는 당사자 또는 제3자의 신청 또는 직권에 의하여 결정으로써 그 제3자를 소송에 참가시킬 수 있다.
② 법원이 제1항의 규정에 의한 결정을 하고자 할 때에는 미리 당사자 및 제3자의 의견을 들어야 한다.

행정소송법 제17조【행정청의 소송참가】
① 법원은 다른 행정청을 소송에 참가시킬 필요가 있다고 인정할 때에는 당사자 또는 당해 행정청의 신청 또는 직권에 의하여 결정으로써 그 행정청을 소송에 참가시킬 수 있다.
② 법원은 제1항의 규정에 의한 결정을 하고자 할 때에는 당사자 및 당해 행정청의 의견을 들어야 한다.

---

17 난도 ★★★ ①

출제 영역 행정상 쟁송 > 행정소송

석유판매업허가신청에 대하여 "주유소 건축 예정 토지에 관하여 도시계획법 제4조 및 구 토지의 형질변경 등 행위허가기준 등에 관한규칙에 의거하여 행위제한을 추진하고 있다."는 당초의 불허가처분사유와 항고소송에서 주장한 위 신청이 토지형질변경허가의 요건을 갖추지 못하

였다는 사유 및 도심의 환경보전의 공익상 필요라는 사유는 기본적 사실관계의 동일성이 있다(대판 1999.4.23, 97누14378).

오답 분석

② 석유판매업허가신청에 대하여 당초 사업장소인 토지가 군사보호시설구역 내에 위치하고 있는 관할 군부대장의 동의를 얻지 못하였다는 이유로 이를 불허가하였다가, 소송에서 위 토지는 탄약창에 근접한 지점에 위치하고 있어 공공의 안전과 군사시설의 보호라는 공익적인 측면에서 보아 허가신청을 불허한 것은 적법하다는 것을 불허가사유로 추가한 경우, 양자는 기본적 사실관계에 있어서의 동일성이 인정되지 아니하는 별개의 사유라고 할 것이므로 이와 같은 사유를 불허가처분의 근거로 추가할 수 없다(대판 1991.11.8, 91누70).

③ 원심이 온천으로서의 이용가치, 기존의 도시계획 및 공공사업에의 지장 여부 등을 고려하여 이 사건 온천발견신고수리를 거부한 것은 적법하다는 취지의 피고의 주장에 대하여 아무런 판단도 하지 아니한 것은 소론이 지적하는 바와 같으나 기록에 의하면 그와 같은 사유는 피고가 당초에 이 사건 거부처분의 사유로 삼은 바가 없을 뿐만 아니라 규정온도가 미달되어 온천에 해당하지 않는다는 당초의 이 사건 처분사유와는 기본적 사실관계를 달리하여 원심으로서도 이를 거부처분의 사유로 추가할 수는 없다 할 것이므로 원심이 이 부분에 대하여 판단을 하지 아니하였다 하여도 이는 판결에 영향이 없다고 할 것이다(대판 1992.11.24, 92누3052).

④ 원고가 이주대책신청기간이나 소정의 이주대책실시(시행)기간을 모두 도과하여 실기한 이주대책신청을 하였으므로 원고에게는 이주대책을 신청할 권리가 없고, 사업시행자가 이를 받아들여 택지나 아파트공급을 해 줄 법률상 의무를 부담한다고 볼 수 없다는 피고의 상고이유의 주장은 원심에서는 하지 아니한 새로운 주장일 뿐만 아니라 사업지구 내 가옥 소유자가 아니라는 이 사건 처분사유와 기본적 사실관계의 동일성도 없으므로 적법한 상고이유가 될 수 없다(대판 1999.8.20, 98두17043).

18 난도 ★★☆ ③

출제 영역 일반행정작용법 > 행정행위

어업에 관한 허가 또는 신고의 경우에는 어업면허와 달리 유효기간연장제도가 마련되어 있지 아니하므로 그 유효

기간이 경과하면 그 허가나 신고의 효력이 당연히 소멸하며, 재차 허가를 받거나 신고를 하더라도 허가나 신고의 기간만 갱신되어 종전의 어업허가나 신고의 효력 또는 성질이 계속된다고 볼 수 없고 새로운 허가 내지 신고로서의 효력이 발생한다고 할 것이다(대판 2011.7.28, 2011두5728).

오답 분석

① 인·허가 신청 후 처분 전에 관계 법령이 개정·시행된 경우 개정된 법령의 부칙에서 그 시행 전에 이미 인·허가 신청이 있는 때에는 종전의 규정에 의한다는 취지의 경과규정을 특별히 두지 아니한 이상, 행정처분은 그 처분 당시에 시행 중인 법령과 허가기준에 의하여 하는 것이 원칙이다. 따라서 관할 행정청이 인·허가 신청을 수리하고도 정당한 이유 없이 처리를 늦추어 그 사이에 관계 법령 및 허가기준이 변경된 것이 아닌 한, 변경된 법령 및 허가기준에 따라서 한 불허가처분을 위법하다고 할 수 없다. 다만 개정 전 허가기준의 존속에 관한 국민의 신뢰가 개정된 허가기준의 적용에 관한 공익상의 요구보다 더 보호가치가 있다고 인정되는 경우에는 그러한 국민의 신뢰를 보호하기 위하여 개정된 허가기준의 적용을 제한할 여지가 있을 뿐이다(대판 2020.10.15, 2020두41504).

② 산림훼손은 국토 및 자연의 유지와 수질 등 환경의 보전에 직접적으로 영향을 미치는 행위이므로, 법령이 규정하는 산림훼손 금지 또는 제한 지역에 해당하는 경우는 물론 금지 또는 제한 지역에 해당하지 않더라도 허가관청은 산림훼손허가신청 대상토지의 현상과 위치 및 주위의 상황 등을 고려하여 국토 및 자연의 유지와 환경의 보전 등 중대한 공익상 필요가 있다고 인정될 때에는 허가를 거부할 수 있고, 그 경우 법규에 명문의 근거가 없더라도 거부처분을 할 수 있다(대판 2003.3.28, 2002두12113).

④ 허가는 특정행위를 행정상 적법하게 할 수 있도록 하는 당해 행위에 대한 적법요건에 불과할 뿐, 유효요건은 아니다. 따라서 무허가행위라 할지라도 당해 행위가 사법상 당연히 무효가 되는 것은 아니며, 원칙적으로 유효하다.

19 난도 ★★☆ ④

출제 영역 일반행정작용법 > 행정행위

도시계획법령이 토지형질변경행위허가의 변경신청 및 변경허가에 관하여 아무런 규정을 두지 않고 있을 뿐 아니

라, 처분청이 처분 후에 원래의 처분을 그대로 존속시킬 필요가 없게 된 사정변경이 생겼거나 중대한 공익상의 필요가 발생한 경우에는 별도의 법적 근거가 없어도 별개의 행정행위로 이를 철회·변경할 수 있지만 이는 그러한 철회·변경의 권한을 처분청에게 부여하는 데 그치는 것일 뿐 상대방 등에게 그 철회·변경을 요구할 신청권까지를 부여하는 것은 아니라 할 것이므로, 이와 같이 법규상 또는 조리상의 신청권이 없이 한 국민들의 토지형질변경행위 변경허가신청을 반려한 당해 반려처분은 항고소송의 대상이 되는 처분에 해당되지 않는다(대판 1997.9.12, 96누6219).

오답 분석
① 대판 1989.10.24, 89누2431
② 처분이 분리가능성(가분성)이 있거나, 처분대상의 일부가 특정이 가능하다면 일부만의 철회도 가능하다(행정기본법 제19조 제1항).
③ 적법한 행정행위로서 유효하게 효력을 발생한 경우, 사후적으로 그 효력의 전부 또는 일부를 장래에 향해 소멸시키는 원행정행위와 독립된 별개의 의사표시를 행정행위의 철회라 한다(행정기본법 제19조 제1항).

행정기본법 제19조 【적법한 처분의 철회】
① 행정청은 적법한 처분이 다음 각 호의 어느 하나에 해당하는 경우에는 그 처분의 전부 또는 일부를 장래를 향하여 철회할 수 있다.
　1. 법률에서 정한 철회 사유에 해당하게 된 경우
　2. 법령 등의 변경이나 사정변경으로 처분을 더 이상 존속시킬 필요가 없게 된 경우
　3. 중대한 공익을 위하여 필요한 경우
② 행정청은 제1항에 따라 처분을 철회하려는 경우에는 철회로 인하여 당사자가 입게 될 불이익을 철회로 달성되는 공익과 비교·형량 하여야 한다.

---

20 난도 ★★☆ ①

출제 영역 　행정의 실효성 확보수단 > 새로운 의무이행확보수단

건축법상 이행강제금 납부의무는 상속인 기타의 사람에게 승계될 수 없는 일신전속적인 성질의 것이므로 이미 사망한 사람에게 이행강제금을 부과하는 내용의 처분이나 결정은 당연무효이고, 이행강제금을 부과받은 사람의 이의에 의하여 비송사건절차법에 의한 재판절차가 개시된 후에 그 이의한 사람이 사망한 때에는 사건 자체가 목적을 잃고 절차가 종료한다(대판 2006.12.8, 2006마470).

오답 분석
② 행정기본법 제31조 제5항
③ 부동산실명법상 '장기미등기자'에 대하여 부과되는 이행강제금은 소유권이전등기신청의무 불이행이라는 과거의 사실에 대한 제재인 과징금과 달리, 장기미등기자에게 등기신청의무를 이행하지 아니하면 이행강제금이 부과된다는 심리적 압박을 주어 의무의 이행을 간접적으로 강제하는 행정상의 간접강제 수단에 해당한다. 따라서 장기미등기자가 이행강제금 부과 전에 등기신청의무를 이행하였다면 이행강제금의 부과로써 이행을 확보하고자 하는 목적은 이미 실현된 것이므로 부동산실명법에 규정된 기간이 지나서 등기신청의무를 이행한 경우라 하더라도 이행강제금을 부과할 수 없다(대판 2016.6.23, 2015두36454).
④ 이행강제금은 행정법상의 부작위의무 또는 비대체적 작위의무를 이행하지 않은 경우에 '일정한 기한까지 의무를 이행하지 않을 때에는 일정한 금전적 부담을 과할 뜻'을 미리 '계고'함으로써 의무자에게 심리적 압박을 주어 장래를 향하여 의무의 이행을 확보하려는 간접적인 행정상 강제집행 수단이다(대판 2015.6.24, 2011두2170). 이 점에서 과거의 의무위반에 대한 제재수단인 행정벌과는 구별된다.

---

21 난도 ★★☆ ④

출제 영역 　행정구제법 > 손해전보제도

행정상 손실보상청구권은 재산권의 가치를 떨어뜨리는 공용침해를 요건으로 한다. 여기서 공용침해의 방식은 법률의 규정에 의해 직접 행해지는 법률수용(처분적 법률)과 행정작용에 의해 행해지는 행정수용이 있으며 행정수용이 일반적이다. 행정수용은 법적인 행위뿐만 아니라 사실행위도 포함된다.

오답 분석
① 이주대책의 실시 여부는 입법자의 입법정책적 재량의 영역에 속하므로 공익사업을 위한 토지 등의 취득 및 보상에 관한 법률 시행령 제40조 제3항 제3호가 이주대책의 대상자에서 세입자를 제외하고 있는 것이 세입자의 재산권을 침해하는 것이라 볼 수 없다.
② 공익사업을 위한 토지 등의 취득 및 보상에 관한 법률의 규정 내용 및 입법 취지 등을 종합하여 보면, 공익사업으로 인하여 영업을 폐지하거나 휴업하는 자가 사업시행자에게서 공익사업법에 따라 영업손실에 대한 보상을 받기 위해서는 공익사업법에 규정된 재결절차를 거친 다음 재결에 대하여 불복이 있는 때에 비

로소 권리구제를 받을 수 있을 뿐, 이러한 재결절차를 거치지 않은 채 곧바로 사업시행자를 상대로 손실보상을 청구하는 것은 허용되지 않는다고 보는 것이 타당하다(대판 2011.9.29, 2009두10963).

③ 사업시행자가 하는 확인·결정은 곧 구체적인 이주대책상의 수분양권을 취득하기 위한 요건이 되는 행정작용으로서의 처분인 것이지, 결코 이를 단순히 절차상의 필요에 따른 사실행위에 불과한 것으로 평가할 수는 없다. 따라서 수분양권의 취득을 희망하는 이주자가 소정의 절차에 따라 이주대책대상자 선정신청을 한 데 대하여 사업시행자가 이주대책대상자가 아니라고 하여 위 확인·결정 등의 처분을 하지 않고 이를 제외시키거나 또는 거부조치한 경우에는, 이주자로서는 당연히 사업시행자를 상대로 항고소송에 의하여 그 제외처분 또는 거부처분의 취소를 구할 수 있다(대판 1994. 5.24, 92다35783).

22 난도 ★★☆　　　　　　　　　　　②

출제 영역　행정상 쟁송 > 행정심판

직권으로는 직접 처분을 할 수 없고 당사자의 신청이 있어야 직접처분을 할 수 있다(행정심판법 제50조 제1항).

> **행정심판법 제50조【위원회의 직접 처분】**
> ① 위원회는 피청구인이 제49조 제3항에도 불구하고 처분을 하지 아니하는 경우에는 당사자가 신청하면 기간을 정하여 서면으로 시정을 명하고 그 기간에 이행하지 아니하면 직접 처분을 할 수 있다. 다만, 그 처분의 성질이나 그 밖의 불가피한 사유로 위원회가 직접 처분을 할 수 없는 경우에는 그러하지 아니하다.

오답 분석

① 대판 1986.5.27, 86누127

③ 행정심판의 재결은 피청구인인 행정청을 기속하는 효력을 가지므로 재결청이 취소심판의 청구가 이유 있다고 인정하여 처분청에 처분을 취소할 것을 명하면 처분청으로서는 재결의 취지에 따라 처분을 취소하여야 하지만, 나아가 재결에 판결에서와 같은 기판력이 인정되는 것은 아니어서 재결이 확정된 경우에도 처분의 기초가 된 사실관계나 법률적 판단이 확정되고 당사자들이나 법원이 이에 기속되어 모순되는 주장이나 판단을 할 수 없게 되는 것은 아니다(대판 2015.11.27, 2013다6759).

④ 택지초과소유부담금 부과처분을 취소하는 재결이 있는 경우 당해 처분청은 재결의 취지에 반하지 아니하는 한, 즉 당초 처분과 동일한 사정 아래에서 동일한 내용의 처분을 반복하는 것이 아닌 이상, 그 재결에 적시된 위법사유를 시정·보완하여 정당한 부담금을 산출한 다음 새로이 부담금을 부과할 수 있는 것이고, 이러한 새로운 부과처분은 재결의 기속력에 저촉되지 아니한다(대판 1997.2.25, 96누14784,14791).

23 난도 ★★★　　　　　　　　　　　②

출제 영역　행정구제법 > 손해전보제도

계고처분 또는 행정대집행 영장에 의한 통지와 같은 행정처분이 위법한 경우, 대집행이 완료된 후에는 그 처분의 무효확인 또는 취소를 구할 소의 이익이 없다 할 것이다. 그러나 그러한 경우에도 계고처분 등의 행정처분이 위법임을 이유로 국가배상을 청구하는 것은 가능하며, 법원이 국가배상청구의 인용 여부를 판단함에 있어서 미리 그 행정처분의 취소판결이 있어야만 하는 것은 아니다(대판 1972.4.28, 72다337). 즉, 민사법원은 국가배상청구소송의 선결문제로서 처분의 위법성 여부를 판단할 수 있다.

오답 분석

① 항고소송(취소소송)을 제기하려면 협의의 소의 이익이 있어야 한다. 그런데 이미 대집행절차가 완료된 경우에는 대집행처분을 취소할 소의 이익이 없으므로 당해 취소소송은 부적법하게 되어 각하판결을 받게 된다.

③ 민사법원은 당해 처분이 당연무효인 경우에는 행정처분의 공정력에 반하지 않으므로 이를 선결문제로 하여 재판할 수 있다(행정소송법 제11조 제1항).

> **행정소송법 제11조【선결문제】**
> ① 처분 등의 효력 유무 또는 존재 여부가 민사소송의 선결문제로 되어 당해 민사소송의 수소법원이 이를 심리·판단하는 경우에는 제17조, 제25조, 제26조 및 제33조의 규정을 준용한다.
> ② 제1항의 경우 당해 수소법원은 그 처분 등을 행한 행정청에게 그 선결문제로 된 사실을 통지하여야 한다.

④ 가해 공무원(甲)에게 고의 또는 중과실이 있으면 국가나 지방자치단체는 구상할 수 있다(국가배상법 제2조 제2항).

> **국가배상법 제2조【배상책임】**
> ② 제1항 본문의 경우에 공무원에게 고의 또는 중대한 과실이 있으면 국가나 지방자치단체는 그 공무원에게 구상(求償)할 수 있다.

24 난도 ★★☆ ④

출제 영역 행정상 쟁송 > 행정소송

행정처분의 무효 확인 또는 취소를 구하는 소가 제소 당시에는 소의 이익이 있어 적법하였는데, 소송계속 중 해당 행정처분이 기간의 경과 등으로 그 효과가 소멸한 때에 처분이 취소되어도 원상회복이 불가능하다고 보이는 경우라도, 무효 확인 또는 취소로써 회복할 수 있는 다른 권리나 이익이 남아 있거나 또는 그 행정처분과 동일한 사유로 위법한 처분이 반복될 위험성이 있어 행정처분의 위법성 확인 내지 불분명한 법률문제에 대한 해명이 필요한 경우에는 행정의 적법성 확보와 그에 대한 사법통제, 국민의 권리구제 확대 등의 측면에서 예외적으로 그 처분의 취소를 구할 소의 이익을 인정할 수 있다. 여기에서 '그 행정처분과 동일한 사유로 위법한 처분이 반복될 위험성이 있는 경우'란 불분명한 법률문제에 대한 해명이 필요한 상황에 대한 대표적인 예시일 뿐이며, 반드시 '해당 사건의 동일한 소송 당사자 사이에서' 반복될 위험이 있는 경우만을 의미하는 것은 아니다(대판 2020.12.24, 2020두30450).

오답 분석

① 제재적 행정처분이 그 처분에서 정한 제재기간의 경과로 인하여 그 효과가 소멸되었으나, 부령인 시행규칙의 형식으로 정한 처분기준에서 제재적 행정처분(이하 '선행처분')을 받은 것을 가중사유나 전제요건으로 삼아 장래의 제재적 행정처분(이하 '후행처분')을 하도록 정하고 있는 경우, 제재적 행정처분의 가중사유나 전제요건에 관한 규정이 법령이 아니라 규칙의 형식으로 되어 있다고 하더라도, 그 법적 성질이 대외적·일반적 구속력을 갖는 법규명령인지 여부와는 상관없이, 그 규칙에 정해진 바에 따라 행정작용을 할 것이 당연히 예견된다. 따라서 그러한 규칙이 정한 바에 따라 선행처분을 받은 상대방이 그 처분의 존재로 인하여 장래에 받을 불이익, 즉 후행처분의 위험은 구체적이고 현실적인 것이므로, 상대방에게는 선행처분의 취소소송을 통하여 그 불이익을 제거할 필요가 있다. 결국 선행처분을 받은 상대방은 비록 그 처분에서 정한 제재기간이 경과하였다 하더라도 그 처분의 취소소송을 통하여 그러한 불이익을 제거할 권리보호의 필요성이 충분히 인정된다고 할 것이므로, 선행처분의 취소를 구할 법률상 이익이 있다(대판 2006. 6.22, 2003두1684 전합).

② 행정처분의 무효확인 또는 취소를 구하는 소가 제소 당시에는 소의 이익이 있어 적법하였더라도, 소송 계속 중 처분청이 다툼의 대상이 되는 행정처분을 직권으로 취소하면 그 처분은 효력을 상실하여 더 이상 존재하지 않는 것이므로, 존재하지 않는 그 처분을 대상으로 한 항고소송은 원칙적으로 소의 이익이 소멸하여 부적법하다. 다만 처분청의 직권취소에도 불구하고 완전한 원상회복이 이루어지지 않아 무효확인 또는 취소로써 회복할 수 있는 다른 권리나 이익이 남아 있거나 또는 동일한 소송 당사자 사이에서 그 행정처분과 동일한 사유로 위법한 처분이 반복될 위험성이 있어 행정처분의 위법성 확인 내지 불분명한 법률문제에 대한 해명이 필요한 경우 행정의 적법성 확보와 그에 대한 사법통제, 국민의 권리구제의 확대 등의 측면에서 예외적으로 그 처분의 취소를 구할 소의 이익을 인정할 수 있을 뿐이다(대판 2019.6.27, 2018두49130).

③ 대판 1992.7.14, 91누4737

25 난도 ★★☆ ②

출제 영역 행정상 쟁송 > 행정소송

처분의 효력정지는 처분 등의 집행 또는 절차의 속행을 정지함으로써 목적을 달성할 수 있는 경우에는 허용되지 아니한다(행정소송법 제23조 제2항).

> **행정소송법 제23조 【집행정지】**
> ② 취소소송이 제기된 경우에 처분등이나 그 집행 또는 절차의 속행으로 인하여 생길 회복하기 어려운 손해를 예방하기 위하여 긴급한 필요가 있다고 인정할 때에는 본안이 계속되고 있는 법원은 당사자의 신청 또는 직권에 의하여 처분등의 효력이나 그 집행 또는 절차의 속행의 전부 또는 일부의 정지(이하 "집행정지"라 한다)를 결정할 수 있다. 다만, 처분의 효력정지는 처분등의 집행 또는 절차의 속행을 정지함으로써 목적을 달성할 수 있는 경우에는 허용되지 아니한다.
> ③ 집행정지는 공공복리에 중대한 영향을 미칠 우려가 있을 때에는 허용되지 아니한다.

오답 분석

① 행정소송법 제23조 제2항

③ 사업여건의 악화 및 막대한 부채비율로 인하여 외부자금의 신규차입이 사실상 중단된 상황에서 285억 원 규모의 과징금을 납부하기 위하여 무리하게 외부자금을 신규차입하게 되면 주거래은행과의 재무구조개선 약정을 지키지 못하게 되어 사업자가 중대한 경영상의 위기를 맞게 될 것으로 보이는 경우, 그 과징금납

부명령의 처분으로 인한 손해는 효력정지 내지 집행
정지의 적극적 요건인 '회복하기 어려운 손해'에 해당
한다(대판 2001.10.10. 2001무29).

④ 행정소송법 제23조에 의한 집행정지결정의 효력은 결
정주문에서 정한 시기까지 존속하였다가 그 시기의
도래와 동시에 당연히 실효하는 것이므로, 일정기간
동안 업무를 정지할 것을 명한 행정청의 업무정지처
분에 대하여 법원이 집행정지결정을 하면서 주문에서
당해 법원에 계속 중인 본안소송의 판결선고 시까지
처분의 효력을 정지한다고 선언하였을 경우에는 당초
처분에서 정한 업무정지기간의 진행은 그때까지 저지
되다가 본안소송의 판결선고에 의하여 위 정지결정의
효력이 소멸함과 동시에 당초 처분의 효력이 당연히
부활되어 그 처분에서 정하였던 정지기간(정지결정
당시 이미 일부 진행되었다면 나머지 기간)은 이때부
터 다시 진행한다(대판 2005.6.10. 2005두1190).

2022년 경영학 9급 기출문제 정답 및 해설

01	02	03	04	05	06	07	08	09	10
①	④	①	④	②	①	②	①	④	④
11	12	13	14	15	16	17	18	19	20
①	③	③	①	③	④	③	④	②	②
21	22	23	24	25					
③	①	②	④	③					

01 난도 ★★☆   ①

출제 영역 경영학의 기초 > 경영전략

규모의 경제란 생산량이 고정비를 흡수하게 됨으로써 단위당 고정비용이 감소하는 현상을 말한다. 즉, 생산시설을 짓는 데 드는 초기 고정비용을 절약할 수 있게 되면 규모의 경제가 실현된다.

오답 분석

② 범위의 경제란 한 기업이 여러 제품을 함께 생산할 경우, 각 제품을 별도로 생산하는 경우보다 생산비용이 적게 드는 현상을 말한다.

③ 경험효과(학습효과)란 동일 제품이나 서비스를 생산하는 두 기업을 비교할 때 일정 기간 내에보다 많은 제품이나 서비스를 생산했던 기업의 비용이 낮아지는 것을 말한다.

④ 시너지는 상승효과 또는 종합효과라고 하며, 두 개 이상의 자원을 다면적으로 활용하여 독립적으로만 얻을 수 있는 것 이상의 결과를 내는 작용을 말한다.

02 난도 ★★☆   ④

출제 영역 마케팅 > 가격관리

가격을 결정하는 접근방법에는 원가기준 가격책정, 수요기준 가격책정, 경쟁기준 가격책정 등이 있다.

오답 분석

① 원가가산의 방법은 단위당 원가에 일정률의 마진(이폭)을 가산하여 가격을 결정하는 방법이다.

② 수요지향적 방법은 원가보다는 제품에 대한 수요의 강약과 소비자의 지각을 중시하여 가격을 결정하는 방법이다.

③ 경쟁지향적 방법은 원가나 수요와 무관하게 오로지 경쟁자의 가격전략에 대응해 자사 제품의 가격을 결정하는 방법이다.

03 난도 ★★★   ①

출제 영역 조직행위 > 리더십 이론

오답 분석

②·③·④ 리더십 이론은 훌륭한 리더가 보유한 특성을 연구하는 특성이론에서 출발하여, 개별적 리더의 특성보다는 리더들의 행동의 보편성을 연구하는 행동이론으로 발전하였다가, 환경의 상황에 따른 적절한 리더십을 연구하는 상황이론으로 발전하였고, 이후 여러 가지의 현대 리더십 이론으로 발전하였다.

04 난도 ★★☆   ④

출제 영역 생산관리 > 생산관리의 기초개념

생산관리란 생산목표를 달성하기 위하여 유형인 재화의 생산이나 무형인 서비스의 공급을 담당하는 생산시스템을 관리하는 활동을 의미하며, 품질, 납기, 원가절감, 유연성 확보를 목표로 한다.

05 난도 ★★★   ②

출제 영역 경영정보시스템 > e 비즈니스 시스템 모델과 구성요소

채찍효과란 수요변동의 폭이 도매점, 소매점, 제조사, 공급자의 순으로 점점 커지고 공급사슬 상류(소비자로부터 생산자)로 갈수록 수요정보가 왜곡됨으로써 제품을 생산하는 기업이 느끼는 시장수요의 변동폭이 최종소비자의 실제 시장수요의 변동폭보다 큰 현상을 말한다.

06 난도 ★★★   ①

출제 영역   경영학의 기초 > 경영전략

기업전략은 기업의 넓은 활동범위에 대한 전략과 장기적인 수익 극대화를 위하여 기업의 개발과 발전을 관리하는 것을 말한다.

오답 분석

② 사업부전략은 각각의 시장에서 구체적으로 경쟁하는 방법을 말하며 특정 산업/사업에서 어떻게 경쟁할 것인가, 경쟁우위와 수익성 최대화를 위한 전략 방안을 마련한다. 경쟁사 대비 비교 우위 확보를 목적으로 하는데, 예를 들면 어떤 소비자 집단의 욕구를 만족시키고 어떤 차별역량을 기반으로 할 것인가 등이 있다.

③ 기능별전략은 제품군, 개별 제품 등 사업부 하위 단위의 전략을 말하는 것으로, 경쟁 제품 대비 비교 우위 확보를 목적으로 한다.

④ 마케팅전략은 마케팅의 목표를 달성하기 위하여 여러 가지 판매 활동을 하는 것을 말한다.

07 난도 ★★★   ②

출제 영역   경영학의 기초 > 경영학의 이해

'조직화'란 계획 활동으로 수립된 계획을 실천에 옮기는 데 필요한 자원들을 할당하고 투입하는 일을 말한다.

08 난도 ★★☆   ①

출제 영역   회계학 > 회계의 기초이론

관리회계는 경영자가 내부통제 또는 재무예측을 위해 필요로 하는 경제적 정보를 정리하는 일련의 과정을 말한다. 즉, 관리회계는 기업 내부의 의사결정에 사용하기 위한 것이다.

09 난도 ★★★   ④

출제 영역   재무관리 > 재무비율분석

안전성 비율이란 기업의 장기지급능력을 측정하는 지표로 레버리지 비율이라고도 부른다. 종류에는 유동비율, 당좌비율, 부채비율, 고정비율, 이자보상비율 등을 들 수 있다.

10 난도 ★★☆   ②

출제 영역   마케팅 > 마케팅 계획 수립과정

BCG매트릭스 기법에서 현금젖소(Cash Cow) 영역은 시장점유율은 높지만 시장성장률이 낮은 사업이다.

11 난도 ★★☆   ①

출제 영역   회계학 > 재무제표

당기순이익은 경영활동의 결과로써 주주에게 귀속되는 이익으로, 법인세비용 차감 이후의 이익을 말한다.

오답 분석

② 매출총이익은 총매출액에서 매출원가를 뺀 값이다.

③ 영업이익은 매출총이익에서 판매비와 관리비를 더한 값을 뺀 값이다.

④ 법인세비용차감전순이익은 영업이익에 영업 외 수익은 더하고 영업 외 비용을 뺀 값이다.

12 난도 ★★☆   ③

출제 영역   조직행위 > 조직행위론의 이해

인간관계론은 조직 내 비공식집단이라는 사회적 구조를 파악하여 조직의 의사전달, 문제해결 등에 인사적 기능이 필요하다는 새로운 관점을 제시하였다.

13 난도 ★★☆   ③

출제 영역   경영학의 기초 > 기업의 이해

기업의 사회적 책임(CSR)이란 기업이 지속적으로 존속할 수 있도록 기업의 이해 당사자들이 기업에 기대하고 요구하는 사회적 의무들을 충족시키기 위해 수행하는 활동을 말하며, 이 중 윤리적 책임은 사회지원활동, 공공질서 준수를 내용으로, 환경·윤리경영, 제품 안전, 여성·현지인·소수 인종에 대한 공정한 대우 등을 말한다.

14 난도 ★★☆   ①

출제 영역   경영학의 기초 > 경영혁신

지식을 발전시키는 과정은 이식-표출-연결-체화의 단계를 따른다. 이 중 '이식'은 기술을 전수받는 과정을 말한다.

15 난도 ★★☆   ③

출제 영역   조직행위 > 동기부여이론

목표관리(MBO)란 목표를 설정할 때 종업원들을 참여하도록 하여 생산목표를 명확하고 체계적으로 설정·활용하여 공식 목표를 실체화하는 과정을 말한다. 목표가 구체성, 적정 난이도, 수용 가능성을 갖추게 되면 구성원들의 동기가 증진되고 성과도 창출된다.

16 난도 ★★☆ ④

출제 영역 재무관리 > 자본예산 기법

선입선출법(FIFO; First-In First-Out Method)은 실제 물량의 흐름과는 관계없이 먼저 취득한 자산이 먼저 판매된 것으로 가정하여 매출원가와 기말재고로 구분하는 재고자산의 단가결정방법이다. 매출원가는 오래전에 구입한 상품의 원가로 구성되고, 기말재고는 최근에 구입한 상품의 원가로 구성된다.

오답 분석

① · ② · ③ 자본예산기법에는 회수기간법, 평균회계이익률법, 순현가법, 수익성지수법, 내부수익률법 등이 있다.

17 난도 ★★★ ③

출제 영역 마케팅 > 목표시장의 선정(STP)

잘못된 시장세분화 전략은 모든 잠재적 고객을 대상으로 한 전략보다 매출액이 많이 줄어들 수 있다.

오답 분석

① · ② · ④ 시장을 세분화하면 각 세분화 된 시장별로 고객의 욕구를 보다 잘 이해하고 충족시킬 수 있으므로 경쟁우위를 확보할 수 있고, 마케팅의 기회도 증가한다.

18 난도 ★☆☆ ④

출제 영역 마케팅 > 마케팅 믹스

마케팅 믹스에는 상품(Product), 가격(Price), 유통(Place) 그리고 촉진(Promotion)이 있다. 과정(Process)은 마케팅 믹스에 해당하지 않는다.

19 난도 ★★☆ ②

출제 영역 국제경영과 국제경제 > 국제경영전략

지리적 다변화를 통한 위험집중은 글로벌경영의 필요성에 해당하지 않는다.

20 난도 ★★☆ ②

출제 영역 생산관리 > 품질관리

품질관리(QC)란 소비자가 요구하는 품질의 제품이나 서비스를 경제적으로 만들어 내기 위한 모든 수단과 활동의 시스템을 말한다. 그에 반해 전사적품질경영(TQC)은 고객에게 최대의 만족을 주는 가장 경제적인 품질을 생산하고 서비스할 수 있도록 사내 각 부문의 활동을 품질개발, 품질유지, 품질향상을 위해 최고경영자뿐만 아니라 전 종업원이 참여하여 전사적으로 조정, 통합하는 시스템을 말한다.

21 난도 ★★★ ③

출제 영역 생산관리 > 재고자산관리

재고유지비용은 재고자산을 일정수준으로 유지하고 보관하는 데 발생하는 비용을 말한다. 재고자산에 대한 평균 투자액에 비례하여 발생하며, 재고자산에 투자된 자금의 기회원가, 보험료, 보관료, 재고자산 감모손실, 진부화로 인한 재고자산평가손실 등 재고유지와 관련된 모든 비용 항목이 해당된다.

22 난도 ★★☆ ①

출제 영역 생산관리 > 수요예측

델파이법은 여러 전문가의 의견을 설문을 통해 반복적으로 집계하여 합의된 아이디어를 도출하도록 유도하는 질적 수요예측기법이다.

오답 분석

② 이동평균법은 구입이 이루어질 때마다 가중평균단가를 구하고 상품출고 시마다 출고단가를 계속 기록하는 방법이다.

③ 지수평활법은 현시점에서 가까운 실제치에는 큰 비중을 주고 과거로 거슬러 올라갈수록 비중을 지수적으로 적게 주어 예측하는 방법이다.

④ 추세분석법은 시계열자료가 증가하는 추세인지 감소하는 추세인지 알아보는 방법이다.

23 난도 ★★☆ ②

출제 영역 회계학 > 회계의 순환과정과 거래의 기록

분개 시 자산의 증가는 차변, 자산의 감소는 대변에 기입한다. 부채의 증가는 대변, 부채의 감소는 차변에 기입하고, 자본의 증가는 대변, 자본의 감소는 차변, 비용의 발생은 차변, 비용의 소멸은 대변, 수익의 발생은 대변, 수익의 소멸은 차변에 기입한다. 따라서 상품구매 40,000원은 자산의 증가이므로 차변에, 현금 지급 10,000원은 비용의 발생이므로 대변에, 외상 30,000원은 부채의 발생이므로 대변에 분개한다.

24 난도 ★★★ ④

출제 영역 재무관리 > 포트폴리오 이론

비체계적 위험은 분산투자를 통해서 제거되는 위험을 말한다. 종업원의 파업, 법적 문제, 판매 부진 등 기업의 특수한 상황과 관련된 것으로 기업 고유의 위험이라고도 하며, 포트폴리오를 구성하여 분산투자를 하여 제거할 수 있는 위험이다.

오답 분석

① 포트폴리오 효과란 둘 이상의 자산(혹은 주식)을 결합하여 포트폴리오를 구성함으로써 위험이 줄어들어 기대효용이 증가하는 현상을 말한다.

② 체계적 위험(Systematic Risk)이란 분산투자로 제거되지 않는 위험을 말한다. 시장의 전반적인 상황과 관련된 것으로 시장 위험(Market Risk)이라고도 하며, 모든 기업에 공통적으로 영향을 미치는 경기변동, 물가변화, 정부정책, 인플레이션이나 이자율의 변화 등과 관련된 요인이다.

③ 변동계수는 표준 편차를 표본 평균이나 모 평균 등 산술 평균으로 나눈 것이다. 측정 단위가 다른 자료를 비교할 때 쓴다.

25 난도 ★★☆ ③

출제 영역 경영정보시스템 > e 비즈니스 시스템 모델과 구성요소

균형성과표(BSC)는 기업의 성과를 재무적 관점, 고객 관점, 업무 프로세스 관점, 학습과 성장(학습효과) 관점의 4가지 관점으로 구분하여 평가·관리하고, 측정 결과들을 바탕으로 전체적인 기업의 경영전략 및 사업부조직 단위별 전략을 관리한다.

군무원 군수직 한권으로 다잡기
www.sdedu.co.kr

이론편

우리 인생의 가장 큰 영광은

결코 넘어지지 않는 데 있는 것이 아니라

넘어질 때마다 일어서는 데 있다.

– 넬슨 만델라 –

제1과목

국어

Chapter

01 | 문법

01 언어와 국어

🔢 언어의 개념

언어란 사람의 사상이나 감정을 음성이나 문자로 나타낸 것을 말한다.

🔢 언어의 특성

기호성 (記號性)	언어는 일정한 내용을 일정한 형식(기호)에 의해 전달함 예 땅을 딛고 서거나 걸을 때 발에 신는 물건 → 신발
자의성 (恣意性)	언어 기호의 내용과 형식 사이에는 필연적인 관계가 없음
사회성 (社會性)	언어는 개인이 마음대로 바꿀 수 없는 사회적 약속임(불역성) 예 신발을 시계로 바꿀 수 없음
역사성 (歷史性)	언어는 시대에 따라 신생·성장·사멸하는 가역성을 지님 예 불휘 → 뿌리
분절성 (分節性)	언어는 연속적으로 이루어져 있는 외부 세계를 불연속적인 것으로 끊어서 표현함(불연속성) 예 무지개 - 빨, 주, 노, 초, 파, 남, 보
추상성 (抽象性)	언어의 의미 내용은 같은 부류의 사물들에서 공통적 속성을 뽑아내는 추상화의 과정을 통해서 형성됨 예 당근, 무, 배추, 오이, 가지, 시금치… → 채소(총칭어)
개방성 (開放性)	언어는 무한한 개방적 체계로 새로운 문장을 계속 만들어 낼 수 있고, 어떠한 개념(나무, 희망, 사랑…)이든 무한하게 표현할 수 있음(창조성) 예 숲, 새, 날다 → 숲속에서 새가 날아올랐다.

더 알아보기

자의성의 근거

 ↔ ─ 한국: 책   ─ 미국: book[bʊk]
                        ─ 중국: 书[shū]   ─ 일본: 本[ほん]

- 언어마다 같은 내용을 표현하는 형식이 다르다.
- 동음어와 동의어가 존재한다.
  예 동음어(말[言]─말[馬]─말[斗]), 동의어(키─신장, 책방─서점)
- 의성어나 의태어도 언어에 따라 달리 표현한다.
  예 돼지 울음 소리: 한국─꿀꿀, 미국─오잉크오잉크(oink oink)
- 역사성의 사례를 분석해 보면 같은 언어라도 지역마다 같은 내용을 표현하는 형식이 다르다.
- 언어의 형식과 내용의 변호가 따로따로 일어난다.

3 언어의 기능

표현적 기능	화자가 어떤 문제에 대해 자신의 감정이나 태도를 언어로 표현하는 기능. 감정적 의미 중시 예 · (요청) 어서 출발하시지요. 　　· (호감) 난 그 영화가 참 재미있었어. 　　· (확신) 영실은 공부를 열심히 하는 것 같다.
정보 전달적 기능	어떤 사실이나 정보, 지식 등을 알려 주는 기능 예 이 약을 드시면 기침이 멈추고 열이 내릴 거예요.
지령적 기능	청자에게 특정 행위를 야기하거나 금지시키는 기능. 명령 · 청유 · 의문 · 평서 형식(감화적 기능) 예 · (명령문─직접적) 어서 학교에 가거라. 　　· (평서문─간접적) 여기는 금연 장소입니다.
친교적 기능	화자 · 청자의 유대 관계를 확보하는 기능. 대부분의 인사말(사교적 기능) 예 · 오늘은 날씨가 참 화창하군요. 　　· 진지 잡수셨습니까?
표출적 기능	화자가 의사소통을 전제로 하지 않고 거의 본능적으로 사용하는 기능 예 으악!/에구머니나!/어이쿠!
미적 기능	말과 글을 되도록 듣기 좋고, 읽기 좋고 효과적으로 전달되도록 표현하는 기능. 시에서 주로 사용 예 (대구) 콩 심은 데 콩 나고 팥 심은 데 팥 난다.

4 국어의 특질

국어는 계통상 알타이어, 형태상 첨가어(교착어, 부착어)에 속한다.

음운상 특질	• 자음의 파열음 계열은 삼중 체계(= 삼지적 상관속, ㅂ ㅃ ㅍ/ㄷ ㄸ ㅌ/ㄱ ㄲ ㅋ/ㅈ ㅉ ㅊ)를 형성함
	  예 불[火]−뿔[角]−풀[草]
	• 다른 언어에 비해 마찰음(ㅅ, ㅆ, ㅎ)의 수가 적음
	• 음절의 끝소리 규칙, 모음조화, 자음 동화, 두음 법칙, 구개음화, 활음조 등이 있음
	• 음상(音相)의 차이로 인해 어감을 다르게 만들 뿐만 아니라 의미가 분화되는 경우가 있음
	  예 어감이 달라지는 경우: 빙빙−뺑뺑−핑핑/의미가 분화되는 경우: 맛−멋, 덜다−털다

어휘상 특질	• 국어의 어휘는 고유어, 한자어, 외래어의 삼중 체계를 이루고 있음 • 외래어 중 차용어, 특히 한자어가 많음 • 음성 상징어(의성어·의태어)와 색채어 및 감각어가 발달함 • 상하 관계가 중시되던 사회 구조의 영향으로 높임말이 발달함(다만, 높임법 자체는 문법상의 특질임) • 단어에 성(性)과 수(數)의 구별이 없고, 관사나 관계대명사가 없음

문법상 특질
(구문상 특질)
	• '주어＋목적어＋서술어/주어＋보어＋서술어'의 어순을 지녀서 서술어가 문장의 맨 끝에 옴
	• 단어 형성법이 발달되어 있음
	• 수식어는 피수식어 앞에 옴
	  예 아름다운 혜은이가 매우 좋다.
	• 문장 성분을 생략하는 일이 많음. 특히 조사와 주어가 자주 생략됨
	  예 "언제 일어났니?"/"조금 전에."
	• 문장 내에서 문장 성분의 순서를 비교적 자유롭게 바꿀 수 있음
	• 교착어(첨가어, 부착어)인 까닭에 문법적 관계를 나타내는 조사와 어미가 발달되어 있음

5 어휘의 양상

방언	• 그 말을 사용하는 구성원들 간에 유대감을 돈독하게 해주고 표준어로 표현하기 힘든 정서와 느낌을 표현할 수 있음 • 지역에 따른 지역 방언과 연령·성별·사회 집단 등에 따른 사회 방언이 있음
은어	• 어떤 폐쇄적 집단에 속한 사람들이 다른 집단으로부터 자신을 방어하려는 목적으로 발생한 어휘 • 일반 사회에 알려지게 되면 즉시 변경되어 새로운 은어가 나타나는 것이 원칙 예 쫄쫄이(술), 토끼다(달아나다), 왕초(우두머리), 심마니(산삼 캐는 사람), 데구레(웃옷) 등
속어	비속하고 천박한 느낌을 주는 말(= 비속어, 비어)로, 비밀 유지의 기능이 없다는 점에서 은어와 구별됨 예 삥(돈), 사발(거짓말), 쌩까다(모른 척하다), 쪼가리(이성 친구) 등
금기어	불쾌하고 두려운 것을 연상하게 하여 입 밖에 내기를 주저하는 말 예 천연두
완곡어	금기어 대신 불쾌감을 덜 하도록 만든 말 예 천연두 → 마마, 손님
관용어	둘 이상의 단어들이 결합하여 특별한 의미로 사용되는 관습적으로 굳어진 말 예 발 벗고 나서다(적극적으로 나서다)

더 알아보기

문법의 기본단위

음운	사람들이 같은 음이라고 생각하는 추상적인 소리로 말의 뜻을 구별하여 주는 소리의 가장 작은 단위
음절	한 번에 발음할 수 있는 소리의 최소 단위
형태소	뜻을 가진 가장 작은 말의 단위
단어	자립할 수 있는 말이나 이에 준하는 말 또는 자립형태소에 붙어서 쉽게 분리할 수 있는 말
어절	문장을 구성하고 있는 각각의 마디. 문장 성분의 최소 단위로 띄어쓰기의 단위가 됨
구	둘 이상의 단어가 모여 절이나 문장의 일부분을 이루는 토막. 종류에 따라 명사구, 동사구, 형용사구, 관형사구, 부사구 따위로 구분함
절	주어와 서술어를 갖추고 있으나 독립적으로 쓰이지 못하는 단어의 집합체
문장	생각이나 감정을 완결된 내용으로 표현하는 언어의 최소 형식. 단 내용상 의미가 끝나야 하고, 형식상 의미가 끝났음을 알리는 표지가 있어야 함

1 자음(子音)

발음할 때 허파에서 나온 공기의 흐름이 목, 입, 혀 따위의 발음 기관에 의해 구강 통로가 좁아지거나 완전히 막혀 공기의 흐름에 장애를 받아 나는 소리를 말한다.

조음 방법		조음 위치	양순음 (兩脣音)	치조음 (齒槽音)	경구개음 (硬口蓋音)	연구개음 (軟口蓋音)	후음 (喉音)
안울림소리 (無聲音)	파열음 (破裂音)	예사소리	ㅂ	ㄷ		ㄱ	
		된소리	ㅃ	ㄸ		ㄲ	
		거센소리	ㅍ	ㅌ		ㅋ	
	파찰음 (破擦音)	예사소리			ㅈ		
		된소리			ㅉ		
		거센소리			ㅊ		
	마찰음 (摩擦音)	예사소리		ㅅ			ㅎ
		된소리		ㅆ			
울림소리 (有聲音)	비음(鼻音)		ㅁ	ㄴ		ㅇ	
	유음(流音)			ㄹ			

❷ 모음(母音)

성대의 진동을 받은 소리가 목, 입, 코를 거쳐 나오면서 그 통로가 좁아지거나 완전히 막히거나 하는 따위의 장애를 받지 않고 나는 소리를 말한다.

(1) 10개의 단모음(單母音): 발음할 때 입술이나 혀가 고정되어 움직이지 않는 모음이다.

혀의 높이 \ 혀의 위치 / 입술 모양	전설 모음		후설 모음	
	평순	원순	평순	원순
고모음(高母音)	ㅣ	ㅟ	ㅡ	ㅜ
중모음(中母音)	ㅔ	ㅚ	ㅓ	ㅗ
저모음(低母音)	ㅐ		ㅏ	

(2) 11개의 이중 모음(二重母音): 발음할 때 입술이나 혀가 움직이는 모음이다.

상향식 이중 모음	ㅣ(j)+단모음	ㅑ, ㅕ, ㅛ, ㅠ, ㅒ, ㅖ
	ㅗ/ㅜ(w)+단모음	ㅘ, ㅝ, ㅙ, ㅞ
하향식 이중 모음	단모음+ㅣ(j)	ㅢ

❸ 음운의 변동

음운의 변동이란 두 음운이 만났을 때 발음을 좀 더 쉽고 간편하게 하거나 표현의 강화 효과를 위해 일어나는 현상을 말한다.

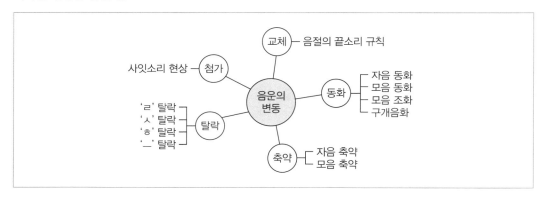

음절의 끝소리 규칙		음절의 끝에서 발음되는 자음은 'ㄱ, ㄴ, ㄷ, ㄹ, ㅁ, ㅂ, ㅇ'의 일곱 개뿐이므로, 나머지 자음이 음절의 끝에 오면 일곱 개의 자음 중의 하나로 바뀌어 발음됨 예 잎[입], 값[갑], 꽃[꼳], 부엌[부억]
자음 동화	비음화	파열음 'ㄱ, ㄷ, ㅂ'이나 유음 'ㄹ'이 비음인 'ㄴ, ㅁ'의 앞이나 뒤에서 각각 비음인 'ㄴ, ㅁ, ㅇ'으로 변하는 현상 예 국물[궁물], 믿는[민는], 밥만[밤만]
	유음화	비음인 'ㄴ'이 앞이나 뒤에 오는 유음 'ㄹ'의 영향으로 유음인 'ㄹ'로 바뀌는 현상 예 칼날[칼랄], 신라[실라]
모음 동화		• 'ㅏ, ㅓ, ㅗ, ㅜ'의 뒤 음절에 전설 모음 'ㅣ'가 오면 전설 모음 'ㅐ, ㅔ, ㅚ, ㅟ'로 바뀌는 현상('ㅣ' 모음 역행 동화 현상이 대표적) 예 남비 → 냄비, 풋나기 → 풋내기, 멋장이 → 멋쟁이 • 모음 동화로 변한 발음은 대체로 표준 발음으로 인정하지 않음 예 아기[애기(×)], 아지랑이[아지랭이(×)]
모음 조화		양성 모음('ㅏ, ㅗ')은 양성 모음끼리, 음성 모음('ㅓ, ㅜ, ㅡ')은 음성 모음끼리 어울리려는 현상 예 깎다: 각아, 깎아서, 깎았다/찰찰-철철(의성·의태부사에서 가장 뚜렷함)
구개음화		끝소리가 'ㄷ, ㅌ'인 형태소가 모음 'ㅣ'나 'ㅑ, ㅕ, ㅛ, ㅠ'로 시작되는 형식형태소와 만나 구개음인 [ㅈ, ㅊ]으로 바뀌어 소리 나는 현상 예 굳이[구지], 해돋이[해도지]
축약	자음 축약	'ㅎ'+'ㄱ, ㄷ, ㅂ, ㅈ' → 'ㅋ, ㅌ, ㅍ, ㅊ' 예 좋다[조타], 좋고[조코], 잡히다[자피다], 놓지[노치]
	모음 축약	두 모음이 한 모음으로 되는 현상 예 가리어 → 가려, 보아서 → 봐서
탈락	자음 탈락	• 'ㄹ' 탈락: 합성이나 파생의 과정에서 'ㄹ'이 탈락하거나, 용언의 활용 과정에서 어간의 끝 받침 'ㄹ'이 탈락하는 현상 예 − 합성·파생: 불+삽 → 부삽, 솔+나무 → 소나무, 바늘+질 → 바느질 − 용언의 활용 과정: 울+는 → [우는], 살+는 → [사는] • 'ㅎ' 탈락: 'ㅎ'이 모음으로 시작하는 어미나 접미사 앞에서 탈락하는 현상 예 넣어[너어], 놓을[노을], 좋은[조은], 많아서[마나서], 끓이다[끄리다]
	모음 탈락	• 'ㅡ' 탈락: 'ㅡ'가 다른 모음 앞에서 탈락하는 현상 예 크+어서 → 커서, 쓰+어라 → 써라, 담그+아도 → 담가도 • 동일 모음 탈락: 똑같은 모음이 반복될 때 하나가 탈락하는 현상 예 가+아서 → 가서, 건너+어도 → 건너도, 타+아라 → 타라
된소리되기		두 개의 안울림소리가 만나 뒤의 예사소리(ㄱ, ㄷ, ㅂ, ㅅ, ㅈ)가 된소리(ㄲ, ㄸ, ㅃ, ㅆ, ㅉ)로 바뀌는 현상 예 작다 → [작따], 국밥 → [국빱], 옷고름 → [온고름] → [온꼬름]
사잇소리 현상		두 개의 형태소 또는 단어가 합쳐져서 합성 명사를 이룰 때, ① 뒤의 예사소리가 된소리로 변하거나, ② 'ㄴ' 또는 'ㄴㄴ' 소리가 첨가되는 경우 예 ① 밤길[밤낄], 길가[길까], 봄비[봄삐], 등불[등뿔] ② 나뭇잎[나문닙], 집일[짐닐], 아랫니[아랜니], 잇몸(이+몸)[인몸]
활음조 현상		듣기나 말하기에 어렵거나 불편한 소리를 쉽고 편한 소리로 바꾸어 발음하는 현상 예 곤난(困難) → 곤란, 대노(大怒) → 대로, 폐염 → 폐렴, 지이산(智異山) → 지리산

1 형태소

(1) 형태소(최소 의미 단위): 뜻을 가진 가장 작은 말의 단위로, 더 나누면 뜻을 잃어버린다.

구분	특징	대상	예 철수가 이야기 책을 읽었다.
자립형태소	자립성 있음	체언, 수식언, 감탄사	철수, 이야기, 책
의존형태소	자립성 없음	조사, 어간, 어미, 접사	가, 을, 읽-, -었-, -다
실질형태소	실질적 의미 있음	체언, 수식언, 감탄사, 어간	철수, 이야기, 책, 읽-
형식형태소	실질적 의미 없음	조사, 어미, 접사	가, 을, -었-, -다

(2) 형태소 분류

① 문장에서의 단어와 형태소 분류

> 하늘이 매우 푸르다.

ㄱ 띄어 쓴 단위로 나눈다.

예 하늘이/매우/푸르다

ㄴ 조사를 분리한다.

예 하늘/이/매우/푸르다

ㄷ 조사 외에도 의미가 있는 것을 또 나눈다.

예 하늘/이/매우/푸르/다

② 형태소 분석 시 유의사항

ㄱ 용언의 활용형은 기본형으로 돌려놓고 분석한다.

ㄴ 합성어와 파생어는 합성, 파생하기 이전의 형태로부터 분석한다.

ㄷ 이름은 하나의 형태소로 취급한다.

ㄹ 사이시옷은 형태소로 취급하지 않는다.

ㅁ 한자어는 하나하나를 실질형태소이자 의존형태소로 보며, 대응하는 우리말이 없을 때만 자립형태소로 본다.

예 • 남겨진 적도 물리쳤겠네.

남/기/어/지/ㄴ/적/도/물리/치/었/겠/네 - 12개

• 단팥죽이라도 가져와야지.

달/ㄴ/팥/죽/이/라도/가지/어/오/아야지 - 10개

☑ 단어

(1) 단어(최소 자립 형식): 자립할 수 있는 말이나, 자립할 수 있는 형태소에 붙어서 쉽게 분리할 수 있는 말이다.

(2) 단어의 형성

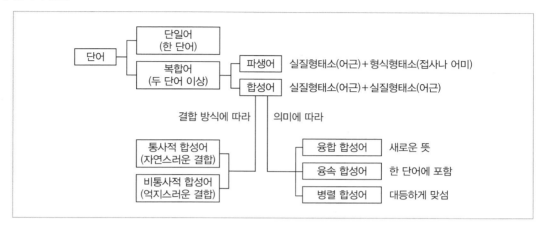

① **단일어:** 하나의 어근으로 된 단어를 말한다. 예 집, 나무, 하늘, 잠자리, 깍두기

② **복합어:** 둘 이상의 어근이나, 어근과 접사의 결합으로 이루어진 단어를 말하며, 파생어와 합성어로 나누어진다.

　㉠ **파생어:** 실질형태소(어근)+형식형태소(접사)

　　예 지붕(집+웅), 맏아들(맏+아들), 핫바지(핫+바지)

접두사	접미사
• 어근의 앞에 붙어서 특정한 뜻을 더하거나 강조하면서 새로운 말을 만드는 역할 • 어근의 품사를 바꾸지는 않음 　예 풋고추, 맨손, 시어머니, 헛소리, 덧니…	• 어근이나 단어의 뒤에 붙어 새로운 말을 만드는 역할 • 어근의 품사를 바꾸기도 함 　예 – 명사 파생: 오줌싸개, 코흘리개… 　　 – 동사 파생: 사랑하다, 반짝거리다… 　　 – 형용사 파생: 향기롭다, 좁다랗다… 　　 – 피동사 파생: 막히다, 갈리다… 　　 – 사동사 파생: 들추다, 씌우다… 　　 – 부사 파생: 마주, 낱낱이…

　㉡ **합성어:** 실질형태소(어근)+실질형태소(어근)

　　예 집안(집+안), 소나무(솔+나무), 높푸르다(높-+푸르다), 핫바지(핫+바지)

기능에 따라	합성명사	예 논밭, 고무신, 볶음밥, 늦잠, 봄비…
	합성동사	예 힘들다, 떠밀다, 뛰놀다, 붙잡다…
	합성형용사	예 배부르다, 굳세다, 높푸르다…
	합성부사	예 곧잘, 또다시, 오래오래, 사이사이…

의미 관계에 따라	대등합성어		예 손발, 오가다, 여닫다…
	유속합성어		예 돌다리, 쇠못…
	융합합성어		예 춘추(나이), 연세, 세월, 밤낮(종일)
형태에 따라	변화가 없는 경우		예 책가방: 책+가방
	변화가 있는 경우	탈락	예 활살 → 화살, 말소 → 마소
		첨가	예 조+쌀 → 좁쌀, 대+싸리 → 댑싸리
		ㄹ → ㄷ	예 이틀+날 → 이튿날, 삼질+날 → 삼짇날
		사이시옷	예 나무+잎 → 나뭇잎, 초+불 → 촛불

- 통사적 합성어: 우리말의 일반적인 단어 배열법과 일치하는 합성어
  예 힘쓰다(힘을 쓰다. 조사 '을'이 생략된 통사적 합성어)
- 비통사적 합성어: 우리말의 일반적인 단어 배열법과 일치하지 않는 합성어
  예 검푸르다(검다+푸르다, 어미 '다'가 생략된 비통사적 합성어)

3 품사

(1) 품사의 분류

기능상	의미상		특징
체언	명사	사물의 이름을 나타내는 품사 예 고유 명사, 보통명사, 자립명사, 의존 명사, 가산명사, 불가산명사, 무정명사, 유정명사	• 형태가 변하지 않음 • 문장에서 중심적인 역할을 함 • 조사와 결합하여 쓰이거나 홀로 사용됨
	대명사	사람이나 사물의 이름을 대신 나타내는 품사 예 지시대명사, 인칭대명사	
	수사	사물의 수량이나 순서를 나타내는 품사 예 양수사, 서수사	
수식언	관형사	체언 앞에 놓여서, 그 체언의 내용을 자세히 꾸며 주는 품사 예 지시관형사, 수관형사, 성상관형사	• 문장에서 다른 단어를 꾸며 주는 역할을 함 • 꾸밈을 받는 말 앞에 놓임 • 형태가 변하지 않음
	부사	용언 또는 다른 말 앞에 놓여 그 뜻을 분명하게 하는 품사 예 성분부사, 문장부사	
관계언	조사	체언이나 부사, 어미 등에 붙어 그 말과 다른 말과의 관계를 표시하거나 그 말의 뜻을 도와주는 품사 • 격조사: 주격, 목적격, 부사격, 호격, 보격, 서술격, 관형격 조사 • 접속조사: 단어접속조사, 문장접속조사 • 보조사: 성분보조사, 종결보조사, 통용보조사	• 홀로 쓰일 수 없고 다른 말에 붙어 사용됨 • 자립성이 없지만 다른 말과 쉽게 구분되어 단어로 인정받음 • 형태가 변하지 않음 예외 서술격 조사 '이다'

독립언	감탄사	말하는 이의 본능적인 놀람이나 느낌, 부름, 응답 등을 나타내는 품사 [독립언이나 감탄사가 아닌 것] • 문장 제시어 • 사람이름+호격 • 조사, 문장접속부사 등	• 형태가 변하지 않고, 조사와 결합하지 않음 • 문장에서 다른 말들과 관련이 적음
용언	동사	어떠한 사물의 동작이나 작용을 나타내는 품사 예 본동사, 보조동사	• 문장에서 사물이나 사람의 움직임, 상태, 성질을 설명함 • 문장을 끝맺거나 연결하는 역할을 함 • 형태가 변함
	형용사	어떠한 사물의 성질이나 상태, 모양을 나타내는 품사 예 본형용사, 보조형용사	

(2) 실전 품사의 구별

1	물결이 <u>채</u> 가라앉기도 전에 닻을 풀었다. → 부사
	옷을 입은 <u>채</u> 물에 들어갔다. → 의존 명사
2	거기에 학생<u>들</u>이 많이 모였다. → 복수 접미사
	소, 말, 돼지, 개<u>들</u>을 포유동물이라 한다. → 의존 명사
3	<u>다른</u> 사람은 조용한데, 철수야. 너 왜 떠들어? → 관형사
	나는 너와 <u>다른</u> 처지에 있다. → 형용사
4	차마 말하<u>지</u> 못할 사정 → 보조적 연결 어미
	그 책을 읽은 <u>지</u> 오래다. → 의존 명사
5	그는 <u>만</u> 열여섯 살이다. → 관형사
	조청이 꿀<u>만</u> 못하다. → 부사격 조사('~보다'의 의미로 쓰일 때)
6	소월은 퍽 <u>낭만적</u>인 시인이다. → 명사
	그녀는 <u>낭만적</u> 감정을 누르지 못하였다. → 관형사
7	너는 왜 일은 <u>아니</u> 하고 놀기만 하느냐? → 부사
	공부하지 <u>아니하고</u> 놀기만 하면 쓰나? → 동사
8	<u>옳소</u>, 찬성이오. → 감탄사
	당신 말이 <u>옳소</u>! → 형용사
9	그는 막 집에 도착했나 <u>보다</u>. → 형용사
	그는 어제 해놓은 음식이 상했는지 먹어 <u>보았다</u>. → 동사
10	이 바지는 <u>크니까</u>, 다른 걸로 바꾸어 주세요. → 형용사
	화초가 무럭무럭 <u>큽니다</u>. → 동사

1 문장

(1) 문장의 뜻

① 생각이나 감정을 완결된 내용으로 표현하는 최소의 언어 형식이다.

② 의미상으로 완결된 내용을 갖추고 형식상으로 문장이 끝났음을 나타내는 표지가 있는 것이다.

(2) 문장의 성분

종류	성분	내용
주성분	주어	움직임이나 상태 또는 성질의 주체를 나타냄 예 <u>나는</u> 까치 소리를 좋아했다.
	서술어	주어의 움직임, 상태, 성질을 서술하는 역할을 함 예 나는 까치 소리를 <u>좋아했다</u>.
	목적어	서술어의 동작 대상이 되는 부분임 예 나는 까치 <u>소리를</u> 좋아했다.
	보어	'되다', '아니다' 앞에서 '무엇이'의 내용을 나타냄 예 나는 <u>공무원이</u> 되었다.
부속성분	관형어	체언을 꾸며 줌 예 <u>새</u> 모자를 샀다.
	부사어	• 주로 용언을 꾸며 줌 • 다른 관형어나 부사어, 문장 전체도 꾸밈 • 문장이나 단어를 이어 주는 말들도 포함됨 　예 집을 <u>새롭게</u> 고쳤다.
	독립어	다른 문장 성분과 직접적인 관련이 없음 예 <u>아아</u>, 지금은 노래를 할 수가 없다.

(3) 서술어의 자릿수: 서술어가 요구하는 필수 성분(주어, 목적어, 보어, 필수 부사어)의 수를 의미한다.

한 자리 서술어	주어＋서술어 예 꽃이 <u>피었다</u>.
두 자리 서술어	주어＋목적어(보어, 부사어)＋서술어 예 • 물이 얼음이 <u>되었다</u>. 　• 나는 책을 <u>읽었다</u>.
세 자리 서술어	주어＋목적어＋부사어＋서술어 예 나는 꽃을 그녀에게 <u>주었다</u>.

(4) 문장의 종류

① 홑문장: 주어와 서술어의 관계가 한 번만 이루어진 문장

　예 대체 저것은 무엇일까?

② 겹문장: 주어와 서술어의 관계가 두 번 이상 이루어진 문장

　ㄱ 안은문장과 안긴문장: 문장 속에 안겨 하나의 성분처럼 쓰이는 절(節)을 안긴문장이라고 하며, 이러한 절을 포함한 문장을 안은문장이라고 함

명사절을 안은문장	영희가 천재임이 밝혀졌다.
관형절을 안은문장	강아지는 내가 좋아하는 동물이다.
서술절을 안은문장	코끼리는 코가 길다.
부사절을 안은문장	비가 소리도 없이 내린다.
인용절을 안은문장	• 그는 나에게 영화 보러 가자고 말했다. → 간접 인용 • 그가 "오늘 영화 보러 갈래?"라고 물었다. → 직접 인용

　ㄴ 이어진 문장: 둘 이상의 홑문장이 연결 어미에 의해 이어진 문장을 뜻함

대등하게 이어진 문장	• 바람이 불고 비가 내렸다.	• 그녀는 갔지만 그는 안 갔다.
종속적으로 이어진 문장	• 눈이 와서 길이 질다.	• 나는 독서실에 가려고 집을 나섰다.

2 문법요소

(1) 높임 표현

주체 높임법	행위의 주체를 높임. 선어말 어미 '–(으)시–' 사용 • 동사에 의한 주체 높임: 계시다, 잡수시다, 주무시다, 편찮으시다, 돌아가시다 　예 아버지께서는 집에 계신다. • 간접 높임: 높임 대상인 주체의 신체 부분, 소유물, 생각 등을 높여 주체를 높임 　예 할머니께서는 귀가 밝으시다. • 제약: 문장의 주체가 화자보다 높아도 청자보다 낮으면 '–시–'를 안 씀(압존법) 　예 할아버지, 아버지가 지금 왔습니다.
객체 높임법	화자가 목적어 · 부사어의 지시 대상인 서술의 객체를 높임. '모시다, 드리다…' 등의 동사나 부사격 조사 '–께'에 의해 실현됨 예 나는 교수님께 책을 드렸다.
상대 높임법	• 격식체: 격식체는 격식을 차려 심리적 거리감을 나타내는 표현으로, 높임의 정도에 따라 '하십시오체', '하오체', '하게체', '해라체'로 나눌 수 있음 (아래 표 참조)

구분	평서문	의문문	명령문	청유문	감탄문
하십시오체 (아주 높임)	하십니다 합니다	하십니까? 합니까?	하십시오	(하시지요)	–
하오체 (예사 높임)	하(시)오	하(시)오?	하(시)오 하구려	합시다	하는구려
하게체 (예사 낮춤)	하네 함세	하는가? 하나?	하게	하세	하는구먼
해라체 (아주 낮춤)	한다	하니? 하나?	해라 하렴	하자	하는구나

| 상대 높임법 | • 비격식체: 비격식체는 정감 있고 격식을 덜 차리는 표현으로, 높임의 정도에 따라 '해요체', '해체'로 나눌 수 있다. |

구분	평서문	의문문	명령문	청유문	감탄문
해요체 (두루 높임)	해요 하지요	해요? 하지요?	해요 하지요	해요 하지요	해요 하지요
해체 (두루 낮춤)	해 하지	해? 하지?	해 하지	해 하지	해 하지

(2) 시간 표현

발화시를 중심으로 사건시를 표현	과거	사건시>발화시	예 어제 영화를 봤다.
	현재	사건시=발화시	예 지금 영화를 본다.
	미래	사건시<발화시	예 내일 영화를 볼 것이다.
발화시를 기준으로 동작의 진행 여부를 표현	완료상: 동작이 완료됨		예 지금 전화를 걸어 버렸어.
	진행상: 동작이 진행되고 있음		예 지금 전화를 걸고 있어.

(3) 피동 · 사동 표현

① 능동−피동: 주어가 제 힘으로 행동하는 것을 '능동'이라 하고, 주어가 다른 주체에 의해 동작을 당하는 것을 '피동'이라 한다.

② 주동−사동: 주어가 직접 동작하는 것을 '주동'이라 하고, 주어가 남에게 어떤 동작을 하도록 시키는 것을 '사동'이라 한다.

피동 표현	파생적 피동 (단형 피동)	• 능동사 어간+피동 접미사(−이−, −히−, −리−, −기−) • 명사+접미사 '−되다' 예 도둑이 잡히다./철길이 복구되다.
	통사적 피동 (장형 피동)	• 능동사 어간+'−아/−어지다' • 능동사 어간+'−게 되다' 예 운동화 끈이 풀어지다./사실이 드러나게 되다.
사동 표현	파생적 사동 (단형 사동)	• 주동사 어간+사동 접미사(−이−, −히−, −리−, −기−, −우−, −구−, −추−) • 주동사 어간+'−시키다' 예 책을 읽히다./버스를 정차시키다.
	통사적 사동 (장형 사동)	주동사 어간+'−게 하다' 예 책을 읽게 하다.

③ 주동문을 사동문으로 만드는 방법
　㉠ 서술어가 자동사인 주동문을 사동문으로 바꾸는 경우

```
주동문:          주어  +  자동사
                  ↓          ↓
사동문:    주어  +  목적어  +  사동사
```

　　예 얼음이 녹았다. (주동문) → 아이들이 얼음을 녹였다. (사동문)
　㉡ 서술어가 타동사인 주동문을 사동문으로 바꾸는 경우

```
주동문:          주어  +  목적어  +  타동사
                  ↓          ↓          ↓
사동문:    주어  +  부사어  +  목적어  +  사동사
```

　　예 철수가 옷을 입었다. (주동문) → 엄마가 철수에게 옷을 입혔다. (사동문)
④ 능동문을 피동문으로 만드는 방법: 서술어가 타동사인 능동문을 피동문으로 바꾸는 경우

```
능동문:  주어  +  목적어  +  타동사
          ↓        ✕          ↓
피동문:  주어  +  부사어  +  피동사
```

　　예 순경이 도둑을 잡았다. (능동문) → 도둑이 순경에게 잡혔다. (피동문)

(4) 부정 표현

주어의 의지나 능력에 따라	'안' 부정문	• 단순 부정 예 나는 여행을 가지 않았다. • 상태 부정 예 그는 자고 있지 않다. • 의지 부정 예 나는 여행을 안 간다.
	'못' 부정문	상태 부정, 능력 부정 예 그녀는 여행을 못 갔다.
	'말다' 부정문	금지 – 동사 서술어만 가능, 명령문과 청유문에 가능 예 그 책은 읽지 마라.
문장의 길이에 따라	짧은 부정문	'안', '못'+서술어 예 내 친구는 술을 못 마신다.
	긴 부정문	서술어+'–지 않다', '–지 못하다' 예 내 친구는 술을 마시지 못한다.
중의성 해소 방법	억양, 조사 사용	예 친구들이 오지 않았다. 　→ 친구들이 오지는 않았다. 예 친구들이 다 오지 않았다. 　→ 친구들이 다 오지는 않았다. 　→ 친구들이 다는 오지 않았다.

1 의미의 종류

(1) 중심적 의미와 주변적 의미

중심적 의미	아기의 귀여운 손(신체)
주변적 의미	• 손이 모자란다. (일손) • 그 사람과 손을 끊겠다. (관계/교류) • 손이 크다. (씀씀이)

(2) 사전적/개념적/외연적/인지적 의미와 함축적/연상적/내포적 의미

① 사전적/개념적/외연적/인지적 의미: 여성(사람, 남성과 대립되는 말)

② 함축적/연상적/내포적 의미: 여성(모성본능, 꼼꼼함, 자상함…)

2 단어 간의 의미 관계

유의 관계	① 말소리는 다르지만 의미가 서로 비슷한 단어끼리의 관계
	② 유의 관계는 실제로는 두 개 이상의 단어들이 무리를 이루고 있는 경우가 더 많음
	  예 • 가끔–더러–이따금–드문드문–때로–간혹–혹간–간간이–왕왕–종종–자주–수시로–번번히
	       • 바보–멍텅구리–멍청이–맹추–맹꽁이–머저리–얼간이–밥통–등신–천치–숙맥
	       • 가난하다–빈곤(貧困)하다–빈궁(貧窮)하다–어렵다–곤궁(困窮)하다–궁핍(窮乏)하다

반의 관계	① 한 개의 의미 요소만 다르고 나머지 의미 요소들은 모두 공통되는 관계
	  예 • '남자: 여자', '총각: 처녀'–'성별'이라는 점에서 대립을 이룬다.
	       • '오다: 가다'–'이동 방향'이라는 점에서 대립을 이룬다.
	② 반의어 중에는 하나의 단어에 여러 개의 단어들이 대립하는 경우도 있다.
	  예 • 뛰다: (철수) 걷다, (땅값) 내리다
	       • 열다: (서랍) 닫다, (수도꼭지) 잠그다, (자물쇠) 채우다

하의/상하 관계	① 한쪽이 의미상 다른 쪽을 포함하거나 다른 쪽에 포함되는 의미 관계
	② 이때 포함하는 단어가 상의어(上義語: 일반적, 포괄적), 포함되는 단어가 하의어(下義語: 개별적, 한정적)
	  예 • 직업⊃공무원, 작가, 연예인
	       • 연예인⊃연기자, 가수

3 의미변화의 원인과 갈래

(1) 의미변화의 원인

① 언어적 원인: 언어 자체의 변화

  예 • 생략: 아침(밥), 머리(카락)

       • 민간어원: 행주치마, 소나기, 임금

② **역사적 원인**: 지식은 바뀌어도 있던 말 그대로 사용함

　　예 하늘, 땅, 배

③ **사회적 원인**: 전혀 다른 분야에까지 쓰임

　　예 왕, 박사, 도사, 대장, 사령탑, 출혈, 복음, 아버지

④ **심리적 원인**: 금기나 연상작용, 완곡어

　　예 지킴(구렁이), 산신령(호랑이), 마마(홍역), 바가지(철모)

(2) 의미변화의 갈래

① 의미의 확장(= 일반화) 예 다리, 영감, 먹다, 세수, 목숨

② 의미의 축소(= 특수화) 예 얼굴, 짐승, 놈, 계집

③ 의미의 이동(= 어의 전성) 예 어리다, 예쁘다, 씩씩하다, 인정, 방송

06　고전문법

■ 국어사의 시대 구분

시대 구분	시기	언어 중심지	특징
고대 국어	~10세기	신라(경주)	• 북방의 부여계 언어와 남방의 한계 언어가 나뉘어 있다가 삼국으로 분화됨 • 한글 창제 이전이기 때문에 주로 한자어를 빌려서 우리말을 표기함 • 주요 문학: 고대 가요, 향가, 설화
중세 국어 (전기)	10~14세기/ 14~15세기	고려(개성)/ 조선(한양)	• 한자어가 다량 유입됨 • 통일신라가 멸망하고 고려가 건국하면서 언어의 중심지가 중앙 지역으로 옮겨옴 • 주요 문학: 고려 속요, 경기체가, 가전체 문학, 패관 문학, 시조
중세 국어 (후기)	15~16세기	조선(한양)	• 훈민정음 창제로 문자 체계가 확립됨 • 한양이 국어의 중심이 됨 • 주요 문학: 시조, 악장, 가사, 한문 소설
근대 국어	17~19세기		• 한글 사용 범위가 넓어짐 • 임진왜란으로 인해 실용적인 방향으로 언어가 변화됨 • 주요 문학: 한글 소설, 사설시조, 장편 가사, 판소리
현대 국어	20세기~현재	한국(서울)	외국어, 특히 영어가 다량으로 유입됨

(1) **고대 국어**: 고대 국어 시기에는 우리의 문자가 없었기 때문에 고유어를 표기할 때 중국의 한자를 빌려서 표기하였다. 이와 같이 한자를 빌려 고유어를 표기하는 것을 '차자 표기'라고 한다.

서기체 표기	한자를 우리말 어순에 맞게 배열하여 사용하던 한자 차용 방식으로 조사나 어미는 사용하지 않았고 후에 이두로 발전함
이두(吏讀)	우리말 어순에 맞게 쓴 서기체 형태에 조사와 어미까지 표기하여 문장의 의미를 분명하게 표현하는 방식
구결(口訣)	한문 원문을 읽을 때, 의미 파악을 쉽게 할 수 있도록 원문은 그대로 두고 구절 사이에 조사나 어미를 삽입하는 방식
향찰(鄕札)	신라의 향가를 표기하는 데 사용된 방법으로 우리말을 기록할 때 한자의 음과 뜻을 이용하여 문장 전체를 적은 표기법

(2) **중세 국어**

- 된소리가 등장하기 시작하였다.
- 'ㆍ, ㅡ, ㅣ, ㅗ, ㅏ, ㅜ, ㅓ' 등 7모음 체계를 가지고 있었다.
- 서로 다른 둘 이상의 자음이 첫소리에 사용되었다.
- 의문문의 종류에 따라 의문형 어미가 달리 쓰였다.
- 모음조화 현상이 잘 지켜졌으나, 후기에는 부분적으로 지켜지지 않았다
- 성조(聲調)가 있었고, 그것은 방점(傍點)으로 표기되었다.
- 중세 특유의 주체 높임법, 객체 높임법, 상대 높임법 등이 있었다.
- 고유어와 한자어의 경쟁이 계속되었고, 앞 시기에 비해서 한자어의 쓰임이 증가하였다.
- 언문불일치(言文不一致)가 계속되었고, 한글 문체는 아직 일반화되지 못하였다.
- 이웃 나라와 접촉하는 과정에서 중국어, 몽골어, 여진어 등의 외래어가 들어오기도 하였다.

(3) **근대 국어**

- 성조가 사라지면서 방점이 완전히 소실되었다(상성은 현대 국어의 장음으로 변함).
- 문자 'ㅸ', 'ㆁ', 'ㆆ', 'ㅿ' 등이 사라지는 등 문자 체계가 변화하였다.
- 'ㅂ'계, 'ㅽ'계 어두 자음군이 사라지면서 된소리로 바뀌었다.
- 음운 'ㆍ'가 완전히 소실되었다(1933년 한글 맞춤법 통일안 때 없어짐).
- 이중 모음이던 'ㅐ'와 'ㅔ'가 단모음화되어 'ㅡ, ㅣ, ㅗ, ㅏ, ㅜ, ㅓ, ㅔ, ㅐ' 등 8개의 단모음 체계를 가졌다.
- 중세의 이어 적기 방식이 현대의 끊어 적기 방식으로 가는 과도기적 표기가 나타났다.
- 주격 조사 '가'가 사용되기 시작했다.
- 모음조화 현상이 파괴되었다.
- 높임의 주격 조사 '께서'가 사용되었다.
- 신문물의 어휘가 많이 등장하였다.
- 과거 시제 선어말 어미 '-앗-', '-엇-'이 확립되었다.
- 객체 높임 선어말 어미 '-습-, -줍-, -숩-'이 객체 높임에 쓰이지 않게 되었다.

② 훈민정음

(1) 초성(자음 17자): 자음은 발음 기관의 모양을 상형하여 'ㄱ, ㄴ, ㅁ, ㅅ, ㅇ'이라는 기본자를 만든 다음 이를 중심으로 각각 획을 더해 가획자를 만들었다. 이체자는 기본자에서 획을 더하여 만든 것이 아니라 새로운 모양으로 만들었다.

조음위치 ＼ 제자원리	기본자	가획자	이체자	기본자의 상형
어금닛소리(牙音)	ㄱ	ㅋ	ㆁ	혀뿌리가 목구멍을 막는 모양
혓소리(舌音)	ㄴ	ㄷ → ㅌ		혀끝이 윗잇몸에 닿는 모양
입술소리(脣音)	ㅁ	ㅂ → ㅍ		입 모양
잇소리(齒音)	ㅅ	ㅈ → ㅊ		이 모양
목소리(喉音)	ㅇ	ㆆ → ㅎ		목구멍 모양
반혓소리(半舌音)			ㄹ	
반잇소리(半齒音)			ㅿ	

(2) 중성(모음 11자): 모음은 성리학에서 말하는 우주의 기본 요소인 삼재(三才), 즉 천(天)·지(地)·인(人)을 본떠 기본자인 '·, ㅡ, ㅣ'를 만들었다. 이 기본자를 합하여 초출자와 재출자를 만들었다. 여기서 초출자란 '·'와 나머지 기본자 하나를 합하여 만든 글자이고, 재출자란 초출자에 '·'를 다시 합하여 만든 글자이다.

제자 순서 ＼ 소리의 성질	양성 모음(天)	음성 모음(地)	중성 모음(人)
기본자(基本字)	·	ㅡ	ㅣ
초출자(初出字)	ㅗ, ㅏ	ㅜ, ㅓ	
재출자(再出字)	ㅛ, ㅑ	ㅠ, ㅕ	
합용자(合用字)	ㅘ, ㆇ	ㅝ, ㆊ	중성 11자에 들지 않음

(3) 종성 – 8종성가족용(八終聲可足用)

① 훈민정음 예의 부분에 '종성부용초성(終聲復用初聲) – 종성은 초성을 다시 쓴다.'라는 규정이 있다. 즉, 초성과 종성이 음운론적으로 동일하다는 사실에 근거하여 종성을 따로 만들지 않고 초성을 다시 사용한 것이다.

② 훈민정음의 원리를 설명한 훈민정음 해례본에서는 ㄱ, ㄴ, ㄷ, ㄹ, ㅁ, ㅂ, ㅅ, ㆁ 8개의 자음만 종성에 사용한다는 '팔종성가족용(八終聲可足用)'에 대한 언급이 있다.

③ 종성과 관련된 두 가지 규칙을 적용하면 원칙적으로는 종성에 모든 초성을 쓸 수 있지만 실제로는 8개의 초성만을 종성에 사용했다는 뜻이다.

❸ 글자의 운용법

(1) 이어쓰기(연서법, 連書法): 초성자 두 개를 밑으로 이어 쓰는 방법이다. 순음(ㅁ, ㅂ, ㅍ, ㅃ) 아래에 'ㅇ'을 이어서 'ㅱ, ㅸ, ㆄ, ㅹ'와 같이 입술소리 아래 이어 써서 입술 가벼운 소리 글자를 만드는 방법을 말한다. 이 글자들은 만들어진 글자를 응용하여 만든 것이므로 기본자에는 포함되지 않는다. 참고로 순경음 중에서 우리말에 쓰인 것은 'ㅸ'뿐이고, 나머지는 한자음 표기에 사용되었다.

(2) 나란히쓰기(병서법, 竝書法): 초성이나 종성에서 자음 두 개 또는 세 개를 나란히 쓰는 방법이다. 각자병서와 합용병서로 나눌 수 있다.
　① **각자병서(各字竝書):** 같은 자음을 두 개 나란히 쓰는 것으로 ㄲ, ㄸ, ㅃ 등과 같이 전탁음과 동일하다.
　② **합용병서(合用竝書):** 서로 다른 자음을 나란히 쓰는 것으로 ㅺ, ㅼ, ㅽ, ㅳ, ㅶ, ㅴ, ㅵ, ㅄ 등이 있다.

(3) 붙여쓰기(부서법, 附書法): 자음에 모음을 붙이는 방법으로 우서법과 하서법으로 나눌 수 있다.
　① **우서법(右書法):** 초성+'ㅣ, ㅏ, ㅓ, ㅑ, ㅕ'와 같이 수직으로 뻗은 모음은 오른쪽에 붙여 쓴다.
　　[예] 바다 사람
　② **하서법(下書法):** 초성+'ㆍ, ㅡ, ㅗ, ㅜ, ㅛ, ㅠ'와 같이 수평으로 뻗은 모음은 자음 아래 붙여 쓴다.
　　[예] 구름

(4) 음절이루기(성음법, 成音法): 낱글자를 합하여 음절을 만드는 방법이다. 동국정운식 한자음에서는 반드시 '초성+중성+종성'을 합하여 음절을 만들었지만 고유어는 '초성+중성'으로도 음절을 이룰 수 있다.

(5) 사성(四聲): 소리의 높낮이, 즉 성조를 나타내기 위해 글자의 왼쪽에 점을 찍는 방법이다. 방점은 크게 평성, 상성, 거성, 입성 등이 있다.

종류	방점	소리의 특성
평성	없음	처음과 끝이 한결같이 낮은 소리
상성	2점	처음은 낮으나 끝은 높은 소리
거성	1점	처음과 끝이 한결같이 높은 소리
입성	없음, 1점, 2점	빨리 끝맺는 소리(받침이 ㄱ, ㄷ, ㅂ, ㅅ으로 끝남)

02 | 어문규정

01 한글 맞춤법

제1장 총칙

제1항 한글 맞춤법은 표준어를 소리대로 적되, 어법에 맞도록 함을 원칙으로 한다.

제2항 문장의 각 단어는 띄어 씀을 원칙으로 한다.

제3항 외래어는 '외래어 표기법'에 따라 적는다.

제2장 자모

제4항 한글 자모의 수는 스물넉 자로 하고, 그 순서와 이름은 다음과 같이 정한다.

ㄱ(기역)	ㄴ(니은)	ㄷ(디귿)	ㄹ(리을)	ㅁ(미음)
ㅂ(비읍)	ㅅ(시옷)	ㅇ(이응)	ㅈ(지읒)	ㅊ(치읓)
ㅋ(키읔)	ㅌ(티읕)	ㅍ(피읖)	ㅎ(히읗)	
ㅏ(아)	ㅑ(야)	ㅓ(어)	ㅕ(여)	ㅗ(오)
ㅛ(요)	ㅜ(우)	ㅠ(유)	ㅡ(으)	ㅣ(이)

[붙임 1] 위의 자모로써 적을 수 없는 소리는 두 개 이상의 자모를 어울러서 적되, 그 순서와 이름은 다음과 같이 정한다.

ㄲ(쌍기역)	ㄸ(쌍디귿)	ㅃ(쌍비읍)	ㅆ(쌍시옷)	ㅉ(쌍지읒)	
ㅐ(애)	ㅒ(얘)	ㅔ(에)	ㅖ(예)	ㅘ(와)	
ㅙ(왜)	ㅚ(외)	ㅝ(워)	ㅞ(웨)	ㅟ(위)	ㅢ(의)

[붙임 2] 사전에 올릴 적의 자모 순서는 다음과 같이 정한다.

```
자음: ㄱ ㄲ ㄴ ㄷ ㄸ ㄹ ㅁ ㅂ ㅃ ㅅ ㅆ ㅇ ㅈ ㅉ ㅊ ㅋ ㅌ ㅍ ㅎ
모음: ㅏ ㅐ ㅑ ㅒ ㅓ ㅔ ㅕ ㅖ ㅗ ㅘ ㅙ ㅚ ㅛ ㅜ ㅝ ㅞ ㅟ ㅠ ㅡ ㅢ ㅣ
```

제3장 소리에 관한 것

제1절 된소리

제5항 한 단어 안에서 뚜렷한 까닭 없이 나는 된소리는 다음 음절의 첫소리를 된소리로 적는다.

1. 두 모음 사이에서 나는 된소리

소쩍새	어깨	오빠	으뜸	아끼다
기쁘다	깨끗하다	어떠하다	해쓱하다	가끔
거꾸로	부썩	어찌	이따금	

2. 'ㄴ, ㄹ, ㅁ, ㅇ' 받침 뒤에서 나는 된소리

산뜻하다	잔뜩	살짝	훨씬	담뿍
움찔	몽땅	엉뚱하다		

다만, 'ㄱ, ㅂ' 받침 뒤에서 나는 된소리는, 같은 음절이나 비슷한 음절이 겹쳐 나는 경우가 아니면 된소리로 적지 아니한다.

국수	깍두기	딱지	색시	싹둑(~싹둑)
법석	갑자기	몹시		

제2절 구개음화

제6항 'ㄷ, ㅌ' 받침 뒤에 종속적 관계를 가진 '-이(-)'나 '-히-'가 올 적에는 그 'ㄷ, ㅌ'이 'ㅈ, ㅊ'으로 소리 나더라도 'ㄷ, ㅌ'으로 적는다.(ㄱ을 취하고, ㄴ을 버림)

ㄱ	ㄴ	ㄱ	ㄴ
맏이	마지	핥이다	할치다
해돋이	해도지	걷히다	거치다
굳이	구지	닫히다	다치다
같이	가치	묻히다	무치다
끝이	끄치		

제3절 'ㄷ' 소리 받침

제7항 'ㄷ' 소리로 나는 받침 중에서 'ㄷ'으로 적을 근거가 없는 것은 'ㅅ'으로 적는다.

덧저고리	돗자리	엇셈	웃어른	핫옷
무릇	사뭇	얼핏	자칫하면	뭇[衆]
옛	첫	헛		

제4절 모음

제8항 '계, 례, 몌, 폐, 혜'의 'ㅖ'는 'ㅔ'로 소리 나는 경우가 있더라도 'ㅖ'로 적는다. (ㄱ을 취하고, ㄴ을 버림.)

ㄱ	ㄴ	ㄱ	ㄴ
계수(桂樹)	게수	혜택(惠澤)	헤택
사례(謝禮)	사레	계집	게집
연몌(連袂)	연메	핑계	핑게
폐품(廢品)	페품	계시다	게시다

다만, 다음 말은 본음대로 적는다.

게송(偈頌)	게시판(揭示板)	휴게실(休憩室)

제9항 '의'나, 자음을 첫소리로 가지고 있는 음절의 'ㅢ'는 'ㅣ'로 소리 나는 경우가 있더라도 'ㅢ'로 적는다. (ㄱ을 취하고, ㄴ을 버림.)

ㄱ	ㄴ	ㄱ	ㄴ
의의(意義)	의이	닝큼	닁큼
본의(本義)	본이	띄어쓰기	띠어쓰기
무늬[紋]	무니	씌어	씨어
보늬	보니	틔어	티어
오늬	오니	희망(希望)	히망
하늬바람	하니바람	희다	히다
늴리리	닐리리	유희(遊戱)	유히

제5절 두음 법칙

제10항 한자음 '녀, 뇨, 뉴, 니'가 단어 첫머리에 올 적에는, 두음 법칙에 따라 '여, 요, 유, 이'로 적는다. (ㄱ을 취하고, ㄴ을 버림.)

ㄱ	ㄴ	ㄱ	ㄴ
여자(女子)	녀자	유대(紐帶)	뉴대
연세(年歲)	년세	이토(泥土)	니토
요소(尿素)	뇨소	익명(匿名)	닉명

다만, 다음과 같은 의존 명사에서는 '냐, 녀' 음을 인정한다.

냥(兩)	냥쭝(兩-)	년(年)(몇 년)

[붙임 1] 단어의 첫머리 이외의 경우에는 본음대로 적는다.

남녀(男女)	당뇨(糖尿)	결뉴(結紐)	은닉(隱匿)

[붙임 2] 접두사처럼 쓰이는 한자가 붙어서 된 말이나 합성어에서, 뒷말의 첫소리가 'ㄴ' 소리로 나더라도 두음 법칙에 따라 적는다.

신여성(新女性)	공염불(空念佛)	남존여비(男尊女卑)

[붙임 3] 둘 이상의 단어로 이루어진 고유 명사를 붙여 쓰는 경우에도 붙임 2에 준하여 적는다.

한국여자대학	대한요소비료회사

제11항 한자음 '랴, 려, 례, 료, 류, 리'가 단어의 첫머리에 올 적에는, 두음 법칙에 따라 '야, 여, 예, 요, 유, 이'로 적는다. (ㄱ을 취하고, ㄴ을 버림.)

ㄱ	ㄴ	ㄱ	ㄴ
양심(良心)	량심	용궁(龍宮)	룡궁
역사(歷史)	력사	유행(流行)	류행
예의(禮儀)	례의	이발(理髮)	리발

다만, 다음과 같은 의존 명사는 본음대로 적는다.

리(里): 몇 리냐?	리(理): 그럴 리가 없다.

[붙임 1] 단어의 첫머리 이외의 경우에는 본음대로 적는다.

개량(改良)	선량(善良)	수력(水力)	협력(協力)
사례(謝禮)	혼례(婚禮)	와룡(臥龍)	쌍룡(雙龍)
하류(下流)	급류(急流)	도리(道理)	진리(眞理)

다만, 모음이나 'ㄴ' 받침 뒤에 이어지는 '렬, 률'은 '열, 율'로 적는다. (ㄱ을 취하고, ㄴ을 버림.)

ㄱ	ㄴ	ㄱ	ㄴ
나열(羅列)	나렬	분열(分裂)	분렬
치열(齒列)	치렬	선열(先烈)	선렬
비열(卑劣)	비렬	진열(陳列)	진렬
규율(規律)	규률	선율(旋律)	선률
비율(比率)	비률	전율(戰慄)	전률
실패율(失敗率)	실패률	백분율(百分率)	백분률

[붙임 2] 외자로 된 이름을 성에 붙여 쓸 경우에도 본음대로 적을 수 있다.

신립(申砬)	최린(崔麟)	채륜(蔡倫)	하륜(河崙)

[붙임 3] 준말에서 본음으로 소리 나는 것은 본음대로 적는다.

국련(국제 연합)	한시련(한국 시각 장애인 연합회)

[붙임 4] 접두사처럼 쓰이는 한자가 붙어서 된 말이나 합성어에서, 뒷말의 첫소리가 'ㄴ' 또는 'ㄹ' 소리로 나더라도 두음 법칙에 따라 적는다.

역이용(逆利用)	연이율(年利率)	열역학(熱力學)	해외여행(海外旅行)

[붙임 5] 둘 이상의 단어로 이루어진 고유 명사를 붙여 쓰는 경우나 십진법에 따라 쓰는 수(數)도 [붙임 4]에 준하여 적는다.

서울여관	신흥이발관	육천육백육십육(六千六百六十六)

제12항 한자음 '라, 래, 로, 뢰, 루, 르'가 단어의 첫머리에 올 적에는, 두음 법칙에 따라 '나, 내, 노, 뇌, 누, 느'로 적는다. (ㄱ을 취하고, ㄴ을 버림.)

ㄱ	ㄴ	ㄱ	ㄴ
낙원(樂園)	락원	뇌성(雷聲)	뢰성
내일(來日)	래일	누각(樓閣)	루각
노인(老人)	로인	능묘(陵墓)	릉묘

[붙임 1] 단어의 첫머리 이외의 경우에는 본음대로 적는다.

쾌락(快樂)	극락(極樂)	거래(去來)	왕래(往來)
부로(父老)	연로(年老)	지뢰(地雷)	낙뢰(落雷)
고루(高樓)	광한루(廣寒樓)	동구릉(東九陵)	가정란(家庭欄)

[붙임 2] 접두사처럼 쓰이는 한자가 붙어서 된 단어는 뒷말을 두음 법칙에 따라 적는다.

내내월(來來月)	상노인(上老人)	중노동(重勞動)	비논리적(非論理的)

제6절 겹쳐 나는 소리

제13항 한 단어 안에서 같은 음절이나 비슷한 음절이 겹쳐 나는 부분은 같은 글자로 적는다. (ㄱ을 취하고, ㄴ을 버림.)

ㄱ	ㄴ	ㄱ	ㄴ
딱딱	딱닥	꼿꼿하다	꼿곳하다
쌕쌕	쌕색	놀놀하다	놀롤하다
씩씩	씩식	눅눅하다	눙눅하다
똑딱똑딱	똑닥똑닥	밋밋하다	민밋하다
쓱싹쓱싹	쓱삭쓱삭	싹싹하다	싹삭하다
연연불망(戀戀不忘)	연련불망	쌉쌀하다	쌉살하다
유유상종(類類相從)	유류상종	씁쓸하다	씁슬하다
누누이(屢屢─)	누루이	짭짤하다	짭잘하다

제4장 형태에 관한 것

제1절 체언과 조사

제14항 체언은 조사와 구별하여 적는다.

떡이	떡을	떡에	떡도	떡만
손이	손을	손에	손도	손만
팔이	팔을	팔에	팔도	팔만
밤이	밤을	밤에	밤도	밤만
집이	집을	집에	집도	집만
옷이	옷을	옷에	옷도	옷만
콩이	콩을	콩에	콩도	콩만
낮이	낮을	낮에	낮도	낮만
꽃이	꽃을	꽃에	꽃도	꽃만
밭이	밭을	밭에	밭도	밭만
앞이	앞을	앞에	앞도	앞만
밖이	밖을	밖에	밖도	밖만
넋이	넋을	넋에	넋도	넋만
흙이	흙을	흙에	흙도	흙만
삶이	삶을	삶에	삶도	삶만
여덟이	여덟을	여덟에	여덟도	여덟만
곬이	곬을	곬에	곬도	곬만
값이	값을	값에	값도	값만

제2절 어간과 어미

제15항 용언의 어간과 어미는 구별하여 적는다.

먹다	먹고	먹어	먹으니
신다	신고	신어	신으니
믿다	믿고	믿어	믿으니
울다	울고	울어	(우니)
넘다	넘고	넘어	넘으니
입다	입고	입어	입으니
웃다	웃고	웃어	웃으니
찾다	찾고	찾아	찾으니
좇다	좇고	좇아	좇으니
같다	같고	같아	같으니
높다	높고	높아	높으니
좋다	좋고	좋아	좋으니
깎다	깎고	깎아	깎으니
앉다	앉고	앉아	앉으니
많다	많고	많아	많으니
늙다	늙고	늙어	늙으니
젊다	젊고	젊어	젊으니
넓다	넓고	넓어	넓으니
훑다	훑고	훑어	훑으니
읊다	읊고	읊어	읊으니
옳다	옳고	옳아	옳으니
없다	없고	없어	없으니
있다	있고	있어	있으니

[붙임 1] 두 개의 용언이 어울려 한 개의 용언이 될 적에, 앞말의 본뜻이 유지되고 있는 것은 그 원형을 밝히어 적고, 그 본뜻에서 멀어진 것은 밝히어 적지 아니한다.

(1) 앞말의 본뜻이 유지되고 있는 것

넘어지다	늘어나다	늘어지다	돌아가다
되짚어가다	들어가다	떨어지다	벌어지다
엎어지다	접어들다	틀어지다	흩어지다

(2) 본뜻에서 멀어진 것

드러나다	사라지다	쓰러지다

[붙임 2] 종결형에서 사용되는 어미 '–오'는 '요'로 소리 나는 경우가 있더라도 그 원형을 밝혀 '오'로 적는다. (ㄱ을 취하고, ㄴ을 버림.)

ㄱ	ㄴ
이것은 책이오.	이것은 책이요.
이리로 오시오.	이리로 오시요.
이것은 책이 아니오.	이것은 책이 아니요.

[붙임 3] 연결형에서 사용되는 '이요'는 '이요'로 적는다. (ㄱ을 취하고, ㄴ을 버림.)

ㄱ	ㄴ
이것은 책이요, 저것은 붓이요, 또 저것은 먹이다.	이것은 책이오, 저것은 붓이오, 또 저것은 먹이다.

제16항 어간의 끝음절 모음이 'ㅏ, ㅗ'일 때에는 어미를 '–아'로 적고, 그 밖의 모음일 때에는 '–어'로 적는다.

1. '–아'로 적는 경우

나아	나아도	나아서	막아
막아도	막아서	얇아	얇아도
얇아서	돌아	돌아도	돌아서
보아	보아도	보아서	

2. '–어'로 적는 경우

개어	개어도	개어서	겪어
겪어도	겪어서	되어	되어도
되어서	베어	베어도	베어서
쉬어	쉬어도	쉬어서	저어
저어도	저어서	주어	주어도
주어서	피어	피어도	피어서
희어	희어도	희어서	

제17항 어미 뒤에 덧붙는 조사 '요'는 '요'로 적는다.

읽어	읽어요
참으리	참으리요
좋지	좋지요

제18항 다음과 같은 용언들은 어미가 바뀔 경우, 그 어간이나 어미가 원칙에 벗어나면 벗어나는 대로 적는다.

1. 어간의 끝 'ㄹ'이 줄어질 적

갈다:	가니	간	갑니다	가시다	가오
놀다:	노니	논	놉니다	노시다	노오
불다:	부니	분	붑니다	부시다	부오
둥글다:	둥그니	둥근	둥급니다	둥그시다	둥그오
어질다:	어지니	어진	어집니다	어지시다	어지오

[붙임] 다음과 같은 말에서도 'ㄹ'이 준 대로 적는다.

마지못하다	마지않다	(하)다마다
(하)자마자	(하)지 마라	(하)지 마(아)

2. 어간의 끝 'ㅅ'이 줄어질 적

긋다: 그어	그으니	그었다
낫다: 나아	나으니	나았다
잇다: 이어	이으니	이었다
짓다: 지어	지으니	지었다

3. 어간의 끝 'ㅎ'이 줄어질 적

그렇다:	그러니	그럴	그러면	그러오
까맣다:	까마니	까말	까마면	까마오
동그랗다:	동그라니	동그랄	동그라면	동그라오
퍼렇다:	퍼러니	퍼럴	퍼러면	퍼러오
하얗다:	하야니	하얄	하야면	하야오

4. 어간의 끝 'ㅜ, ㅡ'가 줄어질 적

푸다:	퍼	펐다
뜨다:	떠	떴다
끄다:	꺼	껐다
크다:	커	컸다
담그다:	담가	담갔다
고프다:	고파	고팠다
따르다:	따라	따랐다
바쁘다:	바빠	바빴다

5. 어간의 끝 'ㄷ'이 'ㄹ'로 바뀔 적

걷다[步]: 걸어	걸으니	걸었다
듣다[聽]: 들어	들으니	들었다
묻다[問]: 물어	물으니	물었다
싣다[載]: 실어	실으니	실었다

6. 어간의 끝 'ㅂ'이 'ㅜ'로 바뀔 적

깁다: 기워	기우니	기웠다
굽다[炙]: 구워	구우니	구웠다
가깝다: 가까워	가까우니	가까웠다
괴롭다: 괴로워	괴로우니	괴로웠다
맵다: 매워	매우니	매웠다
무겁다: 무거워	무거우니	무거웠다
밉다: 미워	미우니	미웠다
쉽다: 쉬워	쉬우니	쉬웠다

다만, '돕-, 곱-'과 같은 단음절 어간에 어미 '-아'가 결합되어 '와'로 소리 나는 것은 '-와'로 적는다.

돕다[助]: 도와	도와서	도와도	도왔다
곱다[麗]: 고와	고와서	고와도	고왔다

7. '하다'의 활용에서 어미 '-아'가 '-여'로 바뀔 적

하다: 하여	하여서	하여도	하여라	하였다

8. 어간의 끝음절 '르' 뒤에 오는 어미 '-어'가 '-러'로 바뀔 적

이르다[至]: 이르러	이르렀다
노르다: 노르러	노르렀다
누르다: 누르러	누르렀다
푸르다: 푸르러	푸르렀다

9. 어간의 끝음절 '르'의 'ㅡ'가 줄고, 그 뒤에 오는 어미 '-아/-어'가 '-라/-러'로 바뀔 적

가르다: 갈라	갈랐다
부르다: 불러	불렀다
거르다: 걸러	걸렀다
오르다: 올라	올랐다
구르다: 굴러	굴렀다
이르다: 일러	일렀다
벼르다: 별러	별렀다
지르다: 질러	질렀다

제3절 접미사가 붙어서 된 말

제19항 어간에 '-이'나 '-음/-ㅁ'이 붙어서 명사로 된 것과 '-이'나 '-히'가 붙어서 부사로 된 것은 그 어간의 원형을 밝히어 적는다.

1. '-이'가 붙어서 명사로 된 것

길이	깊이	높이	다듬이	땀받이
달맞이	먹이	미닫이	벌이	벼훑이
살림살이	쇠붙이			

2. '-음/-ㅁ'이 붙어서 명사로 된 것

걸음	묶음	믿음	얼음	엮음
울음	웃음	졸음	죽음	앎

3. '-이'가 붙어서 부사로 된 것

같이	굳이	길이	높이	많이
실없이	좋이	짓궂이		

4. '-히'가 붙어서 부사로 된 것

밝히	익히	작히

다만, 어간에 '-이'나 '-음'이 붙어서 명사로 바뀐 것이라도 그 어간의 뜻과 멀어진 것은 원형을 밝히어 적지 아니한다.

굽도리	다리[髢]	목거리(목병)	무녀리
코끼리	거름(비료)	고름[膿]	노름(도박)

[붙임] 어간에 '-이'나 '-음' 이외의 모음으로 시작된 접미사가 붙어서 다른 품사로 바뀐 것은 그 어간의 원형을 밝히어 적지 아니한다.

(1) 명사로 바뀐 것

귀머거리	까마귀	너머	뜨더귀
마감	마개	마중	무덤
비렁뱅이	쓰레기	올가미	주검

(2) 부사로 바뀐 것

거뭇거뭇	너무	도로	뜨덤뜨덤
바투	불긋불긋	비로소	오긋오긋
자주	차마		

(3) 조사로 바뀌어 뜻이 달라진 것

나마	부터	조차

제20항 명사 뒤에 '-이'가 붙어서 된 말은 그 명사의 원형을 밝히어 적는다.

1. 부사로 된 것

곳곳이	낱낱이	몫몫이	샅샅이
앞앞이	집집이		

2. 명사로 된 것

곰배팔이	바둑이	삼발이	애꾸눈이
육손이	절뚝발이/절름발이		

[붙임] '-이' 이외의 모음으로 시작된 접미사가 붙어서 된 말은 그 명사의 원형을 밝히어 적지 아니한다.

꼬락서니	끄트머리	모가치	바가지
바깥	사타구니	싸라기	이파리
지붕	지푸라기	짜개	

제21항 명사나 혹은 용언의 어간 뒤에 자음으로 시작된 접미사가 붙어서 된 말은 그 명사나 어간의 원형을 밝히어 적는다.

1. 명사 뒤에 자음으로 시작된 접미사가 붙어서 된 것

값지다	홑지다	넋두리	빛깔
옆댕이	잎사귀		

2. 어간 뒤에 자음으로 시작된 접미사가 붙어서 된 것

낚시	늙정이	덮개	뜯게질
갉작갉작하다	갉작거리다	뜯적거리다	뜯적뜯적하다
굵다랗다	굵직하다	깊숙하다	넓적하다
높다랗다	늙수그레하다	얽죽얽죽하다	

다만, 다음과 같은 말은 소리대로 적는다.

(1) 겹받침의 끝소리가 드러나지 아니하는 것

할짝거리다	널따랗다	널찍하다	말끔하다
말쑥하다	말짱하다	실쭉하다	실큼하다
얄따랗다	얄팍하다	짤따랗다	짤막하다
실컷			

(2) 어원이 분명하지 아니하거나 본뜻에서 멀어진 것

넙치	올무	골막하다	납작하다

제22항 용언의 어간에 다음과 같은 접미사들이 붙어서 이루어진 말들은 그 어간을 밝히어 적는다.

1. '-기-, -리-, -이-, -히-, -구-, -우-, -추-, -으키-, -이키-, -애-'가 붙는 것

맡기다	옮기다	웃기다	쫓기다	뚫리다
울리다	낚이다	쌓이다	핥이다	굳히다
굽히다	넓히다	앉히다	얽히다	잡히다
돋구다	솟구다	돋우다	갖추다	곧추다
맞추다	일으키다	돌이키다	없애다	

다만, '-이-, -히-, -우-'가 붙어서 된 말이라도 본뜻에서 멀어진 것은 소리대로 적는다.

도리다(칼로 ～)	드리다(용돈을 ～)	고치다	바치다(세금을 ～)
부치다(편지를 ～)	거두다	미루다	이루다

2. '-치-, -뜨리-, -트리-'가 붙는 것

놓치다	덮치다	떠받치다
받치다	밭치다	부딪치다
뻗치다	엎치다	부딪뜨리다/부딪트리다
쏟뜨리다/쏟트리다	젖뜨리다/젖트리다	찢뜨리다/찢트리다
흩뜨리다/흩트리다		

[붙임] '-업-, -읍-, -브-'가 붙어서 된 말은 소리대로 적는다.

미덥다	우습다	미쁘다

제23항 '-하다'나 '-거리다'가 붙는 어근에 '-이'가 붙어서 명사가 된 것은 그 원형을 밝히어 적는다. (ㄱ을 취하고, ㄴ을 버림.)

ㄱ	ㄴ	ㄱ	ㄴ
깔쭉이	깔쭈기	살살이	살사리
꿀꿀이	꿀꾸리	쌕쌕이	쌕쌔기
눈깜짝이	눈깜짜기	오뚝이	오뚜기
더펄이	더퍼리	코납작이	코납자기
배불뚝이	배불뚜기	푸석이	푸서기
삐죽이	삐주기	홀쭉이	홀쭈기

[붙임] '-하다'나 '-거리다'가 붙을 수 없는 어근에 '-이'나 또는 다른 모음으로 시작되는 접미사가 붙어서 명사가 된 것은 그 원형을 밝히어 적지 아니한다.

개구리	귀뚜라미	기러기	깍두기	꽹과리
날라리	누더기	동그라미	두드러기	딱따구리
매미	부스러기	뻐꾸기	얼루기	칼싹두기

제24항 '–거리다'가 붙을 수 있는 시늉말 어근에 '–이다'가 붙어서 된 용언은 그 어근을 밝히어 적는다. (ㄱ을 취하고, ㄴ을 버림.)

ㄱ	ㄴ	ㄱ	ㄴ
깜짝이다	깜짜기다	속삭이다	속사기다
꾸벅이다	꾸버기다	숙덕이다	숙더기다
끄덕이다	끄더기다	울먹이다	울머기다
뒤척이다	뒤처기다	움직이다	움지기다
들먹이다	들머기다	지껄이다	지꺼리다
망설이다	망서리다	퍼덕이다	퍼더기다
번득이다	번드기다	허덕이다	허더기다
번쩍이다	번쩌기다	헐떡이다	헐떠기다

제25항 '–하다'가 붙는 어근에 '–히'나 '–이'가 붙어서 부사가 되거나, 부사에 '–이'가 붙어서 뜻을 더하는 경우에는 그 어근이나 부사의 원형을 밝히어 적는다.

1. '–하다'가 붙는 어근에 '–히'나 '–이'가 붙는 경우

급히	꾸준히	도저히
딱히	어렴풋이	깨끗이

[붙임] '–하다'가 붙지 않는 경우에는 소리대로 적는다.

갑자기	반드시(꼭)	슬며시

2. 부사에 '–이'가 붙어서 역시 부사가 되는 경우

곰곰이	더욱이	생긋이
오뚝이	일찍이	해죽이

제26항 '–하다'나 '–없다'가 붙어서 된 용언은 그 '–하다'나 '–없다'를 밝히어 적는다.

1. '–하다'가 붙어서 용언이 된 것

딱하다	숱하다	착하다
텁텁하다	푹하다	

2. '–없다'가 붙어서 용언이 된 것

부질없다	상없다	시름없다
열없다	하염없다	

제4절 합성어 및 접두사가 붙은 말

제27항 둘 이상의 단어가 어울리거나 접두사가 붙어서 이루어진 말은 각각 그 원형을 밝히어 적는다.

국말이	꺾꽂이	꽃잎	끝장
물난리	밑천	부엌일	싫증
옷안	웃옷	젖몸살	첫아들
칼날	팥알	헛웃음	홀아비
홀몸	흙내	값없다	겉늙다
굶주리다	낮잡다	맞먹다	받내다
벋놓다	빗나가다	빛나다	새파랗다
샛노랗다	시꺼멓다	싯누렇다	엇나가다
엎누르다	엿듣다	옻오르다	짓이기다
헛되다			

[붙임 1] 어원은 분명하나 소리만 특이하게 변한 것은 변한 대로 적는다.

할아버지	할아범

[붙임 2] 어원이 분명하지 아니한 것은 원형을 밝히어 적지 아니한다.

골병	골탕	끌탕	며칠
아재비	오라비	업신여기다	부리나케

[붙임 3] '이[齒, 虱]'가 합성어나 이에 준하는 말에서 '니' 또는 '리'로 소리 날 때에는 '니'로 적는다.

간니	덧니	사랑니	송곳니
앞니	어금니	윗니	젖니
톱니	틀니	가랑니	머릿니

제28항 끝소리가 'ㄹ'인 말과 딴 말이 어울릴 적에 'ㄹ' 소리가 나지 아니하는 것은 아니 나는 대로 적는다.

다달이(달-달-이)	따님(딸-님)	마되(말-되)
마소(말-소)	무자위(물-자위)	바느질(바늘-질)
부삽(불-삽)	부손(불-손)	싸전(쌀-전)
여닫이(열-닫이)	우짖다(울-짖다)	화살(활-살)

제29항 끝소리가 'ㄹ'인 말과 딴 말이 어울릴 적에 'ㄹ' 소리가 'ㄷ' 소리로 나는 것은 'ㄷ'으로 적는다.

반짇고리(바느질~)	사흗날(사흘~)	삼짇날(삼질~)
섣달(설~)	숟가락(술~)	이튿날(이틀~)
잗주름(잘~)	푿소(풀~)	섣부르다(설~)
잗다듬다(잘~)	잗다랗다(잘~)	

제30항 사이시옷은 다음과 같은 경우에 받치어 적는다.

　1. 순우리말로 된 합성어로서 앞말이 모음으로 끝난 경우

　(1) 뒷말의 첫소리가 된소리로 나는 것

고랫재	귓밥	나룻배	나뭇가지
냇가	댓가지	뒷갈망	맷돌
머릿기름	모깃불	못자리	바닷가
뱃길	볏가리	부싯돌	선짓국
쇳조각	아랫집	우렁잇속	잇자국
잿더미	조갯살	찻집	쳇바퀴
킷값	핏대	햇볕	혓바늘

　(2) 뒷말의 첫소리 'ㄴ, ㅁ' 앞에서 'ㄴ' 소리가 덧나는 것

멧나물	아랫니	텃마당	아랫마을
뒷머리	잇몸	깻묵	냇물
빗물			

　(3) 뒷말의 첫소리 모음 앞에서 'ㄴㄴ' 소리가 덧나는 것

도리깻열	뒷윷	두렛일	뒷일
뒷입맛	베갯잇	욧잇	깻잎
나뭇잎	댓잎		

　2. 순우리말과 한자어로 된 합성어로서 앞말이 모음으로 끝난 경우

　(1) 뒷말의 첫소리가 된소리로 나는 것

귓병	머릿방	뱃병	봇둑
사잣밥	샛강	아랫방	자릿세
전셋집	찻잔	찻종	촛국
콧병	탯줄	텃세	핏기
햇수	횟가루	횟배	

(2) 뒷말의 첫소리 'ㄴ, ㅁ' 앞에서 'ㄴ' 소리가 덧나는 것

곗날 양칫물	제삿날	훗날	툇마루

(3) 뒷말의 첫소리 모음 앞에서 'ㄴㄴ' 소리가 덧나는 것

가욋일	사삿일	예삿일	훗일

3. 두 음절로 된 다음 한자어

곳간(庫間) 툇간(退間)	셋방(貰房) 횟수(回數)	숫자(數字)	찻간(車間)

제31항 두 말이 어울릴 적에 'ㅂ' 소리나 'ㅎ' 소리가 덧나는 것은 소리대로 적는다.

1. 'ㅂ' 소리가 덧나는 것

댑싸리(대ㅂ싸리) 입쌀(이ㅂ쌀)	멥쌀(메ㅂ쌀) 접때(저ㅂ때)	볍씨(벼ㅂ씨) 좁쌀(조ㅂ쌀)	입때(이ㅂ때) 햅쌀(해ㅂ쌀)

2. 'ㅎ' 소리가 덧나는 것

머리카락(머리ㅎ가락) 수탉(수ㅎ닭) 암탉(암ㅎ닭)	살코기(살ㅎ고기) 안팎(안ㅎ밖)	수캐(수ㅎ개) 암캐(암ㅎ개)	수컷(수ㅎ것) 암컷(암ㅎ것)

제5절 준말

제32항 단어의 끝모음이 줄어지고 자음만 남은 것은 그 앞의 음절에 받침으로 적는다.

본말	준말	본말	준말
기러기야	기럭아	어제그저께	엊그저께
어제저녁	엊저녁	가지고, 가지지	갖고, 갖지
디디고, 디디지	딛고, 딛지		

제33항 체언과 조사가 어울려 줄어지는 경우에는 준 대로 적는다.

본말	준말	본말	준말
그것은	그건	그것이	그게
그것으로	그걸로	나는	난
나를	날	너는	넌
너를	널	무엇을	뭣을/무얼/뭘
무엇이	뭣이/무에		

제34항 모음 'ㅏ, ㅓ'로 끝난 어간에 '-아/-어, -았-/-었-'이 어울릴 적에는 준 대로 적는다.

본말	준말	본말	준말
가아	가	가았다	갔다
나아	나	나았다	났다
타아	타	타았다	탔다
서어	서	서었다	섰다
켜어	켜	켜었다	켰다
펴어	펴	펴었다	폈다

[붙임 1] 'ㅐ, ㅔ' 뒤에 '-어, -었-'이 어울려 줄 적에는 준 대로 적는다.

본말	준말	본말	준말
개어	개	개었다	갰다
내어	내	내었다	냈다
베어	베	베었다	벴다
세어	세	세었다	셌다

[붙임 2] '하여'가 한 음절로 줄어서 '해'로 될 적에는 준 대로 적는다.

본말	준말	본말	준말
하여	해	하였다	했다
더하여	더해	더하였다	더했다
흔하여	흔해	흔하였다	흔했다

제35항 모음 'ㅗ, ㅜ'로 끝난 어간에 '-아/-어, -았-/-었-'이 어울려 'ㅘ/ㅝ, 왔/웠'으로 될 적에는 준 대로 적는다.

본말	준말	본말	준말
꼬아	꽈	꼬았다	꽜다
보아	봐	보았다	봤다
쏘아	쏴	쏘았다	쐈다
두어	둬	두었다	뒀다
쑤어	쒀	쑤었다	쒔다
주어	줘	주었다	줬다

[붙임 1] '놓아'가 '놔'로 줄 적에는 준 대로 적는다.

[붙임 2] 'ㅚ' 뒤에 '-어, -었-'이 어울려 'ㅙ, ㅙㅆ'으로 될 적에도 준 대로 적는다.

본말	준말	본말	준말
괴어	괘	괴었다	괬다
되어	돼	되었다	됐다
뵈어	봬	뵈었다	뵀다
쇠어	쇄	쇠었다	쇘다
쐬어	쐐	쐬었다	쐤다

제36항 'ㅣ' 뒤에 '-어'가 와서 'ㅕ'로 줄 적에는 준 대로 적는다.

본말	준말	본말	준말
가지어	가져	가지었다	가졌다
견디어	견뎌	견디었다	견뎠다
다니어	다녀	다니었다	다녔다
막히어	막혀	막히었다	막혔다
버티어	버텨	버티었다	버텼다
치이어	치여	치이었다	치였다

제37항 'ㅏ, ㅕ, ㅗ, ㅜ, ㅡ'로 끝난 어간에 '-이-'가 와서 각각 'ㅐ, ㅖ, ㅚ, ㅟ, ㅢ'로 줄 적에는 준 대로 적는다.

본말	준말	본말	준말
싸이다	쌔다	누이다	뉘다
펴이다	폐다	뜨이다	띄다
보이다	뵈다	쓰이다	씌다

제38항 'ㅏ, ㅗ, ㅜ, ㅡ' 뒤에 '-이어'가 어울려 줄어질 적에는 준 대로 적는다.

본말	준말	본말	준말
싸이어	쌔어/싸여	뜨이어	띄어
보이어	뵈어/보여	쓰이어	씌어/쓰여
쏘이어	쐬어/쏘여	트이어	틔어/트여
누이어	뉘어/누여		

제39항 어미 '-지' 뒤에 '않-'이 어울려 '-잖-'이 될 적과 '-하지' 뒤에 '않-'이 어울려 '-찮-'이 될 적에는 준 대로 적는다.

본말	준말	본말	준말
그렇지 않은	그렇잖은	만만하지 않다	만만찮다
적지 않은	적잖은	변변하지 않다	변변찮다

제40항 어간의 끝음절 '하'의 'ㅏ'가 줄고 'ㅎ'이 다음 음절의 첫소리와 어울려 거센소리로 될 적에는 거센소리로 적는다.

본말	준말	본말	준말
간편하게	간편케	다정하다	다정타
연구하도록	연구토록	정결하다	정결타
가하다	가타	흔하다	흔타

[붙임 1] 'ㅎ'이 어간의 끝소리로 굳어진 것은 받침으로 적는다.

않다	않고	않지	않든지
그렇다	그렇고	그렇지	그렇든지
아무렇다	아무렇고	아무렇지	아무렇든지
어떻다	어떻고	어떻지	어떻든지
이렇다	이렇고	이렇지	이렇든지
저렇다	저렇고	저렇지	저렇든지

[붙임 2] 어간의 끝음절 '하'가 아주 줄 적에는 준 대로 적는다.

본말	준말	본말	준말
거북하지	거북지	넉넉하지 않다	넉넉지 않다
생각하건대	생각건대	못하지 않다	못지않다
생각하다 못해	생각다 못해	섭섭하지 않다	섭섭지 않다
깨끗하지 않다	깨끗지 않다	익숙하지 않다	익숙지 않다

[붙임 3] 다음과 같은 부사는 소리대로 적는다.

결단코	결코	기필코	무심코
아무튼	요컨대	정녕코	필연코
하마터면	하여튼	한사코	

제5장 띄어쓰기

제1절 조사

제41항 조사는 그 앞말에 붙여 쓴다.

꽃이	꽃마저	꽃밖에	꽃에서부터	꽃으로만
꽃이나마	꽃이다	꽃입니다	꽃처럼	어디까지나
거기도	멀리는	웃고만		

제2절 의존 명사, 단위를 나타내는 명사 및 열거하는 말 등

제42항 의존 명사는 띄어 쓴다.

아는 것이 힘이다.	나도 할 수 있다.
먹을 만큼 먹어라.	아는 이를 만났다.
네가 뜻한 바를 알겠다.	그가 떠난 지가 오래다.

제43항 단위를 나타내는 명사는 띄어 쓴다.

한 개	차 한 대	금 서 돈	소 한 마리
옷 한 벌	열 살	조기 한 손	연필 한 자루
버선 한 죽	집 한 채	신 두 켤레	북어 한 쾌

다만, 순서를 나타내는 경우나 숫자와 어울리어 쓰이는 경우에는 붙여 쓸 수 있다.

두시 삼십분 오초	제일과	삼학년
육층	1446년 10월 9일	2대대
16동 502호	제1실습실	80원
10개	7미터	

제44항 수를 적을 적에는 '만(萬)' 단위로 띄어 쓴다.

십이억 삼천사백오십육만 칠천팔백구십팔   12억 3456만 7898

제45항 두 말을 이어 주거나 열거할 적에 쓰이는 다음의 말들은 띄어 쓴다.

국장 겸 과장	열 내지 스물	청군 대 백군
책상, 걸상 등이 있다	이사장 및 이사들	사과, 배, 귤 등등
사과, 배 등속	**부산, 광주 등지**	

제46항 단음절로 된 단어가 연이어 나타날 적에는 붙여 쓸 수 있다.

좀더 큰것	이말 저말	한잎 두잎

제3절 보조 용언

제47항 보조 용언은 띄어 씀을 원칙으로 하되, 경우에 따라 붙여 씀도 허용한다. (ㄱ을 원칙으로 하고, ㄴ을 허용함.)

ㄱ	ㄴ
불이 꺼져 간다.	불이 꺼져간다.
내 힘으로 막아 낸다.	내 힘으로 막아낸다.
어머니를 도와 드린다.	어머니를 도와드린다.
그릇을 깨뜨려 버렸다.	그릇을 깨뜨려버렸다.
비가 올 듯하다.	비가 올듯하다.
그 일은 할 만하다.	그 일은 할만하다.
일이 될 법하다.	일이 될법하다.
비가 올 성싶다.	비가 올성싶다.
잘 아는 척한다.	잘 아는척한다.

다만, 앞말에 조사가 붙거나 앞말이 합성 용언인 경우, 그리고 중간에 조사가 들어갈 적에는 그 뒤에 오는 보조 용언은 띄어 쓴다.

잘도 놀아만 나는구나!	책을 읽어도 보고…….
네가 덤벼들어 보아라.	이런 기회는 다시없을 듯하다.
그가 올 듯도 하다.	잘난 체를 한다.

제4절 고유 명사 및 전문 용어

제48항 성과 이름, 성과 호 등은 붙여 쓰고, 이에 덧붙는 호칭어, 관직명 등은 띄어 쓴다.

김양수(金良洙)	서화담(徐花潭)	채영신 씨
최치원 선생	박동식 박사	충무공 이순신 장군

다만, 성과 이름, 성과 호를 분명히 구분할 필요가 있을 경우에는 띄어 쓸 수 있다.

남궁억/남궁 억	독고준/독고 준	황보지봉(皇甫芝峰)/황보 지봉

제49항 성명 이외의 고유 명사는 단어별로 띄어 씀을 원칙으로 하되, 단위별로 띄어 쓸 수 있다. (ㄱ을 원칙으로 하고, ㄴ을 허용함.)

ㄱ	ㄴ
대한 중학교	대한중학교
한국 대학교 사범 대학	한국대학교 사범대학

제50항 전문 용어는 단어별로 띄어 씀을 원칙으로 하되, 붙여 쓸 수 있다. (ㄱ을 원칙으로 하고, ㄴ을 허용함.)

ㄱ	ㄴ
만성 골수성 백혈병	만성골수성백혈병
중거리 탄도 유도탄	중거리탄도유도탄

제6장 그 밖의 것

제51항 부사의 끝음절이 분명히 '이'로만 나는 것은 '-이'로 적고, '히'로만 나거나 '이'나 '히'로 나는 것은 '-히'로 적는다.

1. '이'로만 나는 것

가붓이	깨끗이	나붓이	느긋이	둥긋이
따뜻이	반듯이	버젓이	산뜻이	의젓이
가까이	고이	날카로이	대수로이	번거로이
많이	적이	헛되이	겹겹이	번번이
일일이	집집이	틈틈이		

2. '히'로만 나는 것

극히	급히	딱히	속히	작히
족히	특히	엄격히	정확히	

3. '이, 히'로 나는 것

솔직히	가만히	간편히	나른히	무단히
각별히	소홀히	쓸쓸히	정결히	과감히
꼼꼼히	심히	열심히	급급히	답답히
섭섭히	공평히	능히	당당히	분명히
상당히	조용히	간소히	고요히	도저히

제52항 한자어에서 본음으로도 나고 속음으로도 나는 것은 각각 그 소리에 따라 적는다.

본음으로 나는 것	속음으로 나는 것
승낙(承諾)	수락(受諾), 쾌락(快諾), 허락(許諾)
만난(萬難)	곤란(困難), 논란(論難)
안녕(安寧)	의령(宜寧), 회령(會寧)
분노(忿怒)	대로(大怒), 희로애락(喜怒哀樂)
토론(討論)	의논(議論)
오륙십(五六十)	오뉴월, 유월(六月)
목재(木材)	모과(木瓜)
십일(十日)	시방정토(十方淨土), 시왕(十王), 시월(十月)
팔일(八日)	초파일(初八日)

제53항 다음과 같은 어미는 예사소리로 적는다. (ㄱ을 취하고, ㄴ을 버림.)

ㄱ	ㄴ	ㄱ	ㄴ
-(으)ㄹ거나	-(으)ㄹ꺼나	-(으)ㄹ걸	-(으)ㄹ껄
-(으)ㄹ게	-(으)ㄹ께	-(으)ㄹ세	-(으)ㄹ쎄
-(으)ㄹ세라	-(으)ㄹ쎄라	-(으)ㄹ수록	-(으)ㄹ쑤록
-(으)ㄹ시	-(으)ㄹ씨	-(으)ㄹ지	-(으)ㄹ찌
-(으)ㄹ지니라	-(으)ㄹ찌니라	-(으)ㄹ지라도	-(으)ㄹ찌라도
-(으)ㄹ지어다	-(으)ㄹ찌어다	-(으)ㄹ지언정	-(으)ㄹ찌언정
-(으)ㄹ진대	-(으)ㄹ찐대	-(으)ㄹ진저	-(으)ㄹ찐저
-올시다	-올씨다		

다만, 의문을 나타내는 다음 어미들은 된소리로 적는다.

-(으)ㄹ까?	-(으)ㄹ꼬?	-(스)ㅂ니까?	-(으)리까?	-(으)ㄹ쏘냐?

제54항 다음과 같은 접미사는 된소리로 적는다. (ㄱ을 취하고, ㄴ을 버림.)

ㄱ	ㄴ	ㄱ	ㄴ
심부름꾼	심부름군	귀때기	귓대기
익살꾼	익살군	볼때기	볼대기
일꾼	일군	판자때기	판잣대기
장꾼	장군	뒤꿈치	뒷굼치
장난꾼	장난군	팔꿈치	팔굼치
지게꾼	지겟군	이마빼기	이맛배기
때깔	땟갈	코빼기	콧배기
빛깔	빛갈	객쩍다	객적다
성깔	성갈	겸연쩍다	겸연적다

제55항 두 가지로 구별하여 적던 다음 말들은 한 가지로 적는다. (ㄱ을 취하고, ㄴ을 버림.)

ㄱ	ㄴ
맞추다(입을 맞춘다. 양복을 맞춘다.)	마추다
뻗치다(다리를 뻗친다. 멀리 뻗친다.)	뻐치다

제56항 '-더라, -던'과 '-든지'는 다음과 같이 적는다.

1. 지난 일을 나타내는 어미는 '-더라, -던'으로 적는다. (ㄱ을 취하고, ㄴ을 버림.)

ㄱ	ㄴ
지난겨울은 몹시 춥더라.	지난겨울은 몹시 춥드라.
깊던 물이 얕아졌다.	깊든 물이 얕아졌다.
그렇게 좋던가?	그렇게 좋든가?
그 사람 말 잘하던데!	그 사람 말 잘하든데!
얼마나 놀랐던지 몰라.	얼마나 놀랐든지 몰라.

2. 물건이나 일의 내용을 가리지 아니하는 뜻을 나타내는 조사와 어미는 '(-)든지'로 적는다. (ㄱ을 취하고, ㄴ을 버림.)

ㄱ	ㄴ
배든지 사과든지 마음대로 먹어라.	배던지 사과던지 마음대로 먹어라.
가든지 오든지 마음대로 해라.	가던지 오던지 마음대로 해라.

제57항 다음 말들은 각각 구별하여 적는다.

가름	둘로 가름
갈음	새 책상으로 갈음하였다.
거름	풀을 썩힌 거름
걸음	빠른 걸음
거치다	영월을 거쳐 왔다.
걷히다	외상값이 잘 걷힌다.
걷잡다	걷잡을 수 없는 상태
겉잡다	겉잡아서 이틀 걸릴 일
그러므로(그러니까)	그는 부지런하다. 그러므로 잘 산다.
그럼으로(써)(그렇게 하는 것으로)	그는 열심히 공부한다. 그럼으로(써) 은혜에 보답한다.
노름	노름판이 벌어졌다.
놀음(놀이)	즐거운 놀음
느리다	진도가 너무 느리다.
늘이다	고무줄을 늘인다.
늘리다	수출량을 더 늘린다.
다리다	옷을 다린다.
달이다	약을 달인다.
다치다	부주의로 손을 다쳤다.
닫히다	문이 저절로 닫혔다.
닫치다	문을 힘껏 닫쳤다.
마치다	벌써 일을 마쳤다.
맞히다	여러 문제를 더 맞혔다.
목거리	목거리가 덧났다.
목걸이	금목걸이, 은목걸이
바치다	나라를 위해 목숨을 바쳤다.
받치다	우산을 받치고 간다. 책받침을 받친다.
받히다	쇠뿔에 받혔다.
밭치다	술을 체에 밭친다.
반드시	약속은 반드시 지켜라.
반듯이	고개를 반듯이 들어라.
부딪치다	차와 차가 마주 부딪쳤다.
부딪히다	마차가 화물차에 부딪혔다.

부치다	힘이 부치는 일이다.	
	편지를 부친다.	
	논밭을 부친다.	
	빈대떡을 부친다.	
	식목일에 부치는 글	
	회의에 부치는 안건	
	인쇄에 부치는 원고	
	삼촌 집에 숙식을 부친다.	
붙이다	우표를 붙인다.	
	책상을 벽에 붙였다.	
	흥정을 붙인다.	
	불을 붙인다.	
	감시원을 붙인다.	
	조건을 붙인다.	
	취미를 붙인다.	
	별명을 붙인다.	
시키다	일을 시킨다.	
식히다	끓인 물을 식힌다.	
아름	세 아름 되는 둘레	
알음	전부터 알음이 있는 사이	
앎	앎이 힘이다.	
안치다	밥을 안친다.	
앉히다	윗자리에 앉힌다.	
어름	두 물건의 어름에서 일어난 현상	
얼음	얼음이 얼었다.	
이따가	이따가 오너라.	
있다가	돈은 있다가도 없다.	
저리다	다친 다리가 저린다.	
절이다	김장 배추를 절인다.	
조리다	생선을 조린다. 통조림, 병조림	
졸이다	마음을 졸인다.	
주리다	여러 날을 주렸다.	
줄이다	비용을 줄인다.	
하노라고	하노라고 한 것이 이 모양이다.	
하느라고	공부하느라고 밤을 새웠다.	

−느니보다(어미)	나를 찾아오느니보다 집에 있거라.
−는 이보다(의존 명사)	오는 이가 가는 이보다 많다.
−(으)리만큼(어미)	나를 미워하리만큼 그에게 잘못한 일이 없다.
−(으)ㄹ 이만큼(의존 명사)	찬성할 이도 반대할 이만큼이나 많을 것이다.
−(으)러(목적)	공부하러 간다.
−(으)려(의도)	서울 가려 한다.
−(으)로서(자격)	사람으로서 그럴 수는 없다.
−(으)로써(수단)	닭으로써 꿩을 대신했다.
−(으)므로(어미)	그가 나를 믿으므로 나도 그를 믿는다.
(−ㅁ, −음)으로(써)(조사)	그는 믿음으로(써) 산 보람을 느꼈다.

[부록] 문장 부호

문장 부호는 글에서 문장의 구조를 드러내거나 글쓴이의 의도를 전달하기 위하여 사용하는 부호이다. 문장 부호의 이름과 사용법은 다음과 같이 정한다.

1. 마침표(.)

(1) 서술, 명령, 청유 등을 나타내는 문장의 끝에 쓴다.

예 젊은이는 나라의 기둥입니다.

예 제 손을 꼭 잡으세요.

예 집으로 돌아갑시다.

예 가는 말이 고와야 오는 말이 곱다.

[붙임 1] 직접 인용한 문장의 끝에는 쓰는 것을 원칙으로 하되, 쓰지 않는 것을 허용한다. (ㄱ을 원칙으로 하고, ㄴ을 허용함.)

예 ㄱ. 그는 "지금 바로 떠나자."라고 말하며 서둘러 짐을 챙겼다.

ㄴ. 그는 "지금 바로 떠나자"라고 말하며 서둘러 짐을 챙겼다.

[붙임 2] 용언의 명사형이나 명사로 끝나는 문장에는 쓰는 것을 원칙으로 하되, 쓰지 않는 것을 허용한다. (ㄱ을 원칙으로 하고, ㄴ을 허용함.)

예 ㄱ. 목적을 이루기 위하여 몸과 마음을 다하여 애를 씀.

ㄴ. 목적을 이루기 위하여 몸과 마음을 다하여 애를 씀

예 ㄱ. 결과에 연연하지 않고 끝까지 최선을 다하기.

ㄴ. 결과에 연연하지 않고 끝까지 최선을 다하기

예 ㄱ. 신입 사원 모집을 위한 기업 설명회 개최.

ㄴ. 신입 사원 모집을 위한 기업 설명회 개최

例 ㄱ. 내일 오전까지 보고서를 제출할 것.

　　ㄴ. 내일 오전까지 보고서를 제출할 것

다만, 제목이나 표어에는 쓰지 않음을 원칙으로 한다.

例 압록강은 흐른다

例 꺼진 불도 다시 보자

例 건강한 몸 만들기

(2) 아라비아 숫자만으로 연월일을 표시할 때 쓴다.

例 1919. 3. 1.　例 10. 1.~10. 12.

(3) 특정한 의미가 있는 날을 표시할 때 월과 일을 나타내는 아라비아 숫자 사이에 쓴다.

例 3.1 운동　例 8.15 광복

[붙임] 이때는 마침표 대신 가운뎃점을 쓸 수 있다.

例 3 · 1 운동　例 8 · 15 광복

(4) 장, 절, 항 등을 표시하는 문자나 숫자 다음에 쓴다.

例 가. 인명　例 ㄱ. 머리말

例 Ⅰ. 서론　例 1. 연구 목적

[붙임] '마침표' 대신 '온점'이라는 용어를 쓸 수 있다.

2. 물음표(?)

(1) 의문문이나 의문을 나타내는 어구의 끝에 쓴다.

例 점심 먹었어?

例 이번에 가시면 언제 돌아오세요?

例 제가 부모님 말씀을 따르지 않을 리가 있겠습니까?

例 남북이 통일되면 얼마나 좋을까?

例 다섯 살짜리 꼬마가 이 멀고 험한 곳까지 혼자 왔다?

例 지금?

例 뭐라고?

例 네?

[붙임 1] 한 문장 안에 몇 개의 선택적인 물음이 이어질 때는 맨 끝의 물음에만 쓰고, 각 물음이 독립적일 때는 각 물음의 뒤에 쓴다.

例 너는 중학생이냐, 고등학생이냐?

例 너는 여기에 언제 왔니? 어디서 왔니? 무엇 하러 왔니?

[붙임 2] 의문의 정도가 약할 때는 물음표 대신 마침표를 쓸 수 있다.

例 도대체 이 일을 어쩐단 말이냐.

例 이것이 과연 내가 찾던 행복일까.

다만, 제목이나 표어에는 쓰지 않음을 원칙으로 한다.

　　예 역사란 무엇인가

　　예 아직도 담배를 피우십니까

(2) 특정한 어구의 내용에 대하여 의심, 빈정거림 등을 표시할 때, 또는 적절한 말을 쓰기 어려울 때 소괄호 안에 쓴다.

　　예 우리와 의견을 같이할 사람은 최 선생(?) 정도인 것 같다.

　　예 30점이라, 거참 훌륭한(?) 성적이군.

　　예 우리 집 강아지가 가출(?)을 했어요.

(3) 모르거나 불확실한 내용임을 나타낼 때 쓴다.

　　예 최치원(857~?)은 통일 신라 말기에 이름을 떨쳤던 학자이자 문장가이다.

　　예 조선 시대의 시인 강백(1690?~1777?)의 자는 자청이고, 호는 우곡이다.

3. 느낌표(!)

(1) 감탄문이나 감탄사의 끝에 쓴다.

　　예 이거 정말 큰일이 났구나!

　　예 어머!

　　[붙임] 감탄의 정도가 약할 때는 느낌표 대신 쉼표나 마침표를 쓸 수 있다.

　　예 어, 벌써 끝났네.

　　예 날씨가 참 좋군.

(2) 특별히 강한 느낌을 나타내는 어구, 평서문, 명령문, 청유문에 쓴다.

　　예 청춘! 이는 듣기만 하여도 가슴이 설레는 말이다.

　　예 이야, 정말 재밌다!

　　예 지금 즉시 대답해!

　　예 앞만 보고 달리자!

(3) 물음의 말로 놀람이나 항의의 뜻을 나타내는 경우에 쓴다.

　　예 이게 누구야!

　　예 내가 왜 나빠!

(4) 감정을 넣어 대답하거나 다른 사람을 부를 때 쓴다.

　　예 네!　예 네, 선생님!

　　예 흥부야!　예 언니!

4. 쉼표(,)

(1) 같은 자격의 어구를 열거할 때 그 사이에 쓴다.

> 예 근면, 검소, 협동은 우리 겨레의 미덕이다.

> 예 충청도의 계룡산, 전라도의 내장산, 강원도의 설악산은 모두 국립 공원이다.

> 예 집을 보러 가면 그 집이 내가 원하는 조건에 맞는지, 살기에 편한지, 망가진 곳은 없는지 확인해야 한다.

> 예 5보다 작은 자연수는 1, 2, 3, 4이다.

다만, (가) 쉼표 없이도 열거되는 사항임이 쉽게 드러날 때는 쓰지 않을 수 있다.

> 예 아버지 어머니께서 함께 오셨어요.

> 예 네 돈 내 돈 다 합쳐 보아야 만 원도 안 되겠다.

(나) 열거할 어구들을 생략할 때 사용하는 줄임표 앞에는 쉼표를 쓰지 않는다.

> 예 광역시: 광주, 대구, 대전……

(2) 짝을 지어 구별할 때 쓴다.

> 예 닭과 지네, 개와 고양이는 상극이다.

(3) 이웃하는 수를 개략적으로 나타낼 때 쓴다.

> 예 5, 6세기   예 6, 7, 8개

(4) 열거의 순서를 나타내는 어구 다음에 쓴다.

> 예 첫째, 몸이 튼튼해야 한다.

> 예 마지막으로, 무엇보다 마음이 편해야 한다.

(5) 문장의 연결 관계를 분명히 하고자 할 때 절과 절 사이에 쓴다.

> 예 콩 심은 데 콩 나고, 팥 심은 데 팥 난다.

> 예 저는 신뢰와 정직을 생명과 같이 여기고 살아온바, 이번 비리 사건과는 무관하다는 점을 분명히 밝힙니다.

> 예 떡국은 설날의 대표적인 음식인데, 이걸 먹어야 비로소 나이도 한 살 더 먹는다고 한다.

(6) 같은 말이 되풀이되는 것을 피하기 위하여 일정한 부분을 줄여서 열거할 때 쓴다.

> 예 여름에는 바다에서, 겨울에는 산에서 휴가를 즐겼다.

(7) 부르거나 대답하는 말 뒤에 쓴다.

> 예 지은아, 이리 좀 와 봐.

> 예 네, 지금 가겠습니다.

(8) 한 문장 안에서 앞말을 '곧', '다시 말해' 등과 같은 어구로 다시 설명할 때 앞말 다음에 쓴다.

> 예 책의 서문, 곧 머리말에는 책을 지은 목적이 드러나 있다.

> 예 원만한 인간관계는 말과 관련한 예의, 즉 언어 예절을 갖추는 것에서 시작된다.

예 호준이 어머니, 다시 말해 나의 누님은 올해로 결혼한 지 20년이 된다.

예 나에게도 작은 소망, 이를테면 나만의 정원을 가졌으면 하는 소망이 있어.

(9) 문장 앞부분에서 조사 없이 쓰인 제시어나 주제어의 뒤에 쓴다.

예 돈, 돈이 인생의 전부이더냐?

예 열정, 이것이야말로 젊은이의 가장 소중한 자산이다.

예 지금 네가 여기 있다는 것, 그것만으로도 나는 충분히 행복해.

예 저 친구, 저러다가 큰일 한번 내겠어.

예 그 사실, 넌 알고 있었지?

(10) 한 문장에 같은 의미의 어구가 반복될 때 앞에 오는 어구 다음에 쓴다.

예 그의 애국심, 몸을 사리지 않고 국가를 위해 헌신한 정신을 우리는 본받아야 한다.

(11) 도치문에서 도치된 어구들 사이에 쓴다.

예 이리 오세요, 어머님.

예 다시 보자, 한강수야.

(12) 바로 다음 말과 직접적인 관계에 있지 않음을 나타낼 때 쓴다.

예 갑돌이는, 울면서 떠나는 갑순이를 배웅했다.

예 철원과, 대관령을 중심으로 한 강원도 산간 지대에 예년보다 일찍 첫눈이 내렸습니다.

(13) 문장 중간에 끼어든 어구의 앞뒤에 쓴다.

예 나는, 솔직히 말하면, 그 말이 별로 탐탁지 않아.

예 영호는 미소를 띠고, 속으로는 화가 치밀어 올라 잠시라도 견딜 수 없을 만큼 괴로웠지만, 그들을 맞았다.

[붙임 1] 이때는 쉼표 대신 줄표를 쓸 수 있다.

예 나는 — 솔직히 말하면 — 그 말이 별로 탐탁지 않아.

예 영호는 미소를 띠고 — 속으로는 화가 치밀어 올라 잠시라도 견딜 수 없을 만큼 괴로웠지만 — 그들을 맞았다.

[붙임 2] 끼어든 어구 안에 다른 쉼표가 들어 있을 때는 쉼표 대신 줄표를 쓴다.

예 이건 내 것이니까 — 아니, 내가 처음 발견한 것이니까 — 절대로 양보할 수 없다.

(14) 특별한 효과를 위해 끊어 읽는 곳을 나타낼 때 쓴다.

예 내가, 정말 그 일을 오늘 안에 해낼 수 있을까?

예 이 전투는 바로 우리가, 우리만이, 승리로 이끌 수 있다.

(15) 짧게 더듬는 말을 표시할 때 쓴다.

예 선생님, 부, 부정행위라니요? 그런 건 새, 생각조차 하지 않았습니다.

[붙임] '쉼표' 대신 '반점'이라는 용어를 쓸 수 있다.

5. 가운뎃점(·)

(1) 열거할 어구들을 일정한 기준으로 묶어서 나타낼 때 쓴다.

　예 민수 · 영희, 선미 · 준호가 서로 짝이 되어 윷놀이를 하였다.

　예 지금의 경상남도 · 경상북도, 전라남도 · 전라북도, 충청남도 · 충청북도 지역을 예부터 삼남이라 일러
　　왔다.

(2) 짝을 이루는 어구들 사이에 쓴다.

　예 한(韓) · 이(伊) 양국 간의 무역량이 늘고 있다.

　예 우리는 그 일의 참 · 거짓을 따질 겨를도 없었다.

　예 하천 수질의 조사 · 분석

　예 빨강 · 초록 · 파랑이 빛의 삼원색이다.

　다만, 이때는 가운뎃점을 쓰지 않거나 쉼표를 쓸 수도 있다.

　예 한(韓) 이(伊) 양국 간의 무역량이 늘고 있다.

　예 우리는 그 일의 참 거짓을 따질 겨를도 없었다.

　예 하천 수질의 조사, 분석

　예 빨강, 초록, 파랑이 빛의 삼원색이다.

(3) 공통 성분을 줄여서 하나의 어구로 묶을 때 쓴다.

　예 상 · 중 · 하위권

　예 금 · 은 · 동메달

　예 통권 제54 · 55 · 56호

　[붙임] 이때는 가운뎃점 대신 쉼표를 쓸 수 있다.

　예 상, 중, 하위권

　예 금, 은, 동메달

　예 통권 제54, 55, 56호

6. 쌍점(:)

(1) 표제 다음에 해당 항목을 들거나 설명을 붙일 때 쓴다.

　예 문방사우: 종이, 붓, 먹, 벼루

　예 일시: 2014년 10월 9일 10시

　예 흔하진 않지만 두 자로 된 성씨도 있다. (예: 남궁, 선우, 황보)

　예 올림표(♯): 음의 높이를 반음 올릴 것을 지시한다.

(2) 희곡 등에서 대화 내용을 제시할 때 말하는 이와 말한 내용 사이에 쓴다.

　예 김 과장: 난 못 참겠다.

　예 아들: 아버지, 제발 제 말씀 좀 들어 보세요.

(3) 시와 분, 장과 절 등을 구별할 때 쓴다.

> 예 오전 10:20(오전 10시 20분)

> 예 두시언해 6:15(두시언해 제6권 제15장)

(4) 의존 명사 '대'가 쓰일 자리에 쓴다.

> 예 65:60(65 대 60)

> 예 청군:백군(청군 대 백군)

[붙임] 쌍점의 앞은 붙여 쓰고 뒤는 띄어 쓴다. 다만, (3)과 (4)에서는 쌍점의 앞뒤를 붙여 쓴다.

7. 빗금(/)

(1) 대비되는 두 개 이상의 어구를 묶어 나타낼 때 그 사이에 쓴다.

> 예 먹이다/먹히다

> 예 남반구/북반구

> 예 금메달/은메달/동메달

> 예 (   )이/가 우리나라의 보물 제1호이다.

(2) 기준 단위당 수량을 표시할 때 해당 수량과 기준 단위 사이에 쓴다.

> 예 100미터/초

> 예 1,000원/개

(3) 시의 행이 바뀌는 부분임을 나타낼 때 쓴다.

> 예 산에 / 산에 / 피는 꽃은 / 저만치 혼자서 피어 있네

> 다만, 연이 바뀜을 나타낼 때는 두 번 겹쳐 쓴다.

> 예 산에는 꽃 피네 / 꽃이 피네 / 갈 봄 여름 없이 / 꽃이 피네 // 산에 / 산에 / 피는 꽃은 / 저만치 혼자서 피어 있네

[붙임] 빗금의 앞뒤는 (1)과 (2)에서는 붙여 쓰며, (3)에서는 띄어 쓰는 것을 원칙으로 하되 붙여 쓰는 것을 허용한다. 단, (1)에서 대비되는 어구가 두 어절 이상인 경우에는 빗금의 앞뒤를 띄어 쓸 수 있다.

8. 큰따옴표(" ")

(1) 글 가운데에서 직접 대화를 표시할 때 쓴다.

> 예 "어머니, 제가 가겠어요."
>
> "아니다. 내가 다녀오마."

(2) 말이나 글을 직접 인용할 때 쓴다.

> 예 나는 "어, 광훈이 아니냐?" 하는 소리에 깜짝 놀랐다.

밤하늘에 반짝이는 별들을 보면서 "나는 아무 걱정도 없이 가을 속의 별들을 다 헬 듯합니다."라는 시구를 떠올렸다.

편지의 끝머리에는 이렇게 적혀 있었다.

"할머니, 편지에 사진을 동봉했다고 하셨지만 봉투 안에는 아무것도 없었어요."

9. 작은따옴표(' ')

(1) 인용한 말 안에 있는 인용한 말을 나타낼 때 쓴다.

그는 "여러분! '시작이 반이다.'라는 말 들어 보셨죠?"라고 말하며 강연을 시작했다.

(2) 마음속으로 한 말을 적을 때 쓴다.

나는 '일이 다 틀렸나 보군.' 하고 생각하였다.

'이번에는 꼭 이기고야 말겠어.' 호연이는 마음속으로 몇 번이나 그렇게 다짐하며 주먹을 불끈 쥐었다.

10. 소괄호(( ))

(1) 주석이나 보충적인 내용을 덧붙일 때 쓴다.

니체(독일의 철학자)의 말을 빌리면 다음과 같다.

2014. 12. 19.(금)

문인화의 대표적인 소재인 사군자(매화, 난초, 국화, 대나무)는 고결한 선비 정신을 상징한다.

(2) 우리말 표기와 원어 표기를 아울러 보일 때 쓴다.

기호(嗜好), 자세(姿勢)　 커피(coffee), 에티켓(étiquette)

(3) 생략할 수 있는 요소임을 나타낼 때 쓴다.

학교에서 동료 교사를 부를 때는 이름 뒤에 '선생(님)'이라는 말을 덧붙인다.

광개토(대)왕은 고구려의 전성기를 이끌었던 임금이다.

(4) 희곡 등 대화를 적은 글에서 동작이나 분위기, 상태를 드러낼 때 쓴다.

현우: (가쁜 숨을 내쉬며) 왜 이렇게 빨리 뛰어?

"관찰한 것을 쓰는 것이 습관이 되었죠. 그러다 보니, 상상력이 생겼나 봐요." (웃음)

(5) 내용이 들어갈 자리임을 나타낼 때 쓴다.

우리나라의 수도는 (　　　)이다.

다음 빈칸에 알맞은 조사를 쓰시오.

민수가 할아버지(　　　) 꽃을 드렸다.

(6) 항목의 순서나 종류를 나타내는 숫자나 문자 등에 쓴다.

사람의 인격은 (1) 용모, (2) 언어, (3) 행동, (4) 덕성 등으로 표현된다.

(가) 동해, (나) 서해, (다) 남해

11. 중괄호({ })

(1) 같은 범주에 속하는 여러 요소를 세로로 묶어서 보일 때 쓴다.

예 주격 조사 $\left\{ \begin{array}{c} 이 \\ 가 \end{array} \right\}$

예 국가의 성립 요소 $\left\{ \begin{array}{c} 국민 \\ 영토 \\ 주권 \end{array} \right\}$

(2) 열거된 항목 중 어느 하나가 자유롭게 선택될 수 있음을 보일 때 쓴다.

예 아이들이 모두 학교{에, 로, 까지} 갔어요.

12. 대괄호([ ])

(1) 괄호 안에 또 괄호를 쓸 필요가 있을 때 바깥쪽의 괄호로 쓴다.

예 어린이날이 새로 제정되었을 당시에는 어린이들에게 경어를 쓰라고 하였다. [윤석중 전집(1988), 70
쪽 참조]

예 이번 회의에는 두 명[이혜정(실장), 박철용(과장)]만 빼고 모두 참석했습니다.

(2) 고유어에 대응하는 한자어를 함께 보일 때 쓴다.

예 나이[年歲]   예 낱말[單語]   예 손발[手足]

(3) 원문에 대한 이해를 돕기 위해 설명이나 논평 등을 덧붙일 때 쓴다.

예 그것[한글]은 이처럼 정보화 시대에 알맞은 과학적인 문자이다.

예 신경준의 ≪여암전서≫에 "삼각산은 산이 모두 돌 봉우리인데, 그 으뜸 봉우리를 구름 위에 솟아 있
다고 백운(白雲)이라 하며 [이하 생략]"

예 그런 일은 결코 있을 수 없다. [원문에는 '업다'임.]

13. 겹낫표(『 』)와 겹화살괄호(≪ ≫)

책의 제목이나 신문 이름 등을 나타낼 때 쓴다.

예 우리나라 최초의 민간 신문은 1896년에 창간된 『독립신문』이다.

예 『훈민정음』은 1997년에 유네스코 세계 기록 유산으로 지정되었다.

예 ≪한성순보≫는 우리나라 최초의 근대 신문이다.

예 윤동주의 유고 시집인 ≪하늘과 바람과 별과 시≫에는 31편의 시가 실려 있다.

[붙임] 겹낫표나 겹화살괄호 대신 큰따옴표를 쓸 수 있다.

예 우리나라 최초의 민간 신문은 1896년에 창간된 "독립신문"이다.

예 윤동주의 유고 시집인 "하늘과 바람과 별과 시"에는 31편의 시가 실려 있다.

14. 홑낫표(「 」)와 홑화살괄호(〈 〉)

소제목, 그림이나 노래와 같은 예술 작품의 제목, 상호, 법률, 규정 등을 나타낼 때 쓴다.

　㉖ 「국어 기본법 시행령」은 「국어 기본법」에서 위임된 사항과 그 시행에 필요한 사항을 규정함을 목적으로 한다.

　㉖ 이 곡은 베르디가 작곡한 「축배의 노래」이다.

　㉖ 사무실 밖에 「해와 달」이라고 쓴 간판을 달았다.

　㉖ 〈한강〉은 사진집 ≪아름다운 땅≫에 실린 작품이다.

　㉖ 백남준은 2005년에 〈엄마〉라는 작품을 선보였다.

[붙임] 홑낫표나 홑화살괄호 대신 작은따옴표를 쓸 수 있다.

　㉖ 사무실 밖에 '해와 달'이라고 쓴 간판을 달았다.

　㉖ '한강'은 사진집 "아름다운 땅"에 실린 작품이다.

15. 줄표(—)

제목 다음에 표시하는 부제의 앞뒤에 쓴다.

　㉖ 이번 토론회의 제목은 '역사 바로잡기 — 근대의 설정 —'이다.

　㉖ '환경 보호 — 숲 가꾸기 —'라는 제목으로 글짓기를 했다.

다만, 뒤에 오는 줄표는 생략할 수 있다.

　㉖ 이번 토론회의 제목은 '역사 바로잡기 — 근대의 설정'이다.

　㉖ '환경 보호 — 숲 가꾸기'라는 제목으로 글짓기를 했다.

[붙임] 줄표의 앞뒤는 띄어 쓰는 것을 원칙으로 하되, 붙여 쓰는 것을 허용한다.

16. 붙임표(-)

(1) 차례대로 이어지는 내용을 하나로 묶어 열거할 때 각 어구 사이에 쓴다.

　㉖ 멀리뛰기는 도움닫기-도약-공중 자세-착지의 순서로 이루어진다.

　㉖ 김 과장은 기획-실무-홍보까지 직접 발로 뛰었다.

(2) 두 개 이상의 어구가 밀접한 관련이 있음을 나타내고자 할 때 쓴다.

　㉖ 드디어 서울-북경의 항로가 열렸다.

　㉖ 원-달러 환율

　㉖ 남한-북한-일본 삼자 관계

17. 물결표(~)

기간이나 거리 또는 범위를 나타낼 때 쓴다.

- 예 9월 15일~9월 25일
- 예 김정희(1786~1856)
- 예 서울~천안 정도는 출퇴근이 가능하다.
- 예 이번 시험의 범위는 3~78쪽입니다.

[붙임] 물결표 대신 붙임표를 쓸 수 있다.

- 예 9월 15일-9월 25일
- 예 김정희(1786-1856)
- 예 서울-천안 정도는 출퇴근이 가능하다.
- 예 이번 시험의 범위는 3-78쪽입니다.

18. 드러냄표(˙)와 밑줄(____)

문장 내용 중에서 주의가 미쳐야 할 곳이나 중요한 부분을 특별히 드러내 보일 때 쓴다.

- 예 한글의 본디 이름은 훈민정음이다.
- 예 중요한 것은 왜 사느냐가 아니라 어떻게 사느냐이다.
- 예 지금 필요한 것은 지식이 아니라 실천입니다.
- 예 다음 보기에서 명사가 아닌 것은?

[붙임] 드러냄표나 밑줄 대신 작은따옴표를 쓸 수 있다.

- 예 한글의 본디 이름은 '훈민정음'이다.
- 예 중요한 것은 '왜 사느냐'가 아니라 '어떻게 사느냐'이다.
- 예 지금 필요한 것은 '지식'이 아니라 '실천'입니다.
- 예 다음 보기에서 명사가 '아닌' 것은?

19. 숨김표(○, ×)

(1) 금기어나 공공연히 쓰기 어려운 비속어임을 나타낼 때, 그 글자의 수효만큼 쓴다.

- 예 배운 사람 입에서 어찌 ○○○란 말이 나올 수 있느냐?
- 예 그 말을 듣는 순간 ×××란 말이 목구멍까지 치밀었다.

(2) 비밀을 유지해야 하거나 밝힐 수 없는 사항임을 나타낼 때 쓴다.

- 예 1차 시험 합격자는 김○영, 이○준, 박○순 등 모두 3명이다.
- 예 육군 ○○ 부대 ○○○ 명이 작전에 참가하였다.
- 예 그 모임의 참석자는 김×× 씨, 정×× 씨 등 5명이었다.

20. 빠짐표(□)

(1) 옛 비문이나 문헌 등에서 글자가 분명하지 않을 때 그 글자의 수효만큼 쓴다.

　예 大師爲法主□□賴之大□薦

(2) 글자가 들어가야 할 자리를 나타낼 때 쓴다.

　예 훈민정음의 초성 중에서 아음(牙音)은 □□□의 석 자다.

21. 줄임표(……)

(1) 할 말을 줄였을 때 쓴다.

　예 "어디 나하고 한번……." 하고 민수가 나섰다.

(2) 말이 없음을 나타낼 때 쓴다.

　예 "빨리 말해!"

　　 "……."

(3) 문장이나 글의 일부를 생략할 때 쓴다.

　예 '고유'라는 말은 문자 그대로 본디부터 있었다는 뜻은 아닙니다. …… 같은 역사적 환경에서 공동의
　　 집단생활을 영위해 오는 동안 공동으로 발견된, 사물에 대한 공동의 사고 방식을 우리는 한국의 고유
　　 사상이라 부를 수 있다는 것입니다.

(4) 머뭇거림을 보일 때 쓴다.

　예 "우리는 모두…… 그러니까…… 예외 없이 눈물만…… 흘렸다."

[붙임 1] 점은 가운데에 찍는 대신 아래쪽에 찍을 수도 있다.

　예 "어디 나하고 한번……" 하고 민수가 나섰다.

　예 "실은…… 저 사람…… 우리 아저씨일지 몰라."

[붙임 2] 점은 여섯 점을 찍는 대신 세 점을 찍을 수도 있다.

　예 "어디 나하고 한번…." 하고 민수가 나섰다.

　예 "실은… 저 사람… 우리 아저씨일지 몰라."

[붙임 3] 줄임표는 앞말에 붙여 쓴다. 다만, (3)에서는 줄임표의 앞뒤를 띄어 쓴다.

1 단수 표준어

바른 표기	틀린 표기	바른 표기	틀린 표기
-게끔	-게시리	빠-뜨리다	빠-치다
겸사-겸사	겸지-겸지/겸두-겸두	뻣뻣-하다	왜긋다
고구마	참-감자	뽐-내다	느물다
고치다	낫우다	사로-잠그다	사로-채우다
골목-쟁이	골목-자기	살-풀이	살-막이
광주리	광우리	상투-쟁이	상투-꼬부랑이
괴통	호구	새앙-손이	생강-손이
국-물	멀-국/말-국	샛-별	새벽-별
군-표	군용-어음	선-머슴	풋-머슴
길-잡이	길-앞잡이	섭섭-하다	애운-하다
까치-발	까치-다리	속-말	속-소리
꼬창-모	말뚝-모	손목-시계	팔목-시계/팔뚝-시계
나룻-배	나루	손-수레	손-구루마
납-도리	민-도리	쇠-고랑	고랑-쇠
농-지거리	기롱-지거리	수도-꼭지	수도-고동
다사-스럽다	다사-하다	숙성-하다	숙-지다
다오	다구	순대	골집
담배-풋초	담배-꼬투리 담배-꽁치 담배-꽁추	술-고래	술-꾸러기/술-부대 술-보/술-푸대
담배-설대	대-설대	식은-땀	찬-땀
대장-일	성냥-일	신기-롭다	신기-스럽다
뒤져-내다	뒤어-내다	쌍동-밤	쪽-밤
뒤통수-치다	뒤꼭지-치다	쏜살-같이	쏜살-로
등-나무	등-칡	아주	영판
등-때기	등-떠리	안-걸이	안-낚시
등잔-걸이	등경-걸이	안다미-씌우다	안다미-시키다
떡-보	떡-충이	안쓰럽다	안-슬프다
똑딱-단추	딸꼭-단추	안절부절-못하다	안절부절-하다
매-만지다	우미다	앉은뱅이-저울	앉은-저울

바른 표기	틀린 표기	바른 표기	틀린 표기
먼―발치	먼―발치기	알―사탕	구슬―사탕
며느리―발톱	뒷―발톱	암―내	곁땀―내
명주―붙이	주―사니	앞―지르다	따라―먹다
목―메다	목―맺히다	애―벌레	어린―벌레
밀짚―모자	보릿짚―모자	얕은―꾀	물탄―꾀
바가지	열―바가지/열―박	언뜻	펀뜻
바람―꼭지	바람―고다리	언제나	노다지
반―나절	나절―가웃	얼룩―말	워라―말
반두	독대	열심―히	열심―으로
버젓―이	뉘연―히	입―담	말―담
본―받다	법―받다	자배기	너벅지
부각	다시마―자반	전봇―대	전선/대
부끄러워―하다	부끄리다	쥐락―펴락	펴락―쥐락
부스러기	부스럭지	―지만	―지만서도
부지깽이	부지팽이	짓고―땡	지어―땡/짓고―땡이
부항―단지	부항―항아리	짧은―작	짜른―작
붉으락―푸르락	푸르락―붉으락	찹―쌀	이―찹쌀
비켜―덩이	옆―사리미	청대―콩	푸른―콩
빙충―이	빙충―맞이	칡―범	갈―범

② 복수 표준어

복수 표준어	복수 표준어
가는―허리/잔―허리	불―사르다/사르다
가락―엿/가래―엿	비발/비용(費用)
가뭄/가물	뾰두라지/뾰루지
가엾다/가엽다	살―쾡이/삵
감감―무소식/감감―소식	삽살―개/삽사리
개수―통/설거지―통	상두―꾼/상여―꾼
개숫―물/설거지―물	상―씨름/소―걸이
갱―엿/검은―엿	생/새앙/생강
―거리다/―대다	생―뿔/새앙―뿔/생강―뿔
거위―배/횟―배	생―철/양―철
것/해	서럽다/섧다

복수 표준어	복수 표준어
게을러-빠지다/게을러-터지다	서방-질/화냥-질
고깃-간/푸줏-간	성글다/성기다
곰곰/곰곰-이	-(으)세요/-(으)셔요
관계-없다/상관-없다	송이/송이-버섯
교정-보다/준-보다	수수-깡/수숫-대
구들-재/구재	술-안주/안주
귀퉁-머리/귀퉁-배기	-스레하다/-스름하다
극성-떨다/극성-부리다	시늉-말/흉내-말
기세-부리다/기세(氣勢~)-피우다	시새/세사(細沙)
기승-떨다/기승(氣勝~)-부리다	신/신발
깃-저고리/배내-옷/배냇-저고리	신주-보/독보(櫝褓)
꼬까/때때/고까	심술-꾸러기/심술-쟁이
꼬리-별/살-별	씁쓰레-하다/씁쓰름-하다
꽃-도미/붉-돔	아귀-세다/아귀-차다
나귀/당-나귀	아래-위/위-아래
날-걸/세-뿔	아무튼/어떻든/어쨌든/하여튼/여하튼
내리-글씨/세로-글씨	앉음-새/앉음-앉음
넝쿨/덩굴	알은-척/알은-체
녘/쪽	애-갈이/애벌-갈이
눈-대중/눈-어림/눈-짐작	애꾸눈-이/외눈-박이
느리-광이/느림-보/늘-보	양념-감/양념-거리
늦-모/마냥-모	어금버금-하다/어금지금-하다
다기-지다/다기(多氣~)-차다	어기여차/어여차
다달-이/매-달	어림-잡다/어림-치다
-다마다/-고말고	어이-없다/어처구니-없다
다박-나룻/다박-수염	어저께/어제
닭의-장/닭-장	언덕-바지/언덕-배기
댓-돌/툇-돌	얼렁-뚱땅/엄벙-뗑
덧-창/겉-창	여왕-벌/장수-벌
독장-치다/독판-치다	여쭈다/여쭙다
동자(童子~)-기둥/쪼구미	여태/입때
돼지-감자/뚱딴지	여태-껏/이제-껏/입때-껏
되우/된통/되게	역성-들다/역성-하다
두동-무니/두동-사니	연-달다/잇-달다

복수 표준어	복수 표준어
뒷–갈망/뒷–감당	엿–가락/엿–가래
뒷–말/뒷–소리	엿–기름/엿–길금
들락–거리다/들랑–거리다	엿–반대기/엿–자박
들락–날락/들랑–날랑	오사리–잡놈/오색–잡놈
딴–전/딴–청	옥수수/강냉이
땅–콩/호–콩	왕골–기직/왕골–자리
땔–감/땔–거리	외겹–실/외올–실/홑–실
–뜨리다/–트리다	외손–잡이/한손–잡이
뜬–것/뜬–귀신	욕심–꾸러기/욕심–쟁이
마룻–줄/용총–줄	우레/천둥
마–파람/앞–바람	우지/울–보
만장–판/만장–중(滿場中)	을러–대다/을러–메다
만큼/만치	의심–스럽다/의심–쩍다
말–동무/말–벗	–이에요/–이어요
매–갈이/매–조미(~糙米)	이틀–거리/당–고금
매–통/목–매	일일–이/하나–하나
먹–새/먹음–새	일찌감치/일찌거니
멀찌감치/멀찌가니/멀찍이	입찬–말/입찬–소리
먹통/산–멱/산–멱통	자리–옷/잠–옷
면–치레/외면(外面~)–치레	자물–쇠/자물–통
모–내다/모–심다	장가–가다/장가–들다
모쪼록/아무쪼록	재롱–떨다/재롱–부리다
목판–되/모–되	제–가끔/제–각기
목화–씨/면화–씨	좀–처럼/좀–체
무심–결/무심–중	줄–꾼/줄–잡이
물–봉숭아/물–봉선화	중신/중매
물–부리/빨–부리	짚–단/짚–뭇
물–심부름/물–시중	쪽/편
물추리–나무/물추리–막대	차차/차츰
물–타작/진–타작(~打作)	책–씻이/책(册~)–거리
민둥–산/벌거숭이–산	척/체
밑–층/아래–층	천연덕–스럽다/천연–스럽다
바깥–벽/밭–벽	철–따구니/철–딱서니/철–딱지
바른/오른[右]	추어–올리다/추어–주다

복수 표준어	복수 표준어
발-모가지/발-목쟁이	축-가다/축-나다
버들-강아지/버들-개지	침-놓다/침-주다
벌레/버러지	통-꼭지/통-젖
변덕-스럽다/변덕-맞다	파자-쟁이/해자-쟁이
보-조개/볼-우물	편지-투/편지(便紙~)-틀
보통-내기/여간-내기/예사-내기	한턱-내다/한턱-하다
볼-따구니/볼-퉁이/볼-때기	해웃-값/해웃-돈
부침개-질/부침-질/지짐-질	혼자-되다/홀로-되다
불똥-앉다/등화-지다/등화(燈火~)-앉다	흠-가다/흠-나다/흠-지다

3 추가 표준어

(1) 2011년 추가 표준어(39개)

① 복수 표준어: 현재 표준어로 규정된 말 이외에 같은 뜻으로 많이 쓰이는 말이 있어 이를 복수 표준어로 인정한 경우(11개)

추가 표준어	기존 표준어	추가 표준어	기존 표준어
간지럽히다	간질이다	세간살이	세간
남사스럽다	남우세스럽다	쌉싸름하다	쌉싸래하다
등물	목물	토란대	고운대
맨날	만날	허접쓰레기	허섭스레기
묫자리	묏자리	흙담	토담
복숭아뼈	복사뼈		

② 별도 표준어: 현재 표준어로 규정된 말과는 뜻이나 어감의 차이가 있어 이를 별도의 표준어로 인정한 경우(25개)

추가 표준어	기존 표준어	추가 표준어	기존 표준어
-길래	-기에	휭하니	힁허케
개발새발	괴발개발	걸리적거리다	거치적거리다
나래	날개	끄적거리다	끼적거리다
내음	냄새	두리뭉실하다	두루뭉술하다
눈꼬리	눈초리	맨숭맨숭/맹숭맹숭	맨송맨송
떨구다	떨어뜨리다	바둥바둥	바동바동
뜨락	뜰	새초롬하다	새치름하다
먹거리	먹을거리	아웅다웅	아옹다옹

메꾸다	메우다	야멸차다	야멸치다
손주	손자(孫子)	오손도손	오순도순
어리숙하다	어수룩하다	찌뿌둥하다	찌뿌듯하다
연신	연방	추근거리다	치근거리다

③ 복수 표기: 표준어로 인정된 표기와 다른 표기 형태도 많이 쓰여서 두 가지 표기를 모두 표준어로 인정한 경우(3개)

추가 표준어	기존 표준어
택견	태견
품새	품세
짜장면	자장면

(2) 2014년 추가 표준어(13개)

① 복수 표준어(5개)

추가 표준어	기존 표준어	추가 표준어	기존 표준어
구안와사	구안괘사	눈두덩이	눈두덩
굽신	굽실	삐지다	삐치다
초장초	작장초		

② 별도 표준어(8개)

추가 표준어	기존 표준어	뜻 차이
개기다	개개다	• 개기다: (속되게) 명령이나 지시를 따르지 않고 버티거나 반항하다. • 개개다: 성가시게 달라붙어 손해를 끼치다.
꼬시다	꾀다	• 꼬시다: '꾀다'를 속되게 이르는 말. • 꾀다: 그럴듯한 말이나 행동으로 남을 속이거나 부추겨서 자기 생각대로 끌다.
놀잇감	장난감	• 놀잇감: 놀이 또는 아동 교육 현장 따위에서 활용되는 물건이나 재료 • 장난감: 아이들이 가지고 노는 여러 가지 물건
딴지	딴죽	• 딴지: (주로 '걸다, 놓다'와 함께 쓰여) 일이 순순히 진행되지 못하도록 훼방을 놓거나 어기대는 것. • 딴죽: 이미 동의하거나 약속한 일에 대하여 딴전을 부림을 비유적으로 이르는 말.
사그라들다	사그라지다	• 사그라들다: 삭아서 없어져 가다. • 사그라지다: 삭아서 없어지다.
섬찟	섬뜩	• 섬찟: 갑자기 소름이 끼치도록 무시무시하고 끔찍한 느낌이 드는 모양. • 섬뜩: 갑자가 소름이 끼치도록 무섭고 끔찍한 느낌이 드는 모양.
속앓이	속병	• 속앓이: 1. 속이 아픈 병. 또는 속에 병이 생겨 아파하는 일. 2. 겉으로 드러내지 못하고 속으로 걱정하거나 괴로워하는 일. • 속병: 1. 몸속의 병을 통틀어 이르는 말. 2. '위장병'을 일상적으로 이르는 말. 3. 화가 나거나 속이 상하여 생긴 마음의 심한 아픔.

허접하다	허접스럽다	• 허접하다: 허름하고 잡스럽다. • 허접스럽다: 허름하고 잡스러운 느낌이 있다.

(3) 2015년 추가 표준어(11개)

① 복수 표준어(4개)

추가 표준어	기존 표준어	추가 표준어	기존 표준어
마실	마을	찰지다	차지다
이쁘다	예쁘다	−고프다	−고 싶다

② 별도 표준어(5개)

추가 표준어	기존 표준어	뜻 차이
꼬리연	가오리연	• 꼬리연: 긴 꼬리를 단 연. • 가오리연: 가오리 모양으로 만들어 꼬리를 길게 단 연. 띄우면 오르면서 머리가 아래위로 흔들린다. ≒ 꼬빡연 예 행사가 끝날 때까지 하늘을 수놓았던 대형 꼬리연도 비상을 꿈꾸듯 끊임없이 창공을 향해 날아올랐다.
의론	의논	• 의론(議論): 어떤 사안에 대하여 각자의 의견을 제기함. 또는 그런 의견. • 의논(議論): 어떤 일에 대하여 서로 의견을 주고 받음. ※ '의론되다, 의론하다'도 표준어로 인정 예 이러니저러니 의론이 분분하다.
이크	이키	• 이크: 당황하거나 놀랐을 때 내는 소리. '이키'보다 큰 느낌을 준다. ※ 이키: 당황하거나 놀랐을 때 내는 소리. '이끼'보다 거센 느낌을 준다. 예 이크, 이거 큰일 났구나 싶어 허겁지겁 뛰어갔다.
잎새	잎사귀	• 잎새: 나무의 잎사귀. 주로 문학적 표현에 쓰인다. ※ 잎사귀: 낱낱의 잎. 주로 넓적한 잎을 이른다. 예 잎새가 몇 개 남지 않은 나무들이 창문 위로 뻗어올라 있었다.
푸르르다	푸르다	• 푸르르다: '푸르다'를 강조할 때 이르는 말 • 푸르다: 맑은 가을 하늘이나 깊은 바다. 풀의 빛깔과 같이 밝고 선명하다. ※ '푸르르다'는 '으' 불규칙 용언으로 분류함 예 겨우내 찌푸리고 있던 잿빛 하늘이 푸르르게 맑아 오고 어디선 지도 모르게 흙냄새가 뭉클하니 풍겨 오는 듯한 순간 벌써 봄이 온 것을 느낀다.

③ 복수 표준형: 기존의 표준적인 활용형과 용법이 같은 활용형으로 인정한 경우(2개)

추가 표준형	기존 표준형	비고
말아 말아라 말아요	마 마라 마요	• '말다'에 명령형 어미 '−아', '−아라', '−아요' 등이 결합할 때는 어간 끝의 'ㄹ'이 탈락하기도 하고 탈락하지 않기도 함 예 • 내가 하는 말 농담으로 듣지 마/말아. • 얘야, 아무리 바빠도 제사는 잊지 마라/말아라. • 아유, 말도 마요/말아요.

| 노랗네
동그랗네
조그맣네
... | 노라네
동그라네
조그마네
... | • 'ㅎ' 불규칙 용언이 어미 '–네'와 결합할 때는 어간 끝의 'ㅎ'이 탈락하기도 하고 탈락하지 않기도 함
• '그렇다, 노랗다, 동그랗다, 뿌옇다, 어떻다, 조그맣다, 커다랗다' 등등 모든 'ㅎ' 불규칙 용언의 활용형에 적용됨
　예 • 생각보다 훨씬 노랗네/노라네.
　　　• 이 빵은 동그랗네/동그라네.
　　　• 건물이 아주 조그맣네/조그마네. |

(4) 2016년 추가 표준어(6개)

① 별도 표준어(4개)

추가 표준어	기존 표준어	뜻 차이
걸판지다	거방지다	걸판지다 [형용사] – 매우 푸지다. 　예 술상이 걸판지다./마침 눈먼 돈이 생긴 것도 있으니 오늘 저녁은 내가 걸판지게 사지. – 동작이나 모양이 크고 어수선하다. 　예 싸움판은 자못 걸판져서 구경거리였다./소리판은 옛날이 걸판지고 소리할 맛이 났었지. 거방지다 [형용사] ≒ 걸판지다(매우 푸지다.) – 몸집이 크다. – 하는 짓이 점잖고 무게가 있다.
겉울음	건울음	겉울음 [명사] – 드러내 놓고 우는 울음 　예 꼭꼭 참고만 있다 보면 간혹 속울음이 겉울음으로 터질 때가 있다. – 마음에도 없이 겉으로만 우는 울음 　예 눈물도 안 나면서 슬픈 척 겉울음 울지 마. • 건울음 [명사] = 강울음 • 강울음 [명사] 눈물 없이 우는 울음. 또는 억지로 우는 울음.
까탈스럽다	까다롭다	까탈스럽다 [형용사] – 조건, 규정 따위가 복잡하고 엄격하여 적응하거나 적용하기에 어려운 데가 있다. '가탈스럽다'보다 센 느낌을 준다. 　예 까탈스러운 공정을 거치다./규정을 까탈스럽게 정하다./가스레인지에 길들여진 현대인들에게 지루하고 까탈스러운 숯 굽기 작업은 쓸데없는 시간 낭비로 비칠 수도 있겠다. – 성미나 취향 따위가 원만하지 않고 별스러워 맞춰 주기에 어려운 데가 있다. '가탈스럽다'보다 센 느낌을 준다. 　예 까탈스러운 입맛/성격이 까탈스럽다./딸아이는 사 준 옷이 맘에 안 든다고 까탈스럽게 굴었다. ※ 같은 계열의 '가탈스럽다'도 표준어로 인정함 까다롭다 [형용사] – 조건 따위가 복잡하거나 엄격하여 다루기에 순탄하지 않다. – 성미나 취향 따위가 원만하지 않고 별스럽게 까탈이 많다.

실뭉치	실몽당이	실뭉치 [명사] 실을 한데 뭉치거나 감은 덩이 예 뒤엉킨 실뭉치/실뭉치를 풀다./그의 머릿속은 엉클어진 실뭉치같이 갈피를 못 잡고 있었다.
		실몽당이 [명사] 실을 풀기 좋게 공 모양으로 감은 뭉치

② 복수 표준형(2개)

추가 표준형	기존 표준형	비고
엘랑	에는	• 표준어 규정 제25항에서 '에는'의 비표준형으로 규정해 온 '엘랑'을 표준형으로 인정함 • '엘랑' 외에도 'ㄹ랑'에 조사 또는 어미가 결합한 '에설랑, 설랑, −고설랑, −어설랑, −질랑'도 표준형으로 인정함 • '엘랑, −고설랑' 등은 단순한 조사/어미 결합형이므로 사전 표제어로는 다루지 않음 　예　• 서울엘랑 가지를 마오. 　　　• 교실에설랑 떠들지 마라. 　　　• 나를 앞에 앉혀놓고설랑 자기 아들 자랑만 하더라.
주책이다	주책없다	• 표준어 규정 제25항에 따라 '주책없다'의 비표준형으로 규정해 온 '주책이다'를 표준형으로 인정함 • '주책이다'는 '일정한 줏대가 없이 되는대로 하는 짓'을 뜻하는 '주책'에 서술격 조사 '이다'가 붙은 말로 봄 • '주책이다'는 단순한 명사+조사 결합형이므로 사전 표제어로는 다루지 않음 　예　이제 와서 오래 전에 헤어진 그녀를 떠올리는 나 자신을 보며 '나도 참 주책이군.' 하는 생각이 들었다.

(5) 2017년 추가 표준어(5개)

① 복수 표준어

추가 표준어	기존 표준어
꺼림직하다	꺼림칙하다
께름직하다	께름칙하다
추켜올리다	추어올리다
추켜세우다	치켜세우다
치켜올리다	추어올리다/추켜올리다

4 표준 발음법

제1장 총칙

제1항 　표준 발음법은 표준어의 실제 발음을 따르되, 국어의 전통성과 합리성을 고려하여 정함을 원칙으로 한다.

제2장 자음과 모음

제2항 　표준어의 자음은 다음 19개로 한다.

ㄱ, ㄲ, ㄴ, ㄷ, ㄸ, ㄹ, ㅁ, ㅂ, ㅃ, ㅅ, ㅆ, ㅇ, ㅈ, ㅉ, ㅊ, ㅋ, ㅌ, ㅍ, ㅎ

제3항 　표준어의 모음은 다음 21개로 한다.

ㅏ, ㅐ, ㅑ, ㅒ, ㅓ, ㅔ, ㅕ, ㅖ, ㅗ, ㅘ, ㅙ, ㅚ, ㅛ, ㅜ, ㅝ, ㅞ, ㅟ, ㅠ, ㅡ, ㅢ, ㅣ

제4항 　'ㅏ ㅐ ㅓ ㅔ ㅗ ㅚ ㅜ ㅟ ㅡ ㅣ'는 단모음(單母音)으로 발음한다.

　　　　[붙임] 'ㅚ, ㅟ'는 이중 모음으로 발음할 수 있다.

제5항 　'ㅑ ㅒ ㅕ ㅖ ㅘ ㅙ ㅛ ㅝ ㅞ ㅠ ㅢ'는 이중 모음으로 발음한다.

　　　　다만 1. 용언의 활용형에 나타나는 '져, 쪄, 쳐'는 [저, 쩌, 처]로 발음한다.

가지어 → 가져[가저]	찌어 → 쪄[쩌]	다치어 → 다쳐[다처]

다만 2. '예, 례' 이외의 'ㅖ'는 [ㅔ]로도 발음한다.

계집[계:집/게:집]	계시다[계:시다/게:시다]
시계[시계/시게](時計)	연계[연계/연게](連繫)
몌별[몌별/메별](袂別)	개폐[개폐/개페](開閉)
혜택[혜:택/헤:택](惠澤)	지혜[지혜/지혜](智慧)

다만 3. 자음을 첫소리로 가지고 있는 음절의 'ㅢ'는 [ㅣ]로 발음한다.

늴리리	닁큼	무늬	띄어쓰기	씌어
틔어	희어	희떱다	희망	유희

다만 4. 단어의 첫음절 이외의 '의'는 [ㅣ]로, 조사 '의'는 [ㅔ]로 발음함도 허용한다.

주의[주의/주이]	협의[혀븨/혀비]
우리의[우리의/우리에]	강의의[강:의의/강:이에]

제3장 음의 길이

제6항 모음의 장단을 구별하여 발음하되, 단어의 첫음절에서만 긴소리가 나타나는 것을 원칙으로 한다.

눈보라[눈ː보라]	말씨[말ː씨]	밤나무[밤ː나무]
많다[만ː타]	멀리[멀ː리]	벌리다[벌ː리다]

첫눈[천눈]	참말[참말]	쌍동밤[쌍동밤]
수많이[수ː마니]	눈멀다[눈멀다]	떠벌리다[떠벌리다]

다만, 합성어의 경우에는 둘째 음절 이하에서도 분명한 긴소리를 인정한다.

반신반의[반ː신바ː늬/반ː신바ː니]	재삼재사[재ː삼재ː사]

[붙임] 용언의 단음절 어간에 어미 '-아/-어'가 결합되어 한 음절로 축약되는 경우에도 긴소리로 발음한다.

보아 → 봐[봐ː]	기어 → 겨[겨ː]	되어 → 돼[돼ː]
두어 → 둬[둬ː]	하여 → 해[해ː]	

다만, '오아 → 와, 지어 → 져, 찌어 → 쩌, 치어 → 쳐' 등은 긴소리로 발음하지 않는다.

제7항 긴소리를 가진 음절이라도, 다음과 같은 경우에는 짧게 발음한다.

1. 단음절인 용언 어간에 모음으로 시작된 어미가 결합되는 경우

감다[감ː따] – 감으니[가므니]	밟다[밥ː따] – 밟으면[발브면]
신다[신ː따] – 신어[시너]	알다[알ː다] – 알아[아라]

다만, 다음과 같은 경우에는 예외적이다.

끌다[끌ː다] – 끌어[끄ː러]	떫다[떨ː따] – 떫은[떨ː븐]
벌다[벌ː다] – 벌어[버ː러]	썰다[썰ː다] – 썰어[써ː러]
없다[업ː따] – 없으니[업ː쓰니]	

2. 용언 어간에 피동, 사동의 접미사가 결합되는 경우

감다[감ː따] – 감기다[감기다]	꼬다[꼬ː다] – 꼬이다[꼬이다]
밟다[밥ː따] – 밟히다[발피다]	

다만, 다음과 같은 경우에는 예외적이다.

끌리다[끌ː리다]	벌리다[벌ː리다]	없애다[업ː쌔다]

[붙임] 다음과 같은 복합어에서는 본디의 길이에 관계없이 짧게 발음한다.

밀-물	썰-물	쏜-살-같이	작은-아버지

제4장 받침의 발음

제8항 받침소리로는 'ㄱ, ㄴ, ㄷ, ㄹ, ㅁ, ㅂ, ㅇ'의 7개 자음만 발음한다.

제9항 받침 'ㄲ, ㅋ', 'ㅅ, ㅆ, ㅈ, ㅊ, ㅌ', 'ㅍ'은 어말 또는 자음 앞에서 각각 대표음 [ㄱ, ㄷ, ㅂ]으로 발음한다.

닦다[닥따]	키읔[키윽]	키읔과[키윽꽈]	옷[옫]
웃다[욷ː따]	있다[읻따]	젖[젇]	빚다[빋따]
꽃[꼳]	쫓다[쫃따]	솥[솓]	뱉다[밷ː따]
앞[압]	덮다[덥따]		

제10항 겹받침 'ㄳ', 'ㄵ', 'ㄼ, ㄽ, ㄾ', 'ㅄ'은 어말 또는 자음 앞에서 각각 [ㄱ, ㄴ, ㄹ, ㅂ]으로 발음한다.

넋[넉]	넋과[넉꽈]	앉다[안따]	여덟[여덜]
넓다[널따]	외곬[외골]	핥다[할따]	값[갑]
없다[업ː따]			

다만, '밟-'은 자음 앞에서 [밥]으로 발음하고, '넓-'은 다음과 같은 경우에 [넙]으로 발음한다.

밟다[밥ː따]	밟소[밥ː쏘]	밟지[밥ː찌]
밟는[밥ː는 → 밤ː는]	밟게[밥ː께]	밟고[밥ː꼬]

넓-죽하다[넙쭈카다]	넓-둥글다[넙뚱글다]

제11항 겹받침 'ㄳ, ㄵ, ㄼ'은 어말 또는 자음 앞에서 각각 [ㄱ, ㅁ, ㅂ]으로 발음한다.

닭[닥]	흙과[흑꽈]	맑다[막따]	늙지[늑찌]
삶[삼ː]	젊다[점ː따]	읊고[읍꼬]	읊다[읍따]

다만, 용언의 어간 말음 'ㄺ'은 'ㄱ' 앞에서 [ㄹ]로 발음한다.

맑게[말께]	묽고[물꼬]	얽거나[얼꺼나]

제12항 받침 'ㅎ'의 발음은 다음과 같다.

1. 'ㅎ(ㄶ, ㅀ)' 뒤에 'ㄱ, ㄷ, ㅈ'이 결합되는 경우에는, 뒤 음절 첫소리와 합쳐서 [ㅋ, ㅌ, ㅊ]으로 발음한다.

놓고[노코]	좋던[조ː턴]	쌓지[싸치]
많고[만ː코]	않던[안턴]	닳지[달치]

[붙임 1] 받침 'ㄱ(ㄺ), ㄷ, ㅂ(ㄼ), ㅈ(ㄵ)'이 뒤 음절 첫소리 'ㅎ'과 결합되는 경우에도, 역시 두 음을 합쳐서 [ㅋ, ㅌ, ㅍ, ㅊ]으로 발음한다.

각하[가카]	먹히다[머키다]	밝히다[발키다]	맏형[마텽]
좁히다[조피다]	넓히다[널피다]	꽂히다[꼬치다]	앉히다[안치다]

[붙임 2] 규정에 따라 'ㄷ'으로 발음되는 'ㅅ, ㅈ, ㅊ, ㅌ'의 경우에도 이에 준한다.

옷 한 벌[오탄벌]	낮 한때[나탄때]	꽃 한 송이[꼬탄송이]	숱하다[수타다]

2. 'ㅎ(ㄶ, ㅀ)' 뒤에 'ㅅ'이 결합되는 경우에는, 'ㅅ'을 [ㅆ]으로 발음한다.

닿소[다ː쏘]	많소[만ː쏘]	싫소[실쏘]

3. 'ㅎ' 뒤에 'ㄴ'이 결합되는 경우에는, [ㄴ]으로 발음한다.

놓는[논는]	쌓네[싼네]

[붙임] 'ㄶ, ㅀ' 뒤에 'ㄴ'이 결합되는 경우에는, 'ㅎ'을 발음하지 않는다.

않네[안네]	않는[안는]	뚫네[뚤네 → 뚤레]	뚫는[뚤는 → 뚤른]

※ '뚫네[뚤네 → 뚤레], 뚫는[뚤는 → 뚤른]'에 대해서는 제20항 참조

4. 'ㅎ(ㄶ, ㅀ)' 뒤에 모음으로 시작된 어미나 접미사가 결합되는 경우에는, 'ㅎ'을 발음하지 않는다.

낳은[나은]	놓아[노아]	쌓이다[싸이다]	많아[마:나]
않은[아는]	닳아[다라]	싫어도[시러도]	

제13항 홑받침이나 쌍받침이 모음으로 시작된 조사나 어미, 접미사와 결합되는 경우에는, 제 음가대로 뒤 음절 첫소리로 옮겨 발음한다.

깎아[까까]	옷이[오시]	있어[이써]	낮이[나지]
꽂아[꼬자]	꽃을[꼬츨]	쫓아[쪼차]	밭에[바테]
앞으로[아프로]	덮이다[더피다]		

제14항 겹받침이 모음으로 시작된 조사나 어미, 접미사와 결합되는 경우에는, 뒤엣것만을 뒤 음절 첫소리로 옮겨 발음한다. (이 경우, 'ㅅ'은 된소리로 발음함.)

넋이[넉씨]	앉아[안자]	닭을[달글]	젊어[절머]
곬이[골씨]	핥아[할타]	읊어[을퍼]	값을[갑쓸]
없어[업:써]			

제15항 받침 뒤에 모음 'ㅏ, ㅓ, ㅗ, ㅜ, ㅟ'들로 시작되는 실질 형태소가 연결되는 경우에는, 대표음으로 바꾸어서 뒤 음절 첫소리로 옮겨 발음한다.

밭 아래[바다래]	늪 앞[느밥]	젖어미[저더미]	맛없다[마덥따]
겉옷[거돋]	헛웃음[허두슴]	꽃 위[꼬뒤]	

다만, '맛있다, 멋있다'는 [마신따], [머신따]로도 발음할 수 있다.

[붙임] 겹받침의 경우에는, 그중 하나만을 옮겨 발음한다.

넋 없다[너겁따]	닭 앞에[다가페]	값어치[가버치]	값있는[가빈는]

제16항 한글 자모의 이름은 그 받침소리를 연음하되, 'ㄷ, ㅈ, ㅊ, ㅋ, ㅌ, ㅍ, ㅎ'의 경우에는 특별히 다음과 같이 발음한다.

디귿이[디그시]	디귿을[디그슬]	디귿에[디그세]	지읒이[지으시]
지읒을[지으슬]	지읒에[지으세]	치읓이[치으시]	치읓을[치으슬]
치읓에[치으세]	키읔이[키으기]	키읔을[키으글]	키읔에[키으게]
티읕이[티으시]	티읕을[티으슬]	티읕에[티으세]	피읖이[피으비]
피읖을[피으블]	피읖에[피으베]	히읗이[히으시]	히읗을[히으슬]
히읗에[히으세]			

제5장 음의 동화

제17항 받침 'ㄷ, ㅌ(ㄾ)'이 조사나 접미사의 모음 'ㅣ'와 결합되는 경우에는, [ㅈ, ㅊ]으로 바꾸어서 뒤 음절 첫소리로 옮겨 발음한다.

곧이듣다[고지듣따]	굳이[구지]	미닫이[미ː다지]
땀받이[땀바지]	밭이[바치]	벼훑이[벼훌치]

[붙임] 'ㄷ' 뒤에 접미사 '히'가 결합되어 '티'를 이루는 것은 [치]로 발음한다.

굳히다[구치다]	닫히다[다치다]	묻히다[무치다]

제18항 받침 'ㄱ(ㄲ, ㅋ, ㄳ, ㄺ), ㄷ(ㅅ, ㅆ, ㅈ, ㅊ, ㅌ, ㅎ), ㅂ(ㅍ, ㄼ, ㄿ, ㅄ)'은 'ㄴ, ㅁ' 앞에서 [ㅇ, ㄴ, ㅁ]으로 발음한다.

먹는[멍는]	국물[궁물]	깎는[깡는]	키읔만[키응만]
몫몫이[몽목씨]	긁는[긍는]	흙만[흥만]	닫는[단는]
짓는[진ː는]	옷맵시[온맵씨]	있는[인는]	맞는[만는]
젖멍울[전멍울]	쫓는[쫀는]	꽃망울[꼰망울]	붙는[분는]
놓는[논는]	잡는[잠는]	밥물[밤물]	앞마당[암마당]
밟는[밤ː는]	읊는[음는]	없는[엄ː는]	

[붙임] 두 단어를 이어서 한 마디로 발음하는 경우에도 이와 같다.

책 넣는다[챙넌는다]	흙 말리다[흥말리다]	옷 맞추다[온맏추다]
밥 먹는다[밤멍는다]	값 매기다[감매기다]	

제19항 받침 'ㅁ, ㅇ' 뒤에 연결되는 'ㄹ'은 [ㄴ]으로 발음한다.

담력[담ː녁]	침략[침ː냑]	강릉[강능]
항로[항ː노]	대통령[대ː통녕]	

[붙임] 받침 'ㄱ, ㅂ' 뒤에 연결되는 'ㄹ'도 [ㄴ]으로 발음한다.

막론[막논 → 망논]	석류[석뉴 → 성뉴]	협력[협녁 → 혐녁]
법리[법니 → 범니]		

제20항 'ㄴ'은 'ㄹ'의 앞이나 뒤에서 [ㄹ]로 발음한다.

난로[날:로]	신라[실라]	천리[철리]
광한루[광:할루]	대관령[대:괄령]	

칼날[칼랄]	물난리[물랄리]	줄넘기[줄럼끼]
할는지[할른지]		

[붙임] 첫소리 'ㄴ'이 'ㅀ', 'ㄾ' 뒤에 연결되는 경우에도 이에 준한다.

닳는[달른]	뚫는[뚤른]	핥네[할레]

다만, 다음과 같은 단어들은 'ㄹ'을 [ㄴ]으로 발음한다.

의견란[의:견난]	임진란[임:진난]	생산량[생산냥]
결단력[결딴녁]	공권력[공꿘녁]	동원령[동:원녕]
상견례[상견녜]	횡단로[횡단노]	이원론[이:원논]
입원료[이붠뇨]	구근류[구근뉴]	

제21항 위에서 지적한 이외의 자음 동화는 인정하지 않는다.

감기[감:기](×[강:기])	옷감[옫깜](×[옥깜])
있고[읻꼬](×[익꼬])	꽃길[꼳낄](×[꼭낄])
젖먹이[전머기](×[점머기])	문법[문뻡](×[뭄뻡])
꽃밭[꼳빧](×[꼽빧])	

제22항 다음과 같은 용언의 어미는 [어]로 발음함을 원칙으로 하되, [여]로 발음함도 허용한다.

되어[되어/되여]	피어[피어/피여]

[붙임] '이오, 아니오'도 이에 준하여 [이요, 아니요]로 발음함을 허용한다.

제6장 경음화

제23항 받침 'ㄱ(ㄲ, ㅋ, ㄳ, ㄺ), ㄷ(ㅅ, ㅆ, ㅈ, ㅊ, ㅌ), ㅂ(ㅍ, ㄼ, ㄿ, ㅄ)' 뒤에 연결되는 'ㄱ, ㄷ, ㅂ, ㅅ, ㅈ'은 된소리로 발음한다.

국밥[국빱]	깎다[깍따]	넋받이[넉빠지]
삯돈[삭똔]	닭장[닥짱]	칡범[칙뻠]
뻗대다[뻗때다]	옷고름[옫꼬름]	있던[읻떤]
꽂고[꼳꼬]	꽃다발[꼳따발]	낯설다[낟썰다]
밭갈이[받까리]	솥전[솓쩐]	곱돌[곱똘]
덮개[덥깨]	옆집[엽찝]	넓죽하다[넙쭈카다]
읊조리다[읍쪼리다]	값지다[갑찌다]	

제24항 어간 받침 'ㄴ(ㄵ), ㅁ(ㄻ)' 뒤에 결합되는 어미의 첫소리 'ㄱ, ㄷ, ㅅ, ㅈ'은 된소리로 발음한다.

신고[신ː꼬]	껴안다[껴안따]	앉고[안꼬]	얹다[언따]
삼고[삼ː꼬]	더듬지[더듬찌]	닭고[담ː꼬]	젊지[점ː찌]

다만, 피동, 사동의 접미사 '-기-'는 된소리로 발음하지 않는다.

안기다	감기다	기다	옮기다

제25항 어간 받침 'ㄼ, ㄾ' 뒤에 결합되는 어미의 첫소리 'ㄱ, ㄷ, ㅅ, ㅈ'은 된소리로 발음한다.

넓게[널께]	핥다[할따]	훑소[훌쏘]	떫지[떨ː찌]

제26항 한자어에서, 'ㄹ' 받침 뒤에 연결되는 'ㄷ, ㅅ, ㅈ'은 된소리로 발음한다.

갈등[갈뜽]	발동[발똥]	절도[절또]
말살[말쌀]	불소[불쏘](弗素)	일시[일씨]
갈증[갈쯩]	물질[물찔]	발전[발쩐]
몰상식[몰쌍식]	불세출[불쎄출]	

다만, 같은 한자가 겹쳐진 단어의 경우에는 된소리로 발음하지 않는다.

허허실실[허허실실](虛虛實實)	절절-하다[절절하다](切切-)

제27항 관형사형 '-(으)ㄹ' 뒤에 연결되는 'ㄱ, ㄷ, ㅂ, ㅅ, ㅈ'은 된소리로 발음한다.

할 것을[할꺼슬]	갈 데가[갈떼가]	할 바를[할빠를]
할 수는[할쑤는]	할 적에[할쩌게]	갈 곳[갈꼳]
할 도리[할또리]	만날 사람[만날싸람]	

다만, 끊어서 말할 적에는 예사소리로 발음한다.

[붙임] '-(으)ㄹ'로 시작되는 어미의 경우에도 이에 준한다.

할걸[할껄]	할밖에[할빠께]	할세라[할쎄라]
할수록[할쑤록]	할지라도[할찌라도]	할지언정[할찌언정]
할진대[할찐대]		

제28항 표기상으로는 사이시옷이 없더라도, 관형격 기능을 지니는 사이시옷이 있어야 할(휴지가 성립되는) 합성어의 경우에는, 뒤 단어의 첫소리 'ㄱ, ㄷ, ㅂ, ㅅ, ㅈ'을 된소리로 발음한다.

문-고리[문꼬리]	눈-동자[눈똥자]	신-바람[신빠람]
산-새[산쌔]	손-재주[손째주]	길-가[길까]
물-동이[물똥이]	발-바닥[발빠닥]	굴-속[굴ː쏙]
술-잔[술짠]	바람-결[바람껼]	그믐-달[그믐딸]
아침-밥[아침빱]	잠-자리[잠짜리]	강-가[강까]
초승-달[초승딸]	등-불[등뿔]	창-살[창쌀]
강-줄기[강쭐기]		

제7장 음의 첨가

제29항 합성어 및 파생어에서, 앞 단어나 접두사의 끝이 자음이고 뒤 단어나 접미사의 첫음절이 '이, 야, 여, 요, 유'인 경우에는, 'ㄴ' 음을 첨가하여 [니, 냐, 녀, 뇨, 뉴]로 발음한다.

솜-이불[솜ː니불]	홑-이불[혼니불]	막-일[망닐]
삯-일[상닐]	맨-입[맨닙]	꽃-잎[꼰닙]
내복-약[내ː봉냑]	한-여름[한녀름]	남존-여비[남존녀비]
신-여성[신녀성]	색-연필[생년필]	직행-열차[지캥녈차]
늑막-염[능망념]	콩-엿[콩년]	담-요[담ː뇨]
눈-요기[눈뇨기]	영업-용[영엄뇽]	식용-유[시굥뉴]
백분-율[백뿐뉼]	밤-윷[밤ː뉻]	

다만, 다음과 같은 말들은 'ㄴ' 음을 첨가하여 발음하되, 표기대로 발음할 수 있다.

이죽–이죽[이중니죽/이주기죽] 야금–야금[야금냐금/야그먀금]
검열[검ː녈/거ː멸] 욜랑–욜랑[욜랑뇰랑/욜랑욜랑]
금융[금늉/그뮹]

[붙임 1] 'ㄹ' 받침 뒤에 첨가되는 'ㄴ' 음은 [ㄹ]로 발음한다.

들–일[들ː릴] 솔–잎[솔립] 설–익다[설릭따]
물–약[물략] 불–여우[불려우] 서울–역[서울력]
물–엿[물렫] 휘발–유[휘발류] 유들–유들[유들류들]

[붙임 2] 두 단어를 이어서 한 마디로 발음하는 경우에도 이에 준한다.

한 일[한닐] 옷 입다[온닙따] 서른여섯[서른녀섣]
3 연대[삼년대] 먹은 엿[머근녇] 할 일[할릴]
잘 입대[잘립따] 스물여섯[스물려섣] 1 연대[일련대]
먹을 엿[머글렫]

다만, 다음과 같은 단어에서는 'ㄴ(ㄹ)' 음을 첨가하여 발음하지 않는다.

6 · 25[유기오] 3 · 1절[사밀쩔] 송별–연[송ː벼련]
등–용문[등용문]

제30항 사이시옷이 붙은 단어는 다음과 같이 발음한다.

1. 'ㄱ, ㄷ, ㅂ, ㅅ, ㅈ'으로 시작하는 단어 앞에 사이시옷이 올 때는 이들 자음만을 된소리로 발음하는 것을 원칙으로 하되, 사이시옷을 [ㄷ]으로 발음하는 것도 허용한다.

냇가[내ː까/낻ː까] 샛길[새ː낄/샏ː낄]
빨랫돌[빨래똘/빨랟똘] 콧등[코뜽/콛뜽]
깃발[기빨/긷빨] 대팻밥[대ː패빱/대ː팯빱]
햇살[해쌀/핻쌀] 뱃속[배쏙/밷쏙]
뱃전[배쩐/밷쩐] 고갯짓[고개찓/고갣찓]

2. 사이시옷 뒤에 'ㄴ, ㅁ'이 결합되는 경우에는 [ㄴ]으로 발음한다.

콧날[콛날 → 콘날] 아랫니[아랟니 → 아랜니]
툇마루[퇻ː마루 → 퇸ː마루] 뱃머리[밷머리 → 밴머리]

3. 사이시옷 뒤에 '이' 음이 결합되는 경우에는 [ㄴㄴ]으로 발음한다.

> 베갯잇[베갣닏 → 베갠닏]   깻잎[깯닙 → 깬닙]
> 나뭇잎[나묻닙 → 나문닙]   도리깻열[도리깯녈 → 도리깬녈]
> 뒷윷[뒫:뉻 → 뒨:뉻]

03   외래어 표기법

1 외래어 표기의 기본 원칙(제1장)

(1) 외래어는 국어의 현용 24 자모만으로 적는다(제1항).

(2) 외래어의 1 음운은 원칙적으로 1 기호로 적는다(제2항).
  예 f는 ㅍ으로 – 프렌드, 프라이드치킨, 프레시, 프라이팬

(3) 받침에는 'ㄱ, ㄴ, ㄹ, ㅁ, ㅂ, ㅅ, ㅇ'만을 쓴다(제3항).
  예 슈퍼마켓, 보닛, 팸플릿, 크로켓, 로봇, 재킷

(4) 파열음 표기에는 된소리를 쓰지 않는 것을 원칙으로 한다(제4항).
  예 재즈 카페, 콩트

(5) 이미 굳어진 외래어는 관용을 존중하되, 그 범위와 용례는 따로 정한다(제5항).
  예 바나나, 카메라

더 알아보기

- 영어에 '쉬, 쥐, 취, 쉐, 줴, 췌'는 안 쓴다.
  예 프레시, 슈림프, 벤치, 밀크셰이크, 러시, 캐시
- '오우'는 '오'로 표기한다.
  예 옐로, 윈도, 스노보드, 헬로, 팔로
- '우어'는 '워'로 한다.
  예 아워, 타워
- '장음'은 따로 표시하지 않는다.
  예 마케팅, 팀, 루트
- 두 단어가 결합한 경우는 따로 표기한다.
  예 아웃렛, 헤드라이트, 웨딩케이크, 테이크아웃, 위크엔드

② 표기 세칙(제3장)

(1) 파열음

① 어두에 파열음이 올 경우 표기 원칙에 따라 무성 파열음[k, t, p]은 거센소리(ㅋ, ㅌ, ㅍ)로, 유성 파열음[g, d, b]은 예사소리(ㄱ, ㄷ, ㅂ)로 적는다.

trio[triou] 트리오	double[dʌbl] 더블	bus[bʌs] 버스
robot[rɔbɔt] 로봇	Internet[intərnet] 인터넷	cake[keik] 케이크
tape[teip] 테이프	lipstick[lipstik] 립스틱	napkin[næpkin] 냅킨

② 다음은 관용을 존중하여 규칙과 다르게 표기하는 경우이다.

hip[hip] 히프	set[set] 세트	bag[bæg] 백

(2) 마찰음

① 마찰음 [f]는 현행 외래어 표기법 제2장 표기 일람표에 모음 앞에서는 'ㅍ'으로, 자음 앞 또는 어말에서는 '프'로 표기하도록 규정하고 있다. 이는 국어로는 마찰음 [f]를 표기할 수 있는 문자가 없기 때문이다.

fighting[faitiŋ] 파이팅	fantasy[fæntəsi] 판타지	frypan[fraipæn] 프라이팬
graph[græf] 그래프		

② 마찰음 [ʃ]는 영어의 경우 자음 앞에서는 '슈'로, 어말에서는 '시'로 적는다. 모음 앞에서는 뒤따르는 모음에 따라 '샤, 섀, 셔, 셰, 쇼, 슈, 시'로 적는다.

shrimp[ʃrimp] 슈림프	dash[dæʃ] 대시	English[iŋgliʃ] 잉글리시
shopping[ʃɔpiŋ] 쇼핑	leadership[li:dərʃip] 리더십	

(3) 파찰음: 국어에서는 'ㅈ, ㅊ' 같은 구개 자음 뒤에서는 이중 모음과 단모음이 구분되지 않는다. 즉, 'ㅈ, ㅊ'을 지닌 단어를 이중 모음으로 발음하든 단모음으로 발음하든 의미상의 변화는 없다. 따라서 외래어를 적을 때에도 'ㅈ'이나 'ㅊ' 뒤에 발음상 구분되지 않는 '쟈, 쥬, 챠' 등의 이중 모음 표기를 하지 않고 단모음으로 적도록 하고 있다.

television[teliviʒən] 텔레비전	juice[dʒu:s] 주스	chance[tʃɑːns] 찬스
chart[tʃɑːt] 차트		

(4) 유음: 유음 [l]은 어말 또는 자음 앞에서는 받침으로 적으며, 어중에서는 모음 앞에 오거나, 모음이 따르지 않는 비음([m], [n]) 앞에 올 때에는 'ㄹㄹ'로 적는다. 다만 'Hamlet[hæmlit] 햄릿, Henley[henli] 헨리'와 같이 비음([m], [n]) 뒤의 [l]은 모음 앞에 오더라도 'ㄹ'로 적는다.

plaza[plɑːzə] 플라자	clinic[klinik] 클리닉	catalogue[kætəlɔg] 카탈로그
club[klʌb] 클럽		

(5) 단모음: 외래어 표기법 제2장 표기 일람표의 국제음성기호와 한글대조표에 의하면 [ə]와 [ʌ]는 '어'로, [æ]는 '애'로, [ɔ]와 [o]는 '오'로 적도록 되어 있다.

terminal[təːrminəl] 터미널	dollar[dalər] 달러	color[kʌlər] 컬러
honey[hʌni] 허니	accessory[æksesəri] 액세서리	talent[tælənt] 탤런트
concert[kɔnsərːt] 콘서트	concept[kɔnsept] 콘셉트	condition[kəndiʃən] 컨디션
control[kəntroul] 컨트롤	collection[kəlekʃən] 컬렉션	

(6) 중모음: 중모음은 각각의 단모음의 음가를 살려서 적는다. 따라서 'spike[spaik] 스파이크, sauna[saunə] 사우나, skate[skeit] 스케이트'와 같이 [ai]는 '아이', [au]는 '아우', [ei]는 '에이' 등으로 적는다. 다만 [ou]는 '오'로, [auə]는 '아워'로 적도록 규정하고 있다.

boat[bout] 보트	pose[pouz] 포즈	shadow[ʃædou] 섀도
window[windou] 윈도	power[pauər] 파워	tower[tauə] 타워

(7) 복합어: 복합어는 구성하고 있는 말이 단독으로 쓰일 때의 표기대로 적는다. 이는 복합어를 한 단어로 보아 표기하면 이들이 각각 단독으로 쓰일 때의 표기와 아주 달라지는 경우가 있어서 혼동할 우려가 있으므로 단독으로 쓰일 때의 표기를 살려서 적도록 한 것이다.

outlet[autlet] 아웃렛	make up[meikʌp] 메이크업	headlight[hedlait] 헤드라이트

3 인명 · 지명 표기의 원칙(제4장)

(1) 표기 원칙: 외국의 인명, 지명의 표기는 외래어 표기법 제1~3장의 규정을 따르고, 이에 포함되어 있지 않은 언어권의 인명, 지명은 원지음(현지 발음)을 따르는 것을 원칙으로 한다.

Ankara 앙카라	Gandhi 간디

다만, 원지음이 아닌 제3국의 발음으로 통용되고 있는 것과 고유 명사의 번역명이 통용되는 경우에는 관용을 따른다.

Hague 헤이그	Pacific Ocean 태평양

(2) 동양의 인명, 지명 표기: 중국의 인명은 과거인과 현대인을 구분하여 '孔子, 孟子'와 같은 과거인은 종전의 한자음대로 '공자, 맹자'로 표기하고, '毛澤東, 張國榮'과 같은 현대인은 원칙적으로 중국어 발음에 따라 '마오쩌둥, 장궈룽'으로 표기하되 필요한 경우 한자를 병기한다. 중국의 지명은 현재 쓰이지 않는 것은 우리 한자음대로 하고, '廣州(광저우), 杭州(항저우)'와 같이 현재 지명과 동일한 것은 중국어 발음에 따라 표기하되 필요한 경우 한자를 병기한다. 일본의 인명 · 지명은 '伊藤博文(이토 히로부미), 札幌(삿포로)' 등과 같이 과거와 현대의 구분 없이 일본어 발음에 따라 표기하는 것을 원칙으로 하되, 필요한 경우 한자를 병기한다.

다만, 중국 및 일본의 지명 가운데 한국 한자음으로 읽는 관용이 있는 것은 이를 허용한다.

東京 도쿄, 동경	上海 상하이, 상해	黃河 황허, 황하

(3) 바다, 섬, 강, 산 등의 표기

① 바다는 '해(海)'로 통일한다.

홍해	발트해	아라비아해

② 우리나라를 제외하고 섬은 모두 '섬'으로 통일한다.

타이완섬	코르시카섬	(우리나라: 제주도, 울릉도)

③ 한자 사용 지역(일본, 중국)의 지명이 하나의 한자로 되어 있을 경우 '강', '산', '호', '섬' 등은 겹쳐 적는다.

온타케산(御岳)	주장강(珠江)	도시마섬(利島)
하야카와강(早川)	위산산(玉山)	

④ 지명이 산맥, 산, 강 등의 뜻이 들어 있는 것은 '산맥', '산', '강' 등을 겹쳐 적는다.

Rio Grande 리오그란데강   Monte Rosa 몬테로사산   Sierra Madre 시에라마드레산맥
Mont Blanc 몽블랑산

4 꼭 알아야 할 외래어 표기

철자	바른 표기	틀린 표기	철자	바른 표기	틀린 표기
gas	가스	까스	gas range	가스레인지	가스렌지
Catholic	가톨릭	카톨릭	Gogh(화가)	고흐	고호
graph	그래프	그라프	gradation	그러데이션	그라데이션
Greece	그리스	그리이스	glass	글라스	그라스
glove	글러브	글로브	globe	글로브	글러브
Gips	깁스	기브스	narcissism	나르시시즘	나르시즘
nonsense	난센스	넌센스	narration	내레이션	나레이션
navigation	내비게이션	네비게이션	nostalgia	노스탤지어	노스탈지아
knockdown	녹다운	넉다운	nonstop	논스톱	넌스톱
nontitle	논타이틀	넌타이틀	nonfiction	논픽션	넌픽션
news	뉴스	뉴우스	dynamic	다이내믹	다이나믹
dynamite	다이너마이트	다이나마이트	diamond	다이아몬드	다이어몬드
dial	다이얼	다이알	dash	대시	대쉬
début	데뷔	데뷰	dessin	데생	뎃생
desktop	데스크 톱	데스크 탑	data	데이터	데이타
doughnut	도넛	도너츠	dribble	드리블	드리볼
Las Vegas	라스베이거스	라스베가스	license	라이선스	라이센스
lions	라이온스	라이온즈	lighter	라이터	라이타
rendez-vous	랑데부	랑데뷰	running shirts	러닝셔츠	런닝셔츠
rush hour	러시아워	러쉬아워	lucky	러키	럭키
remicon	레미콘	레미컨	lesson	레슨	렛슨
radar	레이더	레이다	range	레인지	렌지
recreation	레크리에이션	레크레이션	referee	레퍼리	레프리
repertory	레퍼토리	레파토리	rent-a-car	렌터카	렌트카
lotion	로션	로숀	royalty	로열티	로얄티
rocket	로켓	로케트	rotary	로터리	로타리

철자	바른 표기	틀린 표기	철자	바른 표기	틀린 표기
rock and roll	록 앤드 롤 (= 로큰롤)	록앤롤	rheumatism	류머티즘	류마티스
reportage	르포	르뽀	leadership	리더십	리더쉽
rhythm and blues	리듬 앤드 블루스	리듬 앤 블루스	Ringer	링거	링게르
mania	마니아	매니아	massage	마사지	맛사지
Mao Zedong	마오쩌둥	마오저뚱	Malaysia	말레이시아	말레이지아
manicure	매니큐어	매니큐	mammoth	매머드	맘모스
mansion	맨션	맨숀	muffler	머플러	마후라
Mozart	모차르트	모짜르트	montage	몽타주	몽타지
mystery	미스터리	미스테리	Burberry coat	바바리코트	버버리코트
barbecue	바비큐	바베큐	baton	바통(= 배턴)	바톤
badge	배지	뱃지	balance	밸런스	바란스
Valentine Day	밸런타인데이	발렌타인데이	bonnet	보닛	보넷
body language	보디랭귀지	바디랭기지	bourgeois	부르주아	부르조아
bulldog	불도그	불독	buffet	뷔페	부페
brush	브러시	브러쉬	block	블록	블럭
biscuit	비스킷	비스켓	vision	비전	비젼
The Beatles	비틀스	비틀즈	sash	새시	샤시
sandal	샌들	샌달	chandelier	샹들리에	상들리에
service	서비스	써비스	suntan	선탠	썬탠
sentimental	센티멘털	센티멘탈	sofa	소파	쇼파
showmanship	쇼맨십	쇼맨쉽	show window	쇼윈도	쇼윈도우
shop	숍	샵	shrimp	슈림프	쉬림프
supermarket	슈퍼마켓	수퍼마켓	snack	스낵	스넥
scout	스카우트	스카웃	schedule	스케줄	스케쥴
staff	스태프	스탭	standard	스탠더드	스탠다드
stainless	스테인리스	스텐레스	stewardess	스튜어디스	스튜디스
styrofoam	스티로폼	스티로폴	sponge	스펀지	스폰지
slab	슬래브	슬라브	thinner	시너	신나
situation	시추에이션	시츄에이션	symbol	심벌	심볼
symposium	심포지엄	심포지움	Singapore	싱가포르	싱가폴
outlet	아웃렛	아울렛	eye shadow	아이섀도	아이섀도우
Einstein	아인슈타인	아인시타인	accordion	아코디언	어코디언
accent	악센트	엑센트	alcohol	알코올	알콜

철자	바른 표기	틀린 표기	철자	바른 표기	틀린 표기
enquete	앙케트	앙케이트	encore	앙코르	앵콜
accessory	액세서리	악세사리	accelerator	액셀러레이터	악세레이타
ambulance	앰뷸런스	앰블란스	adapter	어댑터	아답타
emerald	에메랄드	에머랄드	Ethiopia	에티오피아	이디오피아
endorphin	엔도르핀	엔돌핀	Eliot(시인)	엘리엇	엘리어트
orange	오렌지	오랜지	original	오리지널	오리지날
omelet rice	오므라이스	오믈라이스	observer	옵서버	옵저버
yogurt	요구르트	야쿠르트	Indian	인디언	인디안
instant	인스턴트	인스탄트	Zaire	자이르	자이레
genre	장르	쟝르	jazz	재즈	째즈
jacket	재킷	자켓	gesture	제스처	제스추어
jet engine	제트 엔진	젯트 엔진	junior	주니어	쥬니어
juice	주스	쥬스	Jura紀	쥐라기	쥬라기
chart	차트	챠트	champion	챔피언	챔피온
Zürich	취리히	쮜리히	chocolate	초콜릿	초콜렛
cardigan	카디건	가디건	cabaret	카바레	캬바레
carburetor	카뷰레터	카뷰레이터	cassette	카세트	카셋트
counseling	카운슬링	카운셀링	Caesar	카이사르	케사르
cafe	카페	까페	carpet	카펫	카페트
collar	칼라	컬러	column	칼럼	컬럼
caramel	캐러멜	캬라멜	cabinet	캐비닛	캐비넷
cunning	커닝	컨닝	career	커리어	캐리어
conveyor	컨베이어	콘베이어	consortium	컨소시엄	콘소시움
container	컨테이너	콘테이너	control	컨트롤	콘트롤
country	컨트리	컨츄리	color	컬러	칼라
cake	케이크	케익	cognac	코냑	꼬냑
comedy	코미디	코메디	cosmopolitan	코즈모폴리턴	코스모폴리턴
concert	콘서트	컨서트	concept	콘셉트	컨셉트
contact lens	콘택트렌즈	콘텍트렌즈	contest	콘테스트	컨테스트
contents	콘텐츠	컨텐츠	Columbus	콜럼버스	콜롬부스
compact	콤팩트	컴팩트	complex	콤플렉스	컴플렉스
conte	콩트	꽁트	coup d' État	쿠데타	쿠테타
gongfu	쿵후	쿵푸	Kremlin	크렘린	크레믈린
Christian	크리스천	크리스찬	crystal	크리스털	크리스탈

철자	바른 표기	틀린 표기	철자	바른 표기	틀린 표기
climax	클라이맥스	클라이막스	target	타깃	타겟
towel	타월	타올	tigers	타이거스	타이거즈
Titanic	타이태닉	타이타닉	tile	타일	타이루
The Times	타임스	타임즈	taboo	터부	타부

04 국어의 로마자 표기법

국어의 로마자 표기는 국어의 표준 발음법에 따라 적는 것을 원칙으로 한다(전음법).

1 자음 표기

ㄱ	g(모음 앞), k(자음 앞 또는 어말)	ㄲ	kk
ㄴ	n	ㄸ	tt
ㄷ	d(모음 앞), t(자음 앞 또는 어말)	ㄹㄹ	ll
ㄹ	r(모음 앞), l(자음 앞 또는 어말)	ㅃ	pp
ㅁ	m	ㅍ	p
ㅂ	b(모음 앞), p(자음 앞 또는 어말)	ㅆ	ss
ㅅ	s	ㅉ	jj
ㅇ	ng	ㅊ	ch
ㅈ	j		
ㅎ	h		

2 표기 원칙

(1) 'ㅢ'는 'ㅣ'로 소리 나더라도 'ui'로 적는다.

> 광희문 Gwanghuimun

(2) 'ㄱ, ㄷ, ㅂ'은 모음 앞에서는 'g, d, b'로, 자음 앞이나 어말에서는 'k, t, p'로 적는다.

> 구미 Gumi   옥천 Okcheon   월곶[월곧] Wolgot

(3) 'ㄹ'은 모음 앞에서는 'r'로, 자음 앞이나 어말에서는 'l'로 적는다. 단, 'ㄹㄹ'처럼 'ㄹ'이 겹쳐서 발음될 때는 'll'로 적는다.

구리 Guri	설악 Seorak	칠곡 Chilgok	별내 Byeollae

(4) 음운 변화가 일어날 때에는 변화의 결과에 따라 적는다.

① 자음 사이에서 동화 작용이 일어나는 경우

백마[뱅마] Baengma	신문로[신문노] Sinmunno	종로[종노] Jongno

② 'ㄴ, ㄹ'이 덧나는 경우

학여울[항녀울] Hangnyeoul	알약[알략] allyak

③ 구개음화가 되는 경우

해돋이[해도지] haedoji	같이[가치] gachi	굳히다[구치다] guchida

④ 'ㄱ, ㄷ, ㅂ, ㅈ'이 'ㅎ'과 합하여 거센소리로 소리 나는 경우

좋고[조코] joko	놓다[노타] nota	잡혀[자펴] japyeo

다만, 체언에서 'ㄱ, ㄷ, ㅂ' 뒤에 'ㅎ'이 따를 때에는 'ㅎ'을 밝혀 적는다.

묵호 Mukho	집현전 Jiphyeonjeon

(5) 된소리되기는 표기에 반영하지 않는다.

압구정 Apgujeong	낙동강 Nakdonggang	죽변 Jukbyeon

(6) 발음상 혼동의 우려가 있을 때에는 음절 사이에 붙임표(-)를 쓸 수 있다.

중앙 Jungang/Jung-ang	반구대 Bangudae/Ban-gudae
세운 Seun/Se-un	해운대 Haeundae/Hae-undae

(7) 고유 명사는 첫 글자를 대문자로 적는다.

부산 Busan	세종 Sejong

(8) 인명은 성과 이름의 순서로 띄어 쓴다. 이름은 붙여 쓰는 것을 원칙으로 하되 음절 사이에 붙임표(−)를 쓰는 것을 허용한다. 그리고 이름에서 일어나는 음운 변화는 표기에 반영하지 않는다.

민용하 Min Yongha (Min Yong−ha)	송나리 Song Nari (Song Na−ri)
한복남 Han Boknam (Han Bok−nam)	

(9) '도, 시, 군, 구, 읍, 면, 리, 동'의 행정 구역 단위와 '가'는 각각 'do, si, gun, gu, eup, myeon, ri, dong, ga'로 적고, 그 앞에는 붙임표(−)를 넣는다. 붙임표(−) 앞뒤에서 일어나는 음운 변화는 표기에 반영하지 않는다.

충청북도 Chungcheongbuk−do	제주도 Jeju−do	의정부시 Uijeongbu−si

(10) '시, 군, 읍'의 행정 구역 단위는 생략할 수 있다.

청주시 Cheongju	순창읍 Sunchang

(11) 자연 지물명, 문화재명, 인공 축조물명은 붙임표(−) 없이 붙여 쓴다.

남산 Namsan	속리산 Songnisan	금강 Geumgang

(12) 인명, 회사명, 단체명 등은 그동안 써 온 표기를 쓸 수 있다.

(13) 학술 연구 논문 등 특수 분야에서 한글 복원을 전제로 표기할 경우에는 한글 표기를 대상으로 적으며, 'ㄱ, ㄷ, ㅂ, ㄹ'은 각각 'g, d, b, l'로만 적는다.

값 gabs	붓꽃 buskkoch	독립 doglib

03 | 문학

01　수사법(修辭法)

1 비유법(譬喻法)

(1) 직유법(直喻法)

① 가장 초보적이고 직접적인 비유법

② '~처럼, ~같이, ~듯이, ~인 양' 등의 표현이 들어가는 것이 일반적

　예 구름에 달 가듯이 가는 나그네, 별처럼 아름다운 새까만 눈동자

(2) 은유법(隱喻法)

① '원관념 = 보조관념'의 방식

② '~은, ~의' 등의 표현으로 쓰는 것이 일반적

　예 내 마음은 호수, 눈물의 홍수

(3) 대유법(代喻法): 주로 별명에 쓰임

① 제유법(提喻法): 일부분으로 전체를 나타냄

　예 사람은 빵만으로 살 수 없다, 왕눈이(눈이 큰 사람), 얼큰이(얼굴이 큰 사람)

② 환유법(換喻法): 속성을 통해 본질을 나타냄

　예 가방 끈이 길다(학력이 높다), 늑대와 여우(엉큼한 남자와 간사한 여자)

(4) 풍유법(諷諭法, 알레고리): 속담이나 격언으로 비꼬거나 조롱함

　예 빈 수레가 요란하다, 물 건너 온 범

(5) 의인법(擬人法): 사물을 사람처럼 표현함

　예 돌담에 속삭이는 햇살, 웃음 짓는 샘물

(6) 활유법(活喻法): 사물에 움직임을 줌(의인법을 포함함)

　예 구름이 성큼성큼 다가온다, 휘파람을 불며 가는 바람

(7) 의성법(擬聲法): 의성어(소리흉내말)를 사용하여 표현함

(8) 의태법(擬態法): 의태어(모양흉내말)를 사용하여 표현함

(9) **중의법(重義法)**: 두 가지 이상의 뜻으로 해석되게 함

　　예 청산리 벽계수야 수이 감을 자랑마라

　　　　일도창해하면 돌아오기 어려워라

　　　　명월이 만공산하니 쉬어 간들 어떠하리

- 황진이

　　　　(벽계수 = 사람 이름 또는 시냇물, 명월 = 밝은 달 또는 황진이의 기명)

(10) **상징법(象徵法)**: 원관념 없이 보조관념만으로 표현함

　　예 바다는 뿔뿔이 / 달어 날랴고 했다. //

　　　　푸른 도마뱀떼 같이 / 재재발렀다. //

　　　　꼬리가 이루 / 잡히지 않었다. //

　　　　흰 발톱에 찢긴 / 산호보다 붉고 슬픈 생채기! //

　　　　가까스루 몰아다 부치고 / 변죽을 둘러 손질하여 물기를 시쳤다. //

　　　　이 앨쓴 해도에 / 손을 싯고 떼었다. //

　　　　찰찰 넘치도록 / 돌돌 굴르도록 //

　　　　회동그란히 바쳐 들었다! / 地球는 蓮닢인양 옴으라들고......펴고......

- 정지용, 「바다」

2 강조법(强調法)

과장법(誇張法)	원래보다 작게 하거나 크게 하여 부풀려 표현함
영탄법(詠嘆法)	감탄을 통해 표현함
반복법(反復法)	같은 단어나 구절을 반복하여 표현함
점층법(漸層法)	점점 강하거나 크게 표현함
점강법(漸降法)	점점 약하거나 작게 표현함(점층법에 포함하기도 함)
대조법(對照法)	단어나 구절을 반대로 표현함
비교법(比較法)	단어나 구절을 비슷하게 표현함. '~보다, ~에 비하여' 등의 표현 사용
현재법(現在法)	현재 시제로 표현하여 생생한 감동을 주고자 함. 주로 희곡 작품에 쓰임
미화법(美化法)	원래의 것보다 아름답거나 멋지게 표현함
열거법(列擧法)	단어나 구절을 열거함. 나열법이라고도 함
억양법(抑揚法)	칭찬하다 욕하거나 욕하다가 칭찬하는 방법
생략법(省略法)	단어나 구절을 줄여 쓰거나 생략함. 주로 줄임표(...)를 사용
연쇄법(連鎖法)	끝말잇기로 표현함

3 변화법(變化法)

(1) **설의법(設疑法)**: 뻔히 아는 결론을 의문으로 표현함

(2) **도치법(倒置法)**: 단어나 구절의 앞뒤 순서를 바꿈

(3) **인용법(引用法)**: 다른 구절을 인용해서 표현함

    ① 명인법: 출처를 밝힘

    ② 암인법: 인용한 부분을 밝히지 않음

(4) **대구법(對句法)**: 비슷한 단어나 구절을 반복함. 통사구조의 반복

   예 바람도 없는 공중에 수직(垂直)의 파문을 내며 고요히 떨어지는 오동잎은
     누구의 발자취입니까?
     지리한 장마 끝에 서풍에 몰려가는 무서운 검은 구름의 터진 틈으로,
     언뜻언뜻 보이는 푸른 하늘은 누구의 얼굴입니까?
     꽃도 없는 깊은 나무에 푸른 이끼를 거쳐서, 옛 탑(搭) 위에 고요한 하늘을
     스치는 알 수 없는 향기는 누구의 입김입니까?
     근원은 알지도 못할 곳에서 나서 돌부리를 울리고, 가늘게 흐르는 작은 시내는
     굽이굽이 누구의 노래입니까?
     연꽃 같은 발꿈치로 가이 없는 바다를 밟고, 옥 같은 손으로 끝없는 하늘을
     만지면서, 떨어지는 해를 곱게 단장하는 저녁놀은 누구의 시(詩)입니까?
     타고 남은 재가 다시 기름이 됩니다.
     그칠 줄을 모르고 타는 나의 가슴은 누구의 밤을 지키는 약한 등불입니까?

                                               - 한용운, 「알 수 없어요」

(5) **반어법(反語法)**: 속마음과 반대로 표현하여 시치미를 뗌
   예 죽어도 아니 눈물 흘리오리다, (실수했을 때) 잘 한다!

(6) **문답법(問答法)**: 묻고 대답하는 방식을 씀

(7) **역설법(逆說法)**: 모순어법, 말 자체의 모순, 진리나 교훈을 주고자 함
   예 • 소리 없는 아우성, 캄캄한 대낮, 하얀 어둠, 작은 거인
      • 우리들의 사랑을 위하여서는 이별이, 이별이 있어야 하네.
      • 님은 갔지만 나는 님을 보내지 아니하였습니다.
      • 공즉시색(空卽是色), 색즉시공(色卽是空), 비워야 채운다.

1 운문/서정/시가 문학

고대 가요 – 향가 – 향가계 고려 가요 ┬ 고려 속요 – 시조 – 근/현대 시조
└ 경기체가 – 가사 – 창가 – 근/현대시

(1) 고대 가요
① 발생 초기에는 집단 활동이나 의식과 관련된 의식요나 노동요가 창작되었고 후기에는 개인적 서정에 바탕을 둔 서정 시가가 주로 창작되었다.
② 고대 가요는 설화 속에 삽입되어 전하는데, 이는 시가 문학과 서사 문학이 완전히 분리되지 않은 상태를 보여 주는 것이다.
③ 기록 수단이 없어 구전되어 오다가 후대에 한역되어 전하기 때문에 정확한 모습을 알 수 없다.

(2) 향가
① 향가의 개념
　㉠ 넓은 의미의 향가: 중국 한시에 대한 우리나라의 노래이다.
　㉡ 좁은 의미의 향가: 향찰로 기록한 신라 시대의 노래이다.
② 현재 『삼국유사』에 14수, 『균여전』에 11수로 모두 25수가 전해진다.
③ 향가의 작가: 주로 귀족(화랑이나 승려가 대부분), 부녀자도 지음(「(도)천수대비가」)
④ 향가의 형식
　㉠ 4구체: 「서동요」, 「풍요」, 「헌화가」, 「도솔가」 등 4수
　㉡ 8구체: 「모죽지랑가」, 「처용가」 등 2수
　㉢ 완성형: 10구체(사뇌가) – 「찬기파랑가」, 「제망매가」를 비롯한 작품 19수

(3) 한문학
① 한문학이란 중국에서 전래된 한자와 한문학의 영향을 받아 쓰인 작품을 말한다. 당시에는 우리 글자가 없었기 때문에 한문을 이용하여 우리의 사고와 정서를 표현하였다.
② 주요 작품

작품	작가	내용
여수장우중문시	을지문덕	수나라 장군 우중문을 희롱하고 살수대첩을 이룬 오언시
왕오천축국전	혜초	신라 성덕왕 때 혜초가 고대 인도의 5국과 인근 여러 나라를 순례하고 당나라에 돌아와서 그 행적을 적은 글
제가야산독서당	최치원	세상을 멀리하고 산중에 은둔하고 싶은 심정을 노래
추야우중	최치원	자신을 알아주지 않는 세상에 대한 괴로움을 노래

| 토황소격문 | 최치원 | 신라 헌강왕 때 황소를 치기 위하여 지은 격문 |
| 화왕계 | 설총 | 신라 신문왕 때 설총이 꽃을 의인화하여 지은 우언적(寓言的)인 한문 단편 |

2 설화 문학

(1) 설화 문학의 종류

구분	신화	전설	민담
전승자의 태도	신성하다고 믿음	진실하다고 믿음	흥미롭다고 믿음
시간과 장소	태초의 신성한 장소	구체적 시간과 장소	막연한 시간과 장소
증거물	포괄적(우주, 국가 등)	개별적(연못, 암석 등)	보편적
주인공과 행위	신적 능력 발휘	비범한 인간, 비극적 결말	평범한 인간, 운명 개척
전승 범위	민족적 범위	지역적 범위	세계적 범위

(2) 주요 작품

갈래	작품	내용
신화	단군 신화	고조선의 성립과 단군의 신이한 출생 – 고조선
	동명왕 신화	동명왕의 신이한 탄생과 건국 과정 – 고구려
	박혁거세 신화	신라 시조인 박혁거세의 출생 – 신라
	수로왕 신화	가락국의 시조인 김수로왕의 출생 – 가락국
전설 · 민담	온달 설화	바보 온달과 평강 공주의 이야기
	도미 설화	춘향전의 근원설화
	지귀 설화	선덕여왕을 사모한 지귀 이야기
	연오랑세오녀	해와 달이 된 연오랑과 세오녀의 이야기
	귀토지설	별주부전의 근원설화
	방이 설화	흥부전의 근원설화
	효녀 지은 설화	심청전의 근원설화

③ 고려 시대의 문학

(1) 향가계 가요

① 신라의 향가에서 고려 가요로 넘어오는 과정에서 생긴 과도기적 형태의 시가를 말한다.

② 주요 작품

작품	작가	연대	형식	내용
도이장가	예종	예종 15년	8구체	예종이 서경(평양)에서 열린 팔관회에 참관하여 고려 초의 공신 김락과 신숭겸 장군의 덕을 찬양한 노래
정과정	정서	의종 20년	10구체의 파격 (11행)	임금을 연모하며 자신의 억울함을 하소연한 노래. 악곡명은 '삼진작'이라고 함

(2) 고려 가요

① 귀족층이 향유했던 경기체가와는 달리 평민들이 부르던 민요적 시가를 말한다. 일명 '장가(長歌), 속요(俗謠), 여요(麗謠)'라고도 한다.

② 주요 작품

작품	형식	내용	출전
가시리	4연, 분연체	남녀 간의 애타는 이별의 노래	악장가사, 시용향악보
동동	13연, 월령체	월별로 그 달의 자연 경물이나 행사에 따라 남녀 사이의 애정을 읊은 월령체가	악학궤범
만전춘	5연, 분연체	남녀 간의 애정을 대담, 솔직하게 읊은 사랑의 노래	악장가사
사모곡	비연시	어머니의 사랑을 낫에, 아버지의 사랑을 호미에 비유하여 어머니의 사랑이 큼을 나타낸 소박한 노래	악장가사, 시용향악보
상저가	비연시	방아를 찧으면서 부른 효도를 주제로 한 노래. 노동요	시용향악보
서경별곡	3연, 분연체	서경을 무대로 여인이 사랑하는 사람을 떠나보내며 이별의 정한을 읊은 노래	악장가사
쌍화점	4연, 분연체	남녀 간의 사랑을 적나라하게 표현한 노래	악장가사
유구곡	비연시	비둘기와 뻐꾸기를 통해 잘못된 정치를 풍자한 노래	시용향악보
이상곡	비연시	남녀 간의 애정을 노골적으로 표현한 노래	악장가사
정석가	6연, 분연체	임금의 만수 무강을 축원한 노래	악장가사, 시용향악보
처용가	비연시	신라의 향가 「처용가」를 부연해서 부른 축사의 노래	악학궤범, 악장가사
청산별곡	8연, 분연체	현실 도피적인 생활상과 실연의 애정이 담긴 노래	악장가사

(3) 경기체가

① 고려 중엽 무신의 난 이후 새롭게 정계에 등장한 신흥 사대부들에 의해 향유된 노래이다.

② 주요 작품

시기	작품	작가	주요 내용
고려 시대	한림별곡	한림 제유	시부, 서적, 명필, 명주(名酒), 화훼, 음악, 누각, 추천 등의 소재를 통해 귀족 생활의 풍류를 노래. 현전하는 경기체가 중 가장 먼저 창작된 작품(전 8장)
	관동별곡	안축	관동 지방의 절경을 읊은 노래. 이두문이 많이 쓰임(전 8장)
	죽계별곡	안축	죽계와 순흥의 아름다운 경치를 노래. 이두문이 많이 쓰임(전 5장)
조선 시대	상대별곡	권근	사헌부의 생활을 읊은 노래(전 5장)
	화산별곡	변계량	조선의 창업을 찬양한 노래로 세종 때 변계량이 지음(전 8장)
	불우헌곡	정극인	임금의 은덕, 전원생활의 즐거움, 제자를 기르는 즐거움, 나라의 태평함 등을 노래 (전 6장)
	화전별곡	김구	경상남도 남해의 화전으로 귀양 가서 그곳의 뛰어난 경치를 노래
	도동곡	주세붕	도학이 우리나라에까지 미친 것을 찬양한 노래(전 9장)
	오륜가	미상	오륜을 내용으로 하여 지은 노래(전 6연)
	독락팔곡	권호문	빈부귀천을 하늘에 맡기고 일생을 한가롭게 살아가는 멋과 자연의 아름다움을 읊은 노래

(4) 시조

① 고려 중엽에 발생하여 고려 말에 완성된 3장 6구 45자 내외의 정형시를 말한다.

② 시조라는 명칭은 조선 영조 때 명창 이세춘이 '시절가조(時節歌調)'라는 새로운 곡조를 만들어 부른 데서 생긴 이름이다.

③ 주요 작품

작품	작가	주요 내용
이화(梨花)에 월백(月白)ᄒ고	이조년	봄밤에 애상적인 정감을 노래
구름이 무심(無心)툰 말이	이존오	간신 신돈의 횡포를 풍자하는 노래
백설(白雪)이 ᄌ자진 골에	이색	기울어 가는 나라를 바라보며 안타까워하는 노래
춘산(春山)에 눈 녹인 ᄇ룸	우탁	늙음에 대해 한탄하는 노래
이 몸이 죽어 죽어	정몽주	고려에 대한 충성심을 드러내는 노래
이런들 엇더ᄒ며	이방원	고려의 충신인 정몽주를 회유하기 위한 노래

(5) 한문학

① 고려 시대에는 과거제도의 실시, 국자감과 같은 교육 기관 설치, 불교의 융성 등으로 한문학이 발달하였으며, 이로 인해 한시도 발달하였다.

② 주요 작품

작품	작가	연대	주요 내용
산거	이인로	고려	산속에 은거하며, 꽃, 골짜기, 두견새 등의 아름다운 풍경을 노래함
동명왕편	이규보	고려 명종	고구려 시조인 동명왕의 영웅적인 행적을 노래한 영웅 서사시
송인	정지상	고려 인종	자연과 인간을 대비하여 임과 이별한 슬픔을 노래함
부벽루	이색	고려 말	인간 역사의 무상함에 대한 한탄과 지난 역사의 회고와 고려 국운(國運) 회복의 소망을 노래함
사리화	이제현	고려 말	탐관오리의 수탈과 횡포에 대한 고발을 노래함

(6) 산문 문학

① 패관 문학: 문인이나 학자들이 항간에 떠도는 이야기를 한문으로 쓴 기록 문학이다.

작품	작가	내용
수이전	박인량	고려 문종 때, 박인량이 지은 우리나라 최초의 설화집. 오늘날에는 전하지 않으며 설화 몇 편만이 『삼국유사』에 실려 전함
백운소설	이규보	고려 고종 때, 문인 이규보가 지은 시화(詩話) 및 잡기(雜記). 삼국 시대부터 고종 때까지의 시인들과 그들의 시에 대하여 논하였으며, 소설이라는 명칭을 처음으로 사용함. 홍만종의 『시화총림』에 28편이 전함
파한집	이인로	고려 명종 때, 이인로가 지은 설화 문학집. 시화(詩話), 문담(文談), 기사(紀事), 풍속, 풍물 등을 수록한 책으로 고려사 연구에 귀중한 자료가 됨
보한집	최자	고려 고종 41년에 최자가 지은 시화집. 이인로가 엮은 『파한집』을 보충한 수필체의 시화들을 엮은 책으로 시구(詩句), 취미, 사실(史實), 부도(浮屠), 기녀 등 여러 가지 이야기를 수록함
역옹패설	이제현	고려 말기 1342년에 이제현이 지은 수필집. 역사책에 나오지 않는 이문(異聞), 기사(奇事), 인물평, 경론, 시문, 서화 품평 등을 수록함

② 가전체 문학: 계세징인(戒世懲人)을 목적으로 사물을 의인화하여 전기(傳記) 형식으로 구성한 산문 문학의 한 갈래이다.

작품	작가	내용
국순전 (麴醇傳)	임춘	고려 시대에 지어진 작품으로, 술을 의인화하여 당시 정치 현실을 풍자하고 술로 인한 패가 망신을 경계함
공방전 (孔方傳)	임춘	고려 고종 때 지어진 작품으로, 돈을 의인화하여 재물만 탐하는 것을 경계함
국선생전 (麴先生傳)	이규보	고려 고종 때 지어진 작품으로, 국성(술)의 긍정적인 면을 통해 위국충절의 사회적 교훈이나 군자의 처신을 경계함
저생전 (楮生傳)	이첨	고려 말기에 지어진 작품으로, 종이를 의인화하여 위정자들에게 올바른 정치를 권유함
죽부인전 (竹夫人傳)	이곡	고려 말기에 지어진 작품으로, 대나무를 의인화하여 남편을 잃고 절개를 지키며 생을 마친 죽부인(대나무)을 통해 현숙하고 절개 있는 여성상을 그림
정시자전 (丁侍者傳)	석식영암	고려 말기에 지어진 작품으로, 지팡이를 의인화하여 불교 포교와 지도층의 겸허를 권유한 내용임

4 조선 시대의 문학

(1) 시가 문학

① 악장: 나라의 제전이나 연례와 같은 국가의 공식적인 행사에서 사용되던 노래 가사이다.

형식	작품	연대	작가	내용
한시체	정동방곡	태조	정도전	태조의 위화도 회군을 찬양
경기체가체	상대별곡	세종	권근	사헌부 소개를 통해 조선 창업의 위대성 찬양
	봉황음	세종	윤회	조선 문물과 왕가의 축수를 노래함
신체	용비어천가	세종	정인지	육조의 위업 찬양, 후대 왕에 대한 권계
	월인천강지곡	세종	세종	석가모니에 대한 찬양
속요체	신도가	태조	정도전	태조의 덕과 한양의 경치를 찬양

② 시조: 16세기 들어 송순, 정철, 황진이 등에 의하여 문학성이 높은 시조가 창작되었다. 다만, 유학자들은 관념적인 내용을 담고 있는 데 반해 기녀들의 작품은 개인의 정서를 진술하고 아름답게 표현하였다.

㉠ 조선 전기

작품	작가	내용과 주제	
흥망이 유수ᄒ니	원천석	고려의 패망과 역사의 허무함	망국의 슬픔
오백 년 도읍지를	길재	망국의 한과 회고의 정, 고려 왕조 회고	
선인교 나린 물이	정도전	조선 개국 공신의 고려 왕조 회고	
방 안에 혓는 촉불	이개	임과 이별한 슬픔	연군과 우국
천만 리 머나먼 길에	왕방연	유배된 어린 임금에 대한 애절한 마음	
삼동에 뵈옷 닙고	조식	임금의 승하를 애도함	
십 년을 경영ᄒ여	송순	자연애, 자연 귀의	자연 친화
두류산 양단수를	조식	지리산 양단수의 승경 찬미	
지당에 비 뿌리고	조헌	적막(寂寞)과 고독(孤獨)	
대쵸볼 불근 골에	황희	추수가 끝난 늦가을 농촌의 풍치 있는 생활상	
동지ㅅ돌 기나긴 밤을	황진이	임을 기다리는 절실한 그리움	연정
이화우 흣쑤릴 제	계량	고독과 그리움	
묏버들 갈히 것거	홍랑	임에게 보내는 사랑, 이별의 슬픔, 임에 대한 그리움	
강호사시가	맹사성	강호에서 자연을 즐기며 임금의 은혜를 생각함	—
오륜가	주세붕	삼강오륜(三綱五倫)의 교훈 강조	
도산십이곡	이황	자연의 관조와 학문 수양의 길을 노래함	
고산구곡가	이이	강학(講學)의 즐거움과 고산(高山)의 아름다움	
훈민가	정철	유교 윤리의 실천 권장	
어부가	이현보	강호에 묻혀 사는 어부(漁父)의 한정(閑情)	

ⓛ 조선 후기

작품	작가	내용과 주제	
가노라 삼각산(三角山)아	김상헌	우국지사(憂國之士)의 비분 강개한 심정	우국과 충절
철령 높은 봉을	이항복	임금을 생각하는 신하의 절의, 억울한 심정 호소	
한산섬 달 불근 밤의	이순신	우국충정(憂國衷情)	
만흥(漫興)	윤선도	자연에 묻혀 사는 은사(隱士)의 한정(閑情)	–
어부사시사(漁父四時詞)	윤선도	자연에서 살아가는 여유와 흥취	
오우가(五友歌)	윤선도	오우(五友, 수·석·송·죽·월) 예찬	
귓도리 져 귓도리	미상	독수공방(獨守空房)의 외롭고 쓸쓸한 마음	–
창을 내고쟈 창을 내고쟈	미상	마음속에 쌓인 근심과 시름을 해소하려 함	
되들에 동난지 사오	미상	서민들의 상거래 장면, 현학적 태도에 대한 비판	

더 알아보기

시조집	작가	내용
청구영언	김천택	영조 4년 역대 시조를 수집하여 펴낸 최초의 시조집. 시조 998수와 가사 17편을 분류하고 정리함
해동가요	김수장	영조 39년 883수의 시조를 작가별로 분류하고 각 작가에는 간단한 소전(小傳)을 붙임
가곡원류	박효관 안민영	고종 13년 남창(男唱) 800여 수와 여창(女唱) 170여 수를 곡조별로 분류하여 수록함

③ 가사: 운문에서 산문으로 넘어가는 과도기적 장르이다.
　ⓛ 조선 전기: 임금의 은혜를 잊지 못하는 충신연주지사(忠臣戀主之詞), 벼슬에서 물러나 안빈낙도하는 생활, 자연에 대한 애정 등의 내용이 많다.

작품	작가	연대	내용
상춘곡	정극인	성종	봄의 완상과 안빈낙도
면앙정가	송순	중종	자연을 즐기는 풍류의 정과 임금님의 은혜에 감사
성산별곡	정철	명종	성산의 사계절 풍경과 식영정 주인의 풍류 예찬
사미인곡	정철	선조	연군지정
속미인곡	정철	선조	임금을 그리는 정
관동별곡	정철	선조	관동 지방의 절경 유람, 연군·애민의 정
만분가	조위	연산군	귀양살이의 억울함과 연군의 정
관서별곡	백광홍	명종	관서 지방의 아름다운 경치를 노래
규원가	허난설헌	선조	방탕한 생활을 하는 남편으로 인한 여인의 한(恨)

ⓛ 조선 후기: 산문 정신과 서민 의식의 성장이라는 대세의 영향을 받아 작가층이 양반에서 평민층이나 부녀자 계층으로 확대되었다.

작품	작가	연대	내용
선상탄	박인로	선조	임진왜란 후 전쟁의 비애와 태평성대를 희망하는 노래
고공가	허전	순조	농사를 나라의 일에 비유하여 당시 관리들의 행태를 비판하는 노래
고공답주인가	이원익	선조	나라를 다스리는 도리. 고공가의 화답가
누항사	박인로	광해군	자연에서 빈이무원하는 생활을 노래
노계가	박인로	인조	노계의 경치를 노래
농가월령가	정학유	헌종	농촌에서 해야 할 일과 세시풍속을 노래
일동장유가	김인겸	영조	일본을 견문하고 지은 노래
연행가	홍순학	고종	청나라 북경에 가서 보고 들은 것을 노래

④ 잡가: 조선 후기 하층 계급의 전문 소리꾼들이 시정(市井)에서 부르던 노래로 남녀 간의 애정, 자연의 아름다움과 풍류, 삶의 애환, 해학과 익살 등 세속적, 유흥적, 통속적, 향락적인 성격을 띠었다.
예 「관동팔경」, 「배따라기」, 「유산가」, 「적벽가」 등

⑤ 언해(번역 문학): 훈민정음의 창제를 계기로 불교나 유교의 중요 경전, 문학서에 이르기까지 많은 서적을 번역한 문학을 이른다.

종류	작품	작가	연대	내용
불교 서적	석보상절	수양대군	세종	석가의 일대기를 적은 책
	월인석보	세조	세조	『월인천강지곡』을 본문으로 삼고 『석보상절』을 주석으로 하여 합본한 책
유교 서적	내훈	소혜왕후	성종	여성의 도리에 대해 간추린 책
	삼강행실도	미상	성종	삼강에 모범이 되는 충신, 효자, 열녀 등의 행실을 그림과 글로 엮은 책

⑥ 민요: 민중 사이에서 불리던 전통적인 노래를 통틀어 이르는 말로, 서민들의 정서와 삶의 모습이 함축되어 있는 구전 가요이다.
예 논매기 노래, 밀양 아리랑, 시집살이 노래 등

(2) 산문 문학

① 고전 소설: 갑오개혁(1894년) 이전에 나온 서사 문학으로 설화, 패관 문학, 가전체 문학 등의 영향을 받아 형성되었다. 주제는 주로 착한 사람은 복을 받고 악한 사람은 벌을 받는다는 권선징악과 인과응보의 교훈적 · 도덕적 내용이 주류를 이룬다.

ⓛ 조선 전기

작품	작가	연대	내용
금오신화	김시습	세조	「용궁부연록」, 「남염부주지」, 「이생규장전」, 「만복사저포기」, 「취유부벽정기」 등 5편이 실린 단편 소설집
원생몽유록	임제	선조	세조의 왕위 찬탈을 소재로 정치권력의 모순을 폭로함

ⓛ 조선 후기

분류	작품	작가	내용
판소리 소설	심청전	미상	아버지에 대한 딸의 효성심 「효녀 지은 설화」
	흥부전	미상	형제간의 우애 「방이 설화」
	춘향전	미상	이몽룡에 대한 성춘향의 지조나 절개 「열녀 설화」
우화 소설	장끼전	미상	남존여비(男尊女卑)나 여성의 개가(改嫁) 금지 비판
	토끼전	미상	헛된 욕망에 대한 경계, 위기에서 벗어나는 지혜
사회 소설	홍길동전	허균	적서 차별에 대한 비판
	전우치전	미상	부패한 정치에 대한 비판, 가난한 백성들을 구제
군담 소설	임진록	미상	임진왜란의 치욕에 대한 정신적 위안 및 민족의식 고취
	유충렬전	미상	유충렬의 간난(艱難)과 영웅적 행적
	조웅전	미상	조웅의 영웅적 행적과 충효 사상 실현
	박씨전	미상	박씨 부인의 영웅적 기상과 재주
가정 소설	사씨남정기	김만중	처첩 간의 갈등과 사씨의 고행
	장화홍련전	미상	계모의 흉계로 인한 가정의 비극과 권선징악
염정 소설	운영전	미상	운영과 김 진사의 비극적 사랑
	구운몽	김만중	인간의 부귀공명의 허망함
	춘향전	미상	이몽룡과 성춘향의 신분을 초월한 사랑
	숙향전	미상	온갖 어려움을 극복하고 성취한 남녀 간의 사랑
	옥단춘전	미상	이혈룡과 기생 옥단춘의 사랑
풍자 소설	배비장전	미상	지배층의 위선에 대한 풍자와 폭로
	이춘풍전	미상	위선적인 남성 중심 사회에 대한 비판과 진취적 여성상의 제시
	옹고집전	미상	인간의 참된 도리에 대한 교훈, 권선징악

더 알아보기

박지원의 한문 소설

작품	내용	출전
허생전	무능한 사대부 계층에 대한 비판과 현실에 대한 자각 촉구	열하일기
호질	유학자들의 위선적 행동에 대한 비판	열하일기
양반전	양반의 무능함과 허위의식에 대한 비판	방경각외전
예덕선생전	바람직한 교우의 도와 무실역행(務實力行)하는 참된 인간상	방경각외전
광문자전	신의 있고 허욕을 부리지 않는 삶의 태도 칭송	방경각외전
민옹전	시정 세태에 대한 비판과 풍자	방경각외전
마장전	유생들의 위선적 교우를 풍자	방경각외전
열녀함양박씨전	수절하며 살아가는 여인들의 고통과 열녀 풍속의 문제점 비판	연상각선본

② 판소리: 광대가 고수(鼓手)의 북장단에 맞추어 서사적인 이야기를 소리와 몸짓을 곁들이며 구연하는 우리 고유의 민속 예술 갈래이다.

작품	내용
춘향가	이몽룡과 성춘향의 신분을 초월한 사랑
흥보가	형제간의 우애
심청가	아버지에 대한 심청의 효
수궁가	헛된 욕망에 대한 경계, 위기에서 벗어나는 지혜
적벽가	적벽 대전 영웅들의 무용담과 하층 군사들의 비애

더 알아보기

판소리의 구성
• 창(소리): 판소리의 주축을 이루는 음악적 요소로, 광대가 가락에 맞추어 부르는 노래
• 아니리(사설): 판소리에서 창을 하는 중간중간에 가락을 붙이지 않고 이야기하듯 엮어 나가는 사설
• 추임새: 장단을 짚는 고수가 창의 사이사이에 흥을 돋우기 위하여 삽입하는 소리
• 발림(너름새): 광대(소리꾼)가 소리의 극적인 전개를 돕기 위하여 몸짓이나 손짓으로 하는 동작
• 더늠: 명창이 자신의 독특한 방식으로 다듬어 부르는 어떤 마당의 한 대목을 이르는 말

③ 민속극: 민간에 전해 내려오는 연극으로 일정한 역할을 맡은 배우가 관객들에게 어떠한 내용을 대화나 행동으로 전달하는 전통극이다.

분류	작품	내용
가면극	봉산탈춤	양반에 대한 비판과 풍자
	통영 오광대놀이	양반 사회의 비리와 모순에 대한 비판과 풍자
	양주 별산대놀이	양반에 대한 조롱과 풍자
	수영야류	• 양반 계급의 무능과 허세 조롱 • 봉건 사회의 일부다처제에 따른 가정불화
인형극	꼭두각시놀음	파계승 비판, 처첩 간의 갈등, 양반에 대한 비판

④ 고전 수필: 고려 시대 초기부터 갑오개혁 이전까지 창작된 수필을 말한다. 고려와 조선 전기의 패관 문학이나 조선 후기의 문집들이 모두 한문 수필에 속한다.

분류	작품	작가	연대	내용
궁중 수필	계축일기 (癸丑日記)	궁녀	광해군	광해군이 영창대군을 죽이고 인목대비를 폐하여 서궁에 감금했던 사건을 기록한 작품
	한중록(閑中錄)	혜경궁 홍씨	정조~순조	사도세자의 비극적 죽음을 다룬 작품
	인현왕후전 (仁顯王后傳)	궁녀	숙종~정조	인현왕후의 폐비 사건을 다룬 작품

	산성일기 (山城日記)	궁녀	인조	병자호란의 치욕과 남한산성에서의 항쟁을 다룬 작품
일기	의유당일기 (意幽堂日記)	의유당	순조	남편의 부임지 함흥을 갔다가 함흥 주변의 아름다운 경치를 보고 느낀 감상을 적은 작품
	화성일기 (華城日記)	이희평	정조	정조의 화성 나들이를 수행하고 기록한 작품
	노가재연행록 (老稼齋燕行錄)	김창업	숙종	형인 창집(昌集)이 동지사 겸 사은사로 연경(燕京)에 갈 때 자벽군관(自辟軍官)으로 동행하여 귀국한 뒤 지은 작품
	무오연행록 (戊午燕行錄)	서유문	정조	서장관으로 북경을 갔다가 보고 들은 것을 기록한 작품
기행	열하일기 (熱河日記)	박지원	정조	청나라 건륭(乾隆) 황제의 70세 생일을 축하하기 위한 외교 사절단으로 갔다가 청나라의 실상을 직접 목격하고 이를 기 록한 작품
	을병연행록 (乙丙燕行錄)	홍대용	영조	서장관인 숙부 홍억(洪檍)의 자제군관으로 청나라에 다녀오 면서 보고 듣고 느낀 바를 날짜별로 기록한 작품
	우념재수서 (雨念齋手書)	이봉한	영조	일본 통신사의 수행원으로 갔을 때 어머니께 보낸 편지
서간	한산유찰 (韓山遺札)	양주 조씨	영조~정조	문신 이집(李潗)의 집안사람들 사이에서 오고갔던 한글 편 지 모음
	제문(祭文)	숙종	숙종	숙종의 막내아들 연령군이 세상을 떠나자 그 애통한 심회를 적은 글
제문	조침문(弔針文)	유씨	순조	바늘을 부러뜨린 심회를 적은 글
	규중칠우쟁론기 (閨中七友爭論記)	미상	미상	바늘, 자, 가위, 인두, 다리미, 실, 골무 등을 의인화하여 인간 사회를 풍자한 수필
기타	어우야담 (於于野談)	유몽인	광해군	민간의 야담과 설화를 모아 놓은 책

03 현대 문학

❶ 현대 문학의 흐름

(1) **갑오개혁 이후 가장 크게 나타난 문학 현상**: 구어체(= 일상용어체, 대화체) 문장

    ① 언문일치 시작(1900년대): 유길준 『서유견문』

    ② 언문일치 발전(1910년대): 이광수 『무정』

    ③ 언문일치 완성(1920년대): 김동인 『약한 자의 슬픔』

(2) 1900년대(1894~1908)

① 창가 가사

    ㉠ 개화 가사와 찬송가의 영향

    ㉡ 형식: 초기에 '3 · 4, 4 · 4조'에서 후기에 '6 · 5, 7 · 5, 8 · 5조'로 발전함

    ㉢ 내용: 계몽(독립신문), 항일(대한매일신보)

    ㉣ 최초의 7 · 5조 작품: 최남선「경부철도가」

② 신소설(원래 뜻은 '고소설'의 반대 개념)

    ㉠ 내용: 개화, 계몽, 신교육

    ㉡ 개념: 고대 소설에서 근대 소설로의 과도기

    ㉢ 창작 신소설: 일반적인 의미의 신소설

        • 이인직:『은세계』,『치악산』,『귀의성』,『혈의 누』

        • 이해조:『빈상설』,『구마검』,『자유종』

        • 안국선:『금수회의록』

        • 최찬식:『안의성』,『추월색』

    ㉣ 번안 신소설: 조중환『장한몽』(이수일과 심순애 등장)

    ㉤ 개작 신소설: 이해조의 역할

        •『춘향전』→『옥중화(獄中花)』

        •『흥부전』→『연(燕)의 각(却)』

        •『토끼전』→『토(兎)의 간(肝)』

        •『심청전』→『강상련(江上蓮)』

③ 역사전기 소설

    ㉠ 내용: 민족주의적 역사의식, 항일구국의 이념

    ㉡ 대표 작품: 신채호『을지문덕』

더 알아보기

신소설과 고소설의 특징

공통점	차이점
• 권선징악적 주제 • 행복한 · 인위적 결말 • 우연성 • 평면적 인물	• 현실적 제재 • 묘사체로 성숙 • 언문일치로의 접근 • 시간의 역전적 구성

④ 신문

    ㉠ 한성순보: 최초 신문, 순한문(1883)

    ㉡ 독립신문: 최초 민간, 본격 신문의 시초(1896)

    ㉢ 매일신문: 최초 일간

    ㉣ 제국신문: 대중 및 부녀자 대상 최초

ⓜ 황성신문: 장지연 「시일야방성대곡」이 실림

　　　ⓑ 만세보: 이인직 「혈의 누」 연재. 『대한신문』으로 개칭

　　⑤ 국어 문법서

　　　㉠ 이봉운 『국문정리』: 최초 음운 문법서

　　　㉡ 지석영 『신정국문』: 국어 전용 주장, 상소문

　　　㉢ 주시경

　　　　• 국어문전음학, 국어문법, 말의 소리, 말모이, 대한국어문법 등을 쓴 어문 민족주의자

　　　　• 9품사(임-체언, 엇-형용사, 움-동사, 겻-조사, 잇-접속조사, 언-관형사, 억-부사, 놀-감탄
　　　　　사, 끗-종결어미) 설정

더 알아보기

기타 국어학자
• (외솔) 최현배: 우리말본, 한글갈, 조선민족갱생의 도, 씨갈(= 품사론), 월갈(= 문장론) 등의 용어 사용
• (눈뫼) 허웅: 국어학, 국어 음운론, 높임법의 체계화, 삽입모음 '오/우' 밝힘

---

(3) 1910년대(1908~1919): 2인 문단시대

　　① 2인: (육당) 최남선, (춘원) 이광수

　　② 신체시

　　　㉠ 최초 작품: 최남선 「해에게서 소년에게」

　　　㉡ 이광수의 신체시 「우리 영웅」

　　③ 근대 최초 장편 소설: 이광수 「무정」(1917)

　　④ 근대 최초 단편 소설: 이광수 「어린 희생」(1910) 또는 김동인 「약한 자의 슬픔」(1919)

　　⑤ 최초의 근대 자유시: 주요한 「불놀이」(1919)

　　⑥ 최초의 순문예 동인지: 『창조』(1919)

　　⑦ 최초의 시 전문 동인지: 『장미촌』(1921)

　　⑧ 최초의 월간 종합지: 『소년』(1908)

　　⑨ 김억이 최초로 서구의 상징시를 수용한 잡지: 『태서문예신보』(1918)

(4) 1920년대(1919~1930): 다수 동인지 문단시대

　　① 1920년대 3대 동인지: 『창조』, 『폐허』, 『백조』

　　② 낭만주의 3대 동인지: 『백조』, 『폐허』, 『장미촌』

　　③ 시

　　　㉠ 민요시 운동: 홍사용, 이상화, 김억, 김소월

　　　㉡ 시조부흥운동을 주도한 단체: 국민문학파

　　　㉢ 낭만적 · 감상적 경향 위주: 홍사용, 이상화, 황석우, 박종화

　　④ 소설: 사실주의 유행(김동인, 현진건, 이효석 등 3대 단편작가)

⑤ 문단의 대립기: 절충 '문예공론'

경향파(KAPF, 좌익, 계급진영) ↔ 국민문학파(우익, 민족진영)
「개벽」 「조선문단」

(참고) 동반자 작가: 좌익 노선에 동조하는 힘없는 지식인(이효석, 유진오, 채만식, 박화성)

⑥ 신경향파 그룹: 염군사(1922, 이념 위주)+파스큘라(1923, 예술 위주)

↓

KAPF(1925)

⑦ 작가와 작품

구분	호	이름	작품
시	송아	주요한	「불놀이」, 「아름다운 새벽」
	안서	김억	「오다가다」, 「비」, 「봄은 간다」
	상아탑	황석우	「벽모(碧毛)의 묘(猫)」
	상화	이상화	「나의 침실로」, 「빼앗긴 들에도 봄은 오는가」
	소월	김정식	「진달래꽃」
	만해	한용운	「님의 침묵」
소설	금동	김동인	「감자」, 「약한 자의 슬픔」, 「배따라기」
	빙허	현진건	「운수좋은날」, 「빈처」
	횡보	염상섭	「표본실의 청개구리」, 「삼대」, 「만세전」
	도향	나빈	「물레방아」, 「벙어리 삼룡이」, 「뽕」
	늘봄	전영택	「화수분」, 「소」
	여심	주요섭	「사랑손님과 어머니」

(5) 1930년대(1930~1939): 사회적 문단시대, 본격적인 현대 문학의 출발

	순수시파(1930)	주지시파(1934)	생명파(1936)	자연파(1939)
시	시문학	자오선	시인부락, 생리	문장
	김영랑, 박용철	김광균, 김기림	서정주, 유치환	박목월, 박두진, 조지훈
	음악성, 치밀한 기교, 언어조탁	이미지, 지성, 회화성	생명의식	자연회귀
소설	• 장편소설: 염상섭 「삼대」, 「만세전」(발표 당시 제목은 '묘지'), 「두 파산」 • 역사소설: 김동인 「운현궁의 봄」, 「젊은 그들」, 현진건 「무영탑」, 박종화 「금삼의 피」 • 풍자소설: 채만식 「태평천하」, 「레디메이드 인생」, 「탁류」, 「치숙」, 「명일」, 「소년은 자란다」 • 해학소설: 김유정 「동백꽃」, 「봄봄」, 「만무방」, 「따라지」, 「땡볕」, 「소낙비」, 「금 따는 콩밭」 • 농촌계몽소설: 브나로드(V-narod) 운동과 관련 　예 심훈 「상록수」, 박화성 「한귀」, 이무영 「제1과 제1장」, 박영준 「모범경작생」, 김정한 「사하촌」			

초현실주의 경향의 작가 – 이상(본명: 김해경)
- 시: 「오감도」, 「거울」, 「꽃나무」, 「이상한 가역반응」
- 소설: 「날개」, 「종생기」, 「봉별기」, 「지주회시」
- 수필: 전문 수필가의 등장(김진섭, 이하윤)
- 희곡: 극예술 연구회(1931) 창립
- 평론: 순수비평(김환태)과 주지비평(최재서)

(6) **1940년대(1939~1945): 암흑기 문단시대**

① 문학의 공백기: 창작, 출판의 부재(不在)

② 저항시인(앙가주망, 참여시인)

ⓐ 이육사(남성적, 의지적, 대륙적, 선비정신): 「절정」, 「청포도」, 「광야」, 「교목」, 「꽃」

ⓑ 윤동주(자아성찰, 순수): 「자화상」, 「참회록」, 「십자가」, 「간」, 「또 다른 고향」, 「서시」, 「별 헤는 밤」, 유고시집 『하늘과 바람과 별과 시』

(7) **1950년대 이후**: 분단 이데올로기의 극복 → 민족문학 지향, 실존적 지각, 지적 탐구정신

① 시

ⓐ 김수영(초기에 후반기 동인의 모더니즘에서 1960년대 이후 참여시로 전환): 「풀」, 「폭포」, 「눈」

ⓑ 송욱: 「하여지향」

ⓒ 김춘수('존재와 본질 탐구'에서 '무의미시'로 전환): 「꽃」, 「꽃을 위한 서시」, 「처용단장」

② 소설

ⓐ 동시묘사법: 김성한 「5분간」

ⓑ 광복 당시 분열상의 비극적 국면 묘파: 선우휘 「불꽃」

ⓒ 한 인격적 주체가 겪는 도덕적 갈등: 장용학 「요한시집」

ⓓ 소외된 인간상을 피학적 어조로 묘사: 손창섭 「잉여인간」

ⓔ 당시 빈곤상과 삶의 관계: 이범선 「오발탄」

ⓕ 농어촌 서민의 애환: 오영수 「갯마을」

ⓖ 삶의 부조리를 인식하고 극복함: 유주현 「장 씨 일가」, 「신의 눈초리」

ⓗ 민족의 기개 형상화: 정한숙 「금당벽화」

ⓘ 토속적 삶의 간고함: 전광용 「흑산도」

ⓙ 지식인의 변절적 순응주의: 전광용 「꺼삐딴 리」

ⓚ 세속적 삶의 모순을 소설화: 박경리 「암흑시대」

04 | 화법·독해

01 화법

■ 토의와 토론

(1) 토의(討議): 여러 사람의 의견을 모으는 말하기

① 목적: 최선의 해결안 모색

② 종류

심포지엄	전문성	권위적, 학술적, 체계적
포럼	공개성	청중 참여, 사회자 필수, 공청회(公聽會), 공개 토의
패널	대표성	배심원, 이견(異見) 조정, 시사 문제, 공동 토의
원탁토의	다양성	자유롭고 평등한 분위기, 청중 불필요

(2) 토론(討論): 대립되는 상대방의 의견을 논박하는 말하기

① 목적: 의사 결정, 의견 일치

② 구성 요소: 논제, 규칙, 참가자, 청중, 사회자

③ 종류

2인 토론	1:1로 말하기
직파 토론	2~3 : 2~3으로 말하기
반대 신문식 토론	주로 법정(法廷)에서의 말하기

(3) 토의(討議)와 토론(討論)의 비교

토의	토론
협동성	대립성
상대방 존중	상대방 논박
과정, 시도, 모색	결정, 일치
2인 이상의 참가, 공동 관심사, 문제 해결 방법	

② 인원에 따른 말하기의 종류

대담(對談)	2인
정담(鼎談)	3인
좌담(坐談)	4인
방담(放談)	5인 이상

02 독해

① 글의 전개 방식

(1) 동태적 범주

① 서사: 시간+움직임+의미('무엇을'에 중점)

② 과정: 진행경과를 보여줌('어떻게'에 중점)

③ 인과: 원인이나 결과를 나타냄

(2) 정태적 범주

① 정의: 낱말 뜻 풀이, 개념이나 본질 규정. 구체적일수록 잘된 것

② 분류: 하위요소를 상위요소로 묶음

③ 구분: 상위요소를 하위요소로 나눔. 역순서 성립함

　예 봄, 여름, 가을, 겨울은 계절이다. - 분류

　　계절에는 봄, 여름, 가을, 겨울이 있다. - 구분

④ 분석: 한 물체를 구성 요소로 분해함. 역순서 성립 안 됨

　예 소설의 3요소에는 주제, 구성, 문체가 있다.

⑤ 비교: 유사성에 근거(~보다/~에 비하여/서술어 비슷)

⑥ 대조: 차이성에 근거(그러나/서술어 반대)

　예 중국의 담벽은 일본의 담벽보다 높다. - 비교

　　중국의 담벽은 높아 폐쇄적인데, 일본의 담벽은 낮아 개방적이다. - 대조

⑦ 예시: 구체적인 예를 들어 보임

⑧ 유추

　㉠ 전제에 바탕을 둔 추리, 유비추리의 준말. 확장된 비교

　㉡ 알고 있는 사실을 모르는 사실에 적용함. 미루어 짐작함

　　예 인생과 마라톤, 바둑과 전쟁, 창고와 두뇌, 독서와 교향악

2 글의 진술 방식(단락의 전개)

설명	해설	잘 모르는 사실을 알기 쉽게 풀어쓴 글
	천체의 온갖 형상, 곧 천물을 관측하기 위하여 설치한 시설을 천문대라 한다. 천문대의 일종인 경주 첨성대는 신라 선덕여왕 때 …(중략)… 통일신라 이전의 건축물인 여러 석탑이 소박한 조형미를 보여주는 데 대하여 통일신라의 석가탑, 다보탑은 아기자기한 기교로써 세련된 조형미를 보여준다. → 글의 전개방식인 정의, 대조, 비교, 예시의 방법을 써서 설명한 글	
묘사	풍경	경치나 장면을 눈에 보이듯 나타낸 글. 감각적/세부적, 사진
	길은 지금 산허리에 걸려 있다. 밤중을 지난 무렵인지 죽은 듯이 고요함 속에서 짐승 같은 달의 숨소리가 손에 잡힐 듯이 …(중략)… 숨이 막힐 지경이다. → 이효석, 「메밀꽃 필 무렵」에서 봉평의 산길을 묘사하고 있음	
서사	사건	시간의 흐름에 따른 내용을 서술한 글. 동영상
	만득이네 대문에 일본 깃대와 출정군인의 집이라는 깃발이 만장처럼 처량히 휘날리고, 그 집 사랑에서는 며칠씩 술판이 벌어져도 밀주단속에도 안 걸리고 …(중략)… 그렇게 그까짓 열흘 눈 깜박할 새가 지나가 만득이는 마침내 입영을 하게 됐다. → 박완서, 「그 여자네 집」에서 만득이가 징병으로 끌려 나가는 사건	
논증	주장	설득을 뒷받침하기 위한 논리적 증명
	요사이 우리 사회는 터진 봇물처럼 막 흘러드는 외래문명에 정신을 차리지 못할 지경이다. 세계화가 미국이라는 한 나라의 주도 아래에 이루어지고 있다. 일본은 …(중략)… 그 언어로 세운 문화도 사라진다는 것을 의미한다. 우리가 그토록 긍지를 갖고 있는 우리말의 운명은 과연 어떻게 될 것인가. → 최재천, 「황소개구리와 우리말」에서 외래문화에 감염된 현실	

05 | 어휘

01 고유어

1 단위 관련 우리말

(1) 측량 단위

- 자: 10치(약 30.3cm)
- 리: 1,296자(약 372.38m)
- 단보: 300평(= 0.1정보)
- 마지기: 한 말의 씨앗을 심을 정도의 넓이(200~300평의 넓이, 밭만을 가리킬 땐 100평)
- 되지기: 논밭 한 마지기의 1/10
- 푼: 0.1치
- 평: 사방 6자 평방(3.306제곱미터)
- 마장: 10리가 못 되는

(2) 개수 관련 단위

개수	명칭	의미	개수	명칭	의미
2	손	고등어나 꽁치, 조기 두 마리		두름	조기 따위의 물고기를 짚으로 한 줄에 열 마리씩 두 줄로 엮은 것
10	갓	굴비, 비웃(청어) 따위를 묶어 세는 단위. 한 갓은 굴비, 비웃 따위 열 마리	20	제	탕약 스무 첩
	고리	소주를 사발에 담은 것을 묶어 세는 단위. 한 고리는 소주 열 사발		축	오징어 스무 마리
	꾸러미	달걀 열 개를 묶어 세는 단위		쾌	북어를 세는 단위. 한 쾌는 북어 스무 마리
	뭇	생선을 묶어 세는 단위. 한 뭇은 생선 열 마리	24	쌈	바늘을 묶어 세는 단위. 한 쌈은 바늘 스물네 개
	섬	부피의 단위. 한 섬은 한 말의 열 배로 약 180L 정도	30	판	계란을 세는 단위. 한 판은 계란 삼십 개
	말	부피의 단위. 한 말은 한 되의 열 배로 약 18L 정도	50	거리	오이나 가지의 50개. 반 접이라고도 함
	되	부피의 단위. 한 홉의 열 배로 약 1.8L 정도	100	톳	김을 묶어 세는 단위. 한 톳은 김 100장
	죽	옷이나 그릇 따위의 열 벌을 묶어 이르는 말		접	채소나 과일 따위를 묶어 세는 단위. 한 접은 채소나 과일 백 개를 이름

(3) 길이 단위어

- 리(里): 약 393m, 보통 4km를 10리라고 함
- 마일(mile): 약 1,609m에 해당
- 길: 사람 키의 한 길이
- 뼘: 엄지손가락과 다른 손가락을 완전히 펴서 벌렸을 때의 두 끝 사이의 거리
- 발: 두 팔을 펴서 벌린 길이

2 어미—새끼

- 가오리—간자미
- 곰—능소니
- 매미—굼벵이
- 농어—껄떼기
- 명태—노가리
- 잠자리—물송치, 학배기
- 매—초고리
- 소—귀다래기, 동부레기, 부룩소, 송치, 어스럭
- 호랑이—개호주
- 고등어—고도리
- 꿩—꺼병이
- 조기—꽝다리
- 숭어—동어, 모쟁이
- 잉어—발강이
- 갈치—풀치

3 바람

- 동풍(東風): 새파람, 샛바람, 강쇠바람, 높새바람, 동부새
- 서풍(西風): 하늬바람, 가수알바람, 갈바람
- 남풍(南風): 마파람, 건들마
- 북풍(北風): 된바람, 덴바람, 호풍(胡風), 삭풍(朔風)

1 관용어

곁(을) 주다	다른 사람으로 하여금 자기에게 가까이할 수 있도록 속을 터주다.
귀가 질기다	둔하여 남의 말을 잘 이해하지 못하다.
금(을) 놓다	① 물건을 사고팔 때에 값을 부르다. ② 어떤 대상의 수준이나 정도를 평가하여 규정하다.
눈에 밟힌다	자꾸 생각나다.
두 손 맞잡고 앉다	아무 일도 하지 아니하고 가만히 있다.
땀을 들이다	① 몸을 시원하게 하여 땀을 없애다. ② 잠시 휴식하다.
말길(이) 되다	남에게 소개하는 의논의 길이 트이다.
말소리를 입에 넣다	다른 사람에게 들리지 아니하도록 중얼중얼 낮은 목소리로 말하다.
미립이 트이다	경험에 의하여 묘한 이치를 깨닫게 되다.
미역국을 먹었다	낙방하다. 실패하다
배알이 뒤틀리다	비위에 거슬려 아니꼽다.
사개(가) 맞다	말이나 사리의 앞뒤 관계가 빈틈없이 딱 들어맞다.
속(을) 주다[터놓다]	마음속에 있는 것을 숨김없이 드러내 보이다.
속이 마르다	① 성격이 꼬장꼬장하다. ② 생각하는 것이 답답하고 너그럽지 못하다.
손이 걸다	① 수단이 좋고 많다. ② 씀씀이가 후하고 크다.
손이 뜨다	동작이 굼뜨다.
입에 발린[붙은] 소리	마음에도 없이 겉치레로 하는 말
입이 달다	입맛이 당기어 음식이 맛있다.
입이 되다	맛있는 음식만 먹으려고 하는 버릇이 있어 음식에 매우 까다롭다.
입이 밭다[짧다]	음식을 심하게 가리거나 적게 먹다.
입이 쓰다	일이 뜻대로 되지 아니하여 기분이 언짢거나 괴롭다.
콧대를 꺾다	자존심을 없애다.
허방(을) 짚다	① 발을 잘못 디디어 허방에 빠지다. ② 잘못 알거나 잘못 예산하여 실패하다.
흘게(가) 늦다	① 흘게가 조금 풀려 느슨하다. ② 성격이나 하는 짓이 야무지지 못하다.
흰 눈으로 보다	업신여기거나 못마땅하게 여기다. = 백안시(白眼視)

2 속담

가난한 집에 자식이 많다	가난한 집에는 먹고 살아 나갈 걱정이 큰데 자식까지 많다는 뜻으로, 이래저래 부담되는 것이 많음을 이르는 말
가난한 집에 제사 돌아오듯	힘든 일이 자주 닥쳐옴을 비유적으로 이르는 말 = 빈즉다사(貧則多事)
가난한 집의 신주 굶듯	가난한 집에서는 산 사람도 배를 곯는 형편이므로 신주까지도 제사 음식을 제대로 받아 보지 못하게 된다는 뜻으로, 줄곧 굶기만 한다는 말
가난할수록 기와집 짓는다	당장 먹을 것이나 입을 것이 넉넉지 못한 가난한 살림일수록 기와집을 짓는다는 뜻으로, 실상은 가난한 사람이 남에게 업신여김을 당하기 싫어서 허세를 부리려는 심리를 비유적으로 이르는 말
가물에 도랑 친다	한창 가물 때 애쓰며 도랑을 치느라고 분주하게 군다는 뜻으로, 아무 보람도 없는 헛된 일을 하느라고 부산스레 구는 것을 비유적으로 이르는 말
가물에 돌 치다	물이 없는 가뭄에 강바닥에 있는 돌을 미리 치워서 물길을 낸다는 뜻으로 무슨 일이든지 사전에 미리 준비해야 함을 비유적으로 이르는 말
구름이 자주 끼면 비가 온다	일정한 징조가 있으면 그에 따르는 결과가 있기 마련임을 비유적으로 이르는 말
까마귀 미역 감듯	① 까마귀는 미역을 감아도 그냥 검다는 데서, 일한 자취나 보람이 드러나지 않음을 비유적으로 이르는 말 ② 일을 처리함에 있어 세밀하지 못하고 거친 것을 비유적으로 이르는 말
깻묵에도 씨가 있다	① 언뜻 보면 없을 듯한 곳에도 자세히 살펴보면 혹 있을 수 있음을 비유적으로 이르는 말 ② 아무리 하찮아 보이는 물건에도 제 속은 있음을 비유적으로 이르는 말
눈 오는 날 거지 빨래한다	눈이 내리는 날은 날씨가 대개 포근함을 이르는 말
달걀 지고 성(城) 밑으로 못 가겠다	무슨 일을 지나치게 두려워하며 걱정하는 사람을 두고 하는 말 = 기우(杞憂)
돼지우리에 주석 자물쇠	격에 맞지 않게 지나친 치장을 한다는 말 = 가게 기둥에 입춘, 개발에 주석 편자, 짚신에 국화 그리기
떼어 놓은 당상	떼어 놓은 당상이 변하거나 다른 데로 갈 리 없다는 데서, 일이 확실하여 조금도 틀림이 없음을 이르는 말
말 갈 데 소 갈 데 다 다녔다	온갖 곳을 다 다녔다는 뜻
미꾸라지가 모래 쑤신다	무슨 일을 했거나 어떤 일이 있었는데 전혀 흔적이 보이지 않음을 이르는 말
바늘 가는 데 실 간다	바늘이 가는 데 실이 항상 뒤따른다는 뜻으로, 사람의 긴밀한 관계를 비유적으로 이르는 말
바람 따라 돛을 단다[올린다]	① 바람이 부는 형세를 보아 가며 돛을 단다는 뜻으로, 때를 잘 맞추어서 일을 벌여 나가야 성과를 거둘 수 있음을 비유적으로 이르는 말 ② 일정한 신념과 주견이 없이 기회나 형편을 엿보다가 조건이 좋은 쪽을 따라 이리저리 흔들리는 모양을 비꼬는 말 = 바람세에 맞추어 돛을 단다.
봄볕은 며느리가 맞게 하고 가을볕은 딸에게 맞게 한다	신선한 가을볕에는 딸을 쬐이고 살갗이 잘 타고 거칠어지는 봄볕에는 며느리를 쬐인다는 뜻으로, 시어머니는 며느리보다 제 딸을 더 아낌을 비유적으로 이르는 말

부처님 가운데 토막	성질이 온순하고 마음이 어진 사람을 비유하는 말
빈대 잡으려고 초가삼간 태운다	큰 손해가 될 것은 생각하지 않고 제게 매우 마땅치 않은 것을 없애기 위해 일을 함을 이르는 말 = 교각살우(矯角殺牛)
삼밭에 쑥대	좋은 환경에서 자란 사람은 그 환경의 영향을 받아 품행이 단정해진다는 뜻 = 마중지봉(麻中之蓬)
서 발 막대 거칠 것이 없다	너무 가난하여 집안에 세간이 아무것도 없다는 뜻
소경 머루 먹듯	좋고 나쁜 것을 분별하지 못하고 이것저것 아무것이나 취하는 모양을 비유적으로 이르는 말 = 들녘 소경 머루 먹듯
수양산 그늘이 강동 팔십 리를 간다	수양산 그늘진 곳에 아름답기로 유명한 강동 땅 팔십 리가 펼쳐졌다는 뜻으로, 어떤 한 사람이 크게 되면 친척이나 친구들까지 그 덕을 입게 됨을 비유적으로 이르는 말
양지가 음지 되고 음지가 양지 된다	세상일이란 돌고 도는 것이어서 처지가 뒤바뀌게 마련임을 비유적으로 이르는 말 = 새옹지마(塞翁之馬)
우물에 가 숭늉 찾는다	성미가 너무 급하여 참고 기다리지 못함을 이르는 말
재미난 골에 범 난다	① 편하고 재미있다고 위험한 일이나 나쁜 일을 계속하면 나중에는 큰 화를 당하게 됨을 이르는 말 ② 지나치게 재미있으면 그 끝에 가서는 좋지 않은 일이 생김을 이르는 말
파방(파장)에 수수엿 장수	기회를 놓쳐 별 볼일 없다는 것을 이르는 말
하룻강아지 범 무서운 줄 모른다	약한 사람이 철없이 강한 사람에게 덤벼들 때 이르는 말 = 당랑거철(螳螂拒轍)

03 한자

1 모양이 비슷한 한자

可	司	可否 가부 (**옳을 가**, 아닐 부)
		司法 사법 (맡을 사, 법 법)
恪	格	恪別 각별 (**삼갈 각**, 나눌 별)
		格式 격식 (격식 격, 법 식)
勘	甚	勘定 감정 (**이길 감**, 정할 정)
		極甚 극심 (극진할 극/다할 극, 심할 심)
腔	空	口腔 구강 (입 구, **속 빌 강**)
		空間 공간 (빌 공, 사이 간)
坑	抗	坑夫 갱부 (**구덩이 갱**, 지아비 부)
		對抗 대항 (대할 대, 겨룰 항)
誇	洿	誇張 과장 (**자랑할 과**, 베풀 장)
		洿池 오지 (웅덩이 오, 못 지)
括	活	一括 일괄 (한 일, **묶을 괄**)
		生活 생활 (날 생, 살 활)
攪	覺	攪亂 교란 (**흔들 교**, 어지러울 란)
		覺醒 각성 (깨달을 각, 깰 성)
詭	危	詭辯 궤변 (**속일 궤**, 말씀 변)
		危機 위기 (위태할 위, 틀 기)
喫	契	喫煙 끽연 (**먹을 끽**, 연기 연)
		契約 계약 (맺을 계, 맺을 약)
拿	合	拿捕 나포 (**잡을 나**, 잡을 포)
		合意 합의 (합할 합, 뜻 의)
懦	儒	懦弱 나약 (**나약할 나**, 약할 약)
		儒學 유학 (선비 유, 배울 학)
捺	奈	捺印 날인 (**누를 날**, 도장 인)
		奈落 나락 (어찌 나/어찌 내, 떨어질 락)
撞	童	撞着 당착 (**칠 당**, 붙을 착/나타날 저)
		童謠 동요 (아이 동/땅 이름 종, 노래 요)
鈍	沌	鈍濁 둔탁 (**둔할 둔**, 흐릴 탁)
		混沌 혼돈 (섞을 혼, 엉길 돈)

轢	樂	軋轢 알력 (삐걱거릴 알, **칠 력**)
		音樂 음악 (소리 음, 노래 악)
頒	分	頒布 반포 (**나눌 반**, 베 포/펼 포)
		分析 분석 (나눌 분, 쪼갤 석)
雹	包	雨雹 우박 (비 우, **우박 박**)
		包含 포함 (쌀 포, 머금을 함)
徙	徒	移徙 이사 (옮길 이, **옮길 사**)
		徒步 도보 (무리 도, 걸음 보)
斡	幹	斡旋 알선 (**돌 알**/주장할 간, 돌 선)
		根幹 근간 (뿌리 근, 줄기 간)
冶	治	陶冶 도야 (질그릇 도, **풀무 야**)
		政治 정치 (정사 정, 다스릴 치)
咽	因	嗚咽 오열 (슬플 오, **목멜 열**)
		因果 인과 (인할 인, 실과 과)
緩	煖	緩和 완화 (**느릴 완**, 화할 화)
		煖房 난방 (더울 난, 방 방)
凝	疑	凝結 응결 (**엉길 응**, 맺을 결)
		疑心 의심 (의심할 의, 마음 심)
撒	散	撒布 살포 (**뿌릴 살**, 베 포/펼 포)
		擴散 확산 (넓힐 확, 흩을 산)
甦	更	甦生 소생 (**깨어날 소**, 날 생)
		更生 갱생 (다시 갱/고칠 경, 날 생)
燼	盡	灰燼 회신 (재 회, **불탄 끝 신**)
		消盡 소진 (사라질 소, 다할 진)
悛	俊	改悛 개전 (고칠 개, **고칠 전**)
		俊傑 준걸 (준걸 준, 뛰어날 걸)
塡	眞	補塡 보전 (기울 보, **메울 전**)
		眞僞 진위 (참 진, 거짓 위)
嗾	族	使嗾 사주 (하여금 사, **부추길 주**)
		家族 가족 (집 가, 겨레 족)
澄	登	明澄 명징 (밝을 명, **맑을 징**)
		登校 등교 (**오를 등**, 학교 교)
懺	纖	懺悔 참회 (**뉘우칠 참**, 뉘우칠 회)
		纖維 섬유 (**가늘 섬**, 벼리 유)

萃	醉	拔萃 발췌 (뽑을 발, **모을 췌**)
		心醉 심취 (마음 심, 취할 취)
奪	準	剝奪 박탈 (벗길 박, **빼앗을 탈**)
		基準 기준 (터 기, 준할 준)
褒	保	褒賞 포상 (**기릴 포**, 상줄 상)
		保護 보호 (지킬 보, 도울 호)
肓	妄	膏肓 고황 (기름 고, **명치끝 황**)
		妄言 망언 (망령될 망, 말씀 언)
嗅	臭	嗅覺 후각 (**맡을 후**, 깨달을 각)
		惡臭 악취 (악할 악, 냄새 취)

② 나이 관련 한자

10세 남짓	沖年(충년)
15세	志于學(지우학)
16세	破瓜之年(파과지년), 芳年(방년. 주로 여자)
20세 안팎	弱冠(약관. 주로 남자), 結髮(결발) * 妙齡(묘령): 20세 안팎의 젊은 여자
30세	而立志(이립지)
32세	二毛(이모. 흰 머리 반 검은 머리 반이었던 '반악'이란 시인을 가리킴)
40세	不惑(불혹)
48세	桑年(상년. 열 십 자 세 개 아래에 木)
50세	知天命(지천명), 艾年(애년)
60세	耳順(이순), 六旬(육순), 回甲(회갑), 華甲(화갑), 還甲(환갑)
70세	古稀(고희), 從心(종심), 稀壽(희수)
70~80세	耄耋(모질)
80세	傘壽(산수)
90세	卒壽(졸수)
100세	期頤之壽(기이지수), 百壽(백수)

더 알아보기

24절기

- 봄(春-춘): 立春(입춘. 2월 4일경), 雨水(우수), 驚蟄(경칩), 春分(춘분), 淸明(청명), 穀雨(곡우)
- 여름(夏-하): 立夏(입하. 5월 6일경), 小滿(소만), 芒種(망종), 夏至(하지), 小暑(소서), 大暑(대서)
- 가을(秋-추): 立秋(입추. 8월 8일경), 處暑(처서), 白露(백로), 秋分(추분), 寒露(한로), 霜降(상강)
- 겨울(冬-동): 立冬(입동. 11월 8일경), 小雪(소설), 大雪(대설), 冬至(동지), 小寒(소한), 大寒(대한)

ㄱ

去頭截尾 거두절미	• 去: 갈 거, 頭: 머리 두, 截: 끊을 절, 尾: 꼬리 미 • 앞뒤의 사설을 제외하고 요점만 말함
居安思危 거안사위	• 居: 살 거, 安: 편안 안, 思: 생각 사, 危: 위태할 위 • 편안할 때도 닥쳐올 위태로움을 생각하며 대비함
格物致知 격물치지	• 格: 격식 격, 物: 물건 물, 致: 이를 치, 知: 알 지 • 사물의 이치를 규명하여 자기의 지식을 확고하게 함
隔世之感 격세지감	• 隔: 사이 뜰 격, 世: 인간/대 세, 之: 갈 지, 感: 느낄/한할 감 • 다른 세대와 같이 많은 변화가 있었음을 비유하는 말
隔靴搔痒 격화소양	• 隔: 사이 뜰 격, 靴: 신 화, 搔: 긁을 소, 痒: 가려울 양 • 신을 신은 채 가려운 발바닥을 긁음과 같이 애써서 일을 하는데 성과가 좋지 않고, 일의 핵심을 찌르지 못함
牽强附會 견강부회	• 牽: 이끌/끌 견, 强: 강할 강, 附: 붙을 부, 會: 모일 회 • 억지로 말을 끌어 붙여 자기가 주장하는 조건에 맞도록 함
見利思義 견리사의	• 見: 볼 견, 利: 이로울 리/이, 思: 생각 사, 義: 옳을 의 • 눈앞의 이익을 보면 의리를 먼저 생각함. 즉, 이익을 보면 그것이 의리에 합당한가를 먼저 생각해야 함
犬馬之勞 견마지로	• 犬: 개 견, 馬: 말 마, 之: 갈 지, 勞: 일할 로/노 ① 윗사람에게 바치는 자기의 노력을 낮추어서 하는 말 ② 임금이나 나라에 충성을 다하는 노력
犬馬之誠 견마지성	• 犬: 개 견, 馬: 말 마, 之: 갈 지, 誠: 정성 성 • 임금이나 나라에 정성으로 바치는 정성, 자신의 정성을 낮추어 이르는 말
見物生心 견물생심	• 見: 볼 견, 物: 물건 물, 生: 날 생, 心: 마음 심 • 어떠한 실물을 보게 되면 그것을 가지고 싶은 욕심이 생김
見危授命 견위수명	• 見: 볼 견, 危: 위태할 위, 授: 줄 수, 命: 목숨 명 • 나라의 위태로운 지경을 보고 제 목숨을 바쳐 나라를 위해 싸움
犬兎之爭 견토지쟁	• 犬: 개 견, 兎: 토끼 토, 之: 갈 지, 爭: 다툴 쟁 • 개와 토끼가 쫓고 쫓기다가 둘 다 지쳐 죽어 제삼자가 이익을 본다는 뜻
結者解之 결자해지	• 結: 맺을 결, 者: 놈 자, 解: 풀 해, 之: 갈 지 • 일을 맺은 사람이 풀어야 한다는 뜻으로, 일을 벌여 놓은 사람이 끝을 맺어야 한다는 말

結草報恩 결초보은	• 結: 맺을 결, 草: 풀 초, 報: 갚을/알릴 보, 恩: 은혜 은 • 풀을 엮어서 은혜를 갚는다는 의미로 죽어서도 잊지 않고 은혜를 갚는다는 말
謙讓之德 겸양지덕	• 謙: 겸손할 겸, 讓: 사양할 양, 之: 갈 지, 德: 덕 덕 • 겸손하고 사양하는 미덕
輕擧妄動 경거망동	• 輕: 가벼울 경, 擧: 들 거, 妄: 망령될 망, 動: 움직일 동 • 경솔하고 망령되게 행동한다는 뜻으로, 도리나 사정을 생각하지 않고 경솔하게 행동함
傾國之色 경국지색	• 傾: 기울 경, 國: 나라 국, 之: 갈 지, 色: 빛 색 • 뛰어나게 아름다운 미인
耕者有田 경자유전	• 耕: 밭 갈 경, 者: 놈 자, 有: 있을 유, 田: 밭 전 • 경작자(농사를 짓는 사람)가 밭을 소유함
鷄卵有骨 계란유골	• 鷄: 닭 계, 卵: 알 란/난, 有: 있을 유, 骨: 뼈 골 • 계란에도 뼈가 있다는 뜻으로, 복이 없는 사람은 아무리 좋은 기회를 만나도 덕을 못 본다는 말
孤軍奮鬪 고군분투	• 孤: 외로울 고, 軍: 군사 군, 奮: 떨칠 분, 鬪: 싸움 투 • 수가 적고 도움이 없는 약한 군대가 강한 적과 용감하게 잘 싸움
膏粱珍味 고량진미	• 膏: 기름 고, 粱: 기장 량/양, 珍: 보배 진, 味: 맛 미 • 기름진 고기와 좋은 곡식으로 만든 맛있는 음식
姑息之計 고식지계	• 姑: 시어머니 고, 息: 쉴 식, 之: 갈 지, 計: 셀 계 • 당장에 편한 것만 취하는 계책. 임시변통이나 일시 미봉하는 계책
苦肉之計 고육지계	• 苦: 쓸 고, 肉: 고기 육, 之: 갈 지, 計: 셀 계 • 적을 속이기 위해, 자신의 희생을 무릅쓰고 꾸미는 계책이라는 뜻으로, 어려운 상태를 벗어나기 위해 어쩔 수 없이 꾸며 내는 계책을 이르는 말
孤掌難鳴 고장난명	• 孤: 외로울 고, 掌: 손바닥 장, 難: 어려울 난, 鳴: 울 명 ① 혼자의 힘만으로 어떤 일을 이루기 어려움 ② 맞서는 사람이 없으면 싸움이 일어나지 아니함
苦盡甘來 고진감래	• 苦: 쓸 고, 盡: 다할 진, 甘: 달 감, 來: 올 래/내 • 고생 끝에 낙이 온다는 말
曲學阿世 곡학아세	• 曲: 굽을 곡, 學: 배울 학, 阿: 언덕 아, 世: 인간/대 세 • 정도(正道)를 벗어난 학문으로 세상 사람에게 아첨함
骨肉相殘 골육상잔	• 骨: 뼈 골, 肉: 고기 육, 相: 서로 상, 殘: 잔인할/남을 잔 • 같은 혈족끼리 서로 다투고 해하는 것 　= 골육상쟁(骨肉相爭, 骨: 뼈 골, 肉: 고기 육, 相: 서로 상, 爭: 다툴 쟁)
過猶不及 과유불급	• 過: 지날 과, 猶: 오히려 유, 不: 아닐 불, 及: 미칠 급 • 정도를 지나친 것은 도리어 미치지 못한 것과 같다는 말

瓜田不納履 과전불납리	• 瓜: 오이 과, 田: 밭 전, 不: 아닐 불, 納: 들일 납, 履: 신 리/이 • 오이밭에서는 신을 고쳐 신지 말라는 뜻으로, 의심받기 쉬운 행동은 하지 말아야 함을 이르는 말
管鮑之交 관포지교	• 管: 대롱 관, 鮑: 절인 물고기 포, 之: 갈 지, 交: 사귈 교 • 관중과 포숙의 사귐이란 뜻으로, 우정이 아주 돈독한 친구 관계를 이르는 말 = 수어지교(水魚之交, 水: 물 수, 魚 물고기 어, 之 갈 지, 交 사귈 교) = 문경지교(刎頸之交, 刎: 목 벨 문, 頸 목 경, 之 갈 지, 交 사귈 교)
刮目相對 괄목상대	• 刮: 긁을 괄, 目: 눈 목, 相: 서로 상, 對: 대할 대 • 눈을 비비고 다시 보며 상대방을 대한다는 뜻으로, 남의 학식이나 재주가 놀랄 만큼 갑자기 향상됨을 일컫는 말
矯角殺牛 교각살우	• 矯: 바로잡을 교, 角: 뿔 각, 殺: 죽일 살, 牛: 소 우 • 뿔을 고치려다 소를 죽인다는 말로, 곧 작은 일에 힘쓰다가 큰일을 망치는 것
巧言令色 교언영색	• 巧: 공교할 교, 言: 말씀 언, 令: 하여금 령/영, 色: 빛 색 • 교묘하게 꾸며대는 말과 아첨하는 얼굴빛
口蜜腹劍 구밀복검	• 口: 입 구, 蜜: 꿀 밀, 腹: 배 복, 劍: 칼 검 • 입에는 꿀이 있고 배 속에는 칼이 있다는 뜻으로, 말로는 친한 듯하나 속으로는 해칠 생각이 있음을 이르는 말
口尙乳臭 구상유취	• 口: 입 구, 尙: 오히려 상, 乳: 젖 유, 臭: 냄새 취 • 입에서 아직 젖내가 난다는 뜻으로, 언어와 행동이 매우 유치함을 일컬음
九牛一毛 구우일모	• 九: 아홉 구, 牛: 소 우, 一: 한 일, 毛: 터럭 모 • 매우 많은 것 가운데 극히 적은 수
九折羊腸 구절양장	• 九: 아홉 구, 折: 꺾을 절, 羊: 양 양, 腸: 창자 장 ① 양의 창자처럼 험하고 꼬불꼬불한 길 ② 세상이 복잡하여 살아가기 어렵다는 말
群鷄一鶴 군계일학	• 群: 무리 군, 鷄: 닭 계, 一: 한 일, 鶴: 학 학 • 많은 사람 가운데서 뛰어난 인물을 이르는 말
君臣有義 군신유의	• 君: 임금 군, 臣: 신하 신, 有: 있을 유, 義: 옳을 의 • 임금과 신하 사이에는 의리가 있어야 함
群雄割據 군웅할거	• 群: 무리 군, 雄: 수컷 웅, 割: 벨 할, 據: 근거 거 • 많은 영웅이 각지에 자리 잡고 서로 세력을 다툼
窮餘之策 궁여지책	• 窮: 다할 궁, 餘: 남을 여, 之: 갈 지, 策: 꾀/채찍 책 • 막다른 골목에서 그 국면을 타개하려고 생각다 못해 짜낸 꾀
權謀術數 권모술수	• 權: 권세 권, 謀: 꾀 모, 術: 재주 술, 數: 셈 수 • 목적 달성을 위해서는 수단·방법을 가리지 않고 때와 형편에 따라 둘러맞추는 모략이나 술책
勸善懲惡 권선징악	• 勸: 권할 권, 善: 착할 선, 懲: 징계할 징, 惡: 악할 악 • 착한 행실을 권장하고 악한 행실을 징계함

捲土重來 권토중래	• 捲: 거둘/말 권, 土: 흙 토, 重: 무거울 중, 來: 올 래/내 • 땅을 말아 일으킬 것 같은 기세로 다시 온다는 뜻으로, 한 번 실패하였으나 힘을 회복하여 다시 쳐들어옴을 이르는 말
橘化爲枳 귤화위지	• 橘: 귤 귤, 化: 될 화, 爲: 할 위, 枳: 탱자 지 • 귤이 회수를 건너면 탱자가 된다는 뜻으로, 사람도 환경에 따라 기질이 변한다는 말
近墨者黑 근묵자흑	• 近: 가까울 근, 墨: 먹 묵, 者: 놈 자, 黑: 검을 흑 • 먹을 가까이하면 검어진다는 뜻으로, 나쁜 사람과 사귀면 그 버릇에 물들기 쉽다는 말
金科玉條 금과옥조	• 金: 쇠 금, 科: 과목 과, 玉: 구슬 옥, 條: 가지 조 • 금옥과 같은 법률이라는 뜻으로, 소중히 여기고 지켜야 할 규칙이나 교훈
金蘭之契 금란지계	• 金: 쇠 금, 蘭: 난초 란/난, 之: 갈 지, 契: 맺을 계 • 쇠처럼 단단하고 난초 향기처럼 그윽한 사귐을 맺는다는 뜻으로, 친구 사이의 매우 두터운 정을 이르는 말
錦上添花 금상첨화	• 錦: 비단 금, 上: 윗 상, 添: 더할 첨, 花: 꽃 화 • 좋은 일에 또 좋은 일이 더하여짐을 이르는 말
今昔之感 금석지감	• 今: 이제 금, 昔: 예 석, 之: 갈 지, 感: 느낄 감 • 지금과 옛날을 비교할 때 차이가 매우 심하여 느껴지는 감정
琴瑟之樂 금슬지락	• 琴: 거문고 금, 瑟: 큰 거문고 슬, 之: 갈 지, 樂: 즐길 락/낙 • 부부 사이가 다정하고 화목함
錦衣還鄕 금의환향	• 錦: 비단 금, 衣: 옷 의, 還: 돌아올 환, 鄕: 시골 향 • 비단옷을 입고 고향으로 돌아옴. 즉, 출세를 하여 고향에 돌아가거나 돌아옴
金枝玉葉 금지옥엽	• 金: 쇠 금, 枝: 가지 지, 玉: 구슬 옥, 葉: 잎 엽 • 임금의 자손이나 집안 또는 귀한 자손을 소중히 일컫는 말
氣高萬丈 기고만장	• 氣: 기운 기, 高: 높을 고, 萬: 일만 만, 丈: 어른 장 • 씩씩한 기운이 크게 떨침. 우쭐하여 뽐내는 기세가 대단함
其利斷金 기리단금	• 其: 그 기, 利: 이로울 리/이 , 斷: 끊을 단, 金: 쇠 금 • 절친한 친구 사이
奇想天外 기상천외	• 奇: 기특할 기, 想: 생각 상, 天: 하늘 천, 外: 바깥 외 • 보통 사람이 쉽게 짐작할 수 없을 정도로 엉뚱하고 기발함
騎虎之勢 기호지세	• 騎: 말 탈 기, 虎: 범 호, 之: 갈 지, 勢: 형세 세 • 범을 타고 달리는 형세라는 뜻으로, 시작한 것을 도중에 그만둘 수 없음을 이르는 말

落穽下石 낙정하석	• 落: 떨어질 락/낙, 穽: 함정 정, 下: 아래 하, 石: 돌 석 • 함정에 빠진 사람에게 돌을 던진다는 뜻으로, 위태로운 처지에 있는 사람을 도와주기는커녕 도리어 괴롭힘
爛商討議 난상토의	• 爛: 문드러질 란/난, 商: 장사 상, 討: 칠 토, 議: 의논할 의 • 낱낱이 들어 잘 토의함
難兄難弟 난형난제	• 難: 어려울 난, 兄: 형 형, 難: 어려울 난, 弟: 아우 제 • 누구를 형이라 하고 누구를 아우라 하기 어려움. 비슷하여 우열을 가리기 어려움 = 막상막하(莫上莫下, 莫: 없을 막, 上: 윗 상, 莫: 없을 막, 下: 아래 하) = 백중지세(伯仲之勢, 伯: 맏 백, 仲: 버금 중, 之: 갈 지, 勢: 형세 세)
南柯一夢 남가일몽	• 南: 남녘 남, 柯: 가지 가, 一: 한 일, 夢: 꿈 몽 • 덧없는 꿈이나 한때의 헛된 부귀영화
南橘北枳 남귤북지	• 南: 남녘 남, 橘: 귤 귤, 北: 북녘 북, 枳: 탱자 지 • 강남의 귤을 강북에 옮겨 심으면 탱자나무로 변한다는 뜻으로, 사람은 환경에 따라 착하게도 되고 악하게도 된다는 뜻 = 귤화위지(橘化爲枳, 橘: 귤나무 귤, 化: 될 화, 爲: 할 위, 枳: 탱자 지)
男負女戴 남부여대	• 男: 사내 남, 負: 질 부, 女: 여자 녀/여, 戴: 일 대 • 남자는 지고 여자는 인다는 뜻으로, 가난에 시달리는 사람들이 살 곳을 찾아 떠돌아다니는 것을 말함
囊中之錐 낭중지추	• 囊: 주머니 낭, 中: 가운데 중, 之: 갈 지, 錐: 송곳 추 • 주머니 속의 송곳. 즉, 송곳이 주머니 속에 들어 있어도 그 날카로운 끝을 드러내는 것처럼 재능이 뛰어난 사람은 숨어 있어도 자연히 사람들에게 알려짐을 비유함
囊中取物 낭중취물	• 囊: 주머니 낭, 中: 가운데 중, 取: 가질 취, 物: 물건 물 • 주머니 속의 물건을 꺼내는 것과 아주 손쉽게 얻을 수 있음을 말함
內憂外患 내우외환	• 內: 안 내, 憂: 근심 우, 外: 바깥 외, 患: 근심 환 • 나라 안팎의 여러 가지 어려움
內柔外剛 내유외강	• 內: 안 내, 柔: 부드러울 유, 外: 바깥 외, 剛: 굳셀 강 • 겉으로 보기에는 강하게 보이나 속은 부드러움
盧生之夢 노생지몽	• 盧: 목로 노/로, 生: 날 생, 之: 갈 지, 夢: 꿈 몽 ① 인생의 영고성쇠는 한바탕 꿈처럼 덧없다는 뜻 ② 한때의 헛된 부귀영화
勞心焦思 노심초사	• 勞: 일할 노/로, 心: 마음 심, 焦: 탈 초, 思: 생각 사 • 애를 쓰며 속을 태움
綠衣紅裳 녹의홍상	• 綠: 푸를 록/녹, 衣: 옷 의, 紅: 붉을 홍, 裳: 치마 상 • 연두저고리와 다홍치마라는 뜻으로, 곱게 차려입은 젊은 아가씨의 복색

論功行賞 논공행상	• 論: 논할 론/논, 功: 공 공, 行: 다닐 행, 賞: 상줄 상 • 공이 있고 없음이나 크고 작음을 따져 거기에 알맞은 상을 줌
弄瓦之慶 농와지경	• 弄: 희롱할 롱/농, 瓦: 기와 와, 之: 갈 지, 慶: 경사 경 • 질그릇을 갖고 노는 경사라는 뜻으로, 딸을 낳은 기쁨을 말함
弄璋之慶 농장지경	• 弄: 희롱할 롱/농, 璋: 홀 장, 之: 갈 지, 慶: 경사 경 • 장(璋)으로 만든 구기를 갖고 노는 경사라는 뜻으로, 아들을 낳은 기쁨을 말함 = 농장지희(弄璋之喜, 弄: 희롱할 롱/농, 璋: 홀 장, 之: 갈 지, 喜: 기쁠 희)
籠鳥戀雲 농조연운	• 籠: 대바구니 롱/농, 鳥: 새 조, 戀: 그리워할 련/연, 雲: 구름 운 • 속박당한 몸이 자유를 그리워함
累卵之危 누란지위	• 累: 여러 루/누, 卵: 알 란/난, 之: 갈 지, 危: 위태할 위 • 층층이 쌓아 놓은 알의 위태로움이라는 뜻으로, 몹시 아슬아슬한 위기 = 누란지세(累卵之勢) = 백척간두(百尺竿頭) = 풍전등화(風前燈火)
累卵之勢 누란지세	• 累: 여러 루/누, 卵: 알 란/난, 之: 갈 지, 勢: 형세 세 • 층층이 쌓아 놓은 알의 형세라는 뜻으로, 몹시 위태로운 형세
能小能大 능소능대	• 能: 능할 능, 小: 작을 소, 能: 능할 능, 大: 클/큰 대 • 모든 일에 두루 능함. 남들과 사귀는 수완이 아주 능함

ㄷ

多岐亡羊 다기망양	• 多: 많을 다, 岐: 갈림길 기, 亡: 망할 망, 羊: 양 양 • 갈림길이 많아 찾는 양을 결국 잃고 말았다는 뜻으로, 학문의 길이 여러 갈래이어서 진리를 찾기가 어려움을 이르는 말
多多益善 다다익선	• 多: 많을 다, 多: 많을 다, 益: 더할 익, 善: 착할 선 • 많으면 많을수록 좋음
斷金之交 단금지교	• 斷: 끊을 단, 金: 쇠 금, 之: 갈 지, 交: 사귈 교 • 쇠라도 자를 정도로 강한 교분이라는 뜻으로, 매우 두터운 우정을 말함
斷機之戒 단기지계	• 斷: 끊을 단, 機: 틀 기, 之: 갈 지, 戒: 경계할 계 • 학문을 중도에서 그만두는 것은 마치 짜던 베의 날을 끊어 버리는 것과 같이 아무런 쓸모가 없음을 경계한 말
簞食瓢飮 단사표음	• 簞: 소쿠리 단, 食: 먹이 사, 瓢: 바가지 표, 飮: 마실 음 • 대나무로 만든 밥그릇에 담은 밥과 표주박에 든 물이라는 뜻으로, 청빈하고 소박한 생활을 이르는 말
丹脣皓齒 단순호치	• 丹: 붉을 단, 脣: 입술 순, 皓: 흴 호, 齒: 이 치 • 붉은 입술과 흰 이라는 뜻으로, 여자의 아름다운 얼굴을 말함

堂狗風月 당구풍월	• 堂: 집 당, 狗: 개 구, 風: 바람 풍, 月: 달 월 • 서당 개 삼 년에 풍월을 읊는다는 뜻으로, 비록 무식한 사람이라도 유식한 사람들과 오래 사귀게 되면 자연스럽게 견문이 생긴다는 뜻
螳螂拒轍 당랑거철	• 螳: 사마귀 당, 螂: 사마귀 랑/낭, 拒: 막을 거, 轍: 바퀴자국 철 • 제 역량을 생각하지 않고, 강한 상대나 되지 않을 일에 덤벼드는 무모한 행동거지를 이르는 말
大器晩成 대기만성	• 大: 클/큰 대, 器: 그릇 기, 晩: 늦을 만, 成: 이룰 성 • 큰 그릇을 만드는 데는 시간이 오래 걸린다는 뜻으로, 크게 될 사람은 성공이 늦다는 말
大義名分 대의명분	• 大: 클/큰 대, 義: 옳을 의, 名: 이름 명, 分: 나눌 분 ① 사람으로서 마땅히 지키고 행하여야 할 도리나 본분 ② 어떤 일을 꾀하는 데 내세우는 합당한 구실이나 이유
徒勞無益 도로무익	• 徒: 무리 도, 勞: 일할 로/노, 無: 없을 무, 益: 더할 익 • 애만 쓰고 이로움이 없음
道聽塗說 도청도설	• 道: 길 도, 聽: 들을 청, 塗: 칠할/길 도, 說: 말씀 설 ① 거리에서 들은 것을 남에게 아는 체하며 말함 ② 깊이 생각 않고 예사로 듣고 말함
塗炭之苦 도탄지고	• 塗: 칠할/길 도, 炭: 숯 탄, 之: 갈 지, 苦: 쓸 고 • 진흙 수렁에 빠지고 숯불에 타는 듯한 고통이라는 뜻으로, 학정에 시달리는 백성들의 어려움을 가리키는 말
東家食西家宿 동가식서가숙	• 東: 동녘 동, 家: 집 가, 食: 밥/먹을 식, 西: 서녘 서, 家: 집 가, 宿: 잘 숙 • 먹을 곳, 잘 곳이 없어 떠돌아다니며 이집 저집에서 얻어먹고 지내는 일 또는 그러한 사람
同價紅裳 동가홍상	• 同: 한가지 동, 價: 값 가, 紅: 붉을 홍, 裳: 치마 상 • 같은 값이면 다홍치마라는 뜻으로, 같은 값이면 품질이 좋은 것을 택한다는 말
同苦同樂 동고동락	• 同: 한가지 동, 苦: 쓸 고, 同: 한가지 동, 樂: 즐거울 락/낙 • 괴로움도 즐거움도 함께함
棟樑之材 동량지재	• 棟: 마룻대 동, 樑: 들보 량/양, 之: 갈 지, 材: 재목 재 • 기둥이나 들보로 쓸 만한 재목이라는 뜻으로, 훌륭한 인재, 한 집안이나 한 나라의 큰일을 맡을 만한 사람을 이르는 말
東問西答 동문서답	• 東: 동녘 동, 問: 물을 문, 西: 서녘 서, 答: 대답 답 • 묻는 말에 대하여 전혀 엉뚱한 대답을 하는 것
同病相憐 동병상련	• 同: 한가지 동, 病: 병 병, 相: 서로 상, 憐: 불쌍히 여길 련/연 • 어려운 처지에 있는 사람끼리 서로 가엾게 여김
東奔西走 동분서주	• 東: 동녘 동, 奔: 달릴 분, 西: 서녘 서, 走: 달릴 주 • 사방으로 이리저리 부산하게 돌아다님
同床異夢 동상이몽	• 同: 한가지 동, 床: 평상 상, 異: 다를 이/리, 夢: 꿈 몽 • 같은 침상에서 꿈을 다르게 꾼다는 뜻으로, 겉으로는 같이 행동하면서 속으로는 각각 딴생각을 함을 이르는 말

杜門不出 두문불출	• 杜: 막을 두, 門: 문 문, 不: 아닐 불, 出: 날 출 • 집에만 있고 바깥출입을 아니함
得隴望蜀 득롱망촉	• 得: 얻을 득, 隴: 흐릿할 롱/농, 望: 바랄 망, 蜀: 나라 이름 촉 • 중국 한나라 때 광무제가 농을 정복한 뒤 촉을 쳤다는 데서 나온 말로, 끝없는 욕심을 이르는 말
登高自卑 등고자비	• 登: 오를 등, 高: 높을 고, 自: 스스로 자, 卑: 낮을 비 • 높은 곳에 오르려면 낮은 곳에서부터 시작해야 한다는 뜻으로, 모든 일은 순서를 밟아야 함을 이르는 말
燈下不明 등하불명	• 燈: 등 등, 下: 아래 하, 不: 아닐 불, 明: 밝을 명 • 등잔 밑이 어둡다는 뜻으로, 가까이에서 일어나는 일을 오히려 잘 모른다는 말
燈火可親 등화가친	• 燈: 등 등, 火: 불 화, 可: 옳을 가, 親: 친할 친 • 가을밤은 시원하고 상쾌하므로 등불을 가까이 하여 글 읽기에 좋음을 이르는 말

ㅁ

磨斧爲針 마부위침	• 磨: 갈 마, 斧: 도끼 부, 爲: 할 위, 針: 바늘 침 • 아무리 이루기 힘든 일도 끊임없는 노력과 끈기 있는 인내로 성공하고야 만다는 뜻
馬耳東風 마이동풍	• 馬: 말 마, 耳: 귀 이, 東: 동녘 동, 風: 바람 풍 • 남의 말을 귀담아듣지 않고 흘려버리는 것을 말함
莫上莫下 막상막하	• 莫: 없을 막, 上: 윗 상, 莫: 없을 막, 下: 아래 하 • 실력에 있어 더 낫고 더 못함이 없이 비슷함
莫逆之友 막역지우	• 莫: 없을 막, 逆: 거스를 역, 之: 갈 지, 友: 벗 우 • 서로 거스름이 없는 친구라는 뜻으로, 허물이 없이 아주 친한 친구를 이르는 말 = 문경지교(刎頸之交) = 금란지교(金蘭之交) = 단금지교(斷金之交) = 수어지교(水魚之交) = 지란지교(芝蘭之交) = 지기지우(知己之友) = 지음(知音) = 백아절현(伯牙絕絃)
萬頃蒼波 만경창파	• 萬: 일만 만, 頃: 이랑 경, 蒼: 푸를 창, 波: 물결 파 • 만 이랑과 푸른 물결이라는 뜻으로, 한없이 넓고 푸른 바다를 말함
萬古風霜 만고풍상	• 萬: 일만 만, 古: 옛 고, 風: 바람 풍, 霜: 서리 상 • 아주 오랜 세월 동안 겪어 온 많은 고생
萬事休矣 만사휴의	• 萬: 일만 만, 事: 일 사, 休: 쉴 휴, 矣: 어조사 의 • 모든 것이 헛수고로 돌아감
晩時之歎 만시지탄	• 晩: 늦을 만, 時: 때 시, 之: 갈 지, 歎: 탄식할 탄 • 시기가 늦어 기회를 놓친 것이 원통해서 탄식함을 이르는 말

亡羊補牢 망양보뢰	• 亡: 망할 망, 羊: 양 양, 補: 기울 보, 牢: 우리 뢰/뇌 • 양을 잃고 우리를 고친다는 뜻으로, 이미 어떤 일을 실패한 뒤에 뉘우쳐도 아무 소 용이 없음을 이르는 말 = 소 잃고 외양간 고친다.
望洋之嘆 망양지탄	• 望: 바랄 망, 洋: 큰 바다 양, 之: 갈 지, 嘆: 탄식할 탄 • 큰 바다를 바라보며 하는 탄식이라는 뜻으로, 제 힘이 미치지 못할 때 하는 탄식을 이르는 말
望雲之情 망운지정	• 望: 바랄 망, 雲: 구름 운, 之: 갈 지, 情: 뜻 정 • 구름을 바라보며 그리워한다는 뜻으로, 자식이 객지에서 고향에 계신 어버이를 생 각하는 마음을 이르는 말
亡子計齒 망자계치	• 亡: 망할 망, 子: 아들 자, 計: 셀 계, 齒: 이 치 • '죽은 자식 나이 세기'라는 뜻으로, 이미 지나간 쓸데없는 일을 생각하며 애석하게 여긴다는 뜻
麥秀之嘆 맥수지탄	• 麥: 보리 맥, 秀: 빼어날 수, 之: 갈 지, 嘆: 탄식할 탄 • 고국의 멸망을 한탄함
孟母斷機 맹모단기	• 孟: 맏 맹, 母: 어머니 모, 斷: 끊을 단, 機: 틀 기 • 맹자가 학업을 중단하고 돌아왔을 때에, 그 어머니가 짜던 베를 잘라서 학문을 중 도에 그만둔 것을 훈계한 일을 이르는 말 = 맹모단기지교(孟母斷機之敎)
面從腹背 면종복배	• 面: 낯 면, 從: 좇을 종, 腹: 배 복, 背: 등/배반할 배 • 겉으로는 순종하는 체하고 속으로는 딴 마음을 먹음
滅私奉公 멸사봉공	• 滅: 꺼질/멸할 멸, 私: 사사 사, 奉: 받들 봉, 公: 공평할 공 • 사를 버리고 공을 위하여 힘써 일함
明鏡止水 명경지수	• 明: 밝을 명, 鏡: 거울 경, 止: 그칠 지, 水: 물 수 • 맑은 거울과 고요한 물이라는 뜻으로, 잡념과 허욕이 없는 깨끗한 마음을 비유적으 로 이르는 말
名實相符 명실상부	• 名: 이름 명, 實: 열매 실, 相: 서로 상, 符: 부호 부 • 이름과 실상이 서로 들어맞음
明若觀火 명약관화	• 明: 밝을 명, 若: 같을 약, 觀: 볼 관, 火: 불 화 • 불을 보는 것처럼 밝게 보인다는 뜻으로, 더 말할 나위 없이 명백함을 이르는 말
命在頃刻 명재경각	• 命: 목숨 명, 在: 있을 재, 頃: 이랑/잠깐 경, 刻: 새길 각 • 목숨이 경각에 달려 있다는 뜻으로, 거의 죽게 되어 곧 숨이 끊어질 지경에 이른다 는 것을 말함
矛盾 모순	• 矛: 창 모, 盾: 방패 순 • 말이나 행동의 앞뒤가 서로 맞지 않음
目不識丁 목불식정	• 目: 눈 목, 不: 아닐 불, 識: 알 식, 丁: 고무래/장정 정 • 고무래를 보고도 그것이 고무래 정(丁)자인 줄 모른다는 뜻으로, 아주 까막눈임을 이르는 말 = 낫 놓고 기역 자도 모른다

目不忍見 목불인견	• 目: 눈 목, 不: 아닐 불, 忍: 참을 인, 見: 볼 견 • 딱한 모양을 눈 뜨고는 차마 볼 수 없음
猫頭懸鈴 묘두현령	• 猫: 고양이 묘, 頭: 머리 두, 懸: 달 현, 鈴: 방울 령/영 • '고양이 목에 방울 달기'라는 뜻으로, 실행할 수 없는 헛된 논의를 이르는 말
武陵桃源 무릉도원	• 武: 호반 무, 陵: 언덕 릉/능, 桃: 복숭아 도, 源: 근원 원 • 도연명의 《도화원기(桃花源記)》에 나오는 가상의 선경(仙境)으로 '이상향', '별천지'를 비유적으로 이르는 말
無所不爲 무소불위	• 無: 없을 무, 所: 바 소, 不: 아닐 불, 爲: 할 위 • 하지 못하는 일이 없음
無爲徒食 무위도식	• 無: 없을 무, 爲: 할 위, 徒: 무리 도, 食: 밥/먹을 식 ① 하는 일 없이 헛되이 먹기만 함 ② 게으르거나 능력이 없는 사람
無依無托 무의무탁	• 無: 없을 무, 依: 의지할 의, 無: 없을 무, 托: 맡길 탁 • 몸을 의지하고 의탁할 곳이 없음
墨守 묵수	• 墨: 먹 묵, 守: 지킬 수 • 묵자가 끝까지 성을 지킨다는 뜻으로, 자기의 의견 또는 소신을 굽힘이 없이 끝까지 지키는 것
墨翟之守 묵적지수	• 墨: 먹 묵, 翟: 꿩 적, 之: 갈 지, 守: 지킬 수 ① 자기 의견이나 주장을 굽히지 않고 끝까지 지킴 ② 융통성이 없음을 비유
刎頸之交 문경지교	• 刎: 목 벨 문, 頸: 목 경, 之: 갈 지, 交: 사귈 교 • 서로를 위해서라면 목이 잘린다 해도 후회하지 않을 정도의 사이라는 뜻으로, 생사를 같이 할 수 있는 매우 소중한 벗 = 막역지우(莫逆之友, 莫: 없을 막, 逆: 거스를 역, 之: 갈 지, 友: 벗 우)
文房四友 문방사우	• 文: 글월 문, 房: 방 방, 四: 넉 사, 友: 벗 우 • 서재에 꼭 있어야 할 네 벗, 즉 종이, 붓, 벼루, 먹을 말함
門前成市 문전성시	• 門: 문 문, 前: 앞 전, 成: 이룰 성, 市: 저자 시 • 권세가 크거나 부자가 되어 집 문 앞이 찾아오는 손님들로 마치 시장을 이룬 것 같음
物外閒人 물외한인	• 物: 물건 물, 外: 바깥 외, 閒: 한가할 한, 人: 사람 인 • 세상의 시끄러움에서 벗어나 한가롭게 지내는 사람
尾生之信 미생지신	• 尾: 꼬리 미, 生: 날 생, 之: 갈 지, 信: 믿을 신 • 우직하여 융통성이 없이 약속만을 굳게 지킴을 비유적으로 이르는 말
美人薄命 미인박명	• 美: 아름다울 미, 人: 사람 인, 薄: 엷을 박, 命: 목숨 명 • 미인은 흔히 불행하거나 병약하여 요절하는 일이 많다는 말
未曾有 미증유	• 未: 아닐 미, 曾: 일찍 증, 有: 있을 유 • 지금까지 아직 한 번도 있어 본 일이 없음

博而不精 박이부정	• 博: 넓을 박, 而: 말 이을 이, 不: 아닐 부, 精: 정할 정 • 널리 알되 능숙하거나 정밀하지 못함
拍掌大笑 박장대소	• 拍: 칠/어깨 박, 掌: 손바닥 장, 大: 클/큰 대, 笑: 웃음 소 • 손뼉을 치면서 크게 웃음
博學多識 박학다식	• 博: 넓을 박, 學: 배울 학, 多: 많을 다, 識: 알 식 • 학문이 넓고 식견이 많음
反目嫉視 반목질시	• 反: 돌이킬/돌아올 반, 目: 눈 목, 嫉: 미워할 질, 視: 볼 시 • 서로 미워하고 질투하는 눈으로 봄 = 백안시(白眼視, 白: 흰 백, 眼: 눈 안, 視: 볼 시)
反哺之孝 반포지효	• 反: 돌이킬/돌아올 반, 哺: 먹일 포, 之: 갈 지, 孝: 효도 효 • 자식이 성장하여 부모를 봉양함
拔本塞源 발본색원	• 拔: 뽑을 발, 本: 근본 본, 塞: 막힐 색, 源: 근원 원 • 좋지 않은 일의 근본 원인이 되는 요소를 완전히 없애 버림
拔山蓋世 발산개세	• 拔: 뽑을 발, 山: 메 산, 蓋: 덮을 개, 世: 인간/대 세 • 힘은 산을 뽑고 기상은 세상을 덮을 만큼 기력의 웅대함을 이르는 말
傍若無人 방약무인	• 傍: 곁 방, 若: 같을 약, 無: 없을 무, 人: 사람 인 • 마치 제 세상인 것처럼 거리낌 없이 함부로 말하거나 행동함을 이르는 말
背水之陣 배수지진	• 背: 등/배반할 배, 水: 물 수, 之: 갈 지, 陣: 진 칠 진 ① 물러설 곳이 없으니 목숨을 걸고 싸울 수밖에 없는 상황 ② 물을 등지고 적과 싸울 진을 치는 진법
背恩忘德 배은망덕	• 背: 등/배반할 배, 恩: 은혜 은, 忘: 잊을 망, 德: 큰/덕 덕 • 남에게 입은 은덕을 잊고 배반함
百家爭鳴 백가쟁명	• 百: 일백 백, 家: 집 가, 爭: 다툴 쟁, 鳴: 울 명 • 여러 사람이 서로 자기 주장을 내세우는 일
白骨難忘 백골난망	• 白: 흰 백, 骨: 뼈 골, 難: 어려울 난, 忘: 잊을 망 • 죽어서 백골이 되어도 잊을 수 없다는 뜻으로, 남에게 큰 은덕을 입었을 때 고마움의 뜻으로 이르는 말
百年大計 백년대계	• 百: 일백 백, 年: 해 년/연, 大: 큰/클 대, 計: 셀 계 • 먼 장래까지 내다보고 세우는 큰 계획
百年河淸 백년하청	• 百: 일백 백, 年: 해 년/연, 河: 물 하, 淸: 맑을 청 • 중국의 황허강(黃河江)이 항상 흐려 맑을 때가 없다는 데서 나온 말로, 아무리 바라고 기다려도 실현될 가능성이 없음을 이르는 말

百年偕老 백년해로	• 百: 일백 백, 年: 해 년/연, 偕: 함께 해, 老: 늙을 로/노 • 부부가 서로 사이좋고 화락하게 같이 늙음을 이르는 말
白面書生 백면서생	• 白: 흰 백, 面: 낯 면, 書: 글 서, 生: 날 생 • 희고 고운 얼굴에 글만 읽는 사람이라는 뜻으로, 세상일에 조금도 경험이 없는 사람
百折不屈 백절불굴	• 百: 일백 백, 折: 꺾을 절, 不: 아닐 불, 屈: 굽힐 굴 • 백 번 꺾여도 굴하지 않는다는 뜻으로, 어떤 어려움에도 굽히지 않음
伯仲之間 백중지간	• 伯: 맏 백, 仲: 버금 중, 之: 갈 지, 間: 사이 간 • 힘이나 능력 따위가 서로 엇비슷하여 누가 더 낫고 못함을 가리기 힘든 사이 = 백중지세(伯仲之勢) = 난형난제(難兄難弟)
百尺竿頭 백척간두	• 百: 일백 백, 尺: 자 척, 竿: 낚싯대 간, 頭: 머리 두 • 몹시 어렵고 위태로운 지경 = 풍전등화(風前燈火, 風: 바람 풍, 前: 앞 전, 燈: 등 등, 火: 불 화)
夫婦有別 부부유별	• 夫: 지아비 부, 婦: 며느리 부, 有: 있을 유, 別: 나눌/다를 별 • 부부 사이에는 인륜상 각각 직분이 있어 서로 침범하지 못할 구별이 있음을 이르는 말
夫爲婦綱 부위부강	• 夫: 지아비 부, 爲: 할 위, 婦: 며느리 부, 綱: 벼리 강 • 아내는 남편을 섬기는 것이 근본임을 이르는 말
父爲子綱 부위자강	• 父: 아비 부, 爲: 할 위, 子: 아들 자, 綱: 벼리 강 • 아들은 아버지를 섬기는 것이 근본임을 이르는 말
夫唱婦隨 부창부수	• 夫: 지아비 부, 唱: 부를 창, 婦: 며느리 부, 隨: 따를 수 • 가정에서의 부부 화합의 도리를 이르는 말임
附和雷同 부화뇌동	• 附: 붙을 부, 和: 화할 화, 雷: 우레 뢰/뇌, 同: 한가지 동 • 줏대 없이 남의 의견에 따라 움직임
粉骨碎身 분골쇄신	• 粉: 가루 분, 骨: 뼈 골, 碎: 부술 쇄, 身: 몸 신 • 뼈가 가루가 되고 몸이 부서진다는 뜻으로, 있는 힘을 다해 노력함을 이르는 말
不立文字 불립문자	• 不: 아닐 불, 立: 설 립/입, 文: 글월 문, 字: 글자 자 • 불도의 깨달음은 마음에서 마음으로 전하는 것이므로 말이나 글에 의지하지 않는다는 말 = 이심전심(以心傳心, 以: 써 이, 心: 마음 심, 傳: 전할 전, 心: 마음 심)
不眠不休 불면불휴	• 不: 아닐 불, 眠: 잘 면, 不: 아닐 불, 休: 쉴 휴 • 자지도 않고 쉬지도 않는다는 뜻으로, 조금도 쉬지 않고 애써 일함을 이르는 말
不問可知 불문가지	• 不: 아닐 불, 問: 물을 문, 可: 옳을 가, 知: 알 지 • 묻지 않아도 옳고 그름을 가히 알 수 있음
不問曲直 불문곡직	• 不: 아닐 불, 問: 물을 문, 曲: 굽을 곡, 直: 곧을 직 • 일의 옳고 그름을 따지지 아니함

不撓不屈 불요불굴	• 不: 아닐 불, 撓: 어지러울 요/뇨, 不: 아닐 불, 屈: 굽힐 굴 • 한 번 결심한 마음이 흔들리거나 굽힘이 없음
不撤晝夜 불철주야	• 不: 아닐 불, 撤: 거둘 철, 晝: 낮 주, 夜: 밤 야 • 어떤 일을 함에 있어 밤낮을 가리지 않음
不恥下問 불치하문	• 不: 아닐 불, 恥: 부끄러울 치, 下: 아래 하, 問: 물을 문 • 아랫사람에게 묻는 것을 부끄럽게 여기지 아니함
朋友有信 붕우유신	• 朋: 벗 붕, 友: 벗 우, 有: 있을 유, 信: 믿을 신 • 벗과 벗 사이의 도리는 믿음에 있음을 이르는 말
悲憤慷慨 비분강개	• 悲: 슬플 비, 憤: 분할 분, 慷: 슬플 강, 慨: 분개할 개 • 슬프고 분한 느낌이 마음속에 가득 차 있음
非一非再 비일비재	• 非: 아닐 비, 一: 한 일, 非: 아닐 비, 再: 두 재 • 같은 현상이나 일이 한두 번이나 한둘이 아니고 많음
氷炭之間 빙탄지간	• 氷: 얼음 빙, 炭: 숯 탄, 之: 갈 지, 間: 사이 간 • 얼음과 숯불의 사이라는 뜻으로, 서로 화합할 수 없는 사이를 이르는 말

ㅅ

四顧無親 사고무친	• 四: 넉 사, 顧: 돌아볼 고, 無: 없을 무, 親: 친할 친 • 의지할 만한 사람이 아무도 없음 = 사고무인(四顧無人, 四: 넉 사, 顧: 돌아볼 고, 無: 없을 무, 人: 사람 인)
四面楚歌 사면초가	• 四: 넉 사, 面: 낯 면, 楚: 초나라/회초리 초, 歌: 노래 가 • 한 사람도 도우려는 자가 없이 고립되어 곤경에 처해 있음
沙上樓閣 사상누각	• 沙: 모래 사, 上: 윗 상, 樓: 다락 루/누, 閣: 집 각 • 모래 위에 지은 다락집이라는 뜻으로, 어떤 사물의 기초가 견고하지 못하여 오래 견디지 못함을 이르는 말
事必歸正 사필귀정	• 事: 일 사, 必: 반드시 필, 歸: 돌아갈 귀, 正: 바를/정월 정 • 모든 일은 결국에 가서는 반드시 바른길로 돌아감
山紫水明 산자수명	• 山: 메 산, 紫: 자줏빛 자, 水: 물 수, 明: 밝을 명 • 산은 자줏빛이며 물은 깨끗하다는 뜻으로, 경치가 아름다움을 이르는 말
山戰水戰 산전수전	• 山: 메 산, 戰: 싸움 전, 水: 물 수, 戰: 싸움 전 • 산에서도 싸우고 물에서도 싸웠다는 뜻으로, 세상의 온갖 고난을 다 겪어 세상일에 경험이 많음을 이르는 말

山海珍味 산해진미	• 山: 메 산, 海: 바다 해, 珍: 보배 진, 味: 맛 미 • 산과 바다의 온갖 진귀한 산물을 다 갖추어 차린, 매우 맛이 좋은 음식
殺身成仁 살신성인	• 殺: 죽일 살, 身: 몸 신, 成: 이룰 성, 仁: 어질 인 • 자기 몸을 희생하여 인(仁)을 이룸
三顧草廬 삼고초려	• 三: 석 삼, 顧: 돌아볼 고, 草: 풀 초, 廬: 농막집 려/여 • 인재를 맞아들이기 위하여 참을성 있게 노력함
三旬九食 삼순구식	• 三: 석 삼, 旬: 열흘 순, 九: 아홉 구, 食: 밥/먹을 식 • 한 달에 아홉 끼를 먹을 정도로 매우 빈궁한 생활을 이르는 말
三人成虎 삼인성호	• 三: 석 삼, 人: 사람 인, 成: 이룰 성, 虎: 범 호 • 세 사람이 짜면 범이 거리에 나왔다는 거짓말도 할 수 있다는 뜻으로, 근거 없는 말이라도 여러 사람이 말하면 곧이듣는다는 뜻
桑田碧海 상전벽해	• 桑: 뽕나무 상, 田: 밭 전, 碧: 푸를 벽, 海: 바다 해 • 뽕나무밭이 푸른 바다가 되었다는 뜻으로, 세상일의 변천이 심함을 비유적으로 이르는 말
塞翁之馬 새옹지마	• 塞: 변방 새, 翁: 늙은이 옹, 之: 갈 지, 馬: 말 마 • 인생의 길흉화복은 변화가 많아 예측하기 어렵다는 뜻
生口不網 생구불망	• 生: 날 생, 口: 입 구, 不: 아닐 불, 網: 그물 망 • 산 사람의 목구멍에 거미줄 치지 않는다는 뜻으로, 아무리 곤궁해도 그럭저럭 먹고 살 수 있음을 이르는 말
先見之明 선견지명	• 先: 먼저 선, 見: 볼 견, 之: 갈 지, 明: 밝을 명 • 앞일을 미리 보아서 판단하는 총명함
先公後私 선공후사	• 先: 먼저 선, 公: 공평할 공, 後: 뒤/임금 후, 私: 사사 사 • 공적인 일을 먼저하고 사사로운 일이나 이익을 뒤로 미룸
善男善女 선남선녀	• 善: 착할 선, 男: 사내 남, 善: 착할 선, 女: 여자 녀/여 • 성품이 착한 남자와 여자라는 뜻으로, 착하고 어진 사람들을 이르는 말
仙風道骨 선풍도골	• 仙: 신선 선, 風: 바람 풍, 道: 길 도, 骨: 뼈 골 • 뛰어난 풍채와 골격을 이르는 말
雪膚花容 설부화용	• 雪: 눈 설, 膚: 살갗 부, 花: 꽃 화, 容: 얼굴 용 • 눈처럼 흰 살갗과 꽃처럼 고운 얼굴이라는 뜻으로, 미인의 용모를 이르는 말
雪上加霜 설상가상	• 雪: 눈 설, 上: 윗 상, 加: 더할 가, 霜: 서리 상 • 눈 위에 또 서리가 덮인다는 뜻으로, 불행한 일이 잇따라 일어남을 이르는 말
說往說來 설왕설래	• 說: 말씀 설, 往: 갈 왕, 說: 말씀 설, 來: 올 래/내 • 서로 변론을 주고받으며 옥신각신함

纖纖玉手 섬섬옥수	• 纖: 가늘 섬, 纖: 가늘 섬, 玉: 구슬 옥, 手: 손 수 • 가냘프고 고운 여자의 손
小貪大失 소탐대실	• 小: 작을 소, 貪: 탐할 탐, 大: 큰 대, 失: 잃을 실 • 작은 것을 탐하다가 오히려 큰 것을 잃음
束手無策 속수무책	• 束: 묶을/약속할 속, 手: 손 수, 無: 없을 무, 策: 꾀/채찍 책 • 뻔히 보면서 어찌할 바를 모르고 꼼짝 못함
首丘初心 수구초심	• 首: 머리 수, 丘: 언덕 구, 初: 처음 초, 心: 마음 심 • 여우도 죽을 때는 제가 살던 굴 쪽으로 머리를 돌린다는 뜻으로, 고향을 그리워하는 마음을 이르는 말 　= 호사수구(狐死首丘, 狐: 여우 호, 死: 죽을 사, 首: 머리 수, 丘: 언덕 구)
壽福康寧 수복강녕	• 壽: 목숨 수, 福: 복 복, 康: 편안 강, 寧: 편안할 녕/영 • 오래 살고 복되며, 몸이 건강하고 편안함
手不釋卷 수불석권	• 手: 손 수, 不: 아닐 불, 釋: 풀 석, 卷: 책/말 권 • 손에서 책을 놓지 않는다는 뜻으로, 늘 글을 읽음을 이르는 말
水魚之交 수어지교	• 水: 물 수, 魚: 물고기 어, 之: 갈 지, 交: 사귈 교 • '물과 물고기의 사귐'이란 뜻으로, 서로 떨어질 수 없는 친한 사이를 일컫는 말
守株待兎 수주대토	• 守: 지킬 수, 株: 그루 주, 待: 기다릴 대, 兎: 토끼 토 • 고지식하고 융통성이 없어 구습과 전례만 고집함 　= 각주구검(刻舟求劍, 刻: 새길 각, 舟: 배 주, 求: 구할 구, 劍: 칼 검)
脣亡齒寒 순망치한	• 脣: 입술 순, 亡: 망할 망, 齒: 이 치, 寒: 찰 한 • 입술이 없으면 이가 시리다는 뜻으로, 서로 돕던 이가 망하면 다른 한쪽도 그 영향을 받아 온전하기 어려움을 이르는 말
菽麥不辨 숙맥불변	• 菽: 콩 숙, 麥: 보리 맥, 不: 아닐 불, 辨: 분별할 변 • 콩인지 보리인지를 분별하지 못한다는 뜻으로, 사리 분별을 못 하고 세상 물정을 잘 모름을 이르는 말
識字憂患 식자우환	• 識: 알 식, 字: 글자 자, 憂: 근심 우, 患: 근심 환 • 학식이 있는 것이 도리어 근심을 사게 된다는 말
信賞必罰 신상필벌	• 信: 믿을 신, 賞: 상줄 상, 必: 반드시 필, 罰: 벌할 벌 • 공이 있는 사람에게 반드시 상을 주고, 죄가 있는 사람에게는 반드시 벌을 준다는 뜻으로, 상과 벌을 공정하고 엄격하게 주는 일을 이르는 말
身言書判 신언서판	• 身: 몸 신, 言: 말씀 언, 書: 글 서, 判: 판단할 판 • 예전에, 인물을 선택하는 데 표준으로 삼던 조건, 즉 신수, 말씨, 문필, 판단력의 네 가지를 이르는 말
神出鬼沒 신출귀몰	• 神: 귀신 신, 出: 날 출, 鬼: 귀신 귀, 沒: 빠질 몰 • 귀신같이 나타났다가 사라진다는 뜻으로, 자유자재로 문득 나타났다가 문득 없어짐을 비유적으로 이르는 말

十伐之木 십벌지목	• 十: 열 십, 伐: 칠 벌, 之: 갈 지, 木: 나무 목 ① 어떤 어려운 일이라도 여러 번 계속하여 끊임없이 노력하면 기어이 이루어 내고 야 만다는 뜻 ② 아무리 마음이 굳은 사람이라도 여러 번 계속하여 말을 하면 결국 그 말을 듣게 된다는 뜻
十常八九 십상팔구	• 十: 열 십, 常: 떳떳할/항상 상, 八: 여덟 팔, 九: 아홉 구 • '열에 아홉'이라는 뜻으로, 거의 예외 없이 대개가 그러함을 이르는 말
十匙一飯 십시일반	• 十: 열 십, 匙: 숟가락 시, 一: 한 일, 飯: 밥 반 • 여러 사람이 합심하면 한 사람을 돕는 것은 쉽다는 뜻
十日之菊 십일지국	• 十: 열 십, 日: 날 일, 之: 갈 지, 菊: 국화 국 • 국화는 9월 9일이 절정인데, 지난 9월 10일의 국화라는 뜻으로, 이미 때가 늦었다 는 것을 이르는 말
十中八九 십중팔구	• 十: 열 십, 中: 가운데 중, 八: 여덟 팔, 九: 아홉 구 • '열에 여덟이나 아홉'이라는 뜻으로, 거의 예외 없이 그러할 것이라는 추측을 나타 내는 말

○

阿鼻叫喚 아비규환	• 阿: 언덕 아, 鼻: 코 비, 叫: 부르짖을 규, 喚: 부를 환 • 여러 사람이 참혹한 지경에 빠져 고통받고 울부짖는 상황을 비유적으로 이르는 말
我田引水 아전인수	• 我: 나 아, 田: 밭 전, 引: 끌 인, 水: 물 수 • 자기에게만 이롭게 되도록 생각하거나 행동함을 이르는 말 = 자기 논에 물 대기
安分知足 안분지족	• 安: 편안 안, 分: 나눌 분, 知: 알 지, 足: 발 족 • 편안한 마음으로 제 분수를 지키며 만족할 줄을 앎
安貧樂道 안빈낙도	• 安: 편안 안, 貧: 가난할 빈, 樂: 즐길 락/낙, 道: 길 도 • 가난한 생활 가운데에서도 편안한 마음으로 도를 즐기며 삶
眼下無人 안하무인	• 眼: 눈 안, 下: 아래 하, 無: 없을 무, 人: 사람 인 • 사람됨이 교만하여 남을 업신여김을 이르는 말
哀而不悲 애이불비	• 哀: 슬플 애, 而: 말 이을 이, 不: 아닐 불, 悲: 슬플 비 • 속으로는 슬퍼하지만, 겉으로는 슬픔을 나타내지 아니함
弱肉強食 약육강식	• 弱: 약할 약, 肉: 고기 육, 強: 강할 강, 食: 밥/먹을 식 • 약한 자는 강한 자에게 먹힌다는 뜻으로, 약한 자는 강한 자에게 지배됨을 비유적 으로 이르는 말

羊頭狗肉 양두구육	• 羊: 양 양, 頭: 머리 두, 狗: 개 구, 肉: 고기 육 • 양의 머리를 내걸고 실상은 개고기를 판다는 뜻으로, 겉은 훌륭해 보이나 속은 그렇지 못한 것을 이르는 말 = 양질호피(羊質虎皮, 羊: 양 양, 質: 바탕 질, 虎: 범 호, 皮: 가죽 피)
梁上君子 양상군자	• 梁: 들보 량/양, 上: 윗 상, 君: 임금 군, 子: 아들 자 • 대들보 위에 있는 군자라는 뜻으로, 도둑을 미화하여 점잖게 부르는 말
兩者擇一 양자택일	• 兩: 두 량/양, 者: 놈 자, 擇: 가릴 택, 一: 한 일 • 둘 가운데 하나를 가려 잡음
漁父之利 어부지리	• 漁: 고기 잡을 어, 父: 아비 부, 之: 갈 지, 利: 이로울 리/이 • 두 사람이 다투고 있는 사이에 이 일과 아무 관계도 없는 제삼자가 이익을 보게 됨을 이르는 말
語不成說 어불성설	• 語: 말씀 어, 不: 아닐 불, 成: 이룰 성, 說: 말씀 설 • 하는 말이 조금도 사리에 맞지 아니함
言中有骨 언중유골	• 言: 말씀 언, 中: 가운데 중, 有: 있을 유, 骨: 뼈 골 • 말 속에 뼈가 있다는 뜻으로, 예사로운 말 속에 깊은 속뜻이 숨어 있음을 비유적으로 이르는 말
言則是也 언즉시야	• 言: 말씀 언, 則: 법칙/곧 즉, 是: 이/옳을 시, 也: 잇기/어조사 야 • 말인즉 옳음. 곧 이치에 어그러지는 것이 없음을 이르는 말
易地思之 역지사지	• 易: 바꿀 역, 地: 땅 지, 思: 생각 사, 之: 갈 지 • 처지를 바꾸어서 생각하여 봄
緣木求魚 연목구어	• 緣: 인연 연, 木: 나무 목, 求: 구할 구, 魚: 물고기 어 • 나무에 올라 물고기를 구한다는 뜻으로, 불가능한 일을 무리해서 굳이 하려 함을 비유적으로 이르는 말
炎凉世態 염량세태	• 炎: 불꽃 염, 凉: 서늘할 량/양, 世: 인간/대 세, 態: 모습 태 • 권세가 있을 때에는 아첨하여 따르고, 권세가 없어지면 푸대접하는 세속의 형편을 이르는 말
拈華微笑 염화미소	• 拈: 집을 념/염, 華: 빛날 화, 微: 작을 미, 笑: 웃음 소 • 말로 하지 않고 마음에서 마음으로 전하는 일 = 염화시중(拈華示衆, 拈: 집을 념/염, 華: 빛날 화, 示: 보일 시, 衆: 무리 중)
五里霧中 오리무중	• 五: 다섯 오, 里: 마을 리/이, 霧: 안개 무, 中: 가운데 중 • 오 리나 되는 짙은 안개 속에 있다는 뜻으로, 일의 갈피를 잡기 어려움을 이르는 말
寤寐不忘 오매불망	• 寤: 잠 깰 오, 寐: 잘 매, 不: 아닐 불, 忘: 잊을 망 • 자나 깨나 잊지 못함
吾鼻三尺 오비삼척	• 吾: 나 오, 鼻: 코 비, 三: 석 삼, 尺: 자 척 • 내 코가 석 자라는 뜻으로, 자기 사정이 급박하여 남을 돌보아 줄 겨를이 없음을 이르는 말
吾不關焉 오불관언	• 吾: 나 오, 不: 아닐 불, 關: 관계할 관, 焉: 어찌 언 • 나는 그 일에 상관하지 아니함

烏飛梨落 오비이락	• 烏: 까마귀 오, 飛: 날 비, 梨: 배나무 리/이, 落: 떨어질 락/낙 • 까마귀 날자 배 떨어진다는 뜻으로, 어떤 일이 마침 다른 일과 공교롭게 때가 같아 관계가 있는 것처럼 의심을 받거나 난처한 위치에 서게 됨을 이르는 말
傲霜孤節 오상고절	• 傲: 거만할 오, 霜: 서리 상, 孤: 외로울 고, 節: 마디 절 • 서릿발이 심한 속에서도 굴하지 아니하고 외로이 지키는 절개라는 뜻으로, 국화를 이르는 말
五十步百步 오십보백보	• 五: 다섯 오, 十: 열 십, 步: 걸음 보, 百: 일백 백, 步: 걸음 보 • 조금 낫고 못한 차이는 있지만 본질적으로 차이가 없음을 이르는 말
吳越同舟 오월동주	• 吳: 성씨 오, 越: 넘을 월, 同: 한가지 동, 舟: 배 주 • 서로 적대적인 관계에 있을지라도 공통의 어려움이나 목적에 대해서는 서로 협력한다는 것을 비유하는 말
烏合之卒 오합지졸	• 烏: 까마귀 오, 合: 합할 합, 之: 갈 지, 卒: 마칠 졸 • 임시로 모여들어서 규율이 없고 무질서한 병졸 또는 군중을 이르는 말
溫故知新 온고지신	• 溫: 따뜻할/쌀을 온, 故: 연고 고, 知: 알 지, 新: 새 신 • 옛것을 익히고 그것을 미루어서 새것을 앎
臥薪嘗膽 와신상담	• 臥: 누울 와, 薪: 섶 신, 嘗: 맛볼 상, 膽: 쓸개 담 • 원수를 갚고자 온갖 고생을 참고 견딤을 이르는 말
外柔內剛 외유내강	• 外: 바깥 외, 柔: 부드러울 유, 內: 안 내, 剛: 굳셀 강 • 겉으로 보기에는 부드러우나 속은 꿋꿋하고 강함
窈窕淑女 요조숙녀	• 窈: 고요할 요, 窕: 으늑할 조, 淑: 맑을 숙, 女: 여자 녀/여 • 마음씨가 얌전하고 자태가 아름다운 여자
搖之不動 요지부동	• 搖: 흔들 요, 之: 갈 지, 不: 아닐 부, 動: 움직일 동 • 흔들어도 꼼짝하지 아니함
龍頭蛇尾 용두사미	• 龍: 용 룡/용, 頭: 머리 두, 蛇: 긴 뱀 사, 尾: 꼬리 미 • 처음 출발은 야단스러웠으나 끝은 보잘것없이 흐지부지됨을 이르는 말
龍味鳳湯 용미봉탕	• 龍: 용 룡/용, 味: 맛 미, 鳳: 봉새 봉, 湯: 끓일 탕 • 용 고기로 맛을 낸 요리와 봉새로 끓인 탕이라는 뜻으로, 맛이 매우 좋은 음식을 말함
龍蛇飛騰 용사비등	• 龍: 용 룡/용, 蛇: 긴 뱀 사, 飛: 날 비, 騰: 오를 등 • 용이 살아 움직이는 것과 같이 아주 활기 있게 잘 쓴 필력을 비유적으로 이르는 말
愚公移山 우공이산	• 愚: 어리석을 우, 公: 공평할 공, 移: 옮길 이, 山: 메 산 • 어리석게 보이는 일도 꾸준하게 끝까지 한다면 언젠가는 목적을 달성할 수 있다는 뜻
牛溲馬勃 우수마발	• 牛: 소 우, 溲: 반죽할 수, 馬: 말 마, 勃: 노할 발 • 비천하지만 유용한 재료, 흔하지만 유용한 약재

迂餘曲折 우여곡절	• 迂: 에돌 우, 餘: 남을 여, 曲: 굽을/누룩 곡, 折: 꺾을 절 • 여러 가지로 뒤얽힌 복잡한 사정이나 변화
優柔不斷 우유부단	• 優: 넉넉할 우, 柔: 부드러울 유, 不: 아닐 부, 斷: 끊을 단 • 망설이기만 하고 결단력이 없음
牛耳讀經 우이독경	• 牛: 소 우, 耳: 귀 이, 讀: 읽을 독, 經: 지날/글 경 • '쇠귀에 경 읽기'라는 뜻으로 우둔한 사람은 아무리 가르치고 일러주어도 알아듣지 못한다는 것을 이르는 말
雨後竹筍 우후죽순	• 雨: 비 우, 後: 뒤 후, 竹: 대 죽, 筍: 죽순 순 • 비가 온 뒤에 여기저기 돋아나는 죽순이라는 뜻으로, 어떤 일이 일시에 많이 일어 남을 비유적으로 이르는 말
遠禍召福 원화소복	• 遠: 멀 원, 禍: 재앙 화, 召: 부를 소, 福: 복 복 • 화를 멀리하고 복을 불러들임
危機一髮 위기일발	• 危: 위태할 위, 機: 틀 기, 一: 한 일, 髮: 터럭 발 • 여유가 없이 절박한 순간
韋編三絕 위편삼절	• 韋: 가죽 위, 編: 엮을 편, 三: 석 삼, 絕: 끊을 절 • 공자가 주역을 즐겨 읽어 그 책의 가죽끈이 세 번이나 끊어졌다는 데서 유래된 말 로, 책을 열심히 읽음을 이르는 말 = 수불석권(手不釋卷, 手: 손 수, 不: 아닐 불, 釋: 풀 석, 卷: 책/말 권)
有口無言 유구무언	• 有: 있을 유, 口: 입 구, 無: 없을 무, 言: 말씀 언 • 입은 있으나 말이 없다는 뜻으로, 변명할 말이 없음을 이르는 말
類萬不同 유만부동	• 類: 무리 류/유, 萬: 일만 만, 不: 아닐 부, 同: 한가지 동 ① 비슷한 것이 많으나 서로 같지는 아니함 ② 정도에 넘침. 또는 분수에 맞지 아니함
有名無實 유명무실	• 有: 있을 유, 名: 이름 명, 無: 없을 무, 實: 열매 실 • 이름뿐이고 그 실상은 없음
有備無患 유비무환	• 有: 있을 유, 備: 갖출 비, 無: 없을 무, 患: 근심 환 • 미리 준비가 되어 있으면 뒷걱정이 없다는 뜻
唯我獨尊 유아독존	• 唯: 오직 유, 我: 나 아, 獨: 홀로 독, 尊: 존귀할 존 • 이 세상에 나보다 더 높은 사람이 없다고 뽐냄
有耶無耶 유야무야	• 有: 있을 유, 耶: 어조사 야, 無: 없을 무, 耶: 어조사 야 • 있는 듯 없는 듯 흐지부지함
流言蜚語 유언비어	• 流: 흐를 류/유, 言: 말씀 언, 蜚: 바퀴/날 비, 語: 말씀 어 • 아무 근거 없이 널리 퍼진 소문
類類相從 유유상종	• 類: 무리 류/유, 類: 무리 류/유, 相: 서로 상, 從: 좇을 종 • 같은 무리끼리 서로 왕래하며 사귐

悠悠自適 유유자적	• 悠: 멀 유, 悠: 멀 유, 自: 스스로 자, 適: 맞을 적 • 속세를 떠나 아무 속박 없이 조용하고 편안하게 삶
隱忍自重 은인자중	• 隱: 숨을 은, 忍: 참을 인, 自: 스스로 자, 重: 무거울 중 • 밖으로 드러내지 아니하고 참고 감추어 몸가짐을 신중히 함
吟風弄月 음풍농월	• 吟: 읊을 음, 風: 바람 풍, 弄: 희롱할 롱/농, 月: 달 월 • 바람을 읊고 달을 보고 시를 짓는다는 뜻으로, 시를 짓고 흥취를 자아내며 즐김을 이르는 말
倚閭之望 의려지망	• 倚: 의지할 의, 閭: 이문 려, 之: 갈 지, 望: 바랄 망 • 어머니가 문에 기대어 자식이 돌아오기를 마음 졸이며 기다리는 것
以管窺天 이관규천	• 以: 써 이, 管: 대롱 관, 窺: 엿볼 규, 天: 하늘 천 • 대롱을 통해 하늘을 엿본다는 뜻으로, 사람의 견문이 매우 좁음을 이르는 말
以實直告 이실직고	• 以: 써 이, 實: 열매 실, 直: 곧을 직, 告: 고할 고 • 진실하게 바로 고함
以心傳心 이심전심	• 以: 써 이, 心: 마음 심, 傳: 전할 전, 心: 마음 심 • 말을 하지 않더라도 마음과 마음이 서로 통함 = 심심상인(心心相印) = 교외별전(敎外別傳) = 염화미소(拈華微笑) = 염화시중 (拈華示衆)
易如反掌 이여반장	• 易: 쉬울 이, 如: 같을 여, 反: 돌이킬/돌아올 반, 掌: 손바닥 장 • 손바닥을 뒤집는 것같이 쉽다는 뜻
以熱治熱 이열치열	• 以: 써 이, 熱: 더울 열, 治: 다스릴 치, 熱: 더울 열 • 열은 열로써 다스린다는 뜻으로, 힘에는 힘으로 추위에는 찬 것으로 대응함을 이르 는 말
二律背反 이율배반	• 二: 두 이, 律: 법칙 률/율, 背: 등/배반할 배, 反: 돌이킬/돌아올 반 • 꼭 같은 근거를 가지고 정당하다고 주장되는 서로 모순되는 두 명제. 또는 그 관계
李下不整冠 이하부정관	• 李: 오얏 리/이, 下: 아래 하, 不: 아닐 부, 整: 가지런할 정, 冠: 갓 관 • 오얏나무 밑에서 갓을 고쳐 쓰지 아니한다는 뜻으로, 남에게 의심 살 만한 일은 아 예 하지 않는 것이 좋다는 말
耳懸鈴鼻懸鈴 이현령비현령	• 耳: 귀 이, 懸: 달 현, 鈴: 방울 령/영, 鼻: 코 비, 懸: 달 현, 鈴: 방울 령/영 • '귀에 걸면 귀걸이, 코에 걸면 코걸이'라는 뜻으로, 어떤 사실이 이렇게도 저렇게도 해석됨을 이르는 말
益者三友 익자삼우	• 益: 더할 익, 者: 놈 자, 三: 석 삼, 友: 벗 우 • 사귀어 보탬이 되는 세 가지의 벗으로 정직한 사람, 신의 있는 사람, 학식 있는 사 람을 이르는 말
因果應報 인과응보	• 因: 인할 인, 果: 실과/열매 과, 應: 응할 응, 報: 갚을/알릴 보 • 좋은 일에는 좋은 결과가, 나쁜 일에는 나쁜 결과가 따른다는 뜻
人生無常 인생무상	• 人: 사람 인, 生: 날 생, 無: 없을 무, 常: 떳떳할/항상 상 • 인생이 덧없음을 이르는 말

仁者無敵 인자무적	• 仁: 어질 인, 者: 놈 자, 無: 없을 무, 敵: 대적할 적 • 어진 사람은 널리 사람을 사랑하므로 천하에 적대할 사람이 없음
人之常情 인지상정	• 人: 사람 인, 之: 갈 지, 常: 떳떳할/항상 상, 情: 뜻 정 • 사람이라면 누구나 가지는 보통의 인정 또는 생각
一擧兩得 일거양득	• 一: 한 일, 擧: 들 거, 兩: 두 량/양, 得: 얻을 득 • 한 가지 일로 두 가지의 이득을 봄 　= 일석이조(一石二鳥, 一: 한 일, 石: 돌 석, 二: 두 이, 鳥: 새 조)
一騎當千 일기당천	• 一: 한 일, 騎: 말 탈 기, 當: 마땅 당, 千: 일천 천 • 한 기병이 천 사람을 당한다는 뜻으로, 싸우는 능력이 아주 뛰어남을 이르는 말
一刀兩斷 일도양단	• 一: 한 일, 刀: 칼 도, 兩: 두 량/양, 斷: 끊을 단 • 한칼로 쳐서 두 동강이를 낸다는 뜻으로, 어떤 일을 머뭇거리지 않고 과감히 처리 　함을 이르는 말
一目瞭然 일목요연	• 一: 한 일, 目: 눈 목, 瞭: 밝을 료/요, 然: 그럴 연 • 한 번 보고도 분명히 안다는 뜻으로, 잠깐 보고도 환하게 알 수 있음을 이르는 말
一瀉千里 일사천리	• 一: 한 일, 瀉: 쏟을 사, 千: 일천 천, 里: 마을 리/이 • 어떤 일이 거침없이 빨리 진행됨을 이르는 말
一絲不亂 일사불란	• 一: 한 일, 絲: 실 사, 不: 아닐 불, 亂: 어지러울 란/난 • 질서나 체계가 정연하여 조금도 흐트러짐이 없음
一魚濁水 일어탁수	• 一: 한 일, 魚: 물고기 어, 濁: 흐릴 탁, 水: 물 수 • 한 사람의 잘못으로 여러 사람이 그 피해를 입게 됨 　= 수어혼수(數魚混水, 數: 셀 수, 魚: 고기 어, 混: 섞을 혼, 水: 물 수)
一言之下 일언지하	• 一: 한 일, 言: 말씀 언, 之: 갈 지, 下: 아래 하 • 한마디로 딱 잘라 말함
一葉知秋 일엽지추	• 一: 한 일, 葉: 잎 엽, 知: 알 지, 秋: 가을/밀치 추 • 한 가지 일을 보고 장차 오게 될 일을 미리 짐작함
一葉片舟 일엽편주	• 一: 한 일, 葉: 잎 엽, 片: 조각 편, 舟: 배 주 • 한 조각의 작은 배
一日三秋 일일삼추	• 一: 한 일, 日: 날 일, 三: 석 삼, 秋: 가을/밀지 추 • 하루가 삼 년 같다는 뜻으로, 몹시 애태우며 기다림 또는 매우 지루함을 비유적으 　로 이르는 말
一場春夢 일장춘몽	• 一: 한 일, 場: 마당 장, 春: 봄 춘, 夢: 꿈 몽 • 한바탕의 봄꿈처럼 헛된 영화나 덧없는 일이란 뜻으로, 인생의 허무함을 비유하는 　말
一進一退 일진일퇴	• 一: 한 일, 進: 나아갈 진, 一: 한 일, 退: 물러날 퇴 • 한 번 나아갔다 한 번 물러섰다 함

一觸卽發 일촉즉발	• 一: 한 일, 觸: 닿을 촉, 卽: 곧 즉, 發: 쏠 발 • 조금만 건드려도 곧 폭발할 것 같은 몹시 위험한 상태
日就月將 일취월장	• 日: 날 일, 就: 나아갈 취, 月: 달 월, 將: 장수/장차 장 • 나날이 다달이 자라거나 발전함 　= 일장월취(日將月就) = 일신우일신(日新又日新)
一波萬波 일파만파	• 一: 한 일, 波: 물결 파, 萬: 일만 만, 波: 물결 파 • 한 사건이 그 사건에 그치지 않고 잇달아 많은 사건으로 번짐
一片丹心 일편단심	• 一: 한 일, 片: 조각 편, 丹: 붉을 단, 心: 마음 심 • 오지 한 곳으로 향한, 한 조각의 붉은 마음
一筆揮之 일필휘지	• 一: 한 일, 筆: 붓 필, 揮: 휘두를 휘, 之: 갈 지 • 한숨에 글씨나 그림을 줄기차게 쓰거나 그림
一攫千金 일확천금	• 一: 한 일, 攫: 움킬 확, 千: 일천 천, 金: 쇠 금 • 단번에 천금을 움켜쥔다는 뜻으로, 힘들이지 아니하고 단번에 많은 재물을 얻음을 이르는 말
臨渴掘井 임갈굴정	• 臨: 임할 림/임, 渴: 목마를 갈, 掘: 팔 굴, 井: 우물 정 • 목이 말라야 우물을 판다는 뜻으로, 평소에 준비 없이 있다가 일을 당하여 허둥지둥 서두름을 이르는 말
臨時方便 임시방편	• 臨: 임할 림/임, 時: 때 시, 方: 모 방, 便: 편할 편 • 필요에 따라 그때그때 정해 일을 쉽고 편리하게 치를 수 있는 수단
臨戰無退 임전무퇴	• 臨: 임할 림/임, 戰: 싸움 전, 無: 없을 무, 退: 물러날 퇴 • 싸움에 임하여 물러섬이 없음

ㅈ

自家撞着 자가당착	• 自: 스스로 자, 家: 집 가, 撞: 칠 당, 着: 붙을 착 • 한 사람의 말이나 행동이 앞뒤가 서로 맞지 않고 모순이 됨
自强不息 자강불식	• 自: 스스로 자, 强: 강할 강, 不: 아닐 불, 息: 쉴 식 • 스스로 힘써 몸과 마음을 가다듬어 쉬지 아니함
自激之心 자격지심	• 自: 스스로 자, 激: 격할 격, 之: 갈 지, 心: 마음 심 • 자기가 한 일에 대하여 스스로 미흡하게 여기는 마음
自手成家 자수성가	• 自: 스스로 자, 手: 손 수, 成: 이룰 성, 家: 집 가 • 물려받은 재산이 없이 자기 혼자의 힘으로 집안을 일으키고 재산을 모음

自繩自縛 자승자박	• 自: 스스로 자, 繩: 노끈 승, 自: 스스로 자, 縛: 얽을 박 • 자기가 만든 줄로 자기 몸을 옭아 묶는다는 뜻으로, 자기가 한 말과 행동에 자기 자신이 옭혀 곤란하게 됨을 비유적으로 이르는 말
自業自得 자업자득	• 自: 스스로 자, 業: 업 업, 自: 스스로 자, 得: 얻을 득 • 자기가 저지른 일의 결과를 자기가 받음
自中之亂 자중지란	• 自: 스스로 자, 中: 가운데 중, 之: 갈 지, 亂: 어지러울 란/난 • 같은 패 안에서 일어나는 싸움
自暴自棄 자포자기	• 自: 스스로 자, 暴: 사나울 포, 自: 스스로 자, 棄: 버릴 기 • 절망 상태에 빠져서 자신을 스스로 포기하고 돌아보지 아니함
自畵自讚 자화자찬	• 自: 스스로 자, 畵: 그림 화, 自: 스스로 자, 讚: 기릴 찬 • 자기가 그린 그림을 스스로 칭찬한다는 뜻으로, 자기가 한 일을 스스로 자랑함을 이르는 말
作心三日 작심삼일	• 作: 지을 작, 心: 마음 심, 三: 석 삼, 日: 날 일 • 단단히 먹은 마음이 사흘을 가지 못한다는 뜻으로, 결심이 굳지 못함을 이르는 말
張三李四 장삼이사	• 張: 베풀 장, 三: 석 삼, 李: 오얏 리/이, 四: 넉 사 • 이름이나 신분이 특별하지 아니한 평범한 사람들을 이르는 말
賊反荷杖 적반하장	• 賊: 도둑 적, 反: 돌이킬/돌아올 반, 荷: 멜/꾸짖을 하, 杖: 지팡이 장 • 도둑이 도리어 매를 든다는 뜻으로, 잘못한 사람이 아무 잘못도 없는 사람을 나무람을 이르는 말
前途洋洋 전도양양	• 前: 앞 전, 途: 길 도, 洋: 큰 바다 양, 洋: 큰 바다 양 • 앞길이나 앞날이 크게 열리어 희망이 있음
前無後無 전무후무	• 前: 앞 전, 無: 없을 무, 後: 뒤 후, 無: 없을 무 • 이전에도 없었고 앞으로도 없음
田園將蕪 전원장무	• 田: 밭 전, 園: 동산 원, 將: 장수/장차 장, 蕪: 거칠 무 • 논밭과 동산이 황무지가 됨
戰戰兢兢 전전긍긍	• 戰: 싸울 전, 戰: 싸울 전, 兢: 떨릴 긍, 兢: 떨릴 긍 • 몹시 두려워하여 벌벌 떨면서 조심함
輾轉反側 전전반측	• 輾: 돌아누울 전, 轉: 구를 전, 反: 돌이킬/돌아올 반, 側: 곁 측 • 누워서 몸을 이리저리 뒤척이며 잠을 이루지 못함
轉禍爲福 전화위복	• 轉: 구를 전, 禍: 재앙 화, 爲: 할 위, 福: 복 복 • 재앙과 근심, 걱정이 바뀌어 오히려 복이 됨
切磋琢磨 절차탁마	• 切: 끊을 절, 磋: 갈 차, 琢: 다듬을 탁, 磨: 갈 마 • 학문이나 덕행을 힘써 닦음

切齒腐心 절치부심	• 切: 끊을 절, 齒: 이 치, 腐: 썩을 부, 心: 마음 심 • 몹시 분하여 이를 갈며 속을 썩임
漸入佳境 점입가경	• 漸: 점점 점, 入: 들 입, 佳: 아름다울 가, 境: 지경 경 • 들어갈수록 점점 재미가 있음
頂門一鍼 정문일침	• 頂: 정수리 정, 門: 문 문, 一: 한 일, 鍼: 침 침 • 정수리에 침을 놓는다는 뜻으로, 따끔한 충고나 교훈을 이르는 말
井底之蛙 정저지와	• 井: 우물 정, 底: 밑 저, 之: 갈 지, 蛙: 개구리 와 • 우물 안 개구리라는 뜻으로, 견문이 좁고 세상 형편에 어두운 사람을 비유적으로 이르는 말 = 좌정관천(坐井觀天, 坐: 앉을 좌, 井: 우물 정, 觀: 볼 관, 天: 하늘 천)
朝令暮改 조령모개	• 朝: 아침 조, 令: 하여금 령/영, 暮: 저물 모, 改: 고칠 개 • 아침에 명령을 내렸다가 저녁에 다시 고친다는 뜻으로, 법령을 자꾸 고쳐서 갈피를 잡기가 어려움을 이르는 말
朝不慮夕 조불려석	• 朝: 아침 조, 不: 아닐 불, 慮: 생각할 려/여, 夕: 저녁 석 • 형세가 절박하여 아침에 저녁 일을 헤아리지 못한다는 뜻으로, 당장을 걱정할 뿐이고, 앞일을 생각할 겨를이 없음을 이르는 말
朝變夕改 조변석개	• 朝: 아침 조, 變: 변할 변, 夕: 저녁 석, 改: 고칠 개 • 계획이나 결정 따위를 일관성이 없이 자주 고침을 이르는 말
朝三暮四 조삼모사	• 朝: 아침 조, 三: 석 삼, 暮: 저물 모, 四: 넉 사 • 아침에 세 개, 저녁에 네 개라는 뜻으로, 당장 눈앞에 나타나는 차별만을 알고 그 결과가 같음은 모르는 것을 비유하는 말
鳥足之血 조족지혈	• 鳥: 새 조, 足: 발 족, 之: 갈 지, 血: 피 혈 • 새 발의 피라는 뜻으로, 매우 적은 분량을 비유하는 말
左顧右眄 좌고우면	• 左: 왼 좌, 顧: 돌아볼 고, 右: 오른쪽 우, 眄: 곁눈질할 면 • 이쪽저쪽을 돌아본다는 뜻으로, 앞뒤를 재고 망설임을 이르는 말
坐不安席 좌불안석	• 坐: 앉을 좌, 不: 아닐 불, 安: 편안 안, 席: 자리 석 • 앉아도 자리가 편안하지 않다는 뜻으로, 마음이 불안하거나 걱정스러워서 한군데에 가만히 앉아 있지 못하고 안절부절못하는 모양을 이르는 말
坐井觀天 좌정관천	• 坐: 앉을 좌, 井: 우물 정, 觀: 볼 관, 天: 하늘 천 • 우물 속에 앉아서 하늘을 본다는 뜻으로, 사람의 견문이 매우 좁음을 이르는 말 = 井底之蛙(정저지와), 井中觀天(정중관천)
左衝右突 좌충우돌	• 左: 왼 좌, 衝: 찌를 충, 右: 오른쪽 우, 突: 갑자기 돌 ① 이리저리 닥치는 대로 부딪침 ② 아무에게나 또는 아무 일에나 함부로 맞닥뜨림
主客顚倒 주객전도	• 主: 임금/주인 주, 客: 손 객, 顚: 엎드러질/이마 전, 倒: 넘어질 도 • 주인과 손의 위치가 서로 뒤바뀐다는 뜻으로, 사물의 경중·선후·완급 따위가 서로 뒤바뀜을 이르는 말

晝耕夜讀 주경야독	• 晝: 낮 주, 耕: 밭 갈 경, 夜: 밤 야, 讀: 읽을 독 • 낮에는 농사짓고, 밤에는 글을 읽는다는 뜻으로, 어려운 여건 속에서도 꿋꿋이 공부함을 이르는 말
走馬加鞭 주마가편	• 走: 달릴 주, 馬: 말 마, 加: 더할 가, 鞭: 채찍 편 • 달리는 말에 채찍을 더한다는 뜻으로, 열심히 하는 사람을 더욱 잘하도록 격려함을 이르는 말
走馬看山 주마간산	• 走: 달릴 주, 馬: 말 마, 看: 볼 간, 山: 메 산 • 말을 타고 달리면서 산을 바라본다는 뜻으로, 바빠서 자세히 살펴보지 않고 대강 보고 지나감을 이르는 말
晝夜長川 주야장천	• 晝: 낮 주, 夜: 밤 야, 長: 길 장, 川: 내 천 • 밤낮으로 쉬지 않고 흐르는 시냇물과 같이 늘 잇따름
竹馬故友 죽마고우	• 竹: 대 죽, 馬: 말 마, 故: 연고 고, 友: 벗 우 • 어릴 때부터 가까이 지내며 자란 친구
竹杖芒鞋 죽장망혜	• 竹: 대 죽, 杖: 지팡이 장, 芒: 까끄라기 망, 鞋: 신 혜 • 대지팡이와 짚신이란 뜻으로, 먼 길을 떠날 때의 아주 간편한 차림새를 이르는 말
衆寡不敵 중과부적	• 衆: 무리 중, 寡: 적을 과, 不: 아닐 부, 敵: 대적할 적 • 적은 수효로 많은 수효를 대적하지 못함
衆口難防 중구난방	• 衆: 무리 중, 口: 입 구, 難: 어려울 난, 防: 막을 방 • 뭇사람의 말을 막기가 어렵다는 뜻으로, 막기 어려울 정도로 여럿이 마구 지껄임을 이르는 말
重言復言 중언부언	• 重: 무거울 중, 言: 말씀 언, 復: 다시 부, 言: 말씀 언 • 이미 한 말을 자꾸 되풀이 함
指鹿爲馬 지록위마	• 指: 가리킬 지, 鹿: 사슴 록/녹, 爲: 할 위, 馬: 말 마 • 윗사람을 농락하여 권세를 마음대로 함
支離滅裂 지리멸렬	• 支: 지탱할 지, 離: 떠날 리/이, 滅: 꺼질/멸할 멸, 裂: 찢을 렬/열 • 이리저리 흩어져 갈피를 잡을 수 없음
至誠感天 지성감천	• 至: 이를 지, 誠: 정성 성, 感: 느낄/한할 감, 天: 하늘 천 • 지극한 정성에는 하늘도 감동한다는 뜻으로, 무엇이든 지극한 정성으로 하면 어려운 일도 이루어지고 풀린다는 뜻
知彼知己 지피지기	• 知: 알 지, 彼: 저 피, 知: 알 지, 己: 몸 기 • 적의 사정과 나의 사정을 자세히 앎
指呼之間 지호지간	• 指: 가리킬 지, 呼: 부를 호, 之: 갈 지, 間: 사이 간 • 손짓하여 부르면 대답할 수 있는 가까운 거리
珍羞盛饌 진수성찬	• 珍: 보배 진, 羞: 부끄러울 수, 盛: 성할 성, 饌: 반찬/지을 찬 • 성대하게 차린 진귀한 음식

盡人事待天命 진인사대천명	• 盡: 다할 진, 人: 사람 인, 事: 일 사, 待: 기다릴 대, 天: 하늘 천, 命: 목숨 명 • 사람이 할 수 있는 일을 다 하고서 하늘의 뜻을 기다림
進退兩難 진퇴양난	• 進: 나아갈 진, 退: 물러날 퇴, 兩: 두 량/양, 難: 어려울 난 • 나아갈 수도 물러설 수도 없는 궁지에 빠짐 = 사면초가(四面楚歌) = 진퇴유곡(進退維谷)
進退維谷 진퇴유곡	• 進: 나아갈 진, 退: 물러날 퇴, 維: 벼리 유, 谷: 골/곡식 곡 • 이러지도 저러지도 못하고 꼼짝할 수 없는 궁지
嫉逐排斥 질축배척	• 嫉: 미워할 질, 逐: 쫓을 축, 排: 밀칠/풀무 배, 斥: 물리칠 척 • 시기하고 미워하여 물리침

ㅊ

此日彼日 차일피일	• 此: 이 차, 日: 날 일, 彼: 저 피, 日: 날 일 • 오늘 내일 하며 자꾸 기한을 늦춤
滄海桑田 창해상전	• 滄: 찰 창, 海: 바다 해, 桑: 뽕나무 상, 田: 밭 전 • 푸른 바다가 변하여 뽕밭이 된다는 뜻으로, 덧없는 세상의 변천을 말함 = 격세지감(隔世之感) = 상전벽해(桑田碧海) = 여세추이(與世推移)
滄海一粟 창해일속	• 滄: 큰 바다 창, 海: 바다 해, 一: 한 일, 粟: 조 속 • 넓고 큰 바닷속의 좁쌀 한 알이라는 뜻으로, 아주 많거나 넓은 것 가운데 있는 매우 하찮고 작은 것을 이르는 말
千慮一失 천려일실	• 千: 일천 천, 慮: 생각할 려/여, 一: 한 일, 失: 잃을 실 • 여러 번 생각하여 신중하고 조심스럽게 한 일에도 때로는 실수가 있음
天方地軸 천방지축	• 天: 하늘 천, 方: 모 방, 地: 땅 지, 軸: 굴대 축 ① 너무 바빠서 두서를 잡지 못하고 허둥대는 모습 ② 어리석은 사람이 갈 바를 몰라 두리번거리는 모습
泉石膏肓 천석고황	• 泉: 샘 천, 石: 돌 석, 膏: 기름 고, 肓: 명치끝 황 • 고질병이 되다시피 산수풍경을 좋아함을 이르는 말
千辛萬苦 천신만고	• 千: 일천 천, 辛: 매울 신, 萬: 일만 만, 苦: 쓸 고 • 천 가지 매운 것과 만 가지 쓴 것이라는 뜻으로, 온갖 어려운 고비를 다 겪으며 심하게 고생함을 이르는 말
天佑神助 천우신조	• 天: 하늘 천, 佑: 도울 우, 神: 귀신 신, 助: 도울 조 • 하늘이 돕고 신이 도움
天衣無縫 천의무봉	• 天: 하늘 천, 衣: 옷 의, 無: 없을 무, 縫: 꿰맬 봉 • 하늘나라 사람의 옷은 바느질 자국이 없다는 뜻 ① 일부러 꾸민 데 없이 자연스럽고 아름다우면서 완전함을 이르는 말 ② 완전무결하여 흠이 없음을 이르는 말

天人共怒 천인공노	• 天: 하늘 천, 人: 사람 인, 共: 한가지 공, 怒: 성낼 노/로 • 하늘과 사람이 함께 분노한다는 뜻으로, 누구나 분노할 만큼 증오스럽거나 도저히 용납할 수 없음을 이르는 말
千載一遇 천재일우	• 千: 일천 천, 載: 실을 재, 一: 한 일, 遇: 만날 우 • 천 년에 한 번 만난다는 뜻으로, 좀처럼 얻기 어려운 좋은 기회를 이르는 말
千篇一律 천편일률	• 千: 일천 천, 篇: 책 편, 一: 한 일, 律: 법칙 률/율 • 여러 사물이 거의 비슷비슷하여 특색이 없음을 비유하는 말
徹頭徹尾 철두철미	• 徹: 통할 철, 頭: 머리 두, 徹: 통할 철, 尾: 꼬리 미 • 처음부터 끝까지 투철함
靑雲之志 청운지지	• 靑: 푸를 청, 雲: 구름 운, 之: 갈 지, 志: 뜻 지 • 출세를 향한 원대한 포부나 높은 이상을 비유하는 말
靑天霹靂 청천벽력	• 靑: 푸를 청, 天: 하늘 천, 霹: 벼락 벽, 靂: 벼락 력/역 • 맑게 갠 하늘에서 치는 날벼락이라는 뜻으로, 뜻밖에 일어난 큰 변고나 사건을 비유적으로 이르는 말
鐵中錚錚 철중쟁쟁	• 鐵: 쇠 철, 中: 가운데 중, 錚: 쇳소리 쟁, 錚: 쇳소리 쟁 • 쇠 중에서 소리가 가장 맑다는 뜻으로, 평범한 사람들 중 특별히 뛰어난 사람
靑出於藍 청출어람	• 靑: 푸를 청, 出: 날 출, 於: 어조사 어, 藍: 쪽 람/남 • 쪽에서 뽑아낸 푸른 물감이 쪽보다 더 푸르다는 뜻으로, 제자나 후배가 스승이나 선배보다 나음을 비유적으로 이르는 말
樵童汲婦 초동급부	• 樵: 나무할 초, 童: 아이 동, 汲: 길을 급, 婦: 며느리 부 • 땔나무를 하는 아이와 물을 긷는 여자라는 뜻으로, 평범한 사람을 뜻함
草綠同色 초록동색	• 草: 풀 초, 綠: 푸를 록, 同: 한가지 동, 色: 빛 색 • 서로 같은 처지나 같은 부류의 사람들끼리 어울림을 이르는 말
焦眉之急 초미지급	• 焦: 탈 초, 眉: 눈썹 미, 之: 갈 지, 急: 급할 급 • 눈썹에 불이 붙음과 같이 매우 다급한 일이나 경우를 비유하는 말
初志一貫 초지일관	• 初: 처음 초, 志: 뜻 지, 一: 한 일, 貫: 꿸 관 • 처음에 세운 뜻을 끝까지 밀고 나감
寸鐵殺人 촌철살인	• 寸: 마디 촌, 鐵: 쇠 철, 殺: 죽일/감할 살, 人: 사람 인 • 작고 날카로운 쇠붙이로도 사람을 죽일 수 있다는 뜻으로, 짧은 경구로도 사람을 크게 감동시킬 수 있음을 이르는 말
惻隱之心 측은지심	• 惻: 슬퍼할 측, 隱: 숨을 은, 之: 갈 지, 心: 마음 심 • 남의 불행을 불쌍히 여기는 마음
七顚八起 칠전팔기	• 七: 일곱 칠, 顚: 엎드러질/이마 전, 八: 여덟 팔, 起: 일어날 기 • 일곱 번 넘어지고 여덟 번 일어난다는 뜻으로, 여러 번 실패해도 굴하지 않고 다시 일어섬을 비유하는 말

七縱七擒 칠종칠금	• 七: 일곱 칠, 縱: 늘어질 종, 七: 일곱 칠, 擒: 사로잡을 금 • 제갈공명의 전술로 일곱 번 놓아주고 일곱 번 잡는다는 뜻으로, 마음대로 잡았다 놓아주었다 함을 이르는 말
針小棒大 침소봉대	• 針: 바늘 침, 小: 작을 소, 棒: 몽둥이 봉, 大: 큰 대 • 작은 바늘을 큰 몽둥이라고 한다는 뜻으로, 작은 일을 크게 과장하여 말함을 이르는 말

ㅋ

快刀亂麻 쾌도난마	• 快: 쾌할 쾌, 刀: 칼 도, 亂: 어지러울 란/난, 麻: 삼 마 • 어지럽게 뒤얽힌 사물을 강력한 힘으로 명쾌하게 처리함을 이르는 말

ㅌ

他山之石 타산지석	• 他: 다를 타, 山: 메 산, 之: 갈 지, 石: 돌 석 • 다른 산에서 나는 나쁜 돌이라도 자신의 산의 옥돌을 가는 데 도움이 된다는 뜻으로, 하찮은 남의 언행일지라도 자신의 수양에 도움이 될 수 있음을 비유하는 말
卓上空論 탁상공론	• 卓: 높을 탁, 上: 윗 상, 空: 빌 공, 論: 논할 론/논 • 실현성이 없는 허황된 이론
泰山北斗 태산북두	• 泰: 클 태, 山: 메 산, 北: 북녘 북, 斗: 말/싸울 두 ① 태산과 북두칠성을 아울러 이르는 말 ② 세상 사람들로부터 존경받는 사람을 비유적으로 이르는 말
太平烟月 태평연월	• 太: 클 태, 平: 평평할 평, 烟: 연기 연, 月: 달 월 • 세상이 평화롭고 안락한 때
兎死狗烹 토사구팽	• 兎: 토끼 토, 死: 죽을 사, 狗: 개 구, 烹: 삶을 팽 • '교토사주구팽(狡兎死走狗烹)'의 준말로, 사냥하러 가서 토끼를 잡으면, 사냥하던 개는 쓸모가 없게 되어 삶아 먹는다는 뜻으로, 필요할 때는 쓰고 필요 없을 때는 야박하게 버리는 경우를 이르는 말

波瀾萬丈 파란만장	• 波: 물결 파, 瀾: 물결 란/난, 萬: 일만 만, 丈: 어른 장 • 일의 진행이 여러 가지 곡절과 시련이 많고 변화가 심함
破邪顯正 파사현정	• 破: 깨뜨릴 파, 邪: 간사할 사, 顯: 나타날 현, 正: 바를/정월 정 • 그릇된 생각을 버리고 올바른 도리를 행함
破竹之勢 파죽지세	• 破: 깨뜨릴 파, 竹: 대 죽, 之: 갈 지, 勢: 형세 세 • 대를 쪼개는 기세라는 뜻으로, 적을 거침없이 물리치고 쳐들어가는 기세를 이르는 말
八方美人 팔방미인	• 八: 여덟 팔, 方: 모 방, 美: 아름다울 미, 人: 사람 인 ① 어느 모로 보나 아름다운 미인 ② 여러 방면의 일에 능통한 사람
平地突出 평지돌출	• 平: 평평할 평, 地: 땅 지, 突: 갑자기 돌, 出: 날 출 • 변변하지 못한 집안에서 뛰어난 인물이 나옴을 비유하여 이르는 말
弊袍破笠 폐포파립	• 弊: 폐단/해질 폐, 袍: 도포 포, 破: 깨뜨릴 파, 笠: 삿갓 립/입 • 해진 옷과 부러진 갓이라는 뜻으로, 너절하고 구차한 차림새를 말함
抱腹絕倒 포복절도	• 抱: 안을/던질 포, 腹: 배 복, 絕: 끊을 절, 倒: 넘어질 도 • 배를 안고 몸을 가누지 못할 정도로 몹시 웃음
表裏不同 표리부동	• 表: 겉 표, 裏: 속 리/이, 不: 아닐 부, 同: 한가지 동 • 겉으로 드러나는 언행과 속으로 가지는 생각이 다름 = 구밀복검(口蜜腹劍) = 양두구육(羊頭狗肉)
風樹之嘆 풍수지탄	• 風: 바람 풍, 樹: 나무 수, 之: 갈 지, 嘆: 탄식할 탄 • 효도를 다하지 못한 채 어버이를 여읜 자식의 슬픔을 이르는 말
風月主人 풍월주인	• 風: 바람 풍, 月: 달 월, 主: 임금/주인 주, 人: 사람 인 • 맑은 바람과 밝은 달 등의 자연을 즐기는 사람을 이르는 말
風前燈火 풍전등화	• 風: 바람 풍, 前: 앞 전, 燈: 등 등, 火: 불 화 • 바람 앞의 등불처럼 매우 위급한 자리에 놓여 있음을 비유하는 말 = 누란지위(累卵之危) = 초미지급(焦眉之急) = 백척간두(百尺竿頭) = 일촉즉발 (一觸卽發)
匹夫之勇 필부지용	• 匹: 짝 필, 夫: 지아비 부, 之: 갈 지, 勇: 날랠 용 • 깊은 생각 없이 혈기만 믿고 함부로 부리는 소인의 용기
匹夫匹婦 필부필부	• 匹: 짝 필, 夫: 지아비 부, 匹: 짝 필, 婦: 며느리 부 • 평범한 남자와 평범한 여자 = 갑남을녀(甲男乙女) = 장삼이사(張三李四)

夏爐冬扇 하로동선	• 夏: 여름 하, 爐: 화로 로/노, 冬: 겨울 동, 扇: 부채 선 • 여름의 화로와 겨울의 부채라는 뜻으로, 아무 소용 없는 말이나 재주를 비유하여 이르는 말
下石上臺 하석상대	• 下: 아래 하, 石: 돌 석, 上: 윗 상, 臺: 대 대 • 아랫돌 빼서 윗돌 괴고, 윗돌 빼서 아랫돌 괴기라는 뜻으로, 임기응변으로 어려운 일을 처리함을 이르는 말
鶴首苦待 학수고대	• 鶴: 학 학, 首: 머리 수, 苦: 쓸 고, 待: 기다릴 대 • 학의 목처럼 목을 길게 늘여 기다린다는 뜻으로, 몹시 기다림을 이르는 말
邯鄲之夢 한단지몽	• 邯: 조나라 서울 한, 鄲: 조나라 서울 단, 之: 갈 지, 夢: 꿈 몽 • 한단에서 꾼 꿈이라는 뜻으로, 인생의 부귀영화는 일장춘몽과 같이 허무함을 이르는 말
邯鄲之步 한단지보	• 邯: 조나라 서울 한, 鄲: 조나라 서울 단, 之: 갈 지, 步: 걸음 보 • 한단에서 걸음걸이를 배운다는 뜻으로, 제 분수를 잊고 무턱대고 남을 흉내 내다가 이것저것 다 잃음을 이르는 말
汗牛充棟 한우충동	• 汗: 땀 한, 牛: 소 우, 充: 채울 충, 棟: 마룻대 동 • 짐으로 실으면 소가 땀을 흘리고, 쌓으면 들보에까지 찬다는 뜻으로, 가지고 있는 책이 매우 많음을 이르는 말
緘口無言 함구무언	• 緘: 봉할 함, 口: 입 구, 無: 없을 무, 言: 말씀 언 • 입을 다물고 아무런 말이 없음
含憤蓄怨 함분축원	• 含: 머금을 함, 憤: 분할 분, 蓄: 모을 축, 怨: 원망할 원 • 분을 품고 원한을 쌓음
含哺鼓腹 함포고복	• 含: 머금을 함, 哺: 먹을 포, 鼓: 북 고, 腹: 배 복 • 실컷 먹고 배를 두드린다는 뜻으로, 먹을 것이 풍족하여 즐겁게 지냄을 이르는 말
咸興差使 함흥차사	• 咸: 다/짤 함, 興: 일 흥, 差: 다를 차, 使: 하여금/부릴 사 • 심부름꾼이 가서 소식이 없거나 또는 회답이 더딜 때를 비유하는 말

교육은 우리 자신의 무지를 점차 발견해 가는 과정이다.

– 윌 듀란트 –

제2과목

행정법

01 행정법 서론

01 행정

◾ 행정의 의미

(1) 권력분립이론

① **개념**: 국가권력을 각각 다른 기관에 나누어 분담시켜 서로 견제와 균형을 이루게 함으로써 국민의 자유와 권리를 보장하려는 제도를 의미한다.

② **종류**

    ㉠ 로크(J. Locke)의 2권 분립론: 로크는 절대군주의 권력을 입법권과 행정권으로 분리하였으며, 이는 영국의 의원내각제 성립에 영향을 미치게 되었다.

    ㉡ 몽테스키외(Montesquieu)의 3권 분립론: 몽테스키외는 정부의 형태로서 입헌군주제를 이상으로 하면서 절대군주의 권력을 입법권, 행정권, 사법권으로 분리하였으며 이는 미국의 대통령제 성립에 영향을 미치게 되었다.

③ **우리나라(3권 분립론)**: 몽테스키외의 3권 분립론에 기초한 미국의 대통령제의 영향을 받아 통치구조의 형태를 입법부, 행정부, 사법부로 나누었으며 의원내각제적 요소를 가미하고 있다.

(2) 입법, 행정, 사법의 의미

① **형식적 의미의 입법, 행정, 사법**: 법률의 명문 규정상 입법부의 권한에 해당하는 경우에는 형식적 의미의 입법(국회가 하는 모든 행위), 행정부의 권한에 해당하는 경우에는 형식적 의미의 행정(행정부가 하는 모든 행위), 사법부의 권한에 해당하는 경우에는 형식적 의미의 사법(법원이 하는 모든 행위)이라고 한다.

② **실질적 의미의 입법, 행정, 사법**: 행정작용의 성질상 국민의 권리, 의무에 관련된 법령 등을 제정하는 의미가 있으면 실질적 의미의 입법, 법령 등을 집행하는 의미가 있으면 실질적 의미의 행정, 당사자 간의 법적 분쟁을 전제로 판단하는 의미가 있으면 실질적 의미의 사법이라고 한다.

③ 형식적 · 실질적 의미의 입법, 행정, 사법

구분		국가작용의 성질		
		실질적 의미의 입법	실질적 의미의 행정	실질적 의미의 사법
기관 분배 권한의 성질	형식적 의미의 입법	• 법률 제정 • 국회규칙 제정	• 국회사무총장의 소속직원 임명 • 국회예산의 집행	• 국회의원 자격심사 • 국회의원 징계
	형식적 의미의 행정	• 법규명령의 제정 – 대통령령 – 총리령 – 부령 • 행정규칙의 제정 • 조례의 제정 • 규칙의 제정 • 대통령의 긴급명령, 긴급재정 · 경제명령 제정	• 허가 · 인가 · 특허, 운전면허 등 • 각종 처분 등 예 조세부과 처분 • 각종 처분의 취소, 철회 • 공증 = 각종 증명서 발급 • 공무원 신규 임명 • 대통령의 대법원장 · 대법관 임명 • 정부의 예산편성 및 집행 • 병력의 취득, 관리 • 군 당국의 징발처분 • 토지수용, 행정대집행 • 조세체납처분	• 행정심판위원회 재결 • 토지수용위원회 이의재결 • 징계위원회 징계의결 • 소청심사위원회 재결 · 결정 • 국가배상심의회 배상결정 • 귀속재산소청심의회 판정 • 통고처분 • 검사의 공소제기(→ 검사는 법무부 소속)
	형식적 의미의 사법	대법원규칙 제정	• 대법원장, 법원행정처장의 소속 직원 임명 • 대법원장의 일반법관 임명 • 등기사무 • 법원예산의 집행 • 법원에서의 집행문 발부 • 법정경찰권의 발동	법원의 재판

2 통치행위

(1) 통치행위의 정의

① 통치행위의 개념

㉠ 통치권자의 고도의 정치적인 결단행위나 국가적 이익에 직접적으로 관련되는 행위는 법원의 심사 대상에서 제외시키자는 이론을 말한다.

㉡ 통치행위는 법치주의의 후퇴를 의미하기 때문에 점차 축소되는 경향을 띠고 있으나, 현재 통설 · 판례의 입장은 통치행위의 개념을 긍정하고 있다.

㉢ 통치행위는 제4의 국가작용으로 입법 · 사법 · 집행도 아니다(O.Mayer).

② 여러 나라의 역사

㉠ 프랑스: 최고 행정재판소인 꽁세유데따(Counseil d'Etat) 판례를 통해 통치행위의 개념이 성립 · 발전되었다.

㉡ 미국: 루터(Luther) vs 보든(Borden)사건에서 주(州) 정부의 합법 여부 판단은 권력분립 원칙상 법원의 심사대상에서 제외된다고 하였다(권력분립설).

ⓒ 영국: 대권행위로 통치행위를 긍정하는 입장이며, 판례를 중심으로 이론을 전개하면서 의회의 내부문제나 국왕의 대권행사 등을 통치행위로 보고 있다.

ⓔ 독일: 원래 열기주의 입장이었으나 제2차 세계대전 이후 개괄주의 채택으로 통치행위에 대한 논의가 시작되었다. 오늘날 통설은 의회해산, 조약체결 등을 통치행위로 보고 있다.

(2) 통치행위의 인정여부에 관한 학설(사법심사를 배제할지의 여부)

① 긍정설

ⓐ 권력분립설(내재적 제약설): 법원의 사법심사권은 권력분립의 원칙상 일정한 내재적 한계가 존재하고 있기 때문에 고도의 정치성을 지닌 통치행위에 대해서는 심사할 권한이 없다는 견해이다.

ⓑ 사법부자제설: 통치행위도 법률문제를 발생시킨 이상 사법심사의 대상이 되는 것이 원칙이나, 사법의 정치화를 막기 위하여 그 재판권 행사를 자제하는 것이 좋다는 견해(프랑수아 기조 – "사법이 정치에 관여하면 정치는 얻는 것이 없지만 사법은 모든 것을 잃는다.")이다.

ⓒ 자유재량설: 통치행위를 고도의 정치성을 가진 정치적 재량에 기한 행위로 파악하여 사법심사가 배제된다고 보는 견해이다. 그러나 통치행위를 재량행위로 보게 되면 재량의 일탈·남용은 사법심사의 대상이 된다는 한계가 있다.

ⓔ 대권행위설: 영국법에서 말하는 대권행위불심사 사상에 근거하여 국왕의 대권에 속하는 행위이기 때문에 사법심사의 대상에서 제외된다는 견해이다.

② 부정설

ⓐ 법치주의(헌법): 실질적 법치주의가 확립된 현대국가에서 사법심사가 배제되는 영역은 없다고 보는 견해이다. 따라서 사법심사 배제의 통치행위는 법치주의를 논거로 부정하게 된다.

ⓑ 개괄주의(행정소송법): 우리의 법체계가 개괄주의를 채택하고 있으므로 통치행위도 사법심사의 대상으로 인정해야 한다고 본다.

③ 우리나라의 태도: 대법원은 주로 권력분립설 입장에서 통치행위를 인정하고 있으며, 헌법재판소는 주로 사법부자제설의 입장에서 통치행위를 인정하고 있다.

관련판례

- **남북정상회담에 따른 대북송금사건**
  남북정상회담은 통치행위이므로 사법심사가 부정되지만, 그에 따른 대북송금은 사법심사의 대상이 된다(대판 2004.3.26, 2003도7878).

- **자이툰부대 이라크파병(국군의 해외파병)**
  헌법재판소는 이라크 파병은 통치행위에 속하므로 헌법소원의 대상이 아니라고 판시하였다(사법자제설의 입장)(헌재 2004.4.29, 2003헌마814).

- **신행정수도건설이나 수도이전 → 사법심사 긍정**
  신행정수도건설이나 수도이전의 문제가 정치적 성격을 가지고 있는 것은 인정할 수 있지만, 그 자체로 고도의 정치적 결단을 요하여 사법심사의 대상으로 하기에는 부적절한 문제라고까지는 할 수 없다. 더구나 이 사건의 심판 대상은 법률의 위헌여부이고 대통령의 행위의 위헌여부가 아닌바, 법률의 위헌여부가 헌법재판의 대상으로 된 경우 당해 법률이 정치적인 문제를 포함한다는 이유만으로 사법심사의 대상에서 제외된다고 할 수는 없다(헌재 2004.10.21, 2004헌마554·566(병합)).

■ 대통령의 사면권 → 통치행위성 인정, 사법심사 부정

사면은 형의 선고의 효력 또는 공소권을 상실시키거나, 형의 집행을 면제시키는 국가원수의 고유한 권한을 의미하며, 사법부의 판단을 변경하는 제도로서 권력분립의 원리에 대한 예외가 된다. 사면제도는 역사적으로 절대군주인 국왕의 은사권(恩赦權)에서 유래하였으며, 대부분의 근대국가에서도 유지되어 왔고, 대통령제국가에서는 미국을 효시로 대통령에게 사면권이 부여되어 있다. 사면권은 전통적으로 국가원수에게 부여된 고유한 은사권이며, 국가원수가 이를 시혜적으로 행사한다(헌재 2000.6.1, 97헌바74).

■ 비상계엄의 선포나 확대행위 → 사법심사 원칙적 부정, 한정 긍정

대통령의 비상계엄의 선포나 확대행위는 고도의 정치적·군사적 성격을 지니고 있는 행위라 할 것이므로, 그것이 누구에게도 일견하여 헌법이나 법률에 위반되는 것으로서 명백하게 인정될 수 있는 등 특별한 사정이 있는 경우라면 몰라도, 그러하지 아니한 이상 그 계엄선포의 요건 구비여부나 선포의 당·부당을 판단할 권한이 사법부에는 없다고 할 것이나, 비상계엄의 선포나 확대가 국헌문란의 목적을 달성하기 위하여 행하여진 경우에는 법원은 그 자체가 범죄행위에 해당하는지의 여부에 관하여 심사할 수 있다(대판 1997.4.17, 96도3376).

■ 대통령의 긴급재정경제명령 → 사법심사 긍정

대통령의 긴급재정경제명령은 국가긴급권의 일종으로서 고도의 정치적 결단에 의하여 발동되는 행위이고 그 결단을 존중하여야 할 필요성이 있는 행위라는 의미에서 이른바 통치행위에 속한다고 할 수 있으나, 통치행위를 포함하여 모든 국가작용은 국민의 기본권적 가치를 실현하기 위한 수단이라는 한계를 반드시 지켜야 하는 것이고, 헌법재판소는 헌법의 수호와 국민의 기본권 보장을 사명으로 하는 국가기관이므로 비록 고도의 정치적 결단에 의하여 행해지는 국가작용이라고 할지라도 그것이 국민의 기본권 침해와 "직접" 관련되는 경우에는 당연히 헌법재판소의 심판대상이 된다(헌재 1996.2.29, 93헌마186).

■ 서훈취소 → 사법심사 긍정

구 상훈법 제8조는 서훈취소의 요건을 구체적으로 명시하고 있고 절차에 관하여 상세하게 규정하고 있다. 그리고 서훈취소는 서훈수여의 경우와는 달리 이미 발생된 서훈대상자 등의 권리 등에 영향을 미치는 행위로서 관련 당사자에게 미치는 불이익의 내용과 정도 등을 고려하면 사법심사의 필요성이 크다. 따라서 기본권의 보장 및 법치주의의 이념에 비추어 보면, 비록 서훈취소가 대통령이 국가원수로서 행하는 행위라고 하더라도 법원이 사법심사를 자제하여야 할 고도의 정치성을 띤 행위라고 볼 수는 없다(대판 2015.4.23, 2012두26920).

◻1 행정법의 개념 및 특성

(1) 행정의 개념
① 행정법은 행정에 관한 법이다.
② 행정법은 행정의 조직 · 작용 및 권리구제에 관한 국내 공법을 의미한다.
③ 행정법은 국제법과 구별되는 행정에 관한 국내법이다.

(2) 행정법의 종류

구분	특징	예
행정조직법	행정부의 조직 · 권한과 상호관계와 관련된 법	• 정부조직법 • 지방자치법 • 국가공무원법
행정작용법	행정주체가 행정 목적 달성을 위해 행하는 모든 공법적 규율을 담당하는 법	• 국세기본법 • 경찰관 직무집행법
행정구제법	행정작용으로 인한 국민의 권익침해를 구제해 주는 법	• 행정소송법 • 국가배상법 • 행정심판법

(3) 행정법의 특성
① 형식상 특성
　㉠ 성문성: 국민의 예측 가능성과 법적 안정성을 보장하기 위하여 성문의 형식을 취함을 원칙으로 한다. 그러나 불문법도 행정법의 보충적 법원으로 인정된다.
　㉡ 형식의 다양성: 행정법을 구성하는 법의 형식은 법률, 명령, 규칙, 조례, 국제법규 등 다양하다.
② 성질상 특성
　㉠ 획일성 및 강행성: 행정법은 다수의 국민을 상대로 행정목적 달성을 위해 공공의 견지에서 개개인의 의사 여하를 불문하고 획일적이며 강행적으로 규율한다.
　㉡ 단속규정성(명령규정성): 위반하더라도 법적효력을 부인하지 않는다. 효력규정이 위반하면 법적효력을 부인하는 것과 비교된다.
　㉢ 행위규범성(법치행정의 원리상), 기술성 및 수단성(합목적적 행정목적 실현을 위한 절차, 정치적 변동에 둔감) 등의 특성이 있다.
③ 내용상 특성
　㉠ 공익우선성: 행정법은 공익 상호 간 또는 공익과 사익 상호 간을 규율하는 법으로 사익에 대한 공익의 우월성을 인정한다. 이때 공익의 사익에 대한 우월성은 일반적인 차원에서 인정되는 것으로 절대적인 우월성은 아니며 개별적인 경우에 공익이 항상 사익에 우월하다는 것을 의미하는 것은 아니다.

ⓛ 행정주체의 우월성: 행정법관계에서 행정주체는 사인에 대하여 일반적으로 우월한 지위를 인정한다. 이때의 우월성은 공익상 필요나 실효성 확보를 위한 것이지, 절대적ㆍ선험적인 것은 아니다.

(4) 행정기본법 제정(2021년 3월 23일 제정, 시행 2021년 9월 24일)

① 목적과 정의 등

㉠ 목적과 정의

목적(행정기본법 제1조)	정의(행정기본법 제2조)
• 행정의 원칙과 기본사항을 규정하여 행정의 민주성과 적법성을 확보 • 적정성과 효율성을 향상 • 국민의 권익 보호에 이바지	• 행정청: 행정에 관한 의사를 결정하여 표시하는 국가 또는 지방자치단체의 기관, 그 밖에 법령 등에 따라 행정에 관한 의사를 결정하여 표시하는 권한을 가지고 있거나 그 권한을 위임 또는 위탁받은 공공단체 또는 그 기관이나 사인(私人) • 당사자: 처분의 상대방을 말한다. • 제재처분: 법령 등에 따른 의무를 위반하거나 이행하지 아니하였음을 이유로 당사자에게 의무를 부과하거나 권익을 제한하는 처분을 말한다. 다만, 행정대집행, 이행강제금의 부과, 직접강제, 강제징수, 즉시강제(제30조 제1항 각 호)에 따른 행정상 강제는 제외한다.

ⓛ 국가와 지방자치단체의 책무(행정기본법 제3조)

• 국가와 지방자치단체는 국민의 삶의 질을 향상시키기 위하여 적법절차에 따라 공정하고 합리적인 행정을 수행할 책무를 진다.

• 국가와 지방자치단체는 행정의 능률과 실효성을 높이기 위하여 지속적으로 법령 등과 제도를 정비ㆍ개선할 책무를 진다.

ⓒ 행정의 적극적 추진(행정기본법 제4조)

• 행정은 공공의 이익을 위하여 적극적으로 추진되어야 한다.

• 국가와 지방자치단체는 소속 공무원이 공공의 이익을 위하여 적극적으로 직무를 수행할 수 있도록 제반 여건을 조성하고, 이와 관련된 시책 및 조치를 추진하여야 한다.

• 행정의 적극적 추진 및 적극행정 활성화를 위한 시책의 구체적인 사항 등은 대통령령(적극행정 운영규정)으로 정한다.

② 기간 및 나이의 계산

㉠ 행정에 관한 기간의 계산(행정기본법 제6조)

ⓛ 법령 등 시행일의 기간 계산(행정기본법 제7조)

ⓒ 행정에 관한 나이의 계산 및 표시(행정기본법 제7조의2)

③ 행정의 법 원칙

㉠ 법치행정의 원칙(행정기본법 제8조)

ⓛ 평등의 원칙(행정기본법 제9조)

ⓒ 비례의 원칙(행정기본법 제10조)

ⓔ 성실의무 및 권한남용금지의 원칙(행정기본법 제11조)

ⓜ 신뢰보호의 원칙(행정기본법 제12조)

ⓗ 부당결부금지의 원칙(행정기본법 제13조)

④ 처분과 인허가제

처분	인허가제
• 개정 시 신법과 구법의 적용의 기준(행정기본법 제14조) • 처분의 효력(행정기본법 제15조) • 결격사유(행정기본법 제16조) • 부관(행정기본법 제17조) • 위법 또는 부당한 처분의 취소(행정기본법 제18조) • 적법한 처분의 철회(행정기본법 제19조) • 자동적 처분(행정기본법 제20조) • 재량행사(행정기본법 제21조)과 제재처분의 기준(행정기본법 제22조) • 제재처분의 제척기간(행정기본법 제23조) • 처분에 대한 이의신청(행정기본법 제36조) • 처분의 재심사(행정기본법 제37조)	• 인허가의제의 기준 • 인허가의제의 효과 • 인허가의제의 사후관리 등

⑤ 행정의 실효성 확보수단

과징금	행정상 강제
• 과징금의 기준(행정기본법 제28조) • 과징금의 납부기한 연기 및 분할 납부(행정기본법 제29조)	• 행정상 강제(행정기본법 제30조) • 이행강제금의 부과(행정기본법 제31조) • 직접강제와 즉시강제(행정기본법 제32 · 33조)

⑥ 그 밖의 행정작용
  ㉠ 수리 여부에 따른 신고의 효력(행정기본법 제34조)
  ㉡ 수수료 및 사용료(행정기본법 제35조)

2 법치행정의 원리

(1) 법률의 법규창조력

① 의의
  ㉠ 법률의 법규창조력이란 의회가 정립한 법률만이 시원적 법규로서의 구속력을 갖는다는 것을 의미한다.
  ㉡ 법규창조력은 국회가 가지므로, 행정부는 시원적 법규창조를 가지지 못한다.

② 발전
  ㉠ 의회가 제정한 법률이 법규성을 가지는 것이 원칙이나 의회가 모든 법을 다 제정할 수 없으므로 경우에 따라서는 행정권에 의해 정립된 행정입법도 법규성을 갖는다.
  ㉡ 형식적 법치 시절에는 이러한 행정입법에 대한 포괄적 수권에 의해 법치주의가 변질되었고 이에 실질적 법치에서는 포괄적 위임이 아닌 구체적 위임으로 발전하게 되었다.

(2) 법률우위의 원칙

① 의의
- ㉠ 헌법이 정하는 절차에 따라 제정된 법률은 헌법을 제외한 그 밖의 모든 국가의사에 우월하고, 행정은 법률에 반할 수 없다.
- ㉡ 법률만이 국민의 권리나 의무 사항을 규율할 수 있다는 것이다.

② 근거: 법률우위원칙의 근거는 헌법의 법치주의에 있으며, 실정법으로는 행정기본법이 있다.

③ 적용범위
- ㉠ 모든 법률에 적용된다.
- ㉡ 따라서 헌법, 형식적 의미의 법률, 법규명령과 행정법의 일반원칙 등 불문법(법규성이 없는 행정규칙은 포함되지 않음)과 관습법도 포함된다.

(3) 법률유보의 원칙

① 의의
- ㉠ 구체적인 행정작용 시 국회에서 제정한 형식적 의미의 법률에 근거가 있어야 함을 의미한다.
- ㉡ 이는 법치주의의 적극적 측면을 의미한다.

② **법률유보의 근거**: 법률유보원칙의 근거는 헌법적 근거인 민주주의, 국민의 기본권 보호, 법치국가 원리가 있으며, 실정법으로는 행정기본법이 있다.

③ 적용범위
- ㉠ 국회에서 제정한 형식적 의미의 법률인 성문법과 법률의 위임에 따라 제정된 법규명령을 포함한다. 따라서 관습법, 판례법, 조리와 같은 '불문법'이나 '예산'은 포함되지 않는다(통설).
- ㉡ 현행법하에서 국회의 관여 없이 행정부의 명령에 의하여 국민의 권리를 제한하거나 의무를 부과하는 '배타적 행정유보'는 허용되지 않는다(통설).
- ㉢ 행정기본법의 법률유보의 범위는 "행정작용은 법률에 위반되어서는 아니 되며, 국민의 권리를 제한하거나 의무를 부과하는 경우와 그 밖에 국민생활에 중요한 영향을 미치는 경우에는 법률에 근거하여야 한다(제8조)."라고 규정하여 본질성 이론(중요사항유보설)을 취하고 있다.
- ㉣ 법률유보의 적용범위는 행정이 복잡해지고, 재량행위의 확대에 따라 점차 확대되고 있다.

④ **법률유보의 적용범위에 대한 학설**

구분	내용	비고
침해 유보설	침해적 행정작용 시 국민의 자유와 권리를 제한하거나 의무 부과 법률에 근거가 있어야 한다.	특별권력관계(예 수형자)에는 법률유보가 적용되지 않으며, 현대 국가에서는 급부행정도 중요하다.
신(新) 침해 유보설	특별권력관계의 경우에도 법률유보가 적용되어야 한다는 점에서만 침해유보설과 차이가 있다.	특별권력관계에도 법률유보가 적용된다고 본다.
전부 유보설	국가의 모든 행정작용 시 법률의 근거가 필요하다는 입장으로, 법치주의에 가장 철저하며 법으로부터의 자유로운 행정영역의 관념을 부정한다.	• 국민주권주의와 의회민주주의를 강조한다. • 행정의 고유한 영역을 부정하면서 권력분립에 위반되므로 이상론에 불과하다는 비판을 받는다.
권력행정 유보설	침해적 행정작용은 물론이고, 권력적 행정작용 시 법률에 근거가 있어야 한다는 입장이다.	침해유보설의 틀을 벗어나지 못한다.

급부행정 유보설 (사회유보설)	침해적 행정작용은 물론이고, 급부 행정작용 시 법률에 근거가 있어야 한다.	법률의 근거가 없으면 행정기관은 국민에게 급부를 행할 수 없게 되므로 국민의 지위를 오히려 약화시키며 신속성이 저해된다.
중요사항 유보설 (본질성설)	• 행정작용이 기본권의 본질적 사항과 관련된 경우에는 법률의 근거가 있어야 한다. • 법률유보의 범위뿐만 아니라, 법률유보의 밀도(강도)에 대해서도 고려한다. • 의회유보란 위임금지를 통해 강화된 법률유보로 중요사항유보설과 연결된다.	• 구체적 타당성을 강조한다. • 독일의 헌법재판소 '칼카르 결정'에서 유래되었다.

⑤ 위반의 결과와 판례의 태도

㉠ 위반의 결과: 법률유보원칙에 반하는 행정작용은 위법하다. 좀더 세분화하면 행정작용이 법규명령이면 무효이고, 법적 근거 없이 행한 행정행위는 "중대명백설"에 의해 무효 또는 취소로 할 수 있다.

㉡ 판례의 태도: 헌법재판소는 중요사항유보설의 입장을 취하고 있는데, 이와 관련하여 중요사항으로 인정한 판례와 중요사항으로 인정하지 않는 판례로 나뉜다.

관련판례

■ **병의 복무기간은 본질적 사항임**
병의 복무기간은 국방의무의 본질적 내용에 관한 것이어서 이는 반드시 법률로 정하여야 할 입법사항에 속한다고 풀이할 것인바 육군본부 방위병 소집복무해제규정 제23조가 병역법 제25조 제3항이 규정하지 아니한 구속 등의 사유를 복무기간에 산입하지 않도록 규정한 것은 병역법에 위반하여 무효라고 할 것이다(대판 1985.2.28, 85초13).

■ **토지초과이득세법상 기준시가는 본질적 사항임**
토초세법상의 기준시가는 국민의 납세의무의 성부 및 범위와 직접적인 관계를 가지고 있는 중요한 사항이므로 이를 하위법규에 백지위임하지 아니하고 그 대강이라도 토초세법 자체에서 직접 규정해 두어야만 함에도 불구하고, 토초세법 제11조 제2항이 그 기준시가를 전적으로 대통령령에 맡겨 두고 있는 것은 헌법상의 조세법률주의 혹은 위임입법의 범위를 구체적으로 정하도록 한 헌법 제75조의 취지에 위반(헌재 1994.7.29, 92헌바49 · 52)

■ **텔레비전 방송수신료 결정은 본질적 사항임**
오늘날 법률유보원칙은 단순히 행적작용이 법률에 근거를 두기만 하면 충분한 것이 아니라, 국가공동체와 그 구성원에게 기본적이고도 중요한 의미를 갖는 영역, 특히 국민의 기본권실현과 관련된 영역에 있어서는 국민의 대표자인 입법자가 그 본질적 사항에 대해서 스스로 결정하여야 한다는 요구까지 내포하고 있다(의회유보원칙). 그런데 텔레비전 방송수신료는 대다수 국민의 재산권 보장의 측면이나 한국방송공사에게 보장된 방송자유의 측면에서 국민의 기본권실현과 관련된 영역에 속하고, 수신료금액의 결정은 납부의무자의 범위 등과 함께 수신료에 관한 본질적인 중요한 사항이므로 국회가 스스로 행하여야 하는 사항에 속하는 것임에도 불구하고 한국방송공사법 제36조 제1항에서 국회의 결정이나 관여를 배제한 채 한국방송공사로 하여금 수신료금액을 결정해서 문화관광부장관의 승인을 얻도록 한 것은 법률유보원칙에 위반된다(헌재 1999.5.27, 98헌바70).

■ **텔레비전 수신료 징수업무는 본질적 사항이 아님**
수신료 징수업무를 한국방송공사가 직접 수행할 것인지 제3자에게 위탁할 것인지, 위탁한다면 누구에게 위탁하도록 할 것인지, 위탁받은 자가 자신의 고유업무와 결합하여 징수업무를 할 수 있는지는 징수업무 처리의 효율성 등을 감안하여 결정할 수 있는 사항으로서 국민의 기본권제한에 관한 본질적인 사항이 아니라 할 것이다(헌재 2008.2.28, 2006헌바70 전합).

각 국가유공자 단체의 대의원의 선출에 관한 사항은 각 단체의 구성과 운영에 관한 것으로서, 국민의 권리와 의무의 형성에 관한 사항이나 국가의 통치조직과 작용에 관한 기본적이고 본질적인 사항이라고 볼 수 없으므로, 법률유보 내지 의회유보의 원칙이 지켜져야 할 영역이라고 할 수 없다. 따라서 각 단체의 대의원의 정수 및 선임방법 등은 정관으로 정하도록 규정하고 있는 국가유공자 등 단체 설립에 관한 법률 제11조가 법률유보 혹은 의회유보의 원칙에 위배되어 청구인의 기본권을 침해한다고 할 수 없다(헌재 2006.3.30, 2005헌바31).

조합의 사업시행인가 신청 시의 토지 등 소유자의 동의요건은 비록 토지 등 소유자의 재산상 권리·의무에 영향을 미치는 사업시행계획에 관한 것이라고 하더라도, 그 동의요건은 사업시행인가 신청에 대한 토지 등 소유자의 사전 통제를 위한 절차적 요건에 불과하고 토지 등 소유자의 재산상 권리·의무에 관한 기본적이고 본질적인 사항이라고 볼 수 없다. 따라서 법률유보 내지 의회유보의 원칙이 반드시 지켜져야 하는 영역이라고 할 수 없고, 따라서 개정된 도시 및 주거환경정비법 제28조 제4항 본문이 법률유보 내지 의회유보의 원칙에 위배된다고 할 수 없다(대판 2007.10.12, 2006두14476).

3 행정법의 법원

(1) 성문법원

① 헌법

　㉠ 국가의 통치조직과 통치작용의 기본원리 및 국민의 기본권을 보장하는 근본 규범으로 최고 규범에 해당한다.

　㉡ 우리나라의 헌법은 1948년 7월 17일에 제정되었고, 9차례 개헌되었다.

　㉢ 헌법에 위반되는 법규범은 위헌 무효이며, 헌법 규정과 근본정신은 행정법 해석의 지침과 기준이 된다.

② 법률

　㉠ 국회에서 법률이라는 형식으로 제정한 규범으로, 법률은 헌법에 위반되는 내용을 가질 수 없으며, 헌법에 위반되는 내용이 있으면 헌법재판소의 위헌법률심판(헌법 제111조)의 대상이 된다.

　㉡ 대통령의 긴급명령, 긴급재정경제명령은 법률과 동일한 효력을 갖는다(헌법 제76조 제1항).

③ 조약 및 국제법규

　㉠ 조약은 일정한 법률효력을 발생시키기 위해 체결한 국제적 합의이다.

　㉡ 일반적으로 승인된 국제법규란 국제사회에서 승인된 조약 및 국제관습법을 말한다.

　㉢ 문제점: 헌법 제6조 제1항은 헌법에 의하여 체결·공포된 조약과 일반적으로 승인된 국제법규는 국내법과 같은 효력을 가진다고 규정하고 있는데, 여기서 국내법의 의미에 대해 견해가 대립되고 있다.

　㉣ 국내법의 의미: 헌법에 의하여 체결, 공포된 조약과 일반적으로 승인된 국제법규는 원칙적으로 국내법 중 법률과 동등한 효력을 갖는다고 보는 것이 일반적인 입장이다(통설·판례). 국내법과 충돌 시에는 신법우선의 원칙, 특별법우선의 원칙, 상위법우선의 원칙에 의해 해결한다.

- 남북사이의 화해와 불가침 및 교류협력에 관한 합의서 → 조약 또는 이에 준하는 것으로 볼 수 없음

  남북 사이의 화해와 불가침 및 교류협력에 관한 합의서는 남북관계가 '나라와 나라 사이의 관계가 아닌 통일을 지향하는 과정에서 잠정적으로 형성되는 특수관계'임을 전제로, 조국의 평화적 통일을 이룩해야 할 공동의 정치적 책무를 지는 남북한 당국이 특수관계인 남북관계에 관하여 채택한 합의문서로서, 남북한 당국이 각기 정치적인 책임을 지고 상호간에 그 성의 있는 이행을 약속한 것이기는 하나 법적 구속력이 있는 것은 아니어서 이를 국가 간의 조약 또는 이에 준하는 것으로 볼 수 없고, 따라서 국내법과 동일한 효력이 인정되는 것도 아니다(대판 1999.7.23, 98두14525).

- '1994년 관세 및 무역에 관한 일반협정(GATT)'과 '정부조달에 관한 협정(AGP)' → 국회의 동의를 얻어 공포 · 시행된 조약으로 국내법과 동일한 효력

  '1994년 관세 및 무역에 관한 일반협정(General Agreement on Tariffs and Trade 1994, 이하 GATT라 한다)'은 … 헌법 제6조 제1항에 의하여 국내법령과 동일한 효력을 가지므로 지방자치단체가 제정한 조례가 GATT나 AGP에 위반되는 경우에는 그 효력이 없다(대판 2005.9.9, 2004추10).

- 회원국 정부의 반덤핑부과처분이 WTO 협정 위반이라는 이유만으로 사인이 직접 국내 법원에 그 처분의 취소를 구하는 소를 제기하거나, 협정 위반을 처분의 독립된 취소사유로 주장할 수 없음

  위 협정은 국가와 국가 사이의 권리 · 의무관계를 설정하는 국제협정으로, 그 내용 및 성질에 비추어 이와 관련한 법적 분쟁은 위 WTO 분쟁해결기구에서 해결하는 것이 원칙이고, 사인에 대하여는 위 협정의 직접 효력이 미치지 아니한다고 보아야 할 것이므로, 위 협정에 따른 회원국 정부의 반덤핑부과처분이 WTO 협정 위반이라는 이유만으로 사인이 직접 국내 법원에 회원국 정부를 상대로 그 처분의 취소를 구하는 소를 제기하거나 위 협정 위반을 처분의 독립된 취소사유로 주장할 수는 없다 할 것이다(대판 2009.1.30, 2008두17936).

④ 명령

　㉠ 개념: 국회에서 제정한 법률에 근거하여 행정부가 정립한 규범으로써 이를 '행정상 입법'이라고 한다.

　㉡ 구분

구분	법규명령	행정명령(행정규칙)
법형식	대통령령 · 총리령 · 부령 등	훈령 · 고시 등
권력적 기초	일반권력관계	특별행정법관계
법적근거	• 위임명령: 법적근거 필요(→ 상위법령의 위임 필요) • 집행명령: 법적근거 불필요(수권)	법적근거 불필요
성질	법규성(재판규범성, 대외적 구속력) 긍정	법규성(재판규범성, 대외적 구속력) 부정
위반의 효과	위법한 작용	곧바로 위법한 작용이 되는 것은 아님
존재형식	위법한 작용	조문의 형식 또는 구술
공포	공포 필요	공포 불필요
특징	일반 국민의 권리 · 의무에 관한 사항을 규율하고 국가와 국민 모두에게 구속력을 가진다.	반 국민의 권리 · 의무에 관한 사항을 규율하지 않고 행정조직 내부에서만 구속력을 가진다
한계	법률유보의 원칙 · 법률우위의 원칙 적용	법률우위의 원칙만 적용

⑤ 자치법규(조례 · 규칙)
　　㉠ 지방자치법상 자치법규에는 지방의회가 제정한 조례와 지방자치단체장이 정한 규칙이 있다.
　　㉡ 자치법규는 상위규범인 헌법, 법률, 명령에 위반되어서는 안 된다. 판례는 지방자치단체의 사무에
　　　관한 조례와 규칙 중 조례가 상위규범이라고 명시한다.

더 알아보기

성문법원 적용 순서
헌법 → 법률 → 명령 → 조례 → 규칙

(2) 불문법
① 관습법
　　㉠ 의의: 관습에 의하여 형성된 법으로 공서양속에 위반되지 않는 사회생활상의 일정한 관행이 반복
　　　되어 국민들 사이에 법적 확신이 인정되는 경우에 성립된다. 관습법이 행정법의 법원으로 인정될
　　　수 있는가에 대해 견해의 대립은 있으나, 법률에 명문의 규정이 없더라도 관습법의 법원성을 인정
　　　함이 판례와 통설의 입장이다.
　　㉡ 성립요건
　　　• 반복된 관행이 존재해야 한다.
　　　• 반복된 관행이 공서양속에 위반되지 않아야 한다.
　　　• 국민들 사이에 법적 확신이 있어야 한다.
　　　• 관습법이 성립되기 위해서 국가의 승인은 필요하지 않다는 것이 판례와 통설의 입장이다.
　　㉢ 관습법의 효력: 우리나라는 성문법주의 원칙이므로, 관습법은 성문법에 비해 열후적, 보충적 성격
　　　을 지님이 원칙이다. 다만, 예외적으로 관습헌법은 성문헌법과 동등한 효력을 가진다.
　　㉣ 관습법의 종류
　　　• 행정 선례법: 행정청의 행정관행이 반복되어 국민들 사이에 법적 확신이 형성된 경우이다(행정
　　　　절차법 제4조 제2항, 국세기본법 제18조 제3항 등).

행정절차법 제4조【신의성실 및 신뢰보호】
② 행정청은 법령 등의 해석 또는 행정청의 관행이 일반적으로 국민들에게 받아들여졌을 때에는 공익 또는
　 제3자의 정당한 이익을 현저히 해칠 우려가 있는 경우를 제외하고는 새로운 해석 또는 관행에 따라 소급
　 하여 불리하게 처리하여서는 아니 된다.

국세기본법 제18조【세법 해석의 기준 및 소급과세의 금지】
③ 세법의 해석이나 국세행정의 관행이 일반적으로 납세자에게 받아들여진 후에는 그 해석이나 관행에 의한
　 행위 또는 계산은 정당한 것으로 보며, 새로운 해석이나 관행에 의하여 소급하여 과세되지 아니한다.

- 민중적 관습법
  - 일정한 관행이 반복되어 국민들 사이에 법적 확신이 형성된 경우로 입어권이 여기에 해당하며 명문으로 규정하고 있다(수산업법 제40조).
  - 입어권(관행 어업권)이란 공동 어장에서 수산물 등을 채취할 수 있는 권리를 의미한다.
  - 주의할 것은 어업권은 수산업법 제8조에 의하여 시장, 군수, 구청장의 어업면허를 받아 어업을 경영할 수 있는 권리로 '성문법상의 권리'이다.
  - ㉢ 판례의 태도: 관습법은 성문법을 보충하는 효력을 지닌다고 보는 것이 우리나라 통설 및 판례의 입장이다.

관련판례

■ 관습법과 사실인 관습

관습법이란 사회의 거듭된 관행으로 생성된 사회생활규범이 사회의 법적 확신과 인식에 의하여 법적 규범으로 승인·강행되기에 이른 것을 말하고, 사실인 관습은 사회의 관행에 의하여 발생한 사회생활규범인 점에서 관습법과 같으나 사회의 법적 확신이나 인식에 의하여 법적 규범으로서 승인된 정도에 이르지 않은 것을 말하는바, 관습법은 바로 법원으로서 법령과 같은 효력을 갖는 관습으로서 법령에 저촉되지 않는 한 법칙으로서의 효력이 있는 것이며, 이에 반하여 사실인 관습은 법령으로서의 효력이 없는 단순한 관행으로서 법률행위의 당사자의 의사를 보충함에 그치는 것이다(대판 1983.6.14, 80다3231).

■ 국세기본법 제18조 제3항의 비과세관행의 성립요건

국세기본법 제18조 제3항에서 말하는 비과세관행이 성립하려면, 상당한 기간에 걸쳐 과세를 하지 아니한 객관적 사실이 존재할 뿐만 아니라, 과세관청 자신이 그 사항에 관하여 과세할 수 있음을 알면서도 어떤 특별한 사정 때문에 과세하지 않는다는 의사가 있어야 하며, 위와 같은 공적 견해나 의사는 명시적 또는 묵시적으로 표시되어야 하지만 묵시적 표시가 있다고 하기 위하여는 단순한 과세누락과는 달리 과세관청이 상당기간의 불과세 상태에 대하여 과세하지 않겠다는 의사표시를 한 것으로 볼 수 있는 사정이 있어야 한다(대판 2000.1.21, 97누11065).

■ 관습법의 소멸·변경

사회의 거듭된 관행으로 생성된 사회생활규범이 관습법으로 승인되었다고 하더라도 사회 구성원들이 그러한 관행의 법적 구속력에 대하여 확신을 갖지 않게 되었다거나, 사회를 지배하는 기본적 이념이나 사회질서의 변화로 인하여 그러한 관습법을 적용하여야 할 시점에 있어서의 전체 법질서에 부합하지 않게 되었다면 그러한 관습법은 법적 규범으로서의 효력이 부정될 수밖에 없다(대판 2005.7.21, 2002다1178 전합).

② 판례법
  - ㉠ 의의: 법원(法院)의 판결이나 헌법재판소의 결정 자체에 법적 구속력이 인정되는 경우를 말한다. 영미법계 국가에서는 판례의 법원성을 인정하나, 대륙법계 국가에서는 판례의 법원성을 인정할지 여부에 대해 견해의 대립이 있다.
  - ㉡ 판례의 법원성 인정 여부
    - 판례법을 행정법의 법원으로 볼 것인지 여부에 견해가 대립하고 있다.
    - 대법원: 법원조직법 제8조(상급심 재판의 기속력)에 상급법원 재판에서의 판단은 해당 사건에 관하여 하급심을 기속한다고 규정되어 있다.
    - 헌법재판소의 위헌결정: 헌법재판소법(제47조, 제67조)은 위헌결정에 대해 기속력을 인정하는 명문규정을 두고 있으므로 법원성을 인정한다(다수설).

> **헌법재판소법 제47조 【위헌결정의 효력】**
> ① 법률의 위헌결정은 법원과 그 밖의 국가기관 및 지방자치단체를 기속(羈束)한다.
> ② 위헌으로 결정된 법률 또는 법률의 조항은 그 결정이 있는 날부터 효력을 상실한다.
> ③ 제2항에도 불구하고 형벌에 관한 법률 또는 법률의 조항은 소급하여 그 효력을 상실한다. 다만, 해당 법률 또는 법률의 조항에 대하여 종전에 합헌으로 결정한 사건이 있는 경우에는 그 결정이 있는 날의 다음 날로 소급하여 효력을 상실한다.
>
> **헌법재판소법 제67조 【결정의 효력】**
> ① 헌법재판소의 권한쟁의심판의 결정은 모든 국가기관과 지방자치단체를 기속한다.
> ② 국가기관 또는 지방자치단체의 처분을 취소하는 결정은 그 처분의 상대방에 대하여 이미 생긴 효력에 영향을 미치지 아니한다.

③ 조리(행정법의 일반원칙)

    ㉠ 의의: 사물의 본질적 법칙이나 법의 일반원리를 의미하며, 조리의 내용은 영구불변은 아니다.

    ㉡ 기능

        • 성문법·관습법·판례법이 모두 존재하지 않을 때 적용되는 보충적 법원으로서 기능을 가진다.

        • 조리 중 가끔 헌법상 효력을 갖는 경우도 있으며, 성문법 규정과 관계 없이 법원성이 인정된다.

    ㉢ 행정법과의 관계: 조리를 행정법상 일반원칙으로 보는 것이 일반적인 입장이다. 따라서 행정청의 처분이 행정법상 일반원칙을 위반하면 행정쟁송의 대상이 된다.

❹ 행정법의 효력

(1) 시간적 효력

① 효력발생시기

    ㉠ 법령은 특별한 규정이 없으면 공포일로부터 20일이 경과함으로써 효력이 발생한다(헌법 제53조, 법령 등 공포에 관한 법률 제13조).

    ㉡ 예외: 국민의 권리제한 또는 의무 부과와 직접 관련되는 법령(법률, 대통령령, 총리령 및 부령)은 공포일로부터 적어도 30일이 경과된 날로부터 시행된다(법령 등 공포에 관한 법률 제13조의2).

    ㉢ 조례·규칙 등: 특별한 규정이 없으면 공포일로부터 20일이 지나면 효력이 발생한다(지방자치법 제26조 제8항).

    ㉣ 공포한 날의 의미: 법령 등의 공포일 또는 공고일은 해당 법령 등을 게재한 관보 또는 신문이 발행된 날로 한다(법령 등 공포에 관한 법률 제12조). 다수설과 판례는 관보 또는 신문이 발행된 날은 관보를 구독할 수 있는 시점이다.

    ㉤ 법령 등 시행일의 기간 계산(행정기본법 제7조)

        • 법령 등을 공포한 날부터 시행하는 경우에는 공포한 날을 시행일로 한다(초일분산입원칙이 적용되지 않음).

        • 법령 등을 공포한 날부터 일정 기간이 경과한 날부터 시행하는 경우 법령 등을 공포한 날을 첫날에 산입하지 아니한다(초일분산입원칙이 적용).

- 법령 등을 공포한 날부터 일정 기간이 경과한 날부터 시행하는 경우 그 기간의 말일이 토요일 또는 공휴일인 때에는 그 말일로 기간이 만료한다(말일이 토요일 또는 공휴일인 경우 그 다음 날로 만료하는 민법이 적용되지 않음).

② 소급적용금지의 원칙

  ㉠ 개념 및 근거

개념	법령은 공포·시행되기 전에 종결된 사실에 관하여는 적용되지 않는다는 원칙
근거	행정기본법 제14조 제1항에 근거를 두고 있다.

> **행정기본법 제14조【법 적용의 기준】**
> ① 새로운 법령 등은 법령 등에 특별한 규정이 있는 경우를 제외하고는 그 법령 등의 효력 발생 전에 완성되거나 종결된 사실관계 또는 법률관계에 대해서는 적용되지 아니한다.

  ㉡ 소급효의 종류

진정소급효	• 개정된 신법의 효력을 개정 전 완성된 사실관계 또는 법률관계에 적용하는 경우이다. • 허용 여부: 행정기본법 제14조 제1항에서 규정하고 있어 진정소급적용은 원칙적으로 금지되나 예외적으로 허용된다.
부진정소급효	• 개정된 신법의 효력을 개정 전 미완성된 즉, 진행 중인 사실관계 또는 법률관계에 적용하는 경우이다. 다만, 공익상의 이유, 개인의 신뢰보호의 요청 사이의 이익형량을 통해 법령이 실현하고자 하는 공익보다 침해받는 신뢰보호가치가 더 큰 경우에 허용한다. • 허용여부: 행정기본법은 "법령 등의 효력 발생 전에 완성되거나 종결된 사실관계 또는 법률관계에 대해서는 적용되지 아니한다."라고 규정하므로 부진정소급적용은 금지되지 않는다.

관련판례

■ **진정소급효 판례: 구법 적용 ○**
법령의 소급적용, 특히 행정법규의 소급적용은 일반적으로는 법치주의의 원리에 반하고, 개인의 권리·자유에 부당한 침해를 가하며, 법률생활의 안정을 위협하는 것이어서, 이를 인정하지 않는 것이 원칙이나 다만, 법령을 소급적용하더라도 일반 국민의 이해에 직접 관계가 없는 경우, 오히려 그 이익을 증진하는 경우, 불이익이나 고통을 제거하는 경우 등의 특별한 사정이 있는 경우에 한하여 예외적으로 법령의 소급적용이 허용된다(대판 2005.5.13, 2004다8630).

■ **부진정소급효의 원칙적 허용: 신법 적용 ○**
의사가 파산선고를 받고 복권되지 아니한 경우를 "임의적" 면허취소사유로 규정한 개정 전 의료법하에서 파산선고를 받았으나 같은 경우를 "필요적" 면허취소사유로 규정한 개정 의료법하에서도 복권되지 아니한 의사에 대하여 개정 의료법을 적용하여 의사면허를 반드시 취소하여야 하는지 여부: 적극(대판 2001.10.12, 2001두274)

③ 효력의 소멸

  ㉠ 한시법: 유효기간의 경과로 자동적으로 효력이 소멸되는 법이다.

  ㉡ 한시법 이외의 법률의 소멸

  - 폐지의 경우: 신법에 명시적으로 폐지에 대한 규정이 있거나, 신법과 구법이 내용상 저촉되는 규정으로 두어 효력을 상실하게 할 수 있다.

  - 위임입법은 수권법령(상위법)의 소멸로 효력이 상실된다. 또한 헌법재판소의 위헌결정으로 효력이 소멸하기도 한다.

(2) 장소적 효력

① 원칙: 행정법규는 원칙적으로 제정기관의 권한이 미치는 지역 내에서만 효력을 미치는 것이 원칙이다.

② 예외: 국가의 법령이지만 일부 지역에서만 적용되는 경우(예 제주특별자치도 설치 및 국제자유도시 조성을 위한 특별법)가 있으며, 자치입법의 경우에도 본래의 관할구역을 넘어서 효력을 미치기도 한다.

(3) 대인적 효력

① 원칙: 행정법규는 원칙적으로 속지주의 원칙상 대한민국 영역 안에 있는 모든 사람에 대하여 적용된다. 외국에 있는 국민에 대해서 여권법 등이 적용된다.

② 예외: 외교면제자, 미합중국군대의 구성원 등

5 행정법의 일반원칙

(1) 평등의 원칙

① 의의 및 근거

㉠ 행정청이 행정작용을 하면서 합리적 이유 없이 다른 사람과 차별하여서는 안 된다는 원칙을 말한다.

㉡ 헌법 제11조와 행정기본법 제9조를 근거로 한다.

> **평등의 원칙 【행정기본법 제9조】**
> 행정청은 합리적 이유 없이 국민을 차별하여서는 아니 된다.

② 적용 범위 및 한계

㉠ 적용 범위: 헌법상 원칙이면서 행정법상 일반원칙이므로, 모든 행정영역에서 적용된다.

㉡ 한계: 헌법상 평등권이 보장됨을 이유로 불법적인 영역에서까지 평등권을 주장할 수 있는지가 문제되는데, 판례와 통설은 이를 부정한다.

㉢ 위반 효과: 행정청의 처분이 평등의 원칙에 위반되면 그 처분의 효력은 위헌·위법하며, 이는 행정쟁송의 대상이 된다.

관련판례

■ 평등의 원칙에 위배되는 경우: 위헌
- 당직근무 대기 중 심심풀이 화투놀이를 한 경우에 3명은 견책, 1명은 파면처분을 한 경우(대판 1972.12.26, 72누194)
- 국유잡종재산에 대하여 취득시효를 부정한 경우: 국유잡종재산은 사경제적(私經濟的) 거래의 대상으로서 사적 자치의 원칙이 지배되고 있으므로 시효제도의 적용에 있어 서도 동일하게 보아야 하고, 국유잡종재산에 대한 시효취득을 부인하는 동 규정은 합리적 근거 없이 국가만을 우대하는 불평등한 규정으로서 헌법상의 평등의 원칙과 사유재산권 보장의 이념 및 과잉금지의 원칙에 반한다(헌재 1991.5.13, 89헌가97).
- 제대군인가산점제도를 평등권 침해로 본 사례(헌재 1999.12.23, 98헌마363)
- 국·공립사범대학 등 출신자를 국·공립학교 교사로 우선하여 채용하도록 규정한 것은 헌법상 평등의 원칙에 어긋난다고 본 사례(헌재 1990.10.8, 89헌마89)

- **평등의 원칙에 위배되지 않는 경우: 합헌**
  - 녹지구역에서 LPG충전소 설치를 금지하는 것이 LPG충전소 영업을 하려는 국민을 합리적 이유없이 자의적으로 차별하여 평등원칙에 위배되는지 여부: 소극(헌재 2004.7.15, 2001헌마646)
  - 일반직 직원의 정년을 58세로 규정하면서 전화교환직렬 직원만은 정년을 53세로 규정한 것이 합리성이 있다고 본 사례(대판 1996.8.23, 94누13589)
  - 대부계약 등을 맺지 않고 국유잡종재산을 무단 점유한 사람에게 통상 대부료의 20%를 할증한 변상금을 부과하도록 정한 국유재산법 제51조 제1항이 헌법상의 평등권과 재산권을 침해하는지 여부: 소극(대판 2008.5.15, 2005두11463)

(2) 평등의 원칙을 근거로 한 자기구속법리

① 의의

  ㉠ 행정의 재량영역에서 일정한 관행이 형성된 경우에 행정청은 동일한 사안에서 그 관행에 따라 행정작용을 해야 할 자기구속을 받는다.

  ㉡ 행정청 스스로 행정관행에 구속되는 효과가 발생하는데, 이를 자기구속의 법리라고 한다.

  ㉢ 행정의 자의를 방지하여 행정을 통제하고 국민의 권익을 보호할 수 있으나, 반면에 행정의 경직성을 초래하여 탄력적인 운용이 어려울 수 있다.

② 성립요건

  ㉠ 행정청의 '재량행위'일 것: 행정청의 재량행위이더라도 행정관행이 성립하는 경우에는 행정청 스스로 그 관행에 구속되어야 한다는 것으로 기속행위에서는 인정되지 않는다.

  ㉡ 동일한 관행의 '반복'일 것: 동일 행정청에서 동종의 사안에 대하여 행한 관행이어야 한다.

  ㉢ 행정청의 '행정선례'가 존재할 것: 현실적인 행정선례가 존재해야 자기구속법리가 성립될 수 있다는 입장이 일반적이다(통설·판례).

③ 효과 및 한계

  ㉠ 효과: 행정규칙을 법규로 전환시키는 역할을 하므로 자기구속의 원칙에 반하면 위헌·위법이 되어 항고소송 및 국가배상청구도 가능하게 된다.

  ㉡ 한계: 불법에서의 평등대우는 부정하므로 행정의 자기구속은 행정선례가 '적법한' 경우에만 인정된다. 신뢰보호원칙은 위법한 행정작용에서도 인정된다는 점에서 양자가 구별된다. 또한 중대한 사정변경이 있는 경우 인정되지 않는다.

관련판례

- **'행정규칙이나 내부지침'을 위반한 행정처분이 위법하게 되는 경우 – 자기구속법리의 성립**
  다만, 재량권 행사의 준칙인 행정규칙이 그 정한 바에 따라 되풀이 시행되어 행정관행이 이루어지게 되면 평등의 원칙이나 신뢰보호의 원칙에 따라 행정기관은 그 상대방에 대한 관계에서 그 규칙에 따라야 할 자기구속을 받게 되므로, 이러한 경우에는 특별한 사정이 없는 한 그를 위반하는 처분은 평등의 원칙이나 신뢰보호의 원칙에 위배되어 재량권을 일탈·남용한 위법한 처분이 된다(대판 2009.12.24, 2009두7967).

- **불법에서 평등대우를 부정한 판례**
  행정청이 조합설립추진위원회의 설립승인 심사에서 위법한 행정처분을 한 선례가 있다고 하여 그러한 기준을 따라야 할 의무가 없는 점 등에 비추어, 평등의 원칙이나 신뢰보호의 원칙 또는 자기구속의 원칙 등에 위배되고 재량권을 일탈·남용하여 자의적으로 조합설립추진위원회 승인처분을 한 것으로 볼 수 없다고 한 사례(대판 2009.6.25, 2008두13132).

(3) 비례의 원칙

① 개념 및 법적 근거

ㄱ 개념: 행정청의 행정작용 시 목적과 이를 실현하기 위한 수단 사이에 적절한 비례관계가 있어야 한다는 것을 말하며, 과잉금지의 원칙이라고도 한다.

ㄴ 법적 근거

- 헌법 제37조 제2항을 근거로 한다.
- 행정기본법 제10조에서 비례원칙을 규정하고 있고, 행정절차법은 행정지도에 비례원칙을 규정하고 있다.

> **비례의 원칙【행정기본법 제10조】**
> 행정작용은 다음 각 호의 원칙에 따라야 한다.
> 1. 행정목적을 달성하는 데 유효하고 적절할 것
> 2. 행정목적을 달성하는 데 필요한 최소한도에 그칠 것
> 3. 행정작용으로 인한 국민의 이익 침해가 그 행정작용이 의도하는 공익보다 크지 아니할 것

② 성립요건

ㄱ 적합성 원칙: 행청청이 행정작용 시 사용된 수단이 행정목적을 달성하기 위해 적합해야 하는 것을 의미하며 가장 낮은 단계의 비례심사이다.

ㄴ 필요성 원칙(최소침해성 원칙): 행정목적을 달성하기 위하여 행하여지는 수단은 그 목적 달성을 위하여 '필요한 최소한의 범위 내에서 허용'되어져야 함을 의미한다.

ㄷ 상당성 원칙(법익균형성 원칙): 행정목적인 공익실현이 그로 인해 권리가 제한되는 상대방인 국민의 사익 사이에 균형을 이루어야 한다는 것을 의미한다.

③ 효과 및 한계

ㄱ 비례의 원칙에 위반된 행정청의 처분은 위법하며 행정쟁송의 대상이 되고, 비례원칙에 반하는 법령은 위헌무효이다.

ㄴ 헌법 재판소는 비례원칙의 내용으로 목적의 정당성, 방법의 적정성, 침해의 최소성, 법익의 균형성을 요구하고 있다.

관련판례

- **적합성 원칙에 대한 판례**
  - 변호사로 개업하고자 하는 판사나 검사 등의 개업지 제한: 위헌(헌재 1989.11.20, 89헌가102)
  - 공직선거법 제37조 제1항의 주민등록을 요건으로 재외국민의 국정선거권을 제한하는 것이 재외국민의 선거권, 평등권을 침해하고 보통선거원칙을 위반하는지 여부: 적극(헌재 2007.6.28, 2004헌마644, 2005헌마360 병합)

- **필요성 원칙에 대한 판례**
  - 경찰관이 범인을 검거하면서 가스총을 근접 발사하여 가스와 함께 발사된 고무마개가 범인의 눈에 맞아 실명한 경우 국가배상책임을 인정한 사례(대판 2003.3.14, 2002다57218)
  - 청소년유해매체물로 결정 · 고시된 만화인 사실을 모르고 있던 도서대여업자가 그 고시일로부터 8일 후에 청소년에게 그 만화를 대여한 것을 사유로 그 도서대여업자에게 금 700만 원의 과징금이 부과된 경우: 위법(대판 2001.7.27, 99두9490)
  - 공무원이 담당하던 업무와 관련하여 수뢰한 비위에 대하여 행하여진 해임처분: 적법(대판 1996.5.10, 96누2903)

> ■ 상당성 원칙에 대한 판례
> • 수입 녹용 전지 사건: 적법(대판 2006.4.14, 2004두3854)
> • 음주운전 삼진 아웃제도 사건: 합헌
> 도로교통법 제148조의2 제1항 제1호에서 정하고 있는 '도로교통법 제44조 제1항을 2회 이상 위반한' 것에 개정된 도
> 로교통법이 시행된 2011.12.9. 이전에 구 도로교통법 제44조 제1항을 위반한 음주운전 전과까지 포함되는 것으로 해
> 석하는 것이 형벌불소급의 원칙이나 일사부재리의 원칙 또는 비례의 원칙에 위배된다고 할 수 없다(대판 2012.11.29,
> 2012도 10269).

(4) 신뢰보호의 원칙

① 의의 및 근거

 ㉠ 의의: 행정청의 공적인 견해표명을 신뢰한 국민에게 손해가 발생한 경우 그 신뢰를 보호해주는 원칙을 말한다.

 ㉡ 근거

이론적 근거	신의칙설과 법적 안정성설의 대립이 있으나, 현재 상태를 유지하고자 하는 '법적 안정성설'이 통설적 입장
판례	법적 안정성 차원에서 신뢰보호의 원칙을 인정
실정법적 근거	행정기본법 제정 전에 행정절차법(제4조 제2항)과 국세기본법(제18조 제3항)에서 실정법적 근거를 찾을 수 있었으며, 행정기본법은 신뢰보호원칙의 성문법상 일반적 근거임

② 성립요건

 ㉠ 행정청의 선행조치가 있을 것(공적 견해표명)

 ㉡ 보호가치 있는 신뢰가 성립할 것(개인의 귀책사유 없음)

 ㉢ 상대방의 처리행위(처분행위)

 ㉣ 선행조치에 반하는 후행 행정작용

 ㉤ 인과관계

 ㉥ 선행조치에 반하는 행정작용이 있고 개인의 손해 발생

③ 한계

 ㉠ 신뢰보호원칙의 성립요건이 구비된 경우에 상대방은 신뢰보호원칙을 주장할 수 있는 데 반하여, 행정청은 법률적합성원칙에 근거하여 선행조치에 반하는 후행 행정작용이 이루어졌음을 주장하게 되므로 양자의 충돌 문제가 발생한다.

 ㉡ 공익과 사익을 비교교량해야 한다는 '이익형량설(양자동위설)'이 통설과 판례의 입장이다.

관련판례

■ **신뢰보호원칙의 판단 판례**

법령의 개정 시 입법자가 구 법령의 존속에 대한 당사자의 신뢰를 침해하여 신뢰보호 원칙을 위배하였는지 여부의 판단
기준 – 이러한 신뢰보호원칙의 위배 여부를 판단하기 위하여는 한편으로는 침해받은 이익의 보호가치, 침해의 중한 정도,
신뢰가 손상된 정도, 신뢰침해의 방법 등과 다른 한편으로는 새 법령을 통해 실현하고자 하는 공익적 목적을 종합적으로
비교 · 형량하여야 한다(대판 2006.11.16, 2003두12899 전합).

■ **신뢰보호원칙의 성립요건 중 공적 견해표명 관련판례**

• 보건사회부장관(현 보건복지부장관)의 "의료 취약지 병원설립운영자 신청공고"를 하면서 국세 및 지방세를 비과세하겠
다고 발표한 경우 보건사회부장관(보건복지부장관)에 의하여 이루어진 지방세 비과세의 견해표명은 이를 당해 과세관
청의 그것과 마찬가지로 볼 여지가 충분하다고 할 것이고, 또한 납세자로서는 위와 같은 정부의 일정한 절차를 거친 공
고에 대하여서는 보다 고도의 신뢰를 갖는 것이 일반적이라고 할 것이다(대판 1996.1.23, 95누13746). – '공적 견해표
명에 해당하는' 경우

• 행정청이 지구단위계획을 수립하면서 그 "권장용도"를 판매, 위락, 숙박시설로 결정하여 고시한 행위를 당해 지구 내에
서는 공익과 무관하게 언제든지 숙박시설에 대한 건축허가가 가능하리라는 공적인 견해표명으로 볼 수 없다(대판
2005.11.25, 2004두6822). – '공적 견해표명에 해당하지 않는' 경우

■ **신뢰보호원칙의 성립요건 중 신뢰에 대한 보호가치 인정 여부**

• 의무사관후보생의 병적에서 제외된 사람의 징집면제연령을 31세에서 36세로 상향조정한 구 병역법 제71조 제1항 단
서가 소급입법금지원칙, 신뢰보호원칙 및 평등원칙에 위반되는지 여부: 소극(헌재 2002.11.28, 2002헌바45 전합)

• 허위의 고등학교 졸업증명서를 제출하는 사위의 방법에 의한 하사관 지원의 하자를 이유로 하사관 임용일로부터 33년
이 경과한 후에 행정청이 행한 하사관 및 준사관 임용취소처분이 적법하다고 한 사례(대판 2002.2.5, 2001두5286).

■ **임용취소처분이 적법하다고 한 사례**

• 수익적 행정처분의 하자가 당사자의 사실은폐 기타 사위의 방법에 의한 신청행위에 기인한 경우 당사자의 신뢰이익을
고려하여야 하는지 여부: 소극(대판 2008.11.13, 2008두8628).

• 수익적 행정행위에 대한 취소권, 철회권 행사 제한 법리: 공익과 사익을 비교교량(대판 1994.10.11, 93누22678)

(5) 부당결부금지의 원칙

① 의의 및 근거

㉠ 의의: 행정주체가 행정작용을 함에 있어서 상대방에게 이와 실질적인 관련이 없는 의무를 부과하
거나 그 이행을 강제하여서는 안 된다는 원칙(판례)

㉡ 근거: 행정기본법 제13조는 부당결금지의 원칙의 일반적 근거이다.

② 성립 요건

㉠ 요건: 행정청의 공권력 행사 → 상대방의 반대급부와 결합 → 공권력 행사와 반대급부 사이의 '실
질적 관련성'

㉡ 실질적 관련성 판단: 원인적 관련성(직접적 원인관계), 목적적 관련성(행정목적의 추구)의 판단

③ 적용범위 및 효과

㉠ 주로 행정행위의 부관, 공법상 계약, 공급거부, 명단공표, 관허사업의 제한, 급부행정 등에서 문제
된다.

㉡ 위반 시 위헌 · 위법으로 행정쟁송의 대상, 손해 발생한 경우 국가배상청구권의 행사도 가능하다.

- **부관의 위법과 부당결부금지원칙의 관계**
  - **주택사업계획승인과 관련이 없는 토지를 기부채납한 사건: 위법**
    부관이 부당결부금지의 원칙에 위반하여 위법하지만, 그 하자가 중대하고 명백하여 당연무효라고 볼 수는 없다(대판 1997.3.11, 96다49650).
  - 65세대의 주택건설사업에 대한 사업계획승인시 진입도로 설치 후 기부채납, 인근 주민의 기존 통행로 폐쇄에 따른 대체 통행로 설치 후 그 부지 일부에 대해 기부채납을 조건으로 붙인 것이 위법한 부관에 해당하지 않는다고 본 사례(대판 1997.3.14, 96누16698)
- **복수 운전면허의 취소가 '적법'하다고 본 사례**
  - 한 사람이 여러 종류의 자동차운전면허를 소지한 경우, 제1종 대형면허를 취소할 때에 제1종 보통면허까지 취소할 수 있는지 여부: 적극(대판 1997.2.28, 96누17578)
  - 제1종 보통면허로 운전할 수 있는 차량을 음주운전한 경우에 이와 관련된 면허인 제1종 대형면허와 원동기장치자전거 면허까지 취소할 수 있는지 여부: 적극(대판 1994.11.25, 94누9672)
  - 1995.7.1. 도로교통법 시행규칙이 개정된 이후 택시를 음주운전한 것이 제1종 특수면허의 취소사유가 되는지 여부: 적극(대판 1996.6.28, 96누4992)
- **복수 운전면허의 취소가 '위법'하다고 본 사례**
  - 이륜자동차를 음주운전한 사유만으로 제1종 대형면허나 보통면허의 취소나 정지를 할 수 있는지 여부: 소극(대판 1992.9.22, 91누8289)
  - 제1종 보통·대형·특수면허를 가진 자가 제1종 보통·대형면허만으로 운전할 수 있는 12인승 승합자동차를 운전하다 운전면허취소 사유가 발생한 경우, 제1종 특수면허도 취소할 수 있는지 여부: 소극(대판 1998.3.24, 98두1031)

(6) 신의성실의 원칙

① 의의 및 근거
  ㉠ 의의: 법률관계의 당사자는 상대방의 이익을 배려하여 형평에 어긋나거나 신뢰를 저버리는 내용 또는 방법으로 권리를 행사하거나 의무를 이행하여서는 아니된다는 추상적 규범이다.
  ㉡ 근거: 일반적 규정은 행정기본법 제11조를 근거로 하고, 행정절차법 제4조, 국가공무원법 제56조에 규정되어 있다.

② 내용 및 인정 여부
  ㉠ 내용: 사정변경의 원칙, 권리남용금지의 원칙, 실권의 법리
  ㉡ 판례: 신의성실원칙과 신뢰보호원칙을 명확히 구분하지 않는다. 또한 국민에 대하여 신의성실의 원칙을 엄격하게 적용하지는 않으며 합법성의 원칙을 우위에 두면서 예외적으로 신의성실의 원칙을 적용하는 입장이다.

- **조세법률관계에 있어서 과세관청의 행위에 대하여 신의성실의 원칙이 적용되기 위한 요건**
  일반적으로 조세법률관계에 있어서 과세관청의 행위에 대하여 신의성실의 원칙이 적용되기 위한 요건으로서는 과세관청이 납세자에게 신뢰의 대상이 되는 공적인 견해표명을 하여야 하고 과세관청의 견해표명이 정당하다고 신뢰한 데 대하여 납세자에게 귀책사유가 없어야 하며 납세자가 그 견해표명을 신뢰하고 이에 따라 무엇인가 행위를 하여야 하고 과세관청이 위 견해표명에 반하는 처분을 함으로써 납세자의 이익이 침해되는 결과가 초래되어야 한다(대판 1985.4.23, 84누593).

03 행정상의 법률관계

1 공법관계와 사법관계

(1) 의의

① 행정상 법률관계는 행정주체를 당사자로 하는 행정에 대한 모든 법률관계를 의미하며, 공법이 지배하는 공법관계와, 사법이 지배하는 사법관계로 구분된다.

② 공법관계는 다시 권력관계와 관리관계(비권력관계)로 나누어지며, 사법관계는 다시 국고관계와 행정사법으로 나누어진다.

③ 공법관계는 행정소송의 대상이 되며 사법관계는 민사소송의 대상이 된다.

(2) 공법관계와 사법관계의 구별 실익

① **적용법리의 결정**: 당해 법률관계가 공법관계이면 행정법규 및 행정법 고유의 불문법 원리가 적용된다.

② **행정강제**: 공법관계에서 행정상 의무위반, 불이행이 있는 경우 행정청은 대집행, 강제징수 등이 가능하다.

③ **소송절차**: 공법관계로 파악될 경우 행정소송법상의 절차에 의해 소송을 진행하게 된다. 반대로 사법관계의 경우 민사소송으로 진행된다.

구분	공법관계	사법관계
적용법	공법 우선적용 → 사법 유추적용	민사소송/지방법원/민법상 손해배상
소송/재판관할/ 손해배상	행정소송/행정법원/국가배상법	민사소송/지방법원/민법상 손해배상
의무이행 법규위반	자력집행 · 집행벌 부과 ○ → 행정대집행법상의 대집행(자력) → 단속 · 명령규정	자력집행 · 집행벌 부과 × → 민사집행법상의 강제집행(타력) → 효력 · 능력규정
공정력	공정력 인정 ○	공정력 인정 ×

(3) 공법관계와 사법관계의 구별 기준

주체설	법률관계의 주체를 기준하여 일방당사자가 국가 · 기타행정주체인 경우 공법관계, 당사자 모두가 사인인 경우 사법관계로 분류한다.
신주체설	행정주체에 대하여만 권리를 부여하거나 의무를 부여하는 경우는 공법관계, 모든 권리주체에게 권리 · 의무를 부여하는 경우는 사법관계로 분류한다.
이익설	공익목적에 봉사하는 경우에는 공법관계, 사익에 봉사하는 법률관계는 사법관계로 분류한다.
종속설 (권력설, 성질설)	당해 법률관계의 성질이 지배 · 복종관계인 경우는 공법관계, 대등관계인 경우는 사법관계로 분류한다.
소결	통설은 주체설을 중심으로 하여 성질설, 이익설을 가미하여 구분하고 있다(복수기준설). 판례도 상대방과 대등한 지위에서 하는 행위는 사법행위이고, 공권력의 주체로서 상대방의 의사에도 불구하고 일방적으로 행하는 행위는 공법 행위라고 보아 대체로 통설의 입장을 따르고 있다.

(4) 판례의 입장

공법관계	사법관계
• 국유재산 중 행정재산의 대부행위(대판 2006.3.9, 2004다 31074) • 국유재산관리청의 행정재산의 사용 · 수익자에 대한 사용료 부과처분(대판 1996.2.13, 95누11023) • 행정청인 국방부장관, 관악구청장, 서울특별시장의 입찰참가 자격제한처분은 행정처분 • 서울시 통근버스 교통사고 • 국가의 한국토지주택공사에 대한 감독관계(특별감독 관계에 해당) • 국가나 지방자치단체에 근무하는 "청원경찰"에 대한 징계처분(대판 1993.7.13, 92다 47564)	• 국유재산 중 일반(잡종)재산의 대부행위, 대부료의 납부고지(대판 2014.9.4, 2014다203588) ※ 대부료징수: 국세징수법 적용(민사소송 아님) • 폐천부지를 양여하는 행위(공용폐지 = 잡종재산) • 기부채납 받은 공유재산을 무상으로 기부자에게 사용을 허용하는 행위(대판 1994.1.25, 93누7365) • 토지개발공사 입찰참가자격제한조치(대결 1995.2.28, 94두36) • 서울시 직영버스 교통사고 • 청원주에 의해 고용된 청원경찰(헌재 2010.2.25, 2008헌바 160) • 한국조폐공사와 직원에 대한 파면행위(대판 1978.4.25, 78다 414)

2 행정상 법률관계의 당사자

(1) 행정주체

① 의의

   ㉠ 행정주체: 행정행위의 법적인 효과가 귀속되는 당사자로 법적 관점에서 인격성을 가진다.

   ㉡ 행정기관(행정청)과의 구분

- 행정기관은 행정주체를 위하여 그의 의사를 결정하고 이를 외부에 표시할 수 있는 권한을 가진 것을 말한다.
- 행정기관은 권리와 의무의 주체로 볼 수 없으므로 인격성을 가지지 못한다.

구분	행정주체	행정기관
권리능력	○	×
행위능력	×	○
종류	국가, 공공단체, 공무수탁사인	행정청, 대통령, 국무총리, 장관

② 종류

　㉠ 국가

　㉡ 공공단체: 지방자치단체, 공법상 사단법인(공공조합), 영조물법인, 공법상 재단법인

　㉢ 공무수탁사인

의의	• 국가나 행정주체로부터 공권을 부여받아 자신의 이름으로 공권력을 행사하는 사인이나 사법인을 말한다. • 행정주체이면서 동시에 행정청의 지위를 갖는다.
근거	• 공무를 사인에게 위탁 시 반드시 법률에 근거해야 한다. • 선언법 제6조는 선장에게 공무를 위탁하는 근거이다.
권리구제	• 권리가 침해당한 사인은 행정심판, 행정소송을 제기할 수 있다. 즉, 공무수탁사인을 행정심판의 피청구인이나 항고소송의 피고로 할 수 있다. • 공무수탁사인의 위법한 공무수행으로 사인에게 손해가 발생한 경우 국가나 지방자치단체에 대해 손해배상(국가배상)을 청구할 수 있다.
구체적 예시	• 공무수탁사인에 해당하는 경우: 별정우체국 + 체신업무, 선장·기장·경찰 + 가족관계등록사무, 사립대학교 총장 + 학위 수여, 민영교도소 + 교정업무 • 공무사탁사인에 해당하지 않는 경우: 일반인 + 경찰 부탁에 의한 경찰 보조, 민간사업자 + 경찰과 계약 + 주차견인(사법상 계약 → 민간위탁)

(2) 행정객체

① 의의: 행정주체에 의한 공권력 행사의 대상을 의미한다.

② 종류

　㉠ 사인: 일반적 객체로, 자연인과 법인이 해당한다.

　㉡ 공공단체: 주로 행정주체이지만, 경우에 따라 국가나 다른 공공단체에 대한 관계에서 행정객체성을 인정한다. 국가는 행정객체가 될 수 없다.

관련판례

■ **도시 및 주거환경정비법상 주택재건축정비사업조합의 지위**
도시 및 주거환경정비법에 따른 주택재건축정비사업조합은 관할 행정청의 감독 아래 도시 및 주거환경정비법상의 주택재건축사업을 시행하는 공법인(도시 및 주거환경정비법 제18조)으로서, 그 목적 범위 내에서 법령이 정하는 바에 따라 일정한 행정작용을 행하는 행정주체의 지위를 갖는다(대판 2009.10.29, 2008다97737).

■ **소득세법에 의한 원천징수의무자의 행정주체성 여부: 소극**
원천징수하는 소득세에 있어서는 납세의무자의 신고나 과세관청의 부과결정이 없이 법령이 정하는 바에 따라 그 세액이 자동적으로 확정되고, 원천징수의무자는 자동적으로 확정되는 세액을 수급자로부터 징수하여 과세관청에 납부하여야 할 무를 부담하고 있으므로, 원천징수의무자가 비록 과세관청과 같은 행정청이더라도 그의 원천징수행위는 법령에서 규정된 징수 및 납부의무를 이행하기 위한 것에 불과한 것이지, 공권력의 행사로서의 행정처분을 한 경우에 해당되지 아니한다(대판 1990.3.23, 89누4789).

3 공권이론

(1) 국가적 공권

① 의의
  ㉠ 공권이란 사권과 대립되는 개념으로 공법관계에서 인정되는 권리를 의미로 국가적 공권과 개인적 공권으로 구분한다.
  ㉡ 국가적 공권이란 국가 등이 법령의 규정에 따라 행정객체에 대하여 가지는 권한으로 하명권(명령권), 강제권, 형성권 등이 있다.

② 종류
  ㉠ 권리 목적 기준: 재정권, 경찰권, 조직권, 형벌권 등
  ㉡ 권리 내용 기준: 명령권, 강제권, 형성권, 공법상 물건

(2) 개인적 공권

① 의의
  ㉠ 개인 또는 단체가 우월한 의사주체로서 국가나 공공단체에 대하여 가지는 공권이다.
  ㉡ 침해당한 국민은 국가를 상대로 행정소송을 제기할 수 있는 원고적격을 갖는다.

② 개인적 공권의 종류
  ㉠ 자유권(소극적 지위): 헌법상 자유권적 기본권 등
  ㉡ 수익권(적극적 지위): 공법상금전청구권(보수, 연금), 영조물이용권, 공물사용권 등
  ㉢ 참정권(능동적 지위): 선거권, 공무담임권, 국민투표권, 주민소환투표청구권 등

③ 공권의 성립요건(2요소설)
  ㉠ 강행법규성: 강행법규(공법)에 의하여 행정주체에게 일정한 행위를 하여야 할 의무를 부과한다.
  ㉡ 사익보호성: 법규가 공익뿐만 아니라 사익보호를 목적으로 한다. 직접적 근거규정 외에도 법규 전체 및 취지도 합리적으로 고려한다.

④ 법률상 이익과 반사적 이익
  ㉠ 법률상 이익을 가진 자만이 행정심판이나 행정소송을 제기할 수 있다.
  ㉡ 일반적으로 반사적 이익은 법적으로 주장될 수 없으며, 재판상의 보호를 받을 수 없는 것으로 해석되고 있다.

⑤ 개인적 공권의 성립
  ㉠ 법률의 규정에 의한 개인적 공권
   • 국가 또는 그 밖의 행정주체에게 행위의무를 부과하고(강제규범), 그 관련규정이 오로지 공익의 실현만을 목표로 하는 것이 아니라 개인 이익의 만족에도 기여하도록 정해져 있다면(사익보호), 관련 사인은 개인적 공권을 갖게 된다.
   • 사인은 관련 행정기관에 대하여 특정의 행위를 청구할 수 있게 되는데, 여기서 특별히 유의할 사항은 관련 사인이란 행위의 상대방만을 말하는 것이 아니라 제3자일 수도 있다는 점이다.
  ㉡ 헌법에 의한 개인적 공권
   • 법률상 이익에서 '법률'의 개념에 헌법상 기본권이 포함되는지가 문제된다. 헌법상 기본권 중에

주로 평등권, 재산권, 자유권 등에서 논의되고, 사회권(생존권)이나 청구권은 포함되지 않는다.
- 판례는 헌법상 알 권리, 변호인 접견권, 사회단체등록신청권을 침해받은 국민은 행정소송을 제기할 수 있다고 판시하였다.

ⓒ 기타
- 행정규칙은 원칙적으로 행정 내부적으로만 직접적인 구속력을 가질 뿐 행정 외부적으로 구속력을 갖는 것은 아니므로, 개인적 공권의 성립근거가 되지 못한다. 그러나 예외적으로 외부적 구속효과를 가진 '법률보충적 행정규칙'은 개인적 공권의 성립근거가 될 수 있다.
- 법규명령, 공법상 계약, 관습법 및 행정행위에 의해서도 개인적 공권은 성립될 수 있다.

⑥ 개인적 공권의 확대
ⓐ 제3자의 보호(사익보호성의 확대)
- 경업자소송: 허가를 받아 영업을 하고 있는 기존업자가 새로운 신규업자에 대한 행정청의 인·허가 처분으로 인하여 불이익을 받게 되는 경우, 신규업자에 대한 인·허가 처분에 대해서 다투는 소송을 말한다.
- 경원자소송: 수익적 행정처분을 신청한 수인이 서로 경쟁관계에 있어서 일방에 대한 면허나 인·허가 등이 타방에 대한 불인가·불허가 등으로 귀결될 수밖에 없는 경우, 이로 인한 법률상 이익의 침해를 다투는 소송을 말한다.
- 인인소송(이웃소송): 특정인에 대한 수익적 처분이 인근주민에게는 불이익하게 되는 경우 그 인근주민이 자기의 법률상 이익의 침해를 다투는 소송을 말한다.

ⓑ 무하자재량행사청구권
- 개념: 무하자재량행사청구권은 개인이 행정청에 대하여 하자 없는 적법한 재량행위를 하도록 청구할 수 있는 권리이다.
- 성격
  - 소극적인 방어권 행사가 아닌 적극적 권리의 성격을 지닌다.
  - 행정청을 상대로 특정한 구체적 처분을 요구할 수 있는 권리가 아니므로, '형식적 권리'에 해당한다.
  - 행정청의 재량행위에서 인정되며, 결정재량과 선택재량에서 인정된다(통설).
  - 무하자재량행사청구권도 개인적 공권에 해당하므로 개인적 공권의 성립요건이 필요하다.

ⓒ 행정개입청구권
- 개념: 행정청의 부작위로 인하여 권익을 침해당한 자가 당해 행정청에 대하여 자기 및 타인에 대한 규제 등 일정한 행정권의 발동을 청구할 수 있는 권리를 의미한다.
- 성격
  - 행정청을 상대로 특정처분을 요구하는 적극적인 공권이다.
  - 구체적인 처분을 요구하므로 무하자재량행사청구권과는 달리 '실체적 공권'이다.
  - 행정의 기속행위에서 인정되는 공권으로 행정개입청구권도 개인적 공권이므로 공권의 성립요건이 필요하다.
  - 재량권이 영(零)으로 수축되는 경우에도 인정된다.

■ **반사적 이익 관련판례: 원고적격 부정**
- 한의사 면허 관련판례: 한의사면허는 경찰금지를 해제하는 명령적 행위(강학상 허가)에 해당하고, 한약조제시험을 통하여 약사에게 한약조제권을 인정함으로써 한의사들의 영업상 이익이 감소되었다고 하더라도 이러한 이익은 사실상의 이익에 불과하고 약사법이나 의료법 등의 법률에 의하여 보호되는 이익이라고는 볼 수 없으므로, 한의사들이 한약조제시험을 통하여 한약조제권을 인정받은 약사들에 대한 합격처분의 무효확인을 구하는 당해 소는 원고적격이 없는 자들이 제기한 소로서 부적법하다(대판 1998.3.10, 97누4289).
- 유기장영업허가 관련판례: 유기장영업허가는 유기장영업권을 설정하는 설권행위가 아니고 일반적 금지를 해제하는 영업자유의 회복이라 할 것이므로 그 영업상의 이익은 반사적 이익에 불과하고 행정행위의 본질상 금지의 해제나 그 해제를 다시 철회하는 것은 공익성과 합목적성에 따른 당해 행정청의 재량행위라 할 것이다(대판 1985.2.8, 84누369).

■ **법률상 이익: 원고적격 인정**
- 1일 처리능력이 100t 이상인 폐기물처리시설을 설치하기 위한 폐기물처리시설 설치계획 입지결정·고시처분의 효력을 다투는 소송에 있어서 인근 주민들의 원고적격: 적극(대판 2005.5.12, 2004두14229)
- 행정처분의 직접 상대방이 아닌 제3자의 원고적격: 적극(헌재 1998.4.30, 97헌마141)

■ **행정개입청구권 관련판례**
무장공비에 의해 생명의 위협을 받고 있는 청년의 가족이 인근 파출소에 구원을 요청하였음에도 불구하고 경찰이 출동하지 않아 그 청년이 희생된 경우에는 국가의 손해배상책임이 성립한다(대판 1971.4.6, 71다124).

■ **개인적 공권의 확대 관련판례**
- 원자로 시설부지 인근 주민들에게 방사성물질 등에 의한 생명·신체의 안전침해를 이유로 부지사전승인처분의 취소를 구할 원고적격이 있다(대판 1998.9.4, 97누19588). – 인인소송, 원고적격 인정
- 인인소송: 헌법 제35조 제1항에서 정하고 있는 환경권에 관한 규정만으로는 그 권리의 주체·대상·내용·행사방법 등이 구체적으로 정립되어 있다고 볼 수 없고, 환경정책기본법 제6조도 그 규정 내용 등에 비추어 국민에게 구체적인 권리를 부여한 것으로 볼 수 없다는 이유로 환경영향평가 대상지역 밖에 거주하는 주민에게 헌법상의 환경권 또는 환경정책기본법에 근거하여 공유수면매립면허처분과 농지개량사업 시행인가처분의 무효확인을 구할 원고적격이 없다(대판 2006.3.16, 2006두330 전합). – 인인소송, 원고적격 부정
- 경업자소송: 개별화물자동차운송사업면허를 받아 이를 영위하고 있는 기존의 업자로서는 동일한 사업구역내의 동종의 사업용 화물 자동차면허대수를 늘리는 보충인가처분에 대하여 그 취소를 구할 법률상 이익이 있다(대판 1992.7.10, 91누9107).
- 경원자소송: 행정소송법 제12조는 취소소송은 처분 등의 취소를 구할 법률상의 이익이 있는 자가 제기할 수 있다고 규정하고 있는 바, 인·허가 등의 수익적 행정처분을 신청한 수인이 서로 경쟁관계에 있어서 일방에 대한 허가 등의 처분이 타방에 대한 불허가 등으로 귀결될 수밖에 없는 때(이른바 경원관계에 있는 경우로서 동일대상지역에 대한 공유수면매립면허나 도로점 용허가 혹은 일정지역에 있어서의 영업허가 등에 관하여 거리제한규정이나 업소개수제한규정 등이 있는 경우를 그 예로 들 수 있다) 허가 등의 처분을 받지 못한 자는 비록 경원자에 대하여 이루어진 허가 등 처분의 상대방이 아니라 하더라도 당해 처분의 취소를 구할 당사자적격이 있다 할 것이다(대판 1992.5.8, 91누13274).

4 특별권력관계

(1) 의의

① 특별한 공행정 목적을 위해 특별한 법률상의 원인에 근거하여 성립되는 관계이다.

② 권력주체가 구체적인 법률의 근거 없이도 특정 신분자를 포괄적으로 지배하는 권한을 가지고, 그 신분자는 이에 복종하는 관계를 의미한다.

(2) 일반권력관계와 특별권력관계

구분	일반권력관계	특별권력관계
권력적 기초	일반권력(일반통치권)	특별권력(특별통치권)
목적	일반적 공행정 목적	특별한 공행정 목적
관계	행정주체와 국민 간의 관계(외부관계)	특별권력주체와 구성원 간의 관계(내부관계)
성질	일반적 권리 · 의무관계	포괄적 지배 · 복종관계
법치주의	전면적 적용	적용배제 · 제한(불침투이론)
제재	행정벌	징계벌
행정규칙	행정규칙의 법규성 부정	특별명령이론에 따라 행정규칙의 법규성 긍정

(3) 특별권력관계의 인정 여부

① 울레(C. H. Ule)의 특별권력관계 수정설

특별권력관계를 기본관계와 경영수행관계로 구분한다. 기본관계는 사법(司法)심사의 대상이 되지만, 경영수행관계는 사법(司法)심사의 대상이 되지 않으므로 사법심사의 범위가 주요쟁점이다.

㉠ 기본관계: 특별권력관계의 성립, 변경, 소멸이나 법적 지위의 분권적 사항에 관한 법률관계로, 수형자의 형의 집행, 공무원의 임명 및 파면, 국 · 공립대학교 입학 및 퇴학, 군인의 입대 및 전역 등이 해당된다.

㉡ 경영수행관계: 특별권력관계 성립 목적 달성을 위하여 필요한 내부적인 질서유지에 관한 법률관계로, 수형자의 교도소 내 일상생활, 공무원에 대한 직무명령, 국 · 공립대학의 수업 내용, 군인의 훈련 등이 해당된다.

② 완전한 사법심사의 입장: 실질적 법치주의(구별부정설)가 통설이며, 이에 의하면 특별권력관계가 처분성이 긍정되기 때문에 법치주의상 사법심사의 대상이 된다는 것이다. 판례도 같은 입장이다.

> **관련판례**
>
> ■ 군인이 상관의 지시와 명령에 대하여 헌법소원 등 재판청구권을 행사하는 것이 군인의 복종의무에 위반되는지 여부: 원칙적 소극
>
> 군인이 상관의 지시나 명령에 대하여 재판청구권을 행사하는 경우에 그것이 위법 · 위헌인 지시와 명령을 시정하려는 데 목적이 있을 뿐, 군 내부의 상명하복관계를 파괴하고 명령불복종 수단으로서 재판청구권의 외형만을 빌리거나 그 밖에 다른 불순한 의도가 있지 않다면, 정당한 기본권의 행사이므로 군인의 복종의무를 위반하였다고 볼 수 없다(대판 2018.3.22, 2012두26401 전합).

1 행정법상 사건

(1) 기간

① 의의

㉠ 기간이란 일정한 시점에서 다른 시점까지 계속되는 시간의 구분을 말한다.

㉡ 민법상 기간 규정은 원칙적으로 행정법관계에도 적용된다. 즉, 민법의 기간 계산 규정은 법령에 특별한 규정이 없는 한 공법상의 기간 계산에도 적용된다(행정기본법 제6조 제1항).

② 기간의 기산점

㉠ 적용: 행정에 관한 기간 계산은 개별법에 규정이 없을 경우 행정기본법을 적용하며, 행정기본법에도 없을 경우 민법을 보충적으로 적용한다.

㉡ 초일불산입

• 원칙: 초일을 산입하지 않고 그 다음 날부터 기산하는 원칙을 말한다(민법 제157조).

• 행정에 관한 기간의 계산: 행정에 관한 기간의 계산에 관하여는 이 법 또는 다른 법령 등에 특별한 규정이 있는 경우를 제외하고는 민법을 준용한다(행정기본법 제6조 제1항).

㉢ 국민의 권익을 제한하거나 의무를 부과하는 법령과 처분에 적용되는 특례

• 국민의 권익을 제한하거나 의무를 부과하는 법령과 처분은 행정기본법 제6조 제2항이 적용된다. 따라서 수익적 처분은 행정기본법 제6조 제1항이 적용된다.

• 기간을 일, 주, 월, 연으로 정한 때에는 기간의 첫날을 삽입하지만, 국민에게 불리한 때에는 첫날을 삽입하지 않는다.

③ 기간의 만료 및 말일의 특례

㉠ 기간의 만료: 기간의 말일이 종료됨으로써 기간이 만료되나(민법 제159조), 그 날이 토요일 또는 공휴일에 해당하는 때에는 그 익일로 기간이 만료된다(민법 제161조).

㉡ 말일의 특례: 기간의 말일이 토요일 또는 공휴일인 경우 기간은 그날로 만료한다. 다만, 국민에게 불리한 때에는 토요일 또는 공휴일의 다음 날에 만료한다(행정기본법 제6조 제2항 제2호).

> **민법 제155조 【본장의 적용범위】**
> 기간의 계산은 법령, 재판상의 처분 또는 법률행위에 다른 정한 바가 없으면 본장의 규정에 의한다.
>
> **민법 제156조 【기간의 기산점】**
> 기간을 시, 분, 초로 정한 때에는 즉시로부터 기산한다.
>
> **민법 제157조 【기간의 기산점】**
> 기간을 일, 주, 월 또는 연으로 정한 때에는 기간의 초일은 산입하지 아니한다. 그러나 그 기간이 오전 영시로부터 시작하는 때에는 그러하지 아니하다.

> **행정기본법 제6조【행정에 관한 기간의 계산】**
> ① 행정에 관한 기간의 계산에 관하여는 이 법 또는 다른 법령 등에 특별한 규정이 있는 경우를 제외하고는 민법을 준용한다.
> ② 법령 등 또는 처분에서 국민의 권익을 제한하거나 의무를 부과하는 경우 권익이 제한되거나 의무가 지속되는 기간의 계산은 다음 각 호의 기준에 따른다. 다만, 다음 각 호의 기준에 따르는 것이 국민에게 불리한 경우에는 그러하지 아니하다.
> 1. 기간을 일, 주, 월 또는 연으로 정한 경우에는 기간의 첫날을 산입한다.
> 2. 기간의 말일이 토요일 또는 공휴일인 경우에도 기간은 그 날로 만료한다.

(2) 소멸시효

① **개념**: 일정한 사실상태가 일정한 기간 계속했을 때 그것이 진실한 권리관계에 합치하느냐 않느냐를 불문하고 법률상 사실상태를 그대로 존중하여 법률상 일정한 효과, 즉 법률효과를 생기게 하는 법률요건이다.

② **시효기간**

　㉠ 공법상 금전채권의 소멸시효는 다른 법률에 규정이 없는 것은 5년 동안 행사하지 아니하면 시효로 인하여 소멸한다(국가재정법 제96조 등).

　㉡ 예외: 다른 법률의 규정(3년의 소멸시효기간)
- 국가배상법의 국가배상청구권
- 공무원연금법의 단기급여청구권(장기급여는 5년)
- 공무원 보수청구권(판례는 3년)
- 공무원 징계요구권(단, 금품의 향응 및 수수, 공금의 횡령·유용은 5년)

③ **소멸시효의 기산점**: 소멸시효의 완성으로 효력이 사라지려면 권리를 시효기간 동안 행사하지 않는 권리의 불행사가 있어야 한다. 따라서 시효는 권리를 행사할 수 없는 때부터 진행한다.

④ **소멸시효의 완성**: 소멸시효의 완성으로 권리는 당연히 객관적으로 소멸한다(절대적 소멸설). 소멸시효의 완성으로 권리가 소멸하는 시기는 시효기간이 만료된 때이지만, 그로 인한 권리소멸의 효과는 소급하여 그 기산일에 생긴다(소급효).

⑤ **시효의 중단**

　㉠ 의의: 권리자가 자신의 권리를 행사하게 되면 소멸시효가 중단되며, 중단된 시점부터 다시 소멸시효 기간이 기산된다.

　㉡ 중단사유: 공법상의 시효 중단사유는 다른 법률의 특별한 규정이 없으면 민법의 규정을 준용한다.
- 민법상 소멸시효 중단사유(제168조): 청구, 압류 또는 가압류, 가처분, 승인 등
- 국세기본법상 소멸시효의 중단사유(제28조 제1항): 납부고지, 독촉, 교부 청구, 압류 등

(3) 취득시효

① 의의: 타인의 물건을 일정기간 계속하여 점유하는 자에게 그 소유권을 취득케 하거나 소유권 이외의 재산권을 일정기간 계속하여 사실상 행사하는 자에게 그 권리를 취득케 하는 제도이다.

② 시효취득의 대상

ㄱ 행정재산은 시효취득의 대상에서 제외된다(대판 1994.5.10, 93다23442).

ㄴ 일반재산(구 잡종재산)은 시효취득의 대상이 된다(헌재 1991.5.13, 89헌가97).

ㄷ 일반재산(구 잡종재산)에서 행정재산으로 변경된 때에는 시효취득의 대상이 되지 않는다(대판 1997.11.14, 96다10782).

ㄹ 예정공물인 토지도 시효취득의 대상이 될 수 없다(대판 1994.5.10, 93다23442).

③ 공용폐지

ㄱ 행정재산이 공용폐지된 때에는 일반재산이 되며, 그 일반재산은 시효취득의 대상이 된다. 그러므로 행정재산이 공용폐지될 때에는 취효취득의 대상이 된다.

ㄴ 공용폐지의 의사표시는 명시적 의사표시뿐만 아니라 묵시적 의사표시도 무방하다(대판 1996.5.28, 95다52383).

ㄷ 원래의 행정재산이 공용폐지되어 취득시효의 대상이 된다는 입증책임은 시효취득을 주장하는 자에게 있다(대판 1999.1.15, 98다49548).

② 공법상 사무관리 · 부당이득

(1) 공법상 사무관리

① 의의: 법률상 의무 없이 타인(행정주체의 사인)의 사무를 관리하는 행위를 말한다. 특별한 규정이 없으면 민법(제734조)이 유추적용된다.

② 유형

ㄱ 국가의 특별감독하에 있는 사업에 감독권을 행사하여 강제적으로 관리하는 경우

ㄴ 자연재해 시 상점의 물건처분, 행려병자나 사자의 보호관리 등

(2) 공법상 부당이득

① 의의: 법률상 원인 없이 타인의 재산 또는 노무로 인하여 이득을 얻고 이로 인하여 타인에게 손해가 발생한 경우를 의미한다. 특별한 규정이 없으면 민법(제741조)이 유추적용된다.

② 성질

통설	행정소송 중 당사자소송의 대상이 된다는 입장(공권설)
판례	민사소송의 대상이 된다는 입장(사권설) 다만, 납세의무자에 대한 국가의 부가가치세 환급세액 지급의무에 대응하는 국가에 대한 납세의무자의 부가가치세 환급세액 지급청구는 민사소송이 아니라 행정소송법 제3조 제2호에 규정된 당사자소송의 절차에 따라야 한다고 판시한 사례(대판 2013.3.21, 2011다95564 전합)

③ 소멸시효: 원칙적으로 5년이다.

- **공법상 부당이득의 법적 성질**
  - 개발부담금 부과처분이 취소된 경우, 부당이득으로서의 과오납금 반환을 구하는 소송절차의 성격(민사소송): 개발부담금 부과처분이 취소된 이상 그 후의 부당이득으로서의 과오납금 반환에 관한 법률관계는 단순한 민사관계에 불과한 것이고, 행정소송 절차에 따라야 하는 관계로 볼 수 없다(대판 1995.12.22, 94다51253).
  - 과세처분의 당연무효를 전제로 한 세금반환청구소송이 민사소송인지 여부(적극): 조세부과처분이 당연무효임을 전제로 하여 이미 납부한 세금의 반환을 청구하는 것은 민사상의 부당이득반환청구로서 민사소송절차에 따라야 한다(대판 1995.4.28, 94다55019).

- **공법상 부당이득의 소멸 시효**
  오납금반환청구권의 소멸시효의 기산점: 과세처분의 취소를 구하였으나 재판과정에서 그 과세처분이 무효로 밝혀졌다고 하여도 그 과세처분은 처음부터 무효이고 무효선언으로서의 취소판결이 확정됨으로써 비로소 무효로 되는 것은 아니므로 오납시부터 그 반환청구권의 소멸시효가 진행한다(대판 1992.3.31, 91다32053 전합).

02 | 행정입법

01 행정입법

1 행정입법의 의의

(1) 행정입법의 의의 및 종류

① 행정입법의 의의

  ㉠ 국가 등 행정주체가 일반적 · 추상적으로 규율을 제정하는 작용으로 행정권에 의한 입법을 의미한다. 즉 행정기관이 법 규정의 형식으로 일반 · 추상적인 규정을 정립하는 작용 또는 그에 따라 정립된 규범을 의미한다.

  ㉡ '일반적'이란 적용대상이 특정되지 아니함을, '추상적'이란 적용사건이 특정되지 아니함을 의미한다. 실질적 의미에서는 입법에 속하고 형식적 의미에서는 행정에 속하는 것으로, 일반적 · 추상적이라는 점에서 개별적 · 구체적인 '행정행위'와 구별된다.

② 행정입법의 종류

  ㉠ 행정입법은 법규성과 대외적 구속력을 가지는지 여부에 따라 법규명령과 행정규칙으로 구분한다.

  ㉡ 국민의 권리, 의무사항을 규율하는 것을 법규명령이라 하고, 공무원의 사무처리지침을 규율하는 것을 행정규칙(행정명령)이라 한다.

(2) 법규명령과 행정규칙의 비교

구분	법규명령	행정규칙
법형식	대통령령 · 총리령 · 부령 등	훈령 · 고시 등
권력적 기초	일반권력관계	특별권력관계
법적 근거 (상위법령의 개별적 · 구체적 수권)	• 위임명령: 법적 근거 필요 • 집행명령: 법적 근거 불필요	법적 근거 불필요
성질	법규성(재판규범성, 대외적 구속력) 긍정	법규성(재판규범성, 대외적 구속력) 부정
위반의 효과	위법한 작용	곧바로 위법한 작용이 되는 것은 아님
존재형식	조문의 형식	조문의 형식 또는 구술
공포	공포 필요	공포 불필요
한계	법률유보의 원칙 · 법률우위의 원칙 적용	법률우위의 원칙만 적용

② 법규명령

(1) 법규명령의 의의와 종류

① 법규명령의 의의: 행정주체와 국민 간의 관계를 규율하는 법규범으로, 대외적으로 일반적 구속력을 가진다.

② 법규명령의 종류

㉠ 내용에 따른 분류

위임명령	법률 또는 상위명령에서 구체적으로 범위를 정하여 개별적으로 위임(수권)한 사항에 대해 새롭게 내용을 규정하는 명령이다.
집행명령	법률 또는 상위명령의 집행을 위하여 필요한 세부적 사항을 규정하는 명령이다. 집행명령은 새로운 법규사항을 정할 수 없다.

㉡ 법 형식에 의한 분류
- 대통령의 긴급명령과 긴급 재정·경제 명령
- 대통령령(시행령)
- 총리령·부령(시행규칙)
- 중앙선거관리위원회규칙
- 고시 형식의 법규명령(법령보충적 행정규칙): 고시는 주로 행정규칙으로 사용되나 그 내용이 법규명령의 내용을 규정하여 법규명령으로 사용되는 경우도 있다. 또한 고시는 성질에 따라 다양하게 사용된다. 따라서 내용을 보고 판단하는 것이 바람직하다.

(2) 법규명령의 성립요건과 효력요건

① 성립요건

㉠ 주체: 정당한 권한을 가진 기관(대통령, 국무총리, 행정각부의 장관, 중앙선거관리위원회 등)이 그 권한의 범위 내에서 제정해야 한다.

㉡ 내용: 수권범위 내에서 상위명령에 저촉되지 않고, 내용이 실현 가능하고, 명확해야 한다. 행정기본법 제38조에서는 행정입법 활동 시 준수해야 할 원칙 및 기준을 규정하고 있다.

> **행정기본법 제38조【행정의 입법활동】**
> ① 국가나 지방자치단체가 법령 등을 제정·개정·폐지하고자 하거나 그와 관련된 활동(법률안의 국회 제출과 조례안의 지방의회 제출을 포함하며, 이하 이 장에서 "행정의 입법활동"이라 한다)을 할 때에는 헌법과 상위 법령을 위반해서는 아니 되며, 헌법과 법령 등에서 정한 절차를 준수하여야 한다.
> ② 행정의 입법활동은 다음 각 호의 기준에 따라야 한다.
>   1. 일반 국민 및 이해관계자로부터 의견을 수렴하고 관계 기관과 충분한 협의를 거쳐 책임 있게 추진되어야 한다.
>   2. 법령 등의 내용과 규정은 다른 법령 등과 조화를 이루어야 하고, 법령 등 상호 간에 중복되거나 상충되지 아니하여야 한다.
>   3. 법령 등은 일반 국민이 그 내용을 쉽고 명확하게 이해할 수 있도록 알기 쉽게 만들어져야 한다.

ⓒ 절차
- 국민의 일상생활과 직접 관련되는 주요분야의 법령안: 입법예고
- 총리령, 부령: 법제처의 심사
- 대통령령: 법제처의 심사＋국무회의 심의＋입법예고
- 형식: 조문의 형식으로 제정한다.

② 효력요건: 법규명령은 외부에 표시함으로써 유효하게 성립하는데 이를 공포라 한다. 효력발생은 특별한 규정이 없으면, 공포한 날로부터 20일을 경과함으로써 효력이 발생한다.

(3) 법규명령의 하자와 소멸

① 법규명령의 하자: 하자 있는 법규명령의 효력은 무효로, 하자의 정도와 상관없이 무조건 무효가 된다. 즉, 하자가 중대하고 명백한 경우뿐만 아니라, 중대하고 명백하지 않은 하자가 있어도 무효라고 보는 것이 다수설과 판례의 입장이다.

관련판례

■ 육군3사관학교 사관생도인 갑이 4회에 걸쳐 학교 밖에서 음주를 하여 '사관생도 행정예규' 제12조에서 정한 품위유지의무를 위반하였다는 이유로 육군3사관학교장이 교육운영위원회의 의결에 따라 갑에게 퇴학처분을 한 사안에서, 위 금주조항은 사관생도의 일반적 행동자유권, 사생활의 비밀과 자유 등 기본권을 과도하게 제한하는 것으로서 무효인데도 위 금주조항을 적용하여 내린 퇴학처분이 적법하다고 본 원심판결에 법리를 오해한 잘못이 있다고 한 사례(대판 2018.8.30. 2016두60591)

② 법규명령의 소멸

ⓐ 폐지에 의해 소멸한다.

ⓑ 한시적 명령의 경우 기한의 도래, 조건의 성취로 효력을 상실한다.

ⓒ 근거법령의 효력이 상실되면 법규명령은 소멸한다.

ⓓ 집행명령의 경우: 상위법령이 폐지된 것이 아니라 단순히 개정됨에 그친 경우에는 그 개정법령과 성질상 모순, 저촉되지 아니하고 개정된 상위법령의 시행에 필요한 사항을 규정하고 있는 이상 그 개정법령의 시행을 위한 집행명령이 제정·발효될 때까지는 그 효력을 유지한다(대판 1989.9.12. 88누6962).

(4) 법규명령의 한계

① 포괄위임입법 금지

ⓐ 헌법 제75조: 대통령은 법률에서 구체적으로 범위를 정하여 위임받은 사항과 법률을 집행하기 위하여 필요한 사항에 관하여 대통령령을 발할 수 있다. 여기서 법률의 위임은 반드시 구체적이고 개별적으로 한정된 사항에 대하여 행해져야 한다.

ⓑ 구체성의 정도: 규율대상의 성격에 따라 달라진다. 즉 기본권이 침해될 수 있는 부분에서는 구체성은 강화되고 급부영역이거나 사실관계가 수시로 변화할 수 있는 사안은 구체성이 완화될 수 있다.

ⓒ 예외: 조례·정관에는 포괄위임이 가능하다. 단 국민의 권리·의무에 관한 본질적인 사항은 국회가 정해야 한다.

② 명확성의 원칙

　　㉠ 법령의 규정을 통해 법령이 규제하고자 하는 행위 및 그 요건 등을 국민들이 예측할 수 있어야 한다는 원칙이다. 예측 가능성은 해당 조항뿐만 아니라 관련 법조항을 통해 예측할 수 있어야 한다. 또한 전문가나 전문서적의 도움을 통해 예측 가능성이 있으면 명확한 법령이라고 할 수 있다.

　　㉡ 명확성의 정도: 개개의 법률이나 법조항의 성격에 따라 요구되는 정도가 다르며, 어떤 규정이 부담적 성격을 가지는 경우에는 수익적 성격을 가지는 경우에 비해 명확성의 원칙이 더 엄격히 요구된다.

> **행정기본법 제40조【법령해석 요청권】**
> ① 누구든지 법령 등의 내용에 의문이 있으면 법령을 소관하는 중앙행정기관의 장(이하 "법령소관기관"이라 한다)과 자치법규를 소관하는 지방자치단체의 장에게 법령해석을 요청할 수 있다.
> ② 법령소관기관과 자치법규를 소관하는 지방자치단체의 장은 각각 소관 법령 등을 헌법과 해당 법령 등의 취지에 부합되게 해석·집행할 책임을 진다.
> ③ 법령소관기관이나 법령소관기관의 해석에 이의가 있는 자는 대통령령으로 정하는 바에 따라 법령해석업무를 전문으로 하는 기관에 법령해석을 요청할 수 있다.
> ④ 법령해석의 절차에 관하여 필요한 사항은 대통령령으로 정한다.

③ 국회전속적 입법사항의 위임 금지

　　㉠ 위임이 금지되는 예: 국적취득요건(헌법 제2조 제1항)·죄형법정주의(헌법 제12조 제1항)·행정조직법정주의(헌법 제96조)·조세법률주의(헌법 제59조) 등이 있다.

　　㉡ 구체적 의미: 모든 것을 법률로 정하라는 의미가 아니라 일정범위(세부적 사항)에서는 위임이 가능하다. 즉 위임된 입법권을 전면적으로 재위임하는 것은 입법권을 위임한 법률 그 자체의 내용을 임의로 변경하는 결과를 가져오는 것이 되므로 허용되지 않지만, 세부적인 사항의 보충을 위한 위임은 가능하다고 볼 것이다.

④ 처벌 법규의 위임

　　㉠ 헌법상 죄형법정주의로 인해 벌칙을 명령으로 규정토록 일반적으로 위임할 수 없다. 그러나 구성요건의 구체적인 기준을 설정하고 세부적인 사항만을 위임하는 것은 가능하다고 본다. 형의 최고·최저 한도를 정하고, 그 범위 안에서 구체적인 것을 명령으로 정하게 하는 것은 허용된다고 볼 것이다.

　　㉡ 처벌규정은 포괄적 위임금지와 죄형법정주의에 의해 중첩적으로 제한된다.

⑤ 집행명령의 한계: 법령 또는 상위명령이 규정한 범위에서 현실적으로 집행하는 데 필요한 세부적인 사항만을 규정할 수 있으며, 위임명령과는 달리 국민의 권리·의무에 관한 새로운 사항을 규율할 수 없다(통설).

(5) 법규명령의 통제

① 입법부에 의한 통제

　　㉠ 직접적 통제

　　　• 승인유보제도(→ 긴급명령): 유효하게 성립한 법규명령을 소멸시키는 권한을 의회에 유보하는 방법에 의한 통제를 의미한다. 우리 헌법은 대통령이 긴급재정·경제명령이나 긴급명령권을 행

사한 때에는 지체 없이 국회에 보고하고 승인을 얻지 못하면 그때부터 효력을 상실하도록 하고 있다(헌법 제76조).

- 국회법상 의견제출제도(→ 법규명령, 국회법 제98조의2)

ⓛ 간접적 통제: 국회가 행정부에 대한 국정감시권의 발동하여 간접적으로 법규명령의 적법성과 타당성을 확보하는 것을 의미한다. 국정감사권, 국정조사권, 탄핵소추권, 국무총리나 국무위원에 대한 해임건의권 등을 들 수 있다.

② 행정부에 의한 통제

㉠ 행정부의 감독권에 의한 통제: 상급행정청이라도 하급행정청의 법규명령을 스스로 개정 또는 폐지할 수 없으므로 일반적 감독권에 근거한 시정지시를 하거나 상위법령의 제정이나 개정을 통해 그 효력을 소멸시킬 수 있다.

㉡ 행정심판에 의한 통제: 행정심판법 제59조(불합리한 법령 등의 개선)

> **행정심판법 제59조【불합리한 법령 등의 개선】**
> ① 중앙행정심판위원회는 심판청구를 심리·재결할 때에 처분 또는 부작위의 근거가 되는 명령 등(대통령령·총리령·부령·훈령·예규·고시·조례·규칙 등을 말한다. 이하 같다)이 법령에 근거가 없거나 상위 법령에 위배되거나 국민에게 과도한 부담을 주는 등 크게 불합리하면 관계 행정기관에 그 명령 등의 개정·폐지 등 적절한 시정조치를 요청할 수 있다. 이 경우 중앙행정심판위원회는 시정조치를 요청한 사실을 법제처장에게 통보하여야 한다.
> ② 제1항에 따른 요청을 받은 관계 행정기관은 정당한 사유가 없으면 이에 따라야 한다.

㉢ 국민권익위원회: 법규명령의 부패유발요인을 분석·검토하여 당해 법규명령의 소관기관의 장에게 그 개선을 위한 필요한 권고를 할 수 있다.

㉣ 절차적 통제: 국무회의 심의(대통령령), 법제처 심사(대통령령, 총리령, 부령), 입법 예고 기간은 40일 이상(자치법규는 20일 이상)

③ 사법적 통제

㉠ 구체적 규범 통제

- 헌법의 최고규범성을 유지하기 위한 제도로서 구체적인 소송사건이 제기된 경우가 아님에도 불구하고 법령의 위헌여부를 심사하는 추상적 규범통제와, 구체적인 소송사건이 제기되었을 때 그 사건에 적용될 법령의 위헌여부를 선결적으로 심사하는 구체적 규범통제가 있다(헌법 제107조 제2항).
- 법원의 명령·규칙 심사권(헌법 제107조 제2항)

㉡ 법규명령의 행정소송 대상 여부

- 원칙: 법규명령은 일반적, 추상적이므로 항고소송의 대상이 되는 처분의 성격이 부정된다. 항고소송의 대상이 되는 처분은 개별적, 구체적인 성격을 지니고 있기 때문이다.
- 예외: 법규명령 그 자체로 국민의 권리, 의무에 직접 영향을 미치는 처분적인 성격이 있는 경우에는 예외적으로 항고소송의 대상이 된다. 즉 처분적 법규명령은 처분성이 인정된다.

ⓒ 법규명령의 헌법소원 대상 여부
- 대법원의 판단: 법률에 대한 위헌심사권은 헌법재판소에 있고 명령·규칙에 대한 헌법심사권은 법원에 있다는 입장이다(부정설, 소극설).
- 헌법재판소의 판단: 명령이 재판의 전제가 된 경우에 한해 법원의 심사권이 인정되므로 법규명령이 국민의 기본권을 직접 침해하는 경우에는 헌법재판소가 심사해야 한다는 입장이다(긍정설, 적극설).

④ 행정입법부작위
ⓖ 개념: 넓은 의미의 입법부작위에는 첫째, 입법자가 헌법상 입법의무가 있는 어떤 사항에 관하여 전혀 입법을 하지 아니함으로써 "입법행위의 흠결이 있는 경우"(즉, 입법권의 불행사)와 둘째, 입법자가 어떤 사항에 관하여 입법은 하였으나 그 입법의 내용·범위·절차 등이 당해 사항을 불완전, 불충분 또는 불공정하게 규율함으로써 "입법행위에 결함이 있는 경우"(즉, 결함이 있는 입법권의 행사)가 있는데, 일반적으로 전자를 "진정입법부작위", 후자를 "부진정입법부작위"라고 한다.
ⓛ 부작위위법확인소송(항고소송) 가능 여부: 법령 제정 여부가 국민의 구체적인 권리·의무에 직접적인 변동을 초래하는 것이 아니므로 법규명령의 입법부작위에 대해 부작위위법확인소송을 다툴 수 없다. 다만 행정입법부작위로 손해가 발생한 경우 국가배상청구가 가능하다.

관련판례

■ **행정입법 부작위로 인하여 보수청구권이 침해된 군법무관의 국가배상청구 가능 여부**
군법무관의 보수를 법관 및 검사의 예에 준하도록 규정하면서 그 구체적 내용을 시행령에 위임하고 있는 이상, 위 법률의 규정들은 군법무관의 보수의 내용을 법률로써 일차적으로 형성한 것이고, 위 법률들에 의해 상당한 수준의 보수청구권이 인정되는 것이므로, 위 보수청구권은 단순한 기대이익을 넘어서는 것으로서 법률의 규정에 의해 인정된 재산권의 한 내용이 되는 것으로 봄이 상당하고, 따라서 행정부가 정당한 이유 없이 시행령을 제정하지 않은 것은 위 보수청구권을 침해하는 불법행위에 해당하므로 국가배상청구가 가능하다(대판 2007.11.29, 2006다3561).

ⓒ 행정입법부작위에 대한 헌법소원: 헌법재판소는 헌법상 행정입법의 작위의무가 있고 상당한 기간이 경과하였음에도 정당한 이유 없이 행정입법을 하지 않은 경우 행정입법부작위에 대한 위헌·위법을 판단할 수 있다.

3 행정규칙

(1) 행정규칙의 의의와 종류
① 행정규칙의 의의
ⓖ 의의: 일반적으로 행정규칙은 "상급행정기관이 하급행정기관에 대하여 그 조직이나 업무처리와 절차·기준 등에 관하여 발하는 일반적·추상적 규율"이라고 정의된다. 즉 행정조직 내부 또는 특별행정법 관계 내부에서 조직이나 활동을 규율하기 위하여 행정권의 고유한 권능에 근거하여 발해지는 일반적·추상적 명령을 의미한다.
ⓛ 학설: 행정규칙의 법적 성질에 대하여 행정조직 내부에만 일면적·편면적 구속력을 가질 뿐 직접 국민에 대하여는 효력을 미치지 못한다는 비법규설이 다수설이다.

ⓒ 판례: 원칙적으로 법규성을 부정하나 법령보충적 행정규칙에 대하여 대외적 구속력 인정하는 등 예외적으로 인정하는 경우가 있다.

② 행정규칙의 종류

　㉠ 내용에 따른 분류

조직규칙	행정조직 내부에서 기관의 설치 · 조직이나 내부적 권한분배, 사무처리 절차 등을 규율하는 행정규칙으로서 사무분장규정 등이 그 예이다.
행위지도규칙	상급행정기관이 하급행정기관과 그 구성원의 업무에 관한 사항을 계속적으로 규율하기 위하여 발하는 행정규칙으로, 규범해석규칙, 재량준칙, 간소화지침 등이 있다.
법률대위규칙	법률대체규칙이라고도 하며 법적 규율이 필요한 데에도 불구하고 관계 법령이 존재하지 않는 경우에 상급행정기관에 의하여 과도기적으로 발해지는 행정규칙이다.
규범구체화규칙	원자력이나 환경과 같이 고도의 전문지식과 기술이 필요한 분야에서 관계 법률이 필요한 규율을 구체적으로 정하지 못하고 그 규율을 사실상 행정기관에 맡긴 경우에 행정기관이 법률의 시행을 위하여 그 규율 내용을 구체화하기 위하여 제정하는 행정규칙이다.

　㉡ 형식에 따른 분류

훈령	상급행정기관이 하급행정기관에 대하여 장기간에 걸쳐 그 권한 행사를 일반적으로 지시하기 위하여 발하는 명령이다.
예규	행정사무의 통일을 기하기 위하여 반복적 행정사무의 처리기준을 제시하는 법규문서 외의 문서이다.
고시	법령이 정하는 바에 따라 일정한 사항을 일반에게 알리기 위한 문서를 말한다. 고시는 그 내용에 따라 일반적 · 추상적인 규율인 경우에만 행정규칙에 해당하며, 고시의 내용이 단순한 사실의 통지인 경우에는 행정규칙으로 보기 어렵다. • 법규명령적 고시: 특별한 법령과 결합하여 실질적으로 법규의 내용을 보충하는 기능을 한다. • 일반처분적 고시: 일반적 · 추상적 성격을 가지는 고시로 행정처분에 해당한다. • 행정규칙적 고시: 행정사무의 처리기준으로 일반적 · 추상적 규범의 성질을 갖는다.
공고	일정한 사항을 일반에게 알리는 문서를 말하며, 고시와 마찬가지로 그 내용에 따라 일반적 · 추상적인 규율인 경우에만 행정규칙에 해당하며 공고의 내용이 단순한 사실의 통지인 경우에는 행정규칙으로 보기 어렵다.
지시와 일일명령	지시는 상급행정기관이 직권 또는 하급행정기관의 문의에 따라 하급행정기관에 개별적 · 구체적으로 발하는 명령이고, 일일명령은 당직 · 출장 · 시간외근무 등 일일업무에 관한 명령이다. 그러나 일반적 · 추상적인 규율이라 할 수 없으므로 행정규칙의 일종으로 보기 어렵다.

(2) 행정규칙의 성립요건과 효력요건

① 성립요건

　㉠ 의의: 행정규칙은 권한 있는 행정청이 법령에 위반되지 않는 범위 내에서 일정한 절차와 형식을 거쳐 실현 가능한 내용을 규율하여야 한다.

　㉡ 구체적 요건

　　• 주체에 관한 요건: 발령권자는 특별한 제한이 없으므로 행정청의 지위를 가지는 행정기관은 행정규칙을 발령할 수 있다. 대통령령인 법제업무 운영규정 제24조의3 제1항은 "각급 행정 기관"으로 그 주체를 규정하고 있다.

- 절차에 관한 요건: 법적 절차가 따로 있지는 않으나, 법제업무 운영규정에 적법성 검토 및 사전 검토 및 사후심사에 대한 규정이 있다(제23조, 제24조의3, 제25조, 제25조의2 등).
- 형식에 관한 요건: 특별한 제한은 없으나, 조문의 형식으로 제정되는 것이 일반적이다.
- 내용에 관한 요건: 행정조직 내부에서의 조직과 활동을 규율하고 일반 국민에게 영향을 미치지 않는 범위를 규율하는 본래적 의미의 행정규칙과 달리, 행정조직 내부에 그치지 않고 외부에도 영향을 미치는 법령보충적 행정규칙의 경우 국민의 권리와 의무에 영향을 미치고 그 범위를 규율한다는 점에서 실질에 있어서 법령과 동일한 기능을 수행한다. 따라서 가급적 법령에서 구체적으로 위임받은 범위에 속한 것만을 규정해야 하며, 상위법령의 내용에 반하지 않으며 상위법령이 정한 규제 내용을 강화해서도 안 된다.

② 효력요건
  ⊙ 일반적인 경우: 행정규칙은 법규명령과는 달리 공포를 그 요건으로 하지 않는다. 행정규칙은 법령상 특별한 규정이 있는 경우를 제외하고는 일반적으로 수명자(受命者)에게 도달하기만 하면 그때부터 구속력이 발생한다.
  ⓛ 행정규칙 중 법규적 효력이 인정되는 행정규칙의 경우: 공포를 통하여 규범의 효력을 받게 되는 국민에게 '예측가능성'을 확보해 주어야 할 필요가 있다.

(3) 행정규칙의 하자 및 소멸

① 행정규칙의 하자: 적법요건을 갖추지 못한 행정규칙은 하자 있는 행정규칙으로 무효가 된다고 보는 것이 일반적이다. 이는 행정행위가 하자 있는 경우 무효 또는 취소사유가 되는 것과 비교된다.
② 행정규칙의 소멸: 행정규칙이 유효하게 성립한 경우에도 명시적·묵시적 폐지, 부관의 성취 등에 의해 효력이 소멸한다.

(4) 행정규칙의 효력

① 대내적 효력: 인정
  행정규칙은 공무원의 사무처리지침으로서 대내적 구속력이 인정된다. 따라서 공무원이 행정규칙을 위반한 경우에는 징계 책임을 받게 된다.
② 대외적 효력: 부정
  행정규칙은 국민의 권리, 의무사항을 규율하지 않으므로 행정규칙 그 자체로는 대외적 구속력이 인정되지 않는 것이 일반적이다. 그러나 독일은 행정규칙 자체로 법원성이 인정되는 예외적인 경우(규범구체화 행정규칙)도 있다.

(5) 행정규칙에 대한 통제

① 입법부에 의한 통제: 행정규칙에 대한 국회의 직접적인 통제수단은 없다. 국회법 제98조의2에서 법규명령과 함께 제출 절차가 규정되어 있지만, 법위반사실의 통보제도가 없다는 점에서 법규명령과 다르다. 국회의 국정감사, 국정조사, 국무총리나 국무위원에 대한 해임건의 등 같은 간접적인 통제수단이 있을 뿐이다.

② 행정부에 의한 통제
  ㉠ 행정감독권: 법규명령과 마찬가지로 상급행정기관은 하급행정기관에 대하여 일반적 감독권에 근거하여 행정규칙을 통제할 수 있다.
  ㉡ 중앙행정심판위원회의 시정조치요청권: 중앙행정심판위원회는 심판청구를 심리·재결할 때에 처분 또는 부작위의 근거가 되는 명령 등이 법령에 근거가 없거나, 상위 법령에 위배되거나, 국민에게 과도한 부담을 주는 등 크게 불합리하면 관계 행정기관에 그 명령 등의 개정·폐지 등 적절한 시정조치를 요청할 수 있다(행정심판법 제59조 참조).
  ㉢ 절차적 통제: 행정규칙은 원칙적으로 법제처의 심사를 받지 않아도 되지만 대통령훈령과 국무총리훈령의 경우에는 관례적으로 '법제처의 사전심사'를 받고 있다(법제업무 운영규정 제23조 참조). 또한 중앙행정기관의 훈령이나 예규에 대해서는 '법제처의 사전검토 및 사후심사·검토제'가 실시되고 있다(법제업무 운영규정 제25조·제25조의2 참조).
③ 사법부에 의한 통제
  ㉠ 원칙: 행정규칙은 일반적, 추상적이므로 항고소송의 대상이 되는 처분에 해당하지 않는다.
  ㉡ 예외: 재량준칙에 근거한 처분이 자기구속법리에 위반되는 경우, 행정규칙에 근거한 처분이 상대방의 권리, 의무에 직접 영향을 미치는 경우 등이다.

관련판례

■ **개인택시면허 우선순위에 관한 교통부장관의 시달이 행정처분에 해당하는지 여부: 소극(행정규칙)**
개인택시면허 우선순위에 관한 교통부장관의 시달은 단순히 개인택시면허처분을 위하여 그 면허순위에 관한 내부적 심사기준을 시달한 예규나 통첩에 불과하여 현실적으로 특정인의 권리를 침해하는 것이 아니므로 이를 행정소송의 대상이 되는 행정처분이라고 할 수 없다(대판1985.11.26, 85누394).

■ **보건복지부 고시인 약제급여·비급여목록 및 급여상한금액표가 항고소송의 대상이 되는 행정처분에 해당하는지 여부**
보건복지부 고시인 약제급여·비급여목록 및 급여상한금액표(보건복지부 고시 제2002-46호로 개정된 것)는 다른 집행행위의 매개 없이 그 자체로서 국민건강보험가입자, 국민건강보험공단, 요양기관 등의 법률관계를 직접 규율하는 성격을 가지므로 항고소송의 대상이 되는 행정처분에 해당한다(대판 2006.9.22, 2005두2506).

④ 헌법재판소의 헌법소원에 의한 통제
  ㉠ 원칙: 행정규칙은 국민의 권리, 의무에 관한 사항을 규율하지 않으므로 법원성이 부정된다. 따라서 공권력의 행사나 불행사로 인하여 기본권이 침해된 경우에 청구하는 헌법소원의 대상이 되지 않는 것이 원칙이다.
  ㉡ 예외: 행정규칙이더라도 국민의 기본권에 직접적인 영향을 미치는 내용이고, 앞으로 법령의 뒷받침에 의하여 그대로 실시될 것이 틀림없을 것으로 예상되는 경우에는 예외적으로 헌법소원의 대상이 되는 공권력의 행사에 해당된다.

- **〈원칙〉 학교장 초빙제 실시학교 선정기준 위헌확인: 각하**

  경기도교육청의 1999.6.2.자 「학교장·교사 초빙제 실시」는 「학교장·교사 초빙제의 실시」에 따른 구체적 시행을 위해 제 정한 사무처리지침으로서 행정조직 내부에서만 효력을 가지는 행정상의 운영지침을 정한 것이어서, 국민이나 법원을 구 속하는 효력이 없는 행정규칙에 해당하므로 헌법소원의 대상이 되지 않는다(헌재 2001.5.31, 99헌마413).

- **〈원칙〉 학교장 초빙제 실시학교 선정기준 위헌확인: 각하**

  경기도교육청의 1999.6.2.자 「학교장·교사 초빙제 실시」는 「학교장·교사 초빙제의 실시」에 따른 구체적 시행을 위해 제 정한 사무처리지침으로서 행정조직 내부에서만 효력을 가지는 행정상의 운영지침을 정한 것이어서, 국민이나 법원을 구 속하는 효력이 없는 행정규칙에 해당하므로 헌법소원의 대상이 되지 않는다(헌재 2001.5.31, 99헌마413).

- **〈예외〉 서울대학교가 "94학년도 대학입학고사주요요강"을 제정하여 발표한 것에 대하여 제기된 헌법소원심판청구의 적법 여부: 적극**

  국립대학인 서울대학교의 "94학년도 대학입학고사주요요강"은 사실상의 준비행위 내지 사전안내로서 행정쟁송의 대상이 될 수 있는 행정처분이나 공권력의 행사는 될 수 없지만 그 내용이 국민의 기본권에 직접 영향을 끼치는 내용이고 앞으로 법령의 뒷받침에 의하여 그대로 실시될 것이 틀림없을 것으로 예상되어 그로 인하여 직접적으로 기본권 침해를 받게 되 는 사람에게는 사실상의 규범작용으로 인한 위험성이 이미 현실적으로 발생하였다고 보아야 할 것이므로 이는 헌법소원 의 대상이 되는 헌법재판소법 제68조 제1항 소정의 공권력의 행사에 해당된다고 할 것이며, 이 경우 헌법소원 외에 달리 구제방법이 없다(헌재 1992.10.1, 92헌마68·76 병합).

4 행정입법의 형식과 규율내용의 불일치

(1) 법규명령형식의 행정규칙

① 의의: 제정 형식은 법규명령(대통령령, 총리령, 부령)이나 그 내용이 행정조직 내부의 사무처리준칙 을 규율한 데 불과한 경우이다. 즉 행정규칙으로 규정될 내용이므로 고시, 훈령, 예규 등의 형식을 취 해야 하지만 대통령령 또는 부령 형식으로 제정된 경우에 법적 성질을 무엇으로 볼 것인지 문제가 된 다(예 대통령령으로 제정된 국가공무원복무규정).

② 법적 성질: '법규명령설(형식 강조)'과 '행정규칙설(실질 강조)'의 대립이 존재하는데, 법규명령으로 보 는 입장이 일반적이다.

③ 판례의 태도

  ㉠ 대통령령 형식으로 제정된 경우: 원칙적으로 법규명령의 형식이 대통령령인 경우에는 법규명령으 로 본다.

  ㉡ 부령의 형식으로 제정된 경우: 원칙적으로 부령의 형식으로 정해진 제재적 처분기준은 '행정규칙' 의 성질을 갖는다고 본다. 다만, 예외적으로 수익적 재량처분기준의 경우에는 '법규명령'으로 본다 (인가기준: 2003두4355 참조).

- **대통령령의 형식인 경우**

  주택건설촉진법 제7조 제2항의 위임에 터잡아 행정처분의 기준을 정한 같은 법 시행령 제10조의3 제1항 [별표 1]이 법규명령에 해당하는지 여부(적극): 당해 처분의 기준이 된 주택건설촉진법시행령 제10조의3 제1항 [별표1]은 주택건설촉진법 제7조 제2항의 위임규정에 터잡은 규정형식상 대통령령이므로 그 성질이 부령인 시행규칙이나 또는 지방자치단체의 규칙과 같이 통상적으로 행정조직 내부에 있어서의 행정명령에 지나지 않는 것이 아니라 대외적으로 국민이나 법원을 구속하는 힘이 있는 법규명령에 해당한다(대판 1997.12.26, 97누15418).

- **부령의 형식인 경우**

  공중위생법 위반행위에 대한 처분에 있어서 같은 법 시행규칙 제41조 별표7 행정처분기준의 기속력 유무(소극): 공중위생법 시행규칙 제41조 별표 7에서 위 행정처분의 기준을 정하고 있더라도 위 시행규칙의 형식은 부령으로 되어 있으나 그 성질은 행정기관 내부의 사무처리준칙을 규정한 것에 불과한 것으로서 보건사회부장관이 관계 행정기관 및 직원에 대하여 그 직무권한 행사의 지침을 정하여 주기 위하여 발한 행정명령의 성질을 가지는 것이지, 위 법 제23조 제1항에 의하여 보장된 재량권을 기속하거나 대외적으로 국민을 기속하는 것은 아니다(대판 1991.3.8, 90누6545).

(2) 행정규칙형식의 법규명령

① 의의: 법령의 위임으로 법령을 보충 내지 구체화하는 행정규칙을 법령보충적 행정규칙이라 하며, 법령이 행정기관에 법령 내용의 구체적 사항을 정할 수 있는 권한을 부여하면서 그 형식을 특정하지 않아 수임행정기관이 행정규칙의 형식으로 법령의 내용을 정한 경우 당해 행정규칙의 법적 성질이 무엇인지가 문제된다.

② 법적 성질

  ㉠ 형식설(행정규칙설): 행정규칙의 형식은 헌법에 규정된 법규의 형식이 아니기 때문에 행정규칙으로 보아야 한다(법규성 ×).

  ㉡ 실질설(법규명령설): 법의 내용을 보충함으로써 개인에게 직업적인 영향을 미치는 법규명령으로 보아야 한다(법규성 ○).

  ㉢ 규범구체화설: 상위규범을 구체화하는 내용의 행정규칙이므로 법규성을 긍정해야 한다는 견해이다(법규성 ○).

- **법규명령으로 본 판례**

  공익사업을 위한 토지 등의 취득 및 보상에 관한 법률 제68조 제3항의 위임에 따라 협의취득의 보상액 산정에 관한 구체적 기준을 정하고 있는 공익사업을 위한 토지 등의 취득 및 보상에 관한 법률 시행규칙 제22조가 대외적인 구속력을 가지는지 여부(적극): 비록 행정규칙의 형식이나 공익사업법의 내용이 될 사항을 구체적으로 정하여 내용을 보충하는 기능을 갖는 것이므로, 공익사업법 규정과 결합하여 대외적인 구속력을 가진다(대판 2012.3.29, 2011다104253).

- **단순 행정규칙으로 본 판례**

  2006년 교육공무원 보수업무 등 편람이 법규명령의 성질을 가지는지 여부: 2006년 교육공무원 보수업무 등 편람은 교육인적자원부(현 교육과학기술부)에서 관련 행정기관 및 그 직원을 위한 업무처리지침 내지 참고사항을 정리해 둔 것에 불과하고 법규명령의 성질을 가진 것이라고는 볼 수 없다(대판 2010.12.9, 2010두16349).

③ 법령보충적 행정규칙의 한계 및 관련 사항

　ⓐ 한계
　　　• 법령상 수권이 존재하고 제정의 정당성이 있어야 하며 위임의 한계를 준수하고 상위법령에 위배
　　　　되지 않아야 법규명령으로서 대외적 구속력이 인정된다.
　　　• 포괄위임금지의 원칙: 상위법령에 수권이 있는 경우에만 대외적 구속력이 인정되며 그 수권은
　　　　포괄위임금지의 원칙상 구체적이고 개별적으로 한정된 사항에 대하여 행하여져야 한다(행정규
　　　　제기본법 제4조 제2항 단서).

> **행정규제기본법 제4조【규제 법정주의】**
> ① 규제는 법률에 근거하여야 하며, 그 내용은 알기 쉬운 용어로 구체적이고 명확하게 규정되어야 한다.
> ② 규제는 법률에 직접 규정하되, 규제의 세부적인 내용은 법률 또는 상위법령(上位法令)에서 구체적으로 범
> 　위를 정하여 위임한 바에 따라 대통령령·총리령·부령 또는 조례·규칙으로 정할 수 있다. 다만, 법령에
> 　서 전문적·기술적 사항이나 경미한 사항으로서 업무의 성질상 위임이 불가피한 사항에 관하여 구체적으
> 　로 범위를 정하여 위임한 경우에는 고시 등으로 정할 수 있다.
> ③ 행정기관은 법률에 근거하지 아니한 규제로 국민의 권리를 제한하거나 의무를 부과할 수 없다.

　ⓑ 공포 여부: 법규명령의 형식처럼 공포 등의 절차가 필요하지 않다고 보는 것이 판례의 입장이다.
　ⓒ 헌법소원의 대상 여부: 헌법재판소는 법령보충적 행정규칙이 집행행위 매개 없이 직접 구체적으
　　　로 국민의 권익을 침해하는 경우 헌법소원의 대상이 될 수 있다고 보았다.

02　행정행위

◼ 행정행위의 의의 및 종류

(1) 행정행위의 개념 및 특징

　① 행정행위의 개념
　　ⓐ 행정행위는 행정의 행위형식의 하나로서 실정법상의 개념이 아니라 학문상의 개념이다. 실정법상
　　　으로는 처분이라는 용어가 많이 사용된다.
　　ⓑ 강학상 행정행위는 실정법상으로는 허가·인가·특허·면허·재결 등으로 불린다.

　② 행정행위의 특징
　　ⓐ 행정청의 행위: 행정절차법 제2조 제1호는 '행정청이란 행정에 관한 의사를 결정하여 표시하는 국
　　　가 또는 지방자치단체의 기관 기타 법령 또는 자치법규에 의하여 행정권한을 가지고 있거나 위임
　　　또는 위탁받은 공공단체나 그 기관 또는 사인을 말한다.'고 규정하여 공공단체, 공무수탁사인을 명
　　　시적으로 행정청의 개념에 포함시키고 있으므로 이들의 행위는 행정청의 행위라고 할 수 있다.
　　ⓑ 구체적 사실에 관한 법집행행위: 일반처분도 행정행위에 해당하지만, 일반적, 추상적인 입법행위
　　　는 행정행위에 해당하지 않는다.

ⓒ 외부행위: 행정행위는 외부에 표시가 되어야 하므로 행정조직 내부의 행위(상급관청의 지시 등)는 행정행위에 해당하지 않는다.

ⓔ 권력적 단독행위: 비권력적인 행정지도나 단독행위가 아닌 공법상 계약은 행정행위에 해당하지 않는다.

ⓜ 공법행위: 사법(私法)행위는 행정행위에 해당하지 않는다.

(2) 행정행위의 개념과 관련된 문제점

① 행정행위와 행정쟁송법상의 '처분'과의 관계

ⓐ 문제점: 강학상 행정행위와 행정쟁송법상 처분의 개념이 동일한지 여부에 대해 견해의 대립이 존재한다. 처분은 소송법상의 개념이자 실정법상 개념으로, 우리 행정소송법에서는 항고소송의 대상을 '처분 등'이라고 규정하고 있으므로 처분과 행정행위의 개념을 동일하게 볼 것인지가 문제된다.

ⓑ 견해 대립

일원설	처분도 실체법상 개념이므로 강학상 '행정행위'와 행정쟁송법상 '처분'의 개념이 동일하다는 입장이다.
이원설	처분은 쟁송법상 개념이므로 강학상 행정행위와 다르다는 입장이다. 처분은 행정청이 행하는 구체적 사실에 관한 법집행으로서의 공권력의 행사 또는 그 거부와 그 밖에 이에 준하는 행정작용이므로 강학상 행정행위보다는 넓은 개념으로 해석한다. 처분은 쟁송법상 개념임을 강조하므로 쟁송법상 처분개념설이라고도 한다(다수설).

② 형식적 행정행위 인정 여부

ⓐ 개념: 공권력 행사의 실체가 없으면서 국민의 권리와 이익에 계속적으로 사실상의 지배력을 미치는 비권력적 행위를 의미한다. 급부·보조금 지급 결정·행정지도·공공시설 설치행위 등과 같이 행사의 실체는 갖고 있지 않는 일정한 행위 등이다.

ⓑ 견해 대립: 형식적 행정행위에 대해 국민 권익 구제의 실효성 확보를 위해 인정하자는 긍정설과 처분 개념을 행정행위보다 확대하면 국민 권익 구제의 실효성 확보가 가능하니 굳이 인정할 필요가 없다는 부정설(판례, 통설)이 있다.

관련판례

■ **행정행위에 해당하는지 여부 – 대인적 일반처분**
지방경찰청장의 횡단보도 설치 사건: 지방경찰청장이 "횡단보도를 설치"하여 보행자의 통행방법 등을 규제하는 것은 행정청이 특정사항에 대하여 의무의 부담을 명하는 행위이고, 이는 "국민의" 권리의무와 직접 관계가 있는 행위로서 행정처분이라고 보아야 할 것이다(대판 2000.10.27, 98두8964).

■ **행정행위에 해당하는지 여부 – 직접적인 법적 효과**
국립 교육대학 학생에 대한 퇴학처분이 행정처분인지 여부(적극): 행정소송의 대상이 되는 행정처분이란 행정청이 행하는 구체적 사실에 관한 법집행으로서의 공권력의 행사 또는 그 거부와 그밖에 이에 준하는 행정작용을 말하는 것인바, 국립 교육대학 학생에 대한 퇴학처분은, 국가가 설립·경영하는 교육기관인 동 대학의 교무를 통할하고 학생을 지도하는 지위에 있는 학장이 교육목적실현과 학교의 내부질서유지를 위해 학칙 위반자인 재학생에 대한 구체적 법집행으로서 국가 공권력의 하나인 징계권을 발동하여 학생으로서의 신분을 일방적으로 박탈하는 국가의 교육행정에 관한 의사를 외부에 표시한 것이므로, 행정처분임이 명백하다(대판 1991.11.22, 91누2144).

(3) 행정행위의 종류

① 행정행위의 종류

구분기준	종류
법률효과	• 수익적 행정행위 • 복효적 행정행위 / • 침익적 행정행위
행정청의 법규 구속 여부	• 기속행위 / • 재량행위
행정청의 효과의사 유무 (법률효과의 발생 원인)	• 법률행위적 행정행위 / • 준법률행위적 행정행위
상대방의 협력 필요 여부	• 일방적 행정행위 / • 쌍방적 행정행위
행위의 대상	• 대인적 행정행위 • 혼합적 행정행위 / • 대물적 행정행위
현재 법률상태의 변경 여부	• 적극적 행정행위 / • 소극적 행정행위
행위형식 필요 여부	• 불요식행위 / • 요식행위

② 수익적 행정행위와 침익적 행정행위

㉠ 개념

• 수익적 행정행위: 국민에 대해 권리와 이익을 부여하거나 권리의 제한을 폐지하는 등의 유리한 효과를 발생시키는 행정행위를 말한다(예 허가, 특허, 인가, 부담적 행정행위의 취소 등).

• 침익적(부담적) 행정행위: 국민에게 의무를 부과하고 권리를 제한하는 등 불리한 효과를 발생시키는 행정행위를 말한다(예 하명, 수익적 행정행위의 취소 · 철회 등).

㉡ 수익적 행정행위와 침익적 행정행위의 비교

구분	수익적 행정행위	침익적 행정행위
신청	신청을 전제로 하는 것이 일반적(협력을 요하는 행정행위)	신청과 무관(일방적 행정행위)
성질	자유재량성이 강함	기속성이 강함
법률의 유보	법률유보의 완화	법률유보의 엄격함
절차적 통제	통제의 완화	통제의 강화(행정절차법상의 침익적 처분절차 필요)
부관	부관 부가 가능(부관과 친함)	부관 부가 불가(부관과 거리가 멂)
취소 · 철회	취소 · 철회의 제한(근거: 신뢰보호의 원칙 등)	원칙적으로 제한 없음
강제집행	무관	강제집행 가능
구제수단	• 수익적 행정행위의 거부: 의무이행심판 또는 거부처분 취소소송 • 수익적 행정행위의 부작위: 의무이행심판 또는 부작위 위법확인소송	취소심판 또는 취소소송

③ 복효적 행정행위
　　㉠ 개념: 하나의 행정행위에 수익적인 효과와 침익적인 효과가 동시에 발생하는 경우로, 이중효과적 행정행위라고도 한다. 여기서 복수의 효과가 동일인에게 발생하는 경우를 '혼합효 행정행위'라고 하고, 1인에게는 수익을 타인에게는 불이익이라는 상반된 효과를 발생시키는 경우를 '제3자효 행정행위'라고 한다.
　　㉡ 제3자효 행정행위의 특징: 당사자 이외의 제3자에게도 행정효과가 발생하는 행정행위로 이와 관련하여 성립 및 소멸에 관해 이해관계를 달리하는 두 이해당사자가 있게 되므로 이익형량 등의 문제가 발생한다(예 연탄공장 건축허가, 공설화장장 설치허가, 원자력발전소 설치허가, 합격자 결정 등).
　　㉢ 관련 문제
　　　• 행정절차법상의 문제
　　　　– 제3자에 대한 통지(송달): 행정절차법에는 제3자에 대한 송달규정이 없어 제3자에 대해서는 통지의무가 없다고 보는 것이 통설이므로 제3자인 이해관계인에 대하여 통지의무가 없고 처분 상대방에게 통지되면 제3자도 행정행위의 효력을 받게 된다.
　　　　– 침익적 처분절차: 행정절차법상 당사자 등이라 함은 처분 상대방과 행정청의 직권 또는 신청에 의하여 행정절차에 참여하게 된 이해관계인으로 제3자가 행정절차에 참여하지 않은 이상 제3자는 침익적 처분절차를 거칠 필요가 없다.
　　　• 행정쟁송법상의 문제

원고 적격 및 청구인 적격	처분의 근거법규 등이 제3자의 법률상 이익과 함께 보호하고 있다고 해석되는 경우, 즉 '사익보호성'이 있는 경우 인정된다.
판결의 제3자적 효력	처분 등의 취소·무효 등의 확인 및 부작위의 위법을 확인하는 판결은 제3자에 대해서도 효력이 인정된다(행정소송법 제29조).
제3자의 행정쟁송 참가	행정쟁송의 결과에 이해관계 있는 제3자는 당해 행정쟁송에 참가할 수 있다(행정소송법 제16조 제1항 참조).
제3자의 재심청구	처분 등을 취소하는 판결에 의하여 권리 또는 이익의 침해를 받은 제3자는 자기에게 책임없는 사유로 소송에 참가하지 못함으로써 판결의 결과에 영향을 미칠 공격 또는 방어방법을 제출하지 못한 때에는 이를 이유로 확정된 종국판결에 대하여 재심의 청구를 할 수 있다(행정소송법 제31조 제1항). → 행정심판법에 규정이 없다.
처분의 집행정지	행정심판 또는 취소소송을 제기하면서 집행정지 신청 가능(행정심판법 제30조)
쟁송제기기간	제3자에 대해서도 제소기간 규정이 적용되지만 정당한 사유가 인정될 여지가 있다.
고지	행정청은 이해관계인이 요구하면 해당 처분이 행정심판의 대상이 되는 처분인지, 행정심판의 대상이 되는 경우 소관 위원회 및 심판청구 기간의 사항을 지체 없이 알려 주어야 함(행정심판법 제58조 제2항), 이해관계인의 범위에 제3자도 포함된다는 것이 통설적 견해이다.

2 기속행위 · 재량행위 · 불확정개념

(1) 기속행위 · 재량행위의 의의

① 기속행위: 법령상 구성요건이 충족되면 행정청이 반드시 어떠한 행위를 하거나 하지 말아야 되는 것을 의미한다.

② 재량행위: 법령상 행정청에 행위여부나 행위내용을 선택할 자유가 부여된 경우, 행정청이 자유를 가지는 것을 의미한다. 재량행위에는 결정재량과 선택재량이 있다.

(2) 기속행위와 재량행위의 구별기준

학설	내용
요건재량설	• 요건이 다의적인 경우나 특유한 중간목적이 있는 경우: 재량행위 • 요건이 일의적인 경우: 기속행위
효과재량설	• 수익적 효과: 재량행위 • 침익적 효과: 기속행위
법률문언설 (판례, 통설)	• 하여야 한다로 규정된 경우: 기속행위 • 할 수 있다로 규정된 경우: 재량행위 • 판례: 법률문언설(원칙)+효과재량설(예외)

(3) 판례의 태도

① 판례가 기속행위로 판단한 경우

ㄱ 허가

- 구 식품위생법상 대중음식점영업허가(대판 1993.5.27, 93누2216)
- 기부금품모집규제법상의 기부금품모집허가(대판 1999.7.23, 99두3690)
- 석유사업법상 석유 판매업허가(대판 1995.3.10, 94누8556)
- 주유소설치허가(대판 1996.7.12, 96누5292)
- 구 식품위생법상 광천 음료수제조업허가(대판 1993.2.12, 92누5959)
- 구 공중위생법상 위생접객허가(대판 1995.7.28, 94누13497)
- 건축법상 건축허가(대판 1995.12.12, 95누9051)

ㄴ 인가

- 학교법인 이사취임승인처분(대판 1992.9.22, 92누5461)
- 사립학교 이사회 소집신청에 대한 승인인(대판 1988.4.27, 87누1106)

ㄷ 기타

- 지방병무청장의 공익근무(사회복무)요원소집처분(대판 2002.8.23, 2002두820)
- 공중보건의사의 편입취소와 현역병입영명령(대판 1996.5.31, 95누10617)
- 음주측정거부를 이유로 한 운전면허취소(대판 2004.11.12, 2003두12042)
- 구 지방재정법 제87조 제1항에 의한 변상금 부과처분(대판 2000.1.14, 99두9735)
- 국유재산의 무단점유 등에 대한 변상금 징수(대판 2000.1.28, 97누4098)
- 감사원의 변상판정(대판 1994.12.13, 93누98)

• 경찰공무원 임용령에 의한 부정행위자에 대한 합격취소처분 및 응시자격제한(대판 2008.5.29. 2007두18321)

관련판례

■ **음주측정거부를 이유로 한 운전면허취소처분: 기속행위**

도로교통법 제78조 제1항 단서 제8호의 규정에 의하면, 술에 취한 상태에 있다고 인정할 만한 상당한 이유가 있음에도 불구하고 경찰공무원의 측정에 응하지 아니한 때에는 필요적으로 운전면허를 취소하도록 되어 있어 처분청이 그 취소여부를 선택할 수 있는 재량의 여지가 없음이 그 법조상 명백하므로, 위 법조의 요건에 해당하였음을 이유로 한 운전면허취소처분에 있어서 재량권의 일탈 또는 남용의 문제는 생길 수 없다(대판 2004.11.12. 2003두12042).

■ **지방병무청장의 공익근무요원소집처분: 기속행위**

병역법 제26조 제2항은 보충역을 동조 1항 소정의 업무나 분야에서 복무하여야 할 공익근무요원으로 소집한다고 규정하고 있다(대판 2002.8.23. 2002두820).

---

② 판례가 재량행위로 판단한 경우

  ㉠ 허가

   • 개발제한구역 내 건축허가(대판 2004.7.22. 2003두7606)
   • 도시지역 안에서 토지의 형질변경행위를 수반하는 건축허가(대판 2005.7.14. 2004두6181)
   • 구 총포·도검·화약류 등 단속법상 총포 등 소지허가(대판 1993.5.14. 92도2179)

  ㉡ 허가 + 공익보호: 재량행위(환경 또는 문화재)

   • 개발제한구역 내에서의 건축물 용도변경허가(대판 2001.2.9. 98두17593)
   • 산림법상 산림훼손허가가(대판 2003.3.28. 2002두12113)
   • 학교환경위생정화구역 내에서 터키탕업허가(대판 1996.10.29. 96누8253)
   • 농지법상 농지전용허가(대판 2000.5.12. 98두15382)
   • 자연공원구역 내의 단란주점 영업허가(대판 2001.1.30. 99두3577)
   • 입목굴채허가(대판 2001.11.30. 2001두5866)

관련판례

■ **사회복지법인의 정관변경: 재량행위**

사회복지법인의 정관변경을 허가할 것인지의 여부는 주무관청의 정책적 판단에 따른 재량에 맡겨져 있다(대판 2002.9.24. 2000두5661).

■ **관광지조성사업시행허가: 재량행위**

관광지조성사업의 시행은 국토 및 자연의 유지와 환경에 미치는 영향 등을 종합적으로 고려하여 결정하는 일종의 재량행위에 속한다(대판 2001.7.27. 99두8589).

---

(4) 재량의 하자

① 의의: 행정청은 재량을 수권목적과 한계 및 행정법의 일반원칙의 구속하에서 구체적인 사안과 관련하여 합목적성과 타당성을 고려하여 행사하여야 한다. 그러나 재량행사가 법기속성을 위반하거나 구체적 타당성을 결하게 되면 이를 '재량하자'라고 한다.

② 종류

    ㉠ 위법한 재량하자: 재량권을 일탈·남용하면 법원은 행정청의 재량행사에 있어서 법기속성의 준수 여부(위법성 여부)를 심사해야 한다(행정소송법 제27조).

    ㉡ 부당한 재량하자: 구체적 사안에 있어서 합목적성·타당성을 결여한 재량하자이다. 이것은 법률 문제가 아니라 사실문제로 적법성을 검토하지 않고, 행정심판에 의한 합목적성 판단과 시정을 결정한다(행정심판법 제1조·제5조 참고).

③ 위법한 재량하자의 유형

    ㉠ 재량권의 일탈(재량권의 외적 한계): 법이 인정하는 재량권의 범위, 즉 외적 한계를 벗어난 재량하자를 의미한다.

    ㉡ 재량권의 불행사: 행정청이 자신에게 부여된 재량권을 태만 또는 착오로 인해 행사하지 않은 것으로, 행정청이 재량행위를 기속행위로 오인하여 전혀 행사하지 않는 경우도 포함된다.

    ㉢ 재량권의 남용(재량권의 내재적 한계): 행정청이 재량권의 범위 내에서 행사되었으나 행정법의 일반원칙을 무시하고 자의적으로 재량권이 행사된 경우를 의미한다.

관련판례

■ **재량권의 일탈·남용에 해당하여 위법한 경우**

20년 동안 성실하게 근무하여 온 경찰공무원 사건: 공정한 업무처리에 대한 사의로 두고 간 돈 30만 원이 든 봉투를 소지함으로써 "피동적으로 금품을 수수"하였다가 돌려준 20여 년 근속의 경찰공무원에 대한 해임처분은 사회통념상 현저하게 타당성을 잃어 재량권의 남용에 해당한다(대판 1991.7.23, 90누8954).

■ **재량권의 일탈·남용에 해당하지 않아 적법한 경우**

• 연구비 편취한 국립대학교 교수 해임 사건: 연구비를 편취한 행위, 고가 구매계약의 대가로 금품을 수령한 행위 등을 이유로 국립대학교 교수에 대하여 한 해임처분이, 사회통념상 현저하게 타당성을 잃을 정도로 지나치게 가혹하여 재량권의 범위를 일탈·남용한 것이라고 볼 수 없다(대판 2008.11.27, 2008두15404).

• 경찰공무원 1만 원 수령한 사건(해임처분은 적법): 경찰공무원이 그 단속의 대상이 되는 신호위반자에게 먼저 적극적으로 돈을 요구하고 다른 사람이 볼 수 없도록 돈을 접어 건네주도록 전달방법을 구체적으로 알려주었으며 동승자에게 신고 시 범칙금 처분을 받게 된다는 등 비위신고를 막기 위한 말까지 하고 금품을 수수한 경우 비록 그 받은 돈이 1만 원에 불과하더라도 위 금품수수행위를 징계사유로 하여 당해 경찰공무원을 해임처분한 것은 징계재량권의 일탈·남용이 아니다(대판 2006.12.21, 2006두16274).

(5) 재량행위에 대한 통제

입법적 통제	• 법률의 규율방식에 의한 통제: 법률을 제정 시 모호하고 불명확한 개념을 피하고 가능한 구체적이고 명확하게 규정하여 행정청의 재량권을 통제 • 정치적 통제: 국정감사나 국무위원의 해임건의 등의 수단을 통한 통제
행정적 통제	• 상급행정청의 감독권행사에 의한 통제와 처분권에 의한 자율적 통제, 행정심판의 제기에 따른 재결청에 의한 통제 등
사법적 통제	• 재량권의 행사가 한계를 넘지 않으면 재량행위는 위법한 행위가 되지 않고 법원에 의한 통제의 대상이 되지 않음 • 재량권의 한계를 넘어 위법하게 되는 재량처분은 취소소송에 의해 취소 • 사후통제라는 한계를 내포 → 사후구제만 가능

(6) 불확정개념과 판단여지

① 불확정개념

    ㉠ 의의: 행정법규에서 주로 행위요건을 규정함에 있어서 사용하고 있는 추상적이면서 명확하지 않은 다의적 개념을 의미한다.

    ㉡ 구체적인 예: 헌법 제23조 제2항과 제3항의 공공복리·공공필요, 행정대집행법 제2조의 공익, 국가공무원법 제40조의4(우수 공무원 등의 특별승진) 제1항 제2호의 탁월한 직무수행 능력, 국가공무원법 제73조의3(직위해제) 제1항 제2호의 극히 나쁜 근무성적 등

② 판단여지이론

    ㉠ 의의: 법률의 요건부분에 불확정개념이 사용된 경우, 행정청이 요건을 해석·적용함에 있어 객관적인 법적판단을 한 경우, 일정한 포섭의 자유가 인정되어 사법심사가 제한되는 것이다.

    ㉡ 적용범위

      • 미래예측적 결정: 환경행정 위해의 평가, 지역경제여건의 변화에 대한 예측, 거시경제 정책에 관한 결정, 공공의 안전 등을 해할 우려가 있는 자에 대한 법무부장관의 출국금지명령 등

      • 비대체적 결정(고도의 전문적 결정): 시험평가결정, 공무원의 근무성적평정 및 승진결정, 시험 유사적이고 교육적인 판단 등

      • 구속적 가치평가결정: 예술, 문화 분야, 도서류의 청소년유해성판정, 문화재의 판정 등 종교, 도덕, 윤리, 문화 등 관련 결정, 공정거래위원회의 불공정거래행위 결정, 식품의약품안전처의 의약품 허가결정 등

      • 형성적 결정: 도시계획행정, 전쟁무기의 생산 및 수출 등의 외교정책, 지방자치단체의 공공시설 설치결정 등

    ㉢ 재량과의 구별: 판례는 판단여지이론을 인정하지 않으므로 양자를 명확히 구별하지 않는다. 다만 판단여지영역을 행정청의 재량행위로 인정하고 있다(판단여지 = 재량행위).

    ㉣ 한계 및 통제

      • 한계: 전문적, 기술적 분야 등 한계가 존재(예 구속적 가치평가결정, 형성적 결정, 미래예측적 결정, 비대체적 결정) → 이러한 경우에는 행정청의 판단을 존중하여 사법심사가 제한된다.

      • 통제: 판단기관의 적법성, 판단절차의 적법성, 행정법 일반원칙의 준수, 정당한 사실관계에 기인한 판단 등

관련판례

■ **판단여지영역에 대한 판례의 태도**

• 사법시험 객관식 헌법시험의 출제업무(재량행위): 행정행위로서의 시험의 출제업무에 있어서, 출제 담당위원은 법령규정의 허용범위 내에서 어떠한 내용의 문제를 출제할 것인가, 그 문제의 문항과 답항을 어떤 용어나 문장형식을 써서 구성할 것인가를 자유롭게 정할 수 있다는 의미에서 재량권을 가진다고 할 것이다(대판 2001.4.10, 99다33960).

• 건설공사를 계속하기 위한 발굴허가(재량행위): 전문적, 기술적 판단이므로 특별한 사정이 없는 한 이를 최대한 존중하여야 한다(대판 2000. 10.27, 99두264).

• 공인중개사시험 출제행위(재량행위): 행정행위로서의 시험의 출제업무에 있어서 출제 담당위원은 재량권을 가진다(대판 2006.12.22, 2006두12883).

❸ 행정행위의 내용

(1) 법률행위적 행정행위

① 명령적 행위(허가, 하명, 면제): 국민에 대한 일정한 의무 부과나 이들 의무를 해제함을 내용으로 하는 행정행위로서, 상대방에 대해 새로운 권리 또는 능력의 형성을 목적으로 하는 형성적 행위와 구별된다.

ⓐ 허가

- 개념: 법령에 의한 일반적 · 상대적 금지(예 영업허가, 건축허가 등)를 특정한 경우에 해제함으로써 적법하게 일정한 행위를 할 수 있도록 해주는 행정행위이다. 이는 기존의 자유가 회복됨을 의미한다.
- 특징
  - 허가는 상대적 금지에 대해서만 가능하며, 절대적 금지의 경우에는 인정되지 않는다.
  - 허가의 신청 후 법률 등이 변경된 경우에 행정처분은 개정된 법률 등에 따라 처분을 함이 원칙이다(대판 1996.8.20, 95누10877).
  - 허가요건: 결격사유가 없어야 한다. 행정기본법 제16조는 인허가 등의 결격사유를 법률로 정하도록 규정하고 있다.
  - 법률 등의 근거 없이 행정청이 허가 요건을 임의대로 추가할 수는 없다(허가요건 법정주의).
  - 허가는 사실행위(예 입산금지 해제)와 법률행위(예 매매금지 해제)를 대상으로 한다.
  - 대인적 허가는 타인에게 이전이 불가능하지만(예 운전면허), 대물적 허가는 타인에게 이전이 가능하다(예 건축허가).
  - 법률 등에서 규정한 사유 이외의 사유를 들어 허가를 거부할 수 없음이 원칙이다. 다만, 중대한 공익(환경 또는 문화재 등)상 필요가 있는 경우에는 법률의 근거가 없어도 허가를 거부할 수 있다.

ⓑ 하명: 행정청이 국민을 상대로 작위의무, 부작위의무, 급부의무, 수인의무를 부과하는 것을 의미한다(예 건물철거의무, 입산금지의무, 조세납부의무, 예방접종의무 등)

ⓒ 면제: 일반적으로 부과되어 있는 작위의무, 급부의무, 수인의무를 특정한 경우에 해제하는 행정행위이다.

더 알아보기

허가의 거부
- 원칙: 법령의 근거가 있어야 허가 거부 가능
  - 일반음식점 영업허가(대판 2000.3.24, 97누12532)
  - 건축허가(대판 2002.7.26, 2000두9762)
- 예외: 법령의 근거가 없어도 공익상(예 환경보호, 문화재보호 등) 필요가 있는 경우에는 허가 거부 가능
  - 주유소설치허가(대판 1999.4.23, 97누14378)
  - 산림훼손허가(대판 2007.5.10, 2005두13315)
  - 토사채취허가(대판 2007.6.15, 2005두9736)
  - 사설묘지설치허가(대판 2008.4.10, 2007두6106)

② **형성적 행위(특허, 인가, 대리 등):** 형성적 행위란 상대방에 대한 권리·의무를 부과(권리·행위능력)하여 법적 지위를 발생·변경·소멸시키는 행위를 말한다.

　　㉠ 특허(특정인을 위한 행위): 특정인에 대하여 새로운 권리·능력 또는 포괄적 법률관계를 설정하는 행위이다.

　　㉡ 인가(보충행위): 제3자의 법률적 행위를 보충하여 그의 법률상 효과를 완성시키는 행위를 말하며, 보충행위라고도 한다.

　　㉢ 대리: 행정주체가 제3자가 행할 행위를 대신하여 행함으로써 그 행위의 법률적 효과가 당해 당사자(제3자)에게 귀속하는 것이다.

　　㉣ 인·허가의제제도
　　　• 의의: 하나의 사업을 수행하기 위하여 여러 법률에 규정된 인·허가를 여러 행정청에서 받아야 하는 경우 이를 그 하나의 사업의 측면에서 종합적으로 검토하여, 주된 인·허가를 받으면 다른 법률에 의한 관련 인·허가를 함께 받는 것으로 간주함으로써 행정절차를 간소화하는 제도이다.
　　　• 행정기본법 제24조 내지 제26조에서는 인허가의제의 기준, 효과, 사후관리 등에 대해 제시하고 있다.

(2) **준법률행위적 행정행위:** 행정청의 효과의사가 아닌 법률의 규정에 따라 행정행위의 효과가 발생하는 경우를 의미한다. 따라서 준법률행위적 행정행위는 기속행위가 원칙이다. 준법률행위적 행정행위에는 확인, 공증, 통지, 수리가 있다.

① **확인:** 사실관계나 법률관계에 다툼이나 의문이 있는 경우에 상급청이 판단하는 행위를 말한다. 이를 준사법(司法)적 행위라고도 한다. 예 발명특허, 행정심판의 재결, 국가유공자 결정 등

② **공증:** 사실관계나 법률관계의 존재 여부를 행정청이 공적으로 증명해주는 행위를 말한다.
　　예 각종 증명서 발급·교부, 각종 회의록 기재, 각종 직인 압날 등

③ **통지**: 행정청이 특정인이나 불특정 다수인을 상대로 일정한 사실을 알리는 행위를 의미한다. 통지 자체로 일정한 법률상 효과가 발생한다. 예 대집행 계고, 납세의 독촉, 토지수용에 있어서 사업인 정의 고시 등

④ **수리**: 사인의 공법행위에 대하여 행정청이 유효한 행위로서 접수하여 처리하는 것을 의미한다. 예 출생신고, 전입신고 등

4 행정행위의 부관

(1) 부관의 의의

① **개념 및 기능**

　㉠ **개념**: 행정행위의 법적 효과를 제한 또는 보충하기 위해서 주된 행정행위에 부가되는 종적인 것을 말한다.

　㉡ **기능**: 행정의 합리성, 유연성과 탄력성을 보장하는 역할을 하지만 행정편의적인 목적으로 남용되는 경우에는 국민의 권익을 침해할 우려가 있으므로 적절한 통제가 필요하다.

② **구별개념**

　㉠ **법정부관과의 구별**: 법정부관은 행정청에 의하여 부과되는 것이 아닌, 법령에 의해 직접 부과되는 것이므로 법규 그 자체이다. 따라서 법정부관의 경우, 행정청의 재량이 전혀 허용되지 않기 때문에 여기서 말하는 부관에 해당되지 않는다.

　㉡ **수정부담과의 구별**: 일반적인 부관이 상대방의 신청을 일단 받아들이고 그에 부수해서 일정한 행위를 부과하는 것인데, 수정부담이란 상대방이 신청한 것과 다르게 행정행위의 내용 자체를 수정·변경하는 것을 말한다. 수정부담은 진정한 의미의 부관이라고 보기 어렵다.

(2) 부관의 종류

① **조건**

　㉠ **개념**: 행정행위 효력을 장래에 발생이 불확실한 사실에 의존케 하는 부관을 의미한다.

　㉡ **조건의 종류**

　　• **정지조건**: 행정행위의 효력을 발생시키는 부관 예 주차시설완비조건으로 호텔영업허가

　　• **해제조건**: 행정행위의 효력을 소멸시키는 부관 예 일정기간 내에 공사착수조건으로 공유수면매립면허허가

　　• **부담과의 구별**: 조건의 경우 부담과의 구별이 문제. 양자 간의 구별이 불명확한 경우에는 처분성이 없는 조건보다는 처분성이 있어 국민의 권리구제에 유리한 부담으로 해석하는 것이 통설이다.

② 기한

ㄱ 개념: 행정행위의 효력의 발생 · 소멸 등을 장래에 발생이 확실한 사실에 의존케 하는 부관을 의미한다.

ㄴ 종류

- 확정기한: 당해 사실의 도래시기가 '확정'되어 있는 것을 말한다.
- 불확정기한: 당해 사실의 도래시기가 '불확정'된 것을 말한다.
- 시기: 행정행위의 효력의 '발생'을 장래의 확실한 사실에 의존케 하는 부관
- 종기: 행정행위의 효력의 '소멸'을 장래의 확실한 사실에 의존케 하는 부관

③ 부담

ㄱ 의의: 행정행위에 부수하여 상대방에게 작위의무, 부작위의무, 급부의무, 수인의무를 명하는 부관을 의미한다.

ㄴ 부담과 조건의 구별

- 정지조건과의 구별: 정지조건부 행정행위는 조건이 성취됨으로써 비로소 주된 행정행위의 효력이 발생하지만, 부담부 행정행위는 상대방의 부담이행여부와 상관없이 처음부터 주된 행정행위의 효력이 완전히 발생하며 다만 부수적으로 의무가 부가될 뿐이다.
- 해제조건과의 구별: 해제조건부 행정행위는 조건의 성취에 의하여 당연히 주된 행정행위의 효력이 소멸하지만, 부담부 행정행위는 상대방이 부담을 이행하지 않는 경우에도 주된 행정행위의 효력이 당연히 소멸하지는 않으며 행정청의 별도의 의사표시(철회)가 있어야 소멸한다.

ㄷ 성질

- 처분성 인정여부: 부담은 조건이나 기한과는 달리 처분성이 인정된다.
- 주된 행정행위와의 관계: 부담의 불이행이 있다고 해서 주된 행정행위의 효력이 당연히 소멸되는 것은 아니다. 그러나 부담이 주된 행정행위와 관련되어 있고, 부담의 존재와 이행이 주된 행정행위와 관련되어 있음에 비추어 볼 때, 주된 행정행위가 소멸되면 부담 역시 소멸한다.

ㄹ 부담의 불이행: 부담을 불이행하는 경우에는 강제집행을 하거나 주된 행정행위의 철회 또는 후속처분을 거부할 수 있다.

④ **부담유보**: 행정청이 행정행위를 발하면서 사정의 변화에 따라 사후에 부담을 설정 · 변경 · 보완할 수 있는 권리를 유보해 두는 것이다.

⑤ **법률효과의 일부배제**

ㄱ 의의: 법률에서 규정된 행정행위 효과를 행정청이 그 효과의 일부를 인정하지 않는 것으로 반드시 법률에 근거가 있는 경우에만 가능하다(통설). 또한 법률효과의 전부배제는 인정되지 않으며 부관으로 보는 것이 다수설 · 판례의 입장이다.

ㄴ 구체적 예시: 개인택시운송사업면허를 하면서 3부제 운행을 부관으로 부가하는 경우, 도로점용허가를 하면서 야간에만 사용할 것을 조건으로 하는 경우, 시내버스의 노선 지정 등

관련판례

- **기한의 도래와 행정행위의 효력**
  - 행정행위인 허가 또는 특허에 붙인 조항으로서 종료의 기한을 정한 경우 기한의 도래로 그 행정행위의 효력이 당연히 상실되는지 여부(소극): 행정행위인 허가 또는 특허에 붙인 조항으로서 종료의 기한을 정한 경우 종기인 기한에 관하여는 일률적으로 기한이 왔다고 하여 당연히 그 행정행위의 효력이 상실된다고 할 것이 아니고 그 기한이 그 허가 또는 특허된 사업의 성질상 "부당하게 짧은" 기한을 정한 경우에 있어서는 그 기한은 그 허가 또는 특허의 조건의 존속기간을 정한 것이며 그 기한이 도래함으로써 그 조건의 개정을 고려한다는 뜻으로 해석하여야 할 것이다(대판 1995.11.10, 94누11866).
  - 허가에 붙은 기한이 그 허가된 사업의 성질상 부당하게 짧아 그 기한을 허가조건의 존속기간으로 볼 수 있는 경우에 허가기간이 연장되기 위해서 그 종기 도래 이전에 연장에 관한 신청이 있어야 하는지 여부(적극): 일반적으로 행정처분에 효력기간이 정하여져 있는 경우에는 그 기간의 경과로 그 행정처분의 효력은 상실되고 다만 허가에 붙은 기한이 그 허가된 사업의 성질상 부당하게 짧은 경우에는 이를 그 허가 자체의 존속기간이 아니라 그 허가조건의 존속기간으로 보아 그 기한이 도래함으로써 그 조건의 개정을 고려한다는 뜻으로 해석할 수는 있지만 그와 같은 경우라 하더라도 그 허가기간이 연장되기 위하여는 그 종기가 도래하기 전에 그 허가기간의 연장에 관한 신청이 있어야 하며, 만일 그러한 연장신청이 없는 상태에서 허가기간이 만료하였다면 그 허가의 효력은 상실된다(대판 2007.10.11, 2005두12404).

- **부담의 법적 성격**
  사업시행인가를 하면서 국유지를 매입하도록 한 부관의 법적 성격(부담): 행정청이 도시환경정비사업 시행자에게 '무상양도되지 않는 구역 내 국유지를 착공신고 전까지 매입'하도록 한 부관을 붙여 사업시행인가를 하였으나 시행자가 국유지를 매수하지 않고 점용한 사안에서, 그 부관은 국유지에 관해 사업시행인가의 효력을 저지하는 조건이 아니라 작위의무를 부과하는 부담이므로, 사업시행인가를 받은 때에 국유지에 대해 국유재산법 제24조의 규정에 의한 사용·수익 허가를 받은 것이어서 동법 제51조에 따른 변상금 부과처분은 위법하다(대판 2008.11.27, 2007두24289).

(3) 가능성 및 한계

① 부관의 가능성

행정행위의 종류	가능 여부
사인의 공법행위	부정
제3자효 행정행위	긍정
기속행위	부정(식품위생법상 영업허가부관 ○)
재량행위	긍정(명문의 규정이 없는 경우)
법률행위적 행정행위	긍정(신분설정행위의 부관 ×)
준법률행위적 행정행위	부정(확인·공증은 종기부관 ○)

※ 식품위생법 제37조(영업허가 등) ② 식품의약품안전처장 또는 특별자치시장·특별자치도지사·시장·군수·구청장은 제1항에 따른 영업허가를 하는 때에는 필요한 조건을 붙일 수 있다.

※ 공무원 임명행위나 귀화허가는 비록 특허(재량행위)이지만, 포괄적 신분설정행위라는 이유로 부관을 붙일 수 없다(통설).

② **부관의 한계 및 사후부관의 가능성**: 부관은 법령의 근거 없이도 가능하지만 헌법을 포함한 법령의 규정에 저촉되어서는 안 되며 본체인 행정행위의 본질적 효력을 저해해서는 안 된다. 또한 부관의 내용은 명확하고 이행 가능한 것으로 비례의 원칙과 평등의 원칙 및 부당결부금지의 원칙 등 행정법의 일반원칙에 적합하여야 한다. 부관의 사후변경은 국민의 신뢰와 충돌이 야기되므로 이를 인정할 것인지에 대해 견해의 대립이 존재한다.

행정기본법 제17조【부관】

① 행정청은 처분에 재량이 있는 경우에는 부관(조건, 기한, 부담, 철회권의 유보 등을 말한다. 이하 이 조에서 같다)을 붙일 수 있다.

② 행정청은 처분에 재량이 없는 경우에는 법률에 근거가 있는 경우에 부관을 붙일 수 있다.

③ 행정청은 부관을 붙일 수 있는 처분이 다음 각 호의 어느 하나에 해당하는 경우에는 그 처분을 한 후에도 부관을 새로 붙이거나 종전의 부관을 변경할 수 있다.

  1. 법률에 근거가 있는 경우

  2. 당사자의 동의가 있는 경우

  3. 사정이 변경되어 부관을 새로 붙이거나 종전의 부관을 변경하지 아니하면 해당 처분의 목적을 달성할 수 없다고 인정되는 경우

④ 부관은 다음 각 호의 요건에 적합하여야 한다.

  1. 해당 처분의 목적에 위배되지 아니할 것

  2. 해당 처분과 실질적인 관련이 있을 것

  3. 해당 처분의 목적을 달성하기 위하여 필요한 최소한의 범위일 것

---

(4) 하자 있는 부관

① **하자 있는 부관의 경우 행정행위의 효력**: 부관에 하자가 있는 경우에 주된 행정행위의 효력이 문제된다. 부관이 무효인 경우에 그 부관이 주된 행정행위의 "본질적 요소"인 경우에는 부관부 행정행위 전체가 무효가 된다는 것이 판례와 통설의 입장이다.

② **하자 있는 부관에 대한 행정쟁송 방법**

  ㉠ 부담의 경우

구분	부담	기타부관
판례	진정일부취소소송 ○ (부관만 독립하여 쟁송의 대상)	부진정일부취소소송 × (전체가 소송대상)
통설	진정일부취소소송 ○	부진정일부취소소송 ○

  ㉡ 판례의 입장: 부담 이외의 부관의 경우로 권리를 침해당한 국민은 부관부 행정행위 "전체"의 취소를 구하든지 또는 먼저 행정청에 부관 없는 처분으로 변경해 줄 것을 청구한 다음 그것이 거부된 경우에 거부처분취소소송을 제기할 수밖에 없다.

(5) 부관의 후속조치

부관부 행정행위의 경우 부관의 이행으로 상대방의 행위가 후속조치로 이루어지는 경우가 있다. 예컨대, 기부채납 부관에 따른 토지의 기부채납의 성질과 부관이 위법한 경우 그 이행으로 이루어진 후속조치의 효력이 문제가 될 수 있다. 최근 판례에 따르면 행정처분에 붙인 부담인 부관이 무효가 되더라도

그 부담의 이행으로 한 사법상 법률행위는 부담과는 별개의 행위로서 당연히 무효가 되는 것은 아니라고 하였다.

5 행정행위의 효력

(1) 행정행위의 성립요건과 효력발생요건

① 성립요건: 내부적 성립요건과 외부적 성립요건으로 볼 수 있는데 내부적 성립요건은 주체 · 내용 · 절차 · 형식조건이 있다. 외부적 성립요건은 외부적 표시행위가 필요하다는 것으로 이때 행정청의 외부에 대한 표시는 공식적이어야 한다.

    ㉠ 주체요건: 행정행위는 정당한 권한을 가진 기관이 권한의 범위 내에서 정상적인 의사 작용에 따라 행해져야 한다.

    ㉡ 형식요건: 형식에 관하여 개별법령에 명문의 규정이 있다면 그에 따라야 하며 개별법령에 규정이 없어도 행정청이 처분을 하는 때에는 다른 법령 등에 특별한 규정이 있는 경우를 제외하고는 문서로 하여야 함(서면주의)이 원칙이다(행정절차법 제24조 제1항).

    ㉢ 절차요건: 개별 법령상 청문이나 공청회 절차가 요구된다면 그러한 절차를 거쳐야 한다(행정절차법 제22조 제1항 · 제2항). 행정청이 당사자에게 의무를 과하거나 권익을 제한하는 처분을 함에 있어서 청문이나 공청회 절차가 요구되지 아니하는 경우에는 당사자 등에게 원칙적으로 의견 제출의 기회를 주어야 한다(행정절차법 제22조 제3항).

    ㉣ 내용요건: 행정행위는 그 내용이 적법하며 실현가능하고 명확하면서 법률에 적합한 것이어야 한다.

관련판례

■ **행정처분의 성립요건**
일반적으로 행정처분이 주체 · 내용 · 절차 및 형식이라는 내부적 성립요건과 외부에의 표시라는 외부적 성립요건을 모두 갖춘 경우에는 행정처분이 존재한다고 할 수 있다. 항고소송의 대상이 되는 행정청의 처분이라 함은 원칙적으로 행정청의 공법상의 행위로서 특정사항에 대하여 법규에 의한 권리의 설정 또는 의무의 부담을 명하거나 기타 법률상의 효과를 직접 발생하게 하는 등 국민의 권리의무에 직접 관계가 있는 행위를 말하므로, 행정청의 내부적인 의사결정 등과 같이 상대방 또는 관계자들의 법률상 지위에 직접적인 법률적 변동을 일으키지 아니하는 행위는 그에 해당하지 아니한다(대판 1999.8.20, 97누6889).

② 효력발생요건

    ㉠ 도달주의: 행정행위 중에서 상대방 없는 행정행위는 성립과 동시에 효력을 발생하는 것이 원칙이다. 그러나 상대방이 있는 행정행위라면 원칙적으로 상대방에게 발신한 때(발신주의)가 아니라 상대방에게 도달한 때(도달주의) 효력이 발생한다. 여기서 도달이란 상대방이 현실적으로 안 것을 의미하는 것이 아니라 '상대방이 알 수 있는 상태에 두는 것'을 의미한다.

    ㉡ 통지의 방법(송달): 상대방이 특정인이면 원칙적으로 송달에 의하고, 상대방이 불특정 다수이거나 기타 송달이 불가한 경우 고시 또는 공고에 의한다. 송달의 방법에 대해서는 행정절차법 제14조에, 송달의 효력 발생에 대해서는 행정절차법 제15조에 규정되어 있다.

(2) 행정행위의 효력

① **내용적 구속력**: 행정행위가 적법요건을 갖추어 행위의 내용에 따른 법적 효과를 발생시키고 당사자(행정청과 그 상대방)를 구속하는 힘을 내용적 구속력이라고 한다. 통상 행정행위의 성립·발효와 동시에 발생하고, 행정행위가 폐지되지 않는 한 당연히 인정되는 실체법상의 효력이며 무효인 행정행위에는 인정되지 않는다(예: 납세고지로 납세자는 일정액의 세금을 일정기간 내에 납부해야 할 구속력).

② **공정력**

ㄱ 의의: 행정행위는 성립에 하자가 있는 경우에도 그것이 중대·명백하여 당연무효가 아닌 한 권한을 가진 기관에 의해 취소될 때까지 상대방이나 이해관계자를 구속하는 것을 의미한다. 공정력은 내용상의 구속력이 아니라 비록 행정행위가 위법하다고 하더라도 무효가 아니라면 절차적으로 일단 준수되어야 한다는 절차적 구속력을 의미한다(다수설).

ㄴ 근거
- 행정기본법 제15조는 공정력에 대한 명시적 규정을 두고 있다.
- 행정쟁송에서의 취소, 취소소송 제기기간 제한, 행정청의 직권취소 등이 그 공정력의 간접적 근거가 될 수 있다.

ㄷ 특징: 공정력은 행정행위가 취소사유인 경우에 인정되므로 무효인 행정행위에서는 인정되지 않으며 권력적 단독행위인 행정행위에서만 인정되므로 비권력적 행정작용, 공법상 계약, 사실행위, 사법(私法)행위 등에서는 인정되지 않는다.

ㄹ 선결문제
- 민사사건과 공정력: 부당이득반환청구와 선결문제(효력부인 문제), 국가배상청구와 선결문제(위법성 인정 여부)
- 형사사건과 공정력: 행정행위의 효력 유무, 행정행위의 위법 유무

③ **구성요건적 효력**

ㄱ 개념: 유효한 행정행위가 존재하는 한 취소할 수 있는 행위인가를 불문하고 다른 행정기관 또는 법원은 그 행위와 관련이 있는 자신들의 결정에 그 행위의 존재와 법적효과를 인정해야 하고 그 내용에 구속되는 효력을 의미한다.

ㄴ 공정력과 구성요건적 효력의 비교

구분	공정력	구성요건적 효력
구체적 개념 구분	행정행위가 무효가 아닌 한 상대방 또는 이해관계인은 행정행위가 권한 있는 기관에 의해 취소되기까지는 효력을 부인할 수 없다.	하자 있는 행정행위라도 무효가 아닌 한 다른 국가기관은 그 존재, 유효성 및 내용을 존중해야 하며 판단의 기초 내지 구성요건으로 삼아야 한다는 것이다.
인정범위	상대방 또는 이해관계인	다른 국가기관(행정기관 및 법원)
근거	행정의 안정성, 법적 안정성	권력분립에 따른 국가기관 상호 간의 권한 존중, 통일적 행정수행
선결문제	절차적 구속력	내용적 구속력

④ 존속력(확정력)

　　㉠ 의의: 일단 행정행위가 행해진 후 제소기간의 경과 등 일정한 사유가 발생하면 상대방 등이 더 이상 그 효력을 다툴 수 없게 되고, 또한 일정한 행정행위에 대해서는 해당 행정행위를 한 행정청도 이를 취소하거나 철회할 수 없도록 하는 것을 존속력 또는 확정력이라고 하는데 이는 불가쟁력과 불가변력으로 구분된다.

　　㉡ 불가쟁력과 불가변력의 비교

구분	불가쟁력(형식적 존속력)	불가변력(실질적 존속력)
개념	행정행위에 하자가 있어도 행정행위의 상대방 기타 이해관계인이 쟁송기간을 경과하거나 쟁송수단을 모두 거치거나 재판청구권을 포기한 경우 더 이상 그 효력을 쟁송으로 다툴 수 없게 하는 효력	원래 행정청은 직권취소나 철회를 할 수 있으나, 일정한 행정행위의 성질상 행정청 자신도 직권으로 자유롭게 취소, 변경, 철회할 수 없게 하는 효력
대상	행정행위의 상대방 및 이해관계인	처분청 등 행정관청
적용 범위 및 특징	• 처분의 당사자 등에 대한 효력으로, 처분청은 이에 영향을 받지 아니 직권취소나 철회 가능 • 불가쟁력이 발생한 행정행위에 대해 행정심판, 행정소송의 제기는 부적법한 것으로 각하되며, 현행법상 재심사 청구제도는 없음 • 행정행위가 무효인 경우 제소기간의 제한이 없으므로 불가쟁력이 발생하지 않음	• 행정청에 대한 효력 • 불가변력이 발생한 경우에도 쟁송기간이 경과하지 않은 경우, 당사자 등은 쟁송으로 효력을 다툴 수 있음 • 불가변력이 발생한 행정행위에 대해 직권취소, 철회하면 위법하고 당연무효의 경우에는 인정되지 않음
공통점	목적상 모두 행정법관계의 조기안정을 도모하고, 상대방의 신뢰를 보호하는 기능	

⑤ 강제력(집행력)

　　㉠ 자력집행력

　　　　• 행정법상의 의무불이행이 있는 경우, 행정청이 직접 실력을 행사하여 의무의 내용을 실현시킬 수 있는 행정행위의 효력이다.

　　　　• 행정기본법(제30조)이 자력집행력의 일반적 근거가 되며, 행정대집행법, 국세징수법 등도 자력집행을 할 수 있는 근거가 된다.

　　㉡ 제재력: 행정행위에 의해 부과된 의무를 위반하면 행정벌이 부과되는 것으로, 이 경우 법률상 근거가 필요하다.

⑥ 행정행위의 하자

(1) 하자 있는 행정행위의 의의 및 판단시점

① 의의: 행정행위가 적법, 유효하게 성립하기 위한 요건을 갖추지 못한 것을 말하며, 이처럼 행정행위의 성립 및 발효요건이 결여된 행정행위를 하자 있는 행정행위라고 한다.

② 하자유무의 판단시점: 원칙적으로 행정행위의 발령당시(처분 시) 즉, 행정행위가 외부에 표시된 시점을 기준으로 한다. 따라서 행정행위가 행해진 후의 근거법령이나 사실관계의 변경은 당해 행정행위의 위법여부에 영향을 미치지 않으며, 철회 또는 실효사유가 될 수 있을 뿐이다(통설·판례).

(2) 행정행위의 부존재

① 의의: 행정행위라고 볼 수 있는 외형상의 존재 자체가 없어서 행정행위로서 성립조차 하지 못한 경우를 말한다.

② 무효와의 구별 긍정설

㉠ 부존재는 외형이 존재하지 않지만 무효는 외형이 존재한다는 점과 부존재는 전환이 인정되지 않지만 무효는 전환이 인정된다는 점에서 구별된다.

㉡ 무효인 행정행위에 대해서는 무효선언적 의미의 취소소송이 가능하나, 부존재의 경우에는 취소소송이 불가능하다는 점에서 구별된다.

(3) 행정행위의 무효와 취소

① 중대명백설

㉠ 하자가 법규의 중요한 부분을 위반한 중대한 것으로서 객관적으로 명백하면 무효인 행정행위이고 그렇지 않으면 취소사유라는 입장이다. 여기서 '중대성'이란 법위반의 정도가 중대한 것이고 '명백성'이란 하자가 외관상 분명한 것으로 보며 당사자의 권리구제보다 법적 안정성을 우선시하는 입장이다.

㉡ 헌법재판소는 원칙적으로 중대명백설의 입장이며, 예외적으로 무효를 인정한다.

② 무효와 취소의 구별실익

구분	무효	취소
공정력, 존속력, 강제력	×	○
선결문제	심사 가능	효력 부인(위법성 판단은 가능)
하자승계	승계 ○(모든 후행행위에 승계)	원칙적으로 승계 ○ (선행행위와 후행행위가 결합하여 하나의 법률효과를 발생하는 경우)
하자의 치유와 전환	치유 부정/전환 인정	치유 인정/전환 부정
신뢰보호의 원칙	×	×
쟁송형태	무효등확인심판, 무효등확인소송	취소심판, 취소소송
쟁송제기 기간의 제한	불가쟁력 × → 제한 ×	불가쟁력 발생 ○ → 제한 ○
사정판결, 사정재결	×	○
간접강제	×	○
예외적 행정심판전치주의	적용 ×	적용 ○

③ 행정행위의 취소 관련

㉠ 쟁송취소와 직권취소

구분	쟁송취소	직권취소
취소권자	행정청(행정심판위원회) 또는 행정법원	행정청(처분청, 감독청)
취소사유	• 행정심판: 위법, 부당 • 행정소송: 위법	위법, 부당
취소기간	행정심판법 제27조, 행정소송법 제20조	원칙적으로 기간 제한 ×
취소절차	행정심판법, 행정소송법이 정한 쟁송절차	개별법 또는 행정절차법에 정해진 행정절차
취소형식	재결 · 판결 등의 형식	판결 등과 같은 형식 필요 ×
취소대상	부담적 행정행위(주된 대상), 복효적 행정행위	부담적 행정행위, 수익적 행정행위, 제3자효 행정행위
취소의 소급효	소급효 인정	원칙은 소급효, 예외는 장래효
취소의 범위	• 행정심판: 적극적 · 소극적 변경 • 행정소송: 소극적 변경	적극적 · 소극적 변경

㉡ 행정기본법 제18조는 직권취소의 일반법적 근거가 되며, 쟁송취소에는 적용되지 않는다.

(4) 하자 있는 행정행위의 치유와 전환

① 하자 있는 행정행위의 치유

㉠ 개념: 하자의 치유란 행정행위가 성립 당시에는 하자 있는 행정행위이지만 흠결요건을 사후 보완(새로운 사유 추가 ×)하거나 위법성이 경미하여 취소할 필요가 없는 경우 유효한 행정행위로 되는 것을 의미한다.

㉡ 시간적 한계(치유를 언제까지 해야 하는지의 문제): 쟁송제기이전시설과 쟁송종결시설이 대립하고 있으나 판례는 처분에 대한 불복여부 결정 및 불복신청에 편의를 줄 수 있는 상당 기간 내에 가능하다고 판시하여 쟁송제기이전시설을 취한다.

관련판례

■ 납세고지서에 기재사항이 누락되었으나 과세예고통지서에 필요한 기재사항이 제대로 기재된 경우

증여세의 납세고지서에 과세표준과 세액의 계산명세가 기재되어 있지 아니하거나 그 계산명세서를 첨부하지 아니하였다면 그 납세고지는 위법하다고 할 것이나, 한편 과세관청이 과세처분에 앞서 납세의무자에게 보낸 과세예고통지서 등에 납세고지서의 필요적 기재사항이 제대로 기재되어 있어 납세의무자가 그 처분에 대한 불복 여부의 결정 및 불복신청에 전혀 지장을 받지 않았음이 명백하다면, 이로써 납세고지서의 하자가 보완되거나 치유될 수 있다(대판 2001.3.27, 99두8039).

■ 세액산출근거의 기재사항이 누락된 납세고지의 하자

납세고지서에 세액산출근거 등의 기재사항이 누락되었거나 과세표준과 세액의 계산명세서가 첨부되지 않았다면 적법한 납세의 고지라고 볼 수 없으며, 위와 같은 납세고지의 하자는 납세의무자가 그 나름대로 산출근거를 알고 있다거나 사실상 이를 알고서 쟁송에 이르렀다 하더라도 치유되지 않는다(대판 2002.11.13, 2001두1543).

② 하자 있는 행정행위의 전환

 ③ 개념: 하자 있는 행정행위의 전환이란 원래 행정행위에서는 무효이나 다른 행정행위 요건 충족 시에 다른 행정행위로 보아 유효행위로 취급하는 것을 의미한다(예 사망자에 대한 조세부과처분이 무효이므로 상속인에 대한 조세부과처분으로 효력을 발생케 하는 것).

 ⑥ 사실상 공무원 이론: 실제 공무원이 아닌 자의 행정행위였다 하더라도 객관적으로 공무원의 행위라고 믿을 만한 상태하에 행하여진 경우에는 일반의 신뢰와 법적 생활의 안전을 위하여 사실상 공무원의 행위로 보아 유효행위로 취급하는 것이다.

③ 치유와 전환의 효과

구분	치유	전환
대상	취소 사유인 흠 있는 처분	무효 사유인 흠 있는 처분
성질	원래 처분의 보완	새로운 처분
소급효	인정	인정

7 행정행위의 철회와 실효

(1) 행정행위의 철회

① 의의

 ③ 개념: 적법요건을 완전히 구비하여 효력을 발하고 있는 행정행위에서 사후적으로 그 행위의 효력의 전부 또는 일부를 장래에 향해 소멸시키는 원행정행위와 독립된 별개의 의사표시를 의미한다.

 ⑥ 행정기본법 제19조는 처분의 전분 또는 일부를 철회할 수 있도록 규정하고 있다.

 ⑥ 직권취소와 철회의 구별

구분	직권취소	철회
사유	원시적 하자(당시에 존재)	후발적 하자(성립 이후 발생)
행사 주체	처분청, 감독청(견해대립)	처분청
효력	원칙적 소급효	장래효
공통점	• 유효하게 성립한 행정행위의 효력을 소멸시킴 • 별개의 독립한 행정행위	

② 철회권의 제한

 ③ 침익적 행정행위의 철회: 처분의 상대방에게 유리하므로 원칙적으로 자유롭다.

 ⑥ 수익적 행정행위의 철회: 수익적 행정행위에 대한 취소권, 철회권 행사 제한 법리를 적용한다.

③ 철회의 효과 및 취소

 ③ 철회의 효과: 철회는 장래에 향하여 행정행위의 효력이 소멸하는 것이 원칙이고, 예외적으로 소급할 수도 있다. 또한 공익상의 이유로 철회한 경우 '손실보상'이 규정되어 있기도 하다.

    ⓒ 철회의 취소: 철회의 하자가 있음을 이유로 이를 무효 또는 취소할 수 있는가에 대한 것으로 침익
    적 행정행위의 경우에는 취소의 취소를 부정한다. 수익적 행정행위의 경우에는 취소의 취소를 긍
    정한다. 단, 수익적 행정행위의 취소 후 새롭게 형성된 제3자의 권익이 침해되는 경우에는 그렇지
    않다.

(2) 행정행위의 실효

① 의의

    ㉠ 개념: 행정행위 성립 후 사정변경 시 처분을 한 행정청이 별도의 의사표시가 없어도 행정행위의
    효력이 당연히 소멸되는 것을 의미한다.

    ⓒ 특징
- '후발적 하자'를 전제: 철회와는 동일하나, 원시적 하자를 전제로 하는 취소와는 다르다.
- 취소나 철회와의 구별: 행정청의 별도의 의사표시가 없어도 행정행위의 효력이 소멸한다는 점에서 구별된다.
- 장래효 원칙: 후발적 하자를 전제로 하므로 '장래효'가 원칙이며, 이는 철회와 동일하지만 취소와는 차이가 있다.

② 실효사유

    ㉠ 행정행위 대상의 소멸: 행정행위의 대상인 사람의 사망이나 물건의 소멸 등으로 당연히 효력이 소
    멸된다(예 운전면허를 받은 자의 사망, 자동차가 파괴된 경우 자동차검사합격처분의 실효). 또한
    허가영업을 자진폐업하거나 영업시설이 모두 철거되어 그 기능을 더 이상 수행할 수 없게 된 경우
    도 실효사유로 볼 수 있다.

    ⓒ 행정행위의 목적이 달성되거나 목적 달성이 불가능해지면 당해 행정행위는 실효된다. → 해제조건
    의 성취, 종기의 도래 등의 경우에도 실효된다.

③ 실효의 효과: 행정행위의 실효사유가 발생하면 행정청의 특별한 의사표시 없이 그때부터 장래를 향하
여 당연히 효력이 소멸된다. 행정청의 특별한 의사표시가 필요하지 않으면 실효에 대해 다툼이 있는
경우 실효확인소송 또는 실효확인심판을 제기할 수 있다.

■ 행정계획

(1) 의의 및 종류

① 의의: 행정주체가 일정한 행정목표를 설정하고 그 달성을 위해 상호 관련된 행정수단을 종합 · 조정함으로써 장래의 일정한 시점에 일정한 질서를 실현할 것을 목적으로 하는 활동기준 또는 그 설정행위를 말한다.

② 종류

　㉠ 구속적 · 비구속적 계획

　　• 구속적 계획: 국민 또는 행정기관에 대해 일정한 구속력을 가지는 일체의 행정계획(예 국토종합계획, 예산운용계획 등)

　　• 비구속적 계획: 단순한 내부지침에 불과한 것으로 국민은 물론 행정기관에 대해서도 아무런 법적 구속력을 갖지 못하는 행정계획(예 경제개발 5개년 계획)

　㉡ 정보제공적 · 유도적 · 명령적 계획

　　• 정보제공적 계획: 단순히 자료나 정보를 제공하는 자료제공적 계획으로 구속력을 갖지 않는 '비권력적 사실행위'의 성질을 갖는다.

　　• 유도적 계획: 명령이나 강제가 아닌 보조금 등의 일정한 혜택을 부여함으로써 행정목적을 달성하는 계획으로 '영향적 계획'이라고도 한다.

　　• 명령적 계획: 명령 등의 수단을 통해 상대방에 대한 법적 구속력을 갖는 계획으로 '규범적 계획'이라고도 한다.

③ 법적 성질

　㉠ 의의: 행정계획의 법적 성질에 대해서는 입법행위설, 행정행위설, 독자성설, 복수성질설이 있다. 그중 '복수성질설'이 다수설로 행정계획은 내용과 형식이 다양하므로 그 법적 성질은 개별적으로 검토하여야 한다는 입장이다.

　㉡ 처분성의 인정 여부: 구속적 행정행위의 처분성은 인정하지만, 비구속적 행정행위의 단순한 내부지침에 불과하기 때문에 처분성을 부정한다.

(2) 행정계획의 효력

① 효력발생요건

　㉠ 공포(공포한 날로부터 20일 경과 후)와 고시(개별법이 정하는 형식) 등이 있다.

　㉡ 공포 또는 고시하지 않은 행정계획은 무효이다.

② 집중효: 행정계획이 확정되면 다른 법령에 의해 받게 되어 있는 승인 또는 허가 등을 받은 것으로 간주하는 효력을 집중효라 한다. 이는 계획확정절차를 통해 인가 또는 허가 등을 받은 것으로 대체된다는 점에서 대체효라고도 한다.

(3) 행정계획에 대한 통제

① 계획재량: 계획법률은 추상적인 목표를 제시하는 것에 그치므로 계획을 실현하는 구체적인 수단과 내용에 대해서는 규정하고 있지 않은 것이 일반적이다. 따라서 행정주체는 계획법률이 제시한 목표를 실현하는 데 있어서 어떠한 방법과 수단을 사용할지에 대해 광범위한 재량을 갖게 되는데 이를 계획재량이라고 한다. 판례 역시 법집행과 관련된 행정재량과 계획수립과 관련된 계획재량을 인정한다.

② 행정재량과 계획재량의 차이

구분	행정재량(일반재량)	계획재량
형식 · 구조	조건 프로그램(요건 · 효과 모형)	목적 프로그램(목적 · 수단 모형)
재량 범위	상대적으로 좁음(요건과 효과 규정이 명시되어 있고 그 범위 내에서 재량 인정)	상대적으로 넓음(광범위한 재량의 범위)
위법성 판단	재량권의 외적 · 내적 한계기준	재량권 행사의 절차적 하자기준
판단대상	구체적 사실의 적용 문제	구체적 목적달성 문제
통제방법	사후적 통제중심(절차적 통제＋실체적 통제)	사전적 통제중심(절차적 통제)

2 단계적 행정작용

(1) 행정상의 확약

① 의의: 행정청이 처분의 상대방에게 일정한 행정행위를 하겠다는 등의 자기구속적인 의사표시를 의미한다. 행정청의 종국적 결정인 행정행위에 대한 확실한 약속이다. 처분에 대한 일반규정은 없으며, 처분성 긍정설이 통설이다.

② 법적 근거: 행정행위를 할 수 있는 법률상 권한이 있는 경우에 확약은 법률상 근거 없이도 가능하다는 긍정설의 입장인 본처분권한포함설이 다수설의 입장이다.

③ 판례: 확약의 처분성을 부정한다. 다만 확약을 취소하는 행위의 처분성은 긍정한다.

> **관련판례**
>
> ■ 행정청의 확약 또는 공적인 의사표명이 그 자체에서 정한 유효기간을 경과한 이후에는 당연 실효되는지 여부: 적극
> 행정청이 상대방에게 장차 어떤 처분을 하겠다고 확약 또는 공적인 의사표명을 하였다고 하더라도, 그 자체에서 상대방으로 하여금 언제까지 처분의 발령을 신청을 하도록 유효기간을 두었는데도 그 기간 내에 상대방의 신청이 없었다거나 확약 또는 공적인 의사표명이 있은 후에 사실적 · 법률적 상태가 변경되었다면, 그와 같은 확약 또는 공적인 의사표명은 행정청의 별다른 의사표시를 기다리지 않고 실효된다(대판 1996.8.20, 95누10877).

(2) 확약과의 구별개념

① 가행정행위

㉠ 개념: 종국적인 행정행위 이전에 행정행위 상대방의 권리나 의무를 잠정적, 임시적으로 규율하는 행정작용이다.

㉡ 조세부과처분을 함에 있어서 일단 잠정세율을 적용하여 부과처분을 하였다가 나중에 확정세율을 적용하여 부과처분을 하는 경우, 공무원법상 징계처분 이전에 공무원의 직위를 잠정적으로 해제하는 경우 등이다.

관련판례

■ **국가공무원법상 직위해제처분에 처분의 사전통지 및 의견청취 등에 관한 행정절차법 규정이 적용되는지 여부: 소극**

국가공무원법상 직위해제처분은 구 행정절차법 제3조 제2항 제9호, 구 행정절차법 시행령 제2조 제3호에 의하여 당해 행정작용의 성질상 행정절차를 거치기 곤란하거나 불필요하다고 인정되는 사항 또는 행정절차에 준하는 절차를 거친 사항에 해당하므로, 처분의 사전통지 및 의견청취 등에 관한 행정절차법의 규정이 별도로 적용되지 않는다(대판 2014.5.16, 2012두26180).

---

② 예비결정(사전결정)

㉠ 개념: 행정청이 종국적인 행정행위를 하기 전에 행정행위에 요구되는 요건 중 일부에 대해 사전적으로 심사하여 내린 결정을 의미한다.

㉡ 최종적인 행정결정을 내리기 전에 최종적 행정결정의 요건 중 '일부에 관한 확정적 결정' 또는 '일부의 심사에 대한 종국적인 판단'을 의미한다. 건축법상 사전결정, 폐기물관리법상 적정·부적정 통보제도 등이 있다.

③ **부분허가**: 건축허가와 같은 다단계 행정결정에서 가분적인 시설일부에 대해서 중간단계에 해당하는 허가를 하는 것을 말한다.

❸ 공법상 계약

(1) 의의 및 성립요건

① 의의: 공법상 계약은 공법의 영역에서 법관계를 발생·변경·소멸시키는 복수당사자의 반대방향의 의사의 합치이다. 공법상 효과를 발생시키는 '계약'이라는 점에서 사법상 계약과 구분되고, 공법상 계약은 대등당사자 간의 의사의 합치라는 점에서 행정청의 일방적인 행위인 행정행위와 구별된다.

② 성립요건

주체	정당한 권한을 가진 행정청, 공무원은 행정청을 대표하는 권한을 가질 것
내용	• 원칙: 당사자 간 합의, 사인의 급부는 공법상 계약의 목적에 부합하여야 하고 행정청의 급부와 합리적인 관계(부당결부금지의 원칙) • 예외: 부합계약(행정주체가 일방적으로 내용을 정하고, 상대방은 체결 여부만을 선택)
형식	• 문서와 구두 모두 가능하나, 문서가 바람직 • 공법상 계약이 다른 행정청의 동의가 필요한 행정행위를 대체하는 경우에는 해당 동의가 필요하고, 제3자의 권리를 침해하는 경우에는 제3자의 동의도 필요

실정법적 근거	행정기본법 제27조는 공법상 계약에 관한 일반법이며, 강행규정이므로 위반 시 공법상 계약은 무효가 된다.
절차 요건	행정기본법에 규정이 없으며, 공법상 계약에는 행정절차법이 적용되지 않는다.

(2) 공법상 계약의 종류

공법상 계약	사법상 계약
• 지원 입대 • 국공립학교 입학 • 전문직공무원인 공중보건의사 채용계약 • 계약직 공무원 채용계약 • 행정사무위탁(신청에 의한 별정우체국장의 지정) • 임의적 공용부담(사유지를 도로부지로 제공) • 서울시립무용단원의 위촉 • 지방자치단체 간의 교육사무위탁 • 공공조합비의 징수위탁 • 도로 · 하천의 관리 및 경비분담에 관한 협의 • 특별행정법관계 설정 합의 • 국립중앙극장 전속단원의 채용	• 전화가입계약 • 물품구입계약(주택공사로부터 주택 구입) • 관공서폐차불하계약 • 토지수용에 있어서의 협의취득 • 국유잡종재산 매각 · 대부 · 교환계약 • 건축도급계약 • 국공립병원 입원 · 치료/전공의 임용 • 지방재정법상 지자체가 당사자가 되어 체결하는 계약 • 사립학교 교원과 학교법인과의 관계 • 국 · 공영철도이용, 시영버스 · 시영식당 이용관계 • 창덕궁 비원 안내원 채용계약 • 국가를 당사자로 하는 계약에 관한 법률에 따라 행한 관급공사계약체결

4 행정상 사실행위

(1) 의의: 행정청이 법률상 효과 발생을 목적으로 하는 것이 아니라, 일정한 사실상의 결과 발생을 목적으로 하는 행정작용을 의미한다. 따라서 법률상 효과 발생을 목적으로 하는 행정행위와 구별된다.

(2) 종류

행정주체	내부적 사실행위	내부의 준비절차, 내부적인 사무감사, 문서처리 등
	외부적 사실행위	금전출납, 쓰레기 수거, 행정조사, 행정강제, 영조물 설치관리, 공기업 경영 등
사인의 사실행위		주민의 지위를 취득하는 특정지역의 거주 등
정신작용	물리적 사실행위	단순한 육체적 행동이나 물리적 행위를 수반하여 행해지는 사실행위
	정신적 사실행위	정신적 작용을 내용으로 하는 사실행위
공권력의 행사	권력적 사실행위(처분성 ○)	행정강제
	비권력적 사실행위(처분성 ×)	행정지도, 수난구호, 진화, 비공식적 행정작용
독립성	집행적 사실행위	법령이나 행정행위를 집행하기 위한 사실행위
	독립적 사실행위	그 자체로서 독립적인 의미를 갖는 사실행위

5 행정지도

(1) 의의 및 종류

① 의의: 행정기관이 그 소관 사무의 범위에서 일정한 행정목적을 실현하기 위하여 특정인에게 일정한 행위를 하거나 하지 아니하도록 지도, 권고, 조언 등을 하는 행정작용을 말한다(행정절차법 제2조 제3호). 행정지도는 비권력적 사실행위에 해당한다.

② 종류

조성적 행정지도	일정한 질서의 형성, 발전적 유도를 위한 지식 · 기술 · 정보 등을 제공(영농지도, 중소기업에 대한 경영지도, 생활개선지도, 기술지식의 제공 등)
조정적 행정지도	이해대립 또는 과당경쟁을 조정(노사분쟁의 조정, 투자 · 수출량의 조절 등을 위한 지도)
규제적 행정지도	질서유지나 공공복리를 위한 사적활동의 억제 또는 제한(물가의 억제를 위한 행정지도, 환경위생 불량업소의 시정권고, 공해방지를 위한 규제조치, 토지거래중지권고, 불공정거래에 대한 시정권고)

(2) 필요성과 문제점

① 필요성: 행정지도라는 비권력적 수단을 통해 분쟁을 사전에 예방할 수 있고, 법률상 근거 없이 가능하다는 점에서 법령보완적 기능을 갖는다.

② 문제점: 행정지도로 인하여 손해를 입은 국민은 행정지도의 비권력적인 성격으로 인하여 권리구제를 받지 못하는 경우가 대부분이며, 행정지도의 법령보완 기능상 행정권이 입법권을 갈음함으로 인하여 법치주의가 형해화될 수 있다.

(3) 행정지도의 권리구제

① 행정쟁송(원칙적으로 부정): 행정지도는 비권력적 사실행위이므로 행정쟁송법상 처분성이 없다. 따라서 행정지도에 대해 항고쟁송을 제기할 수 없다는 것이 통설이다. 다만 행정지도에 따르지 않는다는 이유로 발령된 행정행위에 대하여는 항고소송을 제기할 수 있다.

② 손해배상청구(원칙적으로 부정): 위법한 행정지도로 손해가 발생한 경우 국가배상법 제2조에서 정한 요건을 갖춘 경우 국가 등을 상대로 손해배상을 청구할 수 있다. 이때 직무행위성, 인과관계, 위법성 등의 요건 충족 여부가 문제가 된다.

  ㉠ 직무행위성: 행정지도는 국가배상법상의 직무행위에 해당한다. 즉 국가배상법이 정한 배상청구의 요건인 '공무원의 직무 범위'에 행정지도와 같은 비권력적 작용도 포함된다고 보는 것이다.

  ㉡ 인과관계: 행정지도는 인과관계가 인정되지 않으므로 원칙적으로 국가배상책임이 성립될 수 없으나, '사실상 강제성'을 갖춘 경우에는 인과관계가 인정되므로 국가배상책임이 성립될 여지가 있다.

  ㉢ 위법성: 행정지도가 통상의 정도를 벗어나 '사실상 강제성'을 갖고 '국민의 권익을 침해'하는 경우라면 이러한 행정지도는 '위법'하다고 보아야 한다.

③ 손실보상청구(원칙적으로 부정): 행정청의 적법한 공권력행사로 인해 국민이 특별한 손실을 입은 경우 발생하므로 상대방인 국민의 자발적인 협력으로 이루어진 행정지도라면 손실보상청구권은 부인된다. 그러나 예외적으로 사실상 강제적으로 이루어진 행정지도에 의해 국민의 손실이 발생하였다면 '수용적 침해보상법리'에 대해 고려하여야 할 것이다.

④ 헌법소원(원칙적으로 부정): 행정지도는 공권력 행사가 아니므로 원칙적으로 헌법소원의 대상이 아니지만 예외적으로 사실상 강제력을 가진 행정지도라면 헌법소원의 대상이 된다.

6 그 밖의 행정행위

(1) 비공식적 행정작용:
행정작용의 요건이나 효과가 법률에 근거가 없는 경우임에도 불구하고 이루어지는 일체의 행정작용을 말한다. 협력에 의한 경우와 일방적으로 행하는 경우로 나뉘며 법률의 근거 없이 행해질 수 있다는 것이 통설이다. 비공식 행정작용도 행정작용이므로 법률우위 원칙의 적용을 받으며, 행정법의 일반법원칙의 구속을 받으며 사실행위로 법적 구속력을 갖지 않으므로 비권력적 사실행위로 권리구제에 한계가 있다.

(2) 사법형식의 행정작용

① 행정사법: 행정주체에게는 행정작용 형식의 선택에 있어서 재량을 가지고 있음이 원칙이므로 공행정작용의 활동을 사법(私法)상의 수단이나 형식을 이용하는 경우가 있는데, 이를 행정사법이라고 한다. 구체적인 예로는 사법형식을 통한 전기·가스 등의 공급, 하수처리나 폐기물처리영역, 주택건설에 필요한 융자제공, 기업에 대한 자금지원 등이 있다. 행정사법 영역에 대한 법적 분쟁 발생 시 본질은 사법작용이므로 '민사소송'의 대상이 된다(통설).

② 협의의 국고작용: 행정주체가 일반 사인과 같은 지위에서 사법상 행위를 하는 것으로 직접적으로 공행정작용을 수행하는 것이 아니고 보조할 뿐이라는 점에서 행정사법과 다르다. 물품구매계약, 청사·교량 건설 등의 건축 도급계약 등의 조달행정, 우체국 예금이나 각종 공기업 등을 통한 영리활동 등이 있다. 사법의 규율을 받으며, 특별한 규정이 없는 한 민사소송을 통해 해결해야 한다.

(3) 자동화작용에 의한 행정행위

① 개념: 컴퓨터 등 전자처리정보를 통해 행해지는 행정작용을 총칭한다. 예를 들면, 신호등에 의한 교통신호, 컴퓨터에 의한 중·고등학생의 학교 배정, 주차요금계산 등이 해당하며 전자문서에 의한 행정행위인 '전자행정행위'와 구별된다.

② 처분성과 효력발생요건: 행정의 자동결정은 행정행위에 해당한다는 통설이므로, 행정의 자동결정이 유효하게 성립하여 효력을 발생하기 위해서는 행정행위의 일반적인 성립 및 효력요건을 갖추어야 한다.

03 행정과정의 규율

01 행정절차

1 행정절차 이론

(1) 행정절차의 의의

① **의의**: 행정절차는 광의로는 행정의사의 결정과 집행에 관련된 일체의 과정을 의미한다. 여기에는 행정처분 등에 관한 사전절차 이외에 사후절차로서의 행정심판절차 및 행정상의 의무이행확보절차까지 포함되며, 협의의 행정절차는 행정의사의 결정에 관한 "대외적 사전절차"를 의미한다.

② **행정절차의 필요성**: 법치주의, 민주주의, 행정의 적정화, 사전적 권리구제, 행정의 능률성

(2) 행정절차의 내용

① **사전통지**: 사전통지란 청문에 앞서 청문의 일시·장소 및 사유 등을 이해관계인에게 미리 알려주는 준법률행위적 행정행위를 말한다.

② **청문**: 행정청이 어떠한 처분을 하기에 앞서 당사자 등의 의견을 직접 듣고 증거를 조사하는 절차를 말한다(행정절차법 제2조 제5호).

③ **결정 및 결정이유의 제시**: 행정처분을 함에 있어서 그 근거가 되는 법적, 사실적 근거를 명기하는 것을 말한다. 행정청은 청문의 전 과정에 대한 평가를 토대로 하여 결정을 해야 하며, 결정이유를 제시하여야 한다. 사전 통지는 청문이 시작되는 날부터 10일 전까지 통지하도록 규정하고 있다(행정절차법 제21조 제2항).

(3) 행정절차의 근거

① **헌법적 근거**: 행정절차의 법적 근거를 직접 헌법에서 구할 수 있는지, 즉 청문절차를 거치지 않거나 이유제시가 없는 행정처분을 헌법을 근거로 하여 위법으로 볼 수 있는지의 문제가 있으나 헌법재판소는 헌법 제12조상의 적법절차조항을 행정절차에 대한 직접 구속력 있는 헌법적 근거로 보고 있다(헌재 1992.12.24, 92헌가8).

② **법률적 근거**: 행정절차에 관한 일반법으로는 행정절차법이 있고, 민원 관련 일반법으로 민원처리에 관한 법률이 있다.

(4) 행정절차의 하자

① **절차상의 하자 있는 행정행위의 효력**: 청문이나 이유제시 등을 결여한 행정행위는 절차상의 하자 있는 행정행위로서 위법이다. 한편 이 경우 그러한 하자를 무효사유로 볼 것인가, 취소사유로 볼 것인가 하는 문제가 있는데, 판례는 세액산출의 근거가 기재되지 않은 납세고지서에 의한 부과처분을 한 경우 이는 강행법규에 위반하여 위법이 되며, 위법의 정도는 취소라고 본다(대판 1984.3.27, 83누711).

② **학설**

㉠ 적극설: 절차상의 하자는 취소사유가 된다.

㉡ 소극설: 절차상의 하자만으로는 취소사유가 될 수 없다.

③ **판례**: 법원은(기속행위인지 재량행위인지를 불문하고) 절차상의 하자가 취소사유에 해당하는 경우에 그것만을 이유로 행정행위를 취소할 수 있다는 입장을 취하고 있다(대판 1991.7.9, 91누971).

관련판례

■ **절차상 하자 있는 행정행위의 취소여부**

식품위생법 제64조, 동법 시행령 제37조 제1항 소정의 청문절차를 전혀 거치지 아니하거나 거쳤다고 하여도 그 절차적 요건을 제대로 준수하지 아니한 경우에는 가사 영업정지사유 등 위 법 제58조 등 소정 사유가 인정된다고 하더라도 그 처분은 위법하여 취소를 면할 수 없다(대판 1991.7.9, 91누971).

---

(5) 절차상 하자의 치유

절차상 하자의 치유: 국민의 권익을 침해하지 않는 한도 내에서 구체적 사정에 따라 합목적적으로 인정될 수 있다는 견해(제한적 긍정설)가 통설이자 대법원의 판례이다(대판 1992.10.23, 92누2844).

② 행정절차법

(1) 목적

목적: 행정절차에 관한 공통적인 사항을 규정하여 국민의 행정 참여를 도모함으로써 행정의 공정성·투명성 및 신뢰성을 확보하고 국민의 권익을 보호함을 목적으로 한다(행정절차법 제1조).

(2) 적용범위(행정절차법 제3조)

① **적용대상**: 처분, 신고, 확약, 위반사실의 공포, 행정상 입법예고, 행정예고절차, 행정지도절차 등이 해당된다.

② **적용 예외 사항**

㉠ 국회 또는 지방의회의 의결을 거치거나 동의 또는 승인을 받아 행하는 사항

㉡ 법원 또는 군사법원의 재판에 의하거나 그 집행으로 행하는 사항

㉢ 헌법재판소의 심판을 거쳐 행하는 사항

㉣ 각급 선거관리위원회의 의결을 거쳐 행하는 사항

㉤ 감사원이 감사위원회의 결정을 거쳐 행하는 사항

㉥ 형사(刑事), 행형(行刑) 및 보안처분 관계 법령에 따라 행하는 사항

㉦ 국가안전보장·국방·외교 또는 통일에 관한 사항 중 행정절차를 거칠 경우 국가의 중대한 이익을 현저히 해칠 우려가 있는 사항

◎ 심사청구, 해양안전심판, 조세심판, 특허심판, 행정심판, 그 밖의 불복절차에 따른 사항

ⓩ 병역법에 따른 징집·소집, 외국인의 출입국·난민인정·귀화, 공무원 인사 관계 법령에 따른 징계와 그 밖의 처분, 이해 조정을 목적으로 하는 법령에 따른 알선·조정·중재(仲裁)·재정(裁定) 또는 그 밖의 처분 등 해당 행정작용의 성질상 행정절차를 거치기 곤란하거나 거칠 필요가 없다고 인정되는 사항과 행정절차에 준하는 절차를 거친 사항으로서 대통령령으로 정하는 사항

(3) 일반원칙

① 신의성실 및 신뢰보호의 원칙(행정절차법 제4조): 행정청은 직무를 수행할 때 신의(信義)에 따라 성실히 하여야 한다(제1항). 행정청은 법령등의 해석 또는 행정청의 관행이 일반적으로 국민들에게 받아들여졌을 때에는 공익 또는 제3자의 정당한 이익을 현저히 해칠 우려가 있는 경우를 제외하고는 새로운 해석 또는 관행에 따라 소급하여 불리하게 처리하여서는 아니 된다(제2항).

관련판례

■ 신의성실의 원칙의 의미와 그 위배를 이유로 권리행사를 부정하기 위한 요건 및 일반 행정법률관계에서 관청의 행위에 대하여 신의성실의 원칙이 적용되는 경우

신의성실의 원칙에 위배된다는 이유로 그 권리의 행사를 부정하기 위하여는 상대방에게 신의를 주었다거나 객관적으로 보아 상대방이 그러한 신의를 가짐이 정당한 상태에 이르러야 하고, 이와 같은 상대방의 신의에 반하여 권리를 행사하는 것이 정의 관념에 비추어 용인될 수 없는 정도의 상태에 이르러야 하고, 일반 행정법률관계에서 관청의 행위에 대하여 신의칙이 적용되기 위해서는 합법성의 원칙을 희생하여서라도 처분의 상대방의 신뢰를 보호함이 정의의 관념에 부합하는 것으로 인정되는 특별한 사정이 있을 경우에 한하여 예외적으로 적용된다(대판 2004.7.22, 2002두11233).

---

② 투명성의 원칙(행정절차법 제5조): 행정청이 행하는 행정작용은 그 내용이 구체적이고 명확하여야 한다(제1항). 행정작용의 근거가 되는 법령등의 내용이 명확하지 아니한 경우 상대방은 해당 행정청에 그 해석을 요청할 수 있으며, 해당 행정청은 특별한 사유가 없으면 그 요청에 따라야 한다(제2항). 행정청은 상대방에게 행정작용과 관련된 정보를 충분히 제공하여야 한다(제3항).

(4) 송달 및 송달의 효력

① 송달(행정절차법 제14조)

㉠ 송달은 우편, 교부 또는 정보통신망 이용 등의 방법으로 하되, 송달받을 자(대표자 또는 대리인을 포함)의 주소·거소(居所)·영업소·사무소 또는 전자우편주소로 한다. 다만, 송달받을 자가 동의하는 경우에는 그를 만나는 장소에서 송달할 수 있다.

㉡ 교부에 의한 송달은 수령확인서를 받고 문서를 교부함으로써 하며, 송달하는 장소에서 송달받을 자를 만나지 못한 경우에는 그 사무원·피용자(被傭者) 또는 동거인으로서 사리를 분별할 지능이 있는 사람에게 문서를 교부할 수 있다. 다만, 문서를 송달받을 자 또는 그 사무원 등이 정당한 사유 없이 송달받기를 거부하는 때에는 그 사실을 수령확인서에 적고, 문서를 송달할 장소에 놓아둘 수 있다.

㉢ 정보통신망을 이용한 송달은 송달받을 자가 동의하는 경우에만 한다. 이 경우 송달받을 자는 송달받을 전자우편주소 등을 지정하여야 한다.

② 효력발생(행정절차법 제15조)

    ㉠ 도달주의

    ㉡ 송달받을 자의 컴퓨터 등에 입력된 때(전자문서) 도달

    ㉢ 공고일로부터 14일 이후 효력 발생

(5) 처분: 처분절차는 행정절차의 중심을 이루는 절차이다. 행정절차법은 처분절차를 신청에 의한 처분절차(수익적 처분절차)와 불이익처분절차로 구분하여 처분절차의 공통사항을 규정하고, 이어서 각각의 고유한 처분절차에 대해서 규정하고 있다. 좁은 의미에서의 처분절차는 불이익처분을 말한다.

① 처분의 방식

    ㉠ 문서주의(원칙), 신속 · 경미한 사항의 경우 구두 가능(예외)

    ㉡ 행정실명제: 담당자의 소속 · 성명 및 연락처 기재

② 처분의 이유제시

    ㉠ 이유제시(원칙): 처분 시 이유와 근거 제시

    ㉡ 생략가능(예외): 신청내용을 모두 인정하는 처분, 단순 · 반복적이며 경미한 처분, 긴급한 처분

관련판례

■ 이유제시
- 면허취소처분의 경우 법적 근거와 구체적 위반사실을 적시해야 한다(대판 1990.9.11, 90누1786).
- 상대방이 위반조문을 알 수 있는 경우라면 구체적 근거규정이 제시되지 않았어도 위법하지 않다(대판 2002.5.17, 2000 두8912).
- 계약직 공무원 채용계약해지의 의사표시에 있어서는 행정절차법에 따라 근거와 이유를 제시하여야 하는 것은 아니다 (대판 2002.11.26, 2002두5948).

③ 불이익처분절차

    ㉠ 행정처분의 사전통지(고지): 행정청이 당사자에게 의무를 과하거나 권익을 제한하는 행정처분을 하는 경우에 당사자 등에게 미리 일정한 사항 등을 통지하는 것

    ㉡ 청문: 행정처분을 하기 전에 그 상대방 기타 이해관계인으로 하여금 자기를 위하여 증거를 제출하고, 의견을 진술케 함으로써 사실조사를 하는 절차

    ㉢ 공청회: 행정청이 공개적인 토론을 통하여 어떠한 행정작용에 대하여 당사자 등, 전문지식과 경험을 가진 사람, 그 밖의 일반인으로부터 의견을 널리 수렴하는 절차

    ㉣ 의견제출: 당사자 등이 처분 전에 그 처분의 관할 행정청에 서면이나 말로 또는 정보통신망을 이용하여 의견제출을 할 수 있는 것. 이는 행정청이 일정한 결정을 하기에 앞서 당사자 등에게 의견을 제시할 수 있는 기회를 주는 절차로서, 청문이나 공청회에 해당하지 않는 절차

(6) 신고

① 전형적 신고(자기완결적 신고, 수리를 요하지 않는 신고): 특정의 사실·법률관계에 관하여 행정청에게 단순히 알림으로써 그 의무를 다하는 보통의 신고를 말한다. 예 출생신고, 혼인신고, 사망신고 등

② 변형적 신고(행정요건적 신고, 수리를 요하는 신고): 신고가 수리되어야 신고의 대상이 되는 행위에 대한 금지가 해제되는 신고를 말한다. 예 어업신고, 건축주명의변경 신고 등

(7) 행정상 입법예고(행정절차법 제41조): 법령 등을 제정·개정 또는 폐지하고자 할 때 해당 입법안을 마련한 행정청은 이를 예고하여야 한다. 대통령령을 입법예고하는 경우 국회 소관 상임위원회에 이를 제출하여야 한다. 다만 신속한 국민의 권리 보호 또는 예측 곤란한 특별한 사정의 발생 등으로 입법이 긴급을 요하는 경우, 예고함이 공공의 안전 또는 복리를 현저히 해칠 우려가 있는 경우 등에는 예고하지 않을 수 있다.

(8) 행정예고(행정절차법 제46조)

① 행정예고의 원칙: 행정청은 정책, 제도 및 계획을 수립·시행하거나 변경하려는 경우에는 이를 예고하여야 한다.

② 행정예고의 예외

㉠ 신속하게 국민의 권리를 보호하여야 하거나 예측이 어려운 특별한 사정이 발생하는 등 긴급한 사유로 예고가 현저히 곤란한 경우

㉡ 법령 등의 단순한 집행을 위한 경우

㉢ 정책 등의 내용이 국민의 권리·의무 또는 일상생활과 관련이 없는 경우

㉣ 정책 등의 예고가 공공의 안전 또는 복리를 현저히 해칠 우려가 상당한 경우

③ 행정예고기간: 행정예고기간은 예고 내용의 성격 등을 고려하여 정하되, 특별한 사정이 없으면 20일 이상으로 한다.

3 행정규제기본법

(1) 목적(행정규제기본법 제1조): 행정규제에 관한 기본적인 사항을 규정하여 불필요한 행정규제 폐지와 비효율적인 행정규제의 신설을 억제하여 사회·경제활동을 촉진하고 국민의 삶의 질 및 국가경쟁력 향상을 목적으로 한다.

(2) 적용 예외 사항(행정규제기본법 제3조)

① 국회, 법원, 헌법재판소, 선거관리위원회 및 감사원이 하는 사무

② 형사(刑事), 행형(行刑) 및 보안처분에 관한 사무

③ 과징금, 과태료의 부과 및 징수에 관한 사항

④ 국가정보원법에 따른 정보·보안 업무에 관한 사항

⑤ 병역법, 통합방위법, 예비군법, 민방위기본법, 비상대비에 관한 법률, 재난 및 안전관리기본법 및 재난관리자원의 관리 등에 관한 법률에 규정된 징집·소집·동원·훈련에 관한 사항

⑥ 군사시설, 군사기밀 보호 및 방위사업에 관한 사항

⑦ 조세(租稅)의 종목·세율·부과 및 징수에 관한 사항

4 민원 처리에 관한 법률

(1) 민원(민원 처리에 관한 법률 제2조): 민원인이 행정기관에 대하여 처분 등 특정한 행위를 요구하는 것을 말하며, 그 종류는 일반민원(법정민원, 질의민원, 건의민원, 기타민원)과 고충민원이 있다.

(2) 주요 내용

① 민원 처리 담당자의 의무: 민원을 처리하는 담당자는 담당 민원을 신속·공정·친절·적법하게 처리하여야 한다(민원 처리에 관한 법률 제4조).

② 민원 처리의 원칙(민원 처리에 관한 법률 제6조)

　㉠ 민원 처리의 지연금지

　㉡ 민원 처리 절차의 강화금지

02 　정보공개와 개인정보보호

1 정보공개

(1) 정보공개청구권

① 의의: 정보공개청구권이란 사인이 공공기관에 대하여 정보를 제공해 줄 것을 요구할 수 있는 개인적 공권으로서 모든 국민은 정보공개청구권을 가진다. 이러한 정보공개청구권은 자기와 직접적인 이해관계가 있는 특정 사안에 관한 개별적 정보공개청구권과 자기와 직접적 이해관계가 없는 일반적 정보공개청구권으로 이루어진다.

② 법적 근거: 헌법 제10조, 헌법 제34조 제1항, 헌법 제21조 제4항, 공공기관의 정보공개에 관한 법률 제5조 등이 있다.

(2) 알 권리

① 의의: 일반적으로 접근할 수 있는 정보원으로부터 의사형성에 필요한 정보를 수집하고 그 정보를 취사·선택할 수 있는 권리이다.

② 법적 근거: 헌법 제21조의 표현의 자유, 헌법 제1조의 국민주권의 원리 등에서 도출할 수 있다.

❷ 공공기관의 정보공개에 관한 법률(정보공개법)

(1) 정의(공공기관의 정보공개에 관한 법률 제2조)
① 정보: 공공기관이 직무상 작성 또는 취득하여 관리하고 있는 문서(전자문서 포함) 및 전자매체를 비롯한 모든 형태의 매체 등에 기록된 사항을 말한다(공공기관의 정보공개에 관한 법률 제2조 제1호).
② 공개: 공공기관이 이 법에 따라 정보를 열람하게 하거나 그 사본·복제물을 제공하는 것 또는 전자정부법에 따른 정보통신망을 통하여 정보를 제공하는 것 등을 말한다(공공기관의 정보공개에 관한 법률 제2조 제2호).
③ 공공기관의 종류(공공기관의 정보공개에 관한 법률 제2조 제3호)
　ⓕ 국가기관
　　• 국회, 법원, 헌법재판소, 중앙선거관리위원회
　　• 중앙행정기관(대통령 소속 기관과 국무총리 소속 기관을 포함한다) 및 그 소속 기관
　　• 행정기관 소속 위원회의 설치·운영에 관한 법률에 따른 위원회
　ⓛ 지방자치단체
　ⓒ 공공기관의 운영에 관한 법률에 따른 공공기관
　ⓔ 지방공기업법에 따른 지방공사 및 지방공단
　ⓜ 그 밖에 대통령령으로 정하는 기관

(2) 정보공개 청구권자(공공기관의 정보공개에 관한 법률 제5조)
① 모든 국민은 정보의 공개를 청구할 권리를 가진다.
② 외국인의 정보공개 청구에 관하여는 대통령령으로 정한다.

관련판례

■ 행정청이 구 식품위생법상의 영업자지위승계신고 수리처분을 하는 경우, 종전의 영업자가 행정절차법 제2조 제4호 소정의 '당사자'에 해당하는지 여부(적극)

행정절차법 제21조 제1항, 제22조 제3항 및 제2조 제4호의 각 규정에 의하면, 행정청이 당사자에게 의무를 과하거나 권익을 제한하는 처분을 함에 있어서는 당사자 등에게 처분의 사전통지를 하고 의견제출의 기회를 주어야 하며, 여기서 당사자라 함은 행정청의 처분에 대하여 직접 그 상대가 되는 자를 의미한다 할 것이고, 한편 구 식품위생법 제25조 제2항, 제3항의 각 규정에 의하면, 지방세법에 의한 압류재산 매각절차에 따라 영업시설의 전부를 인수함으로써 그 영업자의 지위를 승계한 자가 관계 행정청에 이를 신고하여 행정청이 이를 수리하는 경우에는 종전의 영업자에 대한 영업허가 등은 그 효력을 잃는다 할 것인데, 위 규정들을 종합하면 위 행정청이 구 식품위생법 규정에 의하여 영업자지위승계신고를 수리하는 처분은 종전의 영업자의 권익을 제한하는 처분이라 할 것이고 따라서 종전의 영업자는 그 처분에 대하여 직접 그 상대가 되는 자에 해당한다고 봄이 상당하므로, 행정청으로서는 위 신고를 수리하는 처분을 함에 있어서 행정절차법 규정 소정의 당사자에 해당하는 종전의 영업자에 대하여 위 규정 소정의 행정절차를 실시하고 처분을 하여야 한다(대판 2003.2.14, 2001두7015).

(3) 비공개대상정보

■ **비공개대상정보를 긍정한 판례 → 비공개대상정보**
- 국방부의 한국형 다목적 헬기(KMH) 도입사업에 대한 감사결과보고서(대판 2006.11.10, 2006두9351)
- 보안관찰법 소정의 보안관찰 관련 통계자료(대판 2004.3.18, 2001두8254)
- 한미FTA 추가협상 문서(서울행정법원 2008.4.16, 2007구합31478)
- 학교환경위생정화위원회의 회의록(대판 2003.8.22, 2002두12946)
- 답안지 및 시험문항에 대한 채점위원별 채점결과(대판 2003.3.14, 2000두6114)
- 문제은행 출제방식을 채택하고 있는 치과의사 국가시험의 문제지와 정답지(대판 2007.6.15, 2006두15936)
- 지방자치단체의 업무추진비 세부항목별 집행내역 및 그에 관한 증빙서류에 포함된 개인에 관한 정보(대판 2003.3.11, 2001두6425)

■ **비공개대상정보를 부정한 판례 → 공개대상정보**
- 검찰보존사무규칙 제22조 및 같은 규칙상의 재판확정기록 등의 열람·등사의 제한(대판 2006.5.25, 2006두3049)
- 형사소송법 제47조의 공개금지(대판 2006.5.25, 2006두3049)
- 교육공무원승진규정상 미공개로 된 교육공무원의 근무성적평정의 결과(대판 2006.10.26, 2006두11910)
- 수용자 자비부담의 판매수익금액 및 사용내역 등에 관한 정보(대판 2004.12.9, 2003두12707)
- 사법시험 제2차 답안지 열람(대판 2003.3.14, 2000두6114)
- 아파트재건축주택조합의 조합원들에게 제공될 무상보상평수의 사업수익성 등을 검토한 자료(대판 2006.1.13, 2003두9459)
- 사면대상자들의 사면실시건의서와 그와 관련된 국무회의 안건자료에 관한 정보(대판 2006.12.7, 2005두241)

(4) 정보공개의 청구방법: 정보의 공개를 청구하는 자는 해당 정보를 보유하거나 관리하고 있는 공공기관에 청구인의 성명·생년월일·주소 및 연락처(전화번호·전자우편주소 등), 주민등록번호, 공개를 청구하는 정보의 내용 및 공개방법을 적은 정보공개 청구서를 제출하거나 말로써 정보의 공개를 청구할 수 있다(공공기관의 정보공개에 관한 법률 제10조 제1항).

(5) 정보공개 여부의 결정(공공기관의 정보공개에 관한 법률 제11조)

① 공공기관은 정보공개의 청구를 받으면 그 청구를 받은 날부터 10일 이내에 공개 여부를 결정하여야 한다(제1항).

② 공공기관은 부득이한 사유로 10일 이내에 공개 여부를 결정할 수 없을 때에는 그 기간이 끝나는 날의 다음 날부터 기산하여 10일의 범위에서 공개 여부 결정기간을 연장할 수 있다. 이 경우 공공기관은 연장된 사실과 연장 사유를 청구인에게 지체 없이 문서로 통지하여야 한다(제2항).

- **공개 청구된 정보의 공개 여부를 결정하는 법적인 의무와 권한을 가진 주체: 공공기관의 장**

  공공기관의 정보공개에 관한 법률 제9조 제1항, 제10조, 동법 시행령 제12조 등 관련 규정들의 취지를 종합할 때, 공개 청구된 정보의 공개 여부를 결정하는 법적인 의무와 권한을 가진 주체는 공공기관의 장이고, 정보공개심의회는 공공기관의 장이 정보의 공개 여부를 결정하기 곤란하다고 보아 의견을 요청한 사항의 자문에 응하여 심의하는 것이며, 그의 구성을 위하여 공공기관의 장이 소속 공무원 또는 임·직원 중에서 정보공개심의회의 위원을 지명하는 것이 원칙이다(대판 2002.3.15, 2001추95).

- **정보공개를 요구받은 공공기관이 공공기관의 정보공개에 관한 법률 제7조 제1항 몇 호 소정의 비공개사유에 해당하는지를 주장·입증하지 아니한 채 "개괄적"인 사유만을 들어 그 공개를 거부할 수 있는지 여부 → 거부하지 못함**

  국민으로부터 보유·관리하는 정보에 대한 공개를 요구받은 공공기관으로서는 동법 제7조 제1항 각 호에서 정하고 있는 비공개사유에 해당하지 않는 한 이를 공개하여야 할 것이고, 만일 이를 거부하는 경우라 할지라도 대상이 된 정보의 내용을 구체적으로 확인·검토하여 어느 부분이 어떠한 법익 또는 기본권과 충돌되어 동법 제7조 제1항 몇 호에서 정하고 있는 비공개사유에 해당하는지를 주장·입증하여야만 할 것이며, 그에 이르지 아니한 채 개괄적인 사유만을 들어 공개를 거부하는 것은 허용되지 아니한다(대판 2003.12.11, 2001두8827).

(6) 이의신청(공공기관의 정보공개에 관한 법률 제18조)

① **이의신청과 심의회 개최**: 청구인이 정보공개와 관련한 공공기관의 비공개 결정 또는 부분 공개 결정에 대하여 불복이 있거나 정보공개 청구 후 20일이 경과하도록 정보공개 결정이 없는 때에는 공공기관으로부터 정보공개 여부의 결정 통지를 받은 날 또는 정보공개 청구 후 20일이 경과한 날부터 30일 이내에 해당 공공기관에 문서로 이의신청을 할 수 있다. 국가기관 등은 이의신청이 있는 경우에는 심의회를 개최하여야 한다.

② **심의회를 개최하지 않아도 되는 사항(제2항)**

   ㉠ 심의회의 심의를 이미 거친 사항

   ㉡ 단순·반복적인 청구

   ㉢ 법령에 따라 비밀로 규정된 정보에 대한 청구

③ **통지**: 공공기관은 이의신청을 받은 날부터 7일 이내에 그 이의신청에 대하여 결정하고 그 결과를 청구인에게 지체 없이 문서로 통지하여야 한다. 다만, 부득이한 사유로 정하여진 기간 이내에 결정할 수 없을 때에는 그 기간이 끝나는 날의 다음 날부터 기산하여 7일의 범위에서 연장할 수 있으며, 연장 사유를 청구인에게 통지하여야 한다.

(7) 정보공개위원회의 심의사항(공공기관의 정보공개에 관한 법률 제22조)

① 정보공개에 관한 정책 수립 및 제도 개선에 관한 사항

② 정보공개에 관한 기준 수립에 관한 사항

③ 심의회 심의결과의 조사·분석 및 심의기준 개선 관련 의견제시에 관한 사항

④ 공공기관의 정보공개 운영실태 평가 및 그 결과 처리에 관한 사항

⑤ 정보공개와 관련된 불합리한 제도·법령 및 그 운영에 대한 조사 및 개선권고에 관한 사항

⑥ 그 밖에 정보공개에 관하여 대통령령으로 정하는 사항

3 개인정보 보호법

(1) **목적:** 이 법은 개인정보의 처리 및 보호에 관한 사항을 정함으로써 개인의 자유와 권리를 보호하고, 나아가 개인의 존엄과 가치를 구현함을 목적으로 한다(개인정보 보호법 제1조).

(2) **정의(개인정보 보호법 제2조)**
　① **개인정보:** 살아 있는 개인에 관한 정보로서 다음에 해당하는 정보를 말한다.
　　㉠ 성명, 주민등록번호 및 영상 등을 통하여 개인을 알아볼 수 있는 정보
　　㉡ 해당 정보만으로는 특정 개인을 알아볼 수 없더라도 다른 정보와 쉽게 결합하여 알아볼 수 있는 정보. 이 경우 쉽게 결합할 수 있는지 여부는 다른 정보의 입수 가능성 등 개인을 알아보는 데 소요되는 시간, 비용, 기술 등을 합리적으로 고려하여야 한다.
　　㉢ ㉠ 또는 ㉡을 가명처리함으로써 원래의 상태로 복원하기 위한 추가 정보의 사용·결합 없이는 특정 개인을 알아볼 수 없는 정보
　② **정보주체:** 처리되는 정보에 의하여 알아볼 수 있는 사람으로서 그 정보의 주체가 되는 사람을 말한다.
　③ **개인정보파일:** 개인정보를 쉽게 검색할 수 있도록 일정한 규칙에 따라 체계적으로 배열하거나 구성한 개인정보의 집합물을 말한다.
　④ **개인정보처리자:** 업무를 목적으로 개인정보파일을 운용하기 위하여 스스로 또는 다른 사람을 통하여 개인정보를 처리하는 공공기관, 법인, 단체 및 개인 등을 말한다.
　⑤ **영상정보처리기기:** 일정한 공간에 지속적으로 설치되어 사람 또는 사물의 영상 등을 촬영하거나 이를 유·무선망을 통하여 전송하는 장치로서 대통령령으로 정하는 장치를 말한다.

(3) **개인정보보호 원칙(개인정보 보호법 제3조)**
　① 개인정보처리자는 개인정보의 처리 목적을 명확하게 하여야 하고 그 목적에 필요한 범위에서 최소한의 개인정보만을 적법하고 정당하게 수집하여야 한다.
　② 개인정보처리자는 개인정보의 처리 목적에 필요한 범위에서 적합하게 개인정보를 처리하여야 하며, 그 목적 외의 용도로 활용하여서는 아니 된다.
　③ 개인정보처리자는 개인정보의 처리 목적에 필요한 범위에서 개인정보의 정확성, 완전성 및 최신성이 보장되도록 하여야 한다.
　④ 개인정보처리자는 개인정보의 처리 방법 및 종류 등에 따라 정보주체의 권리가 침해받을 가능성과 그 위험 정도를 고려하여 개인정보를 안전하게 관리하여야 한다.
　⑤ 개인정보처리자는 제30조에 따른 개인정보 처리방침 등 개인정보의 처리에 관한 사항을 공개하여야 하며, 열람청구권 등 정보주체의 권리를 보장하여야 한다(시행일: 2023.9.15.).
　⑥ 개인정보처리자는 정보주체의 사생활 침해를 최소화하는 방법으로 개인정보를 처리하여야 한다.
　⑦ 개인정보처리자는 개인정보를 익명 또는 가명으로 처리하여도 개인정보 수집목적을 달성할 수 있는 경우 익명처리가 가능한 경우에는 익명에 의하여, 익명처리로 목적을 달성할 수 없는 경우에는 가명에 의하여 처리될 수 있도록 하여야 한다.
　⑧ 개인정보처리자는 이 법 및 관계 법령에서 규정하고 있는 책임과 의무를 준수하고 실천함으로써 정보주체의 신뢰를 얻기 위하여 노력하여야 한다.

(4) 정보주체의 권리(개인정보 보호법 제4조)

① 개인정보의 처리에 관한 정보를 제공받을 권리

② 개인정보의 처리에 관한 동의 여부, 동의 범위 등을 선택하고 결정할 권리

③ 개인정보의 처리 여부를 확인하고 개인정보에 대하여 열람을 요구할 권리

④ 개인정보의 처리 정지, 정정·삭제 및 파기를 요구할 권리

⑤ 개인정보의 처리로 인하여 발생한 피해를 신속하고 공정한 절차에 따라 구제받을 권리

(5) 기본계획(개인정보 보호법 제9조)

① 의의: 보호위원회는 개인정보의 보호와 정보주체의 권익 보장을 위하여 3년마다 개인정보보호 기본계획을 관계 중앙행정기관의 장과 협의하여 수립한다.

② 기본계획의 내용

　㉠ 개인정보보호의 기본목표와 추진방향

　㉡ 개인정보보호와 관련된 제도 및 법령의 개선

　㉢ 개인정보 침해 방지를 위한 대책

　㉣ 개인정보보호 자율규제의 활성화

　㉤ 개인정보보호 교육·홍보의 활성화

　㉥ 개인정보보호를 위한 전문인력의 양성

　㉦ 그 밖에 개인정보보호를 위하여 필요한 사항

③ 기본계획의 수립·시행: 국회, 법원, 헌법재판소, 중앙선거관리위원회는 해당 기관의 개인정보보호를 위한 기본계획을 수립·시행할 수 있다.

(6) 시행계획(개인정보 보호법 제10조)

① 중앙행정기관의 장은 기본계획에 따라 매년 개인정보보호를 위한 시행계획을 작성하여 보호위원회에 제출하고, 보호위원회의 심의·의결을 거쳐 시행하여야 한다.

② 시행계획의 수립·시행에 필요한 사항은 대통령령으로 정한다.

(7) 개인정보의 처리

① 개인정보의 수집, 이용, 제공 등

　㉠ 개인정보의 수집·이용(개인정보 보호법 제15조)

　㉡ 개인정보의 수집 제한(개인정보 보호법 제16조)

　㉢ 개인정보의 제공(개인정보 보호법 제17조)

　㉣ 개인정보의 목적 외 이용·제공 제한(개인정보 보호법 제18조)

　㉤ 개인정보를 제공받은 자의 이용·제공 제한(개인정보 보호법 제19조)

　㉥ 정보주체 이외로부터 수집한 개인정보의 수집 출처 등 고지(개인정보 보호법 제20조)

　㉦ 개인정보의 파기(개인정보 보호법 제21조)

　㉧ 동의를 받는 방법(개인정보 보호법 제22조)

② 개인정보의 처리 제한

　　㉠ 민감정보의 처리 제한(개인정보 보호법 제23조)

　　㉡ 고유식별정보의 처리 제한(개인정보 보호법 제24조)

　　㉢ 주민등록번호 처리의 제한(개인정보 보호법 제24조의2)

　　㉣ 영상정보처리기기의 설치 · 운영 제한(개인정보 보호법 제25조)

　　㉤ 업무위탁에 따른 개인정보의 처리 제한(개인정보 보호법 제26조)

　　㉥ 영업양도 등에 따른 개인정보의 이전 제한(개인정보 보호법 제27조)

　　㉦ 개인정보취급자에 대한 감독(개인정보 보호법 제28조)

(8) 개인정보 보호위원회

① 위원회의 설치(개인정보 보호법 제7조): 개인정보 보호에 관한 사무를 독립적으로 수행하기 위하여 국무총리 소속으로 개인정보 보호위원회를 둔다. 보호위원회는 합의제행정기관으로 소관 사무는 독립하여 수행한다.

② 위원회의 구성(개인정보 보호법 제7조의2)

　　㉠ 보호위원회는 상임위원 2명(위원장 1명, 부위원장 1명)을 포함한 9명의 위원으로 구성한다.

　　㉡ 보호위원회의 위원은 개인정보 보호에 관한 경력과 전문지식이 풍부한 다음 각 호의 사람 중에서 위원장과 부위원장은 국무총리의 제청으로, 그 외 위원 중 2명은 위원장의 제청으로, 2명은 대통령이 소속되거나 소속되었던 정당의 교섭단체 추천으로, 3명은 그 외의 교섭단체 추천으로 대통령이 임명 또는 위촉한다.

　　㉢ 위원장과 부위원장은 정무직 공무원으로 임명한다.

　　㉣ 위원장, 부위원장, 제7조의13에 따른 사무처의 장은 「정부조직법」 제10조에도 불구하고 정부위원이 된다.

③ 위원회의 소관사무(개인정보 보호법 제7조의8): 보호위원회는 다음 각 호의 소관 사무를 수행한다.

> 1. 개인정보의 보호와 관련된 법령의 개선에 관한 사항
> 2. 개인정보 보호와 관련된 정책 · 제도 · 계획 수립 · 집행에 관한 사항
> 3. 정보주체의 권리침해에 대한 조사 및 이에 따른 처분에 관한 사항
> 4. 개인정보의 처리와 관련한 고충처리 · 권리구제 및 개인정보에 관한 분쟁의 조정
> 5. 개인정보 보호를 위한 국제기구 및 외국의 개인정보 보호기구와의 교류 · 협력
> 6. 개인정보 보호에 관한 법령 · 정책 · 제도 · 실태 등의 조사 · 연구, 교육 및 홍보에 관한 사항
> 7. 개인정보 보호에 관한 기술개발의 지원 · 보급 및 전문인력의 양성에 관한 사항
> 8. 이 법 및 다른 법령에 따라 보호위원회의 사무로 규정된 사항

(9) 가명정보의 처리

① 가명정보의 처리 등(개인정보 보호법 제28조의2): 개인정보처리자는 통계작성, 과학적 연구, 공익적 기록보존 등을 위하여 정보주체의 동의 없이 가명정보를 처리할 수 있다. 개인정보처리자는 제1항에 따라 가명정보를 제3자에게 제공하는 경우에는 특정 개인을 알아보기 위하여 사용될 수 있는 정보를 포함해서는 아니 된다.

② 가명정보의 결합 제한(개인정보 보호법 제28조의3): 통계작성, 과학적 연구, 공익적 기록보존 등을 위한 서로 다른 개인정보처리자 간의 가명정보의 결합은 보호위원회 또는 관계 중앙행정기관의 장이 지정하는 전문기관이 수행한다. 결합을 수행한 기관 외부로 결합된 정보를 반출하려는 개인정보처리자는 가명정보 또는 제58조의2에 해당하는 정보로 처리한 뒤 전문기관의 장의 승인을 받아야 한다.

③ 가명정보에 대한 안전조치의무(개인정보 보호법 제28조의4): 개인정보처리자는 가명정보를 처리하는 경우에는 원래의 상태로 복원하기 위한 추가 정보를 별도로 분리하여 보관·관리하는 등 해당 정보가 분실·도난·유출·위조·변조 또는 훼손되지 않도록 대통령령으로 정하는 바에 따라 안전성 확보에 필요한 기술적·관리적 및 물리적 조치를 하여야 한다. 개인정보처리자는 가명정보를 처리하고자 하는 경우에는 가명정보의 처리 목적, 제3자 제공 시 제공받는 자 등 가명정보의 처리 내용을 관리하기 위하여 대통령령으로 정하는 사항에 대한 관련 기록을 작성하여 보관하여야 한다.

④ 가명정보 처리 시의 금지의무(개인정보 보호법 제28조의5)

　　㉠ 내용: 누구든지 특정 개인을 알아보기 위한 목적으로 가명정보를 처리해서는 아니 된다.

　　㉡ 처리방안: 개인정보처리자는 가명정보를 처리하는 과정에서 특정 개인을 알아볼 수 있는 정보가 생성된 경우에는 즉시 해당 정보의 처리를 중지하고, 지체 없이 회수·파기하여야 한다.

04 행정의 실효성 확보수단

01 행정상 강제집행

1 대집행

(1) 의의: 대집행은 대체적 작위의무, 즉 타인이 대신하여 행할 수 있는 의무의 불이행이 있는 경우에 당해 행정청이 그 의무를 스스로 행하거나 제3자로 하여금 이를 행하게 하고, 그 비용을 의무자로부터 징수하는 것을 말한다. 대집행은 헌법에 위반되지 않는다(대판 1946.3.19, 63누172).

(2) 법적 근거: 행정대집행은 침익적 행정작용으로 법적 근거를 요하는데 거기에 대한 일반적인 근거규정으로는 행정대집행법을 들 수 있다.

(3) 요건

① 공법상 의무의 불이행이 있을 것

② 불이행된 의무는 대체적 작위의무일 것

대집행의 대상이 되는 경우	대체적 작위의무	• 대집행의 대상이 되는 의무는 '타인이 대신 행할 수 있는 행위', 즉 대체적 작위의무이다. • 불법광고판철거명령에 대한 철거의무, 위법건축물 철거의무, 위험축대 파괴의무, 교통장애물 제거의무, 가옥의 청소와 소독, 불법개간산림의 원상회복, 공장 등 시설의 개선 의무
대집행의 대상이 되지 않는 경우	비대체적 작위의무	의사의 진료의무, 예방접종을 받을 의무, 증인출석의무, 국유지 퇴거의무, 예술가의 창작의무, 신체검사·건강진단 등을 받을 의무, 토지 및 건물의 인도 및 퇴거의무·점유·이전
	부작위의무	허가 없이 영업하지 아니할 의무, 토지형질변경금지, 통제구역에 출입하지 않을 의무, 무허가건물 건축금지의무, 무면허운전 금지의무, 장례식장 사용중지 의무
	수인의무	예방접종, 신체검사
	급부의무	조세·부담금·수수료 납부의무

■ 도시공원시설 점유자의 퇴거 및 명도의무: 대집행의 대상 ×

도시공원시설인 매점의 관리청이 그 공동점유자 중의 1인에 대하여 소정의 기간 내에 위 매점으로부터 퇴거하고 이에 부수하여 그 판매 시설물 및 상품을 반출하지 아니할 때에는 이를 대집행하겠다는 내용의 계고처분은 그 주된 목적이 매점의 원형을 보존하기 위하여 점유자가 설치한 불법 시설물을 철거하고자 하는 것이 아니라, 매점에 대한 점유자의 점유를 배제하고 그 점유이전을 받는 데 있다고 할 것인데, 이러한 의무는 그것을 강제적으로 실현함에 있어 직접적인 실력행사가 필요한 것이지 대체적 작위의무에 해당하는 것은 아니어서 직접강제의 방법에 의하는 것은 별론으로 하고 행정대집행법에 의한 대집행의 대상이 되는 것은 아니다(대판 1998.10.23, 97누157).

■ 관계 법령에 위반하여 장례식장 영업을 하고 있는 자의 장례식장 사용 중지 의무: 대집행의 대상 ×

행정대집행법 제2조는 '행정청의 명령에 의한 행위로서 타인이 대신하여 행할 수 있는 행위를 의무자가 이행하지 아니하는 경우'에 대집행할 수 있도록 규정하고 있는데, 이 사건 용도위반 부분을 장례식장으로 사용하는 것이 관계 법령에 위반한 것이라는 이유로 장례식장의 사용을 중지할 것과 이를 불이행할 경우 행정대집행법에 의하여 대집행하겠다는 내용의 이 사건 처분은, 이 사건 처분에 따른 '장례식장 사용중지 의무'가 원고 이외의 '타인이 대신'할 수도 없고, 타인이 대신하여 '행할 수 있는 행위'라고도 할 수 없는 비대체적 부작위 의무에 대한 것이므로, 그 자체로 위법함이 명백하다(대판 2005.9.28, 2005두7464).

※ 부작위의무에 대한 대집행계고처분은 위법하며 그 경우 법원은 석명권(법원이 당사자 진술의 모순·불명료·결함을 지적하여 정정·보충할 것을 요구하는 권리)을 행사하여 취소 여부를 심리하여야 함

③ 불이행을 방치함이 심히 공익을 해할 것: 상대방의 의무불이행을 방치함이 심히 공익을 해하는 경우에 대집행이 가능하며, 이 경우에도 행정청의 의무이행 확보의 공익상 필요가 상대방의 이익 침해를 정당화할 정도로 현저히 큰 경우에만 가능하다.

■ 불법 건축물이 사후에 합법화될 가능성이 없는 경우: 대집행 가능

개발제한구역 및 도시공원에 속하는 임야상에 신축된 위법건축물인 대형 교회건물의 합법화가 불가능한 경우, 교회건물의 건축으로 공원미관조성이나 공원관리 측면에서 유리하고 철거될 경우 막대한 금전적 손해를 입게 되며 신자들이 예배할 장소를 잃게 된다는 사정을 고려하더라도 위 교회건물의 철거의무의 불이행을 방치함은 심히 공익을 해한다고 보아야 한다(대판 2000.6.23, 98두3112).

■ 건축법위반의 정도가 미약하여 공익을 크게 해친다고 볼 수 없는 경우: 대집행 불가

건축법위반 건물이 주위의 미관을 해칠 우려가 없을 뿐 아니라 이를 대집행으로 철거할 경우 많은 비용이 드는 반면에 공익에는 별 도움이 되지 아니하고, 도로교통·방화·보안·위생·도시미관 및 공해예방 등의 공익을 크게 해친다고도 볼 수 없어 이에 대한 철거대집행계고 처분이 그 요건을 갖추지 못한 것으로서 위법하다(대판 1991.3.12, 90누10070).

④ 다른 방법이 없을 것(보충성)

ㄱ 대집행은 다른 수단으로써는 의무이행을 확보하기 곤란한 경우에 가능하다. 다른 수단이란 행정지도와 같은 비권력적 사실행위 등을 의미한다. 행정지도 등으로 의무이행 확보가 가능한 경우에는 대집행이 제한된다.

ㄴ 직접강제, 즉시강제, 행정상 제재 등은 다른 수단에 포함되지 않는다.

2 행정상 강제징수

(1) 의의: 행정법상의 금전급부의무가 이행되지 않은 경우, 의무자의 재산에 실력을 행사하여 그 의무가 이행된 것과 같은 상태를 실현시키는 것을 말한다.

(2) 독촉: 상당한 기간을 정하여 의무의 이행을 최고하고 그 의무가 이행되지 않을 경우에 강제징수할 뜻을 알리는 것이다.

(3) 체납처분

① 압류

    ㉠ 의의: 납세자가 독촉장에서 정한 기한까지 국세를 완납하지 아니하면 납세자의 재산을 압류한다 (국세징수법 제31조).

    ㉡ 성질: 압류는 권력적 사실행위로서 행정소송의 대상이 된다.

    ㉢ 국세징수법상 압류대상 재산: 원칙적으로 체납자의 소유로서 금전적 가치와 양도성이 있는 모든 재산이 된다. 다만 압류금지 재산과 조건부압류금지 재산이 있으면 급료 · 연금 · 임금 · 봉급 · 상여금 · 세비 · 퇴직연금 그 밖에 이와 비슷한 성질을 가진 급여채권에 대하여는 그 총액의 2분의 1에 해당하는 금액은 압류하지 못한다. 다만, 그 금액이 표준적인 가구의 국민기초생활 보장법에 따른 최저생계비를 고려하여 대통령령으로 정하는 금액에 미치지 못하는 경우 또는 표준적인 가구의 생계비를 고려하여 대통령령으로 정하는 금액을 초과하는 경우에는 각각 대통령령으로 정하는 금액을 압류하지 못한다.

    ㉣ 압류의 해제

> **국세징수법 제57조 【압류의 해제의 요건】**
> ① 관할 세무서장은 다음의 경우 압류를 즉시 해제해야 한다.
>   1. 압류와 관계되는 체납액의 전부가 납부 또는 충당된 경우
>   2. 국세 부과의 전부를 취소한 경우
>   3. 여러 재산을 한꺼번에 공매(公賣)하는 경우로서 일부 재산의 공매대금으로 체납액 전부를 징수한 경우
>   4. 총 재산의 추산(推算)가액이 강제징수비를 징수하면 남을 여지가 없어 강제징수를 종료할 필요가 있는 경우. 다만, 교부청구 또는 참가압류가 있는 경우로서 교부청구 또는 참가압류와 관계된 체납액을 기준으로 할 경우 남을 여지가 있는 경우는 제외한다.
>   5. 그 밖에 제1호부터 제4호까지의 규정에 준하는 사유로 압류할 필요가 없게 된 경우

- **체납자가 아닌 제3자의 소유물건에 대한 압류처분의 효력: 당연무효**

  과세관청이 납세자에 대한 체납처분으로서 제3자의 소유물건을 압류하고 공매하더라도 그 처분으로 인하여 제3자가 소유권을 상실하는 것이 아니므로 체납자가 아닌 제3자의 소유물건을 대상으로 한 압류처분은 하자가 객관적으로 명백한 것인지 여부와는 관계없이 처분의 내용이 법률상 실현될 수 없는 것이어서 당연무효라고 하지 않을 수 없다(대판 1993.4.27, 92누12117).

- **압류처분 후 고지된 세액이 납부된 경우에는 그 압류는 해제되어야 하나 그 납부의 사실이 있다 하여 곧 그 압류처분이 당연무효로 되는 것은 아니다(대판 1982.7.13, 81누360).**

② 매각(공매 · 환가)

    ㉠ 의의: 매각이란 체납자의 재산을 금전으로 바꾸는 행위를 말한다.

    ㉡ 성질: 매각은 학설과 판례에 따르면 공법상 대리에 해당한다. 판례에 따르면 "과세관청이 체납처분으로서 행하는 공매는 우월적 공권력의 행사로서 행정소송이 대상이 되는 공법상의 행정처분이다."라고 하여 처분성을 인정하고 있다. 공매(매각대상자 결정)에 대해서는 소유권의 박탈행위로서 처분성을 인정하고 있으나 공매결정, 공매통지, 공매공고에 대해서는 소유권 변동이 일어나지 아니므로 처분성을 부인한다.

③ 청산

    ㉠ 의의: 청산이란 압류한 금전, 체납자 · 제3채무자로부터 받은 금전, 매각대금 및 그 예치이자, 교부청구 받은 금전 등으로 받은 금전을 조세 기타 공과금, 담보채권 및 체납자에게 배분한다.

    ㉡ 배분의 방법: 강제징수비 · 국세(가산세 제외), 가산세의 순위로 배분을 하고(국세징수법 제3조), 잔액이 있으면 체납자에게 지급을 한다(국세징수법 제96조 제3항).

- **한국자산공사의 재공매(입찰)결정 및 공매통지: 처분성 부정**

  한국자산공사가 당해 부동산을 인터넷을 통하여 재공매(입찰)하기로 한 결정 자체는 내부적인 의사결정에 불과하여 항고소송의 대상이 되는 행정처분이라고 볼 수 없고, 또한 한국자산공사가 공매통지는 공매의 요건이 아니라 공매사실 자체를 체납자에게 알려주는 데 불과한 것으로서, 통지의 상대방의 법적 지위나 권리 · 의무에 직접 영향을 주는 것이 아니라고 할 것이므로 이것 역시 행정처분에 해당한다고 할 수 없다(대판 2007.7.27, 2006두8464).

- **공매절차에서 공매재산에 대한 감정평가나 매각예정가격의 결정이 잘못된 경우, 공매재산의 시가와 감정평가액과의 차액이 부당이득인지 여부**

  과세관청이 체납처분으로서 하는 공매에 있어서 공매재산에 대한 감정평가나 매각예정가격의 결정이 잘못되었다 하더라도, 그로 인하여 공매재산이 부당하게 저렴한 가격으로 공매됨으로써 공매처분이 위법하다고 볼 수 있는 경우에 공매재산의 소유자 등이 이를 이유로 적법한 절차에 따라 공매처분의 취소를 구하거나, 공매처분이 확정된 경우에는 위법한 재산권의 침해로서 불법행위의 요건을 충족하는 경우에 국가 등을 상대로 불법행위로 인한 손해배상을 청구할 수 있음은 별론으로 하고, 매수인이 공매절차에서 취득한 공매재산의 시가와 감정평가액과의 차액 상당을 법률상의 원인 없이 부당이득한 것이라고는 볼 수 없고, 이러한 이치는 공매재산에 부합된 물건이 있는데도 이를 간과한 채 부합된 물건의 가액을 제외하고 감정평가를 함으로써 공매재산의 매각예정가격이 낮게 결정된 경우에 있어서도 마찬가지이다(대판 1997.4.8, 96다52915).

3 집행벌(이행강제금)

(1) 의의: 이행강제금은 의무자가 행정상 의무를 이행하지 아니하는 경우 행정청이 적절한 이행기간을 부여하고, 그 기한까지 행정상 의무를 이행하지 아니하면 금전급부의무를 부과하는 것이다(행정기본법 제30조 제1항 제2호).

> **관련판례**
>
> ■ **구 건축법상 이행강제금을 부과받은 사람이 이행강제금 사건의 계속 중 사망한 경우**
> 구 건축법상의 이행강제금은 구 건축법의 위반행위에 대하여 시정명령을 받은 후 시정기간 내에 당해 시정명령을 이행하지 아니한 건축주 등에 대하여 부과되는 간접강제의 일종으로서 그 이행강제금 납부의무는 상속인 기타의 사람에게 승계될 수 없는 일신전속적인 성질의 것이므로 이미 사망한 사람에게 이행강제금을 부과하는 내용의 처분이나 결정은 당연무효이고, 이행강제금을 부과받은 사람의 이의에 의하여 비송사건절차법에 의한 재판절차가 개시된 후에 그 이의한 사람이 사망한 때에는 사건 자체가 목적을 잃고 절차가 종료한다(대판 2006.12.8, 2006마470).

(2) 반복부과의 가능성: 행정청은 의무자가 행정상 의무를 이행할 때까지 이행강제금을 반복하여 부과할 수 있다(행정기본법 제31조 제5항).

(3) 이미 부과된 것은 징수 가능: 의무이행자가 그 의무를 이행하는 경우에는 새로운 이행강제금 부과를 즉시 중지하되, 이미 부과된 이행강제금은 이를 징수하여야 한다(행정기본법 제31조 제5항 단서). 즉, 이행강제금 부과처분 후에 한 시정명령의 이행(행정기본법 제31조 제5항 단서)이 부과처분 취소사유가 되는 것은 아니다.

(4) 법적 근거: 행정기본법 제31조에는 이행강제금에 부과·징수 주체, 부과 요건, 부과 금액, 부과 금액 산정기준, 연간 부과 횟수나 횟수의 상한을 법률로 규정하고 있다. 다만, 부과 금액 산정기준과 연간 부과 횟수나 횟수의 상한은 대통령령으로 정하는 경우는 제외한다.

구분	이행강제금	행정벌
규제 대상	장래의 의무를 심리적으로 강제	과거 위반에 대한 제재
반복 부과 여부	반복적으로 부과 가능	반복하여 부과 불가
납부 면제 여부	기간 내 의무이행이 이루어지면 원칙적으로 강제금 납부 면제	나중에 의무 이행하여도 과태료 납부 등의 면제 불가

4 직접강제

(1) 의의: 의무자가 행정법상 의무를 이행하지 않은 경우에 행정청이 직접적으로 의무자의 신체 또는 재산에 실력을 가하여 의무 이행이 있었던 상태를 실현하는 행정상 강제집행의 수단을 말한다.

(2) 행정기본법의 직접강제

① **증표 제시:** 행정기본법 제32조는 직접강제에 관한 일반법으로 강제 실시를 위해서 집행책임자의 증표를 제시해야 한다.

② 계고 및 통지: 행정청은 미리 의무자에게 적절한 이행기간을 정하여 그 기한까지 행정상 의무를 이행하지 아니하면 직접강제를 부과한다는 뜻을 문서로 계고(戒告)한다. 또한 계고에서 정한 기한까지 행정상 의무를 이행하지 아니할 경우 그 사유와 시기를 문서로 명확하게 적어 의무자에게 통지해야 한다.

(3) 직접강제의 법적 근거

강제폐쇄	공중위생관리법(제11조) 영업소등의 폐쇄조치, 식품위생법(제79조) 영업소의 폐쇄, 먹는물관리법(제46조) 영업장 또는 사업장 폐쇄
강제퇴거	방어해면법(제7조)방어해면구역에 허가받지 않고 출입한 자의 강제퇴거, 출입국관리법(제46조) 외국인 강제퇴거

02 **행정벌**

■1 행정형벌

(1) 행정형벌의 특수성

① **고의 또는 과실**: 행정범의 경우에도 범죄성립을 위해서는 원칙적으로 고의가 있어야 하고, 과실범을 처벌하는 명문의 규정이 있는 경우에 처벌할 수 있다고 본다. 판례는 행정형벌에 대해서 법률의 규정이 있는 경우뿐만 아니라 법률 등의 해석상 과실범도 처벌할 뜻이 명백한 경우에는 법률에 규정이 없더라도 처벌이 가능하다고 판시하고 있다(대판 1986.7.22, 85도108).

② **위법성의 착오**: 행정범의 경우 통설은 위법성을 현실적으로 인식하지 못하였더라도 위법성의 인식이 가능하면 범죄가 성립된다고 본다.

③ **양벌규정**

　　㉠ 의의: 형사범에서는 범죄행위자만 처벌하지만, 행정범의 경우에는 범죄행위자 외의 자를 처벌하는 것을 규정한 경우가 있다.

　　㉡ 책임의 성질: 양벌규정에 따른 사업주나 법정대리인의 책임은 주의·감독의무를 태만한 것에 대한 자기책임이자 과실책임이므로 위반행위자가 처벌되지 않는 경우에도 독자적으로 처벌될 수 있다.

관련판례

▪ 타인의 행위에 대한 책임
영업주가 고용한 종업원 등의 업무에 관한 범법행위에 대하여 영업주도 함께 처벌하는 청소년 보호법(2004.1.29. 법률 제7161호로 개정된 것) 제54조 중 "개인의 대리인·사용인 기타 종업원이 그 개인의 업무에 관하여 제51조 제8호의 위반행위를 한 때에는 그 개인에 대하여도 해당 조의 벌금형을 부과한다."는 부분이 책임주의에 반하여 헌법에 위반된다(헌재 2009.7.30, 2008헌가10).

(2) **과벌절차**: 행정형벌은 원칙적으로 형사소송법에 따라 법원이 재판을 통하여 부과한다. 하지만 법원이 위반행위에 대해 일일이 재판을 하기 힘든 게 현실이기 때문에 통고처분과 즉결심판이라는 간이특별절차가 인정되고 있다. 이하에서는 원칙적으로 법원이 부과하여야 하는 행정형벌의 간이절차인 통고처분과 즉결심판에 대해서 살펴보고자 한다.

① **통고처분(예외)**: 통고처분이란 행정청이 정식재판에 갈음하여 조세범 · 관세범 · 출입국사범 · 교통사범 등에 대해 일정한 벌금이나 과료에 상당하는 금액(범칙금)의 납부를 명(통고)하는 준사법적 행정행위를 의미한다.

② **즉결심판(예외)**: 즉결심판은 '즉결심판에 관한 절차법'에 따라 행해지는데, 이는 죄질이 경미한 형사사건의 신속 · 적정한 처리를 통해 소송경제를 꾀하기 위해 마련되었다. 즉결심판의 청구권자는 관할 경찰서장 · 관할 해양경찰서장이다(즉결심판에 관한 절차법 제3조 제1항). 20만 원 이하의 벌금 · 구류 또는 과료에 해당하는 행정형벌은 즉결심판에 의한다. 따라서 지방법원, 지원 또는 시 · 군법원의 판사는 즉결심판절차에 의하여 피고인에게 20만 원 이하의 벌금이나 구류 또는 과료에 처할 수 있다(즉결심판에 관한 절차법 제2조). 그 형은 경찰서장이 집행하고 불복 시에는 선고 · 고지를 한 날로부터 7일 이내에 정식재판청구서를 경찰서장에게 제출해야 한다.

2 행정질서벌

(1) **개념**: 행정질서벌이란 행정법상의 의무위반행위에 대하여 과태료를 부과하는 행정벌로서 단순 · 경미한 행정법상 의무를 태만히 하여 행정목적을 간접적으로 침해하는 행위에 대해 과해진다. 과태료는 일종의 금전벌인 점에서 형벌인 벌금이나 과료와 같으나, 형식으로는 형벌이 아닌 점에서 행정형벌과 구별된다.

(2) **행정형벌과의 구별**

구분	행정형벌	행정질서벌
종류	형법총칙상의 형벌 – 사형 · 징역 · 금고 · 자격상실 · 자격정지 · 벌금 · 구류 · 과료 · 몰수 (형법상 형명이 있음)	과태료(형법상 형명이 없음)
형법총칙	원칙적으로 적용	적용 안 됨
죄형법정주의	적용	부적용
목적	행정목적 및 사회공익	행정질서
대상행위	직접적인 행정목적 침해행위	간접적인 행정목적 침해행위
과벌절차	형사소송법(예외: 통고처분, 즉결심판)	질서위반행위규제법
고의 · 과실	필요	필요
양벌규정	적용	적용
법인	부과대상	부과대상
양자의 병과 여부	• 학설은 대립 • 대법원: 일반적으로 병과 가능으로 해석 • 헌법재판소: 병과 불가로 해석	

(3) 질서위반행위의 성립

① 고의 및 과실: 고의 또는 과실이 없는 질서위반행위는 과태료를 부과하지 아니한다(질서위반행위규제법 제7조).

② 부과대상

　㉠ 다수인에 의한 질서위반행위 가담(질서위반행위규제법 제12조)

　　• 2인 이상의 질서위반행위: 각자가 질서위반행위를 한 것으로 본다.

　　• 신분에 의하여 성립하는 질서위반행위: 신분이 없는 자가 가담한 때에는 신분이 없는 자에 대하여도 질서위반행위가 성립하며, 신분에 의하여 과태료를 감경 또는 가중하거나 과태료를 부과하지 아니하는 때에는 그 신분의 효과는 신분이 없는 자에게 미치지 아니한다.

　㉡ 수개의 질서위반행위의 처리(질서위반행위규제법 제13조): 하나의 행위가 2 이상의 질서위반행위에 해당하는 경우에는 각 질서위반행위에 대한 과태료 중 가장 중한 과태료를 부과한다.

03 즉시강제

1 즉시강제의 의의

즉시강제란 목전의 급박한 행정상의 장해를 제거할 필요가 있으나 미리 의무를 명할 시간적 여유가 없을 때(광견의 배회) 또는 성질상 의무를 명하고 그 이행을 기다려서는 목적 달성이 곤란한 때(감염병환자의 입원명령), 즉시 국민의 신체 또는 재산에 실력을 가하여 행정상의 필요한 상태를 실현하는 작용을 말한다. 의무 부과 없이 이루어진다는 점에서 의무를 전제로 하는 강제집행이나 행정벌과 다르다. 그러므로 행정상의 강제집행으로 의무이행을 확보할 수 있으면, 행정상 즉시집행은 허용되지 않는다.

> **관련판례**
>
> ■ **행정상 즉시강제의 의의 및 한계**
> 행정상 즉시강제란 행정강제의 일종으로서 목전의 "급박"한 행정상 장해를 제거할 필요가 있는 경우에, 미리 의무를 명할 시간적 여유가 없을 때 또는 그 성질상 의무를 명하여 가지고는 목적달성이 곤란할 때에, 직접 국민의 신체 또는 재산에 실력을 가하여 행정상 필요한 상태를 실현하는 작용이다. 이는 법령 또는 행정처분에 의한 선행의 구체적 의무의 존재와 그 불이행을 전제로 하는 행정상 강제집행과 구별된다. 행정강제는 행정상 강제집행을 원칙으로 하며, 법치국가적 요청인 예측가능성과 법적 안정성에 반하고, 기본권 침해의 소지가 큰 권력작용인 행정상 즉시강제는 어디까지나 예외적인 강제수단이라고 할 것이다. 이러한 행정상 즉시강제는 엄격한 실정법상의 근거를 필요로 할 뿐만 아니라, 그 발동에 있어서는 법규의 범위 안에서도 다시 행정상의 장해가 목전에 급박하고, 다른 수단으로는 행정목적을 달성할 수 없는 경우이어야 하며, 이러한 경우에도 그 행사는 필요 최소한도에 그쳐야 함을 내용으로 하는 조리상의 한계에 기속된다(헌재 2002.10.31. 2000헌가12).
>
> ■ **행정상 즉시강제의 경우이더라도 영장주의의 예외를 인정할 수 있는지 여부**
> 영장주의가 행정상 즉시강제에도 적용되는지에 관하여는 논란이 있으나, 행정상 즉시강제는 상대방의 임의이행을 기다릴 시간적 여유가 없을 때 하명 없이 바로 실력을 행사하는 것으로서, 그 본질상 급박성을 요건으로 하고 있어 법관의 영장을 기다려서는 그 목적을 달성할 수 없다고 할 것이므로, 원칙적으로 영장주의가 적용되지 않는다고 보아야 할 것이다. 만

② 즉시강제의 불복

(1) 즉시강제의 불복방법

① 적법한 즉시강제의 경우에는 손실보상을 청구할 수 있다.

② 위법한 즉시강제의 경우에는 행정쟁송, 국가배상(손해배상), 정당방위, 결과제거청구권, 청원 및 진정 등이 있다.

③ 가장 직접적인 권리구제수단은 국가배상(손해배상) 또는 원상회복청구이다.

④ 행정기본법에서는 즉시강제에 대한 불복절차가 규정되어 있지 않으나, 이의신청(제36조)을 제기할 수는 있다.

관련판례

■ **행정상 즉시강제 또는 행정대집행의 실행이 완료된 이후 취소를 구할 권리보호이익이 있는지 여부**
본법 제2조에 의하여 의무자에게 하명된 행위에 관하여 본조의 계고와 대집행영장에 의한 통지절차를 거쳐서 이미 그 대집행이 사실행위로서 실행이 완료된 이후에 있어서는 그 행위의 위법을 이유로 하는 손해배상 또는 원상회복의 청구를 하는 것은 몰라도 그 사실행위의 취소를 구하는 것은 권리보호의 이익이 없다(대판 1965.5.31, 65누25).

■ **경찰관이 구 윤락행위등방지법 소정의 '요보호여자'에 해당하지 않는 여자를 '요보호여자'에 해당한다고 보아 보호지도소 측에서 신병을 인수해 갈 때까지 "강제로" 경찰서 보호실에 유치한 행위에 대하여 국가배상책임이 성립되는지 여부**
경찰관이 구 윤락행위등방지법 소정의 '요보호여자'에 해당하지 않는 여자를 '요보호여자'에 해당한다고 보아 지도소측에서 신병을 인수해 갈 때까지 영장 없이 경찰서 보호실에 강제로 유치한 행위에 대하여, 영장주의의 적용이 배제되는 행정상의 즉시강제에 해당한다는 국가의 주장을 배척하고, 영장주의에 위배되는 위법한 구금에 해당할 뿐 아니라 '요보호여자'에 해당한다고 보아 수용보호를 의뢰한 데에도 과실이 있다고 보아 국가배상책임이 성립한다(대판 1998.2.13, 96다28578).

1 정의

행정조사란 행정기관이 정책을 내거나 직무를 수행하는 데 필요한 정보나 자료를 수집하기 위하여 현장조사·문서열람·시료채취 등을 하거나 조사대상자에게 보고요구·자료 제출요구 및 출석·진술요구를 행하는 활동을 말한다(행정조사기본법 제2조 제1호).

2 행정조사의 종류

(1) 강제조사와 임의조사

구분	내용	예
강제조사	• 상대방이 행정기관의 명령이나 지시에 따르지 않는 경우에 벌칙의 적용을 받게 되는 행정조사 • 강제조사는 권력적 행정조사에 해당	불심검문, 가택수색, 음주측정 등
임의조사	• 상대방의 임의적인 협력에 의해 행하거나 행정청 단독으로 행하는 행정조사 • 임의조사는 비권력적 행정조사에 해당	여론조사, 임의적 공청회 등

(2) 행정조사의 근거(행정조사기본법 제5조)

구분	내용
일반적 행정조사	행정기관은 법령 등에서 행정조사를 규정하고 있는 경우에 한하여 행정조사를 실시할 수 있다.
임의적 행정조사	조사대상자의 자발적인 협조를 얻어 실시하는 행정조사의 경우에는 그러하지 아니하다.

> **관련판례**
>
> ■ 행정조사기본법 제5조는 행정기관이 정책을 결정하거나 직무를 수행하는 데에 필요한 정보나 자료를 수집하기 위하여 행정조사를 실시할 수 있는 근거에 관하여 정한 것으로서, 이러한 규정의 취지와 아울러 문언에 비추어 보면, 단서에서 정한 '조사대상자의 자발적인 협조를 얻어 실시하는 행정조사'는 개별 법령 등에서 행정조사를 규정하고 있는 경우에도 실시할 수 있다(대판 2013.10.27, 2016두41811).

3 위법한 행정조사와 행정행위의 효력

위법한 행정조사에 기초하여 이루어진 행정행위의 효력도 위법한지 여부에 대해서는 견해의 대립이 존재한다.

> **관련판례**
>
> ■ **위법한 세무조사에 기초하여 이루어진 납세자에 대한 부가가치세부과처분: 위법**
> 납세자에 대한 부가가치세부과처분이, 종전의 부가가치세 경정조사와 같은 세목 및 같은 과세기간에 대하여 중복하여 실시된 위법한 세무조사에 기초하여 이루어진 것이어서 위법하다(대판 2006.6.2. 2004두12070).
>
> ■ **과세관청 내지 그 상급관청이나 수사기관의 강요로 합리적이고 타당한 근거도 없이 작성된 과세자료에 터잡은 과세처분의 하자가 중대하고 명백한 것인지 여부: 무효**
> 과세처분의 근거가 된 확인서, 명세서, 자술서, 각서 등이 과세관청 내지 그 상급관청이나 수사기관의 일방적이고 억압적인 강요로 작성자의 자유로운 의사에 반하여 별다른 합리적이고 타당한 근거도 없이 작성된 것이라면 이러한 과세자료에 터잡은 과세처분의 하자는 중대한 하자임은 물론 위와 같은 과세자료의 성립과정에 직접 관여하여 그 경위를 잘 아는 과세관청에 대한 관계에 있어서 객관적으로 명백한 하자라고 할 것이다(대판 1992.3.31. 91다32053).
>
> ■ **동의받지 않은 음주운전 채혈조사 결과를 근거로 한 운전면허 정지·취소 처분: 위법**
> 음주운전 여부에 대한 조사 과정에서 운전자 본인의 동의를 받지 아니하고 또한 법원의 영장도 없이 채혈조사를 한 결과를 근거로 한 운전면허 정지·취소 처분은 도로교통법 제44조 제3항을 위반한 것으로서 특별한 사정이 없는 한 위법한 처분으로 볼 수밖에 없다(대판 2016.12.27. 2014두46850).

05 | 손해전보제도

01 국가배상제도

1 공무원의 위법한 직무집행행위로 인한 배상책임[국가배상의 첫 번째 유형(헌법 제29조 및 국가배상법 제2조)]

(1) 배상책임의 요건: 판례는 국가배상청구소송을 민사소송으로 취급하고 있다.

① **공무원:** 국가기관 구성원으로서 공무원뿐만 아니라 공무를 위탁받은 사인이 직무를 집행하는 자를 포함한다(국가배상법 제2조).

② **직무 집행 중**

㉠ 외형설: "직무를 집행하면서"와 관련하여 통설과 판례는 외형설의 입장을 취하고 있는데 이에 따르면 실질적으로 직무집행행위가 아닌 경우 또는 행위자에게 주관적인 직무집행의사가 없더라도 '행위 자체의 외관'을 객관적으로 관찰하여 직무행위로 보여질 때에는 요건을 충족하는 것으로 본다(대판 2005.1.14, 2004다26805).

㉡ 직무집행성의 판단(판례)

직무집행성의 인정	직무집행성의 불인정
• 상급자가 하급자를 훈계 도중에 폭행한 경우(대판 1995. 4.21. 93다14240) • 수사 도중 고문 행위(대판 1981.10.13, 81다625) • 상관 명령에 의한 운전병의 이삿짐 운반(대판 1968. 2.6, 67다2626) • 인사업무담당 공무원이 다른 공무원의 공무원증을 위조한 행위(대판 2005.1.14, 2004다26805) • 공무원이 자신의 승용차로 공무를 수행하고 돌아오던 중 교통사고를 일으킨 경우(대판 1998.11.19, 97다 36873)	• 결혼식 참석을 하기 위한 군용차 운행(대판 1967.11.21, 67다2107) • 공무원이 출근 시 자기소유 자동차를 운전한 경우(대판 1996.5.31, 94다15271) • 부대를 이탈한 군인이 민간인을 사살한 경우(대판 1980.4.22, 80다200) • 세무공무원이 재산압류 도중 행한 절도 • 군의관의 포경수술(대판 1968.7.23, 68다1033) • 시영버스 운전사가 사고를 낸 경우 • 공무원의 불법행위가 본래 직무와 관련 없는 행위의 경우(대판 1993.1.15, 92다8514)

③ **고의 또는 과실:** 국가나 지방자치단체는 공무원의 고의 또는 과실이 있어야 국가배상책임을 부담한다. 국가배상법 제2조는 과실책임원칙을 규정하고 있다.

㉠ 과실의 객관화: 과실은 공무원이 그 직무 수행에 있어 당해직무를 담당하는 평균인이 보통 갖추어야 할 주의의무를 게을리한 것을 말한다(대판 1987.9.22, 87다카1164).

㉡ 과실의 입증책임: 공무원의 고의 또는 과실에 대한 입증책임은 원칙적으로 원고(피해자)에게 있다는 것이 통설과 판례의 입장이다(입증책임의 완화).

④ 법령위반(위법성): 엄격한 의미의 법령(헌법, 법령, 조약, 자치법규) 위반뿐만 아니라 인권존중, 권력 남용금지, 신의성실의 원칙 등과 같이 공서양속까지 포함된다고 넓게 보는 광의설이 다수설 및 판례의 입장이다.

⑤ 타인에게 손해발생: 타인은 위법한 직무행위를 한 공무원과 이에 가담한 자 이외의 모든 자연인, 법인 등을 말한다. 손해에는 적극적 손해(치료비), 소극적 손해(기대이익), 정신적 손해(위자료)를 모두 포함한다.

⑥ 상당인과관계: 공무원의 위법한 직무행위와 국민의 손해 사이에 상당한 인과관계가 존재하여야 한다. 판례는 결과발생의 개연성, 법령 등의 목적, 가해행위의 태양, 피해의 정도 등을 종합적으로 고려하여야 한다는 입장이다.

⑦ 이중배상의 금지

 ㉠ 의의: 군인 · 군무원 · 경찰공무원 또는 예비군대원이 전투 · 훈련 등 직무집행과 관련하여 전사 · 순직하거나 공상을 입은 경우에 본인이나 그 유족이 다른 법령에 따라 재해보상금 · 유족연금 · 상이연금 등의 보상을 지급받을 수 있을 때에는 국가배상법 및 민법에 따른 손해배상을 청구할 수 없다는 것이다.

관련판례

■ 헌법 제29조 제2항 및 이를 근거로 한 국가배상법 제2조 제1항 단서 규정의 입법 취지는, 국가 또는 공공단체가 위험한 직무를 집행하는 군인 · 군무원 · 경찰공무원 또는 향토예비군대원에 대한 피해보상제도를 운영하여, 직무집행과 관련하여 피해를 입은 군인 등이 간편한 보상절차에 의하여 자신의 과실 유무나 그 정도와 관계없이 무자력의 위험부담이 없는 확실하고 통일된 피해보상을 받을 수 있도록 보장하는 대신에, 피해 군인 등이 국가 등에 대하여 공무원의 직무상 불법행위로 인한 손해배상을 청구할 수 없게 함으로써, 군인 등의 동일한 피해에 대하여 국가 등의 보상과 배상이 모두 이루어짐으로 인하여 발생할 수 있는 과다한 재정지출과 피해 군인 등 사이의 불균형을 방지하고, 또한 가해자인 군인 등과 피해자인 군인 등의 직무상 잘못을 따지는 쟁송이 가져올 폐해를 예방하려는 데에 있고, 또 군인, 군무원 등 이 법률 규정에 열거된 자가 전투, 훈련 기타 직무집행과 관련하는 등으로 공상을 입은 데 대하여 재해보상금, 유족연금, 상이연금 등 별도의 보상제도가 마련되어 있는 경우에는 이중배상의 금지를 위하여 이들의 국가에 대한 국가배상법 또는 민법상의 손해배상청구권 자체를 절대적으로 배제하는 규정이므로, 이들은 국가에 대하여 손해배상청구권을 행사할 수 없는 것이다(대판 2002.5.10, 2000다39735).

 ㉡ 적용대상자

  • 피해자가 군인, 군무원, 경찰공무원 또는 예비군대원일 것

  • 전투 · 훈련 등 직무집행과 관련하여 전사 · 순직하거나 공상을 입었을 것

  • 본인 또는 그 유족이 다른 법령의 규정에 의하여 재해보상금, 유족연금, 상이연금 등의 보상을 지급받을 수 있을 것을 요건으로 함

❷ 영조물의 하자로 인한 배상책임[국가배상의 두 번째 유형(국가배상법 제5조)]

(1) 배상책임의 요건

> **국가배상법 제5조【공공시설 등의 하자로 인한 책임】**
> ① 도로 · 하천, 그 밖의 공공의 영조물(營造物)의 설치나 관리에 하자(瑕疵)가 있기 때문에 타인에게 손해를 발생하게 하였을 때에는 국가나 지방자치단체는 그 손해를 배상하여야 한다. 이 경우 제2조 제1항 단서, 제3조 및 제3조의2를 준용한다.
> ② 제1항을 적용할 때 손해의 원인에 대하여 책임을 질 자가 따로 있으면 국가나 지방자치단체는 그 자에게 구상할 수 있다.

① **도로 기타 공공의 영조물**: 영조물이란 공적 목적을 달성하기 위한 인적 · 물적 시설의 종합체를 의미한다. 하지만 도로와 하천은 통상 영조물이 아니라 공물로 이해하는 것이 행정법학계의 일반적인 해석이다. 따라서 이러한 국가배상법 제5조상의 영조물에 도로와 하천을 포함하기 위해서는 동조의 '영조물'에 대한 개념을 사실적으로 해석하는 '문리적 해석'이 아니라 문맥적으로 해석하는 '체계적 해석'을 통하여 '강학상의 공물'로서 행정주체가 공익 목적을 달성하기 위하여 제공한 유체물(인공공물, 자연공물, 동산, 부동산 포함)로 해석하는 것이 타당하다.

더 알아보기

국가배상법상 영조물 인정 사례와 부정 사례

영조물 인정 사례	영조물 부정 사례
• 관용자동차, 경찰견, 경찰마, 경찰관의 총기 • 제방 및 하천부지 • 도로(지도에 나와 있지 않은 도로 포함), 지하케이블선의 '맨홀', 상하수도, 정부청사, 망원유수지의 수문상자 • 철도건널목의 자동경보기, 철도역 대합실과 승강장, 교통신호기, 육교, 지하차도 • 공중변소, 태종대 유원지, 배수펌프장, 여의도 광장, 전신주 • 매향리 사격장	• 일반재산(국유림, 국유임야, 국유광산, 폐천부지) • 형체적 요소를 갖추지 못한 경우(설치 중인 옹벽) • 예정공물(시 명의의 종합운동장 예정부지나 그 지상의 자동차경주를 위한 방호벽) • 공용지정을 갖추지 못한 경우(사실상 군민의 통행에 제공되고 있던 도로)

② **설치 또는 관리상의 하자**: 설치 · 관리상의 하자란 공물 자체가 통상적으로 갖추어야 할 객관적 안전성의 결여(사회적 · 기술적 하자)를 의미한다고 보아, 노면결빙 사건에서 "영조물 자체가 통상 갖추어야 할 안전성을 갖추지 못한 상태에 있는 것"을 하자로 정의하고 있다(대판 1994.11.22, 94다32924). 따라서 객관설을 채택하고 있다.

■ **최근 일부 판례**

위 수영장에는 성인용 구역과 어린이용 구역을 동일한 수영조에 두었다는 점과 수심 표시를 제대로 하지 않은 점 등의 하자가 있고, 이러한 하자 때문에 위 사고가 발생하였다고 볼 수 있는 이상 갑 공단에 책임이 없다고 할 수 없으며, 을에 대한 보호감독의무를 부담하는 병 등의 주의의무 위반이 사고 발생의 공동원인이 되었더라도 이것이 갑 공단에 대하여 수영장의 설치·보존상 하자로 인한 책임을 인정하는 데 장애가 되지 않는데도, 이와 달리 보아 을 등의 주장을 배척한 원심판단에는 공작물책임에 관한 법리오해 등의 잘못이 있다고 한 사례(대판 2019.11.28, 2017다14895)

■ **신호기**

교차로의 진행방향 신호기의 정지신호가 단선으로 소등되어 있는 상태에서 그대로 진행하다가 다른 방향의 진행신호에 따라 교차로에 진입한 차량과 충돌한 경우, 신호기의 적색신호가 소등된 기능상 결함이 있었다는 사정만으로 신호기의 설치 또는 관리상의 하자를 인정할 수 없다(대판 2000.2.25, 99다54004).

신호등	소등·점등	단순 기능상의 하자로 배상 불인정
	모순되는 신호	손해발생의 예견 가능성이나 회피 가능성이 없는 것이라 할 수 없어 배상인정

■ **영조물의 사회적·기능적 안정성 결여로 인하여, 즉 기능적 하자에 기인하여 손해배상을 인정한 사례**

- 김포공항에서 발생하는 소음 등으로 인근 주민들이 입은 피해는 사회통념상 수인한도를 넘는 것으로서 김포공항의 설치·관리에 하자가 있다(대판 2005.1.27, 2003다49566).
- 매향리 사격장에서 발생하는 소음 등으로 지역 주민들이 입은 피해는 사회통념상 참을 수 있는 정도를 넘는 것으로서 사격장의 설치·관리에 하자가 있다(대판 2004.3.12, 2002다14242).
- 고속도로의 확장으로 인하여 소음·진동이 증가하여 인근 양돈업자가 폐업을 하게 된 사안에서 양돈업에 대한 침해의 정도가 사회통념상 일반적으로 수인할 정도를 넘어선 것으로 보아 한국도로공사의 손해배상책임을 인정할 수 있다(대판 2001.2.9, 99다55434).
- 소음 등을 포함한 공해 등의 위험지역으로 이주하여 거주하는 경우, 가해자의 면책 여부 및 손해배상 감액에 대한 판단기준(위험존재인식 → 가해자의 면책인정, 위험존재인식 × → 손해배상액의 감액사유): 소음 등을 포함한 공해 등의 위험지역으로 이주하여 들어가서 거주하는 경우와 같이 위험의 존재를 인식하면서 그로 인한 피해를 용인하며 접근한 것으로 볼 수 있는 경우에, 그 피해가 직접 생명이나 신체에 관련된 것이 아니라 정신적 고통이나 생활방해의 정도에 그치고 그 침해행위에 고도의 공공성이 인정되는 때에는, 위험에 접근한 후 실제로 입은 피해 정도가 위험에 접근할 당시에 인식하고 있었던 위험의 정도를 초과하는 것이거나 위험에 접근한 후에 그 위험이 특별히 증대하였다는 등의 특별한 사정이 없는 한 가해자의 면책을 인정하여야 하는 경우도 있다. 특히 소음 등의 공해로 인한 법적 쟁송이 제기되거나 그 피해에 대한 보상이 실시되는 등 피해지역임이 구체적으로 드러나고 또한 이러한 사실이 그 지역에 널리 알려진 이후에 이주하여 오는 경우에는 위와 같은 위험에의 접근에 따른 가해자의 면책 여부를 보다 적극적으로 인정할 여지가 있다. 다만 일반인이 공해 등의 위험지역으로 이주하여 거주하는 경우라고 하더라도 위험에 접근할 당시에 그러한 위험이 존재하는 사실을 정확하게 알 수 없는 경우가 많고, 그 밖에 위험에 접근하게 된 경위와 동기 등의 여러 가지 사정을 종합하여 그와 같은 위험의 존재를 인식하면서도 위험으로 인한 피해를 용인하면서 접근하였다고 볼 수 없는 경우에는 손해배상액의 산정에 있어 형평의 원칙상 과실상계에 준하여 감액사유로 고려하여야 한다(대판 2010.11.25, 2007다74560).
- 인공물인 도로의 경우(도로노면결빙): 지방자치단체가 관리하는 도로 지하에 매설되어 있는 상수도관에 균열이 생겨 그 틈으로 새어 나온 물이 도로 위까지 유출되어 노면이 결빙되었다면 도로로서의 안전성에 결함이 있는 상태로서 설치·관리상의 하자가 있다(대판 1994.11.22, 94다32924).

③ 타인에게 손해 발생

　　㉠ 타인: 위법한 직무행위를 한 공무원과 이에 가담한 자 이외의 모든 자연인, 법인 등을 말한다.

　　㉡ 손해: 적극적 손해(치료비), 소극적 손해(일실이익), 정신적 손해(위자료)가 모두 포함된다.

④ **상당인과관계가 존재**: 영조물의 설치, 관리의 하자와 국민의 손해 사이에 상당한 인과관계가 존재하여야 한다. 이에 관해서도 국가배상법 제2조의 내용과 동일하다. 따라서 하자와 손해발생 사이의 상당인과관계는 피해자가 입증하여야 하며 다른 자연적 사실이나 제3자 또는 피해자의 행위와 경합하여 발생한 손해도 상당인과관계가 있는 한 손해배상책임을 진다고 본다.

관련판례

■ **제3자의 행위와 자연력이 서로 경합한 경우(경합범위 내 손해배상책임)**

영조물의 설치 또는 관리상의 하자로 인한 사고라 함은 영조물의 설치 또는 관리상의 하자만이 손해발생의 원인이 되는 경우만을 말하는 것이 아니고, 다른 자연적 사실이나 제3자의 행위 또는 피해자의 행위와 경합하여 손해가 발생하더라도 영조물의 설치 또는 관리상의 하자가 공동원인의 하나가 되는 이상 그 손해는 영조물의 설치 또는 관리상의 하자에 의하여 발생한 것이라고 해석함이 상당하다(대판 1994.11.22, 94다32924).

---

(2) 면책사유

① **불가항력(예견 가능성과 회피 가능성)**: 천재지변과 같이 인간의 능력으로 예견할 수 없거나, 예견할 수 있어도 회피할 수 없는 외부의 힘에 의해 손해가 발생하는 경우를 말한다.

관련판례

■ **불가항력으로 인정하지 않은 판례**

집중호우의 경우(집중호우가 50년 빈도의 최대강우량에 해당한다는 사실): 집중호우로 제방도로가 유실되면서 그 곳을 걸어가던 보행자가 강물에 휩쓸려 익사한 경우, 사고 당일의 집중호우가 50년 빈도의 최대강우량에 해당한다는 사실만으로 불가항력에 기인한 것으로 볼 수 없다(대판 2000.5.26, 99다53247).

■ **불가항력으로 인정한 판례**

집중호우의 경우(사고지점에서 계획홍수위보다 16미터 정도가 넘는 유수에 의한 범람은 면책): 사고지점 제방은 1백년 발생빈도를 기준으로 책정된 계획홍수위보다 30센티미터 정도 더 높았으며 당시 상류지역의 강우량은 6백 년 또는 1천 년 발생빈도의 강우량이어서 사고지점의 경우에 계획홍수위보다 무려 16미터 정도가 넘는 수위의 유수가 흘렀다고 추정된다. 따라서 특별히 계획홍수위를 정한 이후에 이를 상향조정할 만한 사정이 없는 한 계획홍수위보다 높은 제방을 갖춘 이상, 통상 갖춰야 할 안전성을 갖추지 못한 하자가 있다고 볼 수 없고, 계획홍수위를 훨씬 넘는 유수에 대한 범람은 예측 가능성 및 회피가능성이 없는 불가항력적인 재해에 해당하는 만큼 그 영조물의 관리청에게 책임을 물을 수 없다(대판 2003.10.23, 2001다48057).

---

② 손해발생의 예견 가능성과 회피 가능성

③ **피해자의 과실**: 현행 국가배상법상에는 과실상계에 관한 직접적인 규정은 없으나(국가배상법 시행령 제21조에 관련 규정), 피해자에게 과실이 있었던 경우에는 피해자의 과실로 인해 확대된 손해의 한도 내에서 영조물 관리주체의 책임이 부분적으로 감면된다고 본다.

④ **재정적 제약**: 재정적 사유는 국가나 지방자치단체 등의 내부문제이므로 면책사유로 보지 않는 것이 일반적 견해이고 판례도 이를 절대적 면책사유로 보지 않고 있다.

(3) 국가배상법 제2조와의 경합: 국가배상법 제2조는 과실책임이고 제5조는 무과실책임이다. 이러한 것으로 부터 다음의 특징들을 도출할 수 있다.

① **공무원의 과실로 인한 영조물의 물적 하자로 인하여 손해가 발생한 경우:** 이러한 경우에는 공무원의 고의·과실에 대해 규정한 제2조뿐만 아니라, 영조물의 설치·관리상의 하자를 규정한 제5조의 적용도 받는다(다수설, 판례).

② **양자는 별개의 소송물:** 제2조에 의한 국가배상청구와 제5조에 의한 국가배상청구는 별개의 소송물이기 때문에 제2조에 의한 손해배상청구에서 패소한다 하더라도 제5조에 의한 손해배상청구가 가능하다.

③ **원고에게 유리:** 나아가 피해자 상대방의 입장에서 볼 때 제5조는 제2조와 달리 과실입증이 요구되지 않으므로 원고에게 유리한 측면이 있다. 따라서 이 경우 제2조보다 제5조가 입증책임에서 용이하므로 제5조에 의한 배상책임을 주장하는 것이 피해자에게 유리할 것이다.

02 손실보상제도

1 의의

행정상 손실보상이란 적법한 공권력 행사로 인하여 국민의 재산권에 가하여진 특별한 손해발생에 대하여, 사유재산권의 보장과 공평부담의 견지에서 행정주체(국가, 지방자치단체, 공익사업의 주체)가 그 손해를 보상해주는 것을 말한다.

2 근거

(1) 이론적 근거 – 특별희생설: 견해의 대립은 있으나, 특별희생설이 판례와 통설의 입장이다. 손실보상은 공공사업의 시행과 같이 적법한 공권력의 행사로 가하여진 재산상의 특별한 희생에 대하여 전체적인 공평부담의 견지에서 인정되는 것이므로, 공공사업의 시행으로 손해를 입었다고 주장하는 자가 보상을 받을 권리를 가졌는지의 여부는 해당 공공사업의 시행 당시를 기준으로 판단하여야 한다.

(2) 실정법적 근거: 헌법 제23조 제3항은 "공공필요에 의한 재산권의 수용·사용 또는 제한 및 그에 대한 보상은 법률로써 하되, 정당한 보상을 지급하여야 한다."라고 규정하고 있다.

(3) 개별법적 근거: 손실보상에 대한 일반법은 없으나, 다수의 개별 법률은 공용수용에 관한 법률적 근거와 그 일반적 요건을 규정함과 동시에 그에 따르는 손실에 대한 보상규정을 두고 있다. 따라서 손실보상 규정이 공익사업을 위한 토지 등의 취득 및 보상에 관한 법률, 하천법, 도로법 등 개별법에 있는 경우에는 그에 따라 손실보상청구권을 행사할 수 있다.

3 개별 법령에 손실보상규정이 흠결된 경우

(1) 헌법 제23조 제3항의 불가분조항 여부 – 긍정(통설): 불가분조항이란 공용침해 시 반드시 보상규정을 두어야 한다는 것으로 이를 결부조항, 부대조항, 동시조항이라고 한다. 우리나라 헌법은 불가분조항에 대한 직접적인 규정은 없으나 통설은 헌법 제23조 제3항을 불가분조항으로 인정하고 있다(다수설과 판례는 긍정). 그러므로 개별법에 보상규정이 없다고 하더라도 헌법 제23조 제3항을 근거로 보상받을 수 있는지가 문제되는데 이는 동 조항을 성격을 어떻게 보느냐에 따라 결론이 달라진다.

> **관련판례**
>
> 헌법 제23조 제3항은 "공공필요에 의한 재산권의 수용·사용 또는 제한 및 그에 대한 보상은 법률로써 하되, 정당한 보상을 지급하여야 한다."라고 규정하고 있는바, 이 헌법의 규정은 보상청구권의 근거에 관하여서뿐만 아니라 보상의 기준과 방법에 관하여서도 법률에 유보하고 있는 것으로 보아야 할 것이다(대판 2005.7.29, 2003두2311).

(2) 헌법 제23조 제3항의 성격

학설	내용
방침규정설 (프로그램규정설)	• 손실보상 부정 • 헌법 제23조 제3항은 단순한 입법의 방침에 불과
국민에 대한 직접효력설 (직접적용설)	• 손실보상 긍정 • 헌법학계의 다수설 • 국민 입장
입법자에 대한 직접효력설 (위헌무효설)	• 국가배상 긍정 • 행정쟁송 긍정 • 보상규정이 흠결된 법률은 위헌·무효이고, 위헌·무효인 법률에 기한 수용은 위법
유추적용설 (수용유사침해설, 간접적용설)	• 손실보상 긍정 • 헌법상 평등권 등을 근거로 관련규정을 유추적용할 수 있음
보상입법부작위위헌설	• 헌법소원 긍정 • 입법부작위를 이유로 헌법소원 가능

※ 유추적용설, 직접적용설에 의하면 반드시 법률에 보상규정이 필요한 것은 아님 → 헌법을 근거로 보상이 가능함
※ 위헌무효설에 의하면 반드시 법률에 보상규정이 필요함

> **관련판례**
>
> ■ 〈위헌무효설〉 토지구획정리사업 시행자가 사도 등 사유지에 대하여 환지도 지정하지 아니하고 청산금도 지급하지 아니한 경우 불법행위의 성립 여부: 긍정
> 토지구획정리사업시행자가 구 토지구획정리사업법 제53조 제2항 후문에 따라 사도 등 사유지에 대하여 환지를 지정하지 아니한 것은 위 법규정상 어쩔 수 없으나 거기에서 더 나아가 청산금도 지급하지 아니한 채 구획정리사업을 마치고 환지처분의 확정공고를 함으로써 그 토지에 대한 소유권을 상실시킨 것은 토지소유자에 대하여 불법행위를 구성하므로 토지구획정리사업시행자는 청산금 상당액의 손해를 배상할 책임이 있다(대판 1991.2.22, 90다16474).
>
> ■ 〈유추적용설〉 공유수면매립사업의 시행으로 인한 신고어업자의 손실보상청구권의 인정 여부: 긍정
> 적법한 절차에 의하여 신고를 하고 신고어업에 종사하던 중 공유수면매립사업의 시행으로 피해를 입게 되는 어민들이 있는 경우 그 공유수면매립사업의 시행자로서는 수산업법의 위 규정 및 신고어업자의 손실보상액 산정에 관한 수산업법 시행령 제62조의 규정을 유추적용하여 손실보상을 하여 줄 의무가 있다(대판 2002.12.2, 2000다2511).

■ 〈유추적용설〉 제방부지 및 제외지가 법률 제2292호 하천법 개정법률 시행일(1971년)부터 법률 제3782호 하천법 중 개정법률의 시행일(1984년) 전에 국유로 된 경우, 명시적인 보상규정이 없더라도 관할관청이 소유자가 입은 손실을 보상하여야 하는지 여부: 긍정

법률 제2292호 하천법 개정법률 제2조 제1항 제2호 (나)목 및 (다)목, 제3조에 의하면, 제방부지 및 제외지는 법률 규정에 의하여 당연히 하천구역이 되어 국유로 되는데도, 하천편입토지 보상 등에 관한 특별조치법은 법률 제2292호 하천법 개정법률 시행일부터 법률 제3782호 하천법 중 개정법률의 시행일 전에 국유로 된 제방부지 및 제외지에 대하여는 명시적인 보상규정을 두고 있지 않다. 그러나 제방부지 및 제외지가 유수지와 더불어 하천구역이 되어 국유로 되는 이상 그로 인하여 소유자가 입은 손실은 보상되어야 하고 보상방법을 유수지에 관한 것과 달리할 아무런 합리적인 이유가 없으므로, 법률 제2292호 하천법 개정법률 시행일부터 법률 제3782호 하천법 중 개정법률 시행일 전에 국유로 된 제방부지 및 제외지에 대하여도 특별조치법 제2조를 유추적용하여 소유자에게 손실을 보상하여야 한다고 보는 것이 타당하다(대판 2011.8.25, 2011두2743).

4 손실보상청구권의 성질

손실보상청구권의 성질에 대해 견해의 대립은 있으나, 공권설이 다수설의 입장이다. 판례는 원칙적으로 사권설의 입장이다. 즉 손실보상의 원인이 공법적이라 하더라도 손실의 내용이 사권이라면 손실보상은 사법적인 것이라고 판시하였다. 다만, 예외적으로 행정소송의 대상이 된다고 판시한 판례가 있다.

관련판례

■ 〈원칙〉 농어촌진흥공사가 농업을 목적으로 하는 매립 또는 간척사업을 시행함으로 인하여 수산업법 제41조의 규정에 의한 어업의 신고를 한 자가 더 이상 신고어업에 종사하지 못하게 되어 손실을 입은 경우의 구제 방법: 민사소송

수산업법 제81조 제1항 제1호는 같은 법 제34조 제1항 제1호 내지 제5호와 제35조 제8호의 규정에 해당되는 사유로 인하여 면허·허가 또는 신고한 어업에 대한 처분을 받았거나 당해 사유로 인하여 제14조의 규정에 의한 어업면허의 유효기간의 연장이 허가되지 아니함으로써 손실을 입은 자는 그 처분을 행한 행정관청에 대하여 보상을 청구할 수 있다고 규정하고 있으므로, 면허·허가 또는 신고한 어업에 대한 위와 같은 처분으로 인하여 손실을 입은 자는 처분을 한 행정관청 또는 그 처분을 요청한 행정관청이 속한 권리주체인 지방자치단체 또는 국가를 상대로 민사소송으로 손실보상금지급청구를 할 수 있고, 이러한 법리는 농어촌진흥공사가 농업을 목적으로 하는 매립 또는 간척사업을 시행함으로 인하여 같은 법 제44조의 규정에 의한 어업의 신고를 한 자가 더 이상 신고한 어업에 종사하지 못하게 되어 손실을 입은 경우에도 같이 보아야 한다(대판 2000.5.26, 99다37382).

■ 〈예외〉 구 공유수면매립법 시행 당시 공유수면매립사업으로 인한 관행어업권자의 손실보상청구권 행사방법: 행정소송

공유수면매립사업으로 인하여 관행어업권을 상실하게 된 자는 구 공유수면매립법 제6조 제2호가 정한 입어자로서 같은 법 제16조 제1항의 공유수면에 대하여 권리를 가진 자에 해당하므로 그가 매립사업으로 인하여 취득한 손실보상청구권은 직접 같은 법 조항에 근거하여 발생한 것이라 할 것이어서, 공유수면매립사업법 제16조 제2항, 제3항이 정한 재정과 그에 대한 행정소송의 방법에 의하여 권리를 주장하여야 할 것이고 민사소송의 방법으로는 그 손실보상청구권을 행사할 수 없다(대판 2001.6.29, 99다56468).

5 손실보상의 요건

(1) 공공의 필요: 헌법상 보장된 재산권을 수용, 사용, 제한 등을 하기 위해서는 공공의 필요가 있는 경우에만 가능하다. 국가의 영리목적으로 이루어진 경우에는 공공의 필요에 해당하지 않는다.

(2) 적법한 행정작용: 법률에 근거한 행정작용에 기하여 헌법상 보장된 재산권 침해가 발생하여야 한다. 이 점에서 국가배상(손해배상)과 다르다.

(3) 국민의 재산권 침해: 재산권이란 공법상 권리와 사법상 권리를 포함하며 법률상 보호되는 일체의 재산을 의미한다. 재산권의 종류는 불문한다. 침해의 유형으로는 공용수용(사인의 재산권 강제취득), 공용사용(수용에 이르지 않는 일시적 사용), 공용제한(수용에 이르지 않되 소유자 등에 의한 사용이나 수익을 제한하는 것) 등을 들 수 있다.

(4) 특별한 희생: 손실보상이 인정되기 위해서는 재산권 침해로 재산권에 내재하는 사회적 제약을 넘는 '특별한 희생'이 발생되었어야 한다.

관련판례

■ 간척사업의 시행으로 종래의 관행어업권자에게 구 공유수면매립법에서 정하는 손실보상청구권이 인정되기 위해서는 매립면허고시 후 매립공사가 실행되어 관행어업권자에게 실질적이고 현실적인 피해가 발생해야 하는지 여부: 적극

구 공유수면매립법 제17조가 "매립의 면허를 받은 자는 제16조 제1항의 규정에 의한 보상이나 시설을 한 후가 아니면 그 보상을 받을 권리를 가진 자에게 손실을 미칠 공사에 착수할 수 없다. 다만, 그 권리를 가진 자의 동의를 받았을 때에는 예외로 한다."고 규정하고 있으나, 손실보상은 공공필요에 의한 행정작용에 의하여 사인에게 발생한 특별한 희생에 대한 전보라는 점에서 그 사인에게 특별한 희생이 발생하여야 하는 것은 당연히 요구되는 것이고, 공유수면 매립면허의 고시가 있다고 하여 반드시 그 사업이 시행되고 그로 인하여 손실이 발생한다고 할 수 없으므로, 매립면허 고시 이후 매립공사가 실행되어 관행어업권자에게 실질적이고 현실적인 피해가 발생한 경우에만 공유수면매립법에서 정하는 손실보상청구권이 발생하였다고 할 것이다(대판 2010.12.9, 2007두6571).

■ 토지를 종전의 용도대로 사용할 수 있는 경우에 개발제한구역 지정으로 인한 지가의 하락이 토지재산권에 내재하는 사회적 제약의 범주에 속하는지 여부: 적극

• 개발제한구역의 지정으로 인한 개발가능성의 소멸과 그에 따른 지가의 하락이나 지가상승률의 상대적 감소는 토지소유자가 감수해야 하는 사회적 제약의 범주에 속하는 것으로 보아야 한다. 자신의 토지를 장래에 건축이나 개발목적으로 사용할 수 있으리라는 기대 가능성이나 신뢰 및 이에 따른 지가상승의 기회는 원칙적으로 재산권의 보호범위에 속하지 않는다. 구역지정 당시의 상태대로 토지를 사용·수익·처분할 수 있는 이상, 구역지정에 따른 단순한 토지이용의 제한은 원칙적으로 재산권에 내재하는 사회적 제약의 범주를 넘지 않는다. → 보상할 필요 없음

• 도시계획법 제21조에 의한 재산권의 제한은 개발제한구역으로 지정된 토지를 원칙적으로 지정 당시의 지목과 토지현황에 의한 이용방법에 따라 사용할 수 있는 한, 재산권에 내재하는 사회적 제약을 비례의 원칙에 합치하게 합헌적으로 구체화한 것이라고 할 것이나, 종래의 지목과 토지현황에 의한 이용방법에 따른 토지의 사용도 할 수 없거나 실질적으로 사용·수익을 전혀 할 수 없는 예외적인 경우에도 아무런 보상없이 이를 감수하도록 하고 있는 한, 비례의 원칙에 위반되어 당해 토지소유자의 재산권을 과도하게 침해하는 것으로서 헌법에 위반된다(헌재 1998.12.24, 89헌마214). → 보상할 필요 있음

⑥ 경계이론과 분리이론

헌법 제23조의 해석 문제에 대해 경계이론과 분리이론이 존재한다.

(1) 경계이론(독일 사법재판소, 우리나라 대법원 입장)

헌법 제23조	① 재산권의 행사와 내용은 법률로 정한다(재산권 = 기본권) ② 재산권의 행사는 공공복리에 적합하게 해야 한다(재산권의 한계).	사회적 제약	보상 ×
	③ 공용침해 + 보상규정 → 정당한 보상(보상규정)	특별한 희생	보상 ○

(2) 분리이론(독일 연방헌법재판소, 우리나라 헌법재판소 입장)

헌법 제23조	① · ② · ③ 공용침해 + 보상규정 → 정당한 보상	비례원칙 위반여부	위반 ○	보상 ○	영역의 문제와 보상의 문제를 분리
			위반 ×	보상 ×	
		보상 ○			

- ■ 개발제한구역을 지정하여 그 안에서는 건축물의 건축 등을 할 수 없도록 규정한 도시계획법 제21조 등이 재산권 등을 침해하는지 여부에 대한 위헌소원: 헌법불합치

  • 개발제한구역 지정으로 인하여 토지를 종래의 목적으로도 사용할 수 없거나 또는 더 이상 법적으로 허용된 토지이용의 방법이 없기 때문에 실질적으로 토지의 사용 · 수익의 길이 없는 경우에는 토지소유자가 수인해야 하는 사회적 제약의 한계를 넘는 것으로 보아야 한다. → 보상이 필요한 경우

  • 개발제한구역의 지정으로 인한 개발가능성의 소멸과 그에 따른 지가의 하락이나 지가상승률의 상대적 감소는 토지소유자가 감수해야 하는 사회적 제약의 범주에 속하는 것으로 보아야 한다. 자신의 토지를 장래에 건축이나 개발목적으로 사용할 수 있으리라는 기대 가능성이나 신뢰 및 이에 따른 지가상승의 기회는 원칙적으로 재산권의 보호범위에 속하지 않는다. 구역지정 당시의 상태대로 토지를 사용 · 수익 · 처분할 수 있는 이상, 구역지정에 따른 단순한 토지이용의 제한은 원칙적으로 재산권에 내재하는 사회적 제약의 범주를 넘지 않는다. → 보상이 필요하지 않은 경우

  • 도시계획법 제21조에 의한 재산권의 제한은 개발제한구역으로 지정된 토지를 원칙적으로 지정 당시의 지목과 토지현황에 의한 이용방법에 따라 사용할 수 있는 한, 재산권에 내재하는 사회적 제약을 비례의 원칙에 합치하게 합헌적으로 구체화한 것이라고 할 것이나, 종래의 지목과 토지현황에 의한 이용방법에 따른 토지의 사용도 할 수 없거나 실질적으로 사용 · 수익을 전혀 할 수 없는 예외적인 경우에도 아무런 보상 없이 이를 감수하도록 하고 있는 한, 비례의 원칙에 위반되어 당해 토지소유자의 재산권을 과도하게 침해하는 것으로서 헌법에 위반된다.

  • 도시계획법 제21조에 규정된 개발제한구역제도 그 자체는 원칙적으로 합헌적인 규정인데 다만 개발제한구역의 지정으로 말미암아 일부 토지소유자에게 사회적 제약의 범위를 넘는 가혹한 부담이 발생하는 예외적인 경우에 대하여 보상규정을 두지 않은 것에 위헌성이 있는 것이고, 보상의 구체적 기준과 방법은 헌법재판소가 결정할 성질의 것이 아니라 광범위한 입법형성권을 가진 입법자가 입법정책적으로 정할 사항이므로, 입법자가 보상입법을 마련함으로써 위헌적인 상태를 제거할 때까지 위 조항을 형식적으로 존속케 하기 위하여 헌법불합치결정을 하는 것인바, 입법자는 되도록 빠른 시일내에 보상입법(분리이론)을 하여 위헌적 상태를 제거할 의무가 있고, 행정청은 보상입법이 마련되기 전에는 새로 개발제한구역을 지정하여서는 아니되며, 토지소유자는 보상입법을 기다려 그에 따른 권리행사를 할 수 있을 뿐 개발제한구역의 지정이나 그에 따른 토지재산권의 제한 그 자체의 효력을 다투거나 위 조항에 위반하여 행한 자신들의 행위의 정당성을 주장할 수는 없다(헌재 1998.12.24, 89헌마214).

7 손실보상의 방법

(1) 사업시행자보상원칙

① 공익사업에 필요한 토지 등의 취득 또는 사용으로 인하여 토지소유자나 관계인이 입은 손실은 사업시행자가 보상하여야 한다(공익사업을 위한 토지 등의 취득 및 보상에 관한 법률 제61조).

② 수익자와 침해자가 다른 경우에는 수익자가 보상한다(통설).

(2) 현금보상원칙

① 손실보상은 다른 법률에 특별한 규정이 있는 경우를 제외하고는 현금으로 지급하여야 한다(공익사업을 위한 토지 등의 취득 및 보상에 관한 법률 제63조).

② 예외적으로 대토보상, 채권보상이 인정된다.

(3) 사전보상원칙(선급원칙, 일시급원칙)

① 사업시행자는 해당 공익사업을 위한 공사에 착수하기 이전에 토지소유자와 관계인에게 보상액 전액(全額)을 지급하여야 한다(공익사업을 위한 토지 등의 취득 및 보상에 관한 법률 제62조).

② 다만, 제38조에 따른 천재지변 시의 토지 사용과 제39조에 따른 시급한 토지 사용의 경우 또는 토지소유자 및 관계인의 승낙이 있는 경우에는 그러하지 아니하다.

③ 후급의 경우에 그에 따른 지연이자와 물가변동에 따른 불이익은 사업시행자가 부담한다.

(4) 개인별보상원칙
: 손실보상은 토지소유자나 관계인에게 개인별로 하여야 한다. 다만, 개인별로 보상액을 산정할 수 없을 때에는 그러하지 아니하다(공익사업을 위한 토지 등의 취득 및 보상에 관한 법률 제64조).

관련판례

- **수용에 대한 재결절차에서 정한 보상액과 행정소송절차에서 정한 보상금액의 차액에 대한 지연손해금의 발생 여부: 인정**
  기업자의 토지수용으로 인한 손실보상금 지급의무는 그 수용의 시기로부터 발생하고, 현실적으로 구체적인 손실보상금액이 재결이나 행정소송의 절차에 의하여 확정되어진다 하여 달리 볼 것이 아니며 재결절차에서 정한 보상액과 행정소송절차에서 정한 보상금액의 차액 역시 수용과 대가관계에 있는 손실보상의 일부이므로 동 차액이 수용의 시기에 지급되지 않은 이상 이에 대한 지연손해금이 발생하는 것은 당연하다(대판 1991.12.24, 91누308).

- **토지수용 보상액 산정 시 당해 공공사업의 시행을 직접 목적으로 하는 계획의 승인·고시로 인한 가격변동의 고려 여부: 부정**
  토지수용 보상액을 산정함에 있어서는 토지수용법 제46조 제1항에 따라 당해 공공사업의 시행을 직접 목적으로 하는 계획의 승인·고시로 인한 가격변동은 이를 고려함이 없이 수용재결 당시의 가격을 기준으로 하여 정하여야 할 것이므로, 당해 사업인 택지개발사업에 대한 실시계획의 승인과 더불어 그 용도지역이 주거지역으로 변경된 토지를 그 사업의 시행을 위하여 후에 수용하였다면 그 재결을 위한 평가를 함에 있어서는 그 용도지역의 변경을 고려함이 없이 평가하여야 할 것이다(대판 1999.3.23, 98두13850).

- **토지수용 보상액 산정에 있어 인근유사토지의 정상거래가격이나 보상선례를 참작할 수 있는지 여부: 한정 인정**
  토지수용 보상액 산정에 관한 관계 법령의 규정을 종합하여 보면, 수용대상토지에 대한 보상액을 산정하는 경우 거래사례나 보상선례 등을 반드시 조사하여 참작하여야 하는 것은 아니지만, 인근유사토지가 거래되거나 보상이 된 사례가 있고 그 가격이 정상적인 것으로서 적정한 보상액 평가에 영향을 미칠 수 있는 것임이 입증된 경우에는 인근유사토지의 정상거래가격을 참작할 수 있고, 보상선례가 인근유사토지에 관한 것으로서 당해 수용대상토지의 적정가격을 평가하는 데 있어 중요한 자료가 되는 경우에는 이를 참작하는 것이 상당하다(대판 2007.7.12, 2006두11507).

03 손해전보제도의 보완

1 수용유사침해보상

수용유사침해이론이란 적법(보상규정의 존재)하다면 공용침해에 해당하였을 위법(보상규정의 부재)한 행위로 재산권이 직접 침해되고, 이러한 침해로 특별희생이 발생한 경우에 '수용에 준하는 침해'로 보아 손실보상을 하여야 한다는 것을 말한다.

구분	위법, 적법 여부	유책, 무책 여부
국가배상	위법	유책
손실보상	적법	무책
수용유사침해	위법	무책
수용적 침해	적법	무책

관련판례

■ 1980.6. 말경의 비상계엄 당시 국군보안사령부 정보처장이 언론통폐합조치의 일환으로 사인 소유의 방송사 주식을 강압적으로 국가에 증여하게 한 것이 수용유사행위에 해당되지 않는다고 한 사례

수용유사적 침해의 이론은 국가 기타 공권력의 주체가 위법하게 공권력을 행사하여 국민의 재산권을 침해하였고 그 효과가 실제에 있어서 수용과 다름없을 때에는 적법한 수용이 있는 것과 마찬가지로 국민이 그로 인한 손실의 보상을 청구할 수 있다는 것인데, 1980.6. 말경의 비상계엄 당시 국군보안사령부 정보처장이 언론통폐합조치의 일환으로 사인 소유의 방송사 주식을 강압적으로 국가에 증여하게 한 것이 위 수용유사행위에 해당되지 않는다. 수용유사적 침해의 이론은 국가 기타 공권력의 주체가 위법하게 공권력을 행사하여 국민의 재산권을 침해하였고 그 효과가 실제에 있어서 수용과 다름없을 때에는 적법한 수용이 있는 것과 마찬가지로 국민이 그로 인한 손실의 보상을 청구할 수 있다는 내용으로 이해되는데, 과연 우리 법제하에서 그와 같은 이론을 채택할 수 있는 것인가는 별론으로 하더라도 위에서 본 바에 의하여 이 사건에서 피고 대한민국의 이 사건 주식취득이 그러한 공권력의 행사에 의한 수용유사적 침해에 해당한다고 볼 수는 없다(대판 1993.10.26, 93다6409).

■ 개발제한구역 지정에 관한 도시계획법 제21조의 위헌 여부: 부정

도시계획법 제21조의 규정에 의하여 개발제한구역 안에 있는 토지의 소유자는 재산상의 권리 행사에 많은 제한을 받게 되고 그 한도 내에서 일반 토지소유자에 비하여 불이익을 받게 됨은 명백하지만, '도시의 무질서한 확산을 방지하고 도시 주변의 자연환경을 보전하여 도시민의 건전한 생활환경을 확보하기 위하여 또는 국방부장관의 요청이 있어 보안상 도시의 개발을 제한할 필요가 있다고 인정되는 때'(도시계획법 제21조 제1항)에 한하여 가하여지는 그와 같은 제한으로 인한 토지소유자의 불이익은 공공의 복리를 위하여 감수하지 아니하면 안 될 정도의 것이라고 인정되므로, 그에 대하여 손실보상의 규정을 두지 아니하였다 하여 도시계획법 제21조의 규정을 헌법 제23조 제3항, 제11조 제1항 및 제37조 제2항에 위배되는 것으로 볼 수 없다(대판 1996.6.28, 94다54511).

❷ 수용적 침해보상

수용적 침해보상이란 수용보상이나 수용유사침해로 인한 보상이 불가능한 영역인 적법한 공행정작용의 비의도적인 부수적 효과로서 발생한 사인의 재산권의 손실(결과적 침해)에 대한 영역에 대해서도 보상해 주기 위해서 관습법적으로 발전되어 온 희생보상제도를 근거로 하여 독일연방사법재판소가 고안해낸 개념이다. 예 지하철 공사의 장기화로 인한 인근 상인의 영업상 손실

❸ 희생보상청구권

(1) 의의: 희생보상청구권이란 적법한 공권력 행사로 인해 발행한 생명 · 신체 · 명예 등과 같은 비재산적 법익에 대한 손실을 보상해 주는 제도를 말한다.

(2) 예시: 예방접종으로 인한 생명 · 신체에 대한 침해의 보상, 경찰관이 총기발사에 대한 적법한 요건을 구비하여 총기를 발사하였으나 총탄이 범인이 아닌 사인에게 상해를 입힌 경우, 적법한 소방활동 종사명령에 따라 소방활동에 종사한 자가 이로 인하여 사망하거나 부상을 입은 경우 등이다.

(3) 보상의 내용
  ① **보상의무자:** 보상의무자는 침해를 통하여 수익하는 자가 있으면 그 자가 보상의무자가 되고, 그러한 자가 없는 경우에는 처분의 관할청이 속한 행정주체가 보상의무자가 된다.
  ② **보상의 내용:** 비재산적 법익의 침해로 발생한 재산적 손실의 보상이고, 그 내용으로는 치료비용, 요양비용, 일실이익 등이 되며, 정신적 피해를 이유로 한 위자료는 인정되지 아니한다.

❹ 결과제거청구권(원상회복청구권)

(1) 의의: 결과제거청구권은 위법한 공행정작용으로 인한 권리침해의 사실상의 결과, 즉 위법한 침해행위에 의하여 변경된 상태의 원상회복을 목적으로 하는 공권이다.

(2) 위법한 상태의 존재 및 계속: 공행정작용으로 인하여 야기된 상태가 위법하여야 하고, 공행정작용의 결과로서 관계자에 대한 불이익한 상태가 계속되고 있어야 한다. 따라서 위법한 상태가 적법하게 된 경우에는 결과제거청구권을 행사할 수 없다.

(3) 공행정작용으로 인한 법률상 이익의 침해: 행정주체의 공행정작용으로 인한 "법률상 이익"의 침해가 있을 것을 그 요건으로 한다. 따라서 행정주체의 사법적 활동으로 인한 침해는 결과제거청구의 대상이 되는 침해에서 제외되며 단순한 사실상의 이익에 대한 침해가 존재한다는 것을 이유로 공법상 결과제거청구권을 행사할 수 있는 것은 아니다. 법률상 이익에는 재산적 가치 있는 것뿐만 아니라, 명예 등 정신적인 것까지도 포함된다.

(4) 직접적인 결과의 제거: 결과제거청구권은 공행정작용의 직접적인 결과만을 그 대상으로 한다. 제3자에 의한 간접적인 이익침해는 공법상 결과제거청구권이 아니라, 민법상 방해배제청구권을 주장할 수 있을 뿐이다.

(5) 결과제거청구권의 실현: 다수설은 결과제거청구권은 공권이므로 행정소송인 당사자소송에 의해야 한다고 보나, 판례는 사권으로 보아 민사소송에 의해야 한다고 본다.

06 | 행정쟁송

01 항고소송 – 취소소송

1 처분 등의 존재

(1) **행정청**: 행정청은 행정에 관한 의사를 결정하여 표시하는 국가 또는 지방자치단체의 기관이며, 그 밖에 법령 등에 따라 행정에 관한 의사를 결정하여 표시하는 권한을 가지고 있거나 그 권한을 위임·위탁받은 공공단체 또는 그 기관이나 사인(私人)을 말한다(행정기본법 제2조 제2호).

> **관련판례**
>
> ■ **한국전력공사 사장이 한 부정당업자 제재처분이 행정처분인지 여부: 처분성 부정**
> 한국전력공사 사장이 한국전력공사의 회계 규정에 의거하여 입찰참가자격을 제한한 부정당업자 제재처분은 행정청이나 그 소속기관 또는 그 위임을 받은 공공단체의 공법상의 행위가 아니라 단지 그 대상자를 위 공사에서 시행하는 입찰에 참가시키지 않겠다는 뜻의 사법상의 효력만을 가지는 통지행위에 불과하다 할 것이고 이러한 통지행위가 있다하여, 국가 또는 지방자치단체에서 시행하는 모든 입찰의 참가자격을 제한하는 효력이 발생한다고는 볼 수 없으므로 이를 행정소송의 대상이 되는 행정처분이라 할 수 없다.

(2) **처분**

① **의의**: 행정청이 구체적 사실에 관하여 행하는 법 집행으로서 공권력의 행사 또는 그 거부와 그 밖에 이에 준하는 행정작용을 말한다(행정기본법 제2조 제4호).

② **일반처분**: 불특정 다수인에 대한 일반처분 역시 국민의 법률상 이익을 구체적으로 규제하는 효과가 있기 때문에 항고소송의 대상이 된다.

규율형태	명칭
일반적·추상적	행정입법(법규명령)
일반적·구체적	일반처분(물적 행정행위)
개별적·추상적	특정 명칭은 없음
개별적·구체적	행정행위(처분)
참고	처분적 명령

- **청소년보호법에 따른 청소년유해매체물 결정 · 고시: 처분성 인정**
구 청소년보호법(2001.5.24. 법률 제6479호로 개정되기 전의 것)에 따른 청소년유해매체물 결정 및 고시처분은 당해 유해매체물의 소유자 등 특정인만을 대상으로 한 행정처분이 아니라 일반 불특정 다수인을 상대방으로 하여 일률적으로 표시의무, 포장의무, 청소년에 대한 판매 · 대여 등의 금지의무 등 각종 의무를 발생시키는 행정처분으로서, 정보통신윤리위원회와 청소년보호위원회가 위 처분이 있었음을 위 웹사이트 운영자에게 제대로 통지하지 아니하였다고 하여 그 효력 자체가 발생하지 아니한 것으로 볼 수는 없다.

(3) 공권력의 행사: 행정행위는 행정주체가 행정객체에 대하여 우월한 지위에서 행하는 '공권력 행사작용'으로서의 성질을 가진다. 준법률행위적 행정행위(확인 · 공증 · 통지 · 수리 등)도 공권력의 행사에 해당한다.

(4) 공권력의 행사거부

① 행정청의 신청거부가 처분이 되기 위한 조건: 국민에게 법규상 · 조리상 신청권이 존재해야 행정청의 신청거부가 처분이 될 수 있다.

② 반복된 거부처분의 의미: 독립된 새로운 거부처분으로 본다.

- 거부처분은 관할 행정청이 국민의 처분신청에 대하여 거절의 의사표시를 함으로써 성립되고, 그 이후 동일한 내용의 새로운 신청에 대하여 다시 거절의 의사표시를 한 경우에는 새로운 거부처분이 있는 것으로 보아야 한다(대판 1998.3.13. 96누15251).

☑ 원처분주의와 재결주의

(1) 문제 제기: 행정심판을 거쳐서 소송을 제기할 경우, 원처분과 행정심판의 재결은 모두 행정청의 공권력의 행사로서 다 같이 항고소송의 대상이 될 수 있다.

(2) 재결의 개념: 재결이라 함은 행정심판의 청구에 대하여 행정심판위원회가 행하는 결정(판단)을 말한다(행정심판법 제2조 제3호).

(3) 원처분중심주의: 취소소송은 처분 등을 소송의 대상으로 한다. 이에 원처분과 재결에 대하여 다 같이 소송을 제기할 수 있지만, 그중에서 원처분에 대해 항고소송을 제기하는 것을 원처분주의라고 한다. 다만, 재결을 취소소송의 대상으로 하는 경우에는 재결 자체에 고유한 위법이 있음을 이유로 하는 경우에 한한다(행정소송법 제19조 단서). 즉, 재결 자체에 고유한 위법이 존재하지 아니하는 한 행정소송법은 취소소송의 대상에 대하여 원처분을 원칙으로 한다.

(4) 재결소송

① 의의: 재결을 분쟁대상으로 하는 항고소송을 말한다. 원처분중심주의의 예외이다.

② 사유(재결자체의 고유한 위법)

    ㉠ 각하재결(행정심판법 제43조 제1항): 행정심판청구가 부적법하지 않음에도 각하한 재결은 심판청구인의 실체심리를 받을 권리를 박탈한 것으로서 원처분에 없는 고유한 하자가 있는 경우에 해당하고, 따라서 위 재결은 취소소송의 대상이 된다(대판 2001.7.27, 99두2970).

    ㉡ 기각재결: 기각재결은 처분청의 원처분이 적법하고 타당함을 인정하는 행정심판위원회의 종국적인 판단이다. 그러나 기각재결이 있다고 하여 처분청이 원처분을 그대로 유지하여야 할 의무가 부과되는 것은 아니므로, 기각재결 이후에도 처분청은 당해 처분을 직권으로 취소 또는 변경하는 것이 가능하다(행정심판법 제43조 제2항).

    ㉢ 인용재결: 행정청의 처분에 대한 취소심판청구가 이유 있다고 인정하는 경우, 행정심판위원회는 당해 처분을 직접 취소하거나(= 처분취소재결), 당해 처분을 직접 다른 처분으로 변경하거나(처분변경재결), 당해 처분을 다른 처분으로 변경할 것을 처분청에게 명령(= 처분변경명령재결)할 수 있다(행정심판법 제43조 제3항).

    ㉣ 일부인용재결 · 수정재결: 일부인용재결이나 수정재결도 원처분주의의 원칙상 재결은 소송의 대상이 되지 못하고 재결에 의하여 일부 취소되고 남은 원처분이나 수정된 원처분이 소송의 대상이 됨이 원칙이다.

> **관련판례**
>
> - 항고소송은 원칙적으로 당해 처분을 대상으로 하나, 당해 처분에 대한 재결 자체에 고유한 주체, 절차, 형식 또는 내용상의 위법이 있는 경우에 한하여 그 재결을 대상으로 할 수 있다고 해석되므로, 징계혐의자에 대한 감봉 1월의 징계처분을 견책으로 변경한 소청결정 중 그를 견책에 처한 조치는 재량권의 남용 또는 일탈로서 위법하다는 사유는 소청결정 자체에 고유한 위법을 주장하는 것으로 볼 수 없어 소청결정의 취소사유가 될 수 없다(대판 1993.8.24, 93누5673).

3 당사자와 참가인

(1) 당사자: 당사자능력(당사자적격)이란 소송의 주체가 될 수 있는 능력을 말한다.

> **관련판례**
>
> - 자연물인 도롱뇽이나 그를 포함한 자연 그 자체는 당사자능력을 인정할 수 없음(대판 2006.6.2, 2004마1148, 1149)
>
> - 충북대학교 총장의 소는, 원고 충북대학교 총장이 원고 대한민국이 설치한 충북대학교의 대표자일 뿐 항고소송의 원고가 될 수 있는 당사자능력이 없어 부적법하다(대판 2007.9.20, 2005두6935).

(2) 원고적격

① 의의: 취소소송은 처분 등의 취소를 구할 법률상 이익이 있는 자가 제기할 수 있다(행정소송법 제12조).

② 법률상 이익의 주체
  ㉠ 자연인과 법인: 자연인과 법인(공법인, 사법인, 지자체)뿐만 아니라 법인격 없는 단체도 대표자를 통하여 원고가 될 수 있다.
  ㉡ 단체소송: 단체소송은 단체 자체의 이익을 위한 부진정 단체소송과 구성원의 이익 또는 사회전체의 이익을 위한 진정 단체소송이 있다. 부진정 단체소송은 법률상 이익이 있는 것으로 다수설과 판례가 인정하고 있다.

4 행정심판전치주의

(1) 의의: 행정소송을 제기하기에 앞서 행정심판을 전심절차로 하는 것을 말한다(행정소송법 제18조 제1항 단서).

(2) 특징

① 임의적 행정심판전치(원칙): 행정심판의 제기를 통해 처분의 시정을 구하고, 그 시정에 불복이 있을 때 소송을 제기하는 것을 말하며, 행정심판전치는 임의적인 것이 원칙이다. 행정청에 대하여 자기반성에 의한 자율적 시정의 기회를 부여함과 동시에 행정청의 전문지식의 활용 및 행정능률을 보장하고, 법원의 부담을 경감하기 위한 것이다.

② 필요적 행정심판전치(예외): 국가공무원법, 지방공무원법, 교육공무원법, 국세기본법, 관세법(지방세기본법), 도로교통법 등에서 예외적 행정심판전치주의를 취하고 있다.

5 제소기간

행정소송법 제20조【제소기간】
① 취소소송은 처분 등이 있음을 안 날부터 90일 이내에 제기하여야 한다. 다만, 제18조 제1항 단서에 규정한 경우와 그 밖에 행정심판청구를 할 수 있는 경우 또는 행정청이 행정심판청구를 할 수 있다고 잘못 알린 경우에 행정심판청구가 있은 때의 기간은 재결서의 정본을 송달받은 날부터 기산한다.
② 취소소송은 처분 등이 있은 날부터 1년(제1항 단서의 경우는 재결이 있은 날부터 1년)을 경과하면 이를 제기하지 못한다. 다만, 정당한 사유가 있는 때에는 그러하지 아니하다.

더 알아보기

기관소송의 제소기간
• 민중소송의 경우
  – 대통령, 국회의원 선거의 선거소송 또는 당선소송의 경우: 30일
  – 지방의회의원, 지방자치단체장의 선거소송의 경우: 10일
  – 국민투표의 경우: 20일
• 기관소송의 경우: 지방의회의 재의결이 법령에 위반하였음을 원인으로 지방자치단체장이 제기하는 기관소송의 제소기간은 20일로 지방자치법에 법정되어 있음

- **원칙**

  처분 등이 있음을 안 날이란 당해 처분이 있었다는 사실을 현실적으로 안 날을 의미한다고 판시하였다.

- **사실상 추정**

  처분을 기재한 서류가 당사자의 주소에 송달되는 등으로 사회통념상 처분이 있음을 당사자가 알 수 있는 상태에 놓여진 때에는 반증이 없는 한 그 처분이 있음을 알았다고 사실상 추정된다.

- **'처분이 있음을 안 날'을 탄력적으로 해석한 판례**
  - 아르바이트 직원이 납부고지서를 수령한 경우, 납부의무자는 그 때 부과처분이 있음을 알았다고 추정할 수 있다고 한 사례: 행정심판법 제18조 제1항 소정의 심판청구기간 기산점인 '처분이 있음을 안 날'이라 함은 당사자가 통지·공고 기타의 방법에 의하여 당해 처분이 있었다는 사실을 현실적으로 안 날을 의미하고, 추상적으로 알 수 있었던 날을 의미하는 것은 아니지만, 처분에 관한 서류가 당사자의 주소지에 송달되는 등 사회통념상 처분이 있음을 당사자가 알 수 있는 상태에 놓인 때에는 반증이 없는 한 그 처분이 있음을 알았다고 추정할 수 있으므로, 위와 같이 원고의 주소지에서 원고의 아르바이트 직원이 납부고지서를 수령한 이상, 원고로서는 그 때 처분이 있음을 알 수 있는 상태에 있었다고 볼 수 있고, 따라서 원고는 그 때 처분이 있음을 알았다고 추정함이 상당하다(대판 1999.12.28, 99두9742).
  - 아파트 경비원이 과징금부과처분의 납부고지서를 수령한 날이 그 납부의무자가 '부과처분이 있음을 안 날'은 아니라고 한 사례: 아파트 경비원이 관례에 따라 부재중인 납부의무자에게 배달되는 과징금부과처분의 납부고지서를 수령한 경우, 납부의무자가 아파트 경비원에게 우편물 등의 수령권한을 위임한 것으로 볼 수는 있을지언정, 과징금 부과처분의 대상으로 된 사항에 관하여 납부의무자를 대신하여 처리할 권한까지 위임한 것으로 볼 수는 없고, 설사 위 경비원이 위 납부고지서를 수령한 때에 위 부과처분이 있음을 알았다고 하더라도 이로써 납부의무자 자신이 그 부과처분이 있음을 안 것과 동일하게 볼 수는 없다(대판 2002.8.27, 2002두3850).
  - 고시 또는 공고에 의하여 행정처분을 하는 경우, 고시가 효력을 발생하는 날에 행정처분이 있음을 알았다고 본 사례: 통상 고시 또는 공고에 의하여 행정처분을 하는 경우에는 그 처분의 상대방이 불특정 다수인이고 그 처분의 효력이 불특정 다수인에게 일률적으로 적용되는 것이므로, 행정처분에 이해관계를 갖는 자가 고시 또는 공고가 있었다는 사실을 현실적으로 알았는지 여부에 관계없이 고시가 효력을 발생하는 날에 행정처분이 있음을 알았다고 보아야 한다(대판 2001.7.27, 99두9490).

⑥ 권리보호의 필요성(협의의 소익)

(1) **소의 이익의 의미**: 청구에 대하여 법원이 분쟁을 해결할 현실적이고 구체적인 이익을 가지고 있는가(판단의 구체적 이익 내지 필요성의 문제)이다. 협의의 소익은 소송을 통해 분쟁을 해결할 현실적 필요성을 말한다.

(2) **취소소송과 협의의 소익 유무**
  ① 소의 이익이 있는 경우: 처분 등의 효력이 존속하고 있고, 취소로써 원상회복이 가능하며, 이익침해가 계속되고 있어야 한다.
  ② 소의 이익이 없는 경우(처분 등의 효력이 소멸한 경우): 행정처분에 그 효력기간이 정하여져 있는 경우, 그 처분의 효력 또는 집행이 정지된 바 없다면 위 기간의 경과로 그 행정처분의 효력은 상실되므로 그 기간 경과 후에는 그 처분이 외형상 잔존함으로 인하여 어떠한 법률상 이익이 침해되고 있다고 볼 만한 별다른 사정이 없는 한 그 처분의 취소를 구할 법률상의 이익이 없다(대판 2004.7.8, 2002두1946).

7 가구제

(1) 집행정지

① 의의: 행정소송법 제23조 제1항은 "취소소송의 제기는 처분 등의 효력이나 그 집행 또는 절차의 속행에 영향을 주지 아니한다."라고 규정되어 있다. 이 규정의 취지는 집행부정지를 원칙으로 한다는 의미이다. 그러나 법원은 당사자의 신청 또는 직권에 의하여 처분 등의 효력이나 그 집행 또는 절차의 속행의 전부 또는 일부의 정지(집행정지)를 결정할 수 있다(행정소송법 제23조 제2항).

② 요건

ㄱ 적법하게 본안소송이 계속 중일것

ㄴ 신청인은 본안소송의 당사자일 것, 복효적 행정행위에서는 제3자의 신청도 가능

ㄷ 처분의 집행으로 회복하기 어려운 손해를 예방하기 위한 것

> **관련판례**
>
> ■ **본안소송이 취하되면 집행정지결정은 당연히 효력이 소멸**
> 행정처분의 집행정지는 행정처분집행 부정지의 원칙에 대한 예외로서 인정되는 일시적인 응급처분이라 할 것이므로 집행정지결정을 하려면 이에 대한 본안소송이 법원에 제기되어 계속 중임을 요건으로 하는 것이므로 집행정지결정을 한 후에라도 본안소송이 취하되어 소송이 계속하지 아니한 것으로 되면 집행정지결정은 당연히 그 효력이 소멸되는 것이고 별도의 취소조치를 필요로 하는 것이 아니다(대판 1975.11.11. 75누97).

(2) 가처분: 다툼 있는 권리관계에 관하여 임시의 지위를 정함을 목적으로 하는 민사집행법상의 보전처분을 말한다(민사집행법 제300조 제2항). 행정소송법에는 가처분의 규정이 없으며, 판례는 가처분의 허용 여부에 대해 부정적이다.

> **관련판례**
>
> ■ **공유수면매립면허권 가처분신청사건(가처분 불인정)**
> 민사소송법상의 보전처분은 민사판결절차에 의하여 보호받을 수 있는 권리에 관한 것이므로, 민사소송법상의 가처분으로써 행정청의 어떠한 행정행위의 금지를 구하는 것은 허용될 수 없다 할 것이다(대판 1992.7.6. 92마54).

8 처분사유의 추가 · 변경

(1) 의의: 처분사유의 추가 · 변경: 행정청이 처분 당시에 근거로 삼지 않았던 처분사유를 행정쟁송 단계에서 추가하거나 변경하는 것을 말한다. 예를 들어, 건축허가에 대하여 건축법상의 거리제한 규정을 이유로 하는 거부처분에 대하여 취소소송이 제기되어 법원이 심리를 하는 중에 행정청이 처분 당시에 존재하였으나 기존에 소송상 주장하지 않았던 용적률이나 건폐율에 대한 요건 흠결을 추가하여 처분의 적법성을 유지하려는 경우이다.

(2) 문제점: 소송경제 및 분쟁의 해결을 위하여 필요하다 하겠으나 처분상대방의 신뢰보호 및 공격방어권의 존중을 위하여 처분사유의 추가 · 변경을 허용하지 않는 것이 바람직하다. 따라서 처분사유의 추가 · 변경이 어떠한 경우에 인정될 수 있는지가 문제된다.

■ 기본적 사실관계의 동일성 유무의 판단기준

행정처분의 취소를 구하는 항고소송에 있어서, 처분청은 당초 처분의 근거로 삼은 사유와 기본적 사실관계가 동일성이 있다고 인정되는 한도 내에서만 다른 사유를 추가하거나 변경할 수 있고, 여기서 기본적 사실관계의 동일성 유무는 처분사유를 법률적으로 평가하기 이전의 구체적인 사실에 착안하여 그 기초인 사회적 사실관계가 기본적인 점에서 동일한지 여부에 따라 결정되며, 추가 또는 변경된 사유가 당초의 처분시 그 사유를 명기하지 않았을 뿐 처분시에 이미 존재하고 있었고 당사자도 그 사실을 알고 있었다 하여 당초의 처분사유와 동일성이 있는 것이라 할 수 없다(대판 2003.12.11, 2003두8395).

⑨ 취소소송의 판결

(1) 판결의 종류

① 각하판결(소송판결): 소송요건의 흠결이 있는 경우에 당해 소송을 부적법한 것으로 각하하는 판결이다.

② 기각판결: 본안의 심리 결과 원고의 청구가 이유 없다고 인정하여 법원이 원고의 청구를 배척하는 판결이다.

③ 사정판결

　㉠ 의의: 원고의 청구가 이유 있는 경우에도 공익상 필요를 이유로 원고의 청구를 기각하는 것을 말한다(행정소송법 제28조 및 제32조).

■ 행정처분이 무효인 경우 사정판결 불가능

당연무효의 행정처분을 소송목적물로 하는 행정소송에서는 존치시킬 효력이 있는 행정행위가 없기 때문에 행정소송법 제28조 소정의 사정판결을 할 수 없다(대판 1996.3.22, 95누5509).

　㉡ 요건(행정소송법 제28조)
　　• 내용상 처분 등의 취소가 현저히 공공복리에 적합하지 않을 것
　　• 취소소송이 제기될 것
　　• 처분 등이 위법할 것
　　• 사정조사를 거칠 것

■ 재개발조합설립 및 사업시행인가처분이 법정요건을 충족하지 못하여 위법하나 재개발사업의 공익목적에 비추어 사정판결을 한 사례

재개발조합설립 및 사업시행인가처분이 처분 당시 법정요건인 토지 및 건축물 소유자 총수의 각 3분의 2 이상의 동의를 얻지 못하여 위법하나, 그 후 90% 이상의 소유자가 재개발사업의 속행을 바라고 있어 재개발사업의 공익목적에 비추어 그 처분을 취소하는 것은 현저히 공공복리에 적합하지 아니하다고 인정하여 사정판결하였다(대판 1995.7.28, 95누4629).

④ **인용판결**: 인용판결이란 원고의 청구가 이유 있음을 인정하여 처분 등의 취소 · 변경을 행하는 판결을 의미한다.

(2) 판결의 효력

① **불가변력**: 불가변력(자박력)이란 판결이 선고되면 선고법원은 이를 취소 · 변경할 수 없는 기속을 받게되는 것을 말한다.

② **확정력**

　　㉠ 형식적 확정력(불가쟁력): 형식적 확정력(불가쟁력)이란 판결의 상소기간이 경과하거나 쟁송수단을 모두 거친 경우, 상소의 취하, 상소권의 포기, 기타 사유로 상고할 수 없는 경우에는 상대방 또는 이해관계인이 더 이상 그 행정행위의 효력을 다툴 수 없게 되는 효력을 말한다. 이 형식적 확정력은 판결내용과는 관계가 없으나, 판결내용의 효력발생요건이 된다.

　　㉡ 실질적 확정력(기판력): 기판력은 일단 재판이 확정된 때에는 당사자는 동일한 소송물에 대하여 판결에 반하는 주장을 하여 다투는 것이 허용되지 아니하며(일사부재리효), 법원도 일사부재리의 원칙에 따라 다시 확정판결과 내용적으로 모순되는 판단을 하지 못하는 효력을 말한다. 즉, 판결에 불가쟁력이 발생하게 되면 그 후의 절차에서 동일한 사항이 문제되는 경우에도 당사자와 이들의 승계인은 기존 판결에 반하는 주장을 할 수 없을 뿐만 아니라 법원도 그것에 반하는 판단을 할 수 없는 구속을 받는다. 이러한 구속력을 실질적 확정력이라 부르며, 이를 기판력이라고 하기도 한다. 기판력은 불가쟁력이 발생한 이후에 인정된다.

③ **형성력**

　　㉠ 의의: 판결이 확정되면 판결의 취지에 따라 법률관계의 발생 · 변경 · 소멸을 가져오는 효력을 말한다.

　　㉡ 법적 근거: 직접적 명문규정은 없으나, 행정의 법률적합성원칙이나 행정소송법 제29조 제1항 제3자효 규정 등을 간접적 근거로 든다.

> **행정소송법 제29조 【취소판결 등의 효력】**
> ① 처분 등을 취소하는 확정판결은 제3자에 대하여도 효력이 있다.

④ **기속력(구속력)**: 그 사건에 관하여 당사자인 행정청과 그 밖의 관계행정청이 처분 등을 취소하는 확정판결에 대해 기속당하는 효력을 말한다(행정소송법 제30조 제1항).

⑤ **집행력(간접강제)**: 원래 의무이행판결에서 명령된 이행의무를 강제집행절차로서 실현할 수 있는 효력을 말한다.

> **행정소송법 제34조 【거부처분취소판결의 간접강제】**
> ① 행정청이 제30조 제2항의 규정에 의한 처분을 하지 아니하는 때에는 제1심수소법원은 당사자의 신청에 의하여 결정으로써 상당한 기간을 정하고 행정청이 그 기간 내에 이행하지 아니하는 때에는 그 지연기간에 따라 일정한 배상을 할 것을 명하거나 즉시 손해배상을 할 것을 명할 수 있다.

1 의의

무효등확인소송이란 행정청의 처분 등의 효력 유무 또는 존재 여부를 확인하는 소송이다. 무효등확인소송에는 취소를 구하는 취지까지 포함된다고 본다.

> **관련판례**
>
> ■ **무효등확인소송에는 취소를 구하는 취지까지 포함(행정처분 취소의 소를 무효확인의 소로 변경한 경우)**
> 일반적으로 행정처분의 무효확인을 구하는 소에는 원고가 그 처분의 취소는 구하지 아니한다고 밝히고 있지 아니하는 이상 그 처분이 만약 당연무효가 아니라면 그 취소를 구하는 취지도 포함되어 있는 것으로 볼 것이나 행정심판 절차를 거치지 아니한 까닭에 행정처분 취소의 소를 무효확인의 소로 변경한 경우에는 무효확인을 구하는 취지 속에 그 처분이 당연무효가 아니라면 그 취소를 구하는 취지까지 포함된 것으로 볼 여지가 전혀 없다고 할 것이므로 법원으로서는 그 처분이 당연무효인가 여부만 심리판단하면 족하다고 할 것이다(대판 1987.4.28. 86누887).

2 입증책임

무효등확인소송에 있어서 입증책임에 대한 학설로는 입증책임분배설, 원고책임부담설, 피고책임부담설 등이 존재하며 입증책임분배설이 통설적 견해이다. 판례는 하자의 중대·명백성은 극히 예외적이라는 점을 근거로 하여 취소소송과 달리 원고책임부담설을 취하고 있다.

> **관련판례**
>
> ■ **행정처분무효확인소송에서 행정처분의 무효사유에 대한 증명책임자(= 원고)**
> 행정처분의 당연무효를 주장하여 그 무효확인을 구하는 행정소송에 있어서는 원고에게 그 행정처분이 무효인 사유를 주장·입증할 책임이 있다(대판 2010.5.13. 2009두3460).

1 의의

부작위위법확인소송이란 행정청의 부작위가 위법하다는 것을 확인하는 소송(행정소송법 제4조 제3호)으로, 행정청이 당사자의 신청에 대해 상당한 기간 내에 일정한 처분을 하여야 할 법률상 의무가 있음에도 이를 행하지 아니할 때 부작위 내지 무응답이라고 하는 소극적인 위법상태를 제거하는 것을 목적으로 제기하는 소송이다.

2 무효등확인소송과의 차이점

무효등확인소송과는 달리, 제소기간 및 행정심판전치주의가 적용된다.

3 대상적격(부작위의 존재)

(1) 당사자의 신청: 판례는 검사임용신청에서 법규상·조리상 신청권을 요구한 바 있다.

(2) 상당한 기간: 상당한 기간이 경과할 때까지 행정처분이 없으면 위법한 부작위가 된다.

(3) 행정청의 작위의무가 있을 것: 부작위는 행정청이 일정한 처분을 하여야 할 법률상 의무가 있음에도 처분을 하지 아니하는 경우에 성립한다. 처분이 아닌 행정작용에 대한 무응답은 부작위위법확인소송의 대상이 아니다.

(4) 처분의 부존재: 외관상 처분이 일체 존재하지 아니하고 국민의 권리의무 변동에 직접적 영향을 미치는 공권력 행사의 부작위이어야 한다.

4 제소기간

(1) 행정심판을 거친 경우: 행정심판 재결 시 재결서정본을 송달받은 날부터 90일 이내에 제기하여야 한다(행정소송법 제20조, 제38조 제2항).

(2) 행정심판을 거치지 아니한 경우: 부작위의 성립요건인 '신청 후 상당한 기간의 경과'에 따라 상당 기간을 경과 후로부터 1년 내에 제소할 수 있다는 견해와 처분이 없으므로 취소소송을 준용할 수 없고 제소기간에 제한이 없다는 견해의 대립이 있다.

1 의의

당사자소송이란 공법상의 법률관계에 관하여 의문이나 다툼이 있는 경우에 그 법률관계의 당사자가 원고 또는 피고의 입장에서 그 법률관계에 관하여 다투는 소송이다. 이는 행정청의 처분 등을 원인으로 하는 법률관계에 관한 소송과 그 밖에 공법상의 법률관계에 관한 소송이 있다(행정소송법 제3조 제2호).

2 유형

(1) **처분 등을 원인으로 하는 법률관계에 관한 소송**: 처분 등의 무효·취소를 전제로 하는 과오납금반환청구소송과 같은 공법상의 부당이득반환청구소송, 공무원의 직무상 불법행위로 인한 국가배상청구소송, 별도의 불복방법에 관한 규정이 없는 경우의 손실보상청구권 등이 있다.

> **관련판례**
>
> ■ **과오납부액에 대하여 부당이득반환청구**
> 국세환급금에 관한 국세기본법 제51조 제1항은 이미 부당이득으로서 존재와 범위가 확정되어 있는 과오납부액이 있는 때에는 국가가 납세자의 환급신청을 기다리지 않고 즉시 반환하는 것이 정의와 공평에 합당하다는 법리를 선언하고 있는 것이므로, 이미 존재와 범위가 확정되어 있는 과오납부액은 납세자가 부당이득의 반환을 구하는 민사소송으로 환급을 청구할 수 있다(대판 2015.8.27, 2013다212639).
>
> ■ **공무원의 불법행위로 인한 국가배상청구**
> 공무원의 직무상 불법행위로 손해를 받은 국민은 공무원 자신에 대하여도 직접 그의 불법행위를 이유로 손해배상을 청구할 수 있는바, 이를 인정치 않음은 구 헌법 제26조 단서의 규정은 오해한 위법이 있다(대판 1972.10.10, 69다701).
>
> ■ **손실보상청구권**
> 손실보상청구권은 1984. 12. 31. 전에 토지가 하천구역으로 된 경우에는 당연히 발생되는 것이지, 관리청의 보상금지급결정에 의하여 비로소 발생하는 것은 아니므로, 위 규정들에 의한 손실보상금의 지급을 구하거나 손실보상청구권의 확인을 구하는 소송은 행정소송법 제3조 제2호 소정의 당사자소송에 의하여야 한다(대판 2006.5.18, 2004다6207).

(2) **기타 공법상 법률관계에 관한 소송(처분 등을 원인으로 하지 아니하는 소송)**: 공법상의 금전지급청구를 위한 소송, 공법상 지위확인을 구하는 소송 등이 있다.

> **관련판례**
>
> ■ **구 석탄산업법상 석탄가격안정지원금 지급청구소송**
> 석탄가격안정지원금은 석탄의 수요 감소와 열악한 사업환경 등으로 점차 경영이 어려워지고 있는 석탄광업의 안정 및 육성을 위하여 국가정책적 차원에서 지급하는 지원비의 성격을 갖는 것이고, 석탄광업자가 석탄산업합리화사업단에 대하여 가지는 이와 같은 지원금지급청구권은 석탄사업법령에 의하여 정책적으로 당연히 부여되는 공법상의 권리이므로, 석탄광업자가 석탄산업합리화사업단을 상대로 석탄산업법령 및 석탄가격안정지원금 지급요령에 의하여 지원금의 지급을 구하는 소송은 공법상의 법률관계에 관한 소송인 공법상의 당사자소송에 해당한다(대판 1997.5.30, 95다28960).

■ **공무원연금관리공단이 퇴직연금 중 일부 금액에 대하여 지급거부의 의사표시를 할 경우, 미지급퇴직연금의 지급을 구하는 소송**

공무원연금관리공단의 인정에 의하여 퇴직연금을 지급받아 오던 중 구 공무원연금법령의 개정 등으로 퇴직연금 중 일부 금액의 지급이 정지된 경우에는 당연히 개정된 법령에 따라 퇴직연금이 확정되는 것이지 같은 법 제26조 제1항에 정해진 공무원연금관리공단의 퇴직연금 결정과 통지에 의하여 비로소 그 금액이 확정되는 것이 아니므로, 공무원연금관리공단이 퇴직연금 중 일부 금액에 대하여 지급거부의 의사표시를 하였다고 하더라도 그 의사표시는 퇴직연금 청구권을 형성 · 확정하는 행정처분이 아니라 공법상의 법률관계의 한쪽 당사자로서 그 지급의무의 존부 및 범위에 관하여 나름대로의 사실상 · 법률상 의견을 밝힌 것일 뿐이어서, 이를 행정처분이라고 볼 수는 없고, 이 경우 미지급퇴직연금에 대한 지급청구권은 공법상 권리로서 그의 지급을 구하는 소송은 공법상의 법률관계에 관한 소송인 공법상 당사자소송에 해당한다(대판 2004.7.8, 2004두244).

■ **도시개발법상의 청산금 지급청구**

도시개발법 제46조 제3항에 따라 도시개발사업조합이 관할 지방자치단체의 장에게 도시개발법에 따른 청산금의 징수를 위탁할 수 있다 하더라도, 지방자치단체의 장이 징수위탁에 응하지 아니하는 등의 특별한 사정이 있는 때에는 도시개발사업조합은 직접 공법상 당사자소송으로 청산금의 지급을 구할 수 있다(대판 2017.4.28, 2013다1211).

■ **지방자치단체에 대한 보조금반환청구**

지방자치단체가 보조금 지급결정을 하면서 일정 기한 내에 보조금을 반환하도록 하는 교부조건을 부가한 사안에서, 보조사업자의 지방자치단체에 대한 보조금 반환의무는 행정처분인 위 보조금 지급결정에 부가된 부관상 의무이고, 이러한 부관상 의무는 보조사업자가 지방자치단체에 부담하는 공법상 의무이므로, 보조사업자에 대한 지방자치단체의 보조금반환청구는 공법상 권리관계의 일방 당사자를 상대로 하여 공법상 의무이행을 구하는 청구로서 행정소송법 제3조 제2호에 규정한 당사자소송의 대상이다(대판 2011.6.9, 2011다2951).

■ **주택재건축정비사업조합의 관리처분계획안에 대한 조합 총회결의 효력을 다투는 소송**

도시 및 주거환경정비법상 행정주체인 주택재건축정비사업조합을 상대로 관리처분계획안에 대한 조합 총회결의의 효력 등을 다투는 소송은 행정처분에 이르는 절차적 요건의 존부나 효력 유무에 관한 소송으로서 그 소송결과에 따라 행정처분의 위법 여부에 직접 영향을 미치는 공법상 법률관계에 관한 것이므로, 이는 행정소송법상의 당사자소송에 해당한다(대판 2009.9.17, 2007다2428).

■ **도시재개발법에 의한 재개발조합의 조합원 자격확인 소송**

구 도시재개발법에 의한 재개발조합은 조합원에 대한 법률관계에서 적어도 특수한 존립목적을 부여받은 특수한 행정주체로서 국가의 감독하에 그 존립 목적인 특정한 공공사무를 행하고 있다고 볼 수 있는 범위 내에서는 공법상의 권리의무 관계에 서 있다. 따라서 조합을 상대로 한 쟁송에 있어서 강제가입제를 특색으로 한 조합원의 자격 인정 여부에 관하여 다툼이 있는 경우에는 그 단계에서는 아직 조합의 어떠한 처분 등이 개입될 여지는 없으므로 공법상의 당사자소송에 의하여 그 조합원 자격의 확인을 구할 수 있다(대판1996.2.15, 94다31235).

■ **서울특별시립무용단원의 해촉에 대한 무효확인소송**

서울특별시립무용단원으로 위촉되기 위하여는 일정한 능력요건과 자격요건을 요하고, 계속적인 재위촉이 사실상 보장되며, 공무원연금법에 따른 연금을 지급받고, 단원의 복무규율이 정해져 있으며, 정년제가 인정되고, 일정한 해촉사유가 있는 경우에만 해촉되는 등 서울특별시립무용단원이 가지는 지위가 공무원과 유사한 것이라면, 서울특별시립무용단 단원의 위촉은 공법상의 계약이라고 할 것이고, 따라서 그 단원의 해촉에 대하여는 공법상의 당사자소송으로 그 무효확인을 청구할 수 있다(대판 1995.12.22, 95누4636).

1 민중소송

국가 또는 공공단체의 기관이 법률에 위반되는 행위를 한 때에 직접 자기의 법률상 이익과 관계없이 그 시정을 구하기 위하여 제기되는 소송을 말한다(행정소송법 제3조 제3호).

2 기관소송

국가 또는 공공단체의 기관 상호 간에 있어서의 권한의 존부 또는 그 행사에 관한 다툼이 있을 때에 이에 대하여 제기하는 소송이다. 다만, 헌법재판소법 제2조의 규정에 의하여 헌법재판소의 관장사항으로 되는 소송은 제외한다(행정소송법 제3조 제4호 단서).

1 개념

행정상 법률관계의 분쟁을 행정기관이 심리·재결하는 행정쟁송절차를 말한다.

2 행정심판과 행정소송의 비교

구분	행정심판	행정소송
성질	약식 쟁송	정식 쟁송
대상	부당, 위법한 처분	위법한 처분
절차	구술 또는 서면심리(비공개원칙)	구술심리(공개원칙)
기관	행정심판위원회	법원
기간	• 처분이 있음을 안 날: 90일 • 처분이 있은 날: 180일	• 처분이 있음을 안 날: 90일 • 처분이 있은 날: 1년
의무이해심판 인정	긍정	부정
오고지·불고지 규정	있음	없음
공통점	• 국민의 권리구제수단 • 대심주의원칙 + 직권심리주의 가미 • 불이익변경금지의 원칙 • 집행부정지의 원칙 • 사정재결·사정판결의 인정 • 당사자의 신청에 의해 절차 개시되면 법률상 이익을 가진 자만 제기 가능	

❸ 행정심판의 종류

(1) **취소심판**: 행정청의 위법 또는 부당한 처분의 취소 또는 변경을 구하는 심판을 말한다(행정심판법 제5조 제1호).

(2) **무효등확인심판**: 행정청의 처분의 효력 유무 또는 존재 여부에 대한 확인을 하는 심판을 말한다. 이는 구체적인 내용에 따라 효력유무에 관하여서는 무효확인심판, 유효확인심판, 실효확인심판으로 구분되고, 존재여부에 관하여서는 존재확인심판, 부존재확인심판으로 구분된다(행정심판법 제5조 제2호).

(3) **의무이행심판**
① 의의: 당사자의 신청에 대한 행정청의 위법 또는 부당한 거부처분이나 부작위에 대하여 일정한 처분을 하도록 하는 행정심판을 말한다(행정심판법 제5조 제3호).
② 심판의 성질
  ㉠ 의무이행심판은 행정청으로 하여금 일정한 처분을 하도록 명하는 재결을 구하므로 이행쟁송의 성질을 가진다.
  ㉡ 의무이행심판의 쟁송물(= 쟁송의 대상)은 행정청의 작위의무의 존재이다.

(4) **행정심판의 종류 비교**

구분	취소심판	무효등확인심판	의무이행심판
의의	행정청의 위법 또는 부당한 처분을 취소하거나 변경하는 행정심판	행정청의 처분의 효력 유무 또는 존재 여부를 확인하는 행정심판	당사자의 신청에 대한 행정청의 위법 또는 부당한 거부처분이나 부작위에 대하여 일정한 처분을 하도록 하는 행정심판
청구기간 규정	○	×	• 거부처분에 대한 의무이행심판: ○ • 부작위에 대한 의무이행심판: ×
사정재결	○	×	○
집행정지	○	○	×

❹ 행정심판의 당사자등

(1) **심판청구인**: 청구인은 행정심판의 대상이 되는 행정청의 처분 및 부작위에 불복하여 그 취소·변경을 청구하는 자이다. 처분이 상대방만을 의미하는 것은 아니고 '제3자'도 심판청구인이 될 수 있다. 자연인은 물론 법인도 청구할 수 있으며 법인 아닌 사단·재단도 대표자 또는 관리인이 정해져 있는 경우 그 사단이나 재단의 이름으로 행정심판을 청구할 수 있다(행정심판법 제14조).

(2) **청구인적격(행정심판법 제13조)**
① 취소심판: 처분의 취소 또는 변경을 구할 법률상 이익이 있는 자가 행정심판을 청구할 수 있다.
② 무효등확인심판: 처분의 효력 유무 또는 존재 여부에 대한 확인을 구할 법률상 이익이 있는 자가 행정심판을 청구할 수 있다.

③ 의무이행심판: 처분을 신청한 자로서 행정청의 거부처분 또는 부작위에 대해 일정한 처분을 구할 법률상 이익이 있는 자가 행정심판을 청구할 수 있다.

관련판례

■ **제3자가 재결의 취소 등을 구할 수 있는 요건으로서 법률상 이익의 의미**
행정심판청구인이 아닌 제3자라도 당해 행정심판청구를 인용하는 재결로 인하여 권리 또는 법률상 이익을 침해받게 되는 경우에는 그 재결의 취소를 구할 수 있으나, 이 경우 법률상 이익이란 당해 처분의 근거 법률에 의하여 직접 보호되는 구체적인 이익을 말하므로 제3자가 단지 간접적인 사실상 경제적인 이해관계를 가지는 경우에는 그 재결의 취소를 구할 원고적격이 없다(대판 2000.9.8, 98두13072).

(3) 피청구인(행정심판법 제17조)

① 피청구인 적격: 행정심판은 처분을 한 행정청(의무이행심판의 경우에는 청구인의 신청을 받은 행정청)을 피청구인으로 하여 청구하여야 한다. 다만, 심판청구의 대상과 관계되는 권한이 다른 행정청에 승계된 경우에는 권한을 승계한 행정청을 피청구인으로 하여야 한다.

② 피청구인 경정

　㉠ 청구인이 피청구인을 잘못 지정한 경우에는 행정심판위원회는 직권으로 또는 당사자의 신청에 따라 결정으로써 피청구인을 경정할 수 있다.

　㉡ 행정심판위원회가 이에 따라 피청구인의 경정결정을 한 때에는 그 결정정본을 당사자(종전의 피청구인과 새로운 피청구인을 포함)에게 송달해야 한다.

　㉢ 피청구인의 경정결정이 있는 때에는 종전의 피청구인에 대한 심판청구는 취하되고, 종전의 피청구인에 대한 행정심판이 청구된 때에 새로운 피청구인에 대한 행정심판이 청구된 것으로 본다.

　㉣ 행정심판위원회는 행정심판이 청구된 후에 피청구인이 승계된 경우에는 직권으로 또는 당사자의 신청에 따라 결정으로써 피청구인을 경정한다.

③ 관계인

　㉠ 대리인 선임: 청구인은 법정대리인 외에 배우자, 청구인 또는 배우자의 사촌 이내의 혈족, 청구인이 법인이거나 청구인 능력이 있는 법인이 아닌 사단 또는 재단인 경우 그 소속 임직원, 변호사, 다른 법률에 따라 심판청구를 대리할 수 있는 자, 그 밖에 위원회의 허가를 받은 자를 대리인으로 선임할 수 있다(행정심판법 제18조).

　㉡ 참가인: 심판결과에 이해관계가 있는 제3자 또는 행정청이 그 사건에 참가하는 것을 심판참가라 하고, 참가하는 자를 참가인이라 한다. 참가인은 해당 심판청구에 대한 행정심판위원회의 의결이 있기 전까지 그 사건에 대해 심판참가를 할 수 있다(행정심판법 제20조 제1항).

5 행정심판의 대상

(1) 처분: 행정청이 행하는 구체적 사실에 관한 법집행으로서의 공권력의 행사 또는 그 거부, 그 밖에 이에 준하는 행정작용을 말한다(행정심판법 제2조 제1호).

(2) 부작위: 행정청이 당사자의 신청에 대하여 상당한 기간 내에 일정한 처분을 하여야 할 법률상 의무가 있는데도 처분을 하지 아니하는 것을 말한다(행정심판법 제2조 제2호).

(3) 행정심판 대상에서 제외되는 것

① 대통령의 처분 · 부작위: 대통령의 처분 또는 부작위에 대하여는 다른 법률에서 행정심판을 청구할 수 있도록 정한 경우 외에는 행정심판을 청구할 수 없다(행정심판법 제3조 제2항).

② 행정심판의 재결: 심판청구에 대한 재결이 있으면 그 재결 및 같은 처분 또는 부작위에 대하여 다시 행정심판을 청구할 수 없다(행정심판법 제51조).

6 행정심판기관

(1) 행정심판위원회: 행정심판청구를 심리 · 재결하는 권한을 가진 독립성이 보장된 합의제 행정기관이다.

(2) 행정심판위원회의 설치 및 구성

설치근거	다음 행정청에 두는 행정심판위원회에서 심리 · 재결한다(행정심판법 제6조). • 감사원, 국가정보원장, 그 밖에 대통령령으로 정하는 대통령 소속기관의 장 • 국회사무총장 · 법원행정처장 · 헌법재판소사무처장 및 중앙선거관리위원회 사무총장 • 국가인권위원회, 그 밖에 지위 · 성격의 독립성과 특수성 등이 인정되어 대통령령으로 정하는 행정청
구성	• 행정심판위원회: 위원장 1명을 포함하여 50명 이내의 위원(행정심판법 제7조) • 중앙행정심판위원회: 위원장 1명을 포함하여 70명 이내의 위원, 위원 중 상임위원은 4명 이내(행정심판법 제8조)
권한	심리권 및 부수적 권한, 재결권 및 집행정지결정권 및 집행정지취소결정권, 직접처분권, 간접강제권 등

(3) 선정대표자의 선정

> **행정심판법 제15조【선정대표자】**
> ① 여러 명의 청구인이 공동으로 심판청구를 할 때에는 청구인들 중에서 3명 이하의 선정대표자를 선정할 수 있다.
> ② 청구인들이 제1항에 따라 선정대표자를 선정하지 아니한 경우에 위원회는 필요하다고 인정하면 청구인들에게 선정대표자를 선정할 것을 권고할 수 있다.
> ③ 선정대표자는 다른 청구인들을 위하여 그 사건에 관한 모든 행위를 할 수 있다. 다만, 심판청구를 취하하려면 다른 청구인들의 동의를 받아야 하며, 이 경우 동의받은 사실을 서면으로 소명하여야 한다.
> ④ 선정대표자가 선정되면 다른 청구인들은 그 선정대표자를 통해서만 그 사건에 관한 행위를 할 수 있다.
> ⑤ 선정대표자를 선정한 청구인들은 필요하다고 인정하면 선정대표자를 해임하거나 변경할 수 있다. 이 경우 청구인들은 그 사실을 지체 없이 위원회에 서면으로 알려야 한다.

■7 행정심판의 청구(행정심판법 제28조)

(1) 심판청구의 방식: 행정심판의 청구는 서면으로 하여야 한다. 다만, 엄격한 형식을 요하는 서면주의는 아니다.

(2) 심판청구서 내용: 처분에 대한 심판청구서에는 청구인의 이름과 주소 또는 사무소, 피청구인과 위원회, 심판청구의 대상이 되는 처분의 내용, 처분이 있음을 알게 된 날, 심판청구의 취지와 이유, 피청구인의 행정심판 고지 유무와 그 내용이 포함되어야 한다.

> **관련판례**
>
> ■ **행정심판청구서의 취지가 불명한 서면인 경우**
> 행정소송의 전치요건인 행정심판청구는 엄격한 형식을 요하지 아니하는 서면행위로서 그 보정이 가능하다면 보정이 이루어지도록 하여야 하는 것이며, 더욱 전문적 법률지식을 갖지 못한 심판청구인에 의하여 제출된 행정심판청구서는 그 취지가 불명인 부분이 적지 아니할 것이고, 이러한 경우 행정청으로서는 그 서면을 가능한 한 제출자의 이익이 되도록 해석하고 처리하여야 할 필요가 있는 것이다(대판 1992.4.10, 91누7798).

■8 행정심판의 청구기간(행정심판법 제27조)

(1) 원칙적 기간: 행정심판은 처분이 있음을 알게 된 날부터 90일 이내에 청구하여야 하며, 처분이 있었던 날부터 180일이 지나면 청구하지 못한다. 청구기간의 경과 여부는 두 개 중 어느 하나라도 경과되면 부적법 각하된다.

> **관련판례**
>
> ■ **행정심판법 심판청구기간 기산점인 '처분이 있음을 안 날'의 의미**
> 행정심판법 제18조 제1항 소정의 심판청구기간 기산점인 '처분이 있음을 안 날'이라 함은 당사자가 통지·공고 기타의 방법에 의하여 당해 처분이 있었다는 사실을 현실적으로 안 날을 의미하고, 추상적으로 알 수 있었던 날을 의미하는 것은 아니다. 그렇지만, 처분에 관한 서류가 당사자의 주소지에 송달되는 등 사회통념상 처분이 있음을 당사자가 알 수 있는 상태에 놓여진 때에는 반증이 없는 한 그 처분이 있음을 알았다고 추정할 수 있다. 아르바이트 직원이 납부고지서를 수령한 경우, 납부의무자는 그때 부과처분이 있음을 알았다고 추정할 수 있다(대판 1999.12.28, 99두9742).

(2) 예외적 기간: 90일에 대한 예외(행정심판법 제27조 제2항), 180일에 대한 예외(행정심판법 제27조 제3항 단서), 심판청구기간의 오고지 또는 불고지(행정심판법 제27조 제5항·제6항).

(3) 기간 계산방법: 특별한 규정을 두지 않고 있으므로 민법의 기간계산 방법에 따른다(민법 제155조).

⑨ 임시처분제도

(1) 임시처분 요건: 임시처분이란 처분 또는 부작위가 위법·부당하다고 상당히 의심되는 경우에 당사자가 받을 중대한 불이익이나 당사자에게 생길 급박한 위험을 막기 위하여 임시지위를 정하여야 할 필요가 있는 경우에는 직권으로 또는 당사자의 신청에 의하여 임시처분을 결정할 수 있다(행정심판법 제31조 제1항).

(2) 임시처분의 보충성: 임시처분은 집행정지로 목적을 달성할 수 있는 경우에는 허용되지 아니한다(행정심판법 제31조 제3항).

⑩ 행정심판의 재결

(1) 의의: 재결(裁決)은 행정심판의 청구에 대하여 제6조에 따른 행정심판위원회가 행하는 판단을 말한다(행정심판법 제2조 제3호).

(2) 성질: 이는 준법률행위적 행정행위 중 확인행위에 속하며, 준사법행위로서 처분에 해당한다. 따라서 이러한 재결 자체에 고유한 위법이 존재할 경우 행정소송의 대상이 된다.

(3) 재결기간(행정심판법 제45조): 재결은 피청구인인 행정청 또는 위원회가 심판청구서를 받은 날로부터 60일 이내에 하여야 한다. 다만, 부득이한 사정이 있을 때에는 위원장이 직권으로 30일을 연장할 수 있다.

(4) 재결의 송달·효력발생(행정심판법 제48조): 위원회는 지체 없이 당사자에게 재결서의 정본을 송달하여야 하며 위원회는 재결서의 등본을 지체 없이 참가인에게 송달하여야 한다. 이 경우 중앙행정심판위원회는 재결 결과를 소관 중앙행정기관의 장에게도 알려야 한다. 처분의 상대방이 아닌 제3자가 심판청구를 한 경우 위원회는 재결서의 등본을 지체 없이 피청구인을 거쳐 처분의 상대방에게 송달하여야 한다. 재결은 청구인에게 송달되었을 때에 그 효력이 생긴다.

(5) 재결의 종류(행정심판법 제43조)

① **각하재결:** 각하재결은 심판청구의 요건심리의 결과 심판청구가 부적법한 경우, 본안심리를 거부하는 것을 말한다.

② **기각재결:** 기각재결은 본안심리 결과 위원회가 심판청구가 이유 없다고 인정하여 청구를 배척하고 원처분을 인정하는 것을 말한다.

③ **사정재결:** 사정재결은 위원회가 심판청구가 이유 있다고 인정하는 경우에도 이를 인용하는 것이 현저히 공공복리에 적합하지 아니하다고 인정하는 때에 그 심판청구를 기각하는 재결을 말한다(행정심판법 제44조).

④ **인용재결:** 인용재결은 본안심리 결과 심판청구가 이유 있다고 인정하여 청구의 취지를 받아들이는 것을 말한다.

Chapter

07 | 행정조직법

01 총설

1 행정조직법과 행정기관

(1) 행정조직법의 의의

① 협의의 행정조직법: '국가나 지방자치단체 등 행정주체를 구성하는 행정기관의 조직에 관한 법의 총체'를 의미한다.

② 광의의 행정조직법: '국가행정조직법과 자치행정조직법은 물론이고, 공무원에 관한 법 및 공물 기타 영조물에 관한 법 전체'를 의미한다.

(2) 우리나라 행정조직의 기본원칙

① 행정조직 법정주의: 헌법 제96조와 행정기본법 제8조에 따라 행정각부의 설치·조직과 직무 범위 및 행정작용은 법률에 위반되어서는 아니 되며, 국민의 권리를 제한하거나 의무를 부과하는 경우와 그 밖에 국민 생활에 중요한 영향을 미치는 경우에는 법률에 근거해야 한다는 원칙이다.

> **헌법 제96조**
> 행정각부의 설치·조직과 직무 범위는 법률로 정한다.
>
> **행정기본법 제8조【법치행정의 원칙】**
> 행정작용은 법률에 위반되어서는 아니 되며, 국민의 권리를 제한하거나 의무를 부과하는 경우와 그 밖에 국민 생활에 중요한 영향을 미치는 경우에는 법률에 근거하여야 한다.

② 행정조직 민주원리: 행정작용은 공개되어 국민의 참여를 보장하며 의견을 존중하여 국민의 이익을 위하여 추진되어야 한다는 원리이다.

③ 행정조직 능률원리: 국가와 지방자치단체는 최소의 비용으로 최대의 산출을 추구하는 행정의 능률과 실효성을 높이기 위하여 지속적으로 법령 등과 제도를 정비·개선할 책무를 진다.

> **행정기본법 제3조【국가와 지방자치단체의 책무】**
> ② 국가와 지방자치단체는 행정의 능률과 실효성을 높이기 위하여 지속적으로 법령 등과 제도를 정비·개선할 책무를 진다.

④ 지방분권주의: 행정작용은 헌법 제117조에 따라 지방의 특수한 상황에 맞추어 지역주민의 자치에 의해 이루어져야 한다는 원칙이다.

> **헌법 제117조**
> ① 지방자치단체는 주민의 복리에 관한 사무를 처리하고 재산을 관리하며, 법령의 범위 안에서 자치에 관한 규정을 제정할 수 있다.

(3) 행정기관의 종류

① 행정청(= 행정관청): 행정청이란 국가를 포함한 각 행정주체의 의사를 결정하고, 그 의사를 자신의 이름으로 외부에 표시할 수 있는 권한을 가진 행정기관을 말한다.

  ㉠ 독임제 행정청: 각부의 장관, 각처의 처장, 각청의 청장(예 경찰청장), 특별시장, 도지사 등 권한의 위임을 받은 행정기관

  ㉡ 합의제 행정청: 행정심판위원회, 소청심사위원회 등 대외적 구속력을 가지는 기관

② 기타 행정기관: 행정청과 대비하여 행정청에 일정한 형태로 영향을 미치기 위해서 조직된 다양한 형태의 행정기관을 말한다.

  ㉠ 보조기관: 국가 또는 공공단체의 행정청에 소속되어 행정청의 권한행사를 보조하는 것을 임무로 하는 행정기관을 말한다. 대표적인 보조기관으로는 행정각부의 차관, 차장, 실장, 국장, 과장, 팀장, 반장, 계장 등이 있고, 지방자치단체의 부지사, 부시장, 국장, 과장 등이 있다.

> **지방자치법 제123조【부지사 · 부시장 · 부군수 · 부구청장】**
> ① 특별시 · 광역시 및 특별자치시에 부시장, 도와 특별자치도에 부지사, 시에 부시장, 군에 부군수, 자치구에 부구청장을 두며, 그 수는 다음 각 호의 구분과 같다.
> 1. 특별시의 부시장의 수: 3명을 넘지 아니하는 범위에서 대통령령으로 정한다.
> 2. 광역시와 특별자치시의 부시장 및 도와 특별자치도의 부지사의 수: 2명(인구 800만 이상의 광역시나 도는 3명)을 넘지 아니하는 범위에서 대통령령으로 정한다.
> 3. 시의 부시장, 군의 부군수 및 자치구의 부구청장의 수: 1명으로 한다.

  ㉡ 보좌기관: 국가 또는 공공단체의 행정청 또는 그 보조기관을 보좌하는 기관을 말한다. 참모기관 또는 막료기관이라고도 하며 대표적인 보좌기관으로는 대통령비서실, 국무총리실, 행정각부의 차관보 등이 있다.

> **정부조직법 제14조【대통령비서실】**
> ① 대통령의 직무를 보좌하기 위하여 대통령비서실을 둔다.

③ 행정주체와 행정청(행정기관)의 구별

구분	행정주체	행정청
권리능력	있음	없음
행위능력	없음	있음
구체적인 예	국가, 지방자치단체, 공무수탁사인	대통령, 장관, 시장

② 행정청의 권한

(1) 상급 행정청의 권한
① 감시권: 상급청은 별도의 법률상 근거가 없어도 하급청을 감시할 수 있다.
② 훈령권
  ㉠ 훈령이란 상급청의 하급청에 대한 일반적인 명령을 의미한다.
  ㉡ 훈령은 행정규칙의 일종으로 법규성이 부정되므로 법률상 근거 없이도 발할 수 있다.
  ㉢ 훈령은 법규로서의 성질이 없으므로 훈령을 위반하더라도 당연히 위법이 되는 것은 아니다.
  ㉣ 다만, 훈령에 위반한 공무원에 대해서는 공무원의 직무상 의무위반을 이유로 징계의 대상이 될 수 있다.
  ㉤ 하급청은 훈령의 형식적 요건 정도는 심사할 수 있으며, 실질적인 요건은 중대명백한 하자가 있어 당연무효가 아닌 이상 훈령에 따라야 한다.
③ **주관 쟁의 결정권**: 상급관청은 자신에게 소속된 하급관청 간의 권한에 대하여 다툼이 있는 경우, 그에 관하여 결정함으로써 권한에 관한 다툼을 해결할 수 있다.

(2) 행정권한의 대리
① 임의대리
  ㉠ 피대리청이 대리청에게 대리권을 부여하는 경우를 의미한다.
  ㉡ 대리청의 동의를 요하지 않으며, 법률에 근거가 없어도 가능하다. 따라서 이를 수권(授權)대리라고 한다.
  ㉢ 피대리청은 자신의 권한 '일부'에 대해서만 대리권 수여가 가능하다.
  ㉣ 대리청의 대리행위 효과는 피대리청에게 귀속된다.
  ㉤ 복대리는 대리청이 자신의 대리권의 범위 내에서 다시 제3의 기관에 대리권을 수여하여 제3의 기관이 행하는 대리행위이고, 임의대리의 경우에는 피대리청의 권한 일부에 대해서만 대리권 수여가 가능하므로 원칙적으로 대리청의 복대리는 인정되지 않는다.
② 법정대리
  ㉠ 법률의 규정에 의하여 대리관계가 성립되는 경우를 의미한다.
    예 대통령 사고 시 국무총리가 대통령 권한 전부를 대리하는 경우

> **헌법 제71조**
> 대통령이 궐위되거나 사고로 인하여 직무를 수행할 수 없을 때는 국무총리, 법률이 정한 국무위원의 순서로 그 권한을 대행한다.

  ㉡ 대리청은 피대리청의 권한 '전부'를 행사할 수 있으며, 그 효과는 피대리청에게 귀속된다.
  ㉢ 법률의 규정에 근거를 두고 있기 때문에 복대리가 인정된다. 또한 피대리청은 대리청의 대리행위에 대해 감독할 수 없음이 원칙이다.

더 알아보기

임의대리와 법정대리의 구별

구분	임의대리	법정대리
법률상 근거	×	○
대리행위 범위	일부	전부
복대리	×	○
피대리청의 감독권	○	×

(3) 행정권한의 위임

① 의의

㉠ 행정권한의 위임이란 법률에 근거하여 자신의 권한의 일부를 하급 행정기관이나 다른 행정기관 등에게 이전하는 것을 의미한다.

> **정부조직법 제6조 【권한의 위임 또는 위탁】**
> ① 행정기관은 법령으로 정하는 바에 따라 그 소관사무의 일부를 보조기관 또는 하급 행정기관에 위임하거나 다른 행정기관·지방자치단체 또는 그 기관에 위탁 또는 위임할 수 있다. 이 경우 위임 또는 위탁을 받은 기관은 특히 필요한 경우에는 법령으로 정하는 바에 따라 위임 또는 위탁을 받은 사무의 일부를 보조기관 또는 하급 행정기관에 재위임할 수 있다.
> ② 보조기관은 제1항에 따라 위임받은 사항에 대하여는 그 범위에서 행정기관으로서 그 사무를 수행한다.
> ③ 행정기관은 법령으로 정하는 바에 따라 그 소관사무 중 조사·검사·검정·관리 업무 등 국민의 권리·의무와 직접 관계되지 아니하는 사무를 지방자치단체가 아닌 법인·단체 또는 그 기관이나 개인에게 위탁할 수 있다.

㉡ 법률에 근거가 필요하다는 점에서 임의대리와 구별된다. 임의대리는 두 행정청 간의 신뢰에 기초하므로 법률상 근거가 필요없다.

㉢ 판례는 개별법상 위임의 근거가 없어도 정부조직법 제6조에 근거하여 권한을 위임할 수 있다고 보고 있다.

㉣ 일부를 위임한다는 점에서 임의대리와 동일하지만, 법정대리와는 다르다.

㉤ 상급청의 지휘와 감독을 받는 점에서 내부위임, 임의대리와 동일하고 법정대리와 다르다.

② 임의대리와의 구별

구분	임의대리	행정권한 위임
법률상 근거	×	○
효과 귀속	피대리청	수임청
피고적격	피대리청	수임청

※ 행정권한이 위임되면 수임청(하급관청)은 자신(수임청)의 명의로 권한을 행사하고 그 효과도 수임청에게 귀속되므로 항고소송의 피고는 수임청이 된다.

③ 행정권한 내부위임과의 구별

구분	위임	내부위임
의의	행정관청이 법률에 따라 특정한 권한을 다른 행정관청에 이전하여 수임관청의 권한으로 행사하도록 하는 것으로서 권한의 법적인 귀속을 변경하는 것	행정관청의 내부적인 사무처리의 편의를 도모하기 위하여 그의 보조기관 또는 하급 행정청으로 하여금 그의 권한을 사실상 행하도록 하는 것
권한 이전	이전됨	이전 안 됨
권한 행사	수임청 명의	위임청 명의
효과 귀속	수임청	위임청
피고적격	수임청	위임청

(4) 행정권한의 위임 및 위탁에 관한 규정(대통령령)

> **행정위임위탁규정 제6조【지휘·감독】**
> 위임 및 위탁기관은 수임 및 수탁기관의 수임 및 수탁사무 처리에 대하여 지휘·감독하고, 그 처리가 위법하거나 부당하다고 인정될 때에는 이를 취소하거나 정지시킬 수 있다.
>
> **행정위임위탁규정 제7조【사전승인 등의 제한】**
> 수임 및 수탁사무의 처리에 관하여 위임 및 위탁기관은 수임 및 수탁기관에 대하여 사전승인을 받거나 협의를 할 것을 요구할 수 없다.

(5) 행정청 간의 상호협력관계

① 판례는 법률상 다른 행정청과 협의한 후 공동명의로 권한을 행사하도록 하는 규정이 있음에도 불구하고 협의 없이 단독명의로 이루어진 행위는 무권한의 행위로서 무효라고 판시하였다.

② 그러나 법률상 다른 행정청과 협의한 후 단독명의로 권한을 행사하도록 하는 규정이 있는 경우에 협의 없이 단독명의로 이루어진 행위는 당연무효의 처분이라고 할 수 없다고 판시하였다(대판 1995.11.7, 95누9730).

(6) 공공단체

① 공공단체에는 지방자치단체, 공법상 사단법인(공공조합), 공법상 재단법인, 영조물법인이 있다.

② 공공단체는 행정주체이므로 공공단체의 고유사무에 대한 국가의 감독은 합법성 통제를 원칙으로 한다.
→ 합목적성 통제 ×

> **지방자치법 제190조【지방자치단체의 자치사무에 대한 감사】**
> ① 행정안전부장관이나 시·도지사는 지방자치단체의 자치사무에 관하여 보고를 받거나 서류·장부 또는 회계를 감사할 수 있다. 이 경우 감사는 법령위반사항에 대하여만 실시한다.
> ② 행정안전부장관 또는 시·도지사는 제1항에 따라 감사를 실시하기 전에 해당 사무의 처리가 법령에 위반되는지 등을 확인하여야 한다.

▮ 국가행정조직법의 의의

국가행정조직법은 국가행정을 담당하는 국가의 고유한 행정기관의 조직에 관한 법을 말한다.

▮ 중앙행정조직

(1) 대통령

① 지위

ㄱ 국가원수로서의 지위

- 국가의 원수이며, 외국에 대하여 국가를 대표한다(헌법 제66조 제1항).
- 국가의 독립 · 영토의 보전 · 국가의 계속성과 헌법을 수호할 책무를 진다(헌법 제66조 제2항).
- 국정의 통합 · 조정자이다.
- 헌법기관 구성권자이다.

> **헌법 제66조**
> ① 대통령은 국가의 원수이며, 외국에 대하여 국가를 대표한다.
> ② 대통령은 국가의 독립 · 영토의 보전 · 국가의 계속성과 헌법을 수호할 책무를 진다.

ㄴ 행정부 수반으로서의 지위

- 행정부를 조직하는 행정의 최고책임자이자 국무회의의 의장이다.
- 국군을 지휘하고 통솔할 권한자이다(국군통수권).

ㄷ 신분상의 지위

- 임기는 5년 단임이며 중임할 수 없다(헌법 제70조).
- 내란 또는 외환의 죄를 범한 경우를 제외하고는 형사상의 소추를 받지 아니하는 특권을 가진다(헌법 제84조).

> **헌법 제70조**
> 대통령의 임기는 5년으로 하며, 중임할 수 없다.
>
> **헌법 제84조**
> 대통령은 내란 또는 외환의 죄를 범한 경우를 제외하고는 재직 중 형사상의 소추를 받지 아니한다.

② 권한

 ⊙ 국가긴급권: 긴급상황에서 긴급재정 · 경제명령 · 처분권, 긴급명령권, 계엄선포권 등의 권한을 가진다.

 ⓛ 헌법기관 구성권: 헌법기관 구성권자로서 대법원장, 대법관, 헌법재판소 소장, 헌법재판소 재판관, 중앙선거관리위원회 위원, 감사원장, 감사위원 등의 임명권을 가진다.

 ⓒ 집행에 관한 권한: 집행에 관한 최고의사결정권, 법률집행권, 외교에 관한 권한, 정부구성권과 공무원임면권, 국군통수권, 재정권, 영전수여권을 가진다.

 ⓔ 입법에 관한 권한: 국회의 임시회 집회요구권, 국회출석발언권, 법률안제출권, 법률안공포권, 법률안거부권, 행정입법권을 가진다.

 ⓜ 사법에 관한 권한: 위헌정당해산제청권, 사면 · 감면 · 복권의 권한을 가진다.

(2) 국무회의

① 의의: 정부의 권한에 속하는 중요한 정책을 심의하는 최고정책심의기관

② 구성

 ⊙ 의장: 대통령

 ⓛ 부의장: 국무총리

 ⓒ 15인 이상 30인 이하의 국무위원

(3) 국무총리

① 역할: 대통령을 보좌하며, 행정에 관하여 대통령의 명을 받아 행정각부를 통할한다.

② 임명: 국회의 동의를 얻어 대통령이 임명하며, 군인은 현역을 면한 후가 아니면 국무총리로 임명될 수 없다.

(4) 행정각부: 정부조직법상 행정각부는 기획재정부, 교육부, 과학기술정보통신부, 외교부, 통일부, 법무부, 국방부, 행정안전부, 문화체육관광부, 농림축산식품부, 산업통상자원부, 보건복지부, 환경부, 고용노동부, 여성가족부, 국토교통부, 해양수산부, 중소벤처기업부 등 18부가 있다.

3 지방행정조직

(1) 보통지방행정기관: 국가의 지방자치단체에 의한 지방 행정처리를 관장하는 기관으로, 광역단체장과 기초단체장은 지방자치단체의 집행기관으로서의 지위와 보통행정관청으로서의 지위를 동시에 가지고 있다.

(2) 특별지방행정기관: 특정한 중앙행정기관에 소속되어 그의 소관사무만을 관장하는 기관으로, 법률로 정하는 경우를 제외하고는 대통령령으로 특별지방행정기관을 설치할 수 있다.

 예 우정사업본부, 출입국관리사무소 등

4 행정위원회

(1) 의의: 행정위원회는 행정각부에 소속되어 일반행정기관으로부터 독립한 순수한 행정기능 이외에 준사법적·준입법적 권한을 갖는 합의제 행정관청이다.

(2) 장·단점

① 장점

㉠ 합의제 행정관청으로서 합리적인 의사결정이 가능하다.

㉡ 기관의 독립성에 의하여 외부 압력으로부터 자유롭다.

㉢ 각계각층의 의견을 반영함으로써 행정의 민주화를 도모한다.

② 단점

㉠ 권력분립의 원칙에 반할 소지가 있다.

㉡ 행정능률을 저해할 위험이 있다.

---

03   지방자치법

1 총설

(1) 의의: 헌법 제117조 제1항은 지방자치단체의 사무를 규정하고 있으며, 헌법 제118조 제1항은 지방의회 설치에 대한 규정을 두고 있다.

> **헌법 제117조**
> ① 지방자치단체는 주민의 복리에 관한 사무를 처리하고 재산을 관리하며, 법령의 범위 안에서 자치에 관한 규정을 제정할 수 있다.
> ② 지방자치단체의 종류는 법률로 정한다.
>
> **헌법 제118조**
> ① 지방자치단체에 의회를 둔다.
> ② 지방의회의 조직·권한·의원선거와 지방자치단체의 장의 선임방법 기타 지방자치단체의 조직과 운영에 관한 사항은 법률로 정한다.

(2) 단체자치와 주민자치의 구별

① **의의:** 단체자치는 지방자치단체가 지방행정사무를 규율하는 반면에 주민자치는 주민의 참여를 통하여 지방행정사무를 관할한다는 점에서 구별된다. 우리나라는 단체자치를 원칙으로 하며 주민자치를 예외적으로 결합한 구조이다.

② 양자의 구별

구분	단체자치	주민자치
권한부여방식	포괄적	개별적
지방세	국세에 부수적	국세에 독립적
국가 감독	직접적	간접적
통제 수단	행정적 통제	입법적, 사법적 통제

(3) 우리나라 지방자치제도의 특징

① 지방자치단체는 행정주체에 해당하며, 법인에 해당하므로 권리능력이 있다. 지방자치법 제3조 제1항에 의하면 지방자치단체는 법인으로 한다고 규정되어 있다.

② 판례에 의하면 지방자치단체 소속 공무원이 지방자치단체 고유사무(자치사무)를 수행하던 중 도로법 제81조 등의 규정에 위반행위를 한 경우에는 지방자치단체는 도로법 제86조의 양벌규정에 따라 처벌대상이 되는 법인에 해당한다(대판 2005.11.10, 2004도2657).

③ 다만, 지방자치단체가 기관위임사무를 처리하는 경우에는 양벌규정의 법인에 해당하지 않는다.

④ 지방자치단체는 기본권의 주체가 아니므로 헌법소원을 청구할 수는 없다(헌재 1998.3.26, 96헌마345).

(4) 지방자치단체의 사무

구분	자치사무	단체위임사무	기관위임사무
의의	지방자치단체의 고유사무로 국가의 감독을 받지 않음이 원칙	지방자치단체가 법령에 의하여 국가 또는 다른 공공단체로부터 위임받은 사무	국가가 지방자치단체의 기관에 사무를 위임하는 사무
효과 귀속	지방자치단체	지방자치단체	국가
비용 부담	지방자치단체	위임한 국가 또는 단체(학설 대립)	국가 (단, 개별법에서 예외규정 둘 수 있음)
예	수도사업, 오물처리 사무, 공공복리 사무 등	국세징수 업무, 국도유지 업무	선거 사무, 병사 사무, 경찰사무 등

2 지방자치단체의 명칭과 관할 구역

(1) 지방자치단체의 명칭과 구역

> **지방자치법 제5조 【지방자치단체의 명칭과 구역】**
> ① 지방자치단체의 명칭과 구역은 종전과 같이 하고, 명칭과 구역을 바꾸거나 지방자치단체를 폐지하거나 설치하거나 나누거나 합칠 때에는 법률로 정한다.
> ② 다만, 지방자치단체의 관할 구역 경계변경과 지방자치단체의 한자 명칭의 변경은 대통령령으로 정한다.
> ③ 제1항에 따라 지방자치단체를 폐지하거나 설치하거나 나누거나 합칠 때 또는 그 명칭이나 구역을 변경할 때에는 관계 지방의회의 의견을 들어야 한다. 다만, 주민투표법 제8조에 따라 주민투표를 한 경우에는 그러하지 아니하다.
>
> **지방자치법 제7조 【자치구가 아닌 구와 읍 · 면 · 동 등의 명칭과 구역】**
> ① 자치구가 아닌 구와 읍 · 면 · 동의 명칭과 구역은 종전과 같이 하고, 이를 폐지하거나 설치하거나 나누거나 합칠 때에는 행정안전부장관의 승인을 받아 그 지방자치단체의 조례로 정한다. 다만, 명칭과 구역의 변경은 그 지방자치단체의 조례로 정하고, 그 결과를 특별시장 · 광역시장 · 도지사에게 보고하여야 한다.

(2) 지방자치단체의 구역변경 · 폐치 · 분합: 헌법재판소에 의하면 지방자치단체의 구역변경이나 폐치 · 분합(分合)은 헌법소원의 대상이 된다고 판시하였다(헌재 1994.12.29, 94헌마201).

3 지방자치단체의 주민

(1) 지방자치단체 주민의 권리

① 주민의 자격: 지방자치단체의 구역에 주소(생활의 근거가 되는 장소)를 가진 자로, 자연인의 경우에는 '주민등록지'가 기준이 되고, 법인의 경우는 '주된 사무소의 소재지 또는 본점 소재지'가 기준이 되며, 외국인의 경우는 '출입국관리법에 따라 등록한 등록지'를 기준으로 한다.

> **지방자치법 제16조 【주민의 자격】**
> 지방자치단체의 구역에 주소를 가진 자는 그 지방자치단체의 주민이 된다.

② 주민의 권리

㉠ 지방자치단체의 정책의 결정 및 집행 과정에 참여할 권리

> **지방자치법 제17조 【주민의 권리】**
> ① 주민은 법령으로 정하는 바에 따라 주민 생활에 영향을 미치는 지방자치단체 정책의 결정 및 집행 과정에 참여할 권리를 가진다.
> ② 주민은 법령으로 정하는 바에 따라 소속 지방자치단체의 재산과 공공시설을 이용할 권리와 그 지방자치단체로부터 균등하게 행정의 혜택을 받을 권리를 가진다.
> ③ 주민은 법령으로 정하는 바에 따라 그 지방자치단체에서 실시하는 지방의회의원과 지방자치단체의 장의 선거(이하 "지방선거"라 한다)에 참여할 권리를 가진다.

- 주민투표권
  - 주민투표법이 정한 요건을 충족한 18세 이상의 주민은 주민투표법이 정한 일정한 사람을 제외하고 주민에게 과도한 부담을 주거나 중대한 영향을 미치는 지방자치단체의 주요결정사항은 주민투표에 부칠 수 있다.

> **주민투표법 제5조【주민투표권】**
> ① 18세 이상의 주민 중 제6조 제1항에 따른 투표인명부 작성기준일 현재 다음 각 호의 어느 하나에 해당하는 사람에게는 주민투표권이 있다. 다만, 공직선거법 제18조에 따라 선거권이 없는 사람에게는 주민투표권이 없다.
> 1. 그 지방자치단체의 관할 구역에 주민등록이 되어 있는 사람
> 2. 출입국관리 관계 법령에 따라 대한민국에 계속 거주할 수 있는 자격(체류자격 변경허가 또는 체류기간 연장허가를 통하여 계속 거주할 수 있는 경우를 포함한다)을 갖춘 외국인으로서 지방자치단체의 조례로 정한 사람

  - 다만, 지방자치법 제18조가 정한 주민투표권은 그 성질상 선거권, 공무담임권, 국민투표권과 전혀 다른 것이어서 이를 법률이 보장하는 참정권이라고 할 수 있을지언정 헌법이 보장하는 참정권이라고 할 수는 없다(헌재 2001.6.28. 2000헌마735).

> **지방자치법 제18조【주민투표】**
> ① 지방자치단체의 장은 주민에게 과도한 부담을 주거나 중대한 영향을 미치는 지방자치단체의 주요 결정사항 등에 대하여 주민투표에 부칠 수 있다.
> ② 주민투표의 대상·발의자·발의요건, 그 밖에 투표절차 등에 관한 사항은 따로 법률로 정한다.
>
> **주민투표법 제7조【주민투표의 대상】**
> ① 주민에게 과도한 부담을 주거나 중대한 영향을 미치는 지방자치단체의 주요결정사항은 주민투표에 부칠 수 있다.
> ② 제1항에도 불구하고 다음 각 호의 어느 하나에 해당하는 사항은 주민투표에 부칠 수 없다.
> 1. 법령에 위반되거나 재판 중인 사항
> 2. 국가 또는 다른 지방자치단체의 권한 또는 사무에 속하는 사항
> 3. 지방자치단체가 수행하는 다음 각 목의 어느 하나에 해당하는 사무의 처리에 관한 사항
>   가. 예산 편성·의결 및 집행
>   나. 회계·계약 및 재산관리
> 3의2. 지방세·사용료·수수료·분담금 등 각종 공과금의 부과 또는 감면에 관한 사항
> 4. 행정기구의 설치·변경에 관한 사항과 공무원의 인사·정원 등 신분과 보수에 관한 사항
> 5. 다른 법률에 의하여 주민대표가 직접 의사결정 주체로서 참여할 수 있는 공공시설의 설치에 관한 사항. 다만, 제9조 제5항의 규정에 의하여 지방의회가 주민투표의 실시를 청구하는 경우에는 그러하지 아니하다.
> 6. 동일한 사항(그 사항과 취지가 동일한 경우를 포함한다)에 대하여 주민투표가 실시된 후 2년이 경과되지 아니한 사항

• 조례의 제정 · 개폐청구권

> **지방자치법 제19조 【조례의 제정과 개정 · 폐지 청구】**
> ① 주민은 지방자치단체의 조례를 제정하거나 개정하거나 폐지할 것을 청구할 수 있다.
> ② 조례의 제정 · 개정 또는 폐지 청구의 청구권자 · 청구대상 · 청구요건 및 절차 등에 관한 사항은 따로 법률로 정한다.

• 주민감사청구권

> **지방자치법 제21조 【주민의 감사 청구】**
> ① 지방자치단체의 18세 이상의 주민으로서 다음 각 호의 어느 하나에 해당하는 사람(공직선거법 제18조에 따른 선거권이 없는 사람은 제외한다. 이하 이 조에서 "18세 이상의 주민"이라 한다)은 시 · 도는 300명, 제198조에 따른 인구 50만 이상 대도시는 200명, 그 밖의 시 · 군 및 자치구는 150명 이내에서 그 지방자치단체의 조례로 정하는 수 이상의 18세 이상의 주민이 연대 서명하여 그 지방자치단체와 그 장의 권한에 속하는 사무의 처리가 법령에 위반되거나 공익을 현저히 해친다고 인정되면 시 · 도의 경우에는 주무부장관에게, 시 · 군 및 자치구의 경우에는 시 · 도지사에게 감사를 청구할 수 있다.
> 　1. 해당 지방자치단체의 관할 구역에 주민등록이 되어 있는 사람
> 　2. 출입국관리법 제10조에 따른 영주(永住)할 수 있는 체류자격 취득일 후 3년이 경과한 외국인으로서 같은 법 제34조에 따라 해당 지방자치단체의 외국인등록대장에 올라 있는 사람
> ② 다음 각 호의 사항은 감사 청구의 대상에서 제외한다.
> 　1. 수사나 재판에 관여하게 되는 사항
> 　2. 개인의 사생활을 침해할 우려가 있는 사항
> 　3. 다른 기관에서 감사하였거나 감사 중인 사항. 다만, 다른 기관에서 감사한 사항이라도 새로운 사항이 발견되거나 중요 사항이 감사에서 누락된 경우와 제22조 제1항에 따라 주민소송의 대상이 되는 경우에는 그러하지 아니하다.
> 　4. 동일한 사항에 대하여 제22조 제2항 각 호의 어느 하나에 해당하는 소송이 진행 중이거나 그 판결이 확정된 사항
> ③ 제1항에 따른 청구는 사무처리가 있었던 날이나 끝난 날부터 3년이 지나면 제기할 수 없다.

• 주민소송제기권: 주민소송의 피고는 지방자치단체의 장이다.

> **지방자치법 제22조 제1항 【주민소송】**
> ① 제21조 제1항에 따라 공금의 지출에 관한 사항, 재산의 취득 · 관리 · 처분에 관한 사항, 해당 지방자치단체를 당사자로 하는 매매 · 임차 · 도급 계약이나 그 밖에 계약의 체결 · 이행에 관한 사항 또는 지방세 · 사용료 · 수수료 · 과태료 등 공금의 부과 · 징수를 게을리한 사항을 감사 청구한 주민은 다음 각 호의 어느 하나에 해당하는 경우에 그 감사 청구한 사항과 관련이 있는 위법한 행위나 업무를 게을리한 사실에 대하여 해당 지방자치단체의 장(해당 사항의 사무처리에 관한 권한을 소속 기관의 장에게 위임한 경우에는 그 소속 기관의 장을 말한다. 이하 이 조에서 같다)을 상대방으로 하여 소송을 제기할 수 있다.
> 　1. 주무부장관이나 시 · 도지사가 감사 청구를 수리한 날부터 60일(제21조 제9항 단서에 따라 감사 기간이 연장된 경우에는 연장된 기간이 끝난 날을 말한다)이 지나도 감사를 끝내지 아니한 경우
> 　2. 제21조 제9항 및 제10항에 따른 감사 결과 또는 같은 조 제12항에 따른 조치 요구에 불복하는 경우
> 　3. 제21조 제12항에 따른 주무부장관이나 시 · 도지사의 조치 요구를 지방자치단체의 장이 이행하지 아니한 경우
> 　4. 제21조 제12항에 따른 지방자치단체의 장의 이행 조치에 불복하는 경우

- 주민소환권

> **지방자치법 제25조【주민소환】**
> ① 주민은 그 지방자치단체의 장 및 지방의회의원(비례대표 지방의회의원은 제외한다)을 소환할 권리를 가진다.
> ② 주민소환의 투표 청구권자·청구요건·절차 및 효력 등에 관한 사항은 따로 법률로 정한다.

ⓛ 소속 지방자치 단체의 재산과 공공시설 이용 권리: 주민은 법령으로 정하는 바에 따라 소속 지방자치단체의 재산과 공공시설을 이용할 권리를 가진다.

ⓒ 균등한 행정의 혜택을 받을 권리: 지방자치단체로부터 행정의 균등한 혜택을 받을 권리를 가진다.

ⓔ 지방선거 참여 권리: 법령으로 정하는 바에 따라 그 지방자치단체에서 실시하는 지방의회의원과 지방자치단체의 장의 선거(지방선거)에 참여할 권리를 가진다.

③ 주민의 의무: 지방자치단체의 주민은 법령이 정하는 바에 따라 그 소속 지방자치단체의 비용을 분담할 의무, 공공시설의 이용 또는 재산의 사용에 대한 사용료 납부의무, 지방자치단체의 사무에 관한 특별한 관련이 인정되는 경우 수수료 납부의무를 부담한다.

> **지방자치법 제27조【주민의 의무】**
> 주민은 법령으로 정하는 바에 따라 소속 지방자치단체의 비용을 분담하여야 하는 의무를 진다.

④ 지방의회의원의 의무

> **지방자치법 제43조【겸직 등 금지】**
> ① 지방의회의원은 다음 각 호의 어느 하나에 해당하는 직을 겸할 수 없다.
>   1. 국회의원, 다른 지방의회 의원
>   2. 헌법재판소 재판관, 각급 선거관리위원회 위원
>   3. 국가공무원법 제2조에 따른 국가공무원과 지방공무원법 제2조에 따른 지방공무원(정당법 제22조에 따라 정당의 당원이 될 수 있는 교원은 제외한다)
>   4. 공공기관의 운영에 관한 법률 제4조에 따른 공공기관(한국방송공사, 한국교육방송공사 및 한국은행을 포함한다)의 임직원
>   5. 지방공기업법 제2조에 규정된 지방공사와 지방공단의 임직원
>   6. 농업협동조합, 수산업협동조합, 산림조합, 엽연초생산협동조합, 신용협동조합, 새마을금고(이들 조합·금고의 중앙회와 연합회를 포함한다)의 임직원과 이들 조합·금고의 중앙회장이나 연합회장
>   7. 정당법 제22조에 따라 정당의 당원이 될 수 없는 교원
>   8. 다른 법령에 따라 공무원의 신분을 가지는 직
>   9. 그 밖에 다른 법률에서 겸임할 수 없도록 정하는 직

> **지방자치법 제44조【의원의 의무】**
> ① 지방의회의원은 공공의 이익을 우선하여 양심에 따라 그 직무를 성실히 수행하여야 한다.
> ② 지방의회의원은 청렴의 의무를 지며, 의원으로서의 품위를 유지하여야 한다.
> ③ 지방의회의원은 지위를 남용하여 재산상의 권리·이익 또는 직위를 취득하거나 다른 사람을 위하여 그 취득을 알선해서는 아니 된다.
> ④ 지방의회의원은 해당 지방자치단체, 제43조 제5항 각 호의 어느 하나에 해당하는 기관·단체 및 그 기관·단체가 설립·운영하는 시설과 영리를 목적으로 하는 거래를 하여서는 아니 된다.
> ⑤ 지방의회의원은 소관 상임위원회의 직무와 관련된 영리행위를 할 수 없으며, 그 범위는 해당 지방자치단체의 조례로 정한다.

5 지방자치단체의 조직과 권한

(1) 지방자치단체 조직

① 헌법은 지방자치단체에 의회를 둔다고 규정하고 있다(헌법 제118조).

② 지방의회의원은 국회의원과는 달리 면책특권이나 불체포특권은 인정되지 않는다.

③ 2003년 지방자치법 개정을 통해 지방의회의원의 비상임, 무보수라는 명예직 규정을 삭제하였다.

(2) 자치입법권

① 조례

> **지방자치법 제28조【조례】**
> ① 지방자치단체는 법령의 범위 안에서 그 사무에 관하여 조례를 제정할 수 있다. 다만, 주민의 권리 제한 또는 의무 부과에 관한 사항이나 벌칙을 정할 때에는 법률의 위임이 있어야 한다.

관련판례

■ **지방자치단체가 기관위임사무에 관하여 조례를 제정할 수 있는지 여부: 한정 소극**
지방자치법 제15조, 제9조(현 제28조, 제13조)에 의하면, 지방자치단체가 자치조례를 제정할 수 있는 사항은 지방자치단체의 고유사무인 자치사무와 개별법령에 의하여 지방자치단체에 위임된 단체위임사무에 한하는 것이고, 국가사무가 지방자치단체의 장에게 위임된 기관위임사무는 원칙적으로 자치조례의 제정범위에 속하지 않는다 할 것이고, 다만 기관위임사무에 있어서도 그에 관한 개별법령에서 일정한 사항을 조례로 정하도록 위임하고 있는 경우에는 위임받은 사항에 관하여 개별법령의 취지에 부합하는 범위 내에서 이른바 위임조례를 정할 수 있다(대판 2000.5.30, 99추85).

■ 지방자치단체가 제정한 조례가 법령에 위반되는 경우에는 효력이 없다(대판 2003.9.23, 2003추13).

② 수정법률선점이론

㉠ 법률이 전국을 일률적 기준으로 규제하기 위한 최대한의 규제인 경우: 조례로 법률에서 정한 규제기준 이상으로 규제 불가능

㉡ 법률이 최소한으로 규제하고자 하는 경우: 조례로 법률에서 정한 규제 기준 이상으로 규제 가능

■ **지방자치법 제15조(현 제28조) 소정의 '법령의 범위에서'의 의미 및 특정 사항에 관하여 국가법령이 이미 존재할 경우, 그 법령에서 정하지 아니한 사항을 규정한 조례의 적법 요건**
　　지방자치법 제15조(현 제28조)에서 말하는 '법령의 범위에서'라는 의미는 '법령에 위반되지 아니하는 범위에서'라는 의미로 풀이되는 것으로서, 특정 사항에 관하여 국가 법령이 이미 존재할 경우에도 그 규정의 취지가 반드시 전국에 걸쳐 일률적인 규율을 하려는 것이 아니라 각 지방자치단체가 그 지방의 실정에 맞게 별도로 규율하는 것을 용인하고 있다고 해석될 때에는 조례가 국가 법령에서 정하지 아니하는 사항을 규정하고 있다고 하더라도 이를 들어 법령에 위반되는 것이라고 할 수가 없다(대판 2000.11.24, 2000추29).

③ 조례 위반에 대한 과태료

> **지방자치법 제34조【조례 위반에 대한 과태료】**
> ① 지방자치단체는 조례를 위반한 행위에 대하여 조례로써 1천만 원 이하의 과태료를 정할 수 있다.

■ **조례 위반에 형벌을 가할 수 있도록 규정한 조례안이 지방자치법 및 헌법에 위반되는지 여부: 긍정**
　　지방자치법 제15조(현 제28조) 단서는 지방자치단체가 법령의 범위에서 그 사무에 관하여 조례를 제정하는 경우에 벌칙을 정할 때에는 법률의 위임이 있어야 한다고 규정하고 있는데, 불출석 등의 죄, 의회모욕죄, 위증 등의 죄에 관하여 형벌을 규정한 조례안에 관하여 법률에 의한 위임이 없었을 뿐만 아니라, 구 지방자치법 제20조가 조례에 의하여 3월 이하의 징역 등 형벌을 가할 수 있도록 규정하였으나 개정된 지방자치법 제20조(현 제34조)는 형벌권을 삭제하여 지방자치단체는 조례로써 조례 위반에 대하여 1,000만 원 이하의 과태료만을 부과할 수 있도록 규정하고 있으므로, 조례 위반에 형벌을 가할 수 있도록 규정한 조례안 규정들은 현행 지방자치법 제20조(현 제34조)에 위반되고, 적법한 법률의 위임 없이 제정된 것이 되어 지방자치법 제15조(현 제28조) 단서에 위반되고, 나아가 죄형법정주의를 선언한 헌법 제12조 제1항에도 위반된다(대판 1995.6.30, 93추83).

④ 조례와 규칙의 제정 절차 등

> **지방자치법 제32조【조례와 규칙의 제정 절차 등】**
> ① 조례안이 지방의회에서 의결되면 의장은 의결된 날부터 5일 이내에 그 지방자치단체의 장에게 이를 이송하여야 한다.
> ② 지방자치단체의 장은 제1항의 조례안을 이송받으면 20일 이내에 공포하여야 한다.
> ③ 지방자치단체의 장은 이송받은 조례안에 대하여 이의가 있으면 제2항의 기간에 이유를 붙여 지방의회로 환부(還付)하고, 재의(再議)를 요구할 수 있다. 이 경우 지방자치단체의 장은 조례안의 일부에 대하여 또는 조례안을 수정하여 재의를 요구할 수 없다.
> ④ 제3항에 따른 재의요구를 받은 지방의회가 재의에 부쳐 재적의원 과반수의 출석과 출석의원 3분의 2 이상의 찬성으로 전과 같은 의결을 하면 그 조례안은 조례로서 확정된다.
> ⑤ 지방자치단체의 장이 제2항의 기간에 공포하지 아니하거나 재의요구를 하지 아니할 때에도 그 조례안은 조례로서 확정된다.

⑥ 지방자치단체의 장은 제4항과 제5항에 따라 확정된 조례를 지체 없이 공포하여야 한다. 제5항에 따라 조례가 확정된 후 또는 제4항에 따른 확정조례가 지방자치단체의 장에게 이송된 후 5일 이내에 지방자치단체의 장이 공포하지 아니하면 지방의회의 의장이 이를 공포한다.

⑦ 제2항 및 제6항 전단에 따라 지방자치단체의 장이 조례를 공포한 때에는 즉시 해당 지방의회의 의장에게 통지하여야 하며, 제6항 후단에 따라 지방의회의 의장이 조례를 공포한 때에는 이를 즉시 해당 지방자치단체의 장에게 통지하여야 한다.

⑧ 조례와 규칙은 특별한 규정이 없으면 공포한 날부터 20일이 지나면 효력을 발생한다.

⑤ 조례의 하자

관련판례

■ 조례에 하자가 존재하는 경우에는 그 조례는 무효가 된다(대판 1996.5.14, 96추15).

■ 처분권한의 근거 조례가 무효인 경우, 그 근거 규정에 기하여 한 행정처분이 당연무효인지 여부: 부정 – 취소사유
조례 제정권의 범위를 벗어나 국가사무를 대상으로 한 무효인 서울특별시행정권한위임조례의 규정에 근거하여 구청장이 건설업영업정지처분을 한 경우, 그 처분은 결과적으로 적법한 위임 없이 권한 없는 자에 의하여 행하여진 것과 마찬가지가 되어 그 하자가 중대하나, 지방자치단체의 사무에 관한 조례와 규칙은 조례가 보다 상위규범이라고 할 수 있고, 또한 헌법 제107조 제2항의 "규칙"에는 지방자치단체의 조례와 규칙이 모두 포함되는 등 이른바 규칙의 개념이 경우에 따라 상이하게 해석되는 점 등에 비추어 보면 위 처분의 위임 과정의 하자가 객관적으로 명백한 것이라고 할 수 없으므로 이로 인한 하자는 결국 당연무효사유는 아니라고 봄이 상당하다(대판 1995.7.11, 94누4615).

(3) 지방자치단체의 장

① 임기

지방자치법 제108조 【지방자치단체의 장의 임기】
지방자치단체의 장의 임기는 4년으로 하며, 3기 내에서만 계속 재임(在任)할 수 있다.

② 선결처분권

지방자치법 제122조 【지방자치단체의 장의 선결처분】
① 지방자치단체의 장은 지방의회가 지방의회의원이 구속되는 등의 사유로 제73조에 따른 의결정족수에 미달할 때와 지방의회의 의결사항 중 주민의 생명과 재산 보호를 위하여 긴급하게 필요한 사항으로서 지방의회를 소집할 시간적 여유가 없거나 지방의회에서 의결이 지체되어 의결되지 아니할 때는 선결처분(先決處分)을 할 수 있다.
② 제1항에 따른 선결처분은 지체 없이 지방의회에 보고하여 승인을 받아야 한다.
③ 지방의회에서 제2항의 승인을 받지 못하면 그 선결처분은 그때부터 효력을 상실한다.
④ 지방자치단체의 장은 제2항이나 제3항에 관한 사항을 지체 없이 공고하여야 한다.

③ 재의요구권

> **지방자치법 제120조【지방의회의 의결에 대한 재의 요구와 제소】**
> ① 지방자치단체의 장은 지방의회의 의결이 월권이거나 법령에 위반되거나 공익을 현저히 해친다고 인정되면 그 의결사항을 이송 받은 날부터 20일 이내에 이유를 붙여 재의를 요구할 수 있다.
> ② 제1항의 요구에 대하여 재의한 결과 재적의원 과반수의 출석과 출석의원 3분의 2 이상의 찬성으로 전과 같은 의결을 하면 그 의결사항은 확정된다.
> ③ 지방자치단체의 장은 제2항에 따라 재의결된 사항이 법령에 위반된다고 인정되면 대법원에 소(訴)를 제기할 수 있다.

6 지방자치단체의 사무

(1) 자치사무(고유사무)

① 의의: 자치사무란 지방자치단체의 존립목적이 되고 있는 지방적 복리사무를 말한다.

> **지방자치법 제13조 제1항【지방자치단체의 사무 범위】**
> ① 지방자치단체는 관할 구역의 자치사무와 법령에 따라 지방자치단체에 속하는 사무를 처리한다.

② 종류: 교육, 학교 급식사무, 상하수도사무, 폐기물사무, 가족관계등록사무(판례) 등이 해당한다.

③ 국가의 감독: 국가는 자치사무의 합법성 여부만 감독한다. 즉, 국가는 소극적 감독만 한다.

④ 지방의회는 자치사무에 대해 조례를 제정할 수 있으며, 자치사무에 대해 조사나 감사를 할 수 있다.

⑤ 비용: 자치사무에 대한 비용은 원칙적으로 지방자치단체가 전액 부담한다.

(2) 위임사무

① 단체위임사무

ㄱ 의의: 지방자치단체가 법령에 의하여 국가 또는 다른 자치단체로부터 위임받아 행하는 사무를 말한다.

ㄴ 종류: 국세징수업무, 국도 유지업무 등이 해당한다.

ㄷ 국가의 감독: 국가는 단체위임사무에 대해 합법성과 합목적성까지 감독한다. 즉, 국가는 적극적 감독까지 가능하다. 그러나 이는 교정적·사후적 감독에 한정되며 예방적 감독은 배제된다.

ㄹ 지방의회는 단체위임사무에 대해 조례를 제정할 수 있으며, 단체위임사무에 대해 조사나 감사를 할 수 있다.

ㅁ 비용: 단체위임사무에 대한 비용은 지방자치단체와 국가가 공동 부담한다.

② 기관위임사무

　　㉠ 의의: 법령 등에 의하여 국가 또는 지방자치단체로부터 지방자치단체의 장(長)에게 처리가 위임된 사무이다.

　　㉡ 종류: 경찰 사무나 선거사무, 병사사무 등이 해당한다.

　　㉢ 국가의 감독: 국가는 기관위임사무에 대해 합법성과 합목적성까지 감독한다. 즉, 국가는 적극적 감독뿐만 아니라 예방적 감독까지 가능하다.

　　㉣ 지방의회는 기관위임사무에 대해 조례를 제정할 수 없으나, 기관위임사무에 대해 조사나 감사를 할 수 있다.

　　㉤ 비용: 기관위임사무에 대한 비용은 위임자인 국가가 전액 부담한다.

04　공무원법

❶ 총설

(1) 우리나라의 공무원제도

① 직업공무원제: 공무원의 정치적 중립성을 확보하고 정권교체에 따른 신분상 불이익을 막기 위하여 헌법 제7조 제2항은 공무원의 신분과 정치적 중립성은 법률이 정하는 바에 의하여 보장된다고 규정하고 있다.

② 성적주의: 공무원의 임명 등은 성적이나 능력을 기준으로 이루어지며 학연이나 지연 등을 기준으로 하는 엽관주의와 구별된다. 국가공무원법 제26조(임용의 원칙)는 공무원의 임용은 시험성적·근무성적, 그 밖의 능력의 실증에 따라 행한다고 규정되어 있다.

(2) 공무원의 종류

① 경력직 공무원(국가공무원법 제2조 제2항)

구분	내용
일반직	기술·연구 또는 행정 일반에 대한 업무를 담당하는 공무원: 행정·기술직, 우정직, 연구·지도직
특정직	다른 법률이 특정직 공무원으로 지정하는 공무원: 법관·검사, 외무공무원, 경찰공무원, 소방공무원, 교육공무원, 군인·군무원, 헌법재판소 헌법연구관, 국가정보원의 직원·경호공무원 등 특수분야의 업무를 담당하는 공무원

② 특수경력직공무원(국가공무원법 제2조 제3항)

구분	내용
정무직	선거, 국회 동의에 의하여 임용되는 공무원, 고도의 정책 결정 업무를 담당하거나 이를 보조하는 공무원으로서 법령에서 정무직으로 지정하는 공무원: 감사원장·감사위원 및 사무총장, 국회사무총장·차장·도서관장·예산정책처장·입법조사처장, 헌법재판소 재판관·사무처장 및 사무차장, 중앙선거관리위원회 상임위원·사무총장 및 차장, 국무총리, 국무위원, 대통령비서실장, 국가안보실장, 대통령경호실장, 국무조정실장, 처의 처장, 각 부의 차관, 청장(경찰청장은 특정직), 차관급상당 이상의 보수를 받는 비서관(대통령비서실 수석비서관, 국무총리비서실장, 대법원장비서실장, 국회의장비서실장), 국가정보원장 및 차장, 방송통신위원회 위원장, 국가인권위원회 위원장
별정직	비서관·비서 등 보좌업무 등을 수행하거나 특정한 업무 수행을 위하여 법령에서 별정직으로 지정하는 공무원: 비서관·비서, 장관정책보좌관, 국회 수석전문위원, 국가정보원 기획조정실장, 기타 법령에서 별정직으로 지정하는 공무원

국가공무원법 제2조 【공무원의 구분】
① 국가공무원(이하 "공무원"이라 한다)은 경력직공무원과 특수경력직공무원으로 구분한다.
② "경력직공무원"이란 실적과 자격에 따라 임용되고 그 신분이 보장되며 평생 동안(근무기간을 정하여 임용하는 공무원의 경우에는 그 기간 동안을 말한다) 공무원으로 근무할 것이 예정되는 공무원을 말하며, 그 종류는 다음 각 호와 같다.
  1. 일반직공무원: 기술·연구 또는 행정 일반에 대한 업무를 담당하는 공무원
  2. 특정직공무원: 법관, 검사, 외무공무원, 경찰공무원, 소방공무원, 교육공무원, 군인, 군무원, 헌법재판소 헌법연구관, 국가정보원의 직원과 특수 분야의 업무를 담당하는 공무원으로서 다른 법률에서 특정직공무원으로 지정하는 공무원
  3. 삭제
③ "특수경력직공무원"이란 경력직공무원 외의 공무원을 말하며, 그 종류는 다음 각 호와 같다.
  1. 정무직공무원
    가. 선거로 취임하거나 임명할 때 국회의 동의가 필요한 공무원
    나. 고도의 정책결정 업무를 담당하거나 이러한 업무를 보조하는 공무원으로서 법률이나 대통령령(대통령비서실 및 국가안보실의 조직에 관한 대통령령만 해당한다)에서 정무직으로 지정하는 공무원
  2. 별정직공무원: 비서관·비서 등 보좌업무 등을 수행하거나 특정한 업무 수행을 위하여 법령에서 별정직으로 지정하는 공무원

---

2 공무원 지위의 변동

(1) **공무원 임명행위**: 공무원 임명은 상대방의 동의를 요하는 쌍방적 행정행위라고 보는 입장이 판례와 통설의 입장이다. 따라서 상대방의 동의를 결한 임용행위는 무효이다.

관련판례

■ 교사에 대한 임용권자가 교육공무원법 제12조에 따라 임용지원자를 특별채용(현 경력경쟁채용)하는 경우, 임용지원자가 임용권자에게 자신의 임용을 요구할 법규상 또는 조리상 권리가 없다. 교사에 대한 임용권자가 교육공무원법 제12조에 따라 임용지원자를 특별채용할 것인지 여부는 임용권자의 판단에 따른 재량에 속하는 것이고, 임용권자가 임용지원자의 임용 신청에 기속을 받아 그를 특별채용하여야 할 의무는 없으며 임용지원자로서도 자신의 임용을 요구할 법규상 또는 조리상 권리가 있다고 할 수 없다(대판 2005.4.15, 2004두11626).

(2) 공무원 결격사유

① 국가공무원법 제33조, 지방공무원법 제31조

> **국가공무원법 제33조 【결격사유】**
> 다음 각 호의 어느 하나에 해당하는 자는 공무원으로 임용될 수 없다.
> 1. 피성년후견인
> 2. 파산선고를 받고 복권되지 아니한 자
> 3. 금고 이상의 실형을 선고받고 그 집행이 종료되거나 집행을 받지 아니하기로 확정된 후 5년이 지나지 아니한 자
> 4. 금고 이상의 형을 선고받고 그 집행유예 기간이 끝난 날부터 2년이 지나지 아니한 자
> 5. 금고 이상의 형의 선고유예를 받은 경우에 그 선고유예 기간 중에 있는 자
> 6. 법원의 판결 또는 다른 법률에 따라 자격이 상실되거나 정지된 자
> 6의2. 공무원으로 재직기간 중 직무와 관련하여 형법 제355조 및 제356조에 규정된 죄를 범한 자로서 300만 원 이상의 벌금형을 선고받고 그 형이 확정된 후 2년이 지나지 아니한 자
> 6의3. 성폭력범죄의 처벌 등에 관한 특례법 제2조에 규정된 죄를 범한 사람으로서 100만 원 이상의 벌금형을 선고받고 그 형이 확정된 후 3년이 지나지 아니한 사람
> 6의4. 미성년자에 대한 다음 각 목의 어느 하나에 해당하는 죄를 저질러 파면·해임되거나 형 또는 치료감호를 선고받아 그 형 또는 치료감호가 확정된 사람(집행유예를 선고받은 후 그 집행유예기간이 경과한 사람을 포함한다)
>   가. 성폭력범죄의 처벌 등에 관한 특례법 제2조에 따른 성폭력범죄
>   나. 아동·청소년의 성보호에 관한 법률 제2조 제2호에 따른 아동·청소년대상 성범죄
> 7. 징계로 파면처분을 받은 때부터 5년이 지나지 아니한 자
> 8. 징계로 해임처분을 받은 때부터 3년이 지나지 아니한 자

② 공무원 능력요건이 결여된 자에 대한 공무원임용행위의 효력: 무효사유

③ 공무원 성적요건이 결여된 자에 대한 공무원임용행위의 효력: 취소사유

④ 공무원임용행위의 위법성 판단: 임용 당시 법률 등을 기준

관련판례

- 공무원 임용 결격자가 공무원으로 임용되어 사실상 근무하여 왔다고 하더라도 그러한 피임용자는 공무원연금법상 퇴직연금을 청구할 수 없으며 퇴직금 청구도 할 수 없다(대판 1995.9.29, 95누7833; 대판 1987.4.14, 86누459).

- 공무원 임용 당시 임용권자가 과실로 인하여 공무원 임용 결격사유를 알지 못하고 임용하였다 하더라도 그 임용행위는 당연무효에 해당한다(대판 2005.7.28, 2003두469).

(3) 공무원 관계의 변경

① 의의: 공무원 신분을 유지하면서 공무원 관계의 전부 또는 일부를 일시적 또는 영구적으로 변경하는 것이다.

② 종류

  ㉠ 승진: 동일직렬 내에서 하위직급에서 상위직급으로 임용되는 것을 말한다.

  ㉡ 전보: 공무원이 동일직급 내에서 보직을 변경하는 것으로 임용일로부터 6개월 이내에는 전보할 수 없음이 원칙이다.

  ㉢ 전직(= 직렬변경): 공무원이 직렬을 달리하여 임용되는 것이며, 전직은 일정한 제한 아래 전직시험을 거쳐야 한다.

  ㉣ 강등(= 징계로 인한 하위직급으로의 변경): 징계의 일종으로 1계급 아래로 내리고, 공무원의 신분은 보유하나 3개월간 직무에 종사하지 못하며, 그 기간 중 보수는 전액을 감한다.

  ㉤ 강임(= 직제변경으로 인한 하위직급으로의 변경): 직제의 변경으로 동일직렬 내에서 하위직급의 직위에 임명되거나 하위직급이 없는 경우 다른 직렬의 하위직급으로 임명되는 것이다.

  ㉥ 복직: 휴직·직위해제 또는 정직 중인 공무원을 직위에 복귀시키는 것이다.

  ㉦ 휴직: 공무원으로서의 신분을 보유하면서 일정한 기간 직무담당을 해제하는 것이다. 휴직사유에는 징집과 소집, 생사불명, 소재 불명, 법적 의무수행 등이 있다.

  ㉧ 직위해제: 사유가 발생한 경우에 임용권자가 직위만을 부여하지 아니하는 조치로서 보직의 해제이며, 복직이 보장되지 않는 처분이다. 직위해제는 징계의 유형에는 해당하지 않으므로, 직위해제와 징계처분이 병과되더라도 이중 처벌에 해당하지 않는다.

(4) 공무원 직위해제 사유

① 의의

  ㉠ 직위해제란 당해 공무원이 장래에 있어서 계속 직무를 담당하게 될 경우 예상되는 업무상의 장애 등을 예방하기 위하여 일시적으로 당해 공무원에게 직위를 부여하지 아니함으로써 직무에 종사하지 못하도록 하는 잠정적인 조치로서의 보직의 해제를 의미한다(대판 2003.10.10, 2003두5945).

  ㉡ 과거 공무원의 비위행위에 대해 질서유지를 목적으로 행하여지는 징벌적 제재로서의 징계와는 그 성질이 다르다.

② 공무원법상 직위해제

국가공무원법 제73조의3 【직위해제】
① 임용권자는 다음 각 호의 어느 하나에 해당하는 자에게는 직위를 부여하지 아니할 수 있다.
    1. 삭제
    2. 직무수행 능력이 부족하거나 근무성적이 극히 나쁜 자
    3. 파면·해임·강등 또는 정직에 해당하는 징계 의결이 요구 중인 자
    4. 형사 사건으로 기소된 자(약식명령이 청구된 자는 제외한다)
    5. 고위공무원단에 속하는 일반직공무원으로서 제70조의2 제1항 제2호부터 제5호까지의 사유로 적격심사를 요구받은 자
    6. 금품비위, 성범죄 등 대통령령으로 정하는 비위행위로 인하여 감사원 및 검찰·경찰 등 수사기관에서 조사나 수사 중인 자로서 비위의 정도가 중대하고 이로 인하여 정상적인 업무수행을 기대하기 현저히 어려운 자
② 제1항에 따라 직위를 부여하지 아니한 경우에 그 사유가 소멸되면 임용권자는 지체 없이 직위를 부여하여야 한다.
③ 임용권자는 제1항 제2호에 따라 직위해제된 자에게 3개월의 범위에서 대기를 명한다.
④ 임용권자 또는 임용제청권자는 제3항에 따라 대기 명령을 받은 자에게 능력 회복이나 근무성적의 향상을 위한 교육훈련 또는 특별한 연구과제의 부여 등 필요한 조치를 하여야 한다.
⑤ 공무원에 대하여 제1항 제2호의 직위해제 사유와 같은 항 제3호·제4호 또는 제6호의 직위해제 사유가 경합(競合)할 때에는 같은 항 제3호·제4호 또는 제6호의 직위해제 처분을 하여야 한다.

(5) 공무원법상 징계의 효력

국가공무원법 제80조 【징계의 효력】
① 강등은 1계급 아래로 직급을 내리고(고위공무원단에 속하는 공무원은 3급으로 임용하고, 연구관 및 지도관은 연구사 및 지도사로 한다) 공무원 신분은 보유하나 3개월간 직무에 종사하지 못하며 그 기간 중 보수는 전액을 감한다. 다만, 제4조 제2항에 따라 계급을 구분하지 아니하는 공무원과 임기제공무원에 대해서는 강등을 적용하지 아니한다.
② 제1항에도 불구하고 이 법의 적용을 받는 특정직공무원 중 외무공무원과 교육공무원의 강등의 효력은 다음 각 호와 같다.
    1. 외무공무원의 강등은 외무공무원법 제20조의2에 따라 배정받은 직무등급을 1등급 아래로 내리고(14등급 외무공무원은 고위공무원단 직위로 임용하고, 고위공무원단에 속하는 외무공무원은 9등급으로 임용하며, 8등급부터 6등급까지의 외무공무원은 5등급으로 임용한다) 공무원신분은 보유하나 3개월간 직무에 종사하지 못하며 그 기간 중 보수는 전액을 감한다.
    2. 교육공무원의 강등은 교육공무원법 제2조 제10항에 따라 동종의 직무 내에서 하위의 직위에 임명하고, 공무원신분은 보유하나 3개월 간 직무에 종사하지 못하며 그 기간 중 보수는 전액을 감한다. 다만, 고등교육법 제14조에 해당하는 교원 및 조교에 대하여는 강등을 적용하지 아니한다.
③ 정직은 1개월 이상 3개월 이하의 기간으로 하고, 정직 처분을 받은 자는 그 기간 중 공무원의 신분은 보유하나 직무에 종사하지 못하며 보수는 전액을 감한다.
④ 감봉은 1개월 이상 3개월 이하의 기간 동안 보수의 3분의 1을 감한다.
⑤ 견책(譴責)은 전과(前過)에 대하여 훈계하고 회개하게 한다.

(6) 공무원관계의 소멸

① 퇴직
  ㉠ 의의: 법정 사유가 발생한 경우에, 별도의 행위를 기다릴 것 없이 당연히 공무원의 신분이 상실되는 경우이다.
  ㉡ 원인
    • 공무원으로서의 신분에 대한 결격사유가 발생한 경우이다.
    • 정년 · 사망 · 임기만료 · 국적상실의 사유가 발생한 경우이다.
    • 명예퇴직 사유가 존재하는 경우이다.

> **국가공무원법 제69조【당연퇴직】**
> 공무원이 다음 각 호의 어느 하나에 해당할 때에는 당연히 퇴직한다.
> 1. 제33조 각 호의 어느 하나에 해당하는 경우. 다만, 제33조 제2호는 파산선고를 받은 사람으로서 채무자 회생 및 파산에 관한 법률에 따라 신청기한 내에 면책신청을 하지 아니하였거나 면책 불허가 결정 또는 면책 취소가 확정된 경우만 해당하고, 제33조 제5호는 형법 제129조부터 제132조까지, 성폭력범죄의 처벌 등에 관한 특례법 제2조, 정보통신망 이용촉진 및 정보보호 등에 관한 법률 제74조 제1항 제2호 · 제3호, 스토킹범죄의 처벌 등에 관한 법률 제2조 제2호, 아동 · 청소년의 성보호에 관한 법률 제2조 제2호 및 직무와 관련하여 형법 제355조 또는 제356조에 규정된 죄를 범한 사람으로서 금고 이상의 형의 선고유예를 받은 경우만 해당한다.
> 2. 임기제 공무원의 근무 기간이 만료된 경우

② 면직
  ㉠ 의의: 공무원의 신분을 상실시키는 행정행위이다.
  ㉡ 유형
    • 의원면직: 공무원 자신의 의사표시를 전제로 임용권자가 이를 수리(= 승인)함으로써 공무원 신분관계를 소멸시키는 쌍방적 행정행위이다.
      – 사직의 의사표시가 있다고 하여 바로 면직의 효과가 발생하는 것이 아니라 서면에 의한 사직서를 임명권자가 수리한 때에 면직의 효과가 발생한다.
      – 사직서를 제출한 후 수리되기 전에 무단결근한 경우에는 아직 공무원관계가 존재하므로 징계사유가 된다.
    • 강제면직: 본인의 의사와 상관없이 임용권자가 일방적으로 행하는 행정처분이다.
      – 징계면직: 파면과 해임과 같이 징계처분의 한 형태로서 행하여진다.
      – 직권면직: 일정한 법정 사유가 존재하는 경우 임용권자가 일방적으로 행한다.

관련판례

■ 당연퇴직의 통보는 법률상 당연히 발생하는 퇴직사유를 공적으로 확인하여 알려 주는 사실의 통보에 불과한 것이지 그 통보자체가 징계파면이나 직권면직과 같이 공무원의 신분을 상실시키는 새로운 형성적 행위는 아니므로 항고소송의 대상이 되는 독립한 행정처분이 될 수는 없다(대판 1985.7.23, 84누374).

■ 임용결격자가 공무원으로 임용되어 사실상 근무하여 왔다고 하더라도 적법한 공무원으로서의 신분을 취득하지 못한 자로서는 공무원연금법 소정의 퇴직급여 등을 청구할 수 없고, 또 당연퇴직사유에 해당되어 공무원으로서의 신분을 상실한 자

가 그 이후 사실상 공무원으로 계속 근무하여 왔다고 하더라도 당연퇴직 후의 사실상의 근무기간은 공무원연금법상의 재직기간에 합산될 수 없다(대판 2003.5.16. 2001다61012).

■ **국가공무원법 제70조 제1항 제2호 소정의 직권면직사유인 "직무수행 능력의 현저한 부족으로 근무성적이 극히 불량한 때"의 의미**
국가공무원법 제70조가 정한 직권면직사유 중 그 제1항 제2호의 직무수행능력의 현저한 부족으로 근무성적이 극히 불량한 때라 함은 공무원의 징계사유를 정한 같은 법 제78조 제1항 각 호의 규정에 비추어 정신적, 육체적으로 직무를 적절하게 처리할 수 있는 능력의 현저한 부족으로 근무성적이 극히 불량한 때를 의미하고 징계사유에 해당하는 명령위반, 직무상의 의무위반 또는 직무태만의 행위 등은 이에 해당하지 아니한다(대판 1985.2.26. 83누218).

❸ 공무원의 권리와 의무

(1) 공무원의 권리

① 신분상 권리

ⓐ 신분보유권: 국가공무원법 제68조에 따라 공무원은 법률에서 정하는 사유에 따르지 아니하고는 본인의 의사에 반한 신분상의 불이익을 받지 않으며, 그 신분이 보장된다.

> **국가공무원법 제68조 【의사에 반한 신분 조치】**
> 공무원은 형의 선고, 징계처분 또는 이 법에서 정하는 사유에 따르지 아니하고는 본인의 의사에 반하여 휴직·강임 또는 면직을 당하지 아니한다. 다만, 1급 공무원과 제23조에 따라 배정된 직무등급이 가장 높은 등급의 직위에 임용된 고위공무원단에 속하는 공무원은 그러하지 아니하다.

ⓑ 직위보유권: 국가공무원법 제32조의5에 따라 공무원은 자신에게 부여된 직위를 부여받을 권리를 가지며, 국가공무원법 제73조의3에 의하지 아니하고는 직위를 해제당하지 아니한다.

> **국가공무원법 제32조의5 제1항 【보직관리의 원칙】**
> ① 임용권자나 임용제청권자는 법령으로 따로 정하는 경우 외에는 소속 공무원의 직급과 직류를 고려하여 그 직급에 상응하는 일정한 직위를 부여하여야 한다. 다만, 고위공무원단에 속하는 일반직공무원과 제4조 제2항 제1호에 따른 공무원 중 계급 구분 및 직군·직렬의 분류가 적용되지 아니하는 공무원에 대하여는 자격·경력 등을 고려하여 그에 상응하는 일정한 직위를 부여하여야 한다.

ⓒ 직무수행권: 공무원은 자신이 담당하는 직무를 수행하고 그 집행을 방해받지 않을 권리를 가진다.

ⓓ 직명사용권: 공무원은 직명을 사용할 권리를 가진다.

ⓔ 소청심사청구권: 국가공무원법 제9조에 따라 공무원은 자신의 신분상에 일정한 불이익이 가해지는 처분 등을 받은 경우, 이러한 처분에 대한 불복방법으로 소청을 심사·결정하는 소청심사위원회에 소청 심사를 청구할 수 있는 권리를 가진다.

> **국가공무원법 제9조 제1항 【소청심사위원회의 설치】**
> ① 행정기관 소속 공무원의 징계처분, 그 밖에 그 의사에 반하는 불리한 처분이나 부작위에 대한 소청을 심사·결정하게 하기 위하여 인사혁신처에 소청심사위원회를 둔다.

② 재산상 권리

　㉠ 보수(봉급·월급)청구권: 공무원은 자신의 근로의 대가로, 봉급 기타 각종 수당 등을 합산한 금액을 국가에 대하여 청구할 권리를 가지는데 이에 대해 보수청구권을 공법상의 채권으로 보아, 5년의 소멸시효가 적용된다는 견해(다수설)와 보수청구권은 사법상 채권에 불과하므로 민법이 적용되어 3년의 소멸시효가 적용된다는 견해(판례)가 맞서고 있음

　㉡ 연금청구권: 공무원연금법 제1조에 따라 공무원은 국가나 지방 자치 단체에 대하여 연금의 보수를 청구할 수 있는 권리

> **공무원연금법 제1조【목적】**
> 이 법은 공무원의 퇴직, 장해 또는 사망에 대하여 적절한 급여를 지급하고 후생복지를 지원함으로써 공무원 또는 그 유족의 생활 안정과 복지 향상에 이바지함을 목적으로 한다.

　㉢ 실비변상청구권: 공무원이 직무를 수행하면서 개인 비용으로 구입한 것이 있을 경우, 실제 사용한 비용의 환급을 청구할 수 있는 권리

(2) 공무원의 의무

① 일반적 의무

　㉠ 선서 의무

> **국가공무원법 제55조【선서】**
> 공무원은 취임할 때에 소속 기관장 앞에서 대통령령 등으로 정하는 바에 따라 선서(宣誓)하여야 한다. 다만, 불가피한 사유가 있으면 취임 후에 선서하게 할 수 있다.

　㉡ 성실의무

> **국가공무원법 제56조【성실 의무】**
> 모든 공무원은 법령을 준수하며 성실히 직무를 수행하여야 한다.

② 직무상 의무

　㉠ 복종 의무

> **국가공무원법 제57조【복종의 의무】**
> 공무원은 직무를 수행할 때 소속 상관의 직무상 명령에 복종하여야 한다.

ⓛ 직무전념 의무

- 직장이탈금지

> **국가공무원법 제58조【직장 이탈 금지】**
> ① 공무원은 소속 상관의 허가 또는 정당한 사유가 없으면 직장을 이탈하지 못한다.
> ② 수사기관이 공무원을 구속하려면 그 소속 기관의 장에게 미리 통보하여야 한다. 다만, 현행범은 그러하지 아니하다.

- 영리업무종사 및 겸직금지

> **국가공무원법 제64조【영리 업무 및 겸직 금지】**
> ① 공무원은 공무 외에 영리를 목적으로 하는 업무에 종사하지 못하며 소속 기관장의 허가 없이 다른 직무를 겸할 수 없다.
> ② 제1항에 따른 영리를 목적으로 하는 업무의 한계는 대통령 등으로 정한다.

ⓒ 친절 · 공정 의무

> **국가공무원법 제59조【친절 · 공정의 의무】**
> 공무원은 국민 전체의 봉사자로서 친절하고 공정하게 직무를 수행하여야 한다.

ⓔ 종교중립 의무

> **국가공무원법 제59조의2【종교중립의 의무】**
> ① 공무원은 종교에 따른 차별 없이 직무를 수행하여야 한다.
> ② 공무원은 소속 상관이 제1항에 위배되는 직무상 명령을 한 경우에는 이에 따르지 아니할 수 있다.

③ 신분상 의무

ⓐ 비밀 엄수 의무

- 형법 제127조: 공무원 또는 공무원이었던 자가 법령에 의한 직무상 비밀을 누설한 때에는 2년 이하의 징역이나 금고 또는 5년 이하의 자격정지에 처한다.
- 비밀의 범위: 자신이 처리하는 직무와 직결된 직무는 물론, 직무와 관련하여 알게 된 모든 비밀을 포함한다.

> **국가공무원법 제60조【비밀 엄수의 의무】**
> 공무원은 재직 중은 물론 퇴직 후에도 직무상 알게 된 비밀을 엄수(嚴守)하여야 한다.

ⓒ 청렴 의무

> **국가공무원법 제61조【청렴의 의무】**
> ① 공무원은 직무와 관련하여 직접적이든 간접적이든 사례 · 증여 또는 향응을 주거나 받을 수 없다.
> ② 공무원은 직무상의 관계가 있든 없든 그 소속 상관에게 증여하거나 소속 공무원으로부터 증여를 받아서는 아니
>   된다.

ⓒ 영예 제한

> **국가공무원법 제62조【외국 정부의 영예 등을 받을 경우】**
> 공무원이 외국 정부로부터 영예나 증여를 받을 경우에는 대통령의 허가를 받아야 한다.

ⓔ 품위 유지 의무

> **국가공무원법 제63조【품위 유지의 의무】**
> 공무원은 직무의 내외를 불문하고 그 품위가 손상되는 행위를 하여서는 아니 된다.

ⓜ 정치 운동 금지

> **국가공무원법 제65조【정치 운동의 금지】**
> ① 공무원은 정당이나 그 밖의 정치단체의 결성에 관여하거나 이에 가입할 수 없다.
> ② 공무원은 선거에서 특정 정당 또는 특정인을 지지 또는 반대하기 위한 다음의 행위를 하여서는 아니 된다.
>   1. 투표를 하거나 하지 아니하도록 권유 운동을 하는 것
>   2. 서명 운동을 기도(企圖) · 주재(主宰)하거나 권유하는 것
>   3. 문서나 도서를 공공시설 등에 게시하거나 게시하게 하는 것
>   4. 기부금을 모집 또는 모집하게 하거나, 공공자금을 이용 또는 이용하게 하는 것
>   5. 타인에게 정당이나 그 밖의 정치단체에 가입하게 하거나 가입하지 아니하도록 권유 운동을 하는 것
> ③ 공무원은 다른 공무원에게 제1항과 제2항에 위배되는 행위를 하도록 요구하거나, 정치적 행위에 대한 보상
>   또는 보복으로서 이익 또는 불이익을 약속하여서는 아니 된다.
> ④ 제3항 외에 정치적 행위의 금지에 관한 한계는 대통령령 등으로 정한다.

ⓗ 집단 행위 금지

> **국가공무원법 제66조【집단 행위의 금지】**
> ① 공무원은 노동운동이나 그 밖에 공무 외의 일을 위한 집단 행위를 하여서는 아니 된다. 다만, 사실상 노무에
>   종사하는 공무원은 예외로 한다.
> ② 제1항 단서의 사실상 노무에 종사하는 공무원의 범위는 대통령령 등으로 정한다.
> ③ 제1항 단서에 규정된 공무원으로서 노동조합에 가입된 자가 조합 업무에 전임하려면 소속 장관의 허가를 받
>   아야 한다.
> ④ 제3항에 따른 허가에는 필요한 조건을 붙일 수 있다.

(3) 공무원의 책임

① **행정상 책임**: 공무원이 근무상의 의무위반 행위가 있는 경우 국가공무원법에 따른 징계 의결 결과에 따라 징계처분을 받거나 국가배상법 또는 회계관계직원 등의 책임에 관한 법률에 의해서 손해에 대해 변상해야 한다.

> **국가공무원법 제78조 제1항【징계사유】**
> ① 공무원이 다음 각 호의 어느 하나에 해당하면 징계 의결을 요구하여야 하고 그 징계 의결의 결과에 따라 징계처분을 하여야 한다.
> 　1. 이 법 및 이 법에 따른 명령을 위반한 경우
> 　2. 직무상의 의무(다른 법령에서 공무원의 신분으로 인하여 부과된 의무를 포함한다)를 위반하거나 직무를 태만히 한 때
> 　3. 직무의 내외를 불문하고 그 체면 또는 위신을 손상하는 행위를 한 때
>
> **국가배상법 제2조【배상책임】**
> ① 국가나 지방자치단체는 공무원 또는 공무를 위탁받은 사인(이하 "공무원"이라 한다)이 직무를 집행하면서 고의 또는 과실로 법령을 위반하여 타인에게 손해를 입히거나, 자동차손해배상 보장법에 따라 손해배상의 책임이 있을 때는 이 법에 따라 그 손해를 배상하여야 한다. 다만, 군인·군무원·경찰공무원 또는 예비군대원이 전투·훈련 등 직무 집행과 관련하여 전사(戰死)·순직(殉職)하거나 공상(公傷)을 입은 경우에 본인이나 그 유족이 다른 법령에 따라 재해보상금·유족연금·상이연금 등의 보상을 지급받을 수 있을 때는 이 법 및 민법에 따른 손해배상을 청구할 수 없다.
> ② 제1항 본문의 경우에 공무원에게 고의 또는 중대한 과실이 있으면 국가나 지방자치단체는 그 공무원에게 구상(求償)할 수 있다.

② **형사상 책임**: 공무원의 행위가 형법 또는 특별법에 의한 범죄를 구성하는 경우에는 그 공무원은 형사상의 벌칙 책임을 진다.

③ **민사상 책임**: 헌법 제29조와 민법 제750조에 따라 공무원이 직무상 불법행위로 국민에게 손해를 가한 경우 국가 또는 지방자치단체는 그 손해를 배상하여야 하고, 당해 공무원에게 고의 또는 중과실이 있는 경우 그 공무원도 직접 피해자에게 배상책임을 부담한다. 다만, 당해 공무원에게 경과실만이 인정되는 경우에는 피해자에 대한 배상책임이 없다.

> **헌법 제29조**
> ① 공무원의 직무상 불법행위로 손해를 받은 국민은 법률이 정하는 바에 의하여 국가 또는 공공단체에 정당한 배상을 청구할 수 있다. 이 경우 공무원 자신의 책임은 면제되지 아니한다.
> ② 군인·군무원·경찰공무원 기타 법률이 정하는 자가 전투·훈련 등 직무집행과 관련하여 받은 손해에 대하여는 법률이 정하는 보상 외에 국가 또는 공공단체에 공무원의 직무상 불법행위로 인한 배상은 청구할 수 없다.
>
> **민법 제750조【불법행위의 내용】**
> 고의 또는 과실로 인한 위법행위로 타인에게 손해를 가한 자는 그 손해를 배상할 책임이 있다.

08 | 특별행정작용법

01 경찰행정법

1 경찰의 조직

(1) 경찰의 의결기관과 협의기관

의결기관	경찰위원회	경찰법에 근거한 행정안전부 소속하의 합의제 의결기관으로 경찰의 민주적 통제와 정치적 중립 확보를 위해 설치한다.
협의기관	치안행정협의회	지방행정과 치안행정 간의 업무협조 기타 필요한 사항의 협의와 조정을 위한 시 · 도지사의 자문기관이다.

(2) 보통경찰기관과 비상경찰기관

보통경찰기관	보안경찰 작용을 담당하는 경찰기관을 말한다.
비상경찰기관	보통경찰기관의 경찰력만으로 치안을 유지하기 곤란한 비상시에 있어서 병력으로써 치안을 담당하는 기관을 말한다(예 계엄사령관, 위수사령관, 수도방위사령관 등).

2 경찰권의 한계

(1) 경찰권의 법규상 한계

① 의의: 경찰권은 권력 작용이 그 내용이므로, 법치행정의 원리가 엄격히 적용되는 영역이다. 따라서 경찰활동에 관한 법규는 경찰권발동의 1차적인 한계가 된다.

② 관련 개념

　㉠ 법률유보

　　• 경찰권의 발동은 법치행정의 원리에 따라 법률상 근거가 있어야 한다.

　　• 경찰권의 발동이 국민의 자유와 권리를 제한하는 권력 작용의 성격을 띨 경우, 법적 근거는 더욱 중요하고 필요하다.

　㉡ 법률우위: 경찰권의 발동은 법률에 위반되어서는 안 된다.

> **행정기본법 제8조【법치행정의 원칙】**
> 행정작용은 법률에 위반되어서는 아니 되며, 국민의 권리를 제한하거나 의무를 부과하는 경우와 그 밖에 국민 생활에 중요한 영향을 미치는 경우에는 법률에 근거하여야 한다.

③ 위험

ⓒ 오상 위험과 외관상 위험

구분	현실적 위험 존재 여부	위험 존재 판단 여부	객관적 주의의무 여부	적법 여부
오상 위험	X	○	X	위법
외관상 위험	X	○	○	적법

ⓒ 위험의 혐의

- 위험이 존재한다고 판단할 근거는 충분하지 않고, 경찰 스스로도 위험의 개연성이 있는지 판단하기 어려운 경우를 의미한다.
- 이러한 경우에 경찰은 위험의 예비적 조치 정도만 가능하다.

④ 일반 수권(授權)조항 인정 여부

ⓒ 경찰작용 시 개별법상 법적 근거가 없는 경우에도 경찰권 발동의 근거가 될 수 있는 규정을 수권규정 또는 일반조항이라고 한다.

ⓒ 경찰관 직무집행법 제2조 제7호를 일반조항으로 볼 수 있는지가 문제 되는데 견해의 대립은 있으나, 판례는 경찰관 직무집행법 제2조를 일반조항으로 인정한다(대판 1986.1.28, 85도2448 참고).

> **경찰관 직무집행법 제2조【직무의 범위】**
> 경찰관은 다음 각 호의 직무를 수행한다.
> 1. 국민의 생명·신체 및 재산의 보호
> 2. 범죄의 예방·진압 및 수사
> 2의2. 범죄피해자 보호
> 3. 경비, 주요 인사 경호 및 대간첩·대테러 작전 수행
> 4. 공공안녕에 대한 위험의 예방과 대응을 위한 정보의 수집·작성 및 배포
> 5. 교통 단속과 교통 위해의 방지
> 6. 외국 정부기관 및 국제기구와의 국제협력
> 7. 그 밖에 공공의 안녕과 질서 유지

(2) 경찰권의 조리상 한계

① 의의

ⓒ 경찰권의 발동은 조리상의 한계를 가진다.

ⓒ 조리상의 한계란 경찰작용의 일반원칙상 한계를 의미한다.

② 경찰권의 발동 관련 조리상 한계

ⓒ 경찰소극목적의 원칙: 경찰작용은 적극적인 공공복리를 위해서가 아니라 '질서유지'를 위해 이루어져야 한다.

ⓒ 경찰공공의 원칙: 경찰작용은 개인의 사생활에 간섭하여서는 아니 되며, 사주소(住所)에 원칙적으로 침범할 수 없고, 단순한 민사관계에는 간섭하지 않음이 원칙이다.

ⓒ 경찰비례의 원칙: 경찰작용 시 국민의 기본권 침해와 관련하여 비례원칙을 준수하여야 한다.

> **행정기본법 제10조【비례의 원칙】**
>
> 행정작용은 다음 각 호의 원칙에 따라야 한다.
> 1. 행정목적을 달성하는 데 유효하고 적절할 것
> 2. 행정목적을 달성하는 데 필요한 최소한도에 그칠 것
> 3. 행정작용으로 인한 국민의 이익 침해가 그 행정작용이 의도하는 공익보다 크지 아니할 것

ㄹ 경찰평등의 원칙: 경찰작용 시 사회적 신분 등을 이유로 차별하여서는 아니 된다.

> **행정기본법 제9조【평등의 원칙】**
>
> 행정청은 합리적 이유 없이 국민을 차별하여서는 아니 된다.

ㅁ 경찰책임의 원칙

- 경찰책임의 의의
  - 경찰권은 질서유지를 방해하는 책임 있는 자에 대해서 발동할 수 있다.
  - 경찰책임은 장해 발생을 야기한 행위자의 고의 또는 과실과 무관하게 부과된다. 즉, 행위책임이나 상태책임을 불문하고 무과실책임이다.
  - 경찰책임은 자연인 또는 법인에 부과될 수 있다.
  - 경찰책임은 장해의 발생상태가 존속하는 한 부과된다. 즉, 소멸시효와는 무관하다.
- 경찰책임의 종류

행위책임	• 타인의 행위에 대한 책임 • 자기 또는 자기가 지배하는 범위 내에 있는 사람의 행위로 인해 경찰위해 상태가 발생한 경우에 지는 책임(예 고용인이 경찰위해를 발생하게 한 경우에 사용자 등이 지는 책임)을 의미한다. • 행위책임에는 위해 발생에 대한 당사자의 고의 또는 과실을 요하지 않는다.
상태책임	• 물건 등 지배하고 있는 상태에 대한 책임 • 물건 등을 사실상 지배하는 상태에 있는 사람이 그 물건 등으로 인하여 경찰위해 상태가 발생한 경우에 그 사람이 지는 책임을 의미한다. 다만, 정당한 권리 행사로 인한 경우이거나, 불가항력에 의한 자연재해로 인한 경우(예 태풍에 의해 나무가 넘어져 도로 통행에 방해가 된 경우)에는 상태책임이 없다.
복합책임	• 행위책임과 상태책임이 경합하는 경우 • 행위책임자와 상태책임자가 경합하는 경우에는 효율적인 위험방지 및 경찰비례 원칙 등을 고려하여 합리적으로 판단해야 한다.

ㅂ 경찰보충의 원칙: 어떤 개인에게 경찰권을 발동할 경우 그 개인의 상대방의 자유와 권리가 제한되는 것은 경찰목적, 즉 사회공공의 안녕과 질서유지를 이룰 다른 대안이 없을 경우에만 사용되는 최후의 보충적 수단이어야 한다.

❸ 경찰작용

(1) **경찰하명**: 사회공공의 안녕과 질서유지를 달성하기 위하여 통치권에 의거, 국민에게 작위(예 불법건축물에 대한 철거명령), 부작위(예 심야영업금지명령), 급부(예 과태료부과처분) 또는 수인의무(예 정신병원에의 강제입원명령, 위험방지를 위한 출입 시 관계인이 경찰의 조사에 응하여야 할 의무)를 명하는 행정행위를 말한다.

(2) **경찰허가**: 법령에 의한 일반적 · 상대적 금지를 일정한 요건을 갖춘 경우에 해제하여 일정한 행위를 적법하게 할 수 있도록 허락함으로써 자연적 자유를 회복시켜 주는 경찰처분을 말한다.

(3) **경찰강제**: 경찰목적의 실현을 확보하기 위하여 사람의 신체 또는 재산에 실력을 가함으로써 경찰상 필요한 상태를 실현하는 권력적 사실행위를 말하며 경찰상 강제집행과 경찰상 즉시강제가 있다.

---

02 급부행정법

❶ 총설

(1) **급부행정의 의의**

① 급부행정이란 국가 또는 공공단체 등의 행정주체가 국민에게 수익적 활동을 통하여 적극적으로 공공복리를 증진하기 위하여 행하는 비권력적 작용을 말한다.

② 급부행정의 주체는 원칙적으로 국가 또는 공공단체이지만, 급부행정을 특허 받은 사인(私人)도 가능하다.

(2) **급부행정의 기본원칙 및 종류**

① 급부행정의 기본원칙: 복지국가(사회국가)원리, 법률적합성원칙, 비례원칙, 보충성원칙, 신뢰보호원칙 등이 존재한다.

② 급부행정의 종류

공급행정	공물 · 공기업 · 특허기업	예 도로, 항만 등
사회보장행정	사회보험 · 공적부조 · 원호보호 · 복리사업	예 기초수당
조성행정	자금지원 · 사권보호	예 장학금

❷ 공급행정

(1) **공물의 의의**

① 공물(公物)은 국가 또는 공공단체 등의 행정주체에 의하여 직접 행정목적을 위하여 제공된 개개의 유체물이다.

② 공물은 반드시 공법의 적용을 받는 공소유의 대상일 필요는 없다.

(2) 공물의 종류

공공용물	행정주체가 직접적으로 공중의 이용에 제공한 공물 • 자연공물: 자연상태로 공물로서의 성질을 가지는 것(예 하천, 호수) • 인공공물: 형체적 요소와 행정주체가 공중이용에 제공한다는 의사표시를 요하는 것(예 도로, 교량, 지하도, 가로등, 맨홀)
공용물	행정주체 자신이 사용하기 위하여 제공한 공물(예 공공단체의 각종 청사, 연구소, 등대, 교도소, 소년원 등)
보존공물	그 물건 자체의 공적인 보존을 목적으로 하는 공물(예 문화재)

(3) 공물의 성립요건

① 공용지정

　㉠ 행정청의 특정 물건에 대해 일반 공중의 이용에 제공한다는 공식적 의사표시를 의미한다.

　　예 일반재산(잡종재산)이 공용지정되면 행정재산으로 전환된다.

　㉡ 공원과 같은 인공공물은 공용지정이 필요하다.

　㉢ 판례에 따르면 자연공물(예 바다)은 공용지정이 불필요하다.

　㉣ 판례에 따르면 관공서 청사와 같은 공용물은 형체적 요소가 있으면 충분하고, 별도의 공용개시의 의사적 요소는 필요하지 않다.

　㉤ 문화재와 같은 보존 공물의 경우에도 공용지정이 필요하다.

　㉥ 행정청이 법률상 권원 없는 상태에서 공용지정을 한 경우 실제 소유권자가 원상회복을 청구할 수 있는지에 대해 판례는 부정한다. 원상회복은 불가능하고 부당이득반환청구권의 행사를 통하여 소유권자를 구제한다는 입장이다(대판 1989.1.24, 88다카6006).

② 공용제공: 특정 물건이 공용될 수 있는 형태를 갖추어야 한다(형체적 요소).

(4) 공물의 소멸

① 공물의 종류에 따른 소멸 방식

공공용물	자연공물	통설	자연상태의 영구적·확정적 멸실(형체적 요소의 멸실)로 인하여 당연히 소멸한다고 본다.
		판례	자연공물에 대해서도 공용폐지가 없는 한 공물로서의 성질을 잃지 않는다고 본다.
	인공공물		행정주체의 공용폐지의 의사표시에 의하여 소멸한다.
공용물			사실상의 사용의 폐지인 형체적 요소의 멸실에 의하여 소멸한다.
보존공물			지정행위를 해제하는 의사표시에 의하여 소멸한다.

관련판례

■ **공공용물의 소멸 – 공유수면의 소멸**

공유수면인 갯벌은 자연의 상태 그대로 공공용에 제공될 수 있는 실체를 갖추고 있는 이른바 자연공물로서 간척에 의하여 사실상 갯벌로서의 성질을 상실하였더라도 당시 시행되던 국유재산법령에 의한 용도폐지를 하지 않은 이상 당연히 잡종재산으로 된다고는 할 수 없다(대판 1995.11.14, 94다42877).

② 공용폐지 및 형체적 요소 소멸

　　㉠ 공용폐지

- 공용폐지란 행정청이 특정 물건에 대해 공물로서의 성격을 상실하게 하는 공식적인 의사표시를 의미한다.
- 판례도 공물이 소멸하기 위해서는 공용폐지의 의사표시가 있어야 한다고 판시하였다.

관련판례

- **공용폐지의 의사표시 방법 및 그에 대한 입증책임**
  공용폐지의 의사표시는 명시적 의사표시뿐만 아니라 묵시적 의사표시이어도 무방하나 적법한 의사표시이어야 하고, 행정재산이 본래의 용도에 제공되지 않는 상태에 놓여 있다는 사실만으로 관리청의 이에 대한 공용폐지의 의사표시가 있었다고 볼 수 없고, 원래의 행정재산이 공용폐지되어 취득시효의 대상이 된다는 입증책임은 시효취득을 주장하는 자에게 있다(대판 1999.1.15, 98다49548).

- **공유수면 일부가 사실상 매립되었으나 공용폐지되지 않은 경우, 법률상 공유수면으로서의 성질을 보유하는지 여부: 적극** (대판 1996.5.28, 95다52383)
  - 공유수면은 소위 자연공물로서 그 자체가 직접 공공의 사용에 제공되는 것이고, 공유수면의 일부가 사실상 매립되었다 하더라도 국가가 공유수면으로서의 공용폐지를 하지 아니하는 이상 법률상으로는 여전히 공유수면으로서의 성질을 보유하고 있다.
  - 행정재산은 공용폐지가 되지 아니하는 한 사법상 거래의 대상이 될 수 없으므로 시효취득의 대상이 되지 아니하고, 관재당국이 이를 모르고 행정재산을 매각하였다 하더라도 그 매매는 당연무효이다.
  - 공용폐지의 의사표시는 명시적 의사표시뿐 아니라 묵시적 의사표시이어도 무방하나 적법한 의사표시이어야 하고, 행정재산이 본래의 용도에 제공되지 않는 상태에 놓여 있다는 사실만으로 관리청의 이에 대한 공용폐지의 의사표시가 있었다고 볼 수 없으며, 행정재산에 관하여 체결된 것이기 때문에 무효인 매매계약을 가지고 적법한 공용폐지의 의사표시가 있었다고 볼 수도 없다.

- **공유수면관리법(현 공유수면 관리 및 매립에 관한 법률)상의 바닷가(빈지)는 사법상 거래의 대상이 되지 아니한다**(대판 2000. 5. 26, 선고 98다15446).

　　㉡ 형체적 요소 소멸

- 공용폐지가 없는 상태에서 공물의 형체적 요소가 소멸된 경우에 공물의 지위를 상실하는지 여부가 문제된다.
- 판례는 공물의 원상회복이 불가능한 경우에는 공물의 성격이 상실되며, 원상회복이 가능한 경우에는 공물의 지위가 유지된다고 판시하였다.

(5) 공물의 사용관계

① 공물의 보통사용(자유사용/일반사용)

　　㉠ 행정주체의 특별한 관여 없이 공물사용자가 공물자체의 본래 목적에 따라 자유롭게 사용하는 경우를 말한다(예 일반 공중이 도로를 이용하는 경우).

　　㉡ 공물의 보통사용에서 '고양된 일반사용권'의 권리는 구체적으로 사용하지 않은 이상 인정되지 않는다(대판 2006.12.22, 2004다68311).

ⓒ 판례는 일반적인 시민생활에 있어 도로를 이용만 하는 사람은 그 도로용도폐지처분에 대해 행정소송을 제기할 수 있는 원고적격이 없다고 판시하였다. 다만, 도로 등에 물건을 쌓아 놓고 있는 인접주민들의 권리인 인접주민권이 있는 주민에게는 도로의 용도폐지처분에 관하여 개별적, 구체적, 직접적 이해관계를 갖는 자이므로 도로용도폐지처분의 취소를 구할 법률상 이익이 있다고 판시하여 원고적격을 인정하였다(대판 1992.9.22, 91누13212 참조).

② 공물의 허가사용

ⓐ 공공용물의 사용이 타인의 공동사용에 지장을 초래하거나 공공질서에 영향을 미칠 우려가 있는 경우, 공물사용을 제한하고, 그 사용을 위해서는 행정주체의 허가를 요하는 방법을 말한다.

ⓑ 행정재산의 사용 · 수익허가

• 행정재산의 목적 외 사용 · 수익허가를 말한다(예 시청 내 커피전문점, 국립의료원 내 부설주차장 위탁운영계약 등).

• 판례는 특허로 해석하여 항고소송의 대상이 되는 처분이라고 판시하였다.

관련판례

■ **국유재산 등 사용권의 성격**

국유재산 등의 관리청이 하는 행정재산의 사용 · 수익에 대한 허가는 순전히 사경제주체로서 행하는 사법상의 행위가 아니라 관리청이 공권력을 가진 우월적 지위에서 행하는 행정처분으로서 특정인에게 행정재산을 사용할 수 있는 권리를 설정하여 주는 강학상 특허에 해당한다(대판 2006.3.9, 2004다31074).

③ 공물의 특허사용: 공물의 사용권을 특정인에게만 부여하는 형태의 공물사용을 말한다(예 도로점용허가, 하천점용허가 등).

관련판례

■ **도로법 제40조(현 제61조)에 규정된 도로점용의 의미(특별사용) 및 도로점용허가의 법적 성질**

도로법 제40조 제1항(현 제61조 제1항)에 의한 도로점용은 일반공중의 교통에 사용되는 도로에 대하여 이러한 일반사용과는 별도로 도로의 특정부분을 유형적 · 고정적으로 특정한 목적을 위하여 사용하는 이른바 특별사용을 뜻하는 것이고, 이러한 도로점용의 허가는 특정인에게 일정한 내용의 공물사용권을 설정하는 설권행위로서, 공물관리자가 신청인의 적격성, 사용목적 및 공익상의 영향 등을 참작하여 허가를 할 것인지의 여부를 결정하는 재량행위이다(대판 2002.10.25, 2002두5795).

■ **하천점용허가권의 성질**

하천의 점용허가권은 특허에 의한 공물사용권의 일종으로서 하천의 관리주체에 대하여 일정한 특별사용을 청구할 수 있는 채권에 지나지 아니하고 대세적 효력이 있는 물권이라 할 수 없다(대판 1990.2.13, 89다카23022).

④ 공물의 사법상 사용: 공물 사용이 계약의 형식으로 이루어지는 경우이다(예 시청 구내식당 계약, 지하철 구내 광고부착 계약 등).

⑤ 공물의 관습법상 사용: 공물 사용이 '관행과 법적확신'에 의하여 이루어지는 경우이다(예 마을의 공중우물 사용).

(6) 공물권리권과 공물경찰권

① 공물관리권

ㄱ 공물관리권이란 공물 관리청이 공물의 본래 기능을 유지하고 계속해서 행정목적에 제공하기 위하여 행하는 일체의 관리작용을 의미한다(예 공물의 유지나 보수 업무 등).

ㄴ 공물관리권에 근거하여 상대방에게 공물사용 배제나 민사상 강제는 가능하나 행정상 강제나 행정상 제재는 불가능하다.

② 공물경찰권

ㄱ 공물경찰권이란 공물과 관련된 장해가 발생한 경우 사회질서를 지키기 위해 경찰기관이 행사하는 권한을 의미한다(예 공사 중인 도로의 사용금지 등)

ㄴ 공물경찰권에 근거하여 상대방에게 행정상 강제나 행정상 제재도 가능하다.

③ 동일한 공물에 대하여 공물관리권과 공물경찰권이 경합적으로 행사될 수 있다.

❸ 공기업법

(1) 의의 및 특징

① 의의: 공기업은 국가나 공공단체 또는 그로부터 특허를 받은 자가 사회의 공공복리를 위하여 인적·물적 종합시설을 갖추어 경영하는 비권력적 사업을 말한다.

② 특징: 공기업은 원칙적으로 사법의 원리가 적용되지만, 공법적 특수성이 인정되어 설립·운영 등에 공법에 따른 특수한 규율이 적용될 수 있다.

(2) 공기업의 이용관계

① 의의: 공기업의 이용관계란 이용자가 공기업으로부터 재화나 역무를 제공받거나, 시설을 이용하여 경제적·문화적·정신적 이익을 얻는 관계를 말한다.

② 법적 성질

ㄱ 공기업의 이용관계는 원칙적으로 사법관계(공기업의 이용관계는 공행정의 일부이므로 공법관계라는 견해도 있음)이며, 특별히 공법적 취급이 필요한 경우(예 수도, 가스, 우편 등)에만 공법관계라는 견해가 통설이다.

ㄴ 영조물의 이용관계(예 국공립대학 입학, 교도소 수형자)는 원칙적으로 공법관계이다.

③ 성립과 소멸

ㄱ 성립

- 당사자의 합의 이용: 철도의 이용, 국립병원에의 입원, 국공립학교에의 입학
- 강제 이용: 초등학교 취학, 산업재해보상보호법상의 보험 가입, 전염병 환자의 강제입원

ㄴ 소멸: 이용목적의 달성(예 국립학교의 졸업), 임의 탈퇴(예 국립대학의 자퇴), 이용배제(예 국립대학의 학생퇴학처분), 공기업의 폐지(예 철도법의 폐지)

(3) 공기업의 특허(특허기업)

① 의의 및 유형

ㄱ 특허기업의 의의: 공기업의 특허란 행정청이 공기업의 경영권 전부 또는 일부를 설정하여 주는 형성적 행정행위를 말한다.

ㄴ 특허기업의 유형: 법령에 의하여 직접 공기업의 특허가 행하여지는 법규특허기업과 법률에 근거하여 구체적인 처분의 형식으로 공기업의 특허가 행하여지는 특허처분기업이 있다.

② 특허기업의 특권: 공용침해권능의 특권(예 토지의 수용·사용 등), 공물사용권(예 도로나 하천의 점용권), 경제상의 특권(예 면세, 국고보조), 형사상의 특권(예 공기업에 대한 형법상 특별한 취급), 사업의 운영상의 특권(예 법률상·사실상 영업권 보호)이 인정된다.

---

03 규제행정법

■ 규제행정

(1) 의의: 공복리를 위하여 경제, 환경, 생활 분야 등에서 행정청이 개인의 사회경제 활동을 일정한 방향으로 개선하거나 규율 및 조절하는 행정작용을 말한다.

(2) 특징

① 규제행정은 권력적 성격이 강하므로 법률상 근거를 요한다.

② 규제행정은 국가의 정책을 반영하므로 정치성이 인정된다.

③ 규제행정의 실효성을 위해서는 국민 개개인의 협력이 필요하므로 윤리성을 특징으로 한다.

② 토지규제행정법

(1) 의의 및 주요 내용

① 의의

ㄱ 토지규제행정은 국가 등 행정주체가 장기적인 관점에서 국토의 이용 및 개발을 도모하고 토지이용의 합리적 질서 확립을 위하여 토지의 이용 및 거래를 규제하는 행정활동이다.

ㄴ 이와 관련된 법이 토지규제행정법이며, 토지규제행정법은 공산품과 같이 가공·생산·대체할 수 없는 '토지'가 그 규율대상이므로, 공공성 및 사회성이 강하다.

② 주요 내용

ㄱ 국토계획·도시계획 등의 토지행정계획

ㄴ 토지거래허가·공시지가제 등과 관련된 토지의 거래 및 이용규제

(2) 토지행정계획

① **국가계획, 광역도시계획, 도시·군계획의 관계 등(국토계획법 제4조)**

　　㉠ 도시·군계획은 특별시·광역시·특별자치시·특별자치도·시 또는 군의 관할구역에서 수립되는 다른 법률에 따른 토지의 이용·개발 및 보전에 관한 계획의 기본이 된다.

　　㉡ 광역도시계획 및 도시·군계획은 국가계획에 부합되어야 하며, 광역도시계획 또는 도시·군계획의 내용이 국가계획의 내용과 다를 때에는 국가계획의 내용이 우선한다. 이 경우 국가계획을 수립하려는 중앙행정기관의 장은 미리 지방자치단체의 장의 의견을 듣고 충분히 협의하여야 한다.

　　㉢ 광역도시계획이 수립되어 있는 지역에 대하여 수립하는 도시·군기본계획은 그 광역도시계획에 부합되어야 하며, 도시·군기본계획의 내용이 광역도시계획의 내용과 다를 때에는 광역도시계획의 내용이 우선한다.

　　㉣ 특별시장·광역시장·특별자치시장·특별자치도지사·시장 또는 군수(광역시의 관할구역에 있는 군의 군수는 제외, 다만, 제8조 제2항 및 제3항, 제113조, 제133조, 제136조, 제138조 제1항, 제139조 제1항·제2항에서는 광역시의 관할구역에 있는 군의 군수를 포함)가 관할구역에 대하여 다른 법률에 따른 환경·교통·수도·하수도·주택 등에 관한 부문별 계획을 수립할 때에는 도시·군기본계획의 내용에 부합되게 하여야 한다.

② **국토계획 및 도시·군계획**

　　㉠ 국토계획

　　　• 의의: 국토계획이란 국토를 이용·개발 및 보전할 때 미래의 경제적·사회적 변동에 대응하여 국토가 지향하여야 할 발전 방향을 설정하고 이를 달성하기 위한 계획을 말한다(국토기본법 제6조 제1항).

　　　• 종류(국토기본법 제6조 제2항)

국토종합계획	국토 전역을 대상으로 하여 국토의 장기적인 발전 방향을 제시하는 종합계획
초광역권계획	지역의 경제 및 생활권역의 발전에 필요한 연계·협력사업 추진을 위하여 2개 이상의 지방자치단체가 상호 협의하여 설정하거나 지방자치법 제199조의 특별지방자치단체가 설정한 권역으로, 특별시·광역시·특별자치시 및 도·특별자치도의 행정구역을 넘어서는 권역(초광역권)을 대상으로 하여 해당 지역의 장기적인 발전 방향을 제시하는 계획
도종합계획	도 또는 특별자치도의 관할구역을 대상으로 하여 해당 지역의 장기적인 발전 방향을 제시하는 종합계획
시·군종합계획	특별시·광역시·특별자치시·시 또는 군(광역시의 군은 제외)의 관할구역을 대상으로 하여 해당 지역의 기본적인 공간구조와 장기 발전 방향을 제시하고, 토지이용, 교통, 환경, 안전, 산업, 정보통신, 보건, 후생, 문화 등에 관하여 수립하는 계획으로서 국토계획법에 따라 수립되는 도시·군계획
지역계획	특정 지역을 대상으로 특별한 정책목적을 달성하기 위하여 수립하는 계획
부문별계획	국토 전역을 대상으로 하여 특정 부문에 대한 장기적인 발전 방향을 제시하는 계획

ⓛ 도시 · 군계획

- 의의: 도시 · 군계획은 특별시 · 광역시 · 특별자치시 · 특별자치도 · 시 또는 군(광역시의 관할 구역에 있는 군은 제외)의 관할구역에 대하여 수립하는 공간구조와 발전방향에 대한 계획이다 (국토계획법 제2조 제2호).
- 성질: 도시계획결정은 특정 개인의 권리 내지 법률상의 이익을 개별적이고 구체적으로 규제하는 효과를 가져오게 하는 행정청의 처분이라 할 것이고, 이는 행정소송의 대상이 된다(대판 1982.3.9, 80누105).

관련판례

■ 구 도시계획법(1971.1.19. 법률 제2291호로 개정되기 전의 것) 제7조가 도시계획결정 등 처분의 고시를 도시계획구역, 도시계획결정 등의 효력발생요건으로 규정하였다고 볼 것이어서 건설부장관 또는 그의 권한의 일부를 위임받은 서울특별시장, 도지사 등 지방장관이 기안, 결재 등의 과정을 거쳐 정당하게 도시계획결정 등의 처분을 하였다고 하더라도 이를 관보에 게재하여 고시하지 아니한 이상 대외적으로는 아무런 효력도 발생하지 아니한다(대판 1985.12.10, 85누 186).

■ 도시계획사업의 시행으로 인한 토지수용에 의하여 이미 이 사건 토지에 대한 소유권을 상실한 청구인은 도시계획결정 과 토지의 수용이 법률에 위반되어 당연무효라고 볼만한 특별한 사정이 보이지 않는 이상 이 사건 토지에 대한 도시계 획결정의 취소를 청구할 법률상의 이익을 흠결하여 당해소송은 적법한 것이 될 수 없다(헌재 2002.5.30, 2000헌바58, 2001헌바3).

- 종류

도시 · 군 기본계획	특별시 · 광역시 · 특별자치시 · 특별자치도 · 시 또는 군의 관할구역에 대하여 기본적인 공간구조와 장기발전방향을 제시하는 종합계획으로서 도시 · 군관리계획 수립의 지침이 되는 계획을 말한다(국토계획법 제2조 제3호).
도시 · 군 관리계획	• 특별시 · 광역시 · 특별자치시 · 특별자치도 · 시 또는 군의 개발 · 정비 및 보전을 위하여 수립하는 토지 이용, 교통, 환경, 경관, 안전, 산업, 정보통신, 보건, 복지, 안보, 문화 등에 관한 계획을 말한다(국토계획법 제2조 제4호). • 도시 · 군관리계획 결정의 효력은 동법 제32조 제4항(국토교통부장관, 시 · 도지사, 시장 또는 군수는 직접 지형도면을 작성하거나 지형도면을 승인한 경우에는 이를 고시하여야 한다)에 따라 지형도면을 고시한 날부터 발생한다(국토계획법 제31조 제1항).

관련판례

■ 도시기본계획은 도시의 기본적인 공간구조와 장기발전방향을 제시하는 종합계획으로서 그 계획에는 토지이용계획, 환경 계획, 공원녹지계획 등 장래의 도시개발의 일반적인 방향이 제시되지만, 그 계획은 도시계획입안의 지침이 되는 것에 불 과하여 일반 국민에 대한 직접적인 구속력은 없는 것이다(대판 2002.10.11, 2000두8226).

■ **도시 · 군관리계획 입안신청에 대한 거부는 항고소송의 대상 인정 여부**
도시계획구역 내 토지 등을 소유하고 있는 주민은 입안권자에게 도시계획입안을 요구할 수 있는 법규상 또는 조리상의 신청권이 있으며, 도시계획입안 신청에 대한 거부행위는 항고소송의 대상이 되는 행정처분에 해당한다(대판 2004.4.28, 2003두1806).

(3) 토지의 거래 및 이용규제

① 토지거래허가제

㉠ 구역의 지정: 토지거래허가구역으로 지정된 지역에 한하며, 행정처분에 해당한다.

> **부동산 거래신고 등에 관한 법률 제10조 【토지거래허가구역의 지정】**
> ① 국토교통부장관 또는 시·도지사는 국토의 이용 및 관리에 관한 계획의 원활한 수립과 집행, 합리적인 토지
> 이용 등을 위하여 토지의 투기적인 거래가 성행하거나 지가(地價)가 급격히 상승하는 지역과 그러한 우려가
> 있는 지역으로서 대통령령으로 정하는 지역에 대해서는 다음 각 호의 구분에 따라 5년 이내의 기간을 정하
> 여 제11조 제1항에 따른 토지거래계약에 관한 허가구역(이하 "허가구역"이라 한다)으로 지정할 수 있다.
> 　1. 허가구역이 둘 이상의 시·도의 관할 구역에 걸쳐 있는 경우: 국토교통부장관이 지정
> 　2. 허가구역이 동일한 시·도 안의 일부지역인 경우: 시·도지사가 지정. 다만, 국가가 시행하는 개발사업
> 　　등에 따라 투기적인 거래가 성행하거나 지가가 급격히 상승하는 지역과 그러한 우려가 있는 지역 등 대통
> 　　령령으로 정하는 경우에는 국토교통부장관이 지정할 수 있다.

② 법적 성질

㉠ 인가: 토지거래허가의 법적 성질에 대해서는 견해가 대립하지만, 판례는 "토지거래허가제에서의
허가는 토지거래허가규제지역 내에서의 토지거래라도 토지거래의 자유는 인정되는 것이고, 다만
여기서 말하는 허가란 허가 전의 유동적 무효상태에 있는 법률행위의 효력을 완성시켜 주는 인가
적 성질을 가진다고 봄이 타당하다(대판 1991.12.24, 90다12243 전합)."라고 판시하여 '인가설'
을 취하고 있다.

㉡ 기속행위: 판례는 "토지거래는 원칙적으로 계약자유의 영역에 속하는 것이고, 토지거래허가거부
는 헌법상 기본권인 일반적 행동자유권을 제한하는 것으로 볼 수도 있으므로, 토지거래허가의 요
건이 충족된 때에는 허가를 해주어야 하는 기속행위로 보아야 한다(대판 1997.6.27, 96두9362)"
라고 하였다.

㉢ 국토의 계획 및 이용에 관한 법률(현 부동산 거래신고 등에 관한 법률)상 토지거래허가구역의 지
정에 대해서는 항고소송을 제기할 수 있다(대판 2006.12.22, 2006두12883).

관련판례

■ **유동적 무효**
허가를 받지 않은 동안은 무효이나 이후에 허가를 받으면 소급하여 계약 당시부터 유효로 되는 유동적 무효가 된다(대판
1991.12.24, 90다12243 전합).

■ **확정적 무효**
　• 처음부터 허가를 배제하거나 잠탈하는 내용의 계약일 경우(대판 1991.12.24, 90다12243 전합)
　• 관할 관청에 의하여 불허가된 경우(대판 1993.6.22, 91다21435)
　• 당사자 일방이 허가신청협력의무의 이행거절의사를 명백히 표시한 경우(대판 1993.6.22, 91다21435)
　• 당사자 쌍방이 허가신청을 하지 아니하기로 의사표시를 명백히 한 경우(대판 1993.7.27, 91다33766)

■ **확정적 유효**
토지거래허가구역 지정기간 중에 허가구역 안의 토지에 대하여 토지거래허가를 받지 아니하고 토지거래계약을 체결한 후
허가구역 지정이 해제되거나 허가구역 지정기간이 만료되었음에도 재지정을 하지 아니한 때에는 그 토지거래계약이 허가
구역 지정이 해제되기 전에 확정적으로 무효로 된 경우를 제외하고는, 더 이상 관할 행정청으로부터 토지거래허가를 받을

필요가 없이 확정적으로 유효로 되어 거래 당사자는 그 계약에 기하여 바로 토지의 소유권 등 권리의 이전 또는 설정에 관한 이행청구를 할 수 있고, 상대방도 반대급부의 청구를 할 수 있다고 보아야 할 것이지, 여전히 그 계약이 유동적 무효 상태에 있다고 볼 것은 아니다(대판 2010.3.25, 2009다41465).

(2) 부동산가격공시제도

① 표준지공시지가

㉠ 의의: 국토교통부장관이 토지이용상황이나 주변 환경, 그 밖의 자연적·사회적 조건이 일반적으로 유사하다고 인정되는 일단의 토지 중에서 선정한 표준지에 대하여 단위면적당 적정가격을 조사·평가한 것을 말한다.

㉡ 법적 성질: 행정행위설과 행정규칙설이 대립하고 있으며 판례는 표준지공시지가결정의 처분성을 긍정하고 있다.

관련판례

▪ 지가공시 및 토지 등의 평가에 관한 법률 제4조 제1항에 의하여 표준지로 선정되어 공시지가가 공시된 토지의 공시지가에 대하여 불복을 하기 위하여는 같은 법 제8조 제1항 소정의 이의절차를 거쳐 처분청인 건설부장관을 피고로 하여 위 공시지가결정의 취소를 구하는 행정소송을 제기하여야 한다(대판 1994.3.8, 93누10828).

㉢ 효력

> **부동산 가격공시에 관한 법률 제9조【표준지공시지가의 효력】**
> 표준지공시지가는 토지시장에 지가정보를 제공하고 일반적인 토지거래의 지표가 되며, 국가·지방자치단체 등이 그 업무와 관련하여 지가를 산정하거나 감정평가업자가 개별적으로 토지를 감정평가하는 경우에 기준이 된다.

② 개별공시지가

㉠ 의의: 시장·군수 또는 구청장이 국세·지방세 등 각종 세금의 부과, 그 밖의 다른 법령에서 정하는 목적을 위한 지가산정에 사용되도록 하기 위하여 시·군·구부동산가격공시위원회의 심의를 거쳐 결정·고시한 매년 공시지가의 공시기준일 현재 관할 구역 안의 개별토지의 단위면적당 가격을 말한다(부동산 가격공시에 관한 법률 제10조 제1항).

㉡ 법적 성질: 개별공시지가는 구체적 사실에 대한 법집행행위로서 물적 행정행위 내지 처분이라는 견해가 다수설이며, 판례는 개별공시지가결정의 처분성을 긍정하고 있다.

관련판례

▪ 시장·군수 또는 구청장의 개별토지가격결정은 관계법령에 의한 토지초과이득세, 택지초과소유부담금 또는 개발부담금 산정의 기준이 되어 국민의 권리나 의무 또는 법률상 이익에 직접적으로 관계되는 것으로서 행정소송법 제2조 제1항 제1호 소정의 행정청이 행하는 구체적 사실에 관한 법집행으로서의 공권력행사이므로 항고소송의 대상이 되는 행정처분에 해당한다(대판 1994.2.28, 93누111).

❸ 환경규제행정법

(1) 의의 및 관련 법령

① 의의: 환경침해를 예방하고 환경의 질을 증진하기 위한 각종 규제를 그 내용으로 하는 법
② 관련 법령: 환경정책기본법, 환경영향평가법, 대기환경보전법, 물환경보전법, 폐기물관리법 등

(2) 환경행정의 기본원칙

① **사전배려의 원칙**: 미래예측적이고 형성적인 계획의 책정에 의해 행정주체 및 기타 행위주체들이 환경 보호적으로 행동하고 그 결정과정에 있어 최대한 환경영향을 고려해야 한다는 원칙이다.
② **존속보장의 원칙**: 환경보호의 목표를 현상의 유지·보호에 두는 것으로, 환경상태의 개선을 요구하는 것이 아니기 때문에 '악화금지의 원칙'이라고도 한다.
③ **원인자 책임의 원칙**

> **환경정책기본법 제7조【오염원인자 책임원칙】**
> 자기의 행위 또는 사업활동으로 환경오염 또는 환경훼손의 원인을 발생시킨 자는 그 오염·훼손을 방지하고 오염·훼손된 환경을 회복·복원할 책임을 지며, 환경오염 또는 환경훼손으로 인한 피해의 구제에 드는 비용을 부담함을 원칙으로 한다.

④ **공동부담의 원칙**

> **환경정책기본법 제44조【환경오염의 피해에 대한 무과실책임】**
> ① 환경오염 또는 환경훼손으로 피해가 발생한 경우에는 해당 환경오염 또는 환경훼손의 원인자가 그 피해를 배상하여야 한다.
> ② 환경오염 또는 환경훼손의 원인자가 둘 이상인 경우에 어느 원인자에 의하여 제1항에 따른 피해가 발생한 것인지를 알 수 없을 때에는 각 원인자가 연대하여 배상하여야 한다.

⑤ **협력의 원칙**: 환경보전을 위해 국가는 개인과 기업을 비롯한 다른 환경주체와 협동하여야 한다는 원칙이다.
⑥ **지속 가능한 개발의 원칙**: 개발을 함에 있어서 환경을 고려하여 환경적으로 건전한 개발을 하여야 한다는 원칙을 말한다.
⑦ **수익자부담의 원칙 및 이용자부담의 원칙**: 수익자부담의 원칙은 환경개선으로 이익을 얻는 자가 그 비용을 분담하여야 한다는 원칙이고, 이용자부담의 원칙은 보존된 환경을 이용하는 자가 그 이용료를 내야 한다는 원칙이다.
⑧ **정보공개 및 참여의 원칙**: 환경 관련 조치에 관한 정보공개, 환경오염시설 설치에 대한 의견 진술·협의·감시, 환경계획 수립에 대한 주민참여 등을 내용으로 하는 원칙이다.

(3) 환경영향평가

① 의의: 환경영향평가란 환경에 영향을 미치는 실시계획·시행계획 등의 허가·인가·승인·면허 또는 결정 등을 할 때에 해당 사업이 환경에 미치는 영향을 미리 조사·예측·평가하여 해로운 환경영향을 피하거나 제거 또는 감소시킬 수 있는 방안을 마련하는 것을 말한다(환경영향평가법 제2조 제2호).

② 기본원칙

> **환경영향평가법 제4조【환경영향평가 등의 기본원칙】**
> 환경영향평가 등은 다음 각 호의 기본원칙에 따라 실시되어야 한다.
> 1. 환경영향평가 등은 보전과 개발이 조화와 균형을 이루는 지속 가능한 발전이 되도록 하여야 한다.
> 2. 환경보전방안 및 그 대안은 과학적으로 조사·예측된 결과를 근거로 하여 경제적·기술적으로 실행할 수 있는 범위에서 마련되어야 한다.
> 3. 환경영향평가 등의 대상이 되는 계획 또는 사업에 대하여 충분한 정보 제공 등을 함으로써 환경영향평가 등의 과정에 주민 등이 원활하게 참여할 수 있도록 노력하여야 한다.
> 4. 환경영향평가 등의 결과는 지역주민 및 의사결정권자가 이해할 수 있도록 간결하고 평이하게 작성되어야 한다.
> 5. 환경영향평가 등은 계획 또는 사업이 특정 지역 또는 시기에 집중될 경우에는 이에 대한 누적적 영향을 고려하여 실시되어야 한다.
> 6. 환경영향평가 등은 계획 또는 사업으로 인한 환경적 위해가 어린이, 노인, 임산부, 저소득층 등 환경유해인자의 노출에 민감한 집단에게 미치는 사회·경제적 영향을 고려하여 실시되어야 한다.

04 공용부담법

1 총설

(1) 공용부담의 의의

① 특정한 공익사업을 위하여 이해관계인들에게 부과되는 공법상의 의무를 의미하며, 여기에는 인적 공용부담과 물적 공용부담이 있다.

② 법적근거: 공용부담권은 국가적 공권의 발동이므로 반드시 법률에 의하여 행하여져야 한다(헌법 제23조 제3항).

(2) 공용부담의 주체: 공용부담을 부과하는 주체는 원칙적으로 행정주체이지만, 사인에 의해서도 가능하다.

(3) 공용부담의 목적: 특정한 공익사업의 실현 또는 공공의 필요를 목적으로 한다.

② 인적 공용부담

(1) 의의: 공익사업을 위하여 이해관계인들에게 일정한 의무를 부과하는 것을 말한다. 부담금(분담금), 노역 · 물품, 부역 · 현품, 시설부담 등이 존재한다.

(2) 부담금(분담금)

① 특정 공익사업과 이해관계 있는 자에게 사업에 필요한 경비를 부담하게 하는 의무이다.

② 부담금의 부과, 징수는 침익적이므로 법률상 근거가 있어야 한다.

③ 부담금은 비례 원칙을 준수하여야 하며, 이중 부과는 인정되지 않는다.

(3) 노역 · 물품

① 이해관계인이 자신의 노동력이나 물품을 제공하는 것을 의미한다.

② 자신의 노동력이나 물품을 직접 제공하여야 하므로 이러한 점에서 부역 · 현품과 구별된다.

③ 노역 · 물품은 금전급부의무와 선택적으로 행사할 수 없다.

④ 노역 · 물품은 비대체적 성격을 갖는다.

⑤ 노역 · 물품은 천재지변 등 급박한 필요가 있는 경우에 예외적으로 사용된다.

(4) 부역 · 현품

① 이해관계인이 노역 · 물품 또는 금전급부의무 중에서 선택적으로 제공하는 것을 의미한다.

② 부역 · 현품은 대체적인 성격이 있어야 한다.

③ 부역 · 현품은 침익적이므로 법률상 근거가 필요하다.

③ 물적 공용부담

(1) 의의: 특정 공익사업을 위하여 이해관계인의 재산권에 대해 공법상 제한을 가하는 경우를 의미하며, 여기에는 공용수용, 공용제한, 공용환지, 공용환권 등이 존재한다. 공용제한은 침익적이므로 반드시 법률상 근거가 필요하다.

(2) 공용제한과 공용수용

① 공용제한

공물제한	공익상 필요에 따라 개인 재산의 소유권 자체에 가해지는 공법상의 제한
부담제한	특정한 공익사업을 위하여 그 사업과 직접 관련이 없는 재산에 가해지는 공법상의 제한
공용사용 (사용제한)	공익사업의 주체가 사인의 토지 또는 재산권에 대하여 공법상의 사용권을 취득하고, 상대방은 수인 의무를 부담하는 공법상의 제한

② 공용수용: 공공필요를 위하여 공익사업 주체가 개인의 특정한 재산권을 법률에 근거하여 강제적으로 취득하는 것이다. 판례는 헌법 제23조 제3항의 '공공필요'를 헌법 제37조 제2항의 '공공복리'보다 좁게 보고 있다(헌재 2014.10.30, 2011헌바172).

(3) 환매권

① 환매권 행사 시에는 반드시 법률상 근거가 필요하다.

② 환매권은 헌법상 재산권에 포함된다(헌재 1994.2.24, 92헌가15).

③ 환매권은 민사소송의 대상이다(판례, 사법관계설). 그러나 사업시행자가 환매권자를 상대로 하는 환매가격의 증감에 관한 소송은 공법상 당사자소송에 해당한다(대판 2000.11.28, 99두3416).

공익사업을 위한 토지 등의 취득 및 보상에 관한 법률 제91조 【환매권】

① 공익사업의 폐지·변경 또는 그 밖의 사유로 취득한 토지의 전부 또는 일부가 필요 없게 된 경우 토지의 협의취득일 또는 수용의 개시일(이하 이 조에서 "취득일"이라 한다) 당시의 토지소유자 또는 그 포괄승계인(이하 "환매권자"라 한다)은 다음 각 호의 구분에 따른 날부터 10년 이내에 그 토지에 대하여 받은 보상금에 상당하는 금액을 사업시행자에게 지급하고 그 토지를 환매할 수 있다.
1. 사업의 폐지·변경으로 취득한 토지의 전부 또는 일부가 필요 없게 된 경우: 관계 법률에 따라 사업이 폐지·변경된 날 또는 제24조에 따른 사업의 폐지·변경 고시가 있는 날
2. 그 밖의 사유로 취득한 토지의 전부 또는 일부가 필요 없게 된 경우: 사업완료일

② 취득일부터 5년 이내에 취득한 토지의 전부를 해당 사업에 이용하지 아니하였을 때에는 제1항을 준용한다. 이 경우 환매권은 취득일부터 6년 이내에 행사하여야 한다.

③ 제74조 제1항에 따라 매수하거나 수용한 잔여지는 그 잔여지에 접한 일단의 토지가 필요 없게 된 경우가 아니면 환매할 수 없다.

④ 토지의 가격이 취득일 당시에 비하여 현저히 변동된 경우 사업시행자와 환매권자는 환매금액에 대하여 서로 협의하되, 협의가 성립되지 아니하면 그 금액의 증감을 법원에 청구할 수 있다.

⑤ 제1항부터 제3항까지의 규정에 따른 환매권은 부동산등기법에서 정하는 바에 따라 공익사업에 필요한 토지의 협의취득 또는 수용의 등기가 되었을 때에는 제3자에게 대항할 수 있다.

공익사업을 위한 토지 등의 취득 및 보상에 관한 법률 제92조 【환매권의 통지 등】

① 사업시행자는 제91조 제1항 및 제2항에 따라 환매할 토지가 생겼을 때에는 지체 없이 그 사실을 환매권자에게 통지하여야 한다. 다만, 사업시행자가 과실 없이 환매권자를 알 수 없을 때에는 대통령령으로 정하는 바에 따라 공고하여야 한다.

② 환매권자는 제1항에 따른 통지를 받은 날 또는 공고를 한 날부터 6개월이 지난 후에는 제91조 제1항 및 제2항에도 불구하고 환매권을 행사하지 못한다.

> **관련판례**
>
> ■ **공공용지의 취득 및 손실보상에 관한 특례법(현 공익사업을 위한 토지 등의 취득 및 보상에 관한 법률)이 환매권을 인정하는 입법 취지 및 제3자에 대한 환매권의 양도 가부: 소극**
>
> 공공용지의 취득 및 손실보상에 관한 특례법(현 공익사업을 위한 토지 등의 취득 및 보상에 관한 법률)이 환매권을 인정하고 있는 입법 취지는 토지 등의 원소유자가 사업시행자로부터 토지 등의 대가로 정당한 손실보상을 받았다고 하더라도 원래 자신의 자발적인 의사에 따라서 그 토지 등의 소유권을 상실하는 것이 아니어서 그 토지 등을 더 이상 당해 공공사업에 이용할 필요가 없게 된 때에는 원소유자의 의사에 따라 그 토지 등의 소유권을 회복시켜 주는 것이 원소유자의 감정을 충족시키고 동시에 공평의 원칙에 부합한다는 데에 있는 것이며, 이러한 입법 취지에 비추어 볼 때 특례법상의 환매권은 제3자에게 양도할 수 없고, 따라서 환매권의 양수인은 사업시행자로부터 직접 환매의 목적물을 환매할 수 없으며, 다만 환매권자가 사업시행자로부터 환매한 토지를 양도받을 수 있을 뿐이라고 할 것이다(대판 2001.5.29, 2001다11567).
>
> ■ **공공용지의 취득 및 손실보상에 관한 특례법 제9조(현 공익사업을 위한 토지 등의 취득 및 보상에 관한 법률 제91조) 소정의 환매권 행사 방법**
>
> 공공용지의 취득 및 손실보상에 관한 특례법 제9조 제1항(현 공익사업을 위한 토지 등의 취득 및 보상에 관한 법률 제91조

제1항)에 의하면 환매기간 내에 환매의 요건이 발생하는 경우, 환매대상토지의 가격이 취득 당시에 비하여 현저히 하락하거나 상승하였다고 하더라도, 환매권자는 수령한 보상금 상당액만을 사업시행자에게 미리 지급하고 일방적으로 매수의 의사표시를 함으로써 사업시행자의 의사와 관계없이 환매가 성립된다(대판 2000.11.28, 99두3416).

- 토지수용법 제71조 제1항(현 공익사업을 위한 토지 등의 취득 및 보상에 관한 법률 제91조 제1항) 소정의 환매권발생요건인 "사업의 폐지 · 변경기타의 사유로 인하여 수용한 토지의 전부 또는 일부가 필요 없게된 때"의 의미

  수용되거나 협의취득된 토지의 환매권에 관하여 규정한 토지수용법 제71조 제1항과 공공용지의 취득 및 손실보상에 관한 특례법 제9조 제1항(현 공익사업을 위한 토지 등의 취득 및 보상에 관한 법률 제91조 제1항) 소정의 "사업(또는 당해 공공사업)의 폐지 변경 기타의 사유로 인하여 수용한(또는 취득한) 토지의 전부 또는 일부가 필요 없게 된(또는 되었을) 때"라 함은 수용 또는 협의취득의 목적이 된 구체적인 특정의 공익사업이 폐지되거나 변경되는 등의 사유로 인하여 당해 토지가 더 이상 그 공익사업에 직접 이용될 필요가 없어졌다고 볼 만한 객관적인 사정이 발생한 경우를 말하는 것이므로, 당해 토지의 취득 목적사업인 공익사업의 내용이 변경됨에 따라 새로이 필요하게 된 다른 토지 등을 취득하기 위하여 당해 토지를 활용하는 것이, 당초 당해 토지를 수용하거나 협의취득한 목적을 궁극적으로 달성하는 데 필요하다고 하더라도, 이와 같은 사정만으로는 당해 토지에 대한 환매권의 발생에 아무런 영향도 미칠 수 없다(대판 1994.1.25, 93다11760 등).

05 재무행정법

■ 재무행정

(1) 의의

① 국가 및 공공단체가 활동을 위해 필요한 물적 자원을 조달하고 관리 · 사용하는 경제활동을 재정(Public Finance)이라고 하며, 재무행정은 재정학 및 재무관리 이론을 응용하여 재정활동의 도구인 정부예산과 예산을 둘러싼 인간, 조직, 의사결정 등을 연구하는 것을 말한다.

② 재정은 국가 또는 지방자치단체가 경제적 기초가 되는 재력을 취득 · 관리함을 목적으로 하는 행정작용이다. 재무행정은 재정의회주의와 건전재정주의를 기본원칙으로 한다.

(2) 재정의 종류

① 주체에 의한 분류: 재정은 그 주체에 따라, 국가재정과 지방재정으로 구분할 수 있다.

  ㉠ 국가재정에 관한 기본법으로는 예산회계에 관한 특례법, 국세기본법, 국유재산법 등이 있다.

  ㉡ 지방재정에 관한 기본법으로는 지방재정법, 지방세법 등이 있다.

② 수단에 의한 분류: 재정은 그 수단에 따라, 재정권력작용과 재정관리작용으로 구분할 수 있다.

  ㉠ 재정권력작용은 재정목적을 위하여 일반통치권에 근거하여 개인에게 명령 · 강제하는 작용으로, 재정하명, 재정허가, 재정면제, 재정강제, 재정벌 등을 말한다.

  ㉡ 재정관리작용은 비권력적 수단에 의하여 국가 또는 지방자치단체의 재산이나 재정수지를 관리하는 작용을 말한다.

② 조세

(1) 의의: 국가 또는 지방자치단체가 재원조달의 목적으로 그 과세권을 발동하여 반대급부 없이 일반 국민으로부터 강제적으로 부과·징수하는 과징금을 말한다.

(2) 종류

① 과세 주체에 따른 분류: 국세, 지방세

② 조세수입의 용도에 따른 분류: 보통세, 목적세

③ 조세 부담 전가여부에 따른 분류: 직접세, 간접세

(3) 조세법의 기본원리

① 조세법률주의

　㉠ 의의: 국가는 법률의 근거 없이 조세를 부과·징수할 수 없고, 국민은 조세의 납부를 강요당하지 않는다는 원칙을 말한다.

> **헌법 제59조【조세법률주의】**
> 조세의 종목과 세율은 법률로 정한다.

　㉡ 구체적인 내용

과세요건 법정주의	• 조세의 과세요건, 부과절차, 징수절차를 법률로 정하여야 한다는 원칙이다. • 조세법률주의에 의할 때도 조세의 과세요건 및 징수절차에 대해서는 일정한 한도에서 위임입법에 의한 규율이 허용되지만, 그러한 경우에도 법률의 위임은 구체적·개별적이어야 한다(대판1982.11.23. 82누221 전합). • 과세요건 법정주의의 예외 　- 지방자치단체는 지방세의 세목, 과세대상, 과세표준, 세율, 그 밖에 지방세의 부과·징수에 필요한 사항을 정할 때에는 이 법 또는 지방세관계법에서 정하는 범위에서 조례로 정하여야 하고, 지방자치단체의 장은 이러한 조례 시행에 따르는 절차와 그 밖에 조례 시행에 필요한 사항을 규칙으로 정할 수 있다(지방세기본법 제5조)고 규정함으로써, 지방세에 대해서는 과세요건을 법률의 위임 아래 조례로 정할 수 있도록 허용하였다. 　- 관세는 '조약'에 의하여 협정세율로 정할 수 있다.
과세요건 명확주의	과세요건에 관한 법률규정은 그 내용이 명확하고 일의적이어야 한다는 원칙이다.
소급과세금지의 원칙	새로운 입법을 가지고 과거로 소급하여 과세하거나 이미 납세의무가 있을 경우 소급하여 중과세해서는 안 된다는 원칙이다(단, 소급 금지는 '진정소급의 경우'이고, 부진정소급의 경우는 원칙적으로 허용).
엄격해석의 원칙	조세법은 엄격하게 해석·적용하여야 하고, 행정편의적 확장해석 또는 유추해석은 허용되지 않는다는 원칙이다.

② 조세평등주의: 조세부담은 국민의 담세능력에 따라 공평하게 배분되어야 하고, 조세에 관한 법률관계에서 모든 국민은 평등하게 취급되어야 한다는 원칙을 말한다.

(4) 조세의 부과

① **과세권자**

㉠ 국세: 지방국세청장, 세무서장, 세관장이 부과 · 징수함이 원칙이나, 일정한 국세는 시장 · 군수에게 위탁 징수가 가능하다.

㉡ 지방세: 서울특별시장, 광역시장, 도지사, 시장, 군수, 과세권을 위임받은 공무원이다.

② **납세의무자**: 내국인, 외국인, 자연인, 법인이 모두 포함되며, 의무자가 사망 시에는 상속인에게 승계된다.

③ **과세물건**: 조세부과의 대상으로 소득, 재산, 경제적 거래행위, 소비행위 등이 있다.

④ **과세표준**: 과세금액결정의 기준이 되는 과세물건의 가격, 수량, 품질을 말한다(예 소득세의 과세물건은 소득, 과세표준은 소득액).

⑤ **세율**: 과세표준에 대해 적용할 과세 비율이다.

㉠ 비례세율: 과세표준 가액이나 수량 등의 증감에 비례하여 정해지는 세율

㉡ 누진세율: 과세표준 가액이나 수량 등이 체증할 때, 누진적으로 체증하도록 정한 세율

⑥ **과세제외**

㉠ 세법상 일정한 과세물건에 조세를 부과하지 않도록 규정한 경우이다(예 우표, 인지 등은 부가가치세를 부과하지 않는 것).

㉡ 과세제외는 성립된 납세의무를 사후에 소멸시키는 조세면제와 구별된다.

3 회계

(1) 의의: 국가 또는 지방자치단체가 재산과 수입 · 지출을 관리하는 재정관리작용을 말한다. 회계는 국가가 국가의 활동의 물적 · 재정적 재원을 취득하는 재정권력작용과 달리 이미 취득한 재산의 운용과 지출을 관리하기 위한 비권력적 관리작용이며, 본질적으로는 행정내부적 작용의 성질을 가진다.

(2) 종류: 관리대상에 따라 현금회계, 채권회계, 동산회계, 부동산회계로, 관리목적에 따라 일반회계, 특별회계로 분류할 수 있다.

06 군사행정법

1 군사행정

(1) 의의: 국토방위의 목적을 실현하기 위해 국가의 병력을 취득·관리·유지하는 행정작용을 말한다.

(2) 기본원칙

① **민주군정주의:** 헌법 전문에서 군정을 포함한 모든 국가활동이 민주주의에 기반을 두어야 함을 선언하고 있다.

② **국제평화주의**

> **헌법 제5조 제1항**
> ① 대한민국은 국제평화의 유지에 노력하고 침략적 전쟁을 부인한다.

③ **병정통합주의:** 군대를 형성·편제·관리하는 행정작용과 군사행동을 지휘·통솔하는 용병작용을 일반행정기관에 속하는 행정작용의 일부로서 행사하는 것으로 국군의 최고통수권자는 행정부의 수반인 대통령이다.

> **헌법 제74조 제1항**
> ① 대통령은 헌법과 법률이 정하는 바에 의하여 국군을 통수한다.
>
> **국군조직법 제6조【대통령의 지위와 권한】**
> 대통령은 헌법, 이 법 및 그 밖의 법률에서 정하는 바에 따라 국군을 통수한다.

④ **정치적 중립주의**

> **헌법 제5조 제2항**
> ② 국군은 국가의 안전보장과 국토방위의 신성한 의무를 수행함을 사명으로 하며, 그 정치적 중립성은 준수된다.

⑤ **법치군정주의**

> **헌법 제74조 제2항**
> ② 국군의 조직과 편성은 법률로 정한다.

❷ 군사행정조직법

(1) 군정기관

  ① 대통령

> **헌법 제74조 제1항**
> ① 대통령은 헌법과 법률이 정하는 바에 의하여 국군을 통수한다.
>
> **국군조직법 제6조【대통령의 지위와 권한】**
> 대통령은 헌법, 이 법 및 그 밖의 법률에서 정하는 바에 따라 국군을 통수한다.

  ② 국무총리: 국무총리는 대통령의 권한대행자로서 국군을 통수한다.

  ③ 국무회의: 선전·강화 기타 중요한 대외정책, 대통령의 긴급명령·긴급재정경제처분 및 명령 또는 계엄과 그 해제, 군사에 관한 중요사항 등은 국무회의의 심의를 거쳐야 한다(헌법 제89조).

  ④ 국방부장관

> **국군조직법 제8조【국방부장관의 권한】**
> 국방부장관은 대통령의 명을 받아 군사에 관한 사항을 관장하고 합동참모의장과 각군 참모총장을 지휘·감독한다.

  ⑤ 합동참모본부

> **국군조직법 제9조【합동참모의장의 권한】**
> ① 합동참모본부에 합동참모의장을 둔다.
> ② 합동참모의장은 군령(軍令)에 관하여 국방부장관을 보좌하며, 국방부장관의 명을 받아 전투를 주임무로 하는 각군의 작전부대를 작전지휘·감독하고, 합동작전 수행을 위하여 설치된 합동부대를 지휘·감독한다. 다만, 평시 독립전투여단급(獨立戰鬪旅團級) 이상의 부대이동 등 주요 군사사항은 국방부장관의 사전승인을 받아야 한다.
> ③ 제2항에 따른 전투를 주임무로 하는 각군의 작전부대 및 합동부대의 범위와 작전지휘·감독권의 범위는 대통령령으로 정한다.

  ⑥ 각군 본부(육군·해군·공군)

> **국군조직법 제10조【각군 참모총장의 권한 등】**
> ① 육군에 육군참모총장, 해군에 해군참모총장, 공군에 공군참모총장을 둔다.
> ② 각군 참모총장은 국방부장관의 명을 받아 각각 해당 군을 지휘·감독한다. 다만, 전투를 주임무로 하는 작전부대에 대한 작전지휘·감독은 제외한다.
> ③ 해병대에 해병대사령관을 두며, 해병대사령관은 해군참모총장의 명을 받아 해병대를 지휘·감독한다.

(2) 군공무원 인사행정 기준

① 군인사법: 적용 대상은 군인으로 한다.

> **군인사법 제57조【징계의 종류】**
>
> ① 장교, 준사관 및 부사관에 대한 징계처분은 중징계(重懲戒)와 경징계(輕懲戒)로 나눈다. 이 경우 중징계는 파면·해임·강등(降等) 또는 정직(停職)으로 하며, 경징계는 감봉·근신 또는 견책(譴責)으로 하되 징계의 종류에 따른 구체적인 내용은 다음 각 호와 같다.
>
> 1. 파면이나 해임은 장교·준사관 또는 부사관의 신분을 박탈하는 것을 말한다.
> 2. 강등은 해당 계급에서 1계급 낮추는 것을 말한다. 다만, 장교에서 준사관으로 강등시키거나 부사관에서 병으로는 강등시키지 못한다.
> 3. 정직은 그 직책은 유지하나 직무에 종사하지 못하고 일정한 장소에서 근신하게 하는 것을 말하며, 그 기간은 1개월 이상 3개월 이하로 한다. 정직기간에는 보수의 3분의 2에 해당하는 금액을 감액(減額)한다.
> 4. 감봉은 보수의 3분의 1에 해당하는 금액을 감액하는 것을 말하며, 그 기간은 1개월 이상 3개월 이하로 한다.
> 5. 근신은 평상 근무 후 징계권자가 지정한 영내(營內)의 일정한 장소에서 비행(非行)을 반성하게 하는 것을 말하며, 그 기간은 10일 이내로 한다.
> 6. 견책은 비행을 규명하여 앞으로 비행을 저지르지 아니하도록 훈계하는 것을 말한다.
>
> ② 병에 대한 징계처분은 강등, 군기교육, 감봉, 휴가단축, 근신 및 견책으로 구분하되 징계의 종류에 따른 구체적인 내용은 다음 각 호와 같다.
>
> 1. 강등은 해당 계급에서 1계급 낮추는 것을 말한다.
> 2. 군기교육은 국방부령으로 정하는 기관에서 군인 정신과 복무 태도 등에 관하여 교육·훈련하는 것을 말하며, 그 기간은 15일 이내로 한다.
> 3. 감봉은 보수의 5분의 1에 해당하는 금액을 감액하는 것을 말하며, 그 기간은 1개월 이상 3개월 이하로 한다.
> 4. 휴가단축은 복무기간 중 정해진 휴가일수를 줄이는 것을 말하며, 단축일수는 1회에 5일 이내로 하고 복무기간 중 총 15일을 초과하지 못한다.
> 5. 근신은 훈련이나 교육의 경우를 제외하고는 평상 근무에 복무하는 것을 금하고 일정한 장소에서 비행을 반성하게 하는 것을 말하며, 그 기간은 15일 이내로 한다.
> 6. 견책은 비행 또는 과오를 규명하여 앞으로 그러한 행위를 하지 아니하도록 하는 훈계를 말한다.
>
> ③ 병은 이 법 또는 이 법에 따른 명령이나 다른 법률에 따르지 아니하고는 신체의 구금을 당하지 아니한다.
>
> ④ ②에 따른 징계의 사유에 대하여는 국방부령으로 정한다.

② 군무원인사법: 적용 대상은 군무원으로 한다.

> **군무원인사법 제39조【징계의 종류와 효력】**
>
> ① 징계는 파면, 해임, 강등, 정직, 감봉 및 견책으로 구분한다. 다만, 제45조 제1항에 따른 임기제일반군무원의 경우에는 강등은 제외한다.
>
> ② 강등은 해당 계급에서 1계급을 내리고, 강등처분을 받은 사람은 군무원의 신분은 보유하나 3개월 동안 직무에 종사할 수 없으며, 그 기간 중 보수는 전액을 삭감한다.
>
> ③ 정직은 1개월 이상 3개월 이하의 기간으로 하고, 정직처분을 받은 사람은 그 기간 중 군무원의 신분은 보유하나 직무에 종사할 수 없으며, 그 기간 중 보수는 전액을 삭감한다.
>
> ④ 감봉은 1개월 이상 3개월 이하의 기간 동안 보수의 3분의 1에 해당하는 금액을 감액한다.
>
> ⑤ 견책은 과오(過誤)에 관하여 훈계하고 반성하게 한다.

3 군사행정작용법

(1) 병역법

① **병역의 의의**: 병역이란 "모든 국민은 법률이 정하는 바에 의하여 국방의 의무를 진다."는 헌법 제39조 제1항의 규정에 의하여 국민이 국방과 관련하여 병력을 형성해야 할 의무를 말한다.

② **병역의 종류**

> **병역법 제5조【병역의 종류】**
> ① 병역은 다음 각 호와 같이 구분한다.
>   1. 현역: 다음 각 목의 어느 하나에 해당하는 사람
>   가. 징집이나 지원에 의하여 입영한 병(兵)
>   나. 이 법 또는 군인사법에 따라 현역으로 임용 또는 선발된 장교(將校) · 준사관(準士官) · 부사관(副士官) 및 군간부후보생
>   2. 예비역: 다음 각 목의 어느 하나에 해당하는 사람
>   가. 현역을 마친 사람
>   나. 그 밖에 이 법에 따라 예비역에 편입된 사람
>   3. 보충역: 다음 각 목의 어느 하나에 해당하는 사람
>   가. 병역판정검사 결과 현역 복무를 할 수 있다고 판정된 사람 중에서 병력수급(兵力需給) 사정에 의하여 현역병입영 대상자로 결정되지 아니한 사람
>   나. 다음의 어느 하나에 해당하는 사람으로 복무하고 있거나 그 복무를 마친 사람
>   1) 사회복무요원   2) 삭제
>   3) 예술 · 체육요원   4) 공중보건의사
>   5) 병역판정검사전담의사   6) 삭제
>   7) 공익법무관   8) 공중방역수의사
>   9) 전문연구요원   10) 산업기능요원
>   다. 그 밖에 이 법에 따라 보충역에 편입된 사람
>   4. 병역준비역: 병역의무자로서 현역, 예비역, 보충역, 전시근로역 및 대체역이 아닌 사람
>   5. 전시근로역: 다음 각 목의 어느 하나에 해당하는 사람
>   가. 병역판정검사 또는 신체검사 결과 현역 또는 보충역 복무는 할 수 없으나 전시근로소집에 의한 군사지원업무는 감당할 수 있다고 결정된 사람
>   나. 그 밖에 이 법에 따라 전시근로역에 편입된 사람
>   6. 대체역: 병역의무자 중 대한민국헌법이 보장하는 양심의 자유를 이유로 현역, 보충역 또는 예비역의 복무를 대신하여 병역을 이행하고 있거나 이행할 의무가 있는 사람으로서 대체역의 편입 및 복무 등에 관한 법률에 따라 대체역에 편입된 사람

(2) 징발법

① **목적**

> **징발법 제1조【목적】**
> 이 법은 전시 · 사변 또는 이에 준하는 비상사태하에서 군작전을 수행하기 위하여 필요한 토지, 물자, 시설 또는 권리의 징발(徵發)과 그 보상에 관한 사항을 규정함을 목적으로 한다.

② 징발목적물

> **징발법 제5조【징발목적물】**
> 징발목적물은 다음 각 호의 어느 하나에 해당하는 동산 · 부동산 및 권리로 구분하며, 동산은 소모품인 동산과 비소모품인 동산으로 구분한다.
> 1. 소모품인 동산
>   가. 식량, 식료품, 음료수
>   나. 의약품
>   다. 건축용 및 축성용(築城用) 재료
>   라. 화학용품
>   마. 연료
>   바. 통신용품
>   사. 그 밖에 군 작전상 긴요한 소모성 물품
> 2. 비소모품인 동산
>   가. 선박, 항공기, 차량, 그 밖의 수송기기 및 그 부속품
>   나. 의료기기 및 그 부속품
>   다. 인쇄기기 및 그 부속품
>   라. 통신기기 및 그 부속품
>   마. 의복제조가공기기 및 그 부속품
>   바. 건축기기 및 그 부속품
>   사. 동물
>   아. 그 밖에 군 작전상 긴요한 시설, 설비 등 비소모성 물품
> 3. 부동산
>   가. 토지
>   나. 건물
>   다. 인공구조물
> 4. 권리
>   가. 군 작전상 긴요한 특허권
>   나. 그 밖에 대통령령으로 정하는 재산에 관한 권리

③ 징발물에 대한 보상

> **징발법 제19조【보상】**
> ① 소모품인 동산을 징발하였을 때에는 정당한 대가를 징발대상자에게 보상한다.
> ② 비소모품인 동산이나 부동산을 징발하였을 때에는 정당한 사용료를 지급한다.
> ③ 제14조 단서의 경우, 징발대상자에게 손실이 있을 때에는 그 손실을 보상한다. 다만, 그 손실이 천재지변, 전쟁, 그 밖의 불가항력으로 인한 경우에는 예외로 한다.
> ④ 권리를 징발하였을 때에도 정당한 사용료를 지급한다.
> ⑤ 제2항과 제4항에 따른 사용료는 매 사용연도분을 그 다음 해에 지급하고, 제3항에 따른 보상은 징발이 해제되는 날부터 2년 이내에 지급한다. 다만, 보상금 지급이 지연되는 경우에는 대통령령으로 정하는 법정이자율 이상의 이율에 따른 이자를 더하여 지급하여야 한다.

(3) 군사제한: 군사행정의 목적을 위하여 국민에게 일정한 작위 · 부작위 · 수인의 의무를 부과하는 것을 말한다. 현행 법제상 군사제한과 관련된 법률로는 「군사기지 및 군사시설 보호법」과 「방어해면법」이 있다.

제3과목

경영학

01 | 마케팅

01 마케팅의 주요개념

1 마케팅의 정의

마케팅이란 개인이나 단체가 가치 있는 제품 또는 서비스를 창조하여 제공하고 교환함으로써 필요와 욕구를 충족시키는 사회적·관리적 과정이다(P. Kotler).

2 필요(Needs)와 욕구(Wants)

구분	필요 – 기본적 욕구	욕구 – 2차적 욕구
정의	본원적인 만족감이 충족되지 않아 박탈감이나 결핍을 느끼는 상태	필요를 해결하기 위한 구체적 방법
성격	• 모든 인간이 공통적으로 갖는 본능 • 마케팅 담당자에 의해 창조 불가능	• 필요는 동일해도 사회문화적 환경에 따라 욕구는 상이함 • 마케팅 담당자에 의해 수요화 가능
예시	• 배고픔, 추위(생리적 필요) • 소속감, 애정(사회적 필요) • 지식욕, 과시욕(개인적 필요)	• 음식, 난방기구 • 유행상품, 생일선물 • 교육, 고급 승용차

3 수요(Demands)와 제품(Products)

(1) **수요**: 욕구(Wants)가 구매력에 의해 뒷받침되었을 경우이다.

(2) **제품**: 필요와 욕구를 충족시키기 위해 주어지는 유형적 제품과 무형의 서비스를 말한다.

4 효용(Utility), 가치(Value), 만족(Satisfaction)

(1) **효용**: 소비자가 제품을 통해서 얻고자 하는 편익

(2) **가치**: 효용을 얻는 데 드는 비용

(3) **만족**: 제품에서 바라는 효용과 제품에 지불하는 비용이 일치하는 제품을 선택했을 때 발생

5 교환(Exchange)과 관계유지(Relationship)

(1) **교환**
　① 어떤 사람으로부터 필요한 것을 얻고 반대 급부로 무엇인가를 제공하는 행위
　② 거래라는 개념으로 측정 가능
　③ 거래는 둘 또는 그 이상의 교환 상대자가 있어야 하며, 거래조건을 계약함으로써 성립

(2) **관계유지**
　① 비슷한 거래가 계속 반복되도록 거래 상대방과의 우호적인 관계를 유지시키는 행위
　② 기업과 고객이 장기적으로 서로 이익이 되도록 맺는 관계
　③ 고객관계유지 마케팅(CRM; Customer Relationship Marketing)을 이용해 기업과 고객과의 신뢰관
　　계가 수립되면 거래시간과 거래 조건이 개선되어 거래비용이 절감되는 효과

6 시장(Market)과 마케팅(Marketing)

(1) **시장**: 특정한 필요와 욕구의 충족을 위해 교환과 거래에 참가하고자 하는 잠재적 고객의 전체

(2) **마케팅**: 시장관계, 수요관계, 공급관계, 경쟁관계를 잘 고려해 가치가 가장 큰 교환을 달성하고, 그 거래
　를 장기적으로 유지하려는 행위

7 마케팅 관리

(1) **마케팅 관리의 의미**
　① 마케팅 활동을 계획하고 집행하고 그 결과를 통제하는 과정
　② 기업의 목적을 달성하기 위하여 수요수준, 시기 및 특성을 관리하는 활동

(2) 마케팅의 유형

① 수요 관리와 마케팅 과제에 따른 분류

구분	명칭	수요 상태	마케팅 과업
부정적 수요	전환적 마케팅	소비자들이 구매를 꺼리는 경우	제품을 싫어하는 원인을 분석하여 제품재설계, 저가격, 적극적 촉진 등 마케팅 프로그램으로 소비자의 신념과 태도를 변화시킴
무수요	자극적 마케팅	소비자들이 제품에 관심이 전혀 없는 경우	인간의 선천적인 욕구와 흥미에 부응하는 제품의 편익을 찾음
잠재적 수요	개발적 마케팅	소비자의 수요는 존재하나 그들이 알고 있는 제품으로는 충족시키지 못하는 경우	잠재시장의 크기를 측정하고 그 시장 수요를 만족시킬 수 있는 효과적 제품과 서비스를 개발함
감퇴적 수요	재마케팅	제품수명주기에 따라 산업자체가 쇠퇴해 가는 경우	제품의 감퇴된 수요를 창조적 재마케팅을 통하여 회복시킴
불규칙 수요	동시화 마케팅	수요가 계절성을 띠거나 생산과잉이 일어나는 경우	유연한 가격절충, 촉진, 기타 자극을 통하여 동일한 패턴의 수요를 변경시킴
완전 수요	유지적 마케팅	기업이 현재 판매량으로 충분히 만족하는 경우	소비자 기호의 변화 및 심화된 경쟁에 도전하여 현재 수준의 수요를 유지함
초과 수요	디마케팅	수요가 공급능력을 초과하는 경우 혹은 기업의 입장에서 해가 되는 수요가 존재하는 경우	• 일시적 혹은 영구히 수요를 감퇴시킴 • 일반적인 디마케팅은 전반적인 수요를 억제하는 것으로 가격을 인상하거나 촉진과 서비스를 축소함 • 선택적인 디마케팅은 제품의 수익성이 낮은 일부시장에 대하여 수요를 감소시킴
불건전 수요	대항적 마케팅	수요가 사회적으로 바람직하지 못한 경우	제품이나 서비스 그 자체가 사회적으로 건전하지 못하기 때문에 경고메시지, 가격 인상, 효용성을 낮춤으로써 수요 자체를 제거함

② 생산 시점을 기준으로 한 분류

판매, 예측, 제품 계획	제품 생산	가격, 촉진, 물적 유통활동

③ 분석과 계획 주체에 따른 분류

ㄱ 거시마케팅 : 사회·경제적 입장에서 산업의 생산과 소비를 연결하는 기능으로서의 마케팅

ㄴ 미시마케팅 : 개별 기업의 목표를 달성하기 위한 수단으로서의 마케팅

(3) 마케팅 관리 이념의 변천 과정
: 마케팅 관리 이념은 시간의 경과에 따라 생산 개념 → 제품 개념 → 판매 개념 → 마케팅 개념 → 사회 지향적 마케팅 개념으로 진화해 왔다.

1 마케팅 관리의 과정

2 전략적 계획 수립

(1) 기업활동의 정의와 기업목표의 설정

① 기업활동의 정의

ⓐ 기업이 궁극적으로 추구하는 기업이념의 규정을 의미한다.

ⓒ 시장지향성, 실현 가능성, 동기부여적 개념이다.

② 기업목표의 설정

ⓐ 기업 활동의 정의를 토대로 각 사업부마다 구체적으로 부여된 목표이다.

ⓒ 시간적 일정에 따라 구체적인 목표를 설정한다.

(2) 사업포트폴리오 분석: 기업 내 전략적 사업단위(SBU) 매력도와 시장 내 위치(강약점)를 평가하고 한정된 기업자원을 어떻게 배분할지를 결정하는 것이다.

① 전략적 사업단위(SBU) 분석

ⓐ 독립적인 사업목표를 가지고 있는 기업의 구성단위이다.

ⓒ SBU는 기업에 따라 그 기업자체, 하나의 생산라인, 단일제품, 단일 브랜드가 될 수도 있다.

ⓒ 여타 사업부와 구별되는 독특한 임무를 가지며, 자체적으로 경쟁자 · 생산자 · 소비자를 갖는다.

ⓔ 각 SBU가 속한 산업의 매력도와 각 SBU별 산업 내 위치분석이 선행돼야 한다.

② BCG Matrix

ⓐ 개념: 현금흐름분석을 기본으로 자금을 필요로 하거나 현재 자금창출능력이 있는 사업부서 간의 균형을 유지할 목적으로 한다.

ⓛ 전제: 산업성장률이 높으면 시설 및 운전 자본에 대한 투자가 많이 필요해지므로 현금유출이 증가하고, 시장점유율이 높으면 제조원가·마케팅 비용 등을 낮출 수 있으므로 현금유입이 증가한다.

ⓒ SBU가 속한 산업의 성장률(세로축)과 그 산업 내에서 SBU의 시장점유율(가로축)을 기준으로 4분면을 만든 후 각 SBU를 위치시킨다.

ⓔ 매트릭스 작성의 기준
- 세로축은 당해 시장의 연간성장률이며 0~10%는 저성장, 10~20%는 고성장을 의미한다.
- 가로축은 상대적 시장점유율로 당해 사업단위의 최대 경쟁기업에 대하여 시장점유율로 표시한다. 10은 자사가 시장리더로서 2위 기업의 10배의 시장점유율을 차지하고 있다는 것을 뜻하며, 0.1은 자사의 시장점유율이 시장리더의 시장점유율의 10%임을 의미한다.

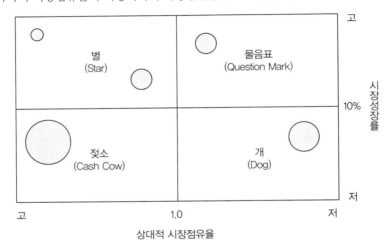

ⓜ 특징

별 (성장사업)	• 고성장·고점유율 SBU로 제품수명주기상 성장기에 해당 • 현금유입이 크지만 대규모 투자를 동반하기 때문에 현금유출도 큼 • 성장속도가 줄면 젖소(Cash Cow)로 변화할 것이며 시장점유율 극대화에 초점을 맞춤
젖소 (수익주종사업)	• 저성장·고점유율 SBU로 제품수명주기상 성숙기에 해당 • 시장점유율 유지에 드는 비용이 적기 때문에 현금유출이 작은 반면 현금유입은 큼 • 다른 SBU가 필요로 하는 자금을 공급해 주는 역할을 수행
물음표 (개발사업)	• 고성장·저점유율 SBU로 제품수명주기상 도입부에 해당 • 시장점유율을 증가시키기 위해 시설투자가 필요하므로 현금유출이 큼 • 경영진은 경영역량을 집중해 별(Star)로 만들 것인지 퇴출할 것인지를 결정해야 함
개 (사양사업)	• 저성장·저점유율 SBU로 제품수명주기상 쇠퇴기에 해당 • 산업전망도 어둡고 시장 내 위치도 불리하므로 자본투입을 최소화하고 현금유입을 최대화하는 전략을 사용

❸ 성장전략의 개발

집중적 성장(현재 사업영역에서의 성장기회)	① 시장침투, ② 시장개척, ③ 제품개발
통합적 성장(유통경로의 일부를 통합하는 성장기회)	① 후방통합, ② 전방통합, ③ 수평통합
다각화 성장(현재 사업영역 밖에 있는 성장기회)	① 동심적 다각화, ② 수평적 다각화, ③ 복합적 다각화

(1) **집중적 성장전략 - 제품/시장 확장 그리드(Ansoff):** 기존의 제품과 시장에서 성장기회를 충분히 탐색하지 못한 경우에 이용되는 전략이다.

　① **시장침투:** 기존시장에서 기존제품의 판매증대를 도모한다.

　② **시장개척:** 기존제품을 가지고 신시장을 개척해서 판매증대를 도모한다.

　③ **제품개발:** 기존시장에 부응하는 신제품을 개발하거나 제품을 개량한다.

　④ **다각화:** 신시장과 신제품의 결합이다.

(2) **통합적 성장전략:** 산업의 성장성이 높은 경우에 기존 유통경로의 일부를 통합함으로써 시장에서 경쟁적 우위를 확보하는 전략이다.

　① **후방통합:** 원료의 공급시스템을 매수하거나 지배력을 강화한다.

　② **전방통합:** 제품의 유통시스템을 매수하거나 그 유통시스템에 대한 지배력을 강화한다.

　③ **수평통합:** 일부 경쟁기업을 매수하거나 지배력을 강화한다.

(3) **다각화 성장전략:** 당해 산업이 장래성이 없을 때 그 밖의 가능성이 있는 산업에 참여하는 전략으로, 현재 가지고 있는 우수한 경쟁력을 이용해 자사의 약점을 극복할 수 있는 분야로 사업영역을 확장하는 전략 이다.

　① **동심적 다각화:** 기존의 제품라인과는 기술적으로 유사성을 지니고 있으며 마케팅 시너지효과를 획득할 수 있는 신제품을 추가한다.

　② **수평적 다각화:** 기존 제품라인과는 기술적으로 아무 관계가 없지만 현재의 고객에 소구할 수 있는 신제품을 추가한다.

　③ **복합적 다각화:** 기존의 기술 및 제품과는 전혀 관계가 없는 신제품을 추가해 새로운 시장을 개척한다.

❹ 경쟁전략

(1) **경쟁초점에 따른 경쟁전략**

구분	원가우위 전략	차별화 전략	집중화 전략
개념	우월한 생산기술을 이용해 제조원가를 절감해 안정된 이익을 확보하고 다시 새로운 설비에 재투자	타 기업이 가지고 있지 않은 제품을 만들어 독자적인 시장을 형성해 높은 이익을 확보	시장 전체를 세분화해 일부의 세분시장에 집중
경쟁의 초점	원가절감	독특한 기술, 품질, 디자인, 크기 및 광고	특정 고객, 특정 제품, 특정 지역
특징	저가격 저품질	고가격 고품질	상황에 따라 상이함

(2) 시장지위에 따른 경쟁전략

① **시장선도자 전략**: 업계에서 가장 큰 시장점유율을 가지고 가격정책 및 신제품 개발 등의 마케팅 전략에서 타기업을 선도

② **시장도전자 전략**: 업계에서 상위에 있는 기업이지만 2위 혹은 그보다 낮은 지위를 가지고 적극적으로 선도기업, 동일 규모의 기업을 공략

③ **시장추종자 전략**: 차위 기업 가운데 시장선도자에 도전하지 못하고 선도기업의 전략을 추종하는 전략으로 선도기업보다 가격을 낮게 책정하거나 높은 품질 및 서비스를 유지

④ **틈새시장 전략**: 시장이 형성되어 있지 않거나 있더라도 너무 작아 경쟁이 미미한 틈새시장을 전문화를 통해 침투

03 　시장기회 분석과 소비자 행동

■ 마케팅 정보 시스템(MIS)

(1) 마케팅 정보 시스템의 정의: 마케팅 의사결정자를 위해 적기에 정확하고 필요한 정보를 수집, 분류, 분석, 평가 및 공급하는 구성원, 설비 및 절차로 구성되어 있는 체계이다.

(2) 마케팅 정보 시스템의 구성

① **내부보고 시스템**: 기업내부에서 이루어지는 거래관련 주요정보(주문−인도−청구)를 적시에 경영층으로 보고하는 시스템이다. 발주, 판매, 재고수준, 수취계정, 지급계정 등을 보고하며 주문−지급 순환 시스템과 판매정보 시스템으로 구성된다.

② **외부 정보수집 시스템**: 기업외부의 마케팅환경 동향에 관한 데이터를 제공하는 하위시스템으로, 판매원, 언론, 외부 정보수집가에 의한 데이터를 지식화시켜 신속히 경영층으로 전달한다.

③ **마케팅 조사 시스템**: 기업이 직면하고 있는 특수한 마케팅 상황과 관련된 자료와 사실들을 체계적으로 계획하고, 수집 · 분석하여 보고하는 것이다.

④ **마케팅 의사결정 지원 시스템**: 기업이 기업과 환경으로부터 관련정보를 수집 · 해석하고, 그 정보를 마케팅 활동을 수행하는 데 도움이 되는 소프트웨어와 하드웨어로 된 자료, 시스템, 도구 및 기법들로 구성된 일체이다.

⑤ **기타**: 고객 정보시스템

⑥ **마케팅 의사결정 지원 시스템에서 사용되는 계량적인 도구들**

　㉠ 통계적인 도구: 다중회귀분석, 판별분석, 요인분석, 군집분석, 결합분석, 다차원 척도법

　㉡ 모델: 마코브 과정 모델, 대기 모델, 신제품 사전시험 모델, 판매 반응 모델

　㉢ 최적화 과정: 미분학, 수학적 프로그래밍, 통계적 의사결정이론, 휴리스틱, 게임이론

2 마케팅 조사

(1) 의미: 기업이 직면하고 있는 특수한 마케팅 상황과 관련된 자료와 사실들을 체계적으로 계획하고, 수집·분석해 보고하는 것을 의미한다.

(2) 마케팅 조사의 과정

① **문제 및 조사목적의 정립**

 ㉠ 문제의 정립: 기업이 처한 현재상황이 어떠한지를 정확히 파악하여 무엇을 조사할 것인가를 정립한다.

 ㉡ 조사목적의 정립: 일반적으로 탐색조사 → 기술조사 → 인과조사 순으로 진행한다.

② **조사계획의 수립**: 필요한 정보를 수집하기 위한 가장 효율적인 계획을 수립하는 과정이다. 조사계획 수립 시 그에 따르는 비용과 효용의 관계를 잘 따져봐야 하며, 자료원천, 조사방법, 조사수단, 표본추출계획 및 접촉방법에 대한 결정을 해야 한다.

 ㉠ 자료원천

  • 2차 자료: 이미 어느 곳에 존재하고 다른 목적을 위해 수집된 정보로, 1차 자료에 비해 시간과 비용을 크게 절약할 수 있다.

  • 1차 자료: 2차 자료에서 원하는 정보를 입수할 수 없을 때 직접 조사 프로젝트를 구성해 수집한 자료로, 2차 자료에 비해 정확성, 신뢰성, 객관성이 높다.

 ㉡ 조사방법

  • 관찰법: 관련된 사람, 행동, 상황 등을 직접 관찰해 정보를 수집하는 방법으로, 제공하기를 꺼려하는 개인적인 정보를 얻는 데 유용하다.

  • 목표 집단 면접법: 전문지식을 갖춘 조사자가 8~12명의 목표 집단을 대상으로 면접을 실시하는 방법으로, 특정한 주제에 대한 자유로운 토론으로 필요한 정보를 획득한다.

  • 질문법: 조사대상에게 직접 질문하여 필요한 정보를 얻는 방법으로, 기억력에 의존하고 사적인 질문에는 대답을 꺼려하여 신뢰성이 낮다.

  • 실험법: 실험집단과 통제집단을 선정해 집단 간의 반응 차이를 조사하는 방법으로, 인과관계 정보파악에 적합하다.

 ㉢ 조사수단: 1차 자료를 수집하는 두 가지 수단으로 설문지와 기계장치를 이용한다.

 ㉣ 표본추출계획: 조사방법과 조사수단을 결정한 후 조사의 대상에 대해 표본추출단위, 표본의 크기, 표본추출절차 등의 표본추출계획을 설계한다.

 ㉤ 접촉방법: 마케팅 조사의 대상과 어떻게 접촉하느냐에 따라 전화, 우편, 대인면접, 온라인면접이 있다.

❸ 소비자 행동분석

(1) 구매자 행동 모델과 AIDMA 모델

① 구매자 행동 모델

마케팅 자극 (4P)	기타 자극		구매자 특성	구매자 의사결정과정		구매자의 구매결정
제품 가격 장소 촉진	경제적 기술적 정치적 문화적	→	문화적 사회적 개인적 심리적	문제인지 → 정보탐색 → 대체안 평가 → 구매결정 → 구매 후 행동	→	제품선택 상표선택 점포선택 구매시기 구매수량

② AIDMA 모델: 광고자극을 통해 소비자가 구매하는 시점까지의 과정을 알기 쉽게 표현한 프로세스로, Attention(주의) → Interest(관심) → Desire(욕구) → Memory(기억) → Action(행동)의 단계를 이룬다.

(2) 구매행동의 주요 영향요인

① 문화적 요인

ㄱ. 문화: 한 개인의 욕구와 행동을 결정하는 가장 기본적인 결정요소

ㄴ. 하위문화: 구성원들에게 특이한 동질화와 사회화를 제공하는 문화의 하위단계

ㄷ. 사회계급: 계층으로 형성되며 구성원들이 유사한 가치관, 관심, 행동을 공유하고 있는 지속적인 사회집단

② 사회적 요인

ㄱ. 준거집단
  • 의미: 개인의 태도나 가치관, 행동에 대해 직간접적 영향을 미치는 집단
  • 종류: 자기가 속한 집단(1차적 집단, 2차적 집단)과 자기가 속하지 않은 집단(열망집단, 회피집단)

ㄴ. 가족: 구매결정에 있어서의 남편, 부인, 자녀들의 역할과 상대적인 영향력 분석(남편지배형, 아내지배형, 자녀지배형, 공동형)

ㄷ. 역할과 지위: 역할과 지위를 사회에 전달·반영하는 제품을 선택하는 과정 분석

③ 개인적 요인

ㄱ. 가족생활주기: 가족생활주기의 단계에 따라 금전적 상황과 관심제품이 달라지므로 표적시장을 생활주기단계에 기초해 선택하고 마케팅 계획을 수립

ㄴ. 라이프스타일: 활동, 관심, 의견 등으로 표현되는 것으로서, 개인이 세상을 살아가는 방식

④ 심리적 요인

ㄱ. 동기부여: 욕구에 의한 자극으로 그 결과 반응에 의한 충동구매로 나타남

ㄴ. 지각: 어떤 개인이 투입된 정보를 세상의 의미 있는 것으로 만들기 위해서 선택하고 조직하며 해석하는 과정

ㄷ. 학습: 경험에서 오는 개인적 행동의 변화로, 좋은 경험은 기업이 만드는 다른 제품에 대한 좋은 이미지로 연결됨

② 신념과 태도: 어떤 대상이나 아이디어에 대해 계속적으로 갖고 있는 호의적 · 비호의적인 인지적 평가, 감정적 느낌, 행동경향을 의미

(3) 구매결정 과정

① **구매행동 유형**: 구매에 대한 구매자의 관여정도와 상표 간 차이의 정도에 따라 네 가지 유형으로 소비자 구매행동을 구분한다.

　⊙ 복잡한 구매행동: 구매에 크게 관여하고 상표 간의 차이를 인식하는 경우로, 제품의 가격이 고가이며, 구매빈도가 낮고, 위험성과 자아표현의 정도가 높음

　⊙ 불협화 감소 구매행동: 구매에 크게 관여하나 제품 간 차이가 낮은 경우로, 품질이 유사하므로 가격과 구매의 편리성이 중요

　⊙ 다양성 추구 구매행동: 저관여이나 제품 간 차이가 존재하는 경우로, 다양한 제품 사용을 위해 수시로 제품 변경이 많음

　⊙ 습관적 구매행동: 저관여와 제품 간 차이가 미미한 경우로, 제품시용 자극을 위한 가격촉진과 판매촉진 사용이 요구됨

② 구매빈도에 따른 유형과 마케팅 전략

구매경험이 없는 중요한 상품 구매 시 → 본격적 의사결정	선호전략 (자사제품이 후보상품군일 때)	• 소비자가자사상표를 선호하도록 정보를 제공 • 판매원에게 전문지식을 교육 · 훈련시킴
	수용전략 (자사제품이 후보상품군 이외일 때)	소비자의 적극적 상표 탐색을 유도하고 샘플 등의 사용 기회를 부여
흔히 구매하는 제품으로 상표선호가 뚜렷하고 손쉬운 구매결정을 할 경우 → 일상적 의사결정	유지전략 (자사제품이 이미 인지도가 있을 때)	상태를 유지할 수 있도록 유통망 정비 등이 필요
	혼란전략 (자사제품이 신규상품일 때)	소비자의 주의를 끌어 기존의 의사결정 과정을 변화시키도록 유도
중간적 유형으로 제품군에 대한 지식이 부족한 상태일 경우 → 제한적 의사결정	포획전략 (자사제품이 후보상품군일 때)	계속적인 정보제공으로 소비자의 자사상품에 대한 태도 강화를 유도
	차단전략 (자사제품이 후보상품군 이외일 때)	정보제공을 통해 자사상품의 인지도 상승을 유도 (의도적인 설문조사 등)

■ 시장세분화(Segmentation)

다양한 욕구를 가진 전체시장을 일정한 기준에 따라 동질적인 소비자 집단으로 나누는 과정이다. 따라서 세분시장 상호 간에는 이질성이 극대화되어야 하고, 세분시장 내에서는 동질성이 극대화되어야 한다.

(1) 시장세분화의 효과와 수준
① 시장세분화의 효과
　㉠ 고객의 욕구를 더 잘 충족(경쟁우위 확보 가능), 마케팅 기회 확보 가능
　㉡ 국지적 독점 가능(가격경쟁을 줄이는 효과) → 틈새마케팅 가능
② 시장세분화의 수준
　㉠ 대량마케팅: 시장을 전혀 세분화하지 않음
　㉡ 세분시장마케팅: 규모가 큰 동질적인 집단으로 이루어진 시장을 세분화함
　㉢ 틈새시장마케팅: 세분시장을 하위의 세분시장으로 나누며, 또는 특별한 이점 결합을 추구하는 독특한 특성을 소유한 집단으로 나눔
　㉣ 미시마케팅: 특정 지역, 개인별 마케팅 프로그램 적용

(2) 시장세분화의 유형
① **동질적 선호성**: 모든 소비자들이 동일한 선호를 가진 시장으로, 대량마케팅에 적합 → 대량생산, 대량유통, 대량촉진, 표준화에 의한 원가절감, 규모의 경제
② **분산적 선호성**: 소비자들의 선호가 극단적으로 전체에 분산되어 있는 시장으로, 개인마케팅에 적합 → 일대일 마케팅, 맞춤생산, 고객주문(Customization)
③ **군집적 선호성**: 세분시장으로 불리는 상이한 선호를 가지는 군집들로 구성된 시장으로, 계층마케팅에 적합 → 집중적 마케팅(가장 큰 세분시장에 위치화)

(3) 시장세분화의 요건
① **측정 가능성**: 세분시장의 규모와 구매력, 특성이 측정 가능한 것인가?
② **실질성**: 세분시장이 충분히 크거나 수익이 가능한가?
③ **접근 가능성**: 세분시장에 효과적으로 도달하여 판매 가능한가?
④ **차별화 가능성**: 세분시장별로 상이한 마케팅 믹스와 프로그램에 각각 다르게 반응하는가?
⑤ **행동 가능성**: 세분시장을 유인·선점할 효과적인 마케팅 프로그램을 수립할 수 있는가?

(4) 시장세분화의 기준
① **지리적 세분화**: 지역, 도시규모, 인구밀도, 기후 등
② **인구통계적 세분화**: 연령, 성별, 가족 규모, 가족생활주기, 소득, 직업, 교육, 종교, 인종, 세대, 사회계층 등

③ 심리묘사적 세분화: 라이프 스타일, 개성 등

④ 구매행위적 세분화: 구매동기, 혜택, 사용자 지위, 사용률, 충성도, 구매준비단계, 제품에 대한 태도 등

2 시장표적화(Targeting)

(1) 단일 세분시장 집중화

① 하나의 세분시장에 집중적 마케팅으로 선도적 위치를 차지하려는 전략이다.

② 생산, 유통, 촉진의 전문화로 높은 투자수익률을 도모한다.

③ 세분시장의 침체 시 높은 위험을 내포한다.

(2) 제품 전문화

① 여러 세분시장에 판매할 수 있는 특정제품에 집중하는 전략이다.

② 전문적인 제품분야에서 강한 명성의 구축이 가능하다.

③ 새로운 기술 등장에 취약하다.

(3) 시장 전문화

① 특정 고객집단의 여러 가지 욕구를 충족시키는 데 집중하는 전략이다.

② 특정 고객집단 내에서 강한 명성의 구축이 가능하고, 경로대리인화가 가능하다.

③ 고객집단 규모의 축소 시 취약하다.

(4) 선택적 전문화

① 기업의 목표와 재원에 부합하는 각기 다른 세분시장에 진출하는 전략이다.

② 기업의 위험을 분산하지만, 각 시장 간에 시너지 효과는 미미하다.

(5) 전체시장 확보

① 모든 고객들에게 필요한 모든 제품을 전체 고객집단에게 제공하는 전략이다.

② 비차별적 마케팅, 차별적 마케팅으로 구분이 가능하다.

3 시장위치화(Positioning)

(1) 포지셔닝의 기능과 절차

① 기능

㉠ 지각도를 통해 자사의 기존제품과 경쟁제품들의 상대적 위치파악이 가능하다.

㉡ 시장의 비어 있는 위치 파악이 가능하다(고객 욕구의 재발견).

㉢ 신제품 개발의 타당성 조사를 수행할 수 있다.

㉣ 한 번 정립된 포지셔닝 위치는 쉽게 바꾸거나 깨기 힘들다.

② 절차: 소비자 분석, 경쟁자의 확인 → 경쟁제품의 포지션 분석 → 자사제품의 포지셔닝 개발 → 포지셔닝 확인, 재포지셔닝

(2) 포지셔닝의 유형

① 소비자 포지셔닝: 소비자에 초점

    ㉠ 속성, 편익 포지셔닝: 제품의 속성, 특징, 고객편익과 관련짓는 포지셔닝

    ㉡ 이미지 포지셔닝: 제품의 추상적인 편익으로 소구하는 포지셔닝

    ㉢ 사용상황 포지셔닝: 제품사용의 적절한 상황묘사를 통한 포지셔닝

    ㉣ 사용자 포지셔닝: 제품을 사용하는 데 적절한 사용자 집단이나 계층에 의한 포지셔닝

② 경쟁적 포지셔닝: 경쟁자에 초점

    ㉠ 의미: 경쟁제품과 기능, 이미지를 명시적 혹은 묵시적으로 비교하여 자사제품의 장점이나 차별화된 이미지를 인지시키는 포지셔닝

    ㉡ 특징

      • 선도기업의 포지션이 너무 강할 때 2등 기업이 자주 쓰는 포지셔닝 전략

      • 경쟁제품을 간접적으로 광고하게 되는 역효과, 상대회사의 민감한 대응 혹은 보복 위험 있음

③ 재포지셔닝

    ㉠ 의미: 기존의 포지셔닝이 경쟁우위를 잃거나 기업이 원하는 방식으로 이루어져 있지 않을 때 마케팅 커뮤니케이션을 통해 바람직한 방향으로 포지션의 위치를 변화시키는 방법

    ㉡ 특징

      • 소비자 기호의 변화, 강력한 경쟁제품의 진입이 그 동기가 됨

      • 기존의 소비자의 신념과 인상은 쉽게 변화하지 않아 위험이 높음

      • 이전 포지션 구축에 든 것보다 더 큰 시간적·금전적 비용이 요구됨

④ 시장점유율과 전략

(1) 시장선도자 전략

① 시장점유율이 1위인 기업으로, 현재의 그 시장점유율을 유지하는 것이 마케팅 목표이다.

② 전략: 총수요증대전략, 현재시장 점유율 유지, 시장점유율 확대 등이 있다.

(2) 시장도전자 전략

① 시장점유율 2위인 기업으로, 시장점유율 확대를 위해 항상 리더에 대해 적극적인 경쟁을 한다.

② 전략: 시장선도자를 공격하는 전략, 사업 활동을 잘 못하거나 자금압박을 받는 동일한 규모의 기업을 공격하는 전략, 사업활동을 잘 못하며 자금압박을 받는 소규모 현지법인이나 지역기업을 공격하는 전략 등이 있다.

(3) 시장추종자 전략

① 현재 이상의 시장점유율 확대를 겨냥하지 않고, 리더나 챌린저를 떠받치면서 업계의 안정을 도모한다. 추종자는 도전기업의 주요 공격목표가 되므로 낮은 생산원가와 높은 서비스를 유지해야 한다.

② 전략

    ㉠ 완전추종(완전 모방기업): 선도기업의 제품, 유통경로, 광고 등을 모방

    ⓛ 차별적 추종(모방기업): 선도기업의 일부분은 모방하지만, 포장, 광고, 가격 등에서 어느 정도의
        차별성을 둠

    ⓒ 선택적 추종(적응기업): 선도기업의 특정 제품을 선택해 개선

(4) 시장적소자 전략

① 시장점유율에서 가장 하위를 차지하는 적소자는 틈새시장에서 독자적인 전략을 짜서 독자적인 지위
를 구축해 나가는 전략으로, 벤처기업의 대부분이 적소자에 해당한다.

② **전략**: 시장점유율은 낮더라도 독자적인 고부가가치 상품을 취급해서 높은 수익을 올려야 한다.

---

05 마케팅 믹스(Marketing Mix)

기업이 표적시장에서 원하는 반응을 얻을 수 있도록 하기 위해 '4Ps'인 제품(Product), 가격(Price), 유통경
로(Place), 촉진(Promotion)을 혼합하여 사용하는 마케팅 도구의 집합을 의미한다. 마케팅 믹스는 4P 각각
의 전략을 독립적으로 정하는 것이 아니라 서로의 관계가 균형을 이루도록 해야 한다.

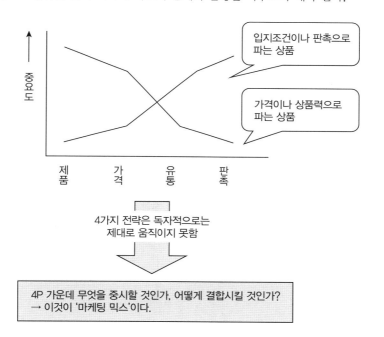

❶ 제품수명주기(PLC, Product Life Cycle)

(1) 제품수명주기의 단계별 특징 및 마케팅 전략

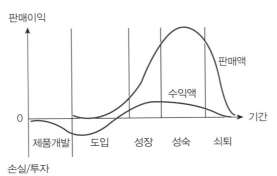

도입기	• 제품이 시장에 도입되면서 판매가 완만하게 증가하는 기간이다. • 소비자의 제품인지도, 수용도를 높이기 위한 적극적인 광고, 홍보 및 판촉을 통해 제품의 존재를 알리는 기간으로 기본수요를 자극한다. • 제품개발비와 초기시설투자비, 판촉, 홍보비용으로 인해 이익은 거의 없다. • 경쟁재의 수, 소비자의 성향에 따라 초기고가정책 또는 초기저가정책을 추구한다.
성장기	• 신제품의 성공적인 도입으로 수요가 급증하기 시작해 성장률을 체감하기 시작하는 시점까지의 기간이다. • 시장크기의 확대로 경쟁자들이 진입하므로 시장세분화를 통한 제품차별화 정책, 제품의 기능·품질 향상이 필요한 기간이며 선택적 수요를 유발한다. • 도입기에 비해 매출이 크며, 성숙기에 비해 경쟁강도는 낮아 이익이 급증한다. • 경험효과로 인한 가격인하요인이 발생한다.
성숙기	• 매출이 증가하다가 어느 순간에 줄어들기 시작하여 일정한 수준을 유지하는 기간이다. • 공급초과로 인한 가격경쟁으로 이익이 정체, 하락하는 기간이다. • 신규고객 유치보다 기존고객 유지가 중요하다(성장기 – 상표선호 강조, 성숙기 – 상표충성도 강조). • 시장수정 전략, 제품 수정 전략, 마케팅 믹스 수정 전략을 통한 기업체질 개선을 추구한다. 또한 대체수요, 틈새시장 개발과 R&D 비용이 증가한다.
쇠퇴기	• 소비자욕구의 변화, 신기술 개발, 경쟁, 제반환경의 변화로 인해 제품 매출과 이익이 지속적으로 하락하는 기간이다. • 비용절감과 이익극대화가 중요한 시기로, 제품의 수명을 결정한다.

(2) 제품수명주기(PLC)의 한계

① 일반적으로 PLC를 독립변수로 보아 PLC단계에 따라 사용할 수 있는 마케팅 전략이 제시되어 있으나, 실제적으로는 기업의 마케팅 전략에 따라 PLC단계와 기간이 달라진다.

② PLC단계에서 제시되는 마케팅 전략은 유일의 최적 전략이 아니다. 즉, PLC단계상에서 제시되고 있는 전략은 제품의 특성, 시장환경, 경쟁상황, 기업능력의 차이를 무시한다.

③ S곡선 이외의 다양한 PLC유형이 존재하고, 모든 제품이 동일한 PLC단계를 거치는 것은 아니다.

④ 특정 제품의 단계 예측이 어렵고, 각 단계의 기간 예측도 어렵다.

2 서비스 마케팅

(1) 서비스의 특징

① **무형성**: 서비스는 형태가 없다.

② **비분리성**: 서비스 제공자와 서비스는 분리될 수 없다.

③ **변화성**: 서비스 품질은 제공자나 장소, 시간에 따라 달라진다.

④ **소멸 가능성**: 서비스는 저장이 불가능하다.

(2) 서비스 마케팅의 유형

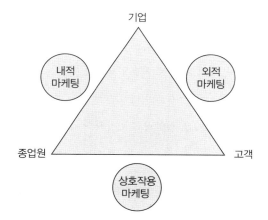

① **내적 마케팅**: 서비스를 제공하는 제공자가 고객에게 만족을 제공할 수 있게 하기 위해 교육하고 동기부여하는 활동이다.

② **외적 마케팅**: 기업이 고객을 대상으로 벌이는 마케팅으로, 전통적 마케팅의 개념에 해당한다.

③ **상호작용 마케팅**: 서비스가 제공되는 동안 고객들이 지각하는 서비스의 질이 고객과 제공자의 상호작용의 질에 크게 좌우되는 것을 의미하는 활동이다.

1 가격결정 요인

내적 요인		가격		외적 요인
• 마케팅 목표 • 마케팅 믹스 전략 • 원가 • 조직의 고려사항	→	가격	←	• 시장과 수요상황 • 경쟁 • 기타 환경(경제, 정부, 사회적 관심 등)

2 가격결정의 일반적 접근방법

(1) 원가기준 가격결정법

① 개요: 제품의 원가를 기준으로 가격을 결정하는 방법으로, 마케팅에서 중요한 수요와 경쟁을 간과하는 맹점이 있다.

② 종류

　㉠ 원가가산 가격결정법: 단위당 원가에 일정률의 이폭을 가산해 가격을 결정하는 방법으로, 방법이 단순해 적용이 용이하고 주로 소매상에서 이용

　㉡ 목표수익률 가격결정법: 예상표준판매량(예상조업도)에 기초해 총원가에 대한 특정 목표수익률을 가산해 가격을 결정하는 방법으로, 주로 제조업체에서 이용

(2) 수요기준 가격결정법

① 개요: 원가보다는 제품에 대한 수요의 강약과 소비자의 지각을 중시해 가격을 결정한다.

② 종류

　㉠ 수요공급분석 가격결정법

　　• 한계비용분석법: 한계비용과 한계수입이 일치하는 곳에서 매출예상과 가격결정이 이루어짐

　　• 손익분기점분석법: 총수입이 총비용을 상회하는 범위 내에 수요가 최대로 되는 지점에서 결정

　㉡ 지각가치 가격결정법

　　• 제품의 가격, 품질 및 서비스와 관련해 미리 특정의 목표시장을 염두에 두고 그것에 맞는 제품을 개발함

　　• 제품의 지각가치를 먼저 결정한 후 그 가격으로 판매할 수 있는 양을 추정(고객의 욕구에 초점)

(3) 경쟁기준 가격결정법

① 개요: 원가나 수요와 무관하게 오로지 경쟁자의 가격전략에 대응해 제품의 가격을 결정한다.

② 종류

　㉠ 모방가격결정법

　　• 현행 시장가격을 기준으로 업계의 가격수준에 자사의 가격을 일치시키는 방법

- 제품차별성이 낮고 가격탄력성이 높은 시장(완전경쟁시장)에서 선도기업의 가격에 동조할 수밖에 없는 경우에 사용
  - ⓛ 입찰가격결정법
    - 공공사업이나 경쟁 입찰 시 결정하는 가격으로 경쟁자들의 행동을 예측해 자사가제시할 가격을 결정 → 게임이론
    - 한계비용을 약간 상회하거나 비슷한 수준에서 가격을 결정

(4) 심리기준 가격결정법

① 단수가격결정법: 단수(單數)로 가격을 책정해 소비자에게 싸다는 인상을 주려는 방법

② 위신가격결정법: 고가격이더라도 그것의 소유가 사회적 지위나 권위를 과시하는 상징으로 보는 상품의 가격설정 방법

③ 가격라인설정법: 소비자는 일정한 가격의 '범위' 내에서는 가격의 차이에 대해 둔감하기 때문에 그 범위 내에서는 가격이 상승해도 판매량은 불변한다는 점을 이용해 허용가격 범위 내에서 최고가격을 설정하는 방법

④ 관습가격결정법: 가격은 고정시키거나 약간 인상하고, 제품의 품질이나 함량을 조절하는 방법으로서, 관습가격이 존재하는 제품의 경우 가격 상승 시 강력한 판매저항이 예상됨

⑤ 복합가격결정법: 복수의 제품 개수에 대해 가격을 설정해 싼 가격이라는 심리를 이용하는 방법

⑥ 기타 가격 개념

　ⓐ 촉진가격: 고객 유인을 위해 특정 품목의 가격을 대폭 낮게 설정

　ⓑ 명성가격: 가격−품질 연상효과를 이용해 가격을 설정

　ⓒ 유보가격: 구매자가 어떤 상품에 대해 지불할 용의가 있는 최고가격

　ⓓ 최저수용가격: 구매자들이 품질을 의심하지 않고 구매하는 최저가격

(5) 신제품 가격결정법

구분	목적	의미
초기고가격 정책	고소득계층의 수요 흡수	고소득계층의 수요를 장악한 후 장기적으로 가격을 인하해 저소득계층도 흡수하는 가격정책
시장침투 가격결정	대중시장에 침투	후발업체가 시장진입 시 초기저가격 설정으로 시장점유율을 잠식하려는 가격정책
손실유도 가격정책	기업 전체의 이익 증대	특정 품목의 가격을 낮게 설정해 이 제품과 관련이 있는 자사 타품목의 매출액 증가로 기업 전체의 이익을 늘리려는 가격정책

🄃 차별적 가격전략

(1) 판매촉진을 위한 차별가격전략

① 현금할인: 대금을 현금으로 즉시 지불하는 고객에게 가격 인하

② 수량할인: 대량구매 고객에게 판매비 감소분의 한도 내에서 가격 인하

③ 거래할인 → 업자할인: 도·소매상 등의 경로구성기관에 대한 가격 할인

④ 계절적 할인: 비성수기에 구매하는 고객에게 할인을 시행해 조기주문을 촉진하고 이익의 계절성을 최소화하는 전략

⑤ 공제: 특별한 프로그램에 참여할 경우 가격을 할인해 주는 전략

(2) 판매통제를 위한 차별가격전략

① 기능적 할인: 판매질서의 유지를 목적으로 도매업자와 소매업자에게 부과하는 가격에 차별을 두는 방법

② 할인환불: 일정 기간의 거래량 목표달성 시 받은 금액의 일부를 환불해주는 것으로 제조업자가 유통업자에게 판매협력을 권장하고 경로지배를 강화하는 수단으로 이용

(3) 판매상황에 의한 차별가격전략: 지역별 차별가격, 시간별 차별가격, 용도별 차별가격 등이 있다.

4 가격인상

(1) 가격인상의 원인: 원재료와 임금의 인상으로 제품의 원가가 상승할 때, 과잉수요가 발생할 때, 자사제품의 재포지셔닝 시 원래의 기능이나 속성보다 개량된 때, 시장 쇠퇴기에 경쟁기업의 철수로 독점적 지위를 누릴 때 등이 있다.

(2) 가격인상의 방법

① 할인율을 낮춘다.

② 기존 제품계열에 고가의 제품을 추가한다.

③ 공개적으로 인상한다. 이때 공개적인 인상은 고객의 외면을 초래할 수 있으므로 효과적으로 인상할 수 있는 방법을 고려해야 한다.

08 유통경로관리

1 유통계열화

(1) 수직적 마케팅 시스템(VMS; Vertical Marketing System)

① 기업적 VMS: 상품의 판매에 있어서 유통경로가 서로 다른 수준에 있는 구성원들(공급업자, 제조업자, 유통업자)을 통합해 하나의 기업조직을 이루는 형태이다.

② 관리적 VMS: 유통경로 내의 한 경로구성원이 위치, 지위, 명성, 자원에서 타 구성원들을 압도해 그 방침을 따를 수밖에 없게 만드는 형태이다.

③ 계약적 VMS: 독립적인 경로구성원들이 계약을 통해서 유통시스템의 경제성과 시장에 대한 영향력을 높이려는 형태로, 프랜차이즈 시스템, 체인점, 협동조합 등이 있다.

(2) 수평적 마케팅 시스템(HMS; Horizontal Marketing System)

① 의미: 유통경로상 동일한 단계에 있는 두 개 이상의 무관한 개별기업들이 재원이나 유통프로그램을 결합하는 형태를 뜻한다.

② 특징

ⓐ 시너지 효과가 중요하다.

ⓑ 공생적 마케팅: 공동상표 · 공동구매 · 공동광고 · 공동물류 · 공동판매 등 도 · 소매업체들끼리 공동으로 마케팅활동을 계획 · 실행함으로써 비용절감과 효율화를 도모한다.

(3) 복수경로 마케팅 시스템(Multi-channel Marketing System)

① 의미: 과거 기업들이 하나의 시장에 하나의 경로만을 사용한 데 반해, 고객의 세분시장이 확대되고 경로가 확장됨에 따라 2개 또는 그 이상의 마케팅 경로를 사용하는 유통경로시스템을 말한다.

② 특징

ⓐ 장점: 시장범위의 증가, 고객주문화 판매 증가

ⓑ 단점: 경로갈등과 통제의 문제, 경로비용의 증가

ⓒ 경로갈등관리: 보다 고차원적이고 장기적인 목표를 설정함으로써 갈등 당사자들을 중재 · 조정

2 유통기관의 종류

(1) 소매상

① 전문점: 취급하는 제품계열이 한정되지만 계열 내 품목이 매우 다양한 소매상

② 백화점: 거의 모든 제품계열을 취급하며, 소비자들의 일괄구매가 가능한 대규모 점포

③ 슈퍼마켓: 주로 식료품, 가정용품 등의 제품계열을 취급하며, 거주지역에 입지하는 소매상

④ 할인점: 박리다매의 원칙하에 염가로 표준화된 다계열 상품을 판매하는 대규모 소매상으로, 주도 지대가 싼 교외에 입지함

⑤ 편의점: 재고회전이 빠른 편의품 등의 한정된 제품계열을 취급하며, 상업지역이나 주거지역에 입지하고 주로 24시간 영업을 함

(2) 도매상: 상품을 제조업체에서 구매하여 소매상이나 산업용으로 재판매하는 사업체를 지칭한다.

① 최종소비자를 대상으로 하지 않으므로 촉진, 분위기, 장소에 무관심하다.

② 소매거래에 비해 상권이 크고 거래 규모도 큰 편이다.

③ 높은 법적 규제와 세무상의 통제가 존재한다.

1 마케팅 커뮤니케이션

(1) 마케팅 커뮤니케이션의 주요수단

① 광고: 광고주가 자신의 아이디어, 재화, 서비스에 대해 금전적 대가를 지불하고 비인적 매체를 통해 정보를 전달함으로써 판매를 촉진하는 방법이다.

② 판매촉진: 제품 또는 서비스의 사용이나 구매를 촉진시키기 위해 중간상과 최종소비자에게 제공하는 단기적이며 다양한 자극책을 의미한다.

③ 홍보: 기업이 비인적 매체에서 자사의 제품이나 서비스를 중요한 뉴스로 다루게 하여 소비자들에게 알림으로써 기업이미지를 제고하고 구매수요를 자극하는 것으로, 돈을 지불하지 않는다.

④ 인적 판매: 잠재적인 고객들과 일대일 또는 일대다의 대화와 만남을 통해 제품과 서비스의 판매를 성사시키는 방법이다.

⑤ 직접마케팅: 특별한 고객 및 예상 잠재고객으로부터 직접 반응을 요청하거나, 직접 의사소통을 하기 위해 우편·전화·팩스·이메일·인터넷을 사용하는 활동이다.

[촉진 믹스의 전략]

구분	범위	비용	장점	단점
광고	대중	보통	신속성, 메시지 통제 가능	효과측정 어려움, 정보량이 제한적
인적 판매	개별 고객	고가	정보의 양과 질, 즉각적인 피드백	높은 비용, 느린 촉진 속도
판촉	대중	고가	주의 집중, 즉시적 효과	제품의 비하, 모방이 쉬움
PR	대중	무료	신뢰도가 높음	통제가 곤란함, 간접적 효과

(2) 커뮤니케이션 믹스 설계 시 고려사항

① 제품시장의 유형

㉠ 소비재 시장: 경쟁제품들이 거의 유사하고 구매자들이 가격 지향적이며 위험부담이 적은 소비재 시장에서는 판매촉진의 비율이 가장 높다.

㉡ 산업재 시장: 복잡한 고가격제품과 위험부담이 큰 제품, 구매자가 소수이고 대량판매를 주로 하는 산업재 시장에서는 인적판매 비율이 가장 높다.

㉢ 시장이 동질적이고 지리적 범위가 넓을수록 광고가 효과적이며, 시장이 이질적이고 지리적 범위가 좁을수록 인적 판매가 효과적이다.

② 푸시(Push)전략과 풀(Pull)전략

구분	푸시전략	풀전략
개념	중간상 수준의 촉진을 사용해 최종소비자에게 제품구매를 권유하는 전략	기업 수준의 촉진을 사용해 최종소비자가 중간상에게 제품판매를 요구하도록 유인하는 전략
사용 가능 제품	• 상표충성심(Brand Loyalty)이 낮음 • 상표 선택이 점포에서 이루어짐 • 충동적 제품 • 제품의 혜택이 쉽게 이해되는 제품	• 상표충성심이 높음 • 고관여제품 • 구매 전에 특정 상표를 선택하는 제품
커뮤니케이션 믹스	인적 판매, 판매촉진	광고, 홍보

③ **구매자 준비단계**: 구매자 의사결정 단계에 따라 촉진수단의 효과성이 달라진다.

④ **제품수명주기 단계**

　㉠ 도입기: 광고와 홍보가 효과적이다.

　㉡ 성장기: 모든 촉진도구의 효과성이 하락한다(구전효과; WOM).

　㉢ 성숙기: 판매촉진, 광고, 인적 판매 순으로 중요하다.

　㉣ 쇠퇴기: 판매촉진의 강세가 유지되고, 광고와 홍보의 축소가 이루어진다.

⑤ **기업의 시장순위**

　㉠ 시장선도기업은 판매촉진보다 광고에서 많은 효과가 있다.

　㉡ 소규모 경쟁기업은 판매촉진에서 효과가 크다.

2 판매촉진의 의미와 종류

(1) **의미**: 소비자나 중간상에게 특정 제품이나 서비스를 조기 또는 다량으로 판매하기 위해 단기적 이용을 목적으로 설계된 자극적 도구를 말한다.

(2) **종류**

　① **소비자 촉진**: 견본, 쿠폰, 현금환불, 경품, 무료사용, 끼워팔기, 교차촉진, POP

　② **중간상 촉진**: 공제, 후원금, 거래선 보조, 무료상품

　③ **판매원 촉진**: 전시회, 판매시연, 특별품 광고

02 | 생산관리

01 생산관리의 기초개념

■ 생산관리의 개념

생산목표를 달성하기 위해 유형인 재화의 생산이나 무형인 서비스의 공급을 담당하는 생산시스템을 관리하는 활동을 의미한다(생산관리 목표: 품질, 납기, 원가, 유연성).

❷ 생산시스템의 유형

(1) 생산시스템의 기본유형

① 판매시스템: 재화를 생산하는 부분이 포함되어 있지 않고, 타 기업이나 다른 조직에서 만들어 놓은 것을 판매하는 시스템이다.

② 생산–판매 시스템: 소품종의 제품을 대량생산해 판매하는 시스템으로, 표준화된 규격품을 대량생산하는 시스템이다.

③ 폐쇄적 주문 생산시스템: 사전에 제품의 규격을 정해 놓고, 이 제품에 한해서만 주문에 의한 생산활동을 하는 시스템이다.

④ 개방적 주문 시스템: 수요처에서 요구하는 명세서대로 공급해 주는 시스템이다.

⑤ 대규모 1회 프로젝트: 건설공사나 조선업 같이 대규모적이고 1회에 한하는 프로젝트의 생산시스템이다.

(2) 생산시스템의 세부적 유형

수주 및 생산시기	주문생산	시장생산
생산의 반복성	개별생산	연속생산
품종 및 생산량	다품종 소량생산	소품종 대량생산
생산의 흐름	단속생산	계속생산
생산 공정	기능별 배치	제품별 배치
작업조직	기계별 작업조직, 만능작업조직	품종별 작업조직, 유동작업조직
주요목표	납기	원가
운영상의 주요 문제	생산 활동의 관리	수요예측 및 재고관리
단위당 생산원가	높음	낮음

기계 설비	범용 설비	전용 설비
설비투자	소액	거액
노동력	숙련	미숙련
제품 변화	신축성	적응 부족
운반설비	자유경로형	고정경로형

3 다품종 소량생산과 소품종 대량생산의 접근

(1) **집단관리기법(GT)**: 부품을 생산하는 데 있어서 이들이 갖는 기술적 유사성에 따라 몇 개의 집단으로 구분하여 각 그룹에 공동의 공구, 기계 및 작업 방법을 이용·생산함으로써 표준부품의 대량생산에서 기대되는 경제적 이점을 실현하려는 방법이다.

(2) **모듈러 생산(MP)**: 최소 종류의 부품, 즉 호환성이 있는 부품을 통해 최대 종류의 제품을 생산하고자 하는 기법이다.

(3) **유연생산시스템(FMS)**: 컴퓨터에 의해 통제되는 자동화된 설비를 갖추고 생산시스템에 주문생산의 유연성과 대량생산시스템의 생산성을 동시에 고려할 수 있도록 창출된 생산시스템, 즉 동일한 생산라인에서 용이한 공정변화를 통해 다양한 종류의 제품을 생산해 부가가치를 높이는 자동생산시스템이다.

(4) **셀형 제조방식(CMS)**: GT의 개념을 생산공정에 연결시켜 유연성을 높이고 생산성을 향상시키는 기법 중 하나로, 한 가지 종류 또는 많은 종류의 기계가 하나의 셀을 단위로 해서 집단화되는 공정의 한 형태이다. 각 셀은 사용설비나 공구 또는 가공내용이 유사한 부품군별로 생산하도록 설계한다.

(5) **수치제어가공(NC)**: 수치제어 기술을 공작기계에 적용하여 기계가공을 자동으로 수행하는 것으로 NC공작기계가 중심이 된다.

1 수요예측의 기초개념

과거의 역사적·객관적 자료에 통계적 또는 경영과학적 기법을 사용하여, 특정 제품이 언제 얼마나 고객으로부터 수요가 있을 것인가를 미리 추정하는 것이다. 다음 기의 생산량 결정을 위해 중요한 자료를 제공한다.

2 수요예측기법

(1) 수요예측의 질적 방법

① 개념: 조직 내외의 전문가들의 경험·견해 등의 주관적인 요소에 의존해서 예측하는 것이다.

② 성격: 일반적으로 예측 자료가 불충분할 때 이용하므로 과거의 수요 패턴에 대한 고려가 부족하다. 또한 장기예측의 경우에 주로 사용된다.

③ 종류

    ㉠ 델파이기법: 전문가들을 한자리에 모으지 않고 서신에 의해 전문가들의 일치된 예측치를 얻기 위해 실시하는 순환적인 집단 질문 과정

    ㉡ 시장조사법: 제품이나 서비스를 출시하기에 앞서 소비자의 의견조사 또는 시장조사를 행하여 시장 및 수요예측을 하는 방법

    ㉢ 자료유추법: 기존 제품과 아주 유사한 새로운 제품을 시판하고자 할 때 그 제품의 성공 여부를 예측하기 위해 기존 제품과 관련된 자료를 사용하는 방법

    ㉣ 라이프사이클 유추법: 제품의 라이프사이클 단계를 토대로 미래의 수요를 예측하는 방법

    ㉤ 위원회에 의한 방법(패널동의법): 수요예측을 위한 위원회를 구성하고, 이 전문가 위원회로부터 공개적으로 자유롭게 의사를 표시하고 토의해 전문가들의 의견을 종합해 수요예측을 하는 방법

    ㉥ 판매원을 이용하는 방법: 판매원들이 시장에서 점원, 소비자 반응을 조사한 결과의 여론을 참고

    ㉦ 경영자 의견법: 경영자들이 오랜 경험에 의한 추세 분석 기법을 반영

(2) 수요예측의 양적 방법

① 시계열분석(Time Series Analysis)

    ㉠ 개념: 과거의 자료로부터 얻은 시계열에 대해 그 추세나 경향을 분석함으로써 장래의 상태를 예측

    ㉡ 전제

        • 미래수요가 과거에 발생하였던 패턴대로 결정된다는 전제이며, 시계열분석은 장기예측보다는 단기예측을 수행하는 데 적절함

        • 과거의 수요량이 종속변수이고, 시간이 독립변수가 됨

    ㉢ 구성요소: 추세변동(T), 순환변동(C), 계절변동(S), 불규칙변동(I)

    ㉣ 종류: 전기수요법, 단순이동평균법, 가중이동평균법, 지수평활법

② 횡단면분석(Casual Analysis)

  ㉠ 개념

  • 예측하려는 제품에 대한 수요와 이에 영향을 주는 요인들과의 관계를 분석해서 장래의 수요를
    예측

  • 시계열분석기법은 일반적으로 단기예측에, 횡단면분석기법은 중기예측에 이용

  ㉡ 종류: 회귀분석, 상관관계분석, 선도지표방법, 계량경제모형, 투입−산출모형

---

03 생산시스템의 설계

■ 생산시스템의 설계과정

제품결정 및 설계 → 공정설계 → 설비배치 → 방법연구 → 작업측정

■ 생산공정의 결정

(1) 연속생산 공정: 표준화된 제품을 대량생산하기 위해 설계된 생산공정으로 특정제품의 생산만을 목적으로 하는 특수목적의 기계설비를 필요로 한다.

(2) 단속공정: 다양한 제조공정을 갖는 상이한 제품을 소량으로 생산하기 위해 설계된 공정으로 일반목적의 기계설비를 필요로 한다.

(3) 프로젝트 공정: 1회에 한 제품을 생산하기 위해 설계된 공정을 뜻한다.

(4) 생산흐름 분석: 작업공정 간의 작업흐름을 분석하는 것으로 방법연구와 작업측정으로 연결된다.

(5) 생산설비 선정: 생산흐름 분석에 따라 가장 적합한 생산설비를 선정하는 것으로 시설의 배치와 연결된다.

■ 설비배치의 형태

(1) 제품(라인)별 배치

① 특정 제품을 생산하는 데 필요한 기계설비를 제조과정의 순서에 따라 배치한다.

② 계속생산시스템에서 흔한 배치형태이며, 소품종 대량생산에 적합하다.

③ 라인밸런싱: 공정 내의 각 작업장별로 과업들을 수행하는 데 거의 동일한 시간이 소요되도록 하는 것으로, 각 작업장에서 생산주기시간에 거의 가까운 시간이 소요되도록 과업을 할당한다.

(2) 공정(기능)별 배치

① 동일공정의 작업을 한 곳에 집합시키는 배치유형, 즉 같은 기능을 수행하는 기계설비끼리 한 곳에 집중시킨다.

② 단속생산시스템에서 흔한 배치형태이며, 다품종 소량생산에 적합하다.

③ 공정별 배치에서는 대부분 상호교류가 빈번한 작업장들을 인접한 위치에 배치함으로써 자재의 운반비를 최소화하는 것이 주된 관심사항이 된다.

(3) 고정위치형 배치

① 제품은 한 곳에 고정시키고, 생산에 필요한 자재와 설비를 현장에 이동시켜서 생산한다. 비행기, 선박, 기관차 등의 생산에 적합하다.

② 주요한 자재를 한 곳에 고정시켜 놓았기 때문에 자재의 운반비용이 절감된다.

③ 작업이 한 장소에 집중되어 있기 때문에 프로젝트의 작업통제가 쉽다.

④ 작업자와 기계 간의 유동거리가 길며, 숙련된 노동력이 요구된다.

⑤ 동일한 기계가 한 작업장에 여러 대 필요하므로 기계투입 비용이 높다.

---

04 총괄생산계획

■ 총괄생산계획의 기초개념

(1) 개념: 보통 2개월에서 1년까지의 중기 또는 중·단기 계획으로서 기업의 생산능력을 거시적으로 파악해 총괄적 관점에서 시간적으로 제품의 수량적 조정을 시도하는 방법으로, 수요나 주문의 시간적, 수량적 요건을 만족시킬 수 있도록 생산시스템의 능력(생산율, 고용수준, 재고수준 등)을 조정해 나가는 계획을 뜻한다.

(2) 성격

① 공장 같은 유형의 시설은 일정한 것으로 전제하므로 수요의 변동은 작업자의 고용과 해고, 잔업 또는 조업단축, 재고의 증감 및 하청 등 통제 가능한 변수에 의존한다.

② 생산능력계획과 같은 장기계획결정에 제한을 받고, 일정계획이나 자재소요계획 같은 단기계획결정에 제한을 가한다.

③ 변동하는 수요에 대응하여 통제 가능한 변수를 최적 결합하는 것이므로 만약 수요 변동이 없다면 총괄생산계획은 의미가 없다.

(3) 절차: 총괄생산계획은 계획대상기간 동안의 각 기간별 수요예측량이 주어졌을 때 계획대상기간 동안의 총생산비용을 최소로 하는 각 기간별 생산율, 재고수준, 고용수준, 하청수준을 결정하는 것이므로 일반적으로 4단계를 거친다.

2 총괄생산계획의 기법

(1) 선형결정기법(LDR)

① 총괄생산계획기간에 걸쳐 최적생산율 및 작업자 수를 결정하는 두 개의 선형방정식, 즉 선형결정규칙을 도출하는 기법이다.

② 수학적 최적해를 보장해 주는 기법이다.

③ 비용함수가 1차함수가 아니면 적용할 수 없다.

④ 결정변수의 값에 아무런 제약을 가하지 않기 때문에 음수의 생산율이나 작업자 수를 초래할 수 있다.

⑤ 비용에 대한 정확한 자료를 수집하기 어렵다.

(2) 휴리스틱기법

① 의사결정의 대안이 많거나 상황이 너무 복잡해 수학적인 기법의 사용이 현실적으로 불가능할 때 인간의 사고의 기능을 통하여 경험을 살려 스스로 해결안을 강구하면서 점차로 최적해에 접근하는 기법이다.

② LDR과 같은 수리적 모형의 경우 비용의 성격에 제한을 가한다는 결점이 있는 데 반해, 휴리스틱 기법은 비용의 성격에 아무런 제한을 가하지 않고 경험에 바탕을 둔 탐색적 방법을 적용한다.

(3) 탐색결정기법(SDR)

① 최소비용의 총괄생산계획을 수립할 생산율과 작업자 수 같은 결점변수들을 미리 결정된 컴퓨터 탐색결정규칙에 따라 찾는 기법이다.

② 비용감소를 가져오는 점을 체계적으로 탐색하기 위해 Pattern Search Program이 이용된다.

③ 현실적인 비용과 이익모형을 Computer Subroutine 형태로 나타내어 의사결정규칙을 발견한다.

④ 수학적 모형과 같은 제한된 가정이 없으므로 현실적인 분석이 가능하다.

⑤ 어떠한 비용함수에도 적용이 가능하다.

⑥ SDR에 대한 전체적인 최적해를 제공하지 못할 수도 있다.

1 생산일정계획의 기초개념

(1) **일정계획의 의미**: 총괄생산계획을 기초로 하여 그 내용을 보다 구체적으로 제시한 것이다.

(2) **일정계획의 성격**
    ① 총괄생산계획이 시스템의 생산능력을 회사전체의 관점에서 거시적으로 파악하는 것이라면, 일정계획 (개별생산계획)은 제품별로 수요나 주문량을 파악하여 이에 필요한 생산능력을 개별적으로 할당하는 미시적 방법에 의한 계획에 해당한다.
    ② 작업순서의 관점에서 주일정계획과 세부일정계획으로 구분한다.

2 생산시스템과 일정계획

(1) **생산시스템의 분류**
    ① **연속생산시스템**: 표준화 제품이 대량으로 생산되므로, 제품이 시설을 통하여 흐르는 생산율을 통제하는 것이 근본적 목적이기 때문에 일정계획이 간단하다. 즉, 조립공정 균형의 문제가 주된 관심사이다.
    ② **배치생산시스템**
        ㉠ 표준화된 제품이 대량으로 생산된다는 점에서는 연속생산시스템과 일치하나, 동일한 품목이 조립 공정을 통해 계속적으로 생산되는 것이 아니라, 동일한 제품라인에 속하는 몇 가지 품목이 같은 라인을 통해 생산되는 것이다.
        ㉡ 재고소진기간법(ROT): 현재의 재고를 단위기간당 수요량으로 나눈 재고소진기간의 값이 가장 적은 제품에 생산우선순위를 부여하는 방법이다.
    ③ **주문생산시스템**: 소량생산으로 고객 주문 시마다 납기준수가 관점인 생산형태이다. 수많은 독립된 주문을 취급하므로 일정계획문제가 매우 복잡하다. 여러 가지 서로 다른 작업들을 어느 순서로 수행하느냐 하는 작업순위결정의 문제가 된다.

(2) **작업순위의 결정**
    ① **우선순위규칙**: 작업의 순서를 결정하는 데 사용되는 간단한 지침을 재고하는 탐색적 기법이다.
    ② **긴급률 기법(CR)**
        ㉠ 작업배열의 순위를 작업을 완성할 수 있는 시간 대 납품시점과의 대비로 결정하는 기법으로서, 최소긴급률 기법에 의해 긴급률이 가장 작은 것부터 먼저 처리한다.
        ㉡ $CR = \dfrac{\text{납기일} - \text{현재일(잔여납기일)}}{\text{작업완료예정일} - \text{현재일(잔여작업일수)}}$

        $CR > 1$이면 작업이 예정보다 빨리 진행, $CR = 1$이면 작업이 예정대로 진행, $CR < 1$이면 작업이 예정보다 지체된 것이다.

③ 존슨의 방법

　㉠ 연속적인 n개의 제품을 2개의 기계(작업)를 거쳐서 생산하는 경우의 작업우선순위결정 기법이다.

　㉡ 작업장1, 작업장2에서 가장 짧은 시간을 갖는 작업을 찾는다.

　㉢ 작업장1이면 제1의 순서로, 작업장2이면 제일 뒤의 순서로 결정한다.

④ 잭슨의 방법

　㉠ 제품의 작업순서가 다른 경우와, 작업해야 할 개수가 반드시 두 개가 아니고 하나인 것도 허용되는 조건하에서의 일정계획 기법이다.

　㉡ 여러 작업 중 우선작업순서가 동일한 작업별로 그룹화하고 그룹 내의 작업에 대해서는 존슨의 원리에 의해 해결한다.

③ 일정계획 및 통제기법

(1) 간트 차트

① 도표에 의한 일정계획 및 통제기법의 일종으로, 시간의 차원에서 생산할 양을 작업별·기계별·작업자별 등 여러 관점에서 작업의 순위와 할당 결과를 나타내어, 이들을 실적과 대비하여 통제할 수 있게 한다.

② 계획량과 실적량을 모두 직선으로 표시한다.

③ 직선으로 시간의 길이와 작업의 진척도를 표시한다.

④ 직선 하나로 시간의 동일성, 작업계획량의 변화, 작업실적량의 변화를 나타낼 수 있다.

(2) LOB(Line Of Balance)

① 부분품과 반제품의 생산실적을 도표화해 작업진척별 예정납기일을 최종제품의 납기일과 비교함으로써 납기 지체를 발생시킨 작업장에 대해 조치를 취하는 기법이다.

② 연속생산시스템에 유용한 통제기법이다.

③ 최종제품의 수량만을 기준으로 공장 전체를 통제하는, 즉 모든 작업자에게 균일하게 납기 지체의 책임과 원인을 찾는 종래의 통제기법의 모순을 해결한다.

④ 납기불이행의 원인을 제공한 작업장(통제점)을 중점관리하고자 한다.

(3) 단기간일정법(SIS)

① 작업자와 작업장의 업무를 효과적으로 결합시키고, 그때그때 일어나는 변동을 짧은 기간을 토대로 분석·검토함으로써 사전 또는 동시통제가 가능하도록 일정계획과 결과를 효율적으로 일치시키는 기법이다.

② 한 작업장의 일은 한 작업자에게 맡긴다.

③ 작업량을 특정의 짧은 시간을 기준으로 책정해 목표관리가 이루어지게 한다.

④ 모든 작업부하는 사전에 작성한다.

⑤ 결과의 평가를 규칙적으로 실시해 변화에 대한 대책을 신속히 마련한다.

■ 재고관리의 기초개념

(1) 개요: 재고자산관리는 재고투자액에 대한 최적의 수준을 결정하고 유지하는 것을 중심으로 이루어지는 관리활동이다.

(2) 재고관련비용

① **재고매입비용**: 재고자산을 매입하기 위해 발생한 매입원가로, 구입수량에 단위당 구입원가를 곱하여 산출하므로 구입수량에 비례하여 발생한다.

② **재고유지비용**: 재고자산을 일정 수준으로 유지하고 보관하는 데 발생하는 비용으로, 재고자산에 대한 평균 투자액에 비례하여 발생한다. 이에는 재고자산에 투자된 자금의 기회원가, 보험료, 보관료, 재고자산 감모손실, 진부화로 인한 재고자산평가손실 등이 해당된다.

③ **주문비용**: 필요한 재고를 주문해 창고에 입고시켜 이용 가능한 상태에 도달할 때까지 구매와 관련해 발생한 모든 비용으로, 통신비, 운송비, 선적 및 하역료 등이 해당된다.

④ **재고부족비용**: 재고가 고갈되어 발생하는 판매기회의 상실과 이로 인한 고객들로부터의 불신, 생산계획의 차질 등에 의해 발생하는 기회비용을 말한다.

■ 경제적 주문량 모형

(1) 경제적 주문량 모형의 의미와 가정

① **의미**: 경제적 주문량 모형은 1회에 얼마만큼 주문할 것인가의 확정적 의사결정모형으로 재고매입비용과 재고부족비용은 고려하지 않는다. 따라서 경제적 주문량은 재고유지비용과 주문비용의 합을 최소화시키는 1회 주문량을 말한다.

② **가정**

㉠ 연간사용량(D)은 일정하다.

㉡ 단위기간의 사용률(1일 사용량: d)은 일정하다.

㉢ 재고를 주문해서 회사에 도착할 때까지의 기간인 조달기간(LT)은 일정하다.

㉣ 수량할인은 없다. 즉, 구입량에 관계없이 단위당 구입가격은 일정하다.

㉤ 재고부족은 없다. 즉, 재고부족비용을 총재고관련비용에 포함시키지 않는다.

㉥ 주문량은 모두 일시에 배달된다.

㉦ 단위당 재고유지비용과 횟수당 주문비용은 일정하다.

(2) 경제적 주문량(EOQ)의 결정

① 가정: EOQ 모형에서는 수요의 조달기간이 확정적이므로 안전재고는 필요하지 않으며, 재고부족과 대량 구입 시 수량할인은 없다고 가정한다.

② 재고유지비용

    ㉠ 재고수준은 최대 Q로부터 최소 0까지 일정한 비율로 감소하므로 평균재고는 $\dfrac{Q+0}{2}=\dfrac{Q}{2}$이다.

    ㉡ 단위당 재고유지비용을 C라 하면 재고유지비용은 $\dfrac{Q}{2}\times C$이다.

③ 주문비용

    ㉠ 연간사용량과 1회 주문량이 알려져 있으므로 연간 주문횟수는 연간 사용량을 1회 주문량으로 나누어 구할 수 있다.

    ㉡ 횟수당 주문비용을 O라고 하면 주문비용은 $\dfrac{D}{Q}\times O$이다.

④ EOQ 결정

    ㉠ $TC=$ 재고유지비용 $+$ 주문비용 $=\dfrac{Q}{2}\times C+\dfrac{D}{Q}\times O$

    ㉡ 경제적 주문량은 재고유지비용과 주문비용의 합을 최소화하는 1회 주문량이므로 TC를 최소화하는 Q를 구하기 위해 TC를 Q에 대해 1차 미분하여 0으로 두면 경제적 주문량 $Q=\sqrt{\dfrac{2DO}{C}}$이다.

3 재고관리모형

(1) 고정주문량모형과 고정주문기간모형

① 고정주문량모형

    ㉠ 1회 주문량(정량, EOQ)을 적정하게 정해 놓고 현 보유재고가 일정 수준(재주문점)에 도달하면, 고정주문량만큼을 주문하는 방법이다.

    ㉡ 수요가 변동해도 주문량은 일정하므로 주문 사이의 기간은 변동한다.

    ㉢ 재고수준이 재주문점에 언제 도달하는가를 알기 위해서는 계속적인 실사가 필요하다.

    ㉣ 정량주문모형, 계속실사시스템, Q시스템이라고도 한다.

② 고정주문기간모형

    ㉠ 주문 사이의 기간은 일정하고 주문량이 계속해서 변화하는 모형이다.

    ㉡ 주문할 시점에서 얼마를 주문할 것인가를 알기 위하여 재고수준의 정기적인 실사가 필요하다.

    ㉢ 재주문점(ROP) 대신에 요구되는 최대재고수준이 사용되며, 주문량(최대재고−현재의 재고)이 수요에 따라서 변동하므로 정량(EOQ) 개념은 없다.

    ㉣ 정기주문모형, 정기실사시스템, P시스템이라고도 한다.

(2) 투빈(Two-bin) 시스템과 단일기간 재고모형

① 투빈 시스템

㉠ 재고를 2개의 용기(Bin)에 나누어 놓고, 이 중 한 용기에 들어 있는 재고가 고갈되는 즉시 주문을 하고 조달기간 동안에는 다른 용기에 들어 있는 재고로 수요를 총괄하는 재고관리기법이다.

㉡ 고정주문량모형의 변형으로 재고수준에 대한 계속적인 실사의 필요성을 제거한 재고관리시스템이다.

㉢ 부피가 작고 수요가 적은 저가품에 적용한다.

② 단일기간 재고모형

㉠ 생선처럼 시간이 경과함에 따라 부패하거나 가치가 급격히 하락하는 재고는 장기간 보유목적으로 구입할 수 없다. 이 재고모형은 물품의 수요가 1회적이며 수명이 짧은 1회성 재고의 주문량이나 재고수준을 결정하는 모형이다.

㉡ 단일기간 재고모형과는 달리 EOQ모형이나 EPQ모형은 연속수요를 전제로 한다. 당장 전부 판매되지 않으면 쓸모없게 되는 재고에 대해 중요한 문제는 적정재고구입량이다. 따라서 단일기간 재고모형의 핵심은 재고부족비와 재고과잉비의 합이 최소가 되는 주문량이나 재고수준을 결정하는 것이다.

(3) 절충모형

① 의의: s, S 재고시스템(s, S System)이라고도 하는 것으로 고정주문기간모형과 같이 정기적으로 재고수준이 검토되지만 사전에 결정된 재주문점(ROP) 이하에 이를 때만 주문하는 모형이다.

② 특징

㉠ 고정주문량모형과 같이 주문량이 고정되어 있는 것은 아니며 현 재고가 재주문점 이하일 때 미리 정해진 최대재고수준에 이르도록 '최대재고-현재의 재고'만큼을 주문하는 방식이다.

㉡ 고정주문량모형과 고정주문기간모형을 결합한 모형이다.

③ 한계

㉠ 고정주문량모형에 비해 주문량의 계산이 복잡하다.

㉡ 주문량이 변하기 때문에 많은 양의 안전재고가 필요하다.

4 ABC 관리방식

(1) 의의: 취급하는 품목이 매우 많은 경우 품목별로 엄격한 재고관리를 한다면 얻는 효익보다 비용이 더 많을 것이다. ABC 관리방식은 자재의 중요도나 가치를 중심으로 자재의 품목을 분류해서 차별적으로 관리하는 방식을 말한다.

(2) 재고의 구분: ABC 관리방식은 다수의 저가품목보다는 소수 중요품목을 중점관리하고자 하는 방식으로 재고의 분류는 파레토분석을 통해 행해진다.

(3) 품목별 관리방법

구분	내용	사용량 비율	가치비율	모형
A	가치는 크지만 사용량이 적음	10~20%	70~80%	정량주문모형
B	가치와 사용량이 중간에 속함	20~40%	15~20%	절충형 주문모형
C	가치는 적지만 사용량이 많음	40~60%	5~10%	정기주문모형

07 자재소요계획 및 적시생산시스템

1 자재소요계획(MRP)

(1) 자재소요계획의 의미: 재고의 종속성을 이용한 일정계획 및 재고통제기법이다.

(2) 자재소요계획의 성격

① 완제품의 생산수량 및 일정을 기초로 하여 그 제품생산에 필요한 원자재, 부품 등의 소요량 및 소요시기를 역산해 자재조달계획을 수립함으로써 일정관리와 함께 효율적인 재고통제관리를 하는 컴퓨터 정보시스템이다.

② 종속수요의 재고관리를 위하여 개발된 기법이다.

③ 생산일정계획, 완제품재고관리, 자재계획을 연결하는 일련의 생산시스템을 말한다.

(3) 독립적 수요와 종속적 수요

① **독립적 수요**: 어떤 품목의 생산 활동이 다른 품목과 독립적인 수요를 갖는다.

② **종속적 수요**: 재고로 받아들여지는 대부분의 품목이 최종생산품의 부품이거나 중간조립품이며 그들의 수요는 완제품 수요에 대해 종속적이다.

(4) MRP 시스템의 특징

① 전통적 재고관리에서 발생하는 재고과잉과 재고부족현상을 제거함으로써 재고비용을 극소화하고자 하는 것이다.

② 자재 각각에 대한 별도의 수요예측이 필요하지 않다.

③ 모든 재고품의 리드타임이 알려져 있다.

④ 이론상 안전재고의 문제는 필요하지 않다.

⑤ 독립수요품의 생산일정을 고려한 종속수요량의 소요시간에 맞추어 조달시간을 차감하는 시간차감법에 의해 발주된다.

⑥ 사전 납기통제가 용이하고, 컴퓨터의 지원이 필수적이며 여건변화에 민감한 자재계획의 수립이 가능하다.

⑦ 컴퓨터시스템의 도입 및 유지에 많은 비용이 소요된다.

(5) **Synchro MRP**: MRP와 JIT생산시스템을 절충한 방식으로서, 자재소요계획은 MRP로 하고 생산현장관리는 JIT시스템에 따른다.

② 적시생산시스템(JIT)

(1) **개념**: 필요한 부품을 필요한 시간에 필요한 양만큼 공급함으로써 생산 활동에서 모든 낭비의 근원이 되는 재고를 없애고 작업자의 능력을 완전하게 활용함으로써 생산성 향상을 달성하고자 하는 풀(Pull)시스템이다.

(2) **원리**
  ① 생산공정에서 발생하는 비능률과 비생산적 요소를 제거함으로써 비용 절감(원가 절감)과 제품품질의 향상을 통해 투자수익을 증대시키려 한다(Zero Inventory).
  ② 생산자에 필요한 부품을 필요할 때에 필요한 만큼 생산한다.
  ③ 작업자의 능력을 완전활용한다.

(3) **구성요소**
  ① **주일정계획(MPS)의 안정화**: 안정된 주일정계획과 이로 인한 생산의 평준화는 선행 작업장과 납품업자들이 일정한 수요에 대비할 수 있게 함으로써 재고를 줄이는 데 기여한다.
  ② **로트 크기와 생산준비시간의 축소**: 반복생산에 있어서 수요변동에 대응하는 생산평준화에는 소로트 생산이 뒷받침되어야 한다. 소로트 반복생산에서는 수요의 변동에 적응이 쉬운 반면에 생산준비횟수가 증대되므로 생산준비시간의 축소에 많은 관심이 있다. → 린(Lean) 생산방식
  ③ **설비배치−집단관리(GT)기법**: 생산시간의 축소를 위해서 JIT시스템에서는 GT기법을 사용한다. GT는 여러 가지 상이한 기능을 수행하는 개별적인 기계들을 한 곳에 배치해 그들이 하나의 조립라인처럼 운영되도록 하는 것이다.
  ④ **칸반(Kanban) 방식**: 시스템 내에서 생산 및 자재의 운반을 허가함으로써 자재의 흐름을 통제하기 위해 사용되는 엽서 모양의 카드를 가리킨다.
    ㉠ 생산허가와 부품운반의 기능을 담당한다.
    ㉡ JIT를 지원하는 정보시스템으로서 JIT의 하위시스템에 속한다.
    ㉢ 후속공정이 생산에 필요한 자재를 필요로 할 때에 선행공정으로부터 끌어당겨(Pull) 받는 시스템에 해당한다.

[JIT와 MRP시스템의 비교]

구분	JIT시스템	MRP시스템
재고	부채	자산
로트 크기	즉시 필요한 양의 크기	일정계획에 의거한 경제적 로트
납품업자	인간적 관계	기능적 관계
조달기간	짧게 유지	길수록 좋음

생산준비시간	최소	무관심
전략	요구에 의한 Pull시스템	계획에 의한 Push시스템
생산계획	안정된 MPS	변경이 잦은 MPS
관리방식	눈으로 보는 관리(Kanban)	컴퓨터 처리
품질	무결점	불량품 인정
적용	반복생산	비반복생산

08 품질관리

1 품질비용의 개념과 구성 요소

(1) **개념:** 제품을 애초부터 잘 만들지 않음으로써 발생하는 비용, 즉 제품규격을 지키지 않은 부적합비용을 의미한다.

(2) **구성 요소**
① **통제비용:** 생산흐름으로부터 불량품을 제거하는 활동과 관련된 비용을 말한다.
　㉠ 예방비용: 제품이 생산되기 전에 불량품질의 발생을 미연에 방지하기 위해 발생하는 비용(품질교육 등)
　㉡ 평가비용: 생산되었지만 아직 고객에게 인도되지 않은 제품 가운데서 불량품을 제거하기 위하여 검사하는 데 소요되는 비용(수입검사 등)
② **실패비용:** 품질이 일정 수준에 미달함으로써 발생하는 비용으로, 내적 실패비용과 외적 실패비용이 있다.
③ **최적적합품질수준의 결정:** 통제비용과 실패비용의 합이 최소가 되는 점에서 최적적합품질이 결정된다.

2 총괄적 품질관리(TQC)의 개념과 특성

(1) **개념:** 고객에게 최대의 만족을 주는 가장 경제적인 품질을 생산하고 서비스할 수 있도록 사내 각 부문의 활동을 품질개발, 품질유지, 품질향상을 위해 전사적으로 조정·통합하는 시스템으로 종합적 품질관리라고도 한다.

(2) **특성**
① 품질은 품질관리부서만의 책임이 아니라 기업 내 모든 구성원들의 책임이며, 특히 제품생산현장에서의 품질보증을 강조한다.
② 제품생산현장에서의 불량품 발생을 미연에 방지하고자 하는 예방 측면, 즉 전사적 품질관리와 사후품질보증이라는 행동적 측면을 강조한다.

③ 품질과 경영관리의 양 측면을 결합한 것으로 생산시스템 내의 모든 단계에서 수행되는 품질관리이다. 즉, 제품뿐만 아니라 납기, 원가, 서비스 등도 대상으로 한다.

④ 통계적 기법뿐만 아니라 모든 수단을 활용하는 품질관리이다.

⑤ 동기부여에 의한 품질향상 운동에 대한 내용을 다루고 있다.

❸ 동기부여에 의한 품질향상 운동

(1) 무결점(ZD; Zero Defect) 운동

① 개념: 작업자에게 지속적으로 동기를 부여함으로써 업무수행상 결점을 영(Zero)으로 하고 제품의 품질향상, 신뢰성 제고, 납기 엄수, 원가 절감 등의 목적을 달성하려는 노력을 뜻한다.

② 구성 요소

　ⓐ 자기제안제도(ECR): 직접 작업에 종사하는 작업자 자신이 각자의 부주의 및 오류 발생 원인을 제거하도록 제안하는 제도이다.

　ⓑ 동기부여: 종업원 각자가 자발적으로 자신들의 개선목표를 설정하도록 자주성을 부여한다. 또한 관리자는 동종 작업을 수행하는 종업원들끼리 ZD집단을 편성하도록 자주성을 부여한다.

　ⓒ 표창: ZD목표를 달성한 집단이나 목표달성에 공헌한 종업원들을 표창한다.

(2) 품질분임조(QC Circle): 같은 부서 또는 같은 작업장에서 근무하는 보통 8~10명이 생산과 관련된 문제, 예컨대 품질, 생산성, 원가, 기타 작업환경 등의 문제를 분석하고 상호 해결하기 위해 정기적으로 모임을 갖는 소집단을 지칭한다.

❹ 종합적 품질경영

(1) 종합적 품질경영의 개념과 특징

① 개념: 품질경영(QM)이라고도 하며, 경영자가 소비자 지향적인 품질방침을 세워 최고경영진은 물론 모든 종업원들이 전사적으로 참여해 품질향상을 꾀하는 활동을 말한다. 이는 최고경영자가 중심이 되어 우수품질 및 고객만족도의 확보를 통해 기획, 설계, 생산, 판매 등 경영활동 전반에 걸쳐 경쟁적 우위를 갖추도록 모든 구성원이 참여하는 전사적·종합적 경영관리체계이다.

② 특징: 종전의 품질관리가 생산현장 중심의 품질관리인 것에 비해 QM은 최고경영자의 품질방침에 따라 국제적으로 경쟁력 있는 품질을 확보하는 것을 목표로 생산현장에서부터 최고경영층에 이르는 고객 위주의 전사적인 품질향상 운동이며, 고객지향의 제품개발 및 품질보증체계의 확보를 중요시한다.

(2) ISO 9000 시리즈의 의미와 성격

① 의미: 품질보증에 관한 국제 표준으로, 제품 자체에 대한 품질을 보증하는 것이 아니라 제품 생산과정 등의 프로세서(품질관리시스템)에 대한 신뢰성 여부를 판단하기 위한 것이다. 이 시리즈는 공산품은 물론 소프트웨어, 서비스 등 산업 전체에 적용될 수 있는 범용적인 규격이다.

② 성격: ISO 9000은 생산자 중심의 규격이 아닌 구입자 중심의 규격으로, 구입자가 외부로부터 제품을 구입했을 경우 그 품질을 신뢰할 수 있는 판단기준을 제공한다. 이때 신뢰할 수 있는 판단기준을 제공하는 것은 생산자나 구입자가 아닌 제3자(인증기관)이며, 제3자의 개입으로 판단기준의 객관성을 더욱 높일 수 있다.

Chapter

03 | 경영학의 기초

01　경영학의 이해

◼ 경영학의 개념

(1) 경영의 정의: 기업의 목표를 달성하기 위하여 리더십을 발휘하고 경영자원을 사용하는 방법을 결정해 나아가는 과정이다(Peter Druker, 1974).

(2) 경영의 구성요소
- ① **경영 대상**: 조직
- ② **경영 내용**: 전략, 관리, 운영
- ③ **경영 주체**: 경영자

(3) 경영의 학문적 성격
- ① **과학성(이론성)**: 현상을 객관적으로 분석·설명하고 예측하는 이론을 지향한다.
- ② **기술성(실천성)**: 실제 부딪히는 문제에 대한 해결안을 제시한다.
- ③ **이론과 실천의 양면성**: 인과적 관계를 중시하는 과학적 이론 지향성과 문제 해결의 방식을 제공하는 실천 지향성을 동시에 제공한다.
- ④ **종합과학성**: 경영환경은 인간, 구조, 기능, 환경의 복합적 상호작용의 산물이다.

(4) 경영의 관리과정(H. Fayol)
- ① **계획**: 목표 달성을 위한 절차에 대한 계획
- ② **조직**: 수립된 계획의 효과적 수행을 위한 인적·물적 자원의 조직
- ③ **지휘**: 계획의 차질 없는 실행을 위해 경영자가 리더십, 동기부여 및 의사소통 기술을 이용하여 경영자원을 이용
- ④ **통제**: 경영활동의 검토, 시정조치 및 평가

2 경영학의 발전 과정

(1) 경영학의 흐름

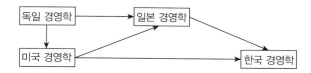

(2) 미국 경영학

① 미국 경영학의 흐름

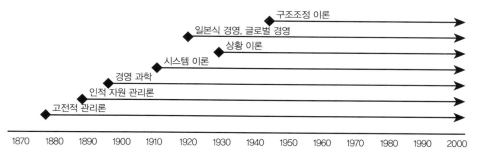

② 고전적 관리론

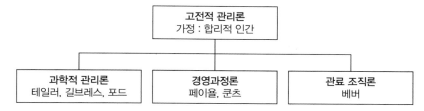

㉠ 과학적 관리론: 경영현상에 대한 체계적인 관찰, 실험 또는 판단을 통해 획득한 사실에 의해 도출된 표준을 근거로 사업 또는 업무를 수행하는 관리 방식

- 기본 개념: '고임금 저노무비'의 실현을 통한 노사 공동 번영과 사회 발전(테일러리즘)의 실현
  - 일일의 최고과업, 표준적인 제조건, 성공에 대한 우대, 실패에 대한 손실
- 기본 내용

차별 성과급제	작업자가 과업을 달성하도록 유인하고자 표준작업량을 달성한 근로자에게는 높은 임금을, 실패한 근로자에게는 낮은 임금을 적용
기획부 제도의 설치	• 기업이나 공장은 하나의 부서에서 체계적으로 관리되어야 한다는 생각에서 설치 • 이 부서에서는 작업의 변경과 조건을 표준화하고 시간 연구에 의하여 과업을 설정함과 동시에 과업을 수단으로 하는 생산의 모든 계획을 수립
기능식 직장 제도	• 조직문화의 이점을 살리고 만능적 직장의 결함을 시정 • 공장조직을 종래의 군대식 조직에서 철저한 기능식 조직으로 전환
작업 지시표 제도	작업자의 작업 방식과 시간을 통일하기 위하여 표준 작업 방법과 이에 대한 표준시간이 동작의 순서에 따라 기입되어 있는 지시표를 작업자에게 주어 이에 따라 작업

- 비판
  - 인간적 요소의 경시: '인간 없는 조직'(기계인 · 경제인 가정)
  - 관리자 측의 일방적인 경영체제
  - 경영의 구체적인 아이디어를 제공하지 못함
  - 조직의 외부환경을 고려하지 않음
ⓒ 관리과정이론(Fayol): 기업조직 전체의 관리문제에 관심
  - 기본 개념: 조직과 그 성원들이 실체적인 목표를 보다 효과적으로 달성할 수 있을까에 관심을 가지고 관리문제를 다룸
    - 본질적 기능(기업 활동)

기술적 활동	생산, 제조, 가공
영업적 활동	구매, 판매, 교환
재무적 활동	자본의 조달과 운용
보전적 활동	재화와 종업원의 보호
회계적 활동	재산목록, 대차대조표, 원가, 통계
관리적 활동	계획, 조직, 명령, 조정, 통제

  - 페이욜의 관리 일반원칙

분업의 원칙	관리원칙의 핵심으로 대규모 경영적 생산의 수행을 위한 필수적인 전제 - A. Smith의 『국부론』에서 제시
권한책임 명확화의 원칙	직무의 효과적 수행을 위한 권한과 책임의 대응 강조
규율유지의 원칙	규율이란 복종, 근면, 열성, 존경 등의 외적인 표현으로서, 어떤 계층에서나 훌륭한 상사가 있어야 이러한 규율이 확립
명령통일의 원칙	한 사람의 상사에게서 일원화된 명령만을 받아야 함
지침일원화의 원칙	동일한 목표를 가지고 활동하는 각 조직집단은 한 사람의 상사와 동일한 계획을 갖추어야 함
전체이익 우선의 원칙	경영활동의 통일목표로서의 전체적 이익이 우선됨과 동시에 이러한 전체적 이익의 개인적 이익보다 우월성 강조
보수의 적정화의 원칙	보수의 액수와 지불방법은 공정해야 하며, 조직의 각 구성원에게 최대한의 만족을 주어야 함
집중화의 원칙	분화된 경영활동 전체의 결합을 가능하게 하기 위한 원칙
계층화의 원칙	모든 계층의 연쇄적 연결의 강조
질서유지의 원칙	적재적소의 원칙
공정의 원칙	종업원에 대한 공정한 취급
비용 정의의 원칙	기업의 비용에 대한 안정된 조건
창의존중의 원칙	부하들의 구상 · 제안을 권장하고, 그들의 창의성과 독창성을 존중
협동단결의 원칙	뭉치면 힘이 나온다는 원리

- 비판
  - 실증적 연구의 미비
  - 개인의 이익보다 조직의 이익을 우선시
  - 동일한 발전단계에 있는 모든 조직은 동일한 기능적 분업과 조직구조를 가져야 하며, 구성원의 수가 조직의 일반적 형태의 주된 결정요인이라 주장
ⓒ 관료조직론(베버): 관료제는 규율, 계층, 분업 및 확고한 절차에 의존하는 하나의 시스템을 의미
  - 특징

노동의 분화	작업이 분명하므로 종업원들은 숙련된 능력을 가지게 됨
권한의 정의	권한과 책임이 지위에 따라 명확히 규정
공식적 규칙	문서화된 가이드라인이 구성원의 행동과 결정을 지휘
공평한 대우	규칙과 절차는 동등하게 적용
경력제도	종업원들은 능력과 과업에 따라 선발되고 승진

  - 순기능적 측면과 역기능적 측면

순기능적 측면	역기능적 측면
• 표준화된 행동과 능률 증대 • 고용의 안정성 • 공정성과 통일성 확보 • 계층을 통한 용이한 책임 수행	• 목적과 수단의 전도 • 혁신성의 결여 • 인간 소외현상 • 권력의 집중, 형식주의

ⓔ 고전적 관리론의 특성 비교

구분	과학적 관리론	경영과정론	관료조직론
특성	• 유일한 가장 좋은 방법 • 금전적인 동기부여	• 관리기능의 정의 • 분업, 계층, 권한, 공정성	규칙, 비인간화, 분업, 계층, 권한 구조, 장기경력몰입, 합리성
초점	근로자	경영자	전체 조직
혜택	생산성, 능률	명확한 구조, 규칙	일관성, 능력
단점	사회적 욕구의 간과	• 환경의 무시 • 합리적 행동의 지나친 강조	• 엄격함 • 느림

③ 인적 자원 관리론

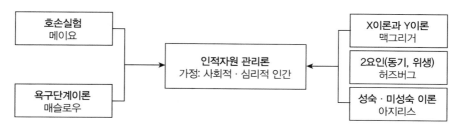

㉠ 호손실험

• 실험 과정

구분	일시	목적	결과
조명실험	1924.11. ~1927.4.	조명의 질과 양이 노동자의 능률에 미치는 영향	별다른 영향을 미치지 않는 것으로 나타남
릴레이 조립실험	1927.4. ~1929.6.	종래의 작업능률 향상에 도움이 된다고 생각하는 조건들에 대하여 실험	• 이들 조건과 생산성 향상과는 관계가 없음 • 심리적 조건이 생산성 향상에 영향을 미친다는 결론
면접실험	1928.9. ~1930.5.	물리적 조건이 근로자의 생산성에 미치는 영향	작업장의 사회적 조건과 근로자의 심리적 조건이 근로자의 태도와 생산성에 영향
배선작업관찰	1931.11. ~1932.5.	비공식적인 집단행동에 관한 연구	자연발생적으로 형성된 비공식조직의 존재를 인식

• 연구 결과
  - 생산능률은 종업원의 태도 또는 감정에 크게 의존하고 있다는 사실을 발견하여 인간적 요인의 중요성을 인식한다.
  - 공식 조직 내에 있어서의 자생적(비공식) 조직의 발견과 그 기능을 파악한다.
  - 작업자들의 생산성에는 경제적 요인뿐만 아니라 그들 간의 인간관계, 지휘방식, 사기, 감정과 같은 심리적·사회적 요인이 직접적으로 영향을 준다.
  - 비공식조직의 역할은 상당한 영향력을 가지며, 비공식조직 내에는 별도의 독특한 규범이 존재하고 이것이 집단 구성원들의 실제 행동에 영향을 미친다.
  - 개인은 비공식조직에 소속됨으로써 공식적 조직구조로부터 받는 소외감을 극복하게 되고 더 친밀한 행동기준을 발견하게 됨으로써 공식조직이 주지 못하는 심리적·사회적 욕구를 만족시키게 된다.
㉡ 매슬로우(Maslow)의 욕구 5단계설

ⓒ 맥그리거(McGregor)의 X이론과 Y이론

X이론	Y이론
• 일을 싫어한다. • 야망이 부족하다. • 책임감이 없다. • 변화에 저항한다. • 비자발적이다.	• 일하기를 좋아한다. • 자신을 통제할 수 있다. • 책임감이 강하다 • 창조력과 상상력이 풍부하다. • 자신의 행동을 이끌어간다.

ⓔ 허즈버그(Herzberg)의 위생이론

욕구 충족 이원론	• 인간은 이원론적인 욕구구조를 가지고 있다. • 불만을 야기하는 요인과 만족을 주는 요인은 서로 다르다. • 불만요인의 제거는 소극적이며 단기적인 효과를 가진다.	
만족과 불만족의 요인	동기유발요인	위생요인
	• 일에 만족을 주는 요인 • 업무 자체에 관련	• 불만족을 불러일으키는 요인 • 환경 조건에 관련

ⓜ 인적 자원 관리론의 의의
- 조직에서 개인들이 비공식조직 및 공식조직 상호 간의 관계로서의 사회체제로 인식한다.
- 조직 내의 인간의 가치에 대한 새로운 평가를 제공한다.
- 조직 내에 있어서의 직장집단이라는 사회적 구조를 중시하고 조직 내부의 의사전달의 문제나 균형상태 유지의 문제를 중시하는 새로운 인사기능이 필요하다는 점을 시사한다.

ⓑ 인적 자원 관리론에 대한 비판
- 과학적 타당성이 결여되어 있다.
- 갈등에 대한 지나치게 이상적인 태도를 보인다.
- 집단의사결정, 민주주의, 참여 등을 지나치게 강조한다.
- 노동조합의 존재를 경시한다.
- 인적 요소를 지나치게 강조하여 '조직 없는 인간'이라는 비판을 받았다.

④ 근대적 관리론
　ⓐ 버나드의 조직 이론

전제	• 인간: 일정한 선택력과 결정능력 및 자유의지를 그 특성으로서 가지는 하나의 활동체이다. • 협동체계: 개인이 그 능력의 한계를 극복하여 목적을 달성하기 위한 수단으로서 형성되는 인간의 협동적 노력의 결합체이다. • 조직: 임의적으로 조장된 개인의 제반활동 및 재력의 시스템이다.
단위조직	• 구성요소: 목적, 의사소통, 공헌 의욕 • 존속조건: 유효성(조직 자체의 목적 달성 능력), 능률(개인적인 동기의 충족)
복합조직	• 체계적인 조직 이론의 전개를 위해서는 대기업과 같은 복합 조직이 필요하다. • 의사소통기능을 전담하는 관리조직이 독립하게 되고 위의 3요소(목적, 의사소통, 공헌 의욕)의 내용이 복잡해진다.

ⓛ 사이먼의 조직 이론

전제	• 인간: 일정한 합리성을 갖는 의사결정자이다. • 조직: 인간이 행하는 의사결정이 집약된 시스템이다.
의사결정	• 전제조제: 가치전제(행동의 목적) – 경험적으로 검정이 불가능(공부를 잘 하고 싶다) – 사실전제(행동의 수단) – 경험적으로 검정이 가능시험을 계속 본다 • 의사결정 과정: 각 전제조건에서 결론을 유도하는 과정(석학이 되었다)
내용	• '관리인'가설: 경제학의 초합리적 경제인 대신 제한된 합리성(정보수집능력과 계산능력의 한계)하에서 주관적·합리적 선택의 행동특성을 강조한다. • 조직 균형 이론: 조직이란 조직구성원의 공헌을 노동이나 금전의 형태로서 받아들이고 이러한 공헌의 대가로서 각종 보상을 제공하는 균형적인 시스템이며, 이를 유지해야 하는 사람은 경영자집단이다.

⑤ 최근의 이론

ⓐ 시스템 이론: 조직을 하나의 전체 시스템으로 보고, 그것이 어떻게 분석 가능한 여러 개의 하위 시스템으로 구성되는가를 강조한다.

• 폐쇄 시스템과 개방 시스템

구분	폐쇄 시스템	개방 시스템
조직과 환경의 상호작용	×	○
시기	전통적 조직이론	현대 조직이론

• 무질서도(엔트로피): 모든 형태의 조직이 해체 또는 소멸로 향해서 움직여 가는 과정을 의미
• 비판
 – 추상적인 문제나 현상을 마치 객관적 사물처럼 이해한다.
 – 예측을 가능케 하는 이론적 틀을 제공하기 어렵다.
 – 현상유지, 현상분석에만 그친다.
 – 전체적인 변화를 주어 변동시키는 해결책 제시가 불가능하고 갑작스런 체제변동 등을 설명하는 데 한계가 있다.

ⓑ 상황 이론: 상황 이론은 조직행동에 있어 구성원 행동관리의 보편적 원리는 없으며 모든 상황에 동일하게 적용되는 규칙은 없다고 보는 것이다.

• 특징
 – 상황과 조직특성 간의 적합적 관계를 규명한다.
 – 조직과 환경 또는 기술과의 관계를 중요시한다.
 – 행동의 주체로서 조직체 그 자체를 분석 단위로 한다.

• 기본 모형

상황 변수	환경	• 하나의 시스템을 둘러싼 외계의 총칭으로서 무한한 것 • 외부환경: 기업의 생존과 발전에 영향을 미치는 외적인 조건과 영향 • 내부환경: 특정한 조직에서 인식 가능한 속성집합
	기술	• 조직 내에서 투입물을 산출물로 변화시키는 과정 또는 방법 • 일상적 기술: 집권화 · 공식화가 높고, 복잡성은 낮음 • 비일상적 기술: 집권화 · 공식화가 낮고, 복잡성은 높음
	규모	• 종업원의 수를 의미하며 수용능력, 고객의 수, 순자산 및 매출액 등으로 나타나기도 함 • 규모가 클수록 복잡성 · 공식화 · 분권화가 높음
조직 특성 변수		조직구조, 조직과정, 개인속성
조직 성과 변수	유효성	설정된 목표의 달성 정도
	효율성	성과와 목표 달성을 위해 소요된 투입량과의 비율

• 비판
 – 환경과 조직의 구분이 불분명하며, 환경을 불확실성면으로만 생각하고 소비자 · 지역주민 · 종업원 요구 등에 대한 고려가 부족하다.
 – 대량생산으로 안정된 기업에 대하여 경영참가 등 그 조직의 유연성을 위한 재편성의 방향을 제시하지 못한다.
 – 환경의 유형별이 불충분하고 그 대응기업에 대한 실증적 연구도 부족하다.

ⓒ Z이론(일본식 경영+미국식 경영)

J형(일본식 경영)	A형(미국식 경영)	Z형(절충식 경영)
• 종신고용 • 합의체 의사결정 • 집단책임 • 완만한 근무평가와 승진 • 암시적 · 비공식적 통제 • 비구체적인 경력 경로	• 단기고용 • 개인적 의사결정 • 개인책임 • 신속한 근무평가와 승진 • 명시적 · 공식적 통제 • 좁고 구체적인 경력 경로	• 장기고용 • 합의체 의사결정 • 개인책임 • 완만한 근무평가와 승진 • 명시적 · 공식적 통제의 혼합 및 암시적 · 비공식적 통제의 혼합

ⓓ 카오스 이론/복잡성 이론
 • 카오스 이론: 시스템 이론의 연장선상의 새로운 패러다임으로 무질서와 질서의 변증법적 상호작용을 통한 시스템의 창조에 주된 관심이 있는 이론이다.
 • 카오스 이론에서는 조직을 마치 생명체처럼 스스로 더 나은 상태로 진화하나 그 결과는 예측할 수 없는 자기 조직적 질서의 존재로 인식한다.

이론 비교 요소	주류 조직이론	카오스 이론
세계관	단순	복잡
조직원리	의도적 설계	자기 조직화

기본 가정 및 특성	• 요소–전체 분리 • 선형성, 단선적 · 인과성 • 평형 · 안정성 • 외생성 · 내생성 • 공학적 접근	• 요소–전체 통합 • 비선형성, 상호 인과성 • 비평형성 · 불안정성 • 자생성 • 생물학적 접근

02 기업의 이해

■ 기업의 개념

(1) **기업의 정의**: 영리를 목적으로 재화나 서비스를 생산 · 판매하는 생산경영의 단위체이며, 이익을 극대화 하려는 개별경제의 단위체이다.

(2) **현대사회의 기업**: 하나의 시스템으로 파악한다.

② 기업의 형태

(1) 기업의 분류

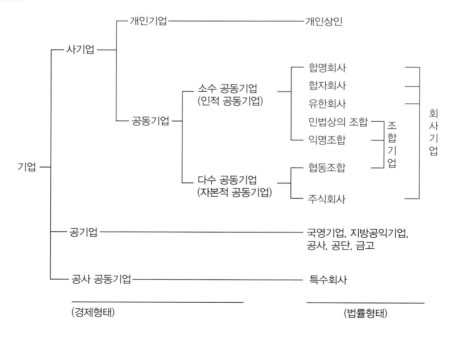

(2) 기업 집중

① 기업 성장의 방법

- ㉠ 자본에의 집적: 경영활동을 통해 획득한 이윤을 축적해 자본화 – 내부성장
- ㉡ 자본에의 집중: 다른 기업과의 상호결합 – 외부성장

② 기업집중의 목적

시장통제적 목적	• 목적: 기업 상호 간 경쟁을 피하고 서로 유리한 조건을 유지 • 수평적 · 횡단적 결합, 카르텔, 트러스트
생산공정의 합리화 목적	• 목적: 생산공정 합리화를 통한 원가 절감, 안정 • 원료분야의 기업+생산분야의 기업 • 종단적 · 수직적 결합, 산업적 콘체른
금융적 목적	• 목적: 기업 또는 금융기관의 재벌 지배 • 자본적 결합, 금융형 콘체른

③ 기업집중의 형태

- ㉠ 카르텔: 기업 상호 간의 경쟁 제한이나 완화를 위해 동종 · 유사산업 분야의 기업 간에 결성되는 기업 결합(판매 카르텔, 구매 카르텔, 생산 카르텔)
- ㉡ 트러스트: 동일 산업 부문에서 자본의 결합을 축으로 한 독점적 기업 결합, 카르텔보다 강력한 기업 집중의 형태
- ㉢ 콘체른: 법률적으로 독립하고 있는 기업들이 출자 등의 자본적 연휴를 기초로 하는 지배종속관계를 기초로 하는 기업 결합형태, 각종 산업에 걸쳐 다각적으로 독점력을 발휘하는 거대한 기업 집단(지주회사)
- ㉣ 콘글로메리트: 자사의 업종과 관계가 없는 이종의 기업을 매수 · 합병하여 경영 다각화, 매수 · 합병, 인수 · 합병 등의 방법 이용
- ㉤ 콤비나트: 같은 지역 내의 기업들이 생산기술적인 측면에서 결합된 기업 결합(공업단지)

④ 카르텔, 트러스트, 콘체른의 비교

구분	카르텔	트러스트	콘체른
명칭	기업연합	기업합동	기업집중(재벌)
목적	시장경영 배제, 시장통제	경영 합리화, 실질적 시장 독점	내부 경영 통제, 지배
독립성	가맹기업 독립성 유지	법률적 · 경제적 독립성 상실	법률적 독립성 유지, 경제적 독립성 상실
결합성	약함(협정)	강함(협동)	경제적 결합
존속성	협정기간 후 자동해체	완전 동일체	자본적 지배
결합 방법	수평적 결합	수평적 · 누적적 결합	수평적 · 수직적 · 자본적 결합
구속력	협정 조건에만 제한	완전 내부 간선	경영활동 구속, 지휘

⑤ 다각화와 계열화

다각화	• 목적: 위험분산 • 종래의 업종 이외에 다른 업종에 진출하여 동시 운영	수직적 다각화: 승용차+부품
		수평적 다각화: 트럭+승용차
		사행적 다각화: 섬유회사+컴퓨터
계열화	• 목적: 생산공정 합리화, 안정된 판로 확보 • 기업이 생산이나 판매, 자본 및 기술 등의 여러 가지 이유로 서로 관계를 맺음	대기업의 중소기업 계열화

03 경영자의 역할

1 경영자의 유형

(1) 수직적 위계

① 최고경영자

㉠ 중장기 목표와 전략을 결정하고 회사의 방침과 비전을 설정

㉡ 최고경영자와 대표이사 사장 및 임원 등, 수탁기능 및 전반적 관리 기능

② 중간경영자

㉠ 최고경영층의 철학이 회사 전체에 전달될 수 있도록 사원들과 상호작용

㉡ 공장장 · 부서장 등, 부문적 관리 및 집행기능

③ 하위경영자

㉠ 기술적인 능력을 갖추고 있으며 주로 사원들의 고충, 일정계획 및 사원들의 행위에 대한 관리책임

㉡ 일선감독자 · 작업반장 등, 집행 · 감독 · 사무기능

(2) 수평적 위계

① **전문경영자**: 회계, 정보 등 특정 분야에 국한된 업무를 수행하면서 그 분야에 전문성을 갖춘 관리자

② **일반경영자**: 최고경영자, 공장관리자 등과 같이 여러 전문분야가 연계된 복합적인 관리 업무를 수행

(3) 조직의 발전과정에 따른 분류

① **소유경영자**: 기업을 소유하고 있는 사람, 즉 출자자 또는 대주주가 직접 경영에 참가하여 운영 · 관리하는 경영자

② **고용경영자**: 소유경영자를 보조하여 특정 분야에 대한 지원 역할을 수행하는 경영자로, 경영자보다는 종업원의 속성을 지님

③ **전문경영자**

㉠ 고도의 기술과 대규모의 자본 필요하며, 소유와 경영의 분리에 따라 경영의 역할 담당

㉡ 종업원보다는 경영자의 속성을 지님

2 경영자의 의사결정

(1) 의사결정 모델

구분	고전적 모델	관리적 모델
가정	경영자는 조직의 이익을 극대화하는 방향으로 객관적이고 합리적인 태도로 의사 결정을 수행	경영자는 제한된 합리성과 만족화 기준에 따라 현실을 반영한 의사결정을 한다고 파악
개념	경영자가 어떻게 완전히 합리적인 결정을 내리는가에 대한 규범적 모델	제한된 합리성 안에서 어떻게 실제적인 의사결정을 내리는가에 대한 기술적 모델
특징	1900년대에 널리 활용	• 제한된 합리성: 경영자의 능력은 시공간 및 인식 능력에 있어서 한계 존재 • 만족화 기준: 비록 최적 대안은 아니더라도 문제 해결을 위한 최소한의 기준을 충족시키는 대안 선택

(2) 의사결정 유형

① 경영주체에 따른 시간 할당

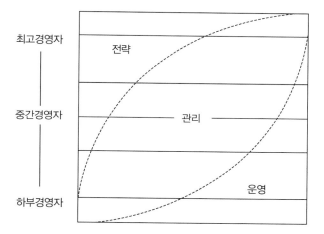

ⓐ 최고경영층: 전략 – 관리 – 운영 순

ⓑ 중간경영층: 관리 – 전략 – 운영 순

ⓒ 하부경영층: 운영 – 관리 – 전략 순

② 전략적 · 관리적 · 업무적 의사결정

ⓐ 전략적 의사결정

• 기업과 환경과의 관계 확립

• 제품과 타깃의 선정, 자원의 배분 등 경영 전략 전반에 걸친 의사결정

ⓑ 관리적 의사결정

• 전략적 의사 결정의 실행을 위한 의사결정

• 조직 구조, 자원의 조달 등에 관한 의사결정

      © 업무적 의사결정
- 자원의 활용에 있어서 효율성 극대화를 위한 의사결정
- 세부적인 자원의 배분과 계획의 수립에 대한 의사결정

③ 경영환경에 따른 의사결정
      ③ 확실성하의 의사결정: 문제 해결을 위해 활용 가능한 대안과 그 결과를 사전적으로 알 수 있는 상태
      © 위험하의 의사결정
- 대안 마련을 위한 정보는 부족하지만 대안 발생의 확률을 알고 있는 상태
- 위험한 환경: 경영자가 의사 결정을 할 때에 자주 접하는 상황
      © 불확실성하의 의사결정
- 활용 가능한 정보와 확률에 대한 정보가 거의 없는 상태
- 창의력, 직관, 경험 필요

④ 메카니즘 관점에 따른 의사결정
      ③ 정형화된 의사결정
- 발생 빈도가 높은 상황이며 해결 방법이 예측 가능한 문제에 적용
- 보통 표준화된 문제 해결 방식 존재(예 재고 주문 과정, 장학금 신청 절차)
      © 비정형화된 의사결정
- 일회적인 상황과 예측할 수 없는 결과 및 파급효과로 인해 중대한 기회나 문제에 적용
- 정밀하게 계획된 의사결정을 따라야 함

04 경영전략

■ 경영전략의 일반적 정의

(1) 경영전략의 의미
① Chandler와 Ansoff의 정의
      ③ Chandler: 기업의 장기적인 목표 및 목적을 결정하고 이들의 목표를 달성하는 데 필요한 활동 방향과 여러 가지 자원을 배분하는 것을 말한다.
      © Ansoff: 경영목표를 달성하기 위한 의사결정률 내지 지침이라 하고 각종 의사결정은 기회주의적 요인에 의한 수단 선택의 성격이다.
② 일반적 정의
      ③ 전략: 정해진 목표와 목적을 달성하기 위한 주요 정책과 계획의 형태이다.
      © 경영전략: 기업의 내외부적 요소를 고려하여 정책을 수립하고 실행하며 평가하는 세 가지에 관련한 과업이다.

2 경영전략의 기법

(1) BCG Matrix

① **개념**: 다양한 산업구성 및 여러 제품을 가진 기업이 가장 생산적인 제품이나 서비스에 자원을 공급할 수 있도록 진단하고, 이를 통해 올바른 경영전략을 수립하는 데 사용된다.

② **BCG Matrix**

㉠ 제품 포트폴리오 도표

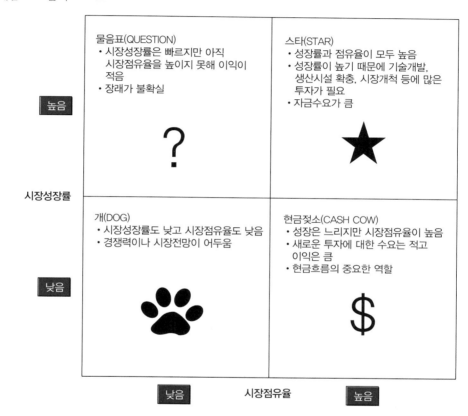

㉡ BCG Matrix의 특징

- 매트릭스를 통해 기업의 수익력과 자금의 조달능력을 알 수 있다.
- 현금젖소와 별이 많이 있는 경우가 이상적이다.
- 개에 위치하고 있다면 어려운 국면에 처해 있을 가능성이 크다.
- BCG는 경험곡선에 기초하여 시장점유율의 중요성을 강조한다. 시장점유율이 높으면 이익률도 높다.
- 경험곡선에 의하면 판매량이 배로 증가할 때마다 제품 단위당 비용은 통상적으로 20~30% 정도 씩 줄어든다.

③ **비판**

㉠ 판매액이 증가해도 단위당 비용이 쉽게 내려가지 않는다는 주장이 있다.

㉡ BCG 매트릭스를 구분하기가 현실적으로 어렵다.

(2) Porter의 산업구조 분석(5 Forces Model)

① 개념: 신규업체 진출 위험, 공급업체 협상력, 동종기업 간 경쟁, 고객 협상력, 대체재 출현 위협 등 다섯 가지 경쟁요인을 통해 기업, 산업의 현황 및 미래를 분석하는 기법이다. 다섯 가지 경쟁요인을 통해서 기업·산업의 수익률이 결정된다고 보며, 기업의 경영전략을 수립하는 데 활용된다.

② 경쟁력 결정요인
   ㉠ 신규업체진출 위협: 신규진입 기업들이 시장에 보다 안정적으로 진입하기 위해서는 진입장벽을 넘어야 한다.
   ㉡ 공급업체 협상력: 원자재 공급업체의 영향력이 크면 수익성이 낮아진다(예 OPEC).
   ㉢ 동종기업 간 경쟁
   • 경쟁이 치열할수록 수익성은 떨어진다.
   • 경쟁: 기업 간 제품 차별화가 없고 퇴각 장벽이 높은 경우 치열해진다.
   ㉣ 고객 협상력
   • 구매자의 영향력이 크면 수익성이 낮아진다.
   • 대량구매나 구매자의 수익성이 낮으면 교섭력이 강해진다(예 엘리베이터 제조업체와 건설업체).
   ㉤ 대체재 출현 위협: 대체재가 많을수록 높은 가격을 받을 수 있는 가능성이 낮아진다.

③ 본원적 경쟁전략의 3가지 전략
   ㉠ 원가우위전략
   • 경쟁제품에 비해 품질은 차이가 없지만 가격을 현저하게 내리는 전략
   • 과거 우리나라 기업들의 해외 시장 전략(예 1980년대 현대의 엑셀)
   ㉡ 차별화전략
   • 고객이 비싼 가격을 기꺼이 지불하도록 가치 있는 제품을 만드는 전략
   • 경쟁제품보다 품질이나 디자인이 월등하거나 유명 상표가 부착된 경우(예 SONY, NIKE, BMW 등)
   ㉢ 집중화전략
   • 특정 구매자 집단이나 지역적으로 한정된 특정 시장을 표적
   • 원가우위나 차별화전략 중 하나만을 선택하여 집중적으로 공략(예 밀레니엄 베이비 시장의 유아용품)

④ 비판
   ㉠ 동태적 기업 환경을 정태적으로 인식했다.
   ㉡ 외부환경을 분석하는 기법을 제시하였지만 그러한 환경에 대해 대응하는 구체적인 방향을 제시하지는 못했다.

04 | 조직행위

01 | 조직행위론의 이해

■ 조직행위론의 개념

(1) 조직행위론의 정의

① 조직: 공통의 목적이나 목표를 달성하기 위해 사람들이 모인 집합체로, 주어진 위계구조 속에서 상호 작용하는 곳이다.

② 조직행위론: 조직 내 인간의 태도와 행위에 대한 체계적 연구를 통하여 조직의 유효성과 인간복지를 강화하고자 조직 내 인간행동을 연구하는 학문이다.

2 조직행위론의 역사

(1) 과학적 관리법: 과학적 관리법은 20세기 초 공장관리의 전문가인 테일러가 구성한 이론이다. 과학적 관리법은 산업화 초기의 미국에서 반숙련 혹은 미숙련 노동을 조직하여 공장제 시스템에서의 능률을 극대화하기 위한 시도라고 볼 수 있다.

① 과학적 관리원칙

㉠ 과업관리: 경영자와 이를 실천하는 작업자가 분리되어 경영의 전문화가 이루어진다.

㉡ 과학적 인사: 작업장의 선발과 훈련의 규정이 정해지고 지켜져야 한다.

㉢ 성과보상: 보상은 생산성이나 업적에 비례하여 주어져야 한다.

㉣ 기능적 조직: 각각의 기능별로 전문화되어야 한다.

㉤ 노사화합: 노동자와 사용자는 서로 협력을 통해 조직의 효율성을 도모한다.

② 과학적 관리법의 공헌과 문제점

㉠ 공헌: 과학적 관리법은 인적자원의 조직화와 작업의 과학적 관리를 통하여 능률을 증대한다.

㉡ 문제점

• 경제적 인간관을 가지고 인간에 대해 지나치게 단순한 가정을 한다.

• 능률의 극대화만을 지나치게 강조하여 조직구성원을 마치 얼굴 없는 톱니바퀴처럼 생각한다. 즉, 조직의 인간 목적을 도외시했으므로 후세의 학자들로부터 인간 없는 조직(Organization without People) 이론이라는 비평을 받았다.

(2) 인간관계론

① **인간관계론의 발견사항**: 인간관계론은 조직에서 인간의 행동을 이해하는 데 다음과 같은 시사점을 제공해 준다.

　　㉠ 기업조직은 경제, 기술적 체계인 동시에 사회심리적 체계이다.

　　㉡ 사람은 경제적 요인 외에 사회 · 심리적 요인에 의해서도 동기부여가 된다.

　　㉢ 비공식 집단은 작업자의 태도와 성과에 중요한 영향을 미친다.

　　㉣ 인간의 정서적 측면은 기업조직의 관리에 있어서 중요한 변수이다.

② **인간관계론의 공헌과 문제점**

　　㉠ 공헌: 인간관계론은 인간을 중시하는 태도를 제공하고 인간에 대한 이해를 제시함으로써 조직행위론을 성립했다.

　　㉡ 문제점: 기업조직에서 인적요소의 중요성만을 지나치게 강조한 나머지 조직의 목표달성을 무시한 결과 1940년대 이후로는 '만병통치약'으로서의 효험을 잃고 후대의 학자들에 의하여 조직 없는 인간(People without Organization) 이론이라는 비판을 받았다.

(3) 근대적 조직이론

① **폴리의 연구**: 폴리는 개인과 집단을 모두 만족시킬 수 있는 통합의 중요성을 강조했다. 권한이 사람과 사람 사이의 지배나 군림에 의한 명령과 복종을 위한 것이 아니라 모두가 수행해야 할 직무와 기능이라는 탈개인적인 상황의 필요성에 의해 행사되는 것일 때 비로소 이러한 통합이 가능해진다 했다. 이것을 권한의 '상황의 법칙'이라고 불렀다.

② **버나드의 공헌**

　　㉠ 버나드는 조직을 2인 이상의 사람들이 힘과 활동을 의식적으로 조정하는 협동체계라고 정의했다. 조직에서 협동적 관계를 유지하기 위해서는 참여자들의 공헌과 조직에서 실시하는 보상의 균형이 중요하다고 생각했다.

　　㉡ 버나드는 '권위수용설'을 제안하였는데, 권위는 상사의 지위에 관련된 것이라기보다는 하급자의 의사에 따라 수용여부가 결정된다는 것이다.

③ **사이먼의 공헌**

　　㉠ 기업조직에서 관리자들의 의사결정행위는 고전경제학의 가정이나 전통적 경영학의 주장처럼 합리적인 것이 아니라 인간의 정보수집과 판독에 한계가 있으므로 실제 관리자들은 제한된 합리성에 의해 의사결정을 한다는 만족인 가설을 제시하였다.

　　㉡ 사이먼은 구성원의 동의를 얻는 것이 조직에서 가장 중요한 것이며, 이러한 동의를 얻는 방법은 조직 입장에서는 권위이고 개인의 입장에서는 자기통제라고 하였다.

02 개인행위

1 인간에 관한 관점

(1) 맥그리거의 X이론과 Y이론

X이론	Y이론
• 대부분의 사람들에 있어서 일은 싫은 것이다. • 대부분의 사람들은 야망이 없고 책임감도 거의 없으며 지시받기를 좋아한다. • 대개의 사람들은 조직의 문제를 해결하는 데 창의력을 발휘할 만한 능력을 갖고 있지 못하다. • 동기부여는 물질적·경제적 수준에서 이루어진다. • 대개의 사람들은 엄격히 통제되어 조직의 목표를 달성하게끔 강제되어야 한다.	• 조건만 알맞다면 일은 노는 것처럼 자연스러운 것이다. • 사람들은 자신이 책임을 느끼는 목표를 달성하기 위해 자기지시와 자기통제를 한다. • 조직의 문제를 해결하는 데 필요한 창조적 능력은 인간에게 광범위하게 분산되어 있다. • 동기부여는 물질적·경제적 수준에서뿐만 아니라 심리적·사회적인 수준에서도 이루어진다. • 사람들은 적절히 동기가 부여되면 일에 있어 자기통제적일 수 있고 창조적일 수 있다.

(2) 아지리스의 성숙·미성숙 이론

성숙	미성숙
• 능동적·적극적 활동 • 독립적 상태 • 다양하고 복잡한 활동 • 깊고 강한 지속적 관심 • 장기적 전망 • 대등·우월적 지위에 만족 • 자아의식과 자기통제	• 수동적·소극적 활동 • 의존적 상태 • 한정된 단순한 활동 • 얕고 약한 관심 • 단기적 전망 • 종속적 지위에 만족 • 자아의식의 결여

(3) 아지리스의 4구분

구분	A형	B형
X형	XA • 관점: 부정적 인간관 • 태도: 지시적	XB • 관점: 부정적 인간관 • 태도: 후원적
Y형	YA • 관점: 긍정적 인간관 • 태도: 지시적	YB • 관점: 긍정적 인간관 • 태도: 후원적

1 지각평가이론

(1) 인상형성 이론

① **정의**: 주어진 한정된 정보 안에서 가장 중요하고 특징 있는 정보를 중심으로 타인에 대한 인상을 광범위하게 형성하게 된다는 이론이다.

② **인상형성의 특징과 과정**

 ㉠ 일관성: 단편적인 정보들을 통합하여 일관성 있는 특성을 형성하려는 경향

 ㉡ 중심특질과 주변특질

 • 중심특질: 한사람의 인상을 결정해버리는 중심적인 특질

 • 주변특질: 부수적인 역할밖에 하지 못하는 특질

 ㉢ 합산원리와 평균원리

 • 합산원리: 전체인상은 여러 특질의 합계

 • 평균원리: 전체인상은 정보들의 무게를 평균한 것

 ㉣ 초두효과: 순서에 따라 인상형성에서 차지하는 중요도가 다르다는 주장

더 알아보기

지각
외부로부터 들어오는 자극에 대해 의미를 부여하는 것으로, 감각적으로 획득한 정보를 선택 · 조직화 · 해석하는 과정이다. 같은 환경이라도 사람에 따라 서로 다른 의미를 부여한다.

---

(2) 귀인이론

① **귀인과정**: 지각 평가의 대상이 되는 행위의 원인을 추리분석하는 과정이다.

② **귀인이론**: 귀인과정을 중심으로 연구한 사회적 지각 이론이다.

③ **원인의 귀속**

 ㉠ 내적 귀속

 • 행위의 원인을 능력, 동기, 성격 등 내적 요인에 의한 것으로 이해

 • 특이성과 합의성이 낮고 일관성이 높은 경우

 ㉡ 외적 귀속

 • 행위의 원인을 환경 등 외적 요인에 의한 것으로 이해

 • 특이성과 합의성이 높고 일관성이 낮은 경우

④ **귀속과정에서의 편견**

 ㉠ 행위자–관찰자 편견: 자신의 행위는 외적으로, 타인의 행위는 내적으로 귀속시키려는 성향 ↔ 통제의 환상

ⓒ 자존적 편견: 평가자가 자신의 자존심이나 자아를 높이는 방향으로 행위자의 행동 원인을 귀속시키려는 성향

(3) **인지부조화 이론(Cognitive Dissonance)**: 인지상의 비일관성에서 나타나는 것으로, 태도와 행동 사이에서의 부조화가 나타나면 두 가지 사이의 일관성을 회복하려는 경향을 보인다. 인지부조화를 감소시키고자 하는 욕망으로 '부조화가 생기게 된 요소들의 중요성', '개인이 그 요소들에 대해 미칠 수 있다고 생각하는 영향력의 정도', '부조화에 수반된 비용' 등의 세 가지를 들 수 있다.

2 평가의 오류

(1) **상동적 태도**: 상대방을 소속집단으로 평가하는 오류(예 지역, 출신학교 성별 등)

(2) **현혹효과**: 후광효과라고도 하며, 하나의 특징적 부분의 인상이 전체를 좌우하는 오류(예 얼굴이 예쁘니 마음씨도 고울 거야.)

(3) **상관적 편견(내재적 퍼스낼리티)**: 사람의 특질 간에 연관성이 있다는 오류(예 국어와 영어 성적과 리더십)

(4) **선택적 지각**: 외부적 상황이 모호할 경우 원하는 정보만 선택하여 판단하는 오류(예 비슷한 글씨를 익숙한 것으로 착각하는 것)

(5) **대비효과**: 한 사람에 대한 평가가 다른 사람의 평가에 영향을 주는 오류(예 우수한 답안을 채점한 후 다음 사람의 답안 채점 시)

(6) **유사효과**: 지각자가 자신과 비슷한 상황의 사람을 후하게 평가하는 오류

(7) **주관의 객관화**: 자신과 비슷한 기질을 지적하는 오류

(8) **기대**: 자기실현적 예언

(9) **지각적 방어**: 상황이나 사실을 객관적으로 지각하지 못하는 오류

(10) **관대화 경향**: 평가에 있어 가능한 높은 점수를 주려는 오류

(11) **가혹화 경향**: 평가에 있어 가능한 낮은 점수를 주려는 오류

1 동기부여이론의 개요

구분		특징
전통 이론	과학적 관리법	금전적 보수를 통해 작업 능력 극대화(경제인 가설)
	인간관계론	직무 만족을 통해 작업 능력 극대화(사회인 가설)
현대 이론	내용이론	• 동기부여에 크게 작용하는 요인들의 규명 • 주요 학자: 매슬로우, 앨더퍼, 허츠버그 등
	과정이론	• 동기유발의 과정에 초점을 맞추는 요인 • 주요 학자: 아담스, 브룸, 맥클리랜드 등
	시스템 및 상황적 이론	• 시스템과 욕구를 발현하기 위해 상황적 요인의 규명 • 주요 학자: 레빈

2 동기부여의 내용이론

(1) A. H. Maslow의 욕구 5단계 이론

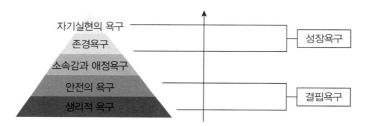

자아실현의 욕구	자기 발전을 위하여 잠재력을 극대화하려는 욕구
존경욕구	타인들로부터 인정 혹은 존경을 받고 싶은 욕구
소속감과 애정욕구	인간관계와 관련된 욕구
안전의 욕구	신체적·정서적 위협으로부터 자신을 보호하려는 욕구
생리적 욕구	신체적 균형을 이루기 위해 필요한 욕구

① 특징: 욕구는 반드시 화살표 방향을 따라 순차적으로 나타나며, 중간을 건너뛰는 경우는 없다. 동기를 유발하는 것은 결핍이며, 결핍욕구는 개인차가 없다.

② 비판: 욕구에는 단계가 없다. 또한 조직에서 실제로 활용할 수 없다.

(2) C. P. Alderfer의 ERG 이론

존재욕구 (E, Existence)	• 인간이 존재하기 위하여 필요한 생리적 · 물질적 욕구 • 생리적 욕구＋안전의 욕구
관계욕구 (R, Relatedness)	• 타인과의 관계에 대한 욕구 • 소속감과 애정욕구＋외적 존경욕구
성장욕구 (G, Growth)	• 자아의 성장을 위한 개인의 잠재력 개발 욕구 • 내적 존경욕구＋자기실현의 욕구

① 특징

　㉠ 하위의 욕구가 충족되면 상위욕구에 대한 욕망이 더욱 커진다.

　㉡ 상위의 욕구가 충족되지 않으면 하위욕구에 대한 욕망이 더욱 커진다.

② 욕구단계이론과의 비교

유사점	차이점
• 하위 욕구가 충족 → 상위 욕구에 대한 욕망 • 욕구의 계층성 인정	• 계층의 숫자가 적어 훨씬 포괄적 • 계층별 욕구가 반드시 순차적이지 않음 • 세 가지 욕구가 동시에 나타날 수도 있음

③ 비판

　㉠ 욕구는 여전히 계층성을 지닌다.

　㉡ ERG 이론에서 승진이 불가능하면 월급이라도 많이 받자는 심리에서 상위욕구(승진), 하위욕구(월급)로 여전히 계층성을 지닌다.

(3) F. Herzberg의 2요인 이론

동기 유발 요인	위생요인
• 일에 만족을 주는 요인 • 업무 자체와 관련 예 성취감, 책임감, 승진, 직무충실 등	• 불만족을 감소시키는 요인 • 환경 조건과 관련 예 화장실 등 작업환경, 임금, 지위, 안전 등

① 특징

　㉠ 인간은 이원론적인 욕구구조를 가지고 있다.

　㉡ 불만을 야기하는 요인과 만족을 주는 요인은 서로 다르다.

　㉢ 불만요인의 제거는 소극적이며 단기적인 효과를 가진다.

　㉣ 직무충실화의 이론적 기초이다.

② 비판

　㉠ 이원적 구조에 대한 문제가 제기된다.

　㉡ 개인차에 대한 고려가 없다.

　㉢ 만족과 동기부여를 같은 것으로 전제한다.

　㉣ 자료 수집에 있어서의 객관성과 보편성이 결여되어 있다.

❸ 동기부여의 과정이론

(1) V. H. Vroom의 기대이론

① 내용: 개인은 여러 가지 행동 대안을 평가하여 가장 중요시되는 결과를 가져오리라 믿는 행동 대안을 선택한다.

기대감(E) (0≤E≤1)	• 행동이 자신에게 가져다 줄 결과에 대한 기대감(확률) • 노력 대 성과의 관계로 0~1 사이로 나타남
수단성(I) (−1≤I≤1)	1차 수준 결과가 2차 수준 결과를 가져오리라는 주관적인 기대감
결과 또는 보상	• 1차 수준 결과: 개인행동에 대한 결과 – 직무 성과, 생산성 등 • 2차 수준 결과: 1차 수준의 결과에 따른 결과 – 돈, 승진 등
유의성	• 개인이 결과에 대해 갖는 선호도 – 긍정적 유의성(Positive Valence): 보상, 승진, 인정 등 – 부정적 유의성(Negative Valence): 압력, 벌 등
행동 선택	기대되는 결과와 중요성을 모두 고려하여 적절한 행동 선택

② 과정

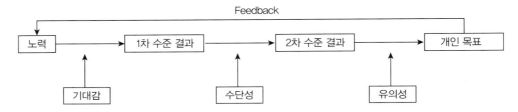

(2) J. S. Adams의 공정성이론

① 내용: 자신의 Input과 Output의 비율을 다른 사람과 비교하여 공정한 대우를 받고 있는지 판단한다.

공정성	$\dfrac{O_p}{I_p} = \dfrac{O_o}{I_o}$	만족	• O_o: 자신의 Output • O_p: 타인의 Output • I_o: 자신의 Input • I_p: 타인의 Input
과대보상 불공정성	$\dfrac{O_p}{I_p} < \dfrac{O_o}{I_o}$	죄책감	
과소보상 불공정성	$\dfrac{O_p}{I_p} > \dfrac{O_o}{I_o}$	불만족	

② 과정: 불공정성 지각 → 개인 내 긴장 → 긴장 감소 쪽으로 동기 유발 → 행위

③ 불공정성의 관리: 자신의 투입과 산출의 변경, 비교대상의 투입과 산출의 변경, 인지적 왜곡, 비교대상 변경, 이직

４ 동기부여의 상황이론(K. Lewin의 장의 이론)

(1) 특정 시점의 행위를 이해하기 위해서 개인과 시스템, 환경을 모두 고려하여 동기를 부여해야 한다.

(2) 생산활동을 촉진하는 힘과 억제하는 힘
　　① 촉진하는 힘: 일의 선호, 보상, 효과적인 감독 등
　　② 억제하는 힘: 피로, 집단의 규범, 비효과적 감독 등

５ 동기부여 기법

(1) 경제적 보상(월급, 상여금 등)
　　① 능률급(육체근로자)
　　　　㉠ 생산의 품질과 불량률을 고려하여 생산량에 따라 임금 지급
　　　　㉡ 성과가 자신의 노력 외의 외부적 요인에 의해 영향을 받으면 동기 유발 효과가 나지 않음
　　② 성과급(정신근로자)
　　　　㉠ 일반적으로 기본급에 추가 지급
　　　　㉡ 성과급의 비율이 너무 적으면 동기 유발 효과가 나지 않음
　　　　㉢ 분배 결과의 공개 → 갈등 유발

(2) 목표관리(MBO)
　　① 내용: 목표 설정 시 종업원들이 참여하도록 하여 생산 목표를 명확하고 체계적으로 설정·활용하며, 공식적 목표를 실체화하는 과정이다.
　　② 과정
　　　　㉠ 목표의 설정: 활동 영역과 구체적인 목표를 설정한다.
　　　　㉡ 평가: 목표 추구의 과정과 성취도를 측정, 평가, 피드백한다.
　　③ 비판
　　　　㉠ 모든 과업이 목표 설정이 용이한 것은 아니다.
　　　　㉡ 질보다 양을 추구한다.
　　　　㉢ 조직 내외의 상황이 안정적이어야 한다.

1 커뮤니케이션

(1) 커뮤니케이션의 과정

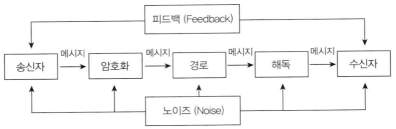

* 노이즈는 커뮤니케이션 전 과정에 영향을 미침

(2) 집단 내의 의사소통

공식적 의사소통	수직적 의사소통	상향적 의사소통	성과의 보고 등 부하가 상사에게 정보를 전달하는 의사소통
		하향적 의사소통	명령이나 지시 등 상사가 부하에게 정보를 전달하는 의사소통
	수평적 의사소통		위계수준이 같은 조직원이나 부서 간의 의사소통
	대각적 의사소통		조직 구조상 동일한 수평적 위계나 수직적 명령 계통에 속하지 않는 조직원이나 부서 간의 의사소통
비공식적 의사소통	비공식적 체계를 따라 전달되는 의사소통(예 그레이프 바인)		

(3) 집단조직 내 의사소통망

① 의사소통망의 형태

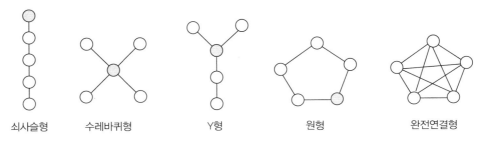

| 쇠사슬형 | 수레바퀴형 | Y형 | 원형 | 완전연결형 |

② 의사소통망의 특성

ㄱ 쇠사슬형: 공식적 명령 체계

ㄴ 수레바퀴형: 공식적 작업 집단, 중심인물이 존재, 간단한 작업일 경우에만 유효, 상황파악과 문제 해결의 즉각성

ⓒ Y형: Line-staff 집단, 확고하지는 않으나 리더의 존재가 있음

ⓔ 원형: 위원회 조직, 지역적으로 분리됐거나 자유방임적 조직, 종합적 문제 해결 능력은 떨어지지만 구성원 만족도는 높음

ⓜ 완전연결형: 비공식적 조직, 구성원의 만족도가 가장 높음, 구성원들의 창의성을 최대한 발휘할 수 있는 상태

③ 의사소통망의 비교

구분	쇠사슬형	수레바퀴형	Y형	원형	완전연결형
커뮤니케이션의 속도	중간	빠름	중간	빠름	빠름
커뮤니케이션의 정확성	높음	높음	높음	중간	중간
권한 집중	보통	높음	중간	낮음	낮음
구성원의 만족도	보통	낮음	중간	높음	높음
집단의 몰입도	낮음	중간	중간	중간	높음

(4) 수직적 의사소통의 개선

① 상향적 커뮤니케이션의 개선

ⓐ 의견 태도 설문조사

ⓑ 참여제도: 제안제도, 노사협의회

ⓒ 위원회(고충처리절차)

ⓓ 사내보

ⓔ Open Door Policy

ⓕ 퇴직면접

② 하향적 커뮤니케이션의 개선

ⓐ 중복성의 이용

ⓑ 대면적 커뮤니케이션

ⓒ 명확한 언어의 사용

ⓓ 피드백

ⓔ 신뢰적 분위기의 조성

더 알아보기

조하리의 창(Johari's Windows)

구분	내가 나를 알고 있다	내가 나를 모르고 있다
남이 나를 알고 있다	⟨Public Window⟩ (Open Area) 공개의 영역	⟨Blind Window⟩ (Blind Area) 감춰진 영역
남이 나를 모르고 있다	⟨Private Window⟩ (Hidden Area) 숨겨진 영역	⟨Unknown Window⟩ (Unknown Area) 모르는 영역

(5) 집단 의사결정 기법

① 명목집단 기법

　㉠ 명목집단: 명목상으로는 집단이나, 실질적인 상호작용은 이루어지지 않는다.

　㉡ 토의 없이 독립적인 의사결정을 하며, 자신의 아이디어는 쪽지에 의하여 공개한다.

② 델파이기법

　㉠ 여러 명의 전문가에게 의견을 물은 뒤, 서로의 의견을 숙지하게 한 후 다시 의견을 묻는 과정을 통하여 합의를 도출한다.

　㉡ 한자리에 모일 필요 없이 타인의 영향을 받지 않은 독립적 의사결정이다.

③ 데블스 애드보카시(Devil's Advocacy)

　㉠ 천주교에서 성인으로 추천받은 사람의 심사 과정에서 유래했다.

　㉡ 한 사람이 지속적으로 반박하는 과정을 통하여 철저한 검토 과정을 거친다.

06 　리더십 이론

■ 리더십 이론

(1) **특성이론**: 1940~1950년대, 성공적인 리더의 특성을 연구하였다.

(2) **행동이론**: 1950~1960년대, 리더와 부하 간의 관계를 중심으로 리더의 행동을 연구하였다.

(3) **상황이론**: 1970년대 이후, 리더와 환경적인 상황의 관계를 연구하였다.

② 리더십 특성이론

(1) **가정**: 리더가 고유한 개인적인 특성만 가지고 있으면 그가 처해 있는 상황이나 환경에 관계없이 항상 리더가 될 수 있다.

(2) 리더의 자질

① 신체적 특성

② **지능**: 문제 해결 및 인지적 반응을 나타내는 개체의 총체적 능력

③ **성격과 감성**: 개인을 특징짓는 지속적이며 일관된 행동 양식과 자극의 변화를 느끼는 성질

④ 과업에 대한 높은 성취욕구와 책임감

⑤ 원만한 대인관계 등의 사회적 특성

(3) 비판

① 리더의 특성은 그가 처한 환경마다 다르게 나타난다.

② 리더의 특성을 판단하기가 어려워 성공한 리더와 실패한 리더의 차이가 모호하다.

❸ 리더십 행동이론

(1) 아이오와 대학 연구

① 리더십의 유형

　㉠ 권위적 리더: 리더가 의사결정을 하고 구성원들에게 통보

　㉡ 민주적 리더: 그룹 구성원들이 스스로 의사결정, 리더는 보조적 역할

　㉢ 자유방임적 리더: 그룹 구성원과 리더 간 상호작용관계가 독립적이며, 구성원들은 자율적 의사결정

② 리더와 구성원 간의 관계

리더의 의사결정 영역　　　　　　　　　　　　　　　　　　　　　　구성원의 의사결정 영역		
권위적 리더십	민주적 리더십(가장 바람직)	자유방임적 리더십
• 수동적 집단 • 리더 부재 시 좌절	• 리더에게 호의적 • 응집력이 크고 안정적 집단 • 리더 부재 시에도 안정적	• 리더에게 무관심 • 지속적인 불만족

(2) 미시간 대학 모형

① 리더십의 유형

　㉠ 직무 중심적 리더십

　　• 생산과업을 중요시하고 생산방법과 절차 등 세부적인 사항에 관심

　　• 공식권한과 권력에 비교적 많이 의존

　　• 부하를 치밀하게 감독

　㉡ 조직원 중심적 리더십(가장 바람직)

　　• 조직 구성원과의 관계를 중요시

　　• 구성원에게 많은 권한을 위임, 지원적 환경 조성

　　• 부하의 개인적 발전과 성장에 관심을 보임

② 리커트(Likert)의 연구

System 1	System 2	System 3	System 4
부하들을 거의 신뢰하지 않음	부하들을 신뢰	상당한 신뢰감	완전한 신뢰감
• 착취 독재형 • 벌	• 온정적 권위형 • 상벌	• 상담적 • 상	참여적
하향식 커뮤니케이션	쌍방향 커뮤니케이션	쌍방향 커뮤니케이션	쌍방향 커뮤니케이션
최고경영층의 의사결정권	• 중간관리자까지 의사결정권 • 상층부의 통제	전반적 의사결정권	전반적 의사결정권

(3) 오하이오 주립대학 모형

고 ↑ 배려 ↓ 저	구조주도 저(低) 배려 고(高)	구조주도 고(高) 배려 고(高) (가장 바람직)
	구조주도 저(低) 배려 저(低)	구조주도 고(高) 배려 저(低)

저 ←   구조주도   → 고

① **구조주도**: 리더가 부하들의 역할을 명확히 정해주고 그들에게 기대하는 것이 무엇인지 알려주는 행동이다.
② **배려**: 리더가 부하들의 복지와 안녕, 지위, 공헌 등에 관심을 가져주는 행동이다.

(4) 관리격자 모형(Managerial Grid, Blasck & Mouton)

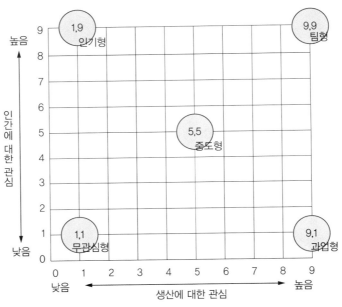

무관심형(1.1형)	인간과 생산성 모두에 무관심, 자기 직무에 최소한의 관심
인기형(1.9형)	생산성에는 무관심하고 오로지 인간에 대한 관심, 쾌적하고 우호적인 작업환경
과업형(9.1형)	오로지 효율적인 과업달성에만 관심, 매우 독재적인 리더
중도형(5.5형)	과업의 능률과 인간적 요소를 절충하여 적당한 성과 추구
팀형(9.9형)	바람직한 리더의 모델로 기업의 생산성 욕구와 개인의 욕구에 관심, 모두 만족시킬 수 있음

(5) PM리더십: 미나미 교수는 리더의 구조주도행동과 배려행동을 각각 생산(P)과 관계(M) 행동으로 보고, 각 행동의 높고 낮음에 따라 PM, Pm, pM, pm의 4가지 행동으로 구분했다. 이는 각각 블레이크와 머튼의 관리격자 모형의 9.9형, 1.9형, 9.1형, 1.1형 리더 유형과 유사하다.

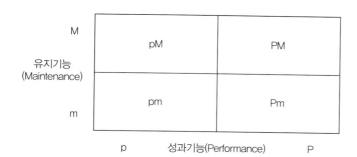

- PM: 성과기능과 유지기능 중시
- pM: 유지기능 중시
- Pm: 성과기능 중시
- pm: 둘 다 낮음

❹ 리더십 상황이론

(1) **가정**: 리더십의 유효성은 리더의 행동 유형과 환경 요소에 의하여 결정된다.

(2) **F. Fiedler의 상황 모형**

리더의 분류		과업지향적 리더 / 관계지향적 리더
상황변수	리더–부하관계	집단 구성원들의 리더에 대한 호의적 태도와 신뢰성
	과업구조	업무의 체계성
	지위권력	리더가 구성원들에게 영향을 미치는 정도
리더–상황 적합성		• 리더–부하: 관계 – 좋음 / 나쁨 • 과업구조: 일의 업무 – 고(체계적) / 저(비체계적) • 지위권력: 리더의 영향 – 강 / 약
의의		• 리더십 이론에 상황을 도입함 • 상황변수를 이용하여 상황을 세분화함

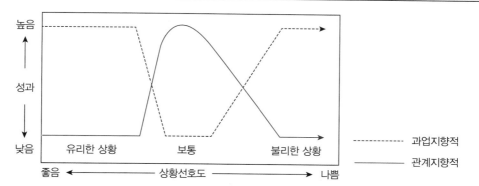

범주	I	II	III	IV	V	VI	VII	VIII
리더–부하관계	좋음	좋음	좋음	좋음	나쁨	나쁨	나쁨	나쁨
과업구조	높음	높음	낮음	낮음	높음	높음	낮음	낮음
지위권력	강함	약함	강함	약함	강함	약함	강함	약함

(3) House의 경로−목표 이론

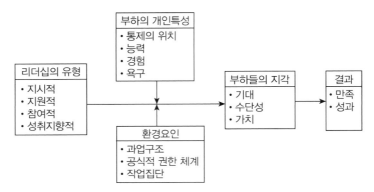

내용	• 부하들의 동기부여에 초점을 맞추고 있음 • 리더는 부하들이 목표를 달성할 수 있게 보조적인 역할을 함 • 브룸의 기대이론의 연장선상에 놓여 있음	
리더십의 유형	**지시적 리더십**	부하들에게 과업을 명확하게 제시
	지원적 리더십	부하들에게 후원적 태도를 취함
	참여적 리더십	부하들을 의사결정 과정에 포함시킴
	성취지향적 리더십	도전적 목표의 설정
상황특성	**부하의 개인 특성**	통제의 위치, 능력, 경험, 욕구 등
	환경 요인	과업구조, 공식적 권한 체계, 작업집단 등
의의		리더십과 동기부여를 체계적으로 통합한 최초의 이론
비판		변수의 측정이 너무 복잡하고 어려움

5 리더십의 새로운 패러다임

(1) 현행 리더십 이론의 한계점: 현행의 리더십 이론 중에서 가장 지배적인 이론은 브룸 등의 기대이론에 기초한 교환적 리더십 이론이다. 1차적 변화(First-order Change)에 초점을 두고 계약한 성과에 합치되었을 때 보상과 교환하는 리더십을 강조해왔다. 이러한 리더십 이론은 다음과 같은 한계가 있으며, 이러한 한계점을 극복하여 개인과 조직의 2차적 변화보다 고차원의 변화를 위해서는 리더십에 대한 새로운 패러다임인 변화주도적 리더십이 필요하다.

① 리더십의 과소 사용
② 적극적 예외 경영의 회피
③ 피드백의 불일치
④ 상황적합적 보상의 의도하지 않은 효과
⑤ 보상자원의 불일치와 기대 – 보상의 부적절
⑥ 부정적인 상황적합적 보상의 부작용
⑦ 교환적 리더십의 전반적 부작용

(2) 새로운 리더십 패러다임(H. P. Sims & P. Lorenzi)

구분	강자형 리더	거래적 리더	비전제시형 리더	슈퍼리더
초점	명령	보상	비전제시	스스로 리드함
경력의 종류	지위, 권한, 강제	보상	관계적, 영감적, 분배적	–
방향 설정의 원천	리더	리더	리더	대부분 부하, 리더
전형적 리더의 행동	성과와 관계없는 질책, 지시·명령	성과에 따른 보상이나 질책, 목표달성	비전을 제시, 현상 변화, 설득	자기 스스로의 목표설정과 자기 스스로의 보상 등의 행동을 부하에게 보임

더 알아보기

거래적 리더십과 변혁적 리더십의 비교

거래적 리더십	변혁적 리더십
• 전통적 리더십 이론 • 현상 유지, 안정지향성 • 즉각적이고 가시적인 보상 체계 • 단기적 관점	• 거래적 리더십에 대한 비판 • 현상 탈피, 변화지향성 • 내재적 보상의 강조 • 장기적 관점

1 조직구조

(1) 조직구조의 구성 요소와 복잡성

① 조직구조의 구성 요소

㉠ 복잡성: 조직 내에 존재하는 분화의 정도

㉡ 공식화: 조직의 직무가 표준화되어 있는 정도

㉢ 집권화: 조직 내 의사결정 권한의 집중 정도

② 조직구조의 복합성

㉠ 수직적 분화: 명령 계통, 조직 내 계층의 수

㉡ 수평적 분화: 과업이 하부 단위로 세분화된 상태, 상이한 직위의 수

㉢ 지역적 분화: 조직의 자원과 하위 단위가 지리적으로 분산되어 있는 정도

(2) 공식화와 집권화

① 공식화의 개념: 누가 언제 어떻게 과업을 수행할 것인가에 대한 규칙과 규제이다.

② 공식화의 필요성

㉠ 구성원 행동의 변이성 감소와 통제의 용이성

㉡ 불확실성의 감소로 혼란 방지

㉢ 공식화에 따른 경제성 · 공평성의 유지

③ 집권화

㉠ 집권화된 의사결정은 공식적인 권한에만 적용된다.

㉡ 자유재량권과 관계가 있다.

㉢ 정보의 여과 과정에 따라 집권화의 정도가 달라진다.

㉣ 지역적 분화와 연관이 있다.

2 조직구조의 이론

(1) 고전 조직이론

① 전문화의 원칙: 1인 1과업 원칙

② 권한과 책임의 원칙: 구성원의 직무와 책임의 명확성 원칙

③ 권한 위양의 원칙: 직무 수행의 위임 시 권한도 동반 위임

④ 계층제의 원칙: 피라미드형 조직 구조, 명령 일원화의 원칙, 감독 범위의 원칙

⑤ 계층 단축화의 원칙: 가능한 적은 수의 조직 계층화 원칙

⑥ 기능화의 원칙: 계획과 작업의 분리

⑦ 스태프 조직의 원칙: 스태프와 라인의 구별 원칙

(2) 뷰로크라시 이론과 애드호크라시 이론

뷰로크라시(Bureaucracy) 이론 (Weber의 관료제)	애드호크라시(Adhocracy) 이론 (탈관료제)
규율, 계층, 분업 및 확고한 절차에 의존하는 하나의 시스템	탈관료화 현상에서 나온 이론으로 계층제가 완화된 임시적인 시스템
• 과업의 분화와 전문화 • 권한의 정의, 공식적 규칙 • 공평한 대우, 경력제도	• 기능 중심적 • 분권적 조직(낮은 복잡성 · 공식성 · 집권성) • 유동성과 잠정성, 높은 전문성

(3) 상황이론(Contingency Theory): 조직의 구조적 특성은 특정 상황에서 조건적으로 이루어진다.

고전 조직이론의 이론적 관점	+	상황적 요소

③ 조직구조 이론의 형태

(1) 라인 조직

개념 및 특징	• 상부에서 하부로 이르는 명령 체계가 직선적인 구조를 이루는 조직(직계조직, 군대식 조직) • 업무의 부서화가 이루어지지 않은 단순한 형태의 조직 • 기업의 규모가 커지면 핵심적 활동과 이를 지원하는 활동으로 분화(라인–스태프 조직)
라인	생산이나 판매와 같이 조직의 목표 달성에 필요한 핵심적 활동을 수행
스태프	전문적 지식이나 기술을 제공하여 라인의 활동에 보조적 역할을 담당

(2) 기능식 조직

개념 및 특징	기능별 전문화의 원리에 따라 전문적 지식을 가진 관리자가 존재하며, 하급자가 여러 명의 상급자에게 명령을 받을 수 있음
장점	전문화의 촉진을 통한 능률 향상, 종업원 양성기간 단축
단점	명령일원화 원칙에 위배, 갈등과 책임 회피의 가능성, 대규모 조직에 적용이 곤란

(3) 사업부제 조직

개념 및 특징	• 기업 규모 증대와 상황의 복잡화에 따라 제품, 시장, 지역 등을 한 단위로 하여 구성되는 조직 형태 • 다국적 기업들의 가장 보편적 조직 형태 • 사업부는 자주적 · 독립적으로 특정 분야에 관련한 대부분의 권한을 가짐
성공 요인	• 분권화: 사업부가 존재할 수 있는 분권화가 이루어져 있어야 함 • 권한 위임: 사업부에게 일정 부분의 독립적 권한이 위임되어야 함 • 이익책임단위: 작은 부분까지 이익책임의 단위화 • 종합적 시야: 복잡한 조직을 종합적으로 파악하고 조정할 수 있어야 함 • 업적 평가제도: 사업부 업적의 객관적 평가 기준과 시스템을 갖추어야 함 • 보상제도: 사업부의 동기부여
장점	시장 요구에 즉각적 대응 가능, 책임 소재의 명확성
단점	중복 업무로 인한 자원의 낭비, 지나친 경쟁으로 인해 상위목표의 달성 난항

(4) 매트릭스 조직

개념 및 특징	• 사업부제 조직의 단점을 보완하기 위하여 고안됨 • 기능별 부문과 프로젝트별 부문의 조합적인 조직 형태 • 종업원들은 기능식 조직과 프로젝트 조직에 동시에 속함
장점	인적 자원의 효율적 활용, 시장의 변화에 융통성 있는 대응 가능
단점	2명 이상의 상급자 존재에 따른 명령 일원화 원칙 위배, 기능 부서와 프로젝트 부서 간의 갈등

(5) 팀 조직

개념 및 특징	• 동태적 경영환경에서 보다 유연한 대처를 위해 고안됨 • 상호보완적 지식이나 기술을 가진 구성원들이 자율권을 가지고 특정 과업을 수행하는 조직 형태 • 임시적이고 유연한 조직으로서, 수평적 관계를 이룸
팀의 유형	• 업무단위형: 사업부제 조직 안에 업무단위로 형성, 지속적 운영 • 프로젝트형: Task Force 조직, 단기적 운영
장점	• 신속한 의사결정 체계, 매트릭스 조직의 이중적 명령 체계 탈피 • 수직적 위계질서를 건너뜀, 성과에 대한 평가와 피드백의 용이성
단점	• 유능한 구성원들의 필요성, 조직의 단결 저해 • 구성원들의 능력 신장에 많은 비용과 투자

(6) 위원회 조직

① 갈등의 해소와 조정 기능을 수행하기 위한 조직이다.

② 프로젝트 조직과의 비교

구분	위원회 조직	프로젝트 조직
지속성	장기	단기
구성원	역할 조직	전문성, 기술
구성원의 안정성	안정적	유동적
업무에 대한 구성원의 태도	수동적	적극적

4 직무설계의 접근 방법

(1) 전통적 접근 방법

① A. Smith의 국부론

㉠ 기계론적 인간관 – 기술과 생산요건

㉡ 분업에 의한 전문화의 원리 강조

② Taylor의 과학적 관리법

㉠ 기계론적 인간관 – 직무

㉡ 동작연구와 시간연구

㉢ 분업에 의한 전문화와 과업의 표준화

③ 인간관계론

　㉠ 인간의 심리적 요소에 주목

　㉡ 직무 재설계에 무관심

(2) 현대적 접근 방법

① 직무순환과 직무확대, 직무충실화

직무순환	• 다른 종류의 일로 옮겨 가며 근무하는 제도 • 폭 넓은 경험과 기능 다양성, 제너럴리스트의 양성
직무확대	• 직무의 수평적 확대, 과업의 수 증가로 인한 만족도 향상 • 직무확대의 장점: 업무에 대한 만족도 향상, 이직률 및 결근율 감소 • 직무확대의 단점: 단조로운 직무의 확대는 만족도 향상과 관련 없음, 비용의 증가
직무충실화	• 직무의 수직적 확대 • Herzberg의 2요인 이론에 근거, x형 종업원은 싫어함

② 직무 특성이론(헤크맨 & 올드햄)

　㉠ 기술다양성: 직무가 다양한 기술을 요구하는 정도

　㉡ 과업정체성: 직무 내용의 완전성 정도

　㉢ 과업중요성: 직무의 영향력 정도

　㉣ 자율성: 직무 수행에 있어서 작업자의 자율성 정도

　㉤ 피드백: 작업 결과에 대한 정확한 피드백

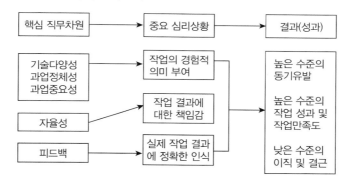

05 | 인사관리

01 인사관리론의 이해

1 인사관리론의 개념

(1) 현대적 인사관리론

　① 현대 인사관리의 목적

　　㉠ 질적 목표(이념)

　　　• 경제−사회 시스템으로서의 기업

　　　• 합리성 존중＋인간성 존중＝성과적 공동체

　　㉡ 양적 목표(목표)

　　　• 생산성 목표: 과업 그 자체를 달성하려는 목표

　　　• 만족성 목표: 인간적 측면과 관계된 목표

　　　• $P=f(A, M, E)$ (여기서, P＝Performance, A＝Ability, M＝Motivation, E＝Environment)

　② 전통적 인사관리론과 현대적 인사관리론

전통적 인사관리론	현대적 인사관리론
엽관주의, 직무 중심, X이론 인사부서 중심, 조직 목표 획일적, 일방적, 단기적, 제도적	실적주의, 경력 중심, Y이론 현장 중심, 조직＋개인 목표 목적별, 쌍방적, 장기적, 운영적

(2) 인사관리론에 영향을 미치는 요소

　① **내부환경**: 노동력 구성의 변화, 가치관의 변화, 조직규모의 확대

　② **외부환경**: 정부개입의 증대, 경제여건의 변화, 노동조합의 발전, 정보기술의 발전

2 인사관리의 주요 개념

(1) 인사관리의 실시원칙

　① 직무중심주의 원칙

　　㉠ 직무기술서, 직무명세서 등의 직무정보 자료에 적합한 유능한 인재를 확보하고, 교육·훈련, 배치, 이동, 승진, 승격, 승급 등의 인사관리 활동을 이룩해 가는 인사관리의 기본원칙이다.

    ⓛ 종래의 사람의 연고관계를 중시해 온 정실주의 인사관리 시책에 대응한다.

    ⓒ 인사관리 기능의 합리적 실시를 위한 선행과제에 해당한다.

② 전인주의 원칙

    ㉠ 종업원의 인간적 측면 중시 및 인간성 실현에 중점을 두고 있다.

    ⓛ 인간적 처우의 보장을 통한 근로생활의 질(QWL) 향상 및 노동의 인간화를 실현하기 위해 요구되는 주요 원칙이다.

    ⓒ 종래의 몰인간적 · 권위주의적 인사관리에 대응한다.

③ 능력주의 원칙

    ㉠ 종업원의 학력, 연령, 근속연수, 성별 등의 속인요소나 연공요소보다는 종업원의 직무능력 정도나 수준에 따라 공정하게 배치, 이동, 승격, 승진, 승급 등의 인사처우를 실천하고 보장해 가는 신인사관리의 기본원칙이다.

    ⓛ 종업원 연공서열 및 연고관계를 중시하는 종래의 전통적 연공주의 인사제도에 대응한다.

④ 성과주의 원칙

    ㉠ 종업원의 개인별 성과 및 업적에 대한 평가를 통하여 공정한 승진, 승급 등의 인사처우를 실시하는 성과주의 인사관리제도이다.

    ⓛ 최근 우리나라의 많은 기업에서 연봉제의 도입 및 성과배분제의 실시 등 성과중심의 인사처우를 통하여 종업원의 동기부여 및 조직의 목표달성에 크게 기여하고 있다.

⑤ 공정성 원칙

    ㉠ 인사관리의 실시 과정 및 결과에 대한 공정한 평가와 함께 인사처우의 공정화를 이룩해 가는 인사관리의 원칙이다.

    ⓛ 노사 간의 공정성 지각과 신뢰감의 증대를 위해 요구되는 인사관리의 기본 원칙이다.

⑥ 정보공개주의 원칙

    ㉠ 인사관리의 실시운영과 관련된 인사정보자료의 공개원칙이다.

    ⓛ 직무자료와 인사자료의 공개화를 통해 인사관리의 공정화를 실천해 가는 인사제도의 합리적 운영 원칙이다.

    ⓒ 인사관리의 합리화와 종업원의 불만 해소에 기여할 수 있다.

⑦ 참가주의 원칙

    ㉠ 인사관리의 기본방침 결정 및 인사계획의 수립 과정을 비롯한 인사관리 제도의 구체적 실시 과정에 종업원의 적극적 참여와 의견수렴을 통하여 경영의 민주화와 노사의 협력 관계를 이룩해 가는 인사관리 원칙이다.

    ⓛ 종업원의 동기부여 및 조직의 활성화와 기업 내 민주적 노사관계의 정립에 기여한다.

(2) 인사통제의 유형

① ABC 감사: 일본 노무연구회의 노무감시위원회에서 개발한 인사감사의 방식이다.

A(Administration): 내용감사	경영적 측면
B(Budget): 예산감사	경제적 측면
C(Contribution): 효과감사	효과적 측면

    ㉠ 통제 과정: A → B → C

    ㉡ 성과측정 과정: C → A → B → C

② 인사정보시스템

    ㉠ MIS의 하위 시스템

    ㉡ 인사관리와 관련된 유용한 정보의 제공, 이용자 중심, 계량화된 자료

02　직무관리

■ 직무관리의 종류

직무분석	직무의 내용과 그 직무를 담당할 자격 요건의 분석
직무평가	직무분석 자료를 바탕으로 하여 직무의 상대적 가치를 체계적으로 결정
직무설계	조직의 목적을 효율적으로 달성함과 동시에 개인의 욕구도 충족시킬 수 있는 직무 내용의 설계

2 직무분석의 주요 내용

(1) 수행업무 분석

① 수행하고 있는 일에 대한 사실을 정확하게 표시하는 것

② 체계적으로 수립하고 접근하기 위한 것

③ 작업목적, 작업내용, 작업방법, 작업시간, 작업장소

(2) 수행요건 분석

① 수행업무 분석의 결과를 바탕으로 직무수행 담당자에게 요구되는 책임능력과 기능 작업조건 등이 어떠한 것인가를 알아내는 것

② 작업조건의 항목을 설정하고 정의한 후, 정의에 따른 사실의 확인

③ 업무책임 · 감독책임, 신체적 · 정신적 능력과 기술, 작업조건

(3) 직무분석의 절차: 분석목적 결정 → 분석범위 결정 → 직무분석표 작성 → 직무분석과 선발 · 훈련 → 예비조사 · 본조사 → 직무기술서 · 직무명세서 작성

3 직무분석과 인사관리

직무분석	→	직무기술서, 직무명세서	→	• 직무설계: 직무재설계, QWL 등 • 인적자원계획: 인력의 수요와 공급 예측 등 • 외부채용: 지원서 등 • 평등고용: 타당성 검증 등 • 성과평가: 성과 기준 명확, 역할 명확 등 • 보상: 직무평가, 직무분류 등 • 훈련 및 지도 등

03 · 직무기술서와 직무명세서

1 직무기술서(Job Description)

(1) **직무기술서의 정의**: 직무분석 결과에 의한 직무 수행과 관련된 과업 및 직무행동을 일정한 양식에 의하여 기술한 문서이다.

(2) **직무기술서의 내용**
  ① 직무표지(Job Identity): 직무명칭, 부서, 부호
  ② 직무개요(Job Summary): 직무목적, 내용
  ③ 직무내용(Job Content): 직무수행 방법, 기간관계, 활동사항
  ④ 직무요건(Job Requirement): 기술 및 숙련

(3) **직무기술서의 이용**: 채용, 직무평가, 인력계획 및 모집, 신입사원 교육, 성과표준 개발 등에 이용된다.

2 직무명세서(Job Specification)

(1) **직무명세서의 정의**: 직무분석 결과에 의하여 직무 수행에 필요한 종업원의 인적 요건을 일정한 양식에 의하여 기술한 문서이다.

(2) **직무명세서의 이용**: 생산집단 토론의 기초, 성과표준 개발, 직무평가 등에 이용된다.

1 직무평가의 목적과 요소

(1) **직무평가의 목적**: 직능형 임금제 및 성과급 인사제의 실현, 직급제도의 확립, 직급별 직무 조정의 기준 설계, 조직원들의 자기 개발 의욕 촉진 등에 그 목적이 있다.

(2) **직무평가의 요소**

① 숙련: 지능적 · 육체적 숙련도, 교육, 지식, 경험 등

② 노력: 정신적 · 육체적 노력

③ 책임: 인적 · 물적 책임

④ 작업 조건: 불쾌도, 위험도 등의 작업환경

2 직무평가의 방법

(1) **양적 평가 방법**

구분	내용	장단점	
점수법	직무와 관련된 각 요소들을 구분하여 중요도에 따라 특정 값을 매긴 후, 합계값으로 평가하는 방법	장점	• 평가척도의 선정 용이 • 다양한 항목평가 가능 • 상대적 가치평가 용이 • 높은 신뢰성
		단점	• 평가요소 및 가중치 산정 어려움 • 직무단별 배점 어려움 • 많은 준비시간과 비용의 소요
요소비교법	직무에 대한 평가기준을 순위별 등급으로 구분한 후, 구분된 등급에 평가요소 항목을 적용하여 평가하는 방법	장점	• 직무별 객관적 평가 가능 • 평가척도를 각 항목에 공통 사용 • 평가결과의 높은 활용성
		단점	• 대상 직무 선정의 어려움 • 등급기준 설정의 주관성 • 많은 준비시간과 비용의 소요

(2) **질적 평가 방법**

구분	내용	장단점	
서열법	직무별 중요도와 난이도 등을 포괄적이고 전체 적으로 평가하여 상대적 기준에 따라 순위를 결정하는 방법(=순위법)	장점	간단명료, 서열구분 용이
		단점	• 평가자의 주관 개입 우려 • 서열배분의 낮은 신뢰성 • 다수의 직무에는 적용 곤란

		장점	• 간단명료, 평가기준의 이해 용이 • 비용이 적게 소요
분류법	직무를 등급 기준에 따라 분류한 후, 해당 내용을 그 등급에 따라 구분하여 평가하는 방법(=등급법)	단점	• 등급 분류 기준의 신뢰성이 낮음 • 한 직무가 부서에 따라 여러 등급기준에 적용될 수 있음 • 다수의 직무에는 적용 곤란

05 인적자원계획

1 인적자원의 확보관리

(1) 외부 충원

모집	조직 외부의 노동시장으로부터 조직의 신규 종업원으로 선발할 사람들을 식별하고 유인하는 일련의 활동
선발	고용제의(Employment Offer)를 하기 위해 지원자의 정보를 수집·평가하는 과정
배치	해당 직무에 종업원을 배속하는 것

① 모집
  ㉠ 내부모집
   • 기술목록을 이용한 적격자 탐색
   • 추천에 의한 적격자 탐색
   • 공개모집 제도를 통한 적격자 탐색
  ㉡ 외부모집
   • 모집 원천: 광고, 추천, 교육기관과의 연계, 노동조합, 고용 알선기관, 인터넷, 채용박람회, 직접지원 등
   • 선택 기준: 노동력의 양과 질, 모집 방법의 가용성, 과거의 경험, 예산 등
  ㉢ 평가
   • 성공적인 원천의 평가: 시간, 비용, 노력
   • 기준: 지원자의 수, 입사제안 수락 여부의 수, 채용의 수, 성공적인 배치의 수

> **더 알아보기**
>
> **기술목록과 피터의 원리**
> • 기술목록: 인사고과 결과 각 종업원의 직무수행 능력 등을 기술한 인사기록부
> • 피터의 원리: 내부인력에 너무 의존하다 보면 기업의 구성원은 무능해진다는 원리

② 선발

  ㉠ 선발도구의 종류

바이오 데이터	• 입사원서의 항목: 대학성적, 군복무, 결혼 여부 등 개인의 전기적 자료 • 성차별, 학력 차별 등의 결과 유발	
선발시험	• 인지능력검사 • 지능 검사	• 성격 및 흥미도 검사 • 정직성 검사
선발면접	• 구조적 · 비구조적 면접 • 패널 면접	• 스트레스 면접 • 집단 면접
평가센터법	• 다수의 지원자들을 일정 기간 동안 합숙을 통하여 평가 • 다양한 선발도구의 동원	

  ㉡ 선발도구의 평가

신뢰성	동일한 환경에서 동일한 시험을 반복해 보았을 때 결과가 일치하는 정도(일관성)	
	• 시험-재시험 방법 • 양분법	• 대체형식법
타당성	측정하고자 하는 내용을 정확하게 측정하는 정도	
	기준 타당성	• 동시 타당성: 현 종업원의 시험성적과 직무성과 • 예측 타당성: 선발시험 후 합격자의 시험성적과 고용 후의 직무성과
	내용 타당성	선발도구가 측정하고자 하는 바를 얼마나 잘 나타내는가의 정도
	구성 타당성	선발도구가 무엇을 측정하는지를 설명

  ㉢ 선발도구의 오류

[채용 후 직무성과]

Type I Error	• 좋은 성과를 낼 지원자를 탈락시키는 오류 • 선발활동의 비용 증가 • 특정 범위의 지원자가 거부될 경우 발생
Type II Error	• 만족스럽지 못한 성과를 낼 지원자를 선발하는 오류 • 선발 후 비용 증가

(2) 내부 충원

① 배치이동(수평적 이동): 종업원을 필요에 따라 현재의 직무에서 다른 직무로 배치시키는 것을 말한다.

　㉠ 목적

　　• 다양한 직무 경험과 새로운 기술의 습득

　　• 적재적소의 인재 배치

　　• 상황변화에 따른 부서 간 인원 수급 조정

　㉡ 원칙

　　• 적재적소주의: 종업원이 자신의 능력을 최대한 발휘할 수 있는 최적의 위치에 배치

　　• 실력주의: 실력을 발휘할 수 있는 직무의 제공과 올바른 평가

　　• 인재육성주의: 기업에 필요한 인재의 육성

　　• 균형주의: 공평성의 유지

② 승진(수직적 이동): 종업원의 기업 내에서의 지위 상승과 함께 이루어지는 보수, 권한, 책임의 상승을 의미한다.

　㉠ 중요성: 개인의 목표와 조직의 목표의 합일점, 의사소통의 수단, 인사정체의 방지

　㉡ 연공주의와 능력주의

연공주의(Seniority)	능력주의(Competence)
• 근속기간, 사람 중심 • 연공승진 제도 • 이해자 집단: 노동조합 • 동양 사회, 일반직종 • 하위층, 집단 중심의 연공질서 형성 • 적용 용이, 안정성과 객관성	• 직무수행능력, 직무 중심 • 직계승진 제도 • 이해자 집단: 경영자 • 서구 사회, 전문직종 • 상위층, 개인 중심의 경쟁질서 형성 • 적용 어려움, 불안정성과 주관성

　㉢ 승진제도

속인 기준	연공승진 제도	사람 중심, 학력 · 근무연수 · 연령 등
	직능자격승진 제도	• 직무수행능력 기초 • 현재적 · 잠재적 능력 평가 • 연공주의+능력주의
속직 기준	역직승진 제도	• 자리 기준 • 조직 구조의 편성과 조직 운영의 원리
	직계승진 제도	• 직무요건 기준 • 직무분석 평가 완료 후
기타 기준	대용승진 제도	• 형식적 승진 • 승진은 시켜야 하나 해당 직책이 없는 경우 • 보수나 지위의 상승 • 직무의 내용 변화 없음
	OC 승진 제도	조직 변화를 통한 승진 기회의 확대

❷ 인적자원의 개발관리

(1) 개발관리의 기초
① 개발의 개념: 기업 내에서 종업원의 자질을 개발하고 직무에 대한 적응성을 높임으로써, 보다 나은 자격을 갖출 수 있도록 조직적·체계적으로 유도하는 활동을 의미한다.
② 개발관리의 이슈: 인재를 키울 것인가, 사올 것인가?, 인재 양성 비용은 투자인가, 비용인가?

(2) 교육훈련
① 교육훈련의 개념
  ㉠ 교육과 훈련: 개발은 양자를 모두 행하는 것

교육	훈련
• 보편적인 지능, 기능, 태도의 육성 • 장기적·체계적·객관적 과정 • 정규교육 제도, 개인 목표 강조 • 특정 결과 기대 × • 일반적인 지식과 기초 이론	• 특정 직무의 지식과 기능의 습득 • 개별적·실제적·구체적 과정 • 단기 프로그램, 조직 목표 강조 • 특정 결과 기대 ○ • 특정한 직무와 관련한 지식과 실무

  ㉡ 교육훈련의 원리

학습곡선	• 학습자가 일정한 교육훈련을 받은 후에 도달하는 숙련의 수준을 나타냄 • 직무와 사람에 따라 효과가 다름 • 학습이 항상 일어나는 것은 아님 • 명확한 비율도 없음
전이	• 교육훈련에서의 학습이 실제 작업환경에서 발휘되는 것 • 동일요소이론(Identical Element Theory) • 원리에 의한 전이(Transfer Through Principle)
보존	• 학습환경에서 동기가 유발되면 장기간 유지 가능 • 강화가 되면 장기간 유지 가능

  ㉢ 교육훈련의 필요성

필요성의 정도	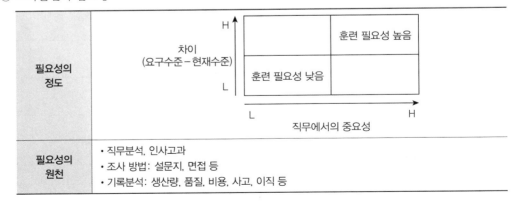
필요성의 원천	• 직무분석, 인사고과 • 조사 방법: 설문지, 면접 등 • 기록분석: 생산량, 품질, 비용, 사고, 이직 등

② 교육훈련의 방법

　㉠ 직장 내 교육훈련(OJT, On the Job Training)

개념	구체적인 직무를 수행하는 과정에서 직속상사가 부하에게 직접적으로 개별지도를 하고 교육훈련을 시키는 라인담당자 중심의 교육훈련 방식	
장점	• 실제 업무에 바로 적용 가능 • 저비용 • 결과 평가 용이	• 실제적 업무 능력 신장 • 교육의 필요성 파악 용이 • 상사-부하의 신뢰관계 두터워짐
단점	• 막대한 회사 손실 가능성 • 일과 훈련 병행의 어려움 • 동일한 내용의 교육훈련을 할 수 없음	• 전문적 교육 능력 없음 • 다수의 종업원에게 동시 훈련 불가능
OJT의 성공요건	• 인적자산에 대한 철학과 비전 • OJT 제도의 규정화	• 자아실현 지향적 가치관
OJT의 실패 원인	• 부하의 참여가 적음 • OJT 실시 이후 인사와의 연계 미흡	• 미숙한 교육 기술 • 제도적 불합리성

　㉡ 직장 외 교육훈련(Off JT, Off the Job Training): 교육훈련을 담당하는 전문스태프의 책임하에 집단적으로 실시하는 방식

　㉢ 자기개발(SD, Self-Development): 스스로 자기 개발의욕을 지니고 자기 훈련을 하는 방식

OJT	Off JT	SD
• 부서 차원 • 상사 중심 • 상사의 협조 • 부하의 참여 • 실무 중심의 교육	• 조직 차원 • 교육부서 중심 • 교육부서의 협조 • 본인의 참여 • 계층, 직능, 어학, 국제화	• 개인 차원 • 본인 중심 • 교육부서의 지원 • 상사의 지원

　㉣ 신입자 훈련

오리엔테이션	• 회사에 관한 제반사항, 직무 요건, 근무태도 등에 대한 교육 • 견습기간 중이나 채용 직후 실시
멘토 시스템	• 역할 모델을 해주는 선임자를 선정 • 도전적 직무 부여, 상담 및 조직에 대한 지식 제공 등

　㉤ 종업원 훈련

기능훈련	• 직업학교훈련: 외부의 직업학교에 파견 • 도제훈련: 숙련공의 작업 보조를 통한 교육 • 실습장 훈련: 회사의 실습장에서 교육 • 프로그램 훈련: 기본 내용에 대한 설명 후 정해진 프로그램을 통한 훈련
노동교육	• 자신의 경제적 · 사회적 지위 인식 • 사원으로서의 필요한 자질과 지식 교육
일반교양교육	인격, 일반지식, 교양에 관한 교육

ⓑ 중간관리층 훈련

JIT	• 미국 전시노동력위원회에서 고안 • 일선 감독자의 미숙련공 훈련 방식 • 교육의 준비, 작업 방식의 설명, 작업 수행, 사후 검토
TWI	• 작업지시법(JIT, Job Instruction Training) • 작업개선법(JMT, Job Method Training) • 부하통솔법(JRT, Job Relation Training)

06 인사고과

■ 인사고과의 개념

(1) 인사고과의 기초개념

① 인사고과의 성격과 실천원칙

ⓐ 성격
- 직무를 수행하는 종업원의 상대적 가치의 평가 성격을 띤다.
- 객관성을 높이기 위하여 특정 목적에 적합하도록 조정되는 경향이 있다.
- 직무평가는 인사고과의 선행절차에 해당한다.

ⓑ 실천원칙: 공정성의 원칙, 합리성의 원칙, 성장성의 원칙

② 인사고과의 실시원칙과 목적

ⓐ 실시원칙: 직무기준의 원칙, 공정성의 원칙, 독립성의 원칙, 납득성의 원칙, 인사고과자의 추측배제 및 고과불소급의 원칙, 고과오차·오류경향 배제의 원칙

ⓑ 목적
- 능력고과: 무엇을 어느 정도 할 수 있는가?, 조직원의 배치 및 이동, 직능개발 및 육성, 승격 및 승진 등
- 업적고과, 태도고과: 승급, 상여 등

더 알아보기

통제지향적 인사고과와 개발지향적 인사고과

통제지향적 인사고과	개발지향적 인사고과
• 실적결과 중시, 평가자 중심 • 상대고과 중심, 비공개 지향 • 개인적 고과, 임금관리를 위한 고과 • 추상적 기준	• 과정결과 중시, 본인 참가에 의한 고과 • 절대고과 중심, 공개 및 피드백 • 조직적 고과, 능력개발을 위한 고과 • 구체적 직무 기준

(2) 평가자

① 평가 유형별 정보 접근성

구분		본인	상사	동료	부하	고객
과업	행위	가장 많음	적음	많음	거의 없음	많음
	결과	많음	많음	많음	적음	많음
대인관계	행위	가장 많음	적음	많음	많음	많음
	결과	많음	적음	많음	많음	많음

② 평가자의 목표

ㄱ 과업성과: 피평가자의 성과수준을 향상시키거나 유지시키기 위한 목적

ㄴ 대인관계: 평가자와 피평가자의 대인관계를 향상시키거나 유지시키려는 목적

ㄷ 조직 내 위상: 조직 내에서 자신과 업무집단의 위상을 향상시키려는 목적

ㄹ 평가자 특성: 평가자의 가치관이나 신념을 반영한 결과

② 인사고과의 방법 및 오류

(1) 인사고과의 방법

① 전통적 인사고과 방법

ㄱ 서열법

종류	단순서열법	단순한 서열 결정
	교대서열법	가장 잘한 사람과 가장 못한 사람을 번갈아 가며 서열 결정
	쌍대비교법	임의의 2명에 대한 비교를 되풀이하여 서열 결정
장단점	장점	규칙적 오류의 예방, 간단하고 실시가 용이, 저렴한 비용
	단점	• 동일한 직무에 대해서만 적용 가능 • 피고과자가 많아질 경우 어려우며, 적을 경우 무의미 • 구체적인 고과기준 없음

ㄴ 강제할당법

장점	단점
규칙적 오류의 예방	• 피고과자의 수가 적을 경우 무의미 • 실제 능력과 비율이 일치하지 않는 경우 존재

ㄷ 대조표법

종류	프로브스트 방법	체크만 하는 방법
	오드웨이 방법	체크와 함께 이유를 적는 방법
장단점	장점	• 판단의 용이성, 높은 신뢰성과 타당성 • 부서 간의 상호비교 가능
	단점	• 전반적인 직무에 대한 표준 선정의 어려움 • 점수화 절차의 복잡성

② 현대적 인사고과 방법

㉠ 서술법

장점	단점
• 구조화되어 있지 않음 • 성과와 관련된 특질에 대한 평가 가능 • 평가기준과 방법의 유연성	• 운영상의 난점과 많은 시간의 소요 • 주관성 개입 여지가 큼

㉡ 중요사건 서술법

장점	단점
• 중요 행위에 대한 정보 제공 • 사건 발생 시점에서 토의를 통한 효과적인 평가 가능	• 많은 시간의 소요 • 계량화의 어려움

㉢ 인사평정센터법(HACM, Human Assessment Center Method)

방법	• 비슷한 조직계층의 평가대상자 6~12명이 인사평정센터에서 3일간 합숙훈련을 한다. • 개인면접, 심리검사, 비즈니스 게임 등의 다양한 방법을 통한 평가가 이루어진다.
특징	• 개인의 미래에 대한 예측에 이용된다. • 주로 중간관리층의 능력 평가를 위하여 실시한다.

㉣ 행위기준 척도법과 행위관찰 척도법의 비교

행위기준 척도법 (BARS)	구체적인 근무 태도 행위가 기준, Thurstone의 접근법	
	장점	육성형 기능
	단점	모든 평가내용 포괄하기 어려움, 척도개발 과정에 주관성 개입 여지, 피고과자 행위의 지속적 관찰 곤란
행위관찰 척도법 (BOS)	주요 실천항목을 제시한 후에 실천 정도에 따라서 배점, Likert의 접근법	
	장점	척도에 대한 이해와 사용 용이, 직무에서 요구되는 행위 제공, 피고과자의 강약점에 대한 피드백, 높은 타당성과 신뢰성
	단점	평가자의 자질에 대한 의문, 수치 판단의 비현실성

㉤ 토의식 고과법

현장토의법	감독자들과의 토의를 통해 얻은 정보를 이용한 평가	
	장점	구체적 정보 수집 가능, 진지한 고과 수행 가능, 고과기준의 안정화
	단점	많은 시간과 비용의 소요, 피고과자의 불신감 야기
면접법	피고과자의 업적분석, 고과력과의 토의 · 상담 등에 이용, 보충적 기법	
위원회 지명법	고과 위원회에서 토의를 통한 고과	

(2) 인사고과상의 오류

① 규칙적 오류

ㄱ 개념: 일반적으로 일어나기 쉬운 가치판단상의 규칙적인 심리적 오류

ㄴ 종류: 관대화 경향, 중심화 경향, 가혹화 경향

ㄷ 대처: 방안강제할당법, 서열법 등

② 논리적 오류: 고과 요소 간에 상관관계가 있을 때 하나를 통하여 다른 하나를 미루어 짐작하는 오류

③ 유사효과: 자신과 유사한 사람을 후하게 평가하는 오류

④ 대비효과: 한 사람에 대한 평가가 다른 사람의 평가에 영향을 주는 오류

⑤ 기타: 상동적 태도, 주관의 객관화, 현혹효과

07 임금관리의 개념

1 임금관리

구분	의의	내용		적용 원리
임금 수준	종업원에게 지급하는 임금의 평균 수준	승급, 승격, 베이스 업(up)		적정성
임금 체계	각 종업원에게 임금을 배분하는 구성 내용	기준 내 임금	연공급, 직무급, 직능급, 자격급	공정성
		기준 외 임금		
임금 형태	임금의 계산 및 지급 방식에 관한 것	시간급, 성과급, 특수임금형태		합리성

2 임금 수준의 결정

(1) 결정 요소

① 생계비: 노동자 가족의 생계비, 이론 · 실태 · 표준생계비

② 지불 능력

ㄱ 기업의 안정된 성장을 전제

ㄴ 생산성 기준법, 노동분배율법, 인건비 비율법 등

③ 동업 타사 수준: 우세임률

④ 노동시장의 수급: 노동력의 수요와 공급에 따른 결정

⑤ 노사관계: 노조의 교섭력

⑥ 정부: 최저 생계비, 근로기준법

(2) **결정 원리**: 임금 수준은 적정성의 원리에 따라 결정되어야 한다.

(3) **결정 구조**

　① 상한: 기업의 지불 능력

　② 조정 요인: 다른 회사 수준 등 사회적 임금 수준 및 기타 결정 요소

　③ 하한: 생계비 또는 최저임금

3 임금 체계의 관리

(1) 임금 체계의 결정 구조

임금 결정의 기본사고	임금 체계의 결정 요인	고려해야 할 요소	관련된 기본급
생계보장의 원칙	필요기준: 수령자의 필요를 중시한 임금 결정 기준	연령, 근속, 학력	연공급
노동 대응의 원칙	직무기준: 종업원의 직무 내용에 따라 임금 결정	업무	직무급
	능력기준: 종업원의 능력에 따른 임금 결정	보유능력	직능급
	성과기준: 종업원의 조직에 대한 기여도, 즉 업적(성과)에 따라 임금 결정	발휘된 능력	성과급

(2) 임금의 체계

구분	종류		결정 기준
기준임금 (본봉)	연공급	연공급	연령급
		근속급	근속연수
	직무급		직무가치
	직능급		연공급+직무급
	자격급		연공급+직무급+자격급
기준 외 임금	상여금		성과
	수당		성과
	퇴직금		근속연수

(3) 기준임금

① **연공급**: 연령·근속기간·학력·성별·경력 등 인적요소를 중심으로 임금을 결정하며, 보통 연령급과 근속급으로 구분(정액 승급형, 체증 승급형, 체감 승급형, S자 승급형)한다.

연공급의 장점	연공급의 단점
• 생활보장, 고용안정 • 기업에 대한 귀속의식 확대 • 연공 존중, 동양적 질서 확립 • 지휘체계의 안정 • 가족주의적 인간관계	• 소극적·종속적 근무태도 • 능력 있는 젊은 층의 사기 저하 • 전문인력의 확보 곤란 • 동일노동 동일임금의 실시 곤란 • 인건비 부담의 가중

② **직무급**: 중요도, 난이도, 기여도에 따라 직무의 질과 양에 대한 상대적 가치를 평가하고 그 결과에 따라 임금을 결정(개별 직무급, 단일 직무급, 범위 직무급)한다.

직무급의 장점	직무급의 단점
• 공정한 임금지급, 능력주의 • 직무를 기준으로 하여 합리적 인사관리 가능 • 연공 존중, 동양적 질서 확립의 반대 개념 • 개인별 임금 차 불만해소 • 비합리적 인건비 과다지출 방지	• 절차 복잡 • 연공 중심 풍토의 저항 • 종신고용 풍토 혼란 • 융통성 결여

③ **직능급**: 직무급과 연공급을 결합한 형태로, 직무수행 능력에 따라 개별 임금을 결정(병존형, 순수형)한다.

직능급의 장점	직능급의 단점
• 근로자 능력 신장 • 유능한 인재 확보 • 능력에 따른 임금의 결정과 불만 해소 • 완전한 직무급 도입이 어려운 동양적 기업 풍토에 적합	• 직무수행능력에 치우쳐 일상업무의 소홀 • 직무수행능력이 떨어지는 자의 근무의욕 상실 • 직무표준화, 직무분류의 미비로 인한 혼란

④ **자격급**: 직무급·연공급·자격급 등을 모두 결합한 형태이며, 자격제도를 바탕으로 한 임금체계로 직능급을 제도화한 것이다. 종업원의 자격취득 기준을 정하고 자격취득에 따라 임금의 차이를 두는 제도이다.

자격급의 장점	자격급의 단점
• 자아발전의 욕구 충족, 근로의욕의 향상 • 연공에 따른 자동승급의 지양 • 직무중심의 경직성 탈피	• 형식적 자격기준에 치우칠 우려 • 자격취득에 요청되는 시험제도로 인한 인간관계 저해의 우려

4 임금 형태의 관리

(1) 생애임금관리의 원칙

① 정의: 학교를 졸업하고 바로 입사한 표준적인 근로자가 취직 시부터 퇴직 시까지의 정기 및 특별급여, 퇴직금을 합산한 총 임금 수입을 의미한다.

② 생애임금관리

  ㉠ 연공급＋능력급＋성과급＋자격급

  ㉡ 기본 원칙: 근속연수에 맞는 능력과 능력에 맞는 업무를 할당한다.

  ㉢ 고임금하의 저노무비 전략에 적합한 기술지향적 임금관리가 이루어진다.

(2) 임금 형태의 분류

① 시간급제: 수행한 작업의 양과 질에는 관계없이 단순히 근로시간을 기준으로 하여 임금을 산정, 지불하는 방식이다.

단순시간급제	임금＝실제 작업 시간×시간당 임률
복률시간급제	• 표준과업량 미만인 경우: 임금＝실제 작업 시간×낮은 시간 임률 • 표준과업량 이상인 경우: 임금＝실제 작업 시간×높은 시간 임률

② 성과급제: 근로자의 작업에 대한 노력 및 능률의 정도를 고려해 높은 능률의 근로자에게는 높은 임금을 지급해 생활을 보장하고 생산성을 향상하고자 하는 임금 형태이다.

장점		• 합리성, 공평감, 작업능률 자극, 소득증대 효과 • 직접노무비 일정으로 인한 원가계산 용이	
단점		• 표준단가 결정, 작업량 측정 곤란, 심신과로, 수입 불안정 • 제품품질 저하, 기계설비 소모	
종류	개인 성과급제		단순 성과급제
		복률 성과급제 (차별 성과급제)	• 일급보장 성과급제 • 테일러식 차별적 성과급제 • 메리크식 복률 성과급제
	집단 성과급제	• 스캔론 플랜: 매출액을 기준으로 성과를 측정 • 럭커 플랜: 부가가치를 기준으로 성과를 측정 • 프렌치 시스템: 모든 절약분 • 링컨: 이윤분배＋성과급	

③ 추가급제와 상여급제(보너스)

추가급제	의의	시간급제와 성과급제를 절충해 보다 합리적인 임금 형태를 마련한 것
	종류	할증급제(절약임금 분배제), 핼시식 할증급제, 로완식 할증급제, 비도우식 할증급제, 간트식 할증급제
상여급제	의의	상여금은 명절이나 기업의 결산기 등에 기업의 업적이나 종업원의 근무성적에 따라 근로의욕 향상을 위해서 지급되는 임금의 형태
	종류	간트식, 에머슨식

④ 특수임금제

집단자극 임금제	• 개인임금 제도에 대립되는 개념 • 일정한 근로자집단별로 임금을 산출하여 지급하는 제도 • 근로자 상호 간의 긴밀한 연결 및 조화와 팀워크가 잘 이루어져야 함 • 작업 또는 공장 전체의 능률을 올리는 데 효과적임
순응임금제	• 임금 결정에 대한 영향요인을 정하고, 이 요인의 변동에 따라 임금도 순응 • 생계비순응 임금률제, 판매가격순응 임금률제, 이윤순응 임금률제
이익분배제	미리 정해진 기본적 보상 이외에 각 영업기간마다 결산 이익의 일부를 부가적으로 지급하는 방식

5 퇴직금의 관리

(1) 퇴직금의 재원조달

① 적립금 제도: 매 결산기 또는 일정 기간마다 기업이익의 일부 또는 기타의 재원에서 일정 금액을 퇴직금의 준비금으로 적립하는 제도이다.

② 생산비 처리

 ㉠ 회계처리할 때 생산비 중에 임금총액의 일정 비율을 퇴직금으로 처리하는 방법

 ㉡ 경제적인 여건이 안정된 경우에만 유효한 방법임

(2) 퇴직금 산정 방법

① 기본방정식: 산정기준 × 지급률

② 산정 기준: 기본급, 평균임금, 표준월임금, 월수총액 등을 고려한다.

③ 지급률: 기업의 지급능력, 노사 간의 협약, 사회의 일반 통례 등에 의해 결정된다.

(3) 퇴직금 관련 법규

① 퇴직금 제도의 설정 등: 퇴직금제도를 설정하려는 사용자는 계속근로기간 1년에 대하여 30일분 이상의 평균임금을 퇴직금으로 퇴직 근로자에게 지급할 수 있는 제도를 설정하여야 한다(「근로자퇴직급여 보장법」 제8조 제1항).

② 퇴직급여 제도의 설정: 사용자는 퇴직하는 근로자에게 급여를 지급하기 위하여 퇴직급여제도 중 하나 이상의 제도를 설정하여야 한다. 다만, 계속근로기간이 1년 미만인 근로자, 4주간을 평균하여 1주간의 소정근로시간이 15시간 미만인 근로자에 대하여는 그러하지 아니하다(「근로자퇴직급여 보장법」 제4조 제1항).

1 인간관계관리의 기초 개념

(1) 인간관계관리의 성립 배경

① 테일러의 과학적 관리법
- ㉠ 테일러는 노동자의 작업에 대한 연구를 통해 작업을 요소별로 세분화하고, 각각 표준시간을 결정함으로써 불필요한 동작을 최소화하려고 했다(시간연구·동작연구). 즉, 과학적 관리법은 조직과 인간관리의 과학화를 주장함으로써 능률을 극대화하려는 경영관리 기법이다.
- ㉡ 비판: 생산 과정에서 인간성을 배제하고 인간을 기계처럼 취급했다.

② 호손 실험: 작업능률은 근로조건(임금, 근로시간)이나 작업환경(조명, 환기) 등의 물리적 조건보다 종업원이 자기의 직무, 동료, 상사 및 회사 전체에 대하여 갖는 태도와 감정 등의 심리적 요소에 의해 크게 좌우된다. 종업원의 태도와 감정을 좌우하는 것은 개인적·사회적 환경, 사내의 세력관계, 그가 속해 있는 비공식집단의 힘 등이다.

더 알아보기

호손 실험

하버드대학의 메이요(Mayo) 등은 1924~1932년에 미국 시카고 교외에 있는 유수의 전화기 회사인 웨스턴 일렉트릭의 호손 공장에서 실험을 실시했다. 연구자들은 한 작업실 안에서는 조명의 밝기를 다양하게 조절했고, 다른 작업실에서는 조명을 계속 일정하게 유지했다. 그런 뒤 두 집단의 작업성과를 비교해 보았다. 그러나 결과적으로 두 집단 모두 성과가 증가했고, 심지어 조명의 밝기를 낮추었음에도 불구하고 생산성은 양쪽에서 모두 향상되었다. 이 실험에 따르면 작업능률 내지 생산성 향상의 결정적인 요인은 종업원의 심리적 태도(사기, 감정)와 비공식조직에 의한 경영 내 사회적 관계(개인의 사회적 환경, 사내 세력관계 등)이다.

---

2 인간의 본질에 대한 가정

(1) 맥그리거(Mcgregor)의 X이론, Y이론

X이론	가정	• 비관적·정태적·경직적·외재적 통제 • 인간은 일하기를 싫어하며, 가능하면 일을 회피하려 한다. • 인간은 지휘받기를 좋아하고, 책임회피를 원하며, 야망도 없고 안전을 원한다. • 조직목표의 달성을 위한 구성원의 노력을 유발하려면 처벌로 강제하고, 통제·지휘·위협해야 한다.
	관리적 행동에 미치는 영향	• 계획수립: 상위자는 목표설정 과정에서 지시적·권위적 역할을 수행한다. 즉, 부하에게 참여의 기회를 부여하지 않고, 상위계층에서 수립해 하위계층에 전달한다. • 지휘: 독재적 리더십으로 권한과 명령에 의한 지휘를 한다. 상위자에게 하위자로의 일방적 의사소통이 이루어지고 피드백이 없으며, 자기지시의 기회를 부여하지 않는다. • 통제와 평가: 외재적으로 부과된 표준에 의한 경직적 통제평가를 하며, 과거의 잘못을 발견하는 데 중점을 둔다.

Y이론	가정	• 낙관적 · 동태적 · 유동적 · 자기지시적 통제 • 인간은 일하는 것을 자연스러운 것으로 받아들인다. • 인간은 적절한 조건하에서는 책임을 수락하며 책임을 추구한다. • 자신에게 부과된 목표를 위하여 봉사하는 과정에서 자기지시적이다.
	관리적 행동에 미치는 영향	• 계획수립: 부하에게 참여의 기회를 부여하여 함께 계획을 수립한다. • 지휘: 참여적 리더십으로 팀워크를 강조한다. 다양한 의사소통이 이루어지며, 피드백을 통해 전달된 정확한 정보를 확보할 수 있다. • 통제와 평가: 내재적 자기통제를 하며, 환경의 변화에 따른 표준의 조정이 가능하다. 미래의 편차를 방지하기 위한 문제해결을 강조한다.

(2) 인간관계관리 제도

① **제안 제도**: 조직 운영이나 직무수행에 관련된 여러 개선안을 조직구성원이 제안하도록 하고, 우수한 제안에 대해서는 적절하게 보상하는 제도이다.

② **인사상담 제도**: 종업원의 불만이나 신상에 관한 상담에 응해 이를 해결해 주는 제도이다.

③ **사기(Morale) 조사**: 종업원들이 조직에 대하여 갖는 긍정적 태도나 만족도와 조직에 대한 충성심을 파악하여 조직의 건강상태를 파악하는 제도이다.

  ㉠ 통계적 방법: 작업현장의 문제점의 빈도수를 파악하여 구성원의 사기를 측정(예 이직률, 결근율, 지각률, 사고율, 고충 및 불평의 빈도 등)

  ㉡ 태도조사: 종업원들의 심리적 · 감정적 상태를 조사하는 방법

   • 면접법: 특별훈련을 받은 조사원들이 종업원을 직접 면담

   • 질문지법: 파악하려고 하는 여러 가지 질문사항을 기술하여 이를 토대로 조사

④ **고충처리 제도**

  ㉠ 기업에서 근로조건이나 대우에 대한 종업원의 불평이나 불만을 접수하여 처리하는 제도

  ㉡ 원만한 노사관계의 발전을 위해서도 활용되고 있으며 우리나라에서는 법으로 강제되고 있음

⑤ **의사소통**: 조직의 목적을 효과적으로 달성하기 위해 조직구성원의 노력이 공통의 목적을 향하여 통합 · 조정되도록 촉진하는 것이다.

⑥ **기타**: 소시오메트리(Mereno), 브레인스토밍(Osborn), 종업원지주 제도, 감수성훈련

1 노동조합

(1) 노동조합의 의의

① **숍 제도**: 양적인 파워 신장면에서 조합원 확보를 뒷받침해 주는 제도로, 근로자들의 조합가입 문제를 중점적으로 다룬 부분이다.

② **체크오프 제도**: 질적인 파워 신장면에서 자금 확보를 뒷받침하는 제도로, 조합원 3분의 2 이상의 동의가 있으면 노조는 세력 확보 수단으로서 체크오프 조항을 둘 수 있다.

(2) 노동조합의 형태와 기능

① 노동조합의 형태

  ㉠ 직종별 노동조합: 동일직업에 종사하던 숙련 노동자들이 자신들의 직업안정과 지위향상을 위해 조직한 배타적 노동조합 형태

  ㉡ 산업별 노동조합: 동일산업의 전 근로자를 하나로 조직하는 노동조합 형태

  ㉢ 일반 노동조합: 어떤 하나의 산업이나 두 개 이상의 산업에 걸쳐 종사하는 일반 근로자들이 조직한 노동조합 형태

  ㉣ 기업별 노동조합: 동일기업에 종사하는 근로자들이 직종, 직능의 차이, 숙련의 정도 등을 불문하고 조직하는 노동조합 형태

② 노동조합의 단결강제 형태

  ㉠ 질적인 측면의 단결강제: 조합비 또는 조합비 공제

  ㉡ 양적인 측면의 단결강제: Shop System

③ 노동조합의 기능과 가입 방법(Shop System)

기능	경제적 기능	가장 기본적 기능으로 단체교섭과 경영 참가가 대표적
	공제적 기능	조합원 상호 간에 수행되는 대내적 기능으로 조합이 기금을 설치하여 그것을 가지고 상호 공제하는 활동 전개
	정치적 기능	국가나 사회단체가 그 상대이며 교섭이라는 형식을 취하지 않음
가입 방법	오픈숍	사용자가 조합원 또는 비조합원의 여부에 상관없이 아무나 채용할 수 있으며, 근로자 또한 노동조합의 가입·탈퇴가 자유로움
	유니온숍	• 사용자에게 조합원 또는 비조합원의 여부에 상관없이 종업원을 고용할 자유는 있으나, 일단 고용된 후 일정 기간 이내에 종업원은 노동조합에 가입해야 함 • 유니온숍하에서 근로자가 노동조합을 탈퇴하면 원칙적으로 사용자는 해당 근로자를 해고할 의무를 지게 됨
	클로즈드숍	• 사용자가 조합원만을 종업원으로 신규 채용할 수 있음 • 비조합원은 원칙적으로 신규 채용할 수 없음
	에이전시숍	조합가입의 의사가 없는 종업원에게는 조합가입이 강제되지 않지만, 조합가입에 대신해 조합비를 조합에 납입해야 함
	기타	조합원자격 유지 제도, 조합원우대 제도

② 노사협력을 위한 각종 제도

(1) 단체교섭 제도

① 단체교섭의 의의: 경영자와 노동조합의 대표가 노동협약을 체결하기 위하여 교섭하는 과정으로, 주로 영국과 미국에서 사용한다.

② 단체협약

    ㉠ 단체교섭에 의해 노사 간에 의견일치를 본 사항을 뜻한다.

    ㉡ 법률에 저촉되지 않는 한 취업규칙이나 개별 근로계약에 우선하여 적용된다.

    ㉢ 주로 임금과 고용조건에 관한 사항이다.

③ 단체교섭의 기능

    ㉠ 근로조건을 통일적이고 일률적으로 개선한다.

    ㉡ 근로자의 QWL(Quality of Working Life, 근로생활의 질)을 향상시킨다.

    ㉢ 근로자의 불만을 조정하고, 경영에 건전한 자극을 준다.

    ㉣ 노사관계를 대등한 관계로 발전시킴과 동시에 협동적인 관계로 발전하는 데 공헌한다.

④ **노동쟁의와 조정**

    ㉠ 노동쟁의: 임금, 근로시간, 복리후생, 채용, 해고 등의 근로조건에 관한 노사 간 주장의 불일치로 인한 분쟁 상태(단체교섭이 단체협약을 체결하지 못하고 깨진 경우)

    ㉡ 노사분쟁의 분류

        • 이익분쟁: 단체교섭 과정에서 노사 간 이해관계의 불일치로 나타나는 분쟁

        • 권리분쟁: 협약체결 후 그 해석이나 성실한 이행 여부와 관련하여 노사 간의 주장이 불일치해 발생하는 분쟁

    ㉢ 쟁의행위

        • 노조의 쟁의행위: 파업, 태업, 불매운동, 시위

        • 사용자 측의 쟁의행위: 직장폐쇄, 노조 측의 쟁의행위에 대한 대항수단

        • 노동쟁의의 조정: 알선, 조정, 중재, 긴급조정

            – 알선: 당사자의 자주적인 해결책을 촉진함으로써 쟁의를 해결하려는 방법

            – 조정: 제3자의 개입을 통한 문제 해결 방법

            – 중재: 중재위원회에서 내리는 중재재정이 관계당사자를 구속한다는 점에서 당사자의 자주적 해결의 원칙이 적용되지 않는 조정 방법

            – 긴급조정: 중앙노동위원회에 의한 강제적인 쟁의조정 제도

⑤ 부당노동행위의 종류

    ㉠ 불이익 대우: 근로자가 조합원이라는 것을 이유로 근로자를 다른 근로자와 별대우하여 해고하거나 불이익을 주는 행위

    ㉡ 반조합 계약 또는 황견계약: 근로자가 노동조합에 가입하지 아니할 것 또는 탈퇴할 것을 고용조건으로 하거나 특정한 노동조합의 조합원이 될 것을 고용조건으로 하는 행위

    ㉢ 단체교섭 거부: 노동조합 측으로부터의 단체협약 체결이나 기타의 단체교섭을 정당한 이유 없이 거부하거나 해태하는 행위

    ㉣ 지배개입 및 경비원조: 근로자가 노동조합을 조직 또는 운영하는 것을 지배하거나 이에 개입하는 행위와 노동조합의 운영비를 원조하는 행위

    ㉤ 보복적 불이익 대우: 근로자가 정당한 단체행동에 참가한 것을 이유로 하거나 또는 노동위원회에 대하여 사용자의 부당노동행위를 신고증언하거나, 기타 행정관청에 증거를 제출한 것을 이유로 그 근로자를 해고하거나 불이익을 주는 행위

(2) 경영참가 제도의 유형

① 자본참가 제도

    ㉠ 종업원 지주 제도: 근로자에게 자기 회사의 주식을 소유하게 하여 소속감, 애사심을 갖게 하는 제도

    ㉡ 노동주 제도

② 이익참가 제도: 이윤분배 제도

③ 경영참가 제도(협의제): 노사협의제, 공동결정제

(3) 노사협의제도: 근로자와 사용자 쌍방이 참여와 협력을 통하여 노사 공동의 이익을 증진함으로써 산업 평화를 도모하고 국민경제 발전에 이바지함을 목적으로 한다(「근로자참여 및 협력증진에 관한 법률」 제1조).

06 | 계량의사결정론

01 확실한 상황하의 의사결정

1 계량의사결정론의 개요

(1) 계량의사결정의 의미와 과정

① 의미: 어떠한 문제에 직면했을 때 2개 이상의 선택 가능한 해 중 요구되는 목적에 가장 적합한 해를 수리적인 방법을 통하여 도출하는 의사결정기법을 말한다.

② 과정: 문제의 인식 및 정의(문제의 목적과 제약조건들을 검토) → 모형의 설정 → 모형의 해 도출 (Excel, 심플렉스법 등을 이용하여 해 도출) → 목적에의 타당성 검토(목적에 맞는 최적해인가?) → 모형의 수정 및 보완 → 최적해의 실행

(2) 계량의사결정의 종류

분류 기준	내용
의사결정의 성격	• 정형적 의사결정: 반복적으로 발생하는 일상의 의사결정으로서, 선형계획법이 대표적이며, 프로그램화가 가능함 • 비정형적 의사결정: 경영자의 창의력이나 직관에 의존하며, 비반복적이어서 프로그램화가 불가능함
의사결정의 수준	• 최고경영층은 전략적 의사결정을, 중간관리자는 관리적 의사결정을, 하위관리층은 업무적 의사결정을 수립함 • 전략적 의사결정: 기업의 기본적인 성격에 영향을 주는 의사결정으로, 기업의 내부와 외부환경에 관한 의사결정(장기적 · 거시적 성격) • 관리적 의사결정: 전략적 의사결정을 구체화하기 위해 중간관리층에 의해 이루어지는 의사결정이며, 인적 · 물적자원을 조달하여 주어진 목적에 가장 적합한 대안을 선택하고, 그에 맞는 자원 배분을 하기 위한 의사결정 • 업무적 의사결정: 일상적으로 행하는 업무에 관한 의사결정으로, 기업자원의 전환 과정에서 능률과 수익성의 극대화를 목적으로 함
의사결정의 환경	• 확실한 상황하의 의사결정: 미래의 상황전개를 확정적으로 알고 있다는 가정하의 의사결정 • 위험한 상황하의 의사결정: 미래의 각 상황의 발생 가능성을 확률적으로 추정 가능한 상황하의 의사결정으로, 대부분의 의사결정자들이 현실적으로 직면함 • 불확실한 상황하의 의사결정: 미래 상황발생에 대해 전혀 정보가 없는 상황에서의 의사결정으로, 각각의 의사결정 대안에 따른 출현 가능 결과는 알고 있으나, 각각의 결과가 나타날 확률을 추정할 수 없음 • 상충하의 의사결정: 자신의 의사결정뿐 아니라 상대방의 의사결정을 함께 고려해야 하는 상황으로, 게임이론이 대표적임

② 선형계획법(LP, Linear Programming)

(1) 선형계획법(LP)의 개요

① 선형계획법의 의미: 선형계획법은 주어진 자원(제약조건)하에서 목적(목적함수)에 적합한 최적해를 도출하여 최적의 자원배분을 달성하는 계량적 기법이다. 1차 부등식 또는 1차 방적식의 형태로 표현되는 제약조건하에서 1차식으로 표현되는 목적함수의 최대화 또는 최소화를 달성할 수 있는 최적의 자원배분 기법이다.

② 선형계획법의 가정

1차성 또는 선형성	비례성	소요되는 자원과 산출량은 정비례 관계를 이룬다.
	가산성(가법성)	모든 활동으로부터의 총이익 또는 총비용은 개별 활동에서의 이익 또는 비용의 합계와 일치한다.
확실성(확정성)		목적함수의 계수, 기술계수, 자원가용량을 포함한 모든 계수는 확정적인 값으로 알려진다.
분할성(가분성)		의사결정변수는 연속적이다. 즉, 소수 또는 분수값을 가질 수 있다.
유한성		의사결정변수와 그 대안은 유한하며, 변수 간에는 상호관련성이 있다.

③ 선형계획법의 구성 요소

㉠ 목적함수: 의사결정의 목적을 나타낸 것으로, 1차식으로 표현되는 이익극대화 혹은 비용최소화를 표현한 함수를 말한다.

㉡ 제약조건: 제한된 물적 자원, 노동시간 등의 의사결정변수 상호 간의 제약을 나타낸 것으로, 1차 방정식 혹은 1차 부등식으로 표현된다.

㉢ 비음조건(Non-negativity): 모든 의사결정변수와 여유변수, 잉여변수, 인공변수는 0보다 크거나 같아야 한다는 제약조건이다.

(2) 선형계획법의 쌍대문제

① 쌍대문제: 모든 선형계획모형은 그에 대응하는 쌍대문제가 존재하며, 원본문제와는 다른 의미로 분석될 수 있다.

② 원본문제와 쌍대문제의 예시

㉠ 원본문제: 박씨의 식단문제

- 비타민A와 C에 대해서 필요한 1일 최소 요구량을 섭취해야 한다.
- 식품 종류별 비타민 포함량과 가격은 다음과 같다(아래표 참조).
- 어떻게 식단을 구성하면 1일 최소 요구량의 비타민을 섭취할 수 있는가?

비타민	식품 1kg에 포함된 비타민 단위 수 및 가격						1일 최소 요구량(단위 수)
	식품1	식품2	식품3	식품4	식품5	식품6	
비타민A	1	0	2	2	1	2	9
비타민C	0	1	3	1	3	2	19
식품 가격	35	30	60	50	27	22	-

- 모형화

$$Min \; 35X_1 + 30X_2 + 60X_3 + 50X_4 + 27X_5 + 22X_6 (구입비용 \; 최소)$$
$$s.t. \; X_1 + 2X_3 + 2X_4 + X_5 + 2X_6 \geq 9 (비타민A \; 기준치 \; 제한)$$
$$X_2 + 3X_3 + X_4 + 3X_5 + 2X_6 \geq 19 (비타민C \; 기준치 \; 제한)$$
$$X_1, X_2 \geq 0 (비음조건) \; (단, \; X_n = 식품 \; n의 \; 단위 \; 수)$$

ⓛ 쌍대문제: 제약 회사의 비타민 알약 가격 결정

- 비타민 알약을 섭취하여 필요한 1일 최소 요구량 섭취가 가능하다.
- 제약회사에서는 아래 표에 나와 있는 6종류의 식품에서만 비타민A, C를 추출한다고 가정한다.
- 비타민 알약 가격이 식단 구성비보다 비싸면 사지 않을 것이다.
- 판매 수입을 최대로 하는 비타민 알약 가격은 어떻게 결정하는가? (단, 비타민A, C 알약 1개에는 각각 비타민A, C를 1단위씩 포함)
- 모형화: 각 식품 1kg에 포함된 비타민을 알약으로 대신하는 비용≤식품가격이 되어야 소비자들은 비타민 알약을 사게 된다.

$$Max. \; 9Y_1 + 19Y_2 (알약 \; 판매 \; 수입)$$
$$s.t. \; Y_1 \leq 35 (식품1 \; 제한) \qquad Y_2 \leq 30 (식품2 \; 제한)$$
$$2Y_1 + 3Y_2 \leq 60 (식품3 \; 제한) \qquad 2Y_1 + Y_2 \leq 50 (식품4 \; 제한)$$
$$2Y_1 + 2Y_2 \leq 27 (식품5 \; 제한) \qquad 2Y_1 + 2Y_2 \leq 22 (식품6 \; 제한)$$
$$Y_1, Y_2 \geq 0 (비음조건)$$

ⓒ 원본문제와 쌍대문제: 쌍대 관계

구분	식단문제(원본문제)	비타민 알약 가격 결정 문제(쌍대문제)
최적해에서	• 목적함수(최소화): 179백 원 • 의사결정변수(식단구성 식품량): (0, 0, 0, 0, 5, 2) • 제한조건 잠재가격(비타민): (3, 8)	• 목적함수(최대화): 179백 원 • 의사결정변수(알약가격): (3, 8) • 제한조건 잠재가격(식품): (0, 0, 0, 0, 5, 2)
수학적 모형에서	• 목적함수: Minimize • 계수: 35, 30, 60, 50, 27, 22 • 제약식 방향: ≥ • 제약식 우변: 9, 19	• 목적함수: Maximize • 계수: 9, 19 • 제약식 방향: ≤ • 제약식 우변: 35, 30, 60, 50, 27, 22

- 모든 선형계획 문제에는 쌍대문제가 존재하나 그것이 모두 의미를 가지는 것은 아니다(위 문제에서 제약회사가 없다면 쌍대문제의 이해 불가).
- 대부분의 선형계획의 쌍대문제는 현실적 의미를 알 수 없다.

3 수송법

(1) 의의: 공급지로부터 수요지까지 최소의 비용으로 수송하는 것에 대한 의사결정기법으로, 제약식은 모두 등식이다(제약식이 모두 등식인 것: 수송법, 할당법, 목표계획법).

(2) 예제 – 생산 · 배분 문제(DEC): DEC 컴퓨터 회사는 미국 · 영국 · 독일에서 CPU칩을 생산하며, 캐나다 · 타이완 · 멕시코에서 마더보드를 조립한다. 또한 CPU칩은 마더보드 조립 공장으로 수송되어야 하며, 1주일 단위의 생산능력, 수요량 및 단위당 수송비용은 아래 표와 같다. 이때 수송비용이 최소가 되는 수송방법은 무엇인가?

구분		마더보드 조립공장(수요지)			
		캐나다(I)	타이완(II)	멕시코(III)	생산능력(천 개) =공급량
CPU 칩공장 (공급지)	미국(A)	8	5	6	120
	영국(B)	15	10	12	80
	독일(C)	3	9	10	80
	수요량(천 개)	150	70	60	280

4 할당법

(1) 의미 및 특징: 할당법은 수송문제의 해의 성질을 이용한 것으로 기계에 대한 작업할당 문제 등에 이용될 수 있다. n개의 작업을 n개의 기계에 할당해야 하는 경우, 총비용이 최소가 되도록 각 작업을 각 기계에 할당하는 데 적합하도록 개발된 기법이다. 기회비용의 사고방식을 적용하면 쉽게 해결할 수 있다.

(2) 헝가리 방법을 통한 최적해 도출

① 기계의 준비시간 줄이기 문제: 4개의 기계에 4개의 작업을 할당하려 하며, 각 기계는 한 개의 작업만 수행한다. 또한 기계는 작업을 시작할 때 준비작업이 필요하다. 이때 기계에 작업을 어떻게 할당하면 총 준비작업 시간이 최소화되는가?

	작업1	작업2	작업3	작업4	공급량
기계1	9	7	5	10	1
기계2	10	6	10	3	1
기계3	9	5	7	4	1
기계4	7	2	8	6	1
수요량	1	1	1	1	

㉠ 기회비용표 작성: 현재 할당비용표의 각 행에서 그 행의 최소비용을 뺀 뒤, 각 열에서 그 열의 최소비용을 빼어 기회비용표로 만든다.

㉡ 최적성 검사: 현재 기회비용표의 모든 0을, 행과 열을 따라 최소 개수의 직선으로 지운다. 이들 직선의 개수가 행(또는 열)의 수와 같으면 D로 가고, 행의 수보다 적으면 C로 간다.

ⓒ 기회비용표 수정: 직선으로 지워지지 않은 기회비용 중에서 최소값을 찾아, (1) 직선으로 지워지지 않은 값에서는 빼고, (2) 직선으로 두 번 지워진 값에는 더한 뒤, 모든 직선을 없애고 단계 2로 간다.

ⓔ 최적할당: 현재의 기회비용이 0인 것으로 일대일 대응하면 최적할당이다.

	작업1	작업2	작업3	작업4	공급량
기계1	9	7	5	10	1
기계2	10	6	10	3	1
기계3	9	5	7	4	1
기계4	7	2	8	6	1
수요량	1	1	1	1	

	작업1	작업2	작업3	작업4	공급량
기계1	4	2	0	5	1
기계2	7	3	7	0	1
기계3	5	1	3	0	1
기계4	5	0	6	4	1
수요량	1	1	1	1	

	작업1	작업2	작업3	작업4	공급량
기계1	0	2	0	5	1
기계2	3	3	7	0	1
기계3	1	1	3	0	1
기계4	1	0	6	4	1
수요량	1	1	1	1	

	작업1	작업2	작업3	작업4	공급량
기계1	0	3	0	6	1
기계2	2	3	6	0	1
기계3	0	1	2	0	1
기계4	0	0	5	4	1
수요량	1	1	1	1	

	작업1	작업2	작업3	작업4	공급량
기계1	0	3	0	6	1
기계2	2	3	6	0	1
기계3	0	1	2	0	1
기계4	0	0	5	4	1
수요량	1	1	1	1	

	작업1	작업2	작업3	작업4	공급량
기계1	0	3	0	6	1
기계2	2	3	6	0	1
기계3	0	1	2	0	1
기계4	0	0	5	4	1
수요량	1	1	1	1	

∴ 총 작업시간=9+2+5+3=19

5 동적계획법

(1) **동적계획법**(DP, Dynamic Programming)
  ① 의사결정상황을 시간적·공간적으로 여러 단계로 나누어 취급한다. 따라서 결정변수의 값도 한꺼번에 결정하는 것이 아니라 각 단계마다 결정한다.
  ② 단계적 결정이라는 특성 때문에 다단계계획법이라고도 한다.

(2) **최적성의 원리**(Principle of Optimality): 동적계획법은 선형계획법에 비해 현실을 더 잘 반영할 수 있는 반면에 뚜렷한 해법이 없다. 따라서 문제에 따라 해법이 서로 다른데, 모든 경우에 적용되는 개념이 최적성의 원리이다.

(3) **순환식**(Recursive Equation): 최적성의 원리가 반영되어 모형의 해를 단계적으로 구할 수 있게 하는 수식이다.

6 목표계획법

(1) **목표계획법**(GP, Goal Programming)
  ① 이익 최대화나 비용 최소화라는 단 하나의 목표 이외에 서로 상충되는 여러 개의 목표가 있는 경우의 수리계획법이다.
  ② 여러 개의 목표 중 우선순위가 높은 목표부터 만족시켜 나간다(상위의 목표가 충족되지 않은 상황에서는 하위의 목표도 충족될 수 없다고 가정).
  ③ 목표에 미달하거나 초과하는 값을 표시하는 편차변수를 도입하여 편차합의 최소화를 목적함수로 하는 최소화 문제로서, 결정하고자 하는 직접적인 변수는 편차변수이다.

(2) 이익을 최대화하는 경우 선형계획법과 목표계획법의 개념

(a) 선형계획법　　　　　(b) 목표계획법

(3) 목표계획법의 모형화

① 목표계획모형의 구성 요소: 편차변수, 시스템 제약조건, 목표 제약조건, 목적함수

② 편차변수

ㄱ 편차: 미리 정해진 목표와의 차이를 나타내는 값이다.

ㄴ 목표 값보다 큰 편차는 d^+, 목표 값보다 작은 편차는 d^-로 표시한다.

ㄷ 두 편차변수 중 하나는 반드시 0이 된다. 예를 들어 어떤 제품의 생산량 목표가 100단위인데, 실제 생산이 90단위라면 $d^- = 10$, $d^+ = 0$이다.

③ 시스템 제약조건: 선형계획모형에서의 제약조건과 같은 의미의 환경적·시간적·물질적 제약 등 외부적으로 주어진 제약을 말하며, 이 제약조건은 반드시 만족되어야 하는 절대적인 제약을 의미한다.

④ 목표 제약조건

ㄱ 목표들의 희망수준을 나타내기 위한 식으로, 예를 들어 어느 회사에서 제품 A의 생산량($X1$)을 최소 100단위 이상 생산하는 경우

ㄴ 선형계획법의 관점: $X_1 \geq 100$(절대적인 제약)

ㄷ 목표계획법의 관점: $X_1 + d_1^- - d_1^+ = 100$(목표 달성 여부를 표시)

⑤ 목적함수

ㄱ 목표들로부터의 편차를 최소화한다.

· 목표의 성격상 설정된 값보다 커야 좋은 경우: 미달을 나타내는 편차변수(d_i^-)를 최소화한다.

· 설정된 목표값보다 작아야 좋은 경우: 초과를 나타내는 편차변수(d_i^+)를 최소화한다.

ㄴ 목표들의 우선순위를 표시하는 편차변수의 계수를 결정한다.

· 목표들의 우선순위가 고정되어 높은 우선순위의 목표부터 차례로 만족이 되어야 하는 경우: 편차변수의 계수를 부호화하여 표시한다. 즉, 차례대로 p_1, p_2, $p_3 \cdots$ 등으로 부여하며, 여기서 $p_1 > p_2 > p_3 \cdots$(단순히 숫자적으로는 비교할 수 없을 정도의 차이를 표시)이다.

· 목표들의 우선순위가 순차적으로 정해져 있지 않은 경우: 각 목표에 대한 가중치를 부여하여 편차들의 가중합을 최소로 한다.

ㄷ 선형계획법의 목적함수와 근본적으로 같기 때문에 일반 심플렉스법으로 최적해를 구한다.

▣ 정수계획법

(1) 정수계획법(IP, Integer Programming)

① 의미: 의사결정변수가 정수의 값만을 갖는 수리계획법을 의미한다. 정수선형계획법(ILP)은 IP 중에서도 목적함수와 제약조건이 모두 1차식인 경우를 말한다.

② 종류

    ㉠ 순수정수계획모형: 모든 변수가 정수인 모형이다.

    ㉡ 혼합정수계획모형: 변수 중 일부가 정수인 모형이다.

    ㉢ 0-1 정수계획모형: 모든 변수가 0 또는 1인 모형이다.

③ 중요성

    ㉠ 실제 의사결정 상황이 정수인 해를 요구하는 경우가 많다.

    ㉡ 의사결정문제 중 정수계획모형으로 모형화하면 쉽게 해결되는 경우가 있다.

(2) 예제모형 – 유통회사인 Y사의 유통판매점 및 물류센터 신설계획: 정수계획법의 모형화는 변수가 정수이어야 한다는 조건만 추가하면 선형계획법과 같다.

① 개요

    ㉠ 38억 원의 예산으로 유통판매점과 물류센터를 신설 계획

    ㉡ 신설비용: 판매점 5억 원, 물류센터는 10억 원

    ㉢ 월간 예상수익: 판매점 4천만 원, 물류센터 6천만 원

    ㉣ 물류센터는 1개 이상을 반드시 신설해야 하며, 두 시설을 합하여 5개가 넘지 않아야 한다.

② 모형화 가이드

    ㉠ 의사결정변수: 신설 유통판매점과 물류센터의 수이므로 정수계획모형

> X_1은 신설할 판매점의 수, X_2는 신설할 물류센터의 수, X_1과 X_2는 음이 아닌 정수 등이다.

    ㉡ 목적함수: 월간 예상총이익을 최대화

$$Max.\ Z = 4X_1 + 6X_2 \text{(월간 예상총이익)}$$

    ㉢ 제약조건

> $s.t.\ 5X_1 + 10X_2 \leq 38$(예산 제약) $X_1 + X_2 \leq 5$(총 시설 수 제약)
> $X_2 \geq 1$(물류센터 수 제약) X_1, X_2는 음이 아닌 정수

ⓔ 완성 모형

> $Max.\ Z=4X_1+6X_2$(월간 예상총이익)
> $s.t.\ 5X_1+10X_2\leq38$(예산 제약) $X_1+X_2\leq5$(총 시설 수 제약)
> $X_2\geq1$(물류센터 수 제약) $X_1,\ X_2$는 음이 아닌 정수

③ 해법

ⓐ 열거법: 최적해가 될 수 있는 실행 가능해를 모두 열거하여 최적해를 찾는 방법

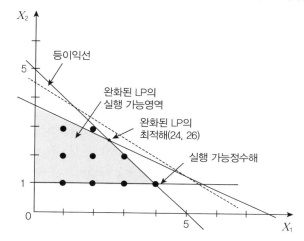

ⓑ 선형계획법의 해를 이용한 근사법: 변수의 정수제약조건을 완화한 선형계획모형(LP Relaxation)의 해를 구하여, 그 값을 반올림, 반내림하거나 절삭하여 정수해를 구하는 방법이다. 매우 쉬운 방법이기는 하지만 최적해를 얻지 못하거나 실행 불가능한 해를 얻을 수도 있다.

ⓒ 절단평면법: 새로운 제약식(절단평면)을 추가하여 기존의 실행 가능영역 중 정수해를 포함하지 않는 부분을 제외하는 과정을 반복함으로써 결국 최적정수해를 구하는 방법이다. 선형계획법의 민감도 분석 기법을 적용하는 것으로 개념적으로는 우수하지만 계산상의 효율성이 적은 한계가 있다.

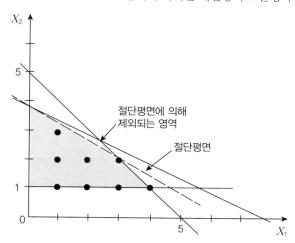

ⓔ 분단탐색법: 해의 집합을 열거해 가면서 최적해의 가능성을 검토하고, 가능성이 없는 집합은 고려 대상에서 제외시켜 검토 영역을 좁혀나감으로써 최적정수해를 찾는 방법이다. 해의 집합을 열거하기 때문에 부분적인 열거법이라고도 할 수 있으며, 다른 해법에 비해 개념상으로나 계산상으로 가장 우수하다.

8 비선형계획법

(1) **비선형계획법(NLP, Non-Linear Programming)**: 목적함수나 제약조건이 1차식이 아닌 함수(비선형함수)로 표시되는 수리계획법이다. 현실의 비선형성을 선형계획법에서는 민감도분석에 의해 보완하지만, 근본적인 방법은 비선형계획모형으로 수식화하여 최적해를 구하는 것이다. 비선형계획법은 선형계획법의 심플렉스법과 같은 효율적인 해법이 존재하지 않는다.

(2) **등식제약이 없는 경우(Constrained)의 비선형계획모형**

① 미분 가능 비선형함수 $f(x)$에 대하여 해가 극대치가 되기 위한 조건을 가진다.

> • 필요조건: 함수 $f(x)$가 $x = \overline{X}$에서 극대치를 가지면 $f'(\overline{X}) = 0$
> • 충분조건: $f(x)$가 $x = \overline{X}$에서 2차 미분 가능하고,
> $$f'(\overline{X}) = 0, \ f''(\overline{X}) < 0$$이면 $\overline{X}$는 $f(x)$의 극대치이다.
> ※ 극소치의 경우: 필요조건은 같고, 충분조건은 $f''(\overline{X}) > 0$이다.

② 예제 모형 – E사의 판매가격 결정문제

가정용 요리기구를 생산·판매하는 E사의 판매가격 결정 문제

신제품에 대한 가격을 p(단위: 만 원), 월별 수요를 d라 표시하면 $d = 1,200 - 100p$

제품의 단위당 원가가 5만 원일 때, 이익을 최대로 하는 판매가격을 결정하는 문제

> ※ 이익함수를 $f(p)$로 나타내면
> $$f(p) = p \times d - 5 \times p = p(1,200 - 100p) - 5(1,200 - 100p) = -100p^2 + 1,700p - 6,000$$
> 따라서 최적판매가격 $\overline{X}$는 다음의 두 조건을 만족해야 한다.
> (1) $f'(\overline{X}) = 0$
> (2) $f''(\overline{X}) < 0$
> (1)을 만족하는 $f'(p) = -200p + 1,700$에서 $p = 8.5$(만 원)
> 충분조건을 확인하기 위하여 $f(p)$를 2차 미분하면 $f''(p) = -200 < 0$
> 즉, $p = 8.5$는 $f(p)$를 최대화하기 위한 필요조건과 충분조건을 모두 만족시키므로 신제품에 대한 E사의 최적결정가격은 8만 5천 원, 예상 총이익은 1,225만 원이다.
> ※ 변수가 여러 개인 경우
> 제약조건이 없는 경우 변수가 여러 개인 비선형함수의 극대(소)치에 대한 필요조건
> 함수 $f(x_1, x_2, \cdots, x_n)$가 $(x_1, x_2, \cdots, x_n)$에서 극대(소)치를 가지면, n개의 편미분 함수 $\dfrac{\partial f(x_1, x_2, \cdots, x_n)}{\partial x_i} = 0$이다.

(3) 등식제약하(Constrained)의 비선형계획모형

n개의 결정변수 $x_1, x_2, \cdots, x_n$과 m개의 등식제약을 갖는 비선형계획모형

$$
\begin{aligned}
&Max.(\text{또는 } Min)\ f(x_1, x_2, \cdots, x_n) \\
&s.t. \qquad\qquad g_1(x_1, x_2, \cdots, x_n)=0 \\
&\qquad\qquad\qquad g_2(x_1, x_2, \cdots, x_n)=0 \\
&\qquad\qquad\qquad\qquad \vdots \\
&\qquad\qquad\qquad g_m(x_1, x_2, \cdots, x_n)=0
\end{aligned}
$$

---

02 위험한 상황하의 의사결정

■ 의사결정 기초개념

(1) 의사결정수(Decision Tree): 여러 단계를 거치는 확률적인 대안들의 구조를 고려해 여러 가지 갈래의 가지와 마디가 있는 나무의 형태로 표현한 것이다. 상황과 대안, 각 대안별로 기대되는 성과들로 구성된다.

(2) 시뮬레이션

① **개념:** 경영과학의 여러 기법 중에서 통계분석과 함께 가장 많이 이용된다. 최적해를 도출하는 기법이라기보다는 시스템의 상태를 파악하는 묘사적인 방법이다.

② **필요성**

  ㉠ 실제상황에 대한 실험이 비실용적이거나 불가능한 경우: 기업에서 새로운 분야에 대한 투자결정이라든지 적대국 간의 전쟁 등에서는 실험이 곤란하다.

  ㉡ 수학적인 표현이 불가능하거나 표현은 가능하더라도 해를 구하기가 곤란하거나 불가능한 경우: 현실의 많은 문제들이 수학적으로 너무 복잡하고 다양한 변수가 포함되어 있어 수식적인 해결이 곤란하다.

③ **장점**

  ㉠ 과학적인 다른 방법으로 다룰 수 없는 복잡하고 동적인 현상을 모형화할 수 있음

  ㉡ 다른 방법으로는 불가능하거나 실행하기 곤란한 실험이 가능함

  ㉢ "만약에(What if)"라는 질문이 쉽게 적용될 수 있음

  ㉣ 시스템과 여러 변수들의 상대적인 중요성에 대해 중요한 통찰력을 제공함

  ㉤ 실제 사건을 압축할 수 있음(1년간의 상태를 아주 짧은 시간 안에 실행 가능)

  ㉥ 복잡한 수학적 지식이 없어도 이용 가능함(경영진들의 의사결정도구로 적합)

④ 단점

　　㉠ 최적해를 찾는 방법이 아니며, 많은 비용이 요구됨

　　㉡ 표본오류가 존재함(표본의 크기나 실행시간 확대로 축소 가능)

　　㉢ 통계적 이론 등 배경지식이 필요함

　　㉣ 문제에 대한 분석·평가만 가능함(의사결정은 별도로 이루어짐)

⑤ 종류

　　㉠ 아날로그시뮬레이션

　　㉡ 디지털시뮬레이션

　　㉢ 몬테칼로시뮬레이션

(3) **마코브모형**: 미래에 전개되는 상황이 확률적인 과정을 따르면서 변화되는 상황을 뜻한다.

더 알아보기

마코브 체인과 마코브 프로세스
- 마코브 체인: 다음 단계의 상황이 과거 상태에는 영향을 받지 않고, 현재 상태에서 한 단계 전이를 거쳐 정해지는 과정
- 마코브 프로세스: 연속적인 시간 흐름에 따라 변화하는 경우

---

(4) **대기행렬모형**: 확률이론을 적용하여 고객과 서비스 시설과의 관계를 모형으로 작성한 것으로 고객의 도착상황에 대응할 수 있는 경제적 규모를 결정하는 방법이다. 총 대기비용(고객의 대기시간에서 오는 고객 상실 등의 대기비용+서비스시설의 확장에 따른 추가 서비스 비용)을 최소화시키는 최적 서비스시설의 수를 결정한다.

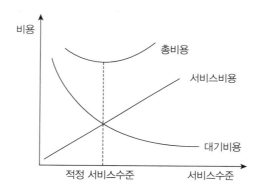

② PERT/CPM

(1) **PERT(Program Evaluation and Review Technique)/CPM(Critical Path Method)**: 대형 프로젝트의 일정관리에 활용되는 기법으로 대형 프로젝트는 수백~수천 개의 활동으로 구성되어 있으며 수행 순서가 있다.

① PERT: 활동의 소요시간을 확률적으로 추정한다.

② CPM: 활동의 소요시간이 확정적인 경우에 적용한다.

(2) 네트워크로의 표현

① 과정: 프로젝트를 구성하는 활동을 열거 → 각 활동별 소요시간을 열거 → 각 활동의 선행활동을 파악

② AOA(Activity on Arc) 네트워크: 활동을 아크(가지)에 표시한다.

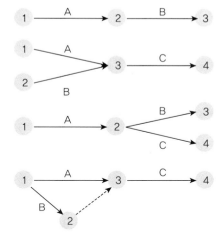

(A, B, C: 활동)

③ 네트워크의 활동과 노드시간

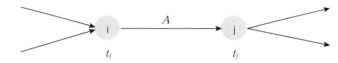

㉠ 활동-노드 관계식: $t_i + d_a \leq t_j$ (또는 $t_j + t_i \geq d_a$)

㉡ t_i: 노드시간(노드 i에서 시작하는 활동들의 시작 가능시간)

㉢ d_a: 활동 A의 활동시간

1 불확실성

미래에 발생할 수 있는 상황과 그 상황이 발생하는 경우 얻게 되는 결과에 대해서는 추정할 수 있으나, 각 상황들에 대한 정보, 즉 각 상황들이 발생하는 확률은 전혀 추정할 수 없는 경우를 말한다.

2 의사결정의 기준 – 낙관자와 주관자

(1) Maximin 기준: 각 대안에 대해 불리한 상황에서 얻을 수 있는 최소의 이득을 정한 다음, 그중에서 최대 이득을 주는 대안을 선택하는 기준으로서 불리한 상황이 전개될 것에 대비하는 주관적 기준이다.

(2) Maximax 기준: 각 대안별로 아주 유리한 상황에서 얻을 수 있는 최대의 이득을 주는 대안을 선택하는 기준으로, 상황이 유리하게 전개될 것을 기대하는 낙관적 기준이다.

(3) **후르비츠(Hurwiz) 기준**: Maximax 기준을 $\alpha(0 \leq \alpha \leq 1)$만큼 반영하고 Maximin 기준을 $(1-\alpha)$만큼 반영하는 기준으로, α값이 0이면 Maximin 기준과 일치, α값이 1이면 Maximax 기준과 일치한다.

(4) **Minimax 후회 기준(유감 기준)**: 각 상황별로 최선의 선택을 정하고 그 최선의 선택과의 차이를 기회상실 비용으로 적은 후 각 대안별로 얻을 수 있는 기회상실 비용 가운데 제일 큰 값을 가대안의 최대 기회상실 비용으로 평가하며, 의사결정은 최대 기회상실 비용을 최소화하는 대안을 선택하는 기준으로 이루어진다.

(5) **Laplace 기준**: 각 상황별로 동일한 확률을 적용해 최대이익을 가져오는 대안을 선택한다.

04 상충하의 의사결정

■ 상충하의 의사결정

상충하의 의사결정은 곧 게임에서의 의사결정으로 두 사람 또는 여러 사람의 성과(이득)를 다루는 것이다. 나의 전략과 경쟁자의 전략에 따라 성과(이득)가 결정되며, 서로는 상대방의 선택을 완전히 알고 있다(전략과 이득을 이해).

② 2인 영합게임

(1) 순수전략

S자동차와 H자동차의 중형차 시장에서의 신차 개발 경쟁

[게임 성과이득표(수익: S자동차 기준)]

H자동차

	구분	안정성	실용성	승차감
	안정성	5	4	6
S자동차	내구성	6	0	−2
	승차감	−3	−2	−3

- Maximin 기준적용: S자동차 → 안전성 선택, H자동차 → 실용성 선택
- 균형점/안정점: (S자동차 전략, H자동차 전략)=(안정성, 실용성)

① 균형점(Equilibrium Point)이 있는 경우

S자동차 전략 vs H자동차 전략

S: 내구성 → H: 승차감 → S: 안정성 → H: 실용성 → S: 안정성 → H: 실용성 → …

∴ 균형전략(S자동차 전략, H자동차 전략)=(안정성, 실용성)

게임 값=4

② 균형점(Equilibrium Point)이 없는 경우

[성과이득표(시장점유율 %: S자동차 기준)]

H자동차

구분		안정성	실용성	승차감
S자동차	안정성	35	30	25
	내구성	40	25	30
	승차감	10	35	40

S자동차 전략 vs H자동차 전략

S: 안정성 → H: 승차감 → S: 승차감 → H: 안정성 → S: 내구성 → H: 실용성 → S: 승차감 → H: 안정성 → …(반복)

∴ 균형전략 없음

(2) 혼합전략(Mixed strategy)

위의 예에서 S자동차의 경우 (안정성, 내구성, 승차감)에 (0.4, 0.4, 0.2)의 비중을 두는 전략을 선택하고, H자동차가 안정성 전략을 선택했을 경우,

기대 시장점유율＝0.4×35＋0.4×40＋0.2×10＝32(%)

※ H자동차의 전략에 관계없이 기대 시장점유율을 최대로 하는 혼합전략
- 문제의 게임 값 V를 상정
- H자동차가 어떤 전략을 선택하든 이 게임 값보다 기대 시장점유율이 크게 혼합전략을 결정
- X_1, X_2, X_3: 각 전략의 비중(의사결정변수)

$Max\ Z = V$(목표 기댓값)

$s.t.\ 35X_1 + 40X_2 + 10X_3 \geq V$

$\quad\quad 30X_1 + 25X_2 + 35X_3 \geq V$

$\quad\quad 25X_1 + 30X_2 + 40X_3 \geq V$

$\quad\quad X_1 + X_2 + X_3 = 1$

$\quad\quad X_1,\ X_2,\ X_3 \geq 0$

※ H자동차의 혼합전략은 S자동차 문제의 쌍대문제가 됨

---

3 비영합게임

(1) 1회적 2인 비영합게임: 범법자의 고민의 의사결정수와 성과행렬

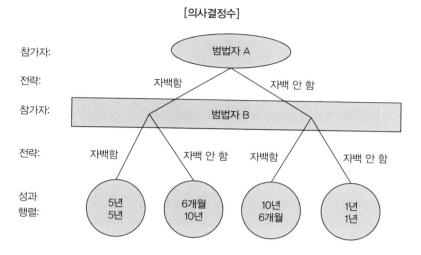

[의사결정수]

참가자: 범법자 A

전략: 자백함 / 자백 안 함

참가자: 범법자 B

전략: 자백함 / 자백 안 함 / 자백함 / 자백 안 함

성과
행렬:
5년
5년 / 6개월
10년 / 10년
6개월 / 1년
1년

[성과행렬]

범법자 B / 범법자 A	자백함	자백 안 함
자백함	5년 / 5년	6개월 / 10년
자백 안 함	10년 / 6개월	1년 / 1년

① **우위 전략**: 게임이론에 입각해 두 범법자는 모두 자백을 하는 전략을 취한다(5년, 5년).

② **범법자의 고민**: 둘 다 자백을 하지 않음으로써 1년의 형량만을 받을 수도 있다.

③ 전략선택의 기회가 단 한 번뿐인 1회적 2인 비영합게임에서는 두 참가자 모두에게 좋은 결과를 가져다 주는 이상적 전략(1년, 1년)이 있음에도 불구하고 두 참가자 모두에게 나쁜 결과를 가져다주는 전략을 선택하게 하는 경우도 있다.

(2) 반복적 2인 비영합게임: 성의 대결

다정한 신혼부부가 있다. 그런데 이 부부는 서로의 직장 때문에 남편은 부산에서 아내는 서울에서 각각 향후 1년 동안 헤어져 살아야 한다. 남편과 아내는 매주 일요일에 한 번씩 만나기로 결정을 했는데 만나는 장소는 서울과 부산 둘 중의 한 곳이 된다. 물론 두 장소 중 남편은 부산에서 만나기를 좋아하고 아내는 서울에서 만나는 것을 좋아한다. 그러나 만나지 않는 경우, 즉 남편은 부산에 남아 있고 아내는 서울에 남아 있는 경우를 남편과 아내 모두 가장 좋아하지 않는다. 물론 이 경우에도 남편과 아내는 서로 상대방이 어떤 결정을 내리는지 모른 채 자신의 의사결정을 내린다.

[성과행렬]

남편 \ 아내	서울	부산
서울	1 / 2	0 / 0
부산	0 / 0	2 / 1

① 서로 떨어져 있다면 둘 다 효용은 '0'이 된다. 아내의 입장에서 보면 아내가 계속해서 서울에 그냥 있으면 남편은 할 수 없이 서울에 오게 되고, 이는 남편도 마찬가지다.

② 남편과 아내가 서로 협력(Cooperation)하여 한 주는 서울에서 한 주는 부산에서 만나기로 한다면 평균효용은 '1.5'이다.

③ 전략선택의 기회가 1회적인 것이 아니라 반복적인 경우에는 두 참가자가 전략선택할 수 있는 조합이 무수히 많으므로 하나의 유일한 혼합전략은 존재할 수 없다.

07 | 경영정보시스템

01 경영정보시스템의 기초

◻1 정보시스템의 개요

(1) 디지털 경제 시대의 새로운 경제원칙

① **전통적인 경제법칙 – 수확체감의 법칙**: 생산요소를 투입할수록 비용은 늘고 수익이 그에 비례해서 증가하지 않는다.

② **신(新)경제법칙 – 수확체증의 법칙**: 생산요소를 투입할수록 비용은 줄고 수익은 증가한다.

(2) 정보시스템의 필요성

① **정보의 급증**: 정보의 홍수 시대에서 경영자들은 꼭 필요한 정보만 선별하여 의사결정에 활용해야 한다.

② **경영환경의 급변**: 제품의 수명주기 단축, 소비자의 기호 다양화 등으로 인해 기업은 불연속적인 변화를 겪으며, 미래 예측을 위해 신속한 정보 수집이 필요하다.

③ **기업 내 각 부서 간 상호의존성 증대**: 현대의 기업은 전 세계에 넓게 퍼져 경영활동을 수행하며, 부서 간·조직 간 의견조정 및 통제의 수단으로 정보시스템의 역할이 중요하다.

④ **생산성 향상**: 제조업체는 정보시스템을 이용한 공장자동화를 실시해 생산성을 높이고, 유통업체는 거래의 기록 및 처리에 정보시스템을 활용해 효율성을 높인다.

⑤ **경쟁우위의 원천**: 보다 능률적이고, 비용을 절감하며, 노동력을 줄이기 위해 정보시스템을 활용하여 경영혁신을 촉진하는 수단이 된다.

(3) 정보시스템의 구성 요소: 하드웨어+소프트웨어+데이터베이스+통신 및 네트워크+사람+절차

◻2 기업경영과 정보시스템

(1) 경영정보시스템(MIS)의 정의와 역할

① **정의**: 고객 가치를 증대시키기 위해 기업의 생산성과 효율성을 높일 수 있도록 활용되는 정보시스템이다.

② **역할**

㉠ 업무처리방식의 효율화

㉡ 의사결정의 정확성·신속성 증가

㉢ 공급자 및 소비자와의 밀착화

ⓡ 조직과 업무분담의 재정비

ⓜ 세계화에의 대응

ⓑ 경영전략의 혁신

ⓢ 새로운 분야로의 진출

(2) 경영정보시스템의 계층 구조에 따른 유형

① **지식업무지원**: 사무정보시스템(OIS) – 사무실 지식근로자들의 업무와 활동을 효율적으로 지원하는 시스템

② **운영지원**: 거래처리시스템(TPS) – 반복적이고 일상적인 거래처리활동을 기록하는 시스템

③ **관리지원**

ⓐ 경영보고시스템(MRS): 경영자에게 과거 및 현재의 상태에 대한 정보를 제공

ⓑ 의사결정지원시스템(DSS): 비구조적 · 반구조적이고 특별하거나 자주 변하며 사전에 쉽게 정의내릴 수 없는 의사결정 문제들을 다룰 수 있도록 지원

ⓒ 중역정보시스템(EIS): 고위경영층의 비구조화된 의사결정을 지원하도록 설계된 전략적 수준의 정보시스템

---

02 비지니스 리엔지니어링

1 비즈니스 리엔지니어링의 의의와 필요성

(1) 의의

① 비즈니스 리엔지니어링(BPR)은 기업이 경쟁우위 확보를 위해 기존의 프로세스를 변경하는 것이다.

② 프로세스를 근본적으로 개선하고, 고객만족의 효과를 고려한 프로세스 운영의 효율성 극대화를 목표로 한다.

(2) 필요성

① **내적 측면**: 경영환경의 변화

② **외적 측면**: 조직의 복합성 증대와 효율성 저하

2 비즈니스 리엔지니어링의 방법

(1) 추진 단계: 경영비전과 프로세스의 목적을 확정 → 재설계할 프로세스를 선택 → 현재 프로세스에 대한 이해와 측정 → IT 기반 요인을 파악 → 프로세스 원형을 설계 · 구축

(2) 비즈니스 리엔지니어링 기반 기술로서의 IT 예

① **공유된 데이터베이스**: 많은 사람들이 필요한 정보를 동시에 사용할 수 있도록 해준다.

② 전문가시스템: 일반인도 전문가의 일을 수행할 수 있도록 해준다.

③ 통신 네트워크: 기업이 집중화와 분산화의 이점을 동시에 누릴 수 있도록 해준다.

④ 의사결정 지원도구: 접근 가능한 정보가 이용하기 쉬운 분석 및 모델링 도구와 결합됨으로써 일선 작업자도 의사결정 능력을 지닐 수 있다.

⑤ 무선 데이터 통신과 휴대용 컴퓨터: 현장 사원들은 장소에 구애받지 않고 정보를 주고받을 수 있다.

03 품질경영과 정보시스템

1 품질경영의 정의와 접근법

(1) 정의: 소비자가 요구하는 품질의 제품이나 서비스를 경제적으로 산출하기 위한 모든 수단과 활동을 말한다.

(2) 품질에 대한 접근법(쥬란): 품질설계, 품질통제, 품질개선

2 전사적 품질경영(TQM, Total Quality Management)

(1) 전사적 품질경영의 개요

① 개념

ㄱ 고객만족을 목적으로 한 조직적인 관리 방법이다.

ㄴ 제품 및 서비스의 지속적인 개선을 통해 높은 품질을 제공한다.

ㄷ 경쟁력 확보를 위해 전직원이 체계적으로 노력한다.

② 특징

ㄱ 고객만족을 강조하고, 인간성을 중시한다.

ㄴ 사회에 대한 공헌을 중시한다.

ㄷ 고객, 종업원, 관리자 등 기업 활동에 관련된 모든 사람을 존중한다.

③ 활동

ㄱ 지속적인 종업원 교육을 한다.

ㄴ 제품 및 서비스를 제공하는 프로세스의 연속적인 개선을 추구한다.

ㄷ 미래에 발생할 수 있는 문제를 예방한다.

ㄹ 기업문화 창달과 기술개발 등을 통해 기업의 경쟁력을 제고함으로써 장기적인 성장을 도모한다.

(2) 전통적 품질경영과 전사적 품질경영의 차이

전통적 품질경영	전사적 품질경영
• 경영자 중심, 이익 우선 • 일차원 품질, 노동자 불참	• 소비자 중심, 품질 우선 • 다차원 품질, 노동자의 참여 중시

1 e 비즈니스 시스템 모델

(1) 고객 관련 활동

① **고객관계관리(CRM)**: CRM은 고객과 관련된 기업의 내외부 자료를 분석 · 통합하여 고객 특성에 기초한 마케팅 활동을 계획 · 지원 · 평가하는 과정이다.

② **CRM 솔루션**

    ⊙ 프런트오피스 솔루션: 마케팅, 판매, 고객서비스 업무에 직접 적용하여 고객들의 요구사항을 보다 효과적으로 충족시키고 잠재고객을 발굴함으로써 고객 확보능력 및 신규고객 창출 기회를 향상시키는 시스템

    ⊙ 백오피스 솔루션: 기업전산시스템의 근간을 이루는 네트워크, DBMS 등의 소프트웨어 및 하드웨어 인프라와 이것을 기반으로 동작하는 그룹웨어, 워크플로, 웹서버, 메일 서버 등의 기간 정보시스템

③ **CRM 기술**

    ⊙ 서비스 기술: 판매관리기술, 고객지원기술, 개인화 기술

    ⊙ 지원 기술: 데이터웨어하우스 기술, 데이터마트 기술, 데이터마이닝 기술

(2) 기업 내부 활동

① **거래처리정보시스템(TIPS)**

    ⊙ 자재의 입고, 제품의 출고 등에서 이루어지는 거래들을 처리하도록 하는 시스템으로, ERP 패키지를 구축하여 구현함

    ⊙ ERP를 실현하기 위해 공급되는 소프트웨어

    ⊙ 모든 사내 자료들이 통합적으로 운영되므로 한 곳에서 자료를 입력하면 전사적으로 적용, 신기술 도입 시 적용이 용이함

② **경영정보시스템(MIS)**

    ⊙ 기업 내외부의 모든 정보를 관리하는 시스템으로, 데이터 웨어하우스(DW) 구축을 통해 구현

    ⊙ 고객, 시장, 기업 내부의 정보 등 기업의 모든 활동에 대한 정보를 공통된 형식으로 변환하여 하나로 통합하여 관리하는 것

    ⊙ 외관상 아무런 관련이 없어 보이는 데이터에서 어떤 관계를 찾아내는 것이 주요 이슈

③ **전략기업경영(SEM)**

    ⊙ 기업의 전략 · 성과를 관리하기 위한 시스템으로 BSC(Balanced Score Card) 구축을 통해 구현

    ⊙ 조직의 사명과 전략을 측정하고 관리할 수 있도록 포괄적인 측정지표로 바꾸어주는 시스템

    ⊙ 재무, 고객, 내부 프로세스, 학습과 성장 등 4개의 분야로 나누어 각각의 목표를 측정하고 전체적인 기업의 사명과 전략을 관리

(3) 재고 감소를 목표로 하는 협력업체 관련 활동

① 공급망 관리(SCM): 물자, 정보, 및 재정 등이 공급자로부터 생산자에게, 도매업자에게, 소매상인에게, 소비자에게 이동함에 따라 그 진행 과정을 통합적으로 관리하는 것을 말한다.

② EDI/CALS 구축

㉠ EDI(전자문서교환): 수 · 발주 장부 및 지불청구서 등 기업 서류를 컴퓨터 간에 교환할 수 있도록 제정된 기준

㉡ CALS(광속상거래): 상품의 라이프사이클 정보를 디지털화하여 경영에 활용하는 기업 간 정보시스템으로, 제조업체와 협력업체 등 관련 기업들이 공유하며 경영에 활용함

2 e 비즈니스 시스템 모델의 구성 요소

(1) 전사적 자원관리(ERP, Enterprise Resource Planning)

① 개념

㉠ 인사, 재무, 생산 등 기업의 전 부문에 걸쳐 독립적으로 운영되던 인사정보시스템, 재무정보시스템, 생산관리시스템 등을 하나로 통합

㉡ 기업 내의 인적 · 물적 자원의 활용도를 극대화하고자 하는 경영 혁신기법

② 특징: 범용성, 실시간 처리, 사용자 편의성. 개방성. 국제성

(2) 지식경영시스템(KMS, Knowledge Management System)

① 개념

㉠ 기업 내의 여러 지식들을 활용해 업무처리가 가능하도록 프로세스를 구축하는 활동

㉡ 지식경영이 가능하도록 하는 시스템으로서 기업은 지식자원의 활용도를 높이기 위해 지식자원을 체계적으로 관리

② 구축 방안

㉠ 비즈니스 핵심 파악: 기업의 성장과 경쟁능력의 핵심을 파악

㉡ 고객 요구 파악: 마케팅과 판매에 투입되는 비용을 효과적으로 사용하도록 구축

㉢ 업무 프로세스 파악: 기업의 핵심역량과 경쟁우위를 강화할 수 있도록 구축

㉣ 관리대상 지적자산 파악: 특허, 기술, 운영방식, 고객관계에 대한 지식을 구축

㉤ 지식 재사용과 우수 사례 전달 강조: KMS와 실제 경험을 포괄하도록 구축

(3) 균형성과지표(BSC, Balanced Score Card)

① 개념

㉠ 기업의 성과를 재무, 고객, 내부프로세스, 학습과 성장(학습효과)의 4가지 분야로 구분해 평가 및 관리

㉡ 4가지 분야의 측정 결과를 바탕으로 전체적인 기업의 경영전략 및 사업부조직 단위별 전략을 관리

② 의의

  ㉠ 조직의 비전과 전략에 대한 성과를 확인, 조직의 전략적 방향을 제시

  ㉡ 변화의 방향을 제시하며, 의사결정의 기초 자료로 사용

③ 활용: 전략적 목표를 분명하게 설정, 목표에 대한 구체적인 측정지표를 설정

(4) 고객관계관리(CRM, Customer Relationship Management)

① CRM의 개념

  ㉠ 마케팅 전략이 '대면 → 매스 → 세그먼트 → 1 : 1'로 발달함

  ㉡ 고객과 관련된 기업의 내외부 자료를 분석 · 통합하여 고객 특성에 기초한 마케팅 활동을 계획 · 지원 · 평가하는 과정

② e-CRM의 개념

  ㉠ 인터넷을 활용한 CRM 활동을 의미

  ㉡ 웹사이트, 접속 고객, 접속 시의 여러 가지 활동들로 구성

(5) 공급사슬관리(SCM, Supply Chain Management)

① 개념

  ㉠ 물자, 정보, 및 재정 등이 공급자로부터 생산자에게, 도매업자에게, 소매상인에게, 소비자에게 이동함에 따라 그 진행 과정을 통합적으로 관리하는 것

  ㉡ 재고 감소를 통한 비용 절감 및 생산성 제고를 목표로 함

② **구축 방법**: EDI, CALS를 통해 구축

08 | 국제경영과 국제정세

01 국제경영전략과 다국적 기업

1 국제경영전략의 의미와 수립 과정

(1) **국제경영전략의 의미**: 국제경영전략은 기업이 국제 경영을 함에 있어서 목표를 설정하고 이를 달성하기 위해 하는 의사결정이라고 할 수 있다. 국제경영전략은 해외 국가별로 이루어지는 국가별 전략과 전 세계를 하나의 시장으로 보는 글로벌 경영 전략으로 분류할 수 있다.

(2) **국제경영전략의 수립 과정**: 기업의 목표 설정 → 경쟁 환경 분석 → 기업의 특징 분석 → 핵심 전략 개발 → 전략의 실행 → 전략 평가

2 국제경영전략의 유형

(1) **국제경영전략**

　① 해외 시장 진입 전략: 수출 방식, 계약 방식, 해외 직접 투자 방식

　② 해외 시장 철수 전략: 수동적 철수 전략, 능동적 철수 전략

(2) **수출 전략**

　① 직접 수출: 제조업체가 직접 국제 마케팅, 제반 수출 절차, 서류 작성 등의 업무를 수행하는 방식

　② 간접 수출: 직접 수출할 능력이 부족한 경우 무역 대리업자나 기타 중개인을 통해 하는 간접 수출 전략

(3) **국제 라이선싱 전략**

　① 무상 라이선싱: 플랜트 수출과 같은 기술 지원 형태로서 설비 설치부터 가동까지 사용 기술을 무상으로 이전하는 방식

　② 유상 라이선싱: 법률적 보호를 받는 산업 재산권과 법률적 보호를 받지 않는 비산업 재산권

(4) **국제 프랜차이징 전략**

　① 경영에 관련된 모든 것을 이전하고 사용료를 받는 방식이다.

　② 국제적으로 표준화된 제품 또는 서비스 산업에서 활용된다.

(5) 해외 투자 전략

① 해외 직접 투자(FDI, Foreign Direct Investment)

    ㉠ 수출 유발: 현지 법인에 의한 본국으로부터의 수입(본국 수출 증가)

    ㉡ 수출 대체: 현지 법인의 생산품이 본국 수출품을 대체(국제수지 악화)

    ㉢ 역수입: 현지 법인의 생산품이 국내로 수입(국제수지 악화)

② 해외 간접 투자(FII, Foreign Indirect Investment)

    ㉠ 자금 대여에 의한 투자: 이자 수익을 목적으로 하는 자금 대여

    ㉡ 단기 주식 취득에 의한 투자: 시세 차익을 목적으로 하는 해외 증권 투자

③ 단독 투자와 합작 투자

    ㉠ 단독 투자: 기업을 완전 소유 형태로 투자하는 방식(의결권주의 95% 이상 단독 소유) → 제품, 기술, 노하우의 통제, 자사의 경영 방침으로 독자적 운영

    ㉡ 합작 투자: 두 개 이상 기업이 자본을 공동으로 투자하여 경영에 참여하는 형태로서 소유권과 경영을 분담하여 자본, 기술 등 상대방의 강점을 이용할 수 있는 장점

④ 국제 컨트랙팅: 외국의 대규모 건설 사업, 해외 자원 개발 사업 등에 참여할 때 국제 계약을 통하는 방법이다.

⑤ 해외 자원 개발: 해외 현지에 자본, 인력, 기술을 투입하여 자원을 탐사, 개발, 생산, 수송하는 일련의 과정을 통해 자원을 확보하는 사업이다.

❸ 다국적 기업

(1) 기업이 다국적화하는 이유

① 원자재, 노동력 등 원가가 가장 저렴한 국가에서 생산하기 위해서이다.

② 가장 유리한 가격에 판매하고 무역 마찰을 완화하기 위해서이다.

③ 주문자 상표 부착 방식(OEM)의 생산을 위해서이다.

(2) 다국적 기업의 경영 전략

① 범세계적 저원가 전략: 저원가를 바탕으로 가격 경쟁을 한다.

② 범세계적 차별화 전략: 차별화된 기술과 품질로 세계 시장을 공략한다.

09 | 회계학

01 회계의 순환 과정과 거래의 기록

■ 회계상의 거래

(1) 거래의 의미

① 의미: 기업의 활동결과로서 기업의 자산, 부채, 자본의 구조, 즉 재무상태에 변화를 일으키는 경제적 사건을 뜻한다.

② 일반적인 거래(○)/회계상의 거래(×)

    ㉠ 건물의 임대차계약, 상품의 매매계약, 상품 주문서 발송, 건물·토지 등의 담보설정

    ㉡ 자산, 부채, 자본에 아무런 증감의 변화가 일어나지 않으므로 회계상 거래가 아님

③ 일반적인 거래(×)/회계상의 거래(○)

    ㉠ 상품의 화재, 도난, 파손, 상품가격의 하락 등

    ㉡ 일반적인 거래는 아니지만 회계상의 자산이 그만큼 감소한 것으로 보므로 거래가 성립함

(2) 거래의 이중성과 거래요소의 결합

① 거래의 이중성

    ㉠ 의미: 회계상의 거래의 결과, 거래의 8요소(자산의 증가/감소, 부채의 감소/증가, 자본의 감소/증가, 비용의 발생, 수익의 발생) 중 반드시 둘 이상이 서로 결합해 기업의 재무상태에 영향을 미치는 것

    ㉡ 복식부기의 원리: 거래의 이중성에 따라 어떠한 회계상의 거래가 발생하더라도 동일한 금액으로 차변과 대변에 이중 기입해야 하는 원리로 대차평균의 원리가 성립

② 거래요소의 결합: 거래의 이중성과 복식부기의 원리에 따라 회계상 모든 거래는 8개의 거래로 구분할 수 있는데 이를 거래의 8요소라고 하며, 이들 요소가 결합 및 조합을 이루는 관계를 거래요소의 결합 관계라고 한다.

2 계정(Account)

(1) 계정의 의의와 형식

① 의의

ⓐ 기업의 거래를 기록하는 최소단위로서, 반복적으로 수행되는 거래에 공사 기록의 편의를 위해 거래를 분류하여 모아놓은 것

ⓑ 기업의 자산, 부채, 자본, 수익, 비용 등의 증가와 감소를 분류하고 요약하기 위하여 사용되는 것

② 형식

ⓐ 보통 연습용으로 T-계정을 많이 사용하며, T-계정의 왼쪽은 차변(Debt), 오른쪽은 대변(Credit)이라 부름

ⓑ 어떤 계정이 증가한 경우에는 차변이나 대변 중 한쪽에 적고, 감소한 경우에는 그 반대편에 적음으로써 한 계정의 증감에 대해 전체적으로 파악할 수 있음

③ T-계정의 기본적 형태

(차변)	계정과목	(대변)

④ T-계정의 예시

(차변)	현금계정		(대변)		(차변)	매출계정		(대변)
10/15	10,000						10/15	10,000

(2) 계정의 분류 – 재무상태표계정과 포괄손익계산서계정

① 재무상태표계정

ⓐ 자산계정: 현금 및 현금성자산, 매출채권, 상품, 토지, 건물, 영업권 등

ⓑ 부채계정: 매입채무, 단기차입금, 사채 등

ⓒ 자본계정: 자본금, 주식발행초과금, 이익준비금 등

② 포괄손익계산서계정

ⓐ 비용계정: 매출원가, 판매비와 관리비, 영업외비용, 법인세비용 등

ⓑ 수익계정: 매출액, 영업외수익, 계속사업손익 등

(3) 계정기입의 원칙: 모든 거래는 거래의 이중성이라는 복식부기의 기본원리에 따라 증가와 감소, 발생과 소멸이라는 대립되는 두 가지의 측면이 있다. 따라서 자산, 부채, 자본계정과 수익, 비용계정의 증감을 각 계정의 차변과 대변에 기록한다.

① 재무상태표계정

ⓐ 자산계정: 증가를 차변에, 감소를 대변에 기입

ⓑ 부채계정: 증가를 대변에, 감소를 차변에 기입

ⓒ 자본계정: 증가를 대변에, 감소를 차변에 기입

② 포괄손익계산서계정

      ⊙ 비용계정: 발생을 차변에, 소멸을 대변에 기입

      ⓒ 수익계정: 발생을 대변에, 소멸을 차변에 기입

3 분개와 전기

(1) **분개(Journalizing)**: 분개는 거래를 각 계정에 기입하기 전에 '어느 계정에 기입할 것인가, 그 계정의 차변 또는 대변 어느 쪽에 기입할 것인가, 기입할 금액은 얼마인가' 등을 미리 결정하는 절차이다. 분개장은 발생한 거래가 최초로 기록되는 장부이기 때문에 원시기입장이라고도 한다. 분개의 원칙은 계정기입의 원칙과 동일하다.

일자	회계처리			
×월 ×일	(차) 현금	×××	(대) 자본금	×××

(2) **전기(Posting)**

  ① **의미**: 분개장에 분개한 기록을 각 해당 계정에 옮겨 적는 과정이다.

  ② **총계정원장(G/L)**: 전기한 계정이 설정되어 있는 장부로 원장이라고도 한다. 총계정원장에 전기하는 방법은 다음과 같다.

      ⊙ 분개장에 기록된 분개의 해당 계정을 찾는다.

      ⓒ 분개된 차변계정의 금액을 총계정원장의 해당 계정의 차변에 기입한다.

      ⓒ 분개된 대변계정의 금액을 총계정원장의 해당 계정의 대변에 기입한다.

      ⓔ 총계정원장의 적요란에는 상대계정과목을 기입한다.

(3) **대차평균의 원리**: 거래의 이중성에 의해 계정 전체를 놓고 볼 때 차변금액 합계와 대변금액 합계가 반드시 일치하게 되는 원리이다.

4 결산(Closing)

(1) **결산의 의의와 절차**

  ① **의의**: 회계기간 말에 각종 장부를 정리, 마감하여 회계기간 말의 재무상태를 명확히 파악하는 활동이다.

  ② **절차**: 수정 전 시산표 작성 → 기말수정분개 → 수정 후 시산표 작성 → 장부 마감 → 포괄손익계산서와 재무상태표 작성

(2) **시산표(T/B, Trial Balance)**

  ① **의의**: 분개장에 기입된 모든 거래의 분개가 총계정원장에 정확하게 전기되었는가를 조사하기 위하여 작성하는 표이다. 대차평균의 원리에 의해 차변합계액과 대변합계액은 반드시 일치해야 한다.

  ② **종류**: 합계시산표, 잔액시산표, 합계잔액시산표

  ③ **잔액시산표 등식**: 자산＋비용＝부채＋자본＋수익

(3) 기말수정분개와 수정 후 시산표

　① 기말수정분개: 각 계정의 기말계정이 기업의 정확한 재무상태와 경영성과를 반영하기 위해서 자산, 부채, 자본 및 수익, 비용을 수정해 주는 과정이다.

　② 수정 후 시산표: 기말수정사항을 분개장에 분개하고, 이를 총계정원장에 전기한 뒤에 수정 후 시산표를 작성한다.

(4) 장부 마감

　① 포괄손익계산서계정의 마감

　　㉠ 수익계정과 비용계정의 마감을 위해 총계정원장에 집합손익계정을 새로 설정한다.

　　㉡ 수익계정잔액은 대변에 나타나므로 이를 '0'으로 만들어 주려면 차변에 수익계정잔액을 기록하고 대변에 집합손익계정을 기록한다(수익계정잔액을 집합손익계정의 대변에 대체).

(차) 수익	×××	(대) 집합손익	×××

　　㉢ 비용계정잔액은 차변에 나타나므로 비용계정잔액을 대변에 대체한다.

(차) 집합손익	×××	(대) 비용	×××

　　㉣ 집합손익계정의 차변에는 당기에 발생한 모든 비용, 대변에는 모든 수익을 기록하게 되므로 집합손익계정의 잔액을 계산하면 당기순손익이 산출된다(차변＜대변이면 당기순이익, 차변＞대변이면 당기순손실).

　　　• 당기순이익 발생 시

(차) 집합손익	×××	(대) 자본	×××

　　　• 당기순손실 발생 시

(차) 자본	×××	(대) 집합손익	×××

　② 재무상태표계정의 마감

　　㉠ 자산계정의 마감: 자산계정은 차변에 잔액이 남게 되므로 대변에 차변잔액만큼 기입해 차변과 대변을 일치시켜 마감한 후 그 잔액만큼을 다시 차변에 기입해 다음 회계기간으로 이월한다.

자산계정

증가	×××	감소	×××
	×××	차기이월	×××
전기이월	×××		×××

　　㉡ 부채 및 자본계정의 마감: 부채 및 자본계정은 대변에 잔액이 남게 되므로 차변에 대변잔액만큼 기입해 차변과 대변을 일치시켜 마감한 후 그 잔액만큼을 다시 대변에 기입하여 다음 회계기간으로 이월한다.

부채계정

감소	×××	증가	×××
차기이월	×××		×××
	×××	전기이월	×××

자본계정

감소	×××	증가	×××
차기이월	×××		×××
	×××	전기이월	×××

(5) **포괄손익계산서와 재무상태표 작성**: 잔액시산표상의 포괄손익계산서 계정잔액과 재무상태표 계정잔액들을 기초로 일정 기간 동안의 경영성과를 나타내는 포괄손익계산서와 일정시점의 재무상태를 나타내는 재무상태표를 작성하는 단계이다.

02 회계의 기초이론 [국제회계(K-IFRS)의 이해를 위한 일반적으로 인정된 회계원칙(K-GAAP)의 이해]

1 회계의 기초개념

(1) 회계의 이해관계자(회계정보이용자)
① **경영자**: 합리적인 기업경영을 수행하기 위해 회사의 재산상태와 경영성과를 파악하고 예산과 실적의 차이를 분석해 과거 활동에 공사 성과 평가에 회계정보 이용, 신제품 개발, 설비투자 등의 의사결정 과정에서 재무정보를 이용한다.
② **주주**: 현재 소유하고 있는 주식을 처분할지 보유할지 의사결정 시 기업의 재무정보를 이용하며, 미래에 투자할 때도 의사결정 과정에서 재무정보를 이용한다.
③ **채권자**: 자금대여 의사결정 시 자금을 대여해줄 것인지의 여부, 이자율의 정도, 채권기간의 연장여부, 대여의 조건 등을 재무정보를 토대로 결정한다.
④ **정부기관**: 세금부과와 규제 시 재무정보를 이용한다.
⑤ **종업원과 노조**: 기업의 안정성과 임금지급능력을 평가하는 데 재무정보를 이용한다.

(2) 회계의 사회적 역할
① **사회적 자원의 효율적 배분**: 투자의사결정과 신용의사결정 시 생산성이 높은 기업에 투자하도록 유도함으로써 사회적 자원을 효율적으로 배분한다.
② **수탁 책임에 공사 보고**: 경영자가 주주나 채권자로부터 수탁 받은 자본을 효과적이고 효율적으로 관리·경영하고 있는지를 보고하기 위한 수단으로 이용한다.
③ **사회적 통제의 합리화**: 노사 간의 임금협상, 국가정책 수립 시, 세금이나 공공요금의 책정 시 회계정보를 이용한다.

(3) 재무회계와 관리회계의 비교

내용	재무회계	관리회계
사용목적	기업 외부 정보이용자의 의사결정에 유용한 재무정보 제공	기업 내부 정보이용자의 의사결정에 유용한 재무정보 제공
주이용자	외부 이용자(주주, 채권자와 미래의 투자자 및 정부)	내부 이용자(경영자)
작성기준	기업회계기준과 같이 일반적으로 인정된 회계원칙	일정한 형식이 없으며, 의사결정에 목적적합한 방법
정보의 특성	과거 관련 정보	미래지향 정보

② 회계원칙과 외부감사제도

(1) 일반적으로 인정된 회계원칙(GAAP) → 국제회계기준(IFRS)

① 의미: 기업실체에 영향을 주는 경제적 사건을 재무제표 등에 보고하는 방법을 기술하는 것이다.

② 특징

    ㉠ 다수 권위의 지지와 일반적 수용성을 갖는다.

    ㉡ 보편타당해야 하며, 이해관계자들의 상반된 이해를 조정한다.

    ㉢ 영구불변이 아니라 경제적 환경에 따라 변화하는 사회적 제도이다.

(2) 외부감사제도(External Auditing)

① 목적: 경영자가 제시한 기업의 재무상태와 경영성과, 재무정보가 일반적으로 인정된 회계원칙에 따라 작성되었는지를 독립적인 전문가가 의견을 표명함으로써 재무제표의 신뢰성을 높이고 재무제표의 이용자가 회사에 관해 올바른 판단을 할 수 있도록 함이다.

② 적용

    ㉠ 주식회사 등의 외부감사에 관한 법률의 규정에 의해 자산총액 100억 원, 부채 70억 원 이상 주식회사는 공인회계사(CPA)로부터 회계감사를 받도록 의무화했다.

    ㉡ 추가조건: 상장회사, IPO(기업공개) 추진, 종업원 300명 이상 기업에 적용한다.

03 재무제표

◼ 재무제표의 의의

(1) 재무제표(F/S, Financial Statements)

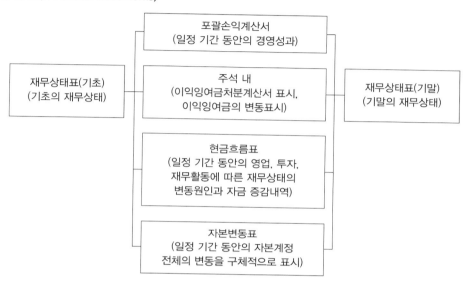

(2) 재무제표 구성요소의 인식의 기준 – 발생주의 원칙

① 미래 경제적 효익의 발생 가능성: 당해 항목과 관련된 미래의 경제적 효익이 기업실체에 유입되거나 유출될 가능성이 매우 높아야 한다.

② 측정의 신뢰성: 당해 항목에 공사 측정기준이 존재하며 이를 이용해 거래의 금액이 신뢰성 있게 측정이 가능해야 한다.

◼ 재무상태표(B/S, Balance Sheet)

(1) 재무상태표의 의미: 재무상태표는 특정 시점에서 기업의 재무상태를 나타내는 정태적 재무제표로서 기업이 소유하고 있는 경제적 자원(=자산=부채+자본), 그 경제적 자원에 공사 의무(부채) 및 소유주지분(자본)에 관한 정보를 제공한다.

(2) 자산(Assets)의 정의 및 평가

① 정의: 과거의 거래나 사건의 결과로서 현재 기업실체에 의해 지배되고 미래에 경제적 효익을 창출할 것으로 기대되는 자원이다.

② 평가
　ㄱ 역사적 원가의 원칙: 자산을 취득할 때의 대가로 지불한 현금 또는 현금 등 가액으로 평가하며, 취득 후에 그 가치가 변동하더라도 취득 당시의 교환가격을 유지한다.
　ㄴ 시가 평가: 예외적으로 당해 자산, 부채의 보유목적이나 특성을 고려하여 시가로 평가하는 것을 인정한다.

(3) 자산의 분류

① 유동자산
　ㄱ 당좌자산: 판매 과정을 거치지 않고 현금화할 수 있는 자산
　ㄴ 재고자산: 판매 과정을 거침으로써 현금화할 수 있는 자산

② 비유형자산
　ㄱ 투자자산: 다른 회사를 지배할 목적이나 유휴자금의 장기적인 이윤을 얻을 목적으로 보유하고 있는 자산
　ㄴ 유형자산: 영업활동에 사용할 목적으로 장기적으로 보유하고 있는 실물자산
　ㄷ 무형자산: 영업활동에 사용할 목적으로 장기적으로 보유하고 있는 물리적 실체가 없는 자산
　ㄹ 기타비유동자산: 비유동자산 중 투자, 유형, 무형자산에 해당하지 아니하는 기타의 비유동자산

(4) 자산의 측정기준

시장 ＼ 시간	과거가격	현재가격	미래가격
투입시장	역사적 원가	현행투입가격	–
산출시장	–	현행산출가격	미래현금흐름의 현가

① **역사적 원가**: 자산을 취득할 때 지불한 현금액 또는 현금등가액을 의미한다(= 취득원가).
　ㄱ 장점: 측정이 용이하며, 객관적이고, 검증 가능성이 크다.
　ㄴ 단점
　　• 자산가치의 변화를 고려하지 않으므로 공정가치를 반영하지 못한다.
　　• 현재의 수익에 과거의 원가가 대응되므로 수익·비용 대응이 비합리적이다.
　　• 물가변동으로 인한 손익을 반영하지 못한다.

② **현행투입가격**: 현재의 시점에서 자산을 다시 구입할 경우 지급해야 할 현금이나 현금등가액을 의미한다(= 현행원가).
　ㄱ 장점
　　• 현재수익과 현행원가를 대응시켜 합리적인 수익·비용 대응이 가능하다.
　　• 실물자본 유지에 필요한 정보를 제공한다(현행원가에 의한 영업이익은 기존의 생산능력을 유지하면서 주 주에게 배당할 수 있는 최대금액을 의미한다).
　　• 영업활동으로 인한 이익과 보유손익을 구분한다.

ⓛ 단점

- 보유자산의 시장이 존재하지 않을 경우가 있다.
- 보유손익의 비현실성이 존재한다.
- 개별자산의 현행원가가치의 합과 기업전체가치가 다를 수 있다(무형자산 제외).

③ **현행산출가격**: 자산을 현재 시점에서 판매한다고 가정할 경우 수취할 수 있는 금액을 의미한다.

ⓐ 장점

- 자산의 가치변동에 의한 기업의 이익을 명확히 표현한다.
- 정보이용자에게 기업자산의 현행시장가격에 관한 정보를 제공한다.

ⓛ 단점

- 보유자산의 시장이 존재하지 않을 경우가 있다.
- 기업의 특수한 목적을 위해 고안된 유형자산의 사용가치와 교환가치의 괴리가 있다.
- 개별자산의 현행산출가치의 합과 기업전체가치가 다를 수 있다(무형자산 제외).

④ **미래현금흐름의 현가**: 자산이 미래에 경제적 효익을 유발하는 능력을 현재가치로 평가하는 방법으로 미래순현금흐름액, 기간, 할인율 등의 세 가지 요소에 의해 결정된다.

ⓐ 장점

- 자산의 현재가치를 정확히 평가하며 이론적으로 타당하다.
- 기초와 기말시점에 자산의 경제적 가치를 비교해 당기순이익을 산출하는 경제학적 이익 개념에 부합한다.

ⓛ 단점

- 세 가지 요소를 결정하는 것이 주관적이다.
- 각 자산을 개별 분리해서 각각의 경제적 효익을 측정하는 것은 무의미하다.

(5) 부채

① **유동부채(1년 이내에 도래)**

ⓐ 매입채무: 상품 등을 매입하거나 어음을 발행한 경우 발생하는 채무

ⓛ 단기차입금: 타인이나 은행으로부터 현금을 빌린 경우 발생하는 채무로 상환기일이 재무상태표일로부터 1년 이내인 것

ⓒ 미지급비용: 당기에 발생한 비용으로서 아직 지급하지 않은 비용

ⓓ 선수수익: 당기에 수익으로 이미 현금으로 받은 금액 중 다음 회계기간에 속하는 부분

② **비유동부채(1년 이후에 도래)**

ⓐ 장기차입금: 타인이나 은행으로부터 현금을 빌린 경우 발생하는 채무로 상환기일이 재무상태표일로부터 1년 이상인 것

ⓛ 퇴직급여충당금: 장래의 종업원의 퇴직 시에 지급되는 퇴직금을 대비해 설정한 준비액

ⓒ 사채: 주식회사가 장기자금을 조달하기 위해 계약에 따라 일정이자를 지급하며, 일정 시기에 원금 상환을 계약하고 차입한 채무

(6) **자본의 분류**: 소유주가 납입한 납입자본(자본금, 자본잉여금)과 영업활동의 결과로 발생한 이익을 유보시킨 이익잉여금, 회계상의 자본구조 변경인 자본조정으로 구성된다.

① 자본금: 발행주식의 액면가액×발행주식 수

② 자본잉여금

㉠ 주주 또는 출자자에 의하여 제공된 금액 중 자본금을 초과한 부분

㉡ 기업활동으로 인해 증가한 자본금 이외의 순자산이다.

㉢ 계정: 주식발행초과금, 감자차익, 자기주식처분이익 등

③ 이익잉여금: 영업활동이나 재무활동 등 기업의 이익창출활동에 의해 축적된 이익으로, 주주에게 배당금을 지급하고 남은 부분

3 포괄손익계산서(I/S, Income Statement)

(1) **포괄손익계산서의 개념**

① 의미: 일정 기간 동안 기업의 경영성과를 보고하는 동태적 재무제표를 말한다.

② 이익측정의 목적과 용도

㉠ 투하자본과 이익을 명확히 구분하여 투하자본의 감소를 방지한다.

㉡ 경영자의 경영능률을 측정한다.

㉢ 주주나 채권자가 기업의 미래현금흐름을 예측하게 한다.

㉣ 경영자들이 경영의사결정에 사용하게 한다.

㉤ 과세당국의 과세기초자료로 사용한다.

(2) **포괄손익계산서 구성 요소**

매출액	기업의 주된 활동인 상품·제품 및 용역의 제공에 따른 총매출액에서 매출에누리와 환입, 매출할인 등을 차감한 금액
매출원가	매출액에 대응되는 원가로서 판매된 상품의 매입원가 또는 제품의 제조원가
판매비와 관리비	상품·제품의 판매활동과 기업의 관리활동에서 발생하는 비용으로서 매출원가를 제외한 모든 영업비용
영업외수익	영업활동이 아닌 재무 및 투자활동에서 발생하는 수익·이득
영업외비용	영업활동이 아닌 재무 및 투자활동에서 발생하는 비용
계속사업손익 법인세비용	계속사업부분에 공사 법인세 등에 의해 당해연도 기준으로 부담해야 할 법인세
계속사업손익	계속사업손익의 모든 손익항목의 반영 후 나온 당기 실제 발생성과
중단사업손익	중단사업에 해당하는 손익을 별도로 모아놓은 항목(세금효과 반영)
당기순이익	계속사업손익과 중단사업손익까지 반영된 당기의 경영성과

(3) 포괄손익계산서의 양식

① 계정식: 포괄손익계산서를 차변과 대변으로 나누어 차변에는 그 기간에 발생한 비용을, 대변에는 그 기간에 발생한 수익을 기입하여 당기순손익을 표시하는 양식이다.

② 보고식: 포괄손익계산서를 상하 차감하는 형식으로 구분별 수익에 대응되는 비용을 차례로 차감하여 당기순손익을 표시하는 양식이다.

※ 기업회계기준에서는 포괄손익계산서를 보고식으로 표시하도록 규정하고 있다.

(4) 당기업적주의와 포괄주의

① 당기업적주의: 기업의 정상적인 경영활동에서 경상적·반복적으로 발생하는 손익항목만을 포괄손익계산서에 포함시키고, 당해 기간의 업적과 직접 관련 없는 이상적·임시적 항목은 이익잉여금의 증감항목으로 표시하여 포괄손익계산서에는 포함시켜서는 안 된다는 주장이다.

 ㉠ 정상적인 영업활동에서 경상적·반복적으로 발생하는 손익항목만을 가지고 당기순이익을 산정해야 정보이용자들이 기업의 이익력을 올바르게 파악할 수 있다.

 ㉡ 이상적·임시적 항목들을 포괄손익계산서에 포함시키게 되면 기간별·기업 간의 비교 가능성이 저해된다.

 ㉢ 많은 정보이용자들이 경상적 항목과 비경상적 항목의 구분에 익숙하지 못하므로 정보이용자들을 오도할 수 있다.

② 포괄주의: 기간순이익의 결정에 경상항목·비경상항목을 막론하고 기간 중에 발생한 모든 수익과 비용을 포함시켜야 한다는 주장이다.

 ㉠ 기업이 존속하는 전 기간에 걸쳐 매기의 포괄손익계산서에 나타난 순이익의 합계액은 기업이 존속하는 전 기간을 한 회계기간으로 보았을 때 계산한 순이익의 금액과 일치해야 한다.

 ㉡ 현실적으로 경상항목과 비경상항목의 구분이 불명확해 이익조작의 가능성이 있다.

 ㉢ 기업의 장기적 이익창출능력을 평가하기 위해서는 기업활동에 영향을 미치는 모든 요소가 고려되어야 한다.

 ㉣ 기간 중에 모든 손익변동사항을 완전히 공시하는 것이 정보이용자의 개별적인 정보욕구에 비추어 볼 때 더 적절하다.

※ 우리나라 기업회계기준에서는 비경상적·비반복적 항목을 포괄손익계산서의 특별항목으로 표시하도록 하고 있어 포괄주의를 채택하고 있다.

④ 이익잉여금처분계산서(주석)

(1) 의의: 일정 기간 동안 기업의 이익잉여금의 총 변동사항을 명확히 보고하기 위해 작성하는 재무제표를 의미한다. 영업활동으로 벌어들인 이익을 주주에게 배당금으로 분배하거나 미래의 예기치 못한 손실에 공사 대비, 시설규모 확장을 위해 유보시키기도 하는데, 이는 주주의 유보이익에 공사 사항이므로 중요하며 주주총회의 결의를 거친 이후에 처분하게 된다. 만약, 결손이 누적된 회사는 결손금처리계산서를 작성하게 된다.

(2) 이익잉여금공식: <u>기초이익잉여금＋당기순이익</u>－배당금 등 처분액＝<u>기말이익잉여금</u>

　　　　　　　　　(처분 전 이익잉여금)　　　　　　　　　　　　　**(처분 후 이익잉여금)**

⑤ 현금흐름표와 자본변동표

(1) 현금흐름표

① **의의:** 일정 기간 동안 기업의 영업활동 및 투자와 재무활동으로 인한 현금의 변동내용을 나타내는 동태적 보고서이다. 포괄손익계산서의 기능을 보완(현금주의에 입각)하며, 기업의 자산, 부채 및 자본의 변동을 가져오는 자금흐름에 관한 정보를 제공해 줌으로써 재무상태표의 기능도 보완한다.

② **기능:** 현금흐름표를 작성하는 목적은 일정 기간 동안 현금의 수입과 지출을 나타내 줌으로써 기업의 영업, 투자 및 재무활동에 관한 정보를 제공해주며 다음과 같은 의문점에 대한 해답을 제공한다.

　㉠ 현금은 어디에서 얼마만큼 조달되었는가? (현금의 조달원천)

　㉡ 현금은 어디에 얼마만큼 사용되었는가? (현금의 사용내역)

　㉢ 현금은 기중에 얼마만큼 변동하였는가? (현금의 증감액)

(2) 자본변동표

① **의의:** 자본의 크기와 그 변동에 관한 정보를 제공하는 재무보고서로서, 자본을 구성하고 있는 자본금, 자본잉여금, 자본조정, 기타포괄손익누계액, 이익잉여금(또는 결손금)의 변동에 공사 포괄적인 정보를 제공한다.

② **구조:** 자본변동표에는 자본금, 자본잉여금, 자본조정, 기타포괄손익누계액, 이익잉여금(또는 결손금)의 각 항목별로 기초잔액, 변동사항, 기말잔액을 표시한다.

04 자산

■ 자산의 화폐성에 따른 분류

(1) 화폐성 자산

① 정의: 시간의 경과, 화폐가치의 변동에 무관하게 일정한 화폐액으로 표시되는 자산이다.

② 종류: 투자자산, 대부분의 당좌자산

(2) 비화폐성 자산

① 정의: 시간의 경과, 화폐가치의 변동에 따라 화폐평가액이 변동되는 자산이다.

② 종류: 재고자산, 유형자산, 무형자산

■ 당좌자산(유동자산 중 판매 과정을 거치지 않고 현금화할 수 있는 자산)

(1) 현금 및 현금성자산

현금	• 통화: 지폐, 동전 • 통화대용증권: 자기앞수표, 타인발행 당좌수표, 가계수표, 여행자수표, 송금환, 우편환, 만기가 도래한 공사채이자표, 기한이 도래한 약속어음·환어음, 정부의 지급통지서, 배당이 결정된 주식의 배당권
요구불예금	• 당좌예금: 기업과 은행이 당좌계약을 맺고 은행에 현금을 예입한 후 필요에 따라 수표를 발행함으로써 현금을 인출할 수 있는 예금 • 보통예금: 은행에 통장으로 자유롭게 인출 가능한 예금
현금성자산	큰 거래비용 없이 현금으로 전환이 용이하고 이자율 변동에 따른 가치변동의 위험이 중요하지 않은 유가증권 및 단기금융상품으로서 취득 당시 만기(또는 상환일)가 3개월 이내에 도래하는 것

(2) 단기금융상품

① 의미: 금융기관이 취급하는 정기예금·정기적금과 사용이 제한되어 있는 예금 및 기타 정형화된 금융상품 등으로 단기적 자금운용목적으로 소유하거나 기한이 1년 내에 도래하는 당좌자산

② 종류

㉠ 만기가 재무상태표일 현재 1년 이내인 정기예금, 정기적금

㉡ 사용이 제한된 예금: 양도예금, 감채기금

㉢ 기타 정형화된 금융상품: 양도성예금증서(CD), 어음관리구좌(CMA), 기업어음(CP), 환매조건부채권(RP), 기업금전신탁

(3) 유가증권

① 의미: 기업은 초과현금을 주식이나 유가증권에 투자해 단기투자수익을 얻고자 하는데, 이때 재산적 가치를 가지고 있는 증권을 유가증권이라 한다.

② 종류

㉠ 지분증권

• 소유지분을 처분할 수 있는 권리(풋옵션)

- 타기업의 자본, 기금에 공사 소유지분(보통주, 우선주, 수익증권, 자산유동화증권) – 소유지분을 취득할 수 있는 권리(신주인수권, 콜옵션)
  - ⓒ 채무증권: 발행자에 대하여 금전을 청구할 수 있는 권리를 표시한 증권(국채, 공채, 사채, 자산유동화채권)

(4) 수취채권과 지급채무

- ① 의미
  - ㉠ 수취채권: 기업이 재화와 용역을 외상으로 판매, 제공하거나 자금을 대여하고 그 대가로 미래의 현금을 수취하기로 하는 권리를 가지는 채권(매출채권과 기타채권)
  - ㉡ 지급채무: 기업이 재화와 용역을 외상으로 구매, 제공받거나 자금을 차입하고 그 대가로 미래의 현금을 지급하기로 하는 의무를 지는 채무(매입채무와 기타채무)
- ② 종류: 매출채권, 단기대여금, 미수금, 미수수익, 선급금, 선급비용, 매입채무, 단기차입금, 미지급금, 미지급비용, 선수금, 선수수익, 예수금 등

3 재고자산

(1) 재고자산의 의미와 분류

- ① 의미: 정상적인 영업활동 과정에서 판매목적으로 보유하고 있는 자산(제품, 상품)과 판매를 목적으로 생산 과정에 있는 자산(재공품) 및 판매할 자산을 생산하는 데 사용되거나 소모될 자산(원재료, 저장품)을 말한다.
- ② 종류: 상품, 제품, 반제품, 재공품, 원재료, 저장품

(2) 재고자산 취득원가의 결정: 재고자산의 취득원가는 재고자산을 판매가능한 상태로 만들기까지 소요된 모든 지출액이어야 하므로 매입가액뿐만 아니라 매입부대비용(매입수수료, 운반비, 하역비등)도 포함된다.

- ① 매입운임: 매입운임은 매입부대비용이므로 재고자산의 취득원가에 포함시키는데, 매입운임을 누가 부담해야 할 것인지에 대해서는 선적지 인도기준과 도착지 인도기준에 따라 달라질 수 있다.
- ② 매입에누리와 매입환출: 당기매입액에서 차감되므로 재고자산의 취득원가에서는 차감하지 않는다.
- ③ 매입할인: 구입자가 외상매입금을 조기에 지급한 경우 판매자가 현금할인을 해주는 것을 의미한다. 당기매입액에서 차감하며 취득원가에서는 차감하지 않는다.
- ④ 이연지급계약: 자산을 구입하고 그 대금은 장기성지급어음 등을 발행해 줌으로써 자산에 공사대금지급을 이연시키는 자산구입 방법을 의미하며, 이때 재고자산의 취득원가는 공정가치 혹은 지급할 부채의 현재가치로 평가해야 한다.
- ⑤ 건설자금이자: 재고자산의 제조, 매입 또는 건설에 장기간이 소요되는 경우에 당해 자산의 제조 등에 사용된 차입금에 대하여 당해 자산의 제조, 매입 또는 취득완료 시까지 발생한 이자비용, 기타 유사한 금융비용은 당해 자산의 취득원가에 산입하고 그 금액과 내용을 주석으로 기재한다.

(3) 재고자산에 포함될 항목의 결정

① **미착상품**: 상품을 주문하였으나 현재 운송 중에 있어 아직 주문한 회사에 도착하지 않은 상품으로 판매자와 매입자 중 실물에 공사 통제권을 누가 행사하느냐에 따라 재고자산의 귀속을 결정한다.

② **위탁상품(적송품)**: 자신(위탁자)의 상품을 타인(수탁자)에게 위탁하여 판매하는 것을 의미하며 위탁품은 수탁자가 점유하게 되지만 수탁자가 고객에게 위탁품을 판매하기 전까지는 위탁품의 공사 소유권이 위탁자에게 있다. 판매되지 않은 위탁품은 기말재고에 포함되며, 수탁자가 위탁품을 판매한 날에 수익이 인식된다.

③ **시용품**: 주문을 받지 않고 상품을 고객에게 인도하여 고객이 그 상품을 보고 매입하겠다는 의사표시를 함으로써 판매가 성립되는 특수한 판매방식을 의미한다. 매입의사표시가 없는 시용품은 창고에 없다 하더라도 기말재고에 포함되며 구매자가 매입의사표시를 한 날에 수익이 인식된다.

④ **할부판매상품**: 매입대금을 일정한 기간에 걸쳐 나누어 지급하는 상품을 판매하는 경우를 의미한다. 장단기 구분 없이 인도시점(판매시점)에 매출이 인식된다.

(4) 재고자산의 원가배분

① 재고자산의 수량결정 방법

계속기록법	• 의미: 상품을 입고 · 출고할 때마다 수량을 계속적으로 기록하는 방법 • 장점 　– 어느 시점에서나 쉽게 매출원가와 재고자산가액을 구할 수 있음 　– 기말에 따로 분개할 필요가 없고, 회계기간 중의 재고자산 통제에 유용함 • 단점 　– 판매시점마다 상품의 원가를 일일이 파악해야 하는 번거로움이 있음 　– 부패나 도난에 의한 재고자산감모손실이 발생해도 재고자산에 남아있는 것으로 과대계상됨
실지재고 조사법	• 의미: 회계기간 중에는 기록을 하지 않고, 회계기간 말에 재고실사를 실시하여 보유하고 있는 재고자산수량을 결정하는 방법 • 장점: 매출원가를 간접적으로 계산하므로 회계정보의 처리비용이 적고 비교적 간단함 • 단점: 도난, 분실 등으로 인한 재고자산감모손실을 파악하지 못하고 이는 모두 매출원가에 포함되어 매출이 과대계상됨
혼합법	계속기록법에 의해 상품재고장의 기록을 유지하고, 일정 시점에서 실지재고조사도 실시하는 방법

② 재고자산의 단가결정 방법

㉠ **개별법**: 재고자산에 가격표 등을 붙여 매입상품별로 매입가격을 알 수 있도록 함으로써 매입가격별로 판매된 것과 재고로 남은 것을 구별하여 매출원가와 기말재고로 구분하는 방법

㉡ **선입선출법**: 실제물량의 흐름과 관계없이 먼저 취득한 자산이 먼저 판매된 것으로 가정하여 매출원가와 기말재고로 구분하는 방법

㉢ **후입선출법**: 실제물량의 흐름과 관계없이 가장 최근에 매입한 상품이 먼저 판매된 것으로 가정하여 매출원가와 기말재고로 구분하는 방법

㉣ **평균법**: 일정 기간 동안의 재고자산원가를 평균한 평균원가로 판매가능상품을 매출원가와 기말재고에 배분하는 방법으로, 이동평균법과 총평균법으로 구분

㉤ **기타 단가결정방법(특수한 방법으로 추정에 의한 배분)**: 기준재고법, 화폐가치후입선출법, 매출총이익률법, 소매재고법

◢4◣ 투자자산의 의미와 종류

(1) **의미**: 다른 기업을 지배 · 통제하거나 영향력을 행사할 목적, 또는 장기간(1년 이상)의 이자수익이나 배당수익을 얻을 목적으로 취득한 자산이다.

(2) **종류**
① 장기금융상품: 유동자산에 속하지 않는 금융상품
② 만기보유증권(상각후원가측정 금융자산): 만기가 확정된 채무증권으로서 만기까지 보유할 적극적인 의도와 능력이 있는 경우
③ 매도가능증권(기타포괄손익인식 금융자산): 유가증권 중에서 단기매매증권과 만기보유증권으로 분류되지 않는 경우
④ 지분법적용투자주식: 피투자회사에 영향력 행사를 목적으로 취득한 지분증권
⑤ 투자부동산: 투자의 목적 또는 비영업용으로 소유하는 토지와 건물 등

---

05 부채

◢1◣ 유동부채

(1) **유동부채의 의미와 종류**
① 의미: 부채는 과거의 거래나 사건의 결과로서 현재 기업실체가 부담하고 그 이행에 자원의 유출이 예상되는 의무이다. 기업회계기준에서는 재무상태표일로부터 1년 이내 혹은 정상영업주기 내에 만기가 도래하는 부채를 유동부채로 규정한다.
② 종류

매입채무	일반적인 상거래에서 발생한 외상매입금과 지급어음
단기차입금	금융기관으로부터의 당좌차월액과 1년 내에 상환될 차입금
미지급금	일반적인 상거래 이외에서 발생한 채무
선수금	수주공사 · 수주품 및 기타 일반적인 상거래에서 발생한 선수액
예수금	일반적 상거래 이외에서 발생한 일시적인 제예수액
미지급비용	당기에 발생된 비용이지만 당기에 지급되지 아니한 것
미지급법인세	법인세 등의 미지급액
미지급배당금	이익잉여금 처분계산서상의 현금배당액 등
유동성장기부채	고정부채 중 1년 내에 상환될 것
선수수익	받은 수익 중 차기 이후에 속하는 금액
단기충당부채	1년 내에 사용되는 충당금으로서, 그 사용목적을 기재

(2) 우발부채(↔ 확정유동부채)

① 우발상황: 미래에 어떤 사건이 발생하거나 발생하지 않음으로써 궁극적으로 확정된 손실 또는 이득으로서 발생 여부가 불확실한 현재의 상태 또는 상황이다.

② 우발부채: 재무상태표일 현재 존재하는 부채는 아니지만 미래 상황에 따라 발생할 수 있는 우발손실을 재무제표에 인식함에 따라 발생하는 부채이다.

③ 우발부채의 회계처리: 우발부채는 발생할 가능성도 불확실하며, 지급할 금액도 불확실하므로 그 불확실성 정도에 따라 회계처리를 달리해야 한다.

② 비유동부채

(1) 비유동부채의 의미와 종류

① 의미: 기업회계기준에서는 재무상태표일로부터 1년 이상이 경과한 후에 만기가 도래하는 부채를 비유동부채로 규정한다.

② 종류

㉠ 사채: 1년 후에 상환되는 사채의 가액으로 하되, 사채의 종류별로 구분하고 그 내용을 주석으로 기재

㉡ 장기차입금: 1년 후에 상환되는 차입금으로 하며 차입처별 차입액, 차입용도, 이자율, 상환방법 등을 주석으로 기재

㉢ 장기성 매입채무: 유동부채에 속하지 아니하는 일반적 상거래에서 발생한 장기의 외상매입금 및 지급어음

㉣ 충당부채: 1년 후에 사용되는 충당부채로, 그 사용목적을 표시하는 과목으로 기재

㉤ 이연법인세부채: 일시적 차이로 인하여 법인세비용이 법인세법 등의 법령에 의하여 납부해야 할 금액을 초과하는 경우 그 초과금액으로 함

(2) 사채(Bond)

① 사채의 발행

㉠ 사채는 시장이자율과 사채액면이자율에 따라 발행가액이 결정된다.

㉡ 자본금과 준비금의 4배를 초과하지 않는 범위 내에서 1좌당 10,000원 이상의 액면으로 발행된다.

발행 유형	상황	사채발행자의 이자비용
액면발행	시장이자율＝액면이자율	액면이자
할인발행	시장이자율＞액면이자율	액면이자＋할인액
할증발행	시장이자율＜액면이자율	액면이자－할증액

② 사채발행차금의 상각 - 유효이자율법(기업회계기준): 사채의 할인발행 또는 할증발행의 경우에 사채의 발행차금을 사채의 발행기간 동안 일정한 방법에 의해 이자비용에 가산하거나 차감해 주어야 하는데 이를 사채발행차금의 상각이라고 하며 정액법과 유효이자율법이 있다.

ⓗ 할인발행의 경우

- 상각액＝유효이자율에 의한 이자지급액－액면이자율에 의한 이자지급액

  ＝(사채의 기초장부가액×유효이자율)－액면이자액

- 사채발행기업의 입장에서 현금지급 이자 이외에 추가적으로 부담해야 하는 금융비용을 상환일 까지의 기간에 분배해야 한다.

ⓛ 할증발행의 경우

- 상각액＝액면이자율에 의한 이자지급액－유효이자율에 의한 이자지급액

  ＝액면이자액－(사채의 기초장부가액×유효이자율)

- 사채발행기업의 입장에서 사채기간 동안에 발생하는 이자비용을 감소시켜 주는 효과를 상환일 까지의 기간에 적절하게 분배해야 한다.

(3) 희석증권(＝보통주 청구가능증권)

① 전환사채(CB, Convertible Bonds)

ⓗ 처음에는 사채로 발행되었으나, 일정 기간 경과 후 사채권자가 전환을 청구하면 보통주로 전환될 수 있는 권리를 부여한 사채

ⓛ 전환권가치＝전환사채의 발행가액＝전환사채의 미래현금흐름의 현재가치

② 신주인수권부사채(BW, Bonds with Stock Warrant)

ⓗ 신주청약의 권리를 표시하는 신주인수권이 부여된 사채를 의미하며, 전환사채와 마찬가지로 소유 자가 일정한 조건하에서 권리를 행사하면 신주를 우선적으로 매입할 수 있게 된다.

ⓛ 신주인수권가치＝신주인수권부사채의 발행가액－신주인수권부사채의 미래현금흐름의 현재가치

(4) 충당부채

① 의미: 당기의 수익에 대응하는 비용으로서 장래에 지출될 것이 확실하여 당기의 수익에서 차감되는 부채이다.

② 종류

ⓗ 판매보증충당부채: 당기에 판매된 상품의 보증기간 동안에 발생할 보증비용을 추정하여 판매보증 비라는 당기비용(판매비와 관리비)으로 인식하고 동액만큼 판매보증충당부채라는 부채로 계상

ⓛ 하자보수충당부채: 공사완성 후 하자보수가 예상되는 때에는 도급금액의 일정률을 하자보수비라 는 당기비용(영업비용)으로 인식하고 동액만큼 하자보수충당부채로 계상

ⓒ 퇴직급여충당부채

- 기업의 임직원의 퇴직 시 지급할 퇴직금을 재직기간 동안의 비용으로 인식하여 충당시키는 부채

- 전 임직원이 일시에 퇴직할 경우 지급해야 할 퇴직금에 상당하는 금액을 퇴직급여충당부채로 계 상하며 당기에 지급한 퇴직급여는 비용(제조원가 혹은 판매비와 관리비)으로 인식

06 자본

1 자본의 분류

자본금	주주에 의한 납입자본금	보통주 자본금	보통주 발행주식 수×1주 액면가액
		우선주 자본금	우선주 발행주식 수×1주 액면가액
자본잉여금	주주와의 자본거래에서 발생한 이익	주식발행 초과금	자기주식 처분이익, 전환권대가, 신주인수권대가 등
		감자차익	
		기타 자본잉여금	
이익잉여금	영업활동을 통해 발생한 이익이 축적된 부분	법정 적립금 — 이익준비금	–
		법정 적립금 — 기타 법정적립금	재무구조개선적립금, 기업합리화적립금
		임의 적립금 — 적극적 적립금	사업확장적립금, 감채적립금, 신축적립금 등
		임의 적립금 — 소극적 적립금	배당평균적립금, 결손보전적립금, 퇴직급여적립금, 별도적립금 등
		차기이월 이익잉여금(결손금)	–
자본조정	자본 전체에 대해 차감, 가산할 항목	부가적 계정	미교부주식배당금
		차감적 계정	자기주식, 주식할인발행차금 등
기타포괄손익 누계액	손익계산서에 계상하지 않는 특정포괄손익을 표시함	순액표시(매도가능증권평가이익과 매도가능증권평가손실이 같이 등장하지 않음) (※ 결과만으로 평가)	매도가능증권평가손익, 현금흐름위험회피 파생상품평가손익, 해외사업환산차(대)

2 자본금

(1) 자본금

> 자본금＝보통주 자본금＋우선주 자본금＝보통주 액면가×보통주식 수＋우선주 액면가×우선주식 수

(2) 주식의 종류(보통주와 우선주)

① 보통주: 의결권, 배당권, 신주인수권, 잔여재산청구권 등이 부여된 주식이다.

② 우선주: 이익배당과 잔여재산분배 등 재산상 권리가 보통주보다 우위에 있는 반면, 일반적으로 의결권이 없는 주식이다.

　㉠ 이익배당우선주: 보통주주가 이익배당을 받기 전에 일정률의 배당을 우선적으로 받을 수 있는 권리가 부여된 주식으로, 누적적·비누적적, 참가적·비참가적으로 구분이 가능

　㉡ 전환우선주: 우선주 주주의 의사에 따라 보통주로 전환될 수 있는 권리를 부여받은 주식

　㉢ 상환우선주: 회사가 미래 특정시점에 약정된 조건으로 소각할 수 있는 주식

(3) 주식의 발행

① 신규발행

㉠ 액면발행: 주식의 발행가액이 액면가액과 동일한 경우

㉡ 할증발행: 주식의 발행가액이 액면가액을 초과하는 경우 → 주식발행초과금(자본잉여금) 발생

㉢ 할인발행: 주식의 발행가액이 액면가액보다 작은 경우 → 주식할인발행차금(자본조정) 발생

② 증자

실질적 증자	기업의 경제적 실질에 영향을 미치는 증자	현금증자	주식발행의 대가로 현금을 납입
		현물출자	주식발행의 대가로 유형자산 등을 납입
형식적 증자	경제 실질의 변화없이 자본금만 증가시켜서 발행주식수 및 주당 가액을 변화시키는 증자	무상증자	자본잉여금과 이익준비금을 자본에 전입
		주식배당	이익배당 시 주식을 지급하는 것

③ 자기주식: 이미 발행한 주식 중에서 추후에 재발행하거나 소각할 목적으로 발행한 회사가 이를 재취득한 주식을 말한다. 원칙적으로 금지되나, 예외적인 사유(주식의 소각, 합병이나 영업양수 목적, 회사의 권리를 실행하기 위한 목적, 주주가 주식매수청구권을 행사 시, 주식매수선택권 부여의 목적)의 경우 자기주식취득이 가능하다.

④ 감자

실질적 감자	자본금의 감소 시 자산의 유출이 수반되는 감자	주금액의 환급	거의 사용되지 않음
		주식소각	감자차익, 감자차손 발생
형식적 감자	회계장부상 자본금은 감소되지만 자산의 유출이 수반되지 않는 감자	주금절삭	발행주식수는 불변, 액면가액을 감소
		주금병합	주식액면가액은 불변, 발행주식 수를 감소

❸ 자본잉여금

(1) 주식발행초과금: 액면가액을 초과하여 주식을 발행했을 경우(할증발행), 그 초과금액에 해당된다.

(2) 감자차익

① 자본감소의 경우에 그 자본금의 감소액이 주식의 소각, 주금의 반환에 필요한 금액과 결손의 보전에 충당한 금액을 초과한 때에 그 초과액을 의미한다.

② 감자의 대가로 지급한 현금보다 감소한 자본의 액면가액이 클 경우에 발생한다. → 감자차손(감자의 대가 > 감소한 자본의 액면가액) 발생 시 자본조정으로 처리한다.

(3) 기타자본잉여금(자기주식처분이익 등)

① 주식발행초과금, 감자차익 이외의 자본잉여금을 의미한다.

② 자기주식처분이익 자기주식을 매입해서 처분할 때, 처분가액과 취득가액의 차이(처분가액 > 취득가액)를 말한다. → 자기주식처분손실(처분가액 < 취득가액)은 자본조정으로 처리한다.

◢ 이익잉여금

(1) 이익잉여금의 의의와 분류

① 의의: 기업의 영업활동에 의해 창출된 이익 중에서 배당 등으로 사외에 유출되지 않고 사내에 유보한 이익이다.

② 분류

㉠ 이익준비금(상법에 의한 법정적립금): 회사가 현금배당을 하는 경우 이익준비금의 잔액이 자본금의 50%에 달할 때까지 현금에 의한 이익배당의 10% 이상을 적립해야 함 → 이익준비금은 결손금 보전이나 자본금 전입의 목적으로 사용이 가능

㉡ 기타법정적립금

- 기업합리화적립금: 조세특례제한법에 의해 법인세를 감면받은 금액의 일부를 적립하여 이익을 내부로 유보시킨 것
- 재무구조개선적립금: 상장법인재무관리규정에 의해 재무구조가 부실한 상장법인이 자본 의 충실화를 위해 적립하는 것 → 결손보전이나 자본금 전입의 목적으로 사용이 가능

(2) 임의적립금: 법률에 의해 강제적으로 적립하는 것이 아니라 정관의 규정 또는 주주총회의 결의로 적립하는 금액이다.

분류	목적	설정목적 달성 시	예시
적극적 적립금	자금 또는 순자산을 증가시킬 목적으로 적립하는 것	소멸되지 않음	신축적립금, 사업확장적립금, 감채 적립금
소극적 적립금	자본감소를 방지하거나 순자산의 감소를 억제할 목적으로 적립하는 것	이월이익잉여금으로 대체하여 소멸시킴	결손보전적립금, 배당평균적립금

◢ 자본조정

(1) 의의

① 자본금, 자본잉여금, 이익잉여금의 어느 항목에도 속하지 않는 임시적인 자본항목으로서 자본에 차감 또는 가산되어야 하는 항목들을 의미한다.

② 자본조정 항목들은 일정 기간이 지남에 따라 소멸되는 특성이 있다.

(2) 종류

① 주식할인발행차금

㉠ 주식을 할인발행할 경우 발행가액과 액면가액의 차이를 의미함

㉡ 원칙적으로 금지되나, 회사설립 2년 경과 후 주총의 결의를 거쳐 법원의 허가를 받은 경우 가능

㉢ 주식발행초과금이 있을 경우 우선상계처리하고 잔액이 남으면 자본에서 차감

㉣ 주식발행연도로부터 3년 이내의 기간에 정액법으로 상각

② 자기주식: 자기주식 취득 시 그 금액을 취득원가로 자본에서 차감하는 형식으로 기재하고 취득경위, 향후처리계획 등을 주석으로 기재한다.

③ **감자차손**: 자본감소 시 소각된 주식의 액면가액보다 주주에게 환급되는 금액이 더 큰 경우에 그 차액을 의미하며, 자본에서 차감하는 형식으로 기재한다.

④ **자기주식처분손실**: 자기주식 매각 시 처분가액이 취득원가보다 적은 경우에 자기주식처분이익이 있는 경우는 먼저 상계하고 그것이 부족한 경우 그 차액을 의미하며, 자본에서 차감하는 형식으로 기재한다.

⑤ **미교부주식배당금**: 결산 시 이익잉여금처분계산서상의 주식배당액을 의미하며, 주주총회에서 확정된 후 주주들에게 교부될 주식을 의미하는 것으로 아직 교부되지는 않았다 하더라도 자본과 같은 성격에 해당되고 자본에 가산하는 항목이다.

6 기타포괄손익누계액

(1) **의의**: 과거 자본조정으로 분류하였던 포괄손익들을 기타포괄손익누계액으로 하여, 정보이용자들에게 포괄손익에 관한 구체적이고 상세한 정보를 제공한다.

(2) **종류**: 매도가능증권평가손익, 현금흐름위험회피 파생상품평가손익, 해외사업환산손익

07 수익과 비용

1 수익

(1) **수익의 개념**: 기업의 주요 영업활동으로서의 재화의 생산·판매, 용역의 제공 등에 따른 경제적 효익의 유입으로, 자산의 유입·증가 또는 부채의 감소를 의미한다. 즉, 순자산의 증가를 뜻한다.

(2) **수익의 분류(포괄손익계산서)**
① **영업수익**: 기업의 주된 경영활동에서 발생하는 수익(매출액)
② **영업외수익**: 기업의 주된 경영활동 이외의 부수적인 활동에서 발생하는 반복적이며 경상적으로 발생하는 수익

(3) **특수한 재화판매의 인식**
① **위탁판매**: 상품의 위탁발송 시 상품원가와 제비용을 '적송품' 계정 차변에 기입했다가 수탁자가 위탁품을 판매한 날에 수익을 인식(매출 또는 적송품 매출)한다.
② **시용판매**: 수익은 매입자가 매입의사표시를 한 날에 인식하며, 기말 현재 매입자로부터 매입의사표시가 없는 시송품은 창고에 없다고 할지라도 매자의 기말재고에 포함시킨다.
③ **이자수익**: 원칙적으로 유효이자율을 적용하여 발생기준에 따라 인식한다.
④ **배당금수익**: 배당금을 받을 권리와 금액이 확정되는 시점에 인식한다.
⑤ **로열티수익**: 관련된 계약의 경제적 실질을 반영하여 발생기준에 따라 인식한다.

② 비용

(1) 비용의 인식

구분	비용인식기준	예시
직접대응	동일한 거래나 사건과 직접적으로 결부되어 발생하는 수익과 비용은 동일한 회계기간에 인식	• 매출원가 • 판매직원수수료
발생 즉시 인식	취득과 동시에 또는 취득 후 즉시 소비되는 재화 및 용역의 취득과 관련하여 발생하는 판매비와 관리비 등의 비용은 현금이 지출되거나 부채가 발생하는 회계기간에 인식	• 급여 • 광고선전비
기간배분	상각대상자산을 사용함에 따라 발생하는 감가상각비와 여러 회계기간에 걸쳐 소비되는 비용은 체계적이고 합리적인 배분절차에 따라 당해 비용으로부터 효익이 기대되는 여러 기간에 걸쳐 인식	• 감가상각비 • 무형자산상각비

(2) 비용의 분류(포괄손익계산서)

① 영업상 비용

 ㉠ 매출원가: 영업상 수익인 매출액에 대응되는 비용(매출원가＝기초상품재고－당기매입액－기말상품재고)

 ㉡ 판매비와 관리비

② 영업외비용: 기업의 주요 영업활동 이외에 부수적으로 발생하는 경상적이며 반복적인 비용이다.

③ 법인세비용: 법인세법상의 당해 사업연도에 부담할 법인세(법인세±이연법인세 변동액)이다.

Chapter

10 재무관리

01 재무관리의 기초개념

1 재무관리의 의미와 기능

(1) 재무관리의 의미

① **좁은 의미의 재무관리**: 기업재무라고 하며, 기업의 재무관리자 관점에서 자금조달과 운영 흐름을 다루는 학문이다.

② **넓은 의미의 재무관리**: 기업재무론 외에 투자론과 금융론 등을 포함하는 개념으로 재무학으로 불린다.

※ 일반적 의미의 재무관리는 좁은 의미의 재무관리를 뜻한다.

(2) 재무관리의 기능

① **투자결정**: 기업의 자산취득에 관한 의사결정으로 재무상태표 왼쪽(차변)에 나타난다. 자산을 가장 이상적인 형태로 갖기 위해 자산의 최적 구성을 찾으려는 노력으로, 이와 같은 투자결정에 의해 기업자산 규모의 구성이 결정된다.

② **자본 조달 결정**: 투자 결정에 의해서 구성된 자산을 취득하기 위해 필요한 자금을 조달하는 의사결정을 자본 조달 결정이라고 한다. 재무상태표 오른쪽(대변)과 관계되는 것으로 부채 및 자기자본의 규모와 구성을 가장 이상적인 형태로 조달하려는, 즉 최적 자본구조를 찾기 위한 의사결정이다.

③ **유동성 관리**: 기업이 영업활동을 하는 과정에서 발생하는 현금의 유입과 유출은 시간적인 면에서 크게 다를 수 있다. 재무상태표에서 유동자산과 유동부채의 차이인 순운전자본 관리를 통해 단기적 관점에서 자금을 운용하는 것을 유동성 관리라고 한다.

2 재무관리의 목표

(1) 이윤의 극대화

① **의미**: 재무관리의 목표로 이윤의 극대화를 가장 먼저 꼽는데, 이는 기업이 영리를 목적으로 하는 단체라는 것에 기인한다. 이는 과거부터 전통적으로 재무관리의 목표로 간주되어 왔으며, 현재에도 이윤의 극대화를 재무관리의 목표로 인식하는 경우가 있다.

② 이윤 극대화 목표의 문제점

   ⊙ 이윤의 개념이 모호하다.

   © 화폐의 시간 가치를 반영하지 못한다.

   © 미래의 불확실성을 반영하지 못한다.

(2) 기업 가치의 극대화

① 의미: 기업의 가치는 그 기업이 투자한 자산들이 앞으로 그 기업에 얼마나 공헌할 것인가에 달려 있다. 구체적으로 기업의 가치는 기업이 보유자산을 사용하여 벌어들일 미래수익의 크기와 미래수익의 불확실성에 따라 결정된다. 기업이 벌어들일 미래수익이 클수록 기업의 가치는 커지며 미래수익의 불확실성, 즉 위험이 클수록 기업 가치는 작아진다. 이러한 기업 가치를 수식으로 나타내면 다음과 같다.

$$V(\text{기업 가치}) = \frac{C_1}{(1+k)} + \frac{C_2}{(1+k)^2} + \frac{C_3}{(1+k)^3} + \cdots\cdots = \sum_{k=1}^{\infty} \frac{C_t}{(1+k)^t}$$

[여기서 $C_t = t$시점의 현금흐름, $k = $ 불확실성을 반영한 할인율(자본비용)]

② 기업 가치 극대화 목표의 문제점: 기업 가치 극대화를 목표로 할 경우, 현금흐름으로 그 가치를 결정하기에 이익 개념의 모호성이 해결된다. 또한 할인율을 적용하여 화폐의 시간가치와 현금흐름의 불확실성을 반영할 수 있다. 그러나 기업의 가장 일반적인 형태인 주식회사는 소유와 경영이 분리되어 있다. 이러한 상황에서 기업의 경영자는 기업 가치를 극대화하기보다는 개인의 이익을 극대화하도록 의사결정을 하는 경우가 생긴다. 이는 일종의 대리인 문제로 경영자로 하여금 기업 가치를 극대화하는 방향으로 의사결정을 유도할 수 있는 제도적 장치가 필요하다는 문제가 발생한다.

(3) 경영자 이익의 극대화

① 의미: 주식회사의 경우 일반적으로 소유와 경영이 분리된다. 이 경우 경영자는 자신의 이익을 극대화하는 방향으로 의사결정을 할 수 있는데, 이때 재무관리의 목표는 경영자 이익의 극대화가 된다. 경영자의는 기업의 규모가 더 크고, 기업이 빠르게 성장할수록 더 많은 이익을 누릴 수 있다. 따라서 기업 가치를 극대화하려고 하기보다는 기업의 외형을 키우기 위해 노력하는 경우가 많다.

② 경영자 이익 극대화의 문제점: 경영자 이익의 극대화가 주주의 목표와 일치하지 않는 경우, 기업 이익에 대해 청구권을 갖는 주주의 가치를 감소시킬 우려가 있다. 따라서 현대의 주식회사제도에서 주주들은 이사회를 통해 경영자를 감시하고, 주요 사안에 대해 의결권을 행사하거나 비효율적 경영진에 대한 교체를 통해 경영자를 확실히 지배할 수 있다. 이 경우 경영자는 주주의 이익을 극대화함으로써 경영자 자신의 이익도 증가시킬 수 있다. 따라서 주주들이 경영자를 확실하게 지배할 수 있는 상황에서는 경영자 이익의 극대화는 곧 기업 가치의 극대화와 일치하므로 구분할 필요가 없게 된다.

02   화폐의 시간가치

■ 유동성 선호와 화폐의 시간가치

(1) **유동성 선호**: 미래의 금액보다 동일한 크기의 현재의 금액을 선호하는 현상을 말한다.

(2) **유동성 선호의 근거**
　① 시차 선호: 다른 조건이 동일하다면 미래에 소비하는 것보다 현재 소비하는 것을 선호한다.
　② 인플레이션: 물가상승으로 인해 미래에 소비하는 것이 실질구매력이 떨어질 가능성이 높다.
　③ 투자기회: 현재 선택할 수 있는 투자기회를 통해서 미래에 더 큰 흐름을 창출할 수 있으므로 현재 현금흐름을 선호한다.
　④ 미래의 불확실성: 미래 현금흐름은 불확실성이 높기 때문에 현재의 현금흐름을 선호한다.

(3) **화폐의 시간가치**: 같은 금액이라고 하더라도 현금흐름이 실현되는 시간의 차이에 따라 현금흐름의 가치가 서로 다르게 평가되는데 이를 화폐의 시간가치라고 한다.

■ 단일 시점의 현금흐름의 시간가치

(1) **미래가치(FV, Future Value)**: 현재의 일정 금액을 미래의 특정 시점으로 환산한 금액을 미래가치라고 한다. 미래가치는 복리로 계산되는데 이자가 발생하면 그것이 재투자되어 이자에 대한 이자가 반복 발생한다고 가정하는 방법이다.

미래가치의 계산	현재의 일정 금액$=PV$, n기간 후의 미래가치$=FV_n$, 연간 이자율$=r$ • 1기간 후의 미래가치: $FV_1=PV(1+r)$ • 2기간 후의 미래가치: $FV_2=PV(1+r)(1+r)=PV(1+r)^2$ • n기간 후의 미래가치: $FV_n=PV(1+r)(1+r)\cdots(1+r)=PV(1+r)^n$
미래가치의 요소	매기간 이자율 r이 일정할 경우 현재의 1원은 n기간 후에는 $(1+r)^n$원이 된다. 이 $(1+r)^n$을 복리가치 요소(CVF) 혹은 미래가치 요소(FVF)라고 하며 흔히 $CVF(r, n)$ 혹은 $FVF(r, n)$으로 나타낸다. $FV_n=PV(1+r)(1+r)\cdots(1+r)=PV(1+r)^n=PV\times FVF(r, n)$

(2) **현재가치(PV, Present Value)**: 미래에 발생하게 될 현금흐름을 현재시점의 가치로 환산한 금액이다.

현재가치의 계산	미래의 현금흐름과 이자율을 아는 경우 그것의 현재가치를 계산하는 것이므로 미래가치의 계산의 역을 적용해 $PV=\dfrac{FV_n}{(1+r)^n}$이 된다.
현가 요소	$\dfrac{1}{(1+r)^n}$은 n기간 후의 1원이 현재 얼마의 가치가 있는지를 나타내는 값으로 현가요소(PVF)라 하며, 흔히 $DCF(r, n)$ 혹은 $PVF(r, n)$으로 나타낸다. $PV=\dfrac{FV_n}{(1+r)^n}=FV_n\times PVF(r, n)$
미래가치 요소와 현가요소의 관계	$PVF=\dfrac{1}{FVF}$

③ 여러 시점의 현금흐름의 시간가치

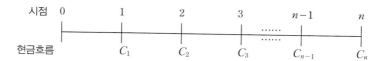

미래가치	위와 같은 현금흐름에 대한 n기간 후의 미래가치(FV)는 각 시점의 현금흐름에 대한 미래가치의 합이 된다. 매 기간 이자율이 r로 같다면 여러 시점에서 미래가치 $FV_n = C_1(1+r)^{n-1} + C_2(1+r)^{n-2} + \cdots\cdots + C_{n-1}(1+r) + C_n$이 된다.
현재가치	현재가치는 각 시점의 현금흐름의 현재가치의 합으로 다음과 같이 계산한다. $$PV = \frac{C_1}{(1+r)} + \frac{C_2}{(1+r)^2} + \cdots\cdots + \frac{C_n}{(1+r)^n} = \sum_{t=1}^{n} \frac{C_t}{(1+r)^t}$$

④ 특수 형태의 현금흐름

(1) **연금**: 연금은 미래의 일정 기간 동안 동일한 금액의 현금흐름을 지속적으로 발생시킨다.

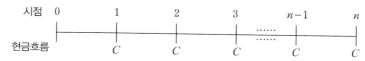

연금의 미래가치	매 기간마다 동일한 현금흐름이 발생하므로 등비수열의 합을 이용하면 $$FV_n = C + C(1+r) + \cdots\cdots + C(1+r)^{n-2} + C(1+r)^{n-1} = C\left[\frac{(1+r)^n - 1}{r}\right] = C \times CVFA(r, n)$$ 여기서 $\frac{(1+r)^n - 1}{r}$을 연금의 복리가치요소($CVFA$) 혹은 미래가치요소($FVFA$)라고 하며, n기간 동안 매 기간 말에 1원씩 발생하는 연금의 미래가치를 나타낸다.
연금의 현재가치	n기간 동안 동일한 금액의 현금흐름이 발생하는 경우 연금의 현재가치는 $$PV = \frac{C}{1+r} + \frac{C}{(1+r)^2} + \cdots\cdots + \frac{C}{(1+r)^{n-1}} + \frac{C}{(1+r)^n} = C\frac{(1+r)^n - 1}{r(1+r)^n} = C \times PVFA(r, n)$$ 여기서 $\frac{(1+r)^n - 1}{r(1+r)^n}$을 현가요소($PVFA$)라고 하며, n기간 동안 매 기간 말에 1원씩 발생하는 연금의 현재가치를 나타낸다.

(2) **영구연금**: 영구연금은 매 기간 일정 금액을 영속적으로 지급하는 현금흐름을 말한다. 일정한 금액의 현금흐름이 무한히 지속된다면 무한등비수열에 의해 다음과 같이 영구연금의 현재가치를 구할 수 있다.

$$PV = \frac{C}{1+r} + \frac{C}{(1+r)^2} + \cdots\cdots = \frac{\text{초항}}{1 - \text{공비}} = \frac{\dfrac{C}{(1+r)}}{1 - \dfrac{1}{1+r}} = \frac{C}{r}$$

(3) 성장형 영구연금: 현금흐름이 영구적으로 발생하는 점에서는 영구연금과 유사하나, 매 기간 지급되는 현금이 일정성장률(g)로 증가하는 점이 다르다.

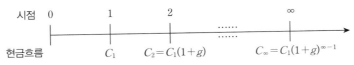

성장형 연금의 현재가치는 연금의 현재가치를 구하는 방법과 유사하며 다음과 같이 구할 수 있다.

$$PV = \frac{C_1}{1+r} + \frac{C_1(1+g)}{(1+r)^2} + \cdots\cdots + \frac{C_1(1+g)^{\infty-1}}{(1+r)^\infty} = \frac{\dfrac{C_1}{1+r}}{1 - \dfrac{1+g}{1+r}} = \frac{C_1}{r-g}$$

03 소비와 투자의 결정

■1 기초개념

(1) 소비와 투자결정

① **부의 기간배분 모형**: 개인에게 주어진 부를 어떻게 현재소비와 미래소비로 배분하여 소비로부터 얻는 만족을 극대화할 것인가를 다루는 모델이다.

② **가정**

　㉠ 1기간을 가정한다. 현재의 소비와 1년 후의 소비만을 고려한다는 뜻이다.

　㉡ 미래의 현금흐름은 확실하다. 즉, 미래에 대해 완전히 예측할 수 있어서 투자로부터 발생하는 미래의 현금흐름을 확실히 알고 있다는 것을 뜻한다.

　㉢ 금융시장은 완전하다. 자금의 차입과 대출에 있어 어떠한 거래비용도 없으며 누구나 원하는 만큼의 자금을 일정한 이자율로 차입·대출할 수 있다.

(2) 확실성하의 선택공리

완전성	• 대안 A를 대안 B보다 선호한다: A>B • 대안 B를 대안 A보다 선호한다: A<B • 대안 A와 대안 B가 서로 무차별하다: A∼B
이행성	3개의 대안 A, B, C에 대하여 A>B이고 B>C이면 A>C가 성립한다는 것으로, 일관성이 없는 선호를 배제한다는 의미이다.
불포화	일반적으로 특정 재화에 대한 소비가 증가할수록 효용은 계속 증가하는 것을 뜻한다. 이는 소비자의 한계효용은 항상 양수(+)임을 의미한다.
한계효용체감	어떤 재화의 소비량이 증가할수록 그 재화의 한계효용은 감소한다는 것을 뜻한다. 즉, 소비량이 늘어날수록 1단위 추가소비로 인한 추가효용이 점점 감소하는 현상을 말한다.

❷ 피셔의 분리정리

투자결정과 소비결정이 두 개의 독립적 단계로 이루어진다는 것으로, 투자결정은 개인의 주관적 선호(무차별곡선)에 관계없이 객관적인 시장이자율기준, 즉 순현가의 극대화기준에 의해 결정된다는 것이다.

(1) 소비투자 결정의 두 단계

① **1단계 투자결정**: 최적 투자점은 생산기회선의 기울기와 시장기회선의 기울기가 일치하는 점에서 이루어진다. 투자자로부터의 현금흐름의 현가가 가장 크도록 실물투자에 대한 결정을 하여 개인의 소비기회집합을 최대로 확대한다. → $MRT = -(1+r)$

② **2단계 투자결정**: 최적 소비점은 무차별곡선의 기울기와 시장기회선의 기울기가 일치하는 점에서 이루어진다. 개인의 현재와 미래의 소비 배분에 대한 효용에 따라 차입 혹은 대출을 통해 최적의 소비조합을 선택한다. → $MRS = -(1+r)$

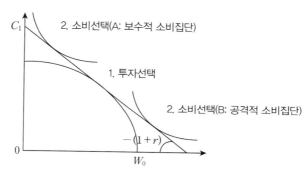

(2) 소유와 경영의 분리
수많은 기업의 주주들은 두 기간 소비배분에 대해 서로 다른 선호를 나타낸다. 피셔의 분리정리가 성립하면 각 개별 주주들의 주관적인 시차선호에 관계없이 순현가의 극대화기준을 이용하여 투자결정을 할 수 있다. 왜냐하면 주주들은 일단 기업의 현가를 극대화시켜 기업의 가치를 최대한 증대시킨 후, 각자 금융시장을 통해 차입 혹은 대출을 함으로써 그 자신의 효용을 극대화할 수 있기 때문이다. 따라서 경영자는 각 주주의 현재와 미래의 소비에 대한 선호가 어떠한가에 관계없이 기업의 목표로서 순현가법에 바탕을 둔 기업가치의 극대화에만 주력하면 되므로 소유와 경영의 분리가 가능해진다.

1 개요

(1) 의의: 분석대상이 되는 투자안의 현금흐름이 측정되었다면, 그 다음 단계로 측정된 현금흐름이 기업가치에 어느 정도 공헌할 수 있는가를 분석하여 투자안 채택 여부를 결정해야 한다. 이러한 결정과정을 투자안의 경제성 평가라고 한다. 즉, 투자안의 채택으로 인한 기업가치의 증가분을 평가하는 과정이다.

(2) 이상적인 평가방법의 조건

① 측정된 모든 현금흐름이 고려되어야 한다.

② 적절한 할인율을 적용해 화폐의 시간가치를 반영해야 한다. 화폐의 시간가치를 고려하는 현금흐름할인법(DCF)이 전통적 기법보다 우월하며 그중에서도 순현재가치법이 가장 타당하다. 또한 현금흐름의 가치를 통일시킬 때는 투자안 평가가 이루어지는 현재시점을 기준으로 하는 것이 바람직하다.

③ 주주나 경영자의 취향에 관계없이 기업의 가치를 극대화할 수 있는 투자안을 선택해야 한다.

2 회수기간법

(1) 의의: 회수기간은 투자시점에서 발생한 비용을 회수하는 데 걸리는 기간을 뜻하며, 회수기간법은 회수기간을 구하여 투자의사결정을 하는 기법을 말한다.

(2) 의사결정 기준

① **독립적 투자안**: 각 투자안의 회수기간이 기업 자체에서 기준으로 정한 목표회수기간보다 짧으면 투자가치가 있다고 판단한다.

② **상호배타적 투자안**: 각 투자안의 회수기간이 목표회수기간보다 짧은 투자안 중에서 가장 짧은 투자안을 선택한다.

(3) 유용성

① 방법이 간단하고 이해하기 쉽다.

② 경영자에게 투자위험에 대한 정보를 제공한다. 즉, 회수기간이 짧을수록 미래의 현금흐름에 대한 불확실성이 빨리 제거되므로 위험이 적다.

③ 투자로 인한 기업의 유동성을 간접적으로 나타내준다. 회수기간이 짧을수록 현금유입이 일찍 이루어지므로, 이러한 투자안을 선택하면 일정 기간 동안 기업의 유동성이 높아진다.

(4) 문제점

① 회수기간 이후의 현금흐름을 고려하지 못한다.

② 화폐의 시간가치를 무시한다.

③ 회수기간만 고려할 뿐 투자안의 수익성을 무시한다.

④ 독립적 투자안에 투자결정의 기준이 되는 회수기간의 설정이 자의적이다.

(5) 할인회수기간법: 각 기간의 현금흐름에 대한 현재가치를 구한 후, 각 기간의 현재가치의 합이 최초의 투자금액과 같아지는 기간을 구하는 방법이다. 화폐의 시간가치를 고려하지 못하는 회수기간법의 문제점을 보완하기 위해 사용하는 기법이다. 그러나 모든 현금흐름을 고려하지 못한다는 점, 합리적 기준 선정이 어렵다는 점 등의 단점이 있다.

3 회계적 이익률법(ARR)

(1) 의의

① 투자로 인하여 나타나는 장부상의 연평균 순이익을 연평균 투자액으로 나눈 비율을 토대로 투자안을 평가하는 방법이다.

② 회계적 이익률(평균이익률) $= \dfrac{(연평균\ 순이익)}{(연평균\ 투자액)}$

③ 연평균 순이익 $= \dfrac{(순이익의\ 합)}{(투자\ 수명)}$, 연평균 투자액 $= \dfrac{(초기투자비용) + (잔존가치)}{2}$

(2) 의사결정 기준

① **독립적 투자안**: 각 투자안의 ARR이 기업 자체에서 기준으로 정한 목표이익률보다 크면 투자가치가 있다고 판단한다.

② **상호배타적 투자안**: 각 투자안의 ARR이 목표이익보다 큰 투자안 중에서 가장 큰 투자안을 선택한다.

(3) 유용성

① 계산이 간단하고 이해하기 쉽다.

② 회계장부상의 자료를 그대로 사용할 수 있으므로 편리하다.

(4) 문제점

① 투자안의 현금흐름이 아닌 회계장부상의 이익을 사용한다.

② 화폐의 시간가치를 고려하지 않는다.

③ 회계처리방법에 따른 순이익 조작의 가능성이 있다.

④ 기업의 목표이익률 설정에 대한 근거가 확실하지 않다.

4 순현재가치법(NPV)

(1) 의의

① 투자로 인하여 발생할 미래의 모든 현금흐름을 적절한 할인율로 할인한 현가로 나타내어 투자결정에 이용하는 방법이다.

② $NPV = \left[\dfrac{C_1}{(1+r)^1} + \dfrac{C_2}{(1+r)^2} + \cdots\cdots + \dfrac{C_n}{(1+r)^n} \right] - C_0 = \sum\limits_{t=1}^{n} \dfrac{C_t}{(1+r)^t} - C_0$

(C_t: t시점의 현금흐름, C_0: 최초의 투자액, r: 할인율, n: 내용연수)

(2) 의사결정 기준

① 독립적 투자안: 투자안의 NPV가 0보다 큰 투자안을 채택한다.

② 상호배타적 투자안: 투자안의 NPV가 0보다 큰 투자안 중에서 가장 큰 투자안을 선택한다.

(3) 유용성

① 화폐의 시간가치를 고려한다.

② 내용연수 동안의 모든 현금흐름을 고려한다.

③ 현금흐름과 할인율만으로 투자안을 평가하므로 자의적 요인이 배제된다.

④ 투자안에 대한 가치가산의 원칙이 적용된다. 즉, A와 B 두 투자안에 모두 투자할 경우의 순현가는 각 투자안의 순현가를 합한 것과 동일하다.

⑤ 선택된 모든 투자안의 순현가의 합으로 해당 기업의 가치를 알 수 있다.

5 내부수익률법(IRR법)

(1) 의의

① 내부수익률은 미래 현금흐름의 순현가를 0으로 만드는 할인율을 말한다.

② $\left[\dfrac{C_1}{(1+IRR)^1}+\dfrac{C_2}{(1+IRR)^2}+\cdots\cdots+\dfrac{C_n}{(1+IRR)^n}\right]-C_0=0$

$\rightarrow \sum\limits_{t=1}^{n}\dfrac{C_t}{(1+IRR)^t}-C_0=0$ 또는 $\sum\limits_{t=1}^{n}\dfrac{C_t}{(1+IRR)^t}=C_0$

③ 여기서 IRR은 투자안마다 값이 서로 다르며, 투자자로부터 얻는 연평균 수익률을 뜻한다. 투자안 자체의 현금흐름에 의해서만 산출된다.

(2) 의사결정 기준

① 독립적 투자안: 투자안의 내부수익률이 할인율보다 큰 모든 투자안을 투자가치가 있는 것으로 평가한다.

② 상호배타적 투자안: 내부수익률이 가장 큰 투자안을 선택한다.

(3) 유용성: 화폐의 시간가치와 내용연수 동안의 모든 현금흐름을 고려한다.

(4) 문제점

① 내용연수가 2년을 초과할 경우 계산이 복잡해진다.

② 내부수익률이 존재하지 않거나 복수의 내부수익률이 존재할 가능성이 있다. 내부수익률이 존재하지 않으면 투자안을 평가할 수 없고, 복수의 내부수익률이 나타나면 경제적 의미가 없으므로 투자결정에 사용할 수 없다.

③ 재투자수익률의 가정이 불합리하다. 내부수익률법은 투자안의 내부수익률을 미래의 재투자수익률로 가정하고 있는데, 미래에도 현재처럼 유리한 투자기회가 계속 존재한다는 의미가 되므로 불합리하다.

④ 가치가산의 원리가 적용되지 않는다.

6 수익성지수법(PI법)

(1) 의의

① 수익성지수는 투자안의 선택으로 발생하는 미래 현금흐름의 현재가치를 현금유출의 현재가치로 나눈 값을 뜻한다.

② $PI = \dfrac{(\text{현금유입의 현재가치})}{(\text{현금유출의 현재가치})} = \dfrac{\sum_{t=1}^{n} \dfrac{C_t}{(1+k)^t}}{C_0}$

③ $NPV > 0 \rightarrow PI > 1$, $NPV < 0 \rightarrow PI < 1$

(2) 의사결정 기준

① 독립적 투자안: $PI > 1$이면 투자안을 채택한다.

② 상호배타적 투자안: $PI > 1$인 투자안 중에서 PI가 가장 큰 투자안을 선택한다.

05 　수익률과 위험

1 위험의 의미와 측정

(1) 위험의 의미: 미래에 나올 결과가 하나로 고정되어 있지 않고 상황에 따라 두 가지 이상의 결과가 가능할 때 위험이 있다고 말한다. 재무관리에서 다루는 위험은 미래 수익 혹은 미래 수익률의 변동 가능성을 의미한다.

(2) 위험의 측정

① 미래의 실제수익률과 현재 기대하고 있는 미래의 기대수익률이 다른 정도를 측정한다. 위험을 측정하는 방법으로는 분산을 이용하는 것이 보통이다.

② $\sigma^2(r) \equiv E[r - E(r)]^2 = \sum_{t=1}^{r} [r_t - E(r)]^2 \times P_i$ (σ^2 = 분산, r_t = 수익률, P_i = 확률, $E(r)$ = 기대수익률)

2 수익과 수익률

(1) 수익률의 계산

① 주식수익률의 계산

㉠ 주식수익률은 주식 투자로부터 얻은 총이익을 총 투자금액으로 나누어 계산한 비율로 정의된다. 여기서 총이익은 자본이득과 현금배당의 합이다.

ⓛ 주식수익률$(R_t) = \dfrac{\text{자본이득} + \text{현금배당}}{\text{기초의 주가}} = \dfrac{(\text{기말의 주가} - \text{기초의 주가}) + \text{배당금}}{\text{기초의 주가}}$

$$= \dfrac{(P_t - P_{t-1}) + d_t}{P_{t-1}} = \dfrac{(P_t - P_{t-1})}{P_{t-1}} + \dfrac{d_t}{P_{t-1}}$$

($P_t = $ 기말의 주가, $P_{t-1} = $ 기초의 주가, $d_t = $ 배당금)

위의 식은 주식을 $(t-1)$기간에 구입했다가 1기간 후 배당금을 수령하고 t기간에 처분한 경우의 수익률을 뜻한다. 따라서 위의 수익은 자본이득률과 배당수익률의 합으로 표현 가능하다.

② 여러 기간 투자의 보유기간수익률

$$HPR(n) = [(1 + {_0}R_1)(1 + {_1}R_2) \cdots\cdots (1 + {_{n-1}}R_n)]^{\frac{1}{n}} - 1$$

(${_0}R_1 = $ 첫 해의 수익률, ${_1}R_2 = $ 두 번째 해의 수익률, ${_{n-1}}R_n = n$년째 해의 수익률)

(2) 수익률의 확률분포

① **확률분포의 의의**: 불확실한 수익률을 분석할 수 있는 방법은 미래에 나올 가능성이 있는 수익률 각각에 대해 그 확률을 계산하는 것이다. 수익률의 확률이 어떻게 분포되어 있는지를 알아내고 이를 분석하는 과정이 바로 투자의사결정의 요체이다.

② **수익률의 확률분포**: 미래의 상황에 따라 다른 값을 갖는 변수의 성질은 확률분포로 나타낸다. 따라서 수익률의 확률분포는 미래수익률과 그 수익률의 발생확률을 나타낸 것이라고 할 수 있다.

③ **수익률 확률분포의 전제**

ⓛ 연속확률분포를 사용하여 분석: 주식수익률은 이산확률분포를 따르지만 이 방법은 불편하다. 또한 수익률의 경우의 수가 충분히 많아 연속확률분포로 근사하여 분석하더라도 문제가 없다.

ⓛ 정규분포를 가정: 통계학 등에서 여러 종류의 연속확률분포가 사용되지만 재무관리에서는 보통 정규분포를 가정한다.

(3) 기대수익률: 미래수익률의 확률분포에 대한 기댓값을 기대수익률이라 한다. $E(R) = \sum P_i \times R_i$, 즉 각 상황이 발생할 때마다 가능한 수익률(R_i)에 각 상황의 발생 확률(P_i)을 곱하여 기대수익률을 구할 수 있다.

3 효용이론

(1) 기대수익 극대화와 기대효용 극대화

① **기대수익의 극대화**

ⓛ 의의: 기대가치는 투자안으로부터 얻게 되는 수익의 미래 확률분포 평균값(기댓값)을 말한다. 따라서 기대수익의 극대화기준에 따르면 비교대상이 되는 투자안의 확률분포에서 평균값을 구하여 이 값이 가장 큰 투자안을 선택하게 된다. 이를 수식화하면 $Max\ E(R) = Max\ \sum P_i \times R_i$와 같다.

ⓛ 세인트 피터스버그 역설: 기대가치 극대화 기준이 위험을 고려하고 있지 않기 때문에 투자 결정 기준으로 적절하지 못하다는 것이다. 동일한 기대가치를 갖는 투자안일지라도 위험에 따라 의사결정이 달라질 수 있기 때문이다.

② 기대효용의 극대화

　　㉠ 의의: 기대효용은 투자안으로부터 얻게 되는 효용의 미래 확률분포 평균값(기댓값)을 말한다. 기대효용의 극대화기준은 기대효용이 가장 큰 투자안을 선택하면 되는데, 이를 수식으로 나타내면 $Max\ E[U(R)] = Max\ \sum P_i \times U(R_i)$와 같다.

　　㉡ 합리적 투자자의 효용함수: 어떤 효용함수가 합리적 투자자의 효용을 나타내려면 위험회피적이어야 하는데, 이를 위한 구체적인 조건은 부의 증가에 따라 효용이 증가하되 체감적으로 증가해야 한다는 것이다. 이를 수식으로 나타내면 다음의 두 가지 조건을 만족시키는 함수를 말한다.

　　　　• 불포화성: $U'(R) = \dfrac{dU}{dR} > 0$

　　　　• 한계효용의 체감: $U''(R) = \dfrac{d^2U}{d^2R} < 0$

(2) 위험에 대한 태도

① 위험회피형: 이들의 효용함수는 부의 증가에 따라 효용이 증가하되 체감적으로 증가한다.

　　㉠ 일반적 위험회피척도(GRM): 기대수익의 효용 $U[E(R)]$에서 효용의 기댓값인 기대효용 $E[U(R)]$을 차감한 값으로 정의한다($GRM = U[E(R)] - E[U(R)] > 0$). 위험회피형 효용함수에서는 GRM의 부호가 항상 (+)인데, 이 값이 클수록 위험회피적이다.

　　㉡ 위험프리미엄: 불확실한 투자안이 주는 기대효용 $E[U(R)]$과 동일한 수준의 효용을 주는 확실한 부의 수준을 그 투자안의 확실성등가부(CEW)라고 한다. 위험프리미엄이란 투자자가 위험투자안(Gamble)에 직면할 때 위험을 회피하기 위하여 지불할 수 있는 최대금액을 말한다. 이는 기대부에서 확실성등가부를 차감한 값이다(위험프리미엄 $= E(R) - CEW > 0$). 위험프리미엄은 항상 (+)값을 가지며, 이 값이 클수록 위험회피적이다.

　　㉢ 갬블코스트: 투자안을 선택한다는 것은 갬블(또는 게임)에 참여하는 것과 같은 의미이다. 따라서 갬블에 참여할 때 부담하는 비용은 '현재의 부 − 확실성등가부(CEW)'와 같으며, 위험프리미엄과 달리 갬블의 비용은 0 또는 (−)값을 가질 수 있다.

　　　　• 갬블코스트 > 0: 공정한 갬블의 경우이며, 갬블에 참여하면 부의 감소를 가져온다. 따라서 갬블에 참여하지 않을 것이다.

　　　　• 갬블코스트 < 0: 갬블에 참여함으로써 부의 증가를 가져오므로 투자자는 당연히 갬블에 참여할 것이다.

② 위험중립형 및 위험선호형

　　㉠ 위험중립형: 위험의 크기에 관계없이 기대수익에 의하여 의사결정하는 투자자를 말한다. 공정한 갬블에 대한 참가 여부는 무차별하다. 위험회피척도로 나타내면 $GRM = U[E(R)] - E[U(R)] = 0$, $U[E(R)] = E[U(R)]$이 된다.

　　㉡ 위험선호형: 이들의 효용함수는 부의 증가에 따라 효용이 증가하되 체증적으로 증가하는 형태로, 위험회피척도로 나타내면 $GRM = U[E(R)] - E[U(R)] < 0$이 된다.

1 포트폴리오 이론의 개요

(1) 의의: 여러 자산들의 모임을 포트폴리오라고 한다. '단일 주식에 투자할 때 기대수익률과 위험의 관계에서의 투자 결정'과 '여러 주식으로 구성된 포트폴리오에 투자할 때 기대수익률과 위험의 관계에서의 투자 결정' 등의 두 가지의 투자 결정을 비교·분석하는 것을 주된 내용으로 다룬다.

(2) 포트폴리오 이론의 가정

① 자본시장의 완전성: 거래에 아무런 제약 또는 마찰이 없다.

② 위험회피성: 위험회피적이어서 기대효용 극대화를 목표로 하며, 두 투자안의 기대수익률이 동일하다면 분산이 작은 투자안을 선택한다.

③ 동질적 기대: 투자자들이 투자 대상이 되는 주식들에 대해서 수익률의 확률분포를 미리 알고 있으며, 그 확률분포에 대해서 모든 투자자들이 예측하는 내용은 동일하다.

④ 평균-분산 기준: 투자자의 입장에서는 미래수익률의 정확한 값을 알지 못하며 오직 미래 수익률의 확률분포만 알 수 있다. 따라서 수익률의 확률분포를 분석하기 위해서 수익률의 평균과 분산만 분석하면 된다.

⑤ 단일기간: 투자자들이 고려하고 있는 투자기간은 단일기간이다.

(3) 포트폴리오 이론의 전개과정: 포트폴리오의 기대수익률과 위험을 측정 → 지배원리에 의한 효율적 포트폴리오를 도출 → 투자자 개인의 무차별곡선에 의한 최적 포트폴리오 선택

(4) 개별증권의 기대수익률과 위험

개별증권의 기대수익률	기대수익률은 미래에 발생 가능한 개별증권의 수익률을 각각의 수익률이 발생할 확률로 가중평균한 것이며, 이를 수식화하면 $E(R_i) = \sum_{t=1}^{n} P_i \times R_i$가 된다.
개별증권 수익률의 분산과 표준편차	• 개별증권 수익률의 분산(Var 또는 σ^2)은 미래의 발생가능한 수익률(R_t)과 기대수익률($E(R_i)$) 간의 차이인 편차를 제곱하여 각각의 수익률이 발생할 확률값(P_i)으로 가중평균한 값이다. 표준편차는 분산의 제곱근으로 $(-)$의 값을 가질 수 없음에 유의해야 한다. • $Var^2(R_i) \equiv E[R_i - E(R_i)]^2 = \sum_{t=1}^{n} [R_t - E(R_i)]^2 \times P_i,\ \sigma_i = \sqrt{Var(R_i)} = \sqrt{\sigma^2}$

2 평균-분산 기준

(1) 의미: 자산의 확률 분포가 정규분포이거나, 투자자들의 효용함수가 2차 함수라는 가정이 있으면 기대효용의 극대화 기준을 평균-분산 기준으로 단순화할 수 있다.

(2) 위험회피성과 평균–분산기준

① **지배원리에 의한 효율적 자산 집합의 선택**: 위험회피형 투자자의 가정하에 다음과 같은 두 가지 지배원리가 성립하는 자산을 효율적 자산이라 한다.

㉠ 위험수준이 같다면 기대수익률이 높은 자산을 선택한다.

㉡ 기대수익률이 같다면 위험이 낮은 자산을 선택한다.

② **평균–분산 무차별곡선**

㉠ 무차별곡선: 동일한 효용을 가져다주는 포트폴리오들의 집합을 나타내는 곡선을 뜻한다. 앞선 지배원리를 충족한 효율적 자산 중에서 어느 자산을 선택할 것인지는 투자자의 주관적인 무차별곡선에 의해 결정된다. 투자자들은 자신의 상대적 위험회피도에 따라 지배원리를 충족한 효율적 자산 중 가장 높은 기대효용을 가져다주는 자산을 선택할 것이다.

㉡ 평균–분산 무차별곡선: 동일한 효용을 주는 기대수익과 위험의 조합을 말한다. 위험회피적 투자자는 위험이 증가하면 더 높은 기대수익률을 얻어야 비슷한 효용을 느낀다. 위험회피형 투자자라고 해서 모두 같은 모양의 무차별곡선을 갖는 것은 아니다. 위험회피 정도가 강한 보수적 투자자들은 같은 단위의 위험증가에 대해 보다 높은 보상으로 높은 기대수익률 요구한다. 반면 공격적인 위험회피형 투자자들은 같은 단위의 위험 증가에 대해 상대적으로 낮은 기대수익률을 요구한다. 따라서 보수적 투자자의 기울기가 보다 가파르다.

3 포트폴리오의 기대수익률과 위험

(1) 포트폴리오의 기대수익률: 포트폴리오를 구성하고 있는 n개의 개별투자안의 기대수익률 $E(R_i)$을 각각의 구성비율(w_i)에 따라 가중평균한 값이다.

$$E(R_p) = w_1 E(R_1) + w_2 E(R_2) + \cdots\cdots + w_n E(R_n) = \sum_{i=1}^{n} w_i E(R_i)$$

(2) 포트폴리오의 위험의 측정

① **공분산**

㉠ 의미: 포트폴리오를 구성하는 개별자산 수익률의 상호관련성의 정도를 측정해주는 척도로, 각 주식의 실현 가능한 수익률(R_i)과 기대수익률($E(Ri)$)의 차이인 편차의 곱을 발생확률로 곱하여 모두 더한 값이다.

㉡ 두 자산 포트폴리오의 공분산: 포트폴리오를 두 개의 개별자산으로 구성했을 경우, 공분산을 수식화하면 $Cov(R_i, R_j) = \sigma_{ij} = E[R_i - E(R_i)][R_j - E(R_j)]$가 된다.

㉢ 공분산의 해석: 공분산의 부호에 따라 두 자산의 상호관련성은 다르게 해석된다.

• $Cov(R_i, R_j) > 0$: 두 개별증권의 수익률이 평균적으로 같은 방향으로 움직인다.

• $Cov(R_i, R_j) < 0$: 두 개별증권의 수익률이 평균적으로 다른 방향으로 움직인다.

※ 주의: 공분산은 변화의 방향성만 나타낼 뿐이며, 그 정도는 알려주지 못한다.

② 상관계수

㉠ 의미: 포트폴리오를 구성하는 개별자산 수익률의 상호관련성의 정도를 분명히 측정할 수 있도록 나타낸 것으로, 공분산(σ_{ij})을 각 투자안의 표준편차(σ_i)로 나누어 구한다.

㉡ 두 자산 포트폴리오의 상관계수: 포트폴리오를 두 개의 개별자산으로 구성했을 경우의 상관계수를 수식화하면 $\rho_{ij} = \dfrac{\sigma_{ij}}{\sigma_i \sigma_j}$가 된다.

㉢ 상관계수의 해석: 상관계수는 개별증권수익률 간의 선형관계의 정도만을 나타내는 수치로, 그 값에 따라 두 자산의 상호관련성은 다르게 해석된다.
- 상관계수의 범위: $-1 \le \rho_{ij} \le 1$
- $\rho_{ij} = 1$: 완전 정(+)의 상관관계
- $\rho_{ij} = -1$: 완전 부(−)의 상관관계
- $\rho_{ij} = 0$: 상관관계가 없음
- $0 < \rho_{ij} < 1$: 정(+)의 상관관계
- $-1 < \rho_{ij} < 0$: 부(−)의 상관관계

㉣ 공분산과 상관계수의 구별: 공분산과 상관계수는 모두 개별증권 수익률의 상관관계를 나타내는 척도이다. 그러나 공분산은 절대적 척도로서 측정단위가 무엇이냐에 따라 영향을 받지만, 상관계수는 상대적 척도로서 측정단위의 영향을 받지 않는다.

③ 포트폴리오의 분산

㉠ 의미: 포트폴리오 위험의 측정은 포트폴리오 분산의 측정과 동일하다. 따라서 개별자산의 분산과 각각의 구성비율(w_i)을 통해 다음과 같이 구할 수 있다.

$$\sigma_p^2 = \sum_{i=1}^{n} \sum_{j=1}^{n} w_i w_j \sigma_{ij} = \sum_{i=1}^{n} \sum_{j=1}^{n} w_i w_j \rho_{ij} \sigma_i \sigma_j \ (\because \sigma_{ij} = \rho_{ij} \sigma_i \sigma_j)$$

$$= \sum_{i=1}^{n} w_i^2 \sigma_i^2 + \sum_{i=1}^{n} \sum_{j=1}^{n} w_i w_j \sigma_{ij} \ (i \ne j)$$

㉡ 포트폴리오 분산의 해석: $i = j$인 경우, $\sigma_{ij} = \sigma_i^2$이므로, $w_i w_j \sigma_{ij}$의 값은 $w_i^2 \sigma_i^2$과 동일하다. 즉, 각 개별자산끼리의 공분산은 각 개별자산의 분산과 같으므로 위의 포트폴리오 분산에서 세 번째 식이 도출될 수 있다. 따라서, 위의 식처럼 n개의 자산으로 이루어진 포트폴리오의 위험은 개별자산의 수익률의 분산의 합과 각 개별자산 수익률 간의 공분산의 합으로 나누어 표시할 수 있다. 이는 향후, 위험 분산 분석에 중요한 의미를 지닌다.

(3) 포트폴리오의 위험 분산 효과

① 위험 분산 효과

㉠ 의미: 둘 이상의 자산(혹은 주식)을 결합하여 포트폴리오를 구성함으로써 위험이 줄어들어 기대효용이 증가하는 현상을 분산 효과 혹은 포트폴리오 효과라고 한다. 이때 기대수익률은 감소하지 않는다.

ⓛ 위험 분산 효과의 측정: 위험 분산 효과는 상관계수가 작은 주식으로 포트폴리오를 구성할수록 더욱 커지게 된다. 즉, 상관계수가 −1일 때 분산 효과가 가장 크며, 상관계수가 1일 때 분산 효과는 발생하지 않는다.

② 분산 투자 이득: 개별주식 간의 상관계수가 1이 아닌 주식에 분산 투자해 얻게 되는 위험 감소 효과의 정도를 말한다.

(4) 체계적 위험과 비체계적 위험

① 위험 분산 효과의 한계: 포트폴리오의 위험은 일반적으로 포트폴리오를 구성하는 투자종목 수가 많을수록 감소한다. 그러나 항상 위험을 완전히 제거할 수 있는 것은 아니다.

② 등가중 포트폴리오의 가정

ⓞ n개의 주식에 균등투자하여 구성한 포트폴리오의 위험은 분산의 평균과 공분산의 평균의 가중평균값으로 표현된다.

$$\sigma_p{}^2 = \sum_{i=1}^{n} \left(\frac{1}{n}\right)^2 \sigma_i{}^2 + \sum_{i=1}^{n} \sum_{j=1}^{n} \left(\frac{1}{n}\right)\left(\frac{1}{n}\right) \sigma_{ij} \ (i \neq j)$$
$$= \frac{1}{n} \sum_{i=1}^{n} \frac{\sigma_i{}^2}{n} + \left(1 - \frac{1}{n}\right) \sum_{i=1}^{n} \sum_{j=1}^{n} \frac{\sigma_{ij}}{n(n-1)} \ (i \neq j)$$

ⓛ 여기서 포트폴리오의 구성주식 수를 무한히 증가시키면 다음과 같이 개별증권의 분산은 완전히 없어지지만 공분산은 남게 된다.

$$\lim_{n \to \infty} \sigma_p{}^2 = \sum_{i=1}^{n} \sum_{j=1}^{n} \frac{\sigma_{ij}}{n(n-1)} \ (i \neq j)$$

즉, 여러 증권을 결합하여 포트폴리오를 구성할 때, 포트폴리오의 위험은 분산으로 측정되는 개별 증권의 위험보다는 증권들 간의 공분산 위험이 중요한 역할을 한다.

③ 체계적 위험: 구성종목 수(n)를 무한히 증가시키면 공분산의 평균만이 포트폴리오의 위험의 척도로 남는다. 이와 같이 분산투자로 제거되지 않는 위험을 체계적 위험 또는 분산 불가능한 위험이라고 한다. 이는 시장의 전반적인 상황과 관련된 것으로 시장 위험이라고도 한다.

④ 비체계적 위험: 분산투자를 통해서 제거되는 위험을 분산 가능한 위험 혹은 비체계적 위험이라고 한다. 이는 종업원의 파업, 법적 문제, 판매의 부진 등 기업의 특수한 상황과 관련된 것으로 기업 고유의 위험이라고도 하며, 포트폴리오를 구성하여 분산투자를 할 경우 제거할 수 있다.

1 자본자산가격결정모형(CAPM)

(1) 자본시장선(CML)

① 의미: 자본시장선은 시장포트폴리오와 무위험자산에 효율적으로 분산투자를 할 경우에 얻게 되는 포트폴리오의 위험과 기대수익률 간의 선형관계를 말한다.

② 자본시장선의 도출: 무위험자산을 투자대상에 포함시키고, 무위험자산과 결합하는 위험자산이 시장포트폴리오일 경우에는 자본배분선을 특히 자본시장선(CML)이라고 부른다.

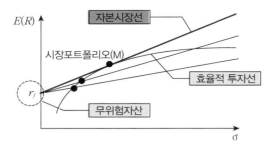

자본시장선은 시장포트폴리오와 무위험자산에 대한 자산배분을 통하여 구성 가능한 투자기회들의 기대수익률과 위험과의 관계를 나타내주는데 수식으로 표현하면 $E(R_P) = r_f + \left[\dfrac{E(R_m - r_f)}{\sigma_m}\right] \times \sigma_p$가 된다. 자본배분선의 기울기가 클수록 투자자의 효용이 높아지기 때문에 접선이 가장 우월한 것이다. 여기서 기울기 $\dfrac{E(R_m - r_f)}{\sigma_m}$를 위험보상비율이라 하며, 이는 위험의 시장가격이다.

③ 대출포트폴리오와 차입포트폴리오: 모든 투자자들이 동일한 포트폴리오를 선택하는 것이 아니다. 투자자의 무차별곡선이 서로 다르기 때문에 위험회피도가 낮은 투자자일수록 더욱 오른쪽에 있는 포트폴리오를 선택할 것이다.

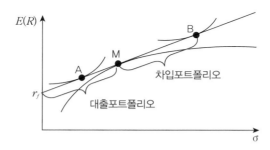

㉠ 대출포트폴리오: 위험 회피 정도가 커서 투자자금을 무위험자산과 위험자산으로 나누어 투자한 포트폴리오

㉡ 차입포트폴리오: 무위험이자율로 자금을 차입하여 자신의 투자자금과 합친 금액을 위험자산에 투자한 포트폴리오

④ **토빈의 분리정리**: 무위험자산이 존재하는 경우에 투자자들의 최적 포트폴리오 선택과정은 두 단계로 분리되어 이루어지는데, 이를 토빈의 분리정리라고 한다.

　　㉠ [1단계] 위험자산의 최적 포트폴리오: 투자자의 위험회피성향에 관계없이 시장포트폴리오 M을 선택한다.

　　㉡ [2단계] 투자비율의 조정: 투자자의 위험회피성향에 따라 무위험자산과 시장포트폴리오에 대한 투자비율을 결정하여 최적 포트폴리오를 구성한다.

(2) 증권시장선(SML)

① **자본시장선의 한계**: 자본시장선은 무위험자산을 투자대상에 포함하여 완전히 분산된 포트폴리오, 즉 효율적 포트폴리오를 구성했을 때의 위험과 기대수익률의 관계를 나타낸다. 그러나 비효율적인 포트폴리오 혹은 개별증권들에 대한 위험과 수익률에 대해서는 해답을 제시하지 못한다.

② **증권시장선(SML)의 의미**: 시장이 균형을 이루는 경우의 효율적 포트폴리오뿐만 아니라 비효율적 포트폴리오나 개별자산을 포함하는 모든 자산의 기대수익률과 체계적 위험 간의 관계를 설명해주는 것이다.

$$E(R_i) = r_f + [E(R_m - r_f)] \times \beta_i$$

　　㉠ 자산의 기대수익률＝무위험이자율＋위험프리미엄

　　㉡ 위험프리미엄＝시장 위험프리미엄×β

　　㉢ 시장위험프리미엄 $E(R_m - r_f)$는 항상 양(＋)의 일정한 값을 갖는다.

　　㉣ 증권의기대수익률은 베타와 선형관계를 가진다.

　　㉤ 증권의 기대수익률을 결정함에 있어서 오직 β만이 중요한 역할을 한다.

③ **체계적 위험(βi : 베타)**: 체계적 위험은 개별 주식들이 시장포트폴리오를 구성하여도 제거되지 않는 위험을 말한다. 따라서 증권시장선에서는 시장포트폴리오 수익률의 변화에 대한 개별주식의 수익률이 얼마나 민감하게 변화하는가를 보기 때문에 측정치로 βi를 사용한다.

$$\beta_i = \frac{\sigma_{im}}{\sigma^2_m} = \frac{Cov(r_i, r_m)}{Var(r_m)}$$

　　㉠ 베타는 시장 전체의 위험을 1로 보았을 때 개별주식이 갖는 위험의 크기이다.

　　㉡ 시장포트폴리오의 베타는 1이다.

　　㉢ 베타＞1이면 공격적 주식이라 하고, 베타＜1이면 방어적 주식이라 한다.

　　㉣ 무위험자산의 베타는 0이다.

④ 자본시장선과 증권시장선의 비교

구분	자본시장선(CML)	증권시장선(SML)
평가대상	완전분산투자된 효율적 포트폴리오	모든 개별자산
매개변수	총위험(σ_p)	체계적 위험(β_i)
수식	$E(R_P) = r_f + \left[\dfrac{E(R_m - r_f)}{\sigma_m}\right] \times \sigma_p$	$E(R_i) = r_f + [E(R_m - r_f)] \times \beta_i$

② 요인모형과 시장모형

(1) 요인모형

① **의미**: 요인모형은 자산의 수익률을 어떤 공통요인에 의해 설명하고자 하는 것이다. 즉, 증권의 가격은 공통요인을 중심으로 움직다고 보고 공통요인을 통해 수익률 변동을 예측할 수 있다고 가정한다.

② **공통요인**

㉠ 공통요인이 하나뿐인 경우를 단일요인모형이라고 하며, 공통요인이 여러 개인 경우 다요인모형이라고 한다.

㉡ 공통요인으로는 GNP 증가율, 이자율, 인플레이션율 등 모든 주식에 공통적으로 영향을 미칠 수 있는 경제변수들이다.

㉢ 시장모형은 여러 공통요인 중에서 시장포트폴리오의 수익률(R_m)을 공통요인으로 하는 모형을 말한다.

③ **단일요인모형의 기본가정**

㉠ 모든 증권들의 수익률에 공통적으로 영향을 미치는 공통요인은 하나이다.

㉡ 개별증권들 간의 모든 공통적인 움직임은 시장 전체의 움직임을 나타내는 시장포트폴리오의 변동에 의해서만 설명 가능하고, 설명되지 않는 나머지 부분은 개별증권의 특유요인에 의해 발생한다.

㉢ 개별증권의 수익률 변동은 시장전체와 관련된 수익률 변동(체계적 위험)과 개별기업에 특유한 요인과 관련된 수익률 변동(비체계적 위험)으로 구분된다.

(2) 시장모형

① **의미**: 시장모형은 개별주식의 수익률(Ri)은 시장포트폴리오의 수익률(Rm)과 선형관계를 갖는다는 모형으로 $Ri = a + \beta iRm + \varepsilon i$처럼 나타낼 수 있다. 여기서 εi는 개별주식의 특유한 요인, Rm은 독립변수, βi는 주식 i의 수익률에 미치는 민감도이다.

② **결정계수(R^2)**: 결정계수는 분석대상 주식의 위험 중에서 체계적 위험이 차지하는 비중을 말해주는 비율로, 수식으로 나타내면 $\dfrac{체계적\ 위험}{총위험} = \dfrac{\beta_i^2 Var(R_m)}{Var(R_i)} = \dfrac{\rho_{im}^2 Var(R_i)}{Var(R_i)} = \rho_{i\,m}^2$이 된다. 즉, $R^2 = 0.7$이라면, 시장포트폴리오수익률의 변화가 개별증권 i의 수익률의 변화를 70% 설명할 수 있다는 뜻이다.

08 주식과 채권의 평가

1 주식의 가치 평가

(1) 배당평가모형

① 배당평가모형의 기초

   ㉠ 주식의 가치: 주식을 보유함으로써 기대되는 미래 현금흐름을 적절한 할인율로 할인하여 산출한 현재가치

   ㉡ 기대되는 미래 현금흐름: 보유기간 동안 수령하는 배당금과 주식 처분 시점에서 얻는 처분가격

   ㉢ 적절한 할인율

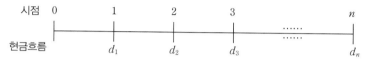

② 배당평가모형의 도출: 배당평가모형에서 현재주가를 결정하는 현금흐름은 어느 시점에서 얼마의 가격으로 처분하는가와는 무관하게 그 주식을 보유함으로써 기대되는 배당이다. 이러한 주가결정모형을 배당평가모형이라고 하며 유도 과정은 다음과 같다.

$$P_0 = \frac{d_1}{(1+k)^1} + \frac{d_2}{(1+k)^2} + \cdots + \frac{d_n}{(1+k)^n} + \frac{P_n}{(1+k)^n} = \sum_{t=1}^{n} \frac{d_t}{(1+k)^t} + \frac{P_n}{(1+k)^n}$$

(단, k = 할인율, d_i = i년도의 배당금, P_n = n년도의 주식가격)

$$\rightarrow n년도\ 말의\ 주식가격\ P_n = \frac{d_{n+1}}{(1+k)^1} + \frac{d_{n+2}}{(1+k)^2} + \cdots + \frac{d_\infty}{(1+k)^\infty}$$

현재 주식의 가격은 $P_0 = \sum_{t=1}^{\infty} \frac{d_t}{(1+k)^t}$ 처럼 미래에 예상되는 배당금의 현재가치의 합이 된다.

③ 배당평가모형의 유형

   ㉠ 제로성장모형: 매년 배당금이 일정하여 증가하지 않는 경우에 적용되는 주가결정식을 제로성장모형이라고 한다. 계속기업을 가정하기 때문에 기업은 영원히 존재하므로 배당도 영원히 계속된다고 본다. 따라서 영구연금 계산공식을 적용하면 다음과 같은 식이 도출된다.

$$P_0 = \frac{d_1}{(1+k)^1} + \frac{d_1}{(1+k)^2} + \cdots + \frac{d_1}{(1+k)^\infty} = \frac{\text{초항}}{1-\text{공비}} = \frac{\dfrac{d_1}{1+k}}{1-\dfrac{1}{1+k}} = \frac{\dfrac{d_1}{1+k}}{\dfrac{(1+k)-1}{1+k}} = \frac{d_1}{k}$$

여기서, 배당금에 일정한 수를 곱하여 주식가격이 산출될 때 그 수를 배당승수라고 하는데, 여기서는 $1/k$이 배당승수이다.

ⓛ 항상성장모형: 기업이 지속적으로 성장해 매기간 지급되는 배당이 일정한 비율로 증가하는 경우의 주식평가모형을 항상성장모형 혹은 고든모형이라고 한다. 첫해 말 배당액이 d_1이고 증가율을 g라고 하면, 다음 배당액은 $d_2 = d_1(1+g)$, $d_3 = d_2(1+g) = d_1(1+g)^2$으로 계산될 수 있다. 이를 반영해 현재 주식가격을 산출하면 다음과 같다.

$$P_0 = \frac{d_1}{(1+k)^1} + \frac{d_1(1+g)}{(1+k)^2} + \cdots\cdots + \frac{d_1(1+g)^{\infty-1}}{(1+k)^\infty} = \frac{\text{초항}}{1-\text{공비}} = \frac{\dfrac{d_1}{1+k}}{1-\dfrac{1+g}{1+k}}$$

$$= \frac{\dfrac{d_1}{1+k}}{\dfrac{(1+k)-(1+g)}{1+k}} = \frac{d_1}{k-g}$$

(2) 이익평가모형: 일반적으로 매년 배당금이 일정한 경우는 매우 예외적이다. 따라서 주주가치에 대한 미래 현금흐름을 배당금과 유보이익을 합한 순이익으로 보고 주식가격을 평가할 수 있다. 이를 이익평가모형이라 하며, 배당금 대신에 주당순이익(EPS)으로 주식가격을 산정한다.

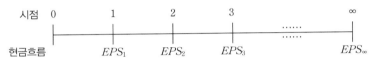

$$P_0 = \frac{EPS_1}{(1+k)^1} + \frac{EPS_2}{(1+k)^2} + \cdots\cdots + \frac{EPS_\infty}{(1+k)^\infty} = \sum_{t=1}^{\infty} \frac{EPS_t}{(1+k)^t}$$

여기서 제로성장배당모형처럼 주당순이익이 매 기간 동일하다면 주식가격은 다음과 같이 나타낼 수 있다.

$$P_0 = \frac{EPS_1}{(1+k)^1} + \frac{EPS_1}{(1+k)^2} + \cdots\cdots + \frac{EPS_1}{(1+k)^\infty} = \frac{EPS_1}{k}$$

또한 이익평가모형에서는 항상성장모형에서 d_1 대신에 EPS_1을 적용하여 일정한 비율로 순이익이 증가할 경우에 다음과 같이 구할 수 있다.

$$P_0 = \frac{EPS_1}{(1+k)^1} + \frac{EPS_1(1+g)}{(1+k)^2} + \cdots\cdots + \frac{EPS_1(1+g)^{\infty-1}}{(1+k)^\infty} = \frac{EPS_1}{k-g}$$

(단, $g = b \times ROE$, $b =$ 이익유보율, $ROE =$ 자기자본순이익률)

(3) 성장기회평가모형: 성장기회가 있는 경우, 기업이 1년 동안 벌어들인 순이익을 전액 배당하지 않고 일부를 유보하여 재투자하면 미래의 배당액은 증가할 것이다. 이때, 성장이 전혀 없음을 가정했을 때의 주식가치와 성장기회를 가짐으로써 얻을 수 있는 가치의 증가분으로 나누어 주식가치를 평가하는 모형을 성장기회평가모형이라 한다.

$$P_0 = \frac{EPS_1}{k} + NPVGO \text{ (단, } NPVGO = \text{성장기회의 순현재가치)}$$

(4) 주가배수모형: 현실적으로 주주들의 요구수익률과 성장률, 미래배당의 순이익을 정확히 예측하기란 상당히 힘들다. 이러한 문제점을 해결하기 위해 실무에서 보다 편리하게 적용할 수 있는 모형이 주가배수모형으로 주가배수를 이용하여 주식가치를 평가한다. 여기서 주가배수는 현재주가를 주요 재무 지표로 나눈 값을 말하며 PER과 PBR이 대표적이다.

① **주가수익비율(PER)**: 주식가격이 주당순이익의 몇 배인가를 나타내는 지표로, 기업이 벌어들이는 주당순이익 1단위당 주주들이 얼마나 지불하고 있는가를 나타낸다.

$$PER = \frac{\text{현재주가}}{\text{기대주당순이익}} = \frac{P_0}{EPS_1}$$

PER을 통해서 어떤 주식의 주가가 과대 또는 과소평가되어 있는지 알 수 있으며, 높은 성장이 기대되는 기업은 높은 PER을 보인다.

② **주가장부가치비율(PBR)**: 현재의 주식가격이 주당장부가치의 몇 배인가를 나타내는 지표이다.

$$PBR = \frac{\text{현재주가}}{\text{주당장부가치}} = \frac{P_0}{BV_0}$$

2 채권의 평가

(1) 채권의 가치 평가와 종류

① **채권의 가치 평가**: 채권의 소유자는 보유기간 동안 이자와 액면금액의 현금흐름을 받게 된다. 채권으로부터 발생되는 현금흐름을 현재 시점에서 평가한 가치가 바로 채권의 가치이다. 따라서 채권의 가치는 다음 식에 의해 평가할 수 있다.

$$P_0 = \sum_{t=1}^{T} \frac{I_t}{(1+r)^t} + \frac{F}{(1+r)^T}$$

(단, P_0 = 채권의 현재가격, I_t = t시점의 액면이자, F = 채권의 액면금액, T = 채권의 만기까지의 기간, r = 시장이자율 혹은 채권투자자의 요구수익률)

② 채권의 종류

ⓐ 할인채: 만기까지 이자지급이 전혀 없고 만기에 가서 액면금액을 받는 채권으로, 채권가격(P_0)은 항상 액면가(F)보다 작다. 이를 순수할인채라고도 한다.

$$P_0 = \frac{F}{(1+r)^T}$$

ⓑ 이표채: 이자지급채권으로, 만기까지 매 기간 일정액의 이자를 지급받고 만기에 가서 마지막 기의 이자와 액면금액을 받는 채권이다.

$$P_0 = \sum_{t=1}^{T} \frac{I_t}{(1+r)^t} + \frac{F}{(1+r)^T}$$

이표채의 가격은 액면이자율과 시장이자율 간의 관계에 의해 좌우되는데 이들 관계를 정리하면 다음과 같다.

- 할인채: 시장이자율＞액면이자율 → 채권가격＜액면가
- 액면채: 시장이자율＝액면이자율 → 채권가격＝액면가
- 할증채: 시장이자율＜액면이자율 → 채권가격＞액면가

ⓒ 영구채: 만기 없이 영원히 이자만을 받는 채권이다.

$$P_0 = \sum_{t=1}^{\infty} \frac{I_t}{(1+r)^t} = \frac{I}{r}$$

(2) 채권수익률의 위험구조

① **채권수익률의 위험구조**: 채권의 발행조건이나 발행주체가 가지고 있는 위험수준의 차이로 인해 채권의 수익률에 체계적인 차이가 나타나는 것을 말한다. 채권수익률에 영향을 미치는 위험으로는 채무불이행위험이 대표적이다.

② **채무불이행위험**: 채권의 발행자가 약속한 액면금액과 이자를 상환하지 못할 위험을 말하며, 지급불능위험이라고 부르기도 한다. 신용평가기관들은 채무불이행위험에 대한 정보를 제공하기 위해 채권등급을 정한다. 낮은 채권등급일수록 채무불이행위험이 크다는 것을 시사하므로 투자자들은 대가로 높은 채권수익률을 요구하게 된다.

③ **수익률스프레드**: 약정수익률과 무위험이자율 간의 차이를 의미하며, 채무불이행위험프리미엄과 미래수익률의 불확실성에 따른 위험프리미엄을 합친 것이다.

ⓐ 약정수익률: 채권의 발행주체가 약정한대로 채무이행을 다할 경우의 수익률로 만기수익률을 나타낸다.

ⓑ 실현수익률: 미래에 실현되리라고 예상되는 수익률을 말한다.

ⓒ 기대수익률: 실현수익률의 확률분포를 근거로 계산된 기댓값을 말한다.

$$\text{수익률 스프레드} = \text{채무불이행위험에 따른 프리미엄} + \text{위험프리미엄}$$
$$= (\text{약정수익률} - \text{기대수익률}) + (\text{기대수익률} - \text{무위험수익률})$$

(3) 소극적 투자전략

① **채권지수펀드전략**: 채권투자에 있어서 채권지수 종목을 대상으로 채권포트폴리오를 구성하여 투자함으로써 위험을 줄이고자 하는 전략이다. 지수펀드 구성의 목적은 채권시장의 전반적인 움직임을 나타내는 채권지수의 성과를 복제하는 것이다.

② **면역전략**: 많은 기관투자자들은 이자율의 변동에 따른 채권포트폴리오의 가치변동이 전혀 없는 포트폴리오를 원한다. 은행과 같은 투자자는 그들의 순자산가치를 이자율변동으로부터 보호하려 하고, 연금기금 같은 투자자는 특정 미래 시점에 지급해야 할 채무액으로 확실하게 확보하기를 원한다. 면역전략이란 투자자들이 이자율위험으로부터 그들의 재무상태를 보호하기 위해서 사용하는 전략을 말한다.

 ㉠ 순자산가치 면역전략
- 의미: 이자율위험을 없애기 위해 순자산가치를 일정하게 유지시킬 목적으로 자산과 부채의 듀레이션을 일치시키는 것을 말한다.
- 갭관리: 흔히 금융기관의 자산부채종합관리에서 다루는 갭관리가 그것이다. 이는 듀레이션갭을 '0'이 되게 하는 포트폴리오를 구성함해 순자산가치의 면역을 가능하게 해주는 것이다.

 ㉡ 목표시기 면역전략
- 의미: 목표기간, 즉 부채의 듀레이션과 같은 듀레이션을 가진 채권포트폴리오에 투자함으로써 이자율위험을 줄이려는 전략이다.
- 재투자위험과 가격위험을 정확하게 상쇄시킴으로써 채권포트폴리오의 미래가치가 이자율 변동의 위험에 노출되지 않도록 하는 것이다.

 ㉢ 현금흐름 대응전략: 미래 현금지출과 같은 크기의 현금흐름을 동일한 시기에 얻을 수 있도록 채권포트폴리오를 구성하는 것을 말한다.

(4) 적극적 투자전략

① **채권스왑전략**: 채권스왑은 채권가격이 일시적인 불균형 상태에 있을 경우에 고평가된 채권을 저평가된 채권으로 교체하여 수익률을 높이는 전략으로, 미래 이자율 등의 예측을 통한 채권교체 매매전략이라고 할 수 있다. 대체로 단기적인 투기적 이익을 얻고자 하는 데 목적이 있다.

② **목표투자기간분석**: 수익률곡선을 이용하여 투자기간 말의 미래 이자율을 예측하려는 방법이다. 특정한 목표기간을 가지고 있는 투자자는 그 목표기간 말의 수익률곡선을 예측하여 현재 시점의 수익률곡선과 비교함으로써 미래 이자율을 예측할 수 있다.

③ **상황적응 면역전략**: 적극적 투자전략과 소극적 투자전략을 결합하여 수행하는 방법으로, 유리한 상황에서는 적극적 투자전략을, 불리한 상황에서는 소극적 투자전략을 이용하는 투자전략이다. 즉, 최소 허용 포트폴리오 수익률 이상에서는 적극적인 투자전략을 수행하다가, 이 수준에 이르면 소극적 투자전략인 면역전략으로 전환하는 전략이다.

■ 주요 재무비율

(1) 유동성(Liquidity) 비율

① 유동성의 개념: 유동성은 기업이 단기부채를 상환할 수 있는 능력(현금 동원력)을 뜻한다.

② 유동비율: 1년 내에 현금화가 가능한 유동자산을 1년 이내에 만기가 도래하는 유동부채로 나눈 비율이다.

③ 당좌비율: 유동자산 중에서 재고자산을 뺀 부분을 유동부채로 나눈 것이다. 기업이 재고자산을 처분하지 않고도 단기부채를 갚을 수 있는가를 나타내는 지표이다. 유동비율은 높은데 당좌비율이 낮다면 재고자산이 많은 것이다.

(2) 레버리지 비율

① 레버리지 비율의 개념: 부채성 비율이라고도 하며, 기업이 타인자본에 의존하고 있는 정도를 나타내는 비율이다. 특히 장기부채의 상환능력을 측정하는 것이다.

② 부채비율: 부채비율은 총자본을 구성하고 있는 자기자본과 타인자본의 비율을 뜻한다.

③ 이자보상비율: 타인자본의 사용으로 발생하는 금융비용, 즉 이자가 기업에 어느 정도의 압박을 가져오는가를 보기 위한 것이다. 이자보상비율이 낮다는 것은 영업이익에 비하여 금융비용의 압박이 크다는 뜻이다.

(3) 활동성 비율

① 활동성 비율의 개념: 기업이 자산들을 얼마나 효과적으로 이용하고 있는지 측정하는 비율이다. 이러한 비율들은 매출액에 대한 각 중요 자산의 회전율(물리적 효율성)로 표시되는 것이 보통이다.

② 재고자산 회전율: 매출액을 재고자산으로 나눈 값으로, 재고자산이 한 회계연도(1년) 동안에 몇 번이나 당좌자산으로 전환되었는가를 측정하는 것이다. 재고자산회전율이 낮다면 매출액에 비해 과다한 재고를 소유하고 있는 것이다.

③ 매출채권 회전율: 매출액을 매출채권으로 나눈 값이다. 같은 매출액에 비하여 매출채권이 적을수록 매출채권관리를 잘하고 있다고 볼 수 있으므로, 매출채권회전율은 클수록 좋다. 매출채권의 평균회수기간은 매출채권회전율의 역수에 365일을 곱한 수치이다. 즉, 매출채권을 1일 평균매출액으로 나눈 수치이다.

④ 총자산 회전율: 매출액을 총자산으로 나눈 것이다. 총자산회전율은 기업의 총자본이 1년에 몇 번이나 회전하였는가를 나타내므로 기업이 사용한 총자산의 효율적인 이용도를 종합적으로 표시한다. 이 회전율이 낮으면 투자가 비효율적인 것이다.

(4) 수익성 비율

① 총자본 순이익률: 순이익과 총자본의 관계를 나타내는 것으로 기업의 수익성을 대표하는 비율이다. 투자수익률이라고도 하며 ROI로도 쓰인다.

② 매출액 순이익률: 순이익을 매출액으로 나눈 것으로 매출액 1원에 대한 순이익이 얼마인가를 나타낸다. 보통 매출마진이라는 용어를 많이 쓴다.

③ 자기자본 순이익률: 순이익을 자기자본으로 나눈 것으로, 1원의 자기자본으로 순이익을 얼마만큼 발생시켰는가를 나타낸다.

(5) 시장가치 비율

① 주가수익비율(PER): 주가를 주당순이익으로 나눈 것으로, 그 단위는 배가 된다. 이것은 주당순이익의 몇 배가 주식가격으로 형성되는가를 보여준다.

② 주가 대(對) 장부가치비율(PBR): 주식가격을 주당 장부가치로 나눈 값이다. 높은 수익률을 내는 기업은 장부가격보다 비싼 가격으로 주가가 형성되기 때문에, 이 비율에 의해 기업의 수익성을 평가할 수 있다.

② 비율분석의 유용성과 문제점

(1) 유용성

① 간단하며 이해가 쉬워 이용하기 용이하다. 또한 의사결정을 위한 자료수집이 거의 필요 없다.

② 구체적이고 복잡한 기업분석을 하기 이전의 예비분석으로서 가치가 있다.

(2) 문제점

① 재무분석은 앞으로의 의사결정에 도움을 받기 위한 것인데, 비율분석은 과거 회계정보에 의존하고 있다는 한계가 있다.

② 비율분석은 재무제표를 중심으로 계산되어 평가되는데, 재무제표는 회계기간을 기준으로 작성되므로 변화의 연속성을 반영하지 못한다. 또한 회계처리의 방법에 따라 비율이 달라질 수 있다.

③ 표준비율을 설정하는 데 어려움이 있다. 어떤 기업이 비율을 정확하게 계산한다 할지라도 비교 대상이 불명확하다.

③ 종합적 비율분석

(1) 총자본순이익률(ROI) 분석

① 기업의 목표를 투자수익률로 하여 이를 결정하는 재무요인을 체계적으로 관찰해서 문제가 발생되는 재무요인을 중점적으로 통제하는 방법이다.

② ROI는 투자수익률로 불리며 수익성을 나타내는 매출액순이익률과 활동성을 표시하는 총자산회전율의 곱으로 표시된다.

$$ROI(총자본순이익률) = \frac{순이익}{총자산} = \frac{순이익}{매출액} \times \frac{매출액}{총자산} = 매출액순이익률 \times 총자산회전율$$

(2) ROI 분석의 유용성과 한계점

① 유용성

○ 활동성 비율인 총자산회전율과 수익성 비율인 매출액순이익률을 결합한 것으로 기업활동의 양 측면을 동시에 분석할 수 있다.

○ ROI는 기업의 총투자액에 대한 성과를 나타내는 비율로, 경영자나 종업원의 업적평가 및 통제를 함에 있어 다른 의미로 정의한 수익률의 개념보다 타당성이 있다.

○ 경영자나 종업원에게 그들 부서의 업무와 ROI 극대화라는 기업 목표와의 관계를 명확하게 인식시킴으로써 각 부문의 활동이 기업의 목표와 직결되도록 한다.

○ 투자수익률과 이에 관계된 모든 재무요인을 하나의 그림으로 표현하므로 재무재표에 대한 지식이 없는 사람도 쉽게 이해할 수 있다.

② 한계점

○ 투자수익률의 증대가 기업의 유일한 목표일 수 없다.

○ ROI는 회계처리방법의 영향을 받는다.

○ 시장가치가 아니라 장부가치로 계산되므로 오래된 설비를 많이 보유하고 있을수록 ROI가 크게 평가된다.

○ 타인자본의 사용으로 인한 레버리지의 증가로 인해 투자수익률이 증대되었을 때, ROI 기법은 타인자본과 자기자본의 합계인 총자본만을 고려하므로 ROI 기법으로는 레버리지의 증가에 따른 위험의 증가를 파악할 수 없다.

(3) 자기자본순이익률(ROE) 분석

① ROE는 순이익을 자기자본으로 나눈 값으로 ROI에 총자본 대비 자기자본 비율을 곱한 값이다.

$$ROE(자기자본순이익률) = \frac{순이익}{자기자본} = \frac{순이익}{매출액} \times \frac{매출액}{총자본} \times \frac{총자본}{자기자본}$$
$$= 매출액순이익률 \times 총자산회전율 \times 레버리지승수$$
$$= ROI \times 레버리지승수$$

② ROE는 기업의 실질적인 소유주인 주주들이 투자한 자본이 벌어들이는 수익성을 나타내는 지표로서 주주들의 입장에서 볼 때 가장 중요한 재무비율이다. ROE가 계속해서 높게 평가된다는 것은 기업이 수익성이 좋은 새로운 투자기회들을 계속 확보한다는 의미이며, ROE가 떨어진다는 것은 좋은 투자기회를 잡지 못함을 나타낸다.

문제편

우리 인생의 가장 큰 영광은

결코 넘어지지 않는 데 있는 것이 아니라

넘어질 때마다 일어서는 데 있다.

- 넬슨 만델라 -

제1과목

국어

국어 예상문제

---

01 │ 문법·어문규정

01 〈보기 1〉의 사례와 〈보기 2〉의 언어 특성이 가장 잘못 짝 지어진 것은?

┤보기1├

(가) '방송(放送)'은 '석방'에서 '보도'로 의미가 변하였다.

(나) '밥'이라는 의미의 말소리 [밥]을 내 마음대로 [법]으로 바꾸면 다른 사람들은 '밥'이라는 의미로 이해할 수 없다.

(다) '종이가 찢어졌어'라는 말을 배운 아이는 '책이 찢어졌어'라는 새로운 문장을 만들어낸다.

(라) '오늘'이라는 의미를 가진 말을 한국어에서는 '오늘[오늘]', 영어에서는 'today(투데이)'라고 한다.

┤보기2├

ⓒ 규칙성   ⓒ 역사성

ⓒ 창조성   ⓒ 사회성

① (가) - ⓒ   ② (나) - ⓒ

③ (다) - ⓒ   ④ (라) - ⓒ

해설

④ (라)는 언어에 따라 같은 의미에 대한 기호가 자의적으로 결합되는 사례로 '언어의 자의성'에 해당된다.

① (가)는 시간의 흐름에 따라 어휘가 의미가 변화하는 양상을 보여주므로 ⓒ '언어의 역사성'과 관련이 있다.

② (나)는 사회적 약속을 어기고 대상을 마음대로 다른 기호로 표현하면 사회 구성원들 간에 의사소통이 되지 않는다는 것으로 ⓒ '언어의 사회성'의 예로 볼 수 있다.

③ (다)는 문장의 구조에 대한 이해를 바탕으로 한정된 어휘로 서로 다른 문장을 생성하는 예이므로 ⓒ '언어의 창조성'과 관련이 있다.

정답 ④

02 설명이 옳지 않은 것은?

① 'ㄴ, ㅁ, ㅇ'은 유음이다.

② 'ㅅ, ㅆ, ㅎ'은 마찰음이다.

③ 'ㅡ, ㅓ, ㅏ'는 후설 모음이다.

④ 'ㅟ, ㅚ, ㅗ, ㅜ'는 원순 모음이다.

> **해설**
> ① 'ㄴ, ㅁ, ㅇ'은 입안의 통로를 막고 코로 공기를 내보내면서 내는 소리인 '비음'이다. 혀끝을 윗잇몸에 댄 채 공기를 양옆으로 흘려 내보내면서 내는 소리인 '유음'에 해당하는 자음은 'ㄹ'이다.
>
> **정답** ①

03 국어의 음운 현상에는 아래의 네 가지 유형이 있다. 〈보기〉의 (가)와 (나)에 해당하는 음운 현상의 유형을 순서대로 고르면?

> ⊙ XAY → XBY(대치)
>
> ⓒ XAY → X∅Y(탈락)
>
> ⓒ X∅Y → XAY(첨가)
>
> ⓔ XABY → XCY(축약)

> **보기**
>
> 솥+하고 → [솓하고] → [소타고]
> (가)   (나)

① ⊙, ⓒ

② ⊙, ⓔ

③ ⓒ, ⓒ

④ ⓔ, ⓒ

> **해설**
> ② (가)의 과정에서 'ㅌ'이 음절의 끝소리 규칙에 따라 대표음 'ㄷ'으로 대치되었으며, (나)의 과정에서 'ㄷ'과 'ㅎ'이 축약되어 'ㅌ'이 되었다.
>
> **정답** ②

04 소리 나는 대로 바르게 표기한 것으로 옳은 것은?

① 떫다[떨따], 넓다[널따], 밟도록[발또록]
② 통닭[통닥], 흙과[흑꽈], 묽고[묵꼬]
③ 밭이[바치], 밭을[바틀], 벼훑이[벼훌치]
④ 말재주[말째주], 보름달[보름딸], 등용문[등뇽문]

해설

① '밟-'은 자음 앞에서 [밥]으로 발음한다. 따라서 [밥또록]으로 발음된다.
② 용언의 어간 말음 'ㄺ'은 'ㄱ' 앞에서 [ㄹ]로 발음한다. 따라서 [물꼬]로 발음된다.
④ 표준어 규정 제7장 제29항 '다만'에 따르면 '등용문'의 경우 'ㄴ' 음을 첨가하여 발음하지 않는다고 하였으므로 [등용문]으로 발음된다.

표준어 규정 제4장 제10항
겹받침 'ㄳ', 'ㄵ', 'ㄼ, ㄽ, ㄾ', 'ㅄ'은 어말 또는 자음 앞에서 각각 [ㄱ, ㄴ, ㄹ, ㅂ]으로 발음한다.

넋[넉]	넋과[넉꽈]	앉다[안따]	넓다[널따]
외곬[외골]	핥다[할따]	값[갑]	없다[업:따]

다만, '밟-'은 자음 앞에서 [밥]으로 발음하고, '넓-'은 다음과 같은 경우에 [넙]으로 발음한다.

넓-	+	복합어	→	[넙]

例 밟다[밥따], 밟고[밥꼬]/넓죽하다[넙쭈카다], 넓둥글다[넙뚱글다]

표준어 규정 제4장 제11항
겹받침 'ㄺ, ㄻ, ㄿ'은 어말 또는 자음 앞에서 각각 [ㄱ, ㅁ, ㅂ]으로 발음한다.

닭[닥]	흙과[흑꽈]	맑다[막따]	늙지[늑찌]
삶[삼:]	젊다[점:따]	읊고[읍꼬]	읊다[읍따]

다만, 용언의 어간 말음 'ㄺ'은 'ㄱ' 앞에서 [ㄹ]로 발음한다.

맑게[말께]	묽고[물꼬]	얽거나[얼꺼나]

정답 ③

05 밑줄 친 ㉠~㉤ 중 품사가 같은 것으로만 묶인 것은?

> 개나리꽃이 ㉠ <u>흐드러지게</u> 핀 교정에서 친구들과 ㉡ <u>찍은</u> 사진은, 그때 느꼈던 ㉢ <u>설레는</u> 행복감은 물론, 대기 중에 ㉣ <u>충만한</u> 봄의 기운, 친구들과의 악의 ㉤ <u>없는</u> 농지거리, 벌들의 잉잉거림까지 현장에 있는 것과 다름없이 느끼게 해 준다.

① ㉠, ㉢, ㉣
② ㉠, ㉣, ㉤
③ ㉡, ㉢, ㉤
④ ㉢, ㉣, ㉤

해설

② ㉠ 흐드러지게(흐드러지다), ㉣ 충만한(충만하다), ㉤ 없는(없다) → 형용사

㉠ 흐드러지다: '매우 탐스럽거나 한창 성하다.', '매우 흐뭇하거나 푸지다.'의 의미로 사물의 성질이나 상태를 나타내므로 형용사이다.

㉣ 충만하다: '한껏 차서 가득하다.'의 의미로 역시 사물의 성질이나 상태를 나타내므로 형용사이다.

㉤ 없다: '어떤 일이나 현상이나 증상 따위가 생겨 나타나지 않은 상태이다.'의 의미로 형용사이다.

㉡ 찍다: 어떤 대상을 촬영기로 비추어 그 모양을 옮기는 동작을 나타내며 명령형과 청유형이 가능한 동사이다.

㉢ 설레는: 현재 관형사형 어미 '-는'이 붙었으므로 동사이다.

정답 ②

06 밑줄 친 부분에 해당하는 것은?

> '-ㅁ/-음'은 'ㄹ'을 제외한 받침 있는 용언의 어간이나 어미 '-었-', '-겠-' 뒤에 붙어, 그 말이 명사 구실을 하게 하는 어미로 쓰이는 경우와, 어간 말음이 자음인 용언 어간 뒤에 붙어 명사를 만드는 접미사로 쓰이는 경우가 있다.

① 그는 <u>수줍음</u>이 많은 사람이다.
② 그는 <u>죽음</u>을 각오하고 일에 매달렸다.
③ 태산이 <u>높음</u>을 사람들은 알지 못한다.
④ 나라를 위해 <u>젊음</u>을 바친 사람이 애국자다.

해설

③ '높음'은 형용사이며, 이때 '-음'은 '높다'의 명사형 어미이다.

① · ② · ④ 모두 명사로, 이때 '-음'은 명사 파생 접미사에 해당한다.

정답 ③

07 다음 〈보기〉에 제시된 단어들과 단어 형성 원리가 같은 것은?

> ┤ 보기 ├
>
> 개살구, 헛웃음, 낚시질, 지우개

① 건어물(乾魚物)　　　　　　　② 금지곡(禁止曲)
③ 한자음(漢字音)　　　　　　　④ 핵폭발(核爆發)

> **해설**
> 〈보기〉에 제시된 단어들은 파생어로, 개살구(개−+살구), 헛웃음(헛−+웃음)은 접두파생어이며, 낚시질(낚시+−질),
> 지우개(지우+−개)는 접미파생어이다.
> • 개−살구: '야생 상태의' 또는 '질이 떨어지는', '흡사하지만 다른'의 뜻을 더하는 접두사이다.
> • 헛−웃음: '이유 없는', '보람 없는'의 뜻을 더하는 접두사이다.
> • 낚시−질: '그 도구를 가지고 하는 일'의 뜻을 더하는 접미사이다.
> • 지우−개: '그러한 행위를 하는 간단한 도구'의 뜻을 더하고 명사를 만드는 접미사이다.
> ① '건어물'은 접두파생어이다.
> ②·③·④ 어근과 어근이 결합된 합성어이다.
>
> **정답** ①

08 단어에 대한 설명으로 옳지 않은 것은?

① '바다', '맑다'는 어근이 하나인 단일어이다.
② '회덮밥'은 파생어 '덮밥'에 새로운 어근 '회'가 결합된 합성어이다.
③ '곁눈질'은 합성어 '곁눈'에 접미사 '−질'이 결합된 파생어이다.
④ '웃음'은 어근 '웃−'에 접미사 '−음'이 붙어 명사가 된 파생어이다.

> **해설**
> ② '덮밥'은 어근 '덮−'과 어근 '밥'이 결합한 비통사적 합성어이다. 따라서 '회덮밥'은 합성어 '덮밥'에 어근 '회'가 결
> 합된 합성어이다.
> ① '바다'는 하나의 실질형태소로 된 단일어이고, '맑다'는 실질형태소가 '맑−' 하나인 단일어이다.
> ③ '곁눈'은 명사 '곁'과 명사 '눈'의 합성어이다. 또한 '곁눈질'은 '곁눈'에 접사 '−질'이 결합한 파생어이다.
> ④ '웃음'은 어근 '웃−'에 명사 파생 접미사 '−음'이 결합한 파생어이다.
>
> **정답** ②

09 비통사적 합성어로만 묶인 것은?

① 열쇠, 새빨갛다 ② 덮밥, 짙푸르다
③ 감발, 돌아가다 ④ 젊은이, 가로막다

② '덮밥'과 '짙푸르다'는 모두 비통사적 합성어이다.
- 덮밥(비통사적 합성어): 덮-+(-은)+밥
  → 관형사형 어미 '-은'이 생략되고, 바로 어근 '덮-'과 어근 '밥'이 결합하였다.
- 짙푸르다(비통사적 합성어): 짙-+(-고)+푸르다
  → 연결 어미 '-고'가 생략되고, 바로 어근 '짙-'과 '푸르다'가 결합하였다.

① '열쇠'는 통사적 합성어이고, '새빨갛다'는 파생어이다.
- 열쇠(통사적 합성어): 열-+ㄹ+쇠
  → 열다의 어근 '열-'에 관형사형 어미 '-ㄹ'이 붙어 어근 '쇠'와 결합하였다.
- 새빨갛다(파생어): 새+빨갛다
  → 접두사 '새-'와 '빨갛다'가 결합한 형태이다.

③ '감발'은 비통사적 합성어이고, '돌아가다'는 통사적 합성어이다.
- 감발(비통사적 합성어): 감-+(-은)+발
  → 관형사형 어미 '-은'이 생략된 비통사적 합성어이다.
- 돌아가다(통사적 합성어): 돌-+-아+가다
  → '돌다'와 '가다'의 연결 어미 '-아'가 붙어 연결된 형태이다.

④ '젊은이'와 '가로막다'는 통사적 합성어이다.
- 젊은이(통사적 합성어): 젊-+은+이
  → '젊다'는 어근 '젊-'에 어미 '-ㄴ'이 붙어 어근 '이'와 결합한 형태이다.
- 가로막다(통사적 합성어): 가로+막다
  → 부사 '가로'가 뒤의 용언 '막다'를 수식한 형태이다.

10 밑줄 친 보조사의 의미를 설명한 것으로 옳지 않은 것은?

① 그렇게 천천히 가다가는 지각하겠다.

　　→ 어떤 대상이 다른 것과 대조됨을 나타냄

② 웃지만 말고 다른 말을 좀 해 보아라.

　　→ 다른 것으로부터 제한하여 어느 것을 한정함을 나타냄

③ 단추는 단추대로 모아 두어야 한다.

　　→ 따로따로 구별됨을 나타냄

④ 비가 오는데 바람조차 부는구나.

　　→ 이미 어떤 것이 포함되고 그 위에 더함을 나타냄

해설

① 밑줄 친 '는'은 (받침 없는 체언이나 부사어, 일부 연결 어미 뒤에 붙어) 강조의 뜻을 나타내는 보조사이다.

- 보조사 '는'이 어떤 대상이 다른 것과 대조됨을 나타내는 경우

　예 사과는 먹어도 배는 먹지 마라. / 산에는 눈 내리고 들에는 비 내린다.

② 보조사 '만'

- 다른 것으로부터 제한하여 어느 것을 한정함을 나타내는 보조사

　예 하루 종일 잠만 잤더니 머리가 띵했다.

- 무엇을 강조하는 뜻을 나타내는 보조사

　예 그를 만나야만 모든 문제가 해결될 수 있다.

- 화자가 기대하는 마지막 선을 나타내는 보조사

　예 열 장의 복권 중에서 하나만 당첨되어도 바랄 것이 없다.

- ('하다', '못하다'와 함께 쓰여) 앞말이 나타내는 대상이나 내용 정도에 달함을 나타내는 보조사

　예 집채만 한 파도가 몰려온다.

- ('-어도', '-으면'의 앞에 쓰여) 어떤 것이 이루어지거나 어떤 상태가 되기 위한 조건을 나타내는 보조사

　예 너무 피곤해서 눈만 감아도 잠이 올 것 같다.

③ 보조사 '대로'

- 따로따로 구별됨을 나타내는 보조사

　예 너는 너대로 나는 나대로 서로 상관 말고 살자.

- 앞에 오는 말에 근거하거나 달라짐이 없음을 나타내는 보조사

　예 처벌하려면 법대로 해라.

④ 보조사 '조차'

　(흔히 체언 뒤에 붙어) 이미 어떤 것이 포함되고 그 위에 더함의 뜻을 나타내는 보조사

　예 그렇게 공부만 하던 철수조차 시험에 떨어졌다.

정답 ①

11 밑줄 친 부분 중 보조 용언이 결합되지 않은 것은?

① 창문 너머로 날이 밝아 온다.

② 동생이 내 과자를 먹어 버렸다.

③ 우체국에 들러 선배의 편지를 부쳐 주었다.

④ 그는 환갑이 지났지만 40대처럼 젊어 보인다.

해설

④ '젊어 보인다'는 '본동사+본동사' 구조이다. '보이다'는 '대상을 평가하다.'의 의미인 '보다'의 피동 형태이다.

① '밝아 오다'에서 '오다'는 보조 동사로 앞의 본동사가 계속 진행됨을 나타낸다.

② '먹어 버렸다'에서 '버렸다'는 보조 동사로 본동사의 행동이 이미 끝났음을 나타낸다.

③ '부쳐 주었다'에서 '주다'는 보조 동사이며, 다른 사람을 위해 어떤 행동을 함을 나타낸다.

정답 ④

---

12 "숙희야, 내가 선생님께 꽃다발을 드렸다."의 문장을 다음 규칙에 따라 옳게 표시한 것은?

> 우리말에는 주체 높임, 객체 높임, 상대 높임 등이 있다. 주체 높임과 객체 높임의 경우 높임은 +로, 높임이 아닌 것은 −로 표시하고 상대 높임의 경우 반말체를 −로, 해요체를 +로 표시한다.

① [주체 −], [객체 +], [상대 −]

② [주체 +], [객체 −], [상대 +]

③ [주체 −], [객체 +], [상대 +]

④ [주체 +], [객체 −], [상대 −]

해설

> 숙희야, 내가 선생님께 꽃다발을 드렸다.

- 주체는 '나(내가)'로 나에 대한 높임이 나타나지 않으므로 [주체 −]로 표시한다.
- 객체는 '선생님'으로, '선생님께'에서 '께'라는 높임의 부사격 조사, '드렸다'에서 '드리다'와 같이 객체를 높이는 특수 어휘가 사용되었다. 그러므로 [객체 +]로 표시한다.
- '드렸다'에서 '−다'라는 반말체(반말 격식 해라체)로 말하고 있으므로 [상대 −]로 표시한다.

정답 ①

13 다음 중 〈보기〉에 대한 이해로 적절하지 않은 것은?

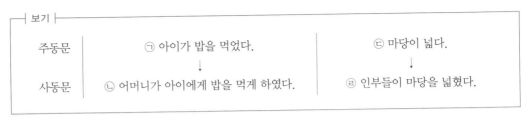

주동문	㉠ 아이가 밥을 먹었다.	㉢ 마당이 넓다.
	↓	↓
사동문	㉡ 어머니가 아이에게 밥을 먹게 하였다.	㉣ 인부들이 마당을 넓혔다.

① ㉡, ㉣을 보니, 사동문에는 두 가지 유형이 있군.

② ㉡, ㉣을 보니, 주동문의 주어는 사동문에서 다른 문장 성분으로 나타날 수 있군.

③ 〈보기〉를 보니, 동사만 사동화될 수 있군.

④ 〈보기〉를 보니, 주동문을 사동문으로 바꾸면 서술어의 자릿수가 변화할 수 있군.

> **해설**
> ③ '넓다'는 형용사이고, '넓다'에 사동 접사 '-히-'가 붙은 '넓히다'는 동사이므로 동사만 사동화될 수 있다는 말은 적
> 절하지 않다.
> ① ㉡은 '-게 하다'가 결합된 통사적 사동문이고, ㉣은 '사동 접사'가 결합된 파생적 사동문이다.
> ② • ㉡: 주동문(㉠)의 주어 '아이가'가 사동문에서는 '아이에게'라는 부사어로 실현된다.
> • ㉣: 주동문(㉢)의 주어 '마당이'가 사동문에서는 '마당을'이라는 목적어로 실현된다.
> ④ • ㉠: '누가, 무엇을'이 필요한 두 자리 서술어이다.
> • ㉡: '누가, 누구에게, 무엇을'이 필요한 세 자리 서술어이다.
> • ㉢: '무엇이'가 필요한 한 자리 서술어이다.
> • ㉣: '누가, 무엇을'이 필요한 두 자리 서술어이다.
>
> **정답** ③

14 중의적인 문장이 아닌 것은?

① 아내들은 남편들보다 아이들을 더 사랑한다.

② 사랑하는 조국의 딸들이여!

③ 그는 자기가 맡은 과제를 다 처리하지 못했다.

④ 그것은 아무리 노력해도 소용없는 일이다.

> **해설**
> ① 비교의 대상이 중의적이다. 남편들이 아이들을 사랑하는 것보다 더 사랑한다는 뜻과, 남편을 사랑하는 것보다 아
> 이들을 더 사랑한다는 것의 두 가지 의미가 다 담겨져 있다.
> ② 수식하는 대상이 중의적이다. 사랑하는 대상이 조국인지 딸들인지 모호하다.
> ③ 과제를 하나도 처리하지 못했다는 것인지, 맡은 부분의 일부만을 처리했다는 뜻인지 알 수 없다.
>
> **정답** ④

15 다음은 국어의 부정(否定) 표현에 대한 설명이다. ㉠～㉣의 예시로 적절하지 않은 것은?

> 부정의 의미를 나타내기 위하여 가장 많이 사용하는 방법은 이른바 부정소라고 불리는 ㉠ <u>부정 부사나 부정 서술어를 사용하는 경우</u>이다. 그러나 이밖에도 ㉡ <u>부정의 의미를 가지는 접두사를 이용하기도 하고 부정의 뜻을 가지는 어휘를 이용하여 부정의 의미를 나타내기도 한다.</u> 더욱이 우리말에는 ㉢ <u>부정소를 사용하지 않아도 부정의 의미를 내포하는 경우</u>도 있고 반대로 ㉣ <u>부정소를 사용하였더라도 의미상으로는 긍정인 경우</u>도 있다.

① ㉠: 너무 시끄럽게 떠들지 마라.
② ㉡: 이번 계획은 너무나 비교육적이다.
③ ㉢: 제가 어찌 그 일을 하지 않을 수 있겠습니까?
④ ㉣: 그가 이번 일을 그렇게 못 하지는 않았다.

해설
③ ㉢: 반어적 의문형으로 그 일에 대한 강력한 긍정(저는 그 일을 당연히 할 수밖에 없습니다.)을 내포하고 있다.
① ㉠: 명령과 청유에 사용하는 '말다' 부정을 사용한 예이다.
② ㉡: 접두사 '비(非)-'를 활용한 예이다.
④ ㉣: 그럭저럭했다는 의미를 가진다.

정답 ③

16 안긴문장이 주성분으로 쓰이지 않은 것은?

① 그 학교는 교정이 넓다.
② 농부들은 비가 오기를 학수고대했다.
③ 아이들이 놀다 간 자리는 항상 어지럽다.
④ 대화가 어디로 튈지 아무도 몰랐다.

해설
③ 안긴문장인 '아이들이 놀다 간'은 주어 '자리'를 수식하는 관형어의 역할을 하는 관형절이다.
① '그 학교는 교정이 넓다.'는 '주어+주어+서술어'의 구조이다. 여기서 '교정이 넓다.'는 서술절로 문장 전체의 서술어 역할을 하므로 주성분이다.
② '농부들은 비가 오기를 학수고대했다.'에서 명사절 '비가 오기를'은 문장의 목적어 역할을 하고 있으므로 주성분이다.
④ '대화가 어디로 튈지 아무도 몰랐다.'에서 '대화가 어디로 튈지'는 안은문장의 서술어 '몰랐다'의 목적어 역할을 하고 있으므로 주성분이다.

정답 ③

17 다음의 밑줄 친 부분이 〈보기〉의 ⊙과 가장 유사한 의미로 쓰인 것은?

┤ 보기 ├

그는 집에 갈 때 자동차를 ⊙ 타지 않고 걸어서 간다.

① 그는 남들과는 다른 비범한 재능을 타고 태어났다.
② 그는 가야금을 발가락으로 탈 줄 아는 재주가 있다.
③ 그는 어릴 적부터 남들 앞에 서면 부끄럼을 잘 탔다.
④ 그는 감시가 소홀한 야밤을 타서 먼 곳으로 갔다.

> **해설**
> ④ 동음이의어와 다의어의 관계를 묻는 문제이다. ⊙의 '타다'는 '탈것이나 짐승의 등 따위에 몸을 얹다.'라는 가장 기
> 본적인 의미이고, 이 의미에서 '어떤 조건이나 시간, 기회 등을 이용하다.'라는 뜻으로 파생했다.
> ① 몫으로 주는 돈이나 물건 따위를 받다. 복이나 재주, 운명 등을 선천적으로 지니다.
> ② 악기의 줄을 퉁기거나 건반을 눌러 소리를 내다.
> ③ 부끄럼이나 노여움 등의 감정이나 간지럼 따위의 육체적 느낌을 쉽게 느끼다.
>
> 정답 ④

18 밑줄 친 말의 문맥상 의미가 같은 것은?

고장 난 시계를 고치다.

① 부엌을 입식으로 고치다.
② 상호를 순우리말로 고치다.
③ 정비소에서 자동차를 고치다.
④ 국민 생활에 불편을 주는 낡은 법을 고치다.

> **해설**
> ③ 제시문의 밑줄 친 '고치다'는 '고장이 나거나 못 쓰게 된 물건을 손질하여 제대로 되게 하다.'의 의미이다. 이와 문
> 맥상 의미가 같은 것은 '~ 자동차를 고치다.'의 '고치다'이다.
> ① 본디의 것을 손질하여 다른 것이 되게 하다.
> ②·④ 이름, 제도 따위를 바꾸다.
>
> 정답 ③

19 밑줄 친 부분의 의미 관계가 나머지 셋과 다른 것은?

① 세 시간이 흐르도록 <u>분분</u>했던 의견들이 마침내 하나로 <u>합치</u>하였다.

② 아무리 논리적 <u>사고</u>라 하더라도 거기에는 <u>비판</u>이 따르게 마련이다.

③ 사회적 지위가 높은 사람이 보여주는 <u>겸손</u>은 가끔 <u>오만</u>으로 비칠 수도 있다.

④ <u>결미</u>에 제시된 결론이 <u>모두</u>에서 진술한 내용과 관련을 맺는다면 좀 더 긴밀한 구성이 될 것이다.

> **해설**
> ② '사고'와 '비판'은 특별한 의미 관계를 이루지 않는다. '사고'는 '생각하고 궁리함'의 뜻이고, '비판'은 '사물의 옳고 그름을 판단하여 밝히거나 잘못된 점을 지적함'의 뜻을 가진다.
> ① '분분'과 '합치'는 반의 관계에 있다.
> • 분분: '분분하다'의 어근. 소문, 의견 따위가 많아 갈피를 잡을 수 없음
> • 합치: 의견이나 주장 등이 서로 잘맞아 일치함
> ③ '겸손'과 '오만'은 반의 관계에 있다.
> • 겸손: 남을 존중하고 자기를 내세우지 않는 태도
> • 오만: 태도나 행동이 건방지거나 거만함
> ④ '결미'와 '모두'는 반의 관계에 있다.
> • 결미: 글이나 문서 따위의 끝 부분
> • 모두: 말이나 글의 첫머리
>
> 정답 ②

20 밑줄 친 용언의 활용이 잘못된 것은?

① 그는 <u>허구헌</u> 날 술만 마신다.

② 네가 시험에 합격했으니 동네 어른들과 잔치라도 <u>벌여야겠구나</u>.

③ 무슨 말을 해도 괜찮으니 내게 <u>서슴지</u> 말고 말해 보아라.

④ 담당자의 <u>서투른</u> 일 처리 때문에 창구에서 큰 혼란이 있었다.

> **해설**
> ① '날, 세월 따위가 매우 오래다.'라는 뜻의 형용사는 '허구하다'이므로 '허구한 날'이 맞다.
> ② '일을 계획하여 시작하거나 펼쳐 놓다.'라는 뜻의 동사는 '벌이다'이므로 '벌여야겠구나'가 맞다.
> ③ '서슴지'는 '결단을 내리지 못하고 머뭇거리며 망설이다.'라는 뜻의 동사 '서슴다'의 어간 '서슴–'에 연결 어미 '–지'가 붙은 말이다.
> ④ '서투른'은 '서투르다'의 관형형이고, '서툰'은 '서투르다'의 준말인 '서툴다'의 관형형이다. 따라서 '서투른'과 '서툰' 모두 가능하다.
>
> 정답 ①

21 설명이 옳지 않은 것은?

① 표준어 규정에 의거하여 '넓다'는 [널따], '밝다'는 [박따], '밟고'는 [밥:꼬], '값을'은 [갑쓸]로 발음한다.

② 외래어 표기법에 의거하여 'cake'은 '케잌', 'boat'는 '보우트', 'juice'는 쥬스, 'alcohol'은 '알콜'로 쓴다.

③ 한글 맞춤법에 따르면 'ㄱ'의 이름은 '기역', 'ㄷ'의 이름은 '디귿', 'ㅅ'의 이름은 '시옷', 'ㅌ'의 이름은 '티읕'이다.

④ 로마자 표기법 규정에 의거하여 '광희문'은 'Gwanghuimun', '호법'은 'Hobeop', '종로'(지명)는 'Jongno', '독도'는 'Dokdo'로 적는다.

해설

② '케이크(cake), 보트(boat), 주스(juice), 알코올(alcohol)'이 옳은 표기이다.

무성 파열음 '[p], [t], [k]'

• 짧은 모음 다음의 어말 무성 파열음([p], [t], [k])은 받침으로 적는다(외래어 표기법 제3장 제1절 제1항).

gap[gæp] 갭	cat[kæt] 캣	book[buk] 북

• 짧은 모음과 유음·비음([l], [r], [m], [n]) 이외의 자음 사이에 오는 무성 파열음([p], [t], [k])은 받침으로 적는다(외래어 표기법 제3장 제1절 제2항).

apt[æpt] 앱트	setback[setbæk] 셋백	act[ækt] 액트

• 위 경우 이외의 어말과 자음 앞의 [p], [t], [k]는 '으'를 붙여 적는다(외래어 표기법 제3장 제1절 제3항).

stamp[stæmp] 스탬프	cape[keip] 케이프	nest[nest] 네스트
part[pɑːt] 파트	desk[desk] 데스크	make[meik] 메이크
apple[æpl] 애플	mattress[mætris] 매트리스	chipmunk[ʧipmʌŋk] 치프멍크

정답 ②

22 밑줄 친 어휘의 쓰임이 옳은 것만을 모두 고른 것은?

> ㉠ 꼬마들에게는 주사를 <u>맞추기가</u> 힘들다.
> ㉡ 수수께끼에 대한 답을 정확하게 <u>맞추면</u> 상품을 드립니다.
> ㉢ 할아버지는 할머니를 소박을 <u>맞히고</u> 나서 두고두고 후회하셨다.
> ㉣ 여자 친구와 다음 주 일정을 <u>맞춰</u> 보았더니 목요일에만 만날 수 있을 것 같다.

① ㉠, ㉡　　　　　　　　　　　　　　　② ㉠, ㉢
③ ㉡, ㉣　　　　　　　　　　　　　　　④ ㉢, ㉣

해설
㉢ '어떤 좋지 아니한 일을 당하다.'를 의미하는 '맞다'의 사동사 '맞히다'가 적절하게 사용되었다.
㉣ '둘 이상의 일정한 대상들을 나란히 놓고 비교하여 살피다.'라는 뜻의 '맞추다'가 적절하게 사용되었다.
㉠ '침, 주사 따위로 치료를 받다.'를 의미하다는 '맞다'의 사동사 '맞히다'를 사용하는 것이 적절하다.
㉡ '문제에 대한 답이 틀리지 아니하다.'를 의미하는 '맞다'의 사동사 '맞히다'를 사용하는 것이 적절하다.

정답 ④

23 다음 중 제시된 단어의 표준 발음과 로마자 표기가 모두 옳은 것은?

① 선릉[선능] – Seonneung
② 학여울[항녀울] – Hangnyeoul
③ 낙동강[낙똥강] – Nakddonggang
④ 집현전[지편전] – Jipyeonjeon

해설
② 합성어나 파생어에서 뒤의 첫음이 'ㅣ' 모음이거나 'ㅣ' 선행모음일 경우에는 'ㄴ' 음이 첨가된다. '학여울'은 'ㄴ' 음이 첨가되는 경우로 [항녀울]로 발음한다. 또한 'Hangnyeoul'로 표기한다.
① 선릉[설릉] – Seolleung: 유음화 현상
③ 낙동강[낙똥강] – Nakdonggang: 된소리되기 불인정
④ 집현전[지편전] – Jiphyeonjeon: 체언에서는 'ㅎ' 축약 불인정

정답 ②

24 밑줄 친 부분의 띄어쓰기가 옳은 것은?

① 그 친구의 키는 장대 만큼 크다.
② 그 친구의 집에는 사과, 감, 귤 들이 많이 있다.
③ 그 친구와 연락한 지 세 시간만에 만났다.
④ 그 친구의 대답이 맞는 지 모르겠다.

> **해설**
> ② 사물을 나열한 뒤에 쓰이면서 '～따위'의 뜻을 갖는 '들'은 의존명사이므로 띄어 쓴다. 다만, 셀 수 있는 명사 뒤에
>   쓰여 복수를 나타내는 '들'은 접사이므로 붙여 쓴다.
>   　예 사람들, 친구들, 나무들…
> ① '장대만큼'처럼 붙여 써야 한다. '만큼'이 체언 뒤에서 앞말과 비슷한 정도나 한도임을 나타낼 때는 보조사이므로
>   붙여 쓴다. 다만 관형어 뒤에 쓰이는 '만큼'은 의존명사이므로 띄어 쓴다.
>   　예 먹을 만큼, 노력한 만큼, 사용한 만큼…
> ③ '세 시간 만에'처럼 띄어 써야 한다. '만'이 시간의 개념으로 쓰일 때는 의존명사이므로 띄어 쓴다. 다만 체언 뒤에
>   서 오직, 한정, 강조의 뜻으로 쓰이는 '만'은 보조사이므로 붙여 쓴다.
>   　예 내가 너한테만 말하는 거야. 학교에서만 공부한다. 우리만 간다.
> ④ '맞는지'처럼 붙여 써야 한다. 막연한 의문을 나타내는 '-지'는 어미이므로 붙여 쓴다. 다만 시간의 경과를 나타내
>   는 '지'는 의존명사이므로 띄어 쓴다.
>   　예 서울로 온 지가 3년이 됐다. 고향을 떠난 지도 오래다.
>
> 　　**정답** ②

25 밑줄 친 부분의 표기가 잘못된 것은?

① 나는 그 일을 시답지 않게 생각한다.
② 그에게는 다섯 살배기 딸이 있다.
③ 밖에 있던 그가 금세 뛰어왔다.
④ 건물이 부숴진 지 오래되었다.

> **해설**
> ④ 비슷한 발음의 몇 형태가 쓰일 경우, 그 의미에 아무런 차이가 없고, 그중 하나가 더 널리 쓰이면, 그 한 형태만을
>   표준어로 삼으므로(표준어 규정 제17항) '부서지다'와 '부숴지다' 중에서 '부서지다'를 표준어로 삼는다.
> ① 시답다(實—): 마음에 차거나 들어서 만족스럽다는 뜻의 형용사이다. 흔히 볼품이 없어 만족스럽지 못하다는 뜻
>   으로 '시덥잖다'를 쓰는데, 이는 '시답잖다'의 잘못된 표현이다.
> ② 다섯 살배기: '다섯'은 관형사이고 '살'은 단위를 나타내는 의존명사이므로 '다섯 살'은 띄어 쓴다. 또한 '-배기'는
>   '그 나이를 먹은 아이'의 뜻을 더하는 접미사이므로 앞말에 붙여 쓴다.
> ③ 금세: '금시(今時)에'가 줄어든 부사이며, '금새'는 '물건의 값 또는 물건값의 비싸고 싼 정도'를 뜻하는 명사이다.
>
> 　　**정답** ④

26 어문 규정에 어긋난 단어로 묶인 것으로 옳은 것은?

① 까불치다, 엔돌핀(endorphin), Omok-gyo(오목교)
② 섭섭찮다, 카운슬링(counseling), Muko(묵호)
③ 우웃병, 나르시즘(narcissism), Dongjak-gu Office(동작구청)
④ 죽자사자, 트랜스지방(trans지방), Wooljin(울진)

해설

① • '까불치다'는 비표준어로 '까불다'가 옳은 표기이다.
   • '엔도르핀'이 옳은 표기이다.
   • 인공 축조물명은 붙임표 없이 써야 하므로 'Omokgyo'가 옳은 표기이다.
② • '섭섭하지 않다'가 축약된 형태로 '섭섭잖다'가 옳은 표기이다.
   • 로마자 표기법에서는 체언에서 'ㄱ, ㄷ, ㅂ' 뒤에 'ㅎ'이 오는 경우 'ㅎ'을 밝혀 적어야 하므로 'Mukho'가 옳은 표기이다.
③ • '우유병'은 한자어 '우유(牛乳)'와 한자어 '병(瓶)'이 결합한 것이므로 사이시옷이 들어가지 않는다. 따라서 '우유병'이 옳은 표기이다.
   • '나르시시즘'이 옳은 표기이다.
④ • '죽자살자'는 비표준어로 '죽자사자'가 옳은 표기이다.
   • 로마자 표기법 표기 일람에 따르면 '울진'의 모음 'ㅜ'는 'U'로 표기해야 하므로 'Uljin'이 옳은 표기이다.

로마자 표기에 붙임표를 쓰는 경우
• 발음상 혼동의 우려가 있을 때
   예 중앙 Jung-ang, Hae-undae
• 사람 이름의 음절 사이(허용)
   예 한복남 Han Bok-nam, 홍빛나 Hong Bit-na
• '도, 시, 군, 구, 읍, 면, 리, 동'의 행정 구역과 '가'
   예 제주도 Jeju-do, 인왕리 Inwang-ri, 종로 2가 Jongno 2(i)-ga
• 학술 연구 논문 등 특수 분야에서 한글 복원을 전제로 표기할 경우, 음가 없는 'ㅇ'의 표기
   예 굳이 gud-i, 없었습니다 eobs-eoss-seubnida

정답 ①

27 다음 중 한글 맞춤법에 따라 바르게 표기된 것은?

① 철수는 우리 반에서 키가 열둘째이다.
② 요즘 재산을 떨어먹는 사람이 많다.
③ 나는 집에 사흘 동안 머무를 예정이다.
④ 숫병아리가 내게로 다가왔다.

해설
③ '동안'은 명사이므로 앞말과 띄어 쓴다.
① '열둘째'는 열두 개째를 뜻하고, '열두째'는 열두 번째를 뜻하므로 순서를 의미할 때는 '열두째'로 표기한다.
② 재산이나 돈을 함부로 써서 몽땅 없애다.'를 의미하는 단어는 '털어먹다'이다.
④ 수컷을 이르는 접두사는 '수-'로 통일한다. 수캉아지, 수캐, 수컷, 수키와, 수탉, 수탕나귀, 수톨쩌귀, 수퇘지, 수평아
리 등은 '수-' 다음에서 나는 거센소리를 인정한다. 또한 숫양, 숫염소, 숫쥐는 '숫-'으로 한다(표준어 규정 제7항).

정답 ③

28 밑줄 친 부분의 표준 발음으로 옳지 않은 것은?

① 길을 떠나기 전에 <u>뱃속</u>을 든든하게 채워 두자.
   → [배쏙]
② 시를 <u>읽다</u> 보면 마음이 편안해진다.
   → [일따]
③ 외래어를 표기할 때 받침에 '<u>ㄷ</u>'을 쓰지 않는다.
   → [디그슬]
④ 우리는 <u>금융</u> 위기를 슬기롭게 극복하였다.
   → [금늉]

해설
② 'ㄺ'은 어말 또는 자음 앞에서 [ㄱ]으로 발음되므로 '읽다'는 [익따]로 발음된다.
① 사이시옷은 수의적 현상이므로 [배쏙/밷쏙] 둘 다 가능하다.
③ [디그슬]이 바른 발음이다.
④ [금늉/그뮹] 둘 다 가능하다.

정답 ②

29 다음 중 띄어쓰기가 옳은 것은?

① 그∨녀석∨고마워하기는∨커녕∨알은체도∨않더라.

② 집채∨만한∨파도가∨몰려온다.

③ 한∨번은∨네거리에서∨큰∨사고를∨낼∨뻔했다.

④ 보잘것없는∨수입이지만∨저는∨이∨일이∨좋습니다.

해설
① '커녕'은 조사이므로 앞말과 붙여 쓴다.
② '만'은 조사로 앞말과 붙여 쓰고, '한'은 '하다'의 활용형인 '한'은 하나의 단어이므로 '집채만 한'과 같이 띄어쓴다.
③ '한번'은 '지난 어느 때나 기회'라는 의미를 지닌 명사이다. '네거리' 역시 표준국어대사전에 등재되어 있다.

정답 ④

30 다음 중 표준어의 개수를 바르게 나타낸 것은?

① 눈엣가시, 석박지, 뒷꿈치, 돌멩이 〈1개〉

② 이쁘다, 마실, 복숭아뼈, 창란젓 〈3개〉

③ 걸판지다, 움츠리다, 마늘쫑, 주구장창 〈3개〉

④ 새치름하다, 누레지다, 삐진, 개기다 〈3개〉

해설
② 표준어의 개수 3개: 이쁘다, 마실, 복숭아뼈
- 창란젓 → 창난젓(명태의 창자에 소금, 고춧가루 따위의 양념을 쳐서 담근 젓)

① 표준어의 개수 2개: 눈엣가시, 돌멩이
- 석박지 → 섞박지(배추와 무ㆍ오이를 절여 넓적하게 썬 다음, 여러 가지 고명에 젓국을 쳐서 한데 버무려 담은 뒤 조기젓 국물을 약간 부어서 익힌 김치)
- 뒷꿈치 → 뒤꿈치

③ 표준어의 개수 1개: 움츠리다
- 걸판지다 → 거방지다
- 마늘쫑 → 마늘종
- 주구장창 → 주야장천

④ 표준어의 개수 4개: 새치름하다, 누레지다, 삐진, 개기다

정답 ②

31 다음 한글 맞춤법 제6항에 대한 설명으로 옳지 않은 것은?

> ‘ㄷ, ㅌ’ 받침 뒤에 종속적 관계를 가진 ‘-이(-)’나 ‘-히-’가 올 적에는, 그 ‘ㄷ, ㅌ’이 ‘ㅈ, ㅊ’으로 소리 나더라도 ‘ㄷ, ㅌ’으로 적는다.

① 예시로는 ‘해돋이, 같이’가 있다.
② 위 조항은 한글 맞춤법 총칙 중 ‘어법에 맞게 적는다’는 원리를 따른 것이다.
③ 종속적 관계란 체언, 어근, 용언 어간 등에 조사, 접사, 어미 등이 결합하는 관계를 말한다.
④ ‘잔디, 버티다’는 하나의 형태소에서 ‘ㄷ, ㅌ’과 ‘ㅣ’가 만난 것으로서 위 조항의 예에 해당된다.

> **해설**
> ④ 하나의 형태소 안에서 ‘ㄷ’과 ‘ㅣ’가 결합하는 ‘잔디’나, 하나의 형태소 안에서 ‘ㅌ’과 ‘ㅣ’가 결합하는 ‘버티다’는 구개음화가 일어날 조건을 충족하지 않는다. 구개음화가 일어나려면 ‘ㄷ, ㅌ’ 받침 뒤에 종속적 관계를 가진 ‘-이(-)’나 ‘-히-’가 와야 한다. 따라서 ‘잔디’와 ‘버티다’가 제시된 조항의 예라는 설명은 적절하지 않다.
> ① • ‘해돋이’는 ‘해돋-’ 뒤에 종속적 관계를 갖는 접사 ‘-이’가 결합한 형태로 [해도지]로 발음하며, 표기는 형태를 밝혀 ‘해돋이’로 한다.
>   • ‘같이’는 ‘같-’ 뒤에 부사 파생 접미사 ‘-이’가 결합한 형태로 [가치]로 발음하나 표기는 형태를 밝혀 ‘같이’로 한다.
> ② 구개음화가 일어나더라도 소리 나는 대로가 아니라 형태(원형)를 밝혀 적는다고 했으므로 이는 ‘어법에 맞게 적는다.’는 표의주의 원리를 따른 것이다.
> ③ 종속적(從屬的) 관계란 형태소 연결에 있어서 실질형태소인 체언, 어근, 용언의 어간 등에 형식형태소인 조사, 접미사, 어미 등이 결합하는 관계를 말한다. 이때 형식형태소는 실질형태소에 종속되는 요소이다.
>
> 정답 ④

32 호칭어와 지칭어의 사용이 적절한 것은?

① (남편의 형에게) 큰아빠, 전화 받으세요.
② (시부모에게 남편을) 오빠는 요즘 무척 바빠요.
③ (남편의 누나에게) 형님, 어떤 것이 좋을까요?
④ (다른 사람에게 자기 배우자를) 이쪽은 제 부인입니다.

> **해설**
> ① 남편의 형은 ‘아주버님’으로 불러야 한다.
> ② 시부모에게 남편을 지칭할 때는 ‘아범, 아비’로 표현해야 한다.
> ④ 다른 사람에게 자신의 배우자를 지칭할 때는 ‘아내, 집사람, 안사람, 어멈, 어미, ○○[자녀] 엄마’ 등으로 표현해야 한다.
>
> 정답 ③

33 표준 언어예절에 어긋난 것은?

① 직장 상사의 아내를 '여사님'이라고 부른다.
② 직장 상사의 남편을 해당 직장 상사에게 '사부님'이라고 지칭한다.
③ 직장 상사(과장)의 아내를 직장 동료에게 '과장님 부인'이라고 지칭한다.
④ 직장 상사(과장)의 남편을 직장 동료에게 '과장님 바깥어른'이라고 지칭한다.

> **해설**
> ② 직장 상사의 남편이 아니라 선생님의 남편을 '사부(師夫)님'이라고 지칭한다.
>   직장 상사의 남편을 호칭할 때나 당사자, 해당 상사에게 지칭할 때는 '선생님, ○ 선생님, ○○○ 선생님, 과장님(직함이 '과장'일 때), ○ 과장님, ○○○ 과장님'을 쓴다. 직장 상사의 남편을 해당 상사에게 '바깥어른'으로 가리킬 수 있다(『표준 언어 예절』, 국립국어원).
>
> **정답** ②

34 어법에 맞고 자연스러운 문장으로 옳은 것은?

① 한류 열풍을 타고 한국 영화와 드라마가 대만·중국·하노이 등에서 인기를 끌고 있다.
② 합리적인 노사 관계를 구축하기 위해서는 노사 간의 신뢰 회복과 제도를 정비하는 것이 필요하다.
③ 글을 잘 쓰려면 많은 독서, 꾸준한 글쓰기 연습, 체계적인 지도가 필요하다.
④ 우리 동호회는 정기적으로 만나 정보 교류와 친목을 도모하고 있다.

> **해설**
> ① 가운뎃점은 대등한 여러 단위를 열거할 때 사용하므로 '한류 열풍을 타고 한국 영화와 드라마가 대만·중국·베트남 등에서 인기를 끌고 있다.'로 고치는 것이 자연스럽다.
> ② 구(노사 간의 신뢰 회복)와 절(제도를 정비하는 것)을 대등하게 연결하여 어색한 문장이 되었다[조응규칙의 오류]. 따라서 '합리적인 노사 관계를 구축하기 위해서는 노사 간의 신뢰 회복과 제도 정비가 필요하다.' 또는 '합리적인 노사 관계를 구축하기 위해서는 노사 간의 신뢰를 회복하고 제도를 정비하는 것이 필요하다.'로 고치는 것이 자연스럽다.
> ④ 구(정보 교류)와 절(친목을 도모하고)을 대등하게 연결하여 어색한 문장이 되었다[조응규칙의 오류]. 따라서 '우리 동호회는 정기적으로 만나 정보 교류와 친목 도모를 하고 있다.' 또는 '우리 동호회는 정기적으로 만나 정보를 교류하고 친목을 도모하고 있다.'로 고치는 것이 자연스럽다.
>
> **정답** ③

35 다음 자료가 간행된 시기에 나타난 국어의 특징으로 가장 옳지 않은 것은?

> 太子ㅣ 道理 일우샤 즈개 慈悲호라 ᄒᆞ시ᄂᆞ니
>
> — 『석보상절』 —

① 'ㅚ'와 'ㅟ'가 단모음화된 시기이다.
② 합용 병서와 각자 병서가 쓰였던 시기이다.
③ 주격 조사 '가'가 나타나지 않았던 시기이다.
④ 모음 조화가 현대 국어보다 뚜렷하게 나타났던 시기이다.

해설
① 'ㅚ'와 'ㅟ'는 현대 국어에 와서 단모음이 되었다. 『석보상절』이 간행되었을 당시는 중세(15세기) 국어 시기이므로 관계없는 설명이다. 참고로 제시문의 현대어 해석은 '태자가 도리를 이루시어 자기가 자비하리라 하시나니'이다.
② 합용 병서는 중세 국어부터 근대까지 쓰였다. 병서는 훈민정음에서 초성자 두 글자 또는 세 글자를 가로로 나란히 붙여 쓰는 것으로, 각자 병서(ㄲ, ㄸ – 같은 자음을 나란히 쓰는 것)와 합용 병서(ㅲ, ㅳ – 다른 자음을 나란히 쓰는 것)로 나눌 수 있다.
③ 15세기 주격 조사는 모음 뒤에는 'ㅣ', 받침 뒤에는 '이'가 쓰였다. 지금 쓰이는 주격 조사 '가'는 17세기(임진왜란) 이후 사용되기 시작하였다.
④ 모음 조화는 '·'의 소실로 많이 파괴되었다. 그러므로 '·'가 소실되기 이전의 국어인 15세기 국어, 즉 중세 국어에서는 뚜렷하게 나타나고 있다.

정답 ①

36 훈민정음 해례본에 나오는 한글의 제자 원리로 가장 옳은 것은?

① 초성은 발음기관을 본떠 만들었는데 'ㄱ'은 혀가 윗잇몸에 닿는 모양을 본뜬 것이다.
② 'ㄱ, ㄴ, ㅁ, ㅅ, ㅇ' 5개의 기본 문자에 가획의 원리로 'ㅋ, ㄷ, ㅌ, ㄹ, ㅂ, ㅈ, ㅊ, ㅎ' 총 8개의 문자를 만들었다.
③ 문자의 수는 초성 10자, 중성 10자, 종성 8자로 모두 28자이다.
④ 연서(連書)는 'ㅇ'을 이용한 것으로서 예로는 'ㅸ'이 있다.

해설
④ '연서(連書)'란 위아래 글자를 이어 쓰는 방법으로 'ㅸ'과 같은 순경음을 만드는 글자 운용법이다.
① 'ㄱ'은 어금닛소리로 혀뿌리가 목구멍을 막는 모양을 본뜬 것이며, 'ㄴ'은 혓소리로 혀가 윗잇몸에 닿는 모양을 본뜬 것이다.
② 'ㄹ'은 가획의 원리를 따르지 않은 '이체자'이다. 훈민정음의 초성은 5개의 기본 문자(ㄱ, ㄴ, ㅁ, ㅅ, ㅇ)에 가획의 원리로 9개의 가획자(ㅋ, ㄷ, ㅌ, ㅂ, ㅍ, ㅈ, ㅊ, ㆆ, ㅎ)를 만들고 3개의 이체자(ㆁ, ㄹ, ㅿ)를 더해 이루어졌다.
③ 훈민정음 문자의 수는 초성 17자와 중성 11자를 합쳐 모두 28자이며, 종성의 글자는 따로 만들지 않고 '종성부용초성(終聲復用初聲)'의 원리만 제시하였다.

정답 ④

37 '시'에 대한 견해 중에서 밑줄 친 '칸트'의 입장과 부합하는 것은?

> 미적인 것이란 내재적이고 선험적인 예술 작품의 특성을 밝히는 데서 더 나아가 삶의 풍부하고 생동적인 양상과 가치, 목표를 예술 형식으로 변환한 것이다. 미(美)는 어떤 맥락으로부터도 자율적이기도 하지만 타율적이다. 미에 대한 자율적 견해를 지닌 <u>칸트</u>도 일견 타당하지만, 미를 도덕이나 목적론과 연관시킨 톨스토이나 마르크스도 타당하다. 우리가 길을 지나다 이름 모를 곡을 듣고서 아름답다고 느끼는 것처럼 순수미의 영역이 없는 것은 아니다. 하지만 그 곡이 독재자를 열렬히 지지하기 위한 선전곡이었음을 안 다음부터 그 곡을 혐오하듯 미(美) 또한 사회 경제적, 문화적 맥락의 영향을 받기도 한다.

① 시는 정제된 시어와 운율을 통하여 감상해야 한다.
② 시는 사회의 모순을 고발할 수 있고, 개혁의 전망도 제시할 수 있다.
③ 시를 읽으면 시인과의 대화를 통해 정서적 성장을 도모할 수 있다.
④ 시를 감상하기 위해서는 당시의 사회 상황을 알아야 한다.

> **해설**
> 제시문에서 칸트는 미에 대한 자율적 견해를 주장하였다. 이는 내재적 관점과 관련이 있다. 사회 · 경제적, 문화적 맥락의 영향과 관련 있는 것은 외재적 관점이다. 따라서 ② · ③ · ④는 외재적 관점이며, ①은 내재적 관점이다.
> ① 구조론적 방법이다.
> ② · ④ 반영론적 방법이다.
> ③ 효용론적 방법이다.
>
> **정답** ①

38 다음 시가의 전개 방식으로 옳은 것은?

龜何龜何
首其現也
若不現也
燔灼而喫也

– 「구지가」 –

① 요구 – 위협 – 환기 – 조건
② 환기 – 요구 – 조건 – 위협
③ 위협 – 조건 – 환기 – 요구
④ 조건 – 요구 – 위협 – 환기

해설
② 고대 가요 「구지가」는 4구체 한역 시가로 전한다. 제의에서 처음 신을 부르는 의식을 통해 주의를 환기시킨 후 제의 목적(소망)을 요구하고, '이를 들어주지 않는다면'과 같이 조건을 내걸어 마지막 위협을 가하고 있다. 따라서 시가의 전개 방식은 '환기(1구) – 요구(2구) – 조건(3구) – 위협(4구)'이 적절하다.

정답 ②

39 다음 작품과 가장 유사한 정서를 지니는 것은?

가시리 가시리잇고 나는
ㅂ리고 가시리잇고 나는
　위 증즐가 대평셩ᄃᆡ(大平盛代)

날러는 엇디 살라 ᄒᆞ고
ㅂ리고 가시리잇고 나는
　위 증즐가 대평셩ᄃᆡ(大平盛代)

잡ᄉᆞ와 두어리마ᄂᆞᄂᆞᆫ
선ᄒᆞ면 아니 올셰라
　위 증즐가 대평셩ᄃᆡ(大平盛代)

셜온 님 보내ᄋᆞ노니 나는
가시ᄂᆞᆫ 듯 도셔 오쇼셔 나는
　위 증즐가 대평셩ᄃᆡ(大平盛代)

---

① 한용운, 「님의 침묵」
② 김상용, 「남으로 창을 내겠소」
③ 서정주, 「국화 옆에서」
④ 김소월, 「진달래꽃」

해설

④ 작자, 연대 미상의 고려 가요 「가시리」는 이별의 정한(情恨)을 노래한 작품이다. 악곡명은 '귀호곡'으로 불리며, 전통적이고 인고의 정신을 지닌 여성 화자를 설정하여 임을 향한 애절한 사랑을 노래하였다. 이러한 임을 향한 애상적 정서는 김소월의 「진달래꽃」으로 계승되었다.
① 한용운의 「님의 침묵」은 조국 광복을 향한 염원, 불도(佛道)를 깨닫고자 하는 구도(求道) 정신을 표현하였다.
② 김상용의 「남으로 창을 내겠소」는 '전원의 삶에 대한 동경'을 노래하였다.
③ 서정주의 「국화 옆에서」는 누이의 원숙미, 생명 탄생의 경외(敬畏)를 노래한 작품이다.

정답 ④

40 다음 작품에 대한 설명으로 적절한 것은?

생사(生死) 길은
예 있으매 머뭇거리고
나는 간다는 말도
못다 이르고 어찌 갑니까.
어느 가을 이른 바람에
이에 저에 떨어질 잎처럼
한 가지에 나고
가는 곳 모르온저.
아아, 미타찰(彌陀刹)에서 만날 나
도(道) 닦아 기다리겠노라.

— 월명사, 「제망매가(祭亡妹歌)」 —

① 시적 대상과의 재회에 대한 소망을 담고 있다.
② 반어적 표현을 통해 화자의 정서를 부각하고 있다.
③ 세속의 인연에 미련을 두지 않은 구도자의 자세를 드러내고 있다.
④ 상황 인식 – 객관적 서경 묘사 – 종교적 기원의 3단 구성으로 되어 있다.

해설
① 9~10행의 '아아, 미타찰(彌陀刹)에서 만날 나 / 도(道) 닦아 기다리겠노라.'에서 시적 대상인 '누이'를 다시 만나고
  자 함을 알 수 있다. 미타찰(彌陀刹)은 불교적 이상세계를 의미한다.
② 제시된 작품에서는 반어적 표현은 나타나 있지 않고 비유와 상징의 기법이 드러난다.
③ 세속의 인연인 죽은 누이에 대한 그리움이 드러나고 있으므로 세속의 인연에 미련을 두지 않는다는 내용은 적절
  하지 않다.
④ '상황 인식(1~4행) – 누이의 죽음에 대한 비유(5~8행) – 종교적 기원(9~10행)'으로 구성되어 있다.

정답 ①

41 다음 글을 읽은 학생의 반응으로 옳지 않은 것은?

> 봄바람이 문득 불어 청명이 가까우니,
> 이슬비는 소리 없이 내려 저물도록 개지 않네.
> 집 모서리 살구꽃은 활짝 피려 하여,
> 두어 가지 이슬 머금은 채 사람을 향해 기울이다.
>
> – 권근, 「춘일성남즉사(春日城南卽事)」 –

① '봄바람'은 계절적 배경을 드러내는 소재야.
② '두어 가지'와 '사람'은 상반된 의미를 지니고 있어.
③ '이슬비'는 정적인 분위기를 조성하고 있는 시어야.
④ '기울이다'에는 '살구꽃'에 관심을 보이는 화자의 태도가 드러나고 있어.

해설
② '두어 가지'와 '사람'은 상반된 의미를 지니지 않는다. 4행에서 확인할 수 있듯이 '두어 가지'는 사람을 향해 다가가려 하기 때문에 서로 호응하는 관계로 보는 것이 옳다.
① '봄바람'과 '청명'은 계절적 배경을 나타낸다.
③ '소리 없이' 내리는 '이슬비'는 시 전반에 정적인 분위기를 조성한다.
④ 현실의 '살구꽃'은 사람을 향해 기울일 수 없으므로, '기울이다'는 '살구꽃'에 관심을 보이는 화자의 태도임을 알 수 있다.

정답 ②

42 ㉠에 들어갈 시조로 적절한 것은?

> 우리말에서 공간적 개념은 흔히 시간적 개념으로 바뀌어 표현되곤 한다. 예컨대 공간 표현인 '뒤'가 시간 표현으로 '나중'을 의미하기도 한다. 한편 문학 작품에서 시간적 개념이 공간적 개념으로 바뀌어 표현되는 경우도 있다. 그 예로 다음 시조를 보자.
>
> ㉠

① 어져 내 일이야 그릴 줄을 모로 두냐
　　이시랴 ᄒ더면 가랴마ᄂ 제 구ᄐ여
　　보내고 그리ᄂ 情은 나도 몰라 ᄒ노라

② 靑山은 내 ᄠᅳᆺ이오 綠水ᄂ 님의 情이
　　綠水 흘러간들 靑山이야 變홀손가
　　綠水도 靑山을 못 니져 우러 예어 가는고

③ 冬至ㅅ둘 기나긴 밤을 한 허리를 버혀 내여
　　春風 니불 아릭 서리서리 너헛다가
　　어론 님 오신 날 밤이여든 구뷔구뷔 펴리라

④ 山은 녯 山이로되 물은 녯 물이 안이로다
　　晝夜에 흘으니 녯 물이 이실쏜야
　　人傑도 물과 ᄀᆞᆺ ᄋ야 가고 안이 오노미라

해설

③ 황진이의 시조 「冬至ㅅ둘 기나긴 밤을 ~」에서는 시간적 개념을 공간적 개념으로 바꾼 표현이 사용되었다.

추상적·시간적 개념	공간적 개념
동짓날의 긴 밤	• 자르고(한 허리를 버혀 내여) • 보관하고(니불 아릭 서리서리 너헛다가) • 펼칠 수 있음(구뷔구뷔 펴리라)

① 이별의 회한과 임에 대한 그리움을 노래한 황진이의 시조이다.
　[현대어 풀이] 아아, 내가 한 일이 후회스럽구나 이렇게도 사무치게 그리울 줄 몰랐단 말인가? / 있으라 했더라면 임이 굳이 떠나시려 했겠느냐마는 내가 굳이 / 보내 놓고 이제 와서 새삼 그리워하는 마음을 나도 모르겠구나

② 임을 향한 변함없는 사랑을 노래한 황진이의 시조이다.
　[현대어 풀이] 청산은 내 마음과 같고, 푸른 시냇물은 임의 정과 같다 / 시냇물이야 흘러가 버리지만 청산이 변할 수야 있겠는가 / 흐르는 물도 청산에 대한 정은 못 잊어 울면서 가는구나

④ 임에 대한 그리움과 인생의 무상함에 대하여 노래한 황진이의 시조이다.
　[현대어 풀이] 산은 옛날의 산 그대로인데 물은 옛날의 물이 아니구나 / 종일토록 흐르니 옛날의 물이 그대로 있겠는가 / 사람도 물과 같아서 가고 아니 오는구나

정답 ③

43 다음 글의 등장인물에 대한 설명으로 적절하지 않은 것은?

　　양반이라는 말은 선비 족속의 존칭이다. 강원도 정선군에 한 양반이 있었는데, 그는 어질면서도 글 읽기를 좋아하였다. 군수가 새로 부임하면 반드시 그 집에 몸소 나아가서 경의를 표하였다. 그러나 그는 집안이 가난해서 해마다 관가에서 환곡을 빌려 먹다 보니 그 빚이 쌓여서 천 석에 이르렀다. 관찰사가 각 고을을 돌아다니다가 이곳의 환곡 출납을 검열하고는 매우 노하여, "어떤 놈의 양반이 군량을 이렇게 축내었느냐?"라고 하였다. 그리고는 명령을 내려 그 양반을 잡아 가두라고 하였다. 군수는 마음속으로 그 양반이 가난해서 갚을 길이 없는 것을 불쌍히 여겼지만 그렇다고 해서 가두지 않을 수도 없었다.

　　그 양반은 밤낮으로 훌쩍거리며 울었지만 별다른 대책도 생각해 낼 수 없었다. 그런 상황에서 그의 아내가 몰아세우기를, "당신은 한평생 글 읽기를 좋아했지만 관가의 환곡을 갚는 데 아무런 도움이 못되는구려. 양반 양반 하더니 양반은 한 푼 가치도 못 되는구려."라고 하였다.

– 박지원, 「양반전」 –

---

① 양반은 자구책을 마련하지 못하고 있다.
② 군수는 양반에게 측은지심을 느끼고 있다.
③ 관찰사는 공평무사하게 일을 처리하고 있다.
④ 아내는 남편에 대해 외경하는 마음을 지니고 있다.

해설
④ '아내'는 남편의 무능함을 비난하고 있다. 따라서 '외경(畏敬, 공경하면서 두려워함)'과는 거리가 멀다.
① 양반은 밤낮으로 훌쩍거리며 울었지만 별다른 대책도 생각해 낼 수 없었다.
② 군수는 마음속으로 그 양반이 가난해서 갚을 길이 없는 것을 불쌍히 여겼다.
③ 관찰사는 환곡의 출납을 조사하고, 환곡을 축낸 양반을 잡아 가두라고 명령하였다. 이는 관찰사로서 할 일을 공명정대하게 처리한 것으로 볼 수 있다.

정답 ④

44 다음 글에 대한 설명으로 적절하지 않은 것은?

> 부인이 울며 말하기를,
> "나는 죽어 귀히 되어 인간 생각 아득하다. 너의 아버지 너를 키워 서로 의지하였다가 너조차 이별하니 너 오던 날 그 모습이 오죽하랴. 내가 너를 보니 반가운 마음이야 너의 아버지 너를 잃은 설움에다 비길쏘냐? 너의 아버지 가난에 절어 그 모습이 어떠하며 아마도 많이 늙었겠구나. 그간 수십 년에 재혼이나 하였으며, 뒷마을 귀덕 어미 네게 극진하지 않더냐."
> 얼굴도 대어 보고 손발도 만져 보며,
> "귀와 목이 희니 너의 아버지 같기도 하다. 손과 발이 고운 것은 어찌 아니 내 딸이랴. 내 끼던 옥지환도 네가 지금 가졌으며, '수복강녕', '태평안락' 양 편에 새긴 돈 붉은 주머니 청홍당사 벌매듭도, 애고, 네가 찼구나. 아버지 이별하고 어미를 다시 보니 두 가지 다 온전하기 어려운 건 인간 고락이라. 그러나 오늘 나를 다시 이별하고 너의 아버지를 다시 만날 줄을 네가 어찌 알겠느냐?"

① 과거 회상을 통하여 작중 인물 간의 갈등을 표출한다.
② 작중 인물의 말에서 사건의 비현실성이 드러난다.
③ 설의법을 활용하여 내면의 심경을 토로하고 있다.
④ 모녀 관계에 대한 부인의 자기 확신이 분명하게 드러난다.

> **해설**
> ① 제시된 글은 「심청전」의 한 부분이다. 심청이가 죽은 엄마를 만나는 장면으로 작중 인물 간의 갈등은 나타나지 않는다.
>
> **정답** ①

45 다음 글에 서술된 인물의 성격이나 상황적 행위에 대한 설명으로 옳지 않은 것은?

배 비장은 궤에 들어가 몸을 숨기고 남편으로 가장한 방자가 꿈 이야기를 하며 궤를 버려야 한다고 말하고 일부러 바다에 버리는 척 꾸민다. 배 비장이 알몸으로 썩 나서며 그래도 소경 될까 염려하여 두 눈을 잔뜩 감으며 이를 악물고 왈각 냅다 짚으면서 두 손을 헤우적헤우적하여 갈 제 한 놈이 나서며 이리 헤자, 한참 이 모양으로 헤어갈 제 동헌 대뜰에다 대궁이를 딱 부딪히니 배 비장이 눈에 불이 번쩍 나서 두 눈을 뜨며 살펴보니, 동헌에 사또 앉고 대청에 삼공형(三公兄)이며 전후좌우에 기생들과 육방관속 노령배(奴令輩)가 일시에 두 손으로 입을 막고 참는 것이 웃음이라. 사또 웃으면서 하는 말이, "자네 저것이 웬일인고?" 배 비장 어이없어 고개를 숙일 뿐이더라.

---

① 작중 인물이 자신의 본성을 찾아가는 과정을 그리고 있다.

② 나머지 사람들은 모두 연극을 하고 있는 셈이고 중심 인물만 진지한 상황이다.

③ 배 비장이 옷을 입지 않은 것은 인물의 본성이 적나라하게 드러남을 상징적으로 보여준다.

④ 다른 사람들이 모두 알고 있는 것을 정작 중심 인물은 깨닫지 못하고 있을 때 상황적 아이러니가 발생함을 보여준다.

해설

제시된 글은 조선 시대의 대표적인 풍자 소설인 「배비장전」의 일부이다. 이 작품은 중류 계급의 위선적이며 호색적인 생활을 풍자하고, 인간 생활의 불합리와 허위의식 등을 비판한 작품이다. 여색을 멀리하는 주인공을 대중 앞에 내세워 노골적인 망신을 주고, 부인과의 동침마저 추하게 여기는 철저한 도덕군자를 기생이 비상한 방법으로 훼절하게 하는 등의 이야기를 담고 있다.

① 제시된 글은 사또와 여러 인물들이 야합하여 주인공 배 비장을 노골적으로 망신 주는 장면이다. 따라서 작중 인물이 자신의 본성을 찾아가는 과정을 그리고 있다는 말은 맞지 않다.

③ 배 비장이 옷을 입지 않은 것은 양반의 체면보다는 살고자 하는 인간의 본성이 적나라하게 드러나는 장면이라고 할 수 있다.

정답 ①

46 ⊙~㉢에 대한 풀이로 옳지 않은 것은?

빌기를 다 함에 지성이면 감천이라 황천인들 무심할까. 단상의 오색구름이 사면에 옹위하고 산중에 ⊙ <u>백발 신령이 일제히 하강하여 정결케 지은 제물 모두 다 흠향한다.</u> 길조(吉兆)가 여차(如此)하니 귀자(貴子)가 없을쏘냐. 빌기를 다한 후에 만심 고대하던 차에 일일은 한 꿈을 얻으니, ⓒ <u>천상으로서 오운(五雲)이 영롱하고, 일원(一員) 선관(仙官)이 청룡(靑龍)을 타고 내려와 말하되,</u>

"나는 청룡을 다스리던 선관이더니 익성(翼星)이 무도(無道)한 고로 상제께 아뢰되 익성을 치죄하야 다른 방으로 귀양을 보냈더니 익성이 이걸로 함심(含心)하야 ⓒ <u>백옥루 잔치 시에 익성과 대전(對戰)</u>한 후로 상제전에 득죄하여 인간에 내치심에 갈 바를 모르더니 남악산 신령들이 부인 댁으로 지시하기로 왔사오니 부인은 애휼(愛恤)하옵소서."

하고 타고 온 청룡을 오운 간(五雲間)에 방송(放送)하며 왈,

"㉣ <u>일후 풍진(風塵) 중에 너를 다시 찾으리라.</u>"

하고 부인 품에 달려들거늘 놀래 깨달으니 일장춘몽이 황홀하다.

정신을 진정하야 정언주부를 청입(請入)하야 몽사를 설화(說話)한대 정언주부가 즐거운 마음 비할 데 없어 부인을 위로하야 춘정(春情)을 부쳐 두고 생남(生男)하기를 만심 고대하더니 과연 그달부터 태기 있어 십 삭이 찬 연후에 옥동자를 탄생할 제, 방안에 향취 있고 문 밖에 서기(瑞氣)가 뻗질러 생광(生光)은 만지(滿地)하고 서채(瑞彩)는 충천하였다.

…(중략)…

이때에 조정에 두 신하가 있으니 하나는 도총대장 정한담이요, 또 하나는 병부상서 최일귀라. 본대 천상 익성으로 자미원 대장성과 백옥루 잔치에 대전한 죄로 상제께 득죄하여 인간 세상에 적강(謫降)하여 대명국 황제의 신하가 되었는지라 본시 천상지인(天上之人)으로 지략이 유여하고 술법이 신묘한 중에 금산사 옥관도사를 데려다가 별당에 거처하게 하고 술법을 배웠으니 만부부당지용(萬夫不當之勇)이 있고 백만군중대장지재(百萬軍中大將之才)라 벼슬이 일품이요 포악이 무쌍이라 일상 마음이 천자를 도모코자 하되 다만 정언주부인 유심의 직간을 꺼려하고 또한 퇴재상(退宰相) 강희주의 상소를 꺼려 주저한 지 오래라.

– 「유충렬전」 –

---

① ⊙: 길조(吉兆)가 일어날 것임을 암시한다.
② ⓒ: '부인'이 꾼 꿈의 상황이다.
③ ⓒ: '선관'이 인간 세상에 귀양을 오게 되는 계기이다.
④ ㉣: '남악산 신령'이 후일 청룡을 타고 천상 세계로 복귀할 것임을 암시한다.

해설

④ "㉣ 일후 풍진(風塵) 중에 너를 다시 찾으리라."는 부인의 꿈속에 나타난 '선관'이 '청룡'을 오운 간(五雲間)에 방송(放送)하며 한 말이다. 따라서 ㉣은 '남악산의 신령'이 아니라 '선관'이 풍진(風塵)에 내려와서 겪게 될 일을 나타내는 것으로 후에 '선관'이 '너(청룡)'를 다시 만나게 될 것임을 암시한다.

• 오운 간(五雲間): 구름 사이
• 방송(放送): 풀어 주다
• 풍진(風塵): 세상에서 일어나는 어지러운 일이나 시련

① ⊙은 부인이 빌기를 다 함에 신령이 하강하여 제물을 모두 받아서 먹었다는 내용이다. 뒤에 이어지는 '길조(吉兆)가 여차(如此)하니 ~'의 내용을 보면, 길조가 일어날 것임을 알 수 있다.
② ⓒ 앞의 '빌기를 다한 후에 만심 고대하던 차에 일일은 한 꿈을 얻으니'라는 부분을 통해 '선관'이 나타난 것이 꿈속의 상황임을 알 수 있다.
③ ⓒ 뒤의 '익성과 대전(對戰: 서로 맞서서 싸움)한 후로 상제전에 득죄하여 인간에 내치심에'라는 표현으로 알 수 있다.

정답 ④

47 다음 글에 대한 설명으로 적절하지 않은 것은?

> 나는 집이 가난하여 말이 없어서 간혹 남의 말을 빌려 탄다. 노둔하고 여윈 말을 얻게 되면 일이 비록 급하더라도 감히 채찍을 대지 못하고 조심조심 금방 넘어질 듯 여겨서 개울이나 구렁을 지날 때는 말에서 내려 걸어가므로 후회할 일이 적었다. 발굽이 높고 귀가 쫑긋하여 날래고 빠른 말을 얻게 되면 의기양양 마음대로 채찍질하고 고삐를 늦추어 달리니 언덕과 골짜기가 평지처럼 보여 매우 장쾌하지만 말에서 위험하게 떨어지는 근심을 면치 못할 때가 있었다. 아! 사람의 마음이 옮겨지고 바뀌는 것이 이와 같을까? 남의 물건을 빌려서 하루아침의 소용에 쓰는 것도 이와 같은데, 하물며 참으로 자기가 가지고 있는 것이야 어떻겠는가?
>
> ─ 이곡, 「차마설(借馬說)」 ─

① 경험을 통한 통찰력이 돋보인다.
② 우의적 기법을 적절히 활용하고 있다.
③ 대상들 사이의 유사점을 통해 대상의 특성을 설명하고 있다.
④ 일상사와 관련지어 글쓴이의 주장을 설득력 있게 드러내고 있다.

해설
③ 제시문은 대상들 사이의 유사점을 말하지도 않고 특성을 설명하지도 않는다.
①·④ 제시문은 글쓴이가 일상에서 말을 빌려 탄 개인적인 경험을 바탕으로, 소유란 결국 자신의 것이 아닌 것을 잠시 빌린 것이라는 인식을 통해 왜곡된 소유관을 비판하고 있다.
② '우의적 기법'이란 다른 사물에 의미를 덧붙여 풍자하거나 비유하는 수법으로 표면적인 의미 이면에 본질적인 의미를 가진다. 제시문은 '말'이라는 동물을 통해 주제를 전달하고 있다.

정답 ③

48 다음 글에 제시된 '허백련의 작품'과 유사한 방식의 표현으로 옳은 것은?

> 의제 허백련의 작품에서는 강상(江上)의 일엽(一葉) 쪽배에 쪼그리고 앉아 낚시를 드리우고 있는 강태공의 모습을 자주 볼 수 있다. 그런데 사람과 배의 비례가 맞지 않는 모습을 단번에 알아볼 수 있다. 사람이 배보다 훨씬 크게 묘사되어 있는 것이다. 실제가 그렇다면 아마 강태공은 벌써 물속에 잠겼을 것이다. 그럼에도 불구하고 굳이 그 그림에서 데생이 맞지 않는다고 탓하는 사람은 없다. 오히려 이 사리에 맞지 않는 부분에서 동양 특유의 정신세계를 발견하고 의미 있는 미소를 지을 것이다. 즉, 그것은 득의망상(得意忘象)의 경지이기 때문이다. 뜻을 얻었을 때 형상은 잊어도 무관하다는 이 말이 함축하고 있는 의미는 곧 동양회화가 형상보다 뜻이나 정신에 우위를 두어 왔다는 사실을 말하는 것이다.

① 바람에 불리우는 작은 집들이 창을 내리고
  갈대밭에 묻히인 돌다리 아래선
  작은 시내가 물방울 굴리고

  — 김광균, 「외인촌」 —

② 하여 '나'란 나의 생명이란
  그 원시의 본연한 자태를 다시 배우지 못하거든
  차라리 나는 어느 사구(砂丘)에 회한 없는 백골을 쪼이리라.

  — 유치환, 「생명의 서」 —

③ 날카로운 첫 키스의 추억은 나의 운명의 지침을 돌려 놓고, 뒷걸음쳐서 사라졌습니다.
  나는 향기로운 님의 말소리에 귀먹고, 꽃다운 님의 얼굴에 눈멀었습니다.

  — 한용운, 「님의 침묵」 —

④ 달 밝으면 으레 뜰에 앉아 부는 내 피리의 설운 가락도 너는 못 듣고, 골을 헤치며 산에 올라 아침마다, 푸른 봉우리에 올라 서면, 어어이 어어이 소리 높여 부르는 나의 음성도 너는 못 듣는다.

  — 박두진, 「너는 어서 오너라」 —

해설
지문의 핵심내용은 동양회화가 비현실적이고 모순적인 표현을 통해 의미를 강하게 전달한다는 것이다. 이를 시의 시각에서 보면 '모순어법'이라고 할 수 있다. 즉, 논리적으로나 현실적으로 모순을 가지고 있는 표현을 통해서 더욱 절실한 의미를 전달하는 역설적 표현을 찾으면 된다.
③ 표면적으로는 떠나간 님이 남긴 추억으로 인해 귀가 먹고 눈이 멀었다는 뜻으로 보이나 그 속뜻은 님의 말소리와 얼굴에 마음을 다하여 님 외에는 아무것도 듣지도 보지도 못한다는 의미이다. 이는 '임에 대한 나의 영원한 사랑'을 역설적으로 표현한 것이다.

한용운, 「님의 침묵」
• 갈래: 자유시, 서정시
• 성격: 상징적, 서정적, 낭만적, 의지적
• 제재: 임과의 이별
• 구성
  – 1~2행: 임의 부재
  – 3~6행: 이별과 슬픔

　　– 7~8행: 슬픔 극복(희망)

　　– 9~10행: 역설적 결의(사랑)

・특징

　　– 여성적 어조

　　– 시각, 후각 등의 감각적 심상 사용

　　– 내재율의 율격을 지님

　　– 연의 구분이 없는 형태

　　– 대상의 다양성(국가, 종교적 우상 등)

　　– 3음보의 전통적 민요조 율격

　　– 반복, 대구, 영탄, 과장 등의 다양한 표현을 사용하여 감정을 격정적으로 표출

・주제: 임에 대한 영원한 사랑

정답 ③

49 다음 작품에서 밑줄 친 ⊙과 ⓒ의 문맥상 의미에 대한 이해로 가장 적절한 것은?

> 　　집을 치면, 정화수(精華水) 잔잔한 위에 아침마다 새로 생기는 ⊙ 물방울의 선선한 우물집이었을레. 또한 윤이 나는 마루의, 그 끝에 평상(平床)의, 갈앉은 뜨락의, 물냄새 창창한 그런 집이었을레. 서방님은 바람 같단들 어느 때고 바람은 어려울 따름. 그 옆에 순순(順順)한 스러지는 ⓒ 물방울의 찬란한 춘향이 마음이 아니었을레.
>
> 　　하루에 몇 번쯤 푸른 산 언덕들을 눈아래 보았을까나. 그러면 그때마다 일렁여 오는 푸른 그리움에 어울려, 흐느껴 물살짓는 어깨가 얼마쯤 하였을까나. 진실로, 우리가 받들 산신령은 그 어디에 있을까마는 산과 언덕들의 만리(萬里) 같은 물살을 굽어보는, 춘향은 바람에 어울린 수정(水晶) 빛 임자가 아니었을까나.

	⊙	ⓒ
①	가냘픈 심사	아름답게 빛나는 추억
②	순간의 행복	부서지기 쉬운 내면의 감정
③	순수한 사랑	슬픔과 눈물이 담긴 그리움
④	간절한 소망	자신의 희생이 가져온 결과

해설

제시된 시는 춘향과 이도령의 사랑을 노래한 박재삼의 「수정가」이다. 원래 소설 속 허구의 인물이고 더구나 한참 옛 사람이므로 그들이 살아 있을 리는 없겠지만, 시 속 인물들은 항상 우리 곁에 있는 것으로 그려졌다. 즉, 물이 되고 바람이 되어 우리 곁에 항상 존재한다는 것이다. 춘향과 이도령의 사랑은 물과 바람처럼 너무도 정갈한 것이다. 거기 에 정화수가 불러일으키는 그윽한 정성은 우리 민족이 예로부터 가져왔던 고운 정서를 불러일으키고 있다. 결국 이 시는 충만한 사랑을 노래한 것이다. ⊙ (아침마다 새로 생기는) 물방울은 순수한 사랑을, ⓒ (그 옆에 순순한 스러지 는) 물방울은 바람 같은 서방님을 그리워할 수밖에 없는 슬픈 춘향의 마음을 담고 있다.

정답 ③

50 다음 시에 대한 설명으로 적절하지 않은 것은?

老主人의 腸壁에
無時로 忍冬 삼긴 물이 나린다.

자작나무 덩그럭 불이
도로 피여 붉고,

구석에 그늘 지여
무가 순 돌아 파릇하고,

흙냄새 훈훈히 김도 사리다가
바깥 風雪 소리에 잠착하다.

山中에 册曆도 없이
三冬이 하이얗다.

— 정지용, 「인동차(忍冬茶)」 —

---

① 산중의 고적한 공간이 배경이다.
② 시각적 대조의 방법이 사용되었다.
③ 한 폭의 그림과 같은 인상을 준다.
④ '잠착하다'는 '여러모로 고려하다'의 의미이다.

해설
④ '잠착(潛着)하다'는 '참척하다'의 원말로 '어떤 한 가지 일에만 마음을 골똘하게 쓰다.'라는 의미를 가진 단어이다.
① 마지막 행에 '산중'이라는 단어를 통해 알 수 있다.
② 2연의 '붉고' 3연의 '파릇하고'를 통해 시각적 대조의 표현을 찾을 수 있다.
③ 노주인의 삶을 담담하게 표현하고 있다.

정답 ④

51 다음 글의 감상으로 적절하지 않은 것은?

> 눈이 오는가 북쪽엔
> 함박눈 쏟아져 내리는가
>
> 험한 벼랑을 굽이굽이 돌아간
> 백무선(白茂線) 철길 위에
> 느릿느릿 밤새어 달리는
> 화물차의 검은 지붕에
>
> 연달린 산과 산 사이
> 너를 남기고 온
> 작은 마을에도 복된 눈 내리는가
>
> 잉크병 얼어드는 이러한 밤에
> 어쩌자고 잠을 깨어
> 그리운 곳 차마 그리운 곳
>
> 눈이 오는가 북쪽엔
> 함박눈 쏟아져 내리는가
>
> — 이용악, 「그리움」 —

① 수사적 의문을 통해 시상을 환기하며 시상이 전개된다.
② 시적 허용을 통해 화자의 정서가 응축되어 표현이 된다.
③ 잉크병이 얼 정도로 추운 밤이지만 '눈'은 긍정적인 이미지로 나타난다.
④ '눈'과 '화물차의 검은 지붕'은 색채 대비를 이루며 문명에 대한 비판을 드러낸다.

해설

이용악의 「그리움」은 고향에 대한 그리움을 노래하고 있는 작품으로 해방 직후에 지은이가 혼자 상경하여 서울에서 외롭게 생활하다가 함경북도 무산의 처가에 두고 온 가족들에 대한 그리움을 노래하고 있다. 전부 5연으로 이루어 졌지만, 의미상으로는 기·승·전·결의 전형적 형식에 수미상관(首尾相關)의 구조를 곁들인 네 단락으로 나눌 수 있다.

④ 하얀 '눈'과 '검은 지붕'이 색채 대비를 보인다고 할 수 있으나 이를 통해 문명에 대한 비판을 드러냈다는 것은 적절하지 않다. '눈'과 '화물차 지붕'은 시적 자아가 고향을 그리워하는 소재이다.

① '내리는가'라는 반복적인 표현을 통해 시상을 환기하며 시상이 전개된다.

② '차마 그리운 곳'에서 부사어 '차마'는 부정어와 호응하는데 시적 허용을 통해 시적 화자의 가족에 대한 그리움이 매우 깊다는 것을 응축하여 표현하고 있다.

③ 시적 화자의 가족들이 있는 곳은 두메산골이다. 시적 화자는 눈을 통하여 가족에 대한 그리움의 마음을 드러내고 있다. 여기서 시적 화자가 '함박눈'을 '복된 눈'으로 보는 것으로 보아, '눈'을 긍정적 이미지로 표현했음을 알 수 있다.

정답 ④

52 다음 시에 대한 감상으로 적절하지 않은 것은?

> 아무도 그에게 수심(水深)을 일러준 일이 없기에
> 흰나비는 도무지 바다가 무섭지 않다.
>
> 청(靑)무우밭인가 해서 내려갔다가는
> 어린 날개가 물결에 절어서
> 공주처럼 지쳐서 돌아온다.
>
> 삼월(三月)달 바다가 꽃이 피지 않아서 서글픈
> 나비 허리에 새파란 초생달이 시리다.
>
> — 김기림, 「바다와 나비」 —

① '청(靑)무우밭'은 '바다'와 대립되는 이미지로 쓰였다.
② '흰나비'는 '바다'의 실체에 대해 정확하게 모르고 있었다.
③ 화자는 '공주처럼' 나약한 나비의 의지 부족과 방관적 태도를 비판한다.
④ '삼월(三月)달 바다'와 '새파란 초생달'은 모두 차가운 이미지로 사용되었다.

해설

③ '공주처럼 지쳐서 돌아온다.'는 순진하고 나약한 나비가 냉혹한 현실인 '바다'를 만나 좌절하고 상처받은 모습을 나타낸다. 화자는 '나비'를 비판하는 것이 아니라 오히려 1930년대 근대화 과정에서 밀려오는 서구 문명에 적응하지 못하고 방황하는 지식인의 모습을 '나비'에 투영하고 있다.

① '청(靑)무우밭'은 나비가 원하는 세계(생명성)이고, '바다'는 나비에게 상처를 주는 냉혹한 현실(비생명성)을 상징한다. 따라서 '청(靑)무우밭'과 '바다'는 대립되는 이미지로 쓰였다.

② '흰나비'는 바다의 수심을 모르는 순진한 존재이다. 이는 1연의 내용을 통해 알 수 있다.

④ '삼월(三月)달 바다'는 당연히 꽃이 피어야 하지만 꽃이 피지 않았고, '새파란 초생달이 시리다.'라는 표현으로 볼 때, '바다'와 '초생달'은 모두 부정적이고 차가운 이미지임을 알 수 있다.

정답 ③

53 밑줄 친 단어 '이슬'이 상징하는 것과 가장 유사한 것은?

> 나 하늘로 돌아가리라.
> 새벽빛 와 닿으면 스러지는
> <u>이슬</u> 더불어 손에 손을 잡고,
>
> 나 하늘로 돌아가리라.
> 노을빛 함께 단둘이서
> 기슭에서 놀다가 구름 손짓하면은,
>
> 나 하늘로 돌아가리라.
> 아름다운 이 세상 소풍 끝내는 날,
> 가서, 아름다웠더라고 말하리라……
>
> — 천상병, 「귀천(歸天)」—

① 어머니는 눈물로 진주를 만드신다.
② 반짝이는 나뭇잎은 어린 아이들의 웃음 같다.
③ 잠을 깨고 나니 고된 인생도 한바탕 꿈처럼 여겨졌다.
④ 얽매인 삶보다는 구름 같은 삶이 훨씬 좋을 때가 있다.

해설
밑줄 친 시어 '이슬'은 영롱한 아름다움을 지니고 있지만 금방 소멸하고마는 '덧없는 것, 순간적인 것' 등을 상징한다. ③의 '꿈' 또한 깨어나면 '금방 사라지는 것'이므로 '이슬'과 그 의미가 가장 유사하다.
① '눈물'은 어머니의 사랑과 희생을 뜻하는 시어이다.
② '나뭇잎'은 아이들의 해맑은 미소를 비유한 것이다.
④ '구름'은 얽매임 없는 모습, 자유로움 등을 상징한다.

정답 ③

[54~55] 다음을 읽고 물음에 답하시오.

(가) 모란이 피기까지는,
　　나는 아직 나의 ㉠ 봄을 기다리고 있을 테요.
　　모란이 뚝뚝 떨어져 버린 날,
　　나는 비로서 봄을 여읜 설움에 잠길 테요.
　　5월 어느 날 그 하루 무덥던 날,
　　떨어져 누운 꽃잎마저 시들어 버리고는
　　천지에 모란은 자취도 없어지고,
　　뻗쳐오르던 내 보람 서운케 무너졌느니,
　　모란이 지고 말면 그뿐, 내 한 해는 다 가고 말아,
　　삼백예순 날 하냥 섭섭해 우옵내다.
　　모란이 피기까지는,
　　나는 아직 기다리고 있을 테요, 찬란한 슬픔의 봄을.

　　　　　　　　　　　　　　　　　　　－ 김영랑, 「모란이 피기까지는」 －

(나) 눈은 살아 있다.
　　떨어진 눈은 살아 있다.
　　마당 위에 떨어진 눈은 살아 있다.

　　기침을 하자.
　　젊은 시인이여 기침을 하자.
　　눈 위에 대고 기침을 하자.
　　눈더러 보라고 마음놓고, 마음놓고
　　기침을 하자.

　　눈은 살아 있다.
　　죽음을 잊어버린 영혼과 육체를 위하여
　　눈은 새벽이 지나도록 살아 있다.

　　기침을 하자.
　　젊은 시인이여 기침을 하자.
　　눈을 바라보며
　　㉡ 밤새도록 고인 가슴의 가래라도
　　마음껏 뱉자.

　　　　　　　　　　　　　　　　　　　－ 김수영, 「눈」 －

54 (가)와 (나)의 공통점으로 가장 적절한 것은?

① 처음과 끝을 상응시켜 시상 전개에 안정감을 부여하고 있다.
② 문장의 구조가 점차 확대되며 의미가 강조되고 있다.
③ 화자가 지향하는 가치를 구체적 행위를 통해 드러내고 있다.
④ 선명한 색채 대비를 통해 시적 분위기를 조성하고 있다.

해설

③ (가)는 모란을 소재로 하여 영원할 수 없는 지상적 아름다움에의 기다림과 비애를 노래한 시로, 지상의 아름다움이란 우리가 그것을 아무리 아끼고 보존하려 해도 영원할 수 없으며 태어난 것은 언젠가 죽어야 하고 피어난 것은 마침내 떨어져야 한다고 표현하고 있다. 태어남과 피어남이 기쁨이라면 죽음과 떨어짐은 슬픔인 것이다. (가)는 산다는 것은 이러한 기쁨과 슬픔을 모두 맛보며 주어진 시간을 누리는 일이라는, 인생 성찰의 시이다.

(나)에서 작품의 중심을 이루는 말은 '눈은 살아 있다.'와 '기침을 하자.'이다. 여기에서 '기침을 하자.'는 마지막 연에서 '가래라도 마음껏 뱉자.'로 변형되어 나타난다. 이러한 반복과 변형은 시적인 운율을 형성함과 동시에, 살아 있는 '눈'을 통해 순수하고 가치 있는 삶에 대한 갈망과 일상적인 삶에 대한 고뇌를 노래한 작자의 주제 의식을 더욱 선명하게 드러내는 역할을 한다.

따라서 (가)는 모란을 기다리는 행위를 통해, (나)는 기침을 하는 행위를 통해 화자가 지향하는 가치를 드러내고 있다고 할 수 있다.

① (가)의 경우 처음과 끝을 상응시키는 수미상관(首尾相關)의 시상 전개 방식을 사용하고 있으나 (나)의 경우 처음과 끝을 상응시켜 시상을 전개하고 있지는 않다.

② (나)에 해당하는 내용이다. 시에서는 같은 시행을 반복하거나 어절을 계속 첨가 변형하여 문장을 확장시키는 방법으로 점층적인 운율의 효과를 얻을 수 있다. 이 경우 반복된 시행이나 첨가된 시구들은 시적 긴장감을 불러일으키면서 원래 진술된 내용의 의미를 강조하는 기능을 한다. 다시 말해서 점층적 효과와 함께 의미의 선명성을 드러내며 동적 리듬을 형성한다.

④ (나)에 해당된다고 볼 수 있으나 '눈'과 '가래'의 색감 대조는 분위기를 조성하는 것이라기보다는 주제를 선명하게 하기 위한 표현으로 봐야 한다.

정답 ③

55 ㉠과 ㉡을 비교하여 이해한 내용으로 가장 적절한 것은?

① ㉠과 ㉡은 부정적인 현실을 상징하는 시간적 배경이다.
② ㉠과 ㉡은 과거를 회상하게 만드는 시간적 배경이다.
③ ㉠은 ㉡과 달리 화자에게 기쁨과 슬픔이 공존하는 시간이다.
④ ㉡은 ㉠과 달리 화자가 소망하는 가치가 실현되는 시간이다.

③ (가)에서 ㉠ '봄'은 '찬란한 슬픔의 봄'이라고 했으므로 슬픔과 기쁨이 공존하는 시간적 배경으로 볼 수 있고, (나)에서 ㉡ '밤'은 마음놓고 기침을 할 수 없었던 부정적인 현실을 의미한다.

① 모란이 피는 봄을 기다리고 있어 ㉠ '봄'은 긍정적 이미지를 나타낸다. 하지만 '밤새도록 고인 가슴의 가래라도 마음껏 뱉자.'로 보아 ㉡ '밤'은 부정적 현실을 의미함을 알 수 있다.

② ㉠ '봄'은 모란이 피기를 기다리는 기쁨의 시간이기도 하지만, 모란이 피고 나서 질 때는 슬픔의 시간이기도 하다.

④ ㉡이 아니라 ㉠ '봄'이 소망하는 모란이 활짝 피는 실현의 시간이라 할 수 있다.

정답 ③

56 밑줄 친 부분의 함축적 의미로 가장 적절한 것은?

> 　그는 피아노를 향하여 앉아서 머리를 기울였습니다. 몇 번 손으로 키를 두드려 보다가는 다시 머리를 기울이고 생각하고 하였습니다. 그러나 다섯 번 여섯 번을 다시 하여 보았으나 아무 효과도 없었습니다. 피아노에서 울려 나오는 음향은 규칙 없고 되지 않은 한낱 소음에 지나지 못하였습니다. 야성? 힘? 귀기? 그런 것은 없었습니다. 감정의 재뿐이 있었습니다.
>
> 　"선생님, 잘 안 됩니다."
>
> 　그는 부끄러운 듯이 연하여 고개를 기울이며 이렇게 말하였습니다.
>
> 　"두 시간도 못 되어서 벌써 잊어버린담?"
>
> 　나는 그를 밀어 놓고 내가 대신하여 피아노 앞에 앉아서 아까 베낀 그 음보를 펴 놓았습니다. 그리고 내가 베낀 곳부터 다시 시작하였습니다.
>
> 　화염! 화염! 빈곤, 주림, 야성적 힘, 기괴한 감금당한 감정! 음보를 보면서 타던 나는 스스로 흥분이 되었습니다.
>
> – 김동인, 『광염 소나타』 –

① 화려한 기교가 없는 연주
② 악보와 일치하지 않는 연주
③ 도저히 이해할 수 없는 연주
④ 기괴한 감정이 느껴지지 않는 연주

④ 제시문에서 밑줄 친 '감정의 재'는 '규칙 없고 되지 않은 한낱 소음', '야성·힘·귀기를 느낄 수 없는 것'임을 파악할 수 있다. 이를 가장 잘 표현한 것은 '기괴한 감정이 느껴지지 않는 연주'이다.

정답 ④

57 밑줄 친 단어들의 시대적 상징성이 같은 것끼리 묶인 것은?

"어디 일들 가슈?"

"아뇨, 고향에 갑니다."

"고향이 어딘데……."

"삼포라구 아십니까?"

"어 알지, 우리 아들놈이 거기서 ㉠ <u>도자</u>를 끄는데……."

"삼포에서요? 거 어디 공사 벌일 데나 됩니까? 고작해야 고기잡이나 하구 감자나 매는데요."

"어허! 몇 년 만에 가는 거요?"

"십 년."

노인은 그렇겠다며 고개를 끄덕였다.

"말두 말우. 거긴 지금 육지야. 바다에 ㉡ <u>방둑</u>을 쌓아 놓구, ㉢ <u>트럭</u>이 수십 대씩 돌을 실어 나른다구."

"뭣 땜에요?"

"낸들 아나. 뭐 관광호텔을 여러 채 짓는담서, 복잡하기가 말할 수 없네."

"동네는 그대루 있을까요?"

"그대루가 뭐요. 맨 천지에 공사판 사람들에다 장까지 들어섰는걸."

"그럼 나룻배두 없어졌겠네요."

"바다 위로 신작로가 났는데, 나룻배는 뭐에 쓰오. 허허, 사람이 많아지니 변고지. 사람이 많아지면 ㉣ <u>하늘을 잊는 법이거든</u>."

– 황석영, 『삼포 가는 길』 –

① ㉠, ㉡, ㉢

② ㉠, ㉡, ㉣

③ ㉠, ㉢, ㉣

④ ㉡, ㉢, ㉣

해설

① 황석영의 『삼포 가는 길』은 1970년대에 산업화가 가속화되면서 고향을 잃고 떠도는 사람들의 애환을 담은 작품이다. ㉠ 도자, ㉡ 방둑, ㉢ 트럭은 모두 삼포가 개발되는 시대상을 보여주는 단어들이다.

정답 ①

58 다음 글에 대한 설명으로 적절한 것은?

> "그래 일인들이 죄다 내놓구 가는 것을, 백성들더러 돈을 내구 사라구 마련을 했다면서?"
>
> "아직 자세힌 모르겠어두, 아마 그렇게 되기가 쉬우리라구들 하드군요."
>
> 해방 후에 새로 난 구장의 대답이었다.
>
> "그런 놈의 법이 어딨단 말인가? 그래, 누가 그렇게 마련을 했는구?"
>
> "나라에서 그랬을 테죠."
>
> "나라?"
>
> "우리 조선 나라요."
>
> "나라가 다 무어 말라비틀어진 거야? 나라 명색이 내게 무얼 해 준 게 있길래, 이번엔 일인이 내놓구 가는 내 땅을 저이가 팔아먹으려구 들어? 그게 나라야?"
>
> "일인의 재산이 우리 조선 나라 재산이 되는 거야 당연한 일이죠."
>
> "당연?"
>
> "그렇죠."
>
> "흥, 가만 둬두면 저절루 백성의 것이 될 걸 나라 명색은 가만히 앉었다 어디서 툭 튀어나와 가지구, 걸 뺏어서 팔아먹어? 그따위 행사가 어딨다든가?"
>
> "한 생원은, 그 논이랑 멧갓이랑 길천이한테 돈을 받구 파셨으니깐 임자로 말하면 길천이지 한 생원인가요?"
>
> "암만 팔았어두, 길천이가 내놓구 쫓겨 갔은깐, 도루 내 것이 돼야 옳지, 무슨 말야. 걸, 무슨 탁에 나라가 뺏을 영으루 들어?"
>
> "한 생원한테 뺏는 게 아니라, 길천이한테 뺏는 거랍니다."

① 독백과 대화를 혼용하여 이야기를 이끌어가고 있다.
② 서술자가 인물의 성격을 직접적으로 평가하고 있다.
③ 특정한 단어를 활용하여 시대적 배경을 나타내고 있다.
④ 작가는 국민의 도덕성과 국가의 비도덕성을 대조하여 보여준다.

해설
③ '해방'이라는 특정 단어를 통하여 시대적 배경을 짐작해 볼 수 있다.
① 독백은 나타나지 않는다.
② 인물의 성격은 대화를 통하여 간접적으로 나타난다.
④ 국가의 비도덕성은 나타나지만 국민의 도덕성은 찾아볼 수 없다. 한 생원도 자신의 이익만을 추구하고 있다.

정답 ③

59 다음 글의 집필 의도로 옳은 것은?

> 말이란 우호를 맺게도 하고 싸움을 일으키게도 합니다. 자제들과 말할 때는 효를 이야기하고 신하들과 말할 때는 충을 이야기해야 합니다. 만약, 그 지위에 있지 않으면서 국정의 장점과 단점을 논하거나, 그 책임을 지지 않으면서 조정의 잘잘못을 말하며, 심한 자는 공론을 저버리고 자기는 당파를 위해 죽거나, 눈을 부릅뜨고 논란을 하다가 끝내는 임금을 배반하는 죄에 빠지면서, 자신이 세상의 화 때문에 죽는 것을 깨닫지 못하고 있습니다. 이것을 이른바 '경계한다'는 것입니다.
>
> …(중략)…
>
> 이제 만일 그 '비웃음'을 알아서 반성한다면 장차 조정의 명신이 될 것이며, 그 '경계함'을 알아서 본받는다면 반드시 처세에 능통한 자가 될 것입니다.
>
> …(중략)…
>
> 나는 그 이야기를 이상하게 여겨 그 물건의 이름을 물었으나, 주인은 입을 가리키며 말을 하지 않았다. 나는 그 의도를 알아차리고 물러나와 이것을 기록하였다.

① 삶의 지혜를 일깨우기 위해서
② 배움의 자세를 깨우치기 위해서
③ 신하의 도리를 일깨우기 위해서
④ 대상의 아름다움을 예찬하기 위해서

해설

① 제시문은 안정복의 「아기설(啞器說)」로, '벙어리' 물건(저금통)의 유래를 통해 해야 할 말과 하지 말아야 할 말을 구별하여 말하는 삶의 지혜를 일깨우고 있다.

안정복, 「아기설(啞器說)」
- 갈래: 고전 수필, 설(說)
- 성격: 교훈적, 비판적, 분석적, 풍자적
- 제재: 아기(啞器, 벙어리 물건)
- 구성: 2단 구성(사실 제시+의견 진술)
- 특징
  - 고사를 인용하는 등 유교적 가치가 나타남
  - 개인의 일상적 체험을 교훈으로 보편화
  - 우의적 기법을 활용한 문답을 통해 대상의 가치를 탐구
- 주제: 알맞게 말을 하는 삶의 지혜

정답 ①

60 다음 글의 서술자에 대한 설명으로 가장 적절한 것은?

그들은 여전히 이야기를 계속하고 있다.

"그래 촌에 들어가면 위험하진 않은가요?"

조선에 처음 간다는 시골자가 또다시 입을 벌렸다.

"뭘요, 어델 가든지 조금도 염려 없쉐다. 생번이라 하여도 요보는 온순한 데다가, 가는 곳마다 순사요 헌병인데 손 하나 꼼짝할 수 있나요. 그걸 보면 데라우치 상이 참 손아귀 힘도 세지만 인물은 인물이야!"

매우 감격한 모양이다.

"그래 촌에 들어가서 할 게 뭐예요?"

"할 것이야 많지요. 어델 가기로 굶어 죽을 염려는 없지만, 요새 돈 몰 것이 똑 하나 있지요. 자본 없이 힘 안 들고…… 하하하."

표독한 위인이 충동이는 수작이다.

…(중략)…

나는 여기까지 듣고 깜짝 놀랐다. 그 불쌍한 조선 노동자들이 속아서 지상의 지옥 같은 일본 각지의 공장과 광산으로 몸이 팔리어 가는 것이 모두 이런 도적놈 같은 협잡 부랑배의 술중(術中)에 빠져서 속아 넘어가는구나 하는 생각을 하며 나는 다시 한 번 그자의 상판대기를 치어다보지 않을 수 없었다.

– 염상섭, 「만세전」 –

---

① 작품 밖의 전지적 서술자가 일어난 사건의 전말을 전달하고 있다.

② 작품 속에 등장하는 인물이 다른 인물을 관찰하며 평가하고 있다.

③ 작품 밖에 있는 서술자가 관찰자가 되어 등장인물의 행동을 묘사하고 있다.

④ 작품 속의 서술자가 작품 밖의 서술자와 교차하며 사건을 입체적으로 서술하고 있다.

해설

② '시골자'와 '표독한 위인'의 대화를 듣고, 그들을 평가하는 '나'는 작품 속 등장인물로 작중 상황을 전달하고 있다.

①·③·④ 제시문에서는 3인칭 시점이 드러나 있지 않으므로 적절하지 않은 설명이다.

정답 ②

61 다음 글에 대한 설명으로 적절하지 않은 것은?

어떤 사회적 현상을 설명할 때, 상징적 행동을 배제하게 되면 남는 것은 실용성과 관련된 설명뿐이다. 그러나 아메리카에서 시가가 유행하는 현상에 대해서는 그런 기능적 설명이 통하지 않는다. 가령, 사람들이 여전히 담배를 피우고 싶어 하기 때문에 그런 현상이 생긴다는 주장을 들어 보자. 일견 수긍되는 점이 있다. 사람들의 흡연욕구가 여전하다는 것은 전혀 틀린 말이 아니기 때문이다. 그러나 그것만으로는 아메리카 사회가 시가를 피우는 사람들에게는 관대하고, 궐련을 피우는 사람들에게는 관대하지 않은 까닭을 설명할 수가 없다.

궐련을 피우는 사람들은 이제 공공건물 앞의 보도에 한데 모여서 흡연을 해야 하는 신세가 되었다. 그들 사이에 즉각적 연대감을 형성하면서 말이다. 그런 그들에게 더러 경멸의 눈길을 보내는 사람들도 있지만, 대부분의 사람들은 그들에게 관심을 보이지 않는다. 그들이 공공건물 밖에서 흡연을 하는한, 남에게 해가 될 게 전혀 없다고 생각하기 때문이다. 그런데 시가를 피우는 사람들의 사정은 전혀다르다. 그들은 저녁 식사가 끝날 즈음에, 또는 파티 도중에 전리품을 자랑하듯이 당당하게 시가를꺼내어 입에 문다. 그들의 행동에 눈살을 찌푸리는 사람은 아무도 없다.

어찌하여 이런 차별이 생긴 것일까? 연기를 삼키지 않기 때문에 시가가 몸에 덜 해롭다는, 일반적주장은 설득력이 없다. 연기를 들이마시지 않고 뱉어 내는 것은 간접흡연의 피해를 줄이기는커녕, 오히려 실내 공기를 더욱 심하게 오염시키기 때문이다. 그렇다면 진짜 이유는 무엇일까? 가장 설득력있는 설명은 다음과 같다. 먼저 보건 당국에서 국민 건강을 위한 캠페인의 일환으로 궐련과의 투쟁을선포했다. 그러자 궐련은 죽음의 상징이 되었고, 그 캠페인은 상류층 사람들 사이에 즉각적 반향을불러일으켰다. 이제 최고급 레스토랑에서는 아무도 궐련을 피우지 않지만, 싸구려 술집에는 여전히궐련 연기가 자욱하다.

① 자문자답 형식을 사용하여 독자의 흥미를 유발하고 있다.
② 난해한 용어의 정의를 제시하여 독자의 이해를 돕고 있다.
③ 자신과 다른 견해를 일부 인정하면서도 그 한계를 지적하고 있다.
④ 다른 현상과의 비교를 통해 특정 현상에 담긴 의미를 밝히려 한다.

해설
② 난해한 용어에 대한 정의를 제시하고 있지 않으며 대체로 평이한 용어를 사용하고 있다.
① 세 번째 문단에서 '어찌하여 이런 차별이 생긴 것일까?'라는 질문과 '그렇다면 진짜 이유는 무엇일까?'라는 질문 뒤에 그 답변이 이어지고 있는 것을 통해 자문자답 형식을 취하고 있음을 알 수 있다.
③ 첫 번째 문단의 '가령, 사람들이 ~ 일견 수긍되는 점이 있다. ~ 그러나 그것만으로는 아메리카 사회가 시가를 피우는 사람들에게는 관대하고, 궐련을 피우는 사람들에게는 관대하지 않은 까닭을 설명할 수가 없다.'를 통해서 확인할 수 있다.
④ '궐련을 피우는 사람'과 '시가를 피우는 사람'의 경우를 비교하여 시가를 피우는 사람에게 사람들이 눈살을 찌푸리지 않는 이유를 3문단에서 밝히고 있다.

정답 ②

62 다음 글의 논증 구조를 옳게 파악한 것은?

> ㉠ 동물들의 행동을 잘 살펴보면 동물들도 우리가 사용하는 말 못지않은 의사소통 수단을 가지고 있는 듯이 보인다. ㉡ 즉, 동물들도 여러 가지 소리를 내거나 몸짓을 함으로써 자신들의 감정과 기분을 나타낼 뿐 아니라 경우에 따라서는 인간과 다를 바 없이 의사를 교환하고 있는 듯하다. ㉢ 그러나 그것은 단지 겉모습의 유사성에 지나지 않을 뿐이고 사람의 말과 동물의 소리에 아주 근본적인 차이가 존재한다는 점을 잊어서는 안 된다. ㉣ 동물들이 사용하는 소리는 단지 배고픔이나 고통 같은 생물학적인 조건에 대한 반응이거나, 두려움이나 분노 같은 본능적인 감정들을 표현하기 위한 것에 지나지 않는다. ㉤ 따라서, 동물들이 내는 소리가 때때로 의사소통의 수단으로 이용된다고 해서 그것을 대화나 토론이나 회의와 같은 언어활동이라고 할 수는 없다.

① ㉠은 논증의 결론으로 주제문이다.
② ㉡은 ㉠의 논리적 결함을 지적한 것이다.
③ ㉢은 ㉠, ㉡을 부정하고 새로운 논점을 제시한 것이다.
④ ㉤은 ㉢, ㉣에 대한 근거이다.

해설
③ ㉠은 도입 문장으로 주제 문장이 아니다. ㉡은 ㉠의 상술 문장이며, ㉤이 주제 문장이다.
　　㉠ 도입(화제) – ㉡ 상술 – ㉢ 반론(새로운 논점 제시) – ㉣ 상술 – ㉤ 결론
① ㉠은 논증의 결론이 아니라 화제 도입 문장이다.
② ㉡은 ㉠의 내용을 자세하게 설명하는 상술 문장이다.
④ ㉣은 ㉢의 근거이며, ㉢과 ㉣을 근거로 한 결론은 ㉤으로 볼 수 있다.

정답 ③

63 다음 글의 전개 방식에 대한 설명으로 적절한 것은?

유럽의 18~19세기는 혁신적 지성의 열기로 가득 찬 시대였다. 혁신적 지성은 정치적, 경제적, 사회적 여건의 성숙과 더불어 서양 근대 사회의 확립에 주도적 역할을 하였다. 수많은 개혁 사상과 혁명 사상의 제공자는 물론이요, 실천면에서도 개혁가와 혁명가는 지성인 출신이었다. 그들은 새로운 미래를 제시하고, 그것을 뒷받침할 이데올로기를 마련하고, 그것을 실현할 구체적인 방안을 제시하는 동시에, 현실의 모순을 과감하게 비판하고 몸소 실천에 뛰어들기도 하였다.

하지만 20세기에 이르러 사태는 달라지기 시작하였다. 근대 사회 성립에 주도적 역할을 담당했던 혁신적 지성은 그 혁신적 성격과 개혁적 정열을 점차로 상실하고, 직업적이고 기술적인 지성으로 변모하였다. 이는 근대 사회가 완성되고 성숙함에 따른 당연한 귀결일지도 모르며, 오늘날 고도로 발달한 서구 사회에 직업적이고 기술적인 지성이 필요 불가결하기도 하다. 그러나 지성이 고도로 발달한 사회에서 직업적이고 전문적인 지식과 기술을 제공하는 것으로 만족할 것인가의 문제는 다시 한 번 생각해 봄직하다.

만일 서구 사회가 현재에 안주하고 현상 유지를 계속할 수가 있다면 문제는 다르다. 그러나 그것은 사회의 전면적인 침체를 가지고 올 것이며, 그것은 또한 불길한 몰락의 징조일지도 모른다.

현재의 모순과 문제를 파헤치고 이를 개혁하여 새로운 미래로 나아가는 구체적 방안을 모색하는 임무는 누가 져야 할 것인가? 그것은 역시 지성의 임무이다. 지성은 거의 영구불변의 기능이라고 할 수 있는 문화 창조의 기능을 가져야 한다. 현대의 지성은 전문 지식과 기술을 제공하는 데 그치지 말고, 현실을 비판하며 실현 가능한 구체적 방안을 모색하여 새로운 미래를 제시하는 혁신적 성격을 상실해서는 안 될 것이다.

---

① 자신의 주장을 밝히고 이와 상반된 견해를 반박하고 있다.
② 상호 대립된 견해를 제시하고 자신의 입장을 밝히고 있다.
③ 용어에 대한 개념 차이를 밝히며 자신의 주장을 펼치고 있다.
④ 시대적 변천 양상을 살피면서 바람직한 방향을 제시하고 있다.

해설

④ 제시문은 지성의 역할이 시대에 따라 변모하는 양상을 서술하고 현재 사회에서 지성이 나아가야 할 방향을 제시하고 있다.
  • 첫 번째 문단: 18~19세기 지성의 혁신적인 역할
  • 두 번째 문단: 20세기 지성의 직업적이고 기술적인 역할
  • 네 번째 문단: 현대 사회에서 지성의 창조적, 비판적, 혁신적 역할

정답 ④

64 다음 글에 대한 설명으로 적절한 것은?

> 노동 시장은 생산물 시장과 본질적으로 유사하지만, 생산물 시장이나 타 생산요소 시장과 다른 특징을 지니고 있다. 그중 가장 중요한 특징은 인간이 상품의 일부라는 점이다. 생산물 시장에서 일반 재화는 구매자와 판매자 간에 완전한 이전이 가능하고, 수요자와 공급자는 상대방이 누구인가에 대해 전혀 신경 쓸 필요 없이 오로지 재화 그 자체의 가격과 품질을 고려하여 수요·공급 의사를 결정한다. 그러나 노동 시장에서 노동이라는 상품은 공급자 자신과 분리될 수 없기 때문에 노동의 수요자와 공급자는 단순히 물건을 사고파는 것 이상의 인간적 관계를 맺게 되고, 수요·공급에 있어서 봉급, 부가 급여, 직업의 사회적 명예, 근무 환경, 직장의 평판 등 가격 이외의 비경제적 요소가 많은 영향을 미친다. 따라서 노동 시장은 가격의 변화에 따라 수요·공급이 유연성 있게 변화하지 않는 동시에 수요·공급의 불균형이 발생해도 가격의 조절 기능이 즉각적으로 작동하지 않는다.

① 여러 이론을 토대로 노동 시장에 대한 다양한 관점을 소개하고 있다.
② 여러 사례를 근거로 삼아 노동 시장에 대한 통념을 비판하고 있다.
③ 대비의 방식을 사용하여 노동 시장이 가지는 특징을 설명하고 있다.
④ 노동 시장에 관한 기존의 논의를 분석하여 새로운 주장을 제시하고 있다.

해설
③ 제시문의 중심 내용은 '노동 시장과 생산물 시장의 다른 특징'이다. 노동 시장은 '인간이 상품의 일부'이기 때문에 '노동이라는 상품은 공급자 자신과 분리될 수 없으므로' 수요·공급이 유연성 있게 변화하지 않으며, 가격의 조절 기능이 즉각적으로 작동하지 않는다는 특징을 설명하고 있다.

정답 ③

65 다음 글의 논리적 구조로 가장 옳은 것은?

> 자유란 인간의 특성 중의 하나로서 한 개인이 스스로 판단하고 행동하며 그 결과에 대해 책임질 수 있는 능력을 의미한다. 그러한 능력을 극대화하기 위해서는 개인이 사회적인 여러 제약들, 가령 정치적, 경제적 및 문화적 제도나 권위, 혹은 억압으로부터 어느 정도의 거리를 유지하지 않으면 안 된다. 그러나 그 거리가 확보되면 될수록 개인은 사회로부터 고립되고 소외당하며 동시에 안정성과 소속감을 위협받을 뿐만 아니라 새로운 도전에 적나라하게 노출될 수밖에 없다. 이와 같이 새롭게 나타난 고독감이나 소외감, 무력감이나 불안감으로부터 벗어나기 위해 '자유로부터의 도피'를 감행하게 된다.

① 원인 – 결과
② 보편 – 특수
③ 일반 – 사례
④ 주장 – 근거

해설

제시문의 논지는 '자유로부터의 도피'이며, 제시문은 크게 '사회적 제약으로부터 거리를 확보하면 새로운 도전에 노출된다.'는 원인과 '따라서 도전에서 벗어나기 위해서는 자유로부터의 도피를 감행하게 된다.'는 결과로 구성되었다. 이를 간단히 다시 정리해 보면 다음과 같다.

- 자유란 개인이 스스로 판단하고 행동하며 그 결과에 대해 책임질 수 있는 능력이다(정의).
- 사회적인 제약으로부터 거리를 확보할수록 고립, 소외, 안정성과 소속감에 대한 위협, 도전에 대한 노출 등에 적나라하게 노출된다(원인).
- 이러한 문제로부터 벗어나기 위해 '자유로부터의 도피'를 감행한다(결론).

정답 ①

66 다음 글에서 언급되지 않은 내용은?

> 다른 고전들에 비추면, 『논어』라는 책이름은 이상하다. 동양 고전들은 주로 그 주인공을 책제목으로 삼는다. 예컨대 『맹자』의 주인공은 맹자요, 『장자』의 주인공은 장자다. 한비자가 주인공인 책도 『한비자』요, 순자가 주인공인 책제목은 『순자』다. 이런 관습대로라면 『논어』 역시 『공자』라는 이름을 얻었어야 옳다. 그런데도 『논어』라는 무미건조한 이름을 얻은 데는 필시 까닭이 있으리라.
>
> 『논어(論語)』란 '논하고 말하다'라는 뜻이다. 이 책의 이름이 『논어』가 된 까닭은, 물론 그 속에 그 제자들의 일화가 섞여 있기 때문이기도 하지만 좀 더 본질적으로는 '이 책 속에는 고유 명사로써 한정지을 수 없는 위대한 진리가 담겨 있다'는 의사를 표명하기 위한 때문으로 보인다. 고유 명사로는 진리를 다 담을 수 없다는 막막함에서 그냥 '논어'라는 표현으로 제목을 삼았으리라는 것. 만일 책이름이 『공자』라면 이것은 '공자'라는 특정인이 발설한, 부분적이고 편향적인 말씀이라는 한정을 가질 수밖에 없기 때문이다.
>
> 이에 한정되고 불완전한 인간의 한계를 넘어 보편적 진리의 말씀이 담겼다는 뜻을 드러내기 위해, '진리를 논하시고 말씀하신' 책, 즉 『논어』가 된 것이다. 노자가 잘 지적했듯, 원래 '진리는 이름을 갖는다면 참된 진리가 아닌 것이요, 이름을 붙일 수 있다면, 그것은 영원한 이름이 아닌 법'이다. 공자라는 이름의 한정을 벗어난 참된 진리라는 의미가, 『논어』라는 이름 속에 깃들어 있는 것이다.
>
> 한편 『논어』는 스무 편으로 구성되어 있다. 제1편은 '학이(學而)', 마지막 제20편은 '요왈(堯曰)'이라는 이름을 달고 있다. '학이'니 '요왈'이니 하는 편명은 깊은 뜻이 있는 것이 아니고 그 장의 머리글자를 따서 그냥 제목으로 삼은 것이다. 예컨대 학이 편 제일 첫 대목이 '학이시습지' 운운하면서 시작되므로, 그 첫머리 '학이'를 똑 떼어 편명으로 삼았을 뿐이다. 또 '요왈'이라고 하여 '요임금의 말씀'에 대한 논설이나 대화라는 뜻도 아니다. 『논어』의 각 편은 '기본적으로' 주제 의식 없이 또 두서없이 공자의 말씀을 모은 집성일 따름이다.
>
> 한편 『논어』는 처음부터 딱 스무 편으로 고정되어서 2,500년을 그대로 전해져 온 것은 아니다. 『논어』의 전수에는 곡절이 많았다. 2,500년이라는 세월이 결코 짧은 시간이 아닐 뿐만 아니라 또 그 와중에 진시황의 분서갱유(焚書坑儒)와 같은 절체절명의 단절 위기도 있었던 것이다. 그러니 『논어』가 지금같이 스무 개의 편장으로 이뤄진 표준형으로 고정된 것은 공자가 죽고 나서 한참 뒤였다.

① 『논어』라는 책 이름이 지어진 이유
② 『논어』의 스무 편에 담긴 각각의 주제
③ 『논어』의 스무 개의 편명이 지어진 배경
④ 『논어』가 스무 편의 표준형으로 고정된 시기

해설
② 세 번째 문단에서 『논어』의 구성을 설명하고 있으나 각각의 주제는 언급되지 않았다.
① 두 번째 문단에서 책 이름이 『논어』라고 지어진 이유를 확인할 수 있다.
③ 네 번째 문단에서 『논어』의 편명이 지어진 배경에 대해 설명하고 있다.
④ 마지막 문단에서 『논어』가 언제 표준형으로 고정되게 되었는지에 관해 서술하고 있다.

정답 ②

67 다음 글의 중심 내용으로 옳은 것은?

> 만일 국제 경쟁력이 낮은 임금과 풍부한 노동력에 의해 결정된다면, 높은 임금과 부족한 노동력하에서도 높은 경제 발전을 이룩한 독일, 스위스, 스웨덴의 경우는 무엇으로 설명될 것인가? 반대로 엄청나게 풍부한 저임금 노동력을 가진 중국, 인도 등의 나라는 왜 경쟁력이 없는가? 이 같은 예들은 바로 국제 경쟁력이 단순히 노동력에 의해 결정되지 않는다는 것을 입증한다. 게다가 국제 경쟁력이 단순히 노동력에 의해 결정된다 하더라도 국가가 근로자들의 임금을 낮추면서까지 국제 경쟁력을 강화시킨다는 것은 국민 복지 향상 측면에서 진정한 의미의 국제 경쟁력 향상이라고 볼 수 없다. 천연자원의 경우도 마찬가지이다. 한국을 비롯하여 일본, 독일, 스위스, 이탈리아처럼 자원이 빈약한 국가들이 그동안 꾸준히 경제 성장을 해온 것만 보아도 국제 경쟁력이 단순히 풍부한 부존자원에 의해 결정되는 것이 아님을 알 수 있다.

① 국제 경쟁력과 경제 발전의 상관관계
② 국제 경쟁력의 역사
③ 국제 경쟁력의 개념
④ 국제 경쟁력의 강화 방안

해설

③ 제시된 글은 노동력과 부존자원의 관점을 예시로 들어 국제 경쟁력에 대한 개념을 설명하고 있다.
① 제시된 글의 '국민 복지 향상 측면에서 진정한 의미의 국제 경쟁력 향상이라고 볼 수 없다.'에서 확인할 수 있듯이 국제 경쟁력은 경제 발전만으로 설명할 수 없다.
② 국제 경쟁력을 설명하기 위해 여러 나라의 성장 배경을 예시로 들고 있을 뿐 국제 경쟁력의 역사를 설명하고 있다고 볼 수 없다.
④ 국제 경쟁력의 강화에 대한 방안이 제시되어 있지 않다.

도입부의 중심 내용 파악
제시된 글을 논설문으로 본다면, 개념어가 제시되고, 흥미를 유발하고 있다는 점에서 도입부로 보는 것이 적절하다. 개념어가 제시된 도입부에서의 중심 내용은 대개 눈에 잘 띄는 편이지만 그렇지 않은 경우도 있다. 다음의 '국제 경쟁력'이 그러한데, 문제를 접한 입장에서 어색한 용어에 대해 화자가 묻고자 하는 바가 가시적으로 제시되지 않아 혼동이 올 수 있다. 그러나 글 전체의 문맥은 'A로 한정할 수 없고, B로도 한정할 수 없는 단순하지 않은 C(중심 내용)'의 형태로 전개되고 있다는 점에 유의한다면, 중심 내용 파악이 조금 더 수월해진다.

정답 ③

68 다음 글의 필자가 궁극적으로 강조하는 내용으로 가장 적절한 것은?

> 로마는 '마지막으로 보아야 하는 도시'라고 합니다. 장대한 로마 유적을 먼저 보고 나면 다른 관광지의 유적들이 상대적으로 왜소하게 느껴지기 때문일 것입니다. 로마의 자부심이 담긴 말입니다. 그러나 나는 당신에게 제일 먼저 로마를 보라고 권하고 싶습니다. 왜냐하면 로마는 문명이란 무엇인가라는 물음에 대해 가장 진지하게 반성할 수 있는 도시이기 때문입니다. 문명관(文明觀)이란 과거 문명에 대한 관점이 아니라 우리의 가치관과 직결되어 있는 것입니다. 그리고 과거 문명을 바라보는 시각은 그대로 새로운 문명에 대한 전망으로 이어지기 때문입니다.

① 여행할 때는 로마를 가장 먼저 보는 것이 좋다.
② 문명을 반성적으로 볼 수 있는 가치관이 필요하다.
③ 문화 유적에 대한 로마인의 자부심은 본받을 만하다.
④ 과거 문명에서 벗어나 새로운 문명을 창조해야 한다.

해설
글쓴이는 '로마를 마지막으로 보아야 하는 도시'라는 통념을 반박하며, '로마를 가장 먼저 봐야 한다.'라고 주장하고 있다. 또한 그 이유로 로마가 문명이란 무엇인가에 대해 가장 진지하게 반성할 수 있는 도시이기 때문이라고 밝히고 있다. 이를 통해 글쓴이가 궁극적으로 강조하는 내용은 ② '문명을 반성적으로 볼 수 있는 가치관이 필요하다.'임을 알 수 있다.

정답 ②

69 다음 글의 내용과 부합하지 않는 것은?

> 글의 기본 단위가 문장이라면 구어를 통한 의사소통의 기본 단위는 발화이다. 담화에서 화자는 발화를 통해 '명령', '요청', '질문', '제안', '약속', '경고', '축하', '위로', '협박', '칭찬', '비난' 등의 의도를 전달한다. 이때 화자의 의도가 직접적으로 표현된 발화를 직접 발화, 암시적으로 혹은 간접적으로 표현된 발화를 간접 발화라고 한다.
>
> 일상 대화에서도 간접 발화는 많이 사용되는데, 그 의미는 맥락에 의존하여 파악된다. '아, 덥다.'라는 발화가 '창문을 열어라.'라는 의미로 파악되는 것이 대표적인 예이다. 방 안이 시원하지 않다는 상황을 고려하여 청자는 창문을 열게 되는 것이다. 이처럼 화자는 상대방이 충분히 그 의미를 파악할 수 있다고 판단될 때 간접 발화를 전략적으로 사용함으로써 의사소통을 원활하게 하기도 한다.
>
> 공손하게 표현하고자 할 때도 간접 발화는 유용하다. 남에게 무언가를 요구하려는 경우 직접 발화보다 청유 형식이나 의문 형식의 간접 발화를 사용하면 공손함이 잘 드러나기도 한다.

① 발화는 구어를 통한 의사소통의 기본 단위이다.
② 간접 발화의 의미는 언어 사용 맥락에 기대어 파악된다.
③ 간접 발화가 직접 발화보다 화자의 의도를 더 잘 전달한다.
④ 요청할 때 청유문이나 의문문을 사용하면 더 공손해 보이기도 한다.

70 다음 글의 ㉠에 들어갈 내용으로 가장 적절한 것은?

> 상표 보호와 관련한 이론은 크게 혼동 이론과 희석화 이론 두 가지로 나눌 수 있다. 상표는 특정 상품이나 서비스의 출처를 표시하여, 상표가 부착된 상품과 그렇지 않은 상품을 식별하게 해 주는 기능을 한다. 이에 근거해서 혼동 이론은 타인이 동일하거나 유사한 상표를 사용하여 출처에 대한 혼동을 불러일으키는 경우에 상표권자의 상표가 보호받아야 한다고 보았다. 이 이론에 따르면 소위 '짝퉁'에 해당하는 동종 상품의 경우, 상표의 식별이 어려울 수 있어 상표를 침해하였다고 판단할 수 있다. 그러나 상품의 종류가 달라서 동일하거나 유사한 상표의 사용이 혼동을 일으키지 않는다면, 상표권이 침해받지 않은 것이므로 그 행위를 규제할 수 없다. 예를 들어 '아사달'이라는 상표의 가방이 큰 인기를 끌어 '아사달'이 유명 상표가 되었다고 하자. 이럴 경우 '아사달'이라는 상표는 상품의 인지도를 높여 판매를 촉진함과 동시에 이미지를 제고하게 된다. 그런데 누군가가 '아사달' 구두를 만들어 팔 경우, '아사달' 구두는 '아사달' 가방의 상표를 침해한 것인가? 이러한 경우에 혼동 이론에서는 '아사달' 구두가 '아사달'이라는 상표의 혼동을 일으킨다고 볼 수 없다고 판단한다. 왜냐하면 ㉠ 때문이다.

① '아사달' 구두와 '아사달' 가방은 상표에 차이가 나기
② '아사달' 구두가 '아사달' 가방의 고객을 잠식할 수 있기
③ '아사달' 구두가 '아사달' 가방의 판매율을 떨어뜨릴 수 있기
④ '아사달' 구두와 '아사달' 가방을 동일하거나 유사한 상표로 보지 않기

해설
④ 혼동 이론은 타인이 동일하거나 유사한 상표를 사용하여 출처에 대한 혼동을 불러일으키는 것을 말하는데, 상품의 종류가 달라 혼동을 일으키지 않는다면 혼동할 일이 없기 때문에 상표권의 침해로 보지 않는다.

정답 ④

71 글쓴이의 관점에서 〈보기〉를 이해한 내용으로 적절하지 않은 것은?

┤ 보기 ├

　소설 『바틀비 이야기』는 미국의 대표적 작가로 꼽히는 허먼 멜빌(Herman Melville, 1819~1891년)의 소설로 미국 자본주의를 상징하는 뉴욕 월가의 한 법률 사무소를 배경으로 철저히 소외된 삶을 살아가는 필경사 바틀비(Bartleby)의 삶을 통해 산업화, 도시화된 미국 자본주의사회의 물질주의를 비판한 수작이다.

　바틀비가 근무하는 법률 사무소의 사면은 오래되고 그늘져서 검게 변한 높은 벽돌벽에 둘려 있다. 사방이 벽으로 둘러싸인 답답한 사무실은 두 개의 공간으로 나뉘어 한 쪽은 60세 가량의 화자인 변호사가, 다른 한 쪽은 신경성 질환에 시달리는 바틀비를 비롯한 세 명의 필경사가 사용한다.

　60세 가량의 필경사 칠면조(Turkey)는 오전에는 온순하고 일을 빈틈없이 처리하지만 오후만 되면 비정상적으로 변해 혼란스럽고 목표 없는 분주한 활동으로 한시도 가만히 있지를 못한다. 젊은 필경사 니퍼즈(Nippers)는 소화불량 때문에 고통 받으며 일을 할 때 이를 부득부득 갈고 끊임없이 낮은 목소리로 욕설을 내뱉는다. 이들과 달리 바틀비는 침묵하며 돌처럼 굳어 한동안 밤낮으로 열심히 일만 한다. 그러던 바틀비는 갑자기 "하고 싶지 않습니다"라는 말만 되풀이하며 변호사의 작업지시를 거부하다 해고되고 결국 교도소에 수감되고 노동과 음식을 거부하다가 아사하고 만다.

① 자본주의 사회가 야기한, 아무런 의욕도 없는 무감각 상태의 징후를 보여주는 탈진한 인간의 이야기로 해석해야겠군.

② 규율사회의 상징이라고 할 수 있는 벽과 감옥을 모티브로 삼고 있다는 점에서 멜빌은 규율사회를 묘사하였다고 해석해야겠군.

③ 해야 할 유일한 일이라고는 그저 단조로운 필사 작업뿐인 복종적 주체인 바틀비를 병들게 하는 것은 과도한 긍정성 때문은 아니라고 해석해야겠군.

④ 작업지시를 거부하다 해고되기를 선택한 바틀비는 후기 근대사회가 요구하는 과중한 자아 부담을 스스로 거부하는 잠재력을 지닌 위대한 존재로 해석해야겠군.

> **해설**
> ④ 〈보기〉에서 '바틀비'는 사방이 벽으로 둘러싸인 답답한 사무실에서 근무한다는 점, 신경성 질환을 가진 자라는 점, 변호사가 시키는 대로 일을 해야 한다는 점을 통해 외적 지배의 영향 아래 일한 복종 주체적 특징을 보인다. 따라서 과중한 자아 부담을 스스로 거부하는 잠재력을 지닌 위대한 존재로 해석하는 것은 적절하지 않다.
> ① 세 번째 단락을 통해 '바틀비'가 아무런 의욕도 없는 무감각 상태의 징후를 보여주는 탈진한 인간임을 알 수 있다.
> ② 첫 번째 단락에서 찾아볼 수 있으며 규율사회의 상징이라고 할 수 있는 '벽'과 '감옥'을 모티브로 삼고 있다는 점에서 멜빌은 규율사회를 묘사하였다고 할 수 있다.
> ③ '바틀비'를 병들게 한 것은 규율 사회의 부정성이지 성과 사회의 긍정성은 아니다.
>
> 　　**정답** ④

72 밑줄 친 부분과 가장 유사한 속성을 지닌 현대인의 삶의 태도는?

> 근대 이후 인간들은 불안감과 고독감에서 벗어나기 위해 <u>자신에게 주어진 자유로부터 도피하려는 경향을 보인다.</u> 그중 하나가 복종을 전제로 하는 권위주의적 양태이다. 이는 개인적 자아의 독립을 포기하고 자기 이외의 어떤 존재에 종속되고자 하는 것으로, 사라진 제1차적 속박 대신에 새로운 제2차적 속박을 추구하는 양상을 띤다. 이것은 때로 상대방을 자신에게 복종시킴으로써 심리적 안정과 만족을 얻으려는 형태로 나타나기도 한다. 일견 대립적으로 보이는 이 두 형태는 불안감과 고독감으로부터 벗어나기 위한 권위주의적 양상이라는 점에서는 동일한 것이다.

① 소속된 집단의 이익이나 정의보다는 개인의 이익이나 행복만을 추구하는 태도
② 집안에서 어떤 일을 결정할 때 부모나 어른의 의견보다는 아이들의 요구를 먼저 고려하는 태도
③ 어떤 상황에 대해 자신의 견해를 가지기보다는 언론 매체의 의견을 무비판적으로 수용하는 태도
④ 직업을 통해서 얻는 삶의 만족보다는 취미 활동을 통해서 얻는 삶의 즐거움을 더 중시하는 태도

해설
제시문에서는 자유로부터의 도피를 다른 존재에 복종하고자 하는 양상과 다른 존재를 복종시키고자 하는 두 가지 양상으로 구분하고 있다. 밑줄 친 부분(자신에게 주어진 자유로부터 도피하려는 경향)은 전자에 해당하는 것으로 자신의 견해보다도 언론 매체의 의견을 수용하는 ③과 그 태도가 가장 유사하다.
①·②·④ 복종을 전제로 하는 권위주의적 양태와는 관련이 없다.

정답 ③

73 다음 글의 중심 내용을 고려할 때, 글쓴이의 의도에 부합하는 반응으로 가장 옳은 것은?

> 경제의 글로벌화가 진행되는 과정에서 다양성이 증대되었다고 생각하기가 쉽다. 체계적 국제 운송 및 통신 시스템의 도입으로 타 문화권에서 생산된 다양한 상품들과 식품들을 한데 모을 수 있을 것 같아 보이기 때문이다. 그러나 이렇게 다채로운 문화의 경험을 원활하게 만드는 바로 그 시스템이 실제로는 그런 다양성을 깨끗이 지워버리는 한편, 세계 전역에 걸쳐 지역마다의 문화적 특성까지도 말살하고 있다. 링곤베리와 파인애플 주스는 코카콜라에, 모직과 면으로 된 옷들은 청바지에, 고원에서 자라던 토종 소들은 저지 젖소에게 그 자리를 내주었다. 다양성이란 것은 한 회사에서 만든 열 가지의 청바지 중에 어느 것을 고를까 하는 문제가 절대 아니다.

① 지역 특산의 사과 품종을 굳이 보존할 필요가 없겠군.
② 글로벌 경제 시스템은 다양성 보존과는 거리가 있군.
③ 될 수 있으면 다국적 기업의 청바지를 사 입어야겠군.
④ 국제 운송 시스템은 지역 문화의 다양성을 증진시켰군.

해설

② 글쓴이의 의도를 문맥을 통해 확인할 수 있어야 한다. 제시문에서 글쓴이는 경제의 글로벌화가 다양성을 지워버리고 각 지역마다의 문화적 특성도 말살하고 있다고 말하면서 글로벌화를 비판하고 있다. 제시문에서 '경제의 글로벌화로 다양성이 증대된 것이 아니고, 다양성이 말살되고 있다.'라고 하였으므로 글로벌 경제 시스템은 다양성 보존과는 거리가 있다고 볼 수 있다.

① 글로벌화가 되면 각 지역의 문화적 특성이 말살되기 때문에 지역 특산 품종을 보전할 필요가 없다는 것을 추론할 수 있다. 하지만 글쓴이는 글로벌 경제가 다양성을 없애버린 것에 비판적이므로, 지역 특산물인 사과 품종을 보존해서 다양성을 지키는 것이 글쓴이의 의도에 부합하는 것이 된다.

③ 글쓴이는 글로벌화가 되는 현실을 비판하고 있다. 다국적 기업의 청바지를 사 입는 것은 다양성의 차원이 아니라고 말했으므로, 글로벌화로 대표되는 다국적 기업의 청바지에 대해서도 부정적 견해를 가지고 있다고 생각할 수 있다. 그러므로 글쓴이는 다국적 기업의 청바지를 사 입지 않을 것이라고 추론할 수 있다.

④ 경제의 글로벌화는 '다채로운 문화의 경험을 원활하게 만드는 바로 그 시스템이 실제로는 그런 다양성을 깨끗이 지워버리는' 역할을 한다고 부정적으로 말하는 것을 통해 지역문화의 다양성이 아니라 지역문화의 말살이 올 것이라고 추론할 수 있다.

정답 ②

74 다음 글의 ㉠~㉢에 들어갈 말로 적절한 것은?

> 우리 민족사를 일별하여 문화부흥의 중대한 전환기를 찾으려면 대개 세 시기를 들 수가 있으니, 통일신라와 세종성대와 갑오경장이 그것이다. (㉠) 삼국 시대의 불교의 전래라든지 여말의 송유학(宋儒學)의 수입이며 영조 이후 서학·북학의 섭취를 비롯한 군소의 전환기가 일대의 문운을 울흥(蔚興)시킨 바 여러 번 있었다 해도, 그는 실상 이 3대 전환기의 바탕을 이루는 역사적 작은 기복이요, 그 뚜렷한 분수령은 아무래도 앞에 든 세 시기에다 조정(措定)하지 않을 수 없을 것이다. (㉡) 이 세 시기는 한결같이 국민 정신 발흥의 정점을 이룬 시기요, 또 다 같이 우리 민족의 어문 운동사에 획기적인 빛을 나타낸 시기이다. (㉢) 어문 운동의 획기적인 대두가 국민 정신 발흥의 시기에 일치한다는 것은 너무도 당연한 일이지만, 우리에게 항상 새로운 시사를 주는 바 있다.

	㉠	㉡	㉢
①	그런데	물론	따라서
②	물론	다시 말하면	그러므로
③	그러나	즉	이와 같이
④	물론	그런데	이와 같이

해설
㉠의 앞 문장에서는 문화부흥의 중대한 전환기를 제시하고, ㉠ 뒤에서는 역사적으로 중요한 것이지 문화적으로는 세 시기에 비해 부족한 사건을 이야기하며 앞의 세 시기가 중요함을 강조하고 있다. 따라서 역접이나 전환의 접속어는 어울리지 않는다.
㉡ 뒤에서는 문화적으로 중요한 세 시기의 공통점이 '어문 운동'이라는 새로운 사실을 밝혔으므로 전환의 접속어 '그런데'가 적합하다.
㉢에 '이와 같이'가 들어가 앞에 제시된 세 시기를 예로 들어, '어문 운동'과 '문화'가 밀접한 관련이 있다는 주제를 정리하는 것이 가장 적절하다.

정답 ④

75 다음 글에서 〈보기〉의 문장이 들어가기에 적절한 곳은?

보기

나는 또한 여러분이 과거란 그 자체만으로도 흥미 있는 것이라는 사실을 이번 기회에 알아차리기를 바란다.

내가 이번 강의에서 주되게 말하고자 하는 것은 지난날의 배경을 더듬어 봄으로써 우리 자신의 문제를 다시 한 번 생각해 보자는 데 있다. (㉠) 나는 여러분에게 별 의미가 없는 여러 가지 사실들을 그저 전달만 하는 데 그치려 하지 않는다. (㉡) 오히려 나는 여러분에게 우리가 어떻게 해서 현재의 상황에 이르게 되었는가를 보여주고 싶다. (㉢) 이 목적을 위해 여러 가지 방대한 자료에서 가치 있는 것을 끌어내게 될 것이다. (㉣) 그것은 그 과거가 곧 우리의 과거, 다시 말해서 종교인으로서 또는 신학 하는 사상가로서의 우리가 유래한 과거이기 때문만은 아니다.

① ㉠   ② ㉡

③ ㉢   ④ ㉣

해설

④ 〈보기〉를 살펴보면, '나는 또한'을 통해 화자에게는 기존의 목적 이외에 또 다른 목적이 있음을 알 수 있다. 이제 제시된 글의 문맥을 살펴보면, ㉣ 이전에 이미 화자의 목적 – 목적의 이유 – 달성을 위한 방법의 구성으로 완전해졌음을 알 수 있다. 따라서 새로운 목적의 이유인 마지막 문장 앞, 즉 〈보기〉가 ㉣의 위치에 들어갔을 때 자연스러운 구성이 된다.

목적	목적의 이유	달성을 위한 방법	또 다른 목적	목적의 이유
첫 번째 문장 두 번째 문장	세 번째 문장	네 번째 문장	㉣	마지막 문장

정답 ④

76 논리 전개에 따른 (가)~(라)의 순서가 가장 적절한 것은?

20세기 한국 지성인의 지적 행위는 그들이 비록 한국인이라는 동양 인종의 피를 받고 있음에도 불구하고 대체적으로 서양이 동양을 해석하는 그러한 틀 속에서 이루어졌다.

(가) 그러나 그 역방향 즉 동양이 서양을 해석하는 행위는 실제적으로 부재해 왔다. 이러한 부재현상의 근본 원인은 매우 단순한 사실에 기초한다.

(나) 동양이 서양을 해석한다고 할 때에 그 해석학적 행위의 주체는 동양이어야만 한다.

(다) '동양은 동양이다.'라는 토톨러지(tautology)나 '동양은 동양이어야 한다.'라는 당위 명제가 성립하기 위해서는 동양인인 우리가 동양을 알아야 한다.

(라) 그럼에도 우리는 동양을 너무도 몰랐다. 동양이 왜 동양인지, 왜 동양이 되어야만 하는지 아무도 대답을 할 수가 없었다.

동양은 버려야 할 그 무엇으로서만 존재 의미를 지녔다. 즉, 서양의 해석이 부재한 것이 아니라 서양을 해석할 동양이 부재했다.

① (가) - (나) - (다) - (라)
② (나) - (다) - (라) - (가)
③ (다) - (라) - (가) - (나)
④ (라) - (가) - (나) - (다)

해설
① 도입부에서 한국 지성인의 지적 행위는 대체로 서양이 동양을 해석하는 틀 속에서 이루어졌다는 언급을 하고 있으므로 이어질 내용으로 적절한 것은 '동양이 서양을 해석하는 행위가 부재해 왔다.'는 (가)이다. 이어서 부재현상에 대한 단순한 사실로 '해석학적 행위의 주체가 동양이어야 한다.'는 (나), 명제가 성립하기 위해 '동양인인 우리가 동양을 알아야 한다.'고 말하는 (다), 마지막으로 그러나 우리가 동양을 모르고 있다는 (라)가 순서대로 배치되었을 때 글의 흐름이 자연스럽다.

정답 ①

77 다음 문장들을 미괄식 문단으로 구성하고자 할 때 문맥상 전개 순서로 가장 옳은 것은?

> ㉠ 숨 쉬고 마시는 공기와 물은 이미 심각한 수준으로 오염된 경우가 많고, 자원의 고갈, 생태계의 파괴는 더 이상 방치할 수 없는 지경에 이르고 있다.
>
> ㉡ 현대인들은 과학 기술이 제공하는 물질적 풍요와 생활의 편리함의 혜택 속에서 인류의 미래를 낙관적으로 전망하기도 한다.
>
> ㉢ 자연 환경의 파괴뿐만 아니라 다양한 갈등으로 인한 전쟁의 발발 가능성이 도처에서 높아지고 있어서, 핵전쟁이라도 터진다면 인류의 생존은 불가능해질 수도 있다.
>
> ㉣ 이런 위기들이 현대 과학 기술과 밀접한 관계가 있다는 사실을 알게 되는 순간, 과학 기술에 대한 지나친 낙관적 전망이 얼마나 위험한 것인가를 깨닫게 된다.
>
> ㉤ 오늘날 주변을 돌아보면 낙관적인 미래 전망이 얼마나 가벼운 것인지를 깨닫게 해 주는 심각한 현상들을 쉽게 찾아볼 수 있다.

① ㉠ - ㉢ - ㉤ - ㉣ - ㉡

② ㉡ - ㉣ - ㉤ - ㉠ - ㉢

③ ㉡ - ㉤ - ㉠ - ㉢ - ㉣

④ ㉤ - ㉣ - ㉠ - ㉢ - ㉡

제1과목 | 국어

해설

㉡ 인류의 미래에 대한 낙관(도입, 화제를 제시함)

㉤ 낙관론의 문제점

㉠ ㉤의 예로서의 자연 파괴 사례

㉢ ㉤의 또 다른 예로서의 전쟁 발발 가능성

㉣ 낙관적 전망의 위험성(결론, 논지를 요약함)

정답 ③

78 내용의 전개에 따라 바르게 배열한 것은?

(가) 사물은 저것 아닌 것이 없고, 또 이것 아닌 것이 없다. 이쪽에서 보면 모두가 저것, 저쪽에서 보면 모두가 이것이다.

(나) 그러므로 저것은 이것에서 생겨나고, 이것 또한 저것에서 비롯된다고 한다. 이것과 저것은 저 혜시(惠施)가 말하는 방생(方生)의 설이다.

(다) 그래서 성인(聖人)은 이런 상대적인 방법에 의하지 않고, 그것을 절대적인 자연의 조명(照明)에 비추어 본다. 그리고 커다란 긍정에 의존한다. 거기서는 이것이 저것이고 저것 또한 이것이다. 또 저것도 하나의 시비(是非)이고 이것도 하나의 시비이다. 과연 저것과 이것이 있다는 말인가. 과연 저것과 이것이 없다는 말인가.

(라) 그러나 그, 즉 혜시(惠施)도 말하듯이 삶이 있으면 반드시 죽음이 있고, 죽음이 있으면 반드시 삶이 있다. 역시 된다가 있으면 안 된다가 있고, 안 된다가 있으면 된다가 있다. 옳다에 의거하면 옳지 않다에 기대는 셈이 되고, 옳지 않다에 의거하면 옳다에 의지하는 셈이 된다.

① (가) – (나) – (다) – (라) 　　② (가) – (나) – (라) – (다)
③ (가) – (다) – (나) – (라) 　　④ (가) – (라) – (나) – (다)

해설

(가) 이쪽에서 보면 모두가 저것, 저쪽에서 보면 모두가 이것이다. → (나) 그러므로 저것은 이것에서 생겨나고, 이것 또한 저것에서 비롯된다. ~ 혜시(惠施)가 말하는 방생(方生)의 설이다. → (라) 그러나 ~ 혜시(惠施)도 말하듯이 삶이 있으면 반드시 죽음이 있고, 죽음이 있다면 반드시 삶이 있다. ~ 옳다에 의거하면 옳지 않다에 기대는 셈이 되고, 옳지 않다에 의거하면 옳다에 의지하는 셈이 된다. → (다) 그래서 성인(聖人)은 이런 상대적인 방법에 의하지 않고, 그것을 절대적인 자연의 조명(照明)에 비추어 본다.

② 지시어가 제시되지 않은 (가)가 맨 앞에 위치한다. (나)의 '혜시(惠施)가 말하는 방생(方生)의 설'이 (라)의 '즉 혜시(惠施)도 말하듯이'로 연결된다. 그리고 (라)의 '옳다에 의거하면 옳지 않다에 기대는 셈이 되고, 옳지 않다에 의거하면 옳다에 의지하는 셈'이 (다)의 '이런 상대적인 방법'을 의미한다. 따라서 (나) – (라) – (다)로 연결된다.

정답 ②

79 다음을 논리적 순서로 배열한 것은?

ㄱ 그 덕분에 인류의 문명은 발달될 수 있었다.

ㄴ 그 대신 사람들은 잠을 빼앗겼고 생물들은 생체 리듬을 잃었다.

ㄷ 인간은 오랜 세월 태양의 움직임에 따라 신체 조건을 맞추어 왔다.

ㄹ 그러나 밤에도 빛을 이용해 보겠다는 욕구가 관솔불, 등잔불, 전등을 만들어 냈고, 이에 따라 밤에 이루어지는 인간의 활동이 점점 많아졌다.

---

① ㄱ - ㄴ - ㄷ - ㄹ

② ㄴ - ㄱ - ㄹ - ㄷ

③ ㄷ - ㄹ - ㄱ - ㄴ

④ ㄹ - ㄷ - ㄴ - ㄱ

해설

ㄷ 인간은 태양의 움직임에 따라 신체 조건을 맞추어 왔다.

ㄹ 그러나 밤에도 빛을 이용해 보겠다는 욕구가 관솔불, 등잔불, 전등을 만들어 냈고, 이에 따라 밤에 이루어지는 인간의 활동이 점점 많아졌다.

ㄱ 그 덕분에 인류의 문명은 발달될 수 있었다.

ㄴ 그 대신 인간은 잠을 빼앗겼고 생물들은 생체 리듬을 잃었다.

정답 ③

80 ㉠~㉣의 고쳐 쓰기로 적절하지 않은 것은?

> 봄이면 어김없이 나타나 우리를 괴롭히는 황사가 본래 나쁘기만 한 것은 아니었다. ㉠ 황사의 이동 경로는 매우 다양하다. 황사는 탄산칼슘, 마그네슘, 칼륨 등을 포함하고 있어 봄철의 산성비를 중화시켜 토양의 산성화를 막는 역할을 했다. 또 황사는 무기물을 포함하고 있어 해양 생물에게도 도움을 줬다. ㉡ 그리고 지금의 황사는 생태계에 심각한 해를 끼치는 애물단지가 되어 버렸다. 이처럼 황사가 재앙의 주범이 된 것은 인간의 환경 파괴 ㉢ 덕분이다.
>
> 현대의 황사는 각종 중금속을 포함하고 있는 독성 황사이다. 황사에 포함된 독성 물질 중 대표적인 것으로 다이옥신을 들 수 있다. 다이옥신은 발암 물질이며 기형아 출산을 일으킬 수도 있는 것이다. 이러한 독성 물질을 다수 포함하고 있는 ㉣ 황사를 과거보다 자주 발생하고 정도도 훨씬 심해지고 있어 문제이다.

① ㉠은 글의 논리적인 흐름을 방해하고 있으므로 삭제한다.
② ㉡은 앞뒤 내용을 자연스럽게 연결해 주지 못하므로 '그러므로'로 바꾼다.
③ ㉢은 어휘가 잘못 사용된 것이므로 '때문이다'로 고친다.
④ ㉣은 서술어와 호응하지 않으므로 '황사가'로 고친다.

해설

② ㉡의 앞에서는 황사의 이점에 대해서 언급했지만 ㉡의 뒤에서는 황사가 해를 끼친다는 내용이 나오므로 ㉡에는 역접의 접속어가 들어가야 한다. 따라서 '그러므로'가 아닌 '그러나' 또는 '하지만' 등의 접속어를 쓰는 것이 적절하다.

① 제시문의 중심 내용은 황사가 본래 이점도 있었지만 인간이 환경을 파괴시키면서 심각하게 해를 끼치는 존재가 되었다는 것이다. '황사의 이동 경로의 다양성'은 글 전체의 흐름을 방해하므로 삭제하는 것이 적절하다.

③ '덕분이다'는 어떤 상황에 긍정적인 영향을 준 경우 사용되는 서술어이다. 환경 파괴로 인해 황사가 재앙의 주범이 되는 부정적인 결과가 발생했으므로 '때문이다'를 사용하는 것이 적절하다.

④ 서술어 '발생하다'는 목적어가 요구되지 않는 자동사이므로 주어는 주격 조사를 써서 '황사가'로 쓰는 것이 적절하다.

정답 ②

81 다음 중 고친 문장이 적절하지 않은 것은?

① 그는 창작 활동과 전시회를 열었다.

　　→ 그는 창작 활동을 하고 전시회를 열었다.

② 그는 천재로 불려졌다.

　　→ 그는 천재로 불렸다.

③ 그는 마음씨 좋은 할머니의 손자이다.

　　→ 그는 마음씨가 좋은 할머니의 손자이다.

④ 나는 오늘 아침 나무에게 물을 주었다.

　　→ 나는 오늘 아침 나무에 물을 주었다.

해설

③ 생략된 주격 조사 '가'가 들어갔으나 문장의 중의성은 해소되지 않았다. 쉼표를 넣어 바로잡을 수도 있으나 대화 상황에서는 쉼표를 말로써 표현하기 어려우므로 어순을 조정하는 것이 바람직하다.

　→ 그는 할머니의 마음씨가 좋은 손자이다.

　→ 그는 마음씨가 좋은, 할머니의 손자이다(마음씨가 좋은 사람 = 손자).

또한 할머니가 마음씨가 좋다는 뜻을 분명하게 표현하려면 '(그는 할머니의 손자인데) 그의 할머니는 마음씨가 좋다.'가 적절하다.

① '활동 – 하다'와 '전시회 – 열다'에서 목적어와 서술어의 호응이 분명해졌다.

② 파생적 피동사인 '–리–'와 통사적 피동사인 '–어지다'가 함께 쓰인 이중 피동 표현이 해소되었다.

④ 감정을 나타내지 못하는 식물이나 무생물(= 무정명사)에는 조사 '에게'가 아니라 '에'가 붙는다.

정답 ③

82 다음 〈보기〉의 계획에 따라 영화 홍보물을 제작하고자 할 때, 홍보 문구로 옳은 것은?

보기

- 예상 관객: 청소년
- 홍보 목적: 영화의 내용에 대한 관객들의 관심을 유도한다.
- 홍보 내용: 청소년들에게 희망을 주기 위한 제작 의도를 반영한다.
- 표현 방법
  1. 청유형의 문장을 사용하여 읽는 이에게 친근감을 느끼도록 한다.
  2. 역설적인 표현을 사용하여 힘든 현실을 이겨낼 수 있는 점을 강조한다.

---

① 너의 눈 속에 흐르는 물, 웃음꽃이 되어 피어나리.
② 친구야! 저 푸른 창공을 가슴에 품고 힘껏 날아보자꾸나!
③ 실패의 계단 속에 있는 성공의 문을 함께 열어보지 않으련?
④ 절망이란 꽃을 자세히 보면 희망의 씨앗이 들어있음을 알게 되리.

해설

③ '실패의 계단 속에 성공의 문'이란 역설적 표현과 어떤 의사에 대해 받아들일 의향이 있는지 친근하게 물어보는 종결어미 '–으련'이 사용되어 조건을 고려한 홍보 문구로 적절하다.

① 어떤 일에 대한 자신의 의향이나 상대방의 의향을 묻는 어미 '–리'가 사용되었으나 문맥상 혼잣말에 가깝다는 점과 역설적 표현이 사용되지 않았다는 점에서 적절하지 않다.

② 행동을 지시하거나 함께 함을 권유하는 어미 '–자꾸나'가 사용되었으나 역설적 표현이 사용되지 않았다는 점에서 적절하지 않다.

④ '절망이란 꽃'에 오히려 '희망의 씨앗'이 있다는 역설적 표현이 사용되었으나 어미 '–리'가 혼잣말로 사용되었다는 점에서 적절하지 않다.

요구하는 조건이 여러 개일 때
역설법이나 대조법, 의인법 등의 표현 방법은 문맥이나 단어의 의미를 알아야 한다는 점에서 혼동되기 쉬우나, 명령형, 청유형 등의 문장 형태는 대개 종결어미만으로 구분할 수 있다. 문제에서 요구하는 조건이 여러 개라면 먼저 문장 형태를 파악하고 나서 표현 방법을 파악하는 소거법이 문제 풀이에 효율적일 수 있다.

정답 ③

83 다음 글에서 설명한 경우와 같은 표현이 나타나지 않은 문장으로 옳은 것은?

> 　'○○○'는 자양강장제로는 가장 오래된 제품이다. 이 제품의 광고는 제품의 역사만큼이나 오래 되어서 광고 내용은 많이 바뀌었지만, 광고 문구는 예나 지금이나 '피로 회복에는 ○○○'라는 표현을 쓴다. 우리는 이 말을 아무런 의심을 하지 않고 '이 제품을 마시면 피로가 풀린다.'라는 의미로 받아들이고 있다. 그러나 조금만 주의 깊게 생각을 해보면, 이 광고 문구의 모순을 깨달을 수 있다. 회복이란 말의 사전적 뜻은 '잃어버린 것을 되찾거나 잘못된 것을 되돌이킴'이다. 그러면 '피로 회복'은 무슨 뜻이 될까? 표현 그대로 한다면 '사라져 버린 피로를 되찾는다.'의 뜻이 된다. 돈을 내고 약을 먹어서 피로를 되찾는 셈이니 정말로 희한한 약이 아닐 수 없다. 따라서 '피로 회복에는 ○○○'가 아니라 '건강 회복에는 ○○○'나 '피로를 푸는 데는 ○○○'로 표현을 바꾸어야 한다.

① 그녀는 도둑을 지키기 위해 방범창을 설치했다.
② 우리 회사에는 환경 보호를 위해 정화한 폐수만을 내보낸다.
③ 열차가 도착할 때, 승객들 모두 안전선 밖으로 발을 들여놓고 있었다.
④ 울산시 건설 본부는 올해 말까지 태화 대교를 완공할 계획이라고 한다.

해설
④ 제시된 글은 관습적으로 사용되는 특정 표현이 실상은 의미가 전도되어 사용되고 있는 경우를 말한다.
① '도둑을 지키다'는 '도둑을 보호하다'라는 뜻이 되어, 본래의 의도와 모순되므로 '도둑을 막기 위해' 또는 '도둑에게서 스스로를 지키기 위해'로 고쳐 표현해야 한다.
② '정화한 폐수'는 의미상 모순이므로, '폐수를 정화하여'로 고쳐 표현해야 한다.
③ '들여놓다'는 '밖에서 안으로 가져다 놓다'의 뜻을 가진 말이므로 '안전선 안으로 발을 들여놓고'로 고쳐 표현해야 한다.

정답 ④

84 토론자들의 주장을 가장 적절하게 분석한 것은?

사회자: 최근 보이스피싱 범죄가 모든 금융권으로 확산되면서 피해액이 늘어나고 있습니다. 이에 금융 당국이 은행에도 일부 보상 책임을 지게 하는 방안을 검토하는 것으로 알려지고 있습니다. 이에 대해 어떻게 생각하십니까?

영수: 개인들이 자신의 정보를 잘못 관리한 책임까지 은행에서 진다는 것은 문제가 있습니다. 도와드릴 수 있다면 좋겠지만, 은행 입장에서도 한계가 있는 부분이 있어 안타까울 뿐입니다.

민수: 소비자들이 자신의 개인 정보 관리에 다소 부주의함이 있다는 것은 인정합니다. 그러나 개인의 부주의를 얘기하는 것보다는 정부가 근본적인 해결책을 모색하는 것이 더욱 시급합니다.

---

① 영수와 달리, 민수는 보이스피싱 피해에 대한 책임을 소비자에게만 전가해서는 안 된다고 생각한다.
② 영수와 민수는 보이스피싱 범죄의 확산에 대한 일차적 책임이 은행과 정부에 있다고 생각한다.
③ 영수와 민수는 보이스피싱 범죄로 인한 피해를 방지하기 위해 은행에서 노력하고 있다고 생각한다.
④ 영수는 보이스피싱 범죄를 근본적으로 해결하기 위해 은행의 역할을, 민수는 정부의 역할을 강조한다.

해설

① 영수는 보이스피싱 피해에 대한 책임이 개인에게 있으며, 이를 은행에서 진다는 것은 적절하지 않다고 보는 입장이다. 반면 민수는 보이스피싱에 대한 책임을 개인의 부주의로만 볼 것이 아니라 정부 차원에서 해결책을 찾아야 한다고 보고 있다.
② 영수와 민수 모두 보이스피싱 범죄의 확산에 대한 책임이 개인들이 정보를 잘못 관리한 데 있다고 보고 있다.
③ '은행 차원에서 노력하고 있다'는 내용은 영수와 민수 모두 언급하지 않았다.
④ 영수는 보이스피싱 범죄에 대한 책임을 은행에서 지는 것에는 문제가 있다고 보는 입장이다.

정답 ①

85 다음 글을 근거로 할 때, 〈보기〉의 대화에서 ㉡의 대답이 갖는 특징으로 적절하지 않은 것은?

> 그라이스(Grice)는 원활한 대화 진행을 위한 요건으로 네 가지의 '협력의 원리'를 제시한 바 있다. 첫째, 주고받는 대화의 목적에 필요한 만큼만 정보를 제공하고 필요 이상의 정보를 제공하지 말라는 양의 격률이다. 둘째, 진실한 정보만을 제공하도록 노력하고 증거가 불충한 것은 말하지 말라는 질의 격률이다. 셋째, 해당 대화 맥락과 관련되는 말을 하라는 관련성의 격률이다. 넷째, 모호하거나 중의적인 표현을 피하고 간결하고 조리 있게 말하라는 태도의 격률이다. 그러나 모종의 효과를 위해 이 네 가지의 격률을 위배하는 일은 일상 대화에서 빈번하게 이루어지는데, 일반적으로 언중들은 그것을 자연스럽게 받아들일 뿐 아니라 때에 따라서는 협력의 원리를 지키는 것이 예의에 어긋난 경우도 많다.

┤ 보기 ├

• 대화(1) ㉠: 체중이 얼마나 되니?
　　　　　 ㉡: <u>55kg인데 키에 비해 가벼운 편입니다.</u>
• 대화(2) ㉠: 얼마 전 시민 운동회가 있었다며?
　　　　　 ㉡: <u>응. 백 미터 달리기에서 비행기보다 빠른 사람을 봤어.</u>
• 대화(3) ㉠: 너 몇 살이니?
　　　　　 ㉡: <u>형이 열일곱 살이고, 저는 열다섯 살이지요.</u>
• 대화(4) ㉠: 점심은 뭐 먹을래?
　　　　　 ㉡: <u>생각해 보고 마음 내키는 대로요.</u>

① 대화(1): 관련성의 격률을 위배하였다.
② 대화(2): 질의 격률을 위배하였다.
③ 대화(3): 양의 격률을 위배하였다.
④ 대화(4): 태도의 격률을 위배하였다.

해설
① 대화(1)에서 ㉠은 ㉡에게 체중만 물었으나 ㉡은 체중 외의 정보도 제공하여 '양의 격률'을 위배하였다. 그러나 대화 맥락을 벗어난 말은 하지 않았으므로 '관련성의 격률'을 위배한 것은 아니다.
② ㉡은 '비행기보다 빠른 사람(증거를 댈 수 없는)'이라는 표현을 사용하여 '질의 격률'을 위배하였다.
③ ㉠은 ㉡의 나이만 물었지만 ㉡은 형의 나이까지 말하고 있으므로 '양의 격률'을 위배하였다.
④ ㉡은 점심에 무엇을 먹을지 정확하게 답변하지 않고 있으므로 '태도의 격률'을 위배하였다.

정답 ①

86 문맥을 고려할 때 밑줄 친 어휘가 가장 적절하게 사용된 문장으로 옳은 것은?

① 선진국일수록 평균 수명이 길어 청년층에 비하여 노년층의 <u>비율</u>이 높다.

② 최근 여러 나라에서는 통신 방식을 아날로그에서 디지털 방식으로 <u>대체</u>하기 시작했다.

③ 예술 사진은 단순히 기록만을 남기는 작업이 아니라, 예술로서 또 다른 <u>창조</u> 활동에 속한다.

④ 우리 농업의 생산성이 낮은 것은 그동안 우리 사회가 농업 <u>부분</u>에 대한 투자를 하지 않았기 때문이다.

> **해설**
> ② 대체: '다른 것으로 대신함'을 의미하는 것으로 적절하게 사용되었다.
> ① 비율: 다른 수나 양에 대한 어떤 수나 양의 비
>   → 비중: 다른 것과 비교할 때 차지하는 중요도
> ③ 창조: 전에 없던 것을 처음으로 만듦
>   → 창작: 예술 작품을 독창적으로 지어냄. 또는 그 예술 작품
> ④ 부분: 전체를 이루는 작은 범위. 또는 전체를 몇 개로 나눈 것의 하나
>   → 부문: 일정한 기준에 따라 분류하거나 나누어 놓은 낱낱의 범위나 부분
>
> **정답** ②

87 다음 중 고유어의 뜻풀이가 옳지 않은 것은?

① 노느매기: 물건을 여러 몫으로 나누는 일

② 비나리치다: 갑자기 내린 비를 피하려고 허둥대다.

③ 가리사니: 사물을 판단할 수 있는 지각이나 실마리

④ 던적스럽다: 하는 짓이 보기에 매우 치사하고 더러운 데가 있다.

> **해설**
> ② '비나리치다'는 남의 환심을 사려고 아첨하는 것을 이르는 말이다.
>   • 비나리: 「1」 걸립을 직업으로 하는 사람 「2」 걸립패가 마지막으로 행하는 마당굿에서 곡식과 돈을 상 위에 받아 놓고 외는 고사 문서. 또는 그것을 외는 사람 「3」 남의 환심을 사려고 아첨함
>   • 걸립: 동네에 경비를 쓸 일이 있을 때, 여러 사람들이 패를 짜서 각처로 다니면서 풍물을 치고 재주를 부리며 돈이나 곡식을 구하는 일
> ① 노느매기: 여러 몫으로 갈라 나누는 일. 또는 그렇게 나누어진 몫
> ③ 가리사니: 「1」 사물을 판단할 만한 지각 「2」 사물을 분간하여 판단할 수 있는 실마리
> ④ 던적스럽다: 하는 짓이 보기에 매우 치사하고 더러운 데가 있다.
>
> **정답** ②

88 다음 밑줄 친 단어의 뜻풀이가 옳지 않은 것은?

① <u>사위스러워서</u> 아무도 입에 올리진 않았지만, 마을 사람들은 만득이가 사지로 가고 있다는 걸 알기 때문에 곱단이를 과부 안 만들려는 그의 깊은 마음을……

　　– 사위스럽다: 마음에 불길한 느낌이 들고 꺼림칙하다.

② 창백한 꽃들은 <u>애잔하게</u> 고개를 쳐들며 혹은 엷게 스치는 바람에 흔들리고……

　　– 애잔하다: 몹시 가냘프고 약하다.

③ <u>달포</u> 전에 보았을 때보다 아들의 얼굴은 많이 상해 있었다.

　　– 달포: 한 달이 조금 넘는 기간

④ 먹던 <u>대궁</u>을 주워 모아 짠지 쪽하고 갖다 주니 감지덕지 받는다.

　　– 대궁: 나물의 줄기 한가운데에 있는 연한 심

> **해설**
> ④ '대궁'은 먹다가 그릇에 남긴 밥을 의미한다.

정답 ④

---

89 다음 중 밑줄 친 부분을 의미하는 사자성어는?

> 사원 여러분, 이번 중동 진출은 이미 예산이 많이 투입된 대규모 사업입니다. 그래서 <u>하던 일을 중도에서 그만둘 수는 없습니다.</u> 이번 위기를 극복해야만 회사가 삽니다. 어려움과 많은 문제들이 있어 심적으로는 불안하겠지만 조금만 더 참고 끝까지 함께 갑시다.

① 登高自卑　　　　　　　　　② 角者無齒
③ 騎虎之勢　　　　　　　　　④ 脣亡齒寒

> **해설**
> ③ 호랑이를 타고 달리는 형세라는 뜻으로, 이미 시작한 일을 중도에 그만둘 수 없는 형세를 비유적으로 이르는 말인 '騎虎之勢(말탈 기, 범 호, 갈 지, 기세 세)'가 밑줄 친 부분과 의미가 통하는 사자성어이다.
> ① 登高自卑(오를 등, 높을 고, 스스로 자, 낮을 비): 「1」 '높은 곳에 오르려면 낮은 곳에서부터 오른다.'라는 뜻으로, 일을 순서대로 하여야 함을 이르는 말이다. 「2」 지위가 높아질수록 자신을 낮춤을 이르는 말이다.
> ② 角者無齒(뿔 각, 놈 자, 없을 무, 이 치): 뿔이 있는 짐승은 이가 없다는 뜻으로, 한 사람이 여러 가지 재주나 복을 다 가질 수 없다는 말이다.
> ④ 脣亡齒寒(입술 순, 망할 망, 이 치, 찰 한): 입술이 없으면 이가 시리다는 뜻으로, 서로 이해관계가 밀접한 사이에 어느 한쪽이 망하면 다른 한쪽도 그 영향을 받아 온전하기 어려움을 이르는 말이다.

정답 ③

90 다음 글의 ㉠으로 미루어 볼 때, '국어 순화'의 대상으로 옳지 않은 것은?

> 우리는 흔히 국어 순화라는 말로 우리말을 잘 가꾸어 나가자, 또는 좋은 언어로 발전시키자는 국어 사랑의 실천적 의지를 표현한다. 그러나 이희승 편 국어대사전에 보면, ㉠ 순화(醇化)라는 말의 뜻은 "잡스런 것을 떼어 버리고 계통 있고 순수한 것으로 만듦"이라고 되어 있다. 또 국어 순화라는 항목에 는 "비속한 말이나 저열한 유행어 등을 삼가게 하고 바르고 아름다운 말을 사용하게 하는 일"이라고 풀이되어 있다. 그러니까 '국어 순화'라는 말은 우리말에서 비속한 말이나 불순한 말들을 줄여 나간다 는 뜻을 강하게 지닌다. 실제로 지금까지의 국어 순화 운동은 비속어 쓰지 않기와 순수 우리말 즐겨 쓰기에 치중되어 왔다고 할 수 있다.

① 이거 혼자 하는 소리니까 신경 *끄세요.*
② 그 여자가 입고 나온 옷은 *지대* 멋지다.
③ 그녀는 남자 친구에게 *강짜*를 부리지 않는다.
④ 이 제품은 유통 *마진*을 줄여 가격이 저렴하다.

> **해설**
> ③ '강짜': 비록 '강샘'의 속된 말에 해당하나, '투기(妬忌)'의 국어 순화어에 해당하므로, 국어 순화의 대상으로 보기 는 어렵다.
> ※ 강샘(=강짜): 부부 사이나 사랑하는 이성(異性) 사이에서 상대되는 이성이 다른 이성을 좋아할 경우에 지나치 게 시기함
> ① '신경 끄세요.': '관심을 갖지 마세요.'의 의미를 지닌 비속한 말에 해당한다.
> ② '지대': '제대로'에서 온 말로, '엄청난, 좋은, 훌륭한, 무척' 등의 의미로 사용되며, 유행어에 해당한다.
> ④ '마진': 원가와 판매가의 차액을 뜻하는 영어 단어 'margin'을 가리키며, '중간이윤'으로 순화할 수 있는 외국어 이다.
>
> 정답 ③

91 단어의 밑줄 친 부분의 음이 다른 것은?

① 否認
③ 否決

② 否定
④ 否運

> **해설**
> '否'는 '아닐 부' 또는 '막힐 비'로 쓰인다.
> ④ 否運(막힐 비, 돌 운): '막혀서 어려운 처지에 이른 운수' 또는 '불행한 운명'을 이르는 말이다.
> ① 否認(아닐 부, 알 인): 어떤 내용 또는 사실을 옳거나 그러하다고 인정하지 아니함을 이르는 말이다.
> ② 否定(아닐 부, 정할 정): 그렇지 아니하다고 단정하거나 옳지 아니하다고 반대함을 이르는 말이다.
> ③ 否決(아닐 부, 결정할 결): 의논한 안건을 받아들이지 아니하기로 결정함을 이르는 말이다.
>
> 정답 ④

92 밑줄 친 한자성어의 쓰임이 적절하지 않은 것은?

① 말이 너무 번드르르해 미덥지 않은 자들은 대부분 <u>口蜜腹劍</u>형의 사람이다.

② 그는 싸움다운 전쟁도 못하고 <u>一敗塗地</u>가 되어 고향으로 달아나고 말았다.

③ 그에게 마땅히 대응했어야 했는데, 그대는 어찌하여 <u>首鼠兩端</u>하다가 시기를 놓쳤소?

④ 요새 신입생들이 선배들에게 예의를 차릴 줄 모르는 걸 보면 참 <u>後生可畏</u>하다는 생각이다.

> **해설**
>
> ④ 예의가 없는 후배들에 대하여 말하고 있으므로 '後生可畏(후생가외)'보다는 '眼下無人(안하무인)'을 쓰는 것이 문맥상 적절하다.
> - 後生可畏(뒤 후, 날 생, 옳을 가, 두려워할 외): '젊은 후학들을 두려워할 만하다.'라는 뜻으로, 후진들이 선배들보다 젊고 기력이 좋아, 학문을 닦음에 따라 큰 인물이 될 수 있으므로 가히 두렵다는 말이다.
> - 眼下無人(눈 안, 아래 하, 없을 무, 사람 인): 눈 아래에 사람이 없다는 뜻으로, 방자하고 교만하여 다른 사람을 업신여김을 이르는 말이다.
> ① 口蜜腹劍(입 구, 꿀 밀, 배 복, 칼 검): 입에는 꿀이 있고 배 속에는 칼이 있다는 뜻으로, 말로는 친한 듯하나 속으로는 해칠 생각이 있음을 이르는 말이다.
> ② 一敗塗地(한 일, 패할 패, 더럽힐 도, 땅 지): 싸움에 한 번 패하여 간과 뇌가 땅바닥에 으깨어진다는 뜻으로, 여지없이 패하여 다시 일어날 수 없게 되는 지경에 이름을 이르는 말이다.
> ③ 首鼠兩端(머리 수, 쥐 서, 두 양, 끝 단): 구멍에서 머리를 내밀고 나갈까 말까 망설이는 쥐라는 뜻으로, 머뭇거리며 진퇴나 거취를 정하지 못하는 상태를 이르는 말이다.
>
> **정답** ④

93 다음 중 밑줄 친 부분의 한자 표기가 옳지 않은 것은?

① 구석구석엔 불만과 불평이 <u>퇴적(堆積)</u>돼 있는 듯한 분위기였다.

② 그 선수는 스카우트 <u>파문(波紋)</u>에 휩싸여 대회에 출전하지 못했다.

③ 도전자는 통쾌한 KO승을 거두겠다고 <u>기염(氣陷)</u>을 토하고 있다.

④ 명나라 군사를 움직여서 왜적을 <u>소탕(掃蕩)</u>하였다.

> **해설**
>
> ③ 氣焰(기운 기, 불꽃 염): 불꽃처럼 대단한 기세
> ① 堆積(쌓을 퇴, 쌓을 적): 많이 덮쳐져 쌓임. 또는 많이 덮쳐 쌓음
> ② 波紋(물결 파, 무늬 문): 어떤 일이 다른 데에 미치는 영향
> ④ 掃蕩(쓸 소, 쓸어버릴 탕): 휩쓸어 죄다 없애 버림
>
> **정답** ③

94 다음 글의 ⓛ에 들어갈 한자 성어로 옳은 것은?

> 복잡한 것은 빛깔만이 아니었다. 산의 용모는 더욱 다기(多岐)하다. 혹은 깎은 듯이 준초(峻峭)하고, 혹은 그린 듯이 온후(溫厚)하고, 혹은 막잡아 빚은 듯이 험상궂고, 혹은 틀에 박은 듯이 단정하고…… 용모, 풍취(風趣)가 형형색색인 품이 이미 범속(凡俗)이 아니다.
>
> 산의 품평회를 연다면, 여기서 더 호화로울 수 있을까? 문자 그대로 (ⓛ)이다. 장안사 맞은편 산에 울울창창(鬱鬱蒼蒼) 우거진 것은 모두 잣나무뿐인데, 모두 이등변삼각형으로 가지를 늘어뜨리고 섰는 품이, 한 그루 한 그루의 나무가 흡사히 괴어 놓은 차례탑(茶禮塔) 같다. 부처님은 예불상(禮佛床)만으로는 미흡해서, 이렇게 자연의 진수성찬을 베풀어 놓으신 것일까? 얼른 듣기에 부처님이 무엇을 탐낸다는 것이 천만부당한 말 같지만, 탐내는 그것이 물욕 저편의 존재인 자연이고 보면, 자연을 맘껏 탐낸다는 것이 이미 불심(佛心)이 아니고 무엇이랴.
>
> – 정비석, 「산정무한(山情無限)」 –

① 무궁무진(無窮無盡)
② 물아일체(物我一體)
③ 오리무중(五里霧中)
④ 우공이산(愚公移山)

해설

① 산의 '용모, 풍취가 형형색색', '호화로울 수 있을까?', '울울창창', '자연의 진수성찬'이라는 표현으로 미루어, '끝이 없고 다함이 없음'의 의미를 지녀 형태와 색의 다양성을 드러낼 수 있는 '무궁무진(無窮無盡: 없을 무, 다할 궁, 없을 무, 다할 진)'이 ⓛ으로 적합하다.

② 물아일체(物我一體: 물건 물, 나 아, 한 일, 몸 체): 자연물과 자아가 하나가 된 상태

③ 오리무중(五里霧中: 다섯 오, 마을 리, 안개 무, 가운데 중): '오 리나 되는 안개 속에 있다'는 뜻으로, '무슨 일에 대하여 방향이나 갈피를 잡을 수 없음'을 이르는 말

④ 우공이산(愚公移山: 어리석을 우, 공평할 공, 옮길 이, 메 산): '우공이 산을 옮긴다'는 말로, '어떠한 큰일이라도 끊임없이 노력하면 반드시 이루어짐'을 비유하여 이르는 말

정비석, 「산정무한(山情無限)」
- 갈래: 경수필, 기행 수필
- 성격: 낭만적, 서정적, 기교적, 회고적
- 제재: 금강산의 아름다운 풍경
- 구성: 여정에 따른 추보식 구성
  – 구분 1: 산의 모습
  – 구분 2: 장안사 일대의 경치
  – 구분 3: 명경대 전설과 감회
  – 구분 4: 황천 계곡의 아름다움
  – 구분 5: 망군대에서의 조망
  – 구분 6: 마하연 여사의 풍경과 감회
  – 구분 7: 비로봉의 모습
  – 구분 8: 비로봉 정상에서의 조망
  – 구분 9: 마의 태자 무덤에서의 감회

- 특징
  - 기행문(여정–견문–감상)의 특성을 보임
  - 주로 현재 시제로 문장을 진술
  - 다양한 수사법과 화려한 문체의 구사
  - 여정과 견문에 따른 감상
  - 서경과 서정의 조화
  - 대상의 모습을 감각적으로 형상화
  - 자연에 대한 감탄
  - 지명에 얽힌 일화·전설에 따른 정서를 주요 내용으로 다룸
- 주제: 금강산의 아름다운 풍경과 감회

정답 ①

---

95 ㉠~㉣의 한자가 모두 바르게 표기된 것은?

> 글의 진술 방식에는 ㉠ 설명, ㉡ 묘사, ㉢ 서사, ㉣ 논증 등 네 가지 방식이 있다.

	㉠	㉡	㉢	㉣
①	說明	描寫	敍事	論證
②	設明	描寫	敍事	論症
③	說明	猫鯊	徐事	論症
④	說明	猫鯊	徐事	論證

해설

① ㉠ 說明(말씀 설, 밝을 명): 어떤 일이나 대상의 내용을 상대편이 잘 알 수 있도록 밝혀 말함

㉡ 描寫(그릴 묘, 베낄 사): 어떤 대상이나 사물, 현상 따위를 언어로 서술하거나 그림을 그려서 표현함

㉢ 敍事(펼 서, 일 사): 사실을 있는 그대로 적음

㉣ 論證(논할 논, 증거 증): 옳고 그름을 이유를 들어 밝힘

정답 ①

96 밑줄 친 사자성어의 쓰임이 적절하지 않은 것은?

① 그는 결단력이 없어 좌고우면(左顧右眄)하다가 적절한 대응 시기를 놓쳐 버렸다.

② 다수의 기업이 새로운 투자보다 변화에 대한 암중모색(暗中摸索)을 시도하고 있다.

③ 그 친구는 침소봉대(針小棒大)하는 경향이 있어서 하는 말을 곧이곧대로 믿기 어렵다.

④ 그 사람이 경제적으로 매우 어려운 상황에서 성공한 것은 연목구어(緣木求魚)나 마찬가지이다.

> **해설**
> ④ 연목구어(緣木求魚: 인연 연, 나무 목, 구할 구, 물고기 어): 나무에 올라가 물고기를 얻으려 한다(불가능한 일을 함)는 뜻이다.
> ① 좌고우면(左顧右眄: 왼 좌, 돌아볼 고, 오른쪽 우, 곁눈질할 면): 어떤 일에 대한 고려가 지나쳐서 결단을 내리지 못하고 망설이는 태도를 비유하는 말이다.
> ② 암중모색(暗中摸索: 어두울 암, 가운데 중, 더듬을 모, 찾을 색): 어둠 속에서 손으로 더듬어 찾는다는 뜻으로 어림짐작으로 찾는다는 말이다.
> ③ 침소봉대(針小棒大: 바늘 침, 작을 소, 몽둥이 봉, 큰 대): 작은 일을 크게 불리어 떠벌림을 이르는 말이다.
>
> **정답** ④

97 '말'이 ㉠에 해당하는 뜻으로 쓰인 것은?

> 인간만이 ㉠ 말을 한다는 주장을 인간 중심의 사고로 보는 견해가 있다. 벌이 춤으로 꿀에 대한 정보를 비교적 정확히 알려 주듯이, 인간 이외에도 의사소통 수단을 가진 동물이 있기 때문이다. 이러한 동물의 의사소통 수단과 인간 언어의 차이를 알기 위해 인간 언어의 특질 몇 가지를 알아보기로 한다.

① 제가 먼저 말을 꺼냈습니다.

② 말은 생각을 표현하는 수단입니다.

③ 감정이 격해지니까 말도 거칠어지는데요.

④ 벌써 말이 퍼져서 이 일은 포기해야 하겠어요.

> **해설**
> ㉠의 '말'은 '사람의 생각이나 느낌 따위를 표현하고 전달하는 데 쓰는 음성기호'의 의미로 쓰였다. 이와 동일한 의미로 쓰인 것은 ②의 '말'이다.
> ① 일정한 주제나 줄거리를 가진 이야기이다.
> ③ 관습적 표현으로, '말투'를 의미한다.
> ④ 소문이나 풍문 따위를 가리킨다.
>
> **정답** ②

98 다음 〈보기〉의 속담과 가장 관련이 깊은 말은?

┌─┤ 보기 ├───┐
│ ㉠ 가물에 도랑 친다   ㉡ 까마귀 미역 감듯   │
└──┘

① 헛수고   ② 분주함
③ 성급함   ④ 뒷고생

> **해설**
> ㉠ 가물에 도랑 친다: 한창 가물 때 애쓰며 도랑을 치느라고 분주하게 군다는 뜻으로, 아무 보람도 없는 헛된 일을
>   하느라고 부산스레 굶을 비유적으로 이르는 말이다.
> ㉡ 까마귀 미역 감듯: 까마귀는 미역을 감아도 그냥 검다는 데서, 일한 자취나 보람이 드러나지 않음을 비유적으로
>   이르는 말로, 일을 처리함에 있어 세밀하지 못하고 거친 것을 비유적으로 이르는 말이다.
> 따라서 두 속담과 가장 관련이 깊은 말은 ① '헛수고'이다.
>
> 정답 ①

99 다음에 제시된 의미와 가장 가까운 속담은?

┌──┐
│   가난한 사람이 남에게 업신여김을 당하기 싫어서 허세를 부리려는 심리를 비유적으로 이르는 말 │
└──┘

① 가난한 집 신주 굶듯
② 가난한 집에 자식이 많다
③ 가난할수록 기와집 짓는다
④ 가난한 집 제사 돌아오듯

> **해설**
> ③ 가난할수록 기와집 짓는다: 「1」'당장 먹을 것이나 입을 것이 넉넉지 못한 가난한 살림일수록 기와집을 짓는다.'라
>   는 뜻으로, 실상은 가난한 사람이 남에게 업신여김을 당하기 싫어서 허세를 부리려는 심리를 비유적으로 이르는
>   말이다. 「2」 가난하다고 주저앉고 마는 것이 아니라 어떻게든 잘살아 보려고 용단을 내어 큰일을 벌인다는 말이다.
> ① 가난한 집 신주 굶듯: '가난한 집에서는 산 사람도 배를 굶는 형편이므로 신주까지도 제사 음식을 제대로 받아 보
>   지 못하게 된다.'라는 뜻으로, 줄곧 굶기만 한다는 말이다.
> ② 가난한 집에 자식이 많다: '가난한 집은 먹고 살아 나갈 걱정이 큰데 자식까지 많다.'라는 뜻으로, 이래저래 부담
>   되는 것이 많음을 이르는 말이다.
> ④ 가난한 집 제사 돌아오듯: '살아가기도 어려운 가난한 집에 제삿날이 자꾸 돌아와서 그것을 치르느라 매우 어려
>   움을 겪는다.'라는 뜻으로, 힘든 일이 자주 닥쳐옴을 비유적으로 이르는 말이다.
>
> 정답 ③

100 다음 중 〈보기〉의 뜻으로 옳은 것은?

┤ 보기 ├─

털을 뽑아 신을 삼는다.

---

① 힘든 일을 억지로 함

② 자신의 온 정성을 다하여 은혜를 꼭 갚음

③ 모든 물건은 순리대로 가꾸고 다루어야 함

④ 사리를 돌보지 아니하고 남의 것을 통으로 먹으려 함

해설

② 온몸에 있는 털을 뽑아 신을 만들어 바친다는 의미로, 자신의 온 정성을 다하여 은혜를 반드시 갚겠다는 뜻이다.

① 쥐구멍으로 소 몰려 한다.

③ 털도 내리쓸어야 빛이 난다.

④ 털도 안 뜯고 먹겠다 한다.

정답 ②

제2과목

행정법

행정법 예상문제

01   행정법 서론

01 다음 중 사인의 공법행위에 대한 설명으로 옳지 않은 것은?

① 투표행위와 같은 합성행위는 그 집단성·형식성이 중시되므로 착오를 이유로 취소를 주장할 수 없다.

② 사인의 공법행위가 행정행위의 전제요건이 아닌 단순한 동기에 불과한 경우에는 사인의 공법행위의 하자는 그 정도의 여하에 관계없이 행정행위의 효력에는 아무런 영향을 미치지 못한다.

③ 신청인이 신청에 앞서 행정청의 허가업무 담당자에게 신청서의 내용에 대한 검토를 요청한 것만으로도 다른 특별한 사정이 없는 한 명시적이고 확정적인 신청의 의사표시가 있음을 인정할 수 있다.

④ 민법상 비진의표시의 무효에 관한 규정은 영업재개신고나 공무원의 일괄사표제출, 군인의 전역지원과 같은 사인의 공법행위에 적용되지 않는다.

해설

③ 구 행정절차법 제17조 제3항 본문은 "행정청은 신청이 있는 때에는 다른 법령 등에 특별한 규정이 있는 경우를 제외하고는 그 접수를 보류 또는 거부하거나 부당하게 되돌려 보내서는 아니 되며, 신청을 접수한 경우에는 신청인에게 접수증을 교부하여야 한다."고 규정하고 있는바, 여기에서의 신청인의 행정청에 대한 신청의 의사표시는 명시적이고 확정적인 것이어야 한다고 할 것이므로 신청인이 신청에 앞서 행정청의 허가업무 담당자에게 신청서의 내용에 대한 검토를 요청한 것만으로는 다른 특별한 사정이 없는 한 명시적이고 확정적인 신청의 의사표시가 있었다고 하기 어렵다(대판 2004.9.24, 2003두13236).

① 투표행위와 같은 합성행위는 단체적 성격이 강하므로 착오를 이유로 취소할 수 없다(통설).

② 사인의 공법행위가 행정행위의 전제요건이 아닌 단순한 동기에 불과한 경우에는 주된 행정행위의 효력에 영향을 미치지 못하므로 주된 행정행위의 효력은 유효하다.

④ 군인사정책상 필요에 의하여 복무연장지원서와 전역(여군의 경우 면역임)지원서를 동시에 제출하게 한 방침에 따라 위 양 지원서를 함께 제출한 이상, 그 취지는 복무연장지원의 의사표시를 우선으로 하되, 그것이 받아들여지지 아니하는 경우에 대비하여 원에 의하여 전역하겠다는 조건부 의사표시를 한 것이므로 그 전역지원의 의사표시도 유효한 것으로 보아야 한다. 위 전역지원의 의사표시가 진의 아닌 의사표시라 하더라도 그 무효에 관한 법리를 선언한 민법 제107조 제1항 단서의 규정은 그 성질상 사인의 공법행위에는 적용되지 않는다 할 것이므로 그 표시된 대로 유효한 것으로 보아야 한다(대판 1994.1.11, 93누10057).

 정답 ③

02 개인적 공권에 대한 설명으로 옳지 않은 것은? (다툼이 있는 경우 판례에 의함)

① 환경영향평가에 관한 자연공원법령 및 환경영향평가법령들의 취지는 환경공익을 보호하려는 데 있으므로 환경영향평가 대상지역 안의 주민들이 수인한도를 넘는 환경침해를 받지 아니하고 쾌적한 환경에서 생활할 수 있는 개별적 이익까지 보호하는 데 있다고 볼 수는 없다.

② 행정처분에 있어서 불이익처분의 상대방은 직접 개인적 이익의 침해를 받은 자로서 취소소송의 원고적격이 인정되지만 수익처분의 상대방은 그의 권리나 법률상 보호되는 이익이 침해되었다고 볼 수 없으므로 달리 특별한 사정이 없는 한 취소를 구할 이익이 없다.

③ 상수원보호구역 설정의 근거가 되는 규정은 상수원의 확보와 수질보전일 뿐이고, 그 상수원에서 급수를 받고 있는 지역주민들이 가지는 이익은 상수원의 확보와 수질보호라는 공공의 이익이 달성됨에 따라 반사적으로 얻게 되는 이익에 불과하다.

④ 개인적 공권이 성립하려면 공법상 강행법규가 국가 기타 행정주체에게 행위의무를 부과해야 한다. 과거에는 그 의무가 기속행위의 경우에만 인정되었으나, 오늘날에는 재량행위에도 인정된다고 보는 것이 일반적이다.

> **해설**
> ① 환경영향평가에 관한 자연공원법령 및 환경영향평가법령의 규정들의 취지는 집단시설지구개발사업이 환경을 해치지 아니하는 방법으로 시행되도록 함으로써 집단시설지구개발사업과 관련된 환경공익을 보호하려는 데에 그치는 것이 아니라 그 사업으로 인하여 직접적이고 중대한 환경피해를 입으리라고 예상되는 환경영향평가 대상지역 안의 주민들이 개발 전과 비교하여 수인한도를 넘는 환경침해를 받지 아니하고 쾌적한 환경에서 생활할 수 있는 개별적 이익까지도 이를 보호하려는 데에 있다 할 것이므로, 위 주민들이 당해 변경승인 및 허가처분과 관련하여 갖고 있는 위와 같은 환경상의 이익은 단순히 환경공익 보호의 결과로 국민일반이 공통적으로 가지게 되는 추상적·평균적·일반적인 이익에 그치지 아니하고 주민 개개인에 대하여 개별적으로 보호되는 직접적·구체적인 이익이라고 보아야 한다(대판 1998.4.24. 97누3286).
> ② 행정처분에 있어서 불이익처분의 상대방은 직접 개인적 이익의 침해를 받은 자로서 원고적격이 인정되지만 수익처분의 상대방은 그의 권리나 법률상 보호되는 이익이 침해되었다고 볼 수 없으므로 달리 특별한 사정이 없는 한 취소를 구할 이익이 없다(대판 1995.8.22. 94누8129).
> ③ 상수원보호구역 설정의 근거가 되는 규정은 상수원의 확보와 수질보전일 뿐이고, 그 상수원에서 급수를 받고 있는 지역주민들이 가지는 이익은 상수원의 확보와 수질보호라는 공공의 이익이 달성됨에 따라 반사적으로 얻게 되는 이익에 불과하므로, 지역주민들에 불과한 원고들에게는 위 상수원보호구역변경처분의 취소를 구할 법률상의 이익이 없다(대판 1995.9.26. 94누14544).
> ④ 개인적 공권의 성립요건은 근거법규의 강행법규성에 의한 행위의무(기속행위)와 사익보호성이라는 것이 일반적 견해이다. 오늘날 개인적 공권의 확대화 경향에 의하여 개인적 공권은 강행법규에 의한 행위의무 즉, 기속행위 뿐만 아니라 재량행위에서의 재량권이 0으로의 수축에 의하여 기속행위화 되는 경우에도 성립할 수 있다는 것이 일반적 견해이다.

정답 ①

03 다음 중 **법률유보원칙**에 대한 설명으로 옳지 않은 것은?

① 법률유보원칙은 의회민주주의원리, 법치국가원리, 기본권 보장을 그 이념적 기초로 한다.

② 법률우위원칙은 법 자체의 체계와 관련된 것이지만, 법률유보원칙은 입법과 행정과 관련되어 있다.

③ 법률유보원칙에서 법률이란 국회에서 제정한 형식적 의미의 법률뿐만 아니라 법률에서 구체적으로 위임을 받은 법규명령도 포함된다.

④ 헌법재판소는 한국방송공사 수신료 사건과 관련하여 의회유보원칙과 행정유보원칙 모두를 인정하였다.

> **해설**
> ④ 텔레비전 방송수신료는 대다수 국민의 재산권 보장의 측면이나 한국방송공사에게 보장된 방송자유의 측면에서 국민의 기본권 실현에 관련된 영역에 속하고, 수신료금액의 결정은 납부의무자의 범위 등과 함께 수신료에 관한 본질적인 중요한 사항이므로 국회가 스스로 행하여야 하는 사항에 속하는 것임에도 불구하고 한국방송공사법 제36조 제1항에서 국회의 결정이나 관여를 배제한 채 한국방송공사로 하여금 수신료금액을 결정해서 문화관광부장관의 승인을 얻도록 한 것은 법률유보원칙에 위반된다(헌재 1999.5.27, 98헌바70).
> ① 전부유보설에 따르면(법률유보의 영역을 전체급부행위로 확장) 법치국가를 헌법원리로 제시하여 의회민주주의의 정당성을 강조하고 있다. 또한 의회민주주의는 기본권 보장을 위해 요구된다.
> ② 법률유보원칙은 입법과 행정 사이의 권한의 문제이다.
> ③ 법률유보원칙은 법률에 근거한 규율을 의미하므로 법규명령을 통한 규율도 인정한다.
>
> 정답 ④

04 **통치행위**에 대한 설명으로 옳지 않은 것은? (다툼이 있는 경우 판례에 의함)

① 대통령의 계엄선포행위는 고도의 정치적, 군사적 성격을 띠는 행위라고 할 것이어서, 그 선포의 당, 부당을 판단할 권한은 헌법상 계엄의 해제요구권이 있는 국회만이 가지고 있다 할 것이다.

② 비상계엄의 선포나 확대가 국헌문란의 목적을 달성하기 위하여 행하여진 경우에는 법원은 그 자체가 범죄행위에 해당하는지의 여부에 관하여 심사할 수 있다.

③ 군사시설보호법에 의한 군사시설보호구역의 설정, 변경 또는 해제와 같은 행위는 행정청에 의한 공법행위라는 점에서는 넓은 의미의 행정행위라고 할 것이나 이는 행정입법행위 또는 통치행위라는 점에서 협의의 행정행위와 구별된다.

④ 대통령이 한미연합 군사훈련의 일종인 2007년 전시증원연습을 하기로 한 결정은 통치행위에 해당한다.

④ 한미연합 군사훈련은 1978. 한미연합사령부의 창설 및 1979.2.15. 한미연합연습 양해각서의 체결 이후 연례적으로 실시되어 왔고, 특히 이 사건 연습은 대표적인 한미연합 군사훈련으로서, 피청구인이 2007.3.경에 한 이 사건 연습결정이 새삼 국방에 관련되는 고도의 정치적 결단에 해당하여 사법심사를 자제하여야 하는 통치행위에 해당 된다고 보기 어렵다(대판 2009.5.28, 2007헌마369).

① 대통령의 계엄선포행위는 고도의 정치적, 군사적 성격을 띠는 행위라고 할 것이어서, 그 선포의 당, 부당을 판단 할 권한은 헌법상 계엄의 해제요구권이 있는 국회만이 가지고 있다 할 것이고 그 선포가 당연무효의 경우라면 모르되, 사법기관인 법원이 계엄선포의 요건 구비여부나, 선포의 당, 부당을 심사하는 것은 사법권의 내재적인 본질 적 한계를 넘어서는 것이 되어 적절한 바가 못 된다(대판 1979.12.7, 79초70).

② 비상계엄의 선포나 확대가 국헌문란의 목적을 달성하기 위하여 행하여진 경우에는 법원은 그 자체가 범죄행위에 해당하는 지의 여부에 관하여 심사할 수 있다(대판 1997.4.17, 96도3376 전합).

정답 ④

05 행정법의 일반원칙과 관련된 대법원의 판례의 입장으로 옳지 않은 것은? (다툼이 있는 경우 판례에 의함)

① 실제의 공원구역과 다르게 경계측량 및 표지를 설치한 십수년 후 착오를 발견하여 지형도를 수정한 조치가 신뢰보호의 원칙에 위배되거나 행정의 자기구속의 법리에 반하는 것이라 할 수 없다.

② 청원경찰의 인원감축을 위하여 초등학교 졸업 이하 학력소지자 집단과 중학교 중퇴 이상 학력소지자 집단으로 나누어 각 집단별로 같은 감원비율 상당의 인원을 선정한 것은 위법한 재량권 행사이다.

③ 청소년유해매체물로 결정·고시된 만화인 사실을 모르고 8일간 청소년에게 대여한 도서대여업자 에게 금 700만 원의 과징금이 부과된 경우, 그 과징금부과처분은 재량권을 일탈·남용한 것으로서 위법하다.

④ 폐기물처리업에 대하여 사전에 관할 관청으로부터 적정통보를 받고 막대한 비용을 들여 허가요건 을 갖춘 다음 허가신청을 하였음에도 다수 청소업자의 난립으로 안정적이고 효율적인 청소업무의 수행에 지장이 있다는 이유로 한 불허가처분은 신뢰보호의 원칙 및 비례의 원칙에 반하는 것으로서 재량권을 남용한 위법한 처분에 해당한다.

② 행정자치부의 지방조직 개편지침의 일환으로 청원경찰의 인원감축을 위한 면직처분대상자를 선정함에 있어서 초등학교 졸업 이하 학력소지자 집단과 중학교 중퇴 이상 학력소지자 집단으로 나누어 각 집단별로 같은 감원비율 상당의 인원을 선정한 것은 합리성과 공정성을 결여하고, 평등의 원칙에 위배하여 그 하자가 중대하다 할 것이나, 그렇게 한 이유가 시험문제 출제 수준이 중학교 학력 수준이어서 초등학교 졸업 이하 학력소지자에게 상대적으로 불리할 것이라는 판단 아래 이를 보완하기 위한 것이었으므로 그 하자가 객관적으로 명백하다고 보기는 어렵다고 한 사례(대판 2002.2.8, 2000두4057). 즉, 취소사유에 해당한다.

① 대판 1992.10.13, 92누2325
③ 대판 2001.7.27, 99두9490
④ 대판 1998.5.8, 98두4061

정답 ②

06 비례원칙에 대한 설명으로 옳지 않은 것은? (다툼이 있는 경우 판례에 의함)

① 「도로교통법」 제148조의2 제1항 제1호의 「도로교통법」 제44조 제1항을 2회 이상 위반한 것에 구 「도로교통법」 제44조 제1항을 위반한 음주운전 전과도 포함된다고 해석하는 것은 비례원칙에 위반된다.

② 헌법재판소는 비례원칙의 내용으로 목적의 정당성, 방법의 적절성, 피해의 최소성, 법익의 균형성을 들고 있다.

③ 침해행정인가 급부행정인가를 가리지 아니하고 행정의 전 영역에 적용된다.

④ 비례원칙의 헌법적 근거로는 제37조 제2항을 들 수 있다.

> **해설**
> ① 도로교통법 제148조의2 제1항 제1호는 도로교통법 제44조 제1항을 2회 이상 위반한 사람으로서 다시 같은 조 제1항을 위반하여 술에 취한 상태에서 자동차 등을 운전한 사람에 대해 1년 이상 3년 이하의 징역이나 500만 원 이상 1,000만 원 이하의 벌금에 처하도록 규정하고 있는데, 도로교통법 제148조의2 제1항 제1호에서 정하고 있는 '도로교통법 제44조 제1항을 2회 이상 위반한' 것에 개정된 도로교통법이 시행된 2011.12.9. 이전에 구 도로교통법 제44조 제1항을 위반한 음주운전 전과까지 포함되는 것으로 해석하는 것이 형벌불소급의 원칙이나 일사부재리의 원칙 또는 비례의 원칙에 위배된다고 할 수 없다(대판 2012.11.29, 2012도10269).
> ② 이 사건 시행령조항은 대게자원의 고갈을 막고 연안자망어업인과 근해통발어업인 간의 분쟁을 조정하기 위하여 일정한 연안 해역에서 통발어법에 의한 대게포획을 금지한 것으로, 목적의 정당성과 수단의 적절성이 인정되고, 연안자망어업인과 근해통발어업인 간의 분쟁 및 이 사건 시행령조항의 제정 경위, 대게 포획량의 추이, 대게통발어법에 의한 대게 포획의 특성, 어업허가의 현황 및 유예기간 등을 감안하면, 입법자의 판단이 현저하게 잘못되었다고 볼 수 없고 청구인들의 피해를 줄이기 위한 조치도 취하였다 할 것이어서, 피해의 최소성 및 법익의 균형성도 갖추었다고 인정되므로, 이 사건 시행령조항은 과잉금지원칙에 반하여 청구인들의 직업수행의 자유를 침해하였다고 할 수 없다(헌재 2011.8.30, 2009헌마638).
> ③ 비례원칙은 행정법상 일반원칙이므로 행정법상 전 영역에 적용된다. 수익적 행정, 침익적 행정인가를 불문한다.
> ④ 비례원칙의 근거는 헌법 제37조 제2항이며, 행정기본법과 행정절차법은 비례원칙을 규정하고 있다.
>
> **정답** ①

07 다음 중 단계별 행정행위에 대한 판례의 태도로 가장 옳지 않은 것은?

① 행정청이 내인가를 한 다음 이를 취소하는 행위는 인가신청을 거부하는 처분으로 보아야 한다.

② 폐기물처리업사업계획에 대하여 적정통보를 한 것만으로 그 사업부지 토지에 대한 국토이용계획변경신청을 승인하여 주겠다는 취지의 공적인 견해표명을 한 것으로 볼 수 없다.

③ 원자로 및 관계 시설의 부지사전승인처분은 그 자체로서 건설부지를 확정하고 사전공사를 허용하는 법률효과를 지닌 독립한 행정처분이기는 하지만, 건설허가 전에 신청자의 편의를 위하여 미리 그 건설허가의 일부 요건을 심사하여 행하는 사전적 부분 건설허가처분의 성격을 갖고 있는 것이어서 나중에 건설허가처분이 있게 되면 그 건설허가처분에 흡수되어 독립된 존재가치를 상실하고 그 건설허가처분만이 쟁송의 대상이 된다.

④ 구 「주택건설촉진법」에 의한 주택건설사업계획 사전결정이 있는 경우 주택건설계획 승인 처분은 사전결정에 기속되므로 다시 승인 여부를 결정할 수 없다.

④ 주택건설촉진법 제33조 제1항이 정하는 주택건설사업계획의 승인은 이른바 수익적 행정처분으로서 행정청의 재량행위에 속하고, 따라서 그 전 단계로서 같은 법 제32조의4 제1항이 정하는 주택건설사업계획의 사전결정 역시 재량행위라고 할 것이므로, 사전결정을 받으려고 하는 주택건설사업계획이 관계 법령이 정하는 제한에 배치되는 경우는 물론이고, 그러한 제한사유가 없는 경우에도 공익상 필요가 있으면 처분권자는 그 사전결정 신청에 대하여 불허가결정을 할 수 있다(대판 1998.4.24, 97누1501).

① 대판 1991.6.28, 90누4402
② 대판 2005.4.28, 2004두8828
③ 대판 1998.9.4, 97누19588

정답 ④

---

08 신뢰보호원칙과 행정의 자기구속원칙에 대한 판례의 입장으로 옳은 것은?

① 재량준칙이 일단 공표되었다면 재량준칙이 되풀이 시행되지 않은 경우라도 행정의 자기구속원칙이 적용될 수 있다.

② 신뢰보호의 이익과 공익 또는 제3자의 이익이 상호 충돌하는 경우 신뢰보호의 이익이 우선한다.

③ 위법한 행정처분이 수차례에 걸쳐 반복적으로 행하여졌다고 하더라도 그러한 처분이 위법한 것인 때에는 행정청에 대하여 자기구속력을 갖게 된다고 할 수 없다.

④ 행정청의 공적 견해표명이 있었는지 여부는 담당자의 조직상의 지위와 임무, 당해 언동을 하게 된 구체적인 경위 등을 고려하여 그 실질에 의해 판단할 것이 아니라 행정조직상의 형식적인 권한분배를 기준으로 판단하여야 한다.

③ 일반적으로 행정상의 법률관계에 있어서 행위에 대하여 신뢰보호의 원칙이 적용되기 위하여는 행정청이 개인에 대하여 신뢰의 대상이 되는 공적이 견해표명을 하였다는 점이 전제되어야 한다. 그리고 평등의 원칙은 본질적으로 같은 것을 자의적으로 다르게 취급함을 금지하는 것이고, 위법한 행정처분이 수차례에 걸쳐 반복적으로 행하여졌다 하더라도 그러한 처분이 위법한 것인 때에는 행정청에 대하여 자기구속력을 갖게 되었다고 할 수 없다(대판 2009.6.25, 2008두13132).

① 자기구속원칙이란 동일한 행정청이 상대방에 대하여 동종 사안에 있어서 제3자에게 행한 결정의 준칙에 스스로 구속당하는 것을 말하며, 재량준칙이 되풀이되어 시행되었을 경우에 적용될 수 있다.

② 신뢰보호의 이익과 공익이 충돌하는 경우 양자의 이익을 비교·형량하여야 한다(대판 1997.9.12, 96누18380).

④ 과세관청의 공적 견해표명이 있었는지의 여부를 판단하는 데 있어 반드시 행정조직상의 형식적인 권한분장에 구애될 것은 아니고 담당자의 조직상의 지위와 임무, 당해 언동을 하게 된 구체적인 경위 및 그에 대한 납세자의 신뢰가능성에 비추어 실질에 의하여 판단하여야 한다(대판 1996.1.23, 95누13746).

정답 ③

09 행정행위의 하자에 대한 설명으로 옳은 것만을 모두 고른 것은? (다툼이 있는 경우 판례에 의함)

> ㄱ. 명백성보충설에 의하면 무효판단의 기준에 명백성이 항상 요구되지는 아니하므로 중대명백설보
> 다 무효의 범위가 넓어지게 된다.
> ㄴ. 조세 부과처분이 무효라 하더라도 그로써 압류 등 체납처분의 효력을 다툴 수는 없다.
> ㄷ. 구 학교보건법상 학교환경위생정화구역에서의 금지행위 및 시설의 해제 여부에 관한 행정처분을
> 함에 있어 학교환경위생정화위원회의 심의절차를 누락한 행정처분은 무효이다.
> ㄹ. 선행행위의 하자를 이유로 후행행위를 다투는 경우뿐 아니라 후행행위의 하자를 이유로 선행행
> 위를 다투는 것도 하자의 승계이다.

① ㄱ
② ㄱ, ㄹ
③ ㄴ, ㄷ
④ ㄴ, ㄷ, ㄹ

해설

ㄱ. 명백성보충설은 법적 안정성 또는 제3자 보호 필요성이 있는 경우에만 명백성 요건을 판단하므로 판례와 통설의
입장인 중대명백설에 비하여 무효의 성립범위가 더 넓어진다.
  → 판례와 통설은 무효와 취소의 구별기준에 대하여 중대명백설로 무효사유를 좁게 본다.
ㄴ. 부과처분이 당연무효이면 체납처분도 당연무효이므로 불가쟁력이 발생하지 않기 때문에 행정쟁송을 통해 다툴
수 있다.
ㄷ. 구 학교보건법 소정의 학교환경위생정화구역 내에서 금지행위 및 시설의 해제 여부에 관한 행정처분을 함에 있
어 학교환경위생정화위원회의 심의를 누락한 흠이 있다면 특별한 사정이 없는 한 이는 행정처분을 위법하게 하
는 취소사유가 된다(대판 2007.3.15, 2006두15806).
ㄹ. 하자의 승계란 선행행위의 하자를 이유로 후행행위를 다툴 수 있는가의 문제이다.

정답 ①

10 행정지도에 대한 판례의 입장으로 옳은 것(○)과 옳지 않은 것(×)을 바르게 조합한 것은?

> ㄱ. 행정관청이 구 「국토이용관리법」 소정의 토지거래계약신고에 관하여 공시된 기준시가를 기준으로 매매가격을 신고하도록 행정지도를 하여 그에 따라 허위신고를 한 것이라 하더라도 이와 같은 행정지도는 법에 어긋나는 것으로서 그 범법행위가 정당화될 수 없다.
> ㄴ. 교육인적자원부장관의 국·공립대학총장들에 대한 학칙시정요구는 대학총장의 임의적인 협력을 통하여 사실상의 효과를 발생시키는 행정지도의 일종으로 헌법소원의 대상이 되는 공권력행사라고 볼 수 없다.
> ㄷ. 노동부장관이 공공기관 단체협약내용을 분석하여 불합리한 요소를 개선하라고 요구한 행위는 행정지도로서의 한계를 넘어 규제적·구속적 성격을 강하게 갖는다고 할 수 없어 헌법소원의 대상이 되는 공권력의 행사에 해당한다고 볼 수 없다.
> ㄹ. 행정기관의 위법한 행정지도로 일정기간 어업권을 행사하지 못하는 손해를 입은 자가 그 어업권을 타인에게 매도하여 매매대금 상당의 이득을 얻은 경우, 손해배상액의 산정에서 그 이득을 손익상계할 수 있다.

	ㄱ	ㄴ	ㄷ	ㄹ
①	○	○	○	○
②	○	×	×	×
③	○	×	○	×
④	×	×	○	○

해설

ㄱ. 행정관청이 국토이용관리법 소정의 토지거래계약신고에 관하여 공시된 기준시가를 기준으로 매매가격을 신고하도록 행정지도를 하여 그에 따라 허위신고를 한 것이라 하더라도 이와 같은 행정지도는 법에 어긋나는 것으로서 그와 같은 행정지도나 관행에 따라 허위신고행위에 이르렀다고 하여도 이것만 가지고서는 그 범법행위가 정당화될 수 없다(대판 1994.6.14, 93도3247).

ㄷ. 노동부장관이 공공기관 단체협약내용을 분석하여 불합리한 요소를 개선하라고 요구한 행위는 행정지도로서의 한계를 넘어 규제적·구속적 성격을 강하게 갖는다고 할 수 없어 헌법소원의 대상이 되는 공권력의 행사에 해당한다고 볼 수 없다(헌재 2011.12.29, 2009헌마330).

ㄴ. 교육인적자원부장관의 대학총장들에 대한 이 사건 학칙 시정요구는 고등교육법 제6조 제2항, 동법 시행령 제4조 제3항에 따른 것으로서 그 법적 성격은 대학총장의 임의적인 협력을 통하여 사실상의 효과를 발생시키는 행정지도의 일종이지만, 그에 따르지 않을 경우 일정한 불이익조치를 예정하고 있어 사실상 상대방에게 그에 따를 의무를 부과하는 것과 다를 바 없으므로 단순한 행정지도로서의 한계를 넘어 규제적·구속적 성격을 상당히 강하게 갖는 것으로서 헌법소원의 대상이 되는 공권력의 행사라고 볼 수 있다(헌재 2003.6.26, 2002헌마337).

ㄹ. 행정기관의 위법한 행정지도로 일정기간 어업권을 행사하지 못하는 손해를 입은 자가 그 어업권을 타인에게 매도하여 매매대금 상당의 이득을 얻었더라도 그 이득은 손해배상책임의 원인이 되는 행위인 위법한 행정지도와 상당인과관계에 있다고 볼 수 없고, 피해자가 얻은 매매대금 상당의 이득을 행정기관이 배상하여야 할 손해액에서 공제할 수 없다(대판 2008.9.25, 2006다18228).

정답 ③

11 행정입법에 대한 설명으로 옳지 않은 것은? (다툼이 있는 경우 판례에 의함)

① 구 「청소년 보호법」의 위임에 따라 제정된 「청소년 보호법 시행령」으로 정한 '위반행위의 종별에 따른 과징금 처분기준'은 법규명령에 해당되며, 그 기준에서 정한 과징금 액수는 정액이 아니라 최고 한도액이다.

② 상위법령에서 세부사항 등을 시행규칙으로 정하도록 위임하였음에도 이를 고시 등 행정규칙으로 정하였다면, 당해 고시 등은 상위법령과 결합하여 대외적 구속력을 가지는 법규명령으로서 효력이 인정된다.

③ 법률이 공법적 단체 등의 정관에 자치법적 사항을 위임한 경우에는 포괄적인 위임입법의 금지는 원칙적으로 적용되지 않는다.

④ 법령의 위임관계는 반드시 하위법령의 개별조항에서 위임의 근거가 되는 상위법령의 해당조항을 구체적으로 명시하고 있어야만 하는 것은 아니다.

해설

② 행정규칙이나 규정이 상위법령의 위임범위를 벗어난 경우에는 법규명령으로서 대외적 구속력을 인정할 여지는 없다. 이는 행정규칙이나 규정 '내용'이 위임범위를 벗어난 경우뿐 아니라 상위법령의 위임규정에서 특정하여 정한 권한행사의 '절차'나 '방식'에 위배되는 경우도 마찬가지이므로, 상위법령에서 세부사항 등을 시행규칙으로 정하도록 위임하였음에도 이를 고시 등 행정규칙으로 정하였다면 그 역시 대외적 구속력을 가지는 법규명령으로서 효력이 인정될 수 없다(대판 2012.7.5, 2010다72076).

① 구 청소년보호법 제49조 제1항, 제2항에 따른 같은 법 시행령 제40조 별표 6의 위반행위의 종별에 따른 과징금 처분기준은 법규명령이기는 하나 모법의 위임규정의 내용과 취지 및 헌법상의 과잉금지의 원칙과 평등의 원칙 등에 비추어 같은 유형의 위반행위라 하더라도 그 규모나 기간·사회적 비난 정도·위반행위로 인하여 다른 법률에 의하여 처벌받은 다른 사정·행위자의 개인적 사정 및 위반행위로 얻은 불법이익의 규모 등 여러 요소를 종합적으로 고려하여 사안에 따라 적정한 과징금의 액수를 정하여야 할 것이므로 그 수액은 정액이 아니라 최고한도액이다(대판 2001.3.9, 99두5207).

③ 법률이 정관에 자치법적 사항을 위임한 경우에는 헌법 제75조, 제95조가 정하는 포괄적인 위임입법의 금지는 원칙적으로 적용되지 않는다고 봄이 상당하다(헌재 2006.3.30, 2005헌바31).

④ 법령의 위임관계는 반드시 하위 법령의 개별조항에서 위임의 근거가 되는 상위 법령의 해당 조항을 구체적으로 명시하고 있어야만 하는 것은 아니라고 할 것이므로, 규칙 제5조가 영 제8조 제3항과의 위임관계를 위와 같이 명시하고 있다고 하여 규칙의 다른 규정에서 영 제8조 제3항의 위임에 기하여 풍속영업의 운영에 관하여 필요한 사항을 따로 정하는 것을 배제하는 취지는 아니라고 할 것이다. 따라서 규칙 제5조 및 제8조 제1항의 위임관계에 관한 규정 내용만을 들어 이 사건 쟁점 조항과 영 제8조 제3항 사이의 위임관계를 부정할 수는 없다고 할 것이다(대판 1999.12.24, 99두5658).

정답 ②

12 공법상 법률관계에 대한 설명으로 옳은 것은? (다툼이 있는 경우 판례에 의함)

① 행정청이 특정 개발사업의 시행자를 지정하는 처분을 하면서 상대방에게 지정처분의 취소에 대한 소권을 포기하도록 하는 내용의 부관을 붙이는 것은 단지 부제소특약만을 덧붙이는 것이어서 허용된다.

② 공무원연금수급권은 헌법규정만으로는 이를 실현할 수 없고 그 수급요건, 수급권자의 범위 및 급여금액은 법률에 의하여 비로소 확정된다.

③ 환경영향평가대상지역 밖에 거주하는 주민은 관계법령의 내용과는 상관없이 헌법상의 환경권에 근거하여 제3자에 대한 공유수면매립면허처분을 취소할 것을 청구할 수 있는 공권을 가진다.

④ 국유재산의 무단점유자에 대한 변상금 부과·징수권과 민사상 부당이득반환청구권은 양자 중 어느 한 쪽만 성립하여 존재할 수 있을 뿐 양자가 경합하여 병존할 수는 없다.

해설

② 공무원연금수급권과 같은 사회보장수급권은 '모든 국민은 인간다운 생활을 할 권리를 가지고, 국가는 사회보장·사회복지의증진에 노력할 의무를 진다.'고 규정한 헌법 제34조 제1항 및 제2항으로부터 도출되는 사회적 기본권 중의 하나로서, 이는 국가에 대하여 적극적으로 급부를 요구하는 것이므로 헌법규정만으로는 이를 실현할 수 없어 법률에 의한 형성이 필요하고, 그 구체적인 내용 즉 수급요건, 수급권자의 범위 및 급여금액 등은 법률에 의하여 비로소 확정된다(헌재 2013.9.26, 2011헌바272).

① 지방자치단체장이 도매시장법인의 대표이사에 대하여 위 지방자치단체장이 개설한 농수산물도매시장의 도매시장 법인으로 다시 지정함에 있어서 그 지정조건으로 "지정기간 중이라도 개설자가 농수산물 유통정책의 방침에 따라 도매시장법인 이전 및 지정취소 또는 폐쇄지시에도 일체 소송이나 손실보상을 청구할 수 없다."라는 부관을 붙인 경우, 그중 부제소특약에 관한 부분은 당사자가 임의로 처분할 수 없는 공법상의 권리관계를 대상으로 하여 사인의 국가에 대한 공권인 소권을 당사자의 합의로 포기하는 것으로 허용될 수 없다(대판 1998.8.21, 98두8919).

③ 헌법 제35조 제1항에서 정하고 있는 환경권에 관한 규정만으로는 그 권리의 주체·대상·내용·행사방법 등이 구체적으로 정립되어 있다고 볼 수 없고, 환경정책기본법 제6조도 그 규정 내용 등에 비추어 국민에게 구체적인 권리를 부여한 것으로 볼 수 없으므로, 환경영향평가 대상지역 밖에 거주하는 주민에게는 헌법상의 환경권 또는 환경정책기본법에 근거하여 공유수면매립면허처분과 농지개량사업 시행인가처분의 무효확인을 구할 원고적격이 없다(대판 2006.3.16, 2006두330 전합).

④ 구 국유재산법에 의한 변상금 부과·징수권과 민사상 부당이득반환청구권은 동일한 금액 범위 내에서 경합하여 병존하게 되고, 민사상 부당이득반환청구권이 만족을 얻어 소멸하면 그 범위 내에서 변상금 부과·징수권도 소멸하는 관계에 있다(대판 2014.9.4, 2012두5688).

정답 ②

13 행정행위의 효력에 대한 설명으로 옳지 않은 것은?

① 행정행위의 불가쟁력은 형식적 존속력이라고도 한다.

② 행정심판위원회의 재결에는 불가변력이 인정된다.

③ 불가변력은 행정행위의 상대방 및 이해관계인에 대한 구속력이고, 불가쟁력은 처분청 등 행정기관에 대한 구속력이다.

④ 불가쟁력이 발생한 행정행위일지라도 불가변력이 없는 경우에는 행정청 등 권한 있는 기관은 이를 직권으로 취소할 수 있다.

해설

③ 불가변력은 처분청 등 행정기관에 대한 구속력이고, 불가쟁력은 행정행위의 상대방 및 이해관계인에 대한 구속력이다.

① 행정행위의 불가쟁력은 형식적 존속력이라고도 하고, 실질적 존속력은 불가변력이라고 한다.

② 준사법적 행정행위(예 행정심판 재결, 징계처분에 대한 소청심사위원회의 결정)는 그 행위의 성질상 법원의 재판 행위에서처럼 법률상 인정된 별도의 불복절차를 통하지 않고는 취소 또는 변경할 수 없는 불가변력이 인정된다고 본다.

④ 행정처분을 한 처분청은 그 행위에 하자가 있는 경우에는 원칙적으로 별도의 법적 근거가 없더라도 스스로 이를 직권으로 취소할 수 있는 것이고, 행정처분에 대한 법정의 불복기간이 지나면 직권으로도 취소할 수 없게 되는 것은 아니므로, 처분청은 토지에 대한 개별토지가격의 산정에 명백한 잘못이 있다면 이를 직권으로 취소할 수 있다 (대판 1995.9.15, 95누6311).

정답 ③

14 불확정개념과 판단여지 및 기속행위와 재량행위에 대한 설명으로 옳지 않은 것은?

① 판단여지를 긍정하는 학설은 판단여지는 법률효과 선택의 문제이고 재량은 법률요건에 대한 인식의 문제라는 점, 양자는 그 인정근거와 내용 등을 달리하는 점에서 구별하는 것이 타당하다고 한다.

② 대법원은 재량행위에 대한 사법심사를 하는 경우에 법원은 행정청의 재량에 기한 공익판단의 여지를 감안하여 독자적인 판단을 하여 결론을 도출하지 않고, 당해 처분이 재량권의 일탈·남용에 해당하는지의 여부만을 심사하여야 한다고 한다.

③ 대법원은 처분을 할 것인지 여부와 처분의 정도에 관하여 재량이 인정되는 과징금 납부명령에 대하여 그 명령이 재량권을 일탈하였을 경우, 법원으로서는 재량권의 일탈 여부만 판단할 수 있을 뿐이지 재량권의 범위 내에서 어느 정도가 적정한 것인지에 관하여는 판단할 수 없어 그 전부를 취소할 수밖에 없고, 법원이 적정하다고 인정하는 부분을 초과한 부분만 취소할 수는 없다고 한다.

④ 다수설에 따르면 불확정개념의 해석은 법적 문제이기 때문에 일반적으로 전면적인 사법심사의 대상이 되고, 특정한 사실 관계와 관련하여서는 원칙적으로 일의적인 해석(하나의 정당한 결론)만이 가능하다고 본다.

해설

① 판단여지와 재량을 구별하는 입장에서는 판단여지는 법률효과를 부여하기 위해 그 전제가 되는 법률요건에 대한 판단에 있어서 판단자의 주관적인 인식의 문제인 반면, 재량은 법률요건이 충족된 이후에 그에 대한 법률효과를 부여함에 있어서 법률효과의 결정 또는 법률효과의 선택의 문제이므로, 양자는 그 인정근거와 내용 등을 달리하는 점에서 구별하는 것이 타당하다고 한다.

② 행정행위를 기속행위와 재량행위로 구분하는 경우 양자에 대한 사법심사는, 전자의 경우 그 법규에 대한 원칙적인 기속성으로 인하여 법원이 사실인정과 관련 법규의 해석·적용을 통하여 일정한 결론을 도출한 후 그 결론에 비추어 행정청이 한 판단의 적법 여부를 독자의 입장에서 판정하는 방식에 의하게 되나, 후자의 경우 행정청의 재량에 기한 공익판단의 여지를 감안하여 법원은 독자의 결론을 도출함이 없이 해당 행위에 재량권의 일탈·남용이 있는지 여부만을 심사하게 되고, 이러한 재량권의 일탈·남용 여부에 대한 심사는 사실오인, 비례·평등의 원칙 위배 등을 그 판단 대상으로 한다(대판 2007.6.14, 2005두1466).

③ 처분을 할 것인지 여부와 처분의 정도에 관하여 재량이 인정되는 과징금 납부명령에 대하여 그 명령이 재량권을 일탈하였을 경우, 법원으로서는 재량권의 일탈 여부만 판단할 수 있을 뿐이지 재량권의 범위 내에서 어느 정도가 적정할 것인지에 관하여는 판단할 수 없어 그 전부를 취소할 수밖에 없고, 법원이 적정하다고 인정하는 부분을 초과한 부분만 취소할 수는 없다(대판 2009.6.23, 2007두18062).

④ 불확정개념은 법률효과를 부여하기 위해 그 전제가 되는 법률요건에 사용된 개념이 일의적으로 확정되기 어려운 표현인 경우로써 판단의 여지는 있지만, 이에 대한 해석은 어디까지나 법률요건의 해석의 문제이므로 일반적으로는 전면적인 사법심사의 대상이 되고, 특정한 사실관계와 관련하여서는 원칙적으로 일의적인 해석(하나의 정당한 결론)만이 가능하다는 것이 다수설의 입장이다.

정답 ①

15 행정입법에 대한 설명으로 옳지 않은 것은? (다툼이 있는 경우 판례에 의함)

① 법률의 시행령이나 시행규칙의 내용이 모법의 입법 취지와 관련 조항 전체를 유기적·체계적으로 살펴보아 모법의 해석상 가능한 것을 명시한 것에 지나지 아니하거나 모법 조항의 취지에 근거하여 이를 구체화하기 위한 것인 때에는, 모법에 이에 관하여 직접 위임하는 규정을 두지 아니하였다고 하더라도 이를 무효라고 볼 수는 없다.

② 법령의 규정이 특정 행정기관에게 법령 내용의 구체적 사항을 정할 수 있는 권한을 부여하면서 권한행사의 절차나 방법을 특정하지 아니하였다면, 수임 행정기관은 행정규칙이나 규정 형식으로 법령 내용이 될 사항을 구체적으로 정할 수 없다.

③ 입법부가 법률로써 행정부에게 특정한 사항을 위임했음에도 불구하고 행정부가 정당한 이유 없이 이를 이행하지 않는다면 권력분립의 원칙과 법치국가 내지 법치행정의 원칙에 위배된다.

④ 대통령령을 제정하려면 국무회의의 심의와 법제처의 심사를 거쳐야 한다.

해설

② 법령의 규정이 특정 행정기관에 그 법령 내용의 구체적 사항을 정할 수 있는 권한을 부여하면서 그 권한 행사의 절차나 방법을 특정하고 있지 않아 수임행정기관이 행정규칙인 고시의 형식으로 그 법령의 내용이 될 사항을 구체적으로 정하고 있는 경우, 그 고시가 당해 법령의 위임 한계를 벗어나지 않는 한, 그와 결합하여 대외적으로 구속력이 있는 법규명령으로서 효력을 가진다(대판 2008.4.10, 2007두4841).

① 법률의 시행령이나 시행규칙은 법률에 의한 위임이 없으면 개인의 권리·의무에 관한 내용을 변경·보충하거나 법률이 규정하지 아니한 새로운 내용을 정할 수는 없지만, 법률의 시행령이나 시행규칙의 내용이 모법의 입법취지와 관련 조항 전체를 유기적·체계적으로 살펴보아 모법의 해석상 가능한 것을 명시한 것에 지나지 아니하거나 모법 조항의 취지에 근거하여 이를 구체화하기 위한 것인 때에는 모법의 규율 범위를 벗어난 것으로 볼 수 없으므로, 모법에 이에 관하여 직접 위임하는 규정을 두지 아니하였다고 하더라도 이를 무효라고 볼 수는 없다(대판 2014.8.20, 2012두19526).

③ 입법부가 법률로써 행정부에게 특정한 사항을 위임했음에도 불구하고 행정부가 정당한 이유 없이 이를 이행하지 않는다면 권력분립의 원칙과 법치국가 내지 법치행정의 원칙에 위배되는 것이다(대판 2007.11.29, 2006다3561).

④ 대통령령 공포문의 전문에는 국무회의의 심의를 거친 사실을 적고, 대통령이 서명한 후 대통령인을 찍고 그 공포일을 명기하여 국무총리와 관계 국무위원이 부서한다(법령 등 공포에 관한 법률 제7조).

정답 ②

16 하자의 승계에 대한 설명으로 옳지 않은 것은? (다툼이 있는 경우 판례에 의함)

① 선행행위에 무효의 하자가 존재하더라도 선행행위와 후행행위가 결합하여 하나의 법적 효과를 목적으로 하는 경우에는 하자의 승계에 대한 논의의 실익이 있다.

② 적정행정의 유지에 대한 요청에서 나오는 하자의 승계를 인정하면 국민의 권리를 보호하고 구제하는 범위가 더 넓어진다.

③ 선행행위에 대하여 불가쟁력이 발생하지 않았거나 선행행위와 후행행위가 서로 독립하여 각각 별개의 법률효과를 목적으로 하는 때에는 원칙적으로 선행행위의 하자를 이유로 후행행위의 효력을 다툴 수 없다.

④ 선행행위와 후행행위가 서로 독립하여 별개의 법률효과를 목적으로 하는 경우라도 선행행위의 불가쟁력이나 구속력이 그로 인하여 불이익을 입는 자에게 수인한도를 넘는 가혹함을 가져오고 그 결과가 예측가능한 것이 아닌 때에는 하자의 승계를 인정할 수 있다.

> **해설**
> ① 선행행위에 무효의 하자가 존재하는 경우에는 선행행위와 후행행위가 각각이 독립한 행위이든 결합하여 하나의 법적 효과를 목적으로 하는 일련의 절차이든 상관없이 하자승계가 이루어지므로 하자승계를 논할 실익이 없다.
> ② 하자승계의 논의와 관련하여 긍정하는 입장에서는 선행행위의 하자에 관하여 발생한 불가쟁력은 당해 행정행위가 실체법적으로 적법하기 때문에 유효한 것으로 존속하게 하는 것이 아니라, 당사자가 쟁송제기기간을 준수하지 못하였거나 행정심판을 거치지 않았다는 형식적인 사유만을 고려하여 인정되는 효력이므로 경우에 따라서는 후행 행정행위를 선행 행정행위의 위법성의 주장을 통하여 다툴 수 있도록 하는 것이 당사자의 권리보호나 개별적인 경우의 정의 또는 실질적인 타당성을 확보하는 것이라는 입장이다. 따라서 적정행정의 유지에 대한 요청에서 나오는 하자의 승계를 인정하면 국민의 권리를 보호하고 구제하는 범위가 더 넓어진다.
> ③ 선행행위의 하자에 대하여 불가쟁력이 발생하지 않은 경우에는 선행행위를 대상으로 하여 다투어 구제받아야 하며 후행행위에 하자를 승계시켜 다툴 실익이 없으므로 선행행위의 하자를 후행행위에 승계시켜 후행행위의 효력을 다툴 수 없다. 또한 선행행위와 후행행위가 서로 독립하여 각각 별개의 법률효과를 목적으로 하는 때에는 원칙적으로 선행행위의 하자를 이유로 후행행위의 효력을 다툴 수 없다.
> ④ 두 개 이상의 행정처분을 연속적으로 하는 경우 선행처분과 후행처분이 서로 독립하여 별개의 법률효과를 목적으로 하는 때에는 선행처분에 불가쟁력이 생겨 그 효력을 다툴 수 없게 된 경우에는 선행처분의 하자가 중대하고 명백하여 당연무효인 경우를 제외하고는 선행처분의 하자를 이유로 후행처분의 효력을 다툴 수 없는 것이 원칙이다. 그러나 선행처분과 후행처분이 서로 독립하여 별개의 효과를 목적으로 하는 경우에도 선행처분의 불가쟁력이나 구속력이 그로 인하여 불이익을 입게 되는 자에게 수인한도를 넘는 가혹함을 가져오며, 그 결과가 당사자에게 예측가능한 것이 아닌 경우에는 국민의 재판받을 권리를 보장하고 있는 헌법의 이념에 비추어 선행처분의 후행처분에 대한 구속력은 인정될 수 없다(대판 2013.3.14. 2012두6964).
>
> **정답** ①

17 행정행위의 부관에 대한 설명으로 옳지 않은 것은? (다툼이 있는 경우 판례에 의함)

① 수익적 행정처분에 있어서는 법령에 특별한 근거규정이 없다고 하더라도 그 부관으로서 부담을 붙일 수 있고, 그와 같은 부담은 행정청이 행정처분을 하면서 일방적으로 부가할 수도 있지만 부담을 부가하기 이전에 상대방과 협의하여 부담의 내용을 협약의 형식으로 미리 정한 다음 행정처분을 하면서 이를 부가할 수도 있다.

② 허가에 붙인 기한이 그 허가된 사업의 성질상 부당하게 짧아 그 기한을 허가조건의 존속기간으로 볼 수 있는 경우에 허가기간이 연장되기 위하여는 그 종기 도래 이전에 연장에 관한 신청이 있어야 한다.

③ 행정청이 도시환경정비사업시행자에게 '무상양도되지 않는 구역 내 국유지를 착공신고 전까지 매입'하도록 한 부관을 붙여 사업시행인가를 하였으나 시행자가 국유지를 매수하지 않고 점용한 사안에서, 그 부관은 국유지에 관해 사업시행인가의 효력을 저지하는 조건이 아니라 작위의무를 부과하는 부담이므로, 사업시행인가를 받은 때에 국유지에 대해「국유재산법」제24조의 규정에 의한 사용·수익 허가를 받은 것이어서 같은 법 제51조에 따른 변상금 부과처분은 위법하다.

④ 행정행위인허가 또는 특허에 붙인 조항으로서 종료의 기한을 정한 경우 기한의 도래로 그 행정행위의 효력은 당연히 상실된다.

해설

④ 행정행위인 허가 또는 특허에 붙인 조항으로서 종료의 기한을 정한 경우 종기인 기한에 관하여는 일률적으로 기한이 왔다고 하여 당연히 그 행정행위의 효력이 상실된다고 할 것이 아니고 그 기한이 그 허가 또는 특허된 사업의 성질상 부당하게 짧은 기한을 정한 경우에 있어서는 그 기한은 그 허가 또는 특허의 조건의 존속기간을 정한 것이며 그 기한이 도래함으로써 그 조건의 개정을 고려한다는 뜻으로 해석하여야 할 것이다(대판 1995.11.10, 94누11866).

① 대판 2009.2.12, 2005다65500
② 대판 2007.10.11, 2005두12404
③ 대판 2008.11.27, 2007두24289

정답 ④

18 행정행위의 종류에 대한 설명 중 옳은 것은? (다툼이 있는 경우 판례에 의함)

① 한약조제시험을 통하여 약사에게 한약조제권을 인정함으로써 한의사들의 영업상 이익이 감소되었다고 하더라도 이러한 이익은 사실상의 이익에 불과하다.

② 개인택시운송사업면허는 성질상 일반적 금지에 대한 해제에 불과하다.

③ 사회복지법인의 정관변경허가에 대해서는 부관을 붙일 수 없다.

④ 친일반민족행위자재산조사위원회의 국가귀속결정은 친일재산을 국가의 소유로 귀속시키는 형성행위이다.

해설

① 한의사 면허는 경찰금지를 해제하는 명령적 행위(강학상 허가)에 해당하고, 한약조제시험을 통하여 약사에게 한약조제권을 인정함으로써 한의사들의 영업상 이익이 감소되었다고 하더라도 이러한 이익은 사실상의 이익에 불과하고 약사법이나 의료법 등의 법률에 의하여 보호되는 이익이라고는 볼 수 없으므로, 한의사들이 한약조제시험을 통하여 한약조제권을 인정받은 약사들에 대한 합격처분의 무효확인을 구하는 당해 소는 원고적격이 없는 자들이 제기한 소로서 부적법하다(대판 1998.3.10. 97누4289).

② 여객자동차 운수사업법에 의한 개인택시운송사업의 면허는 특정인에게 권리나 이익을 부여하는 행정청의 재량행위이다(대판 2007.6.1. 2006두17987).

③ 사회복지사업에 관한 기본적 사항을 규정하여 그 운영의 공정·적절을 기함으로써 사회복지의 증진에 이바지함을 목적으로 하는 구 사회복지사업법의 입법 취지와 규정에 사회복지법인의 설립이나 설립 후의 정관변경의 허가에 관한 구체적인 기준이 정하여져 있지 아니한 점 등에 비추어 보면, 사회복지법인의 정관변경을 허가할 것인지의 여부는 주무관청의 정책적 판단에 따른 재량에 맡겨져 있다고 할 것이고, 주무관청이 정관변경허가를 함에 있어서는 비례의 원칙 및 평등의 원칙에 적합하고 행정처분의 본질적 효력을 해하지 않는 한도 내에서 부관을 붙일 수 있다(대판 2002.9.24. 2000두5661).

④ 친일반민족행위자 갑이 1911.6.30. 및 1917.10.13. 사정받아 취득한 토지는 구 '친일반민족행위자 재산의 국가귀속에 관한 특별법'에서 정한 친일재산으로서 친일반민족행위자재산조사위원회가 국가귀속결정을 하였는지 여부에 관계없이 특별법에 의하여 그 취득·증여 등 원인행위시에 소급하여 당연히 국가의 소유로 되는 점에다가 특별법의 입법취지 등을 감안하면 특별법상 친일재산에 관하여는 친일반민족행위자나 그 상속인들에 의한 시효취득이 허용되지 아니한다(대판 2012.2.23. 2010두17557).

정답 ①

19 허가에 대한 설명으로 가장 적절하지 않은 것은? (다툼이 있는 경우 판례에 의함)

① 허가 등의 행정처분은 원칙적으로 허가신청 당시의 기준에 의하여 따라야 하고, 처분 시의 법령과 허가기준에 의하여 처리되어야 하는 것은 아니다.

② 식품위생법상 일반음식점영업허가는 성질상 일반적 금지의 해제에 불과하므로 허가권자는 허가신청이 법에서 정한 요건을 구비한 때에는 허가하여야 하고 관계법령에서 정하는 제한사유 외에 공공복리 등의 사유를 들어 허가신청을 거부할 수는 없다.

③ 석유판매업허가는 소위 대물적 허가의 성질을 갖는 것이어서 양수인이 그 양수 후 허가관청으로부터 석유판매업허가를 다시 받았다 하더라도 양도인의 귀책사유는 양수인에게 그 효력이 미친다.

④ 산림훼손허가의 경우 관계법령상의 명문의 규정이 없더라도 공공복리 등의 사유로 허가를 거부할 수 있다.

> **해설**
> ① 허가 등의 행정처분은 원칙적으로 처분시의 법령과 허가기준에 의하여 처리되어야 하고 허가신청 당시의 기준에 따라야 하는 것은 아니며 비록 허가신청 후 허가기준이 변경되었다 하더라도 그 허가관청이 허가신청을 수리하고도 정당한 이유없이 그 처리를 늦추어 그 사이에 허가기준이 변경된 것이 아닌 이상 변경된 허가기준에 따라서 처분을 하여야 한다(대판 1996.8.20, 95누10877).
> ② 식품위생법상 일반음식점영업허가는 성질상 일반적 금지의 해제에 불과하므로 허가권자는 허가신청이 법에서 정한 요건을 구비한 때에는 허가하여야 하고 관계 법령에서 정하는 제한사유 외에 공공복리 등의 사유를 들어 허가신청을 거부할 수는 없고, 이러한 법리는 일반음식점 허가사항의 변경허가에 관하여도 마찬가지이다(대판 2000.3.24, 97누12532).
> ③ 석유판매업(주유소)허가는 소위 대물적 허가의 성질을 갖는 것이어서 그 사업의 양도도 가능하고 이 경우 양수인은 양도인의 지위를 승계하게 됨에 따라 양도인의 위 허가에 따른 권리의무가 양수인에게 이전되는 것이므로 만약 양도인에게 그 허가를 취소할 위법사유가 있다면 허가관청은 이를 이유로 양수인에게 응분의 제재조치를 취할 수 있다 할 것이고, 양수인이 그 양수 후 허가관청으로부터 석유판매업허가를 다시 받았다 하더라도 이는 석유판매업의 양수도를 전제로 한 것이어서 이로써 양도인의 지위승계가 부정되는 것은 아니므로 양도인의 귀책사유는 양수인에게 그 효력이 미친다(대판 1986.7.22, 86누203).
> ④ 법령이 규정하는 산림훼손 금지 또는 제한지역에 해당하는 경우는 물론 금지 또는 제한지역에 해당하지 않더라도 허가관청은 산림훼손허가신청 대상토지의 현상과 위치 및 주위의 상황 등을 고려하여 국토 및 자연의 유지와 상수원의 수질과 같은 환경의 보전 등 중대한 공익상 필요가 있다고 인정될 때에는 허가를 거부할 수 있고, 그 경우 법규에 명문의 근거가 없더라도 거부처분을 할 수 있다(대판 1993.5.27, 93누4854).
>
> **정답** ①

20 행정입법에 대한 설명으로 옳은 것은? (다툼이 있는 경우 판례에 의함)

① 부진정입법부작위에 대해서는 입법부작위 그 자체를 헌법소원의 대상으로 할 수 있다.

② 법률이 공법적 단체 등의 정관에 자치법적 사항을 위임한 경우에는 헌법 제75조가 정하는 포괄적인 위임입법의 금지는 원칙적으로 적용되지 않는다.

③ 행정규칙인 고시는 법령의 수권에 의하여 법령을 보충하는 사항을 정하는 경우에도 법규명령으로서의 성질과 효력을 갖지 못한다.

④ 위임명령이 구법에 위임의 근거가 없어 무효였다면 사후에 법 개정으로 위임의 근거가 부여되더라도 유효로 되지 않는다.

해설

② 법률이 공법적 단체 등의 정관에 자치법적 사항을 위임한 경우에는 헌법 제75조가 정하는 포괄적인 위임입법의 금지는 원칙적으로 적용되지 않는다고 봄이 상당하고, 그렇다 하더라도 그 사항이 국민의 권리·의무에 관련되는 것일 경우에는 적어도 국민의 권리·의무에 관한 기본적이고 본질적인 사항은 국회가 정하여야 한다(대판 2007.10.12, 2006두14476).

① 입법부작위의 형태 중 기본권보장을 위한 법 규정을 두고 있지만 불완전하게 규정하여 그 보충을 요하는 경우에는 그 불완전한 법규 자체를 대상으로 하여 그것이 헌법위반이라는 적극적인 헌법소원이 가능함을 별론으로 하고, 입법부작위로서 헌법소원의 대상으로 삼을 수는 없다(헌재 1996.6.13, 94헌마118).

③ 법령의 직접적인 위임에 따라 위임행정기관이 그 법령을 시행하는 데 필요한 구체적 사항을 정한 것이면, 그 제정 형식은 비록 법규명령이 아닌 고시, 훈령, 예규 등과 같은 행정규칙이더라도 그것이 상위법령의 위임한계를 벗어나지 아니하는 한, 상위법령과 결합하여 대외적인 구속력을 갖는 법규명령으로서 기능하게 된다(헌재 1992.6.26, 91헌마25).

④ 일반적으로 법률의 위임에 의하여 효력을 갖는 법규명령의 경우, 구법에 위임의 근거가 없어 무효였더라도 사후에 법개정으로 위임의 근거가 부여되면 그때부터는 유효한 법규명령이 되나, 반대로 구법의 위임에 의한 유효한 법규명령이 법개정으로 위임의 근거가 없어지게 되면 그 때부터 무효인 법규명령이 된다(대판 1995.6.30, 93추83).

정답 ②

21 행정행위의 효력에 대한 설명으로 옳은 것은?

① 구속력이란 행정행위가 적법요건을 구비하면 법률행위적 행정행위의 경우 법령이 정하는 바에 의해, 준법률행위적 행정행위의 경우 행정청이 표시한 의사의 내용에 따라 일정한 법적 효과가 발생하여 당사자를 구속하는 실체법상 효력이다.

② 공정력은 행정청의 권력적 행위뿐 아니라 비권력적 행위, 사실행위, 사법행위에도 인정된다.

③ 행정행위에 불가변력이 발생한 경우 행정청은 당해 행정행위를 직권으로 취소할 수 없으나 철회는 가능하다.

④ 판례에 의하면 사전에 당해 행정처분의 취소판결이 있어야만 그 행정처분의 위법을 이유로 한 손해배상청구를 할 수 있는 것은 아니다.

> **해설**
> ④ 위법한 행정대집행이 완료되면 그 처분의 무효확인 또는 취소를 구할 소의 이익은 없다 하더라도, 미리 그 행정처분의 취소판결이 있어야만, 그 행정처분이 위법임을 이유로 한 손해배상 청구를 할 수 있는 것은 아니다(대판 1972.4.28, 72다337).
> ① 구속력이란 행정행위가 적법요건(성립요건과 효력요건)을 갖추어 행하여진 경우에 그 내용에 따라 상대방·관계인 및 행정청을 구속하는 실체법적 효과가 발생하는 것을 말한다.
> ② 공정력은 비록 행정행위에 하자가 있는 경우에도 그 하자가 중대하고 명백하여 당연무효인 경우를 제외하고는 권한 있는 기관에 의하여 취소될 때까지는 일응 유효한 것으로 보아 누구든지(상대방은 물론 제3의 국가기관) 그 효력을 부인하지 못하는 힘을 말한다. 따라서 공정력은 행정행위에 인정되는 효력이므로 비권력적 행위, 사실행위, 사법행위 등에는 인정되지 않는다.
> ③ 행정행위에 불가변력이 발생한 경우, 행정청은 그 행정행위에 대해 직권 취소 및 철회를 할 수 없다.
>
> 정답 ④

22 행정행위의 하자의 치유에 대한 설명으로 옳은 것은? (다툼이 있는 경우 판례에 의함)

① 처분에 하자가 있더라도 처분청이 처분 이후에 새로운 사유를 추가하였다면, 처분 당시의 하자는 치유된다.

② 징계처분이 중대하고 명백한 하자로 인해 당연무효의 것이라도 징계처분을 받은 원고가 이를 용인하였다면 그 하자는 치유된다.

③ 행정청이 청문서 도달기간을 다소 어겼다 하더라도 당사자가 이에 대하여 이의하지 아니한 채 스스로 청문일에 출석하여 방어의 기회를 충분히 가졌다면 청문서 도달기간을 준수하지 아니한 하자는 치유된다.

④ 토지소유자 등의 동의율을 충족하지 못했다는 주택재건축정비사업 조합설립인가처분 당시의 하자는 후에 토지소유자 등의 추가 동의서가 제출되었다면 치유된다.

해설

③ 행정청이 식품위생법상의 청문절차를 이행함에 있어 소정의 청문서 도달기간을 지키지 아니하였다면 이는 청문의 절차적 요건을 준수하지 아니한 것이므로 이를 바탕으로 한 행정처분은 일단 위법하다고 보아야 할 것이지만 이러한 청문제도의 취지는 처분으로 말미암아 받게 될 영업자에게 미리 변명과 유리한 자료를 제출할 기회를 부여함으로써 부당한 권리침해를 예방하려는 데에 있는 것임을 고려하여 볼 때, 가령 행정청이 청문서 도달기간을 다소 어겼다하더라도 영업자가 이에 대하여 이의하지 아니한 채 스스로 청문일에 출석하여 그 의견을 진술하고 변명하는 등 방어의 기회를 충분히 가졌다면 청문서 도달기간을 준수하지 아니한 하자는 치유되었다고 봄이 상당하다(대판 1992.10.23, 92누2844).

① 행정처분의 적법여부는 처분 당시의 사유와 사정을 기준으로 판단하여야 하고 처분청이 처분 이후에 추가한 새로운 사유를 보태어서 당초처분의 흠을 치유시킬 수는 없다 할 것이다(대판 1987.8.18, 87누49).

② 징계처분이 중대하고 명백한 흠 때문에 당연무효의 것이라면 징계처분을 받은 자가 이를 용인하였다 하여 그 흠이 치유되는 것은 아니다(대판 1989.12.12, 88누8869).

④ 주택재개발정비사업조합 설립추진위원회가 주택재개발정비사업조합 설립인가처분의 취소소송에 대한 1심 판결 이후 정비구역 내 토지 등 소유자의 4분의 3을 초과하는 조합설립동의서를 새로 받았다고 하더라도, 위 설립인가처분의 하자가 치유된다고 볼 수 없다(대판 2010.8.26, 2010두2579).

정답 ③

23 행정행위에 대한 설명으로 옳지 않은 것을 모두 고른 것은? (다툼이 있는 경우 판례에 의함)

> ㄱ. 행정권한을 위임받은 사인도 행정청으로서 행정행위를 할 수 있다.
> ㄴ. 부하 공무원에 대한 상관의 개별적인 직무명령은 행정행위가 아니다.
> ㄷ. 일정한 불복기간이 경과하거나 쟁송수단을 다 거친 후에는 더 이상 행정행위를 다툴 수 없게 되는 효력을 행정행위의 불가변력이라 한다.
> ㄹ. 판례에 따르면 행정행위의 집행력은 행정행위의 성질상 당연히 내재하는 효력으로서 별도의 법적 근거를 요하지 않는다.
> ㅁ. 지방경찰청장이 횡단보도를 설치하여 보행자 통행방법 등을 규제하는 것은 행정행위에 해당한다.

① ㄱ, ㄹ
② ㄷ, ㅁ
③ ㄴ, ㅁ
④ ㄷ, ㄹ

해설

ㄷ. 일정한 불복기간이 경과하거나 쟁송수단을 다 거친 후에는 더 이상 행정행위를 다툴 수 없게 되는 효력을 행정행위의 '불가쟁력'이라 한다.

ㄹ. 행정행위의 집행력은 국민의 기본권 제한을 수반하는 행정청의 권력적 작용으로서 반드시 법률의 근거를 필요로 한다.

ㄱ. 행정권한을 위임받은 사인, 즉 공무수탁사인도 행정행위를 할 수 있다.

ㄴ. 상관의 개별적인 직무명령은 대외적 효과가 발생하지 않으므로 행정행위라 할 수 없다.

ㅁ. 지방경찰청장이 횡단보도를 설치하여 보행자 통행방법 등을 규제하는 것은 행정청이 특정사항에 대하여 부담을 명하는 행위이고, 이는 국민의 권리·의무에 직접 관계가 있는 행위로서 행정처분이다(대판 2000.10.27, 98두8964).

정답 ④

24 행정계획에 대한 판례의 입장으로 옳지 않은 것은?

① 채광계획인가로 공유수면 점용허가가 의제되는 경우 공유수면 점용불허가사유를 근거로 채광계획을 인가하지 아니할 수 있다.

② 개발제한구역의 지정·고시행위는 특정 개인의 법률상 이익을 구체적으로 규제하는 효과를 가져오는 행정청의 처분으로서 행정소송의 대상이 된다.

③ 폐기물처리사업의 적정통보를 받은 자가 폐기물처리업 허가를 받기 위해서는 국토이용계획의 변경이 선행되어야 하는 경우 일반적·추상적 효력을 가지는 이용계획의 특성상 그 변경을 신청할 개인의 권리는 인정되지 아니한다.

④ 도시계획이 일단 확정된 후 어떤 사정의 변동이 있다고 하여 해당지역의 주민에게 그 계획의 변경을 청구할 권리를 인정할 수는 없다.

> **해설**
> ③ 구 국토이용관리법상 주민이 국토이용계획의 변경에 대하여 신청을 할 수 있다는 규정이 없을 뿐만 아니라, 국토건설종합계획의 효율적인 추진과 국토이용질서를 확립하기 위한 국토이용계획은 장기성, 종합성이 요구되는 행정계획이어서 원칙적으로는 그 계획이 일단 확정된 후에 어떤 사정의 변동이 있다고 하여 그러한 사유만으로는 지역주민이나 일반 이해관계인에게 일일이 그 계획의 변경을 신청할 권리를 인정하여 줄 수는 없을 것이지만, 장래 일정한 기간 내에 관계 법령이 규정하는 시설 등을 갖추어 일정한 행정처분을 구하는 신청을 할 수 있는 법률상 지위에 있는 자의 국토이용계획변경신청을 거부하는 것이 실질적으로 당해 행정처분 자체를 거부하는 결과가 되는 경우에는 예외적으로 그 신청인에게 국토이용계획변경을 신청할 권리가 인정된다고 봄이 상당하므로, 이러한 신청에 대한 거부행위는 항고소송의 대상이 되는 행정처분에 해당한다. 폐기물처리사업계획의 적정통보를 받은 자는 장래 일정한 기간 내에 관계 법령이 규정하는 시설 등을 갖추어 폐기물처리업허가신청을 할 수 있는 법률상 지위에 있다고 할 것인 바, 피고로부터 폐기물처리사업계획의 적정통보를 받은 원고가 폐기물처리업허가를 받기 위하여는 이 사건 부동산에 대한 용도지역을 '농림지역 또는 준농림지역'에서 '준도시지역(시설용지지구)'으로 변경하는 국토이용계획변경이 선행되어야 하고, 원고의 위 계획변경신청을 피고가 거부한다면 이는 실질적으로 원고에 대한 폐기물처리업허가신청을 불허하는 결과가 되므로, 원고는 위 국토이용계획변경의 입안 및 결정권자인 피고에 대하여 그 계획변경을 신청할 법규상 또는 조리상 권리를 가진다고 할 것이다(대판 2003.9.23, 2001두10936).
> ① 대판 2002.10.11, 2001두151
> ② 대판 1997.6.24, 96누1313
> ④ 대판 1984.10.23, 84누227
>
> **정답** ③

25 공법상 계약에 대한 설명으로 옳지 않은 것은? (다툼이 있는 경우 판례에 의함)

① 공법상 계약에 대해서도 「행정절차법」이 적용된다.

② 다수설에 따르면 공법상 계약은 당사자의 자유로운 의사의 합치에 의하므로 원칙적으로 법률유보의 원칙이 적용되지 않는다고 본다.

③ 서울특별시립무용단원의 위촉은 공법상 계약에 해당하여 그 단원의 해촉에 대하여는 공법상의 당사자소송으로 무효확인을 청구할 수 있다.

④ 채용계약상 특별한 약정이 없는 한, 지방계약직공무원에 대해 「지방공무원법」, 「지방공무원 징계 및 소청규정」에 정한 징계절차에 의하지 않고서는 보수를 삭감할 수 없다.

> **해설**
> ① 행정절차법은 확약, 공법상 계약, 행정계획의 확정절차, 행정조사절차 등에 대해서는 규정하지 않고 있다.
> ② 공법상 계약에 법률유보원칙이 적용되는지, 즉 법률의 수권이 없어도 공법상 계약을 체결할 수 있는지에 대해서는 여러 견해가 대립하고 있으나 다수설은 공법상 계약은 비권력관계에서의 행위이며 당사자의 자유로운 의사의 합치에 근거한 것이므로 법적 근거가 없어도 자유롭게 체결할 수 있다고 본다.
> ③ 서울특별시립무용단원이 가지는 지위가 공무원과 유사한 것이라면, 서울특별시립무용단 단원의 위촉은 공법상의 계약이라고 할 것이고, 따라서 그 단원의 해촉에 대하여는 공법상의 당사자소송으로 그 무효확인을 청구할 수 있다(대판 1995.12.22, 95누4636).
> ④ 채용계약상 특별한 약정이 없는 한, 지방계약직공무원에 대하여 지방공무원법, 지방공무원 징계 및 소청규정에 정한 징계절차에 의하지 않고서는 보수를 삭감할 수 없다고 봄이 상당하다(대판 2008.6.12, 2006두16328).
>
> **정답** ①

26 다음 중 특허에 해당하는 것은 모두 몇 개인가? (다툼이 있는 경우 판례에 의함)

> A. 도시 및 주거환경정비법상 주택재건축정비사업조합의 설립인가
> B. 자동차관리법상 사업자단체조합의 설립인가
> C. 도시 및 주거환경정비법상 도시환경정비사업조합이 수립한 사업시행계획인가
> D. 도시 및 주거환경정비법상 토지 등 소유자들이 조합을 따로 설립하지 않고 직접 시행하는 도시환경정비사업시행인가
> E. 출입국관리법상 체류자격 변경허가

① 2개   ② 3개

③ 4개   ④ 5개

해설

특허에 해당하는 경우는 A, D, E이다. B와 C는 인가에 해당한다.

A. 재개발조합설립인가신청에 대한 행정청의 조합설립인가처분은 단순히 사인(私人)들의 조합설립행위에 대한 보충행위로서의 성질을 가지는 것이 아니라 법령상 일정한 요건을 갖추는 경우 행정주체(공법인)의 지위를 부여하는 일종의 설권적 처분의 성질을 가진다고 보아야 한다. 그러므로 구 도시 및 주거환경정비법상 재개발조합설립인가신청에 대하여 행정청의 조합설립인가처분이 있은 이후에는, 조합설립동의에 하자가 있음을 이유로 재개발조합설립의 효력을 부정하려면 항고소송으로 조합설립인가처분의 효력을 다투어야 한다(대판 2010.1.28, 2009두4845).

D. 구 도시 및 주거환경정비법 제8조 제3항, 제28조 제1항에 의하면, 토지 등 소유자들이 그 사업을 위한 조합을 따로 설립하지 아니하고 직접 도시환경정비사업을 시행하고자 하는 경우에는 사업시행계획서에 정관 등과 그 밖에 국토해양부령이 정하는 서류를 첨부하여 시장·군수에게 제출하고 사업시행인가를 받아야 하고, 이러한 절차를 거쳐 사업시행인가를 받은 토지 등 소유자들은 관할 행정청의 감독 아래 정비구역 안에서 구 도시정비법상의 도시환경정비사업을 시행하는 목적범위 내에서 법령이 정하는 바에 따라 일정한 행정작용을 행하는 행정주체로서의 지위를 가진다. 그렇다면 토지 등 소유자들이 직접 시행하는 도시환경정비사업에서 토지 등 소유자에 대한 사업시행인가처분은 단순히 사업시행계획에 대한 보충행위로서의 성질을 가지는 것이 아니라 구 도시정비법상 정비사업을 시행할 수 있는 권한을 가지는 행정주체로서의 지위를 부여하는 일종의 설권적 처분의 성격을 가진다(대판 2013.6.13, 2011두19994).

E. 출입국관리법 제10조, 제24조 제1항, 구 출입국관리법 시행령 제12조 [별표 1] 제8호, 제26호 (가)목, (라)목, 출입국관리법 시행규칙 제18조의2 [별표 1]의 문언, 내용 및 형식, 체계 등에 비추어 보면, 체류자격 변경허가는 신청인에게 당초의 체류자격과 다른 체류자격에 해당하는 활동을 할 수 있는 권한을 부여하는 일종의 설권적 처분의 성격을 가지므로, 허가권자는 신청인이 관계 법령에서 정한 요건을 충족하였더라도, 신청인의 적격성, 체류 목적, 공익상의 영향 등을 참작하여 허가 여부를 결정할 수 있는 재량을 가진다. 다만 재량을 행사할 때 판단의 기초가 된 사실인정에 중대한 오류가 있는 경우 또는 비례·평등의 원칙을 위반하거나 사회통념상 현저하게 타당성을 잃는 등의 사유가 있다면 이는 재량권의 일탈·남용으로서 위법하다(대판 2016.7.14, 2015두48846).

B. 구 자동차관리법 제67조 제1항, 제3항, 제4항, 제5항, 구 자동차관리법 시행규칙 제148조 제1항, 제2항의 내용 및 체계 등을 종합하면, 자동차관리법상 자동차관리사업자로 구성하는 사업자단체인 조합 또는 협회의 설립인가처분은 국토해양부장관 또는 시·도지사가 자동차관리사업자들의 단체결성행위를 보충하여 효력을 완성시키는 처분에 해당한다(대판 2015.5.29, 2013두635).

C. 기본행위인 사업시행계획이 무효인 경우 그에 대한 인가처분이 있다고 하더라도 그 기본행위인 사업시행계획이 유효한 것으로 될 수 없으며, 기본행위가 적법·유효하고 보충행위인 인가처분 자체에만 하자가 있다면 그 인가처분의 무효나 취소를 주장할 수 있다고 할 것이지만, 인가처분에 하자가 없다면 기본행위에 하자가 있다고 하더라도 따로 그 기본행위의 하자를 다투는 것은 별론으로 하고 기본행위의 무효를 내세워 바로 그에 대한 인가처분의 취소 또는 무효확인을 구할 수 없다(대판 2014.2.27, 2011두25173).

정답 ②

27 행정계획의 사법적 통제에 대한 설명으로 옳지 않은 것은?

① 행정계획에 대한 사법적 통제와 관련하여서는 계획재량이 중요한 의미를 가진다.

② 계획재량은 재량행위의 일종이므로 일정한 법치국가적 한계가 있다.

③ 형량명령은 계획을 수립함에 있어 관계되는 모든 이익을 정당하게 형량하여야 한다는 행정법의 일반원칙이다.

④ 계획재량, 형량명령 및 형량명령의 하자에 관한 이론은 판례에는 반영되고 있지 아니하다.

해설

④ 계획재량, 형량명령 및 형량명령의 하자에 관한 이론은 판례에 반영하여 위법여부를 판단하고 있다(대판 2007.1.25, 2004두12063).

① 계획재량은 행정계획을 수립함에 있어서 계획청에게 인정되는 재량으로 일반적인 행정재량보다 훨씬 넓은 재량권이 부여된다. 다만, 계획재량과 행정재량은 그 질적 차이는 없고, 단지 양적 차이가 있으며, 계획재량에 대한 사법적 통제는 형량명령을 통해 이루어진다.

② 행정계획에 비교적 광범위한 형성의 자유가 인정되더라도, 이 역시 법치주의의 예외일 수는 없다. 행정계획의 목표는 근거법에 합치되어야 하고, 채택되는 수단은 비례의 원칙에 따라 목표달성에 적합한 것이어야 한다. 또한 관계법상 절차가 규정되어 있으며 그 절차를 준수해야 하고, 관계이익을 정당하게 고려하여 형량하여야 한다.

③ 형량명령은 행정계획을 수립함에 있어서 관련된 이익(공익 상호 간, 사익 상호 간, 공·사익 상호 간) 간의 정당한 형량이 행해질 것이 요구된다는 원칙으로 계획재량의 통제를 위하여 형성된 이론이며 현행법상 명시적 규정은 없다.

정답 ④

28 다음 사례에 대한 설명으로 옳은 것은? (다툼이 있는 경우 판례에 의함)

> 국토교통부장관은 몰디브 직항 항공노선 1개의 면허를 국내 항공사에 발급하기로 결정하고, 이 사실을 공고하였다. 이에 따라 A항공사와 B항공사는 각각 노선면허취득을 위한 신청을 하였는데, 국토교통부장관은 심사를 거쳐 A항공사에게 노선면허를 발급(이하 '이 사건 노선면허발급처분'이라 한다)하였다.

① B항공사는 이 사건 노선면허발급처분에 대해 취소소송을 제기할 원고적격이 인정되지 않는다.

② B항공사가 자신에 대한 노선면허발급거부처분에 대해 취소소송을 제기하여 인용판결을 받더라도 이 사건 노선면허발급처분이 취소되지 않는 이상 자신이 노선면허를 발급받을 수는 없으므로 B항공사에게는 자신에 대한 노선면허발급거부처분의 취소를 구할 소의 이익이 인정되지 않는다.

③ 만약 B항공사가 이 사건 노선면허발급처분에 대한 행정심판을 청구하여 인용재결을 받는다면, A항공사는 그 인용재결의 취소를 구하는 소송을 제기할 수 있다.

④ 만약 위 사례와 달리 C항공사가 몰디브 직항 항공노선에 관하여 이미 노선면허를 가지고 있었는데, A항공사가 국토교통부장관에게 몰디브 직항 항공노선면허를 신청하였고 이에 대해 국토교통부장관이 A항공사에게도 신규로 노선면허를 발급한 것이라면, C항공사는 A항공사에 대한 노선면허발급처분에 대해 취소소송을 제기할 원고적격이 없다.

29 행정행위의 하자에 대한 설명으로 옳은 것은? (다툼이 있는 경우 판례에 의함)

① 대법원은 무효와 취소의 구별기준에 대해서 중대명백설을 취하고 있으나, 반대의견으로 객관적 명백성설이 제시된 판례도 존재한다.

② 판례는 권한유월의 행위는 무권한의 행위로서 원칙적으로 취소사유로 보면서도 의원면직처분에서의 권한유월은 확인적 행정행위의 성격을 갖고 있기 때문에 원칙적으로 무효사유로 보아야 한다는 입장이다.

③ 판례는 민원사무를 처리하는 행정기관이 민원 1회 방문처리제를 시행하는 절차의 일환으로 민원사항의 심의, 조정 등을 위한 민원조정위원회를 개최하면서 민원인에게 회의일정 등을 사전에 통지하지 아니하였다면 취소사유가 존재한다는 입장이다.

④ 판례는 환경영향평가를 거쳐야 할 대상사업에 대하여 이를 거치지 아니하였음에도 불구하고 승인 등 처분이 이루어졌다면 이는 당연무효라는 입장이다.

해설

④ 환경영향평가를 거쳐야 할 대상사업에 대하여 환경영향평가를 거치지 아니하였음에도 불구하고 승인 등 처분이 이루어진다면, 이러한 행정처분의 하자는 법규의 중요한 부분을 위반한 중대한 것이고 객관적으로도 명백한 것이라고 하지 않을 수 없어, 이와 같은 행정처분은 당연무효이다(대판 2006.6.30, 2005두14363).

① 대법원은 무효와 취소의 구별기준에 대해서 주로 중대명백설(대판 1997.5.28, 95다15735 등 다수)을 취하고 있으나, 예외적으로 명백성 보충요건설(대판 2009.2.12, 2008두11716)을 취한 판례도 있다. 그러나 객관적 명백성설을 취한 판례는 아직 존재하지 않는다.

② 권한의 범위를 넘어서는 권한유월의 행위는 무권한 행위로서 원칙적으로 무효라고 할 것이나, 행정청의 공무원에 대한 의원면직처분은 공무원의 사직의사를 수리하는 소극적 행정행위에 불과하고, 당해 공무원의 사직의사를 확인하는 확인적 행정행위의 성격이 강하며 재량의 여지가 거의 없기 때문에 의원면직처분에서의 행정청의 권한유월행위를 당연무효라고 볼 것은 아니다(대판 2007.7.26, 2005두15748).

③ 민원사무를 처리하는 행정기관이 민원 1회 방문처리제를 시행하는 절차의 일환으로 민원사항의 심의 · 조정 등을 위한 민원조정위원회를 개최하면서 민원인에게 회의일정 등을 사전에 통지하지 아니하였다 하더라도, 이러한 사정만으로 곧바로 민원사항에 대한 행정기관의 장의 거부처분에 취소사유에 이를 정도의 흠이 존재한다고 보기는 어렵다. 다만 위와 같은 사전통지의 흠결로 민원인에게 의견진술의 기회를 주지 아니한 결과 민원조정위원회의 심의 과정에서 고려대상에 마땅히 포함시켜야 할 사항을 누락하는 등 재량권의 불행사 또는 해태로 볼 수 있는 구체적 사정이 있다면, 그 거부처분은 재량권을 일탈 · 남용한 것으로서 위법하다(대판 2015.8.27, 2013두1560).

정답 ④

30 행정소송에 있어 기속행위와 재량행위의 구별에 대한 설명으로 옳은 것은? (다툼이 있는 경우 판례에 의함)

① 기속행위의 경우에는 절차상의 하자만으로 독립된 취소사유가 될 수 없으나, 재량행위의 경우에는 절차상의 하자만으로도 독립된 취소사유가 된다.

② 기속행위의 경우에는 소송의 계속 중에 처분사유를 추가 · 변경할 수 있으나, 재량행위의 경우에는 처분사유의 추가 · 변경이 허용되지 않는다.

③ 실체적 위법을 이유로 거부처분을 취소하는 판결이 확정된 경우, 해당 행정행위가 기속행위이든 재량행위이든 원고의 신청을 인용하여야 할 의무가 발생하는 점에서는 동일하다.

④ 과징금 감경 여부는 과징금 부과 관청의 재량에 속하는 것이므로, 과징금 부과 관청이 이를 판단함에 있어서 재량권을 일탈 · 남용하여 과징금 부과처분이 위법하다고 인정될 경우, 법원으로서는 법원이 적정하다고 인정되는 부분을 초과한 부분만 취소할 수는 없다.

해설

④ 과징금 감경사유가 있는 경우 과징금 감경 여부는 과징금 부과 관청의 재량에 속하는 것이므로, 과징금 부과 관청이 이를 판단하면서 재량권을 일탈 · 남용하여 과징금 부과처분이 위법하다고 인정될 경우, 법원으로서는 과징금 부과처분 전부를 취소할 수밖에 없고, 법원이 적정하다고 인정되는 부분을 초과한 부분만 취소할 수는 없다(대판 2010.7.15, 2010두7031).

① 기속행위뿐만 아니라 재량행위도 절차상의 하자만으로도 독립된 취소사유가 될 수 있다(대판 1991.7.9, 91누971).

② 기속행위뿐만 아니라 재량행위의 경우에도 소송의 계속 중에 처분사유를 추가 · 변경할 수 있다.

③ 실체적 위법을 이유로 거부처분을 취소하는 판결이 확정된 경우, 처분청은 원칙적으로 신청을 인용하는 처분을 하여야 하고, 처분 시 이전의 기본적 사실관계와 동일성이 있는 사유를 내세워 다시 거부처분을 할 수 없다. 당해 신청에 대한 처분이 기속행위인 경우와 재량행위라 해도 재량권이 0으로 수축된 경우가 이에 해당한다. 따라서 해당 행정행위가 기속행위인 경우에는 원고의 신청을 인용하여야 할 의무가 발생하지만 재량행위인 경우에는 재량권이 0으로 수축하는 경우에만 신청을 인용하여야 할 의무가 발생한다는 점에서 다르다.

정답 ④

31 재량행위에 대한 판례의 입장으로 옳지 않은 것은?

① 「개발제한구역의 지정 및 관리에 관한 특별조치법」 및 구 「액화석유가스의 안전관리 및 사업법」 등의 관련 법규에 의하면, 개발제한구역에서의 자동차용 액화석유가스충전사업허가는 그 기준 내지 요건이 불확정개념으로 규정되어 있으므로 그 허가 여부를 판단함에 있어서 행정청에 재량권이 부여되어 있다고 보아야 한다.

② 재량행위의 경우 그 근거법규에 대하여 법원이 사실인정과 관련 법규의 해석·적용을 통하여 일정한 결론을 도출한 후 그 결론에 비추어 행정청이 한 판단의 적법 여부를 독자의 입장에서 판정한다.

③ 구 「자동차운수사업법」상 마을버스운송사업면허의 허용 여부 및 마을버스 한정면허 시 확정되는 마을버스 노선을 정함에 있어서 기존 일반노선버스의 노선과의 중복 허용 정도에 대한 판단은 행정청의 재량에 속한다.

④ 야생동·식물보호법상 곰의 웅지를 추출하여 비누, 화장품 등의 재료를 사용할 목적으로 곰의 용도를 '사육곰'에서 '식·가공품 및 약용재료'로 변경하겠다는 내용의 국제적 멸종위기종의 용도변경승인 행위는 재량행위이다.

해설

② 행정행위를 기속행위와 재량행위로 구분하는 경우 양자에 대한 사법심사는, 전자의 경우 그 법규에 대한 원칙적인 기속성으로 인하여 법원이 사실인정과 관련법규의 해석·적용을 통하여 일정한 결론을 도출한 후 그 결론에 비추어 행정청이 한 판단의 적법 여부를 독자의 입장에서 판정하는 방식에 의하게 되나, 후자의 경우 행정청의 재량에 기한 공익판단의 여지를 감안하여 법원은 독자의 결론을 도출함이 없이 해당 행위에 재량권의 일탈·남용이 있는지 여부만을 심사하게 되고, 이러한 재량권의 일탈·남용 여부에 대한 심사는 사실오인, 비례·평등의 원칙 위배 등을 그 판단 대상으로 한다(대판 2016.1.28, 2015두52432).

① 개발제한구역법 및 액화석유가스법 등의 관련 법규에 의하면, 개발제한구역에서의 자동차용 액화석유가스충전사업허가는 그 기준 내지 요건이 불확정개념으로 규정되어 있으므로 그 허가 여부를 판단함에 있어서 행정청에 재량권이 부여되어 있다고 보아야 한다(대판 2016.1.28, 2015두52432).

③ 구 자동차운수사업법 제4조 제1항, 제3항, 같은 법 시행규칙 제14조의2 등의 관련 규정에 의하면 마을버스운송사업면허의 허용 여부는 법령이 특별히 규정한 바가 없으면 행정청의 재량에 속하는 것이라고 보아야 할 것이고, 또한 마을버스 한정면허 시 확정되는 마을버스 노선을 정함에 있어서도 기존 일반노선버스의 노선과의 중복 허용 정도에 대한 판단도 행정청의 재량에 속한다(대판 2001.1.19, 99두3812).

④ 야생동·식물보호법 제16조 제3항과 같은 법 시행규칙 제22조 제1항의 체제 또는 문언을 살펴보면 원칙적으로 국제적멸종위기종 및 그 가공품의 수입 또는 반입 목적 외의 용도로의 사용을 금지하면서 용도변경이 불가피한 경우로서 환경부장관의 용도변경승인을 받은 경우에 한하여 용도변경을 허용하도록 하고 있으므로, 위 법 제16조 제3항에 의한 용도변경승인은 특정인에게만 용도 외의 사용을 허용해주는 권리나 이익을 부여하는 이른바 수익적 행정행위로서 법령에 특별한 규정이 없는 한 재량행위이고, 용도변경을 승인하기 위한 요건으로서의 용도변경의 불가피성에 관한 판단에 필요한 기준을 정하는 것도 역시 행정청의 재량에 속하는 것이다(대판 2011.1.27, 2010두23033).

정답 ②

32 재량권의 한계에 대한 설명으로 옳은 것은?

① 재량권의 일탈이란 재량권의 내적 한계를 벗어난 것을 말하고, 재량권의 남용이란 재량권의 외적 한계를 벗어난 것을 말한다.

② 판례는 재량권의 일탈과 재량권의 남용을 명확히 구분하고 있다.

③ 재량권의 불행사에는 재량권을 충분히 행사하지 아니한 경우는 포함되지 않는다.

④ 개인의 신체, 생명 등 중요한 법익에 급박하고 현저한 침해의 우려가 있는 경우 재량권이 영으로 수축된다.

> **해설**
>
> ④ 재량행위는 원칙상 무하자재량행사청구권이 인정되고 행정개입청구권은 인정되지 않지만, 개인의 신체, 생명 등 중요한 법익에 급박하고 현저한 침해의 우려가 있는 경우 등과 같이 재량권이 영(0)으로 수축하는 경우에는 행정청에게 특정한 처분을 하여야 할 의무가 인정된다.
>
> ① 재량권의 일탈이란 외적 한계를 넘어 재량권을 행사한 것을 말하고, 재량권의 남용이란 내적 한계를 넘어 재량권이 행사된 경우를 말한다.
>
> ② 판례는 재량의 일탈과 남용을 구분하지 않는다.
>
> ③ 재량이 행정청에게 부여되면 재량을 충분히 행사하여야 하며 그러하지 않은 재량권행사는 불행사에 해당되어 위법하다.
>
> 정답 ④

33 「건축법」에 허가를 받으면 「국토의 계획 및 이용에 관한 법률」에 의한 토지의 형질변경허가도 받은 것으로 보는 조항이 있다. 이 조항의 적용을 받는 甲이 토지의 형질을 변경하여 건축물을 건축하고자 건축허가신청을 하였다. 이에 대한 설명으로 옳은 것은? (다툼이 있는 경우 판례에 의함)

① 甲은 건축허가절차 외에 형질변경허가절차를 별도로 거쳐야 한다.

② 건축불허가처분을 하면서 건축불허가 사유 외에 형질변경불허가 사유를 들고 있는 경우, 甲은 건축불허가처분취소청구소송에서 형질변경불허가 사유에 대하여도 다툴 수 있다.

③ 건축불허가처분을 하면서 건축불허가 사유 외에 형질변경불허가 사유를 들고 있는 경우, 그 건축불허가처분 외에 별개로 형질변경불허가처분이 존재한다.

④ 甲이 건축불허가처분에 관한 쟁송과는 별개로 형질변경불허가처분취소소송을 제기하지 아니한 경우 형질변경불허가 사유에 관하여 불가쟁력이 발생한다.

해설

② 건축불허가처분을 하면서 건축불허가 사유 외에 형질변경불허가 사유나 농지전용불허가 사유를 들고 있는 경우, 그 건축불허가처분에 관한 쟁송에서 형질변경불허가 사유나 농지전용불허가 사유에 관하여도 다툴 수 있다 (대판 2001.1.16, 99두10988).

① 인허가의제제도에 관한 문제로, 건축허가를 받게 되면 별도로 형질변경허가를 받을 필요가 없다.

③·④ 그 건축불허가처분을 받은 사람은 그 건축불허가처분에 관한 쟁송에서 건축법상의 건축불허가 사유뿐만 아니라 같은 도시계획법상의 형질변경불허가 사유나 농지법상의 농지전용불허가 사유에 관하여도 다툴 수 있는 것이지, 그 건축불허가처분에 관한 쟁송과는 별개로 형질변경불허가처분이나 농지전용불허가처분에 관한 쟁송을 제기하여 이를 다투어야 하는 것은 아니며, 그러한 쟁송을 제기하지 아니하였어도 형질변경불허가 사유나 농지전용불허가 사유에 관하여 불가쟁력이 생기지 아니한다(대판 2001.1.16, 99두10988).

정답 ②

34 행정행위의 취소와 철회에 대한 설명으로 가장 적절하지 않은 것은? (다툼이 있는 경우 판례에 의함)

① 행정행위를 한 처분청은 비록 그 처분 당시에 별다른 하자가 없었고, 또 그 처분 후에 이를 취소할 별도의 법적 근거가 없다 하더라도 원래의 처분을 존속시킬 필요가 없게 된 사정변경이 생겼거나 또는 중대한 공익상의 필요가 발생한 경우에는 그 효력을 상실케 하는 별개의 행정행위로 이를 취소할 수 있다.

② 과세관청이 과세부과취소처분을 다시 취소하면 원부과처분의 효력은 소생한다.

③ 수익적 행정처분의 하자가 당사자의 사실은폐나 기타 사위의 방법에 의한 신청행위에 기인한 것이라면 행정청이 당사자의 신뢰이익을 고려하지 않고 취소하였다 하더라도 재량권 남용이 되지 않는다.

④ 행정행위의 취소사유는 행정행위의 성립 당시에 존재하였던 하자를 말하고, 철회사유는 행정행위가 성립된 이후에 새로이 발생한 것으로서 행정행위의 효력을 존속시킬 수 없는 사유를 말한다.

해설

② 국세기본법 제26조 제1호는 부과의 취소를 국세납부의무 소멸사유의 하나로들고 있으나, 그 부과의 취소에 하자가 있는 경우의 부과의 취소의 취소에 대하여는 법률이 명문으로 그 취소요건이나 그에 대한 불복절차에 대하여 따로 규정을 둔 바도 없으므로, 설사 부과의 취소에 위법사유가 있다고 하더라도 당연무효가 아닌 한 일단 유효하게 성립하여 부과처분을 확정적으로 상실시키는 것이므로, 과세관청은 부과의 취소를 다시 취소함으로써 원부과처분을 소생시킬 수는 없고 납세의무자에게 종전의 과세대상에 대한 납부의무를 지우려면 다시 법률에서 정한 부과절차에 좇아 동일한 내용의 새로운 처분을 하는 수밖에 없다(대판 1995.3.10, 94누7027).

① 대판 1995.5.26, 94누8266

③ 수익적 행정처분의 하자가 당사자의 사실은폐나 기타 사위의 방법에 의한 신청행위에 기인한 것이라면 당사자는 처분에 의한 이익이 위법하게 취득되었음을 알아 취소가능성도 예상하고 있었다 할 것이므로, 그 자신이 처분에 관한 신뢰이익을 원용할 수 없음은 물론 행정청이 이를 고려하지 아니하였더라도 재량권의 남용이 되지 아니한다(대판 2014.11.27, 2013두16111).

④ 행정행위의 취소는 일단 유효하게 성립한 행정행위를 그 행위에 위법 또는 부당한 하자가 있음을 이유로 소급하여 그 효력을 소멸시키는 별도의 행정처분이고, 행정행위의 철회는 적법요건을 구비하여 완전히 효력을 발하고 있는 행정행위를 사후적으로 그 행위의 효력의 전부 또는 일부를 장래에 향해 소멸시키는 행정처분이므로, 행정행위의 취소사유는 행정행위의 성립 당시에 존재하였던 하자를 말하고, 철회사유는 행정행위가 성립된 이후에 새로이 발생한 것으로서 행정행위의 효력을 존속시킬 수 없는 사유를 말한다(대판 2003.5.30, 2003다6422).

정답 ②

35 「행정절차법」에 대한 설명으로 옳지 않은 것은? (다툼이 있는 경우 판례에 의함)

① 산업기능요원에 대하여 한 산업기능요원 편입취소처분은 「행정절차법」상의 '처분의 사전통지'와 '의견제출 기회의 부여' 등의 절차를 거쳐야 하는 것은 아니다.

② 일반주류도매업면허취소통지에 "상기 주류도매장은 무면허 주류판매업자에게 주류를 판매하여 「주세법」 제11조 및 「국세법사무처리규정」 제26조에 의거 지정조건위반으로 주류판매면허를 취소합니다"라고만 되어 있어서 원고의 영업기간과 거래상대방 등에 비추어 원고가 어떠한 거래행위로 인하여 이 사건 처분을 받았는지 알 수 없게 되어 있다면 이 사건 면허취소처분은 위법하다.

③ 계약직공무원에 관한 현행 법령의 규정에 비추어 볼 때, 계약직공무원 채용계약해지의 의사표시는 일반공무원에 대한 징계처분과는 달라서 행정처분과 같이 「행정절차법」에 의하여 근거와 이유를 제시하여야 하는 것은 아니다.

④ 일반적으로 당사자가 근거규정 등을 명시하여 신청하는 인·허가 등을 거부하는 처분을 함에 있어 당사자가 그 근거를 알 수 있을 정도로 상당한 이유를 제시한 경우에는 당해 처분의 근거 및 이유를 구체적 조항 및 내용까지 명시하지 않았더라도 그로 말미암아 그 처분이 위법한 것이 된다고 할 수 없다.

해설

① 지방병무청장이 병역법 제41조 제1항 제1호, 제40조 제2호의 규정에 따라 산업기능요원에 대하여 한 산업기능요원 편입취소처분은, 행정처분을 할 경우 '처분의 사전통지'와 '의견제출기회의 부여'를 규정한 행정절차법 제21조 제1항, 제22조 제3항에서 말하는 '당사자의 권익을 제한하는 처분'에 해당하는 한편, 행정절차법의 적용이 배제되는 사항인 행정절차법 제3조 제2항 제9호, 같은 법 시행령 제2조 제1호에서 규정하는 '병역법에 의한 소집에 관한 사항'에는 해당하지 아니하므로, 행정절차법상의 '처분의 사전통지'와 '의견제출 기회의 부여' 등의 절차를 거쳐야 한다(대판 2002.9.6, 2002두554).

② 세무서장인 피고가 주류도매업자인 원고에 대하여 한 이 사건 일반주류도매업면허취소통지에 "상기 주류도매장은 무면허주류판매업자에게 주류를 판매하여 주세법 제11조 및 국세법사무처리규정 제26조에 의거 지정조건위반으로 주류판매면허를 취소합니다"라고만 되어 있어서 원고의 영업기간과 거래상대방 등에 비추어 원고가 어떠한 거래행위로 인하여 이 사건 처분을 받았는지 알 수 없게 되어 있다면 이 사건 면허취소처분은 위법하다(대판 1990.9.11, 90누1786).

③ 계약직공무원에 관한 현행 법령의 규정에 비추어 볼 때, 계약직공무원 채용계약해지의 의사표시는 일반공무원에 대한 징계처분과는 달라서 항고소송의 대상이 되는 처분 등의 성격을 가진 것으로 인정되지 아니하고, 일정한 사유가 있을 때에 국가 또는 지방자치단체가 채용계약 관계의 한쪽 당사자로서 대등한 지위에서 행하는 의사표시로 취급되는 것으로 이해되므로, 이를 징계해고 등에서와 같이 그 징계사유에 한하여 효력유무를 판단하여야 하거나, 행정처분과 같이 행정절차법에 의하여 근거와 이유를 제시하여야 하는 것은 아니다(대판 2002.11.26, 2002두5948).

④ 행정절차법 제23조 제1항은 행정청은 처분을 하는 때에는 당사자에게 그 근거와 이유를 제시하여야 한다고 규정하고 있는 바, 일반적으로 당사자가 근거규정 등을 명시하여 신청하는 인·허가 등을 거부하는 처분을 함에 있어 당사자가 그 근거를 알 수 있을 정도로 상당한 이유를 제시한 경우에는 당해 처분의 근거 및 이유를 구체적 조항 및 내용까지 명시하지 않았더라도 그로 말미암아 그 처분이 위법한 것이 된다고 할 수 없다(대판 2002.5.17, 2000두8912).

정답 ①

36 공공기관의 정보공개에 관한 법률에 관한 설명으로 가장 옳지 않은 것은? (다툼이 있는 경우 판례에 의함)

① 이해관계자인 당사자에게 문서열람권을 인정하는 행정절차법상의 정보공개와는 달리 공공기관의 정보공개에 관한 법률은 모든 국민에게 정보공개청구를 허용한다.

② 행정정보공개의 출발점은 국민의 알권리인데, 알권리 자체는 헌법상으로 명문화되어 있지 않음에도 불구하고, 우리 헌법재판소는 초기부터 국민의 알권리를 헌법상의 기본권으로 인정하여 왔다.

③ 재건축사업계약에 의하여 조합원들에게 제공될 무상보상평수 산출내역은 법인 등의 영업상 비밀에 관한 사항이 아니며 비공개대상정보에 해당되지 않는다.

④ 판례는 '특별법에 의하여 설립된 특수법인'이라는 점만으로 정보공개의무를 인정하고 있으며, 다시금 해당 법인의 역할과 기능에서 정보공개의무를 지는 공공기관에 해당하는지 여부를 판단하지 않는다.

해설

④ 어느 법인이 공공기관의 정보공개에 관한 법률 제2조 제3호, 같은 법 시행령 제2조 제4호에 따라 정보를 공개할 의무가 있는 '특별법에 의하여 설립된 특수법인'에 해당하는지 여부는, 국민의 알 권리를 보장하고 국정에 대한 국민의 참여와 국정운영의 투명성을 확보하고자 하는 위법의 입법 목적을 염두에 두고, 해당 법인에게 부여된 업무가 국가행정업무이거나 이에 해당하지 않더라도 그 업무 수행으로써 추구하는 이익이 해당 법인 내부의 이익에 그치지 않고 공동체 전체의 이익에 해당하는 공익적 성격을 갖는지 여부를 중심으로 개별적으로 판단하되, 해당 법인의 설립근거가 되는 법률이 법인의 조직구성과 활동에 대한 행정적 관리·감독 등에서 민법이나 상법 등에 의하여 설립된 일반 법인과 달리 규율한 취지, 국가나 지방자치단체의 해당 법인에 대한 재정적 지원·보조의 유무와 그 정도, 해당 법인의 공공적 업무와 관련하여 국가기관·지방자치단체 등 다른 공공기관에 대한 정보공개청구와는 별도로 해당 법인에 대하여 직접 정보공개청구를 구할 필요성이 있는지 여부 등을 종합적으로 고려하여야 한다(대판 2010.12.23, 2008두13101).

① 이해관계자인 당사자에게만 문서열람권을 인정하는 행정절차법상의 정보공개와는 달리 공공기관의 정보공개에 관한 법률은 모든 국민에게 정보공개청구를 허용한다. 즉, 공공기관의 정보공개에 관한 법률상 정보공개청구권은 이해관계인에게만 인정되는 행정절차법상 정보공개청구권과는 달리 이해관계가 있는 국민에게 인정되는 개별적 정보공개청구권뿐만 아니라 이해관계가 없는 국민에게도 인정되는 일반적 정보공개청구권이 인정된다.

② 행정정보공개의 출발점은 국민의 알권리인데, 알권리 자체는 헌법상으로 명문화되어 있지 않음에도 불구하고, 우리 헌법재판소는 초기부터 국민의 알권리를 헌법 제21조 표현의 자유권으로부터 파생되는 권리로서 헌법상의 기본권으로 인정하여 왔다.

③ 아파트재건축주택조합의 조합원들에게 제공될 무상보상평수의 사업수익성 등을 검토한 자료는 구 공공기관의 정보공개에 관한 법률 제7조 제1항에서 정한 비공개대상정보에 해당하지 않는다(대판 2006.1.13, 2003두9459). 즉, 재건축사업계약에 의하여 조합원들에게 제공될 무상보상평수 산출내역은 법인 등의 영업상 비밀에 관한 사항이 아니며 비공개대상정보에 해당되지 않는다.

정답 ④

37 행정상 정보공개에 대한 설명으로 옳은 것은? (다툼이 있는 경우 판례에 의함)

① 국회는 「공공기관의 정보공개에 관한 법률」상 공공기관에 해당하지만 동법이 적용되는 것이 아니라 국회정보공개규칙이 적용된다.

② 국내에 일정한 주소를 두고 있는 외국인은 오로지 상대방을 괴롭힐 목적으로 정보공개를 구하고 있다는 등의 특별한 사정이 없는 한 한국방송공사(KBS)에 대하여 정보공개를 청구할 수 있다.

③ 정보공개에 관한 정책 수립 및 제도 개선에 관한 사항을 심의 · 조정하기 위하여 행정안전부장관 소속으로 정보공개위원회를 둔다.

④ 행정안전부장관은 정보공개에 관하여 필요할 경우에 국회사무총장에게 정보공개 처리 실태의 개선을 권고할 수 있고 전년도의 정보공개 운영에 관한 보고서를 매년 국정감사 시작 30일 전까지 국회에 제출하여야 한다.

해설

② 정보공개를 청구할 수 있는 외국인은 다음 각 호의 어느 하나에 해당하는 자로 한다(공공기관의 정보공개에 관한 법률 시행령 제3조).
   1. 국내에 일정한 주소를 두고 거주하거나 학술 · 연구를 위하여 일시적으로 체류하는 사람
   2. 국내에 사무소를 두고 있는 법인 또는 단체
① 정보의 공개에 관하여는 다른 법률에 특별한 규정이 있는 경우를 제외하고는 이 법에서 정하는 바에 따른다(공공기관의 정보공개에 관한 법률 제4조 제1항).
③ 국무총리 소속으로 정보공개위원회를 둔다(공공기관의 정보공개에 관한 법률 제22조).
④ 행정안전부장관은 정보공개에 관하여 필요할 경우에 공공기관(국회 · 법원 · 헌법재판소 및 중앙선거관리위원회는 제외한다)의 장에게 정보공개 처리 실태의 개선을 권고할 수 있고, 전년도의 정보공개 운영에 관한 보고서를 매년 정기국회 개회 전까지 국회에 제출하여야 한다(공공기관의 정보공개에 관한 법률 제24조 제4항, 제26조 제1항).

정답 ②

38 행정절차에 대한 설명으로 옳지 않은 것은? (다툼이 있는 경우 판례에 의함)

① 행정청은 「식품위생법」 규정에 의하여 영업자지위승계신고 수리처분을 함에 있어서 종전의 영업자에 대하여 「행정절차법」상 사전통지를 하고 의견제출 기회를 주어야 한다.

② 퇴직연금의 환수결정은 당사자에게 의무를 과하는 처분이므로 퇴직연금의 환수결정에 앞서 당사자에게 의견진술의 기회를 주지 아니하였다면 위법하다.

③ 행정청은 「행정절차법」 제38조에 따른 공청회와 병행하여서만 정보통신망을 이용한 공청회를 실시할 수 있다.

④ 행정청이 정당한 처리기간 내에 처분을 처리하지 아니하였을 때에는 신청인은 해당 행정청 또는 그 감독 행정청에 신속한 처리를 요청할 수 있다.

해설

② 퇴직연금의 환수결정은 당사자에게 의무를 과하는 처분이기는 하나, 관련 법령에 따라 당연히 환수금액이 정하여지는 것이므로, 퇴직연금의 환수결정에 앞서 당사자에게 의견진술의 기회를 주지 아니하여도 행정절차법 제22조 제3항이나 신의칙에 어긋나지 아니한다(대판 2000.11.28, 99두5443).

① 행정청이 구 식품위생법 규정에 의하여 영업자지위승계신고를 수리하는 처분은 종전의 영업자의 권익을 제한하는 처분이라 할 것이고 따라서 종전의 영업자는 그 처분에 대하여 직접 그 상대가 되는 자에 해당한다고 봄이 상당하므로, 행정청으로서는 위 신고를 수리하는 처분을 함에 있어서 행정절차법 규정 소정의 당사자에 해당하는 종전의 영업자에 대하여 위 규정 소정의 행정절차를 실시하고 처분을 하여야 한다(대판 2003.2.14, 2001두7015).

③ 행정절차법 제38조의2 제1항

④ 행정절차법 제19조 제4항

정답 ②

39 행정법령의 적용에 관한 설명으로 옳지 않은 것은? (다툼이 있는 경우 판례에 의함)

① 국민의 권리 제한 또는 의무 부과와 직접 관련되는 법률, 대통령령, 총리령 및 부령은 긴급히 시행하여야 할 특별한 사유가 있는 경우를 제외하고는 공포일부터 적어도 30일이 경과한 날부터 시행되도록 하여야 한다.

② 건설업자가 시공자격 없는 자에게 전문공사를 하도급한 행위에 대하여 과징금 부과처분을 하는 경우, 구체적인 부과기준에 대하여 처분시의 법령이 행위시의 법령보다 불리하게 개정되었더라도 어느 법령을 적용할 것인지에 대하여 특별한 규정이 없다면 처분시의 법령을 적용하여야 한다.

③ 의사가 파산선고를 받고 복권되지 아니한 경우를 임의적 면허취소사유로 규정한 개정 전 의료법하에서 파산선고를 받았으나 같은 경우를 필요적 면허취소사유로 규정한 개정 의료법하에서도 복권되지 아니한 의사에 대하여 개정 의료법을 적용하여 의사면허를 반드시 취소하여야 한다.

④ 대학이 성적불량을 이유로 학생에 대하여 징계처분을 하는 경우에 있어서 수강신청이 있은 후 징계요건을 완화하는 학칙개정이 이루어지고 이어 당해 시험이 실시되어 그 개정학칙에 따라 징계처분을 한 경우라면 이는 이른바 부진정소급효에 관한 것이다.

해설

② 건설업자가 시공자격 없는 자에게 전문공사를 하도급한 행위에 대하여 과징금 부과처분을 하는 경우, 구체적인 부과기준에 대하여 처분시의 법령이 행위시의 법령보다 불리하게 개정되었고 어느 법령을 적용할 것인지에 대하여 특별한 규정이 없다면 행위시의 법령을 적용하여야 한다(대판 2002.12.10, 2001두3228).

① 법령 등 공포에 관한 법률 제13조의2

③ '파산선고를 받고 복권되지 아니한 자'를 임의적 면허취소사유로 규정하였다가 위 개정으로 그 항에 단서를 신설하여 위 사유를 필요적 면허취소사유로 규정하였는바, 행정청으로서는 개정 전의 의료법을 적용하여 면허취소에 대한 재량판단을 할 것이 아니라, 개정된 의료법 제52조 제1항 단서에 따라 그 면허를 반드시 취소하여야 할 것이다(대판 2001.10.12, 2001두274).

④ 대학이 성적불량을 이유로 학생에 대하여 징계처분을 하는 경우에 있어서 수강신청이 있은 후 징계요건을 완화하는 학칙개정이 이루어지고 이어 당해 시험이 실시되어 그 개정학칙에 따라 징계처분을 한 경우라면 이는 이른바 부진정소급효에 관한 것으로서 구 학칙의 존속에 관한 학생의 신뢰보호가 대학당국의 학칙개정의 목적달성보다 더 중요하다고 인정되는 특별한 사정이 없는 한 위법이라고 할 수 없다(대판 1989.7.11, 87누1123).

정답 ②

40 「행정절차법」의 적용에 대한 설명으로 옳은 것은? (다툼이 있는 경우 판례에 의함)

① 상대방의 귀책사유로 야기된 처분의 하자를 이유로 수익적 행정행위를 취소하는 경우에는 특별한 규정이 없는 한 「행정절차법」상 사전통지의 대상이 되지 않는다.

② 「행정절차법」령이 '공무원 인사관계 법령에 의한 처분에 관한 사항'에 대하여 「행정절차법」의 적용이 배제되는 것으로 규정하고 있는 이상, '공무원 인사관계 법령에 의한 처분에 관한 사항' 전부에 대해 「행정절차법」의 적용이 배제되는 것으로 보아야 한다.

③ 「식품위생법」상 허가영업에 대해 영업자지위승계신고를 수리하는 처분은 종전의 영업자에 대하여 다소 권익을 침해하는 효과가 발생한다고 하더라도 「행정절차법」상 사전통지를 거쳐야 하는 대상이 아니다.

④ 행정청과 당사자 사이에 「행정절차법」상 규정된 청문절차를 배제하는 내용의 협약이 체결되었다고 하여, 그러한 협약이 청문의 실시에 관한 「행정절차법」 규정의 적용이 배제된다거나 청문을 실시하지 않아도 되는 예외적인 경우에 해당한다고 할 수 없다.

해설

④ 행정청이 당사자와 사이에 도시계획사업의 시행과 관련한 협약을 체결하면서 관계 법령 및 행정절차법에 규정된 청문의 실시 등 의견청취절차를 배제하는 조항을 두었다고 하더라도, 국민의 행정참여를 도모함으로써 행정의 공정성·투명성 및 신뢰성을 확보하고 국민의 권익을 보호한다는 행정절차법의 목적 및 청문제도의 취지 등에 비추어 볼 때, 위와 같은 협약의 체결로 청문의 실시에 관한 규정의 적용을 배제할 수 있다고 볼 만한 법령상의 규정이 없는 한, 이러한 협약이 체결되었다고 하여 청문의 실시에 관한 규정의 적용이 배제된다거나 청문을 실시하지 않아도 되는 예외적인 경우에 해당한다고 할 수 없다(대판 2004.7.8, 2002두8350).

① 상대방의 귀책사유로 야기된 처분의 하자를 이유로 수익적 행정행위를 취소하는 경우에도 수익적 행정행위를 취소하는 것은 불이익한 처분에 해당하므로 사전통지의 대상이 된다.

② 행정절차법의 입법목적과 행정절차법 제3조 제2항 제9호의 규정 내용 등에 비추어 보면, 공무원 인사 관계 법령에 의한 처분에 관한 사항 전부에 대하여 행정절차법의 적용이 배제되는 것이 아니라 성질상 행정절차를 거치기 곤란하거나 불필요하다고 인정되는 처분이나 행정절차에 준하는 절차를 거치도록 하고 있는 처분의 경우에만 행정절차법의 적용이 배제되는 것으로 보아야 할 것이다(대판 2007.9.21, 2006두20631).

③ 지방세법에 의한 압류재산 매각절차에 따라 영업시설의 전부를 인수함으로써 그 영업자의 지위를 승계한 자가 관계 행정청에 이를 신고하여 행정청이 이를 수리하는 경우에는 종전의 영업자에 대한 영업허가 등은 그 효력을 잃는다 할 것인데, 위 규정들을 종합하면 위 행정청이 구 식품위생법상 규정에 의하여 영업자지위승계신고를 수리하는 처분은 종전의 영업자의 권익을 제한하는 처분이라 할 것이고 따라서 종전의 영업자는 그 처분에 대하여 직접 그 상대가 되는 자에 해당한다고 봄이 상당하므로, 행정청으로서는 위 신고를 수리하는 처분을 함에 있어서 행정절차법 규정 소정의 당사자에 해당하는 종전의 영업자에 대하여 위 규정 소정의 행정절차를 실시하고 처분을 하여야 한다(대판 2003.2.14, 2001두7015).

정답 ④

41 행정정보공개에 대한 판례의 입장으로 옳지 않은 것은?

① 「방송법」에 의하여 설립·운영되는 한국방송공사는 「공공기관의 정보공개에 관한 법률 시행령」 제2조 제4호의 '특별법에 따라 설립된 특수법인'으로서 정보공개의무가 있는 공공기관에 해당한다.

② 「공공기관의 정보공개에 관한 법률」 제5조 제1항은 "모든 국민은 정보의 공개를 청구할 권리를 가진다."라고 규정하고 있는데, 여기에서 말하는 국민에는 권리능력 없는 사단인 시민단체도 포함된다.

③ '2002학년도부터 2005학년도까지의 대학수학능력시험 원데이터'는 연구목적으로 그 정보의 공개를 청구하는 경우라도 공개로 인하여 초래될 부작용이 공개로 얻을 수 있는 이익보다 더 클 것이므로, 그 공개로 대학수학능력시험 업무의 공정한 수행이 객관적으로 현저하게 지장을 받을 것이라는 개연성이 있어 비공개대상정보에 해당한다.

④ 학교환경위생구역 내 금지행위(숙박시설) 해제결정에 관한 학교환경위생정화위원회의 회의록에 기재된 발언내용에 대한 해당 발언자의 인적사항 부분에 관한 정보는 공공기관의 정보공개에 관한 법률상 비공개대상에 해당한다.

해설

③ '2002학년도부터 2005학년도까지의 대학수학능력시험 원데이터'는 연구 목적으로 그 정보의 공개를 청구하는 경우, 공개로 인하여 초래될 부작용이 공개로 얻을 수 있는 이익보다 더 클 것이라고 단정하기 어려우므로 그 공개로 대학수학능력시험 업무의 공정한 수행이 객관적으로 현저하게 지장을 받을 것이라는 고도의 개연성이 존재한다고 볼 수 없어 위 조항의 비공개대상정보에 해당하지 않는다(대판 2010.2.25, 2007두9877).

① 방송법이라는 특별법에 의하여 설립 운영되는 한국방송공사(KBS)는 공공기관의 정보공개에 관한 법률 시행령 제2조 제4호의 '특별법에 의하여 설립된 특수법인'으로서 정보공개의무가 있는 공공기관의 정보공개에 관한 법률 제2조 제3호의 '공공기관'에 해당한다(대판 2010.12.23, 2008두13101).

② 공공기관의 정보공개에 관한 법률 제5조 제1항은 "모든 국민은 정보의 공개를 청구할 권리를 가진다."고 규정하고 있는데, 여기에서 말하는 국민에는 자연인은 물론 법인, 권리능력 없는 사단·재단도 포함되고, 법인, 권리능력 없는 사단·재단 등의 경우에는 설립목적을 불문하며, 한편 정보공개청구권은 법률상 보호되는 구체적인 권리이므로 청구인이 공공기관에 대하여 정보공개를 청구하였다가 거부처분을 받은 것 자체가 법률상 이익의 침해에 해당한다(대판 2013.12.12, 2003두8050).

④ 대판 2003.8.22, 2002두12946

정답 ③

42 다음 중 판례의 입장으로 옳지 않은 것은? (다툼이 있는 경우 판례에 의함)

① 구 「주한미군 공여구역주변지역 등 지원 특별법」 제11조에 의한 사업시행승인을 하는 경우 동법 제 29조 제1항에서 정한 사업 관련 모든 인허가 의제 사항에 관하여 관계 행정기관의 장과 일괄하여 사전 협의를 거칠 것을 요건으로 한다.

② 국민건강보험공단의 조사원이 수기로 작성한 장기요양인정조사표는 비공개대상정보가 아니다.

③ 국민건강보험공단의 장기요양등급판정위원회의 회의록은 비공개대상정보이다.

④ 구 「친일반민족행위자 재산의 국가귀속에 관한 특별법」 제3조 제1항 본문의 귀속조항은 진정소급 입법에 해당하지만 헌법상 과잉금지원칙이나 재산권 보장원칙에 위반되지 않는다.

해설

① 제29조 제1항에서 "제11조의 규정에 의한 사업시행승인이 있은 때에는 다음 각 호의 허가 · 인가 · 지정 · 승인 · 협의 · 신고 · 해제 · 결정 · 동의 등(이하 '인허가 등'이라 한다) 중 제2항에 따라 관계 중앙행정기관의 장 및 지방 자치단체의 장과 미리 협의한 사항에 대하여는 그 인허가 등을 받은 것으로 본다."고 규정함으로써 인허가의제 사항 중 일부분에 대하여도 관계 행정기관의 장과 협의를 거치면 인허가의제 효력이 발생할 수 있음을 명확히 하 고 있는 점 등 위 각 규정의 내용, 형식 및 취지 등에 비추어 보면, 구 지원특별법 제11조에 의한 사업시행승인을 함에 있어 같은 법 제29조 제1항에 규정된 사업 관련 모든 인허가의제 사항에 관하여 관계 행정기관의 장과 일괄 하여 사전 협의를 거칠 것을 그 요건으로 하는 것은 아니라 할 것이고, 사업시행승인 후 인허가의제 사항에 관하 여 관계 행정기관의 장과 협의를 거치면 그때 해당 인허가가 의제된다고 봄이 상당하다(대판 2012.2.9. 2009두 16305).

② · ③ 대판 2012.2.9. 2010두14268

④ 대판 2012.2.23. 2010두17557

43 「행정절차법」에 대한 설명 중 옳지 않은 것은? (다툼이 있는 경우 판례에 의함)

① 특별한 사정이 없는 한 신청에 대한 거부처분은 처분의 사전통지 대상이 아니다.
② 대통령에 의한 한국방송공사 사장의 해임에는 행정절차법이 적용된다.
③ 고시의 방법으로 불특정한 다수인을 상대로 의무를 부과하거나 권익을 제한하는 처분도 상대방에게 의견제출의 기회를 주어야 한다.
④ 불이익처분의 직접 상대방인 당사자도 아니고 행정청이 참여하게 한 이해관계인도 아닌 제3자에 대해서는 사전통지에 관한 규정이 적용되지 않는다.

> **해설**
> ③ '고시'의 방법으로 불특정 다수인을 상대로 의무를 부과하거나 권익을 제한하는 처분은 성질상 의견제출의 기회를 주어야 하는 상대방을 특정할 수 없으므로, 이와 같은 처분에 있어서까지 구 행정절차법 제22조 제3항에 의하여 그 상대방에게 의견제출의 기회를 주어야 하는 것은 아니다(대판 2014.10.27, 2012두7745).
> ① 행정절차법 제21조 제1항은 행정청은 당사자에게 의무를 과하거나 권익을 제한하는 처분을 하는 경우에는 미리 처분의 제목, 당사자의 성명 또는 명칭과 주소, 처분하고자 하는 원인이 되는 사실과 처분의 내용 및 법적 근거, 그에 대하여 의견을 제출할 수 있다는 뜻과 의견을 제출하지 아니하는 경우의 처리방법, 의견제출기관의 명칭과 주소, 의견제출기한 등을 당사자 등에게 통지하도록 하고 있는바, 신청에 따른 처분이 이루어지지 아니한 경우에는 아직 당사자에게 권익이 부과되지 아니하였으므로 특별한 사정이 없는 한 신청에 대한 거부처분이라고 하더라도 직접 당사자의 권익을 제한하는 것은 아니어서 신청에 대한 거부처분을 여기에서 말하는 '당사자의 권익을 제한하는 처분'에 해당한다고 할 수 없는 것이어서 처분의 사전통지 대상이 된다고 할 수 없다(대판 2003.11.28, 2003두674).
> ② 대통령이 감사원의 한국방송공사에 대한 감사에 따른 해임제청 요구 및 한국방송공사 이사회의 해임제청결의에 따라 해임처분을 하게 된 것인 점 등에 비추어 대통령에게 주어진 한국방송공사 사장 해임에 관한 재량권 일탈·남용의 하자가 존재한다고 하더라도 그것이 중대·명백하지 않아 당연무효사유에 해당하지 않고, 해임처분과정에서 처분 내용을 사전에 통지받거나 그에 대한 의견제출기회 등을 받지 못했고 해임처분시 법적 근거 및 구체적 해임 사유를 제시받지 못하였으므로 해임처분이 행정절차법에 위배되어 위법하지만, 절차나 처분형식의 하자가 중대하고 명백하다고 볼 수 없어 역시 당연무효 아닌 취소사유에 해당한다(대판 2012.2.23, 2011두5001).
> ④ 행정절차법은 행정행위의 상대방인 당사자에게 의무를 부과하거나 권익을 제한하는 처분을 하는 경우에 일정사항을 당사자 등에 통지하고(행정절차법 제21조), 의견제출의 기회를 주어야 한다고 규정하고 있다(동법 제22조 제3항). 여기서 "당사자 등"이란 당사자와 행정청이 행정절차에 참여하게 한 이해관계인을 말한다(동법 제2조 제4호). 따라서 행정청의 직권 또는 신청에 의하여 행정절차에 참여하게 되지 않는 한 모든 이해관계 있는 제3자에게 행정처분이 통지되는 것은 아니며, 의견제출의 기회가 부여되는 것도 아니라는 것이 일반적 견해이다.
>
> **정답** ③

44 「공공기관의 정보공개에 관한 법률」에 따른 정보공개에 대한 설명으로 옳지 않은 것은? (다툼이 있는 경우 판례에 의함)

① 재건축사업계약에 의하여 조합원들에게 제공될 무상보상평수 산출내역은 법인 등의 영업상 비밀에 관한 사항이 아니며 비공개대상정보에 해당되지 않는다.

② 판례는 '특별법에 의하여 설립된 특수법인'이라는 점만으로 정보공개의무를 인정하고 있으며, 다시금 해당 법인의 역할과 기능에서 정보공개의무를 지는 공공기관에 해당하는지 여부를 판단하지 않는다.

③ 정보공개청구 후 20일이 경과하도록 정보공개 결정이 없는 때에는 정보공개 청구 후 20일이 경과한 날부터 30일 이내에 해당 공공기관에 문서로 이의신청을 할 수 있다.

④ 공공기관은 그 기관이 보유·관리하는 정보에 대하여 국민이 쉽게 알 수 있도록 정보목록을 작성하여 갖추어두고, 그 목록을 정보통신망을 활용한 정보공개시스템 등을 통하여 공개하여야 한다. 다만, 정보목록 중 제9조 제1항에 따라 공개하지 아니할 수 있는 정보가 포함되어 있는 경우에는 해당 부분을 갖추어 두지 아니하거나 공개하지 아니할 수 있다.

> **해설**
>
> ② 어느 법인이 공공기관의 정보공개에 관한 법률 제2조 제3호, 같은 법 시행령 제2조 제4호에 따라 정보를 공개할 의무가 있는 '특별법에 의하여 설립된 특수법인'에 해당하는지 여부는, 국민의 알 권리를 보장하고 국정에 대한 국민의 참여와 국정운영의 투명성을 확보하고자 하는 위법의 입법 목적을 염두에 두고, 해당 법인에게 부여된 업무가 국가행정업무이거나 이에 해당하지 않더라도 그 업무 수행으로써 추구하는 이익이 해당법인 내부의 이익에 그치지 않고 공동체 전체의 이익에 해당하는 공익적 성격을 갖는지 여부를 중심으로 개별적으로 판단하되, 해당 법인의 설립근거가 되는 법률이 법인의 조직구성과 활동에 대한 행정적 관리·감독 등에서 민법이나 상법 등에 의하여 설립된 일반 법인과 달리 규율한 취지, 국가나 지방자치단체의 해당 법인에 대한 재정적 지원·보조의 유무와 그 정도, 해당 법인의 공공적 업무와 관련하여 국가기관·지방자치단체 등 다른 공공기관에 대한 정보공개청구와는 별도로 해당 법인에 대하여 직접 정보공개청구를 구할 필요성이 있는지 여부 등을 종합적으로 고려하여야 한다(대판 2010.12.23, 2008두13101).
>
> ① 아파트재건축주택조합의 조합원들에게 제공될 무상보상평수의 사업수익성 등을 검토한 자료는 구 공공기관의 정보공개에 관한 법률 제7조 제1항에서 정한 비공개대상정보에 해당하지 않는다(대판 2006.1.13, 2003두9459).
>
> ③ 공공기관의 정보공개에 관한 법률 제18조 제1항
>
> ④ 공공기관의 정보공개에 관한 법률 제8조 제1항
>
> **정답** ②

45 행정상 즉시강제에 대한 설명으로 옳지 않은 것은? (다툼이 있는 경우 판례에 의함)

① 행정강제는 행정상 강제집행을 원칙으로 하고, 행정상 즉시강제는 예외적으로 인정되는 강제수단이다.

② 행정상 즉시강제는 실정법의 근거를 필요로 하고, 그 발동에 있어서는 법규의 범위 안에서도 행정상의 장해가 목전에 급박하고, 다른 수단으로는 행정목적을 달성할 수 없는 경우이어야 하며, 이러한 경우에도 그 행사는 필요최소한도에 그쳐야 함을 내용으로 하는 한계에 기속된다.

③ 행정상 즉시강제에 관한 일반법은 없고 개별법에서 행정상 즉시강제에 해당하는 수단을 규정하고 있다.

④ 불법게임물을 발견한 경우 관계공무원으로 하여금 영장 없이 이를 수거하여 폐기하게 할 수 있도록 규정한 구 음반·비디오물 및 게임물에 관한 법률의 조항은 급박한 상황에 대처하기 위해 행정상 즉시강제를 행할 불가피성과 정당성이 인정되지 않으므로 헌법상 영장주의에 위배된다.

해설

④ 이 사건 법률조항에 의한 행정상 즉시강제의 허용은 급박한 상황에 대처하기 위한 것으로서 그 불가피성과 정당성이 충분히 인정되는 경우이므로, 이 사건 법률조항이 영장 없는 수거를 인정한다고 하더라도 이를 두고 헌법상 영장주의에 위배되는 것으로는 볼 수 없다(헌재 2002.10.31, 2000헌가12).

① 행정상 즉시강제는 상대방에게 의무부과를 전제로 하지 않으므로 예외적으로 허용되어야 한다는 것이 통설의 입장이다.

② 행정상 즉시강제는 행정상 강제집행을 원칙으로 하며, 법치국가적 요청인 예측가능성과 법적 안정성에 반하고, 기본권 침해의 소지가 큰 권력작용인 행정상 즉시강제는 어디까지나 예외적인 강제수단이라고 할 것이다. 이러한 행정상 즉시강제는 엄격한 실정법상의 근거를 필요로 할 뿐만 아니라, 그 발동에 있어서는 법규의 범위 안에서 다시 행정상의 장해가 목전에 급박하고, 다른 수단으로는 행정목적을 달성할 수 없는 경우이어야 하며, 이러한 경우에도 그 행사는 필요 최소한도에 그쳐야 함을 내용으로 하는 조리상의 한계에 기속된다(헌재 2002.10.31, 2000헌가12).

③ 행정상 즉시강제의 경우에 일반법이 있는지 여부에 대해 견해의 대립이 존재한다. 과거에는 경찰관직무집행법이 일반법으로 보는 견해가 일반적이었으나 최근에는 이를 부정하는 견해가 일반적이다. 행정상 즉시강제에 대한 개별법에는 식품위생법, 소방기본법, 마약류관리에 관한 법률 등이 있다.

정답 ④

46 행정상 실효성 확보수단에 대한 판례의 입장으로 옳은 것은?

① 「건축법」상 이행강제금의 부과에 대해서는 항고소송을 제기할 수 없고 비송사건절차법에 따라 재판을 청구할 수 있다.

② 「도로교통법」상 통고처분에 대하여 이의가 있는 자는 통고처분에 따른 범칙금의 납부를 이행한 후에 행정쟁송을 통해 통고처분을 다툴 수 있다.

③ 세법상의 세무조사결정은 납세의무자의 권리·의무에 직접 영향을 미치는 공권력의 행사이므로 항고소송의 대상이 된다.

④ 과세처분 이후에 그 근거법률이 위헌결정을 받았으나 이미 과세처분의 불가쟁력이 발생한 경우, 당해 과세처분에 대한 조세채권의 집행을 위한 체납처분의 속행은 적법하다.

> **해설**
> ③ 세무조사결정은 납세의무자의 권리·의무에 직접 영향을 미치는 공권력의 행사에 따른 행정작용으로서 항고소송의 대상이 된다(대판 2011.3.10, 2009두23617).
> ① 구 건축법상 이행강제금의 부과에 관하여 비송사건절차법에 따른 재판에 의하여 불복하도록 규정하고 있었으나, 현행 건축법이 이를 삭제함에 따라 일반절차인 행정소송에 의하여 불복해야 한다는 것이 일반적 견해이다.
> ② 도로교통법상 통고처분에 대하여 이의가 있는 자는 통고처분에 따른 범칙금의 납부를 이행하지 아니하고 즉결심판절차를 거쳐 정식 형사소송절차를 통해 통고처분을 다툴 수 있다.
> ④ 구 헌법재판소법 제47조 제1항은 "법률의 위헌결정은 법원 기타 국가기관 및 지방자치단체를 기속한다."라고 규정하고 있는데, 이러한 위헌결정의 기속력과 헌법을 최고규범으로 하는 법질서의 체계적 요청에 비추어 국가기관 및 지방자치단체는 위헌으로 선언된 법률규정에 근거하여 새로운 행정처분을 할 수 없음은 물론이고, 위헌결정 전에 이미 형성된 법률관계에 기한 후속처분이라도 그것이 새로운 위헌적 법률관계를 생성·확대하는 경우라면 이를 허용할 수 없다. 따라서 조세 부과의 근거가 되었던 법률규정이 위헌으로 선언된 경우, 비록 그에 기한 과세처분이 위헌결정 전에 이루어졌고, 과세처분에 대한 제소기간이 이미 경과하여 조세채권이 확정되었으며, 조세채권의 집행을 위한 체납처분의 근거규정 자체에 대하여는 따로 위헌결정이 내려진 바 없다고 하더라도, 위와 같은 위헌결정 이후에 조세채권의 집행을 위한 새로운 체납처분에 착수하거나 이를 속행하는 것은 더 이상 허용되지 않고, 나아가 이러한 위헌결정의 효력에 위배하여 이루어진 체납처분은 그 사유만으로 하자가 중대하고 객관적으로 명백하여 당연무효라고 보아야 한다(대판 2012.2.16, 2010두10907).
>
> **정답** ③

47 행정대집행에 대한 설명으로 옳은 것은? (다툼이 있는 경우 판례에 의함)

① 행정주체와 사인 사이의 건축도급계약에 있어서, 사인이 의무불이행을 하였다고 하여도 행정대집행은 허용되지 않는다.

② 부작위의무 위반이 있는 경우, 그 위반결과의 시정을 요구할 수 있는 작위의무 명령권은 부작위의무의 근거인 금지규정으로부터 일반적으로 도출된다.

③ 대집행의 요건이 충족된 경우에는 대집행을 하여야 하며, 대집행권한을 발동할지에 대해 행정청의 재량은 인정되지 않는다.

④ 대집행을 위한 계고가 동일한 내용으로 수회 반복된 경우에는 최후에 행해진 계고가 항고소송의 대상이 되는 처분이다.

> **해설**
>
> ① 행정대집행법상 대집행의 대상이 되는 대체적 작위의무는 공법상 의무이어야 할 것인데, 건축도급계약은 공공기관이 사경제주체로서 행하는 사법상 매매 내지 사법상 계약의 실질을 가지는 것이므로, 행정대집행이 허용되지 않는다.
>
> ② 단순한 부작위의무의 위반, 즉 관계 법령에 정하고 있는 절대적 금지나 허가를 유보한 상대적 금지를 위반한 경우에는 당해 법령에서 그 위반자에 대하여 위반에 의하여 생긴 유형적 결과의 시정을 명하는 행정처분의 권한을 인정하는 규정을 두고 있지 아니한 이상, 법치주의의 원리에 비추어 볼 때 위와 같은 부작위의무로부터 그 의무를 위반함으로써 생긴 결과를 시정하기 위한 작위의무를 당연히 끌어낼 수는 없으며, 또 위 금지규정으로부터 작위의무, 즉 위반결과의 시정을 명하는 권한이 당연히 추론되는 것도 아니다(대판 1996.6.28, 96누4374).
>
> ③ 대집행여부는 일반적으로 재량으로 보고 있다.
>
> ④ 행정대집행법상의 건물철거의무는 제1차 철거명령 및 계고처분으로서 발생하였고 제2차, 제3차의 계고처분은 새로운 철거의무를 부과한 것이 아니고 다만 대집행기한의 연기통지에 불과하므로 행정처분이 아니다(대판 1994.10.28, 94누5144).
>
> 정답 ①

48 정보공개에 대한 설명으로 판례의 입장과 일치하지 않는 것은?

① 「공공기관의 정보공개에 관한 법률」상 공개대상이 되는 정보는 공공기관이 직무상 작성 또는 취득하여 현재 보유, 관리하고 있는 문서에 한정되기는 하지만, 반드시 원본일 필요는 없다.

② 지방자치단체의 업무추진비 세부항목별 집행내역 및 그에 관한 증빙서류에 포함된 개인에 관한 정보는 비공개대상정보에 해당한다.

③ 지방자치단체 또한 법인격을 가지므로 「공공기관의 정보공개에 관한 법률」 제5조에서 정한 정보공개청구권자인 '국민'에 해당한다.

④ 이미 다른 사람에게 공개하여 널리 알려져 있다거나 인터넷이나 관보 등을 통하여 공개하여 인터넷 검색이나 도서관에서의 열람 등을 통하여 쉽게 알 수 있다는 사정만으로는 소의 이익이 없다고 할 수 없다.

해설

③ 지방자치단체에게는 알권리로서의 정보공개청구권이 인정된다고 보기는 어렵고, 나아가 공공기관의 정보공개에 관한 법률 제4조, 제5조, 제6조의 각 규정의 취지를 종합하면, 공공기관의 정보공개에 관한 법률은 국민을 정보공개청구권자로, 지방자치단체를 국민에 대응하는 정보공개의무자로 상정하고 있다고 할 것이므로, 지방자치단체는 공공기관의 정보공개에 관한 법률 제5조에서 정한 정보공개청구권자인 '국민'에 해당되지 아니한다(서울행법 2005.10.12, 2005구합10484).

① 대판 2006.5.25, 2006두3049.

② 지방자치단체의 업무추진비 세부항목별 집행내역 및 그에 관한 증빙서류에 포함된 개인에 관한 정보는 '공개하는 것이 공익을 위하여 필요하다고 인정되는 정보'에 해당하지 않는다(대판 2003.3.11, 2001두6425).

④ 국민의 정보공개청구권은 법률상 보호되는 구체적인 권리이므로, 공공기관에 대하여 정보의 공개를 청구하였다가 공개거부처분을 받은 청구인은 행정소송을 통하여 그 공개거부처분의 취소를 구할 법률상의 이익이 있고, 공개청구의 대상이 되는 정보가 이미 다른 사람에게 공개되어 널리 알려져 있다거나 인터넷 등을 통하여 공개되어 인터넷검색 등을 통하여 쉽게 알 수 있다는 사정만으로는 소의 이익이 없다거나 비공개결정이 정당화될 수 없다(대판 2010.12.23, 2008두13101).

정답 ③

49 행정벌에 대한 설명으로 옳은 것은? (다툼이 있는 경우 판례에 의함)

① 종업원 등의 범죄에 대해 법인에게 어떠한 잘못이 있는지를 전혀 묻지 않고, 곧바로 그 종업원 등을 고용한 법인에게도 종업원 등에 대한 처벌조항에 규정된 벌금형을 과하도록 규정하는 것은 책임주의에 반한다.

② 행정벌과 이행강제금은 장래에 의무의 이행을 강제하기 위한 제재로서 직접적으로 행정작용의 실효성을 확보하기 위한 수단이라는 점에서는 동일하다.

③ 질서위반행위규제법상 개인의 대리인이 업무에 관하여 그 개인에게 부과된 법률상의 의무를 위반한 때에는 행위자인 대리인에게 과태료를 부과한다.

④ 일반형사소송절차에 앞선 절차로서의 통고처분은 그 자체로 상대방에게 금전납부의무를 부과하는 행위로서 항고소송의 대상이 된다.

해설

① 법인이 고용한 종업원 등이 업무에 관하여 범죄행위를 저지른 사실이 인정되면, 법인이 그와 같은 종업원 등의 범죄에 대해 어떠한 잘못이 있는지를 전혀 묻지 않고 곧바로 그 종업원 등을 고용한 법인에게도 종업원 등에 대한 처벌조항에 규정된 벌금형을 과하도록 하는 규정은, 오늘날 법인의 반사회적 법익침해활동에 대하여 법인 자체에 직접적인 제재를 가할 필요성이 강하다 하더라도, 입법자가 일단 "형벌"을 선택한 이상, 형벌에 관한 헌법상 원칙, 즉 법치주의와 죄형법정주의로부터 도출되는 책임주의원칙이 준수되어야 한다. 그런데 법인이 종업원 등의 위반행위와 관련하여 선임·감독상의 주의의무를 다하여 아무런 잘못이 없는 경우까지도 법인에게 형벌을 부과될 수밖에 없게 되어 법치국가의 원리 및 죄형법정주의로부터 도출되는 책임주의원칙에 반하므로 헌법에 위반된다(헌재 2009.7.30, 2008헌가14).

② 행정벌과 이행강제금 모두 간접적으로 의무이행을 확보하는 수단이다. 하지만 이행강제금은 행정상 강제집행의 하나로 행정법상 개별적·구체적인 의무의 불이행을 전제로 그 불이행한 의무를 '장래'에 향해 실현시키는 것을 목적으로 한다는 점에서 '과거'의 의무 위반에 대한 제재로서 가하는 행정벌과 구별된다.

③ 법인의 대표자, 법인 또는 개인의 대리인·사용인 및 그 밖의 종업원이 업무에 관하여 법인 또는 그 개인에게 부과된 법률상의 의무를 위반한 때에는 법인 또는 그 개인에게 과태료를 부과한다(질서위반행위규제법 제11조 제1항).

④ 통고처분은 상대방의 임의의 승복을 그 발효요건으로 하기 때문에 그 자체만으로는 통고이행을 강제하거나 상대방에게 아무런 권리의무를 형성하지 않으므로 행정심판이나 행정소송의 대상으로서의 처분성을 부여할 수 없다 (대판 1995.6.29, 95누4674; 헌재 1998.5.28, 96헌바4).

 정답 ①

50 「행정대집행법」상 행정대집행에 대한 설명으로 옳은 것은? (다툼이 있는 경우 판례에 의함)

① 의무를 명하는 행정행위가 불가쟁력이 발생하지 않은 경우에는 그 행정행위에 따른 의무의 불이행에 대하여 대집행을 할 수 없다.

② 부작위하명에는 행정행위의 강제력의 효력이 있으므로 당해 하명에 따른 부작위의무의 불이행에 대하여는 별도의 법적근거 없이 대집행이 가능하다.

③ 원칙적으로 '의무의 불이행을 방치하는 것이 심히 공익을 해하는 것으로 인정되는 경우'의 요건은 계고를 할 때에 충족되어 있어야 한다.

④ 「행정대집행법」 제2조에 따른 대집행의 실시여부는 행정청의 재량에 속하지 않는다.

해설

③ 계고서라는 명칭의 1장의 문서로서 일정기간 내에 위법건축물의 자진철거를 명함과 동시에 그 소정기한 내에 자진철거를 하지 아니할 때에는 대집행할 뜻을 미리 계고한 경우라도 위 건축법에 의한 철거명령과 행정대집행법에 의한 계고처분은 독립하여 있는 것으로서 각 그 요건이 충족되었다고 볼 것(당원 1978.12.26. 선고 78누114 판결 참조)이다(대판 1992.6.12, 91누13564).

① 행정대집행법은 대체적 작위의무를 명하는 행정행위에 대하여 당해 행정행위가 불가쟁력이 발생한 후에 한하여 대집행할 수 있다는 규정을 두고 있지 않으므로, 의무를 명하는 행정행위가 불가쟁력이 발생하지 않은 경우에도 그 행정행위에 따른 의무의 불이행에 대하여 대집행을 할 수 있다.

② 행정대집행법 제2조는 대집행의 대상이 되는 의무를 '법률에 의하여 직접 명령되었거나 또는 법률에 의거한 행정청의 명령에 의한 행위로서 타인이 대신하여 행할 수 있는 행위'라고 규정하고 있으므로, 대집행계고처분을 하기 위해서는 법령에 의하여 직접명령이 되거나 법령에 근거한 행정청의 명령에 의한 의무자의 대체적 작위의무위반 행위가 있어야 한다. 따라서 부작위의무로부터 그 의무를 위반함으로써 생긴 결과를 시정하기 위한 작위의무를 당연히 끌어낼 수는 없으며, 또 위 금지규정(특히 허가를 유보한 상대적 금지규정)으로부터 작위의무, 즉 위반결과의 시정을 명하는 권한이 당연히 추론되는 것도 아니다(대판 1996.6.28, 96누4374).

④ 행정대집행법 제2조의 규정형식을 근거로 행정권 발동 여부는 행정청의 재량에 속한다고 보는 견해가 다수설이다.

정답 ③

51 행정상 강제징수에 대한 설명으로 옳지 않은 것은?

① 국세납부의무의 불이행에 대하여는 「국세징수법」에서 강제징수를 인정하고 있다.

② 독촉은 이후에 행해지는 압류의 적법요건이 되며 최고기간 동안 조세채권의 소멸시효를 중단시키는 법적 효과를 갖는다.

③ 「국세징수법」상의 독촉, 압류, 압류해제거부 및 공매 처분에 대하여는 이의신청을 제기할 수 있고, 심사청구와 심판청구의 결정을 모두 거친 후에 행정소송을 제기할 수 있다.

④ 과세관청이 체납처분으로서 행하는 공매는 우월한 공권력의 행사로서 행정소송의 대상이 되는 공법상의 행정처분이며 공매에 의하여 재산을 매수한 자는 그 공매처분이 취소된 경우에 그 취소처분의 위법을 주장하여 행정소송을 제기할 법률상 이익이 있다.

해설

③ 행정심판에 해당하는 국세청장에게 심사청구와 조세심판원장에 대한 조세심판청구는 "필요적 행정심판전치주의"이다. 다만 국세청장에게 하는 심사청구와 조세심판원장에 대한 조세심판청구는 중복하여 제기할 수 없고, 둘 중 하나의 절차만 거치면 행정소송을 제기할 수 있다.

① 국세납부의무의 불이행에 대해서는 국제징수법에서 강제징수를 인정하고 있다. 또한 금전급부의무의 강제징수에 대해서는 국세징수법의 예에 의한다고 규정하는 것이 일반적이므로 '국세징수법'이 사실상 강제징수의 일반법적 성격을 가진다고 볼 수 있다.

② 독촉이란 의무자에게 금전납부의무의 이행을 최고하고 그 불이행시에는 체납처분을 할 것을 예고하는 통지행위로 준법률적 행정행위에 해당한다. 이는 체납처분의 전제조건이며, 채권의 소멸시효를 중단시킨다.

④ 과세관청이 체납처분으로서 행하는 공매는 우월한 공권력의 행사로서 행정소송의 대상이 되는 공법상의 행정처분이며 공매에 의하여 재산을 매수한 자는 그 공매처분이 취소된 경우에 그 취소처분의 위법을 주장하여 행정소송을 제기할 법률상 이익이 있다(대판 1984.9.25, 84누201).

정답 ③

52 행정의 실효성 확보수단에 대한 기술로 옳은 것은? (다툼이 있는 경우 판례에 의함)

① 「공익사업을 위한 토지 등의 취득 및 보상에 관한 법률」상의 수용대상 토지의 명도의무는 강제적으로 실현할 필요가 인정되므로 대체적 작위의무에 해당한다.

② 철거명령과 철거대집행 계고처분을 이미 했음에도 그 후에 제2차, 제3차 계고처분을 하였다면, 최종적인 제3차 계고처분에 대하여 항고소송을 제기해야 한다.

③ 구 「건축법」상 이행강제금을 부과받은 자의 이의에 의해 비송사건절차법에 의한 재판절차가 개시된 후에 그 이의한 자가 사망했다면 그 재판절차는 종료된다.

④ 「국세징수법」상 공매처분을 하면서 체납자에게 공매통지를 하였다면 공매통지가 적법하지 않다 하더라도 공매처분에 절차상 하자가 있다고 할 수는 없다.

해설

③ 구 건축법상의 이행강제금은 구 건축법의 위반행위에 대하여 시정명령을 받은 후 시정기간 내에 당해 시정명령을 이행하지 아니한 건축주 등에 대하여 부과되는 간접강제의 일종으로서 그 이행강제금 납부의무는 상속인 기타의 사람에게 승계될 수 없는 일신전속적인 성질의 것이므로 이미 사망한 사람에게 이행강제금을 부과하는 내용의 처분이나 결정은 당연무효이고, 이행강제금을 부과 받은 사람의 이의에 의하여 비송사건절차법에 의한 재판절차가 개시된 후에 그 이의한 사람이 사망한 때에는 사건 자체가 목적을 잃고 절차가 종료한다(대판 2006.12.8, 2006마470).

① 피수용자 등이 기업자에 대하여 부담하는 수용대상 토지의 인도의무에 관한 구 토지수용법(2002.2.4. 법률 제6656호 공익사업을 위한 토지 등의 취득 및 보상에 관한 법률 부칙 제2조로 폐지) 제63조, 제64조, 제77조 규정에서의 '인도'에는 명도도 포함되는 것으로 보아야 하고, 이러한 명도의무는 그것을 강제적으로 실현하면서 직접적인 실력행사가 필요한 것이지 대체적 작위의무라고 볼 수 없으므로 특별한 사정이 없는 한 행정대집행법에 의한 대집행의 대상이 될 수 있는 것이 아니다(대판 2005.8.19, 2004다2809).

② 제1차로 철거명령 및 계고처분을 한 데 이어 제2차로 계고서를 송달하였음에도 불응함에 따라 대집행을 일부 실행한 후 철거의무자의 연기원을 받아들여 나머지 부분의 철거를 진행하지 않고 있다가 연기기한이 지나자 다시 제3차로 철거명령 및 대집행계고를 한 경우, 행정대집행법상의 철거의무는 제1차 철거명령 및 계고처분으로써 발생하였다고 할 것이고, 제3차 철거명령 및 대집행계고는 새로운 철거의무를 부과하는 것이라고는 볼 수 없으며, 단지 종전의 계고처분에 의한 건물철거를 독촉하거나 그 대집행기한을 연기한다는 통지에 불과하므로 취소소송의 대상이 되는 독립한 행정처분이라고 할 수 없다(대판 2000.2.22, 98두4665).

④ 국세징수법상 체납자 등에 대한 공매통지는 국가의 강제력에 의하여 진행되는 공매에서 체납자 등의 권리 내지 재산상의 이익을 보호하기 위하여 법률로 규정한 절차적 요건이라고 보아야 하며, 공매처분을 하면서 체납자 등에게 공매통지를 하지 않았거나 공매통지를 하였더라도 그것이 적법하지 아니한 경우에는 절차상의 흠이 있어 그 공매처분은 위법하다(대판 2008.11.20, 2007두18154).

정답 ③

53 다음 중 행정대집행에 대한 판례의 설명으로 옳지 않은 것은?

① 도시공원시설점유자의 퇴거 및 명도의무는 「행정대집행법」에 의한 대집행의 대상이 되지 않는다.
② 계고시 상당한 기간을 부여하지 않은 경우 대집행영장으로 대집행의 시기를 늦추었다 하더라도 대집행계고처분은 상당한 이행기간을 정하여 한 것이 아니므로 위법하다.
③ 제1차 계고처분에 불응하여 제2차 계고처분을 한 경우 제2차 계고처분은 행정쟁송의 대상이 되지 않는다.
④ 선행계고처분의 위법성을 들어 대집행 비용 납부명령의 취소를 구할 수 없다.

> **해설**
> ④ 행정대집행 일련의 절차들은 하나의 법률효과를 목적으로 하므로 각각 하자가 승계된다. 따라서 후행 대집행 비용납부명령(비용징수) 취소소송에서 선행 계고처분의 위법성을 다툴 수 있다는 것이 판례의 입장이다(대판 1996.2.9, 95누12507).
> ① 도시공원시설인 매점의 관리청이 그 공동점유자 중의 1인에 대하여 소정의 기간 내에 위 매점으로부터 퇴거하고 이에 부수하여 그 판매 시설물 및 상품을 반출하지 아니할 때에는 이를 대집행하겠다는 내용의 계고처분은 그 주된 목적이 매점의 원형을 보존하기 위하여 점유자가 설치한 불법 시설물을 철거하고자 하는 것이 아니라, 매점에 대한 점유자의 점유를 배제하고 그 점유이전을 받는 데 있다고 할 것인데, 이러한 의무는 그것을 강제적으로 실현함에 있어 직접적인 실력행사가 필요한 것이지 대체적 작위의무에 해당하는 것은 아니어서 직접강제의 방법에 의하는 것은 별론으로 하고 행정대집행법에 의한 대집행의 대상이 되는 것은 아니다(대판 1998.10.23, 97누157).
> ② 행정대집행법 제3조 제1항은 행정청이 의무자에게 대집행영장으로써 대집행할 시기 등을 통지하기 위하여는 그 전제로서 대집행계고처분을 함에 있어서 의무이행을 할 수 있는 상당한 기간을 부여할 것을 요구하고 있으므로, 행정청인 피고가 의무이행기한이 1988.5.24.까지로 된 이 사건 대집행계고서를 5.19. 원고에게 발송하여 원고가 그 이행종기인 5.24. 이를 수령하였다면, 설사 피고가 대집행영장으로써 대집행의 시기를 1988.5.27. 15:00로 늦추었더라도 위 대집행계고처분은 상당한 이행기한을 정하여 한 것이 아니어서 대집행의 적법절차에 위배한 것으로 위법한 처분이라고 할 것이다(대판 1990.9.14, 90누2048).
> ③ 건물의 소유자에게 위법건축물을 일정기간까지 철거할 것을 명함과 아울러 불이행할 때에는 대집행한다는 내용의 철거대집행 계고처분을 고지한 후 이에 불응하자 다시 제2차, 제3차 계고서를 발송하여 일정기간까지의 자진철거를 촉구하여 불이행하면 대집행을 한다는 뜻을 고지하였다면 행정대집행법상의 건물철거의무는 제1차 철거명령 및 계고처분으로서 발생하였고 제2차, 제3차의 계고 처분은 새로운 철거의무를 부과한 것이 아니고 다만 대집행기한의 연기 통지에 불과하므로 행정처분이 아니다(대판 1994.10.28, 94누5144).
>
> **정답** ④

54 행정조사의 한계에 대한 설명으로 옳지 않은 것은? (다툼이 있는 경우 판례에 의함)

① 적법절차의 원칙상 행정조사에 관한 사전통지와 이유제시를 하여야 한다. 다만, 긴급한 경우 또는 사전통지나 이유제시를 하면 조사의 목적을 달성할 수 없는 경우에는 예외를 인정할 수 있다.

②「행정절차법」은 행정조사에 관한 명문의 규정을 두고 있지 않으므로 행정조사가 처분에 해당하는 경우에도 행정절차법상의 처분절차에 관한 규정이 적용되지 않는다.

③ 우편물 통관검사절차에서 우편물의 개봉, 시료채취, 성분분석 등의 검사는 수출입품목에 대한 적정한 통관 등을 목적으로 한 행정조사의 성격을 가지는 것으로서 수사기관의 강제처분이라고 할 수 없으므로 영장은 요구되지 않는다.

④ 부가가치세부과처분이 종전의 부가가치세 경정조사와 같은 세목 및 같은 과세기간에 대하여 중복하여 실시된 위법한 세무조사에 기초하여 이루어진 경우 위법하다.

해설

② 행정절차법은 행정조사에 관한 명문을 두고 있지 않지만 행정조사가 국민의 권리의무에 직접 영향을 미치는 등 처분에 해당하는 경우, 행정절차법상의 처분절차에 관한 규정이 적용된다.

① 행정조사기본법 제17조 제1항에서는 '행정조사를 실시하기 전에 관련 사항을 미리 통지하는 때에는 증거인멸 등으로 행정조사의 목적을 달성할 수 없다고 판단되는 경우'를 사전통지와 이유제시의 예외사항으로 규정하고 있다.

③ 우편물 통관검사절차에서 이루어지는 우편물의 개봉, 시료채취, 성분분석 등의 검사는 출입물품에 대한 적정한 통관 등을 목적으로 한 행정조사의 성격을 가지는 것으로서 수사기관의 강제처분이라고 할 수 없으므로, 압수·수색영장 없이 우편물의 개봉, 시료채취, 성분분석 등 검사가 진행되었다 하더라도 특별한 사정이 없는 한 위법하다고 볼 수 없다(대판 2013.9.26, 2013도7718).

④ 납세자에 대한 부가가치세부과처분이, 종전의 부가가치세 경정조사와 같은 세목 및 같은 과세기간에 대하여 중복하여 실시된 위법한 세무조사에 기초하여 이루어진 것이어서 위법하다(대판 2006.6.2, 2004두12070).

정답 ②

55 행정상 강제집행에 대한 설명으로 가장 적절하지 않은 것은? (다툼이 있는 경우 판례에 의함)

① 계고처분의 후속절차인 대집행에 위법이 있다 하더라도 선행절차인 계고처분이 부적법하게 되는 것은 아니다.

② 구 「건축법」(2005. 11. 8. 법률 제7696호로 개정되기 전의 것)상의 이행강제금 납부의무는 상속인 기타의 사람에게 승계될 수 있다.

③ 행정상 강제징수에 있어 독촉은 처분성이 인정되나 최초 독촉 후에 동일한 내용에 대해 반복한 독촉은 처분성이 인정되지 않는다.

④ 직접강제는 권력적 사실행위로서 처분성이 인정되므로 항고소송의 대상이 되지만 통상 단기간에 종료되므로 소의 이익이 부정될 가능성이 크다.

해설

② 구 건축법(2005. 11. 8. 법률 제7696호로 개정되기 전의 것)상의 이행강제금은 구 건축법의 위반행위에 대하여 시정명령을 받은 후 시정기간 내에 당해 시정명령을 이행하지 아니한 건축주 등에 대하여 부과되는 간접강제의 일종으로서 그 이행강제금 납부의무는 상속인 기타의 사람에게 승계될 수 없는 일신전속적인 성질의 것이므로 이미 사망한 사람에게 이행강제금을 부과하는 내용의 처분이나 결정은 당연무효이고, 이행강제금을 부과받은 사람의 이의에 의하여 비송사건절차법에 의한 재판절차가 개시된 후에 그 이의한 사람이 사망한 때에는 사건 자체가 목적을 잃고 절차가 종료한다(대판 2006.12.8, 2006마470).

① 계고처분의 후속절차인 대집행에 위법이 있다고 하더라도, 그 와 같은 후속절차에 위법성이 있다는 점을 들어 선행절차인 계고처분이 부적법하다는 사유로 삼을 수는 없다(대판 1997.2.14, 96누15428).

③ 구 의료보험법(1994. 1. 7. 법률 제4728호로 전문 개정되기 전의 것) 제45조, 제55조, 제55조의2의 각 규정에 의하면, 보험자 또는 보험자단체가 사기 기타 부정한 방법으로 보험급여비용을 받은 의료기관에게 그 급여비용에 상당하는 금액을 부당이득으로 징수할 수 있고, 그 의료기관이 납부고지에서 지정된 납부기한까지 징수금을 납부하지 아니한 경우 국세체납절차에 의하여 강제징수할 수 있는바, 보험자 또는 보험자단체가 부당이득금 또는 가산금의 납부를 독촉한 후 다시 동일한 내용의 독촉을 하는 경우 최초의 독촉만이 징수처분으로서 항고소송의 대상이 되는 행정처분이 되고 그 후에 한 동일한 내용의 독촉은 체납처분의 전제요건인 징수처분으로서 소멸시효 중단사유가 되는 독촉이 아니라 민법상의 단순한 최고에 불과하여 국민의 권리의무나 법률상의 지위에 직접적으로 영향을 미치는 것이 아니므로 항고소송의 대상이 되는 행정처분이라 할 수 없다(대판 1999.7.13, 97누119).

④ 직접강제는 권력적 사실행위로서의 성격으로 처분성이 인정되므로 항고소송의 대상이 된다. 그러나 직접강제는 통상 신속하게 종료되므로 소의 이익이 부정될 가능성이 크다.

정답 ②

56 명단공표에 대한 설명으로 옳지 않은 것은? (다툼이 있는 경우 판례에 의함)

① 공표는 비권력적 사실행위이지만 법률상 근거가 필요하다.

② 국세기본법은 명단공표에 관한 일반법이다.

③ 청소년성매수자에 대한 신상공개를 규정한 구 「청소년의 성보호에 관한 법률」은 이중처벌금지 원칙에 위반되지 않으며 과잉금지 원칙에도 위반되지 않는다.

④ 국가기관이 행정목적달성을 위하여 언론에 보도자료를 제공하는 등 이른바 행정상 공표의 방법으로 실명을 공개함으로써 타인의 명예를 훼손한 경우, 그 공표된 사람에 관하여 적시된 사실의 내용이 진실이라는 증명이 없더라도 국가기관이 공표 당시 이를 진실이라고 믿었거나 그렇게 믿을 만한 상당한 이유가 있다면 위법성이 없는 것이다.

> **해설**
> ② 명단공표에 관한 일반법은 없고 몇몇 개별법에서 규정하고 있을 따름이다.
> ① 공표는 비권력적 사실행위이지만 개인의 프라이버시 침해 문제가 발생하므로 법률상 근거가 필요하다(통설).
> ③ • 청소년의 성보호에 관한 법률 제20조 제1항은 "청소년의 성을 사는 행위 등의 범죄방지를 위한 계도"가 신상공개제도의 주된 목적임을 명시하고 있는바, 이 제도가 당사자에게 일종의 수치심과 불명예를 줄 수 있다고 하여도, 이는 어디까지나 신상공개제도가 추구하는 입법목적에 부수적인 것이지 주된 것은 아니다. 또한, 공개되는 신상과 범죄사실은 이미 공개재판에서 확정된 유죄판결의 일부로서, 개인의 신상 내지 사생활에 관한 새로운 내용이 아니고, 공익목적을 위하여 이를 공개하는 과정에서 부수적으로 수치심 등이 발생된다고 하여 이것을 기존의 형벌 외에 또 다른 형벌로서 수치형이나 명예형에 해당한다고 볼 수는 없다. 그렇다면, 신상공개제도는 헌법 제13조의 이중처벌금지 원칙에 위배되지 않는다(헌재 2003.6.26, 2002헌가14).
> • 청소년의 성보호에 관한 법률 제20조 제2항은 "성명, 연령, 직업 등의 신상과 범죄사실의 요지"를 공개하도록 규정하고 있는바, 이는 이미 공개된 형사재판에서 유죄가 확정된 형사판결이라는 공적 기록의 내용 중 일부를 국가가 공익 목적으로 공개하는 것으로 공개된 형사재판에서 밝혀진 범죄인들의 신상과 전과를 일반인이 알게 된다고 하여 그들의 인격권 내지 사생활의 비밀을 침해하는 것이라고 단정하기는 어렵다. … 그렇다면 청소년 성매수자의 일반적 인격권과 사생활의 비밀의 자유가 제한되는 정도가 청소년 성보호라는 공익적 요청에 비해 크다고 할 수 없으므로 결국 법 제20조 제2항 제1호의 신상공개는 해당 범죄인들의 일반적 인격권, 사생활의 비밀의 자유를 과잉금지의 원칙에 위배하여 침해한 것이라 할 수 없다(헌재 2003.6.26, 2002헌가14).
> ④ 국가기관이 행정목적달성을 위하여 언론에 보도자료를 제공하는 등 이른바 행정상 공표의 방법으로 실명을 공개함으로써 타인의 명예를 훼손한 경우, 그 공표된 사람에 관하여 적시된 사실의 내용이 진실이라는 증명이 없더라도 국가기관이 공표 당시 이를 진실이라고 믿었고 또 그렇게 믿을 만한 상당한 이유가 있다면 위법성이 없는 것이다(대판 1993.11.26, 93다18389).
>
> **정답** ②

57 행정행위의 하자승계에 대한 설명으로 가장 옳지 않은 것은?

① 위법한 개별공시지가결정에 대하여 그 정해진 시정절차를 통하여 시정하도록 요구하지 아니하였다는 이유로 위법한 개별공시지가를 기초로 한 과세처분 등 후행행정처분에서 개별공시지가결정의 위법을 주장할 수 없도록 하는 것은 수인한도를 넘는 불이익을 강요하는 것이다.

② 사업시행계획과 관리처분계획은 서로 독립하여 별개의 법적 효과를 발생시키는 것으로서 사업시행계획의 수립에 관한 취소사유인 하자가 관리처분계획에 승계되지 아니한다.

③ 대집행의 계고, 대집행영장에 의한 통지, 대집행의 실행, 대집행비용의 납부명령은 동일한 행정목적을 달성하기 위하여 일련의 절차로 연속하여 행하여지는 것으로서, 서로 결합하여 하나의 법률효과를 발생시키는 것이다.

④ 선행처분과 후행처분이 서로 독립하여 별개의 법률효과를 목적으로 하는 경우에 선행처분이 당연무효의 하자가 있다는 이유로 후행처분의 효력을 다툴 수 없다.

> **해설**
>
> ④ 조세의 부과처분과 압류 등의 체납처분은 별개의 행정처분으로서 독립성을 가지므로 부과처분에 하자가 있더라도 그 부과처분이 취소되지 아니하는 한 그 부과처분에 의한 체납처분은 위법이라고 할 수는 없지만, 체납처분은 부과처분의 집행을 위한 절차에 불과하므로 그 부과처분에 중대하고도 명백한 하자가 있어 무효인 경우에는 그 부과처분의 집행을 위한 체납처분도 무효라 할 것이다(대판 1987.9.22, 87누383). → 선행처분이 당연무효인 경우에는 목적의 동일성을 불문하고 승계가 가능
>
> ① 위법한 개별공시지가결정에 대하여 그 정해진 시정절차를 통하여 시정하도록 요구하지 아니하였다는 이유로 위법한 개별공시지가를 기초로 한 과세처분 등 후행 행정처분에서 개별공시지가결정의 위법을 주장할 수 없도록 하는 것은 수인한도를 넘는 불이익을 강요하는 것으로서 국민의 재산권과 재판받을 권리를 보장한 헌법의 이념에도 부합하는 것이 아니라고 할 것이므로, 개별공시지가결정에 위법이 있는 경우에는 그 자체를 행정소송의 대상이 되는 행정처분으로 보아 그 위법 여부를 다툴 수 있음은 물론 이를 기초로 한 과세처분 등 행정처분의 취소를 구하는 행정소송에서도 선행처분인 개별공시지가 결정의 위법을 독립된 위법사유로 주장할 수 있다고 해석함이 타당하다(대판 1994.1.25, 93누8542).
>
> ② 사업시행계획 수립에 조합원 3분의 2 이상의 동의를 얻지 못한 하자가 있다고 하더라도 그 하자가 객관적으로 명백하다고 보기 어려워 무효사유가 아니라 취소사유에 불과하고, 사업시행계획에 관한 취소사유인 하자는 관리처분계획에 승계되지 아니하여 그 하자를 들어 관리처분계획의 적법 여부를 다툴 수 없다(대판 2012.8.23, 2010두13463).
>
> ③ 대집행의 계고·대집행영장에 의한 통지·대집행의 실행·대집행에 요한 비용의 납부명령 등은, 타인이 대신하여 행할 수 있는 행정의무의 이행을 의무자의 비용부담하에 확보하고자 하는, 동일한 행정목적을 달성하기 위하여 단계적인 일련의 절차로 연속하여 행하여지는 것으로서, 서로 결합하여 하나의 법률효과를 발생시키는 것이므로, 선행처분인 계고처분이 하자가 있는 위법한 처분이라면, 비록 하자가 중대하고도 명백한 것이 아니어서 당연무효의 처분이라고 볼 수 없고 대집행의 실행이 이미 사실행위로서 완료되어 계고처분의 취소를 구할 법률상 이익이 없게 되었으며, 또 대집행비용납부명령 자체에는 아무런 하자가 없다 하더라도, 후행처분인 대집행비용 납부명령의 취소를 청구하는 소송에서 청구원인으로 선행처분인 계고처분이 위법한 것이기 때문에 그 계고처분을 전제로 행하여진 대집행비용납부명령도 위법한 것이라는 주장을 할 수 있다(대판 1996.2.9, 95누12507).
>
> **정답** ④

58 영조물의 설치·관리상 하자책임에 대한 설명으로 옳지 않은 것은? (다툼이 있는 경우 판례에 의함)

① 일반 공중이 사용하는 공공용물 외에 행정주체가 직접 사용하는 공용물이나 하천과 같은 자연공물도 「국가배상법」 제5조의 '공공의 영조물'에 포함된다.

② 영조물의 하자 유무는 객관적 견지에서 본 안정선의 문제이며, 국가의 예산 부족으로 인해 영조물의 설치·관리에 하자가 생긴 경우에도 국가는 면책될 수 없다.

③ 고속도로의 관리상 하자가 인정되더라도 고속도로의 관리상 하자를 판단할 때 고속도로의 점유관리자가 손해의 방지에 필요한 주의의무를 해태하였다는 주장·입증책임은 피해자에게 있다.

④ 소음 등의 공해로 인한 법적 쟁송이 제기되거나 그 피해에 대한 보상이 실시되는 등 피해지역임이 구체적으로 드러나고 이러한 사실이 그 지역에 널리 알려진 이후에 이주하여 오는 경우에는 위와 같은 위험에의 접근에 따른 가해자의 면책 여부를 보다 적극적으로 인정할 여지가 있다.

해설

③ 고속도로의 관리상 하자가 인정되는 이상 고속도로의 점유관리자는 그 하자가 불가항력에 의한 것이거나 손해의 방지에 필요한 주의를 해태하지 아니하였다는 점을 주장·입증하여야 비로소 그 책임을 면할 수 있다(대판 2008.3.13, 2007다29287).

① 국가배상법 제5조 제1항 소정의 "공공의 영조물"이라 함은 국가 또는 지방자치단체에 의하여 특정 공공의 목적에 공여된 유체물 내지 물적 설비를 지칭하며, 특정 공공의 목적에 공여된 물이라 함은 일반공중의 자유로운 사용에 직접적으로 제공되는 공공용물에 한하지 아니하고, 행정주체 자신의 사용에 제공되는 공용물도 포함하며 국가 또는 지방자치단체가 소유권, 임차권 그 밖의 권한에 기하여 관리하고 있는 경우뿐만 아니라 사실상의 관리를 하고 있는 경우도 포함한다(대판 1995.1.24, 94다45302). 따라서 일반 공중이 사용하는 공공용물 외에 행정주체가 직접 사용하는 공용물이나 하천과 같은 자연공물도 국가배상법 제5조의 '공공의 영조물'에 포함된다.

② 영조물 설치의 '하자'라 함은 영조물의 축조에 불완전한 점이 있어 이 때문에 영조물 자체가 통상 갖추어야 할 완전성을 갖추지 못한 상태에 있음을 말한다고 할 것인바 그 '하자' 유무는 객관적 견지에서 본 안전성의 문제이고 그 설치자의 재정사정이나 영조물의 사용목적에 의한 사정은 안전성을 요구하는데 대한 정도 문제로서 참작사유에는 해당할지언정 안전성을 결정지을 절대적 요건에는 해당하지 아니한다 할 것이다(대판 1967.2.21, 66다1723).

④ 소음 등을 포함한 공해 등의 위험지역으로 이주하여 들어가서 거주하는 경우와 같이 위험의 존재를 인식하면서 그로 인한 피해를 용인하며 접근한 것으로 볼 수 있는 경우에, 그 피해가 직접 생명이나 신체에 관련된 것이 아니라 정신적 고통이나 생활방해의 정도에 그치고 그 침해행위에 고도의 공공성이 인정되는 때에는, 위험에 접근한 후 실제로 입은 피해 정도가 위험에 접근할 당시에 인식하고 있었던 위험의 정도를 초과하는 것이거나 위험에 접근한 후에 그 위험이 특별히 증대하였다는 등의 특별한 사정이 없는 한 가해자의 면책을 인정하여야 하는 경우도 있다. 특히 소음 등의 공해로 인한 법적 쟁송이 제기되거나 그 피해에 대한 보상이 실시되는 등 피해지역임이 구체적으로 드러나고 또한 이러한 사실이 그 지역에 널리 알려진 이후에 이주하여 오는 경우에는 위와 같은 위험에의 접근에 따른 가해자의 면책 여부를 보다 적극적으로 인정할 여지가 있다(대판 2010.11.25, 2007다74560).

정답 ③

59 손해배상에 관한 다음 기술 중 옳은 것은? (다툼이 있는 경우 판례에 의함)

① 공무원이 「자동차손해배상 보장법」상 자기를 위하여 자동차를 운행하는 자에 해당하는 경우 공무원에게 고의 또는 중과실이 있는 경우에 한해 공무원은 「자동차손해배상 보장법」상의 책임을 부담한다.

② 헌법재판소는 공무원과 군인의 공동불법행위로 직무집행 중인 다른 군인에게 손해를 발생하게 한 경우 민간인이 손해액 전부를 군인에 대해 배상한 후 국가에 구상청구를 할 수 있는지에 대해 부정하는 입장이다.

③ 한국토지공사는 「국가배상법」 제2조 소정의 공무원에 해당한다.

④ 「국가배상법」 제5조의 영조물의 설치·관리의 하자로 인한 배상책임의 경우에도 이중배상금지에 관한 규정이 적용된다.

해설

④ • 도로·하천, 그 밖의 공공의 영조물(營造物)의 설치나 관리에 하자(瑕疵)가 있기 때문에 타인에게 손해를 발생하게 하였을 때에는 국가나 지방자치단체는 그 손해를 배상하여야 한다. 이 경우 제2조 제1항 단서, 제3조 및 제3조의2를 준용한다(국가배상법 제5조).
• 국가나 지방자치단체는 공무원 또는 공무를 위탁받은 사인이 직무를 집행하면서 고의 또는 과실로 법령을 위반하여 타인에게 손해를 입히거나, 자동차손해배상보장법에 따라 손해배상의 책임이 있을 때에는 이 법에 따라 그 손해를 배상하여야 한다. 다만, 군인·군무원·경찰공무원 또는 예비군대원이 전투·훈련 등 직무집행과 관련하여 전사(戰死)·순직(殉職)하거나 공상(公傷)을 입은 경우에 본인이나 그 유족이 다른 법령에 따라 재해보상금·유족연금·상이연금 등의 보상을 지급받을 수 있을 때에는 이 법 및 민법에 따른 손해배상을 청구할 수 없다(국가배상법 제2조 제1항).

① 공무원이 직무상 자동차를 운전하다가 사고를 일으켜 다른 사람에게 손해를 입힌 경우에는 그 사고가 자동차를 운전한 공무원의 경과실에 의한 것인지 중과실 또는 고의에 의한 것인지를 가리지 않고, 그 공무원이 자동차손해배상보장법 제3조 소정의 '자기를 위하여 자동차를 운행하는 자'에 해당하는 한 자동차손해배상보장법상의 손해배상책임을 부담한다(대판 1996.3.8, 94다23876).

② 국가배상법 제2조 제1항 단서 중 군인에 관련되는 부분을, 일반국민이 직무집행 중인 군인과의 공동불법행위로 직무집행 중인 다른 군인에게 공상을 입혀 그 피해자에게 공동의 불법행위로 인한 손해를 배상한 다음 공동불법행위자인 군인의 부담부분에 관하여 국가에 대하여 구상권을 행사하는 것을 허용하지 않는다고 해석한다면, 이는 위 단서 규정의 헌법상 근거규정인 헌법 제29조가 구상권의 행사를 배제하지 아니하는데도 이를 배제하는 것으로 해석하는 것으로서 합리적인 이유 없이 일반국민을 국가에 대하여 지나치게 차별하는 경우에 해당하므로 헌법 제11조, 제29조에 위반되며, 또한 국가에 대한 구상권은 헌법 제23조 제1항에 의하여 보장되는 재산권이고 위와 같은 해석은 그러한 재산권의 제한에 해당하며 재산권의 제한은 헌법 제37조 제2항에 의한 기본권제한의 한계 내에서만 가능한데, 위와 같은 해석은 헌법 제37조 제2항에 의하여 기본권을 제한할 때 요구되는 비례의 원칙에 위배하여 일반국민의 재산권을 과잉제한하는 경우에 해당하여 헌법 제23조 제1항 및 제37조 제2항에도 위반된다(헌재 1994.12.29, 93헌바21).

③ 한국토지공사는 구 한국토지공사법 제2조, 제4조에 의하여 정부가 자본금의 전액을 출자하여 설립한 법인이고, 같은 법 제9조 제4호에 규정된 한국토지공사의 사업에 관하여는 공익사업을 위한 토지 등의 취득 및 보상에 관한 법률 제89조 제1항, 위 한국토지공사법 제22조 제6호 및 같은 법 시행령 제40조의3 제1항의 규정에 의하여 본래 시·도지사나 시장·군수 또는 구청장의 업무에 속하는 대집행권한을 한국토지공사에게 위탁하도록 되어 있는 바, 한국토지공사는 이러한 법령의 위탁에 의하여 대집행을 수권받은 자로서 공무인 대집행을 실시함에 따르는 권리·의무 및 책임이 귀속되는 행정주체의 지위에 있다고 볼 것이지 지방자치단체 등의 기관으로서 국가배상법 제2조 소정의 공무원에 해당한다고 볼 것은 아니다(대판 2010.1.28, 2007다82950).

정답 ④

60 공무원의 직무행위로 인한 손해배상에 대한 설명으로 가장 적절하지 않은 것은? (다툼이 있는 경우 판례에 의함)

① 공무원이 통상의 근무지로 자기 소유 차량을 운전하여 출근하던 중 교통사고를 일으킨 경우, 특별한 사정이 없는 한 「국가배상법」 제2조 제1항에 따른 직무집행 관련성이 부정된다.

② 「국가배상법」이 정한 배상청구의 요건인 공무원의 직무에는 권력적 작용만이 아니라 행정지도와 같은 비권력적 작용도 포함된다.

③ 형사상 범죄행위를 구성하지 않는 침해행위라 하더라도 그것이 민사상 불법행위를 구성하는지 여부는 형사책임과 별개의 관점에서 검토하여야 한다.

④ 공무원이 재량준칙에 따라 행정처분을 하였는데 결과적으로 그 처분이 재량을 일탈 남용하여 위법하게 된 때에는 그에게 직무집행상의 과실이 인정된다.

해설

④ 편의(공익, 합목적) 재량의 경우에 한 처분에 있어 관계공무원이 공익성, 합목적성의 인정, 판단을 잘못하여 그 재량권의 범위를 넘어선 행정행위를 한 경우가 있다 하더라도 공익성 및 합목적성의 적절여부의 판단기준은 구체적 사안에 따라 각각 동일하다 할 수 없을 뿐만 아니라 구체적인 경우 어느 행정처분을 할 것인가에 관하여 행정청 내부에 일응의 기준을 정해 둔 경우 그 기준에 따른 행정처분을 하였다면 이에 관여한 공무원에게 그 직무상의 과실이 있다고 할 수 없다(대판 1984.7.24, 84다카597).

① 공무원이 통상적으로 근무하는 근무지로 출근하기 위하여 자기 소유의 자동차를 운행하다가 자신의 과실로 교통사고를 일으킨 경우에는 특별한 사정이 없는 한 국가배상법 제2조 제1항 소정의 공무원이 '직무를 집행함에 당하여' 타인에게 불법행위를 한 것이라고 할 수 없으므로 그 공무원이 소속된 국가나 지방공공단체가 국가배상법상의 손해배상책임을 부담하지 않는다(대판 1996.5.31, 94다15271).

② 국가배상법이 정한 배상청구의 요건인 '공무원의 직무'에는 권력적 작용만이 아니라 행정지도와 같은 비권력적 작용도 포함되며 단지 행정주체가 사경제주체로서 하는 활동만 제외된다(대판 1998.7.10, 96다38971).

③ 민사책임과 형사책임을 구별하는 것은 확립된 법리이기도 하다. 경찰관이 범인을 제압하는 과정에서 총기를 사용하여 범인을 사망에 이르게 한 사안에서, 대법원은 총기사용행위에 대한 무죄판결이 확정된 것과 무관하게 민사상 불법행위책임을 인정할 수 있다고 판단하였다. 그 이유로서 "불법행위에 따른 형사책임은 사회의 법질서를 위반한 행위에 대한 책임을 묻는 것으로서 행위자에 대한 공적인 제재(형벌)를 그 내용으로 함에 비하여, 민사책임은 타인의 법익을 침해한 데 대하여 행위자의 개인적 책임을 묻는 것으로서 피해자에게 발생한 손해의 전보를 그 내용으로 하는 것이고, 손해배상제도는 손해의 공평·타당한 부담을 그 지도원리로 하는 것이므로, 형사상 범죄를 구성하지 아니하는 침해행위라고 하더라도 그것이 민사상 불법행위를 구성하는지 여부는 형사책임과 별개의 관점에서 검토하여야 한다(대판 2008.2.1, 2006다6713).

정답 ④

61 공용수용 및 손실보상에 대한 설명 중 옳지 않은 것은? (다툼이 있는 경우 판례에 의함)

① 「공익사업을 위한 토지 등의 취득 및 보상에 관한 법률」상 주거용 건축물 세입자의 주거이전비 보상 청구권은 공법상의 권리이고, 주거이전비 보상청구소송은 행정소송에 의하여야 한다.

② 「공익사업을 위한 토지 등의 취득 및 보상에 관한 법률」상 토지소유자가 사업시행자로부터 잔여지 가격감소로 인한 손실보상을 받고자 하는 경우 토지수용위원회의 재결절차를 거치지 않은 채 곧바 로 사업시행자를 상대로 손실보상을 청구하는 것도 허용된다.

③ 구 「공유수면매립법」 시행 당시 공유수면매립사업으로 인한 관행어업권자의 손실보상청구권 행사 방법은 행정소송의 대상이다.

④ 「공익사업을 위한 토지 등의 취득 및 보상에 관한 법률」상 사업시행자가 3년 이상 사용한 토지에 대 해 해당 토지소유자가 지방토지수용위원회에 수용청구를 하였으나 받아들여지지 않은 경우, 이에 불복하여 소송을 제기하고자 하는 토지소유자는 사업시행자를 상대로 '보상금의 증감에 관한 소송' 을 제기하여야 한다.

해설

② 토지소유자가 사업시행자로부터 공익사업법 제73조, 제75조의2에 따른 잔여지 또는 잔여 건축물 가격감소 등으 로 인한 손실보상을 받기 위해서는 공익사업법 제34조, 제50조 등에 규정된 재결절차를 거친 다음 그 재결에 대 하여 불복할 때 비로소 공익사업법 제83조 내지 제85조에 따라 권리구제를 받을 수 있을 뿐이며, 특별한 사정이 없는 한 이러한 재결절차를 거치지 않은 채 곧바로 사업시행자를 상대로 손실보상을 청구하는 것은 허용되지 않 는다 할 것이다(대판 2014.9.25, 2012두24092).

① 구 공익사업을 위한 토지 등의 취득 및 보상에 관한 법률 제2조, 제78조에 의하면, 세입자는 사업시행자가 취득 또는 사용할 토지에 관하여 임대차 등에 의한 권리를 가진 관계인으로서, 같은 법 시행규칙 제54조 제2항 본문에 해당하는 경우에는 주거이전에 필요한 비용을 보상받을 권리가 있다. 그런데 이러한 주거이전비는 당해 공익사업 시행지구 안에 거주하는 세입자들의 조기이주를 장려하여 사업추진을 원활하게 하려는 정책적인 목적과 주거이 전으로 인하여 특별한 어려움을 겪게 될 세입자들을 대상으로 하는 사회보장적인 차원에서 지급되는 금원의 성격 을 가지므로, 적법하게 시행된 공익사업으로 인하여 이주하게 된 주거용 건축물 세입자의 주거이전비 보상청구권 은 공법상의 권리이고, 따라서 그 보상을 둘러싼 쟁송은 민사소송이 아니라 공법상의 법률관계를 대상으로 하는 행정소송에 의하여야 한다(대판 2008.5.29, 2007다8129).

③ 구 수산업법에 의한 손실보상청구권이나 손실보상 관련 법령의 유추적용에 의한 손실보상청구권은 사업시행자를 상대로한 민사소송의 방법에 의하여 행사하여야 하나, 구 공유수면매립법 제16조 제1항에 정한 권리를 가진 자 가 위 규정에 의하여 취득한 손실보상청구권은 민사소송의 방법으로 행사할 수 없고 같은 법 제16조 제2항, 제3 항이 정한 바에 따라 협의가 성립되지 아니하거나 협의할 수 없을 경우에 토지수용위원회의 재정을 거쳐 토지수 용위원회를 상대로 재정에 대한 행정소송을 제기하는 방법에 의하여 행사하여야 한다(대판 2001.6.29, 99다 56468).

④ 공익사업을 위한 토지 등의 취득 및 보상에 관한 법률(이하 '토지보상법'이라고 한다) 제72조의 문언, 연혁 및 취 지 등에 비추어 보면, 위 규정이 정한 수용청구권은 토지보상법 제74조 제1항이 정한 잔여지 수용청구권과 같이 손실보상의 일환으로 토지소유자에게 부여되는 권리로서 그 청구에 의하여 수용효과가 생기는 형성권의 성질을 지니므로, 토지소유자의 토지수용청구를 받아들이지 아니한 토지수용위원회의 재결에 대하여 토지소유자가 불복 하여 제기하는 소송은 토지보상법 제85조 제2항에 규정되어 있는 '보상금의 증감에 관한 소송'에 해당하고, 피고 는 토지수용위원회가 아니라 사업시행자로 하여야 한다(대판 2015.4.9, 2014두46669).

정답 ②

62 「공익사업을 위한 토지 등의 취득 및 보상에 관한 법률」상 손실보상의 원칙에 대한 설명으로 옳지 않은 것은?

① 동일한 사업지역에 보상시기를 달리하는 동일인 소유의 토지 등이 여러 개 있는 경우 토지소유자나 관계인이 요구할 때에는 한꺼번에 보상금을 지급하도록 하여야 한다.

② 공익사업에 필요한 토지 등의 취득 또는 사용으로 인하여 토지소유자나 관계인이 입은 손실은 사업 시행자가 보상하여야 한다.

③ 보상액의 산정은 협의에 의한 경우에는 협의 성립 당시의 가격을, 재결에 의한 경우에는 수용 또는 사용의 재결 당시의 가격을 기준으로 한다.

④ 보상액을 산정할 경우에 해당 공익사업으로 인하여 토지 등의 가격이 변동되었을 때에는 이를 고려하여야 한다.

해설

④ 보상액을 산정할 경우에 해당 공익사업으로 인하여 토지 등의 가격이 변동되었을 때, 즉 개발이익은 피수용자의 재산가치라고 볼 수 없으므로 개발이익을 배제하는 것은 정당하다(헌재 1990.6.25, 89헌마107; 대판 1993.7. 27, 92누11084).

① 사업시행자는 동일한 사업지역에 보상시기를 달리하는 동일인 소유의 토지 등이 여러 개 있는 경우 토지소유자나 관계인이 요구할 때에는 한꺼번에 보상금을 지급하도록 하여야 한다(토지보상법 제65조).

② 공익사업에 필요한 토지 등의 취득 또는 사용으로 인하여 토지소유자나 관계인이 입은 손실은 사업시행자가 보상 하여야 한다(토지보상법 제61조).

③ 보상액의 산정은 협의에 의한 경우에는 협의 성립 당시의 가격을, 재결에 의한 경우에는 수용 또는 사용의 재결당 시의 가격을 기준으로 한다(토지보상법 제67조 제1항).

정답 ④

63 국가배상에 대한 판례의 입장으로 옳지 않은 것은?

① 국회의원의 입법행위는 그 입법 내용이 헌법의 문언에 명백히 위배됨에도 불구하고 국회가 굳이 당해 입법을 한 것과 같은 특수한 경우가 아닌 한 「국가배상법」 제2조 제1항 소정의 위법행위에 해당된다고 볼 수 없다.

② 일반적으로 공무원이 관계법규를 알지 못하거나 필요한 지식을 갖추지 못하고 법규의 해석을 그르쳐 행정처분을 하였다면 그가 법률전문가가 아닌 행정직 공무원이라고 하여 과실이 없다고는 할 수 없다.

③ 법령의 규정을 따르지 아니한 법관의 재판상 직무행위는 곧바로 「국가배상법」 제2조 제1항에서 규정하고 있는 위법행위가 되어 국가의 손해배상책임이 발생한다.

④ 영업허가취소처분이 행정심판에 의하여 재량권의 일탈을 이유로 취소되었다고 하더라도 그 처분이 당시 시행되던 공중위생법 시행규칙에 정해진 행정처분의 기준에 따른 것인 이상 그 영업허가취소처분을 한 행정청 공무원에게 그와 같은 위법한 처분을 한 데 있어 직무집행상의 과실이 있다고 할 수는 없다.

해설

③ 법관의 재판에 법령의 규정을 따르지 아니한 잘못이 있다 하더라도 이로써 바로 그 재판상 직무행위가 국가배상법 제2조 제1항에서 말하는 위법한 행위로 되어 국가의 손해배상책임이 발생하는 것은 아니고, 그 국가배상책임이 인정되려면 당해 법관이 위법 또는 부당한 목적을 가지고 재판을 하였다거나 법이 법관의 직무수행상 준수할 것을 요구하고 있는 기준을 현저하게 위반하는 등 법관이 그에게 부여된 권한의 취지에 명백히 어긋나게 이를 행사하였다고 인정할 만한 특별한 사정이 있어야 한다(대판 2003.7.11, 99다24218).

① 국회의원의 입법행위는 그 입법 내용이 헌법의 문언에 명백히 위배됨에도 불구하고 국회가 굳이 당해 입법을 한 것과 같은 특수한 경우가 아닌 한 국가배상법 제2조 제1항 소정의 위법행위에 해당한다고 볼 수 없고, 같은 맥락에서 국가가 일정한 사항에 관하여 헌법에 의하여 부과되는 구체적인 입법의무를 부담하고 있음에도 불구하고 그 입법에 필요한 상당한 기간이 경과하도록 고의 또는 과실로 이러한 입법의무를 이행하지 아니하는 등 극히 예외적인 사정이 인정되는 사안에 한정하여 국가배상법 소정의 배상책임이 인정될 수 있으며, 위와 같은 구체적인 입법의무 자체가 인정되지 않는 경우에는 애당초 부작위로 인한 불법행위가 성립할 여지가 없다(대판 2008.5.29, 2004다33469).

② 일반적으로 공무원이 직무를 집행함에 있어서 관계 법규를 알지 못하거나 필요한 지식을 갖추지 못하여 법규의 해석을 그르쳐 잘못된 행정처분을 하였다면 그가 법률전문가가 아닌 행정직 공무원이라고 하여 과실이 없다고 할 수 없다(대판 1995.10.13, 95다32747).

④ 영업허가취소처분이 나중에 행정심판에 의하여 재량권을 일탈한 위법한 처분임이 판명되어 취소되었다고 하더라도 그 처분이 당시 시행되던 공중위생법 시행규칙에 정하여진 행정처분의 기준에 따른 것인 이상 그 영업허가취소처분을 한 행정청 공무원에게 그와 같은 위법한 처분을 한 데 있어 어떤 직무집행상의 과실이 있다고 할 수는 없다(대판 1994.11.8, 94다26141).

정답 ③

64 공공의 영조물의 설치·관리의 하자로 인한 국가배상책임에 대한 판례의 입장으로 옳지 않은 것은?

① '공공의 영조물'이라 함은 강학상 공물을 뜻하므로 국가 또는 지방자치단체가 사실상의 관리를 하고 있는 유체물은 포함되지 않는다.

② '공공의 영조물의 설치·관리의 하자'에는 영조물이 공공의 목적에 이용됨에 있어 그 이용 상태 및 정도가 일정한 한도를 초과하여 제3자에게 사회통념상 참을 수 없는 피해를 입히고 있는 경우가 포함된다.

③ 영조물의 설치 및 관리에 있어서 항상 완전무결한 상태를 유지할 정도의 고도의 안전성을 갖추지 아니하였다고 하여 영조물의 설치 또는 관리에 하자가 있다고 단정할 수 없다.

④ 국가배상청구소송에서 공공의 영조물에 하자가 있다는 입증책임은 피해자가 지지만, 관리주체에게 손해발생의 예견가능성과 회피가능성이 없다는 입증책임은 관리주체가 진다.

해설

① 국가배상법 제5조 제1항 소정의 '공공의 영조물'이라 함은 국가 또는 지방자치단체에 의하여 특정 공공의 목적에 공여된 유체물 내지 물적 설비를 지칭하며, 특정 공공의 목적에 공여된 물이라 함은 일반공중의 자유로운 사용에 직접적으로 제공되는 공공용물에 한하지 아니하고, 행정주체 자신의 사용에 제공되는 공용물도 포함하며 국가 또는 지방자치단체가 소유권, 임차권 그 밖의 권한에 기하여 관리하고 있는 경우뿐만 아니라 사실상의 관리를 하고 있는 경우도 포함한다(대판 1995.1.24, 94다45302).

② 국가배상법 제5조 제1항에 정하여진 '영조물의 설치 또는 관리의 하자'라 함은 공공의 목적에 공여된 영조물이 그 용도에 따라 갖추어야 할 안전성을 갖추지 못한 상태에 있음을 말하고, 여기서 안전성을 갖추지 못한 상태, 즉 타인에게 위해를 끼칠 위험성이 있는 상태라 함은 당해 영조물을 구성하는 물적 시설 그 자체에 있는 물리적·외형적 흠결이나 불비로 인하여 그 이용자에게 위해를 끼칠 위험성이 있는 경우뿐만 아니라, 그 영조물이 공공의 목적에 이용됨에 있어 그 이용 상태 및 정도가 일정한 한도를 초과하여 제3자에게 사회통념상 수인할 것이 기대되는 한도를 넘는 피해를 입히는 경우까지 포함된다고 보아야 한다. 그리고 수인한도의 기준을 결정함에 있어서는 일반적으로 침해되는 권리나 이익의 성질과 침해의 정도뿐만 아니라 침해행위가 갖는 공공성의 내용과 정도, 그 지역 환경의 특수성, 공법적인 규제에 의하여 확보하려는 환경기준, 침해를 방지 또는 경감시키거나 손해를 회피할 방안의 유무 및 그 난이 정도 등 여러 사정을 종합적으로 고려하여 구체적 사건에 따라 개별적으로 결정하여야 한다(대판 2010.11.25, 2007다74560).

③ 국가배상법 제5조 제1항에 정하여진 '영조물 설치·관리상의 하자'라 함은 공공의 목적에 공여된 영조물이 그 용도에 따라 통상 갖추어야 할 안전성을 갖추지 못한 상태에 있음을 말하는바, 영조물의 설치 및 관리에 있어서 항상 완전무결한 상태를 유지할 정도의 고도의 안전성을 갖추지 아니하였다고 하여 영조물의 설치 또는 관리에 하자가 있다고 단정할 수 없다(대판 2002.8.23, 2002다9158).

④ 고속도로의 관리상 하자가 인정되는 이상 고속도로의 점유관리자는 그 하자가 불가항력에 의한 것이거나 손해의 방지에 필요한 주의를 해태하지 아니하였다는 점을 주장·입증하여야 비로소 그 책임을 면할 수 있다(대판 2008.3.13, 2007다29287). 국가배상청구소송에서 공공의 영조물에 하자가 있다는 사실은 국가배상청구권발생의 요건사실이므로, 국가배상을 청구하는 원고인 피해자가 입증하여야 하고, 원고에게 발생한 손해에 대하여 관리주체에게 예견가능성과 회피가능성이 없다는 사실은 관리주체가 입증하여야 한다.

정답 ①

65 행정심판법상 행정심판에 대한 내용이다. 괄호 안에 알맞은 숫자를 모두 더한 값은?

> ┤ 보기 ├
>
> ㉠ 행정심판은 처분이 있음을 알게 된 날부터 (   )일 이내에 청구하여야 한다.
>
> ㉡ 청구인이 천재지변, 전쟁, 사변, 그 밖의 불가항력으로 인하여 ㉠의 기간에 심판청구를 할 수 없었을 때에는 그 사유가 소멸한 날부터 (   )일 이내에 행정심판을 청구할 수 있다. 다만, 국외에서 행정심판을 청구하는 경우에는 그 기간을 (   )일로 한다.
>
> ㉢ 재결은 「행정심판법」 제23조에 따라 피청구인 또는 위원회가 심판청구서를 받은 날부터 (   )일 이내에 하여야 한다. 다만, 부득이한 사정이 있는 경우에는 위원장이 직권으로 (   )일을 연장할 수 있다.
>
> ㉣ 여러 명의 청구인이 공동으로 심판청구를 할 때에는 청구인들 중에서 (   )명 이하의 선정대표자를 선정할 수 있다.
>
> ㉤ 중앙행정심판위원회는 심판청구사건 중 「도로교통법」에 따른 자동차운전면허 행정처분에 관한 사건(소위원회가 중앙행정심판위원회에서 심리·의결하도록 결정한 사건은 제외한다)을 심리·의결하게 하기 위하여 (   )명의 위원으로 구성하는 소위원회를 둘 수 있다.

① 191 ② 201
③ 231 ④ 251

해설

㉠ 행정심판은 처분이 있음을 알게 된 날부터 90일 이내에 청구하여야 한다(행정심판법 제27조 제1항).

㉡ 청구인이 천재지변, 전쟁, 사변(事變), 그 밖의 불가항력으로 인하여 제1항에서 정한 기간에 심판청구를 할 수 없었을 때에는 그 사유가 소멸한 날부터 14일 이내에 행정심판을 청구할 수 있다. 다만, 국외에서 행정심판을 청구하는 경우에는 그 기간을 30일로 한다(행정심판법 제27조 제2항).

㉢ 재결은 제23조에 따라 피청구인 또는 위원회가 심판청구서를 받은 날부터 60일 이내에 하여야 한다. 다만, 부득이한 사정이 있는 경우에는 위원장이 직권으로 30일을 연장할 수 있다(행정심판법 제45조 제1항).

㉣ 여러 명의 청구인이 공동으로 심판청구를 할 때에는 청구인들 중에서 3명 이하의 선정대표자를 선정할 수 있다(행정심판법 제15조 제1항).

㉤ 중앙행정심판위원회는 심판청구사건 중 도로교통법에 따른 자동차운전면허 행정처분에 관한 사건(소위원회가 중앙행정심판위원회에서 심리·의결하도록 결정한 사건은 제외한다)을 심리·의결하게 하기 위하여 4명의 위원으로 구성하는 소위원회를 둘 수 있다(행정심판법 제8조 제6항).

따라서 90+14+30+60+30+3+4=231이다.

정답 ③

66 행정심판에 대한 설명으로 옳지 않은 것은?

① 판례에 따르면, 처분의 절차적 위법사유로 인용재결이 있었으나 행정청이 절차적 위법사유를 시정한 후 행정청이 종전과 같은 처분을 하는 것은 재결의 기속력에 반한다.

② 사정재결은 무효등확인심판에는 적용되지 아니한다.

③ 당사자의 신청을 거부하거나 부작위로 방치한 처분의 이행을 명하는 재결이 있으면 행정청은 지체 없이 이전의 신청에 대하여 재결의 취지에 따라 처분을 하여야 한다.

④ 행정심판위원회는 필요하면 당사자가 주장하지 않은 사실에 대하여도 심리할 수 있다.

해설

① 행정소송법 제30조 제2항의 규정에 의하면 행정청의 거부처분을 취소하는 판결이 확정된 경우에는 그 처분을 행한 행정청이 판결의 취지에 따라 이전의 신청에 대하여 재처분할 의무가 있다고 할 것이나, 그 취소사유가 행정처분의 절차, 방법의 위법으로 인한 것이라면 그 처분 행정청은 그 확정판결의 취지에 따라 그 위법사유를 보완하여 다시 종전의 신청에 대한 거부처분을 할 수 있고, 그러한 처분도 위 조항에 규정된 재처분에 해당한다(대판 2005.1.14, 2003두13045). 따라서 판례에 따르면, 처분의 절차적 위법사유로 인용재결이 있었으나 행정청이 절차적 위법사유를 시정한 후 행정청이 종전과 같은 처분을 하는 것은 재결의 기속력에 반하지 아니한다.

② 사정재결은 취소심판과 의무이행심판에는 적용되나 무효등확인심판에는 적용되지 아니한다(행정심판법 제44조 제3항).

③ 당사자의 신청을 거부하거나 부작위로 방치한 처분의 이행을 명하는 재결이 있으면 행정청은 지체 없이 이전의 신청에 대하여 재결의 취지에 따라 처분을 하여야 한다(행정심판법 제49조 제3항).

④ 행정심판위원회는 필요하면 당사자가 주장하지 아니한 사실에 대하여도 심리할 수 있다(행정심판법 제39조).

정답 ①

67 〈보기〉에서 판례가 취소소송의 원고적격을 부정한 것을 모두 고른 것은?

> ┤ 보기 ├
> ㄱ. 목욕탕영업허가에 대하여 기존 목욕탕업자
> ㄴ. 부교수임용처분에 대하여 같은 학과의 기존 교수
> ㄷ. 당초 병원설치가 불가능한 용도에서 병원설치가 가능한 용도로 건축물 용도를 변경하여 준 처분에 대하여 인근의 기존 병원경영자
> ㄹ. 교도소장의 접견허가거부처분에 대하여 그 접견 신청의 대상자였던 미결수

① ㄱ, ㄷ
② ㄱ, ㄴ, ㄷ
③ ㄴ, ㄷ, ㄹ
④ ㄱ, ㄴ, ㄷ, ㄹ

해설

ㄱ. 원고가 이 사건 허가처분에 의하여 목욕장업에 의한 이익이 사실상 감소된다 하여도 이 불이익은 본건 허가처분의 단순한 사실상의 반사적 결과에 불과하고 이로 말미암아 원고의 권리를 침해하는 것이라고는 할 수 없으므로, 원고는 목욕장업허가처분에 대하여 그 취소를 구할 법률상 이익이 없다(대판 1963.8.31, 63누101).

ㄴ. 소외인을 서울대학교 인문대학 언어학과 부교수로 신규임용한 피고의 이 사건 처분에 대하여, 원고가 같은 학과 교수로서 교수회의 구성원이라는 사정만으로는 원고에게 그 취소를 구할 구체적인 법률상의 이익이 있다고 할 수 없다(대판 1995.12.12, 95누11856).

ㄷ. 의료법상 의료인은 신고만으로 의원이나 치과의원을 개설할 수 있고 건축법 기타 건축관계법령상 의원 상호 간의 거리나 개소에 아무런 제한을 두고 있지 아니하므로 치과의원을 경영하는 원고로서는 그 치과의원과 같은 아파트단지내에서 30미터 정도의 거리에 있는 건물에 대하여 당초에 상품매도점포로서의 근린생활시설로 되어 있던 용도를 원고와 경합관계에 있는 치과의원을 개설할 수 있도록 의원으로서의 근린생활시설로 변경한 서울특별시장의 용도변경처분으로 인하여 받게 될 불이익은 간접적이거나 사실적, 경제적인 불이익에 지나지 아니하여 그것만으로는 원고에게 위 용도변경처분의 취소를 구할 소익이 있다고 할 수 없다(대판 1990.5.22, 90누813).

ㄹ. 교도소에 미결수용된 자는 소장의 허가를 받아 타인과 접견할 수 있으므로(이와 같은 접견권은 헌법상 기본권의 범주에 속하는 것이다) 구속된 피고인이 사전에 접견신청한 자와의 접견을 원하지 않는다는 의사표시를 하였다는 등의 특별한 사정이 없는 한 구속된 피고인은 교도소장의 접견 허가거부처분으로 인하여 자신의 접견권이 침해되었음을 주장하여 위 거부처분의 취소를 구할 원고적격을 가진다(대판 1992.5.8, 91누7552).

정답 ②

68 행정소송의 피고적격에 대한 설명으로 옳지 않은 것은? (다툼이 있는 경우 판례에 의함)

① 행정권한을 위탁받은 공공단체 또는 사인이 자신의 이름으로 처분을 한 경우에는 그 공공단체 또는 사인이 항고소송의 피고가 된다.

② 납세의무부존재확인청구소송은 공법상 법률관계 그 자체를 다투는 소송이므로 과세처분청이 아니라 그 법률관계의 한쪽 당사자인 국가 · 공공단체 그 밖의 권리주체에게 피고적격이 있다.

③ 행정처분을 행할 적법한 권한이 있는 상급행정청으로부터 내부위임을 받은 데 불과한 하급행정청이 권한 없이 자신의 이름으로 행정처분을 한 경우에는 하급행정청이 항고소송의 피고가 된다.

④ 대외적으로 의사를 표시할 수 없는 내부기관이라도 행정처분의 실질적인 의사가 그 기관에 의하여 결정되는 경우에는 그 내부기관에게 항고소송의 피고적격이 있다.

해설

④ 행정청이라 함은 국가 또는 공공단체의 기관으로서 국가나 공공단체의 의견을 결정하여 외부에 표시할 수 있는 권한, 즉 처분권한을 가진 기관을 말하고, 대외적으로 의사를 표시할 수 있는 기관이 아닌 내부기관은 실질적인 의사가 그 기관에 의하여 결정되더라도 피고적격을 갖지 못한다(대판 2014.5.16, 2014두274).

① 공무수탁사인도 행정청에 포함되므로 항고소송의 피고가 될 수 있다(통설).

② 납세의무부존재확인의 소는 공법상의 법률관계 그 자체를 다투는 소송으로서 당사자소송이라 할 것이므로 행정소송법 제3조 제2호, 제39조에 의하여 그 법률관계의 한쪽 당사자인 국가 · 공공단체 그 밖의 권리주체가 피고적격을 가진다(대판 2000.9.8, 99두2765).

③ 행정처분의 취소 또는 무효확인을 구하는 행정소송은 다른 법률에 특별한 규정이 없는 한 소송의 대상인 행정처분 등을 외부적으로 그의 명의로 행한 행정청을 피고로 하여야 하는 것으로서 그 행정처분을 하게 된 연유가 상급행정청이나 타행정청의 지시나 통보에 의한 것이라 하여 다르지 않다고 할 것이며, 권한의 위임이나 위탁을 받아 수임행정청이 정당한 권한에 기하여 그 명의로 한 처분에 대하여는 말할 것도 없고, 내부위임이나 대리권을 수여받은 데 불과하여 원행정청 명의나 대리관계를 밝히지 아니하고는 그의 명의로 처분 등을 할 권한이 없는 행정청이 권한 없이 그의 명의로 한 처분에 대하여도 처분명의자인 행정청이 피고가 되어야 할 것이다(대판 1995.12.22, 95누14688).

정답 ④

69 「행정소송법」상 제소기간에 대한 판례의 입장으로 옳은 것은?

① 청구취지를 변경하여 종전의 소가 취하되고 새로운 소가 제기된 것으로 변경되었다면 새로운 소에 대한 제소기간 준수 여부는 원칙적으로 소의 변경이 있은 때를 기준으로 한다.

② 납세자의 이의신청에 의한 재조사결정에 따른 행정소송의 제소기간은 이의신청인 등이 재결청으로부터 재조사결정의 통지를 받은 날부터 기산한다.

③ 처분의 불가쟁력이 발생하였고 그 이후에 행정청이 당해 처분에 대해 행정심판청구를 할 수 있다고 잘못 알렸다면, 그 처분의 취소소송의 제소기간은 행정심판의 재결서를 받은 날부터 기산한다.

④ 산업재해보상보험법상 보험급여의 부당이득 징수결정의 하자를 이유로 징수금을 감액하는 경우 감액처분으로도 아직 취소되지 않고 남아 있는 부분이 위법하다 하여 다툴 때에는 제소기간의 준수 여부는 감액처분을 기준으로 판단해야 한다.

해설

① 청구취지를 교환적으로 변경하여 종전의 소가 취하되고 새로운 소가 제기된 것으로 보게 되는 경우에 새로운 소에 대한 제소기간의 준수 등은 원칙적으로 소의 변경이 있은 때를 기준으로 하여 판단된다(대판 2013.7.11, 2011두27544).

② 이의신청 등에 대한 결정의 한 유형으로 실무상 행해지고 있는 재조사결정은 처분청으로 하여금 하나의 과세단위의 전부 또는 일부에 관하여 당해 결정에서 지적된 사항을 재조사하여 그 결과에 따라 과세표준과 세액을 경정하거나 당초 처분을 유지하는 등의 후속 처분을 하도록 하는 형식을 취하고 있다. 이에 따라 재조사결정을 통지받은 이의신청인 등은 그에 따른 후속 처분의 통지를 받은 후에야 비로소 다음 단계의 쟁송절차에서 불복할 대상과 범위를 구체적으로 특정할 수 있게 된다. 이와 같은 재조사결정의 형식과 취지, 그리고 행정심판제도의 자율적 행정통제기능 및 복잡하고 전문적·기술적 성격을 갖는 조세법률관계의 특수성 등을 감안하면, 재조사 결정은 당해 결정에서 지적된 사항에 관해서는 처분청의 재조사결과를 기다려 그에 따른 후속 처분의 내용을 이의신청 등에 대한 결정의 일부분으로 삼겠다는 의사가 내포된 변형결정에 해당한다고 볼 수밖에 없다. 그렇다면 재조사결정은 처분청의 후속 처분에 의하여 그 내용이 보완됨으로써 이의신청 등에 대한 결정으로서의 효력이 발생한다고 할 것이므로, 재조사결정에 따른 심사청구기간이나 심판청구기간 또는 행정소송의 제소기간은 이의신청인 등이 후속 처분의 통지를 받은 날부터 기산된다(대판 2010.6.25, 2007두12514).

③ 이미 제소기간이 지남으로써 불가쟁력이 발생하여 불복청구를 할 수 없었던 경우라면 그 이후에 행정청이 행정심판청구를 할 수 있다고 잘못 알렸다고 하더라도 그 때문에 처분 상대방이 적법한 제소기간 내에 취소소송을 제기할 수 있는 기회를 상실하게 된 것은 아니므로 이러한 경우에 잘못된 안내에 따라 청구된 행정심판 재결서 정본을 송달받은 날부터 다시 취소소송의 제소기간이 기산되는 것은 아니다. 불가쟁력이 발생하여 더 이상 불복청구를 할 수 없는 처분에 대하여 행정청의 잘못된 안내가 있었다고 하여 처분 상대방의 불복청구 권리가 새로이 생겨나거나 부활한다고 볼 수는 없기 때문이다(대판 2012.9.27, 2011두27247).

④ 행정청이 산업재해보상보험법에 의한 보험급여 수급자에 대하여 부당이득 징수결정을 한 후 징수결정의 하자를 이유로 징수금 액수를 감액하는 경우에 감액처분은 감액된 징수금 부분에 관해서만 법적 효과가 미치는 것으로서 당초 징수결정과 별개 독립의 징수금 결정처분이 아니라 그 실질은 처음 징수결정의 변경이고, 그에 의하여 징수금의 일부취소라는 징수의무자에게 유리한 결과를 가져오는 처분이므로 징수의무자에게는 그 취소를 구할 소의 이익이 없다. 이에 따라 감액처분으로도 아직 취소되지 않고 남아 있는 부분이 위법하다 하여 다투고자 하는 경우, 감액처분을 항고소송의 대상으로 할 수는 없고, 당초 징수결정 중 감액처분에 의하여 취소되지 않고 남은 부분을 항고소송의 대상으로 할 수 있을 뿐이며, 그 결과 제소기간의 준수 여부도 감액처분이 아닌 당초 처분을 기준으로 판단해야 한다(대판 2012.9.27, 2011두27247).

정답 ①

70 행정심판의 심리에 대한 설명으로 옳은 것은?

① 행정심판위원회의 심리는 당사자가 주장한 사실에 한정되므로 당사자가 주장하지 아니한 사실에 대하여는 심리할 수 없다.

② 선정대표자는 다른 청구인들을 위하여 그 사건에 관한 모든 행위를 할 수 있다. 다만, 심판청구를 취하하려면 다른 청구인들의 동의를 받아야 하며, 이 경우 동의받은 사실을 서면으로 소명하여야 한다.

③ 「행정심판법」은 구술심리를 원칙으로 하며, 당사자의 신청이 있는 때에는 서면심리로 할 것을 규정하고 있다.

④ 「행정심판법」은 행정심판의 심리가 비공개 원칙임을 명시적으로 규정하고 있다.

해설

② 선정대표자는 다른 청구인들을 위하여 그 사건에 관한 모든 행위를 할 수 있다. 다만, 심판청구를 취하하려면 다른 청구인들의 동의를 받아야 하며, 이 경우 동의받은 사실을 서면으로 소명하여야 한다(행정심판법 제15조 제3항).

① 위원회는 필요하면 당사자가 주장하지 아니한 사실에 대하여도 심리할 수 있다(행정심판법 제39조).

③ 행정심판의 심리는 구술심리나 서면심리로 한다. 다만, 당사자가 구술심리를 신청한 경우에는 서면심리만으로 결정할 수 있다고 인정되는 경우 외에는 구술심리를 하여야 한다(행정심판법 제40조 제1항).

④ 행정심판의 심리는 구술심리 또는 서면심리를 원칙으로 하므로 비공개주의 원칙이나(통설), 행정심판법이 비공개 원칙임을 명시하고 있지는 않다.

정답 ②

71 항고소송의 대상적격에 관한 설명으로 옳은 것은? (다툼이 있는 경우 판례에 의함)

① 국유재산의 대부계약에 따른 대부료 부과는 처분성이 있다.

② 행정재산의 사용료 부과는 처분성이 없다.

③ 농지개량조합의 직원에 대한 징계처분은 처분성이 인정된다.

④ 한국마사회가 기수의 면허를 취소하는 것은 처분성이 인정된다.

해설

③ 농지개량조합과 그 직원과의 관계는 단순한 사법상의 근로계약관계가 아니라 공법상의 특별권력관계이므로 조합의 직원에 대한 징계처분의 취소를 구하는 이 사건 소송은 행정소송사항에 속한다(대판 1998.10.9, 97누1198). 따라서 농지개량조합의 직원에 대한 징계처분은 처분성이 인정된다.

① 국유잡종재산에 관한 관리 처분의 권한을 위임받은 기관이 국유잡종재산을 대부하는 행위는 국가가 사경제 주체로서 상대방과 대등한 위치에서 행하는 사법상의 계약이지 행정청이 공권력의 주체로서 상대방의 의사 여하에 불구하고 일방적으로 행하는 행정처분이라고 볼 수 없고, 국유잡종재산에 관한 사용료의 납입고지 역시 사법상의 이행청구에 해당하는 것으로서 이를 항고소송의 대상이 되는 행정처분이라고 할 수 없다(대판 1995.5.12, 94누5281).

② 국유재산의 관리청이 행정재산의 사용·수익을 허가한 다음 그 사용·수익하는 자에 대하여 하는 사용료 부과는 순전히 사경제주체로서 행하는 사법상의 이행청구라 할 수 없고, 이는 관리청이 공권력을 가진 우월적 지위에서 행한 것으로서 항고소송의 대상이 되는 행정처분이라 할 것이다(대판 1996.2.13, 95누11023).

④ 한국마사회가 조교사 또는 기수의 면허를 부여하거나 취소하는 것은 경마를 독점적으로 개최할 수 있는 지위에서 우수한 능력을 갖추었다고 인정되는 사람에게 경마에서의 일정한 기능과 역할을 수행할 수 있는 자격을 부여하거나 이를 박탈하는 것에 지나지 아니하므로, 이는 국가 기타 행정기관으로부터 위탁받은 행정권한의 행사가 아니라 일반 사법상의 법률관계에서 이루어지는 단체 내부에서의 징계 내지 제재처분이다(대판 2008.1.31, 2005두8269).

정답 ③

72 「행정심판법」상 의무이행심판에 대한 설명으로 가장 적절하지 않은 것은? (다툼이 있는 경우 판례에 의함)

① 당사자의 신청에 대한 행정청의 위법 또는 부당한 거부처분이나 부작위에 대하여 일정한 처분을 하도록 하는 행정심판을 말한다.

② 당사자의 신청을 거부하거나 부작위로 방치한 처분의 이행을 명하는 재결이 있으면 행정청은 지체 없이 이전의 신청에 대하여 재결의 취지에 따라 처분을 하여야 한다.

③ 행정심판위원회는 처분의 이행을 명하는 재결에도 불구하고 처분을 하지 아니하는 피청구인에게 배상을 할 것을 명할 수 있다.

④ 피청구인이 처분의 이행을 명하는 재결에도 불구하고 처분을 하지 않는다고 해서 행정심판위원회가 직접 처분을 할 수는 없다.

해설

④ 피청구인인 행정청이 의무이행심판의 이행명령재결에도 불구하고 처분을 하지 않고 있는 경우 인용재결의 기속력 확보를 위해 행정심판위원회는 당사자의 신청을 기다려 간접강제 및 직접 처분을 할 수 있다(행정심판법 제50조 제1항 단서).

① 의무이행심판: 당사자의 신청에 대한 행정청의 위법 또는 부당한 거부처분이나 부작위에 대하여 일정한 처분을 하도록 하는 행정심판이다(행정심판법 제5조 제3호).

② 당사자의 신청을 거부하거나 부작위로 방치한 처분의 이행을 명하는 재결이 있으면 행정청은 지체 없이 이전의 신청에 대하여 재결의 취지에 따라 처분을 하여야 한다(행정심판법 제49조 제3항).

③ 위원회는 피청구인이 제49조 제2항(제49조 제4항에서 준용하는 경우를 포함한다) 또는 제3항에 따른 처분을 하지 아니하면 청구인의 신청에 의하여 결정으로 상당한 기간을 정하고 피청구인이 그 기간 내에 이행하지 아니하는 경우에는 그 지연기간에 따라 일정한 배상을 하도록 명하거나 즉시 배상을 할 것을 명할 수 있다(행정심판법 제50조의2 제1항).

정답 ④

73 항고소송의 대상이 되는 행정처분에 대한 판례의 입장으로 옳지 않은 것은?

① 교도소장이 특정 수형자를 '접견내용 녹음·녹화 및 접견 시 교도관 참여대상자'로 지정한 행위는 수형자의 구체적 권리·의무에 직접적 변동을 가져오는 행위로서 항고소송의 대상이 되는 행정처분에 해당한다.

② 토지대장의 기재는 토지소유권을 제대로 행사하기 위한 전제 요건으로서 토지소유자의 실체적 권리관계에 밀접하게 관련되어 있으므로 토지대장상의 소유자명의변경신청을 거부한 행위는 국민의 권리관계에 영향을 미치는 것이어서 항고소송의 대상이 되는 행정처분에 해당한다.

③ 금융감독원장으로부터 문책경고를 받은 금융기관의 임원이 일정기간 금융업종 임원선임의 자격제한을 받도록 관계법령에 규정되어 있는 경우, 금융기관 임원에 대한 문책경고는 상대방의 권리의무에 직접 영향을 미치는 행위이므로 행정처분에 해당한다.

④ 「국가공무원법」상 당연퇴직의 인사발령은 법률상 당연히 발생하는 퇴직사유를 공적으로 확인하여 알려주는 이른바 관념의 통지에 불과하므로 행정소송의 대상이 되는 독립한 행정처분이라고 할 수 없다.

해설

② 토지대장의 소유자 명의가 변경된다고 하여도 이로 인하여 당해 토지에 대한 실체상의 권리관계에 변동을 가져올 수 없고 토지소유권이 지적공부의 기재 만에 의하여 증명되는 것도 아니다. 따라서 소관청이 토지대장상의 소유자명의변경신청을 거부한 행위는 이를 항고소송의 대상이 되는 행정처분이라고 할 수 없다(대판 2012.1.12. 2010두12354).

① 교도소장이 수형자 갑을 '접견내용 녹음·녹화 및 접견 시 교도관 참여대상자'로 지정한 사안에서, 위 지정행위는 수형자의 구체적 권리의무에 직접적 변동을 가져오는 행정청의 공법상 행위로서 항고소송의 대상이 되는 '처분'에 해당한다(대판 2014.2.13. 2013두20899).

③ 금융기관의 임원에 대한 금융감독원장의 문책경고는 그 상대방에 대한 직업선택의 자유를 직접 제한하는 효과를 발생하게 하는 등 상대방의 권리의무에 직접 영향을 미치는 행위로서 항고소송의 대상이 되는 행정처분에 해당한다(대판 2005.2.17. 2003두14765).

④ 당연퇴직의 인사발령은 법률상 당연히 발생하는 퇴직사유를 공적으로 확인하여 알려주는 이른바 관념의 통지에 불과하고 공무원의 신분을 상실시키는 새로운 형성적 행위가 아니므로 행정소송의 대상이 되는 독립한 행정처분이라고 할 수 없다(대판 1995.11.14. 95누2036).

 정답 ②

74 다음 중 원고적격에 대한 설명으로 옳지 않은 것은? (다툼이 있는 경우 판례에 의함)

① 환경부장관이 생태·자연도 1등급으로 지정되었던 지역을 2등급 또는 3등급으로 변경하는 내용의 생태·자연도 수정·보완을 고시한 경우 인근 주민은 생태·자연도 등급변경처분의 무효 확인을 구할 원고적격이 없다.

② 문화재의 지정이나 그 보호구역으로 지정에 있어 지역주민이나 국민일반 또는 학술연구자는 법률상 이익이 없다.

③ 국방부 민·군 복합형 관광미항(제주해군기지) 사업시행을 위한 해군본부의 요청에 따라 제주특별자치도지사가 절대보존지역이던 서귀포시 강정동 해안변지역에 관하여 절대보존지역을 변경(축소)하고 고시한 경우 지역주민회 등은 위 처분을 다툴 원고적격이 없다.

④ 미얀마 국적의 甲이 위명(僞名)인 '乙' 명의의 여권으로 대한민국에 입국한 뒤 乙 명의로 난민 신청을 하였으나 법무부장관이 乙 명의를 사용한 甲을 직접 면담하여 조사한 후 甲에 대하여 난민불인정 처분을 한 사안에서, 甲은 처분의 취소를 구할 법률상 이익이 없다.

> **해설**
>
> ④ 미얀마 국적의 甲이 위명(僞名)인 '乙' 명의의 여권으로 대한민국에 입국한 뒤 乙 명의로 난민 신청을 하였으나 법무부장관이 乙 명의를 사용한 甲을 직접 면담하여 조사한 후 甲에 대하여 난민불인정 처분을 한 사안에서, 甲이 처분의 취소를 구할 법률상 이익이 있다(대판 2017.3.9, 2013두16852).
>
> ① 환경부장관이 생태·자연도 1등급으로 지정되었던 지역을 2등급 또는 3등급으로 변경하는 내용의 생태·자연도 수정·보완을 고시하자, 인근 주민 甲이 생태·자연도 등급변경처분의 무효 확인을 청구한 사안에서, 생태·자연도의 작성 및 등급변경의 근거가 되는 구 자연환경보전법 제34조 제1항 및 그 시행령 제27조 제1항, 제2항에 의하면, 생태·자연도는 토지이용 및 개발계획의 수립이나 시행에 활용하여 자연환경을 체계적으로 보전·관리하기 위한 것일 뿐, 1등급 권역의 인근 주민들이 가지는 생활상 이익을 직접적이고 구체적으로 보호하기 위한 것이 아님이 명백하고, 1등급 권역의 인근 주민들이 가지는 이익은 환경보호라는 공공의 이익이 달성됨에 따라 반사적으로 얻게 되는 이익에 불과하므로, 인근 주민에 불과한 甲은 생태·자연도 등급권역을 1등급에서 일부는 2등급으로, 일부는 3등급으로 변경한 결정의 무효 확인을 구할 원고적격이 없다고 본 원심판단을 수긍한 사례(대판 2014.2.21, 2011두29052)
>
> ② 문화재는 문화재의 지정이나 그 보호구역으로 지정이 있음으로써 유적의 보존 관리 등이 법적으로 확보되어 지역주민이나 국민일반 또는 학술연구자가 이를 활용하고 그로 인한 이익을 얻는 것이지만, 그 지정은 문화재를 보존하여 이를 활용함으로써 국민의 문화적 향상을 도모함과 아울러 인류문화의 발전에 기여한다고 하는 목적을 위하여 행해지는 것이지, 그 이익이 일반 국민이나 인근주민의 문화재를 향유할 구체적이고도 법률적인 이익이라고 할 수는 없다(대판 1992.9.22, 91누13212).
>
> ③ 국방부 민·군 복합형 관광미항(제주해군기지) 사업시행을 위한 해군본부의 요청에 따라 제주특별자치도지사가 절대보존지역이던 서귀포시 강정동 해안변지역에 관하여 절대보존지역을 변경(축소)하고 고시한 사안에서, 절대보존지역의 유지로 지역주민회와 주민들이 가지는 주거 및 생활환경상 이익은 지역의 경관 등이 보호됨으로써 반사적으로 누리는 것일 뿐 근거 법규 또는 관련 법규에 의하여 보호되는 개별적·직접적·구체적 이익이라고 할 수 없다는 이유로, 지역주민회 등은 위 처분을 다툴 원고적격이 없다고 본 원심판단을 정당하다고 한 사례(대판 2012.7.5, 2011두13187)

정답 ④

75 「행정심판법」상 심판절차에 대한 설명으로 옳은 것은?

① 취소심판이 제기된 경우, 행정청이 처분시에 심판청구 기간을 알리지 아니하였다 할지라도 당사자가 처분이 있음을 알게 된 날부터 90일이 경과하면 행정심판위원회는 부적법 각하재결을 하여야 한다.

② 행정심판위원회는 당사자가 주장하지 아니한 사실에 대하여 심리할 수 없다.

③ 당사자의 신청을 거부하거나 부작위로 방치한 처분의 이행을 명하는 재결이 있으면 행정청은 지체 없이 이전의 신청에 대하여 재결의 취지에 따라 처분을 하여야 한다.

④ 시 · 도 행정심판위원회의 기각재결이 내려진 경우 청구인은 중앙행정심판위원회에 그 재결에 대하여 다시 행정심판을 청구할 수 있다.

해설

③ 당사자의 신청을 거부하거나 부작위로 방치한 처분의 이행을 명하는 재결이 있으면 행정청은 지체 없이 이전의 신청에 대하여 재결의 취지에 따라 처분을 하여야 한다(행정심판법 제49조 제3항).

① 행정청이 심판청구 기간을 알리지 아니한 경우에는 180일 이내 심판청구를 할 수 있다(행정심판법 제27조 제6항).

② 위원회는 필요하면 당사자가 주장하지 아니한 사실에 대하여도 심리할 수 있다(행정심판법 제39조).

④ 심판청구에 대한 재결이 있으면 그 재결 및 같은 처분 또는 부작위에 대하여 다시 행정심판을 청구할 수 없다(행정심판법 제51조).

정답 ③

76 다음 중 항고소송의 대상이 되는 행정처분을 모두 고른 것은?

> ㄱ. 국가인권위원회의 성희롱결정 및 시정조치권고
> ㄴ. 지목변경신청 반려행위
> ㄷ. 반복된 제2차 대집행계고
> ㄹ. 국세환급금결정 신청에 대한 환급거부결정
> ㅁ. 지방계약직공무원에 대한 보수삭감 조치

① ㄱ, ㄴ, ㅁ
② ㄱ, ㄹ, ㅁ
③ ㄴ, ㄹ, ㅁ
④ ㄱ, ㄴ, ㄷ, ㄹ

해설

ㄱ. 국가인권위원회의 성희롱결정과 이에 따른 시정조치의 권고는 불가분의 일체로 행하여지는 것인데 국가인권위원회의 이러한 결정과 시정조치의 권고는 성희롱 행위자로 결정된 자의 인격권에 영향을 미침과 동시에 공공기관의 장 또는 사용자에게 일정한 법률상의 의무를 부담시키는 것이므로 국가인권위원회의 성희롱결정 및 시정조치권고는 행정소송의 대상이 되는 행정처분에 해당한다고 보지 않을 수 없다(대판 2005.7.8, 2005두487).

ㄴ. 구 지적법 제20조, 제38조 제2항의 규정은 토지소유자에게 지목변경신청권과 지목정정신청권을 부여한 것이고, 한편 지목은 토지에 대한 공법상의 규제, 개발부담금의 부과대상, 지방세의 과세대상, 공시지가의 산정, 손실보상가액의 산정 등 토지행정의 기초로서 공법상의 법률관계에 영향을 미치고, 토지소유자는 지목을 토대로 토지의 사용·수익·처분에 일정한 제한을 받게 되는 점 등을 고려하면, 지목은 토지소유권을 제대로 행사하기 위한 전제요건으로서 토지소유자의 실체적 권리관계에 밀접하게 관련되어 있으므로 지적공부 소관청의 지목변경신청 반려행위는 국민의 권리관계에 영향을 미치는 것으로서 항고소송의 대상이 되는 행정처분에 해당한다(대판 2004.4.22, 2003두9015).

ㅁ. 근로기준법 등의 입법 취지, 지방공무원법과 지방공무원 징계 및 소청규정의 여러 규정에 비추어 볼 때, 채용계약상 특별한 약정이 없는 한, 지방계약직공무원에 대하여 지방공무원법, 지방공무원징계 및 소청규정에 정한 징계절차에 의하지 않고서는 보수를 삭감할 수 없다고 봄이 상당하다(대판 2008.6.12, 2006두16328).

ㄷ. 행정대집행법상의 건물철거의무는 제1차 철거명령 및 계고처분으로서 발생하였고 제2차, 제3차의 계고처분은 새로운 철거의무를 부과한 것이 아니고, 다만 대집행기한의 연기통지에 불과하므로 행정처분이 아니다(대판 1994.10.28, 94누5144).

ㄹ. 환급청구권이 확정된 국세환급금 및 가산금에 대한 내부적 사무처리절차로서 과세관청의 환급절차를 규정한 것일 뿐 그 규정에 의한 국세환급금(가산금 포함) 결정에 의하여 비로소 환급청구권이 확정되는 것이 아니므로, 국세환급결정이나 이 결정을 구하는 신청에 대한 환급거부결정 등은 납세의무자가 갖는 환급청구권의 존부나 범위에 구체적이고 직접적인 영향을 미치는 처분이 아니어서 항고소송의 대상이 되는 처분으로 볼 수 없다(대판 2010.2.25, 2007두18284).

정답 ①

77 다음 중 사정판결에 대한 내용으로 옳지 않은 것은?

① 사정판결을 함에 있어서는 그 판결의 주문에서 그 처분 등이 위법함을 명시하여야 한다.

② 법원은 처분 등을 취소하는 것이 현저히 공공복리에 적합하지 아니하다고 인정하는 때에는 원고의 청구가 이유 있다고 인정하는 경우에도 원고의 청구를 기각할 수 있다.

③ 법원이 사정판결을 함에 있어서는 미리 원고가 그로 인하여 입게 될 손해의 정도와 배상방법, 그 밖의 사정을 조사하여야 한다.

④ 사정판결이 있는 경우 원고는 피고인 행정청이 속하는 국가 또는 공공단체를 상대로 손해배상청구를 당해 취소소송 등이 계속된 법원에 병합하여 제기할 수 없다.

> **해설**
> ④ 원고는 피고인 행정청이 속하는 국가 또는 공공단체를 상대로 손해배상, 제해시설의 설치 그 밖에 적당한 구제방법의 청구를 당해 취소소송 등이 계속된 법원에 병합하여 제기할 수 있다(행정소송법 제28조 제3항).
> ① · ② 원고의 청구가 이유 있다고 인정하는 경우에도 처분 등을 취소하는 것이 현저히 공공복리에 적합하지 아니하다고 인정하는 때에는 법원은 원고의 청구를 기각할 수 있다. 이 경우 법원은 그 판결의 주문에서 그 처분 등이 위법함을 명시하여야 한다(행정소송법 제28조 제1항).
> ③ 법원이 사정판결을 함에 있어서는 미리 원고가 그로 인하여 입게 될 손해의 정도와 배상방법 그 밖의 사정을 조사하여야 한다(행정소송법 제28조 제2항).
>
> **정답** ④

78 다음 사례에 대한 갑, 을, 병, 정의 대화 중 옳은 것은?

> 임용권자는 정규공무원으로 임용된 A가 정규임용 시에는 아무런 임용결격사유가 없었지만 그 이전에 시보로 임용될 당시 「국가공무원법」에서 정한 임용결격사유가 있었다는 사실을 알게 되었다. 이에 해당 임용권자는 이러한 사실을 이유로 A의 시보임용처분을 취소하고 그 후 정규임용처분도 취소하였다.

① 갑: 시보임용처분은 당연무효이다.
② 을: 시보임용처분에 근거한 정규임용처분은 무효이다.
③ 병: 시보임용취소처분과 정규임용취소처분은 별개의 처분이 아니라 단계적으로 이루어지는 하나의 처분이다.
④ 정: 정규임용취소처분은 성질상 행정절차를 거치는 것이 불필요하여 행정절차법의 적용이 배제된다.

해설

① 경찰공무원법에 규정되어 있는 경찰관임용 결격사유는 경찰관으로 임용되기 위한 절대적인 소극적 요건으로서 임용 당시 경찰관임용 결격사유가 있었다면 비록 임용권자의 과실에 의하여 임용결격자임을 밝혀내지 못하였다 하더라도 그 임용행위는 당연무효로 보아야 한다(대판 2005.7.28, 2003두469).

②·③ 당초 임용 이래 공무원으로 근무하여 온 경력에 바탕을 두고 구 지방공무원법 제27조 제2항 제3호 등을 근거로 하여 특별임용 방식으로 임용이 이루어졌다면 이는 당초 임용과는 별도로 그 자체가 하나의 신규임용이라고 할 것이므로, 그 효력도 특별임용이 이루어질 당시를 기준으로 판단하여야 할 것인데, 당초 임용 당시에는 집행유예기간 중에 있었으나 특별임용 당시 이미 집행유예 기간만료일로부터 2년이 경과하였다면 같은 법 제31조 제4호에서 정하는 공무원 결격사유에 해당할 수 없고, 다만 당초 임용과의 관계에서는 공무원 결격사유에 해당하여 당초 처분 이후 공무원으로 근무하였다고 하더라도 그것이 적법한 공무원 경력으로 되지 아니하는 점에서 특별임용의 효력에 영향을 미친다고 할 수 있으나, 위 특별임용의 하자는 결국 소정의 경력을 갖추지 못한 자에 대하여 특별임용시험의 방식으로 신규임용을 한 하자에 불과하여 취소사유가 된다고 함은 별론으로 하고, 그 하자가 중대·명백하여 특별임용이 당연무효로 된다고 할 수는 없다.

④ 정규임용취소는 사전통지를 하지 않거나 의견제출의 기회를 주지 아니하여도 되는 예외적인 경우에 해당한다고 할 수 없어, 행정절차법상의 사전통지 및 의견제출을 거치지 않으면 절차상 하자가 있어 위법하다(대판 2009.1.30, 2008두16155).

정답 ①

79 행정소송에 대한 설명으로 옳지 않은 것은? (다툼이 있는 경우 판례에 의함)

① 명예퇴직한 법관이 미지급 명예퇴직수당액에 대하여 가지는 권리는 명예퇴직수당지급대상자 결정 절차를 거쳐 명예퇴직수당규칙에 의하여 확정된 사법상 법률관계에 관한 권리로서, 그 지급을 구하는 소송은 민사소송에 해당한다.

②「민주화운동관련자 명예회복 및 보상 등에 관한 법률」에 따른 보상금 등의 지급을 구하는 소송의 형태는 취소소송이다.

③ 납세의무자에 대한 국가의 부가가치세 환급세액 지급의무에 대응하는 국가에 대한 납세의무자의 부가가치세 환급세액 지급청구는 민사소송이 아니라「행정소송법」제3조 제2호에 규정된 당사자소송의 절차에 따라야 한다.

④ 지방전문직공무원 채용계약 해지 의사표시에 대하여 당사자소송으로 무효확인을 청구할 수 있다.

> **해설**
> ① 법관이 이미 수령한 수당액이 위 규정에서 정한 정당한 명예퇴직수당액에 미치지 못한다고 주장하며 차액의 지급을 신청함에 대하여 법원행정처장이 거부하는 의사를 표시했더라도, 그 의사표시는 명예퇴직수당액을 형성·확정하는 행정처분이 아니라 공법상의 법률관계의 한쪽 당사자로서 지급의무의 존부 및 범위에 관하여 자신의 의견을 밝힌 것에 불과하므로 행정처분으로 볼 수 없다. 결국 명예퇴직한 법관이 미지급 명예퇴직수당액에 대하여 가지는 권리는 명예퇴직수당 지급대상자 결정 절차를 거쳐 명예퇴직수당규칙에 의하여 확정된 공법상 법률관계에 관한 권리로서, 그 지급을 구하는 소송은 행정소송법의 당사자소송에 해당하며, 그 법률관계의 당사자인 국가를 상대로 제기하여야 한다(대판 2016.5.24, 2013두14863).
> ② 대판 2008.4.17, 2005두16185 전합
> ③ 대판 2013.3.21, 2011다95564 전합
> ④ 대판 1993.9.14, 92누4611
>
> 정답 ①

80 행정상 처분에 대한 기술로 타당하지 않은 것은? (다툼이 있는 경우 판례에 의함)

① 건축허가권자가 건축불허가처분을 하면서 그 처분사유로 건축불허가 사유뿐만 아니라 구「소방법」 제8조 제1항에 따른 소방서장의 건축부동의 사유를 들고 있다고 하여 그 건축불허가처분 외에 별개로 건축부동의처분이 존재하는 것이 아니므로, 그 건축불허가처분을 받은 사람은 그 건축불허가처분에 관한 쟁송에서 건축법상의 건축불허가 사유뿐만 아니라 소방서장의 부동의 사유에 관하여도 다툴 수 없다.

② 항정신병치료제의 요양급여에 관한 보건복지부 고시는 다른 집행행위의 매개 없이 그 자체로서 제약회사, 요양기관, 환자 및 국민건강보험공단 사이의 법률관계를 직접 규율하는 성격을 가지므로 항고소송의 대상이 되는 행정처분에 해당한다.

③ 구「산업집적활성화 및 공장설립에 관한 법률」에 따른 산업단지 입주계약의 해지통보는 행정청인 관리권자로부터 관리업무를 위탁받은 한국산업단지공단이 우월적 지위에서 그 상대방에게 일정한 법률상 효과를 발생하게 하는 것으로서 항고소송의 대상이 되는 행정처분에 해당한다.

④「폐기물관리법」상 사업계획서 부적정통보는 허가신청 자체를 제한하는 등 개인의 권리 내지 법률상의 이익을 개별적이고 구체적으로 규제하고 있어 행정처분에 해당한다.

해설

① 건축허가권자가 건축불허가처분을 하면서 그 처분사유로 건축불허가 사유뿐만 아니라 구 소방법 제8조 제1항에 따른 소방서장의 건축부동의 사유를 들고 있다고 하여 그 건축불허가처분 외에 별개로 건축부동의처분이 존재하는 것이 아니므로, 그 건축불허가처분을 받은 사람은 그 건축불허가처분에 관한 쟁송에서 건축법상의 건축불허가 사유뿐만 아니라 소방서장의 부동의 사유에 관하여도 다툴 수 있다(대판 2004.10.15, 2003두6573).

② 항정신병치료제의 요양급여에 관한 보건복지부 고시가 다른 집행행위의 매개 없이 그 자체로서 제약회사, 요양기관, 환자 및 국민건강보험공단 사이의 법률관계를 직접 규율하는 성격을 가진다는 이유로 항고소송의 대상이 되는 행정처분에 해당한다고 한 사례(대판 2003.10.9, 2003무23)

③ 종합적으로 고려하면, 입주변경계약 취소는 행정청인 관리권자로부터 관리업무를 위탁받은 산업단지관리공단이 우월적 지위에서 입주기업체들에게 일정한 법률상 효과를 발생하게 하는 것으로서 항고소송의 대상이 되는 행정처분에 해당한다(대판 2017.6.15, 2014두46843).

④ 폐기물관리법관계 법령의 규정에 의하면 폐기물처리업의 허가를 받기 위하여는 먼저 사업계획서를 제출하여 허가권자로 부터 사업계획에 대한 적정통보를 받아야 하고, 그 적정통보를 받은 자만이 일정기간 내에 시설, 장비, 기술능력, 자본금을 갖추어 허가신청을 할 수 있으므로, 결국 부적정통보는 허가신청 자체를 제한하는 등 개인의 권리 내지 법률상의 이익을 개별적이고 구체적으로 규제하고 있어 행정처분에 해당한다(대판 1998.4.28, 97누21086).

정답 ①

81 행정구제제도에 대한 판례의 입장으로 옳지 않은 것은?

① 조세심판에서의 재결청의 재조사결정에 따른 행정소송의 제소기간은 이의신청인 등이 후속 처분의 통지를 받은 날부터 기산된다.

② 재결의 기속력은 재결의 주문 및 그 전제가 된 요건사실의 인정과 판단, 즉 처분 등의 구체적 위법사유에 관한 판단에만 미친다.

③ 법률상 이의신청을 제기해야 할 사람이 처분청에 표제를 '행정심판청구서'로 한 서류를 제출하였다면, 서류의 내용에 이의신청 요건에 맞는 불복취지와 사유가 충분히 기재되어 있다고 하여도 이를 처분에 대한 이의신청으로 볼 수 없다.

④ 피해자에게 손해를 직접 배상한 경과실이 있는 공무원은 특별한 사정이 없는 한 국가에 대하여 국가의 피해자에 대한 손해배상책임의 범위 내에서 공무원이 변제한 금액에 관하여 구상권을 취득한다.

해설

③ 이의신청을 제기하여야 할 사람이 처분청에 표제를 행정심판청구서로 한 서류를 제출한 경우라 할지라도, 서류의 내용에 있어서 이의신청의 요건에 맞는 불복취지와 그 사유가 충분히 기재되어 있다면 그 표제에도 불구하고 이를 그 처분에 대한 이의신청으로 볼 수 있다(대판 2012.3.29, 2011두26886).

① 재조사결정에 따른 심사청구기간이나 심판청구기간 또는 행정소송의 제소기간은 이의신청인 등이 후속 처분의 통지를 받은 날부터 기산된다고 봄이 상당하다(대판 2014.7.24, 2011두14227).

② 재결의 기속력은 재결의 주문 및 그 전제가 된 요건사실의 인정과 판단, 즉 처분 등의 구체적 위법사유에 관한 판단에만 미친다고 할 것이고, 종전 처분이 재결에 의하여 취소되었다 하더라도 종전 처분시와는 다른 사유를 들어서 처분을 하는 것은 기속력에 저촉되지 않는다고 할 것이다(대판 2005.12.9, 2003두7705).

④ 공무원에게 경과실이 있을 뿐인 경우에는 공무원 개인은 손해배상책임을 부담하지 아니한다. 이처럼 경과실이 있는 공무원이 피해자에 대하여 손해배상책임을 부담하지 아니함에도 피해자에게 손해를 배상하였다면 그것은 채무자 아닌 사람이 타인의 채무를 변제한 경우에 해당하고, 이는 민법 제469조의 '제3자의 변제' 또는 민법 제744조의 '도의관념에 적합한 비채변제'에 해당하여 피해자는 공무원에 대하여 이를 반환할 의무가 없고, 그에 따라 피해자의 국가에 대한 손해배상청구권이 소멸하여 국가는 자신의 출연 없이 채무를 면하게 되므로, 피해자에게 손해를 직접 배상한 경과실이 있는 공무원은 특별한 사정이 없는 한 국가에 대하여 국가의 피해자에 대한 손해배상책임의 범위 내에서 공무원이 변제한 금액에 관하여 구상권을 취득한다고 봄이 타당하다(대판 2014.8.20, 2012다54478).

 정답 ③

82 행정심판과 행정소송의 관계에 대한 설명으로 가장 타당한 것은? (다툼이 있는 경우 판례에 의함)

① 양자는 행정권에 대한 국민의 권리구제 기능을 한다는 점에서는 공통되지만, 행정소송이 제3자 기관인 법원에 의해 심판되므로 당사자가 청구한 범위 내에서만 심리·판단하는 데 대하여, 행정심판은 행정조직 내에서 자기통제 기능을 겸하기 때문에 심판청구의 대상이 되는 처분 또는 부작위 외의 사항에 대하여도 재결할 수 있다.

② 행정소송은 철저한 대심주의를 관철하여 당사자가 제출한 공격·방어방법에 한정하여서만 심리 판단하지만, 행정심판에서는 직권탐지주의를 원칙으로 한다.

③ 행정심판에서는 변경재결과 같이 원처분을 적극적으로 변경하는 것도 가능하다.

④ 행정심판과 행정소송이 동시에 제기되어 진행 중 행정심판의 인용재결이 행해지면 동일한 처분 등을 다투는 행정소송에 영향이 없지만, 기각재결이 있으면 행정소송은 소의 이익을 상실한다.

> **해설**
> ③ 행정심판은 행정소송과 달리 기존의 처분을 취소하는 소극적 변경뿐만 아니라 새로운 처분으로 변경하는 적극적 변경도 가능하다.
> ① 불고불리의 원칙상 심판청구의 대상이 되는 처분 이외의 사항에 대하여는 재결을 할 수 없다.
> ② 행정소송에서도 법원이 필요하다고 인정하는 경우에는 직권으로 증거조사를 할 수 있다.
> ④ 동일한 처분에 대하여 심판과 소송이 동시에 청구되어 진행되는 동안, 심판에서 인용이 된다면 소송은 소익이 상실되지만, 심판에서 기각재결은 소송에 영향을 미치지 않는다.
>
> **정답** ③

83 행정소송에 대한 판례의 입장으로 옳지 않은 것은?

① 구 「주택법」상 입주자나 입주예정자는 주택의 사용검사처분의 무효확인 또는 취소를 구할 법률상 이익이 있다.

② 명예퇴직한 법관이 미지급 명예퇴직수당액의 지급을 구하는 소송은 당사자소송에 해당한다.

③ 납세의무자에 대한 국가의 부가가치세 환급세액 지급의무에 대응하는 국가에 대한 납세의무자의 부가가치세 환급세액 지급청구는 민사소송이 아니라 당사자소송의 절차에 따라야 한다.

④ 지방전문직공무원 채용계약 해지의 의사표시에 대하여는 공법상 당사자소송으로 그 의사표시의 무효확인을 청구할 수 있다.

> **해설**
> ① 구 주택법상 일부 입주자나 입주예정자는 사용검사처분의 취소를 구할 법률상 이익이 없다(대판 2014.7.24. 2011두30465).
> ② 명예퇴직한 법관이 미지급 명예퇴직수당액에 대하여 가지는 권리는 명예퇴직수당 지급대상자 결정 절차를 거쳐 명예퇴직수당규칙에 의하여 확정된 공법상 법률관계에 관한 권리로서, 그 지급을 구하는 소송은 행정소송법의 당사자소송에 해당하며, 그 법률관계의 당사자인 국가를 상대로 제기하여야 한다(대판 2016.5.24. 2013두14863).
> ③ 납세의무자에 대한 국가의 부가가치세 환급세액 지급의무는 그 납세의무자로부터 어느 과세기간에 과다하게 거래징수된 세액 상당을 국가가 실제로 납부받았는지와 관계없이 부가가치세법령의 규정에 의하여 직접 발생하는 것으로서, 그 법적 성질은 정의와 공평의 관념에서 수익자와 손실자 사이의 재산상태 조정을 위해 인정되는 부당이득 반환의무가 아니라 부가가치세법령에 의하여 그 존부나 범위가 구체적으로 확정되고 조세 정책적 관점에서 특별히 인정되는 공법상 의무라고 봄이 타당하다. 그렇다면 납세의무자에 대한 국가의 부가가치세 환급세액 지급의무에 대응하는 국가에 대한 납세의무자의 부가가치세 환급세액 지급청구는 민사소송이 아니라 행정소송법 제3조 제2호에 규정된 당사자소송의 절차에 따라야 한다(대판 2013.3.21. 2011다95564).
> ④ 지방전문직공무원 채용계약 해지의 의사표시에 대하여는 대등한 당사자 간의 소송형식인 공법상 당사자소송으로 그 의사표시의 무효확인을 청구할 수 있다(대판 1993.9.14. 92누4611).
>
> **정답** ①

84 다음 중 판례의 입장으로 적절하지 않은 것은?

① 지식경제부장관의 광주광역시장에 대한 국가보조금 신청에 대한 반려회신은 항고소송의 대상이 되는 행정처분에 해당하지 않고, 광주광역시장의 수도권 소재 갑 주식회사에 대한 입지보조금 신청에 대한 반려처분은 항고소송의 대상이 되는 행정처분에 해당한다.

② 사업시행자 스스로 공익사업의 원활한 시행을 위하여 생활대책을 수립·실시할 수 있도록 하는 내부규정을 두고 이에 따라 생활대책대상자 선정기준을 마련하여 생활대책을 수립·실시하는 경우, 생활대책대상자 선정기준에 해당하는 자가 자신을 생활대책대상자에서 제외하거나 선정을 거부한 사업시행자를 상대로 항고소송을 제기할 수 있다.

③ 확정된 거부처분취소 판결의 취지에 따라 이전 신청에 대하여 재처분을 할 의무가 있는 행정청은 종전 처분 후 발생한 새로운 사유를 내세워 다시 거부처분을 할 수 없다.

④ 손실보상대상이 되는 토지가 등기된 것으로 한정된다고 볼 수는 없다.

해설

③ 행정처분의 위법 여부는 행정처분이 행하여진 때의 법령과 사실을 기준으로 판단하므로, 확정판결의 당사자인 처분 행정청은 종전 처분 후에 발생한 새로운 사유를 내세워 다시 처분을 할 수 있고, 새로운 처분의 처분사유가 종전 처분의 처분사유와 기본적 사실관계에서 동일하지 않은 다른 사유에 해당하는 이상, 처분사유가 종전 처분 당시 이미 존재하고 있었고 당사자가 이를 알고 있었더라도 이를 내세워 새로이 처분을 하는 것은 확정판결의 기속력에 저촉되지 않는다(대판 2016.3.24, 2015두48235).

① 수도권 소재 甲 주식회사가 본사와 공장을 광주광역시로 이전하는 계획하에 광주광역시장에게 구 '지방자치단체의 지방이전기업유치에 대한 국가의 재정자금지원기준' 제7조에 따라 입지보조금 등 지급을 신청하였고 이에 따라 광주광역시장이 지식경제부장관에게 지급신청을 하였는데, 이후 지식경제부장관이 광주광역시장에게 반려하자 광주광역시장이 다시 甲 회사에 반려한 사안에서, 지식경제부장관의 반려회신은 항고소송 대상이 되는 행정처분에 해당하지 않고, 광주광역시장의 반려처분은 항고소송 대상이 되는 행정처분에 해당한다고 한 사례(대판 2011.9.29, 2010두26339)

② 사업시행자 스스로 공익사업의 원활한 시행을 위하여 필요하다고 인정함으로써 생활대책을 수립·실시할 수 있도록 하는 내부규정을 두고 있고 내부규정에 따라 생활대책대상자 선정기준을 마련하여 생활대책을 수립·실시하는 경우에는, 이러한 생활대책 역시 "공공필요에 의한 재산권의 수용·사용 또는 제한 및 그에 대한 보상은 법률로써 하되, 정당한 보상을 지급하여야 한다."고 규정하고 있는 헌법 제23조 제3항에 따른 정당한 보상에 포함되는 것으로 보아야 한다. 따라서 이러한 생활대책대상자 선정기준에 해당하는 자는 사업시행자에게 생활대책대상자 선정 여부의 확인·결정을 신청할 수 있는 권리를 가지는 것이어서, 만일 사업시행자가 그러한 자를 생활대책대상자에서 제외하거나 선정을 거부하면, 이러한 생활대책대상자 선정기준에 해당하는 자는 사업시행자를 상대로 항고소송을 제기할 수 있다고 보는 것이 타당하다(대판 2011.10.13, 2008두17905).

④ 특별조치법의 입법 목적이나 관련 규정의 문언 등에 비추어 위 법에 따른 보상대상이 되는 토지가 등기된 것으로 한정된다고 볼 수 없다(대판 2011.11.10, 2011두16636).

정답 ③

85 다음 기관의 설치근거에 대한 설명으로 옳지 않은 것은?

① 중앙선거관리위원회와 감사원은 「헌법」의 근거에 의하여 설치된다.

② 대통령비서실과 대통령경호처는 「정부조직법」에 설치근거를 두고 있다.

③ 지방의회는 「헌법」과 법률에 근거하여 설치된다.

④ 지방자치단체의 보조기관 중 부군수와 부구청장은 조례에 의하여 설치된다.

해설

④ 지방자치단체의 보조기관인 부시장, 부지사, 부군수, 부구청장 등은 조례가 아닌 지방자치법에 설치근거를 두고 있다.

> **지방자치법 제123조【부지사 · 부시장 · 부군수 · 부구청장】**
> ① 특별시 · 광역시 및 특별자치시에 부시장, 도와 특별자치도에 부지사, 시에 부시장, 군에 부군수, 자치구에 부구청장을 두며, 그 수는 다음 각 호의 구분과 같다.
>   1. 특별시의 부시장의 수: 3명을 넘지 아니하는 범위에서 대통령령으로 정한다.
>   2. 광역시와 특별자치시의 부시장 및 도와 특별자치도의 부지사의 수: 2명(인구 800만 이상의 광역시나 도는 3명)을 초과하지 아니하는 범위에서 대통령령으로 정한다.
>   3. 시의 부시장, 군의 부군수 및 자치구의 부구청장의 수: 1명으로 한다.

① 중앙선거관리위원회와 감사원은 각각 헌법 제114조, 제97조에 근거하여 설치된 헌법기관이다.

② 대통령의 직무를 보좌하기 위하여 대통령비서실을 두며(정부조직법 제14조 제1항), 대통령 등의 경호를 담당하기 위하여 대통령경호처를 둔다(동법 제16조 제1항).

③ 지방의회와 관련하여 헌법 제118조 제1항은 "지방자치단체에 의회를 둔다."고 규정하고 있고, 이에 따라 지방자치법 제37조는 "지방자치단체에 주민의 대의기관인 의회를 둔다."고 규정하고 있다.

정답 ④

86 甲은 「국가공무원법」상 임용결격사유가 있는 자임에도 불구하고 국가공무원으로 임용되었다. 이에 대한 설명으로 옳은 것은? (다툼이 있는 경우 판례에 의함)

① 공무원 임용결격사유가 있는지의 여부는 임용 당시가 아니라 甲이 채용후보자 명부에 등록된 때를 기준으로 판단하여야 한다.

② 국가가 사후에 甲이 임용결격자임을 발견하고 甲에 대하여 임용행위를 취소하는 통지를 한 경우 그러한 임용취소통지는 항고소송의 대상이 되는 처분이다.

③ 甲은 공무원관계가 종료된 경우 임용 이후 사실상 공무원으로 근무하여 온 기간 동안에 대하여 퇴직금을 청구할 수 있다.

④ 甲이 공무원관계가 종료된 이후 자신의 임용결격사유가 해소되었음을 이유로 재임용을 신청하였으나 거부된 경우, 그러한 거부행위는 항고소송의 대상이 되는 행정처분이 아니다.

해설

④ 과거에 법률에 의하여 당연퇴직된 공무원이 자신을 복직 또는 재임용시켜 줄 것을 요구하는 신청에 대하여 그와 같은 조치가 불가능하다는 행정청의 거부행위는 당연퇴직의 효과가 계속하여 존재한다는 것을 알려주는 일종의 안내에 불과하므로 당연퇴직된 공무원의 실체상의 권리관계에 직접적인 변동을 일으키는 것으로 볼 수 없고, 당연퇴직의 근거 법률이 헌법재판소의 위헌결정으로 효력을 잃게 되었다고 하더라도 당연퇴직된 이후 헌법소원 등의 청구기간이 도과한 경우에는 당연퇴직의 내용과 상반되는 처분을 요구할 수 있는 조리상의 신청권을 인정할 수도 없다고 할 것이어서, 이와 같은 경우 행정청의 복직 또는 재임용거부행위는 항고소송의 대상이 되는 행정처분에 해당한다고 할 수 없다(대판 2005.11.25. 2004두12421).

① 공무원관계는 채용후보자 명부에 등록한 때가 아니라, 국가의 임용이 있는 때에 설정되는 것이므로, 공무원 임용결격사유가 있는지의 여부는 채용후보자 명부에 등록한 때가 아닌 임용 당시에 시행되던 법률을 기준으로 하여 판단하여야 한다(대판 1987.4.14. 86누459).

② 국가가 공무원 임용결격사유가 있는 자에 대하여 결격사유가 있는 것을 알지 못하고 임용하였다가 사후에 이를 발견하고 공무원 임용행위를 취소한다고 통지한 경우, 당해 통지는 원래의 임용행위가 당초부터 당연무효이었음을 공적으로 확인하여 알려주는 사실의 통지에 불과하여 항고소송의 대상이 되지 아니한다(대판 1987.4.14. 86누459).

③ 임용결격자가 공무원으로 임용되어 사실상 근무하여 왔다고 하더라도 적법한 공무원으로서의 신분을 취득하지 못한 자로서는 공무원연금법 소정의 퇴직급여 등을 청구할 수 없으며, 임용 결격사유가 소멸된 후에 계속 근무하여 왔다고 하더라도 그 때부터 무효인 임용행위가 유효로 되어 적법한 공무원의 신분을 회복하고 퇴직급여 등을 청구할 수 있다고 볼 수 없다(대판 1998.1.23. 97누16985).

정답 ④

87 행정권한의 내부위임에 대한 설명으로 옳지 않은 것은? (다툼이 있는 경우 판례에 의함)

① 행정권한의 위임은 위임관청이 법률에 따라 하는 특정권한에 대한 법정귀속의 변경임에 대하여 내부위임은 행정관청의 내부적인 사무처리의 편의를 도모하기 위하여 그 보조기관 또는 하급행정관청으로 하여금 그 권한을 사실상 행하게 하는데 그치는 것이므로 권한위임의 경우 수임자는 자기의 명의로 권한을 행사할 수 있다.

② 내부위임의 경우에는 수임관청이 그 위임된 바에 따라 위임관청의 이름으로 권한을 행사하였다면 그 처분청은 위임관청이므로 그 처분의 취소나 무효확인을 구하는 소송의 피고는 위임관청으로 삼아야 한다.

③ 행정관청 내부의 사무처리 규정인 전결규정에 위반하여 원래의 전결권자 아닌 보조기관 등이 처분권자인 행정관청의 이름으로 행정처분을 한 경우 그 처분은 권한 없는 자에 의하여 행하여진 무효의 처분이다.

④ 내부위임이나 대리권을 수여받은 데 불과하여 원행정청 명의나 대리관계를 밝히지 아니하고는 그의 명의로 처분 등을 할 권한이 없는 행정청이 권한 없이 그의 명의로 처분을 한 경우 처분명의자인 행정청이 피고가 된다.

해설

③ 전결과 같은 행정권한의 내부위임은 법령상 처분권자인 행정관청이 내부적인 사무처리의 편의를 도모하기 위하여 그의 보조기관 또는 하급 행정관청으로 하여금 그의 권한을 사실상 행사하게 하는 것으로서 법률이 위임을 허용하지 않는 경우에도 인정되는 것이므로, 설사 행정관청 내부의 사무처리규정에 불과한 전결규정에 위반하여 원래의 전결권자가 아닌 보조기관 등이 처분권자인 행정관청의 이름으로 행정처분을 하였다고 하더라도 그 처분이 권한 없는 자에 의하여 행하여진 무효의 처분이라고는 할 수 없다(대판 1998.2.27, 97누1105).

① 행정권한의 위임은 위임관청이 법률에 따라 하는 특정권한에 대한 법정귀속의 변경임에 대하여 내부위임은 행정관청의 내부적인 사무처리의 편의를 도모하기 위하여 그 보조기관 또는 하급행정관청으로 하여금 그 권한을 사실상 행하게 하는데 그치는 것이므로 권한위임의 경우에는 수임자가 자기의 명의로 권한을 행사할 수 있으나 내부위임의 경우에는 수임자는 위임관청의 명의로 이를 할 수 있을 뿐이다(대판 1989.3.14, 88누10985). 따라서, 행정권한의 내부위임은 법률의 근거를 요하지 아니한다.

② 행정관청이 특정한 권한을 법률에 따라 다른 행정관청에 이관한 경우와 달리 내부적인 사무처리의 편의를 도모하기 위하여 그의 보조기관 또는 하급행정관청으로 하여금 그의 권한을 사실상 행하도록 하는 내부위임의 경우에는 수임관청이 그 위임된 바에 따라 위임관청의 이름으로 권한을 행사하였다면 그 처분청은 위임관청이므로 그 처분의 취소나 무효확인을 구하는 소송의 피고는 위임관청으로 삼아야 한다(대판 1991.10.8, 91누520).

④ 행정처분의 취소 또는 무효확인을 구하는 행정소송은 다른 법률에 특별한 규정이 없는 한 소송의 대상인 행정처분 등을 외부적으로 그의 명의로 행한 행정청을 피고로 하여야 하는 것으로서 그 행정처분을 하게 된 연유가 상급행정청이나 타행정청의 지시나 통보에 의한 것이라 하여 다르지 않다고 할 것이며, 권한의 위임이나 위탁을 받아 수임행정청이 정당한 권한에 기하여 그 명의로 한 처분에 대하여는 말할 것도 없고, 내부위임이나 대리권을 수여받은 데 불과하여 원행정청 명의나 대리관계를 밝히지 아니하고는 그의 명의로 처분 등을 할 권한이 없는 행정청이 권한 없이 그의 명의로 한 처분에 대하여도 처분명의자인 행정청이 피고가 되어야 할 것이다(대판 1995.12.22, 95누14688).

 정답 ③

88 「지방자치법」상 지방자치단체장의 선결처분권에 대한 설명으로 옳지 않은 것은?

① 지방자치단체의 장은 지방의회가 성립되지 아니한 때와 지방의회의 의결사항 중 주민의 생명과 재산보호를 위하여 긴급하게 필요한 사항으로서 지방의회를 소집할 시간적 여유가 없거나 지방의회에서 의결이 지체되어 의결되지 아니할 때에는 선결처분(先決處分)을 할 수 있다.

② 선결처분권은 긴급한 상황하에서 주민의 생명과 재산보호를 위하여 지방자치단체장에게 부여된 권한이다.

③ 의원이 구속되는 사유로 의결정족수에 미달하게 된 때에는 선결처분권 행사는 불가능하다.

④ 선결처분은 지체 없이 지방의회에 보고하여 승인을 받아야 하며, 지방의회에서 승인을 받지 못하면 그 선결처분은 그때부터 효력을 상실한다.

> **해설**
> ① · ② · ③ 지방자치단체의 장은 지방의회가 지방의회의원이 구속되는 등의 사유로 제73조에 따른 의결정족수에 미달할 때와 지방의회의 의결사항 중 주민의 생명과 재산 보호를 위하여 긴급하게 필요한 사항으로서 지방의회를 소집할 시간적 여유가 없거나 지방의회에서 의결이 지체되어 의결되지 아니할 때는 선결처분(先決處分)을 할 수 있다(지방자치법 제122조 제1항).
> ④ 선결처분은 지체 없이 지방의회에 보고하여 승인을 받아야 한다. 지방의회에서 승인을 받지 못하면 그 선결처분은 그때부터 효력을 상실한다(지방자치법 제122조 제2항 · 제3항).
>
> **정답** ③

89 공무원인 甲은 직무와 관련하여「국가공무원법」상 청렴의무에 위반하여 뇌물을 받았다는 이유로 형사사건으로 기소되었다. 이에 대한 설명으로 가장 옳은 것은? (다툼이 있는 경우 판례에 의함)

① 甲에 대한 형사사건이 아직 유죄로 확정되지 아니하여도 징계권자는 징계처분을 할 수 있음은 물론 甲은 자신의 사직의사표시만으로 임용권자의 수리 여부에 관계없이 공무원관계를 소멸시킬 수도 있다.

② 형사기소를 당한 공무원이 계속 직위를 유지한 채 직무를 수행할 경우 공무집행의 공정성과 국민의 신뢰를 저해할 우려가 있지만 임용권자는 형사사건으로 기소되었다는 사유만으로 甲에 대해 직위해제처분을 하여야만 하는 것은 아니다.

③ 임용권자가 형사기소를 당한 甲에 대해「국가공무원법」에 따라 직위해제처분을 하려고 할 때에는 직위해제처분이 당사자에게 의무를 부과하거나 권익을 제한하는 처분이므로 행정절차법상 사전통지·의견청취 절차에 관한 규정이 적용된다.

④ 甲의 형사절차에서 당연퇴직사유에 해당하는 유죄판결이 확정되어 임용권자가 당연퇴직의 인사발령을 통지하였을 경우 위 통지는 항고소송의 대상이 되는 행정처분이다.

해설

② 국가공무원법 제73조의3

> **국가공무원법 제73조의3【직위해제】**
> ① 임용권자는 다음 각 호의 어느 하나에 해당하는 자에게는 직위를 부여하지 아니할 수 있다.
>   1. 삭제
>   2. 직무수행 능력이 부족하거나 근무성적이 극히 나쁜 자
>   3. 파면·해임·강등 또는 정직에 해당하는 징계 의결이 요구 중인 자
>   4. 형사 사건으로 기소된 자(약식명령이 청구된 자는 제외한다)
>   5. 고위공무원단에 속하는 일반직공무원으로서 제70조의2 제1항 제2호부터 제5호까지의 사유로 적격심사를 요구받은 자
>   6. 금품비위, 성범죄 등 대통령령으로 정하는 비위행위로 인하여 감사원 및 검찰·경찰 등 수사기관에서 조사나 수사 중인 자로서 비위의 정도가 중대하고 이로 인하여 정상적인 업무수행을 기대하기 현저히 어려운 자

① 우리 판례에 의하면 공무원에게 징계사유가 인정된다면 관련된 형사사건이 아직 유죄로 확정되지 않은 경우라도 징계처분을 할 수 있으나 공무원관계는 공무원의 사직서 제출만으로 소멸되는 것은 아니며 임용권자의 사직서 수리가 있어야만 소멸된다 할 수 있다.

③ 국가공무원법상 직위해제처분은 구 행정절차법 제3조 제2항 제9호, 구 행정절차법 시행령 제2조 제3호에 의하여 당해 행정작용의 성질상 행정절차를 거치기 곤란하거나 불필요하다고 인정되는 사항 또는 행정절차에 준하는 절차를 거친 사항에 해당하므로, 처분의 사전통지 및 의견청취 등에 관한 행정절차법의 규정이 별도로 적용되지 않는다(대판 2014.5.16, 2012두26180).

④ 국가공무원법 제74조에 의하면 공무원이 소정의 정년에 달하면 그 사실에 대한 효과로서 공무담임권이 소멸되어 당연히 퇴직되고 정년퇴직 발령은 정년퇴직 사실을 알리는 이른바 관념의 통지에 불과하므로 행정소송의 대상이 되지 아니한다(대판 1983.2.8, 81누263).

정답 ②

90 행정청의 권한의 위임에 대한 설명으로 옳지 않은 것은? (다툼이 있는 경우 판례에 의함)

① 행정권한의위임은 법률이 위임을 허용하고 있는 경우에 한하여 인정된다.

② 시·도지사는 지방자치단체의 조례에 의하여 기관위임사무를 구청장 등에게 재위임할 수는 없다.

③ 수임사무의 처리가 부당한지 여부의 판단은 위법성 판단과 달리 합목적적·정책적 고려도 포함된다.

④ 전결규정에 위반하여 원래의 전결권자가 아닌 보조기관 등이 처분권자인 행정관청의 이름으로 행한 행정처분은 무효의 처분이다.

> **해설**
>
> ④ 전결과 같은 행정권한의 내부위임은 법령상 처분권자인 행정관청이 내부적인 사무처리의 편의를 도모하기 위하여 그의 보조기관 또는 하급 행정관청으로 하여금 그의 권한을 사실상 행사하게 하는 것으로서 법률이 위임을 허용하지 않는 경우에도 인정되는 것이므로, 설사 행정관청 내부의 사무처리규정에 불과한 전결규정에 위반하여 원래의 전결권자 아닌 보조기관 등이 처분권자인 행정관청의 이름으로 행정처분을 하였다고 하더라도 그 처분이 권한 없는 자에 의하여 행하여진 무효의 처분이라고는 할 수 없다(대판 1998.2.27, 97누1105).
>
> ① 권한의 위임이 권한에 대한 법적 귀속의 변경인 이상 그것은 법률이 그 위임을 허용하고 있는 경우에 한하여 인정된다고 할 것이다(대판 1986.12.9, 86누569).
>
> ② 국가사무로서 지방자치단체의 장에게 위임된 이른바 '기관위임사무'에 해당하므로, 시·도지사가 지방자치단체의 조례에 의하여 이를 구청장 등에게 재위임할 수는 없고, 행정권한의 위임 및 위탁에 관한 규정 제4조에 의하여 위임기관의 장의승인을 얻은 후 지방자치단체의 장이 제정한 규칙이 정하는 바에 따라 재위임하는 것만이 가능하다(대판 1995.8.22, 94누5694 전합).
>
> ③ 수임 및 수탁사무의 처리가 부당한지 여부의 판단은 위법성 판단과 달리 합목적적·정책적 고려도 포함되므로, 위임 및 위탁기관이 그 사무처리에 관하여 일반적인 지휘·감독을 하는 경우는 물론이고 나아가 수임 및 수탁사무의 처리가 부당하다는 이유로 그 사무처리를 취소하는 경우에도 광범위한 재량이 허용된다고 보아야 한다(대판 2017.9.21, 2016두55629).
>
> **정답** ④

91 권한의 위임에 대한 설명으로 가장 옳지 않은 것은? (다툼이 있는 경우 판례에 따름)

① 행정권한의 위임은 행정관청이 법률에 따라 특정한 권한을 다른 행정관청에 이전하여 수임관청의 권한을 행사하도록 하는 것이어서 권한의 법적인 귀속을 변경하는 것이므로 법률의 위임을 허용하고 있는 경우에 한하여 인정된다.

② 권한의 내부위임에 있어서는 권한이 내부적으로만 이전되며 법률에서 정한 권한분배에 변경이 가해지는 것이 아니므로 법률의 근거가 없어도 가능하다.

③ 권한의 위임의 경우에는 수임자가 자기의 명의로 권한을 행사할 수 있으나, 내부위임의 경우에는 수임자는 위임관청의 명의로 이를 할 수 있을 뿐이다.

④ 국가사무로서 지방자치단체의 장에게 위임된 기관위임사무의 경우에는 지방자치단체의 조례에 의하여 구청장 등에게 재위임할 수 있다.

> **해설**
> ④ 구 건설업법상 영업정지 등 처분에 관한 사무와 구 도시재개발법상 관리처분계획의 인가 등 처분에 관한 사무는 국가사무로서 지방자치단체의 장에게 위임된 이른바 기관위임사무에 해당하므로 시·도지사가 지방자치단체의 조례에 의하여 이를 구청장 등에게 재위임할 수는 없고 행정권한의 위임 및 위탁에 관한 규정 제4조에 의하여 위임기관의 장의 승인을 얻은 후 지방자치단체의 장이 제정한 규칙이 정하는 바에 따라 재위임하는 것만이 가능하다(대판 1995.7.11, 94누4615).
>
> ①·②·③ 행정권한의 위임은 행정관청이 법률에 따라 특정한 권한을 다른 행정관청에 이전하여 수임관청의 권한으로 행사하도록 하는 것이어서 권한의 법적인 귀속을 변경하는 것이므로 법률이 위임을 허용하고 있는 경우에 한하여 인정된다 할 것이고, 이에 반하여 행정권한의 내부위임은 법률이 위임을 허용하고 있지 아니한 경우에도 행정관청의 내부적인 사무처리의 편의를 도모하기 위하여 그의 보조기관 또는 하급행정관청으로 하여금 그의 권한을 사실상 행사하게 하는 것이므로, 권한위임의 경우에는 수임관청이 자기의 이름으로 그 권한행사를 할 수 있지만 내부위임의 경우에는 수임관청은 위임관청의 이름으로만 그 권한을 행사할 수 있을 뿐 자기의 이름으로는 그 권한을 행사할 수 없다(대판 1995.11.28, 94누6475).
>
> **정답** ④

92 지방자치단체의 장과 지방의회의 관계에 대한 설명으로 옳지 않은 것은? (다툼이 있는 경우 판례에 의함)

① 「지방자치법」상 합의제 행정기관의 설치·운영에 관하여 해당 지방자치단체가 민간위탁적격자심사위원회 위원의 정수 및 위원의 구성비를 어떻게 정할 것인지는 조례제정권의 범위 내에 있다.

② 조례안에서 지방자치단체의 장이 재단법인 광주비엔날레의 업무 수행을 지원하기 위하여 소속 지방공무원을 위 재단법인에 파견함에 있어 그 파견기관과 인원을 정하여 지방의회의 동의를 얻도록 하고 이미 위 재단법인에 파견된 소속 지방공무원에 대하여는 조례안이 조례로서 시행된 후 최초로 개회되는 지방의회에서 동의를 얻도록 규정하고 있는 경우 그 조례안 규정은 법령에 위반된다.

③ 조례안이 지방자치단체 사무의 민간위탁에 관하여 지방의회의 사전 동의를 받도록 한 것은 민간위탁 권한을 지방자치단체의 장으로부터 박탈하려는 것이 아니므로 지방자치단체의 장의 집행권한을 본질적으로 침해하는 것으로 볼 수 없다.

④ 개정 조례안 중 동정자치위원회를 구성하는 위원의 위촉과 해촉에 관한 권한을 동장에게 부여하면서 그 위촉과 해촉에 있어서 당해 지역 구의원과 협의하도록 한 규정은 적법하다.

해설

④ 광주직할시서구동정자문위원회조례 중 개정 조례안 중 동정자치위원회를 구성하는 위원의 위촉과 해촉에 관한 권한을 동장에게 부여하면서 그 위촉과 해촉에 있어서 당해 지역 구의원과 협의하도록 한 규정은 지방자치단체의 하부 집행기관인 동장에게 인사와 관련된 사무권한의 행사에 있어서 당해 지역 구의원과 협의하도록 의무를 부과하는 한편 구의원에게는 협의의 권능을 부여한 것이나, 이는 구의회의 본회의 또는 위원회의 활동과 관련 없이 구의원 개인에게 하부 집행기관의 사무 집행에 관여하도록 함으로써 하부 집행기관의 권능을 제약한 것에 다름 아니므로, 이러한 규정은 법이 정한 의결기관과 집행기관 사이의 권한분리 및 배분의 취지에 위반되는 위법한 규정이라고 볼 수밖에 없다(대판 1992.7.28, 92추31).

① 지방자치법에서 합의제 행정기관의 설치·운영에 관하여 필요한 사항을 조례로 정하도록 위임한 취지는 각 지방자치단체의 특수성을 고려하여 그 실정에 맞게 합의제 행정기관을 조직하도록 한 것이어서, 해당 지방자치단체가 합의제 행정기관의 일종인 민간위탁적격자심사위원회의 공평한 구성 및 운영에 대한 적절한 통제를 위하여 민간위탁적격자심사위원회 위원의 정수 및 위원의 구성비를 어떻게 정할 것인지는 해당 지방의회가 조례로써 정할 수 있는 입법재량에 속하는 문제로서 조례제정권의 범위 내라고 보는 것이 타당하다(대판 2012.11.29, 2011추87).

② 조례안에서 지방자치단체의 장이 재단법인 광주비엔날레의 업무수행을 지원하기 위하여 소속 지방공무원을 위 재단법인에 파견함에 있어 그 파견기관과 인원을 정하여 지방의회의 동의를 얻도록 하고, 이미 위 재단법인에 파견된 소속 지방공무원에 대하여는 조례안이 조례로서 시행된 후 최초로 개회되는 지방의회에서 동의를 얻도록 규정하고 있는 경우, 그 조례안 규정은 지방자치단체의 장의 고유권한에 속하는 소속 지방공무원에 대한 임용권 행사에 대하여 지방의회가 동의 절차를 통하여 단순한 견제의 범위를 넘어 적극적으로 관여하는 것을 허용하고 있다는 이유로 법령에 위반된다(대판 2001.2.23, 2000추67).

③ 조례안이 지방자치단체 사무의 민간위탁에 관하여 지방의회의 사전 동의를 받도록 한 것은 지방자치단체장의 민간위탁에 대한 일방적인 독주를 제어하여 민간위탁의 남용을 방지하고 그 효율성과 공정성을 담보하기 위한 장치에 불과하고, 민간위탁의 권한을 지방자치단체장으로부터 박탈하려는 것이 아니므로, 지방자치단체장의 집행권한을 본질적으로 침해하는 것으로 볼 수 없다(대판 2011.2.10, 2010추11).

정답 ④

93 공물의 사용관계에 대한 설명으로 옳은 것은? (다툼이 있는 경우 판례에 의함)

① 도로의 일반사용의 경우 도로사용자가 원칙적으로 도로의 폐지를 다툴 법률상 이익이 있다.

② 하천의 점용허가권은 특허에 의한 공물사용권의 일종으로서 하천의 관리주체에 대하여 일정한 특별사용을 청구할 수 있는 채권이 아니다.

③ 하천점용권은 일종의 재산권으로서 처분청의 허가를 받아 양도할 수 있음이 원칙이다.

④ 공유수면으로서 자연공물인 바다의 일부가 매립에 의하여 토지로 변경된 경우에 묵시적 공용폐지가 된 것으로 본다.

해설

① 일반적인 시민생활에 있어 도로를 이용만 하는 사람은 그 용도폐지를 다툴 법률상의 이익이 있다고 말할 수 없지만, 도로의 용도폐지처분에 관하여 직접적인 이해관계를 가지는 사람이 그와 같은 이익을 현실적으로 침해당한 경우에는 그 취소를 구할 법률상의 이익이 있다(대판 1992.9.22, 91누13212).

② 하천의 점용허가권은 특허에 의한 공물사용권의 일종으로서 하천의 관리주체에 대하여 일정한 특별사용을 청구할 수 있는 채권에 지나지 아니하고 대세적 효력이 있는 물권이라 할 수 없다(대판 1990.2.13, 89다카23022).

④ 공유수면으로서 자연공물인 바다의 일부가 매립에 의하여 토지로 변경된 경우에 다른 공물과 마찬가지로 공용폐지가 가능하다고 할 것이며, 이 경우 공용폐지의 의사표시는 명시적 의사표시뿐만 아니라 묵시적 의사표시도 무방하다. 공물의 공용폐지에 관하여 국가의 묵시적인 의사표시가 있다고 인정되려면 공물이 사실상 본래의 용도에 사용되고 있지 않다거나 행정주체가 점유를 상실하였다는 정도의 사정만으로는 부족하고, 주위의 사정을 종합하여 객관적으로 공용폐지 의사의 존재가 추단될 수 있어야 한다(대판 2009.12.10, 2006다87538).

정답 ③

94 다음 중 공시지가에 대한 설명으로 옳지 않은 것은?

① 판례는 표준지에 대한 조세부과처분의 취소를 다투는 소송에서 표준지공시지가의 위법성을 다툴 수 있다고 한다.

② 국토교통부장관이 표준지공시지가를 조사·평가할 때에는 둘 이상의 감정평가업자에게 이를 의뢰하여야 한다.

③ 개별공시지가에 대하여 이의가 있는 자는 그 결정·공시일부터 30일 이내에 서면으로 시장·군수 또는 구청장에게 이의를 신청할 수 있다.

④ 시장·군수 또는 구청장은 개별토지가격산정의 타당성에 대한 감정평가업자의 검증이 필요없다고 인정되는 때에는 지가의 변동상황 등 대통령령이 정하는 바에 따라 감정평가업자의 검증을 생략할 수 있다.

> **해설**
> ① 표준지로 선정된 토지의 공시지가에 불복하기 위하여는 구 지가공시 및 토지 등의 평가에 관한 법률 제8조 제1항 소정의 이의절차를 거쳐 처분청인 국토교통부장관을 상대로 그 공시지가결정의 취소를 구하는 행정소송을 제기하여야 하는 것이지 그러한 절차를 밟지 아니한 채 그 표준지에 대한 조세부과처분의 취소를 구하는 소송에서 그 공시지가의 위법성을 다툴 수는 없다(대판 1997.2.28, 96누10225).
> ② 부동산 가격공시에 관한 법률 제3조 제5항
> ※ 법령 개정(2020.4.7, 감정평가업자 → 감정평가법인 등)
> ③ 부동산 가격공시에 관한 법률 제11조 제1항
> ④ 부동산 가격공시에 관한 법률 제10조 제5항
> ※법령 개정(2020.4.7, 감정평가업자 → 감정평가법인 등)
>
> 정답 ①

95 실질적 의미의 경찰개념의 입장에서 경찰책임에 대한 설명으로 옳지 않은 것은?

① 경찰상 상태책임의 경우에는 책임자의 고의·과실을 불문하고 경찰책임이 인정되지만, 경찰상 행위책임에 있어서는 행위자의 과실여부에 따라 경찰책임이 인정된다.

② 경찰상 위해나 장애의 발생에 직접적으로 책임이 없는 제3자의 경우에도 경찰책임자가 될 수 있다.

③ 경찰상 상태책임자의 범위에는 경찰상 위해를 야기시키는 물건의 소유자와 점유자뿐만이 아니라 그 물건에 대한 사실적인 지배력을 가진 자도 포함된다.

④ 경찰책임론은 경찰권 발동의 대상자가 법률로 규정되어 있지 않은 경우에 그 대상자를 정하기 위해 법규해석의 기준으로 기능할 수 있다.

> **해설**
> ① 경찰책임은 공공의 안녕과 질서에 대한 위험을 제거하기 위한 것으로 민사책임이나 형사책임과는 달리 행위자의 의사능력, 행위능력 및 고의·과실을 불문한다.
>
> 정답 ①

96 행정재산의 목적 외 사용에 대한 설명으로 옳지 않은 것은? (다툼이 있는 경우 판례에 의함)

① 국립의료원 부설 주차장에 관한 위탁관리용역운영계약은 강학상 특허에 해당하는 행정처분이다.

② 국유재산의 무단점유자에 대하여 국가가 변상금 부과·징수권을 행사한 경우에는 민사상 부당이득반환청구권의 소멸시효가 중단된다.

③ 행정재산의 사용허가기간은 원칙상 5년 이내로 하며, 갱신할 경우에 갱신기간은 5년을 초과할 수 없다.

④ 도로관리청은 도로부지에 대한 소유권을 취득하지 아니하였어도 도로를 무단점용하는 자에 대하여 변상금을 부과할 수 있다.

해설

② 국유재산법 제72조 제1항, 제73조 제2항에 의한 변상금 부과·징수권이 민사상 부당이득반환청구권과 법적 성질을 달리하는 별개의 권리인 이상 한국자산관리공사가 변상금 부과·징수권을 행사하였다 하더라도 이로써 민사상 부당이득반환청구권의 소멸시효가 중단된다고 할 수 없다(대판 2014.9.4, 2013다3576).

① 국유재산 등의 관리청이 하는 행정재산의 사용·수익에 대한 허가는 순전히 사경제 주체로서 행하는 사법상의 행위가 아니라 관리청이 공권력을 가진 우월적 지위에서 행하는 행정처분으로서 특정인에게 행정재산을 사용할 수 있는 권리를 설정하여 주는 강학상 특허에 해당한다(대판 2006.3.9, 2004다31074).

③ 국유재산법 제35조

> **국유재산법 제35조【사용허가기간】**
> ① 행정재산의 사용허가기간은 5년 이내로 한다. 다만, 제34조 제1항 제1호의 경우에는 사용료의 총액이 기부를 받은 재산의 가액에 이르는 기간 이내로 한다.
> ② 제1항의 허가기간이 끝난 재산에 대하여 대통령령으로 정하는 경우를 제외하고는 5년을 초과하지 아니하는 범위에서 종전의 사용허가를 갱신할 수 있다. 다만, 수의의 방법으로 사용허가를 할 수 있는 경우가 아니면 1회만 갱신할 수 있다.

④ 도로법의 제반 규정에 비추어 보면, 같은 법 제80조의2(현 제72조)의 규정에 의한 변상금 부과권한은 적정한 도로관리를 위하여 도로의 관리청에게 부여된 권한이라 할 것이지 도로부지의 소유권에 기한 권한이라고 할 수 없으므로, 도로의 관리청은 도로부지에 대한 소유권을 취득하였는지 여부와는 관계없이 도로를 무단점용하는 자에 대하여 변상금을 부과할 수 있다(대판 2005.11.25, 2003두7194).

정답 ②

97 「국토의 계획 및 이용에 관한 법률」상의 도시 · 군관리계획에 대한 설명으로 옳지 않은 것은?

① 지구단위계획은 도시 · 군계획 수립 대상지역의 일부에 대하여 토지 이용을 합리화하고 그 기능을 증진시키며 미관을 개선하고 양호한 환경을 확보하며, 그 지역을 체계적 · 계획적으로 관리하기 위하여 수립하는 도시 · 군관리계획을 말한다.

② 개발제한구역의 지정에 관한 도시 · 군관리계획결정 당시, 이미 사업이나 공사에 착수한 자는 그 도시 · 군관리계획결정에 관계없이 그 사업이나 공사를 계속할 수 있다.

③ 국토교통부장관, 시 · 도지사, 시장 또는 군수는 직접 도시 · 군관리계획에 관한 지형도면을 작성하거나 지형도면을 승인한 경우에는 이를 고시하여야 하며, 도시 · 군관리계획 결정의 효력은 이렇게 지형도면을 고시한 날부터 발생한다.

④ 도시 · 군관리계획은 시 · 도지사가 직접 또는 시장 · 군수의 신청에 따라 결정한다. 다만, 지방자치법에 따른 서울특별시와 광역시를 제외한 인구 100만 이상의 대도시의 경우에는 해당 시장이 직접 결정한다.

해설

④ 국토의 계획 및 이용에 관한 법률 제29조

> **국토의 계획 및 이용에 관한 법률 제29조【도시 · 군관리계획의 결정권자】**
> ① 도시 · 군관리계획은 시 · 도지사가 직접 또는 시장 · 군수의 신청에 따라 결정한다. 다만, 지방자치법 제198조에 따른 서울특별시와 광역시 및 특별자치시를 제외한 인구 50만 이상의 대도시(이하 "대도시"라 한다)의 경우에는 해당 시장(이하 "대도시 시장"이라 한다)이 직접 결정하고, 다음 각 호의 도시 · 군관리계획은 시장 또는 군수가 직접 결정한다.
> 1. 시장 또는 군수가 입안한 지구단위계획구역의 지정 · 변경과 지구단위계획의 수립 · 변경에 관한 도시 · 군관리계획
> 2. 제52조 제1항 제1호의2에 따라 지구단위계획으로 대체하는 용도지구 폐지에 관한 도시 · 군관리계획 [해당 시장(대도시 시장은 제외한다) 또는 군수가 도지사와 미리 협의한 경우에 한정한다]

① 국토의 계획 및 이용에 관한 법률 제2조 제5호
② 국토의 계획 및 이용에 관한 법률 제31조 제2항
③ 국토의 계획 및 이용에 관한 법률 제32조 제4항, 제31조 제1항

정답 ④

98 부동산가격공시에 관한 법률에 대한 판례의 설명으로 가장 옳은 것은?

① 표준지공시지가는 토지시장에 지가정보를 제공하고 일반적인 토지거래의 지표가 되며, 국가·지방 자치단체 등이 그 업무와 관련하여 지가를 산정하거나 감정평가업자가 개별적으로 토지를 감정평가하는 경우에 기준이 되는 행정규칙으로서의 고시이다.

② 수용보상금증액청구소송에서 선행처분으로서 그 수용대상 토지가격 산정의 기초가 된 비교표준지공시지가결정의 위법을 독립한 사유로 주장할 수 있다.

③ 선행처분인 개별공시지가결정의 하자가 과세처분 등 후행하는 처분에 승계될 수 있는지 여부에 관해 판례는 서로 결합하여 하나의 법률효과를 발생시킨다는 관점에서 하자 승계를 인정하였다.

④ 개별공시지가에 대해 이의신청을 하여 그 결과통지를 받은 후 행정심판을 거쳐 행정소송을 제기하였다면 이 경우 행정소송의 제소기간은 이의신청의 결과통지를 받은 날로부터 기산한다.

해설

① · ② 표준지공시지가결정이 위법한 경우에는 그 자체를 행정소송의 대상이 되는 행정처분으로 보아 그 위법 여부를 다툴 수 있음은 물론, 수용보상금의 증액을 구하는 소송에서도 선행처분으로서 그 수용대상 토지가격 산정의 기초가 된 비교표준지공시지가결정의 위법을 독립한 사유로 주장할 수 있다(대판 2008.8.21, 2007두13845). 즉, 표준지공시지가결정은 행정입법으로서의 행정규칙이 아니라 행정청의 처분이다.

③ 위법한 개별공시지가결정에 대하여 그 정해진 시정절차를 통하여 시정하도록 요구하지 아니하였다는 이유로 위법한 개별공시지가를 기초로 한 과세처분 등 후행 행정처분에서 개별공시지가결정의 위법을 주장할 수 없도록 하는 것은 수인한도를 넘는 불이익을 강요하는 것으로서 국민의 재산권과 재판받을 권리를 보장한 헌법의 이념에도 부합하는 것이 아니라고 할 것이므로, 개별공시지가결정에 위법이 있는 경우에는 그 자체를 행정소송의 대상이 되는 행정처분으로 보아 그 위법 여부를 다툴 수 있음은 물론 이를 기초로 한 과세처분 등 행정처분의 취소를 구하는 행정소송에서도 선행처분인 개별공시지가결정의 위법을 독립된 위법사유로 주장할 수 있다고 해석함이 타당하다(대판 1994.1.25, 93누8542).

④ 구 부동산 가격공시 및 감정평가에 관한 법률 제12조, 행정소송법 제20조 제1항, 행정심판법 제3조 제1항의 규정 내용 및 취지와 아울러 부동산 가격공시 및 감정평가에 관한 법률에 행정심판의 제기를 배제하는 명시적인 규정이 없고 부동산 가격공시 및 감정평가에 관한 법률에 따른 이의신청과 행정심판은 그 절차 및 담당 기관에 차이가 있는 점을 종합하면, 부동산 가격공시 및 감정평가에 관한 법률이 이의신청에 관하여 규정하고 있다고 하여 이를 행정심판법 제3조 제1항에서 행정심판의 제기를 배제하는 '다른 법률에 특별한 규정이 있는 경우'에 해당한다고 볼 수 없으므로, 개별공시지가에 대하여 이의가 있는 자는 곧바로 행정소송을 제기하거나 부동산 가격공시 및 감정평가에 관한 법률에 따른 이의신청과 행정심판법에 따른 행정심판청구 중 어느 하나만을 거쳐 행정소송을 제기할 수 있을 뿐 아니라, 이의신청을 하여 그 결과 통지를 받은 후 다시 행정심판을 거쳐 행정소송을 제기할 수도 있다고 보아야 하고, 이 경우 행정소송의 제소기간은 그 행정심판 재결서 정본을 송달받은 날부터 기산한다(대판 2010.1.28, 2008두19987).

정답 ②

99 공무원의 신분에 대한 판례의 설명으로 옳지 않은 것은?

① 인사규정 등에서 직위해제처분에 따른 효과로 승진·승급에 제한을 가하는 등의 법률상 불이익을 규정하고 있는 경우에는 직위해제처분을 받은 근로자는 이러한 법률상 불이익을 제거하기 위하여 그 실효된 직위해제처분에 대한 구제를 신청할 이익이 있다.

②「교육공무원법」상 승진후보자 명부에 의한 승진심사 방식으로 행해지는 승진임용에서 승진후보자 명부에 포함되어 있던 후보자를 승진임용인사발령에서 제외하는 행위는 항고소송의 대상인 처분에 해당하지 않는다.

③ 학교법인 또는 사립학교 경영자는 교원소청심사위원회의 결정에 대하여 행정소송을 제기할 수 있다.

④ 행정청이 공무원에 대하여 새로운 직위해제사유에 기한 직위해제처분을 한 경우 그 이전에 한 직위해제처분은 이를 묵시적으로 철회하였다고 봄이 상당하므로, 그 이전 처분의 취소를 구하는 부분은 존재하지 않는 행정처분을 대상으로 한 것으로서 그 소의 이익이 없어 부적법하다.

해설

② 교육공무원법 제29조의2 제1항, 제13조, 제14조 제1항, 제2항, 교육공무원 승진규정 제1조, 제2조 제1항 제1호, 제40조 제1항, 교육공무원임용령 제14조 제1항, 제16조 제1항에 따르면 임용권자는 3배수의 범위 안에 들어간 후보자들을 대상으로 승진임용 여부를 심사하여야 하고, 이에 따라 승진후보자명부에 포함된 후보자는 임용권자로부터 정당한 심사를 받게될 것에 관한 절차적 기대를 하게 된다. 그런데 임용권자 등이 자의적인 이유로 승진후보자 명부에 포함된 후보자를 승진임용에서 제외하는 처분을 한 경우에, 이러한 승진임용제외처분을 항고소송의 대상이 되는 처분으로 보지 않는다면, 달리 이에 대하여는 불복하여 침해된 권리 또는 법률상 이익을 구제받을 방법이 없다. 따라서 교육공무원법상 승진후보자 명부에 의한 승진심사 방식으로 행해지는 승진임용에서 승진후보자명부에 포함되어 있던 후보자를 승진임용인사발령에서 제외하는 행위는 불이익처분으로서 항고소송의 대상인 처분에 해당한다고 보아야 한다(대판 2018.3.27, 2015두47492).

① 직위해제처분은 근로자로서의 지위를 그대로 존속시키면서 다만 그 직위만을 부여하지 아니하는 처분이므로 만일 어떤 사유에 기하여 근로자를 직위해제한 후 그 직위해제 사유와 동일한 사유를 이유로 징계처분을 하였다면 뒤에 이루어진 징계처분에 의하여 그 전에 있었던 직위해제처분은 그 효력을 상실한다. 여기서 직위해제처분이 효력을 상실한다는 것은 직위해제처분이 소급적으로 소멸하여 처음부터 직위해제처분이 없었던 것과 같은 상태로 되는 것이 아니라 사후적으로 그 효력이 소멸한다는 의미이다. 따라서 직위해제처분에 기하여 발생한 효과는 당해 직위해제처분이 실효되더라도 소급하여 소멸하는 것이 아니므로, 인사규정 등에서 직위해제처분에 따른 효과로 승진·승급에 제한을 가하는 등의 법률상 불이익을 규정하고 있는 경우에는 직위해제처분을 받은 근로자는 이러한 법률상 불이익을 제거하기 위하여 그 실효된 직위해제처분에 대한 구제를 신청할 이익이 있다(대판 2010.7.29, 2007두18406).

③ 구 교원지위 향상을 위한 특별법 제10조 제3항, 대학교원 기간임용제 탈락자 구제를 위한 특별법 제10조 제2항, 사립학교법 제53조의2 제1항, 제2항 규정들의 내용 및 원래 교원만이 교원소청심사위원회의 결정에 대하여 행정소송을 제기할 수 있도록 한 구 교원지위 향상을 위한 특별법 제10조 제3항이 헌법재판소의 위헌결정에 따라 학교법인 및 사립학교 경영자뿐 아니라 소청심사의 피청구인이 된 학교의 장 등도 행정소송을 제기할 수 있도록 현재와 같이 개정된 경우, 학교의 장은 학교법인의 위임 등을 받아 교원에 대한 징계처분, 인사발령 등 각종 업무를 수행하는 등 독자적 기능을 수행하고 있어 이러한 경우 하나의 활동단위로 특정될 수 있는 점까지 아울러 고려하여 보면, 교원소청심사위원회의 결정에 대하여 행정소송을 제기할 수 있는 자에는 교원지위 향상을 위한 특별법 제10조 제3항에서 명시하고 있는 교원, 사립학교법 제2조에 의한 학교법인, 사립학교 경영자뿐 아니라 소청심사의 피청구인이 된 학교의 장도 포함된다고 보는 것이 타당하다(대판 2011.6.24, 2008두9317).

④ 행정청이 공무원에 대하여 새로운 직위해제사유에 기한 직위해제처분을 한 경우 그 이전에 한 직위해제처분은 이를 묵시적으로 철회하였다고 봄이 상당하므로, 그 이전 처분의 취소를 구하는 부분은 존재하지 않는 행정처분을 대상으로 한 것으로서 그 소의 이익이 없어 부적법하다(대판 2003.10.10, 2003두5945).

정답 ②

100 조세행정에 대한 설명으로 옳은 것은? (다툼이 있는 경우 판례에 의함)

① 세무조사결정 자체는 조사종료 후의 과세처분과는 달리 상대방의 법률상 지위에 직접적으로 법률적 변동을 일으키지 아니하므로 항고소송의 대상이 되는 행정처분에 해당하지 않는다.

② 위법한 지방세 부과처분에 대한 행정소송은 「지방세기본법」에 따른 심사청구 또는 심판청구와 그에 대한 결정을 거치지 아니하면 제기할 수 없다.

③ 「국세기본법」상의 이의신청에 대한 재조사결정에 따른 심사청구기간이나 심판청구기간은 이의신청인이 후속 처분의 통지를 받은 날부터 기산된다.

④ 법령상 이미 존재와 범위가 확정되어 있는 조세과오납부액의 반환을 구하는 소송은 「행정소송법」상 당사자소송의 절차에 따라야 한다.

해설

③ 재결청의 재조사결정은 처분청의 후속 처분에 의하여 그 내용이 보완됨으로써 이의신청 등에 대한 결정으로서의 효력이 발생한다고 할 것이므로, 재조사결정에 따른 심사청구기간이나 심판청구기간 또는 행정소송의 제소기간은 이의신청인 등이 후속 처분의 통지를 받은 날부터 기산된다고 봄이 타당하다(대판 2010.6.25, 2007두12514 전합).

① 세무조사결정은 납세의무자의 권리·의무에 직접 영향을 미치는 공권력의 행사에 따른 행정작용으로서 항고소송의 대상이 된다(대판 2011.3.10, 2009두23617, 23624).

② 종래의 필요적 전치주의를 규정하고 있던 지방세법 제78조 제2항(위법한 지방세 부과처분에 대한 행정소송은 심사청구 또는 심판청구와 그에 대한 결정을 거치지 아니하면 제기할 수 없다)이 헌법재판소의 위헌결정(헌재 2001.6.28, 2000헌바30)으로 인하여 삭제되었다. 따라서 국세와 달리 지방세의 경우에는 행정심판(이의신청과 심사청구)을 거치지 않고 곧바로 행정소송을 제기할 수 있다.

④ 국세환급금에 관한 국세기본법 및 구 국세기본법 제51조 제1항은 이미 부당이득으로서 존재와 범위가 확정되어 있는 과오납부액이 있는 때에는 국가가 납세자의 환급신청을 기다리지 않고 즉시 반환하는 것이 정의와 공평에 합당하다는 법리를 선언하고 있는 것이므로, 이미 존재와 범위가 확정되어 있는 과오납부액은 납세자가 부당이득의 반환을 구하는 민사소송으로 환급을 청구할 수 있다(대판 2015.8.27, 2013다212639).

 정답 ③

제3과목

경영학

경영학 예상문제

01 　마케팅

---

01 다음 중 소비자의 결혼 여부, 자녀의 유무, 연령 등의 개념을 모두 통합한 개념으로 옳은 것은?

① 라이프 스타일(Life Style)

② 개인의 개성

③ 사회적 수명주기(Social Life Style)

④ 가족생활주기(Family Style)

> **해설**
> ④ 소비자의 개인적 요인에서 가족생활주기(Family Life Cycle)는 금전적 상황과 관심제품이 달라지므로 표적시장을 생활주기단계에 기초해 선택하고, 마케팅 계획을 수립하며, 소비자의 결혼 여부, 자녀 유무, 연령의 개념을 통합한다.
>
> **정답** ④

02 다음 중 수요 관리와 마케팅 과제에 따른 분류 유형으로 옳지 않은 것은?

① 자극적 마케팅

② 개발적 마케팅

③ 수직적 마케팅

④ 재마케팅

> **해설**
> ①·②·④ 마케팅 관리의 유형에는 전환적 마케팅, 자극적 마케팅, 개발적 마케팅, 재마케팅, 동시화 마케팅, 유지적 마케팅, 디마케팅, 대항적 마케팅 등이 있다. 또한 현대적 마케팅의 과제는 관계지향적 마케팅, 쌍방향 마케팅, 일대일 마케팅, 데이터베이스 마케팅, 바이러스 마케팅, 허용 마케팅과 같은 다양한 개념들을 통하여 마케팅의 새로운 패러다임이 형성되고 있다.
>
> **정답** ③

03 다음 중 수직적 통합전략(Vertical Integration)에 대한 설명으로 옳지 않은 것은?

① 여러 단계의 시장거래를 내부화함으로써 세금을 줄일 수 있다.

② 수요독점, 공급독점 시장에서 발생하는 가격의 불안정은 수직적 통합을 통해 피할 수 있다.

③ 부품업체 → 조립업체 → 유통업체의 과정에서 조립업체가 부품업체를 통합하는 것은 전방통합이다.

④ 부품생산에서 유통까지 수직적 활동분야의 참여 정도를 결정하는 것으로 다각화한 종류로 볼 수 있다.

> **해설**
> ③ 조립업체가 부품업체를 통합하는 것은 전방통합이 아니라 후방통합이다. 후방통합은 기업이 부품과 원료와 같은 투입요소에 대한 소유권과 통제능력을 갖는 것으로, 후방통합을 통해 양질의 원재료를 안정적으로 공급받아 고품질을 유지할 수 있다. 전방통합은 소비자 방향으로의 통합을 말한다.
>
> **정답** ③

04 다음 중 마케팅 조사 절차의 순서를 옳게 나열한 것은?

> ⓐ 조사목적과 문제의 정립
> ⓑ 탐색조사
> ⓒ 정식조사기획
> ⓓ 실제조사
> ⓔ 자료분석 및 보고서 제시

① ⓐ − ⓑ − ⓒ − ⓓ − ⓔ
② ⓐ − ⓑ − ⓓ − ⓒ − ⓔ
③ ⓐ − ⓓ − ⓒ − ⓑ − ⓔ
④ ⓐ − ⓓ − ⓑ − ⓒ − ⓔ

> **해설**
> ① 마케팅 조사의 과정은 문제 및 조사목적의 정립, 조사계획 수립, 정보 수집과 분석, 분석결과 제시 단계를 거친다. 조사목적의 정립은 일반적으로 탐색조사 → 기술조사 → 인과조사 순으로 진행한다. 탐색조사는 선행단계의 조사로 광범위한 문제를 세분화하여 의사결정에 관계된 변수들을 찾아내고 새로운 해결방안 제시를 목적으로 하는 방법이다.
>
> **정답** ①

05 다음 중 중간상이 다수 개입하는 간접마케팅에 대한 사회적 비난에도 불구하고 생산자들이 중간상을 활용하는 근거에 대한 설명으로 옳지 않은 것은?

① 총거래수 최소의 원리　　　　　　　② 위험부담의 분산
③ 마케팅기능의 집중화　　　　　　　④ 집중저장의 원리

> **해설**
> ① · ② · ④ 간접유통(Indirect Distribution)은 마케팅 경로상에 전문적인 중간기관이 존재해 생산자와 소비자를 연결해 주는 유통형태이다. 기능에는 총거래수 최소의 원리(Principle of Minimum Total Transaction), 위험부담의 분산, 마케팅기능의 전문화와 통합, 집중저장의 원리가 있다.
>
> **정답** ③

06 다음 중 마케팅의 기능에서 조성기능(Facilitating Function)으로 옳은 것은?

① 구매　　　　　　　　　　　　　　② 보관
③ 운송　　　　　　　　　　　　　　④ 위험부담기능

> **해설**
> ① 소유권이전기능에 해당된다.
> ② · ③ 물적유통기능에 해당된다.
>
> **정답** ④

07 다음 중 특정 상품의 수요를 감소시켜 시장점유율을 낮추려는 전략으로 옳은 것은?

① 의존 전략
② 제품포지셔닝(Positioning) 전략
③ 디마케팅(Demarketing) 전략
④ 사회적 반응(Symbiotic Marketing) 전략

> **해설**
> ③ 디마케팅은 수요가 공급능력을 초과하는 경우나 혹은 기업의 입장에서 해가 되는 수요가 존재하는 경우에 일시적 혹은 영구히 수요를 감퇴시키는 것이다. 일반적인 디마케팅은 전반적인 수요를 억제하는 것으로 가격을 인상하거나 서비스를 축소하며, 선택적인 디마케팅은 제품의 수익성이 낮은 일부 시장에 대하여 수요를 감소시키는 것이다.
>
> **정답** ③

08 다음 〈보기〉는 신제품 개발과정의 단계이다. (가), (나), (다)에 해당되는 내용으로 옳은 것은?

| 보기 |

신제품 아이디어의 창출 → 아이디어 선별 및 평가 → (가) → (나) → (다) → 시장 생산

	(가)	(나)	(다)
①	사업타당성 분석	제품 개발	시험마케팅
②	사업타당성 분석	시험마케팅	제품 개발
③	시험마케팅	사업타당성 분석	제품 개발
④	시험마케팅	제품 개발	사업타당성 분석

해설
① 신제품 개발절차는 아이디어 창출 → 아이디어 선별(평가) → 제품개념 테스트 → 마케팅전략 개발 → 사업타당성 분석 → 제품 개발 → 시험마케팅 → 상업화 순으로 진행된다.

정답 ①

09 다음 중 시장침투가격(Penetration Pricing) 전략이 적합한 상황과 거리가 먼 것은?

① 시장 성장률이 높을 때
② 규모의 경제가 존재할 때
③ 경쟁자의 진입을 사전에 방지하고자 할 때
④ 소비자들이 가격에 민감하지 않을 때

해설
④ 소비자들이 가격에 민감하지 않을 때 굳이 초기저가 전략을 쓸 필요가 없다. 이러한 경우에는 초기고가 전략을 사용하는 것이 알맞다.
• 초기고가 정책: 고소득 계층의 수요를 흡수하기 위한 목적으로, 고소득 계측의 수요를 장악한 후 장기적으로 가격을 인하하여 저소득 계층도 흡수하는 정책이다.
• 시장침투가격 정책: 대중시장에 침투하기 위한 목적으로, 후발업체가 시장진입 시 초기저가 정책 설정으로 시장점유율을 잠식하려는 가격정책이다.

정답 ④

10 다음 중 코틀러(P. Kotler)의 사회지향적 마케팅(Social Marketing)의 핵심 부분으로 옳은 것은?

① 대항적 마케팅
② 재마케팅
③ 개발적 마케팅
④ 전환적 마케팅

> **해설**
> ① 사회지향적 마케팅은 단기적인 소비자의 욕구충족이 장기적으로 소비자는 물론 사회 전체의 이익과 상충되는 결과가 종종 발생함에 따라서 마케팅활동의 결과가 사회 전체에 미치는 영향을 고려해야 하며, 부정적 영향을 미치는 마케팅활동은 가급적 자제하여야 한다는 사고에서 등장한 개념이다. 예컨대 세척력을 강화시킨 강력한 합성세제가 계속 개발되어 당장은 세탁을 보다 효율적으로 하게 되었지만 이는 장기적으로 환경 오염 문제를 야기했다. 이처럼 사회 전체적인 측면에서 마케팅활동을 전개할 필요성이 대두되었다. 이와 같이 사회지향적 마케팅은 고객만족, 기업이익과 더불어 사회 전체의 복지를 고려하는 마케팅 개념이다. 대항적 마케팅은 사회지향적 마케팅의 핵심 부분으로 소비자 또는 사회적 · 기업 내부적으로 건전하지 못한 수요가 많아 그러한 수요를 소멸시키려는 마케팅이다.
>
> **정답** ①

11 다음 중 마케팅에서 시장조사를 위해 1차적 자료를 수집하는 방법으로 옳지 않은 것은?

① 현재의 여러 현상을 관찰함으로써 정보를 수집한다.
② 여러 가지 변수의 조건화(통제)를 통한 결과의 차이를 분석한다.
③ 신속하고 경제적으로 정보를 이용하기 위하여 정부의 통계나 언론매체 등의 자료를 수집한다.
④ 조사목적에 맞는 여러 유형의 질문이 포함되도록 설문지를 만든다.

> **해설**
> ③ 2차 자료를 수집하는 방법에 대한 설명이다. 2차 자료는 다른 조사 목적으로 수집되었으나 현재의 문제를 해결하는 데 사용할 수 있는 자료로, 1차 자료에 비해 시간과 비용을 크게 절약할 수 있다.
>
> **정답** ③

12 다음 중 마케팅정보시스템과 마케팅조사의 특징을 비교한 설명으로 옳지 않은 것은?

① 마케팅조사가 주로 외부의 정보에 주안점을 두는 데 반해, 마케팅정보시스템은 내부정보자료도 포함한다.

② 마케팅조사가 문제예방에 관심을 두는 데 반해, 마케팅정보시스템은 문제해결에 주안점을 둔다.

③ 마케팅조사가 과거지향적인 데 반해, 마케팅정보시스템은 미래지향적인 경향이 있다.

④ 마케팅조사는 단속적으로 운영되는 데 반해, 마케팅정보시스템은 계속적으로 운영되는 시스템이다.

> **해설**
> ② 마케팅정보시스템은 내외부의 자료를 모두 취급하고 문제해결뿐만 아니라 문제예방에도 주력하며 지속적으로 존재하는 하나의 시스템이다. 또한 컴퓨터에 기반하고 미래지향적 마케팅조사 이외에도 다른 하위 시스템을 포함한다.
> ① · ③ · ④ 마케팅조사는 기업이 직면하고 있는 특수한 마케팅 상황과 관련된 자료와 사실들을 체계적으로 계획하고, 수집 · 분석하여 보고하는 것이다. 마케팅 조사는 외부정보 취급에 역점을 두고 문제해결에 치중하며 프로젝트 기준으로 실시되므로 불연속적이다. 또한 컴퓨터 없이도 가능하고 과거 정보에 초점을 두며 마케팅정보시스템에 정보를 제공하는 하나의 자료원이다.
>
> 정답 ②

13 다음 중 촉진믹스 선정에 대한 설명으로 옳은 것은?

① 푸시(Push) 전략을 사용하는 생산자는 유통경로 구성원들을 상대로 인적판매나 중간상 판촉 등과 같은 촉진활동을 수행한다.

② 구매자의 의사결정단계 중 인지와 지식의 단계에서는 인적판매가 보다 효과적이다.

③ 소비재를 판매하는 기업은 대부분의 촉진비용을 PR에 주로 사용하며 그 다음으로 광고, 판매촉진 그리고 인적판매의 순으로 촉진비용을 지출하게 된다.

④ 제품수명주기 단계 중 성숙기에서는 광고가 판매촉진에 비하여 중요한 역할을 수행하게 된다.

> **해설**
> ① 푸쉬(Push) 전략이란 중간상 수준의 촉진을 사용하여 최종소비자에게 제품구매를 권유하는 전략이며, 풀(Pull) 전략이란 기업 수준의 촉진을 사용해 최종소비자가 중간상에게 제품판매를 요구하도록 유인하는 전략을 의미한다.
> ② 구매자의 의사결정단계 중 인지와 지식의 단계에서 인적판매보다는 광고, 홍보가 보다 효과적이다.
> ③ 소비재를 판매하는 기업은 대부분의 촉진비용을 광고에 주로 사용한다.
> ④ 제품수명주기 단계 중 성숙기에서는 판매촉진, 광고, 인적판매 순으로 중요하다.
>
> 정답 ①

14 가격책정 전략 또는 전술에 대한 설명으로 옳지 않은 것은?

① 원가가산 가격책정(cost−plus pricing)은 고객의 관점을 무시하고 경쟁자의 가격을 고려하지 않는다는 결함을 가지고 있다.

② 마크업 가격책정(markup pricing)은 가격책정의 궁극적 목표인 이윤극대화에 효과적이다.

③ 가격의 끝자리에 0이 아닌 단수를 붙여 가격에 대한 고객의 심리적 수용도를 높이고자 하는 가격 전략을 단수 가격책정(odd pricing)이라고 한다.

④ 혼합 묶음가격(mixed price bundling)은 개별상품 가격의 합보다 낮거나 높을 수도 있고, 순수 묶음가격(pure price bundling)보다 더 높은 이익을 가져오는 경향이 있다.

> **해설**
> ② 마크업 가격책정(markup pricing)은 단위당 원가에 일정한 비율의 이익을 가산해 가격을 결정하는 방식이다. 이 방법은 단순하여 적용이 용이하고 주로 소매상에서 이용한다. 마크업 가격책정의 궁극적 목표인 이윤극대화보다는 조기에 비용 회수에 있다.
> ③ 단수 가격책정은 소비자에게 싸다는 인상을 줄 수 있다.
>
> ②

15 다음 중 가격의 중요성에 해당하지 않는 것은?

① 제품 생산을 위해 투입되어야 하는 노동, 토지, 자본, 기업자 능력 등이 여러 가지 생산요소들의 결합 형태에 영향을 미친다.

② 마케팅믹스의 다른 요소들로부터 영향을 받지만 동시에 다른 요소에 영향을 미치지 않는다.

③ 제품의 시장수요 및 경쟁적 지위 시장점유율 등에 직접적이면서 즉각적인 영향을 미치며 기업의 수익에 밀접하게 연관성을 가진다.

④ 심리적 측면에서 보면 소비자들은 가격을 전통적인 교환비율이기보다는 품질의 지표로 이용할 수도 있으므로 기업은 가격에 대한 소비자의 심리적 반응을 충분히 고려해야 한다.

> **해설**
> ② 기업에서 신제품을 개발하거나 기존제품의 품질을 개선하려는 제품에 대한 의사결정은 그러한 조치에 수반되는 비용을 소비자들이 기꺼이 부담해 줄 경우에나 수렴 가능하므로 원가와 적정이윤을 보상하려는 가격결정은 마케팅믹스의 다른 요소들에 영향을 미친다.
>
> 정답 ②

16 다음 중 A사가 프린터를 저렴하게 판매한 후, 그 프린터의 토너를 비싼 가격으로 결정하는 방법으로 옳은 것은?

① 종속제품 가격결정(Captive Product Pricing)
② 묶음 가격결정(Bundle Pricing)
③ 단수 가격결정(Odd Pricing)
④ 침투 가격결정(Penetration Pricing)

> **해설**
> ① 종속제품 가격결정: 주제품과 함께 사용되어야 하는 종속제품을 높은 가격으로 책정하여 마진을 보장하는 전략을 사용한다.
> ② 묶음 가격결정: 몇 개의 제품들을 하나로 묶어서 할인된 가격으로 판매하는 전략이다.
> ③ 단수 가격결정: 제품 가격의 끝자리를 단수(홀수)로 표시하여 소비자들이 제품의 가격이 저렴하다고 느껴 구매하도록 하는 가격 전략이다.
> ④ 침투 가격결정: 빠른 시일 내에 시장에 깊숙이 침투하기 위해 신제품의 최초가격을 낮게 설정하는 전략이다.
>
> 정답 ①

17 다음 중 A기업에서 화장품으로 성공한 '그린러브' 상표를 세제와 치약에도 사용하려고 하는 전략으로 옳은 것은?

① 메가상표(Mega Brand)
② 개별상표(Individual Brand)
③ 상표연장(Brand Extension)
④ 복수상표(Multi Brand)

> **해설**
> ③ 상표연장(Brand Extension): 성공적인 상표명을 다른 제품의 신제품에 그대로 사용하는 전략
> ① 메가상표(Mega Brand): 기존의 자산가치가 높은 브랜드를 중심으로 신제품에 기존 브랜드명을 그대로 사용하는 전략
> ② 개별상표(Individual Brand): 한 기업에서 생산된 단일 제품군에 사용하는 브랜드
> ④ 복수상표(Multi Brand): 본질적으로 동일한 제품에 대하여 두 개 이상의 상이한 상표를 설정하여 별도의 품목으로 차별화하는 전략
>
> 정답 ③

18 BCG 매트릭스에서 상대적 시장점유율이 높고 시장성장률이 낮은 경우와 상대적 시장점유율이 낮고 시장성장률이 높은 경우를 각각 어떤 사업 분야로 분류하는가?

① 젖소와 물음표　　　　　　　　　② 젖소와 별
③ 물음표와 별　　　　　　　　　　④ 물음표와 개

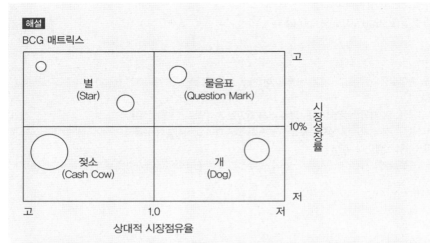

해설
BCG 매트릭스

- 별(Star): 자금의 수요가 크고, 성장률이 높아 기술개발, 생산시설 확충, 시장개척 등에 많은 투자가 필요하다.
- 물음표(Question): 장래가 불확실하고, 수익이 적다.
- 젖소(Cash Cow): 성장은 느리지만 새로운 투자에 대한 수요가 적고 이익이 크다. 현금의 흐름이 안정적이다.
- 개(Dog): 경쟁력과 시장전망이 어둡고, 수익이 적다.

정답 ①

19 다음 중 목표시장 세분화의 요건으로 옳지 않은 것은?

① 측정 가능성
② 접근 가능성 및 실질성
③ 환류성 및 공공성
④ 행동 가능성

해설
시장세분화의 요건(조건)
- 측정 가능성: 세분시장의 규모와 구매력, 특성이 측정 가능한 것인가?
- 실질성: 세분시장이 충분히 크거나 수익이 가능한가?
- 접근 가능성: 세분시장에 효과적으로 도달하여 판매 가능한가?
- 차별화 가능성: 세분시장별로 상이한 마케팅 믹스와 프로그램에 각각 다르게 반응하는가?
- 행동 가능성: 세분시장을 유인하고 선점할 효과적인 마케팅 프로그램을 수립할 수 있는가?

정답 ③

20 다음 중 시계열 수요예측 기법에 대한 설명으로 가장 옳은 것은?

① 시계열 수요예측 기법에는 델파이 방법과 회귀분석 방법 등이 있다.

② 과거에 발생하지 않았던 요소를 고려하여 미래의 수요를 예측한다.

③ 전략적 계획을 수립하는 데 필요한 장기적인 시장 수요를 파악하기 위하여 주로 사용된다.

④ 일반적으로 시계열은 추세, 계절적 요소, 주기 등과 같은 패턴을 갖는다.

> **해설**
> ① 시계열 수요예측 기법에는 전기수요법, 단순이동평균법, 지수평활법 등이 있다.
> ② 과거의 자료로부터 얻은 시계열의 추세나 경향을 분석하여 미래의 수요를 예측한다.
> ③ 장기적인 예측보다는 단기적인 예측을 수행하는 데 적절하다.
>
> 정답 ④

21 다음 중 복수시설의 입지선정과 관련해서 사용될 수 있는 계량적 기법으로 옳지 않은 것은?

① 시뮬레이션기법

② 동적계획법

③ 대기행렬이론

④ 휴리스틱 접근법

> **해설**
> ①·②·④ 복수시설의 입지선정에서 총비용비교법은 입지후보지별로 입지선정에 수반되는 비용을 비교하여 총비용이 최소가 되는 곳을 공장입지로 선정하는 방법이다. 입지분기점분석법은 입지후보지별로 입지선정에 수반되는 비용을 고정비와 변동비로 구분하고, 조업도의 변화에 따른 비용의 변화를 입지분기도표로 작성하여 분석하는 방법이다. 운송계획법(Transportation Method)이 가장 대표적인 방법이며 시뮬레이션(Simulation), 휴리스틱기법(Heuristic Technique)은 논리적으로 가장 타당한 방법이다. 그 외에도 동적계획법(Dynamic Programming)이 있다.
>
> 정답 ③

22 다음 중 제품의 생산수량 및 일정을 토대로 하여 제품생산에 소요되는 여러 가지 자재의 소요량 및 소요 시기를 산출하는 자재요소 기획법으로 옳은 것은?

① MRP

② EOQ

③ MIS

④ JIT

해설

① MRP는 완제품의 생산수량 및 일정을 기초로 하여 그 제품생산에 필요한 원자재, 부품 등의 소요량 및 소요시기를 역산하여 자재조달계획을 수립함으로써 일정관리와 더불어 요율적인 재고통제관리를 기하고자 하는 컴퓨터 정보시스템이다. 종속수요의 재고관리를 위하여 개발된 기법으로 생산일정계획, 완재품재고관리, 자재계획을 연결하는 일련의 생산시스템이다.

정답 ①

23 다음 중에서 완전무결(ZD) 운동에 대한 설명으로 옳지 않은 것은?

① 품질의 인적 변동요인을 중시한다.

② 종업원에게 처음부터 올바르게 작업을 할 수 있게 하는 방법을 가르친다.

③ 심리적이고 비수리적이다.

④ 표준치에 대한 불량률을 인정하지 않는다.

해설

② ZD(Zero Defect) 운동은 작업자에게 지속적으로 동기를 부여함으로써 업무수행상 결점을 영(Zero)으로 하고 제품의 품질 향상, 신뢰성 제고, 납기 엄수, 원가 절감 등의 목적을 달성하려는 노력이다. ECR(Error Cause Removal)제안은 직접 작업에 종사하는 작업자 자신이 각자의 부주의 및 오류발생 원인을 제거하도록 제안을 하는 제도이다. 종업원 각자가 자발적으로 자신들의 개선목표를 설정하도록 자주성을 부여 한다. 관리자는 동종 작업을 수행하는 종업원들끼리 ZD집단을 편성하도록 자주성을 부여한다. ZD목표를 달성한 집단이나 목표달성에 공헌한 종업원들에게 표창한다.

정답 ②

24 다음 중 품질비용에 대한 설명으로 옳지 않은 것은?

① 통제비용은 불량품을 제거하는 것과 관련된 비용이다.

② 통제비용은 품질수준이 높을수록 증가한다.

③ 실패비용에는 예방비용과 평가비용이 있다.

④ 실패비용은 품질수준이 높을수록 감소한다.

> **해설**
> ③ 품질비용은 제품을 애초부터 잘 만들지 않음으로써 발생하는 비용이다. 즉, 제품규격을 지키지 않은 부적합비용으로 품질비용의 구성에서 통제비용 종류에서 예방비용은 실제로 제품이 생산되기 전에 불량품질의 발생을 미연에 방지하기 위하여 발생하는 비용이다. 평가비용은 생산이 되었지만 아직 고객에게 인도되지 않은 제품 가운데서 불량품을 제거하기 위하여 검사하는 데 소요되는 비용이다. 실패비용은 품질이 일정수준에 미달함으로써 발생하는 비용으로 내적 실패비용, 외적 실패비용이 있다.
>
> **정답** ③

25 이번 달의 수요 예측치가 1,000개이고 실제 수요는 900개일 때, 지수평활법을 이용하여 다음 달의 수요 예측치를 계산하면? (단, 평활상수(α)는 0.1이다)

① 990개

② 1,100개

③ 1,190개

④ 1,300개

> **해설**
> ① 당기 예측치＝전기 예측치＋평활상수×(전기 실제치−전기 예측치)
> ＝1,000＋0.1×(900−1,000)＝1,000−10＝990(개)
>
> **정답** ①

26 다음 표에는 어떤 프로젝트를 구성하고 있는 작업(activity)들과 관련 정보가 정리되어 있다. 이 프로젝트의 주공정 경로(Critical Path)의 길이는?

작업(Activity)	선행 작업	수행 시간
A	–	13
B	A	8
C	A	7
D	B, C	7
E	B, C	8
F	D, E	3
G	D	5

① 32시간
② 33시간
③ 34시간
④ 35시간

해설
② 주공정 경로의 길이는 제일 긴 작업 시간을 찾아 구할 수 있다.
 • A: 13 → B: 8 → D: 7 → G: 5 ⇒ 33시간
 • A: 13 → B: 8 → E: 8 → F: 3 ⇒ 32시간
 • A: 13 → C: 7 → D: 7 → G: 5 ⇒ 32시간
 • A: 13 → C: 7 → E: 8 → F: 3 ⇒ 31시간

정답 ②

27 재고와 재고관리에 대한 설명으로 옳지 않은 것은?

① 경제적 주문량(EOQ) 모형은 확정적 재고관리모형에 속한다.
② 조달기간의 수요변동에 대비하여 보유하는 부가적 재고를 안전재고라고 한다.
③ ABC 재고관리 시스템은 재고품목을 연간 사용횟수에 따라 A등급, B등급, C등급으로 구분한다.
④ 경제적 생산량(EPQ) 모형은 주문량이 한 번에 모두 도착하는 것을 전제로 하지 않는다.

해설
③ ABC 재고관리 시스템은 자재의 중요도나 가치를 중심으로 자재의 품목을 분류하여 차별적으로 관리하는 방식이다. 다수의 저가품목보다는 소수의 중요품목을 중점관리하고자 하는 방식으로, 재고의 분류는 파레토분석을 통해 이루어진다.

정답 ③

28 다음 중 최종품목 또는 완제품의 주생산일정계획(Master Production Schedule)을 기반으로 제품생산에 필요한 각종 원자재, 부품, 중간조립품의 주문량과 주문시기를 결정하는 재고관리방법으로 옳은 것은?

① 자재소요계획(MRP)
② 적시(JIT) 생산시스템
③ 린(Lean) 생산
④ 공급사슬관리(SCM)

해설

② 적시(JIT) 생산시스템은 필요한 때에 맞추어 물건을 생산·공급하는 것으로, 제조업체가 부품업체로부터 부품을 필요한 시기에 필요한 수량만큼만 공급받아 재고가 없도록 해주는 재고관리시스템이다.
③ 린(Lean) 생산은 작업 공정 혁신을 통해 비용은 줄이고 생산성은 높이는 것으로, 숙련된 기술자의 편성과 자동화 기계의 사용으로 적정량의 제품을 생산하는 방식이다.
④ 공급사슬관리(SCM)는 어떤 제품을 판매하는 경우 자재 조달, 제품 생산, 유통, 판매 등의 흐름을 적절히 관리하여 공급망 체인을 최적화함으로써 조달 시간 단축, 재고 비용이나 유통 비용 삭감, 고객 문의에 대한 빠른 대응 등을 실현하는 것이다.

정답 ①

---

29 다음 중 인력 자원 예측 접근법에 대한 설명으로 옳지 않은 것은?

① 하향적 접근법은 주로 인력수요를 예측하는 데 있어 상위계층의 주도하에 수요를 예측하는 것이다.
② 인적 자원의 조절은 인력의 수급이 일치하지 않을 때 수요 및 공급이 시행된다.
③ 델파이기법은 회귀식을 만들어낸다.
④ 마코브 분석은 공급량을 예측하는 기법이다.

해설

③ 델파이기법은 여러 전문가의 의견을 설문을 통해 반복적으로 집계하여 합의된 아이디어를 도출하도록 유도하는 질적 예측기법이다. 양적 예측기법인 회귀식 분석과는 거리가 멀다.

정답 ③

30 다음 〈보기〉에 대한 설명으로 옳은 것은?

| 보기 |

원재료, 부품, 반제품 등과 같은 종속적 수요의 재고에 대한 주문 및 생산계획을 처리하도록 만들어진 정보 시스템으로 재고관리, 일정계획과 통제의 두 가지 기능을 동시에 수행하는 기법이다.

---

① 공급사슬관리(SCM) ② 자재소요계획(MRP)
③ 적시생산시스템(JIT) ④ 컴퓨터통합생산(CIM)

> **해설**
> ② 자재소요계획(MRP)은 컴퓨터에 의한 재료, 부품, 반제품 등과 같은 종속적 수요의 재고에 대한 주문 및 생산계획으로서 일정관리 · 재고관리로 통제하는 기법이며, 일본 도요타의 적시생산시스템(JIT) 기법과 같이 대표적 생산시스템이다.
>
> **정답** ②

31 다음 중 특정 작업계획으로 여러 부품들을 생산하기 위해 컴퓨터에 의해 제어 및 조절되며 자재취급 시스템에 의해 연결되는 작업장들의 조합으로 옳은 것은?

① 유연생산시스템 ② 컴퓨터통합생산시스템
③ 적시생산시스템 ④ 셀 제조시스템

> **해설**
> ① 유연생산시스템(FMS)은 다품종 소량의 제품을 짧은 납기로 해서 수요변동에 대한 재고를 지니지 않고 대처하면서 생산효율의 향상 및 원가절감을 실현할 수 있는 생산시스템이다.
>
> **정답** ①

32 다음 중 해리스(F. W. Harris)가 제시한 EOQ(경제적 주문량) 모형의 가정으로 옳은 것은?

① 단일품목만을 대상으로 한다. ② 조달기간은 분기 단위로 변동한다.
③ 수량할인이 적용된다. ④ 연간수요량은 알 수 없다.

> **해설**
> ② 조달기간은 일정하다.
> ③ 주문량이 다량이라도 할인이 인정되지 않는다.
> ④ 연간수요량이 알려져 있다.
>
> **정답** ①

33 다음 〈보기〉에 대한 설명으로 옳은 것은?

> ─┤ 보기 ├─
>
> - 고객의 주문에 따라 일정 기간 동안에 정해진 제품만을 생산한다.
> - 이 공정의 예로는 건축, 선박제조, 신제품 개발 등이 있다.

① 프로젝트공정　　　　　　　　　　② 대량생산공정

③ 유연생산공정　　　　　　　　　　④ 자동생산공정

> **해설**
> ① 프로젝트공정은 아파트 건설, 선박, 항공기 등 특수생산 시스템에 적합한 공정이다.
>
> **정답** ①

34 다음 중 공장입지 분석방법에서 가장 객관적인 질적 분석방법으로 옳은 것은?

① 점수법　　　　　　　　　　　　　② 총비용 최소화법

③ 손익분기점 분석　　　　　　　　　④ 수송법

> **해설**
> ① 점수법(요인평정법)은 여러 가지 입지요인들을 파악하여 요인별로 가중치를 부여한 다음, 입지 후보지별로 요인별 점수를 합산하여 입지를 선정하는 방법이다.
>
> **정답** ①

35 다음 중 규모의 경제(Economics of Scale)로 옳은 것은?

① 소품종 대량생산 시스템　　　　　② 프로젝트형 생산시스템

③ 고정위치배치형 생산시스템　　　　④ 유연생산 시스템

> **해설**
> 규모의 경제란 대량생산을 할 경우, 소량생산을 하는 경우보다 평균비용이 더 낮아지는 상황을 뜻한다. 고정비용이 존재하는 경우 규모의 경제가 발생하는데, 그 이유는 생산량이 증가하더라도 고정비용의 값은 일정하여 생산량이 증가할수록 평균고정비용은 감소하기 때문이다. 따라서 규모의 경제는 많은 품목을 조금씩 만들어내는 다품종소량생산보다는 적은 품목을 대량으로 생산하는 소품종대량생산 기업에서 더 자주 발생하게 된다.
>
> **정답** ①

36 카츠(R. L. Katz)가 제안한 경영자 또는 관리자로서 갖춰야 할 관리기술 중 최고경영자 계층에서 특히 중요시되는 것은?

① 운영적 기술(Operational Skill)

② 전문적 기술(Technical Skill)

③ 인간관계적 기술(Human Skill)

④ 개념적 기술(Conceptual Skill)

> **해설**
> ④ 개념적 기술은 최고경영자 계층에서 중요시되는 관리기술로 조직을 전체로 보고 자신의 계획 및 사고 능력을 적용할 수 있는 능력을 말한다. 훌륭한 개념적 기술을 가진 경영자는 조직의 여러 부서와 기능이 어떻게 상호 연결되어 있는지, 한 부서에서의 변화가 다른 부서에 어떻게 영향을 미칠 수 있는지를 파악할 수 있다.
>
> 정답 ④

37 다음 중 수익성에 대한 내용으로 옳지 않은 것은?

① 수익성은 자본에 대한 이익의 관계를 표현한다.

② 수익성만이 무조건적인 경영의 지도 원리라고 할 수는 없다.

③ 수익성은 영리를 목적으로 하는 개별경제주체의 경우 적용이 가능하다.

④ 기업이 시장에서 손해를 감수할 수 있는 잠재적 능력을 나타내는 지표이다.

> **해설**
> ④ 수익성은 기업이 시장에서 이윤을 획득할 수 있는 잠재적 능력을 나타내는 지표이다.
>
> 정답 ④

38 다음 〈보기〉에서 설명하는 경영혁신 기법으로 옳은 것은?

> ─┤ 보기 ├─
>
> 이 기법은 통계적 품질관리를 기반으로 품질혁신과 고객만족을 달성하기 위하여 전사적으로 실행하는 경영혁신 기법이며, 제조과정뿐만 아니라 제품개발, 판매, 서비스, 사무업무 등 거의 모든 분야에서 활용 가능하다.

① 학습조직(Learning Organization)
② 6시그마(Six Sigma)
③ 리스트럭처링(Restructuring)
④ 리엔지니어링(Reengineering)

해설
① 학습조직(Learning Organization) : 조직구성원이 학습할 수 있는 기회와 자원을 제공하고, 학습 결과에 따라 지속적인 변화를 이루는 것이다.
③ 리스트럭처링(Restructuring) : 한 기업이 여러 사업을 보유하고 있는 경우, 미래 변화를 예측하여 사업구조를 개혁하는 것이다.
④ 리엔지니어링(Reengineering) : 기업의 체질 및 구조와 경영방식을 근본적으로 재설계하여 경쟁력을 확보하는 것이다.

정답 ②

39 다음 중 경영조직론 관점에서 기계적 조직과 유기적 조직에 대한 설명으로 옳지 않은 것은?

① 기계적 조직은 효율성과 생산성 향상을 목표로 한다.
② 기계적 조직에서는 공식적 커뮤니케이션이 주로 이루어지고, 상급자가 조정자 역할을 한다.
③ 유기적 조직에서는 주로 분권화된 의사결정이 이루어진다.
④ 유기적 조직은 고객의 욕구 및 환경이 안정적이고 예측 가능성이 높은 경우에 효과적이다.

해설
④ 고객의 욕구 및 환경이 안정적이고 예측 가능성이 높은 경우에는 효율성이 높은 기계적 조직이 효과적이다.

정답 ④

40 다음 중 쿤츠가 분류한 경영계획 원칙에 해당하지 않는 것은?

① 합목적성의 원칙
② 보편성의 원칙
③ 비용성의 원칙
④ 효율성의 원칙

> **해설**
> ① · ② · ④ 쿤츠가 분류한 경영계획의 원칙은 합목적성의 원칙, 계획우선의 원칙, 보편성의 원칙, 효율성의 원칙이다.
> • 합목적성의 원칙: 모든 계획의 기본적인 목적은 기업조직의 목표를 용이하게 달성하도록 공헌하는 데 있다.
> • 계획우선의 원칙: 계획은 목적 달성을 위한 활동코스를 제시하는 것이므로 모든 관리활동에 우선해야 한다.
> • 보편성의 원칙: 계획은 기업 조직 내 어느 특정한 계층에서만 수행되는 활동이 아닌 전 계층에서 수행되어야 하는 관리활동이다.
> • 효율성의 원칙: 계획은 주어진 비용으로 최대의 산출을 발생시킬 수 있어야 한다.
>
> **정답** ③

41 다음 중 경영정보시스템(MIS) 설계자 및 이용자에 의해 발생하는 오류가 아닌 것은?

① 모든 정보가 필요하다는 가정
② 보다 많은 정보가 좋다는 가정
③ 관련된 모든 업무담당자가 충분히 참여해야 한다는 가정
④ 경영자가 경영정보시스템(MIS)의 운영과정을 이해할 필요가 없다는 가정

> **해설**
> ③ 정보시스템의 설계에는 모든 업무담당자의 의견이 반영되도록 그들을 충분히 참여시키는 것이 좋다.
>
> **정답** ③

42 다음 중 리니언시 제도로 적발하려는 것으로 옳은 것은?

① 담합
② 덤핑
③ 콘체른
④ 트러스트

> **해설**
> ① 리니언시 제도란 담합행위를 한 기업이 자진신고를 할 경우 처벌을 경감하거나 면제하는 제도이다. 우리나라의 경우 담합 사실을 처음 신고한 업체에게는 과징금을 100% 면제해주고, 2순위 신고자는 50%를 면제해준다.
>
> **정답** ①

43 다음 중 인간행위에 중심을 두고 있는 이론을 주장한 학자로 옳지 않은 것은?

① Mayo

② Taylor

③ Barnard

④ Simon

> **해설**
> ② Taylor는 작업에서 시간연구와 동작연구로 과업을 설정하여 차별성과급을 지급한다는 이론을 제시하였으며, 인간행위와는 관계없는 과학적 관리론을 주장하였다.
> ① Mayo는 호손실험을 통하여 비공식 조직의 중요성을 강조하고, 종업원의 주관이나 태도, 감정, 즉 내부의 심리적 요소가 매우 중요함을 입증했다.
> ③ Barnard는 인간의 한계성은 조직을 통하여 극복하고 공헌에 대한 대가를 공정히 지급할 때 권위가 수용될 수 있다는 권한수용설을 주장했다.
> ④ Simon은 공동의 의사결정을 통한 합리적 의사결정을 주장했고, 경영자는 제한된 합리성 내에서 현실적으로 의사결정을 해 나가는 관리자 역할을 한다고 보았다.
>
> 정답 ②

44 다음 중 경영이론에 대한 설명으로 옳지 않은 것은?

① 페이욜(H. Fayol)은 경영의 본질적 기능으로 기술적 기능, 영업적 기능, 재무적 기능, 보전적 기능, 회계적 기능, 관리적 기능의 6가지를 제시하였다.

② 바너드(C. Barnard)는 조직 의사결정은 제약된 합리성에 기초하게 된다고 주장하였다.

③ 상황이론은 여러 가지 환경 변화에 효율적으로 대응하기 위하여 조직이 어떠한 특성을 갖추어야 하는지 규명하고자 하는 이론이다.

④ 시스템이론 관점에서 경영의 투입 요소에는 노동 · 자본 · 전략, 정보 등이 있으며, 산출 요소에는 제품과 서비스 등이 있다.

> **해설**
> ② 조직 의사결정은 제약된 합리성 혹은 제한된 합리성에 기초하게 된다고 주장한 사람은 사이먼(Herbert Simon)이다.
>
> 정답 ②

45 다음 중 아웃소싱에 대한 설명으로 옳지 않은 것은?

① 기업의 비용절감과 유연성 확보가 가능하다.

② 장기적으로 실행하면 핵심기술이 상실되고 공급업체에 종속될 위험이 있다.

③ 핵심부문만 내부화하고, 기타 비핵심부문은 외부에서 조달하는 전략이다.

④ 아웃소싱 이후에도 동일한 사업을 수행하므로 리스크는 감소하지 않는다.

> **해설**
> ④ 아웃소싱은 핵심역량의 반대적 개념으로, 비핵심역량을 기업 외부에 위탁 관리하는 기법이다. 따라서 리스크를 감소시킬 수 있다.
>
> 정답 ④

46 다음 중 동종의 선도기업을 연구하여 선도기업과 당해기업의 차이를 없애려고 노력하는 경영혁신 기법으로 옳은 것은?

① 벤치마킹   ② 기업계열화

③ 아웃소싱   ④ 기업다각화

> **해설**
> ① 다른 기업의 장점을 모방하는 정책은 벤치마킹이다. 벤치마킹(Benchmarking)은 지속적 개선을 위한 기업 내부의 활동과 기능으로 관리능력을 외부기업과 비교 평가하여 최고의 성과를 얻기 위하여 최고의 실제 사례를 찾는 과정이다.
> ② 기업계열화: 대기업과 중소기업이 생산과 판매에서 서로 관계를 맺어 돕는 체제로, 자본 집중 현상으로 인해 중소기업이 도산하는 것을 막는다.
> ③ 아웃소싱: 경비절감을 위해 외부의 인력, 시설, 기술자원을 활용하는 방법이다.
> ④ 기업다각화: 상호관련성이 적은 여러 시장에 진출하여 다양한 제품과 서비스를 공급하는 방법이다.
>
> 정답 ①

47 다음 중 Z이론에 대한 설명으로 옳지 않은 것은?

① 미국식 조직과 일본식 조직이 결합된 형태의 조직이다.

② 장기고용을 원칙으로 한다.

③ 비교적 느린 승진과 평가가 원칙이다.

④ 맥그리거가 주장한 이론이다.

④ 일본의 W. Ouchi가 주장한 Z이론은 J형(일본식 경영)과 A형(미국식 경영)이 결합된 Z형(절충식 경영)이다. J형 종 신고용과 A형 단기고용제가 결합되어 장기고용제가 된 것이 그 일례이며, 집단책임과 개인책임제 결과로 개인책 임제를 선택하게 되었다.

48 다음 중 테일러의 과학적 관리법에 대한 설명으로 옳지 않은 것은?

① 하루에 일할 수 있는 최고의 과업결정
② 성공일 때 우대, 실패일 때 상대적 손실 부담
③ 차별적 성과급제의 직능식 조직
④ 저가격 · 고임금의 원칙

④ 저가격 · 고임금의 원칙은 포드의 동시관리 개념으로, 컨베이어시스템을 통한 대량생산으로 저단가 · 고임금의 사 회봉사주의를 의미한다. 테일러는 시간연구와 동작연구를 통한 과업관리를 설정하여 차별성과급, 직능조직제도 를 도입했다.

49 다음 중 사이먼의 의사결정 모형에 대한 설명으로 옳지 않은 것은?

① 의사결정 유형을 정형적, 비정형적인 것으로 분류하였다.
② 정형적 의사결정은 비구조화된 결정 문제, 비정형적 의사결정은 구조화된 결정 문제라고 하 였다.
③ 정형적 의사결정은 주로 하위층에서 이루어진다.
④ 비정형적 의사결정의 해결안은 문제가 정의된 다음에 창의적으로 결정한다.

② 사이먼은 의사결정 유형을 정형적, 비정형적인 것으로 분류했다. 또한 정형적 의사결정은 구조화된 결정 문제, 비 정형적 의사결정은 비구조화된 결정 문제라고 하였다.

50 다음 중 집단 간의 갈등원인으로 옳지 않은 것은?

① 업무의 상호관련성
② 지위와 권력의 불균형
③ 자원의 부족
④ 조직의 응집성 증가

> **해설**
> ① · ② · ③ 갈등의 원인으로 상호관련성은 자원을 공유하지만 업무상 분리되어 있는 경우이고, 관계의 불균형은 지위와 권력에 따라 추구하는 목표와 행동방향이 다른 경우이다. 자원의 부족은 한정된 자원을 차지하기 위한 경쟁의 과열이고, 영역 모호성은 서로 담당하는 영역이 명확하지 않을 경우에 발생한다.
>
> **정답** ④

51 다음 중 리더십 행위이론에 해당하지 않는 것은?

① 아이오 대학모형
② 오하이오 주립대학 모형
③ 목표−경로 이론
④ 미시간 대학 모형

> **해설**
> ① · ② · ④ 리더십의 행위이론으로 아이오 대학 연구의 리더십 유형에는 권위적 리더, 민주적 리더, 자유방임적 리더가 있다. 또한 미시간 대학 모형에는 직무 중심적 리더십, 조직원 중심적 리더십이 있다. 오하이오 주립대학 모형에는 구조주도와 배려에 따른 리더십의 유형이 있다.
>
> **정답** ③

52 다음 중 기존에 제공해 주던 긍정적 보상을 제공해 주지 않음으로써 어떤 행동을 줄이거나 중지하도록 하기 위한 강화(Reinforcement) 방법으로 옳은 것은?

① 긍정적 강화
② 소거
③ 벌
④ 부정적 강화

① 긍정적 강화(적극적 강화)는 칭찬, 보상, 승진 등과 같이 바람직한 행동에 대해 바람직한 결과를 제공함으로써 행동의 빈도를 높이는 것이다.
③ 벌은 바람직하지 않은 행동에 대해 바람직하지 않은 결과를 제시함으로써 그 행동이 야기될 확률을 낮추는 것이다.
④ 부정적 강화는 바람직하지 않은 결과를 회피하게 함으로써 바람직한 행동의 빈도를 늘리는 것이다.

정답 ②

53 다음 중 브룸(Vroom)의 기대이론에 대한 설명으로 옳지 않은 것은?

① 경영자는 종업원들이 노력하면 성과가 있다는 믿음을 주어야 한다.
② 성과-보상 연결을 분명히 해야 한다.
③ 보상은 종업원에게 가치 있는 것이어야 한다.
④ 종업원 역할 기대를 분명히 하여야 한다.

④ 종업원의 역할 기대는 브룸의 기대이론에서는 설명하지 않고 있다.
①·②·③ 브룸은 조직구성원이 동기유발을 일으키기 위해서는 다음과 같은 가정이 있어야 한다고 주장하였다.
   • 기대: 개인의 노력이 특정한 성과나 업적으로 이어질 가능성이 있어야 한다.
   • 수단성: 성과가 높아지면 보상도 개선될 것이다.
   • 유의성: 보상이 개인의 욕구, 가치관, 목표 등에 부합할수록 유의성은 증가한다.

정답 ④

54 다음 중 기대이론에서 동기부여를 유발하는 요인에 대한 설명으로 옳지 않은 것은?

① 기대가 높아야 동기부여가 된다.
② 조직에 대한 신뢰가 클수록 수단성이 높아진다.
③ 가치관에 부합되는 보상이 주어질수록 유의성이 높아진다.
④ 종업원들은 주어진 보상에 대하여 동일한 유의성을 갖는다.

④ 기대이론에서 유의성은 조직의 보상이 개인목표나 욕구를 충족시키는 정도로, 종업원들은 각자 주어진 보상에 대하여 서로 다른 유의성(주어지는 보상에 느끼는 매력의 정도)을 가진다.

정답 ④

55 조직구조와 조직설계에 관한 연구자와 그 연구에 대한 설명으로 옳지 않은 것은?

① 톰슨(Thompson): 과업 수행을 위하여 다른 부서와의 의존적 관계에 따라 상호의존성을 3가지로 분류하였는데, 이 중에서 가장 낮은 상호의존성을 중개형이라고 한다.

② 페로우(Perrow): 비일상적 기술은 과업의 다양성이 높고 분석가능성이 낮은 업무에 적합하고, 분권화와 자율화가 요구된다.

③ 번즈와 스타커(Burns and Stalker): 조직의 환경이 안정적일수록 기계적 구조가 형성되고 가변적일수록 유기적 구조가 형성되는데, 기계적 구조가 유기적 구조보다 낮은 분화와 높은 분권화의 특성을 보인다.

④ 민츠버그(Mintzberg): 조직 구성원의 기능을 5가지의 기본적 부문으로 구분하고, 조직의 상황별로 다르게 나타나는 기본적 부문의 우세함에 따라 조직구조를 5가지 유형으로 분류한다.

> **해설**
> ③ 번즈와 스타커(Burns and Stalker): 조직의 환경이 안정적일수록 기계적 구조가 형성되고 가변적일수록 유기적 구조가 형성되는데, 기계적 구조가 유기적 구조보다 높은 분화와 낮은 분권화의 특성을 보인다.
> • 기계적 조직: 전문화의 촉진을 통한 능률 향상, 종업원 양성기간 단축, 대규모 조직에 적용 곤란
> • 유기적 조직: 분권화, 책임소재 명확, 시장의 요구에 즉각적인 대응 가능, 늦은 전문화
>
> **정답** ③

56 다음 중 직무충실화에 대한 설명으로 옳지 않은 것은?

① 종업원에게 자기가 담당하는 직무에 대하여 직접적으로 계획·조직·통제할 수 있는 기회를 부여한다.

② 개인이 수행하는 과업의 수와 다양성을 늘린다.

③ 허츠버그의 2요인 이론 등에 기초한 방법이다.

④ 직무성과가 직무 수행에 따른 경제적 보상보다는 개개인의 심리적 만족에 달려 있다고 전제한다.

> **해설**
> ② 직무확대에 대한 설명이다.
>
> **정답** ②

57 허시와 블랜차드(P. Hersey & K. H. Blanchard)의 상황적 리더십 이론에 대한 설명으로 옳은 것은?

① 부하의 성과에 따른 리더의 보상에 초점을 맞춘다.

② 리더는 부하의 성숙도에 맞는 리더십을 행사함으로써 리더십 유효성을 높일 수 있다.

③ 리더가 부하를 섬기고 봉사함으로써 조직을 이끈다.

④ 리더십 유형은 지시형, 설득형, 거래형, 희생형의 4가지로 구분된다.

> **해설**
> ② 허시와 블랜차드는 리더십의 효과가 구성원의 성숙도라는 상황요인에 의하여 달라질 수 있다는 상황적 리더십 모델을 제안하였다. 여기서 구성원의 성숙도란 구성원의 업무에 대한 능력과 의지를 뜻하는 것인데, 구체적으로는 달성 가능한 범위 내에서 높은 목표를 세울 수 있는 성취욕구, 자신의 일에 대해서 책임을 지려는 의지와 능력, 과업과 관련된 교육과 경험을 종합적으로 지칭하는 변수가 된다.
> - 지시형 리더십: 업무의 구체적 지시, 밀착 감독
> - 판매형 리더십: 의사결정에 대해 구성원이 그 내용을 이해 · 납득할 수 있도록 기회 부여
> - 참여형 리더십: 의사결정에서 정보와 아이디어를 공유
> - 위임형 리더십: 결정과 실행책임을 구성원에게 위임
>
> **정답** ②

58 다음 중 매슬로우의 욕구 단계 이론과 알더퍼의 ERG 이론의 차이점에 대한 설명으로 옳지 않은 것은?

① 욕구단계 이론이 만족–진행접근법인 데 반해, ERG 이론은 좌절–퇴행 요소가 가미되어 있다.

② ERG 이론에서는 욕구 단계 이론과 달리 세 가지 욕구가 동시에 작용할 수 있다고 본다.

③ 두 이론 모두 욕구가 하급 단계로부터 상급 단계로 진행된다고 보았다.

④ ERG 이론에서는 욕구 단계 이론과는 달리 하위욕구가 충족되지 않더라도 상위욕구가 역할을 수행할 수 있다고 보았다.

> **해설**
> ③ 매슬로우의 욕구 단계는 다섯 단계로 정해져 있으며, 하위 단계의 욕구가 충족되어야 그 다음 상위 단계의 욕구가 충족될 수 있다고 주장한다. 이와 달리 알더퍼는 욕구의 단계가 미리 정해져 있는 것은 아니라고 보았다. 즉, 욕구가 하급 단계로부터 상급 단계로만 진행하는 것이 아니라 반대의 방향으로도 이행한다고 주장하였다.
>
> **정답** ③

59 다음 중 리더십이론에 대한 설명으로 옳은 것을 모두 고른 것은?

> ㉠ 변혁적 리더십을 발휘하는 리더는 부하에게 이상적인 방향을 제시하고 임파워먼트(Empowerment)를 실시한다.
> ㉡ 거래적 리더십을 발휘하는 리더는 비전을 통해 단결, 비전의 전달과 신뢰의 확보를 강조한다.
> ㉢ 카리스마 리더십을 발휘하는 리더는 부하에게 높은 자신감을 보이며 매력적인 비전을 제시하지만, 위압적이고 충성심을 요구하는 측면이 있다.
> ㉣ 슈퍼리더십을 발휘하는 리더는 부하를 강력하게 지도하고 통제하는 데 역점을 둔다.

① ㉠, ㉢   ② ㉠, ㉡
③ ㉡, ㉢   ④ ㉡, ㉣

> **해설**
> ㉠ 변혁적 리더십은 거래적 리더십에 대한 비판으로 현상 탈피, 변화 지향성, 내재적 보상의 강조, 장기적 관점이다.
> ㉢ 카리스마 리더십은 부하에게 높은 자신감을 보이며 매력적인 비전을 제시한다.
> ㉡ 거래적 리더십은 전통적 리더십 이론으로 현상 유지, 안정 지향성, 즉각적이고 가시적인 보상체계, 단기적 관점이 특징이다.
> ㉣ 슈퍼리더는 부하들의 역량을 최대한 발휘하여 셀프 리더가 될 수 있도록 환경을 조성해 주고 동기부여를 할 줄 아는 리더이다.
>
> **정답** ①

60 맥그리거(D. McGregor)의 X-Y이론은 인간에 대한 기본 가정에 따라 동기부여 방식이 달라진다는 것이다. 다음 중 Y이론에 해당하는 가정 또는 동기부여 방식으로 옳지 않은 것은?

① 문제해결을 위한 창조적 능력 보유
② 직무수행에 대한 분명한 지시
③ 조직목표 달성을 위한 자기 통제
④ 성취감과 자아실현 추구

> **해설**
> ② X이론에 해당한다.
>
> **정답** ②

61 다음 〈보기〉에 해당하는 직무설계로 옳은 것은?

┤ 보기 ├

- 직무성과가 경제적 보상보다는 개인의 심리적 만족에 있다고 전제한다.
- 종업원에게 직무의 정체성과 중요성을 높여주고 일의 보람과 성취감을 느끼게 한다.
- 종업원에게 많은 자율성과 책임을 부여하여 직무경험의 기회를 제공한다.

① 직무 순환
② 직무 전문화
③ 직무 특성화
④ 직무 충실화

해설

④ 직무 충실화는 계획, 통제 등의 관리기능의 일부를 종업원에게 위임하여 능력을 발휘할 수 있는 여지를 만들고 도전적인 직무를 구성하여 생산성을 향상시키고자 하는 방법이다.

정답 ④

62 인사평가 시 발생할 수 있는 대인지각 오류에 대한 설명으로 가장 옳지 않은 것은?

① 대비오류(Contrast Errors)는 평가자가 본인의 특성과 피평가자의 특성을 비교하려는 경향이다.
② 나와 유사성 오류(Similar-to-me Errors)는 자신의 특성과 유사한 피평가자에 대해 관대히 평가하는 경향이다.
③ 후광오류(Halo Errors)는 피평가자의 일부 특성으로 그 사람에 대한 전체적인 평가를 긍정적으로 내리는 경향이다.
④ 상동적 태도(Stereotyping)는 피평가자가 속한 집단의 특성으로 피평가자 개인을 평가하려는 경향이다.

해설

① 대비오류(Contrast Errors)란 한 사람에 대한 평가가 다른 사람의 평가에 영향을 주는 인사고과상의 오류를 말한다. 평가자가 본인의 특성을 피평가자에게 귀속시켜 그 사람의 바람직하거나 바람직하지 못한 특성을 파악하려는 오류는 투사오류이다.

정답 ①

63 임금수준의 관리에 대한 설명으로 옳지 않은 것은?

① 기업의 임금 지불능력을 파악하는 기준으로 생산성과 수익성을 들 수 있다.
② 임금 수준 결정 시 선도전략은 유능한 종업원을 유인하는 효과가 크다.
③ 임금수준의 관리는 적정성의 원칙을 지향한다.
④ 임금수준의 하한선은 기업의 지불능력에 의하여 결정된다.

> **해설**
> ④ 임금수준의 하한선은 생계비에 의하여 결정되며, 기업의 지불능력은 기업의 경제적 목표달성도와 관련이 있다.
>
> **정답** ④

64 다음 중 바람직한 복리후생제도에 대한 설명으로 옳지 않은 것은?

① 집단적 보상의 성격이 강하다.
② 이전적 효과보다는 창출적 효과를 강조한다.
③ 노동의 질, 양, 능률 등에 따라 임금을 지급한다.
④ 필요성의 원칙에 따라 지급한다.

> **해설**
> 기업이 종업원 또는 종업원 가족의 소비생활을 신체적·정신적·경제적으로 직접 원조하여 복리를 꾀하는 일체의 체계를 말한다.
> ③ 원칙적으로 노동의 질, 양, 능률에 차등을 두지 않는다.
>
> **정답** ③

65 다음 중 임금관리와 관련된 서술로 옳지 않은 것은?

① 스캔론 플랜은 판매가치에 대한 인건비 비율을 이용하여 상여배분을 실시하는 방법이다.

② 임금관리는 성과표준을 초과달성한 부분에 대해 부가가치를 기준으로 상여배분을 실시하는 방법이다.

③ 임금수준은 생계비와 기업의 지불능력 사이에서 사회 일반이나 경쟁기업의 임금수준을 고려하여 결정한다.

④ 임금관리의 3요소 중 임금체계는 임금 계산이나 그 지불방법에 대한 것이다.

> **해설**
> ④ 임금 계산이나 그 지불방법에 대한 것은 임금 형태에 관한 설명이다. 임금체계는 조직의 각 종업원에게 총액을 분배하여 종업원 간의 임금격차를 가장 공정하게 설정함으로써 종업원은 이에 대해 이해하고 동의하며, 업무의 동기유발이 되도록 하는 데 의미가 있다.
>
> **정답** ④

66 다음 중 임금체계에 대한 설명으로 옳지 않은 것은?

① 직능급(Skill-based Pay)은 종업원이 맡은 직무의 중요성과 난이도에 따라 임금을 결정하는 방식이다.

② 직무급(Job-based Pay)을 적용할 때에는 차별적 임금격차에 대한 공정성을 확보해야 한다.

③ 성과급(Performanc-based Pay)은 종업원이 달성한 업무성과를 기초로 임금수준을 결정하는 방식이다.

④ 연공급(Seniority-based Pay)은 유연한 조직변화가 필요한 조직에서는 불합리한 임금제도로 다른 제도와 병행이 필요하다.

> **해설**
> 임금체계는 각 종업원에게 임금을 배분하는 구성 내용이며 연공급, 직무급, 직능급, 자격급 등의 기준 내 임금과 기준 외 임금이 있다. 연공급은 연령, 근속기간, 학력, 성별, 경력 등 인적 요소 중심이다. 직무급은 직무의 중요도, 난이도, 기여도에 따라 직무의 질과 양에 대한 상대적 가치평가이다. 직능급은 직무급과 연공급의 결합이다.
> ① 직능급은 종업원의 직무 수행 능력에 따라 임금을 결정하는 방식이다.
>
> **정답** ①

67 인사평가방법에 대한 설명으로 옳지 않은 것은?

① 도식평정척도법(graphic rating scales)은 직무 유형에 따라 직무기준을 구분하고, 각각의 직무기준별로 연속적으로 척도화된 가양식지를 만들어 평가자로 하여금 종업원의 성과를 연속선상에서 표시하는 방법이다.

② 행동기준평정척도법은 직무행동이 직무성과와 가장 직접적인 관계가 있기 때문에 직무행동을 관찰하는 것이 객관적이라는 가정하에 개발된 방법이다.

③ 행동기준평정척도법(behaviorally anchored rating scales: BARS)은 직무와 관련하여 보편적으로 보이는 행동을 선정하고, 선정된 행동의 우열이 나타나도록 기술하여 개발이 용이한 방법이다.

④ 행동관찰척도법(behavioral observation scales: BOS)은 업무수행 및 성과에 직결된 행동을 선별하여 주요 행동유형을 선정하고, 선정된 행동유형별로 우열을 가질 수 있도록 구분하여 기술하는 방법이다.

> **해설**
> ③ 행동기준평정척도법은 구체적인 근무 태도 행위가 기준이 되며, 평정척도법과 중요사건기록법을 혼용하여 보다 계량적이고 정교하도록 수정한 방법이다. 직무와 관련하여 보편적으로 보이는 행동을 선정하고, 선정된 행동의 우열이 나타나도록 기술하여 개발이 용이한 방법은 행동관찰척도법이다.
>
> **정답** ③

68 교육훈련의 효과성을 평가하기 위해 커크 패트릭(Kirkpatrick)은 4단계 평가 기준을 제안하였다. 평가의 기초를 기준으로 쉬운 것부터 차례대로 나열한 것으로 옳은 것은?

① 학습기준, 반응기준, 결과기준, 행동기준
② 결과기준, 행동기준, 학습기준, 반응기준
③ 행동기준, 결과기준, 반응기준, 학습기준
④ 반응기준, 학습기준, 행동기준, 결과기준

> **해설**
> ④ 커크 패트릭의 4단계 평가 기준: 반응 → 학습 → 행동 → 결과
>
> **정답** ④

69 다음 중 저출산·고령화가 심화됨에 따라 발생할 수 있는 경제현상으로 옳지 않은 것은?

① 소비 증가
② 노동력 감소
③ 경제성장 둔화
④ 재정지출 증가

해설

②·③·④ 저출산·고령화로 인해 생산인력 감소, 복지지출 확대, 재정적자 확대로 전체적 소득이 감소하고 경제성장이 둔화되어 국가의 위기가 될 수 있다. 저출산 문제는 양육비, 보육문제, 여성의 근무조건 변경 등 특단적 조치가 필요하고, 고령화 문제는 근무연수 확장과 임금 피크제 도입 등의 조치가 필요하다.

정답 ①

70 다음 중 대규모 건설공사, 연구, 개발사업 등과 같이 비반복적이고, 1회만 하는 프로젝트(One-time Project)를 효율적으로 계획·통제하기 위한 네트워크(Network)모델로 옳은 것은?

① LOB

② FMS

③ MAPI

④ PERT

> **해설**
> ④ PERT/CPM으로 관리할 수 있는 프로젝트의 예는 빌딩, 경기장, 고속도로 등 대형 토목공사, 건축공사, 고급 의료기가 있는 병원 이전, 연구 실험 기자재가 설치된 연구소 이전, 선박 건조, 비행기 조립, 기업의 인수, 합병, 슈퍼컴퓨터의 설치, 월드컵 유치 등이다.
>
> 정답 ④

71 다음 중 시뮬레이션에 대한 설명으로 옳지 않은 것은?

① 문제에 대한 유일한 최적해가 아니라 근사값이 도출된다.

② 일반화된 문제풀이를 위한 모의실험 방법으로 일련의 연산과정을 통해 해를 구하게 되는데, 그 연산과정은 표준화되어 있다.

③ 모형을 개발하는 과정에서 시간과 비용이 많이 소요된다.

④ 실제실행에 위험이 따르거나 실행이 불가능한 경우에 이용된다.

> **해설**
> ② 시뮬레이션은 수리적인 방법의 적용이 곤란하거나 불가능할 경우에 최후의 수단으로 이용되는 기법이다. 경영과학의 여러 기법 중에서 통계분석과 함께 가장 많이 이용한다. 최적해를 도출하는 기법이라기보다는 시스템의 상태를 파악하는 묘사적인 방법이다.
>
> 정답 ②

72 다음 중 계량의사결정 과정으로 옳지 않은 것은?

① 최적해의 실행
② 모형의 설정(Formulation)
③ 문제의 인식 및 정의
④ 목표달성 검토

> **해설**
> ④ 계량의사결정의 과정은 문제의 인식 및 정의(문제의 목적과 제약조건들을 검토) → 모형의 설정(Formulation) → 모형의 해 도출(Excel, 심플렉스법 등을 이용해 해 도출) → 목적에의 타당성 검토(목적에 맞는 최적해인가?) → 모형의 수정 및 보완 → 최적해의 실행이다.
>
> **정답** ④

73 다음 중 각 대안에 대한 확률을 알고 있는 상황에서 최적대안을 결정하는 데 가장 적합하다고 생각되는 의사결정기법으로 옳은 것은?

① 선형계획법
② 비선형계획법
③ Hurwiz기준
④ 마코브분석

> **해설**
> 마코브분석은 각 대안에 대한 확률을 알고 있는 상황에서 시간의 경과에 따라 상태가 확률적으로 변화하는 과정과 그 결과를 분석하는 기법이다. 마코브분석(Markov Analyzis)에는 마코브 체인(Markov Chain)과 마코브 프로세스 (Markov Process)가 있다.
> • 마코브 체인: 시간의 변화를 연속적으로 고려하지 않고, 이산시간과 이산상태의 확률과정만을 고려한 경우이다.
> • 마코브 프로세스: 미래는 현재의 상태에 의해서만 결정되며 이전의 상황과는 무관하게 결정되는 확률과정을 말한다.
>
> **정답** ④

74 다음 중 수송법에서 최적해를 구하여 해를 개선하는 방법으로 옳은 것은?

① 북서코너법
② 최소비용법
③ 수정배분법
④ 러셀의 추정법

> **해설**
> ① 북서코너법은 운송표의 좌측상단으로부터 우측하단에 이르기까지 가능한 한 최대의 양을 각 난에 할당해 나가는 방법이다. 위쪽, 왼쪽 셀부터 차례로 할당하며, 최초해를 쉽게 얻을 수 있으나 최적해와 거리가 멀다.
> ② 최소비용법은 최소의 단위당 운송비를 가진 칸에 가능한 한 최대의 양을 할당하고, 최소비용을 가진 칸이 복수일 경우 더 많은 양을 수송할 수 있는 칸을 선택하는 방법이다. 북서코너법보다는 효율적이다.
>
> **정답** ③

75 다음 중 전자상거래에 대한 설명으로 옳지 않은 것은?

① 전자상거래기본법은 UN의 '국제상거래법위원회의 전자상거래에 관한 모델법'(1996년)을 기초로 만들어졌다.
② 전자문서교환(EDI)은 재화나 용역의 거래에 있어 그 전부 또는 일부가 전자문서에 의해 처리되는 거래를 의미한다.
③ 하드웨어 기술의 발전으로 인해 전자상거래가 성장했다.
④ 인터넷의 발전은 전자상거래 확산에 중요한 계기가 되었다.

> **해설**
> 전자문서교환(EDI)은 국제 운송회사들이 운송서류를 신속히 전달할 목적으로 전자문서를 표준화하여 사용한 것이 시초이고 서류 없이 전자문서의 형태를 컴퓨터로 전달하는 것이다.
>
> **정답** ②

76 기업의 경영성과를 평가하는 데 사용되는 균형성과표(BSC; Balanced Score Card)의 평가관점과 성과지표 측정지표 간의 연결로 가장 옳지 않은 것은?

① 내부 프로세스 관점 – 자발적 이직률
② 고객 관점 – 시장점유율
③ 학습 및 성장 관점 – 직원 만족도
④ 재무 관점 – EVA(Economic Value Added)

> **해설**
> ① 내부 프로세스 관점: 성과를 극대화하기 위해 기업의 핵심 프로세스 및 핵심 역량을 규명하는 과정에 관한 관점이다. 기업의 가치사슬 내에서 제품 및 서비스가 고객들의 기대를 충족시키고, 경쟁사를 앞서기 위해 이와 관련된 프로세스가 효율적으로 운영되기 위해 무엇을 해야 하는지를 구체화하는 과정을 의미한다.
>
> **정답** ①

77 전사적 품질경영(TQM; Total Quality Management)에 대한 설명으로 옳은 것은?

① 고객 중심 경영, 지속적 개선, 생산라인 직원의 총체적 참여는 성공적 실행에 충분한 요건이다.

② 방해 요인은 품질개선에 대한 불명확성, 단기적 재무성과 강조, 경영자의 리더십 부족 등이다.

③ 개선에 필요한 권한을 종업원에게 부여하면 훈련이 부족하여 지속적 개선을 제대로 수행할 수 없다.

④ 단순 기법이나 프로그램의 집합이므로 조직문화의 변화가 필수적이지 않다.

> **해설**
> ① 고객 중심 경영, 지속적 개선, 전 직원의 총체적 참여, 절차 중심 등은 성공적 실행에 충분한 요건이다.
> ③ 지속적으로 종업원 교육을 통한 동기부여로 지속적 개선을 할 수 있다.
> ④ 지속적인 개선을 통한 조직문화의 변화는 TQM에 있어 필수적이다.
>
> 정답 ②

78 다음 중 기업성과를 높이기 위해 정보통신기술을 적극적으로 활용하여 업무과정을 근본적으로 재설계하는 경영기법으로 옳은 것은?

① 동시병행설계(Concurrent Engineering)

② 비즈니스 리엔지니어링(Business Reengineering)

③ 리스트럭처링(Restructuring)

④ 다운사이징(Downsizing)

> **해설**
> ② 비즈니스 리엔지니어링(BR; Business Reengineering): 업무 프로세스 중심의 개혁으로 비약적인 업적 향상을 실현하는 기법이며, 원점에서 재검토하여 프로세스를 중심으로 업무를 재편성한다. 업적을 비약적으로 향상시키고, 기능별 조직의 한계를 넘어 고객의 요구를 충족시킨다는 관점에서 업무 프로세스를 근본적으로 재편하는 톱다운식 접근 방법이다.
> ① 동시병행설계(CE; Concurrent Engineering): 기업의 제품 개발 프로세스를 재설계하여 신제품 개발 기간의 단축, 비용 절감 및 고품질의 제품생산을 도모하는 경영혁신 기법이다.
> ③ 리스트럭처링(RS; Restructuring): 한 기업이 여러 사업부를 갖추고 있을 때 미래변화를 예측하여 어떤 사업을 주력사업으로 하고, 어떤 사업부를 축소·철수하고, 어떤 신규 사업으로 새로이 진입할 것인지 결정하고 더 나아가 중복사업을 통합함으로써 사업구조를 개혁하는 것이다.
> ④ 다운사이징(DS; Downsizing): 조직의 효율성, 생산성, 경쟁력을 개선하기 위해 조직 인력 규모, 비용 규모, 업무 흐름 등에 변화를 가져오는 일련의 조치이다.
>
> 정답 ②

79 다음 중 환율을 하락시키는 요인으로 옳지 않은 것은?

① 국내 시장 금리의 증가
② 국내 국고채 수요 감소
③ 국내 외국인 관광객 증가
④ 외국인의 국내 주식 매각 증가

> **해설**
> ④ 환율의 상승 또는 하락에 영향을 미치는 요인으로는 물가, 경제성장, 통화량, 금리 등 경제적 요인과 정치사회적 요인, 외환투기 등을 꼽을 수 있다. 기본적으로 국내에 외국 화폐가 많아지면 환율은 하락하게 된다.
>
> **정답** ④

80 다음 중 해외 진출 방식의 하나인 인수합병(M&A) 전략에 대한 설명으로 옳지 않은 것은?

① 해외 파트너 필요시에 이루어진다.
② 부족한 능력을 보완할 수 있다.
③ 기업 성장을 위한 다각화의 수단이다.
④ 기술 수입을 목적으로 한다.

> **해설**
> ①・②・③ 인수합병은 특정 기업이 다른 기업의 경영권을 인수할 목적으로 상대 기업의 소유지분을 확보하는 제반 과정을 말한다. 기업합병(merger)과 한 기업이 다른 하나의 자산 또는 주식취득을 통해 경영권을 획득하는 기업인수(acquisition)가 결합된 개념이다. 기업 인수합병의 동기는 국내적으로 부실기업인수, 업종전문화 또는 경영 다각화 등이며, 국외적으로는 선진국의 기술 습득, 무역장벽 극복 및 해외유통망 확대, 국제화의 발판 마련 등을 목적으로 하고 있다.
>
> **정답** ④

81 다음 〈보기〉를 보고 국제경영전략에 대한 설명과 유형이 바르게 연결된 것을 고르면?

> ┤ 보기 ├
>
> ㉠ 자사의 상표를 사용할 수 있도록 허용하고 사용료를 받는다.
> ㉡ 경영에 관련된 모든 것을 가맹점으로 이전하고 사용료 및 운영 사용료를 받는다.
> ㉢ 외국에 사업체를 신설하거나 인수함으로써 직접 경영에 참여한다.
> ㉣ 국제 계약을 통하여 외국의 대형 건설사업 등에 참여한다.

① ㉠ – 국제 컨트랙팅
② ㉡ – 국제 프랜차이징
③ ㉢ – 해외 자원 개발
④ ㉣ – 해외 간접 투자

> **해설**
> ② 국제 프랜차이징은 경영에 관련된 모든 것을 이전하고 사용료를 받는 방식으로 이루어진다.
> ① 국제 컨트랙팅은 외국의 대규모 건설사업, 해외 자원 개발 사업 등에 참여할 때 국제 계약을 통하는 방법이다.
> ③ 해외 자원 개발은 해외 현지에 자본, 인력, 기술을 투입하여 자원을 탐사, 개발, 생산, 수송하는 일련의 과정을 통해 자원을 확보하는 사업을 말한다.
> ④ 해외 간접 투자는 이자 수익을 목적으로 하는 자금 대여나 시세 차익을 목적으로 하는 해외 증권 투자 등이 있다.
>
> 정답 ②

82 다음 중 현지 값싼 노동력을 이용하기 위하여 해외에 생산 공장을 설립하는 해외 직접 투자의 유형으로 옳은 것은?

① 자연 자원 조달형
② 현지 시장 접근형
③ 해외 생산 거점형
④ 선진 기술 습득형

> **해설**
> ①·②·④ 투자전략 및 투자동기에 의한 유형 구분에서 현지 시장 접근형은 기존의 시장과 판매망을 유지하고 제3 국의 수출시장 개척을 위한 현지진출 및 현지생산이 있고, 해외 생산 거점형은 생산요소가격이 상대적으로 저렴한 지역 진출로 노동집약적 산업이며 동남아·중남미 등 개도국 합작 투자가 그 예이다. 자연 자원 조달형은 생산 원료가 풍부하고 저렴한 지역에 투자하는 것이고, 선진 기술 습득형은 선진 기술 및 경영관리기법 습득을 위해 투자하는 것이다.
>
> 정답 ③

83 다음 중 신용장에 대한 설명으로 옳지 않은 것은?

① 수입상의 요청으로 수입상의 거래 은행이 발급한다.

② 은행이 발행한 지급 확약서이므로 수출상은 안심하고 수출할 수 있다.

③ 대금 결제 수단이며 금융 수단이 된다.

④ 특별한 명시가 없는 한 개설 은행이 임의로 취소나 변경이 가능하다.

해설
신용장은 수입상의 거래 은행이 수출상에게 수입상의 신용을 보증하는 증서로서, 발행방법에는 은행입금이 100%인 풀마진제와 70%~80%인 파셜마진, 0%인 노마진제도가 있다. 신용장은 수출에 중요한 서류로서 화환과 더불어 대금결제에서 중요한 역할을 한다.
④ 특별한 명시가 없는 한 개설 은행이 임의로 취소나 변경을 할 수 없다.

정답 ④

84 다음 중 수익의 인식에 대한 설명으로 옳지 않은 것은?

① 상품권과 관련된 수익은 상품권을 판매한 때에 인식한다.

② 로열티수익은 관련된 약정의 실질을 반영하여 발생기준에 따라 인식한다.

③ 배당수익은 주주로서 배당을 받을 권리가 확정되는 시점에 인식한다.

④ 용역의 제공으로 인한 수익은 용역제공거래의 결과를 신뢰성 있게 추정할 수 있을 때 진행기준에 따라 인식한다.

> **해설**
> ① 상품권 발행회사가 상품권을 판매(발행)하는 시점에는 고객에게 상품권이라는 상품 교환권만을 발행한 것이므로 수익을 인식할 수 없으며, 나중에 상품권을 회수하는 시점(상품을 인도하는 시점)에 수익을 인식한다.
>
> **정답** ①

85 다음 중 거래 발생부터 재무제표 공시까지의 과정을 바르게 나열한 것은?

① 분개 - 전기 - 시산표 - 정산표 - 장부 마감 - 재무제표 공시

② 전기 - 분개 - 시산표 - 정산표 - 장부 마감 - 재무제표 공시

③ 분개 - 시산표 - 전기 - 정산표 - 장부 마감 - 재무제표 공시

④ 시산표 - 분개 - 전기 - 정산표 - 장부 마감 - 재무제표 공시

> **해설**
> ① 거래가 발생하면 분개하여 이를 원장에 옮기는 전기 과정 다음에 결산 과정을 거친다. 결산 과정의 예비절차에서는 시산표, 재고 조사, 수정분개, 정산표를 작성하고 본절차에서는 포괄손익계산서 각 계정의 마감 후 재무상태표의 계정 마감을 한다. 그 후에 작성된 재무제표를 공시한다.
>
> **정답** ①

86 다음 〈보기〉의 사항이 회사의 기말재고자산금액에 포함되어 있는 경우, 이를 고려하여 감액할 재고자산 금액으로 옳은 것은?

┤ 보기 ├

- 반품권이 부여된(반품 가능성 예측 불가) 재고자산   10,000원(원가 8,500원)
- 판매하여 운송 중인 상품   5,000원(도착지 인도조건)
- 수탁상품   6,500원
- 시송품   4,000원(원가 3,500원)

① 7,500원   ② 8,000원
③ 8,500원   ④ 9,000원

해설
- 반품 가능성 예측 가능 재고자산은 원가로 계상한다(10,000−8,500=1,500).
- 도착지 인도조건의 운송 중인 상품은 기말재고자산금액에 포함되는 것이 맞다.
- 수탁상품은 전액 감액대상이다(6,500).
- 시송품은 원가로 계상한다(4,000−3,500=500).
  따라서 1,500+6,500+500=8,500(원)이다.

정답 ③

87 다음 〈보기〉를 읽고 옳은 것을 고르면?

┤ 보기 ├

(주)공사의 올해 예상매출액이 5,000원, 고정비가 1,500원이고 공헌이익률이 50%일 경우에 안전한 계율을 구하시오.

① 10%   ② 20%
③ 30%   ④ 40%

해설
- 안전한계율 = $\dfrac{\text{현재 매출액} - \text{손익분기점 매출액}}{\text{현재매출액}}$

- 손익분기점 매출액 = $\dfrac{\text{고정비}}{\text{공헌이익률}} = \dfrac{1,500}{0.5} = 3,000$(원)

- ∴ 안전한계율 = $\dfrac{5,000 - 3,000}{5,000} = 0.4 \rightarrow 40\%$

정답 ④

88 다음 〈보기〉에서 설명하는 기업회계 일반원칙으로 옳은 것은?

┤ 보기 ├

회계처리와 재무제표 작성에 있어서 과목과 금액은 그 중요성에 따라 실용적인 방법에 의하여 결정하여야 한다.

① 안전성의 원칙
② 중요성의 원칙
③ 계속성의 원칙
④ 신뢰성의 원칙

해설
① 안전성의 원칙이란 회계처리과정에서 2개 이상의 선택 가능한 방법이 있는 경우에는 재무적 기초를 견고히 하는 관점에 따라 처리하여야 한다는 원칙을 말한다.
③ 계속성의 원칙이란 회계처리에 관한 기준 및 추정은 기간별 비교가 가능하도록 매기 계속하여 적용하고 정당한 사유 없이 이를 변경하여서는 아니 된다는 원칙을 말한다.
④ 신뢰성의 원칙이란 회계처리 및 보고는 신뢰할 수 있도록 객관적인 자료와 증거에 의하여 공정하게 처리하여야 한다는 원칙을 말한다.

정답 ②

89 다음 중 관리회계에 관한 설명으로 옳지 않은 것은?

① 내부정보 이용자에게 유용한 정보이다.
② 재무제표 작성을 주목적으로 한다.
③ 경영자에게 당면한 문제를 해결하기 위한 정보를 제공한다.
④ 경영계획이나 통제를 위한 정보를 제공한다.

해설
② 재무제표 작성을 주목적으로 하는 것은 재무회계이다.

정답 ②

90 다음 〈보기〉를 이용하여 구한 당기순이익으로 옳은 것은? (단, 회계기간은 1월 1일부터 12월 31일까지이다)

┤ 보기 ├

영업이익	300,000원
이자비용	10,000원
영업외수익	50,000원
법인세비용	15,000원

① 275,000원

② 290,000원

③ 325,000원

④ 335,000원

해설

③ 당기순이익은 영업이익에서 판매 물건을 생산하기 위해 발생한 비용 외 기타비용(예 관리비, 이자비용)을 차감하고 기타수익(예 이자수익, 잡이익 등)을 더한 후 법인세비용을 차감한 금액을 의미한다. 주어진 자료를 이용하여 계산해보면 결과는 다음과 같다.

영업이익	+300,000
영업외수익	+50,000
이자비용	−10,000
법인세비용	−15,000
계	325,000

정답 ③

91 다음 중 연금리가 10%일 경우에 현금 1,000만 원의 2년 후의 미래가치는 얼마인가?

① 1,100만 원

② 1,160만 원

③ 1,210만 원

④ 1,270만 원

해설

현재의 일정 금액을 PV, n기간 후의 미래가치를 FV_n, 연간 이자율을 r라고 할 때 미래가치는 다음과 같이 계산할 수 있다.

• 1기간 후의 미래가치: $FV_1 = PV(1+r)$
• 2기간 후의 미래가치: $FV_2 = PV(1+r)(1+r) = PV(1+r)^2$
• n기간 후의 미래가치: $FV_n = PV(1+r)(1+r)\cdots(1+r) = PV(1+r)^n$

∴ $1,000 \times (1+0.1)^2 = 1,210$(만 원)

 정답 ③

---

92 다음 〈보기〉에서 자본시장선(CML)에 대한 설명으로 옳은 것을 모두 고르면?

┤ 보기 ├

㉠ 위험자산과 무위험자산을 둘 다 고려할 경우의 효율적 투자 기회선이다.

㉡ 자본시장선 아래에 위치하는 주식은 주가가 과소평가된 주식이다.

㉢ 개별주식의 기대수익률과 체계적 위험 간의 선형관계를 나타낸다.

㉣ 효율적 포트폴리오의 균형가격을 산출하는 데 필요한 할인율을 제공한다.

① ㉠, ㉡

② ㉡, ㉢

③ ㉠, ㉣

④ ㉢, ㉣

해설

㉡ 개별주식의 기대수익률이 증권시장선 위쪽에 위치하면 주가가 과소평가된 상태이다.

㉢ 자본시장의 기대수익과 위험 간의 선형적인 관계를 나타낸다.

 정답 ③

93 다음 중 옵션 투자전략에 대한 설명으로 가장 옳지 않은 것은?

① 순수포지션 전략(Naked Position)은 한 가지 상품에만 투자한 경우로 헤지(Hedge)가 되어 있지 않은 전략이다.

② 보호풋 전략(Protective Put)은 기초자산을 1개 매입하고 풋옵션을 1개 매입하는 전략이다.

③ 풋-콜패리티(Put-call Parity) 전략은 만기시점의 기초자산 가격과 관계없이 항상 행사가격만큼 얻게 되어 가격변동위험을 완전히 없앨 수 있다.

④ 방비콜(Covered Call) 전략은 기초자산을 보유한 투자자가 콜옵션을 매입하는 전략이다.

> **해설**
> ④ 방비콜 전략은 기초자산 보유자가 콜옵션을 매도하는 전략을 말한다.
>
> 정답 ④

94 다음 〈보기〉를 읽고 옳은 것을 고르면?

> ─┤ 보기 ├─
>
> A기업은 2020년 1월 1일에 150만원을 투자하여 2020년 12월 31일과 2021년 12월 31일에 각각 100만원을 회수하는 투자안을 고려하고 있다. A기업의 요구수익률이 연 10%일 때, 이 투자안의 순현재가치(NPV)는 약 얼마인지 구하시오(단, 연 10%기간이자율에 대한 2기간 단일현가계수는 0.8264이다).

① 90,910원

② 173,550원

③ 182,640원

④ 235,500원

> **해설**
> ④ $(1,000,000 \times 0.9091^* + 1,000,000 \times 0.8264) - 1,500,000 = 235,500$(원)
>
> * 연 10%에 기간이자율에 대한 1기간 단일현가계수 $= \dfrac{1}{(1+0.1)} \fallingdotseq 0.9091$
>
> 정답 ④

95 투자수익률(Return On Investment; ROI) 분석 기법의 하나인 자기자본수익률(Return On Equity; ROE)에 대한 설명으로 옳지 않은 것은?

① 매출액을 기준으로 총자산이 1년 동안 반복 운용되는 횟수가 증가하면 자기자본수익률이 높아진다.
② 부채비율이 높아지면 자기자본수익률이 낮아진다.
③ 매출액에서 차지하는 순이익의 비중이 높아지면 자기자본수익률이 높아진다.
④ 자기자본수익률은 순이익을 자기자본으로 나누어 자기자본의 효율적 이용도를 측정하는 투자 지표이다.

> **해설**
> ② ROE는 기업의 실질적인 소유주인 주주들이 투자한 자본이 벌어들이는 수익성을 나타내는 지표로, 주주들의 입장에서 가장 중요한 재무비율이다. ROE가 계속해서 높게 평가된다는 것은 기업이 수익성이 좋은 새로운 투자기회들을 계속 확보한다는 의미이며, ROE가 떨어진다는 것은 좋은 투자기회를 잡지 못함을 나타낸다.
> 자기자본수익률(ROE)은 다음과 같은 식으로 나타낼 수 있다.
> $$ROE = \frac{(순이익)}{(자기자본)} = \frac{(순이익)}{(매출액)} \times \frac{(매출액)}{(총자본)} \times \frac{(총자본)}{(자기자본)}$$
> $$= (매출액순이익률) \times (총자산회전율) \times (총자본대비 자기자본 비율)$$
> 따라서 부채비율과 자기자본수익률은 관계가 없다.
>
> **정답** ②

96 다음의 적대적 M&A 방어수단 중 핵심사업부를 매각하여 회사를 '빈껍데기'로 만들어 매수 의도를 저지하려는 방법으로 옳은 것은?

① 새벽의 기습(Dawn Raid)
② 왕관 보석(Crown Jewel)
③ 독약 조항(Poison Pill)
④ 황금 낙하산(Golden Parachute)

> **해설**
> ② 왕관 보석(Crown Jewel)인 핵심자산 매각이란 외부인이 기업인수를 시도하는 경우 회사자산 중 가장 중요한 부분을 처분하여 인수 기도를 와해시키는 것이다.
> ① 새벽의 기습(Dawn Raid)이란 아무도 눈치채지 못하도록 대상기업의 주식 상당량을 미리 매입해놓고 어느 날 기습적으로 기업인수 의사를 대상기업 경영자에게 전달하는 방법이다.
> ③ 독약 조항(Poison Pill)은 잠재적 인수자에게 그 기업을 인수할 경우 매우 불리한 결과를 가져오도록 하는 회사의 내규나 규정이다.
> ④ 황금 낙하산(Golden Parachute)이란 기업이 외부인에게 인수되어 경영진이 교체될 경우에 퇴직에 따른 거액의 퇴직 보상금을 기존의 경영진에게 지급하도록 하는 내용을 고용계약 규정에 넣는 방법이다.
>
> **정답** ②

97 다음 중 콜옵션에 대한 설명으로 옳지 않은 것은?

① 매입자는 옵션을 매도한 사람에게 일정 프리미엄을 지불해야 한다.
② 권리 행사를 포기할 수 있는 선택권을 갖게 된다.
③ 주가가 높아질수록 콜옵션의 가치는 높아진다.
④ 행사가격이 높을수록 콜옵션의 가치는 높아진다.

> **해설**
> 콜옵션은 옵션거래에서 특정한 기초자산을 만기일이나 만기일 이전에 미리 정한 행사가격으로 살 수 있는 권리를 말한다. 여기에는 행사를 포기할 권리도 포함되므로 선택권(옵션)인 것이다. 옵션은 선물과 달리 권리만 존재하며 의무가 없기 때문에 매입자는 매도자에게 일정 프리미엄을 지불해야 한다.
> ④ 현재가격이 행사가격보다 높을 경우 매입자는 권리를 행사함으로써 그 차액만큼의 이익을 얻을 수 있으며, 현재가격이 행사가격보다 낮을 경우에는 권리행사를 포기할 수 있다.
>
> **정답** ④

98 다음 중 자본을 실질적으로 증가시키는 거래로 옳은 것은?

① 주식을 할인발행한 경우
② 유통 중인 발행주식을 액면 이상으로 취득한 경우
③ 이익준비금을 자본전입한 경우
④ 자기주식을 소각한 경우

> **해설**
> ① 자본은 자산과 부채가 변동하는 경우에만 변동한다. 주식을 할인발행한 경우에는 주식의 발행가액만큼 자산이 증가하므로 동일한 금액만큼 자본이 증가한다.
> ② 유통 중인 자기주식을 액면금액 이상으로 취득한 경우에는 자기주식의 취득금액만큼 자산이 감소하므로 동일한 금액만큼 자본이 감소한다.
> ③ · ④ 이익준비금의 자본전입, 자기주식의 소각, 주식분할 등의 경우에는 자산 또는 부채에 변동이 없으므로 자본도 아무런 변동이 없다.
>
> **정답** ①

99 다음 중 유동자산 20억 원, 유동부채 10억 원, 재고자산 5억 원인 경우 당좌비율로 옳은 것은?

① 50%

② 80%

③ 100%

④ 150%

> **해설**
>
> 당좌비율을 구하는 공식은 다음과 같다.
>
> $$당좌비율 = \frac{유동자산 - 재고자산}{유동부채} = \frac{당좌자산}{유동부채}$$
>
> ④ 이 식에 대입해 보면 $\dfrac{20억\ 원 - 5억\ 원}{10억\ 원} = \dfrac{15억\ 원}{10억\ 원} = 1.5$를 비율로 나타내면 150%이다.
>
> 정답 ④

100 다음 중 높은 재고자산회전율에 대한 설명으로 옳지 않은 것은?

① 자본수익률이 높아진다.

② 설비투자에 대한 부정적인 신호가 된다.

③ 보험료, 보관료를 절약할 수 있다.

④ 매입채무가 감소된다.

> **해설**
>
> ① · ③ · ④ 일반적으로 재고자산회전율이 높을수록 자본수익률이 높아지고, 매입채무가 감소되며, 상품의 재고손실을 막을 수 있고, 보험료와 보관료를 절약할 수 있어 기업 측에 유리하게 된다. 그러나 과다하게 높을 경우에는 원재료 및 제품 등의 부족으로 계속적인 생산 및 판매 활동에 지장을 초래할 수 있다.
>
> 정답 ②

좋은 책을 만드는 길, 독자님과 함께하겠습니다.

2023 군무원 군수직 한권으로 다잡기(국어·행정법·경영학)

개정2판1쇄 발행	2023년 06월 15일 (인쇄 2023년 04월 14일)
초 판 발 행	2020년 07월 06일 (인쇄 2020년 05월 08일)
발 행 인	박영일
책 임 편 집	이해욱
저 자	SD 군무원시험연구소
편 집 진 행	신보용
표지디자인	박종우
편집디자인	박지은 · 박서희
발 행 처	(주)시대고시기획
출 판 등 록	제10-1521호
주 소	서울시 마포구 큰우물로 75 [도화동 538 성지 B/D] 9F
전 화	1600-3600
팩 스	02-701-8823
홈 페 이 지	www.sdedu.co.kr
I S B N	979-11-383-4879-9 (13350)
정 가	35,000원

88 다음 〈보기〉에서 설명하는 기업회계 일반원칙으로 옳은 것은?

┤ 보기 ├

회계처리와 재무제표 작성에 있어서 과목과 금액은 그 중요성에 따라 실용적인 방법에 의하여 결정하여야 한다.

① 안전성의 원칙
② 중요성의 원칙
③ 계속성의 원칙
④ 신뢰성의 원칙

해설

① 안전성의 원칙이란 회계처리과정에서 2개 이상의 선택 가능한 방법이 있는 경우에는 재무적 기초를 견고히 하는 관점에 따라 처리하여야 한다는 원칙을 말한다.
③ 계속성의 원칙이란 회계처리에 관한 기준 및 추정은 기간별 비교가 가능하도록 매기 계속하여 적용하고 정당한 사유 없이 이를 변경하여서는 아니 된다는 원칙을 말한다.
④ 신뢰성의 원칙이란 회계처리 및 보고는 신뢰할 수 있도록 객관적인 자료와 증거에 의하여 공정하게 처리하여야 한다는 원칙을 말한다.

정답 ②

제3과목 | 경영학

89 다음 중 관리회계에 관한 설명으로 옳지 않은 것은?

① 내부정보 이용자에게 유용한 정보이다.
② 재무제표 작성을 주목적으로 한다.
③ 경영자에게 당면한 문제를 해결하기 위한 정보를 제공한다.
④ 경영계획이나 통제를 위한 정보를 제공한다.

해설

② 재무제표 작성을 주목적으로 하는 것은 재무회계이다.

정답 ②

90 다음 〈보기〉를 이용하여 구한 당기순이익으로 옳은 것은? (단, 회계기간은 1월 1일부터 12월 31일까지이다)

┤ 보기 ├

영업이익	300,000원
이자비용	10,000원
영업외수익	50,000원
법인세비용	15,000원

① 275,000원

② 290,000원

③ 325,000원

④ 335,000원

해설

③ 당기순이익은 영업이익에서 판매 물건을 생산하기 위해 발생한 비용 외 기타비용(예 관리비, 이자비용)을 차감하고 기타수익(예 이자수익, 잡이익 등)을 더한 후 법인세비용을 차감한 금액을 의미한다. 주어진 자료를 이용하여 계산해보면 결과는 다음과 같다.

영업이익	+300,000
영업외수익	+50,000
이자비용	−10,000
법인세비용	−15,000
계	325,000

정답 ③

91 다음 중 연금리가 10%일 경우에 현금 1,000만 원의 2년 후의 미래가치는 얼마인가?

① 1,100만 원

② 1,160만 원

③ 1,210만 원

④ 1,270만 원

해설

현재의 일정 금액을 PV, n기간 후의 미래가치를 FV_n, 연간 이자율을 r라고 할 때 미래가치는 다음과 같이 계산할 수 있다.

- 1기간 후의 미래가치: $FV_1 = PV(1+r)$
- 2기간 후의 미래가치: $FV_2 = PV(1+r)(1+r) = PV(1+r)^2$
- n기간 후의 미래가치: $FV_n = PV(1+r)(1+r)\cdots(1+r) = PV(1+r)^n$

∴ $1,000 \times (1+0.1)^2 = 1,210$(만 원)

정답 ③

92 다음 〈보기〉에서 자본시장선(CML)에 대한 설명으로 옳은 것을 모두 고르면?

보기

㉠ 위험자산과 무위험자산을 둘 다 고려할 경우의 효율적 투자 기회선이다.

㉡ 자본시장선 아래에 위치하는 주식은 주가가 과소평가된 주식이다.

㉢ 개별주식의 기대수익률과 체계적 위험 간의 선형관계를 나타낸다.

㉣ 효율적 포트폴리오의 균형가격을 산출하는 데 필요한 할인율을 제공한다.

① ㉠, ㉡

② ㉡, ㉢

③ ㉠, ㉣

④ ㉢, ㉣

해설

㉡ 개별주식의 기대수익률이 증권시장선 위쪽에 위치하면 주가가 과소평가된 상태이다.

㉢ 자본시장의 기대수익과 위험 간의 선형적인 관계를 나타낸다.

정답 ③

93 다음 중 옵션 투자전략에 대한 설명으로 가장 옳지 않은 것은?

① 순수포지션 전략(Naked Position)은 한 가지 상품에만 투자한 경우로 헤지(Hedge)가 되어 있지 않은 전략이다.

② 보호풋 전략(Protective Put)은 기초자산을 1개 매입하고 풋옵션을 1개 매입하는 전략이다.

③ 풋-콜패리티(Put-call Parity) 전략은 만기시점의 기초자산 가격과 관계없이 항상 행사가격만큼 얻게 되어 가격변동위험을 완전히 없앨 수 있다.

④ 방비콜(Covered Call) 전략은 기초자산을 보유한 투자자가 콜옵션을 매입하는 전략이다.

> **해설**
> ④ 방비콜 전략은 기초자산 보유자가 콜옵션을 매도하는 전략을 말한다.
>
> **정답** ④

94 다음 〈보기〉를 읽고 옳은 것을 고르면?

> ─┤ 보기 ├─
>
> A기업은 2020년 1월 1일에 150만원을 투자하여 2020년 12월 31일과 2021년 12월 31일에 각각 100만원을 회수하는 투자안을 고려하고 있다. A기업의 요구수익률이 연 10%일 때, 이 투자안의 순현재가치(NPV)는 약 얼마인지 구하시오(단, 연 10%기간이자율에 대한 2기간 단일현가계수는 0.8264이다).

① 90,910원

② 173,550원

③ 182,640원

④ 235,500원

> **해설**
> ④ $(1,000,000 \times 0.9091^* + 1,000,000 \times 0.8264) - 1,500,000 = 235,500$(원)
>
> * 연 10%에 기간이자율에 대한 1기간 단일현가계수 $= \dfrac{1}{(1+0.1)} = 0.9091$
>
> **정답** ④

95 투자수익률(Return On Investment; ROI) 분석 기법의 하나인 자기자본수익률(Return On Equity; ROE)에 대한 설명으로 옳지 않은 것은?

① 매출액을 기준으로 총자산이 1년 동안 반복 운용되는 횟수가 증가하면 자기자본수익률이 높아진다.
② 부채비율이 높아지면 자기자본수익률이 낮아진다.
③ 매출액에서 차지하는 순이익의 비중이 높아지면 자기자본수익률이 높아진다.
④ 자기자본수익률은 순이익을 자기자본으로 나누어 자기자본의 효율적 이용도를 측정하는 투자 지표이다.

> **해설**
> ② ROE는 기업의 실질적인 소유주인 주주들이 투자한 자본이 벌어들이는 수익성을 나타내는 지표로, 주주들의 입장에서 가장 중요한 재무비율이다. ROE가 계속해서 높게 평가된다는 것은 기업이 수익성이 좋은 새로운 투자기회들을 계속 확보한다는 의미이며, ROE가 떨어진다는 것은 좋은 투자기회를 잡지 못함을 나타낸다.
> 자기자본수익률(ROE)은 다음과 같은 식으로 나타낼 수 있다.
> $$ROE = \frac{(순이익)}{(자기자본)} = \frac{(순이익)}{(매출액)} \times \frac{(매출액)}{(총자본)} \times \frac{(총자본)}{(자기자본)}$$
> $$= (매출액순이익률) \times (총자산회전율) \times (총자본대비 자기자본 비율)$$
> 따라서 부채비율과 자기자본수익률은 관계가 없다.
>
> **정답** ②

96 다음의 적대적 M&A 방어수단 중 핵심사업부를 매각하여 회사를 '빈껍데기'로 만들어 매수 의도를 저지하려는 방법으로 옳은 것은?

① 새벽의 기습(Dawn Raid)
② 왕관 보석(Crown Jewel)
③ 독약 조항(Poison Pill)
④ 황금 낙하산(Golden Parachute)

> **해설**
> ② 왕관 보석(Crown Jewel)인 핵심자산 매각이란 외부인이 기업인수를 시도하는 경우 회사자산 중 가장 중요한 부분을 처분하여 인수 기도를 와해시키는 것이다.
> ① 새벽의 기습(Dawn Raid)이란 아무도 눈치채지 못하도록 대상기업의 주식 상당량을 미리 매입해놓고 어느 날 기습적으로 기업인수 의사를 대상기업 경영자에게 전달하는 방법이다.
> ③ 독약 조항(Poison Pill)은 잠재적 인수자에게 그 기업을 인수할 경우 매우 불리한 결과를 가져오도록 하는 회사의 내규나 규정이다.
> ④ 황금 낙하산(Golden Parachute)이란 기업이 외부인에게 인수되어 경영진이 교체될 경우에 퇴직에 따른 거액의 퇴직 보상금을 기존의 경영진에게 지급하도록 하는 내용을 고용계약 규정에 넣는 방법이다.
>
> **정답** ②

97 다음 중 콜옵션에 대한 설명으로 옳지 않은 것은?

① 매입자는 옵션을 매도한 사람에게 일정 프리미엄을 지불해야 한다.

② 권리 행사를 포기할 수 있는 선택권을 갖게 된다.

③ 주가가 높아질수록 콜옵션의 가치는 높아진다.

④ 행사가격이 높을수록 콜옵션의 가치는 높아진다.

> **해설**
> 콜옵션은 옵션거래에서 특정한 기초자산을 만기일이나 만기일 이전에 미리 정한 행사가격으로 살 수 있는 권리를 말한다. 여기에는 행사를 포기할 권리도 포함되므로 선택권(옵션)인 것이다. 옵션은 선물과 달리 권리만 존재하며 의무가 없기 때문에 매입자는 매도자에게 일정 프리미엄을 지불해야 한다.
> ④ 현재가격이 행사가격보다 높을 경우 매입자는 권리를 행사함으로써 그 차액만큼의 이익을 얻을 수 있으며, 현재가격이 행사가격보다 낮을 경우에는 권리행사를 포기할 수 있다.
>
> **정답** ④

98 다음 중 자본을 실질적으로 증가시키는 거래로 옳은 것은?

① 주식을 할인발행한 경우

② 유통 중인 발행주식을 액면 이상으로 취득한 경우

③ 이익준비금을 자본전입한 경우

④ 자기주식을 소각한 경우

> **해설**
> ① 자본은 자산과 부채가 변동하는 경우에만 변동한다. 주식을 할인발행한 경우에는 주식의 발행가액만큼 자산이 증가하므로 동일한 금액만큼 자본이 증가한다.
> ② 유통 중인 자기주식을 액면금액 이상으로 취득한 경우에는 자기주식의 취득금액만큼 자산이 감소하므로 동일한 금액만큼 자본이 감소한다.
> ③ · ④ 이익준비금의 자본전입, 자기주식의 소각, 주식분할 등의 경우에는 자산 또는 부채에 변동이 없으므로 자본도 아무런 변동이 없다.
>
> **정답** ①

99 다음 중 유동자산 20억 원, 유동부채 10억 원, 재고자산 5억 원인 경우 당좌비율로 옳은 것은?

① 50%

② 80%

③ 100%

④ 150%

해설

당좌비율을 구하는 공식은 다음과 같다.

$$당좌비율 = \frac{유동자산 - 재고자산}{유동부채} = \frac{당좌자산}{유동부채}$$

④ 이 식에 대입해 보면 $\frac{20억\ 원 - 5억\ 원}{10억\ 원} = \frac{15억\ 원}{10억\ 원} = 1.5$를 비율로 나타내면 150%이다.

정답 ④

100 다음 중 높은 재고자산회전율에 대한 설명으로 옳지 않은 것은?

① 자본수익률이 높아진다.

② 설비투자에 대한 부정적인 신호가 된다.

③ 보험료, 보관료를 절약할 수 있다.

④ 매입채무가 감소된다.

해설

①·③·④ 일반적으로 재고자산회전율이 높을수록 자본수익률이 높아지고, 매입채무가 감소되며, 상품의 재고손실을 막을 수 있고, 보험료와 보관료를 절약할 수 있어 기업 측에 유리하게 된다. 그러나 과다하게 높을 경우에는 원재료 및 제품 등의 부족으로 계속적인 생산 및 판매 활동에 지장을 초래할 수 있다.

정답 ②

좋은 책을 만드는 길, 독자님과 함께하겠습니다.

2023 군무원 군수직 한권으로 다잡기(국어·행정법·경영학)

개정2판1쇄 발행	2023년 06월 15일 (인쇄 2023년 04월 14일)
초 판 발 행	2020년 07월 06일 (인쇄 2020년 05월 08일)
발 행 인	박영일
책 임 편 집	이해욱
저 자	SD 군무원시험연구소
편 집 진 행	신보용
표 지 디 자 인	박종우
편 집 디 자 인	박지은 · 박서희
발 행 처	(주)시대고시기획
출 판 등 록	제10-1521호
주 소	서울시 마포구 큰우물로 75 [도화동 538 성지 B/D] 9F
전 화	1600-3600
팩 스	02-701-8823
홈 페 이 지	www.sdedu.co.kr

I S B N	979-11-383-4879-9 (13350)
정 가	35,000원